Empreintes littéraires 1re

livre du professeur

Sous la direction de :
Florence RANDANNE
Agrégée de Lettres classiques
académie d'Amiens

Céline BARRAUD
Agrégée de Lettres classiques
Lycée Pierre d'Ailly, Compiègne

Astrid CHAMAHIAN-BACHELLERIE
Agrégée de Lettres modernes
Collège Roquepertuse, Velaux

Florence COGNARD
Agrégée de Lettres classiques
académie d'Amiens

Martine DEWALD
Agrégée de Lettres modernes
formatrice - académie de Caen

Jérôme DEWASCH
Agrégé de Lettres classiques
Lycée Pierre d'Ailly, Compiègne - ESPE d'Amiens

Coralie DOUX-POUGET
Certifiée de Lettres modernes
Lycée Jean-Baptiste Corot, Douai

Nicolas DRAPEAU
Agrégé de Lettres modernes
Lycée Pierre d'Ailly, Compiègne

Patricia FIZE
Agrégée de Lettres modernes
académie de Caen

Marjolaine GUNATA
Agrégée de Lettres modernes
Lycée Jean Racine, Montdidier

Rémi LASSALLE
Agrégé de Lettres classiques
Lycée Pierre d'Ailly, Compiègne

Sébastien LEMERLE
Certifié de Lettres classiques
Lycée Paul Claudel, Laon

Laetitia LOBET
Agrégée de Lettres modernes
Docteur en littérature française et comparée
Lycée Robert de Luzarches, Amiens

Mirita MERCKAERT RIBEIRO
Agrégée de Lettres modernes
Chargée de mission pour l'enseignement du théâtre
Lycée Édouard Gand, Amiens

Elvire SERGHERAERT
Agrégée de Lettres classiques
Lycée Louis Thuillier, Amiens

MAGNARD

Responsable éditoriale : Mathilde Lahoute
Édition : Charlotte Kocalenios, Marie Maunier, Louise Roullier, Roxane Terrier, assistées de Margaux Gueniffey
Direction artistique : Primo&Primo
Mise en page : Nadine Aymard

ISBN : 978-2-210-11271-1

Sommaire

PARTIE II - Anthologie

CHAPITRE 4 • La littérature d'idées

PARTIE III - Étude de la langue & Outils d'analyse

Étude de la langue

Outils d'analyse

I. Le récit

II. Le théâtre

III. La poésie

IV. La littérature d'idées

V. Les figures et les tonalités

PARTIE IV - Méthode

I. Le commentaire

II. La dissertation

III. La contraction et l'essai

1 De l'épopée à la naissance du roman français

Manuel, p. 98-111

I. Problématiques et thèmes

Cette partie offre un regard diachronique et un point de vue historique sur l'évolution de la forme de l'épopée dans la littérature française, de l'épopée antique à la chanson de geste et du roman courtois médiéval à ses formes détournées de la dérision que sont le *Roman de Renart* et la chantefable, *Aucassin et Nicolette*.

La *Chanson de Roland*, texte récité des hauts faits des chevaliers constitue le prototype – et l'œuvre la plus connue – du genre de l'épopée dans la littérature médiévale française. Texte anonyme, cette chanson de geste a pour vocation explicite la glorification des chevaliers, champions de la féodalité. Le cycle de Charlemagne auquel elle appartient assoit les valeurs des Francs, une société à son apogée aux XIe et XIIe siècles, ainsi que celles de la religion chrétienne dans son combat contre les Sarrazins ou Infidèles ou encore Païens. Les textes fondateurs de l'Antiquité sont également une source d'inspiration : *Le Roman de Troie* de Benoît de Sainte-Maure offre au XIIe siècle une adaptation des épisodes de la guerre de Troie enrichis de nombreuses aventures amoureuses.

Le genre du récit épique se développe avec les romans de Chrétien de Troyes qui humanisent et individualisent le personnage du chevalier : amour et chevalerie se lient et les intrigues amoureuses structurent ses romans qui mettent en scène les chevaliers de la Table Ronde. Avec *Merlin* et le sacre du roi Arthur, Robert de Boron ancre les aventures des chevaliers dans un univers chrétien qui donne sens à la féodalité. Dans *Le Roman de la Rose*, l'idéal chevaleresque est enrichi des codes de l'amour courtois mis en scène sous forme d'allégories. Ce texte donne un court aperçu de la dimension didactique et injonctive du premier roman écrit par Guillaume de Lorris et que Jean de Meun poursuivra quarante années plus tard, donnant une dimension plus hédoniste à l'amour courtois.

L'amour occupe en effet une place essentielle dans les romans du Moyen Âge comme en témoigne l'histoire de Tristan et Iseut qui exalte la passion contrariée des deux amants et fonde ainsi un des mythes de l'amour en Occident.

BIBLIOGRAPHIE-SITOGRAPHIE

- **Michel Zink**, *Littérature du Moyen Âge*, PUF, 1992.
- **Michel Zink**, « Nature et sentiment », dans *Littérature*, n°130, 2003 : https ://www.persee.fr/doc/litt_0047-4800_2003_num_130_2_1797
- **Jean-Pierre Martin**, *Les Motifs dans la chanson de geste*, Honoré Champion, 2017.
- **Daniel Sangsue**, *La parodie*, Hachette Supérieur, 1994.
- Une série de chroniques estivales, « Bienvenue au Moyen Âge », réalisées par Michel Zink en 2016 sur France Inter : https ://www.franceinter.fr/culture/podcast-re-decouvrez-le-moyen-age-avec-michel-zink-formidable-guide-medieviste
- Sur le site de *La Revue des Ressources*, édition numérique du texte du *Livre des Merveilles* de Marco Polo illustré par des enluminures et lu par le médiéviste Jean-Pierre Martin : https ://www.larevuedesressources.org/le-livre-des-merveilles-de-marco-polo-livre-premier,1466.html

II. L'épopée et la chanson de geste (p. 100-102)

TEXTE 1 : Homère, *L'Iliade* (VIIIe siècle av. J.-C.) p. 100

Objectifs et enjeux

- → **Découvrir une épopée grecque antique**
- → **Étudier la figure du héros épique, modèle du héros romanesque**
- → **Comprendre quelle vision de l'humanité l'épopée véhicule**

Lecture analytique

1. Ce passage est extrait du chant XXII de *l'Iliade*, dont il occupe les vers 311 à 366. Achille, qui refusait de prendre part au combat tant qu'on ne lui aurait pas rendu sa captive, Briséis, a perdu son ami Patrocle, qui s'était revêtu de ses armes pour affronter les Troyens (chant XVI). Cette perte provoque à nouveau la colère du héros, qui, couvert d'armes nouvelles, altéré de sang, sème le carnage partout autour de lui. Il rencontre Hector devant les murs de Troie et engage avec lui un combat singulier dont Grecs et Troyens sont témoins. Cet extrait constitue un « morceau de bravoure », aussi bien sur le plan des événements racontés que sur le plan artistique. Il permet de voir comment se fabrique la figure du héros épique, modèle sur lequel s'est formée, par l'imitation ou l'écart, la figure du héros de roman. L'étude du personnage d'Achille permet également de voir comment actes et paroles, par-delà leur immédiateté dramatique, véhiculent les valeurs d'une société et une vision de l'humanité.

Nous lisons ici la fin du combat singulier entre Achille et Hector. L'affrontement armé occupe la première moitié du texte (v. 1-17). Il s'achève par la blessure mortelle infligée au héros troyen. Une transition de deux vers (v. 18-19) conclut cette première partie – la blessure a atteint une zone proche des organes de la phonation – et introduit la seconde – blessé à la gorge, le héros troyen peut encore parler. La troisième partie prend la forme d'un dialogue entre Achille et Hector, qui est comme le prolongement de leur affrontement armé (v. 20-45).
Au récit du combat succède le discours des combattants, selon un tissage poétique qui entrelace sans cesse représentation de la violence et peinture de la fragilité, pour dessiner l'image d'une humanité héroïque.

2. Le héros possède des qualités physiques et morales remarquables, qui président à l'accomplissement de sa destinée.

Achille se caractérise avant tout par son courage et son impétuosité. Sur le champ de bataille, le héros apparaît comme un homme doué d'une beauté et d'une force physique exceptionnelles. En armes, il luit sur le fond du champ de bataille comme luit, « au cœur de la nuit », « Vesper, l'astre le plus brillant » (v. 7-8). L'emploi du superlatif élève Achille au-dessus de l'humanité commune. L'héroïsme du guerrier est avant tout ressenti à travers un effet artistique, produit d'un clair-obscur qui fait rayonner le héros sur fond de nuit.

Il apparaît également comme un guerrier redoutable, qui sait apercevoir et atteindre « l'endroit le plus fragile » (v. 11), un « point » (v. 14) unique (ce qu'indique « sauf à », v. 14) où un défaut dans l'armure de son adversaire laisse paraître la peau. Il sait manier avec une précision redoutable sa « lourde pique en bronze » (v. 18). Il montre également des dispositions morales hors du commun, qui lui confèrent une forme d'animalité : « son cœur rempli / D'une sauvage ardeur » (v. 2-3) est celui d'un fauve.

La forme même de l'affrontement met en évidence l'héroïsme d'Achille. Il s'agit d'un combat singulier, qui permet de mesurer la valeur individuelle des guerriers. Hector, l'adversaire d'Achille, est doué, lui aussi, de qualités exceptionnelles que signale l'épithète « divin » qui est attachée à son nom (v. 10). La grandeur de l'un souligne la valeur de l'autre. La victoire d'Achille, qui « triomph[e] » (v. 20), s'en trouve donc exaltée et promue au rang d'exploit : le personnage fait ainsi preuve de son excellence (en grec, *aristeia*).

Achille, de plus, sait qu'il court à sa perte : « quant à mon trépas, moi, je le recevrai le jour / Où Zeus et tous les autres dieux voudront me le donner » (v. 44-45) ; ses paroles font écho à un passage du chant XIX de *l'Iliade* (v. 404 et suivants) dans lequel le cheval d'Achille, Xanthos, prophétise au héros sa mort prochaine. Cette prescience ne tempère en rien l'ardeur du guerrier. Or l'épopée grecque dessine un horizon qui n'est pas celui de l'épopée chrétienne. La mort n'est pas la promesse d'une résurrection : « L'âme, s'envolant de son corps, descendit chez Hadès, / Pleurant sur son destin, quittant la force et la jeunesse » (v. 41-42). La mort, c'est l'entrée dans un monde sans joie ni espoir. Achille accepte ainsi un sort qu'il sait inéluctable, comme en témoigne l'usage du futur (« quant à mon trépas, moi, je le recevrai », v. 44). Si affreuse soit-elle, cette issue semble fasciner le héros, qui contemple les dernières convulsions de son adversaire et en appelle le terme irréversible : « Meurs ! » (v. 44). La mort, pressentie et infligée, est le lieu où se fige, pour l'éternité, la figure du héros.

3. Le passage met en lumière les profonds contrastes qu'offre l'image du héros achéen. Combattant brutal et sans pitié, il manie la parole et la lance avec la même férocité, vouant son adversaire aux « oiseaux » et aux « chiens » (v. 25). Il semble également très attaché à la vie. Devant le spectacle de la mort, en effet, il songe à l'avenir, évoquant, au futur, les funérailles de Patrocle (« nous rendrons hommage », v. 26) et les jours qu'il verra avant de mourir lui-même (« quant à mon trépas, moi, je le recevrai le jour... », v. 44). Si brutal soit-il, le héros a sans cesse la mort dans les yeux. Il sait que, malgré sa force et sa bravoure, il sera dompté par une force plus grande, celle du destin, qui détruira son corps, malgré sa beauté, et rendra inutile l'armure dont il est revêtu. Voué à la mort, il songe à la vie, et sa vigueur au combat dit l'intensité de sa force vitale.

L'humanité d'Achille transparaît également dans l'affleurement d'une qualité qu'il n'a conquise qu'avec peine, l'intelligence. On le voit traiter son adversaire de « Pauvre sot ! » (v. 23). Hector, selon lui, est tombé parce qu'il a manqué de prévoyance : « j'étais trop loin pour t'alarmer ! », dit le guerrier achéen (v. 22). D'autre part, Achille doit sa victoire à l'efficacité d'un coup qu'il avait prémédité : « Il voulait tuer » (v. 10) et « cherchait sur sa belle peau » (v. 11) ; « C'est là qu'Achille lui planta l'épieu » (v. 16).

Il n'est pas exempt, par ailleurs, des sentiments qui animent le cœur du commun des mortels. Lui aussi est en effet sujet à la colère : insultant Hector mourant et offrant son corps à l'outrage des carnassiers et des charognards (v. 25-26), il laisse libre cours aux paroles terribles que lui inspire son appétit de vengeance. L'enjambement (« Les oiseaux et les chiens / Outrageront ton corps », v. 25-26) montre le flot de sa colère, assimilée à un torrent qu'aucun obstacle ne peut contenir.

L'humanité d'Achille réside donc dans une forme de conscience de soi, qui extrait le personnage de son écorce de brutalité guerrière et paraît d'autant plus vacillante qu'elle est comme enchâssée dans le bronze.

Plus généralement, ce passage montre une vision de l'humanité épurée de toute forme de partialité ou de xénophobie. Quoique Grec, Homère use des mêmes termes pour désigner le combattant achéen et le combattant troyen. L'un et l'autre reçoivent la même épithète : « le divin Hector » (v.10) ; « le divin Achille » (v. 43). L'épisode raconte moins la victoire d'Achille, que la mort d'Hector, et le poème, indifférent aux distinctions entre les peuples, rappelle le sort commun de l'humanité.

TEXTE 2 : Virgile, *Énéide* (29-19 av. J.-C.) p. 101

Objectifs et enjeux

- **Découvrir une épopée romaine antique, source de la tradition romanesque occidentale**
- **Étudier les réflexions historiques et philosophiques au cœur de l'épopée**

Lecture analytique

1. Virgile est l'une des sources auxquelles puise la tradition romanesque occidentale, depuis le roman médiéval jusqu'au Nouveau Roman et au-delà. On a pu voir par exemple dans *La Modification* de Michel Butor (*cf.* p. 213) une reprise du canevas qui fait du voyage accompli par le personnage l'occasion d'une évolution.

Cet épisode en particulier, où est mise en scène la figure paternelle d'Anchise, constitue une préfiguration du roman familial, qui repose sur une trame narrative resserrée par le fil de la généalogie et montre, selon la théorie de Marthe Robert (*Roman des origines et origines du roman*), l'enfant échappant peu à peu à l'emprise de ses parents pour faire son expérience du monde. D'autre part, ce poème narratif, écrit par Virgile durant les dernières années de sa vie, témoigne des réflexions historiques et philosophiques qui occupaient les esprits des hommes du Ier siècle av. J.-C. Chaque auteur, chaque époque a trouvé depuis dans ces interrogations un écho à ses propres préoccupations.

La rencontre entre Énée et son père a pour décor les Enfers antiques. Le célèbre vers placé en épigraphe, « Ils allaient obscurs à travers la nuit solitaire, à travers l'ombre » (v. 2), en présente quelques aspects. La noirceur y règne et inspire au visiteur un profond sentiment de solitude, projeté sur le paysage grâce à l'hypallage. Dans l'extrait présenté, Virgile dresse une topographie des Champs Élyséens où séjournent ceux qui, durant leur vie, sont restés à l'abri des souillures. La géographie que dessinent ces vers est conforme aux représentations des Anciens. Contrairement aux lieux effroyables qui les environnent, les Champs Élyséens sont baignés de lumière : Anchise peut apercevoir son fils qui vient à lui à travers champs (v. 8). Il s'agit d'un lieu souterrain et fermé (« âmes enfermées qui allaient remonter à la lumière »,

v. 4) quoique la clôture en soit immatérielle (désignée simplement par « seuils », v. 19). Le paysage forme autour des personnages un creux protecteur, fait de doux vallonnements (« au fond d'une vallée verdoyante », v. 3 ; « un vallon retiré », v. 26) couverts d'une agréable végétation : des « prés » (v. 8), un « bois isolé », les « pousses bruissantes d'un bosquet » (v. 27). Une « plaine » (v. 32) semble également s'étendre en ce lieu où sont alignées des « demeures » (v. 28). Un réseau hydrographique irrigue ce paysage de ses eaux tranquilles aux ramifications nombreuses (« cours d'eau », v. 34 ; « rives », v. 35). Ce lieu s'apparente donc à une sorte de *locus amoenus*, de jardin spirituel qui permet la rencontre de deux mondes imperméables l'un à l'autre. Le père accueille ainsi son fils dans le domaine où il possède toujours l'autorité que lui confère son ascendance divine. Devenu une ombre, il exerce également son ancienne activité de berger (qu'il pratiquait dans sa jeunesse, selon un mythe rapporté par les *Hymnes homériques*) en veillant sur son troupeau d'âmes (« paternellement / faisait le tour des âmes », v. 3-4 ; « les passant en revue », v.5). Le poète s'est attaché, par ailleurs, à dramatiser la rencontre. Il semble avoir posé son chevalet devant Anchise, et met en scène le moment où Énée entre en scène : « il vit Énée en face, se dirigeant vers lui à travers prés » (v. 8). L'effet dramatique est puissant : animés par l'avancée du fils, les bras du père se tendent en direction de l'arrivant. Ce parallélisme géométrique est souligné par l'expression des visages : aux « larmes » qui humectent les joues du père (v. 9), répondent les « pleurs » du fils » (v. 22). Ces jeux de symétrie permettent de mettre en scène la transgression que constituent ces retrouvailles d'outre-tombe, auxquelles donne consistance l'immatérialité des voix qui se répondent.

2. Le fils et le père sont puissamment émus, comme en témoignent les larmes, qui se répandent sur les joues du père (v. 9), et inondent le visage du fils (v. 22). Cette scène est empreinte d'un profond pathétique, que contribue à alimenter la poésie des eaux. Les pleurs que verse Énée recouvrent de leur brume toute la scène, comme le suggère le verbe à l'imparfait (« il inondait », v. 22 – *rigabat* en latin), et semblent faire écho aux eaux du Léthé (v. 26-28). Ces larmes du deuil, seules, permettent de communiquer avec les défunts, qui sont à jamais insaisissables. L'anaphore « Trois fois » (v. 23-24) exprime l'impuissance désespérée d'Énée devant l'image de son père défunt qu'il ne peut embrasser. Ce geste familier, mais désormais sans effet, traduit néanmoins la puissance de la *pietas*, sentiment qui est à la racine même de la morale romaine et consiste à remplir ses devoirs à l'égard des dieux, de sa patrie, de ses parents ou de ses amis. Cette image de la piété filiale étend son ombre mélancolique sur un tableau familial qui retisse le fil de la généalogie et annonce la renaissance brillante, sur les rives du Tibre, d'une noble lignée issue de Troie : la dynastie des fondateurs de Rome. La relation entre Anchise et Énée restaure de plus les rapports qui s'établissent communément entre père et fils. Le fils ignorant interroge son père (« demande les causes », v. 33 ; « il ne sait pas », v. 34), qui lui répond longuement (v. 36 à la fin du passage). Unis par la communion de leurs larmes, l'un et l'autre ressentent néanmoins des sentiments très différents face au spectacle qu'offre la foule des morts. La réponse d'Anchise est enthousiaste (« je désire [...] je désire », v. 39-40). Énée, quant à lui, est frappé de stupéfaction devant cette foule immense et sans consistance : il « se met à frissonner » (v. 33).
La peinture des sentiments, comme celle des lieux, est donc marquée par le clair-obscur, qui fait briller l'avenir à travers les larmes du deuil.

3. La poésie géographique et mythologique constitue la toile de fond sur laquelle Virgile peint une fresque historique. À la fin du passage, Anchise annonce à Énée qu'il va tenir un discours généalogique singulier, qui, au lieu de remonter vers le passé, descend prophétiquement le cours du temps pour saisir l'avenir : « c'est cette descendance des miens que je désire énumérer » (v. 40). Conformément à une représentation du temps courante chez les Anciens, la succession des générations héroïques enfante des familles qui entrent de plain-pied dans l'Histoire. Anchise et Énée, qui appartiennent à la génération des guerriers de Troie, ont pour ancêtres d'autres héros, et ont commerce avec les dieux : Énée est le rejeton de la déesse Vénus et d'Anchise. Les ombres amassées dans les Champs Élyséens, quant à elles, sont à mi-chemin entre un passé mythique, où elles ont déjà accompli des « exploits » (v. 7), et un avenir historique qui aura pour cadre « l'Italie » (v. 41). Le lien entre passé mythique et avenir historique apparaît comme une certitude (usage du futur : « qui allaient remonter à la surface », *ad lumen ituras*, v. 4 ; verbe modalisateur : « le destin doit / des corps », *corpora debentur*, v. 36-37). Il est plusieurs fois question d'un retour à la vie : « remonter » (v. 4), « une seconde fois » (v. 37). Les beautés agrestes et fluviatiles du décor des Enfers, elles-mêmes, sont comme une préfiguration du site exceptionnel sur lequel doit s'élever Rome. Tout ce passage est donc empreint d'une foi en l'immortalité de l'âme et en la métempsychose, qui assure la pérennité des héros du passé dans la Rome de l'avenir. On peut donc retrouver, dans ce passage, des traits épars de philosophie platonicienne et pythagoricienne, instruments d'une transition entre passé mythique et temps historiques.

TEXTE 3 : Anonyme, *La Chanson de Roland* (XIe siècle) p. 102

Objectifs et enjeux

- **Analyser la construction du récit et les différents points de vue**
- **Lire la peinture des valeurs épiques du monde féodal et leur exaltation**

Lecture analytique

1. Au début de l'extrait, le récit, qui se poursuit à Roncevaux à la suite de la laisse CXXXIV, évoque Roland cruellement blessé : il « a la bouche sanglante ; / de son cerveau la tempe est rompue. » L'évocation des blessures est réaliste et brutale : le lexique et les verbes auxiliaires figent la scène. Toutefois le vers 3 montre que le comte n'est pas encore mort : il sonne du cor, mais « avec douleur et peine. » C'est le son de cet olifant qui produit un changement de perspective transportant le lecteur de la scène pathétique de la mort de Roland au camp de l'armée de Charlemagne qui a déjà traversé les Pyrénées. Le « raccord » entre les deux tableaux est assuré par le pronom complément « l' » (vers 4), qui désigne « l'olifant » : « Charles l'entendit ». La scène s'anime au travers du dialogue entre l'empereur et le duc Naimes rapporté au discours direct. Ce dernier veut convaincre Charlemagne de retourner à Roncevaux car un son si puissant, à « longue haleine » (v. 5) signifie qu'un « chevalier y met toutes ses forces » et donc qu'il « est en train de se battre ». Or il ne peut y avoir de bataille qu'à Roncevaux. C'est donc Roland qui a besoin d'aide. Et Naimes accuse Ganelon, qui conseille à l'empereur « de ne rien y faire. » (v. 8), de trahison. Il emploie ensuite l'impératif dans une série de verbes (« armez-vous », « poussez votre cri », « secourez vos nobles », vers 9 à 11) pour engager Charlemagne à l'action. Par sa modalité exclamative, la dernière phrase du duc a des accents de reproche, et souligne l'urgence de la situation avec l'expression « vous entendez bien » associée au verbe « se lamenter ».

La laisse CXXXVI se poursuit aux côtés de Charlemagne, mais l'emploi du passé composé (vers 12) marque une forme d'ellipse qui veut que l'action soit d'ores et déjà engagée ; le lecteur assiste aux préparatifs de départ des soldats, qui enfilent les pièces de leur armure, saisissent leurs armes et chevauchent rapidement dans la montagne, « traversant les cols » (v. 18). La scène est rapide et visuelle et son enjeu dramatique est souligné par les souhaits de tous les Francs : « Si nous pouvions revoir Roland avant sa mort, / Nous frapperions avec lui de grands coups. » (v. 20-21). La chevauchée des soldats se poursuit dans la dernière laisse et le narrateur évoque à nouveau, presque dans les mêmes termes, les armes et les armures étincelant au soleil : « hauberts et heaumes étincellent et flamboient, /et les écus bien peints à fleurons, » (v. 25-26). La journée s'est avancée puisque c'est le soir mais l'image répétée et identique de la troupe marque la durée de l'action. L'épisode s'achève avec l'évocation de la colère des chevaliers et de l'empereur ; le retour sur la punition de Ganelon qui s'est produite avant le départ de l'armée constitue une dernière rupture narrative à valeur explicative.

Les changements de perspectives permettent de varier les tonalités du récit, donnant ainsi une représentation très visuelle de l'action et faisant ressentir sa durée et sa progression.

2. Ce premier récit épique se donne à lire dans la beauté de ses images, comme les enluminures qui soulignent dans les marges des manuscrits la puissance des chevaliers au combat, la beauté de leurs armes et les couleurs des oriflammes. Conformément à son étymologie, l'enluminure est lumière. Le lexique des laisses CXXXVI et CXXXVII relève de ce champ lexical : les Francs « s'arment / d'épées dorées » (v. 13-14), les gonfanons sont « dorés » (v. 27) « et au soleil les armes resplendissent, / hauberts et heaumes étincelles et flamboient » (v. 24-25). Toute la scène baigne dans cette lumière qui est aussi celle du jour : « Le soir est clair, le jour reste radieux. » (v. 23). La beauté des couleurs est aussi une caractéristique des enluminures : des « gonfanons blancs, vermeils et bleus » (v. 16), des « écus bien peints à fleurons » (v. 26). L'enluminure souligne ce qui fait l'apanage du chevalier, ses armes et les bannières qui identifient son suzerain et sa cause : ici les Francs de Charlemagne, qui portent des gonfanons à ses couleurs (blanc, vermeil et bleu). Cette première chanson de geste présente les caractéristiques majeures du récit épique, à savoir chanter la gloire d'une féodalité qui au XIe siècle est à son apogée. Mais la chanson de geste est aussi musicale et récitative avec ses décasyllabes assonancés et, dans cet extrait, elle donne le chant funèbre de la mort de Roland.

3. La scène se déroule ici au son du cor, celui de Roland, ceux de l'armée de Charlemagne. Ces instruments donnent à la scène sa dimension dramatique et guerrière et s'ils accompagnent le galop des chevaux, ils expriment aussi la lamentation du héros et ses appels à l'aide, puissants encore puisqu'ils provoquent sa blessure : il « y met toutes ses forces » (v. 6) et sa « tempe est rompue » (v. 2). L'organisation du récit en champ/contrechamp entre Roncevaux et le camp de l'armée de Charlemagne dramatise la situation, montrant simultanément l'attente de Roland et la chevauchée angoissée des chevaliers qui courent à son secours sur leurs destriers : « Tous les barons de l'armée montent sur leurs destriers, / piquent fort des deux en traversant les cols » (v. 18) ; « L'empereur chevauche plein de fureur, » (v. 28). La crainte d'arriver trop tard, après la mort de Roland, se lit aussi dans les paroles des personnages : le Duc Naimes presse Charlemagne d'agir des vers 6 à 11 et les chevaliers expriment leur inquiétude : « si nous pouvions revoir Roland avant sa mort » (v. 20). L'emploi du conditionnel, le souhait de revoir Roland « avant sa mort » disent bien qu'elle est inéluctable. Enfin, les derniers vers décrivent l'armée dans « [le] chagrin et [la] colère » d'une mort pour laquelle « ils tremblent » (v. 31) parce qu'elle est presque certaine. Ils la pleurent et se préparent déjà à la venger : « il n'en est nul qui ne pleure à chaudes larmes, » (v. 30). Le narrateur annonce aux lecteurs au travers de la prolepse « à quoi bon ? / Ils ont trop tardé. » (v. 22) la mort de Roland avant même qu'elle n'ait eu lieu, et c'est depuis l'Antiquité un des traits des héros épiques : il s'agit par le chant de leurs exploits, quand tout a été accompli, de leur donner accès à l'immortalité.

III. Le roman de chevalerie (p. 103-108)

TEXTE 4 : Benoît de Sainte-Maure, *Le Roman de Troie* (XIIe s.) p. 103

Objectifs et enjeux

- **Analyser les fonctions du poète dans son récit**
- **Comprendre les représentations de l'Antiquité au Moyen Âge**
- **Découvrir les traits de la culture et des valeurs du Moyen Âge**

Lecture analytique

Issu de la veine antique de la littérature médiévale, *Le Roman de Troie* offre une réécriture de la fable antique. Son auteur est très mal connu et l'on hésite pour ce qui concerne son origine entre la Normandie ou la Touraine. Quoi qu'il en soit, ce poète a entretenu avec les grands de son temps des liens étroits et il témoigne dans son œuvre de la vitalité des pratiques artistiques et de l'intérêt que leur portaient les rois, reines et seigneurs de son époque.

1. Le poète veut se donner dans cette réécriture un rôle mineur, faisant état de sa source (un chroniqueur phrygien du VIe siècle peu connu) pour composer son *Roman de Troie*, dès la première ligne de l'extrait, sans toutefois préciser d'où elle provient. Puis il décline ensuite les portraits physiques et psychologiques de Priam, puis d'Hector en adoptant le point de vue d'un témoin qui les aurait observés de près, dans leur quotidien : « Le matin, il mangeait avec plaisir » (l. 4) dit-il de Priam. On lit à l'incise « et il y prenait un grand plaisir » (l. 6) son souci de la précision et de l'exhaustivité. Cette familiarité lui permet aussi de se montrer le garant des qualités qu'il prête à ses héros : « Jamais ni la joie ni la colère ne l'incitèrent à mentir » (l. 36-37). Il a le souci d'être objectif et de ne pas céder à l'idéalisation : « son ton de voix [de Priam] était doux et agréable mais un peu rauque » (l. 3) Hector « bégayait un peu. Il louchait aussi des deux yeux » (l. 20), honnêteté qui confine ici à la drôlerie. Le poète enfin dialogue avec son auditoire pour annoncer son sujet (« Je vais donc maintenant vous dire... », l. 18), pour créer un effet connivence (« comme vous le savez bien », l. 16) ou pour ménager ses effets et souligner de manière hyperbolique, avec l'emploi du superlatif, les qualités d'Hector comme on le voit aux lignes 10 et 11 : « De tous les Troyens ? Non, de tous les hommes de tous les temps passés, présents et à venir. » Enfin, le poète ne néglige pas de faire l'éloge de ses qualités de conteur : « jamais vous ne l'entendrez mieux conter » (l. 18-19). Ainsi, l'œuvre du poète dépasse la seule réécriture de l'épopée antique.

2. Le roi Priam [...] était très beau, grand et élancé. Nez, bouche, visage étaient bien dessinés et bien proportionnés. » (l. 1) ; « Le plus hardi était Hector [...] de tous les hommes de tous les temps, passé présent et à venir. » (l. 10-11). Benoît de Sainte Maure organise les deux portraits en s'attachant aux traits physiques des deux Troyens, voire à leurs habitudes et façons de vivre, pour faire ensuite leur portrait psychologique et moral. L'un et l'autre sont beaux et la « Nature », dans sa forme allégorique, leur a accordé « toutes les qualités [...] et toutes les vertus que l'on peut avoir. » (l. 12-13). Les quelques réserves faites sur leur beauté relèvent davantage, comme on l'a vu, de la volonté de ne pas céder à l'hagiographie. Il n'en reste pas moins que les portraits des héros s'inscrivent d'emblée dans les formes comparatives et superlatives de supériorité. Les adjectifs s'accumulent et les qualités sont pleines et totales comme le marquent les adverbes intensifs « toujours » et « jamais » ou le pronom quantifiant « personne », répété à de multiples reprises, à l'exemple de : « personne ne peut célébrer plus grand héros que lui » (l. 14-15), ou encore l'emploi de « nul » souligné par la forme négative et l'emploi de l'adverbe « jamais » dans « nul roi jamais ne sut offrir à ses barons de plus fastueux présents » (l. 9). Ce qui les caractérise l'un et l'autre, c'est leur générosité, une générosité redoublée pour ce qui concerne Hector (« Personne ne fut aussi généreux », l. 25) repris quelques lignes plus bas : « nul ne pouvait rivaliser avec lui de générosité » (l. 30). Cette qualité reconnue devient le moteur d'un autre de ses traits : comme « tout lui filait entre les doigts. Il ne lui restait que la prouesse et son noble cœur » (l. 28-29). Le portrait d'Hector est d'ailleurs plus développé : contrairement à Priam, il s'inscrit dans le temps et dans la narration de l'épopée : « À partir du moment où la nécessité l'y contraignit et où il prit le commandement » (l. 23-24), c'est-à-dire le moment où il devient le défenseur de Troie et montre ses qualités de chevalier : « personne au monde ne se montra au combat aussi solide et aussi sûr que lui » (l. 24-25). Les qualités d'Hector ne se réduisent pas à sa vaillance et son courage : il est également gouverné par la raison, « en sagesse et en mesure, il dépassait tout le monde. » (l. 33-35). Ce portrait, pour être complet, s'attache aussi aux défauts qu'il n'a pas, à l'exemple de la médisance (l. 37). Enfin, ces deux héros possèdent tant de qualités, au plus haut point, que « Jamais personne n'égalera [leurs] mérites » (l. 40-41).

3. Benoît de Sainte-Maure n'a pas accès aux textes antiques lorsqu'il écrit son œuvre ; il ne connaît l'épopée homérique que par quelques bribes de la tradition et il se représente ses héros au travers des représentations et de l'idéal de son temps. Ainsi le lecteur d'aujourd'hui en apprend-il davantage sur la société du XIIe siècle que sur l'Antiquité. Hector, blond et bouclé et au teint clair (l. 21), évoque la beauté d'un Viking : « ses membres, très développés, n'étaient guère délicats » (l. 23) ; c'est un « solide » gaillard, « sûr de lui » (l. 25). Les deux héros relèvent des catégories sociales de la féodalité : Priam est « un très bon chevalier » (l. 3-4), un « roi » (l. 9) et en suzerain puissant il « rendait la justice avec une parfaite droiture » (l. 5-6) ; quant à Hector, c'est un chef de guerre ; il prend le « commandement » (l. 24) et comme tout puissant chevalier il possède « bons destriers et palefrois, belles étoffes et beaux équipement » (l. 27). On peut également se représenter la cour de Priam à l'image de celle des Plantagenêts, épris de littérature et de musique, et accueillant en mécènes généreux troubadours et musiciens : « il se faisait lire des récits et des contes et chanter des poèmes ; il écoutait jouer des instruments ou exécuter des mélodies nouvellement composées » (l. 6-8). Enfin, Priam et Hector, représentés en chevalier du XIIe siècle, partagent les valeurs idéalisées de la courtoisie : Priam épris de récit et de poésie chantée comme elle l'est au temps d'Aliénor, Hector dont la « courtoisie était telle que les Troyens comme les Grecs de l'expédition faisaient, à côté de lui, figure de rustres. » (l. 31-32). Ainsi, l'idéal du Moyen Âge transforme les guerriers de l'Antiquité en nouveaux barbares. Au travers des récits de la fable antique, Benoît de Sainte-Maure apporte un regard précis sur le quotidien, les représentations et valeurs de son temps, la société féodale du XIIe siècle, pétrie d'idéal courtois. Il offre aussi, dans une forme de mise en abyme, une image de sa fonction de poète écrivant sur commande d'un mécène le *romanz* de l'épopée antique.

TEXTE 5 : Chrétien de Troyes, *Lancelot ou le Chevalier de la charrette* (XIIe s.) p. 104

Objectifs et enjeux

→ **Analyser le comportement du chevalier dans un roman courtois**

→ **Comprendre l'opposition entre les valeurs du roman de chevalerie et celles du roman courtois**

Lecture analytique

1. Le premier paragraphe de l'extrait est consacré à l'explication de la mauvaise réputation de la charrette. Cette mauvaise réputation est clairement affirmée à la fin du paragraphe : « à cette époque, les charrettes avaient une aussi sinistre réputation » (l. 9) et attestée par un dicton retranscrit au discours direct : « "Si tu croises une charrette, fais le signe de la croix et pense à Dieu pour qu'il ne t'arrive pas malheur." » (l.10-11). L'alternance entre le présent de l'énonciation et le temps de l'histoire (présent/imparfait) et les indices de temps (« À cette époque-là ; « alors » ; « maintenant » ; « de nos jours ») signalent le caractère explicatif du paragraphe, accentué à deux reprises par l'affirmation forte d'une relation de conséquence : « C'est la raison pour laquelle » ; « c'est de là que vient ce dicton » (l. 8 ; l. 9-10). Le narrateur entreprend en effet l'histoire de la charrette pour mettre en évidence son caractère infamant : il la compare ainsi à deux reprises aux piloris contemporains de l'énonciation : « À cette époque-là, la charrette était utilisée comme le sont de nos jours les piloris. » (l. 1-2) ; « celle-ci, comme les piloris » (l. 3). La longue énumération qui réunit sans hiérarchie tous ceux susceptibles de subir ce supplice mettant sur le même plan « traîtres », « meurtriers », « vaincus des duels judiciaires », « voleurs » renforce la sinistre renommée de la punition. Et, comble de l'opprobre, le déshonneur étant rendu public, le supplicié était banni de toute vie sociale : « Celui qui était pris sur le fait était hissé sur la charrette et promené par toutes les rues de la ville. Il était déshonoré et, dans toutes les cours, on refusait dès lors de lui prêter attention et de lui faire bon accueil. » (l. 6-8). Enfin, au deuxième paragraphe, avec la reprise du récit des aventures de Lancelot, le caractère avilissant de la charrette est souligné par la description du nain qui la mène : « un être vil et de la plus basse engeance qui soit. » (l. 16).

2. Après l'échange avec le nain qui lui demande de monter dans la charrette s'il veut des nouvelles de sa Dame, le récit met en évidence la rapidité de la décision du chevalier : « courte hésitation avant de sauter dans la charrette : à peine le temps qu'elle avance de deux pas. » (l. 20-22).

Toutefois, c'est sous la forme allégorique du combat que se livrent Amour et Raison que le dilemme de Lancelot est représenté. Le recours à l'allégorie permet en effet de rendre compte de façon imagée du caractère crucial du choix que doit alors faire le chevalier. La tension est ainsi soulignée par l'emprise qu'Amour et Raison tentent de prendre sur lui : tous deux « ordonnent » mais les ordres sont diamétralement opposés. Dans une répartition symétrique des phrases qui renforce l'opposition (« alors que »), Raison a recours à l'argumentation : « elle le sermonne et lui enseigne à ne rien faire dont il pourrait avoir honte ou qu'il pourrait se reprocher.» (l. 26-28), tandis qu'Amour use de la persuasion et « l'exhorte à sauter rapidement dans la charrette » (l. 32). C'est finalement « le commandement d'Amour » et la persuasion qui l'emportent sur les arguments et la Raison qui est reléguée à « la bouche » (l. 31) ; le cœur devient le garant de toute grande action et ignore le sentiment de honte pourtant évoqué à deux reprises. Le triomphe de l'amour est souligné à la fois par l'articulation logique de la phrase qui conclut le débat (« puisque » ; les deux points), par la rapidité avec laquelle Lancelot s'exécute et par le discours indirect libre qui traduit sa détermination : « Puisque Amour l'ordonne, le chevalier bondit dans la charrette : que lui importe la honte puisque tel est le commandement d'Amour. » (l. 37).

3. La présentation de la charrette infamante est suffisamment explicite pour que le lecteur comprenne qu'en acceptant d'y monter, Lancelot sait qu'il se met au rang des criminels et donc au ban de la société. Et c'est justement cette humiliation assumée, ce statut de paria de la société qui sera révélateur de la force morale dont il doit faire preuve auprès de sa Dame. L'extrait illustre parfaitement le fait que la valeur suprême du chevalier n'est plus, dans les romans de Chrétien de Troyes, la bravoure du chevalier au service du suzerain comme dans les chansons de geste mais son amour pour sa Dame. Le commentaire en forme de prolepse effectué par le narrateur sur la « courte hésitation [de Lancelot] avant de sauter dans la charrette » (l. 20-21) souligne la valeur suprême de cette loi imposée par l'amour courtois : « C'est pour son malheur qu'il ne bondit pas sur-le-champ et qu'il en a honte car il le regrettera fort ! » (l. 22-23).

TEXTE 6 : Chrétien de Troyes, *Yvain ou le Chevalier au lion* (XIIe s.) p. 105

Objectifs et enjeux

- → **Analyser les procédés d'un récit merveilleux**
- → **Découvrir la mythologie à l'œuvre dans ce roman de Chrétien de Troyes**

Lecture analytique

1. La préoccupation première de Calogrenant dans le récit qu'il fait, à la première personne, de sa découverte du lieu enchanteur de la fontaine, est d'apparaître comme un témoin digne de foi. Ainsi commence-t-il par ancrer son récit dans la réalité en apportant des indications extrêmement précises sur le moment de sa découverte : « Il était peut-être tierce passé, et il pouvait même être près de midi, quand je vis l'arbre et la chapelle » (l. 1-2) ; la deuxième proposition, en affichant la difficulté à être précis, signe ici la bonne foi du narrateur. C'est ce même rôle que jouent dans la suite toutes les autres précisions sur l'emplacement ou le nombre des objets décrits (« pendu à l'arbre » ; « dessous il y avait quatre rubis »). Mais c'est surtout en s'engageant solennellement auprès de son lecteur que le narrateur atteste la véracité de son récit : « Je vous assure que jamais, sciemment, je ne vous mentirai d'un seul mot. » (l. 9-10). Engagement répété dans les nombreuses adresses au lecteur qui ponctuent tout le récit : « je peux vous assurer » (l. 2) ; « Croyez-moi » (l. 6) ; « Sachez » (l. 18) ; « si on veut bien me croire » (l. 25). La modestie et le recul affichés par rapport aux actions que Calogrenant entreprend contribuent également à accorder du crédit à son témoignage : « ce dont je ne me tiens guère pour sage, car je me serais bien volontiers repris, si je l'avais pu » (l. 11-12) ; « Sans doute en versai-je trop, je le crains » (l. 13-14). Toutefois, les manifestations de la bonne foi du narrateur sont si nombreuses qu'elles mettent d'autant plus en évidence la dimension merveilleuse du récit.

2. La fontaine décrite possède des vertus magiques. On peut en effet provoquer un puissant orage en versant de l'eau sur son perron à l'aide d'une bassine et ce « rite » particulier va constituer pour Yvain une porte d'entrée dans un monde merveilleux qui l'attire : « J'eus alors envie de voir la merveille de la tempête et de l'orage » (l. 11). La tempête et l'orage sont ainsi d'emblée présentés comme « une merveille » dont la syntaxe hyperbolique va tenter de donner la mesure : « alors je vis le ciel si perturbé que, de plus de quatorze points, les éclairs me frappaient les yeux » (l.14-15). La tonalité merveilleuse est renforcée par la dimension apocalyptique de la description avec l'évocation de la mort qui provoque l'effroi du narrateur : « un temps si mauvais et si violent que je croyais bien que j'allais mourir à cause de la foudre qui tombait autour de moi et des arbres qui se brisaient » (l.16-18). Le merveilleux chante ici la toute-puissance de Dieu dont l'intervention peut transformer instantanément une vision d'enfer en paradis et faire passer le narrateur de la terreur à la joie : « Mais Dieu me rassura, car le mauvais temps ne dura guère, et tous les vents se calmèrent ; ils n'osèrent plus souffler dès que Dieu en décida ainsi. » La fontaine de la forêt est donc bien un lieu magique qui représente l'union des contraires à la fois merveilleux et périlleux : mais l'harmonie cache le déchaînement de la tempête et la mort.

3. Le caractère idyllique du cadre est souligné par l'emploi de très nombreux superlatifs associés au mode subjonctif et à l'adverbe « jamais » : « c'était le plus beau pin qui ait jamais poussé sur terre » (l. 2-3) ; « de l'or le plus fin qui ait jamais été mis en vente sur quelque foire que ce soit ». (l. 5-6). Les comparatifs jouent le même rôle : « plus flamboyants et plus vermeils que le soleil au matin quand il paraît à l'orient. » (l. 8-9). L'image de l'averse évoquée au mode conditionnel renforce, quant à elle, le caractère extraordinaire du pin décrit dans les premières phrases : « Je ne crois pas que, même lors de l'averse la plus violente, une seule goutte d'eau passât au travers ; elle coulerait, au contraire, complètement par-dessus. »

Après l'épisode infernal de l'orage, le caractère paradisiaque du lieu s'impose ; les hyperboles et la forme exclamative amplifient la beauté du cadre : « une telle quantité d'oiseaux, si on veut bien me croire, que ni branche ni feuille n'apparaissait qui ne fût complètement couverte d'oiseaux : et l'arbre n'en était que plus beau ! » (l. 24-26) à laquelle vient s'ajouter l'harmonie des sons (« Tous les oiseaux sans exception chantaient, de façon à former entre eux une harmonie parfaite », l. 27-28). Harmonie dont la rareté est soulignée par une phrase concessive : « Et pourtant chacun chantait une mélodie différente, car celle que chantait l'un je ne l'entendis point chanter à l'autre. » Dès lors le plaisir ressenti par le narrateur atteint un tel degré que seule la comparaison avec la folie permet de le mesurer : « elle me fit tant de plaisir, elle fut si agréable, que je crus en devenir fou. » (l. 32-33). Nous assistons bien à la célébration d'un *locus amoenus* mais entièrement à la gloire de Dieu comme l'évoque l'emploi du terme « office » à connotation liturgique ainsi que la répétition hyperbolique du mot « joie » : « Je me réjouis de la joie qu'ils faisaient, et j'écoutai jusqu'à ce qu'ils aient chanté leur office jusqu'au bout. Jamais je n'avais entendu exprimer une pareille joie, et je crois que personne n'entendra jamais sa pareille, s'il ne va pas écouter celle-ci » (l. 29-32). Une des particularités premières de la représentation de la nature au Moyen Âge, est, en effet, comme le déclare Michel Zink, d'être d'abord appréhendée comme reflet de la création divine : « La notion de nature au Moyen Âge renvoie fondamentalement à l'action créatrice de Dieu ».

TEXTE 7 : Béroul, *Tristan* (XIIe s.) p. 106

Objectifs et enjeux

- **Analyser l'interaction entre le récit et la description pour évoquer la passion fatale de Tristan et Iseut**
- **Découvrir une illustration de l'amour courtois**

Lecture analytique

1. La description de la hutte dans la forêt où les deux amants vivent cachés donne lieu à un tableau idyllique. Dès sa première évocation, la hutte est présentée comme un havre de verdure d'où se dégage une impression de fraîcheur : « La loge est couverte de branchages frais. Elle est tendue de feuillages, et bien jonchée d'herbe. » (l. 15-16). L'impression de fraîcheur est d'autant plus valorisée qu'elle s'oppose radicalement à la description de l'atmosphère qui règne en dehors de la hutte : « La chaleur est lourde et les accable. » (l. 10). La sérénité du lieu, signe de l'harmonie, est à nouveau évoquée par la répétition et le superlatif qui insistent sur la douceur des éléments naturels : « Pas un souffle de vent, pas un frisson de feuille. Un rayon de soleil se pose sur le visage d'Yseult, plus brillant que cristal. » (l. 22-23). Cette harmonie parfaite est à l'image du couple et de son amour dont la hutte constitue un parfait écrin.

2. Dès le début de l'extrait, la souffrance et l'amour apparaissent indissociables. Le sentiment de tristesse ressenti par Tristan est explicite : « Sur le chemin du retour, il ressent une grande tristesse » (l. 4) et confirmé par la question rhétorique au discours indirect libre dont le superlatif souligne à nouveau la souffrance des deux amants : « y eut-il jamais gens plus misérables qu'eux ? » (l. 4-5). Toutefois, l'évocation de la souffrance, se présente systématiquement dans une opposition symétrique à l'évocation du bonheur que procure leur amour aux deux amants. Cette opposition marquée par la conjonction de coordination « mais » est reprise dans une seconde proposition au discours indirect libre où « le réel bonheur » répond au superlatif de l'adjectif « misérable » de la première : « Mais leur présence l'un à l'autre leur fait oublier leurs maux : ils connaissent un réel bonheur. » (l. 5-6). Les superlatifs se font alternativement et de façon antithétique, les échos de la souffrance et du bonheur constitutifs de l'amour qui lie les deux amants, en marquant ainsi la fatalité à l'origine du mythe attesté par la référence à Béroul, auteur du premier roman en vers consacré à cette histoire : « Depuis qu'ils se sont réfugiés dans le Morois, jamais couple n'a bu tant d'amertumes ; mais, à ce que dit l'histoire, et Béroul l'a lue, il n'est point d'amants qui se soient tant aimés, ni ne l'aient payé aussi cher. » (l. 6-9). On notera que le traducteur a su retranscrire dans la syntaxe la symétrie des oppositions.

3. Si l'on s'en réfère aux analyses de Michel Zink dans son ouvrage consacré à la littérature française du Moyen Âge, l'histoire de Tristan et Iseut a été connue très tôt au Moyen Âge, et les deux amants ont été vus à la fois comme « le modèle de l'amour et un repoussoir pour les amants modèles. [...] Rarement héros littéraires auront connu une gloire aussi ambiguë. » Cette légende a ainsi troublé autant que fasciné les auteurs du Moyen Âge. « Elle paraît être l'illustration la plus représentative de la passion et de l'adultère courtois, mais elle heurte en réalité profondément les valeurs courtoises parce que le philtre est une négation du libre choix amoureux et parce que les amants sont exposés au scandale. »

Dans cette perspective, l'extrait étudié est particulièrement intéressant car il nous offre, à travers l'attitude des trois personnages, une vision qui permet de réconcilier le mythe avec les valeurs de l'amour courtois. En effet, malgré la force irrésistible de leur amour soulignée par les affirmations du narrateur : « si, ce jour-là, elle avait été nue, il leur serait arrivé grand malheur. » (l. 17-18) ; « Leur passion est évidente. » (l. 21), les amants mettent tous leurs efforts pour conjurer le philtre et respecter les règles de l'amour courtois symbolisées dans la description de leur tendre étreinte : « Tristan a passé un bras sous la nuque d'Yseut, et laisse peser l'autre sur le corps de son amie. Il l'étreint tendrement et la serre dans ses bras. » (l. 19-21) ; « Leurs lèvres se touchent presque, sans pourtant se rejoindre tout à fait. » (l. 21-22) ; « Ainsi s'endorment les amants. Ils ne pensent pas à mal. » (l. 23-24). Ce chaste tableau emblématique de l'amour courtois illustre combien le sentiment amoureux est indissociable de l'attirance charnelle et met par là-même en évidence l'intensité des efforts que doivent fournir les deux amants pour respecter, malgré le philtre, l'engagement moral qui lie chacun d'eux au roi Marc. L'insistance du narrateur sur le fait que chacun des deux a gardé ses vêtements ainsi que sur l'épée séparatrice, symbole de leur désir de pureté, souligne la force de leur vertu : « Yseut s'étend la première. Tristan l'imite, après avoir retiré son épée, qu'il pose entre eux. » (l. 16-17). Le roi y est sensible au moment où il découvre les deux amants ainsi pudiquement enlacés et les phrases interrogatives et exclamatives au discours direct traduisent la puissance de son étonnement : « Mon Dieu, murmura-t-il, est-ce possible ? Mes yeux ne me mentent pas. Seigneur ! Je ne sais que faire : les tuer ou partir ? » (l. 35-37). Il décidera finalement de les épargner alors qu'il venait avec la ferme décision de les tuer pour laver son honneur dans leur sang. Les intentions belliqueuses de sa démarche sont en effet manifestes dans le récit de son arrivée à la hutte où il sait que les deux amants se cachent : « Le roi délace son manteau dont les plaques sont d'or pur. Sous ses habits légers, on devine son corps musclé. Il tire l'épée du fourreau. Il avance le visage furieux. Il se dit à mainte reprise qu'il mourra s'il ne les tue. Il entre l'épée nue dans la hutte. » (l. 25-28). Le rythme du récit se précipite alors : les phrases sont courtes et font se succéder les actions à un rythme accéléré. La tension dramatique est à son comble, renforcée par l'évocation d'un futur imminent dont le caractère tragique est amplifié par le commentaire du narrateur : « Il allait frapper (quel désastre !) lorsqu'il constate qu'Yseut avait gardé sa chemise, et qu'ils étaient séparés » (l. 30-31). Les évolutions de l'attitude du roi sont décrites avec minutie et dans un suspense haletant dont la phrase finale se fait le résumé : « Je voulais leur mort : je ne les toucherai pas et renonce à ma colère. »(l. 42-43).

TEXTE 8 : Robert de Boron, *Merlin* (XIIe-XIIIe s.) p. 107

Objectifs et enjeux

→ **Lire dans les légendes médiévales les traits de la société féodale**

→ **Interroger les enjeux du merveilleux**

Lecture analytique

Le roman de Merlin est composé de légendes celtiques traditionnelles que Robert de Boron fusionne et organise pour fonder l'histoire merveilleuse de Merlin et d'Arthur, à l'origine du cycle arthurien. Son récit témoigne aussi de l'importance de la religion qui devient le cadre de toute la société médiévale.

1. La société du XIIIe siècle est structurée par les liens de vassalité, qui supposent l'acceptation du pouvoir du suzerain et la loyauté à son égard contre la protection qu'il assure. Le roi, au sommet de son fief, est entouré des seigneurs les plus puissants. C'est ce modèle qui structure le royaume imaginaire de Logres. Grâce à ses dons d'enchanteur et de magicien, Merlin a préparé de longue date l'accession au trône d'Arthur. Il a créé la Table Ronde en souvenir de la Cène, le dernier repas pris par Jésus avec ses disciples, et il a choisi les chevaliers qui y siègent.

À ce moment de l'histoire, Logres attend son roi. Arthur a d'ores et déjà été présenté comme le futur roi, comme le rappelle l'archevêque : « Voici celui, leur dit l'archevêque, que Notre-Seigneur a élu, comme vous le voyez et vous l'avez vu dès la Noël. » (l. 7-8). Avant d'être sacré, il lui faut obtenir l'accord de l'assemblée des barons : « selon vos vœux et l'avis unanime du conseil. » (l. 9). Cet avis ne suffit pas : il faut encore que tous les barons, individuellement, acceptent le choix : « Si l'un de vous s'élève contre ce choix, j'exige qu'il le dise. » (l. 9-10). On peut dès lors parler d'élection « à l'unanimité » pour décider de qui sera le roi de Logres. Le pacte entre le vassal et son suzerain n'est pas uniquement fondé sur l'obéissance ou la dépendance, il impose au suzerain de ne pas reprocher à un baron d'avoir soutenu un autre champion : « s'il nourrit quelque hostilité contre l'un ou l'autre d'entre nous pour avoir fait obstacle jusqu'à ce jour à son élection et à son sacre, qu'il nous pardonne à tous sans exception. » (l. 12-14). Le pouvoir est symbolisé par des vêtements et la couronne qui assurent sa légitimité : « Voici les vêtements royaux et la couronne » (l. 8), auxquels s'ajoutent « l'épée et la main de justice » (l. 22). Mais avant de devenir roi, Arthur doit être fait chevalier. C'est l'occasion pour Robert de Boron de rappeler les rites préparatoires à l'adoubement : « il fit chevalier Arthur qui avait passé toute la nuit en prières dans la cathédrale. » (l. 4-5). La cérémonie a lieu lors d'une fête religieuse qui rehausse en solennité l'événement : « La veille de la Pentecôte, avant les vêpres » (l. 3). C'est aussi l'occasion pour l'archevêque de rappeler les devoirs du suzerain : « de faire régner la paix sur la terre, d'assister de ses conseils les gens désemparés, de secourir les malheureux, de ramener dans le droit chemin les femmes égarées, de faire respecter le droit et la parole donnée, de rendre une stricte justice » (l. 28-30). Les pouvoirs sont avant tout des devoirs dans la société féodale où le roi doit assurer la paix, soutenir les démunis, faire respecter le droit et la justice.

2. Arthur devient roi par la volonté des barons mais aussi par la volonté divine. C'est l'archevêque qui préside aux cérémonies du sacre d'Arthur, cérémonies qui sont religieuses, comme celle de l'adoubement préparée par une nuit de prière. Toute la vie des chevaliers et seigneurs est réglée par les rites religieux et le choix du roi l'est aussi. Des épreuves sont réservées aux prétendants au trône et Dieu montrera celui qu'il a choisi en lui donnant le pouvoir de réussir l'épreuve. À Logres, il s'agit d'arracher une épée à une enclume. Au début du texte, des barons « tentèrent l'épreuve de l'épée, sans résultat. » (l. 1-2). Seul Arthur y parvient, guidé par l'archevêque : « Avancez Arthur et prenez l'épée, cette épée [...] l'instrument de Notre Seigneur pour faire son choix. » (l. 31-32). Arthur marque son adhésion et sa confiance en l'ordre divin dans sa prière : « que [Dieu] me donne la force et le pouvoir d'agir » (l. 34-35) et Arthur « l'arracha à l'enclume, comme si elle n'y était pas fixée. » (l. 37-38). La facilité avec laquelle il s'empare d'Excalibur est bien le signe qu'il a été élu par Dieu qui lui donne pour première mission « de protéger et de soutenir la Sainte Église » (l. 27). Puis vient le sacre évoqué dans les dernières lignes du texte, une cérémonie qui se passe dans l'église où il reçoit l'onction suivant « le rituel d'un couronnement royal » (l. 40-41).

3. Le lecteur du *Merlin* de Robert Boron a lu de nombreuses aventures merveilleuses avant d'en arriver à l'épisode du sacre d'Arthur. Il a appris comment Merlin est à la fois fils du mal et du bien et qu'il finira par choisir le bien, se faisant le chantre du christianisme, notamment en portant au pouvoir Arthur, né de sa magie. Il a surtout créé la légendaire Table Ronde et choisi les personnages, lieux et objets merveilleux du cycle arthurien, comme les fées Morgane ou Viviane, les lacs et les fontaines, l'épée Excalibur. Il y a donc une réelle ambiguïté de la merveille dans l'univers d'Arthur. L'imagination des poètes est nourrie des thèmes merveilleux que la tradition celtique leur a légués, et ils choisissent tantôt de les expliquer, tantôt de les christianiser. Mais c'est le merveilleux qui donne son sens à l'action des chevaliers : ils doivent dissiper les enchantements et les manifestations du mal. Et surtout, en touches discrètes ou plus largement développé, le merveilleux donne aux romans arthuriens une part de rêve et de poésie.

Prolongements

On pourra interroger les élèves sur leur connaissance d'épisodes de ces récits épiques et de leurs avatars contemporains. Ce sera l'occasion d'étudier comment les grands exploits des chevaliers de la

Table Ronde et leur quête du Graal sont passés dans la culture commune et au travers de quelles autres œuvres la légende de Merlin et d'Arthur a acquis aujourd'hui la pérennité d'un mythe. On verra aussi que, ce faisant, le merveilleux chrétien a pu perdre de sa dimension religieuse pour se métamorphoser en fantaisie héroïque dans un merveilleux renouvelé.

TEXTE 9 : Guillaume de Lorris, *Le Roman de la rose* (XIIIe s.) p. 108

Objectifs et enjeux

- → **Analyser les procédés et les effets du discours injonctif**
- → **Découvrir les codes de l'amour courtois**

Lecture analytique

1. Plutôt que conter une histoire d'amour, Guillaume de Lorris a voulu écrire un art d'aimer, où sont exposées les règles de l'amour courtois. Il n'est donc pas étonnant de reconnaître le discours injonctif dans cet extrait du *Roman de la Rose* où le dieu Amour donne au poète les commandements pour devenir un parfait amant. En effet, l'extrait est caractérisé par la présence de verbes au mode impératif : « Ne te fais pas » (v. 1) ; « penses-y » (v. 26) ; « souviens-toi » (v. 27), ou au mode subjonctif : « qu'il se garde avec soin de l'avarice » (v. 9) ; « qu'il soit toujours élégant et gai, / et réputé pour sa largesse » (v. 21-22). Le discours injonctif est, en outre, clairement revendiqué par le dieu Amour dans sa relation à son destinataire lorsqu'il emploie le verbe « ordonner » ou lorsqu'il énonce explicitement la raison d'être de son propos : « Je veux maintenant te rappeler brièvement / ce que je t'ai dit pour que tu t'en souviennes » (v. 15-16). Le champ lexical du devoir (répétition du verbe « devoir » ; « il sied ») relaie ces abondantes marques de l'injonction et souligne encore la rigueur des règles de l'amour courtois auxquelles un parfait amant doit obéissance absolue, conférant ainsi à l'extrait son statut de « code ».

2. Dans cet extrait, la règle la plus importante, à la fois la première évoquée et la plus longuement développée, est de fuir l'avarice au profit de la générosité. Toute la première moitié du texte met en effet l'amant en garde contre l'avarice : « Ne te fais pas passer pour avare, / car cela pourrait te nuire fortement. » (v. 1-2) ; « Si quelqu'un veut se consacrer à l'amour, / qu'il se garde avec soin de l'avarice » (v. 8-9) et l'invite à la générosité qui distingue les amants des « rustres niais et sots » : « On n'a jamais rien connu à l'amour / si l'on n'a pas de plaisir à donner » (v. 6-7) ; « [qu'il soit] réputé pour sa largesse » (v. 22). Cette première règle est en outre argumentée comme le signale l'emploi à deux reprises de la conjonction de coordination « car » qui introduit un lien de causalité entre les propositions. Les autres règles sont ensuite rapidement énoncées : « courtois et sans orgueil » ; « toujours élégant et gai » (v. 20-21). Mais ce qui fonde toutes ces règles, c'est l'amour, qui doit être le centre des préoccupations de l'amant comme le soulignent les termes hyperboliques répétés jusqu'au pléonasme, qui insistent sur le caractère permanent de son engagement : « nuit et jour » ; « toujours et sans cesse ». La totalité de l'engagement est confirmée par les deux derniers vers qui invitent l'amant à se souvenir d'un moment non encore advenu : « souviens-toi du doux moment / dont la joie te tarde tant ». Ce lien oxymorique entre le souvenir et le futur symbolise le caractère inaccessible du « doux moment » et de « la joie » ; l'amant se trouve ainsi réduit à un don de soi à la fois total et gratuit qui n'est pas sans rappeler le don que font les religieux qui se vouent à Dieu, rapprochement confirmé par l'emploi du mot « pénitence » (v. 23) dont les connotations religieuses sont avérées.

Cet extrait donne un aperçu de la tonalité austère de l'art d'aimer que se propose d'écrire Guillaume de Lorris dans le premier *Roman de la Rose* commencé vers 1230 et qu'il définit lui-même ainsi dans ses vers : « C'est le Roman de la Rose / où l'art d'Amour est enclos tout entier ». Environ quarante ans plus tard, Jean de Meun poursuivra l'écriture du *Roman de la Rose* mais sur un ton très différent, avec une certaine malice et un glissement vers une apologie de l'hédonisme que reflète la définition qu'il donne de son livre : « tous les hommes à venir / devraient appeler ce livre / le *Miroir des amoureux*. »

IV. La satire au Moyen Âge (p. 109-110)

TEXTE 10 : Anonyme, *Le Roman de Renart* (XIIe-XIIIe s.) p. 109

Objectifs et enjeux

- → Analyser les éléments du récit et leur dynamique
- → Comprendre ce qui fait de cette histoire une farce comique
- → Lire une critique sociale implicite

Lecture analytique

Dans le prologue au *Roman de Renart*, on peut lire ces lignes qui tracent la filiation entre divers genres du récit du Moyen Âge : « Seigneurs, vous avez assurément entendu conter bien des histoires : on vous a dit de Pâris comment il ravit Hélène, et de Tristan comme il fit le lai du Chevrefeuil ; vous savez [...] nombre de fables et chansons de geste : mais vous ne connoissez pas la grande guerre, qui ne finira jamais, de Renart et de son compère Ysengrin. » C'est donc un épisode de cette « grande guerre » qui vient ici témoigner de la singularité de cette œuvre dans la littérature médiévale.

1. Le titre développé de cet épisode des aventures de Renart en dévoile d'emblée, comme il est de tradition, le thème et, ici, jusqu'au dénouement. On sait ainsi que Renart va échouer dans sa tentative d'attraper la mésange. Pourtant, tout concourt dans ce récit à captiver l'attention du lecteur et à le divertir.

Le début du texte fait entrer dans la dynamique du récit avec le dialogue au discours direct et au présent : « J'arrive bien à propos, commère ; descendez, je vous prie ; j'attends de vous le baiser de paix, et j'ai promis que vous ne le refuseriez pas. » (l. 1-2). Les propositions, courtes, s'enchaînent dans un rythme rapide où Renart fait assaut d'amabilité et de politesse, d'explication et d'invitation, pour enjôler la mésange, appelée « commère », pour installer avec elle une grande proximité. La défiance de la mésange fondée sur la réputation du Renart, « si l'on ne connaissait vos tours et vos malices. » (l. 3-4), ne le rebute pas et il déploie dans une longue réponse un argumentaire, un discours rhétorique propre à convaincre l'oiseau, réclamant son attention : « Écoutez-bien » (l. 4), utilisant les formules convenues du respect envers le roi, installant la connivence au travers l'emploi de la première personne du pluriel (« notre roi », l. 4), et soulignant le caractère exaltant de cette paix qui vient d'être promulguée : elle est vraiment « générale » (l. 5) car « Tous les barons l'ont jurée » (l. 5-6). Elle concerne également la mésange car ainsi qu'il le souligne : « les petites gens sont dans la joie » (l. 7). Et l'emploi du futur garantit à tous et à « chacun » (l. 8) l'amour et une paix évoquée avec la métaphore du sommeil qui pourrait bien signifier aussi le désir de Renart d'endormir la vigilance de la mésange : « chacun pourra dormir tranquille. » (l. 7).

La suite du dialogue montre que la mésange n'est pas en reste d'amabilité, qualifiant le renard de « damp Renart » (l. 9), reconnaissant une parole adroite et convaincante : « Je veux bien les croire à demi » (l. 10). Vient ensuite un échange rapide qui permet de se représenter de manière très visuelle la scène, la stratégie d'approche du renard et la position des protagonistes : « Tenez, je fermerai les yeux pendant que vous descendrez m'embrasser. — S'il est ainsi, je le veux bien » (l. 14-15).

Tout semble joué avec cet accord de la mésange mais l'histoire rebondit : le récit à la 3e personne reprend, marqué par « cependant » (l. 16) et explique la ruse de la mésange pour échapper au renard. Et les suites du subterfuge sont résumées en une seule phrase qui conclut sur ce qu'aurait dû éprouver le renard : « À peine celui-ci a-t-il senti l'attouchement qu'il fait un bond pour saisir la Mésange, mais ce n'était pas elle, il en fut pour sa honte. » (l. 17-19). Mais « Renart prêche » (l. 24) et trouve une nouvelle justification à son attitude. Le récit bascule une seconde fois, par le hasard d'une rencontre avec une meute de chiens et des chasseurs. À la manière d'une fable, le récit s'emballe avec le présentatif « voici » (l. 26), suivi du nom des acteurs de cette nouvelle péripétie, le pronom indéfini (« On entend », l. 28), les paroles retranscrites directement dans le récit : « *le Goupil* ! *le Goupil* » : la scène est peinte en quelques mots. Elle est immédiatement suivie de son effet : « Renart [...] oublie la mésange » (l. 30) et s'enfuit. Et l'histoire s'achève comme son titre l'avait annoncé : il n'a pu obtenir le baiser de paix.

2. L'histoire se construit sur le schéma de l'arroseur arrosé, du trompeur trompé et la dimension comique du récit relève de plusieurs effets. La mésange ironise d'abord sur la sincérité de Renart, « que vous dites là de belles choses » mais son admiration est aussitôt démentie par la proposition qui suit : « je veux bien les croire à demi » (l. 9-10). Elle fait également semblant de croire le renard, avec une fausse naïveté comique dans l'échange qui suit : « Voyons vos yeux : sont-ils bien fermés ? — Oui. — J'arrive. » (l. 15-16). La mésange s'amuse même de la situation : « La Mésange, que le jeu commençait à amuser, vole et sautille, mais avec précaution. » (l. 22-23). La farce joue sur les mots et ne répugne pas à une certaine trivialité : ainsi de la Mésange lorsqu'elle dit au renard de chercher « ailleurs qui vous baise » (l. 10). La pirouette est ironique, la mésange n'est pas dupe, on peut lire aussi – dès le Moyen Âge – une allusion érotique au double sens du mot *baiser*. Par ailleurs, le jeu avec la mésange, qu'on peut qualifier de comique, ne s'achèverait pas si les chiens et les chasseurs ne venaient le troubler. Ils mettent en fuite le renard et le lecteur peut s'amuser de sa posture « la queue entre les jambes » (l. 31) pour éviter d'être mordu à une partie de son corps qui généralement fait sourire dans une telle situation. Enfin, ce péril et sa fuite n'empêchent pas le renard de poursuivre l'échange et de répondre aux questions sarcastiques de la mésange : « Renart ! pourquoi donc vous éloigner ? La paix n'est-elle pas jurée ? » ou à l'invitation : « je descends pour vous embrasser. » (l. 33-40).

3. La farce amuse, fait rire mais elle offre aussi un regard critique sur la société, comme le fait aussi la fable, ne serait-ce qu'en substituant des animaux à des types sociaux : le roi représenté sous la figure du lion, par exemple, acquiert de manière implicite la force, mais aussi la cruauté de l'animal. L'univers féodal se lit tout particulièrement dans cette aventure où est fait référence à ce baiser de paix avec lequel on s'engage à vivre en paix avec celui à qui on le donne. Et le contexte rend encore plus emblématique cet acte qu'il suit un décret pris par le roi qui institue la paix générale, comme on l'a vu. Dans l'univers médiéval, la figure royale est indissociable de la religion, d'où émane le pouvoir, et que le roi est chargé de défendre. Le discours hypocrite de Renart qui utilise cette situation pour attraper – et dévorer – la mésange en est d'autant plus sacrilège qu'il accompagne son discours de termes flatteurs pour le roi « Sire Noble, notre roi » et de la prière que cette paix soit durable : « plaise à Dieu qu'elle soit de longue durée » (l. 4-5). L'hypocrisie de Renart est redoublée par son mensonge lorsqu'il dit avoir juré « d'obtenir le baiser de paix de [la mésange] comme de tous les autres. » (l. 13). On peut y lire également une forme de cynisme lorsqu'il souligne la joie des « petites gens » pour qui cette paix signifie que « le temps est passé des disputes, des procès et des meurtres » (l. 7-8) dont ils sont les victimes, plus souvent que les puissants. Sont pointés comme responsables de ces exactions les barons qui « tous ont promis d'oublier les anciens sujets de querelle [...] ; chacun aimera son voisin, et chacun pourra dormir tranquille. » (l. 6-8).

Renart, dans cet épisode comme dans beaucoup d'autres, ne respecte pas le pouvoir royal dont il brave les décrets ; menteur, parjure, il méprise également les petites gens, à l'image de la mésange. Mais Renart est également le personnage d'un récit qui, au travers de ses aventures, peint et critique une société féodale et ses ordres qui oppriment les plus faibles. Et, de façon plus ténue, il offre également ici, l'image d'une église peu attachée à ce qui est de son devoir religieux, à l'exemple de ce seigneur-abbé occupé à la chasse en compagnie de « braconniers ». De là à assimiler ses veneurs, chiens, coureurs et lui-même à des voleurs de gibier, il y aurait peu.

TEXTE 11 : Anonyme, *Aucassin et Nicolette* (XIIIe s.) p. 110

Objectifs et enjeux

→ **Observer les références aux différents codes de la littérature médiévale et leurs interactions**

→ **Analyser la dimension parodique du récit**

Lecture analytique

1. Dès les premières lignes, l'extrait de la chantefable rappelle la tonalité des romans de chevalerie avec la description précise des différentes pièces de l'armement d'un chevalier ; les adjectifs mélioratifs ainsi que les phrases exclamatives des commentaires du narrateur font du portrait d'« Aucassin en armes sur son cheval » un portrait digne des romans de Chrétien de Troyes : « Aucassin était en armes sur son cheval, comme vous l'avez entendu. Mon Dieu ! comme lui allaient bien le bouclier qui pendait à son cou et, sur sa tête, le heaume et, sur sa hanche gauche, le baudrier de son épée ! Le jeune homme était grand, fort, beau, élégant, bien bâti ; le cheval qu'il montait était rapide et vif » (l. 1-4). Dans la narration des combats, les échos aux récits épiques des chansons de geste sont également incontestables ; ainsi, le présent de narration, les courtes propositions qui accélèrent les actions, l'absence de déterminants, les hyperboles qui insistent sur leur violence donnent-ils au récit de l'attaque subie par Aucassin une tonalité épique : « des ennemis qui, de tous côtés, mettent les mains sur Aucassin, l'empoignent, lui arrachent bouclier et lance... » (l. 11-12). On retrouve la même tonalité et les mêmes procédés enrichis d'images et de précisions chiffrées au moment où le jeune chevalier se jette dans la mêlée pour y accomplir des prouesses prodigieuses : « Le jeune homme était grand et fort, le cheval qu'il montait était impétueux. Il [...] commença de frapper à droite et à gauche, coupant heaumes, nasals, poings et bras, semant la mort autour de lui, comme le sanglier quand les chiens l'assaillent dans la forêt, tant et si bien qu'il abat dix chevaliers, en blesse sept, se retire au galop de la mêlée et s'en retourne l'épée à la main. » (l. 21-25).

Enfin, le récit de l'issue de combat est lui aussi fidèle à cette tonalité : « de l'épée qu'il tenait à la main, il le frappa sur son heaume si fort qu'il le lui enfonça sur la tête. Le comte, tout étourdi, tomba de son cheval : Aucassin lui tendit la main, le fit prisonnier, l'emmena en le tenant par le nasal de son heaume et le remit à son père. » (l. 28-31).

La chevalerie d'Aucassin réussit à merveille, ainsi peut-il dire après sa victoire : « Mon père, fit-il, voici votre ennemi qui vous a si longtemps fait la guerre et causé tant de mal : il y a vingt ans que dure cette guerre ; jamais personne n'avait pu y mettre un terme. » (l. 32-34). Toutefois, ce qui compte avant tout pour Aucassin, plus que de sauver l'honneur de son père, c'est de revoir Nicolette comme le lui a promis son père : « Mon père, reprit Aucassin, trêve de sermons, tenez-moi plutôt vos promesses. » (l. 37-38).

2. Si les valeurs de la chevalerie et de l'amour courtois sont bien présentes dans l'extrait, elles s'y manifestent avec une certaine singularité et c'est cette singularité qui va contribuer, avec d'autres procédés, à donner à l'épisode une dimension parodique. Ainsi, avec leur verve familière, les commentaires du narrateur font-ils perdre sa solennité au combat : « une capture rondement menée » (l. 12-13). De la même façon, les adresses au lecteur portent un regard distancié et ironique sur la figure du chevalier : « N'allez pas vous imaginer qu'il songeait à enlever des bœufs, des vaches ou des chèvres, ni qu'il échangeait des coups avec les chevaliers de l'autre camp. Pas le moins du monde ! » (l. 6-8). L'énumération qui met le combat d'un chevalier sur le même plan que l'enlèvement d'un animal de ferme déconsidère ici le combat du chevalier. La dimension parodique du récit émane également du fait que le chevalier n'a pas décidé du combat dans lequel il se retrouve projeté, presque malgré lui : « Son cheval qui avait senti la piqûre des éperons, l'emporta au cœur de la mêlée » (l. 9-10). Enfin, la naïveté déconcertante qui se dégage des propos d'Aucassin au discours direct est un élément parodique majeur : « Ha ! mon Dieu, fit-il, très chère Créature, ne sont-ce pas là mes ennemis mortels qui sont en train de m'emmener et qui vont bientôt me couper la tête ? Mais une fois la tête coupée, jamais plus je ne pourrai parler à Nicolette ma douce amie que j'aime tant. » (l. 14-17). L'accent est mis sur la trivialité des propos du chevalier qui n'a cure des « sermons » et ne se soucie que de la promesse de revoir sa belle avec la tête en place.

3. La force inconditionnelle de l'amour qu'Aucassin voue à Nicolette, unique objet de ses pensées, est en effet ce qui l'anime dans son combat et en cela il semble bien *a priori* se conformer aux règles de l'amour courtois : « Nicolette ma douce amie que j'aime tant. Je dispose encore d'une bonne épée et suis monté sur un bon destrier plein de vigueur. Si maintenant, par amour pour elle, je ne me défends pas, et qu'elle m'aime un jour, que jamais Dieu ne lui vienne en aide ! » (l. 17-20). Le contrat qui lie inconditionnellement l'amour à la valeur du chevalier au combat est ici réitéré même si c'est à se défendre lui-même que s'engage Aucassin et si, à l'inverse des chevaliers des romans courtois, l'intensité de son amour peut aussi lui faire perdre le sens du devoir : « il pensait tellement à Nicolette, sa douce amie, qu'il en oubliait ses rênes et tout ce qu'il devait faire. » (l. 8-9).

Œuvre atypique – et unique – dans sa forme parlée et chantée, *Aucassin et Nicolette* se joue, au XIIe siècle, des règles qui régissent les romans de chevalerie et la littérature courtoise en même temps qu'elle en est imprégnée, comme le fait remarquer Omer Jodogne dans un article intitulé « La Parodie et le pastiche dans *Aucassin et Nicolette* » : « Pastiche et parodie de l'amoureux, pastiche et parodie de trois genres littéraires s'imbriquent dans cette jolie œuvrette, mais avec tant de modération que sont sauvegardées les valeurs essentielles de la vie médiévale comme de la littérature, le racisme nobiliaire, la prouesse chevaleresque et surtout la vertu exaltante de l'Amour. »

V. Le premier récit de voyage (p. 111)

TEXTE 12 : Marco Polo, *Le Devisement du monde ou le Livre des merveilles* (1298) p. 111

Objectifs et enjeux

- → **Lire la dimension documentaire du récit de Marco Polo**
- → **Comprendre l'émergence d'un nouveau genre de récit**

Lecture analytique

Dès la diffusion de son *Livre des Merveilles*, des contemporains de Marco Polo l'ont suspecté d'avoir assis sa notoriété sur un mensonge et ont considéré son livre comme un tissu d'affabulations. Et si la thèse de l'imposture semble aujourd'hui écartée, chercheurs et commentateurs continuent à questionner la véracité des faits et données relatés dans ce qui constitue le prototype du récit de voyage dont le genre va constituer une forme littéraire à part entière et pérenne.

1. Ce ne sont pas uniquement les péripéties de son voyage que Marco Polo entreprend de raconter mais d'abord « le devisement du monde », ce qui signifie, en ancien français, « le compte rendu de ce qu'il a vu ». Le voyageur porte en effet un regard précis sur l'espace qu'il traverse, tente d'y trouver des repères et des liens avec le savoir en sa possession. La description s'attache à explorer ce monde nouveau en soulignant son caractère inconnu, notamment au travers de ses ressources dont on peut dire qu'il établit la liste. Ainsi, par exemple, les fruits connus sont-ils nommés quand pour les autres, il se contente de souligner qu'ils ne « croissent point chez nous. » Le caractère inconnu des éléments rencontrés est systématiquement marqué avec la répétition de l'expression « ce pays-là » ; la description des éléments se fait souvent en comparaison avec ce que l'on trouve en Europe. Ainsi les bœufs décrits des lignes 6 à 11 sont-ils « fort grands », et « blancs pour la plupart ». Contrairement aux animaux d'Europe, ils ont des cornes « courtes et non aiguës » et ont une bosse, ce qui les fait ressembler à des chameaux, ce que tend à confirmer le rôle de l'animal et sa façon de s'agenouiller. Ces quelques lignes permettent ainsi au lecteur de se représenter l'animal physiquement, de découvrir son utilité et son dressage, en lien avec ce qu'il sait et connaît.

Avec ses notations historiques et géographiques, des données sur l'agriculture et le commerce, Marco Polo ouvre à la connaissance de Camandu et de l'ailleurs qu'il parcourt.

2. et **3.** Comme son titre l'annonce, le *Livre des Merveilles* doit provoquer l'étonnement et l'admiration de son lecteur, tout comme les faits évoqués ont suscité l'émerveillement de son auteur. Ce livre a été écrit après ses voyages et s'inscrit de fait dans un passé révolu : il est donc organisé par une chronologie marquée par des indicateurs temporels et spatiaux tels « autrefois », « après cela », « en ce pays-là » et « mis en récit » dans une énonciation référée au moment de l'écriture. De là cette impression très forte qu'il s'agit d'un récit de fiction. Mais, c'est certainement dans le récit des aventures vécues, comme celle avec les « Caraons », que cet effet est le plus marqué. Les deux parties du texte s'articulent autour de l'évocation de ces bandits, préparée par la description des murailles de la ville : « mal construites quoique assez fortes. » (l. 14-15). La coordination « car » marque le lien logique avec ce qui suit : il s'agit de se protéger de voleurs dangereux dont il va être ensuite question. La formule « il règne en ce pays-là » marque le seuil de l'épisode poursuivi par de « de certains » qui joue le rôle d'un présentatif empathique que souligne aussi l'existence d'un « roi » (l. 16). La suite annonce des « enchantements » qui pour le lecteur relèvent du conte. Les formes hyperboliques décrivent les voleurs et « leur art diabolique » : non seulement ces voleurs peuvent obscurcir le jour mais cela peut durer « six ou sept jours » (l. 19-20) et ils peuvent atteindre le nombre de « dix mille hommes » (l. 20-21). Marco Polo décrit une organisation qui dépasse celle d'un groupe de brigands, au point de les comparer à des « gens de guerre » dont il décrit les stratégies. Cette orientation du récit transforme de vulgaires voleurs en guerriers redoutables et annonce l'événement qui suit dont l'importance est marquée par la déclaration : « Moi Marco qui écris ces choses, je suis tombé une fois à leur rencontre » (l. 27-30). Quoique lapidaire, le récit porte les traces d'une dramatisation qui l'apparente à une fiction : un dénouement heureux grâce à la proximité d'un château providentiel dont on apprend le nom, « Canosalim », le danger évité de justesse, « je n'eus que le temps de me sauver » (l. 33-35), « le piège diabolique » qui fait que « plusieurs de [sa] suite » auront un destin tragique. Ils seront « partie vendus et partie tués. » (l. 38-39) sans que l'on sache leur nom et nombre, sans doute en raison de leur rôle subalterne.

On peut ainsi lire dans cette narration d'événements qui ont certainement eu lieu, l'émergence d'une forme de récit qui adopte les codes du récit épique. C'est ce qui donne naissance à la figure de l'explorateur relatant ses aventures et attestant par sa personne de la réalité de son récit, tout en témoignant du caractère étrange et merveilleux du monde qu'il découvre et qui le fascine comme il doit fasciner le lecteur.

Rappelons que Colomb avait embarqué dans son voyage vers les Indes, le livre de Marco Polo. On retrouvera dans son *Journal de bord* et son courrier les formes et les modalités d'écriture de ce récit que l'on peut considérer comme le prototype du récit de voyage.

Prolongements

On pourra guider les élèves amateurs du genre vers la *Relation des voyages...* de Jacques Cartier pour retrouver cette filiation dans l'évocation d'un espace géographique tout autre au XVIe siècle : https://data.bnf.fr/fr/13517550/jacques_cartier_relations/

2 Le récit au XVIe siècle : l'art de raconter

Manuel, p. 112-116

I. Problématiques et thèmes

Dans la présentation de sa traduction de *Gargantua*, Myriam Marrache-Gouraud écrit :

« *Gargantua* s'emploie à tourner en dérision les anciens genres littéraires ; par une écriture renouvelée, il met en question aussi bien l'épopée antique que ses formes médiévales, tant le merveilleux que le vraisemblable et s'interroge sur la manière d'écrire des histoires tout en questionnant le lecteur sur la façon de les lire. [...] Rabelais bouscule les stéréotypes traditionnels et montre que tout en restant souhaitable la crédulité, ou illusion romanesque, peut être dépassée. »

En conformité avec l'idéal humaniste de réfléchir aux conditions d'une vie autonome et libre, Rabelais explore les formes burlesques et l'utopie pour penser un monde libéré de la violence. Au lecteur de décrypter ce qui se construit dans ces représentations burlesques et imaginaires, des guerres picrocholines ou de l'utopie de Thélème.

Dans les nouvelles de Marguerite de Navarre, c'est un autre contrat avec le lecteur qui se lit. Partageant le projet humaniste de Rabelais, dont elle a été aussi la protectrice, elle développe un art de raconter qui joue du témoignage pour attester de la vérité de ses histoires édifiantes qu'éclairent aussi les discussions des devisants. Ainsi, la nouvelle qui émerge comme genre du récit au XVIe siècle, peut-elle se définir, selon Marguerite de Navarre, comme « une anecdote véridique, qu'on raconte entre soi dans une compagnie prête à en débattre. » C'est donc l'ensemble du texte, récits et commentaires, qui se donne à interpréter au lecteur.

Le récit à la Renaissance hérite également des œuvres du Moyen Âge : Rabelais prend son inspiration autant des récits épiques que des fabliaux et des textes parodiques, et emprunte la langue de Villon et de Marot. Quant à Marguerite de Navarre, lectrice de Boccace, dont elle reprend l'organisation du recueil en un récit cadre, elle met l'accent autant sur les contes plaisants aux tonalités et aux thèmes variés que sur les discussions philosophiques et morales auxquelles ceux-ci donnent lieu entre les conteurs.

BIBLIOGRAPHIE

- **Mikhaïl Bakhtine**, *L'Œuvre de François Rabelais et la culture populaire au Moyen Âge et sous la Renaissance*, coll. « Tel », Gallimard, 1982.
- **Michel Jeanneret**, *Rabelais, interprétation et éthique*, « Amis lecteurs », dans *Poétique* 2010/4 (n° 164).
- **Edgard Pich**, « *Les règles du jeu* » dans L'Heptaméron *de Marguerite de Navarre*, p. 533-542 : https ://journals.openedition.org/studifrancesi/1043
- Sur le site de l'**université de Tours** une cartographie des lieux et personnages de *Gargantua* : https ://renom.univ-tours.fr/fr/le-projet
- **Anne Larue**, *La nouvelle des temps modernes, narration contique ou fiction inédite ?* (Décaméron, Heptaméron, Nouvelles exemplaires), *Littératures*, 1996, n° 35, pp.167-187 : https ://www.persee.fr/doc/litts_0563-9751_1996_num_35_1_1729
- **Daniel Ménager**, « Le rire et le grotesque. Boccace, Rabelais, et quelques autres », 2012 : https ://books.openedition.org/pupo/2311 ?lang=fr
- **Gisèle Mathieu-Castellani**, *La conversation conteuse. Les nouvelles de Marguerite de Navarre*, PUF, 1992.

II. Textes (p. 100-116)

TEXTE 1 : François Rabelais, *Gargantua* (1534) p. 113

Objectifs et enjeux

→ Analyser la dimension parodique du combat entre les fouaciers et les bergers

→ Lire la dimension farcesque du récit et relever les procédés de son écriture

Lecture analytique

Rabelais situe ses récits burlesques dans la géographie de la région bien réelle qu'est la Touraine d'où il est originaire et dont Lerné est l'un des toponymes. L'épisode de la grande querelle entre « les fouaciers de Lerné et les gens du pays de Gargantua » annoncée par le titre du chapitre joue un rôle important dans le roman en ce qu'il marque l'origine des guerres picrocholines.

1. Le sujet et son décor annoncent un récit épique qui pourrait se dérouler dans une antiquité acadienne. Mais comme on le verra le récit va être détourné en parodie comique de l'épopée.

Le récit commence par le seuil rituel de « Au temps de », à la manière d'un roman bucolique et met en scène des bergers. C'est le temps des vendanges et la narration évoque les circonstances de l'affaire et quelques détails qui contribuent à planter le décor, les bergers empêchant « les étourneaux de manger les raisins », les fouaciers transportant leur charge de fouaces, « dix ou douze charges » (l. 2-5). Les bergers témoignent ici d'une grande politesse pour demander qu'on leur vende quelques fouaces. Le narrateur intervient ensuite pour vanter l'association des raisins avec les fouaces fraîches, qualifiée de « nourriture céleste » (l. 8).

C'est dans cet univers idéalisé que va s'élever un conflit dont le motif semble bien banal pour une épopée puisqu'il s'agit d'un simple pain. Quant aux combattants, ce ne sont pas des guerriers valeureux, même si Frogier est un « honnête homme » et un « jouvenceau », mais des bergers, des boulangers et des métayers, le peuple laborieux de la campagne. Le combat est d'abord un conflit de paroles et d'échanges d'insultes. Puis les combattants en viennent aux mains. Le narrateur semble prendre parti dans le conflit opposant Frogier à Marquet, « grand bâtonnier de la confrérie des fouaciers » (l. 22), qu'il représente en fanfaron, « Viens-là, viens-là, je te donnerai de ma fouace », en hypocrite et violent personnage : « il lui donna un coup de coup de fouet à travers les jambes » (l. 26-27) ; puis il fuit en « lâche ». Les combattants de Rabelais ne se battent pas avec les armes des héros antiques mais ils utilisent les outils de leur métier, fouets et triques plutôt destinés à conduire les animaux. La suite est de la même veine : les métayers accourent aux cris de Frogier « au meurtre » et « au secours » (l. 28) et se servent de leurs gaules à écaler les noix pour se battre, ils utilisent leurs frondes et leurs lance-pierres. La scène est vivante et burlesque mais elle détourne les codes de l'épopée tant sur ses motifs que sur les protagonistes, tant sur les péripéties que sur le dénouement : l'achat des fouaces redoublé du cadeau de noix et de raisins.

2. et **3.** L'univers farcesque de l'histoire apparaît rapidement au travers des images triviales que le narrateur associe aux circonstances du récit : c'est le cas lors de l'évocation des divers types de cépages de raisins ; le cépage *calitor* nommé aussi « foirard(s) » (l.10) donne lieu à des explications médicales sur les effets laxatifs de ces raisins, et comme on le sait bien les motifs scatologiques suscitent le rire. Ici le comique est redoublé par la comparaison de la matière produite par les foirards « long comme des hallebardes » (l. 11), l'explication de leur souillure ainsi qu'un jeu de mots en forme de mot-valise pour désigner les vendangeurs sous le titre de « ramachieurs ». Et le comique de ces allusions est renforcé par la reprise de l'histoire sous une forme soutenue : « Les fouaciers ne firent nullement enclins à répondre... » (l. 13). Rabelais provoque également la gaieté par la verve avec laquelle il déroule des chapelets d'injures très imagées, relevant à nouveau de la scatologie avec « chienlit » et « bergers de merde », mais aussi un florilège d'accusations variées, qui relèvent de défauts, « prétentieux » ou « casse-pieds », de traits physiques, « vilains rouquins » (l. 14-16) très peu aimables que l'expression « d'épithètes diffamatoires » résume de façon très soutenue. La suite du récit qui expose les raisons du refus des fouaciers est également soignée : « ils n'étaient pas dignes de manger ces belle fouaces ... » (l.17-18). La farce se lit donc aussi dans le mélange des genres entre le discours soigné, élevé du narrateur et la vulgarité des paroles des combattants. Enfin, le comique de la scène se lit encore dans l'enchaînement dramatique, le quiproquo des paroles entre Frogier et Marquant et la fuite des fouaciers sous les « coups de cailloux, si drus qu'on aurait dit de la grêle. » (l. 25-26)

Le conflit raconté ici est le prélude aux guerres picrocholines dont les péripéties vont suivre, parodie épique mais aussi dénonciation de l'engrenage de la violence et de la brutalité des hommes et du caractère dérisoire des motifs des guerres. Le burlesque de la guerre est une facette du discours de Rabelais qui sera complété par la vision qu'il offre d'une société utopique, celle de Thélème, image de l'harmonie et la vertu (*cf.* p. 114 du manuel).

TEXTE 2 : François Rabelais, *Gargantua* (1534) p. 114

Objectifs et enjeux

- → **Lire une critique implicite de l'univers monastique**
- → **Analyser un point de vue positif du narrateur**
- → **Découvrir une utopie humaniste : Thélème**

Lecture analytique

Dans le *Prologue* à Gargantua, Rabelais avertit son lecteur : « ...vous dites vous-mêmes que l'habit ne fait pas le moine ; un tel qui sera vêtu d'un habit monacal ne sera au-dedans rien moins qu'un moine [...]. C'est pourquoi il faut ouvrir le livre, et soigneusement peser ce qui y est exposé. Alors vous comprendrez que la drogue contenue dedans est d'une bien autre valeur que ne le promettait la boîte ».

1. Dans les chapitres 50 à 56 de la fin de *Gargantua,* frère Jean refuse les abbayes traditionnelles que lui offre le prince pour le remercier de ses exploits lors des guerres picrocholines. Il consent toutefois à fonder une abbaye où les règles fonctionnent à rebours des abbayes traditionnelles. C'est l'abbaye de Thélème. On comprend dès lors comment les règles de vie de Thélème offrent la vision inversée de celles des abbayes de la Renaissance. Les moines vivent alors hors du monde et du siècle, selon des vertus (la chasteté, la pauvreté et l'obéissance), qu'ils ont fait vœu de respecter en entrant au couvent. Leur vie y est organisée par des règles comme celle de Saint Benoît ou d'autres « lois » et « statuts » (l. 1) selon les congrégations, qui toutes prescrivent ce que les moines ou les nonnes doivent manger ou boire, l'heure du lever, etc., et tous les détails de leur vie. Rabelais dit que la vie régulière est aliénante : c'est une « vile, contraignante oppression » (l. 9) et qui pousse à « déposer et briser le joug de servitude », à l'opposé de la liberté qui caractérise l'abbaye de Thélème et sa devise « fais ce que tu voudras » (l. 6). Le terme « vile » est extrêmement fort en ce qu'il relève de la morale et qu'il est contradictoire avec l'idéal de vertu que prône la vie monastique et aux vœux des religieux. En faisant l'éloge de « l'honneur » chez les Thélémites, Rabelais explique comment la vie monastique peut conduire au vice « car nous entreprenons toujours ce qui est défendu et nous convoitons ce dont nous sommes privés ». (l. 11-12).

Selon lui, ce sont bien les règles et la « servitude » qui engendrent le vice. Les loisirs des Thélémites, leur éducation et leur vie amoureuse offrent autant d'occasion à Rabelais de souligner les caractéristiques de la vie des religieux de son temps qui eux n'ont pas d'activités agréables comme les jeux, la promenade ou la chasse ; qui ne s'instruisent pas, et qui ne peuvent vivre ensemble, hommes et femmes, ni profiter des plaisirs de l'amour. Enfin Rabelais pointe et condamne une servitude à perpétuité, car on ne peut sortir du monastère tandis qu'à Thélème, « quand le temps était venu qu'un membre de cette abbaye veuille [...] en sortir » (l. 30-34), il peut le faire et se marier.

2. Au travers de cette peinture de la vie à Thélème se lit le point de vue admiratif du narrateur pour cette invention de Thélème. Dans les lignes 1 à 5, le lexique qui évoque l'abbaye est positif voire superlatif : tout y est plein et total (« toute leur vie »). Le principe de liberté qui y règne est répété et souligné : « leur volonté et leur libre arbitre », « quand bon leur semblait », « quand le désir leur en venait », et résumé par la « règle » paradoxale édictée par Gargantua : « fais ce que tu voudras ». La petite compagnie est composée d'une élite de « gens libres, de bonne nature, bien instruits conversant en nobles compagnies » et leur morale les conduit à agir « vertueusement » (l. 8). Les habitants de Thélème sont également très instruits et savants : « aucun parmi eux qui ne sachent l'art de lire, d'écrire de chanter [...] » (l. 22-24) ; ils savent également composer de la musique et des vers dans les « cinq à six langues » qu'ils connaissent. (l. 25).

L'évocation des loisirs de la communauté offre des petits tableaux charmants comme le marquent les adverbes et les adjectifs qualificatifs ; les dames sont « montées sur de belles haquenées avec palefroi magnifiquement harnaché » qui évoquent la beauté et la richesse de leur train et de leur tenue avec « leur poing mignonnement ganté » (l. 17-19). Plus loin, les dames sont à nouveau représentées sous des formes superlatives : « jamais on ne vit de dames si distinguées, si jolies, plus brillantes, plus douées de leurs mains... » (l. 27-28).

3. Le terme d'utopie emprunté à Thomas More dans son œuvre éponyme, désigne un lieu qui n'existe nulle part comme le dit son étymologie. Le mot caractérise une société idéale telle que l'abbaye de Thélème peut la représenter, offrant une matrice à l'idéal humain des humanistes. À Thélème tout s'oppose à la vie dans les autres abbayes et couvents comme on l'a vu. On y reconnaît l'aspiration première à la liberté, non pas celle des passions et de l'égoïsme, mais celle de la « volonté » (l. 2). C'est ce que Rabelais nomme « libre arbitre » (l. 2) qui en est une forme élaborée et s'oppose à la « servitude » et à la « vile oppression », dont la vie monastique offre l'exemple. Cette liberté se fonde sur une « nature » (l. 7) bonne, « un instinct », « un noble penchant » qui guide « spontanément vers la vertu » (l. 7-8). Rabelais explique l'articulation entre la liberté et la vertu en posant que c'est l'interdiction, la privation qui poussent au vice. Thélème est donc le lieu de l'exercice d'une liberté respectueuse de la morale, où l'on cultive la vertu ensemble. Les Thélèmites ne sont pas des individus solitaires mais de « nobles compagnies » (l. 7) et la vie collective est aussi l'apprentissage du respect de la volonté de l'autre : « ils rivalisèrent de louable émulation pour faire, tous, ce qu'ils voyaient plaire à un seul. » (l. 13-14). Et Rabelais de décliner toutes leurs activités : boire, jouer, batifoler, aller à la chasse au vol, qui sont autant d'occupations agréables pour une élite qui n'est pas condamnée à travailler. C'est en cela que le texte ne concerne qu'une part infime de la société, une élite sociale mais aussi une élite intellectuelle, instruite qui serait le résultat du programme d'éducation de Gargantua. Plus que soumis à des savoirs dogmatiques, ils ont été instruits dans les arts et les pratiques qui donnent lieu à leurs échanges et loisirs cultivés : « tous savaient composer des vers ou des textes en prose » (l. 25-26) et « jouer d'harmonieux instruments » (l. 24-25). Et les femmes y développent des talents supplémentaires : « Jamais on ne vit de dames [...] plus douées de leurs mains, dans les travaux d'aiguille, et pour toute activité féminine vertueuse et libre » (l. 27-29). On soulignera à nouveau le caractère indissociable des termes de liberté et de vertu. La vie à Thélème est une vie agréable, elle ouvre à des liens d'amour et d'amitié, « tout en dévotion et amitié » entre ses habitants ; elle les forme aussi et les éduque à la vie dans le monde et au mariage auxquels elle ne s'oppose pas et fait que les couples s'aiment « l'un l'autre jusqu'à la fin de leurs jours autant qu'au premier moment de leurs noces » (l. 38-39).

Certes, Thélème est bien une utopie en ce que l'on peut difficilement imaginer qu'existe un tel lieu. D'ailleurs, le bonheur qu'elle promet ne serait réservé qu'à une élite cultivée et peu nombreuse. Mais la représentation de cette idée énonce aussi les conditions à l'exercice d'une liberté pensée dans la relation aux autres, une éducation du corps, de l'esprit et de la sensibilité, des relations harmonieuses guidées par une vertu que n'entravent ni les règnes, ni les lois, ni l'oppression. En cela le message est bien celui d'une confiance dans l'homme, dans le développement de ses qualités et dans sa relation aux autres, c'est-à-dire un message humaniste.

TEXTE 3 : Marguerite de Navarre, *L'Heptaméron* (1559, posth.) p. 115

Objectifs et enjeux

- → Analyser les caractéristiques d'un récit à visée morale
- → Repérer les marques du conte et du fabliau dans le récit
- → Découvrir, à travers ce récit, les caractéristiques de la nouvelle au XVIe siècle

Lecture analytique

1. « En la ville de Tours, y avait une bourgeoise belle et honnête » : cette formule d'ouverture inscrit le récit dans un lieu bien réel, la ville de Tours, mais fait en même temps écho au « il était une fois » d'un conte, genre auquel le récit peut à bien des égards s'apparenter. Ainsi, commence-t-il par le développement d'une situation initiale circonstanciée où les verbes à l'imparfait insistent sur le caractère habituel des actions des personnages : « Et souvent s'en partait de Tours, pour aller visiter sa métairie, où il demeurait toujours deux ou trois jours ; et, quand il retournait à Tours, il était toujours si morfondu, que sa pauvre femme avait assez à faire à le guérir. Et, si tôt qu'il était sain, ne faillait point retourner au lieu où pour le plaisir oubliait tous ses maux. » (l. 4-8). Les nombreux adverbes et l'emploi du verbe « faillir » soulignent la répétition des mêmes actions dans un enchaînement systématiquement identique. Le récit se clôt par la formule finale des contes : « et depuis vécurent en bonne paix, laissant entièrement la vie passée », et c'est encore suivant le schéma narratif du conte que l'équilibre initial est rompu pour donner lieu au récit de péripéties dans une séquence narrative resserrée dans l'espace et dans le temps. Le rythme alerte des actions se fait ressentir par une abondance de verbes assortis d'énumérations de termes courts et nombreux en guise de compléments : « Incontinent envoya quérir un bon lit, garni de linceuls, mante et courtepointe, selon que son mari l'aimait ; fit accoutrer et tapisser la chambre, lui donna de la vaisselle honnête pour le servir à boire et à manger ; une pipe de bon vin, des dragées et confitures. » (l. 16-19). Le caractère vivant de l'ensemble du récit tient d'ailleurs à la rapidité de l'enchaînement des actions qui est soulignée par des adverbes comme « incontinent » dans le passage cité et de nombreuses occurrences de la conjonction « et ». Le narrateur met en effet tout en œuvre pour éveiller l'intérêt de son public et soutenir son attention. Le récit avance ainsi allègrement en suivant exactement la succession des événements principaux, sans aucun retour en arrière, ni mention d'actions de second plan qui en alourdiraient la progression.

2. Comme dans le conte, les personnages n'ont pas de nom et sont désignés par leur sexe, leur fonction sociale ou leur situation familiale : « une bourgeoise » ; « son mari » ; « une métayère qu'il avait » ; « sa femme ». Aucun portrait physique, ni psychologique : chaque personnage est emblématique d'un « type » qui lui impose le rôle qu'il incarne ; ainsi le mari se comporte-t-il « suivant la fragilité des hommes qui s'ennuient de manger bon pain » (l. 3) et nul motif psychologique n'est invoqué pour expliquer le fait qu'il tombe amoureux de « sa métayère », personnage uniquement caractérisé par son infériorité sociale et sa dépendance à chacun des deux autres : « une métayère qu'il avait » ; « la jeune femme que son mari aimait ». La reprise du groupe nominal « la pauvre femme » (l. 13 et 23) souligne la fonction de faire-valoir de ce personnage dont la présence permet simplement d'illustrer l'évolution des relations du couple de bourgeois. Le personnage de la femme incarne également un type moral ; on sait dès les premières lignes qu'elle est « belle et honnête », son comportement nous est expliqué par le fait que « surtout [elle] aimait [la] vie et [la] santé » de son mari et ses actions sont toutes accompagnées d'un commentaire du narrateur qui rappelle ses grandes qualités morales : « sans colère, mais d'un très gracieux courage » (l. 10-11) ; « elle en eut pitié » (l. 16) ; « la grande bonté de sa femme que, pour tant de mauvais tours qu'il lui avait faits lui rendait tant de biens »(l. 26-28) ; « cette grande douceur et bonté » (l. 33).

Comme dans une fable, les personnages sont donc là pour illustrer une morale et, pour comprendre l'importance accordée au personnage de la femme, nous pouvons nous reporter aux propos tenus, en guise d'introduction, par le personnage narrateur qui prend en charge le récit de cette trente-huitième nouvelle : « Or, puisque nous sommes à louer la vertueuse patience des dames, je vous en montrerai une plus louable que celle qui a été présentement parlée, et de tant de plus est-elle à estimer, qu'elle était femme de ville, qui de leur coutume ne sont nourries si vertueusement que les autres. » C'est le moment de rappeler la situation d'énonciation rapidement précisée dans le chapeau introducteur de l'extrait : dix personnes prennent tour à tour en charge un récit pour passer le temps et le recueil est organisé en dix journées, chacune d'elles étant dédiée à un thème de réflexion annoncé chaque fois dans le prologue qui précède les nouvelles de la journée. L'extrait de cette trente-huitième nouvelle appartient à la quatrième journée où « on devise principalement de la vertueuse patience et longue attente des dames pour gagner leurs maris ».

3. Comme nous l'avons vu, l'objectif du récit est donc bel et bien, à la manière des contes et des fabliaux, d'illustrer une morale. Le mari tire lui-même la leçon du tour que lui a joué son épouse et la sagesse de cette dernière apparaît d'autant plus grande que les termes qui la décrivent sont symétriquement opposés à ceux qui qualifient le comportement du mari : « mauvais tours » et « faute aussi grande » pour le mari, « tant de bien, « honnête tour » pour la femme. L'ensemble du récit met en évidence la supériorité de l'épouse dont la ruse triomphe et porte, en revanche, un regard critique sur le mari dont le ridicule est évident lorsqu'il fanfaronne à la fin, et ce, faisant la morale à la métayère « après avoir donné argent à sa métayère, la priant pour l'avenir vouloir vivre en femme de bien ». Sagesse, intelligence, rouerie ? L'interprétation n'est pas univoque et c'est l'occasion de revenir avec les élèves sur la particularité des nouvelles du recueil de Marguerite de Navarre : la morale illustrée par un conte est toujours élargie, nuancée, voire contredite dans les discussions entre les différents conteurs qui font suite à chaque récit. Ainsi, les commentaires sur les aventures de la femme, de son mari et de la métayère en offrent-ils plusieurs interprétations. La conteuse s'exprime en premier et, fidèle au sens qu'elle avait annoncé, met en valeur la sagesse des femmes qui leur donne du pouvoir sur leurs maris : « Croyez, mesdames, qu'il y a bien peu de maris que patience et amour de la femme ne puisse gagner à la longue, ou ils sont plus durs qu'une pierre que l'eau faible et molle, par longueur de temps, vient à caver ». On s'interroge aussi sur les réactions du mari qui cesse paradoxalement d'aller voir sa métayère dès lors qu'elle le reçoit dans le confort. Le débat, conforme aux préoccupations de l'époque, aborde enfin longuement le thème de la religion ; le comportement de la femme étant pour certains une illustration de la charité chrétienne : « elle expérimentait ce que Dieu commande, de faire bien à ceux qui font mal » pouvant aller jusqu'à tout mettre en œuvre pour le seul salut de son mari. Alors qu'un autre, portant sur les moines un regard satirique dans la lignée des fabliaux du Moyen Âge, voit dans les agissements de l'épouse le signe de la rouerie de son confesseur qui souhaite éloigner le mari de la ville pour pouvoir s'abandonner tranquillement avec elle aux plaisirs de l'amour : « – Je pense, dit Hirean, qu'elle était amoureuse de quelque Cordelier, qui lui avait donné en pénitence de faire si bien traiter son mari aux champs, que, ce pendant qu'il irait, elle eut le loisir de le bien traiter en la ville ! »

TEXTE ÉCHO : Boccace, *Le Décaméron* (1350-1353) p. 116

Objectifs et enjeux

- **Repérer les procédés qui rendent le récit vivant et attrayant**
- **Analyser la visée morale du récit et le portrait féminin qui s'en dégage**
- **Comparer ce récit à celui de Marguerite de Navarre**

Lecture comparée

1. et **3.** Encadrée par les seuils rituels que sont l'expression « le jour dit » et le départ du roi à la dernière ligne, la nouvelle raconte la visite du roi à la marquise et fait se succéder les moments agréables organisés en son « honneur » dont le point d'orgue constitue le dîner. Le texte progresse donc vite selon la chronologie d'événements rapidement évoqués : l'accueil puis la sieste du roi, « Après qu'il eut pris quelque repos dans des appartements richement décorés » (l. 9-10), puis enfin le souper. Mais le texte avance aussi selon les sentiments du roi et son admiration croissante à l'égard de la marquise : d'abord il trouve qu'elle dépasse en beauté le portrait que l'on a fait d'elle : « elle lui parut belle et avenante bien au-delà de ce qu'il avait pu en juger par les paroles du chevalier ; » (l. 6-7) ; son désir s'éveille. Au début du dîner, « il ne cessait de regarder complaisamment la belle marquise, il éprouvait un grand plaisir » ; tandis que, de manière convenue pour un tel événement, défilent « des plats nombreux, des vins excellents et rares » (l. 13-14). Aussi, dans cette première partie, le lecteur découvre un récit galant, conforme aux codes d'un tel genre. La suite de l'histoire toutefois fait passer le roi de l'admiration à l'étonnement en voyant « que les mets, très variés comme assaisonnement, se composaient uniquement de poules » (l. 16-17). La situation devient énigmatique, pour le roi et le lecteur : l'intérêt de ce dernier augmente. La grivoiserie succède à la galanterie quand le roi veut gaiement, « d'un air joyeux » comme il est dit, en savoir la raison, moins intéressé par l'uniformité des plats que du choix de ne servir que des poules : « il ne voulut pas en prendre occasion pour le lui témoigner, si ce n'est au sujet de ses poules » (l. 20-21), dont on peut hasarder qu'elles représentent les dames. La marquise ne cède pas au badinage du roi et lui répond « avec franchise » (l. 25) en formulant explicitement son message : « les femmes, bien qu'elles diffèrent entre elles par les vêtements et les dignités, sont toutes faites ici comme ailleurs. » (l. 26-27). Reste au roi à dégager la morale de cette fable, ce qui lui est facile semble-t-il : « Le roi, [...] comprit très bien la raison pour laquelle on lui avait servi un repas tout en poules, ainsi que la sagesse cachée sous cette réponse. » (l. 27-29) ; il en tire la conclusion qui s'impose et se retire. Le lecteur amusé de la ruse de la marquise doit lui aussi comprendre le message de la dame et cela fait, il trouve que la morale est juste et fine, et s'est beaucoup diverti de ce récit amusant et rondement mené.

2. La marquise est supérieure en tout sur ceux qui l'entourent. Elle est belle au point que sa réputation a amené le roi de France à tomber amoureux d'elle : « c'était sa réputation de beauté qui l'amenait » (l. 2-3) et à l'aimer davantage encore quand il la voit. Elle est aussi sage, fidèle et loyale et ne veut pas « son mari étant absent » (l. 2) lui être infidèle et être contrainte à aimer le roi qui pourrait se montrer pressant, même s'il y renonce finalement : « Il s'aperçut qu'il perdrait son éloquence avec une pareille femme et que ce n'était point le lieu d'employer la force. » (l. 29-30).

La morale se trouve ici en conflit avec les règles de la courtoisie et de la bienséance qui veulent qu'elle reçoive dignement le roi qui lui est supérieur et à qui elle doit faire « grand honneur. » (l. 5-6). Les codes de la préséance sont respectés : « le roi et la marquise s'assirent à la même table, tandis que les autres convives, selon leur qualité, prirent place aux autres tables. » (l. 11-13). Étant son hôtesse, la marquise ne peut s'éloigner du roi. Face à cette situation, la dame doit donc imaginer un subterfuge qui puisse lui permettre d'opposer son refus au roi. La solution qu'elle imagine présuppose que le roi soit capable de comprendre un message implicite, et d'en interpréter la reformulation. Son intelligence lui permet de ne pas transgresser les codes de la courtoisie en humiliant le roi par un refus et fait en sorte de ne pas avoir besoin de le lui signifier. Quant à la leçon qu'elle lui donne, elle témoigne de sa modestie en faisant valoir que toutes les femmes sont semblables, si on fait abstraction des « vêtements et [des] dignités » (l. 26-27), ce qui place la question de l'amour sur un plan moral et religieux comme en témoigne la réflexion que se fait la marquise quand le roi l'interpelle sur le menu du banquet : « il lui sembla que, suivant son désir, Dieu l'avait envoyée en temps opportun pour faire connaître ses dispositions. » (l. 23-24). Et le dénouement de l'histoire marque bien que si la marquise a su sauver son honneur et sa dignité, elle a aussi donné au roi une leçon dont il semble tirer profit : « il comprit qu'il fallait sagement pour son honneur éteindre le feu si malencontreusement allumé. Sans plus dire un mot, craignant ses réponses, il renonça à tout espoir ». (l. 32-36).

Avec cette nouvelle, Boccace fait le portrait d'une femme qui surpasse tout le monde par ses vertus et ses qualités et constitue dès lors un modèle d'une littérature qui se veut édifiante.

4. Dans le prologue de l'*Heptaméron*, Marguerite de Navarre revendique clairement sa filiation à Boccace dont elle affirme le talent reconnu à travers les propos qu'elle prête à l'une des conteuses : « Entre autres, je crois qu'il n'y a nulle de vous qui n'ait lu les *Cent nouvelles* de Boccace, nouvellement traduites d'italien en français, que le roi François, premier de son nom, monseigneur le dauphin, madame la dauphine, madame Marguerite font tant de cas, que si Boccace, du lieu où il était, les eût pu ouïr, il devait ressusciter à la louange de telles personnes ». Elle insiste toutefois sur la spécificité qu'elle souhaite donner à son recueil : « en faire autant, sinon en une chose différente de Boccace : c'est de n'écrire nulle nouvelle qui ne soit véritable histoire ».

La filiation entre les deux œuvres est non seulement affichée par Marguerite de Navarre mais elle est aussi patente dans ces deux nouvelles. Les deux femmes sont dans des situations comparables, victimes des hommes, de leur désir de séduire et de varier les plaisirs en aimant d'autres femmes que la leur. Si la bourgeoise de Troyes est une femme trompée, elle donne l'exemple de la générosité et de l'abnégation en surmontant son dépit et en ne recherchant que le bonheur et le confort de son mari. La marquise est, quant à elle, face à un dilemme entre son honneur, sa loyauté à son mari et les devoirs de son rang ; elle parvient, par son intelligence et sa finesse, attendant du roi des qualités semblables – même s'il lui faut au moins l'aide de Dieu pour y parvenir – à lui faire entendre raison sans rien lui refuser.

3 Le roman au XVIIe siècle : un genre à explorer

Manuel, p. 117-127

I. Problématiques et thèmes

> *Quelles formes l'aveu amoureux prend-il dans le roman ?*

Textes 1, 2 et écho, 3, 4 et écho, 5

L'aveu dans le roman peut être direct, que ce soit par la parole, la lettre ou l'action. Ainsi, dans *Le Grand Cyrus* (texte 2), Phaon déclare-t-il un amour inconditionnel à Sapho. Dans *Les Lettres portugaises*, Guilleragues met en scène une jeune femme qui écrit à son amant parti : la dernière lettre (texte 5) est une lettre d'adieu, mais on perçoit que la femme est encore amoureuse de lui, à travers les questions qu'elle formule (« Quand est-ce que je serai délivrée de cet embarras cruel ? », lignes 5 et 6). Enfin, dans l'extrait de *L'Astrée* (texte 1), Céladon a créé un autel en l'honneur d'Astrée qu'il divinise. Par cet acte, il lui manifeste sa présence et son amour.

Mais l'aveu peut se faire indirectement, et ne s'adresse pas à la personne aimée. C'est le cas dans *La Princesse de Clèves* (texte 4) et *Les Désordres de l'amour* (texte écho) : dans les deux passages, les personnages féminins avouent leur amour pour un autre homme que leur mari. Dans le roman de Madame de Villedieu, la marquise de Villedieu raconte à son mari son inclination passée pour le baron de Bellegarde et son combat présent pour vaincre cet amour. La Princesse de Clèves, en revanche, suggère à son mari sa passion pour un autre homme. Dans *La Princesse de Montpensier* (texte 3), les questions du duc d'Anjou au duc de Guise montrent son intérêt pour la princesse. Ces aveux constituent des moteurs de l'action.

> *Les dangers de la passion amoureuse.*

Textes 2 et écho, 3, 4 et écho, 5

Les auteurs s'attachent à souligner les effets dévastateurs de la passion : elle détruit les couples, comme le montrent *La Princesse de Clèves* (texte 4) ou *Les Désordres de l'amour* (texte écho). Elle souligne les tensions entre les personnages, comme le duc de Guise, le duc d'Anjou, mais aussi le prince de Montpensier et le comte de Chabannes (*La Princesse de Montpensier*, texte 3). La princesse de Montpensier est victime de la passion amoureuse de tous ces personnages.

À la passion, les auteurs opposent la raison : Sapho, dans *Le Grand Cyrus* (texte 2) invite Phaon à se méfier de l'amour : il peut être éphémère. Dans *La Princesse de Clèves* (texte 4) et *Les Désordres de l'amour* (texte écho), les personnages féminins, par leur attitude, essaient de combattre cette passion : elles s'éloignent de l'objet de leur amour. Dans *Les Lettres portugaises* (texte 5), la jeune femme tente de retrouver la sérénité.

> *En quoi la grandeur du personnage romanesque se manifeste-t-elle par une attitude raisonnable ?*

Textes 2, 4 et 5

Face à l'amour, les personnages féminins se montrent raisonnables : Sapho dans *Le Grand Cyrus* (texte 2) refuse l'amour, s'il n'est pas constant (« il vaut mieux ne s'engager pas mal à propos en une affection qui ne serait peut-être pas durable », lignes 12-13). Elle connaît ses propres exigences et préfère ne pas s'engager dans une relation éphémère. La Princesse de Clèves (texte 4) tente de combattre son amour pour le duc de Nemours en s'éloignant de la cour. Elle fait passer son respect pour son mari avant ses sentiments. Quant au personnage féminin des *Lettres portugaises* (texte 5), elle critique sa passion et son attitude passée (« J'ai vécu longtemps dans un abandonnement et une idolâtrie qui me donne de l'horreur », lignes 1-2) : elle renonce à son amour au profit d'une vie calme et sereine.

> *En quoi la fiction romanesque du XVIIe siècle se nourrit-elle de l'observation des contemporains et de leurs préoccupations ?*

Textes 6 et 7

Le Roman comique (texte 6) met en scène des personnages de la société, des comédiens. Reprenant les codes de la littérature galante, l'extrait présente une conversation entre deux personnages. La Bouvillon, tout comme les héroïnes des romans classiques, feint de s'effaroucher d'une situation qui pourrait prêter à confusion. Mais les tentatives de séduction de celle-ci sont maladroites.

Si *L'Autre monde ou les États et empires de la Lune* (texte 7) constitue une œuvre de pure fiction, les allusions au monde dans lequel évolue l'auteur sont fréquentes : ainsi en est-il des paroles de la fille de la reine qui critique la guerre.

BIBLIOGRAPHIE

- **Georges Poulet,** *Etudes sur le temps humain*, I, Plon, 1952.
- **Henri Coulet,** *Le Roman jusqu'à la Révolution*, Armand Colin, 1967.
- **Roger Zuber, Marc Fumaroli,** *Dictionnaire de littérature française du XVIIe siècle*, PUF, 1994.
- **Antoine Adam,** *Histoire de la littérature française au XVIIe siècle*, Albin Michel, 1997.
- **Victor-L. Tapie,** *Baroque et classicisme*, LGF, 1980.
- **Jean Rousset,** *Narcisse romancier, essai sur la première personne dans le roman*, José Corti, 1972.
- **Bertrand Gibert,** *Le Baroque littéraire français*, Armand Colin/Masson, 1997.
- **Annie Collognat-Barres,** *Le Baroque en France et en Europe*, Pocket, 2003.
- **Delphine Denis** (dir.), *Lire l'Astrée*, Presses de l'Université Paris-Sorbonne, 2008.
- **Michel Bouvier,** *La Morale classique*, Honoré Champion, 1999.
- **Jean Sgard,** *Le Roman français à l'âge classique 1600-1800*, LGF, 2000.
- **Alain Genetiot,** *Le Classicisme*, PUF, 2005.
- **Madeleine Alcover,** *La pensée philosophique et scientifique de Cyrano de Bergerac*, Droz, 1970.
- **Jean-Charles Darmon,** *Le Songe libertin, Cyrano de Bergerac d'un monde à l'autre*, Klincksieck, 2004.

II. La Préciosité (p. 119-121)

TEXTE 1 : Honoré d'Urfé, *L'Astrée* (1627) p. 119

Objectifs et enjeux

- → Découvrir un extrait d'un roman baroque, dans le genre des pastorales
- → Analyser un passage constituant une pause dans le roman, avec la description d'un tableau (*ekphrasis*)
- → Étudier un passage-clé du roman

Lecture analytique

1. Le passage se lit d'abord comme la description d'une œuvre d'art, qui donne l'illusion de la réalité. Le lecteur est invité à voir, tout comme les autres personnages : on note la présence à de nombreuses reprises des impératifs (« voyez », l. 14, 19 et 23 ou « regardez », l. 33), des déictiques ou démonstratifs (« Voilà », l. 10 ; « ici », l. 18 ; « cette marque blanche », l. 23 ; « la voilà », l. 29). Différents éléments sont successivement décrits : la houlette (l. 13 à 18), le chien Mélampe (l. 18 à 26) puis la brebis (l. 28 à 35). La description se veut précise, avec l'emploi de connecteurs spatiaux et compléments circonstanciels de lieu : « tout à l'entour », l. 15 ; « d'en bas », l. 16 ; « en haut », l. 17 ; « à ses pieds », l. 19 ; « sur l'oreille noire », l. 20 ; « autour du col », l. 23 ; « dessus les épaules », l. 24 ; « sur la croupe », l. 25 ; « tout le long des jambes », l. 26 ; « à l'entour des cornes », l. 34. La description est également organisée : on commence par brosser un rapide portrait du personnage féminin représenté, en se concentrant sur l'objet qu'elle tient en main et qui l'identifie à une bergère, la houlette. Puis on s'attarde sur le chien à ses pieds, que l'on décrit en commençant par les oreilles, puis le cou et la marque le long des jambes. Le troupeau à l'entour n'est pas décrit, hormis une brebis qui retient l'attention. La progression de sa description reprend celle du chien (de haut en bas).

Mais les différents personnages soulignent surtout la similitude des personnages représentés avec le réel : la bergère sur la tableau ressemble à Astrée, le chien à Mélampe et la brebis à celle qu'Astrée préfère. Le terme « reconnaissable » est même utilisé à deux reprises (l. 12 et 19). La ressemblance est accentuée par la répétition de l'adjectif « même » ou de l'expression « de même » : « la même houlette », l. 13 ; « de la même sorte », l. 14-15 ; « de même façon », l. 16 ; « de même », l. 18 et 24-25. Ce qui n'est pas montré dans le tableau est même suggéré et interprété : « Si l'autre oreille n'était cachée, il y a apparence que nous y verrions la marque noire, car le peu qui s'en voit au haut de la tête et au-dessus paraît être blanc » (l. 21-23).

Le cadre même dans lequel se trouve le tableau vise à paraître naturel : l'artificiel mime le naturel et le surpasse. Ainsi, l'autel, construction humaine, est fait en « gazons », l. 1 ; les vases sont faits « de terre », l. 2. Les myrtes eux-mêmes, éléments naturels, forment une couronne (l. 4). Et le narrateur de souligner la parfaite imitation de la nature : « et cela était bien reconnu pour n'être pas naturel, mais entortillé de cette sorte par artifice » (l. 4-5).

2. Au-delà de la pause descriptive introduite par cette *ekphrasis*, le passage permet de délivrer à Astrée des indices de la présence de Céladon et de son amour pour elle. Le cadre dans lequel se trouve le tableau vise à montrer l'importance du sujet représenté. En effet, dans le premier paragraphe sont décrits les éléments qui entourent le tableau. Tout concourt à donner l'image d'un temple consacré à une divinité, montrée par la peinture. Il s'agit d'un « autel » (l. 1) qui serait celui dédié à l'amour, puisque la plante qui y a été plantée est le myrte, que l'on assimile à Vénus. L'*ex-voto* qui accompagne la peinture met la bergère représentée sur un piédestal : Céladon s'y affirme le serviteur de la déesse qu'est Astrée.

Céladon montre également qu'il connaît bien Astrée : sur la peinture, est fidèlement représenté le chien de celle-ci, Mélampe, ainsi que la brebis, reconnaissable à ses oreilles, son nez, le tour de ses yeux, le bout de sa queue et ses pattes. Or, Silvandre précise qu'il s'agit de « la brebis qu'Astrée aime le plus » (l. 28-29).

Enfin, Céladon a été attentif à un détail de la houlette de la bergère, qu'il a fait représenter : il s'agit des lettres A et C entrelacées. On reconnaît aisément les initiales des deux amants. Céladon entend ainsi rappeler à Astrée leur amour et les liens qui les unissent.

TEXTE 2 : Mademoiselle de Scudéry, *Le Grand Cyrus* (1649) p. 120

Objectifs et enjeux

- **Montrer comment le roman précieux met en scène des réflexions sur l'amour**
- **Étudier un dialogue qui révèle une conception originale de l'amour : parler d'amour, pour les précieuses, est plus important que laisser agir ce sentiment**

Lecture analytique

1. Le discours de Sapho est une véritable argumentation : si elle ne peut empêcher Phaon d'être amoureux d'elle, elle refuse toute relation avec lui. Elle argumente son idée à l'aide de différents connecteurs logiques qui parcourent les lignes 9 à 21 : « En effet », l. 10 ; « c'est pourquoi », l. 12 ; « car », l. 14 ; « Cependant », l. 17 ; « enfin », l. 18 ; « c'est pourquoi », l. 19 et « car », l. 20.

À travers son discours on peut trouver différents arguments. Tout d'abord, elle se déclare insatisfaite : « je serais la plus difficile personne du monde à contenter », l. 9-10. Elle en donne la raison par la suite : elle ne peut trouver en une seule personne toutes les qualités qui pourraient la combler, ce qu'elle résume aux lignes 18-19 : « j'en voudrais un enfin comme on n'en trouve point au monde ». Est-ce à dire que Sapho est inconstante ? La raison qu'elle invoque masque plutôt une crainte de l'inconstance : « il vaut mieux ne s'engager pas mal à propos en une affection qui ne serait peut-être pas durable », l. 12-13. Elle emploie ici une phrase d'allure sentencieuse et évite de parler d'elle-même. Mais la suite de son discours révèle sa peur : « il y aurait de l'imprudence à croire qu'il s'en pût trouver un tout à fait fidèle » (l. 16). Elle semble rechercher un amour absolu, fait d'« une manière plus pure et délicate » (l. 29) qui s'oppose aux « mille sentiments grossiers de cette passion » de la ligne 28 (le pluriel s'opposant au singulier). Cet amour est atemporel et peut se vivre de loin : « j'en voudrais un sur qui le temps et l'absence n'eussent aucun pouvoir » (l. 17-18).

2. et **3.** L'amour que ressent Phaon et tel qu'il le définit ne connaît aucune borne : il lui promet un amour inconditionnel, « je le serai toute ma vie » (l. 21-22). Il se déclare prêt aux conditions imposées par celle-ci. Pour la convaincre de son amour, il s'emploie à montrer qu'elle est maîtresse de sa vie, dans un registre galant : « que vous me permettiez de vous aimer, ou que vous me commandiez de mourir » (l. 2-3). Le « vous » en position de sujet marque la supériorité de la jeune femme sur lui. Mais Phaon a également compris que Sapho veut parler d'amour : « il ne s'agit d'autre chose, que de savoir si vous souffrirez que je vous die que je vous aime », l. 22-23. À travers le discours de la poétesse, il s'est aperçu que l'amour voulu par Sapho n'est pas charnel, mais spirituel. C'est pourquoi, dans un rythme ternaire, il invoque « [s]on cœur, [s]on esprit et [s]a volonté », l. 31. Un peu à la manière des amants de la *fin'amor* ou amour courtois, il se met à disposition de l'élue de son cœur et lui promet « obéissance aveugle pour toutes [ses] volontés » (l. 33-34). Les exagérations abondent dans son discours, afin de la convaincre davantage : « toute ma vie », l. 22 ; « si absolument Maîtresse... », l. 30 ; « une obéissance aveugle pour toutes vos volontés », l. 33-34 ; « vouloir tout ce que veut... », l. 35.

TEXTE ÉCHO : Molière, *Les Femmes savantes* (1672) p. 121

Objectifs et enjeux

- **Comprendre la société des précieuses, à travers une œuvre satirique**

→ Étudier comment le théâtre de Molière met en scène ses contemporains, dont il se moque

Lecture comparée

1. Armande, qui semble diriger le groupe des précieuses représentées par Molière, développe un projet singulier. Il s'agit d'englober toute une série de domaines d'étude, dont rend compte l'énumération des vers 9 et 10 : « la physique, / Grammaire, histoire, vers, morale et politique ». Certaines disciplines recueillent davantage l'attention d'Armande et de ses compagnes, comme le domaine scientifique, évoqué aux vers 4 à 8, par Trissotin, Philaminte et Bélise. Philaminte, aux vers 11 à 14, s'attarde davantage sur la philosophie et plus particulièrement la morale. Armande attache quant à elle une attention plus soutenue à tout ce qui concerne la langue (v. 15 à 24), aux mots employés dans les œuvres littéraires comme dans la vie quotidienne (« et la prose et les vers », vers 24). Son objectif consiste à épurer le langage (« purger », v. 24), établir des « proscriptions » (v. 23). Si le projet d'embrasser toutes les connaissances peut être louable, la façon dont Molière le présente est risible. Tout d'abord, l'énumération des vers 9 et 10 est totalement désordonnée. L'absence de déterminants devant les noms employés traduit l'impatience du personnage et son exaltation : il faut tout connaître, tout réformer, et vite ! Les tournures qu'elle emploie sont également exagérées : « antipathie » (v. 17) ou « haine mortelle » (v. 18) pour les mots, contre lesquels il faut formuler de « mortelles sentences » (v. 21). Elle se place en position d'homme politique, de tyran (voir l'emploi du mot « proscriptions » au vers 23), de juge suprême (« sentences », v. 21). Mais son pouvoir tyrannique fait sourire : il s'exerce contre le langage et le combat est vain. Elle tient un discours dont la radicalité pourrait faire peur s'il ne concernait le langage.

2. Face à elle, Trissotin, Philaminte et Bélise applaudissent au projet : Trissotin le loue sans ambiguïté, à la fin de l'extrait, à l'aide d'un lexique mélioratif (« d'admirables projets », v. 35 ; « beaux et sages », v. 37). Il flatte son interlocutrice dès le début, avec l'emploi du couple de mots antithétiques en fin de vers : « vos vives clartés » – « peu d'obscurités » (v. 3 et 4). Philaminte et Bélise apportent leur pierre à l'édifice bâti par Armande : elles donnent leur avis, employant la 1re personne du singulier tandis qu'Armande utilise un « nous » collectif, se faisant le porte-parole du mouvement. Elles témoignent de leur propre intérêt dans certaines disciplines. Tout d'abord l'astronomie. Elles rendent compte d'une expérience personnelle (« j'ai vu », v. 6 et 8). Pour l'une, il s'agit d'« hommes dans la lune », pour l'autre, de « clochers ». Toutes deux manifestent leur certitude et veulent être crues : Philaminte ajoute l'adverbe « clairement », Bélise emploie une comparaison : « comme je vous vois ». La juxtaposition de leurs deux répliques prête à sourire : elles semblent surenchérir à ce que dit Armande. Philaminte réagit ensuite à l'énumération des disciplines que les précieuses entendent couvrir et qui sont énumérées par Armande. Dans une réplique un peu plus longue, elle évoque la philosophie, et plus particulièrement la morale. Elle manifeste un amour exagéré pour cette discipline (« mon cœur est épris », v. 11). Le lexique employé pourrait tout aussi bien s'employer pour rendre compte de ses sentiments envers un être humain. Elle semble vouloir montrer son savoir en citant sa philosophie de prédilection, le stoïcisme, qu'elle qualifie encore une fois comme un être humain : « rien de si beau » (v. 14). L'adjectif employé ici est discordant quand il renvoie à des concepts philosophiques : les adjectifs « vrai » ou « juste » auraient mieux convenu. Elle révèle ainsi, semble-t-il, une incompréhension du système dont elle parle. Sa dernière réplique, la plus étendue, concerne le langage. Elle loue l'entreprise de proscription évoquée par Armande, avec des expansions du nom (« noble », « dont je suis ravie », v. 24 ; « plein de gloire », « qui sera vanté... », v. 25), et l'applique plus particulièrement aux « syllabes sales », vers 29 (l'adjectif encore une fois est discordant), qu'elle désigne par trois expressions placées en apposition : « ces jouets éternels », « ces fades lieux communs », « ces sources d'un amas d'équivoques infâmes » (v. 31 à 33), dans un rythme ascendant qui traduit son exaltation. Les exagérations abondent dans son discours (« qui sera vanté / Chez tous les beaux esprits de la postérité », par exemple, vers 27-28). La rime intérieure, doublée de l'oxymore dans l'expression « méchants plaisants » (v. 32), participe au ridicule de son enthousiasme.

3. Si l'extrait de Molière n'aborde pas le thème de l'amour comme dans l'extrait du *Grand Cyrus* (texte 2), il n'en demeure pas moins que le personnage de Sapho peut faire penser à une des précieuses mises en scène dans *Les Femmes savantes*. Tout comme Armande, Sapho regroupe autour d'elle une société de femmes aux sujets de conversation divers. Le personnage de Madame de Scudéry semble également accorder de l'importance aux paroles : il faut parler d'amour, disserter sur l'amour, rechercher ce qu'est le véritable amour. Elle-même engage Phaon à parler de sa passion (l. 26 : « je consens seulement que vous me disiez quels sentiments cette passion vous peut donner »). Tout comme les précieuses, elle est à la recherche d'un idéal de pureté, dans les sentiments comme dans le langage.

III. L'esthétique classique (p. 122-125)

TEXTE 3 : Madame de Lafayette, *La Princesse de Montpensier* (1662) p. 122

Objectifs et enjeux

→ Étudier un extrait mettant en scène une héroïne classique, au cœur de toutes les passions, et préfigurant l'issue tragique de la nouvelle

→ Analyser les passions de différents personnages masculins

→ Analyser le personnage de la princesse, qui paraît insensible au drame en train de se jouer

Lecture analytique

1. Si la princesse de Montpensier n'est pas décrite, si la narration ne nous fait pas rentrer dans les pensées et les sentiments du personnage, il n'en reste pas moins exceptionnel, tout d'abord par sa noblesse. Elle est entourée de son mari, un prince, de deux ducs et d'un comte. Discrètement, le narrateur nous indique ses qualités : sa beauté (l. 27), son charme (l. 19 et l. 14-15 : « le même agrément qu'elle faisait toutes choses »), mais on peut noter également sa constance. De nombreux passages sont en focalisation interne et nous font rentrer dans les pensées des personnages masculins. Mais nulle part il n'est fait mention des sentiments de la princesse, comme si elle paraissait insensible à tout ce qui se joue autour d'elle. Elle ne semble éprouver aucun amour pour le duc de Guise. Elle agit comme il se doit, conformément aux bienséances : elle ne semble pas craindre, contrairement à son mari, d'accueillir « un si grand prince » (l. 9). Elle applique les règles de l'hospitalité. Lorsque le duc de Guise lui confie à demi-mots son amour pour elle (l. 22 à 24), la princesse ne semble avoir aucune réaction, ni dans ses actes, ni dans ses paroles, ni dans ses pensées : le narrateur ne le souligne pas. Tout se passe comme si elle s'était fixé une règle de conduite et s'y appliquait. La princesse est également l'objet du désir d'hommes exceptionnels, par leurs titres de noblesse, mais aussi par leurs qualités : le duc d'Anjou est ainsi qualifié de « fort galand et fort bien fait », l. 16. Ces qualités rejaillissent sur la princesse. Elle est l'objet de rivalités, dont rend compte en particulier le dialogue final entre le duc d'Anjou et le duc de Guise. Son mari est lui-même qualifié de jaloux (l. 5). Au cœur des rivalités entre ces différents hommes, elle apparaît comme un personnage tragique, ce que ressent le comte de Chabannes : « Ce que le hasard avait fait pour rassembler ces deux personnes lui semblait de si mauvais augure qu'il pronostiquait aisément que ce commencement de roman ne serait pas sans suite » (l. 11 à 14). Le narrateur lui-même souligne le danger de la situation pour la princesse : « elle ne plut que trop à ses hôtes » (l. 15) ; l'adverbe « trop » joint à la négation restrictive « ne... que... » montre le danger des excès.

2. Au-delà de la tension dramatique qui se dégage de l'extrait, le narrateur semble vouloir mettre en exergue le danger de la passion amoureuse : le passage peut se lire comme une analyse des passions. Le mari, tout d'abord, possède une « jalousie naturelle » (l. 5), expression que l'on trouve à d'autres reprises dans la nouvelle. L'inclination qu'il a pour son épouse se double d'un trait de caractère pernicieux. Tout comme le comte de Chabannes, il éprouve du déplaisir, du « chagrin » (l. 8 et 10), à voir le duc de Guise à qui Mademoiselle de Mézières était promise autrefois. Le comte connaît les sentiments de la princesse pour le duc de Guise et lui-même est amoureux de celle-ci. Mais son « chagrin » a une autre cause, plus désintéressée : il craint pour la princesse (l. 11 à 14). Le duc d'Anjou est charmé par son hôtesse : son désir pour elle est nommé « mal » (l. 17). Mais son inclination semble davantage causée par l'amour-propre : il « ne put voir une fortune si digne de lui sans la souhaiter ardemment » (l. 16-17). Il s'agit désormais de conquérir la princesse pour posséder ce qui le renvoie à lui-même. Le duc de Guise est repris par la vue de la princesse. Il entre en connivence avec elle : « il lui dit plusieurs fois devant tout le monde, sans être entendu que d'elle, que son cœur n'était point changé » (l. 22-24), mais son attitude s'apparente davantage à un badinage amoureux. Le dialogue final entre le duc de Guise et le duc d'Anjou accentue la tension : ces deux amis, ces pairs (ils sont ducs tous deux), en viennent à devenir rivaux et dissimulent leurs sentiments l'un à l'autre.

3. Tous les personnages, excepté la princesse de Montpensier, dissimulent leurs sentiments. Le dialogue final entre le duc de Guise et le duc d'Anjou le révèle pleinement. Les lignes 25 à 34 sont composés de style indirect (« lui demanda », l. 27 ; « il lui répondit », l. 31), entrecoupées de passages narratifs en focalisation interne (« s'imaginant », l. 26 ; « lui fit voir... », l. 29). Le style indirect met à distance les paroles, qui suggèrent d'autres pensées. Ainsi, la question du duc d'Anjou, faite « brusquement » (l. 27) révèle son propre intérêt pour la princesse de Montpensier, comme le perçoit le duc de Guise. Sa réponse est formulée sous forme de plaisanterie, comme le prouve le gérondif « en riant », l. 31. Il ne s'agit d'ailleurs pas d'une réponse. Les deux personnages cherchent à savoir ce qu'ils pensent l'un et l'autre de la princesse, mais leurs demandes sont indirectes. Leurs paroles ne traduisent pas leurs véritables sentiments. Mais la dissimulation est également au cœur du passage : le prince de Montpensier joue partiellement le jeu de l'hospitalité, en dépit de sa haine pour le duc de Guise et son déplaisir : « il ne put cacher le chagrin qu'il en avait » (l. 7et 8), « le prince son mari ne faisant point de violence pour l'y retenir » (l. 20). Le duc d'Anjou déguise ses véritables intentions : « feignant toujours des affaires extraordinaires », l. 18. Quant au duc de Guise, ses paroles sont à double entente : il « fai[t] entendre à Mme de Montpensier qu'il était pour elle ce qu'il était autrefois » (l. 21-22), « il lui dit plusieurs fois devant tout le monde, sans être entendu que d'elle, que son cœur n'était point changé », l. 22-23. La princesse de Montpensier est le seul personnage dont on ne connaît ni les paroles, ni les sentiments, comme si ses actions étaient conformes à sa pensée.

TEXTE 4 : Madame de Lafayette, *La Princesse de Clèves* (1678) p. 123

Objectifs et enjeux

- → **Étudier la mise en scène d'une héroïne classique**
- → **Analyser le choix de la raison contre la passion amoureuse**

Lecture analytique

1. Cette scène d'aveu est particulière : la passion amoureuse de la princesse de Clèves pour un autre homme que son mari est suggérée, faite à demi-mots. Elle tente d'exposer les raisons qui la poussent à s'éloigner de la cour, présentée comme un lieu de « périls » (l. 4), sans que ce pluriel soit explicité par la suite. Mais différents indices nous permettent de comprendre la raison de son éloignement. Tout d'abord, la princesse insiste sur le statut de mari : c'est un « aveu que l'on n'a jamais fait à un mari » (l. 2), elle a « plus d'amitié et d'estime pour un mari que l'on en a jamais eu » (l. 11-12). Elle souligne également son rôle d'épouse : « je le prends avec joie pour me conserver digne d'être à vous » (l. 8-9). Le lexique des sentiments est employé : « si j'ai des sentiments qui vous déplaisent » (l. 9-10), « aimez-moi encore, si vous pouvez » (l. 12-13). L'adverbe « encore », suivi de la conditionnelle « si vous pouvez », vient conclure cet aveu fait avec délicatesse. La princesse, en effet, emploie le terme de « faiblesse » (l. 5) pour désigner cet amour coupable. De même, elle a recours à des phrases de portée générale pour rendre compte de sa situation : « je veux éviter les périls où se trouvent quelquefois les personnes de mon âge » (l. 4-5). Les pluriels permettent d'atténuer la brutalité de cet aveu. L'attitude de la princesse est sans ambiguïté : elle se trouve aux genoux de son mari (l. 1 et 18), « le visage couvert de larmes » (l. 16-17). Monsieur de Clèves, d'ailleurs, a bien compris ce que lui suggérait son épouse : « la tête appuyée sur ses mains » (l. 14-15) est le signe d'une profonde attention, mais aussi d'accablement ; « hors de lui-même » (l. 15). C'est lui qui prononce l'aveu que la princesse n'a pu lui faire directement : « vous craignez d'en avoir pour un autre » (l. 26-27).

2. La princesse de Clèves a l'attitude d'une suppliante : elle se trouve aux genoux de son mari, elle s'excuse de ses sentiments (« je vous demande mille pardons », l. 9), elle le supplie à l'aide de trois impératifs, dans un rythme ascendant : « conduisez-moi, ayez pitié de moi, et aimez-moi encore, si vous pouvez » (l. 12-13). Mais si sa passion doit être blâmée, son attitude est présentée comme irréprochable. Elle souligne d'emblée « l'innocence de [s]a conduite et de [s]es intentions » (l. 2-3) et promet, dans une phrase au futur, de rester fidèle à son mari, dans ses actions : « Je vous demande mille pardons, si j'ai des sentiments qui vous déplaisent ; du moins je ne vous déplairai jamais par mes actions » (l. 10). Le mouvement concessif employé ici manifeste bien le dilemme de la princesse de Clèves et le tragique de sa situation : ses sentiments et ses actions ne peuvent être en parfaite adéquation. La princesse accuse la passion qu'elle ne peut combattre, mais se justifie en montrant la pureté et l'intégrité de ses actions.

3. Monsieur de Clèves ne reste pas insensible : le narrateur nous livre ses émotions dans un paragraphe narratif, « il pensa mourir de douleur » (l. 17). Il fait preuve d'empathie, comme le montre son geste (« l'embrassant en la relevant », l. 17-18), au point de reprendre les derniers mots de la princesse et de les détourner : « ayez pitié de moi, vous-même, Madame » (l. 19). Les paroles qui suivent constituent un aveu d'amour : « Vous m'avez donné de la passion dès le premier moment que je vous ai vue », l. 24-25. Il fait l'éloge de son épouse, à l'aide d'un lexique mélioratif et de tournures superlatives : « vous me paraissez plus digne d'estime et d'admiration » (l. 21-22), « Il est trop noble » (l. 34), « La confiance et la sincérité que vous avez pour moi sont d'un prix infini » (l. 34-35). Il livre ses propres sentiments, avec exagération : « je me trouve le plus malheureux homme qui ait jamais existé » (l. 23-24), « j'ai tout ensemble la jalousie d'un mari et celle d'un amant » (l. 31). Nous n'assistons pas à la fureur d'un mari qui craindrait d'être trompé, mais à la douleur d'un amant éconduit.

TEXTE ÉCHO : Madame de Villedieu, *Les Désordres de l'amour* (1676) p. 124

Objectifs et enjeux

→ **Étudier un extrait qui a pu inspirer Madame de Lafayette pour *La Princesse de Clèves***

→ **Comparer les deux scènes d'aveu**

Lecture comparée

1. Comme la princesse de Clèves, la marquise de Termes avoue à son mari sa passion pour un autre homme. Cette entreprise difficile est ponctuée de nombreuses marques qui cherchent à le rassurer. Tout d'abord, les gestes qu'elle effectue visent à manifester son affection pour lui : « serrant une des mains du marquis entre les siennes », l. 1 et 2. Dans ses paroles, elle amplifie le malheur dont elle est victime, en employant notamment une tournure superlative : « jugez s'il y en un au monde plus malheureux », l. 20, ou des termes forts : « un combat [...] qui semble déchirer mon âme » (l. 32-33), « les effets sont si cruels » (l. 33), « funeste » (l. 34). Avant même le récit de sa passion, elle emploie un registre tragique : « il aura de la peine à me rendre plus infortunée que je ne le suis », « je me sens si abattue », « le secours de la mort ne me sera pas longtemps refusé » (l. 11-13). Elle cherche à attiser la pitié de son mari, en exposant les difficultés auxquelles elle est soumise : elle emploie ainsi l'image du « combat de pitié, d'amour et de devoir » (l. 32). Elle présente les actions entreprises pour lutter contre cette passion : « j'ai banni le jeune Bellegarde » (l. 22-23), elle lui a donné des ordres (l. 25), « je ne lui ai point écrit », l. 25, « je lui ai sévèrement défendu de m'écrire » (l. 25-26). Les tournures négatives abondent dans son discours, où le « je » est en position de sujet : elle entend prouver ainsi qu'elle refuse d'agir contre les intérêts de son mari. Elle promet de ne rien entreprendre, à l'aide d'hyperboles : « je mourrais mille fois plutôt que de rien faire indigne de [vous] », l. 22-23 ; « je ne m'y exposerais pas », l. 27. Elle cherche également à rassurer son mari en lui ôtant toute responsabilité dans le combat qu'elle est en train de mener : monsieur de Termes est aimable (« vous méritez toute ma tendresse », l. 20-21), mais elle semble destinée à aimer Bellegarde : le connecteur temporel « dès son enfance » (l. 14) insiste sur l'ancienneté de cet amour, vu comme une malédiction, tandis que l'adjectif « violente » qui qualifie le mot « inclination » (l. 14-15), pour ne pas dire « passion », montre son impuissance à lutter contre ce sentiment.

2. Les extraits de *La Princesse de Clèves* et des *Désordres de l'amour* se ressemblent : dans ces romans ou nouvelles historiques, les deux personnages féminins avouent à leur mari leur amour pour un autre homme. Toutes deux montrent le tragique de leur situation à grands renforts de larmes et promettent à leur mari de ne rien faire qui puisse lui nuire. Mais l'aveu de la princesse de Clèves est indirect et plein de tact : elle suggère à son mari sa passion, tandis que la marquise de Termes la détaille. Elle lui fournit le nom de son rival, contrairement à la princesse de Clèves, raconte le début de cet amour dans un passage au style indirect (l. 14 et suivantes), et évoque clairement ses sentiments : « moins je le vois et plus je sens le désir de le voir » (l. 28-29), « je ne pousse pas un soupir, où je ne m'imagine que les siens répondent » (l. 30-31). La première personne domine son discours. Dans un cas, le personnage féminin manifeste sa détermination à rester fidèle à ses principes, et le fait « avec joie » (*La Princesse de Clèves*, l. 8), dans l'autre, le personnage semble en proie à une intense souffrance, causée par cet amour impossible et la nécessité où elle se trouve de faire preuve de fidélité.

TEXTE 5 : Gabriel de Guilleragues, *Lettres portugaises* (1669) p. 125

Objectifs et enjeux

→ **Étudier une œuvre épistolaire particulière (dans les *Lettres portugaises*, les réponses du destinataire de celles-ci sont absentes : la femme, éprise d'un amour passionné et malheureux, les imagine)**

→ **Étudier une lettre d'adieu : la passion cède la place à la raison**

Lecture analytique

1. La religieuse, par le biais de cette lettre, tente d'abord de se convaincre du caractère pernicieux de la passion. Elle n'attend plus aucune réponse de son amant. Elle affirme nettement son aspiration à une tranquillité d'âme : « je serai peut-être plus tranquille dans quelque temps » (l. 9-10), « souvenez-vous que je me suis promis un état plus paisible » (l. 30-31). Elle marque également sa résolution, employant à plusieurs reprises des termes qui soulignent sa volonté : « je veux » (l. 9), « je ne veux plus rien de vous » (l. 33), « je me suis promis » (l. 30-31). La rupture est montrée comme nécessaire : « il faut vous quitter » (l. 34). Les verbes au futur de l'indicatif traduisent sa détermination : « je garderai » (l. 25), « je les relirai » (l. 26), « j'y parviendrai » (l. 31), « je ne vous écrirai plus » (l. 34-35). De même, toutes ses actions tendent vers un seul but : la sérénité (comme le montrent les compléments circonstanciels de but « pour vous faire voir », l. 9 ; « afin de ne retomber plus dans mes faiblesses », l. 27). Pour se convaincre davantage, elle analyse son état passé et utilise pour cela un lexique péjoratif fort : elle qualifie sa passion d'« abandonnement », d'« idolâtrie » (l. 1), d'« embarras cruel » (l. 6), d'« enchantement » (l. 23), de « faiblesses » (l. 27). Elle porte des accusations contre son séducteur, en employant les termes de « crimes » (l. 3), de « procédés injustes » (l. 11), de « trahison » (l. 13), d'« infidélité » (l. 30). Dans l'avant-dernier paragraphe, elle examine les raisons qui ont pu la pousser dans cette passion extrême. L'analyse s'effectue à l'imparfait et au plus-que-parfait et les phrases de rythme binaire montrent que la raison a pris le pas sur la passion. Elle souligne sa jeunesse et son inexpérience, dans une phrase asyndétique qui accentue l'accusation, dans un lien de cause à conséquence : « J'étais jeune, j'étais crédule » (l. 17). Son ignorance du monde se lit aussi à travers le rappel de son enfermement au couvent (l. 17). Les phrases au plus-que-parfait « je n'avais vu que... », « je n'avais jamais entendu... » aux lignes 18-19 manifestent son ignorance de l'amour et des sens mis en jeu (la vision de l'être aimé, l'écoute de ses paroles). Elle analyse également le rôle joué par son entourage dans leur relation : « j'entendais dire du bien de vous ; tout le monde me parlait en votre faveur », l. 21-22. Elle cherche des explications rationnelles à sa passion et dénie toute qualité à celui qu'elle présente comme un séducteur, à qui elle reproche d'avoir abusé de la situation, même si elle lui concède qu'il est l'instigateur de cette passion (mouvement concessif que l'on voit apparaître aux lignes 15 à 17 : « je demeure d'accord [...] ; mais... »).

2. La lettre semble donc être une lettre d'adieu, de rupture. Mais on sent également poindre l'amour derrière certaines phrases. La religieuse insiste sur la souffrance qu'elle éprouve encore. Les questions rhétoriques des lignes 4 à 8, anaphoriques, au futur de l'indicatif, trahissent son impatience de ne plus souffrir : la passion est encore présente, puisque son cœur est « déchiré ». Elle concède également à la fin de la lettre que l'infidélité du destinataire la fait souffrir : « Je connais bien que je suis encore un peu trop occupée de mes reproches et de votre infidélité : mais... » (l. 29-30). Son émotion se lit également à travers la modalité expressive employée : les questions (l. 4-8) ou les interjections « hélas ! », l. 4 ; « Ah ! », l. 27. De même, ses regrets apparaissent à la fin du texte, avec un irréel du passé : « que j'aurais été heureuse, si vous eussiez voulu souffrir que je vous eusse toujours aimé ! », l. 28-29.

3. La lettre apparaît donc pathétique : la religieuse souffre de cette passion et de tout ce qu'elle lui a fait commettre (« mes remords me persécutent », l. 2). Mais on sent percer aussi l'indignation de celle-ci à travers ses accusations. Quelques passages du texte montrent qu'elle est parvenue à un certain degré d'apaisement, par exemple : « je crois que je ne vous souhaite point de mal, et que je me résoudrais à consentir que vous fussiez heureux », l. 6-7. Elle paraît faire preuve ici d'abnégation, à la manière d'une princesse de Clèves qui se retire « avec joie » de la cour. Une impression qui reste à nuancer avec l'emploi des modalisateurs : « je crois », « je me résoudrais » (conditionnel marquant ici le potentiel, mais qui suggère que la religieuse serait forcée de lui pardonner). La question finale est également ambiguë : elle semble mettre un terme à leur relation épistolaire, mais le suggère par le biais d'une question (rhétorique). Elle ménage au destinataire le choix de répondre ou non à cette lettre d'adieu.

IV. Du burlesque aux mondes imaginaires (p. 126-127)

TEXTE 6 : Paul Scarron, *Le Roman comique* (1651) p. 126

Objectifs et enjeux

- **Étudier un roman qui met en scène des personnages très éloignés des romans précieux et classiques, dans une veine réaliste**
- **Analyser la stratégie de séduction déployée ici par le personnage féminin, qui s'oppose aux scènes des romans contemporains de Scarron, dans une intention satirique**

Lecture analytique

1. Le dialogue entre la Bouvillon et le Destin repose sur un malentendu : la Bouvillon a l'intention de séduire le Destin. Elle le place en effet à côté d'elle, « sur le pied d'un lit » (l. 2). Mais ses paroles semblent indiquer des scrupules qu'elle n'a pas. La porte fermée par la servante (sur son ordre ?) est l'occasion de suggérer au Destin ce qui pourrait se passer entre deux personnes seules qui « peuvent faire ce qu'il leur plaira » (l. 7-8). Elle abuse des sous-entendus, et au lieu d'intimer l'ordre au Destin d'aller la rouvrir, la Bouvillon disserte, de manière générale, sur le sujet. Elle feint de s'offusquer de la situation, en portant un jugement négatif sur la servante (« cette étourdie », l. 4-5), et empêche le Destin d'aller ouvrir la porte en évoquant le scandale possible, à l'aide de généralités. En effet, elle emploie à trois reprises le pronom personnel indéfini « on » (l. 8, 10 et 15) pour désigner ceux qui pourraient les calomnier ; elle abuse du présent de vérité générale (« on en peut aussi croire », l. 8 ; « on ne peut avoir », l. 10) ou des termes généraux (« la médisance », l. 11). Ce n'est que dans ses dernières paroles qu'elle répond à la question : faut-il fermer la porte ? Elle donne deux fausses raisons pour la maintenir fermée : personne ne le verra et il vaut mieux l'ouvrir quand on le voudra. La Bouvillon espère que le Destin saisira les allusions, mais celui-ci se comporte de manière apparemment courtoise, mais véritablement désintéressée. Il se propose tout d'abord de la fermer, puis entreprend de démontrer à la Bouvillon qu'elle est hors de tout soupçon (« Ce n'est pas des personnes qui vous ressemblent que l'on fait des jugements téméraires », l. 8-9 ; « l'on sait bien le peu de proportion qu'il y a entre un pauvre comédien et une femme de votre condition », l. 12-13). À moins d'être entièrement naïf, le Destin feint de ne pas comprendre ce que désire la Bouvillon. Certaines de ses remarques pourraient également comporter des sous-entendus : les « personnes qui ressemblent » à la Bouvillon, une « femme de [sa] condition » (l. 9 et 13) sont des expressions très vagues et vraisemblablement ironiques, sortes d'antiphrases qui visent à faire sourire le lecteur. La Bouvillon a d'ailleurs du mal à persuader le Destin d'être plus entreprenant : elle répète à trois reprises « je ne dis pas cela, mais... », sans parvenir à forcer le destin !

2. Sa stratégie de séduction échoue totalement : le Destin ne réagit pas à ses allusions. Il est totalement passif par la suite : la Bouvillon est sujet de verbes d'actions (« elle approcha », l. 18 ; « la grosse sensuelle ôta son mouchoir de col », l. 20-21 ; elle feint d'avoir une bestiole dans le dos, elle « lui tât[e] les flancs au défaut du pourpoint » (l. 30-31). La Bouvillon est de plus en plus pressante : elle tente de séduire par la vue, par le toucher de son propre corps, puis par le contact du corps du Destin. La scène est rendue dynamique et presque violente par la façon dont se met à parler la Bouvillon (« elle s'écria », l. 28) et par ses mouvements (« se remuant en son harnais », l. 28). Les réactions du Destin ainsi que les commentaires du narrateur nous informent de son refus d'entretenir une liaison avec elle : le Destin « n'y prenait pas grand plaisir », l. 21 ; « Le Destin rougissait aussi, mais de pudeur », l. 26 ; « Le pauvre garçon le fit en tremblant », l. 30. Les deux personnages s'opposent donc, comme le prouve le lien logique « au lieu que », l. 26-27, ainsi que la comparaison à la bataille pour désigner cette entreprise de séduction (l. 20 et dans l'expression « il fallait combattre ou se rendre », l. 32).

3. L'ensemble de la scène est donc comique. Le portrait de la Bouvillon développé des lignes 17 à 27 est également caricatural. Les interventions du narrateur prêtent à sourire, que ce soit dans la parenthèse « elles rougissent aussi les dévergondées » (l. 24) ou dans l'apposition de la ligne 27 : « la Bouvillon, qui n'en avait plus » (de pudeur). La description surprend par son prosaïsme : le narrateur décrit le visage, les yeux, puis les tétons, les aisselles, la gorge. Le personnage est caractérisé par sa lourdeur : elle a un « gros visage » l. 18 ; elle est désignée par le terme « grosse sensuelle », l. 20 ; elle possède « dix livres de tétons pour le moins », l. 22. L'importance du poids de sa poitrine est d'ailleurs développée largement : elle en devient monstrueuse, puisqu'elle semble posséder un troisième sein (l. 22). Les exagérations abondent dans le passage : l'adverbe « fort » est employé à deux reprises à la ligne 18, tout son corps est rouge (« sa gorge n'avait pas moins de rouge que son visage », l. 24-25). La comparaison employée par le narrateur (« l'un et l'autre ensemble auraient été pris de loin pour un tapabor d'écarlate », l. 25-26) n'est guère élogieuse : la Bouvillon est réduite à un objet commun.

TEXTE 7 : Savinien Cyrano de Bergerac, *L'Autre monde ou les États et empires de la Lune* (1657, posth.) p. 127

Objectifs et enjeux

→ **Étudier une forme particulière de roman, qui s'apparente au genre de la science-fiction**

→ **Analyser comment l'auteur aborde des thèmes philosophiques et dénonce les travers de sa société par le détour d'autres mondes**

Lecture analytique

1. La fille de la reine des Séléniens présente une façon originale de faire la guerre. Celle-ci ressemble à un jeu : on désigne d'abord des arbitres qui fixent l'organisation des batailles (l. 1-3 : on désigne « le temps accordé pour l'armement, celui de la marche, le nombre des combattants, le jour et le lieu de la bataille »). S'il y a égalité, on laisse le hasard décider : « ils tirent à la courte paille à qui se proclamera victorieux », l. 14. La Sélénienne invite par la suite à « joue[r] en un coup de piquet la ville ou la province » convoitée (l. 31). Sous cette apparence de jeu, les batailles organisées par les Séléniens révèlent un souci de justice et d'équité. Dans l'énumération des lignes 4 à 9, la jeune fille détaille les différents corps d'armée : « les soldats estropiés », « les géants », « les escrimeurs », « les vaillants », « les débiles », « les indisposés », « les robustes ». Face à eux doivent se trouver des combattants appartenant à la même catégorie : « estropiés », « colosses », « adroits », « courageux », « faibles », « malades », « forts » : les mots employés correspondent à des synonymes de ceux utilisés auparavant. On oppose des personnages aux qualités physiques et morales égales, sous peine d'être « condamné de couard » (l. 10). Le nombre de combattants est aussi le même : « il n'y a pas dans une armée un seul homme plus que dans l'autre ». La victoire n'appartient pas au groupe qui renonce, et ce uniquement à la fin d'une bataille (noter le déterminant au singulier : « après la bataille donnée », l. 10-11), mais elle s'établit de manière mathématique : « on compte les blessés, les morts, les prisonniers » (l. 11). C'est ainsi que la supériorité d'une armée sur une autre peut se manifester. De façon encore plus étrange, la Sélénienne évoque une autre façon de combattre, supérieure à celle qui emploie la force physique. Dans le troisième paragraphe, elle emploie une autre énumération pour détailler des combattants d'un genre particulier : « Un savant est opposé à un autre savant, un homme d'esprit à un autre homme d'esprit, et un judicieux à un autre judicieux ». Cette bataille, qui oppose un homme à un autre homme, est supérieure à celle qui utilise les armes, puisqu'elle « est compté[e] pour trois victoires à force ouverte » (l. 20). La guerre pratiquée par les habitants de la Lune s'apparente à une joute de philosophes. L'auteur entend ainsi montrer la supériorité de l'esprit sur le corps. Une telle façon de procéder développe chez les Séléniens une qualité attendue au combat : le courage. Ainsi, « pour les fuyards il ne s'en trouve point » (l. 11-12). La société des habitants de la Lune apparaît également démocratique : les arbitres sont élus (l. 1), et la bataille permet au peuple de choisir celui qui sera son roi : « le peuple vainqueur choisit pour être son roi, ou celui des ennemis, ou le sien », l. 21-22.

2. Si cette œuvre de fiction présente des modalités particulières pour mener une guerre, à travers les paroles de la fille de la reine, elle dénonce aussi les modalités des guerres menées par les contemporains de l'auteur. Ainsi se fait sentir la critique par le biais d'un personnage extérieur, qui présente d'autres manières de combattre, avec des valeurs sous-jacentes. Mais dans les dernières paroles de la Sélénienne, les critiques se font plus précises. Elle montre la violence des guerres sur Terre, en les exagérant : elle parle de « massacre » (l. 34), elle emploie l'expression « casser la tête », l. 32. Le nombre avancé, « plus de quatre millions d'hommes » aux lignes 32-33, est également exagéré. La critique du monarque est explicite, à la ligne 33 : les combattants « valent mieux qu'eux ». Elle leur reproche notamment de se trouver à l'abri, avec le complément circonstanciel de lieu « dans leur cabinet » (l. 33). Elle fait preuve d'ironie à leur égard, en se référant à leurs habits : « un roi qui porte une fraise ou de celui qui porte un rabat », l. 36-37, et critique aussi le choix opéré par les combattants, qui est déterminé par des raisons présentées comme futiles. Elle manie l'antiphrase en évoquant « la vaillance de vos braves sujets » (l. 35), ou en affirmant : « ils font bien de mourir pour leur patrie » (l. 35-36). Ces critiques, dissimulées derrière une œuvre fictionnelle, préfigurent celles d'un Voltaire, dans *Candide*, par exemple.

4 Le roman épistolaire ou la multiplicité des voix

Manuel, p. 128-135

I. Problématiques et thèmes

Les sept textes de la séquence illustrent les différentes facettes du roman épistolaire au XVIIIe siècle, moment de l'histoire littéraire où ce genre est à son apogée. On pourra étudier des lettres dans lesquelles s'expriment des sentiments passionnés et complexes, annonçant parfois la sensibilité préromantique de la fin du siècle, comme c'est le cas de l'extrait de *La Nouvelle Héloïse*. D'autres lettres rendent compte de l'organisation de la société et de ses préoccupations, tout en invitant le lecteur à entamer une réflexion sur les comportements humains (tromperie, violence, superficialité) et en frappant son esprit par des histoires captivantes ou révoltantes. On pourra enfin dégager les principales caractéristiques de la pensée des Lumières à travers ces textes de fiction.

BIBLIOGRAPHIE-SITOGRAPHIE

- **Henri Coulet,** *Le Roman jusqu'*à la Révolution, tome I : *Histoire du roman en France*, éditions Armand Colin, coll. « U », 1967.
- **Michel Delon,** *P.-A. Choderlos de Laclos. Les Liaisons dangereuses*, PUF, coll. « Études littéraires », 1986.
- **Laurent Versini,** *Le Roman épistolaire*, PUF, coll. « Littératures modernes », 1998.
- Une page consacrée à Montesquieu et à son œuvre sur le site de la **BnF** : http://expositions.bnf.fr/lumieres/figures/18.htm

II. Textes (p. 129-135)

TEXTE 1 : Montesquieu, *Lettres persanes* (1721) p. 129

Objectifs et enjeux

- → **Étudier un extrait de roman épistolaire à caractère philosophique**
- → **Comprendre le procédé du regard étranger dans le cadre de la critique sociale**

Lecture analytique

1. Le personnage de Rica, qui raconte son séjour à Paris, confère à la lettre qu'il envoie à son ami Ibben une dimension anecdotique. Il emploie le passé simple (« j'arrivai, je fus regardé », l. 2) pour faire le récit de son arrivée. Il énumère aussi ses différentes activités dans la capitale française dans des propositions rythmées par l'anaphore de « si » : « Si je sortais [...] ; si j'étais aux Tuileries [...] ; si j'étais aux spectacles » (l. 3-6). Par ailleurs, les deux paragraphes qui composent la lettre correspondent aux étapes de son expérience : dans un premier temps, il est au centre de l'attention ; dans un second, il perd sa singularité et se voit noyé dans la masse.

Cependant, à travers son personnage, Montesquieu invite le lecteur à une réflexion philosophique sur la vanité. La démarche de Rica peut même apparaître comme scientifique, par la rigueur méthodique de son observation. D'emblée, dans sa thèse formulée au présent de vérité générale, « Les habitants de Paris sont d'une curiosité qui va jusqu'à l'extravagance » (l. 1), la proposition relative montre qu'il tente d'évaluer l'attitude des Parisiens, de la mesurer. Il semble alors se livrer à des expériences pour juger le degré de curiosité des habitants de la capitale, comme l'attestent les propositions hypothétiques des lignes 3 à 6. Leur valeur de réel (visible à l'emploi de l'imparfait dans la principale) leur donne une dimension causale : par exemple, « si j'étais aux Tuileries » est la cause, « je voyais aussitôt un cercle se former autour de moi » (l. 4-5) en est l'effet. Quand Rica choisir de se vêtir à la mode occidentale, il parle également d'un « essai » (l. 20).

L'argumentation indirecte mise en place par Montesquieu est d'autant plus efficace que Rica lui-même est contaminé par les défauts qu'il constate chez les Parisiens. La proposition « quoique j'aie très bonne opinion de moi » (l. 14-15) souligne sa coquetterie et sa vanité. En désignant ses habits persans par le groupe nominal « ornements étrangers » (l. 22), il adopte le point de vue des Parisiens. Enfin, l'anonymat dans lequel le plonge son habit « à l'européenne » (l. 18) entraîne sa souffrance et révèle son besoin du regard des autres : « j'entrai tout à coup dans un néant affreux » (l. 26).

2. Selon une technique fréquemment utilisée au XVIIIe siècle, c'est un regard étranger, naïf, qui est choisi pour juger les mœurs françaises. L'exotisme de la datation, qui reprend le calendrier lunaire oriental, de même que la mention de la ville de Smyrne dans l'en-tête de la lettre, rappelle l'origine persane du narrateur.

Le regard de Rica est marqué par un certain étonnement devant des réactions qu'il trouve inhabituelles. On peut le percevoir à la phrase nominale exclamative « Chose admirable ! » (l. 10) et au modalisateur « mêmes » dans la phrase « les femmes mêmes faisaient un arc-en-ciel » (l. 5). Cependant, sa naïveté est nuancée par une volonté d'évaluer ce dont il est à la fois le centre et le témoin : la curiosité parisienne. L'omniprésence du champ lexical du regard révèle une société superficielle, obsédée par les apparences : les « fenêtres » (l. 4) et les « lorgnettes » (l. 6-7) sont autant d'yeux braqués sur Rica ; la figure du cercle (« un cercle [...] autour de moi », l. 4-5 ; « un arc-en-ciel [...] qui m'entourait », l. 5-6) rapproche Paris d'un véritable théâtre aux spectateurs innombrables, comme le souligne l'accumulation « vieillards, hommes, femmes, enfants, tous voulaient me voir » (l. 2-3). Ces spectateurs très invasifs sont présentés sur le mode de la comédie : ils bourdonnent tels des insectes (l. 32) et leurs propos rapportés au discours direct font sourire : « Il faut avouer qu'il a l'air bien persan » (l. 9-10) ; « Ah, ah ! monsieur est Persan ! [...] Comment peut-on être Persan ? » (l. 32-34). La dernière question du texte est absurde, car elle suppose que l'identité ou l'origine pourrait être un choix.

C'est donc aussi l'ethnocentrisme de la société parisienne que donne à voir Montesquieu. La proposition « comme si j'avais été envoyé du ciel » (l. 2) montre que les Parisiens peinent à appréhender l'existence d'une civilisation autant ou plus développée que la leur. En outre, leur manque d'ouverture d'esprit est souligné par des expressions satiriques, telles que « qui n'étaient presque jamais sortis de leur chambre, qui disaient entre eux » (l. 8-9). La société parisienne évolue en vase clos.

TEXTE 2 : Montesquieu, *Lettres persanes* (1721)

p. 130

Objectifs et enjeux

- → **Comprendre les enjeux de la dernière lettre du roman, qui donne la parole à une femme**
- → **Étudier les tonalités polémique et tragique**

Lecture analytique

1. Cette lettre, la dernière du roman, fait entendre une voix singulière, celle de Roxane. Elle y affirme pleinement sa liberté, tout d'abord en donnant du poids à ses paroles. D'emblée, elle brave Usbek en revendiquant son infidélité : elle emploie l'adverbe affirmatif « Oui » (l. 1) et se place en position de sujet alors que le seigneur persan est objet, « je t'ai trompé » (l. 1). Tout au long de sa lettre, Roxane exprime avec franchise ses véritables sentiments, ce qu'elle présente comme un acte inhabituel : « Ce langage, sans doute, te paraît nouveau » (l. 22-23).

C'est son indépendance de cœur et d'esprit qu'elle souligne, particulièrement lorsque, avec les questions rhétoriques des lignes 7 à 9, elle insiste sur l'erreur de jugement d'Usbek, qui a cru pouvoir l'asservir sans qu'elle se révolte. Elle oppose aussi l'apparence et la réalité dans l'antithèse « j'ai pu vivre dans la servitude, mais j'ai toujours été libre » (l. 9-10). L'amour sincère et puissant qu'elle éprouve pour son amant, et qu'elle révèle à Usbek par provocation, est le meilleur gage de son indépendance, comme le souligne ironiquement l'asyndète adversative dans la phrase « tu me croyais trompée, et je te trompais » (l. 21). Roxane porte volontairement atteinte à la fierté d'Usbek en désignant son amant par la métonymie laudative « le plus beau sang du monde » (l. 6). Le sérail n'est plus le lieu du pouvoir exclusif du mari.

Par ailleurs, le choix de la mort est aussi une manière de s'affranchir de l'autorité d'Usbek et de choisir son destin. L'allitération en [v] (« Je vais mourir ; le poison va couler dans mes veines », l. 3) donne un rythme calme à la phrase et souligne la sérénité de Roxane, sûre de sa décision, à l'approche de la mort.

2. Roxane, qui se fait ici la porte-parole de toutes les femmes du sérail, dénonce la vie d'esclaves qu'Usbek leur impose. Dès le premier paragraphe, la souffrance qu'éprouvent les femmes recluses est soulignée par un adjectif modalisateur péjoratif dans le groupe nominal « ton affreux sérail » (l. 2). Cette souffrance est liée à l'injustice que subissent ces femmes soumises au bon vouloir de leur mari, comme le rappelle l'antithèse polémique « Comment as-tu pensé [...] que, pendant que tu te permets tout, tu eusses le droit d'affliger tous mes désirs ? » (l. 7-9). Les questions rhétoriques des lignes 7 à 9 visent à remettre en question, ainsi que l'adverbe négatif et exclamatif « Non ! » (l. 9), la vision que le seigneur persan a de Roxane. Roxane mentionne aussi la violence des représailles ordonnées par Usbek : « ces gardiens sacrilèges qui ont répandu le plus beau sang du monde » (l. 5-6).

La tonalité polémique domine dans les propos de Roxane, dictés par la haine qu'elle éprouve pour

Usbek, particulièrement soulignée par l'antithèse entre « les transports de l'amour » (l. 16) et « toute la violence de la haine » (l. 17). Quand Roxane explique qu'elle a fait semblant d'être fidèle à son mari, l'emploi du conditionnel (« Tu devrais me rendre grâces encore du sacrifice que je t'ai fait », l. 12) marque aussi sa volonté de provocation et de vengeance. En fin de compte, c'est l'aveuglement d'Usbek, homme égocentré, que Roxane révèle et dénonce avec le plus de force : pour montrer qu'il a été trompé, elle répète avec insistance les verbes « paraître » et « croire », par exemple dans la phrase « Mais tu as eu longtemps l'avantage de croire qu'un cœur comme le mien t'était soumis » (l. 18-20). Roxane fait un constat cruel : sa vie est fondée sur le mensonge et celle d'Usbek sur l'illusion.

TEXTE 3 : Françoise de Graffigny, *Lettres d'une Péruvienne* (1747) p. 131

Objectifs et enjeux

- **Étudier les procédés de dramatisation du récit**
- **Repérer différentes fonctions de la lettre : récit, expression lyrique et pathétique**
- **Comprendre le recours à un regard étranger pour critiquer la violence des conquêtes européennes**

Lecture analytique

1. Zilia, « fille du Soleil » (l. 26), attend dans le temple sacré d'être mariée à Aza. Son impatience est palpable dans les deux premiers paragraphes du texte : « fit tressaillir mon cœur » (l. 2), « je courus au-devant de tes pas » (l. 5). La jeune fille éprouve pour Aza un amour ardent, transcrit par l'emploi d'un vocabulaire mélioratif : « le moment heureux » (l. 3) désigne le jour supposé du mariage, l'être aimé est nommé « soleil de mes jours » (l. 4) et « cher soutien de ma vie » (l. 34).

À partir du moment où les soldats espagnols font irruption dans le temple, les sentiments de Zilia, toujours intenses, basculent brutalement de l'espoir à la terreur. Ce retournement est marqué par l'emploi de la conjonction « Mais » (l. 6), à valeur adversative, au début du troisième paragraphe : « Mais quel horrible spectacle s'offrit à mes yeux ! Jamais son souvenir affreux ne s'effacera de ma mémoire » (l. 6-7). Ces phrases, emphatiques et fortement modalisées, rendent compte du bouleversement émotionnel de Zilia.

Dans la seconde partie du texte, deux autres sentiments dominent : la révolte devant le comportement des conquistadors (« ces impies osèrent porter leurs mains sacrilèges sur la fille du Soleil », l. 25-26) et le désespoir d'être leur prisonnière, dépossédée de son destin, ainsi que l'expriment la position d'objet et le participe passif à la fin du texte (« Une natte baignée de mes pleurs reçoit mon corps fatigué par les tourments de mon âme », l. 33-34).

2. La forme épistolaire permet de confier le récit à Zilia, à la fois narratrice et personnage, très peu de temps après l'action. En toute logique, le récit est à la 1re personne et adopte un point de vue interne. Sa progression suit les actions et les réflexions de l'héroïne. L'élément perturbateur, introduit par le passé simple « réveilla » (l. 2), est le saccage de la ville et du temple par les soldats espagnols. Zilia souligne alors l'horreur du « spectacle » (l. 6) dont elle est témoin : dans le quatrième paragraphe, les exactions des soldats espagnols sont transcrites par l'accumulation des sujets du verbe « ôtèrent » (l. 12), juxtaposés par des points virgules. Les champs lexicaux de la violence et de la mort envahissent le récit, dans une hypotypose suscitant terreur et pitié : « ensanglantés » (l. 8), « soldats furieux qui massacraient » (l. 9), « expirantes » (l. 10) ; les armes sont désignées par la métaphore « du feu de leur tonnerre » (l. 11).

Quand Zilia se cache des conquistadors, puis devient leur victime directe, le suspens est d'abord entretenu par ses réflexions : « Je remarquai [...] qu'ils ralentissaient les effets de leur cruauté » (l. 17-18), « Je formai le dessein de sortir du Temple » (l. 22). Le lecteur est ainsi poussé à s'identifier à Zilia dans sa fuite et à craindre pour sa survie. Son impuissance révoltante est soulignée par la proposition « je me sentis arrêter » (l. 24-25) et par les participes passés « arrachée » et « traînée » (l. 27).

3. La lettre prend la forme d'un témoignage sur la barbarie des conquistadors espagnols. Ce récit à la 1re personne accorde une place prépondérante aux sens, qui permettent à Zilia de conserver en mémoire et de rapporter cet épisode funeste. Le texte s'ouvre sur l'évocation d'un « bruit confus » (l. 1-2) et mentionne plus loin « les gémissements de l'épouvante, les cris de la fureur » (l. 11-12), parallélisme qui décrit d'un côté les victimes, de l'autre leurs bourreaux. Cependant, c'est surtout sur la vue que le texte met l'accent. Le champ lexical du regard jalonne le témoignage de Zilia : « quel horrible spectacle s'offrit à mes yeux ! » (l. 6), « je voyais passer ces barbares » (l. 15-16), « Je remarquai » (l. 17), « j'ai vu » (l. 28 et 30). Malgré le danger qu'elle encourt, Zilia s'avère une observatrice suffisamment aiguë pour rendre compte de tous les détails du massacre et du saccage.

TEXTE 4 : Jean-Jacques Rousseau, *Julie ou La Nouvelle Héloïse* (1761) p. 132

Objectifs et enjeux

→ **Repérer les différentes fonctions de la lettre : récit, expression lyrique, analyse psychologique**

→ **Étudier l'expression des sentiments dans un texte préromantique**

Lecture analytique

1. Comme écrin de cette scène sensuelle, Rousseau choisit un cadre bucolique. Le domaine de « Clarens » (l. 1) offre une place privilégiée à la nature, domestiquée d'abord, sous la forme du « jardin » (l. 4), puis plus sauvage, sous la forme d'un « bois » (l. 6). Il s'agit donc d'un lieu protégé, qui permet le secret, ce que retranscrit la progression du groupe de jeunes gens, de l'extérieur vers l'intérieur : « nous fuyons tous trois dans le bois » (l. 6), « En approchant du bosquet » (l. 9), « En y entrant » (l. 11). La lumière elle-même va faiblissant : « le soleil commence à baisser » (l. 6), « le reste de ses rayons » (l. 7).

Ce cadre naturel permet aux amants de se réunir hors de la présence paralysante des parents : la mère de Julie est désignée par la périphrase « ce redoutable témoin » (l. 5-6). Julie et sa cousine ont, en effet, organisé une mise en scène qui place le jeune Saint-Preux dans les meilleures dispositions pour accueillir le baiser de son amante. D'abord, la joie suscitée par l'invitation de Julie est traduite, dans le premier paragraphe, par la juxtaposition de propositions au présent de narration et par le style hyperbolique : « Je reçois ton billet, je vole chez ta cousine » (l. 1). Lors de la réunion des amants, Rousseau souligne l'importance du regard en employant les verbes « j'aperçus » (l. 9) et « je vis » (l. 11). Il suggère que son personnage ne maîtrise pas la situation dans laquelle il se trouve : « avec surprise » (l. 11), « Sans rien comprendre à ce mystère » (l. 12-13). Enfin, la litote « ma paisible simplicité n'imaginait pas un état plus doux que le mien » (l. 7-8) et les compléments circonstanciels de manière « non sans une émotion secrète » (l. 9) et « plaisamment » (l. 12) soulignent les émotions agréables que ressent le jeune homme. Il est désormais prêt à la révélation sensuelle.

2. La progression dramatique du texte renforce le bouleversement à la fois physique et psychologique du personnage de Saint-Preux, fortement inspiré par la vie du jeune Rousseau. Ainsi, le personnage ne ressent pas de la même manière le baiser de la cousine et celui de Julie ; cette différence est soulignée par la conjonction « mais » à valeur adversative au début de la phrase « Mais que devins-je un moment après » (l. 15-16). Le récit du jeune homme prend alors une tonalité lyrique, à l'aide d'une multitude de procédés. L'aposiopèse « quand je sentis... » (l. 16), signalée par les points de suspension, et l'exclamation « mon corps serré dans tes bras ! » (l. 18) soulignent le transport de Saint-Preux. La métaphore filée de l'embrasement (« le feu du ciel », l. 18 ; « m'embraser », l. 19 ; « Le feu », l. 20 ; « brûlantes », l. 21) traduit la force de l'amour et du désir qu'il ressent. Son éveil sensoriel se concentre sur le sens du toucher : « quand je sentis [...] ta bouche de roses [...] se poser, se presser sur la mienne, et mon corps serré dans tes bras ! » (l. 16-18), « Toutes les parties de moi se rassemblèrent sous ce toucher délicieux » (l. 19-20). Julie est dès lors idéalisée, comme l'attestent l'évocation de sa bouche à la 3e personne, comme un objet exceptionnel ou sacré (« la bouche de Julie », l. 17), la valorisation de ses « beaux yeux » (l. 23) et l'apostrophe lyrique « Ô Julie ! » (l. 32).

De plus, l'émotion ressentie lors de l'épisode du baiser et celle éprouvée au moment de la rédaction de la lettre se mêlent. Dans la même phrase, Saint-Preux décrit ce qu'il a ressenti au passé simple (« quand je sentis », l. 16) et signale sa forte émotion au présent de narration (« la main me tremble », l. 16) : l'intensité de son trouble est restée la même *a posteriori*.

Néanmoins, le bonheur éprouvé par Saint-Preux a été aussi intense que fulgurant (« mon bonheur ne fut qu'un éclair », l. 24). Le baiser échangé revêt en effet une dimension tragique, car la force de leur désir mutuel entraîne le malaise de Julie (l. 22-23) et la souffrance du jeune homme. Des termes péjoratifs révèlent l'effet délétère des baisers de Julie : « ils sont trop âcres, trop pénétrants ; ils percent ; ils brûlent jusqu'à la moelle... » (l. 27-28). Le jeune homme énonce un paradoxe : « Une faveur !... c'est un tourment horrible... » (l. 26-27) et insiste sur la transformation que le baiser reçu et donné a entraînée en lui. La répétition de la négation « ne... plus » souligne le caractère irrémédiable de sa métamorphose : « Je ne suis plus le même et ne te vois plus la même. Je ne te vois plus comme autrefois » (l. 30-31). Saint-Preux est comme dépossédé de lui-même par la passion : « À peine sais-je ce qui m'est arrivé depuis ce fatal moment » (l. 25), « un transport dont je ne suis plus maître » (l. 33).

Ce caractère paradoxal du transport amoureux annonce les élans du romantisme.

TEXTE 5 : Pierre Choderlos de Laclos, *Les Liaisons dangereuses* (1782) p. 133

Objectifs et enjeux

→ **Étudier une lettre offrant le point de vue du libertin manipulateur**

→ **Comprendre comment la maîtrise du langage sert ici à valoriser le personnage pour un public multiple (Mme de Tourvel, Mme de Merteuil, le lecteur)**

Lecture analytique

1. Dans sa lettre, Valmont raconte une scène en en présentant le cadre avec beaucoup de précision. De nombreux marqueurs spatiaux et temporels structurent le récit en deux temps : la partie de chasse dans le premier paragraphe (introduit « Au point du jour », l. 1, et « à travers champs », l. 2-3) et l'aide apportée à la famille de paysans dans le paragraphe suivant (amené par « Cependant » et « au village », l. 12). En outre, Valmont dramatise son récit en rapportant ses actions au présent de narration. On note la coordination des verbes « je me lève et je pars » (l. 1) et « J'entre en chasse, et marche à travers champs » (l. 2-3) ; au début du deuxième paragraphe, quatre propositions brèves dont le sujet est le pronom « je » sont juxtaposées (l. 12-13). Ce récit rapide, qui contribue à plonger le lecteur au cœur de la scène, présente le vicomte comme un homme d'action.

De plus, Valmont fait en sorte de toujours se mettre en valeur, aussi bien devant la famille de paysans qu'aux yeux de la marquise de Merteuil, qui lit son compte rendu. Il insiste sur la générosité apparente de son action : la proposition « Je fais venir le collecteur » (l. 13) montre son acte comme une initiative personnelle. Il emploie aussi, non sans une certaine ironie, des termes mélioratifs comme l'adjectif « généreuse » (l. 13) et l'adverbe « noblement » (l. 14). Par la suite, il a soin de se mettre en scène au sein du groupe de paysans dans une position à la fois centrale et supérieure : les spectateurs sont « autour de [lui] » (l. 16), il se trouve « au milieu des bénédictions bavardes » (l. 33). Valmont semble être un véritable héros, voire un saint, ainsi que le montre l'utilisation volontiers hyperbolique de termes religieux tels que « chœur de bénédictions » (l. 16) et « prosternée » (l. 23). On peut aussi relever l'injonction prononcée par un paysan admiratif et rapportée au discours direct : « Tombons tous aux pieds de cette image de Dieu » (l. 21-22). Ces éléments confirment l'orgueil démesuré de Valmont.

D'ailleurs, la scène prend une véritable dimension théâtrale. La réaction des paysans à l'acte du vicomte est appelée « spectacle » (l. 20), et Valmont lui-même conclut : « je ne ressemblais pas mal au héros d'un drame, dans la scène du dénouement » (l. 33-34). Il n'est pas seulement acteur, il est aussi spectateur de la scène : « J'examinais ce spectacle » (l. 19-20), dit-il devant les larmes du père. Le récit s'apparente à une pièce de théâtre en deux temps. Dans le premier paragraphe, le jeu de Valmont avec l'espion qui le suit, rappelant les relations maître-valet au théâtre, donne nettement à la scène une dimension comique. Dans le deuxième paragraphe, la bonne action de Valmont est présentée comme un drame particulièrement pathétique : « pour lesquelles on réduisait cinq personnes à la paille et au désespoir » (l. 14-15), « mes yeux se sont mouillés de larmes » (l. 23-24), « conduisant par la main une femme et deux enfants » (l. 20-21).

2. Le plan de Valmont, soigneusement élaboré et exécuté, est celui d'un calculateur implacable. Toutes ses actions sont dictées par un objectif clairement affiché : il a choisi sa destination (« vers le village où je voulais me rendre », l. 3), il a des « projets » précis (l. 11) pour lesquels il utilise l'espion de Mme de Tourvel (« je me suis ressouvenu qu'il était utile et même nécessaire à mes projets ; cette réflexion l'a sauvé », l. 10-11). Valmont affiche son goût du jeu et instrumentalise le domestique : notons l'emploi du déterminant possessif dans le groupe nominal « mon espion » (l. 2). Le vicomte manipule le domestique, non sans une pointe de cruauté : « sans autre plaisir [...] que de faire courir le drôle qui me suivait » (l. 3-4).

Valmont est donc, apparemment, plus un homme de réflexion que d'émotion(s). Certes, il fait preuve d'une sensibilité que l'on pourrait croire sincère : « mes yeux se sont mouillés de larmes, et j'ai senti en moi un mouvement involontaire, mais délicieux » (l. 23-25). Néanmoins, son attitude est très égocentrique ; spectateur de sa propre action, il reste le plus souvent détaché sur le plan émotionnel. Un décalage considérable existe entre lui et les paysans misérables qu'il sauve de l'expulsion : l'émotion qu'il éprouve devant le « chœur de bénédictions » (l. 14) se transforme en lassitude face aux « bénédictions bavardes » (l. 33).

In fine, le texte marque le triomphe d'un cynisme décomplexé. La conduite de Valmont n'est qu'une tromperie pour flouer Mme de Tourvel, et une comédie pour distraire la marquise de Merteuil, dont il fait clairement sa complice libertine (« vous n'imaginez pas », l. 15-16). Pour lui, tout s'achète, tout est question de commerce, ce qu'indiquent les mentions récurrentes de l'argent : « cédant à ma généreuse compassion, je paie noblement cinquante-six livres » (l. 13-14), « J'avais pris dix louis sur moi : je les leur ai donnés » (l. 28-29).

Prolongement

On pourra prolonger l'étude de ce texte en lisant aux élèves cette phrase extraite de la suite de la lettre : « Cette femme [Mme de Tourvel] vaut bien dix louis [...] j'aurai le droit d'en disposer à ma fantaisie, sans avoir de reproches à me faire. » Ainsi, la conquête de Mme de Tourvel apparaît comme une entreprise dictée par la volonté ou comme une transaction, et non une affaire de sentiment.

TEXTE 6 : Pierre Choderlos de Laclos, *Les Liaisons dangereuses* (1782) p. 134

Objectifs et enjeux

- **Comparer cette lettre à la précédente (p. 133) pour en dégager les enjeux**
- **Observer la polyphonie propre au roman épistolaire**
- **Étudier les principaux traits du caractère de Mme de Tourvel**

Lecture analytique

1. Dans cette lettre, Mme de Tourvel se fait l'avocate de Valmont auprès de son amie, Mme de Volanges, la personne la plus hostile au vicomte dans le roman. On trouve dans le premier paragraphe quelques allusions à ces préjugés défavorables : « penser désavantageusement » (l. 3), « ne trouver que des vices » (l. 4), « un jugement trop rigoureux » (l. 6-7). Le but de Mme de Tourvel est donc, clairement, de réhabiliter Valmont aux yeux de son amie et, plus généralement, de la société. Pour ce faire, elle construit sa lettre comme un plaidoyer. Dans une introduction, elle se concilie son interlocutrice : « Enfin vous aimez tant à user d'indulgence, que c'est vous obliger que de vous donner des motifs de revenir sur un jugement trop rigoureux » (l. 5-7). Elle vante la bonté de son amie, dont elle fait un argument en faveur du libertin. Après ce passage introductif, la narratrice raconte toute l'histoire telle qu'elle lui a été rapportée. Elle donne des gages de crédibilité devant cette scène étonnante : un de ses serviteurs a vu la scène, ce qui lui interdit de douter de la sincérité de l'acte (« un de mes gens devait aller du même côté que lui ; et c'est par là que ma curiosité [...] a été satisfaite », l. 12-14). Le dernier paragraphe sert de bilan : elle cherche à nouveau à influencer le jugement que porte son amie sur Valmont, par la question rhétorique « si M. de Valmont est en effet un libertin sans retour [...], que restera-t-il aux gens honnêtes ? » (l. 36-39).

C'est surtout par l'éloge qu'elle fait de Valmont qu'elle plaide sa cause. Elle vante sans retenue son immense générosité, qualifiée de « vertueuse action » (l. 19) en accumulant ses mérites : « M. de Valmont [...] s'était empressé non seulement d'acquitter sur le champ la dette de ces pauvres gens, mais même leur avait donné une somme assez considérable » (l. 14-18). Son implication émotionnelle est manifeste : ses commentaires aux lignes 26-29 sont hyperboliques, et Mme de Tourvel avoue elle-même que « le seul récit [l]'a attendrie jusqu'aux larmes » (l. 29-30).

2. La lettre de Mme de Tourvel confirme que la mise en scène de Valmont a parfaitement fonctionné. Le vicomte comptait sur l'intérêt de la jeune femme à son égard : celle-ci évoque justement « [s]a curiosité répréhensible, mais heureuse » (l. 13-14). On comprend d'ailleurs qu'elle a fait suivre le vicomte (« un de mes gens devait aller du même côté que lui », l. 12-13) même si en employant l'adverbe « heureusement » (l. 11 et 12), Mme de Tourvel laisse entendre qu'il s'agit d'un hasard. Le rapport du domestique a été précis, comme l'indiquent les propositions « Il nous a rapporté » (l. 14), « Mon domestique a été témoin » (l. 18) et « il m'a rapporté de plus » (l. 19). Par le jeu des propos rapportés, emboîtés dans des propositions complétives et relatives (« les paysans [...] avaient dit qu'un domestique, qu'ils ont désigné, et que le mien croit être celui de M. de Valmont, avait pris hier des informations », l. 19-22), on comprend que l'espion a surpris une partie du plan de Valmont. Pourtant, aux yeux de Mme de Tourvel, cette révélation tourne en faveur du libertin, comme le montrent ces éloges renforcés par l'anaphore du présentatif « c'est » : « c'est le projet formé de faire du bien ; c'est la sollicitude de la bienfaisance ; c'est la plus belle vertu des plus belles âmes » (l. 26-28). Enfin, la modestie feinte de Valmont est également l'une des clés de son succès, comme le souligne le rapport de conséquence dans la phrase « il [...] a eu l'air d'y mettre si peu de valeur lorsqu'il en est convenu, que sa modestie en doublait le mérite » (l. 32-35).

Mme de Tourvel va jusqu'à se remettre en question pour avoir douté de la probité de Valmont, ce qu'elle exprime dans le groupe nominal fortement modalisé « idée que je m'accuse d'avoir saisie peut-être avec trop de vivacité » (l. 10-11). Sa réputation de femme à la vertu irréprochable accroît la confiance qe l'on va accorder à ses propos. On note d'ailleurs l'emploi de verbes modalisateurs propres à soutenir ses dires : « ce me semble » (l. 2), « me paraît » (l. 7), « je le pense » (l. 8). Mme de Tourvel pèse ses dires, consciente de la valeur de ses paroles, et pourtant tombe dans le piège de Valmont. Elle est donc, à son insu, une alliée de choix dans ses plans.

TEXTE 7 : Félicité de Genlis, *Adèle et Théodore ou Lettres sur l'éducation* (1782) p. 135

Objectifs et enjeux

- **Comprendre la volonté éducative du roman épistolaire au XVIIIe siècle**
- **Étudier une démarche argumentative : un témoignage au service de la réflexion**

Lecture analytique

1. Dans son roman épistolaire, Mme de Genlis affiche une volonté éducative, ici incarnée par le personnage de M. de Lagaraye. Il est d'emblée présenté par le narrateur, le baron d'Almane, comme un sage qu'il faut écouter. Sa position dans l'espace du parc est centrale, ses auditeurs l'entourent : « [I]l se place [...] entre Mme d'Almane et moi ; tout le reste de la compagnie forme un cercle autour de lui » (l. 1-3). La lettre met l'accent sur son discours, dont l'importance est signalée dès le premier paragraphe par l'hyperbole « dont chaque parole s'est à jamais gravée dans ma mémoire » (l. 4-5). Ses propos sont, d'ailleurs, rapportés intégralement au discours direct (l. 6 à 33).

La leçon de M. de Lagaraye porte sur le sens de l'existence et la quête du bonheur. Elle vaut d'abord par la franchise dont il fait preuve. Sans dissimuler les errances de son existence, il prend du recul avec le jeune homme qu'il était et fait son autocritique, manifeste dans l'emploi de termes péjoratifs tels que « le tumulte et la dissipation » (l. 6), « l'éducation la plus négligée » (l. 8), « des amusements vains et frivoles » (l. 9-10), « chimériques » (l. 14). Son récit est jalonné de verbes connotant l'erreur (« je cherchai », l. 9 ; « je m'égarai », l. 12 ; « je méconnus », l. 13).

C'est en rendant compte des étapes de son parcours qu'il indique le chemin de la sagesse à ses auditeurs, ainsi qu'au lecteur. Il passe sa jeunesse (« à vingt-cinq ans », l. 6-7) à rechercher le bonheur dans le divertissement superficiel (« dans des choses qui m'étaient étrangères », l. 9). C'est l'expérience de l'insatisfaction (« lassé, dégoûté de tout », l. 15 ; « il ne me resta de tant d'illusions qu'un souvenir importun et qu'une incertitude cruelle », l. 17-18) qui lui permet d'accéder à la lucidité, c'est-à-dire à la connaissance de soi : « enfin, mes yeux commencèrent à s'ouvrir » (l. 14-15). Son parcours aboutit à un éloge de la sensibilité et de l'amour d'autrui, seules voies d'accès à « un bonheur pur et tranquille, le seul durable et solide » (l. 13). Ce cheminement est métaphorisé par le verbe de mouvement dans la proposition « Je descendis au fond de mon cœur » (l. 18) et souligné par une progression temporelle repérable à l'emploi d'adverbes : « jusqu'alors, malheureux et personnel, je passai rapidement d'une extrémité à l'autre » (l. 20-21), « alors enfin je connus le bonheur » (l. 24-25).

On remarque, à la fin du texte, que la leçon de M. de Lagarye a touché son auditoire, puisqu'il est fait mention des « pleurs » (l. 34) de Mme d'Almane. Ce constat prolonge la réflexion sur la sensibilité développée dans le texte.

2. Si la sensibilité de M. de Lagaraye est manifeste au moment du récit, elle est présente, larvée, dès sa jeunesse, comme l'indique la phrase modalisée « mon cœur demeura froid, ou, pour mieux dire, sa sensibilité naturelle fut bientôt étouffée par le genre de vie auquel je me livrais » (l. 10-11). Le personnage a redécouvert cette qualité innée lors d'une prise de conscience, mise en valeur dans une phrase au rythme ternaire et significativement placée au centre du discours : « Je descendis au fond de mon cœur, je l'interrogeai, je le trouvai sensible » (l. 18-19).

Cette sensibilité trouve à s'épanouir dans l'amour des autres, et c'est aussi par affection et ouverture à l'autre que M. de Lagaraye partage son expérience. Cependant, c'est en tant que père qu'il atteint un état de plénitude. Ses sentiments paternels sont décrits en termes hyperboliques et avec des adjectifs superlatifs : « J'étais père, je me livrais tout entier au sentiment le plus doux et le plus naturel » (l. 23-24) ; « J'aimais ma fille avec passion » (l. 24), « ma fille [...] remplissait mon âme de la plus douce satisfaction » (l. 27-28). La force de cette tendresse prouve la pureté de cœur de M. de Lagaraye.

Néanmoins, l'amour paternel est aussi un obstacle au bonheur, puisque ce dernier est compromis par la fragilité de la vie humaine. C'est pourquoi M. de Lagaraye rend compte, en termes hyperboliques, de son inquiétude à l'idée que sa fille puisse disparaître : « une affreuse pensée [...] corrompait toute ma joie » (l. 28-29), « L'idée qu'une félicité si pure pouvait m'être ravie » (l. 29), « Cette déchirante réflexion m'arrachait l'âme » (l. 31-32). De tels sentiments ont une dimension universelle, propre à toucher les destinataires visés par Mme de Genlis, les parents qui cherchent la meilleure éducation pour leurs enfants.

5 Le roman d'initiation ou l'apprentissage du héros

Manuel, p. 136-140

I. Problématiques et thèmes

Le corpus présente quatre personnages de roman en plein apprentissage. Il permet de définir le héros picaresque et de mesurer son influence dans le roman français à partir du XVIIIe siècle. Plus largement, il permet aussi de comprendre les caractéristiques du roman d'apprentissage (notamment dans sa fonction descriptive de la société et sur la réflexion qu'il porte sur le déterminisme) et d'éclairer des figures de héros du XIXe siècle, comme Julien Sorel chez Stendhal ou Rastignac chez Balzac.

La mise en œuvre du récit et la place du lecteur dans la fiction sont également des points d'analyse intéressants, notamment dans les romans qui font le choix de la première personne (Lesage, Prévost) et dans ceux qui jouent avec les attentes du lecteur pour les forcer à réfléchir aux enjeux de la fiction romanesque (Diderot), comme le feront de nombreux romanciers au XXe siècle.

BIBLIOGRAPHIE

- **Francis Assaf,** *Lesage et le picaresque*, Nizet, 1983.
- **Laurence Daubercies,** *Jacques le fataliste entre romanesque et anti-roman*, 2012, article consultable en ligne : http://web.philo.ulg.ac.be/gedhsr/wp-content/uploads/sites/31/2014/12/DAUBERCIES-Laurence-Jacques-le-fataliste-entre-romanesque-et-anti-roman.pdf

II. Textes (p. 137-140)

TEXTE 1 : Alain-René Lesage, *Histoire de Gil Blas de Santillane* (1715-1735) p. 137

Objectifs et enjeux

→ **Étudier l'*incipit* d'un des principaux romans picaresques français du XVIIIe siècle**

→ **Définir les caractéristiques d'un héros picaresque**

Lecture analytique

1. Comme dans tout roman d'apprentissage, le lecteur est plongé dans la réalité d'une époque. Le nom du héros, indiqué par le titre, ainsi que la mention de la ville d'Oviédo (l. 15) situent l'action dans l'Espagne du XVIIe siècle. Le protagoniste est jeune, comme l'indique le complément de temps « dès mon enfance » (l. 1). Le milieu dans lequel il évolue est modeste et l'argent y est une préoccupation majeure, comme l'attestent les remarques suivantes : « c'eût été autant d'argent épargné pour lui » (l. 7), « il fit réflexion que je cesserais bientôt de lui être à charge » (l. 25). Le récit, rapide et chronologique, fait que l'on arrive rapidement à la fin de l'adolescence du héros ; son oncle lui adresse ces paroles dans le troisième paragraphe : « le temps de ton enfance est passé. Tu as déjà dix-sept ans » (l. 26-27). L'extrait se termine par le départ du héros.

Les premières étapes du récit concernent la formation du jeune Gil Blas, qui est d'abord placé chez son oncle Gil Perez (« Il me prit chez lui », l. 1), puis « sous la férule d'un maître [...] le docteur Godinez, qui passait pour le plus habile pédant d'Oviédo » (l. 14-15) ; le héros picaresque passe en effet sous la coupe de différents maîtres avant de s'affranchir. Le narrateur détaille les disciplines qui lui sont enseignées : « Il m'acheta un alphabet, et entreprit de m'apprendre lui-même à lire » (l. 2-3), « la langue latine » (l. 7), « la logique » (l. 18). L'efficacité de cette éducation est soulignée par le rapport logique de cause à conséquence dans la phrase suivante : « Je profitai si bien des instructions qu'on me donna, qu'au bout de cinq ou six années j'entendis un peu les auteurs grecs et assez bien les poètes latins » (l. 15-17).

2. Gil Blas raconte son histoire *a posteriori*. Ce procédé du roman-mémoires à la première personne permet de révéler rapidement les principaux traits de caractère du narrateur-personnage. Il souligne d'emblée son intelligence par les commentaires de son entourage : « Je lui parus si éveillé » (l. 1-2), « Je m'acquis toutefois par là, dans la ville, la réputation de savant » (l. 24), « te voilà devenu habile garçon : il faut songer à te pousser » (l. 27). Cette vivacité est associée à un esprit critique aiguisé. Il présente ainsi son oncle de façon peu flatteuse, dans une phrase modalisée par l'emploi de l'adverbe *peut-être* et d'un commentaire entre parenthèse (« c'était peut-être (car je n'avance pas cela comme un fait certain) le chanoine du chapitre le plus ignorant », l. 9-10) ; il est lucide aussi sur son propre compte : « on nous devait plutôt prendre pour des possédés que pour des philosophes (l. 22-23).

Il est aussi caractérisé par sa grande curiosité et son assiduité : « Je m'appliquai aussi à la logique, qui m'apprit à raisonner beaucoup » (l. 17-18). Son assurance et son enthousiasme sont manifestes dans son goût de la « dispute » (l. 18), c'est-à-dire du débat philosophique impromptu, comme l'atteste l'emploi d'hyperboles et des phrases exclamatives : « Quels gestes ! quelles grimaces ! quelles contorsions ! Nos yeux étaient pleins de fureur, et nos bouches écumantes » (l. 21-22). À la fin du texte, sa hâte de poursuivre son chemin à la découverte du monde est à nouveau traduite par une hyperbole : « je mourais d'envie de voir le pays » (l. 33-34).

TEXTE ÉCHO : Miguel de Cervantes, *Don Quichotte* (1615) p. 138

Objectifs et enjeux

- **Mesurer l'influence du personnage de Don Quichotte, antihéros avant l'heure, sur la littérature européenne**
- **Étudier le mélange de comique et de tragique propre à ce type de roman**

Lecture comparée

1. et 2. Dans le roman de Cervantes, le récit est à la troisième personne, ce qui introduit une plus grande distance entre le personnage éponyme et le lecteur que dans le roman picaresque à la première personne de Lesage.

Don Quichotte a peu de choses en commun avec Gil Blas, hormis son énergie et son intrépidité. Il dit avec emportement à son valet Sancho Panza : « si tu as peur, ôte-toi de là, et va te mettre en oraison pendant que je leur livrerai une inégale et terrible bataille » (l. 5-6), puis va au combat (« bien couvert de son écu, et la lance en arrêt, il se précipite au plus grand galop de Rossinante » (l. 20-21).

Don Quichotte se rêve en chevalier héroïque : il combat pour l'amour d'une dame (« il se recommande du profond de son cœur à sa dame Dulcinée », l. 18-19) et est accompagné dans sa quête par un écuyer (« son écuyer Sancho », l. 11). Néanmoins, il est plutôt un antihéros sous la plume parodique de Cervantes. Victime d'une hallucination, il affronte ce qu'il croit être des géants : « il s'était si bien mis dans la tête [...] qu'il ne parvenait pas, même en approchant tout près, à reconnaître la vérité » (l. 9-12). Sa monture est une véritable rosse (le cheval s'appelle Rossinante, l. 7) et il se précipite sur de simples moulins à vent malgré les avertissements de Sancho Pança. Son aveuglement le ridiculise totalement : « le chevalier [...] s'en alla rouler sur la poussière en fort mauvais état » (l. 24-25).

Là où Gil Blas s'apprête à découvrir le monde armé de son esprit vif et ouvert, Don Quichotte, bercé d'illusions romanesques, est confronté à une réalité décevante qu'il nie complètement.

TEXTE 2 : Abbé Prévost, *Manon Lescaut* (1731) p. 139

Objectifs et enjeux

- **Souligner l'importance de la raison et de la passion dans la formation des personnages de roman**
- **Travailler sur les discours rapportés**

Lecture analytique

1. Des Grieux et Tiberge se connaissent de longue date. Ils ont fait leurs études ensemble, comme le rappelle le narrateur-personnage en mentionnant l'« ami d'école » (l. 3). La visite de Tiberge témoigne de sa grande affection pour son ami. Il l'apostrophe avec chaleur (« Mon cher Chevalier », l. 7) et lui manifeste son respect et son admiration dans des formulations hyperboliques : « Je connais l'excellence de votre cœur et de votre esprit ; il n'y a rien de bon dont vous ne puissiez vous rendre capable » (l. 14-16), « Quelle perte pour la vertu ! » (l. 17). Le respect est d'ailleurs mutuel, puisque Des Grieux précise, dès les premiers instants de leurs retrouvailles : « sa figure et le ton de son discours m'inspirèrent du respect » (l. 2).

La sollicitude de Tiberge à l'égard de Des Grieux se manifeste dans l'expression de sentiments forts (« la tendre amitié que j'ai pour vous », l. 14 ; « tant de douleur », l. 17) et le récit des efforts opiniâtres qu'il a faits pour retrouver son ami (« Jugez-en par les démarches qu'elle m'a fait faire », l. 18-19 ; « J'y retournai le lendemain », l. 32). En outre, la profonde amitié de Tiberge pour Des Grieux se manifeste par les encouragements et les conseils avisés qu'il donne à son ami pour le remettre dans ce qu'il considère être le droit chemin. Dans le premier paragraphe, la succession des trois groupes verbaux « il plaignit » (l. 3), « il me félicita » (l. 4) et « il m'exhorta » (l. 4) rend bien compte des étapes de son discours, marqué par la raison. Dans le second paragraphe, la place occupée par le discours de

Tiberge prouve son importance aux yeux du jeune héros. Le jeune homme oppose « la volupté » (l. 9) et « la vertu » (l. 10) : « Je me suis servi de ma raison pour comparer les fruits de l'une et de l'autre, et je n'ai pas tardé longtemps à découvrir leurs différences » (l. 10-11).

2. L'image de Des Grieux est complexe car elle est construite à la fois par la voix du narrateur-personnage et par le discours de Tiberge. Ce dernier brosse le portrait d'un jeune homme aux grandes qualités (« Je connais l'excellence de votre cœur et de votre esprit », l. 14-15) qui s'est laissé tenter par les plaisirs, ce que soulignent la comparaison « J'avais autant de penchant que vous vers la volupté » (l. 8-9) et la métaphore « Le poison du plaisir vous a fait écarter du chemin » (l. 16). L'idée de dissimulation apparaît plus nettement dans les passages de narration pris en charge par Des Grieux et vient nettement nuancer son portrait aux yeux du lecteur : « Il me félicita de ma guérison, qu'il croyait avancée » (l. 4), « après s'être aperçu que je l'avais trompé » (l. 19).

Le personnage de Manon, quant à lui, est essentiellement présenté du point de vue de Tiberge. La jeune femme apparaît comme une séductrice et une tentatrice. C'est elle que Tiberge évoque indirectement dans la métaphore « le poison du plaisir » (l. 16). Comme l'indiquent ses propos rapportés au discours indirect, il fait sa rencontre « à la comédie » (l. 25-26), lieu associé au jeu et à l'apparence ; il souligne d'ailleurs le faste de ses habits (« elle y était dans une parure si éclatante », l. 26). Enfin, elle se montre fuyante : « Elle me quitta brusquement, lorsqu'elle m'entendit parler de vous » (l. 34-35).

Ces portraits croisés permettent de comprendre la complexité de la relation qui unit Des Grieux à Manon, complexité qui échappe en partie à Tiberge.

TEXTE 3 : Denis Diderot, *Jacques le Fataliste* (1796, posth.) p. 140

Objectifs et enjeux

- **Étudier un passage de roman qui brise l'illusion romanesque**
- **Comprendre la réflexion de Diderot sur le fatalisme**

Lecture analytique

1. Dès le début du roman, Jacques expose la doctrine fataliste de son capitaine, fondée sur la conviction que « tout ce qui nous arrive de bien ou de mal ici-bas [est] écrit là-haut ».

Le fatalisme est d'abord associé au tragique, puisque Jacques retrouve son capitaine mort d'avoir été « privé [...] de la satisfaction de se battre au moins une fois par semaine » (l. 10-12). Tous les éléments associés à la mort se retrouvent ici dans la longue énumération des lignes 4 à 6, introduite par une formulation emphatique. L'image de l'homme cheminant vers la mort est ici concrétisée par un convoi funèbre (« ce convoi était celui de son capitaine, décédé dans la ville voisine, d'où on le transportait à la sépulture de ses ancêtres », l. 8-10) et soulignée par la syntaxe, qui juxtapose des propositions construites autour d'un verbe de mouvement : « Le char allait toujours, Jacques le suivait [...], le maître suivait Jacques » (l. 6-7). Ces éléments renforcent le caractère inexorable de la destinée humaine.

Dans le second paragraphe, pour illustrer le fait que l'homme ne maîtrise pas son destin, Diderot choisit de rapporter un court apologue mettant en scène Ésope, célèbre fabuliste grec, dans une mise en abyme très ironique (l. 18-24). On remarque une nette différence entre la réaction hyperbolique d'un Jacques éploré (« Jacques pousse un cri, tombe de son cheval [...], s'arrache les cheveux, se roule à terre en criant », l. 2-3) et la réflexion sage et distanciée d'Ésope (« Eh bien ! reprit Ésope, ne l'avais-je pas dit que je ne savais où j'allais ? je voulais aller au bain, et voilà que je vais en prison... », l. 22-24).

Diderot continuera à nourrir cette réflexion tout au long de son roman.

2. L'épisode est introduit par une formulation emphatique et l'adjectif possessif « nos » au début du premier paragraphe, ce qui crée un lien entre le narrateur et le lecteur : « Voilà nos deux voyageurs arrivés au côté de cette voiture funèbre » (l. 1).

Dans le second paragraphe, selon un procédé qu'il utilise dans l'ensemble du roman, Diderot adopte une stratégie paradoxale pour impliquer son lecteur. Au lieu d'entretenir l'illusion romanesque, il joue avec les attentes du lecteur en interrompant le récit. Il anticipe les questions que pourraient susciter les pérégrinations de Jacques et son maître : « Mais, pour Dieu, l'auteur, me dites-vous, où allaient-ils ? » (l. 16), « Mais, qui était le maître du maître de Jacques ? » (l. 25-26), « Et pourquoi questionnait-il ? » (l. 31-32). Ses réponses sont marquées par une grande ironie et formulées le plus souvent sous la forme de questions rhétoriques : « est-ce qu'on sait où l'on va ? » (l. 17), « Bon, est-ce qu'on manque de maître dans ce monde ? » (l. 26-27). Le lecteur est ainsi invité à réfléchir à la question du fatalisme et à son statut dans le roman par le rapprochement que l'auteur établit entre lui et les personnages du roman : « Homme passionné comme vous, lecteur ; [...] homme questionneur comme vous, lecteur » (l. 29-31). Ainsi, le lecteur est invité à s'identifier aux personnages et intègre pleinement la fiction.

6 Sensibilité romantique et romanciers du « moi »

Manuel, p. 141-149

I. Problématiques et thèmes

Le Romantisme montre une jeunesse désenchantée et mélancolique. Les textes mettent en scène des personnages à l'âme exaltée, qui ont soif d'absolu et d'idéal. Il s'agit parfois des auteurs eux-mêmes (comme Rousseau, Musset, ou Chateaubriand dans *Les Mémoires d'outre-tombe*), parfois de personnages fictifs mais avec lesquels les auteurs entretiennent des liens étroits. Le héros de *René*, roman de Chateaubriand, partage le même prénom que lui, il a sa mélancolie et sa passion ; le héros du roman *Adolphe* de Benjamin Constant hésite entre une relation décevante et une rupture franche, et on a souvent rapproché cette situation de celle de son auteur (il entretenait une relation, parfois pesante, avec Germaine de Staël à laquelle il met un terme après quelques années, en 1811). L'expérience personnelle des auteurs romantiques nourrit leur œuvre ; ils explorent le « moi », donnent à voir leurs aspirations et leurs tourments. Dans les romans, l'introspection domine, l'énonciation se fait lyrique. Les personnages sont le miroir d'une génération qui a grandi sur les ruines de la Révolution et qui est confrontée à un monde qui ne peut combler ses attentes.

On pourra montrer aux élèves la récurrence de certains motifs. On peut citer le thème de la mélancolie qui prend différents noms (mal du siècle, désenchantement, vague des passions) et qui naît de l'opposition entre un cœur « plein », exalté et passionné, et un monde « vide », décevant et médiocre. De plus, on peut relever une autre situation récurrente de la littérature romantique : le héros marche seul et contemple la nature, ce qui le plonge dans une méditation. La nature apparaît comme un refuge pour l'homme romantique. Elle est aussi une source d'exaltation. Ses bruits, ses espaces, son immensité font écho au désir d'absolu et de beauté de l'homme. Le spectacle de la nature provoque en lui une émotion qui le transporte. Elle semble propice au rêve, à la divagation de l'imagination, aux « promenades » de l'esprit, pour reprendre le terme de Rousseau.

Enfin, les romantiques ont une représentation de l'amour duelle. D'un côté, ils aspirent à un amour absolu, idéal. C'est cet amour qu'incarnent Paul et Virginie (p. 144), ou que Chateaubriand s'invente avec le « fantôme d'amour » (p. 149). De l'autre, ils semblent incapables d'aimer, et ils n'éprouvent que déception et mélancolie lorsqu'ils en font l'expérience réelle (*Adolphe*, p. 147). Les textes dessinent le portrait d'une génération qui porte en elle une extrême sensibilité, mais dont les rêves d'amour et d'absolu ne peuvent être comblés par le monde réel.

BIBLIOGRAPHIE

- **Albert Béguin**, *L'Âme romantique et le Rêve*, Le Livre de Poche, 1993.
- **Nicolas Bonhôte**, « Tradition et modernité de l'autobiographie : *Les Confessions* de Jean Jacques Rousseau », Revue *Romantisme* n°56, « Images de soi : autobiographie et autoportrait au XIXe siècle », CDU-SEDES, 1987.
- Une exposition de la BNF sur *Paul et Virginie* : https://gallica.bnf.fr/essentiels/bernardin-saint-pierre/paul-virginie

II. L'éveil de la sensibilité romantique (p. 142-146)

TEXTE 1 : Jean-Jacques Rousseau, *Les Confessions* (1782, posth.) p. 142

Objectifs et enjeux

- → Percevoir les enjeux de l'écriture autobiographique
- → Analyser l'image que Rousseau donne de lui

Lecture analytique

1. L'entreprise proposée par Rousseau est unique à ses yeux, comme le montrent les négations : « une entreprise qui n'eut jamais d'exemple, et dont l'exécution n'aura point d'imitateur » (l. 1-2). Les deux propositions subordonnées relatives complètent l'antécédent « entreprise » en envisageant le passé (« eut », passé simple) et l'avenir (« aura », futur). Le polyptote créé par les deux occurrences du verbe « avoir » souligne le caractère inédit, profondément singulier de son projet. Rousseau insiste sur la noblesse de son dessein : « Je dirai hautement » (l. 10). La singularité du projet de Rousseau est de placer le « moi » au centre de son œuvre. Pascal affirmait que « le *moi* est haïssable » (*Les Pensées*, 1669-1670) ; certes, avant Rousseau, certains écrivains avaient déjà évoqué leur vie, mais au détour d'œuvres de réflexion, comme Montaigne dans ses *Essais*, ou de témoignages historiques comme dans le genre des « mémoires ». En proposant une œuvre qui n'a d'autre sujet que l'étude de soi-même, Rousseau inaugure un genre nouveau, une entreprise autobiographique singulière. Les pronoms personnels de la première personne sont pléthoriques : l'auteur est à la fois le sujet (celui qui écrit) et l'objet (ce dont on parle) du discours : « Je sens mon cœur » (l. 4), « Je me suis montré » (l. 15), « j'ai dévoilé mon intérieur » (l. 18-19). La deuxième phrase du texte opère ce glissement de l'objet du discours au « je » qui discourt : « Je veux montrer [...] un homme [...] ; et cet homme, ce sera moi » (l. 2-3). La progression à thème linéaire (« homme », propos de la première proposition, devient le thème dans la suivante) crée un effet d'attente. Avec emphase, Rousseau révèle à la fin de ce premier paragraphe l'objet de toute son œuvre : « moi » (l. 3). Le mot « moi » est mis en exergue par la pause forte introduite par le changement de paragraphe, et la phrase liminaire du paragraphe suivant, courte, non verbale : « Moi seul. » (l. 4).

2. Le préambule des *Confessions* s'adresse aux lecteurs, et Rousseau tente de justifier son entreprise autobiographique. Il désigne ses lecteurs par le pronom « on » : « c'est ce dont on ne peut juger qu'après m'avoir lu » (l. 7-8). Les lecteurs sont présentés comme des juges qui doivent évaluer son travail à l'aune de sa sincérité. Rousseau prend le lecteur à témoin pour qu'il juge de ses actions, bonnes ou mauvaises, ce que les nombreuses antithèses rappellent : « J'ai dit le bien et le mal » (l. 11), « rien tu de mauvais, rien ajouté de bon » (l. 12), « méprisable et vil quand je l'ai été, bon, généreux, sublime, quand je l'ai été » (l. 16-18). Rousseau a souvent été attaqué, notamment par d'anciens amis philosophes, en raison de ses propos sur la civilisation. Son œuvre a été l'objet de nombreuses polémiques. Voltaire, par exemple, l'avait fortement critiqué pour les thèses qu'il avait défendues dans *Le discours sur l'origine et les fondements de l'inégalité parmi les hommes* (1755). En 1762, Rousseau a été condamné en raison des propos tenus dans *Émile ou de l'Education*. Il a dû fuir Paris pour éviter une arrestation. *Les Confessions* sont alors l'œuvre d'un homme blessé, qui entend laisser une autre image de lui-même. En s'adressant directement au lecteur, Rousseau demande à être jugé par ses contemporains d'abord, par la postérité ensuite. Il affirme que la vérité se cache dans son livre (et non dans les critiques de ses détracteurs). Par ailleurs, à partir de la ligne 10, c'est un autre juge que l'auteur se choisit. Le discours direct (l. 10 à 30) introduit un changement d'énonciation : ce n'est plus au lecteur que Rousseau s'adresse, mais à Dieu lui-même. Avec emphase, il prend Dieu à témoin, qu'il désigne par la périphrase « le souverain juge » (l. 10) : « Que la trompette du Jugement dernier sonne » (l. 9), « Être éternel » (l. 20). L'utilisation de la deuxième personne du singulier montre une proximité entre l'écrivain et Dieu, comme si ce dernier connaissait bien son cœur : « tu l'as vu toi-même » (l. 19), « ton trône » (l. 27). Le choix du titre, *Les Confessions*, connote la religion et met en exergue l'exigence de vérité qui préside à l'écriture de cette œuvre.

3. Dans ce texte, Rousseau commence, dès les premières pages de son œuvre, à dessiner une image de lui-même. Il se peint en être singulier : « Je ne suis fait comme aucun de ceux que j'ai vus ; j'ose croire n'être fait comme aucun de ceux qui existent » (l. 4-6). Les négations soulignent l'opposition entre lui et les autres. Les relatives substantives opposent les hommes (« ceux qui existent », « ceux que j'ai vus ») à l'auteur : « ce que j'ai fait, ce que j'ai pensé, ce que je fus » (l. 11). Dans cette formule au rythme ternaire, Rousseau définit ce qui le caractérise : ses actions, ses idées, sa nature. Ce sera le contenu de son œuvre, qui décrira tout ce qu'il a fait depuis sa naissance, ce qu'il a pensé, et qui laissera entrevoir sa personnalité et son altérité. Le lexique de l'honnêteté, très présent dans le texte, permet de brosser le portrait d'un homme sincère : « vérité » (l. 3), « franchise » (l. 12), « vrai » (l. 14), « sincérité » (l. 28). Le critique littéraire Philippe Lejeune insiste sur cette exigence de franchise, inhérente au « pacte autobiographique » (*Le Pacte autobiographique*, Seuil, 1975). Mais la sincérité de Rousseau dépasse son projet autobiographique : il n'est pas seulement sincère dans cette œuvre, il l'est par nature, et c'est ce qu'il tente de montrer ici. Lui qui a si souvent été défiguré par les critiques, tente de composer un portrait de lui-même. Par ailleurs, ce texte atteste aussi de la sensibilité de Rousseau et de sa souffrance d'être incompris. Rousseau cherche l'empathie des lecteurs : « qu'ils écoutent », « qu'ils gémissent », « qu'ils rougissent » (l. 22-24). Le subjonctif formule un souhait, celui d'être compris et de toucher le lecteur. Dans cet appel, Rousseau apparaît plus que jamais comme un homme seul, avide de reconnaissance.

TEXTE 2 : Jean-Jacques Rousseau, *Les Rêveries du promeneur solitaire* (1782, posth.) p. 143

Objectifs et enjeux

- ➔ Analyser le lien entre l'homme romantique et la nature
- ➔ Analyser la représentation du bonheur proposée par Rousseau

Lecture analytique

Dans cette cinquième « promenade », en évoquant quelques souvenirs de ses séjours au bord du lac de Bienne, Rousseau prolonge l'entreprise autobiographique initiée avec *Les Confessions*. Mais surtout, il se pose comme un être sensible, réfléchissant à ses aspirations, à ses rêves, à son idéal. Les souvenirs biographiques se doublent d'une réflexion sur la sensibilité de l'homme et son aspiration au bonheur. La beauté des paysages révèle ce que l'homme éprouve au plus profond de lui. La sensibilité de Rousseau s'exprime au contact de la nature, qui est perçue comme un asile à l'écart du monde.

1. Le spectacle du lac et le bruit de l'eau font naître en Rousseau un sentiment de plénitude. Il dessine ici une image du bonheur, avec l'évocation des moments caractérisés par une grande simplicité (« m'asseoir au bord du lac », l. 2, « faire quelque tour de promenade », l. 16) et une proximité avec la nature (« respirer l'air du lac », l. 16). Rousseau décrit l'apaisement provoqué par la nature, son paysage et ses bruits : « le bruit des vagues et l'agitation de l'eau, fixant mes sens et chassant de mon âme toute autre agitation » (l. 2-4). Les verbes d'action soulignent la forte impression que provoque en lui le contact avec la nature. Le temps devient flou, vague (« De temps à autre », l. 9, « mais bientôt », l. 11), s'inscrivant dans une durée de laquelle il ne peut s'extraire : « la nuit me surprenait souvent sans que je m'en fusse aperçu » (l. 4-5), « appelé par l'heure » (l. 13). Le moment de la rêverie correspond à une telle plénitude que Rousseau utilise une métaphore frappante pour décrire sa difficulté à y mettre un terme : « je ne pouvais m'arracher de là » (l. 13-14). Rousseau dessine ici un idéal du bonheur (« le bonheur que mon cœur regrette », l. 31). La description de ce bonheur ordinaire, « un état simple et permanent » (l. 32), contraste avec ses effets décrits dans une hyperbole : « la suprême félicité » (l. 34). Le thème de la promenade, un *topos* romantique, qui donne son titre à l'œuvre, est présent ici : « je descendais » (l. 1), « j'allais » (l. 1), « nous allions » (l. 15), « promenade » (l. 16). Mais la promenade réelle, physique, se double d'un vagabondage de l'esprit : « rêverie délicieuse » (l. 4), « mouvements internes que la rêverie éteignait en moi » (l. 7-8), « quelque faible et courte réflexion » (l. 9). Le bonheur est associé à une rupture avec le monde réel, une divagation de l'esprit loin du monde. D'ailleurs, Rousseau compare les bords du lac, où il s'arrête pour rêver, à un refuge : « quelque asile caché » (l. 2). Il propose une méditation mélancolique et poétique sur le bonheur, un bonheur qui ne serait accessible à l'homme que lorsqu'il s'éloigne, physiquement et en pensée, de la civilisation.

2. Rousseau poursuit avec *Les Rêveries* son entreprise autobiographique. Il évoque ses souvenirs dans la première partie du texte (l. 1 à 19) : « On se reposait [...], on riait, on causait, on chantait [...] et enfin, l'on s'allait coucher content de sa journée » (l. 17-19). L'imparfait d'habitude et le pronom « on » caractérisent un quotidien simple, des jours qui se ressemblent. À ce temps du souvenir succède celui de l'analyse (l. 20 à 37) : « Telle est [...] la manière » (l. 20), « le souvenir m'attire et me touche » (l. 28). Rousseau affirme le caractère imprévisible du souvenir : les moments les plus simples et les plus ordinaires ont pourtant fait forte impression sur sa mémoire, ce que soulignent les hyperboles appuyées par un rythme ternaire : « des regrets si vifs, si tendres et si durables qu'au bout de quinze ans il m'est impossible de songer à cette habitation chérie, sans m'y sentir à chaque fois transporté » (l. 22-24). La métaphore du flux et du reflux contribue à décrire le caractère imprévisible et changeant du souvenir : « Tout est dans un flux continuel sur la terre » (l. 35), « nos affections [...] passent et changent » (l. 36-37). Cette métaphore du mouvement semble faire écho à l'image liminaire de l'eau : « le flux et reflux de cette eau » (l. 5), « l'instabilité des choses de ce monde, dont la surface des eaux m'offrait l'image » (l. 10). Dans une symbiose avec la nature, Rousseau associe le mouvement de l'onde à celui de sa propre âme. Les sensations associées aux souvenirs sont changeantes, et ce qui avait provoqué sur l'instant des émotions vives peut perdre de sa force dans la mémoire. Au contraire, ce qui semblait ordinaire et insignifiant peut être associé dans la mémoire à des sentiments vifs et puissants, évoqués par les hyperboles : « les époques des plus douces jouissances et des plaisirs les plus vifs ne sont pourtant pas celles dont le souvenir m'attire et me touche le plus » (l. 26 à 28). La concession « quelque vifs qu'ils puissent être » (l. 29) et la métaphore des « points bien clairsemés » (l. 30) mettent en relief l'insignifiance de moments de « passion » et de « délire » (l.28-29). Le lyrisme nostalgique de Rousseau se double d'une réflexion sur l'instabilité des sensations.

Rousseau montre à travers cet extrait sa sensibilité, sa proximité avec la nature et sa conception d'un bonheur simple. *Les Rêveries du promeneur solitaire* prolongent donc l'entreprise autobiographique commencée avec *Les Confessions*, répondant à la définition que Philippe Lejeune donne de l'autobiographie :

> « Récit rétrospectif en prose qu'une personne réelle fait de sa propre existence, lorsqu'elle met l'accent sur sa vie individuelle, en particulier l'histoire de sa personnalité. »
>
> *Le Pacte autobiographique*, éditions du Seuil, 1975.

TEXTE 3 :
Jacques-Henri Bernardin de Saint-Pierre, *Paul et Virginie* (1788) p. 144

Objectifs et enjeux

- → Analyser une représentation de l'amour idéal
- → Étudier une vision rousseauiste de l'éducation

Lecture analytique

Bernardin de Saint-Pierre était un disciple de Rousseau dont il admirait le goût de la nature. L'enfance de Paul et de Virginie est un modèle d'éducation heureuse loin de la civilisation. Les amours idéales et malheureuses de ces deux êtres prédestinés connurent un immense succès auprès des lecteurs.

1. Le texte offre l'image d'une harmonie idéale entre deux êtres, évoquée dans une hyperbole : « Rien en effet n'était comparable à l'attachement » (l. 1). Le chiasme aux lignes 2-3 met en relief l'attachement qui unit les deux enfants : « Si Paul venait à se plaindre, on lui montrait Virginie [...]. Si Virginie souffrait, on en était averti par les cris de Paul ». Les parallélismes permettent de décrire le lien inséparable qui existe entre eux : « tous deux » (l. 5), « se tenant ensemble » (l. 6), « d'être ensemble » (l. 27). La comparaison avec « les enfants de Léda, enclos dans la même coquille » (l. 29) tend à glorifier leur proximité et leur harmonie et confère à leur amour la pureté et l'innocence d'un lien fraternel : « les premiers noms qu'ils apprirent à se donner furent ceux de frère et de sœur » (l. 11-12). Le texte développe cette image de la gémellité : « couchés dans le même berceau, joue contre joue, poitrine contre poitrine » (l. 8-9), « dans les bras l'un de l'autre » (l. 10). La complicité des deux enfants ne s'est pas encore muée en amour ; c'est un attachement innocent et pur, ayant la force d'un lien fraternel, qui est décrit ici.

2. L'enfance décrite par Bernardin de Saint-Pierre mêle exotisme et bonheur. Les enfants vivent nus (« tous deux tout nus, suivant la coutume du pays », l. 5), occupent leur journée à travailler dans la nature : « il bêchait le jardin » (l. 17), « une petite hache à la main, il le suivait dans les bois » (l. 17-18). Ils vivent en harmonie avec leur environnement : ils connaissent « les bois » (l. 18), la « montagne » (l. 33), escaladent « un arbre » (l. 20), affrontent « une ondée de pluie » (l. 24-25). La géographie des lieux accentue l'isolement de leur havre, coupé du monde : « leur curiosité ne s'étendait pas au-delà de cette montagne » (l. 32-33), « Ils croyaient que le monde finissait où finissait leur île » (l.33-34).

L'île est présentée comme un espace coupé du monde, on y retrouve deux caractéristiques essentielles de l'utopie : l'isolement et la perfection du lieu. Les héros grandissent dans un paradis coupé de la civilisation, une île utopique dans laquelle la vie est proche de la nature. Bernardin de Saint-Pierre reprend les codes de la pastorale antique. Virgile dans les *Bucoliques* ou Théocrite ont développé ce genre en peignant des paysages éloignés du monde et en mettant en scène des bergers. Bernardin de Saint-Pierre montre l'enfance bucolique de ses héros (du grec *boukólos*, désignant le bouvier, le pâtre, personnage de la pastorale) : élevés près de la nature, initiés à des tâches simples par des gens humbles (l'esclave Domingue), tenus éloignés de la civilisation (ils ne savent « ni lire ni écrire », l. 31), Paul et Virginie connaissent une enfance paradisiaque dont la réalité est cependant attestée par le narrateur qui se pose en témoin de ces moments : « j'aperçus » (l. 22), « je la crus » (l. 25). Dans une conception rousseauiste, Bernardin de Saint-Pierre exalte la proximité de l'homme et de la nature, annonce la vision romantique de la nature et fait l'apologie d'une éducation simple.

TEXTE 4 :
François-René de Chateaubriand, *Génie du christianisme* (1802) p. 145

Objectifs et enjeux

- → Analyser l'origine du vague des passions
- → Étudier la représentation de la génération romantique

Lecture analytique

1. À l'orée du XIXe siècle Chateaubriand peint le mal qui ronge la jeunesse, mal qui viendra nourrir les romans (*René* p. 146 et *Adolphe* p. 147) et les poèmes des romantiques, et qui annonce le « Mal du siècle » peint par Musset quelques années plus tard (p. 148).

Le « vague des passions » provient de la déception que provoque la réalité, ce que résume l'antithèse : « On habite, avec un cœur plein, un monde vide » (l. 10). Le vague des passions correspond à un sentiment de manque que le monde ne peut combler. La multiplication du mot de négation « sans » contribue à montrer la vacuité de l'existence : « sans but et sans objet » (l. 4), « sans expérience » (l. 7), « sans avoir joui » (l. 8), « sans avoir usé de rien » (l. 10-11), « sans se livrer au monde » (l. 34), « sans objet » (l. 36). L'homme romantique est confronté à la vanité de l'existence. L'incapacité du monde à lui proposer des expériences ou des passions qui puissent nourrir son cœur explique le sentiment de désenchantement. Le lexique porte ainsi un jugement péjoratif sur cette réalité décevante : « une chose fort triste » (l. 5), « l'existence pauvre, sèche et désenchantée » (l. 9-10). Avec une tonalité lyrique et pathétique, Chateaubriand emploie un lexique qui connote la trahison : « Dégoûtées par leur siècle » (l. 33), « des malheureux trompés par le monde » (l. 29), « cruellement trahis » (l. 31). C'est le monde réel qui a trahi la jeunesse par son incapacité à combler ses attentes.

2. L'homme romantique apparaît avant tout comme un être sensible, avide d'éprouver, de sentir, d'aimer. Il est solitaire, dominé par son cœur, comme le suggère l'hypallage « dans un cœur solitaire » (l.37), et c'est ce cœur qui semble souffrir, ce qu'il suggère par l'utilisation de la personnification : « il sent » (l. 13), « le cœur se retourne » (l. 12-13). Chateaubriand décrit l'homme romantique comme un être exalté : « le développement des passions, lorsque nos facultés, jeunes, actives, entières » (l. 2-3), « L'imagination est riche, abondante et merveilleuse » (l. 9). La religion chrétienne est présentée comme apte à combler cette immense attente sensible du cœur humain. Elle est un rempart à la vacuité du monde. L'homme exalté mais qui ne croit pas à la religion chrétienne est condamné à ressentir le vide de son existence, à voir son cœur se replier et dépérir. Chateaubriand, à contre-courant du XVIIIe siècle, montre ainsi la « misère de l'homme sans dieu » dont parlait Pascal dans les *Pensées* : « Formée pour nos misères et pour nos besoins, la religion chrétienne nous offre sans cesse le double tableau des chagrins de la terre et des joies célestes » (l. 18-19). Un des paradoxes de l'argumentation de Chateaubriand est que la religion semble pourtant faire naître ce « vague des passions » : « elle fait dans le cœur une source de maux présents et d'espérances lointaines, d'où découlent d'inépuisables rêveries » (l. 20-21).

3. La force de l'argumentation de Chateaubriand vient de sa peinture frappante des tourments de l'âme. Il convoque plusieurs images : l'homme, même aidé de la religion, n'est qu'un « voyageur qui passe ici-bas dans une vallée de larmes » (l. 22). La métaphore souligne l'incapacité de l'homme à trouver le bonheur dans ce monde et l'attente d'un ailleurs qui est vu ici comme la mort. Par ailleurs, Chateaubriand développe l'image d'un cœur atrophié qui ne peut trouver de passions aptes à le remplir : « le cœur se retourne et se replie en cent manières » (l. 13). Les métaphores suggèrent un assèchement du cœur : « renfermées » (l. 3), « des passions étouffées » (l. 14-15). Le texte évoque les « ennuis du cœur » (l. 17) : « [les âmes] sont devenues la proie de mille chimères » (l. 35), « ses passions, sans objet, se consument d'elles-mêmes » (l. 34-35). Ces métaphores rendent tangibles la douleur ressentie par le cœur qui ne peut aimer.

L'homme romantique, comme le montre le réseau antithétique du texte, souffre d'ennui, qui est, chez Chateaubriand, la perception « avec une lucidité sans défaut, [de] tout l'espace, "l'abîme", qui s'étend entre ce [que l'homme] se sent, ou ce qu'il voudrait être, et ce que l'univers entier pourrait lui donner pour l'assouvir. » (Jean-Pierre Richard, *Paysage de Chateaubriand*, Seuil, coll. « Pierres vives », 1967). Les livres « rendent habile sans expérience », « On est détrompé sans avoir joui » (l. 7-8) dans un monde dont on n'attend plus rien. Cet état presque mortifère de l'âme se retrouve dans l'opposition symétrique des attributs qualifiant l'imagination d'une part (« riche, abondante et merveilleuse », l. 9), et l'existence d'autre part (« pauvre, sèche et désenchantée », l. 9-10). La mise en apposition « avec un cœur plein » met en valeur la déception de l'auteur d'habiter « un monde vide » (l. 10). Enfin, l'antinomie à la ligne 19 (« des chagrins de la terre et des joies célestes », l. 19) révèle la condition tragique de l'homme romantique, qui ne peut trouver de repos pour son âme dans une réalité médiocre. Son être, endurant les « maux présents », est sans cesse tendu vers des « espérances lointaines » (l. 20).

TEXTE 5 : François-René de Chateaubriand, *René* (1802)

p. 146

Objectifs et enjeux

- **Étudier la représentation d'un personnage romantique**
- **Analyser l'expression de la mélancolie et du « vague des passions »**

Lecture analytique

1. *René* est avant tout un roman du « je », tant la première personne domine et tant l'introspection est l'objet de ce roman. Cerner l'essence de ce « moi » est l'enjeu des réflexions du narrateur : il se défend (« On m'accuse », l. 1, « hélas ! je cherche seulement », l. 4), il se met à nu (« je sens que j'aime », l. 6-7), il s'interroge, (« Mais comment exprimer cette foule de sensations fugitives que j'éprouvais dans mes promenades ? », l. 25), il exprime ses désirs (« J'aurais voulu », l. 30, « j'enviais », l. 31). Dans une démarche autotélique, le narrateur se prend lui-même pour objet de son discours.

Le texte a par ailleurs une tonalité lyrique. René exprime ses regrets et sa solitude : « Sans parents, sans amis, pour ainsi dire seul sur la terre, n'ayant point encore aimé, j'étais accablé » (l. 10-11). Le rythme et l'allitération en [s] confèrent une musicalité à sa plainte. Le lexique des sons est présent dans les derniers paragraphes de l'extrait. René évoque les « chants mélancoliques » (l. 33) du pâtre qui font écho à sa propre plainte, il rappelle que « le chant naturel de l'homme est triste » (l. 34). La métaphore finale résume la condition de l'homme dont la voix ne peut être qu'un chant triste : « Notre cœur est un instrument incomplet, une lyre où il manque des cordes » (l. 35-36). Le chant de l'homme exprime sa mélancolie, le manque inhérent à sa condition. Le mot « lyrisme » provient d'ailleurs du mot « lyre », instrument dont jouait Orphée. L'énonciation lyrique révèle le portrait d'un jeune homme exalté et sensible, dans lequel toute une génération romantique se reconnaîtra.

2. Le narrateur apparaît ainsi comme un être tourmenté. *René* était à l'origine un chapitre du *Génie du Christianisme*. Comme un apologue, l'histoire de ce personnage devait illustrer le vague des passions dont parle Chateaubriand (p. 145). De fait, on retrouve les motifs développés par l'auteur dans le livre III du *Génie du Christianisme*. Il y explique l'origine du désenchantement éprouvé par l'homme : « On habite, avec un cœur plein, un monde vide » (l. 10 du texte précédent). René, héros romantique, évoque ainsi « le vide d'un cœur solitaire » (l. 26-27), et affirme qu'« Il me manquait quelque chose pour remplir l'abîme de mon existence » (l. 14-15). Les images du gouffre et du vide illustrent le sentiment de manque face à un monde qui ne peut combler l'homme. Car le cœur de René est plein de passions, comme le soulignent plusieurs hyperboles (« j'étais accablé d'une surabondance de vie », l. 11, « cette foule de sensations fugitives », l. 25) ou la métaphore de la lave ardente (« je sentais couler dans mon cœur comme des ruisseaux d'une lave ardente », l. 12-13). Cette dialectique du plein et du vide explique les tourments du héros romantique, qui a un cœur trop plein, une âme qui déborde, et qui se heurte à une réalité limitée : « est-ce ma faute si je trouve partout des bornes, si ce qui est fini n'a pour moi aucune valeur ? » (l. 5-6) L'interrogation rhétorique renforce le tragique de la situation de René, condamné à chercher quelque chose qui puisse le combler mais qui n'est pas de ce monde : « je cherche seulement un bien inconnu, dont l'instinct me poursuit » (l. 4-5), « si j'avais encore la folie de croire au bonheur » (l. 7-8). Le désir d'absolu de l'homme romantique le condamne au malheur.

3. S'il ne parvient pas à apaiser son âme, René trouve quelque réconfort dans la nature. On retrouve des *topoï* de la littérature romantique : promenade dans la nature, exaltation lors des tempêtes : « Je descendais dans la vallée » (l. 15), « J'entrai avec ravissement dans le mois des tempêtes » (l. 29-30), « je m'étais amusé à effeuiller une branche de saule » (l. 21). Le spectacle de la nature, de sa beauté et de son immensité fait écho à son aspiration d'idéal : « je m'élevais sur la montagne, appelant de toute la force de mes désirs l'idéal objet d'une flamme future » (l. 16-17). La nature semble répondre à son appel, combler le vide de son cœur, donner vie à son attente : « je l'embrassais dans les vents », « je croyais l'entendre dans les gémissements du fleuve » (l. 17-18). Face à la nature, son idéal, « ce fantôme imaginaire » (l. 18) semble prendre vie. René compare le vide d'un cœur au « silence d'un désert » (l. 28), les passions sont associées dans une comparaison au murmure que les vents et les eaux font entendre (l. 27). Chateaubriand nous offre avec René un personnage mélancolique et passionné, sorte de double fictif de lui-même et dont le désenchantement et l'exaltation inspireront toute une génération.

III. Les romanciers du « moi »

(p. 147-149)

TEXTE 6 : Benjamin Constant, *Adolphe* (1816) p. 147

Objectifs et enjeux

- → **Analyser comment le Romantisme explore le « moi »**
- → **Étudier un roman proposant une analyse psychologique**

Lecture analytique

1. Dans le roman de Benjamin Constant, le narrateur évoque sa passion disparue et son envie de rompre. Paul Bourget admirait le roman comme un chef d'œuvre du roman d'analyse :

> « Ici apparaît la puissance de cette forme d'art si négligée en France pendant des années, qui s'appelle le roman psychologique. »
>
> « Sur l'esprit d'analyse dans l'amour – *Adolphe* », *Essais de psychologie contemporaine*, 1883.

À travers une narration qui ressemble à une introspection, le narrateur confesse ses tourments dans un texte où domine la première personne : « Ils étaient douloureux pour moi » (l. 1-2), « je me vis plus engagé que jamais » (l. 34). Les tourments d'Adolphe n'ont pas pour origine un désir d'être aimé ou une passion trop intense. Le malheur du héros provient de son désamour, de son désir de rompre. La modalité déontique montre la nécessité de la rupture : « nos liens devaient se rompre » (l. 1), « s'il le fallait » (l. 11), « J'avais promis » (l. 6), « Il était temps enfin » (l. 7). Adolphe cherche à se justifier dans ses actes, dans son incapacité à rompre avec Ellénore.

2. Le texte est structuré autour de quatre grandes étapes. Adolphe révèle d'abord sa résolution de rompre (l. 1 à 12), puis il rend compte au discours direct de son discours de rupture (l. 12-20). Ensuite, le narrateur décrit la violence de la réaction d'Ellénore (l. 20-27), d'abord par ses paroles, qui multiplient les interrogations pour montrer son incompréhension et son amertume, puis par son corps : « elle tomba sans connaissance à mes pieds » (l. 26). Enfin, un deuxième discours d'Adolphe (l. 27-34) s'oppose au premier et constitue au contraire une déclaration d'amour.

Le narrateur semble donc particulièrement inconstant puisqu'en quelques lignes, il tient un discours de rupture et un discours d'amour. Le premier : « pour lui déclarer, s'il le fallait, que je n'avais plus d'amour pour elle » (l. 11-12), « Mais l'amour, [...] Ellénore, je ne l'ai plus » (l. 17-19) ; s'oppose au second : « Je vous aime d'amour, de l'amour le plus tendre » (l. 28). Cette déclaration mensongère est répétée, comme le souligne le discours narrativisé : « elle me les fit répéter plusieurs fois » (l. 31-32). La dernière phrase fait l'effet d'une chute (« je me vis plus engagé que jamais », l.34) pour celui qui se déclarait « inébranlable dans le dessein de la forcer à ne pas rejeter les offres du comte de P*** », l. 10-11). Adolphe apparaît comme un être faible, tiraillé par les désirs contradictoires des autres, comme ceux de son père : « J'avais promis à mon père » (l. 6), ou ceux d'Ellénore.

3. La passion amoureuse semble être une source de tourments, que ce soit pour celui qui aime ou pour celui qui est aimé : « nos liens devaient se rompre. Ils étaient douloureux » (l. 1). Ellénore laisse entendre sa solitude et sa tristesse : « ne suis-je pas seule, seule dans l'univers, seule sans un être qui m'entende ? » (l. 22-23). La plainte au rythme ternaire a des accents tragiques. La passion est vue comme un idéal impossible à atteindre, la réalité semble toujours décevante. Ainsi Adolphe a une vision idéalisée de l'amour qui explique peut-être que la réalité ne soit pas à la hauteur de son rêve : « l'amour, ce transport des sens, cette ivresse volontaire, cet oubli de tous les intérêts, de tous les devoirs » (l. 17-19). La métaphore de l'ivresse est reprise pour décrire ce que ressent Ellénore : « elle s'enivra de son amour » (l. 32-33). Mais l'amour est présenté comme un leurre, une illusion : « Crédulités du cœur, vous êtes inexplicables ! » (l. 29-30), s'exclame Adolphe, s'adressant directement à la cause de ses tourments.

Les malheurs d'Adolphe proviennent du décalage entre sa nature exaltée et le désenchantement que constitue l'expérience de l'amour réel. Ses sentiments pour Ellénore ne sont plus que de l'affection et de la tendresse. Le récit d'Adolphe à la première personne fait entendre une parole lyrique qui donne à voir sa faiblesse, autant que sa mélancolie.

TEXTE 7 : Alfred de Musset, *La Confession d'un enfant du siècle* (1836) p. 148

Objectif et enjeu

→ **Analyser ce qu'est le mal du siècle**

Lecture analytique

1. Musset définit le mal du siècle par une série de périphrases qui tentent de cerner la réalité de ce mal : « une dénégation de toutes choses du ciel et de la terre » (l. 1), « désenchantement » (l. 2), « *désespérance* » (l. 2). Des images frappantes décrivent la puissance de ce mal : une comparaison associe le mal du siècle à une maladie : « pareille à la peste asiatique exhalée des vapeurs du Gange » (l. 37) ; une personnification montre un mal-être conquérant : « l'affreuse *désespérance* marchait à grands pas sur la terre » (l. 36-37). L'image de la maladie se déploie dans tout le texte : l'humanité est souffrante (« rêves maladifs » l. 9-10), voire même mourante : « comme si l'humanité en léthargie avait été crue morte par ceux qui lui tâtaient le pouls » (l. 2-3). La mort n'est plus seulement une comparaison mais devient imminente dans le troisième paragraphe : « nous serons morts lorsqu'il fera jour » (l. 25).

2. Le mal du siècle provient de la vacuité du monde, de son incapacité à combler les désirs et les aspirations des hommes. Musset multiplie les phrases négatives : « nous n'avons plus ni espoir ni attente » (l. 17-18), « Il n'y a plus d'amour, il n'y a plus de gloire » (l. 24). La plainte se fait lyrique dans ces phrases au rythme binaire qui évoquent les regrets de toute une génération. Le préfixe négatif « dé » (« dénégation », « désenchantement », « *désespérance* ») montre que ce mal est lié à un manque, une perte, une absence, ce que Musset souligne par une formule péremptoire : « Il n'y a point de ressource contre le vide » (l. 35). Par une question rhétorique, l'auteur met en relief l'impuissance tragique de l'homme : « De quoi sert la force lorsqu'elle manque de point d'appui ? » (l. 34-35). L'homme ne peut qu'échouer à modifier son existence puisque les germes de son malheur ne sont pas en lui, mais dans le monde.

Musset critique ainsi une société dominée par l'argent : « d'autre souci que de compter l'argent qu'ils avaient » (l. 13), « il a plus ou moins de morceaux de métal jaune ou blanc, avec quoi il a droit à plus ou moins d'estime » (l. 27-28). L'argent rabaisse et pervertit les relations humaines, ce que met en relief une série de définitions au présent de vérité générale : « l'amitié consiste à prêter de l'argent » (l. 29), « La parenté sert aux héritages » (l. 30). Musset dénonce un monde prosaïque et matérialiste, tourné vers la satisfaction de besoins primaires, loin de tout idéal, et dans lequel « l'amour est un exercice du corps » (l. 30-31). Il affirme avec ironie une vérité générale : « manger, boire et dormir, c'est vivre » (l. 28). En plaçant en position de thème les verbes correspondant à des besoins primaires, Musset dénonce le matérialisme et l'absence de grandeur de son époque. Cette définition de la « vie » ne peut combler l'âme exaltée de la jeunesse romantique : « les esprits exaltés » (l. 7), « les âmes expansives qui ont besoin de l'infini » (l. 8), dont le mal-être provoque un « sanglot [...] de l'âme » (l. 14-15).

TEXTE 8 : François-René de Chateaubriand, *Mémoires d'outre-tombe* (1849-1850)

p. 149

Objectifs et enjeux

→ **Étudier la sensibilité romantique**
→ **Analyser le pouvoir de l'imagination**

Lecture analytique

1. Pour décrire la femme, Chateaubriand convoque la mythologie dans une série de périphrases : « Aphrodite sans voile » (l. 8), « Diane vêtue d'azur et de rosée » (l. 9), « Hébé à la coupe de la jeunesse » (l. 9-10). Il évoque des lieux différents dont serait originaire cette femme idéale : « les sultanes de Bagdad et de Grenade » (l. 22-23), « l'Asie » (l. 23), « les ombres des filles de Morven » (l. 22), « de Naples ou de Messine » (l. 30). Le fantôme d'amour suit les désirs et les humeurs du narrateur : « me suivait » (l. 7), « au gré de ma folie » (l. 8). Ce caractère polymorphe de la femme aimée est souligné par l'antithèse entre « unique » et « multitude » : « ma femme unique se transformait en une multitude de femmes » (l. 14-15). C'est une femme sans apparence fixe et qui prend la forme que lui prête l'imagination du narrateur, comme le résume l'énumération : « à tous les pays, à tous les siècles, à tous les arts, à toutes les religions » (l. 12). Ces univers variés (religion, mythologie, art, histoire) témoignent de l'aspiration à un idéal chez Chateaubriand. Ces domaines ont nourri en lui son âme exaltée et font qu'aucune femme réelle ne peut combler ses attentes. Le lexique de l'art est présent, car la métaphore filée de la peinture parcourt tout le texte : « composai » (l. 1), « je retouchais ma toile » (l. 11), « quand j'avais fait un chef d'œuvre » (l. 13-14), « mes dessins et mes couleurs » (l. 14). Chateaubriand se compare à Pygmalion puisqu'il a, comme lui, créé une femme idéale.

2. Ce portrait d'un fantôme d'amour en dit beaucoup sur la personnalité de Chateaubriand. Âme exaltée, il aspire à un amour idéal. Il cède facilement au pouvoir de l'imagination, ce que met en relief le lexique de la magie présent dans le texte : « Cette charmeresse » (l. 7), « une fée qui me soumettait la nature » (l. 10), « les charmes » (l. 16), « tout m'était approprié par une baguette magique » (l. 24). Le lexique connote le merveilleux pour montrer la puissance de l'imagination. Il y a un décalage entre la réalité, décevante, et l'idéal auquel aspire Chateaubriand.

La réalité est décrite avec regret et mélancolie : « un pauvre petit Breton obscur, sans gloire, sans beauté, sans talents » (l. 33). Le point de vue interne montre le jugement sévère que le narrateur porte sur lui-même : « qui n'attirerait les regards de personne, qui passerait ignoré, qu'aucune femme n'aimerait jamais » (l. 34 à 36). Le rythme ternaire donne à cette vision pessimiste des accents lyriques. Chateaubriand illustre la mélancolie qui naît du hiatus entre l'âme exaltée et une réalité décevante. Il se laisse emporter par son imagination. Il ne se contente pas de rêver une femme imaginaire, il se rêve autre : « Je montais à cheval comme Castor et Pollux, je jouais de la lyre comme Apollon » (l. 19-20). Si les comparaisons révèlent les aspirations d'un cœur plein de rêves, la fin du texte montre le brutal retour à une réalité bien vide.

Prolongement

Le professeur pourra rappeler quelles circonstances ont fait naître ce « fantôme d'amour ». Dans le chapitre 9 du livre III des *Mémoires d'outre-tombe*, Chateaubriand livre des souvenirs autobiographiques et confie quelle timidité maladive l'empêchait d'approcher une femme :

> « Je ne pouvais voir une femme sans être troublé ; je rougissais si elle m'adressait la parole. Ma timidité, déjà excessive avec tout le monde, était si grande avec une femme que j'aurais préféré je ne sais quel tourment à celui de demeurer seul avec cette femme : elle n'était pas plus tôt partie, que je la rappelais de tous mes vœux. [...]
>
> Un voisin de la terre de Combourg était venu passer quelques jours au château avec sa femme, fort jolie. Je ne sais ce qui advint dans le village ; on courut à l'une des fenêtres de la grand'salle pour regarder. J'y arrivai le premier, l'étrangère se précipitait sur mes pas, je voulus lui céder la place et je me tournai vers elle ; elle me barra involontairement le chemin, et je me sentis pressé entre elle et la fenêtre. Je ne sus plus ce qui se passa autour de moi.
>
> Dès ce moment, j'entrevis que d'aimer et d'être aimé d'une manière qui m'était inconnue devait être la félicité suprême. Si j'avais fait ce que font les autres hommes, j'aurais bientôt appris les peines et les plaisirs de la passion dont je portais le germe ; mais tout prenait en moi un caractère extraordinaire. L'ardeur de mon imagination, ma timidité, la solitude, firent, qu'au lieu de me jeter au dehors, je me repliai sur moi-même ; faute d'objet réel, j'évoquai par la puissance de mes vagues désirs un fantôme qui ne me quitta plus. Je ne sais si l'histoire du cœur humain offre un autre exemple de cette nature. »
>
> « Dernières lignes écrites à la Vallée-aux-Loups. – Révélation sur le mystère de ma vie ».

L'imagination de Chateaubriand prend le pas sur la réalité parce qu'il est une âme exaltée, qui idéalise l'amour dont l'objet ne peut être ordinaire mais aussi parce qu'il fuit cette réalité en se laissant emporter par son imagination. La réalité peut décevoir ou faire peur, alors que le « fantôme d'amour » répond exactement au désir d'infini et d'absolu auquel aspire Chateaubriand.

7 Du Romantisme noir au fantastique : rêver et écrire à la folie

Manuel, p. 150-160

I. Problématiques et thèmes

La littérature gothique puis les récits fantastiques connaissent un essor remarquable au XIXe siècle. Certains auteurs étrangers influencent considérablement l'imaginaire des auteurs romantiques français : la traduction des contes d'Hoffmann sous le nom de *Contes fantastiques* connaît un immense succès entre 1829 et 1833. Les romans gothiques anglais, comme *Le Moine* de Matthew Gregory Lewis (p. 151), le *Château d'Otrante* d'Horace Walpole (1764) ou *Les Mystères d'Udolphe* d'Ann Radcliffe (1794) fournissent des *topoï* que l'on retrouvera dans de nombreux textes de la période romantique. Les nouvelles d'E. A. Poe suscitent de même l'intérêt des lecteurs après les traductions qu'en fait Baudelaire.

Le Romantisme noir apparaît à la fin du XVIIIe siècle. Il traduit l'expression d'une sensibilité et d'une angoisse, la libération d'un imaginaire qui puise dans les peurs et dans l'inconscient. Ce n'est pas un hasard si bon nombre de ces œuvres ont inspiré la psychanalyse : Freud possédait une reproduction du tableau de Füssli, *Le Cauchemar* (p. 150), et a analysé certains textes d'Hoffmann (comme « Le Marchand de sable »).

Le gothique et le fantastique montrent la fascination et l'effroi que le monde, devenu inquiétant, peut faire naître. Ces textes expriment une angoisse que l'homme sent en lui, angoisse liée au monde qui l'entoure, mais aussi à sa propre nature. Le Romantisme noir dévoile la part sombre et violente inhérente à la nature humaine. Pour cela, les textes gothiques convoquent un merveilleux terrifiant : ainsi Lucifer apparaît-il dans un chaos de bruits, de lumière et de souffre (texte 1), la sorcière d'Hoffmann traverse la forêt dans une tempête de hurlements effrayants et d'éclairs bleutés (texte 2). Ce surnaturel peuplé de créatures (sorcières, démons, vampires) exprime le tourment que l'homme romantique porte en lui. Mais, peu à peu, la peur trouve des sources plus intérieures. Le gothique laisse la place au fantastique : il n'est plus besoin d'évoquer le diable ou les sorcières pour faire naître l'effroi. L'homme trouve en lui les visions qui le terrorisent.

Les textes du Romantisme noir se rattachent au Romantisme par la peinture de l'amour qu'ils proposent : amour absolu, plus fort que la mort, au point de susciter parfois la terreur. La femme est l'objet d'une adoration, d'un culte, même après sa mort. Par ailleurs, l'aspiration à un idéal, caractéristique du Romantisme, explique la transgression, le passage entre la réalité et le surnaturel dans de nombreux textes : Frankenstein conçoit sa créature pour repousser les limites de la médecine et de l'humanité, pour défier la mort et la création. Le motif de la revenante montre le désir à un amour absolu, une volonté d'échapper au destin et à la mort (« Ligeia » de Poe, *La Morte amoureuse* de Gautier). Exaltés, les héros du Romantisme noir choisissent d'aller jusqu'au bout de leurs rêves, quitte à tourner le dos à la raison. Ainsi, les œuvres du Romantisme noir expriment un rejet de la réalité et donnent une place aux rêves et aux créations de l'imagination. Elles apparaissent comme un refuge, une alternative imaginaire à la réalité décevante et prosaïque. Charles Nodier déclare, dans une préface à un de ses recueils en 1830 :

> « Les *Nouvelles* que je me raconte avant de les raconter aux autres, ont d'ailleurs pour mon esprit un charme qui le console. Elles détournent ma pensée des faits réels pour l'exercer sur des chimères de mon choix [...]. »
>
> Charles Nodier, « Préface inutile », *Les Quatre Talismans*, 1838.

Les héros de ces œuvres ont ainsi en commun la sensibilité et l'exaltation inhérente à la génération romantique. Certains sombrent dans la folie (le narrateur du *Horla*, celui de la *Fée aux Miettes*), d'autres succombent au mal, souvent parce qu'ils sont insatisfaits de leur situation réelle (la duchesse vengeresse de Barbey d'Aurevilly, le moine Ambrosio de Lewis). Ces êtres tourmentés sont profondément romantiques, et les récits donnent à voir leurs désirs, leurs rêves et leurs peurs, illustrant la première phrase de Nerval dans *Aurélia*, « Le rêve est une seconde vie ». Les personnages proposés sont habités par leurs rêves au point qu'on ne sait plus si leurs récits les racontent ou s'il s'agit de la réalité. Le tableau de Füssli (p. 150) montre cet effacement de la frontière entre rêve et réalité. Le tableau représente à la fois la femme endormie et son cauchemar, incarné par la créature assise sur sa poitrine ; à moins que la femme ne soit morte et que le surnaturel soit bien réel. Cette hésitation est fantastique et fait naître l'angoisse (lors de l'exposition du tableau à Londres, un avertissement signalait qu'il pouvait perturber les âmes sensibles).

On pourra noter l'émergence de plusieurs sous-genres narratifs que les élèves doivent distinguer.

– Dans le roman gothique, le surnaturel est normal, les œuvres mettent en scène des personnages démoniaques (diable, sorcière, femme-vampire...) dans un décor funèbre (forêt, tempête, château inconnu).

– La science-fiction s'appuie sur des expérimentations scientifiques (comme la création d'un être humain par Frankenstein).

– Le fantastique pose un cadre vraisemblable, puis décrit un événement qui ne devrait pas avoir lieu. Contrairement au roman gothique qui admet l'existence d'êtres merveilleux ou maléfiques, le récit fantastique repose sur une hésitation entre deux explications, l'une surnaturelle, l'autre rationnelle. Les personnages expriment leur trouble et leur incertitude face à un phénomène anormal : c'est ce que Freud nomme dans son essai de 1919 « L'inquiétante étrangeté » (« Das Unheimlich », traduit par « Inquiétante étrangeté » par Marie Bonaparte, « Infamilier » par Philippe Forget, « L'étrange familier » par François Roustand, etc.). L'essor du récit fantastique s'explique aussi par l'avènement de la nouvelle qui se développe au XIXe siècle. La première version du *Horla* est publiée dans le quotidien *Gil Blas* en 1886. Le fantastique se déploie plus facilement dans un récit bref, dans lequel le mystère et l'hésitation seront conservés. Les nouvelles d'Edgar Allan Poe exploitent la forme brève dans des textes où la mort côtoie l'étrange et dont la chute est souvent saisissante.

BIBLIOGRAPHIE

- **Sigmund Freud**, *L'inquiétante étrangeté* (1919), trad. de l'allemand par F. Cambon, éditions Gallimard, coll. « Folio – essais », 1988.
- **Tzvetan Todorov**, *Introduction à la littérature fantastique*, éditions du Seuil, 1970.
- **Pierre-Georges Castex**, *Le Conte fantastique en France, de Nodier à Maupassant*, éditions José Corti, 1987.
- **Mario Praz**, *La Chair, la mort et le diable. Le Romantisme noir*, trad. de l'italien par C. Thompson Pasquali, éditions Gallimard, col. « Tel », 1999.
- « L'Ange du bizarre. Le Romantisme noir de Goya à Max Ernst », exposition au musée d'Orsay, 2013

II. Textes (p. 151-160)

TEXTE 1 : Matthew Gregory Lewis, *Le Moine* (1796) p. 151

Objectifs et enjeux

→ **Découvrir le roman gothique anglais**
→ **Analyser la représentation du démon**

Lecture analytique

1. L'apparition a un caractère surnaturel puisqu'elle est provoquée par un sortilège (le mot « charme » est répété : « essayer le charme » (l. 6), « les effets du charme » (l. 11). Elle a des effets perceptibles par les sens : l'ouïe (« On entendit un grand coup de tonnerre », l. 12), la vue (« un éclair brilla », l. 13), l'odorat (« un tourbillon de vapeurs sulfureuses », l. 13-14), et ces effets annoncent l'arrivée du démon, créant un effet d'attente angoissant. On retrouve les motifs associés à l'enfer : le feu, le souffre. Le héros semble subjugué par cette apparition qui exerce sur lui un pouvoir tel, qu'il ne peut en détacher son regard : « resta à contempler le démon » (l. 27), « il contemplait son terrible interlocuteur » (l. 36).

Le texte insiste sur le bouleversement qu'engendre l'apparition du démon. Le charme utilisé par Ambrosio est contre-nature et en l'invoquant, le moine a transgressé l'ordre naturel ; le texte évoque une « dissolution de la nature » (l. 25) dûe à l'apparition du démon : « la prison fut ébranlée jusque dans ses fondements » (l. 12-13), « À ces sons, la nature parut trembler » (l. 31), « Le sol fut ébranlé par une violente secousse » (l. 31-32). Par ailleurs, l'alternance du tonnerre et du silence montre que Lucifer commande les éléments : « un grand coup de tonnerre » (l. 12), « le tonnerre, à coups répétés » (l. 24-25), « Le tonnerre avait cessé de gronder, un silence absolu régnait » (l. 27-28), « un nouveau coup de tonnerre, plus fort et plus effrayant que le premier » (l. 32-33).

La description physique de la créature démoniaque occupe plus de dix lignes (l. 16-25). Ce long portrait suspend l'action et le temps, insiste sur la vision d'horreur que constitue l'apparition de Lucifer qui donne à voir sa vraie nature : « il se montra dans toute sa laideur » (l. 16). Les caractéristiques physiques horrifiques sont détaillées pour souligner son apparence effroyable : « Ses membres brûlés » (l. 17), « armés de longues griffes » (l. 19). La présence de créatures surnaturelles est fréquente dans les romans gothiques : démons, vampires peuplent ces romans et leur existence est acceptée par les personnages, ce qui n'est pas le cas dans le récit fantastique. Lewis met ici en relief le caractère surnaturel de la créature : « ses cheveux étaient remplacés par des serpents vivants qui s'entortillaient autour de son front avec d'horribles sifflements » (l. 21 à 23). La taille démesurée du démon est soulignée par les nombreux adjectifs : « son corps gigantesque » (l. 19), « Ses vastes épaules », « deux énormes ailes noires » (l. 21).

2. Ambrosio est saisi de peur face au démon. Il hésite longuement à convoquer la créature infernale. Ses atermoiements et ses réticences se voient dans ses gestes, que Lewis décrit avec une écriture théâtrale, comme dans des didascalies : « il s'arrêta » (l. 1-2), « il se baissa et le ramassa » (l. 4-5), « Il resta quelque temps tremblant et irrésolu » (l. 5-6). Le point de vue interne révèle ses réticences devant le surnaturel : « c'était une ressource contre le destin qu'il redoutait » (l. 3-4), « il brûlait d'essayer le charme, mais il en craignait les suites » (l. 6-7), « l'esprit qu'il désirait et redoutait de voir » (l. 10). L'antithèse met en relief l'appréhension du héros. Lewis nous montre ainsi un personnage tiraillé entre le bien et le mal, au bord de l'abîme et prêt à tenter d'y plonger. Une fois le démon devant lui, les craintes se changent en effroi (« Épouvanté », l. 26). Lewis peint la terreur et la sidération de son héros qui reste sans voix : « privé de la parole » (l. 27), « sans pouvoir répondre » (l. 34), « d'une voix faible » (l. 35).

Mais une autre peur hante Ambrosio. Il redoute sa condamnation à mort : « le destin qu'il redoutait » (l. 4) ; formulation qui s'oppose à son autre crainte « l'esprit qu'il [...] redoutait » (l. 10). Lewis montre un personnage attaché à la vie au point de préférer suivre une apparition si horrible qu'elle en bouleverse la terre. Il donne la raison de son appel : « Je suis condamné à mort » (l. 35). L'impératif lui permet de supplier le démon : « Sauvez-moi, emportez-moi d'ici ! ». Le déictique « ici » désigne le monde réel, celui des hommes. Comme Faust, héros de la pièce éponyme que Goethe écrit quelques années plus tard (1808), Ambrosio s'apprête à embrasser un avenir incertain pour échapper à un monde borné, et à sa condition de mortel. L'apparition du démon montre pourtant le caractère effrayant du destin qu'il choisit. Les paroles de Lucifer au discours direct le confirment : « Le prix de mes services me sera-t-il payé ? » (l. 38). La créature démoniaque apparaît d'ailleurs avec ses attributs qui rappellent qu'un pacte doit être conclu : « D'une main il tenait un rouleau de parchemin, et de l'autre une plume de fer » (l. 23-24). Le prix du service rendu par le démon est un pacte : il s'agit de s'abandonner au démon (« seras-tu à moi, corps et âme ? » l. 39) et de renier sa foi (« renier celui qui t'a fait, et celui qui est mort pour toi », l. 39-40). Ainsi, le texte montre un balancement entre deux craintes, l'une liée à notre monde et à la mort certaine, l'autre liée au démon et à son pouvoir inconnu.

Le fait que le personnage soit un moine avait choqué les lecteurs de Lewis et le roman fut censuré. Non seulement le moine Ambrosio a commis des crimes, mais il s'apprête à signer un pacte avec le démon en reniant sa foi. La dernière phrase « Lucifer est ton esclave » (l. 40) est en contradiction avec la prédiction formulée au futur : « seras-tu à moi, corps et âme ? ». Le lecteur pressent que c'est bien Ambrosio qui renonce à sa liberté et va devenir l'esclave du Mal.

TEXTE 2 : E.T.A. Hoffmann, « Le Vase d'or », *Contes : Fantaisies à la manière de Callot* (1814)

p. 152

Objectifs et enjeux

- → **Étudier l'imaginaire du Romantisme noir à travers la représentation d'un rite de sorcellerie**
- → **Analyser l'énonciation et ses effets dans un récit**

Lecture analytique

1. Dans un décor crépusculaire, Hoffmann décrit un rituel de sorcellerie. La nuit, le brouillard ténébreux et la forêt obscure sont des éléments propices à la naissance de la peur. Les personnages ne peuvent pas percevoir distinctement ce qui les entoure. Le texte propose un décor funèbre caractéristique du gothique : « Les nuages ténébreux » (l. 1), « une obscurité impénétrable » (l. 2), « la tempête » (l. 8 et 30), « tous les vents » (l. 31). Le moment choisi est habituel dans une scène de sorcellerie : « la nuit tombée » (l. 21), « dans la nuit » (l. 17 et 22). Ce cadre spatio-temporel lugubre se double de bruits effrayants, ceux des bêtes et de la tempête : « d'atroces clameurs » (l. 3), « les horribles miaulements » (l. 7), « de sinistres ululements » (l. 17-18), « ses atroces miaulements » (l. 18-19). À ces bruits s'ajoute la voix de la sorcière au discours narrativisé (« d'étranges formules d'exorcisme » (l. 15-16), « elle proférait [...] des sons inintelligibles », l. 17) ou au discours direct (« ordonna-t-elle de sa voix glapissante », l. 4-5). Le réel et le surnaturel, les bruits de la forêt et ceux de la sorcellerie se mêlent dans un concert effrayant.

Dans ce décor gothique, Hoffmann décrit une scène d'exorcisme. Le pouvoir de la sorcière est figuré par les lumières, signes manifestes de la magie puisqu'elles répondent à l'ordre de la sorcière « Lumière ! Lumière donc ! » (l. 4). Ce champ lexical parcourt tout le texte : « des éclairs bleuâtres » (l. 5), « un crépitement d'étincelles » (l. 6), « des lueurs phosphorescentes » (l. 7), « d'étranges lueurs vacillantes » (l. 22-23), « des éclairs rouge sang et des étincelles » (l. 24). La sorcière semble déterminée : le texte évoque sa course (l. 1 à 13 : « la vieille continuait son chemin », l. 3, « Enfin elle s'arrêta », l. 13), puis la préparation de la potion (l. 13 à 19 puis 23 à 35). Le *topos* du rite de sorcellerie se retrouve ici avec toutes ses composantes : le chaudron (l. 15), le chat (l. 6), les formules d'exorcisme (l. 16). On pourra rapprocher cet extrait de certains tableaux de l'époque convoquant le même imaginaire, fait de sorcellerie et de paysages brumeux, comme par exemple *Le Sabbat des sorcières* (1797-1798), *La Conjuration* (1797-1798) ou *Le Vol de sorcières* (1798) de Francisco de Goya (p. 62 du manuel).

2. La scène typique d'exorcisme est rendue saisissante par la double description qui en est proposée. Au début du troisième paragraphe s'opère un changement d'énonciation : alors que l'énoncé est coupé de la situation d'énonciation dans les deux premiers paragraphes, il devient ancré à partir de la ligne 20 : « Imagine-toi, ami lecteur ». Hoffmann introduit un changement de point de vue. La scène qui a été décrite selon le point de vue de Véronique (« elle sentait des griffes glacées lui lacérer les entrailles », l. 9) est décrite une deuxième fois selon le point de vue du lecteur, devenu sous la plume d'Hoffmann un voyageur nocturne : « ta route passe juste au milieu des flammes » (l. 25). Le conte abolit la frontière entre la réalité et la fiction, le lecteur se trouve lui-même transporté au milieu de la nuit, sur le lieu de la scène d'exorcisme. Le présent domine, à travers l'emploi du « tu » qui ancre le lecteur dans le récit : « Tu distingues » (l. 23), « Les chevaux [...] se cabrent » (l. 26), « tu aperçois » (l. 28). Le texte montre le pouvoir saisissant de la lecture sur le lecteur, sa capacité à le transporter dans des univers imaginaires et effrayants. D'ailleurs, la deuxième description de la scène d'exorcisme est beaucoup plus frappante parce qu'elle s'attache au personnage de la jeune fille, alors que la première décrivait les actions de la sorcière : « une jeune fille, svelte, émouvante, en robe de nuit d'une blancheur transparente » (l. 28-29), « la beauté virginale de son visage » (l. 32). La description de la beauté fantomatique de cette apparition juvénile contraste avec celle de sa terreur, qui provoque l'émotion du lecteur : « l'épouvante répandue sur ses traits les a figés dans une pâleur cadavérique » (l. 32-33), « ses yeux hagards, exorbités » (l. 33), « ses lèvres béantes, raidies d'angoisse » (l. 34). La jeune fille semble défigurée par la peur et la douleur : « une torture sans nom » (l. 34-35), « ses affres mortelles » (l. 35).

Le conte d'Hoffmann reprend les codes du roman gothique (cadre lugubre, sorcière, rite d'exorcisme), et plonge le lecteur dans une atmosphère angoissante et dans un décor funèbre, comme s'il était lui-même témoin de cette scène surnaturelle.

TEXTE 3 : Mary Shelley, *Frankenstein ou le Prométhée moderne* (1818) p. 153

Objectifs et enjeux

- **Découvrir un texte fondateur de la science-fiction**
- **S'interroger sur la représentation de l'homme et de sa démesure**

Lecture analytique

1. Dans cet extrait, Frankenstein fait lui-même le récit, à la première personne, de la nuit où sa créature prend vie. Il est peint comme un scientifique exalté : il crée « Dans une anxiété proche de l'agonie » (l. 2), il évoque un « désir », « une ardeur immodérée » (l. 20). Il est dépassé par ses émotions dont il souligne la force dans une question rhétorique : « Comment décrire mes émotions [...] ? » (l. 8). Mary Shelley nous offre l'image d'un savant excessif et incohérent. En effet, en quelques lignes, il passe de l'excitation au dégoût : « Grand Dieu ! » (l. 11), « une horreur et un dégoût sans bornes m'emplissaient l'âme » (l. 21-22), « incapable de supporter la vue de l'être » (l. 22), « m'éveillais dans l'horreur » (l. 28). Le motif du savant qui travaille et s'obstine jusqu'à l'excès apparaît ici : « un labeur et des soins si infinis » (l. 9), « Depuis près de deux ans, j'avais travaillé sans relâche » (l. 18), « privé de repos et d'hygiène » (l. 19-20), « une ardeur immodérée » (l. 20). Frankenstein incarne le héros romantique par sa nature exaltée et sa volonté de dépasser les limites de la réalité. À ses yeux, l'univers semble borné et il utilise sa science pour en forcer les frontières.

Il y a d'ailleurs peu de références à la méthode scientifique utilisée par le savant. On sait qu'il a utilisé des corps morts (« Ses membres », l. 10, « J'avais choisi ses traits », l. 10) mais on ignore comment il insuffle la vie à la créature : « je vis s'ouvrir l'œil jaune » (l. 6). Le projet vient combler des rêves, des désirs (l. 20-21), mais ceux-ci se dissipent au contact de la réalité : « la beauté du rêve s'évanouissait » (l. 21). Son dessein titanesque est empreint de folie et d'aveuglement. Le moment de la création est celui du retour brutal à la réalité ; face à sa créature, les yeux du créateur se dessillent comme le prouve le lexique de la vue : « je vis » (l. 6), « la vue » (l. 22), « j'aperçus » (l. 31), « ses yeux [...] étaient fixés sur moi » (l. 32). Frankenstein ressemble à Prométhée, dans son désir de créer un être humain, et sa tentative a une dimension mythique. En animant une créature humaine,

Frankenstein fait preuve de démesure, il se substitue à Dieu et s'arroge un droit qui n'est pas humain, celui de créer l'homme. Il bouleverse les lois de la nature en fabriquant la vie à partir de corps morts. Le résultat de sa création, par son imperfection, lui rappelle ses limites, ce que soulignent les antithèses : « ces merveilles ne produisaient qu'un contraste plus horrible » (l. 13-14).

Mary Shelley inaugure le genre de la science-fiction en s'inscrivant dans la littérature romantique. Frankenstein, héritier de Faust par son insatisfaction face aux limites de la science et de Prométhée par son dessein de créer l'homme, incarne le personnage romantique exalté et passionné. Il n'a pas la rationalité du scientifique et ses désirs l'emmènent à franchir les limites de la nature. Ce savant incarne bien l'éternelle contradiction de l'homme, déchiré entre le bien et le mal.

2. La créature est décrite comme monstrueuse : « peau jaune » (l. 11), « les yeux transparents » (l. 14), « les orbites d'un blanc terne » (l. 15), « son teint parcheminé et ses lèvres droites et noires » (l. 15-16), « une grimace ridait ses joues » (l. 34). Ces détails dessinent un portrait d'une grande laideur, d'où l'exclamation ironique, constat d'échec du créateur : « Pour leur beauté ! » (l. 11). L'être qui s'offre au regard est monstrueux (monstre vient du latin *monstrum*, « donner à voir », dérivé de *monere*, « avertir »). Si Frankenstein éprouve « une horreur et un dégoût sans bornes » au moment de la nuit de la création, en revanche, le regard rétrospectif porté par le narrateur plus âgé semble percevoir le caractère pathétique de la créature : désignée d'abord par « cet être » (l. 6), la créature est ensuite évoquée dans de nombreuses reprises nominales à la tonalité pathétique : « le malheureux » (l. 9), « cette catastrophe » (l. 8), « le malheureux, le misérable monstre que j'avais créé » (l. 31).

Le drame de la créature est de n'être pas humaine : *être*, *créature*, *monstre* sont les termes qui la désignent ; elle n'a d'humain que les morceaux qui la composent et n'en a pas le nom. Le récit de la création prend une dimension fantastique puisque l'être porté à la vie défie l'entendement. La création a lieu la nuit, sans aucun témoin. Le texte évoque un cadre macabre (« une pluie funèbre », l. 4), l'obscurité règne : « à demi éteinte » (l. 6), « ma bougie était presque consumée » (l. 5). Cette obscurité est lugubre, tout renvoie à la mort alors que Frankenstein voulait recréer la vie : « faire passer l'étincelle de la vie dans la créature inerte » (l. 3-4), « communiquer la vie à un corps inanimé » (l. 19). Les oppositions vie/inerte et vie/inanimé signalent le caractère contre-nature de l'entreprise de Frankenstein.

Le point de vue interne nous montre l'effroi et le trouble du savant. Mais on ignore ce que pense la créature. Dans un renversement significatif, le monstre qui est vu devient observateur. Au début de l'extrait, le créateur contemple le réveil de sa créature : « Je vis s'ouvrir l'œil jaune » (l. 6). À la fin, le regard s'inverse et c'est la créature qui dévisage le créateur après qu'il se soit reposé : « Je tressaillis et m'éveillai dans l'horreur [...] ses yeux, s'il est permis de les appeler ainsi, étaient fixés sur moi » (l. 28, 32). Ce thème du regard est significatif. Quelle âme cachent ces yeux transparents aux orbites blanc terne ? Le lecteur se demande ce que dit la créature à son créateur : « Ses mâchoires s'ouvraient, et il marmottait des sons inarticulés » (l. 33). La focalisation interne (selon le point de vue de Frankenstein) ne permet pas au lecteur de savoir ce que pense la créature, ainsi ce choix de focalisation crée un mystère autour des sentiments et des attentes du monstre.

Alors que le savant donne son nom à l'œuvre de Mary Shelley, la créature reste anonyme. La double fuite de son créateur (l. 23 et 35) la laisse seule et abandonnée. Le monstre interroge aussi l'humanité ; par son altérité et le regard plein d'attentes qu'elle pose sur son créateur, la créature est tragique : elle naît dans un monde qui ne peut la comprendre et qui la rejette.

TEXTE 4 : Charles Nodier, *La Fée aux Miettes* (1832) p. 154

Objectifs et enjeux

→ **Analyser la représentation de la folie**
→ **Percevoir l'humour et la fantaisie de Nodier**

Lecture analytique

1. En contemplant le portrait, Michel est subjugué par la femme qu'il voit. Les hyperboles et le lexique mélioratif font l'éloge de la femme : « ange adorable entre tous les anges » (l. 12-13), « Prodige de grâce et de beauté, ravissante Belkiss » (l. 13-14). Dans une phrase au rythme binaire, le narrateur tente de définir l'essence de cet être si exceptionnel qu'il ne peut décrire que ce qu'elle n'est pas dans des anaphores : « Ce n'était pas une femme » (l. 33), ce n'était pas non plus une divinité » (l. 34). Le texte ne décrit pas vraiment Belkiss, mais l'effet qu'elle provoque en Michel. La description de ce que ressent le narrateur est comme une définition des sentiments amoureux : « qui troublent sans faire tout à fait mourir » (l. 36-37).

Mais ce coup de foudre, au premier regard, est étonnant puisqu'il a lieu avec un portrait et non avec une personne réelle. Par ailleurs, le coup de foudre a lieu sous le regard amusé de la vieille fée. Le contraste entre la beauté de l'un et la laideur de l'autre confère des accents grotesques à cette scène. La vieille utilise un euphémisme pour s'excuser de la différence entre le portrait et son apparence actuelle : « la ressemblance en est un peu altérée » (l. 2-3) ; elle multiplie les modalisateurs pour envisager seulement les transformations de la vieillesse : « il est probable » (l. 4), « peut-être » (l. 5), « si je ne me trompe » (l. 5). Cette coquetterie a des effets comiques chez cette vieille fée à la béquille. Nodier montre que l'amour est une illusion, ici il tient du miracle. Certes, il évoque la beauté de la femme aimée, mais il souligne le fait qu'elle ne durera pas en montrant sa version vieillie et altérée. La Fée aux Miettes introduit du grotesque dans cette scène de coup de foudre, elle s'amuse, répète frénétiquement les mêmes mots : « j'y serai, j'y serai, j'y serai », l. 27), elle sautille « comme une balle sur la raquette » (l. 20). La comparaison est comique tout comme le quiproquo qui suggère que la Fée « prenait pour elle de si bonne foi les éclats » de l'admiration de Michel (l. 17-18).

Le conte de Nodier s'amuse à reprendre les motifs du roman gothique (fée, charme, sorcière) mais avec légèreté et fantaisie. Il montre des personnages pour lesquels la limite est mince entre la folie et l'imagination, entre l'amour rêvé et l'amour fantastique.

2. Le récit est fait par l'un des personnages, Michel. En effet, dans *La Fée aux Miettes*, Nodier utilise des récits enchâssés : dans le récit cadre, le narrateur se rend dans une maison de santé de Glasgow. Il y fait la connaissance d'un fou qui y séjourne, Michel, qui entreprend alors le récit de sa vie. La narration à la première personne et la focalisation interne font que le lecteur peut douter de la véracité de ce qu'il lit. De nombreux indices montrent que le narrateur n'a pas toute sa raison. Sa parole paraît parfois inintelligible : « quelques exclamations confuses, comme les balbutiements d'un homme endormi » (l. 8-9). La comparaison suggère une altération de la conscience. Les paroles au discours direct montrent son exaltation à travers des hyperboles : « Ô miracle du ciel ! » (l. 11), « Prodige de grâce et de beauté » (l. 13-14). Le texte suggère une incapacité à utiliser ses sens, comme le souligne le chiasme : « je ne l'écoutais plus, je ne la voyais plus. Je ne voyais plus, je n'entendais que ce portrait de femme » (l. 29-30).

La folie de Michel est liée au portrait, comme si celui-ci avait un pouvoir surnaturel : « ce portrait de femme qui parlait pour la première fois à un sens de mon âme » (l. 30-31). Le portrait semble posséder des pouvoirs magiques et exercer son attraction sur le regard : « regarde, je te prie » (l. 2), « l'âme attachée tout entière à cette image » (l. 11), « Je détachais en effet mes regards du portrait magique » (l. 16). Michel décrit lui-même le sentiment d'être hors de lui : « j'éprouvais que le sentiment même de ma vie venait de se transformer en quelque chose qui n'était plus moi » (l. 31 à 33). Le lecteur hésite donc entre deux explications, l'une rationnelle : Michel est fou et sa folie lui fait imaginer que le portrait s'anime ; l'autre surnaturelle : le portrait a un pouvoir magique qui explique l'emprise qu'il a sur Michel. Cette hésitation entre deux explications fait naître le fantastique. Nodier montre aussi que la frontière est mince entre la folie et le rêve, entre le trouble psychique et l'imagination. La femme du portrait a des traits qui répondent parfaitement aux désirs du narrateur : « revêtue d'un extérieur où elle daignait s'assortir à la faiblesse de mes organes » (l. 35-36).

Nodier propose un narrateur chez qui la frontière entre réalité et imagination est mince et qui croit aux fées et à la magie. L'auteur s'amuse de cette faiblesse de la nature humaine à laquelle lui-même succombe par l'écriture, comme il l'avoue dans une de ses préfaces :

> « Elles [les nouvelles] me font vivre d'une vie qui n'a rien de commun avec la vie positive des hommes, et qui me sépare d'elle, un peu moins que je ne voudrais, mais autant qu'il est permis à l'imagination d'en allonger les lisières et d'en franchir la portée.
> C'est pour cela que j'ai fait des Contes. »
>
> Charles Nodier, « Préface inutile », *Les Quatre Talismans*, 1838.

TEXTE 5 : Théophile Gautier, *La Morte amoureuse* (1836)

p. 155

Objectifs et enjeux

- → **Analyser la représentation de la femme et de l'attachement amoureux**
- → **Étudier la mise en place d'une ambiance fantastique**

Lecture analytique

1. Le sentiment amoureux qu'éprouve Romuald est né lorsqu'il a vu Clarimonde lors de son ordination. Depuis, rien – ni ses vœux de prêtre, ni la mort de Clarimonde – n'a pu affaiblir cet amour. Même face au corps sans vie de sa bien-aimée, Romuald ne peut renoncer à sa passion, désignée par la métaphore « la flamme qui me dévorait » (l. 20). Il la regarde et ne peut se détacher d'elle, comme lorsqu'il l'avait vue pour la première fois : « Je restai longtemps absorbé dans une muette contemplation » (l. 10-11), « plus je la regardais » (l. 11).

Le narrateur exprime sa douleur dans des tonalités lyriques et pathétiques : « Ah ! quel sentiment amer de désespoir et d'impuissance ! » (l. 18), « penchant ma figure sur la sienne et laissant pleuvoir sur ses joues la tiède rosée de mes larmes » (l. 17-18). Il fait entendre ses regrets : « j'aurais voulu pouvoir ramasser ma vie en un monceau pour la lui donner » (l. 19-20). Le narrateur affirme à la fois son chagrin et la force de son amour : « cette triste et suprême douceur de déposer un baiser sur les lèvres mortes » (l. 22-23). Le lexique de l'amour se mêle à celui de la mort, rappelant l'oxymore du titre.

2. Le narrateur refuse la réalité de la mort de sa bien-aimée, comme le prouvent les verbes qui montrent le triomphe de son imagination (*croire*, *se figurer*) : « Je me figurais qu'elle n'était point morte réellement » (l. 1-2), « je crus avoir vu bouger son pied » (l. 3-4), « moins je pouvais croire que la vie avait pour toujours abandonné ce beau corps » (l. 11-12). Les pensées du narrateur rapportées au discours direct montrent son refus de la réalité : « quelle preuve en ai-je ? » (l. 6). Cette dénégation fait naître l'hésitation fantastique. La narration étant à la première personne et le point de vue interne, le lecteur se demande si le narrateur, refusant de croire à la mort de Clarimonde, n'a pas imaginé qu'elle bougeait. Le narrateur lui-même doute de ses perceptions : « Je ne sais si cela était une illusion » (l. 12), « on eût dit que le sang recommençait à circuler » (l. 13). Les modalisateurs (subjonctif, verbe modal) expriment l'incertitude. Par ailleurs, le narrateur ne semble pas en pleine possession de sa raison. Il dialogue avec lui-même comme si un combat s'engageait en lui : « Je me disais : "Est-ce bien Clarimonde ?" » (l. 6), « mon cœur me répondit avec un battement : "C'est bien elle, c'est bien elle." » (l. 8-9).

Le réveil de la morte est alors préparé par des indices. Le personnage croit qu'elle bouge : « je crus avoir vu bouger son pied dans la blancheur des voiles et se déranger les plis droits du suaire » (l. 4-5), puis il décrit un véritable mouvement « décroisant ses bras, elle les passa derrière mon cou » (l. 28-29). Le discours direct de Clarimonde (l. 30 à 39) semble attester de sa vie revenue. En quelques lignes, le texte passe du refus de la réalité, au rêve puis à la résurrection. La confusion entre le désir (le narrateur ne veut pas qu'elle soit morte) et la réalité (elle se réveille) est une source de fantastique. Tout se passe comme si c'était la force du désir de Romuald qui avait rappelé à la vie sa bien-aimée. Elle se réveille après son baiser : « un léger souffle se mêla à mon souffle » (l. 24-25). Gautier décrit une relation sensuelle ; Romuald n'hésite pas à toucher Clarimonde : « Je touchai légèrement son bras » (l. 15), « penchant ma figure sur la sienne » (l. 17). À la fin du texte, la femme semble répondre aux désirs de Romuald dans une résurrection étrange : « la bouche de Clarimonde répondit à la pression de la mienne » (l. 25-26), « elle m'entourait toujours de ses bras » (l. 40-41).

Dans *La Morte amoureuse*, la femme est l'objet d'un culte, d'une adoration qui perdure au-delà de la mort. La proximité physique entre le narrateur et sa bien-aimée exprime une fascination passionnée et morbide. Clarimonde exerce son emprise sur Romuald, elle est la femme fatale toute puissante qui, après avoir arraché cet homme à ses vœux de prêtre, va l'arracher à la réalité, lui faisant croire à la possibilité d'un amour fantastique.

TEXTE 6 : Prosper Mérimée, *La Vénus d'Ille* (1837) p. 156

Objectifs et enjeux

→ **Étudier l'utilisation du discours direct dans un récit**

→ **Analyser l'apparition de l'hésitation propre au fantastique**

Lecture analytique

1. Les paroles de M. Alphonse, au discours direct, montrent son trouble et sa peur. Les phrases sont entrecoupées : « Non... je... » (l. 18), « Si fait... Mais la Vénus... » (l. 20). Le personnage a des difficultés à mettre des mots sur une réalité qu'il perçoit comme anormale. Les verbes modaux soulignent qu'il se sent impuissant : « je ne sais » (l. 3), « je ne puis » (l. 18). Tzvetan Todorov explique que le fantastique naît de l'hésitation qu'éprouve celui qui se retrouve confronté à un événement anormal, un événement en apparence surnaturel, qui intervient dans un univers obéissant aux lois naturelles. M. Alphonse est sidéré face à un phénomène qui ne devrait pas exister dans le monde réel.

Cette difficulté à dire entretient un suspense dans le texte. La révélation de l'événement surnaturel est préparée par des phrases qui suggèrent implicitement qu'un fait anormal s'est produit : « vous allez vous moquer de moi... » (l. 3), « Vous savez bien, mon anneau ? » (l. 14). Enfin, à la ligne 20, M. Alphonse révèle explicitement le fait anormal dont il a été témoin : « elle a serré le doigt ». Le fait est raconté une deuxième fois avec plus d'emphase : « Non, vous dis-je. Le doigt de la Vénus est retiré, reployé ; elle serre la main, m'entendez-vous ? » (l. 25-26). Le narrateur propose de nombreuses explications qui mettent en relief son scepticisme : « Eh bien ! on l'a pris ? » (l. 15), « Bon, vous n'avez pas tiré assez fort » (l. 19), « Vous avez trop enfoncé l'anneau » (l. 23). Dans ses répliques, le narrateur adopte une attitude paternaliste qui infantilise M. Alphonse : « Bon », « Eh bien », « Quel conte ! » (l. 23).

2. M. Alfonse apparaît dans un état de terreur et de confusion extrême. Il propose une explication surnaturelle à la perte de l'anneau. Le lexique du diable est présent : « je suis ensorcelé ! le diable m'emporte ! » (l. 3-4), « cette diable de Vénus » (l. 18), « quelque diablerie » (l. 32). Sa terreur ne semble pas feinte, il refuse ainsi de suivre le narrateur et de retourner voir la statue (l. 35). Le récit qu'il fait de l'incident de l'anneau fait peur au narrateur : « J'éprouvais un frisson subit, et j'eus un instant la chair de poule » (l. 28). Le narrateur manifeste son trouble de façon ponctuelle (« le sommeil fut long à venir », l. 44-45). Mérimée peint une inquiétude latente, qui s'oppose au discours rationnel et rassurant du narrateur, comme si un pressentiment s'imposait malgré lui. On peut rapprocher cette angoisse diffuse du trouble que Freud décrit face à « l'inquiétante étrangeté » d'une situation, pour reprendre le titre de son article de 1919.

Le lecteur est donc confronté à deux explications, l'une rationnelle : M. Alfonse est ivre ; l'autre surnaturelle : il est lié à la statue (« c'est ma femme », l. 26). L'attitude de M. Alphonse pourrait être celle d'un homme terrifié : son regard est fuyant (« en détournant les yeux », l. 1-2, « d'un air hagard », l. 21), son corps semble le trahir (« il avait la voix entrecoupée », l. 13, « s'appuyant à l'espagnolette pour ne pas tomber », l. 21-22). Pourtant, ces manifestations physiques peuvent aussi être des signes d'une ivresse. Le point de vue adopté est celui du narrateur qui a une approche rationnelle de la situation. Il pense que l'alcool est à l'origine du discours de son interlocuteur : « Je le crus tout à fait ivre » (l. 13), « Le misérable, pensai-je, est complètement ivre » (l. 30), « Je serais un bien grand sot, me dis-je, d'aller vérifier ce que m'a dit un homme ivre ! » (l. 38-39). Le discours direct révèle ici les pensées du narrateur. Le point de vue interne propose une vision subjective des événements, le lecteur n'étant pas en mesure de trancher et de savoir si M. Alphonse est un homme ivre ou un homme terrifié, s'il a imaginé que la statue bougeait ou si elle l'a réellement fait.

TEXTE 7 : Edgar Allan Poe, « Ligeia », *Histoires extraordinaires* (1840) p. 148

Objectifs et enjeux

→ **Analyser la fascination troublante pour le thème de la mort**

→ **Étudier la fin d'une nouvelle à chute**

Lecture analytique

1. La narration à la première personne rend compte du trouble et de l'exaltation du personnage, qui assiste à un spectacle qui est, pour lui, un objet de fascination et d'effroi. Le narrateur décrit la violence des émotions qu'il ressent avec des hyperboles : « englouti dans un tourbillon d'émotions violentes » (l. 6), « une foule de pensées inexprimables [...] se ruèrent à l'improviste dans mon cerveau » (l. 17-19), « un suprême effroi » (l. 7). Sa terreur est perceptible car il semble pétrifié, comme le montrent les métaphores : « je restais cloué » (l. 5), « me paralysèrent, – me pétrifièrent » (l. 19). Le lexique confirme que le personnage est dans un état de sidération : « je ne tremblai pas, – je ne bougeai pas » (l. 17), « Je ne bougeais pas » (l. 19). Son état de pétrification est dû au mélange d'effroi et de fascination que fait naître le spectacle de ce corps mort qui bouge.

Si le narrateur perd le contrôle de son corps qui semble figé, son esprit en revanche ne cesse de s'agiter : « C'était dans mes pensées un désordre fou, un tumulte inapaisable » (l. 20-21). Il paraît troublé, sa conscience est altérée, certaines comparaisons font douter de la réalité de la scène : la femme se déplace « à la manière d'une personne égarée dans un rêve » (l. 15). Le conditionnel présente le réveil de la morte comme irréel avant que le texte ne le décrive véritablement : « J'aurais rêvé que Rowena avait entièrement secoué les chaînes de la Mort. » (l. 11-12).

L'objet de l'effroi est la femme qui s'anime devant ses yeux. De fait, le narrateur ne semble perdre aucun détail de cette surprenante résurrection. Le texte décrit avec une précision objective la naissance du mouvement sur un corps mort : « celle qui était morte remua » (l. 2), « Le corps, je le répète, remuait » (l. 7). L'incise montre que le narrateur tente de se convaincre de la réalité de ce qu'il a vu. La renaissance de la lady est peinte de façon précise, les mouvements sont décomposés : « se levant du lit, – et vacillant, – d'un pas faible, – les yeux fermés » (l. 14). Le réveil de la morte est théâtralisé, chaque mouvement est retranscrit par le narrateur, fasciné par ce spectacle. Le lecteur s'identifie alors à ce dernier par le point de vue interne, et découvre peu à peu, avec lui, l'identité de celle qui se meut malgré la mort. Le mystère est entretenu par les voiles qui entourent le corps : « enveloppé du suaire » (l. 15), « Le lourd bandeau oppressait la bouche » (l. 23-24) et qu'elle retire de façon saisissante : « elle dégagea sa tête de l'horrible suaire qui l'enveloppait » (l. 30).

2. Le texte prépare progressivement la chute finale. La femme n'est pas désignée par son nom mais par des périphrases qui soulignent sa nature spectrale : « l'apparition » (l. 20), « fantôme » (l. 18), « l'être qui était enveloppé du suaire » (l. 15). Le narrateur s'interroge sur son identité : « Était-ce bien la *vivante* Rowena que j'avais en face de moi ? *cela* pouvait-il être vraiment Rowena ? » (l. 21-22). La typographie montre l'incertitude du narrateur. La narration est une logorrhée ininterrompue qui donne à entendre le questionnement du narrateur, qui formule à la fois les questions et les réponses : « – Et les joues ? – Oui, c'étaient bien là » (l. 25), « Pourquoi, oui, *pourquoi* en doutais-je ? » (l. 23). Le narrateur remarque quelques détails physiques étonnants que l'italique met en évidence : « *avait-elle donc grandi depuis sa maladie* ? » (l. 28), « *ils étaient plus noirs que les ailes de minuit* » (l. 32), « les yeux noirs, les yeux étranges de mon amour perdu » (l. 35-36). Pourtant à la ligne 22, deux expansions du nom avaient rappelé les caractéristiques physiques de Lady Rowena (« à la chevelure blonde, aux yeux bleus », l. 22-23). Après ces indices de plus en plus explicites, le dernier mot, du texte et de la nouvelle, constitue une chute : « de lady, de LADY LIGEIA ». Le premier « lady » peut encore laisser supposer que le nom sera Rowena, le deuxième révèle l'identité de la femme.

L'apparition de Ligeia, alors que Lady Rowena était couchée à cet endroit, montre la force de l'amour du narrateur. Il y a une forme de fascination amoureuse pour le corps qui se trouve en face de lui et dont il ne peut détacher ses regards : « la stature, l'allure du fantôme » (l. 18), « Je contemplais l'apparition » (l. 19-20). Le lexique du corps est présent : « la bouche respirante » (l. 24-25), « les belles joues de la vivante » (l. 26), « le menton, avec les fossettes de la santé » (l. 27). Les expansions qui caractérisent le corps de la lady décédée développent le champ lexical de la vie : « vivante », « respirante », « santé ». Le fantastique s'appuie sur des fissures dans le monde rationnel. Un homme qui qualifie un corps mort de vivant, respirant, plein de santé, a-t-il toute sa raison ? Poe enlève au lecteur le socle stable de la réalité. Il propose une perception subjective, fait entrer le lecteur dans l'esprit du narrateur-personnage, montre qu'il est troublé et dans ces failles, dans ces fissures, il déploie son intrigue. Le lecteur ne peut que se demander si le réveil du cadavre et sa métamorphose en Ligeia sont des phénomènes surnaturels, des faits impossibles mais pourtant bien avérés, ou s'ils sont le produit de l'imagination du narrateur. Cette hésitation montre la frontière ténue entre les rêves et la réalité. En se réveillant et en prenant l'apparence de Ligeia, la mort vient combler le désir du narrateur qui pleurait sa perte.

TEXTE 8 : Jules Barbey d'Aurevilly, « La vengeance d'une femme », *Les Diaboliques* (1874)

p. 158

Objectifs et enjeux

- → **Analyser la représentation d'une femme démoniaque**
- → **Découvrir le mélange de l'horreur et du sublime**

Lecture analytique

1. Dans sa préface de 1874 au recueil *Les Diaboliques*, Barbey d'Aurevilly affirmait que « Ces histoires sont malheureusement vraies. Rien n'en a été inventé ». Quoiqu'excessif et monstrueux, le personnage de la femme est vraisemblable. Le récit qu'elle fait des événements qui ont conduit à sa situation actuelle se veut un témoignage sincère. La robe tachée de sang qu'elle exhibe atteste de la véracité de son récit (« une robe en lambeaux, teinte de sang », l. 3). Mais la robe témoigne aussi du monstre qu'elle est devenue. L'antithèse entre « talisman » et « haillons sanglants » (l. 11) montre l'attachement excessif de la femme à ce souvenir morbide. Son rapport au vêtement ensanglanté est charnel : « je m'entortille dans cette robe, je vautre mon corps souillé dans ses plis rouges, toujours brûlants pour moi, et j'y réchauffe ma vengeance » (l. 9 à 11), « Quand je les ai autour du corps, la rage de le venger me reprend aux entrailles » (l. 12-13). Le lexique du corps laisse entendre qu'elle éprouve comme une jouissance à entretenir le sentiment de vengeance. La femme apparaît transformée par la haine. La passion s'exprime ici dans toute sa fureur, elle dévore le personnage et le dénature. Les images soulignent alors sa monstruosité : « sa tête, devenue une tête de Gorgone » (l. 16), « Il lui semblait voir autour de cette tête les serpents que cette femme avait dans le cœur » (l. 17-18). La duchesse semble dominée par sa passion dont le texte décrit la puissance : « le génie de la vengeance » (l. 8), « la rage de le venger » (l. 12), « ce mot *vengeance* [...] qui lui flambait toujours aux lèvres » (l. 19-20). La métaphore du feu connote la passion. La réaction de Tressignies témoigne donc de son horreur face à ce monstre humain : « Tressignies frémissait, en écoutant cette femme effrayante. Il frémissait de ses gestes, de ses paroles, de sa tête » (l. 15-16).

Pour décrire son projet de vengeance, la duchesse convoque des images saisissantes et sanglantes. Ses paroles laissent percevoir le monstre qu'elle est devenue (« quelque chose de plus lent et de plus cruel », l. 29-30). La violence de sa pensée vengeresse affecte son langage : « poignards » (l. 23), « souffrir » (l. 23), « déchirer » (l. 24), « tuer » (l. 24), « crucifier » (l. 33). À la cruauté du crime commis par son mari répond celle de la vengeance. Le titre *Les Diaboliques* renvoie à ces personnages, animés par le mal, qui peuplent les nouvelles du recueil. Les métaphores sont péjoratives et développent le thème de la saleté : « la plus infecte des boues » (l. 35), « en immondice, en excrément » (l. 35-36). Le lexique du déshonneur domine lorsqu'elle mentionne son mari : « honte » (l. 35), « lâche » (l. 32), « déshonneur » (l. 33), « déshonorer » (l. 34). La parole, monstrueuse, singulièrement violente, trahit ce que la femme est devenue.

2. La détermination de cette femme est sans limite, comme le suggère l'hyperbole : « je me retrouve de la force, à ce qu'il me semble, pour une éternité ! » (l. 13-14). Elle revient sans cesse, dans ses paroles au discours direct, au souvenir de l'homme qu'elle a aimé : « c'est le sang du cœur de l'homme que j'aimais » (l. 5), « Avait-il tué, lui, Vasconcellos ? » (l. 25-26), « Il avait fait jeter son cœur aux chiens, et son corps au charnier peut-être ! » (l. 27-28). C'est toujours le moment de la mort qui est rappelé. La femme se repaît de ses souvenirs morbides, s'attache à eux comme à son amour. Le souvenir de l'homme qu'elle a aimé l'affecte douloureusement : « elle était devenue livide à ces souvenirs » (l. 1).

Le personnage suscite la compassion : « que l'ancienne duchesse revient et que la fille m'épouvante » (l. 8-9). En opposant la duchesse et la fille (à comprendre « fille publique », l. 36), Barbey d'Aurevilly accentue l'antithèse qui permet de souligner le sacrifice de soi que l'héroïne consent au nom de son amour. Par passion, la duchesse est devenue autre : « Je me suis faite ce que je suis » (l. 36). Elle exprime sa répulsion et son aversion pour ce qu'elle est devenue : « l'exécrable vie que je mène » (l. 6-7), « quand la boue m'en monte à la bouche et m'étouffe » (l. 7-8). La métaphore montre le dégoût d'elle-même, car elle a sacrifié sa vie et son propre corps à sa vengeance.

La femme semble physiquement transformée par cette vengeance : « haletante » (l. 1), « d'un mouvement forcené » (l. 1-2), « avec des yeux qui se mirent à étinceler » (l. 38). Ses paroles expriment l'exaltation, elle multiplie les phrases exclamatives avec des répétitions : « La vengeance ! oui, [...] ce qu'elle est, ma vengeance ! Ah ! » (l. 21-22), « Non ! c'était trop doux et trop rapide ! » (l. 29). Le désir de faire souffrir le duc l'anime dans son choix, comme le montre la comparaison : « je l'ai choisie entre toutes comme on choisit de tous les genres de poignards celui qui doit faire le plus souffrir » (l. 22-23). La duchesse éprouve un plaisir véritable à imaginer sa vengeance : c'est « la joie d'un coup bien frappé » (l. 38-39) qui luit dans son regard. La duchesse montre la force de son amour par son abandon d'elle-même, son renoncement à sa vie d'avant et à son corps. Son désir absolu de vengeance est à la fois effrayant et fascinant.

TEXTE 9 : Guy de Maupassant, *Le Horla* (1887)

p. 159

Objectifs et enjeux

→ **Étudier la représentation de la folie**

→ **Étudier un récit fantastique**

Lecture analytique

1. Dans *Le Horla*, le narrateur décrit ses nuits agitées et son trouble dans un récit à la première personne qui prend la forme d'un journal. Maupassant s'est inspiré d'un conte qu'il avait publié en 1885, *Lettre d'un fou*, dans lequel un personnage s'adresse à son médecin et évoque une apparition étrange. La première version du *Horla* (1886) présentait le docteur Marrande, puis un récit imbriqué donnait la parole à un de ses patients qui déclarait « je suis prêt à vous raconter mon histoire ». La deuxième version (1887) se présente sous la forme d'un journal qui commence le 8 mai et finit le 10 septembre. Il y a donc eu un changement dans la forme narrative (épistolaire dans la *Lettre d'un fou*, puis récits enchâssés dans la première version du *Horla*, et enfin un journal), mais l'idée d'une confession livrée à la première personne est restée.

Le lecteur, en lisant ce journal, entre dans l'intimité du narrateur et découvre ses pensées. Il s'aperçoit que la raison de celui-ci est parfois altérée, que son sommeil est troublé : « Mes cauchemars anciens reviennent » (l. 1), « un de mes sommeils épouvantables » (l. 12). Le narrateur lui-même doute de sa raison : « Ai-je perdu la raison ? » (l. 7), « ma tête s'égare » (l. 8), « Ayant enfin reconquis ma raison » (l. 18), « Je deviens fou » (l. 35), « Je deviens fou ? Qui me sauvera ? » (l. 37-38). Les phrases interrogatives montrent son trouble : « Qui ? Moi ? moi, sans doute ? » (l. 25-26), « Mais, est-ce moi ? Est-ce moi ? Qui serait-ce ? Qui ? » (l. 37). Le personnage se parle à lui-même. Son « je » semble se dédoubler, il s'interroge, envisage même être cet « autre » qui a bu son eau et dont il ne se souvient pas. À travers cette confession, Maupassant explore le sentiment d'aliénation qui s'empare du narrateur et donne à voir un homme emporté progressivement par sa folie.

Le trouble du personnage n'affecte pas uniquement son esprit. Son corps semble être la proie de sensations violentes et de manifestations visibles : « une secousse plus affreuse encore » (l. 13-14), « tellement meurtri, brisé, anéanti que je ne pouvais plus remuer » (l. 4-5). La gradation insiste sur l'intensité de ce qu'il ressent. Les comparaisons utilisées pour décrire ses sensations évoquent un sentiment d'oppression et une douleur presque physique : « j'ai senti quelqu'un accroupi sur moi » (l. 2), « Figurez-vous un homme [...] qui se réveille avec un couteau dans le poumon » (l. 15-16). On pourra d'ailleurs rapprocher l'image de quelqu'un accroupi sur un corps (l. 2) du tableau de Füssli (*Le Cauchemar*, p. 150). Le journal mêle les faits réels et des visions sorties de son imagination. Il semble porter en lui des images d'une grande violence : « sa bouche sur la mienne, buvait ma vie entre mes lèvres » (l. 2-3), « comme aurait fait une sangsue » (l. 3-4), « un homme [...] qu'on assassine » (l. 15), « couvert de sang, et qui ne peut plus respirer » (l. 16). Ces hallucinations terrifiantes suggèrent que la frontière est mince entre le cauchemar et la réalité, les chimères et la vérité.

Maupassant dessine le portrait d'un personnage troublé, hanté par ses cauchemars, à l'imagination exaltée. Ainsi naît l'hésitation fantastique puisque ce récit à la première personne, qui ne donne que le point de vue du narrateur, ne permet pas au lecteur de juger si des événements surnaturels ont lieu, ou si le personnage est fou.

2. Le fantastique se caractérise par la présence d'un événement anormal dans un cadre réaliste. Ici, le quotidien (ou plus exactement les nuits) d'un homme est décrit : le cadre spatio-temporel est réaliste ; les dates, dont la présence est imposée par la forme du journal intime, inscrivent le récit dans une temporalité vraisemblable. Le lieu est une chambre, avec un mobilier ordinaire : une porte fermée à clef (l. 9), une carafe d'eau (l. 10), « la table où était posée ma carafe » (l. 19), un lit (l. 34). La disparition de l'eau, événement étrange, intervient dans un quotidien marqué par la répétition et l'habitude (« comme je le fais maintenant chaque soir », l. 9 : présent d'habitude).

Cette disparition fait naître la peur chez le narrateur. La terreur ressentie par le personnage s'exprime par le type de phrases (exclamatives, l. 20 à 25), le lexique (« éperdu d'étonnement et de peur », l. 23, « mon angoisse abominable », l. 31, « épouvanté », l. 32), et les manifestations physiques : « Mes mains tremblaient ! » (l. 25), « je tombai sur une chaise » (l. 22), « avec des yeux fixes » (l. 24). La disparition de l'eau est perçue comme inexplicable. Le récit des événements est précis, se veut objectif, factuel : « je remarquai par hasard que ma carafe était pleine jusqu'au bouchon de cristal » (l. 10-11), « rien ne coula. – Elle était vide ! Elle était vide complètement ! » (l. 20). Le texte progresse selon un crescendo : le 4 juillet, seuls des cauchemars sont évoqués ; le 5 juillet, le narrateur se réveille et constate la disparition de l'eau ; le 6 juillet, le fait se répète. Cette progression temporelle et dramatique fait naître une peur toujours croissante chez le lecteur.

Face à ces faits anormaux donnés comme avérés, deux explications sont possibles (cette hésitation est une composante du texte fantastique). La première explication est que quelqu'un a pu boire cette eau : « On avait donc bu cette eau ? » (l. 25), « On a encore bu toute ma carafe » (l. 35). Le pronom « on » permet d'entretenir l'indétermination quant à l'identité de celui qui a bu. Cela pourrait être un autre (« Qui serait-ce ? », l. 37) ou lui-même (« ou plutôt, je l'ai bue ! », l. 35-36). Cette thèse est appuyée par le fait que le narrateur semble toujours avoir soif : « ayant soif » (l. 10), « j'eus soif de nouveau » (l. 18).

Mais une deuxième explication est suggérée par le texte. Le narrateur évoque la possibilité qu'il y ait un autre en lui : il se dit d'abord « somnambule » (l. 26), puis imagine qu'il a une « double vie » (l. 27) : « il y a deux êtres en nous » (l. 27-28). Enfin, il envisage la présence d'un « autre » : « un être étranger, inconnaissable et invisible » (l. 28). Les préfixes négatifs soulignent la nature inconnue et mystérieuse de cet « autre ». Le texte convoque les images du vampire : (« buvait ma vie entre mes lèvres. Oui, il la puisait dans ma gorge », l. 3) et de la possession (« notre corps captif qui obéit à cet autre », l. 29). Le narrateur pense être dominé par un être qui aurait pris possession de lui, dont la nature surnaturelle explique qu'il ait pu s'introduire dans une chambre fermée à clef. La folie est présentée ici comme une sorte de possession diabolique, un être vampirique qui puiserait sa force au détriment de celle du narrateur. Le caractère inquiétant de cet autre qui le hante est qu'il provient de son « moi », c'est-à-dire de lui-même. Son trouble semble avoir une origine intérieure, intime, c'est un dérèglement, une folie née de l'imagination et des rêves. Ce que Maupassant décrit, c'est une progressive aliénation.

TEXTE 10 : Bram Stoker, *Dracula* (1897)

p. 160

Objectifs et enjeux

→ **Étudier le portrait d'une créature démoniaque**

→ **Analyser comment un texte suggère la peur**

Lecture analytique

1. Le portrait de Dracula est précis et décrit d'abord le visage (l. 1 à 11), puis les mains (l. 12 à 17). Le lexique de l'étrangeté souligne le caractère singulier du personnage : « une vitalité extraordinaire » (l. 7-8), « une pâleur étonnante » (l. 10), « aussi étrange que cela puisse sembler » (l. 15-16). Le portrait frappe par l'association d'éléments opposés : « rares aux tempes, mais abondants sur le reste de la tête » (l. 2), « les joues, quoique creuses, étaient fermes » (l. 10), « elles m'avaient paru plutôt blanches et fines » (l. 13), « je constatais, au contraire, qu'elles étaient grossières : larges, avec des doigts courts et gros » (l. 14-15). Ces oppositions ou concessions créent une impression d'anormalité et d'étrangeté dans ce portrait de Dracula.

Le comportement du comte est également inquiétant, il exprime à la fois une extrême politesse et une menace perceptible : « s'inclinant courtoisement – toujours si courtoisement » (l. 34), « il recula en souriant d'un sourire qui me parut de mauvais augure » (l. 20-21). La description des réactions du comte est subjective, vue à travers le regard du narrateur, Jonathan, qui, dans une lettre, rend compte de son séjour chez le comte Dracula.

Certains détails physiques sont symboliques et suggèrent la cruauté et la violence. On peut observer la récurrence du motif de la pointe : « les dents, éclatantes de blancheur, étaient particulièrement pointues » (l. 6), « les oreilles [...] se terminaient en pointe » (l. 8-9), « les ongles étaient longs et fins, taillés en pointe » (l. 16-17). Plusieurs détails tendent aussi à animaliser ce personnage : la forme du visage (« un profil d'aigle », l. 1) ou la pilosité excessive (« les sourcils broussailleux », l. 3, « longs et touffus », l. 4, « le milieu des paumes était couvert de poils », l. 16). Dracula semble avoir une affinité particulière avec les bêtes. Lorsqu'il entend les « loups hurler dans la vallée » (l. 23-24), il semble charmé et exprime son admiration par des exclamations enthousiastes : « En font-ils une musique ! » (l. 25), « Écoutez-les ! » (l. 25). Les bêtes sont personnifiées par Dracula, qui considère leur cri comme une musique, et sont désignées par la périphrase « Les enfants de la nuit » (l. 25). Cette proximité entre l'homme et les animaux laisse deviner une bestialité et une férocité inhérentes au personnage de Dracula.

2. La narration à la première personne révèle l'intérêt et la fascination du narrateur pour son hôte. Il se montre particulièrement attentif, dévisageant son interlocuteur : « J'avais bien remarqué » (l. 12), « du moins ce que j'en voyais » (l. 5), « maintenant que je les voyais de plus près, je constatais » (l. 14).

Jonathan Harker exprime un malaise inexplicable : « je ne pus m'empêcher de frémir » (l. 18), « que mon cœur se souleva et qu'il me fut impossible de le cacher » (l. 19-20). Le lexique témoigne de l'impuissance du narrateur à contrôler ses émotions, comme si son corps pressentait la nature monstrueuse de l'être présent en face de lui, au-delà de l'apparent vernis de l'hospitalité.

La fin du texte exprime le désarroi et la peur de Jonathan dans des phrases exclamatives (« Que Dieu me garde, ne serait-ce que pour ceux qui me sont chers ! », l. 38-39) et des hyperboles (« Je suis plongé dans une mer de doutes, de craintes... », l. 37) : la métaphore montre la terreur du narrateur. Pourtant, l'évocation de ses peurs n'est jamais précise. Le mot « impression » est répété dans le texte. Jonathan est face à l'inconnu, ne sait pas quelle est la nature de son hôte, et il ne peut qu'évoquer des impressions vagues et subjectives : « toutes sortes de choses étranges et bizarres, que je n'ose même pas évoquer clairement » (l. 37-38), « Un lourd silence semblait peser sur toutes choses » (l. 22), « J'eus l'impression » (l. 23), « voilà l'impression que laissait ce visage » (l. 10-11). Les modalisateurs soulignent que l'inquiétude qui s'empare du narrateur est plus une forme d'instinct, de crainte diffuse qu'une peur motivée par des faits précis.

8 La société, l'Histoire et la science au cœur de la fiction

Manuel, p. 161-177

I. Problématiques et thèmes

Le roman, au XIXe siècle, connaît un développement et un succès qui vont faire de lui le genre privilégié par les lecteurs, succès qui ne se dément pas aujourd'hui. Et c'est sans doute à la faveur des voies nouvelles et diverses qu'il a prises à cette époque :
- miroir du présent, à travers une représentation plus large des populations qui composent la société (le roman social fera ainsi naître le roman réaliste puis naturaliste) ;
- miroir du passé, à travers l'invention d'un nouveau genre, le roman historique, qui fond les destins individuels dans le tissu narratif et fait de la matière historique une matière romanesque (Napoléon, chez les écrivains du XIXe siècle, acquiert ainsi une dimension mythique) ;
- miroir du futur, quand la science pénètre au cœur de la fiction, et que les progrès technologiques et scientifiques, à la faveur du positivisme de l'époque, nourrissent les fantasmes des écrivains et offrent au roman d'aventures de nouvelles perspectives thématiques et formelles.

BIBLIOGRAPHIE

- **Claudie Bernard**, *Le Passé recomposé : le roman historique au XIXe siècle*, Hachette, coll. « Recherches littéraires », 1996.
- **Georg Lukács**, *Le Roman historique*, 1937, rééd. éditions Payot, coll. « Petite bibliothèque Payot », 2000.
- **Paul Veyne**, *Comment on écrit l'histoire*, Le Seuil, coll. « L'univers historique », 1971.

II. Le roman social (p. 163-169)

TEXTE 1 : Germaine de Staël, *Corinne ou l'Italie* (1807) p. 163

Objectifs et enjeux

→ **Découvrir le portrait d'une femme moderne en héroïne de roman**
→ **Observer la naissance d'un amour**

Lecture analytique

1. L'extrait du roman de Mme de Staël permet de découvrir le portrait d'une femme moderne, à travers le regard de lord Nelvil qui s'éprend de l'héroïne. On s'intéressera au portrait romanesque qui met en avant autant les qualités physiques que spirituelles du personnage et qui en fait une « icône ».

L'héroïne est célébrée dans une mise en scène qui rappelle les triomphes antiques. En effet, durant l'Antiquité romaine, les généraux victorieux avaient droit aux honneurs du triomphe, cérémonie qui consistait en une procession dans les rues de la ville, où le peuple les acclamait. Le cadre du roman imite ici cette ancienne pratique : le « char construit à l'antique » (l. 2) de Corinne est tiré par « quatre chevaux blancs » (l. 1). Les couleurs présentes dans le texte, le « blanc » (l. 1 et 3) et l'« écarlate » (l. 6), évoquent aussi les toges blanches des Romains et les tuniques pourpres de leurs empereurs. La « foule » (l. 2) crie sur le passage de Corinne pour l'acclamer, et la description de son costume à travers une référence picturale, « vêtue comme la Sybille du Dominiquin » (l. 11), ajoute à cette atmosphère toute romaine. La comparaison « elle donnait [...] l'idée d'une prêtresse d'Apollon, qui s'avançait vers le temple du Soleil » (l. 27-28) finit même par donner aux lecteurs l'illusion de plonger totalement dans le passé. Son char, enfin, semble suivre le chemin des triomphes antiques, car elle « approchait du Capitole » (l. 32-33), lieu du pouvoir à Rome.

Les sensations évoquées par le narrateur appellent à visualiser et entendre la scène qui se déroule sous les yeux du lecteur. Une foule unanime (« Partout où elle passait », l. 3 ; « chacun », l. 4 ; « tout le monde », l. 6) assiste avec ferveur à cette déambulation : on jette « des parfums dans les airs » (l. 4), on crie et les exclamations font de Corinne un personnage dont on admire à la fois les qualités physiques et spirituelles : « *Vive Corinne ! vive le génie ! vive la beauté !* » (l. 6 ; on notera la place choisie des qualités). La jeune femme suscite des émotions dans la foule enthousiaste : « tous ses mouvements avaient un charme qui excitait l'intérêt et la curiosité, l'étonnement et l'affection » (l. 30-31). On remarquera à nouveau, dans cette phrase, l'usage du déterminant défini « le » pour décrire un sentiment unanimement partagé, ainsi que l'accumulation, construite sur la répétition d'un rythme binaire des groupes nominaux, qui rend l'harmonie que dégage le personnage.

2. En même temps qu'il décrit une femme singulière, ce texte raconte la naissance d'un amour, à travers le jeu sur la focalisation interne. Les sentiments du personnage témoin évoluent au fil du texte. Lord Nelvil se dissocie d'abord de la ferveur collective. Dans la phrase « L'émotion était générale ; mais lord Nelvil ne la partageait point encore » (l. 7), une opposition est marquée entre son attitude et le reste de la foule, par la conjonction de coordination « mais » et le passage de la forme affirmative à la forme négative. L'auteure cherche ainsi à ménager ce qui va suivre. En effet, la négation partielle « point encore » trahit un intérêt.

La révélation des sentiments de lord Nelvil est ménagée par la fin du paragraphe : « lorsqu'enfin il aperçut Corinne » (l. 10). La première description met en avant la dimension esthétique du costume de Corinne, puis son attitude « noble et modeste » (l. 16), où se mêlent dans les détails cette dualité du personnage, le plaisir du moment et la pudeur. Plus le portrait avance, plus le regard se concentre sur le visage de Corinne, jusqu'aux lignes 20 à 21 qui marquent une évolution importante. Le mot « ami », suggérant une sympathie, un respect, y est bientôt suivi du verbe « subjuguât » (l. 21), terme fort qui montre les sentiments naissants de lord Nelvil. Dès lors, la description de Corinne s'attarde sur des détails du corps (bras, taille, regard), comme si lord Nelvil refaisait son portrait à l'envers. Et Corinne se transforme peu à peu en une icône, comme le suggèrent la mention des « statues grecques » (l. 23) ou la comparaison avec une « prêtresse d'Apollon » (l. 28). Sa présence semble marquée par le champ lexical de la lumière (« éclatante », l. 22 ; « Apollon » ; « Soleil », l. 28). Dans cette description se lisent l'admiration, la fascination, et l'imagination y prend le pas sur la réalité : la vision comme le décor « électrisaient l'imagination d'Oswald » (l. 34).

Le glissement sémantique de « lord Nelvil » (l. 7) à « Oswald » (l. 34), et surtout la succession des termes « ami », « subjuguât » (l. 21) et « charme » (l. 30), pour finir sur « électrisaient » (l. 34), apparentent cette rencontre à un coup de foudre, sorte de scène mythologique parallèle à l'évocation du triomphe romain qui sert de toile de fond.

TEXTE 2 : Eugène Sue, *Les Mystères de Paris* (1842) p. 164

Objectifs et enjeux

→ Étudier l'*incipit* d'un roman-feuilleton

→ Découvrir le genre du roman social

Lecture analytique

1. Étudier l'*incipit* des *Mystères de Paris* permet à la fois d'aborder un genre, le roman-feuilleton, au succès éclatant à partir des années 1840 (et dont Eugène Sue sera un des auteurs les plus célèbres), et de pénétrer dans l'univers du roman social, qui s'attache à décrire une société populaire auquel le genre romanesque ne réservait qu'une faible place auparavant. Le lecteur entre dans ce roman de façon singulière. Le texte s'ouvre sur deux mots (« *tapis-franc* », l. 1 ; « *ogre* », l. 3) accompagnés de deux définitions, et non sur un récit. Ce choix provoque une forme de surprise pour le lecteur, qui s'attendrait peut-être à d'autres informations, et qui entre par les mots dans l'univers romanesque. L'usage du présent crée avec le lecteur une première forme de familiarité, de rapprochement en tout cas.

Puis le narrateur annonce son intention dans la phrase : « Ce début annonce au lecteur qu'il doit assister à de sinistres scènes » (l. 9). De la sorte, le lecteur est lui-même impliqué dans le discours du narrateur qui amorce avec lui une forme de dialogue, poli (« s'il y consent », l. 9) et attentif (« Nous allons essayer de mettre sous les yeux du lecteur », l. 18). Le narrateur devient alors un « nous » qui amène le lecteur au récit en le tenant par la main, en quelque sorte. Sa présence permet de guider les pas de son public, de manière scrupuleuse : « sans l'impérieuse exigence de la narration, nous regretterions d'avoir placé en si horrible lieu l'exposition du récit qu'on va lire » (l. 33-35). Il justifie d'ailleurs son projet, en faisant appel à la concession : « nous nous sommes demandé s'il fallait » (l. 30-31), « Pourtant, nous comptons » (l. 35).

Cette présence forte du narrateur ainsi que l'implication du lecteur sont renforcées par une dramatisation du récit. Eugène Sue ménage des effets d'annonce, à travers des mots et des images qui captent l'attention et promettent un certain plaisir, comme « sinistres scènes » (l. 9), « régions horribles, inconnues », « types hideux » (l. 10), « les barbares dont nous parlons sont au milieu de nous » (l. 21). On peut repérer dans ces expressions le champ lexical de la peur et du dégoût, qui vient exciter l'imagination du lecteur.

2. Le titre *Les Mystères de Paris* est expliqué par cet *incipit*. En effet, le roman d'Eugène Sue s'intéresse aux bas-fonds de la capitale, à ces quartiers inexplorés de Paris où règnent la misère et le crime. Le titre-même, « mystères », annonce des surprises au lecteur.

L'*incipit* est d'abord programmatique puisqu'il fait entrer le lecteur directement dans une langue (l. 1-6), l'argot, qui est celle d'un peuple, de personnages, et déjà l'identité du roman. Si cet extrait ne donne aucune information sur les protagonistes, on entrevoit le mieux social auquel ils appartiennent, grâce aux champs lexicaux de la justice, du crime (« de vol et de meurtre », l. 1 ; « repris de justice », l. 3 ; « forçats libérés, escrocs, voleurs, assassins », l. 5-6 ; « crime » ; « police » ; l. 7) et de la misère (« bas étage », l. 2 ; « dégradation », l. 4 ; « rebut de la population », l. 5 ; « cloaques », l. 11).

L'analogie que Sue fait entre ses personnages et ceux de Cooper (l. 12-20) permet de souligner les mots « sauvages », « pittoresque » (l. 13) et « tribus barbares » (l. 16). Ceux-ci créent un horizon d'attente quant au récit qui va suivre, laissant deviner quelque chose entre l'exotique et l'inquiétant, entre la fresque (suggérée par la référence à Walter Scott) et le sensationnel. Le champ lexical de la peur qui suit, et le rôle même que joue le narrateur (qui met en scène ses propres réactions avec des remarques comme « dont nous sommes presque effrayé », l. 27), servent plus à préparer le lecteur, à le mettre dans une certaine disposition, qu'à l'informer réellement. C'est dire si cet *incipit* est placé sous le signe du « mystère ».

TEXTE 3 : George Sand, *La Mare au diable* (1846) p. 165

Objectifs et enjeux

- **Aborder un roman social ayant pour cadre la campagne**
- **Percevoir la dimension fantastique du texte**

Lecture analytique

1. George Sand apporte un éclairage différent au roman social de la première moitié du XIXe siècle en mettant en avant et en célébrant des personnages qui peuplent la campagne, la nature, par opposition à la ville.

Ainsi, le paysage dépeint ici est une route de campagne nocturne. Le champ lexical des éléments du paysage jalonne cette description d'un chemin à travers la campagne, une « allée » (l. 1) traversant des « bois » (l. 3), une « prairie » (l. 4) et une « rivière » (l. 5), jusqu'à la « lande » (l. 8). Puis le personnage, face aux « chemins », aux « fondrières » (l. 12), regagne une forêt peuplée d'« arbres » (l. 16) et de « branches » (l. 17). La description donnée à Germain par le père Maurice dessine également un paysage vaste et dont le relief est sensible à travers les expansions utilisées dans les groupes nominaux « belle allée bien droite » (l. 1), « bout de côte très raide » et « immense prairie » (l. 4). Mais, dans la nuit, ce paysage prend une toute autre forme, celle de la « lande unie et blanche comme une nappe de neige » (l. 8) : la comparaison suggère un tapis qui dissimule les reliefs du paysage et brouille les repères de l'homme.

2. Dans cet extrait les protagonistes évoluent dans un cadre nocturne, celui de la lande, qui donne à voir cette nature propice à l'imagination fantastique. Plusieurs éléments participent à cette impression. Tout d'abord, le moment choisi : la scène se déroule dans une nuit complète, décrite à travers les mentions du « brouillard [qui] s'épaissit encore plus » (l. 10-11) et de « la lune [...] tout à fait voilée » (l. 11). De plus, les personnages se trouvent seuls dans la nuit noire : Germain ne sait pas où il est, n'arrive pas à se repérer (« il s'aperçut bien qu'il s'était perdu », l. 2), et ne trouve aucun secours (il « chercha une maison, attendit un passant et ne trouva rien qui pût le renseigner », l. 9-10).

Au fil du texte, la description du lieu devient plus inquiétante, la nature plus hostile : « les chemins étaient affreux, les fondrières profondes » (l. 11-12). Le narrateur décrit par des propositions subordonnées relatives les branches « qui barraient le chemin à hauteur de leurs têtes et qui les mettaient fort en danger » (l. 18-19).

Germain saisit de moins en moins ce qui se passe, et son incompréhension s'exprime à travers le terme « ensorcelés » (l. 25). La nature est devenue un espace dont ils ne peuvent sortir, où ils sont piégés. L'opposition entre la réflexion rationnelle (« ces bois ne sont pas assez grands pour qu'on s'y perde », l. 26-27) et la réalité de l'instant vécue (« et il y a deux heures au moins que nous y tournons sans pouvoir en sortir », l. 27-28) marquent cette impression. Enfin, la phrase négative « Je ne vois ni ciel ni terre » (l. 33) indique que le paysage s'est comme refermé, créant un nouvel espace qui retient les personnages prisonniers.

À travers cet extrait, Sand exprime donc la beauté et les contrastes d'une nature dont les hommes ne sont pas maîtres et qui peut à tout moment reprendre ses droits, les poussant à s'adapter.

TEXTE 4 : Alexandre Dumas fils, *La Dame aux camélias* (1848) p. 166

Objectifs et enjeux

→ **S'intéresser à une autre figure du roman social : la courtisane**

→ **Étudier le portrait d'une femme atypique**

Lecture analytique

1. Les romans sociaux explorent différentes couches de la population, pour parfois mettre en avant les oppositions et les différences irréconciliables, voire tragiques, entre ces divers milieux. Comme *Corinne* de Mme de Staël narre l'impossible union de deux êtres issus de deux cultures, *La Dame aux camélias* évoque la passion malheureuse d'un jeune homme pour une courtisane. Autre point commun entre les deux romans, nous voilà encore face à un beau portrait de femme, à la fois dans cet extrait, mais aussi tout au long du roman, jusqu'à son issue, puisque c'est Marguerite qui se sacrifiera pour celui qu'elle aime.

La description de Marguerite est faite du point de vue du narrateur, à travers sa subjectivité. Le regard qu'il porte sur elle trahit d'abord sa passion : la structure comparative « Plus je voyais cette femme, plus elle m'enchantait » (l. 3) exprime d'abord la passion croissante et ses effets, le narrateur sujet grammatical (« je ») devenant dans la deuxième proposition complément d'objet (« m' »), ce qui décrit le pouvoir exercé sur lui par cette femme. Le champ lexical de la sorcellerie côtoie celui du religieux (« enchantait », l. 3 ; « athée », l. 4 ; « contemplation », l. 5 ; « virginité », l. 11 ; « une révélation du ciel », l. 18), comme si cette femme dont les mœurs n'ont rien de catholique devenait une nouvelle icône : « Bref, on reconnaissait dans cette fille la vierge qu'un rien avait faite courtisane, et la courtisane dont un rien eût fait la vierge la plus amoureuse et la plus pure » (l. 21-23). On notera la nuance, cependant, entre la certitude exprimée par le plus-que-parfait de l'indicatif et l'irréel du passé, marqué par le plus-que-parfait du subjonctif.

Par ailleurs, l'image du passage de l'âme vers le cœur et les yeux (l. 28-30) ne décrit pas une ascension vers le spirituel, mais une descente où les sens prennent le pas sur la raison et les sentiments, l'émotion sur le rationnel.

2. Cet extrait trace, dans ses grandes lignes, le portrait d'une femme atypique. La description de Marguerite s'articule autour des deux idées principales, celle de la courtisane et celle de la vierge, notamment à travers l'oxymore « virginité du vice » (l. 11), qui montrent la dualité et l'ambiguïté du personnage.

Les qualités mises en avant par le narrateur sont exprimées par des détails mélioratifs : Armand décrit sa « candeur » (l. 10), sa « marche assurée » (l. 11), sa « taille souple », ses « narines roses et ouvertes », « ses grands yeux » (l. 12), autant de notations pour la plupart physiques. Cependant, elles révèlent l'idée de tentation attachée à Marguerite (ainsi elle est comparée à des « flacons d'Orient » qui enivrent, l. 14), et font naître le désir (idée exprimée par les termes « natures ardentes », l. 13 ; « parfum de volupté », l. 14 ; « des éclairs de désirs », l. 17).

Cependant, au paragraphe suivant (l. 19-20), le « Mais » vient apporter un contre-point à cet élan du narrateur. À l'image de celle, familière et hyperbolique, « Elle était belle à faire croire un athée » (l. 3-4), la formule « Mais ceux qui avaient aimé [...] pas encore » rompt avec les énumérations qui précèdent par sa brièveté et sa trivialité, rappelant la réalité de la vie de Marguerite.

De même, la fin du texte et le dialogue échangé entre les deux personnages renvoient à cette dualité. Armand est le bienvenu, et c'est une victoire en quelque sorte, mais au complément de temps « Tant que vous voudrez » (l. 39) s'ajoute la restriction « de cinq heures à six, de onze heures à minuit » (l. 39-40), et Marguerite finit par interpeller un autre : l'apostrophe « Gaston » (l. 40) coupe l'entretien.

TEXTE 5 : Victor Hugo, *Les Misérables* (1862)

p. 167

Objectifs et enjeux

- → **Étudier un nouveau type d'héroïne romanesque**
- → **Comprendre comment Hugo donne à une figure misérable une portée mythique**

Lecture analytique

1. Jamais roman peut-être n'a eu une telle portée sociale et universelle à la fois. Parmi les personnages qui peuplent cette fresque des *Misérables*, celui de Fantine, par son destin héroïque et tragique, marque les lecteurs, et c'est cette naissance d'une nouvelle forme d'héroïne romanesque, dont la Gervaise et la Nana de Zola seront des filles, qu'il pourra être intéressant ici d'étudier. Hugo parvient en effet à créer, à partir de ce destin misérable, une figure mythique.

Cet extrait se présente comme une peinture de la misère sociale. La description du cadre spatio-temporel qui ouvre l'extrait (premier paragraphe) peint la saison de l'hiver : le présent de vérité générale ainsi que les métaphores « Le ciel est un soupirail », « la journée est une cave » (l. 4), les répétitions anaphoriques des négations (« point de chaleur, point de lumière, point de midi », l. 2-3) donnent au discours une dimension universelle qui montre toute la difficulté de survivre en cette période.

Le récit évoque ensuite la lente descente aux enfers du personnage : acculée par les lettres des Thénardier, Fantine en vient à vendre ses cheveux. L'épisode est marquant par sa brièveté narrative : aux lignes 11 à 13, l'enchaînement d'actions au passé simple entre la lecture de la lettre et la venue chez le barbier, sans expliquer d'abord le sens de cette démarche, montre comment Fantine se résout à vendre des parties d'elle-même, ses cheveux en l'occurrence, ne trouvant plus d'autre moyen de veiller sur son enfant. Le dialogue est tout aussi bref, marqué par les phrases non verbales (« Les beaux cheveux ! », l. 14 ; « Dix francs », l. 16) et l'impératif final (« Coupez-les », l. 17). Hugo ne recourt à aucune focalisation interne, aucune introspection. Il se contente de faire la narration, simple et froide, des actions de Fantine, de la mécanique de la misère.

C'est aussi une misère affective, exprimée à travers sa « haine » (l. 26) pour M. Madeleine, son ancien patron, et sa relation avec un homme « qui la battait, et qui la quitta comme elle l'avait pris, avec dégoût » (l. 35-36). On remarque à nouveau, dans ce résumé, l'enchaînement rapide des faits, avec l'imparfait duratif pour décrire les coups qu'elle reçoit, et le passé simple ponctuel pour exprimer l'abandon.

L'expression « Un travail ténébreux se faisait dans le cœur de Fantine » (l. 24), cette image même des ténèbres, illustre la machine infernale de la misère décrite par Hugo dans cet extrait : perte d'emploi, difficulté à subvenir à ses besoins, à ceux de sa fille, spirale infernale, solitude extrême.

2. Fantine est cependant, à sa manière, une « héroïne ». C'est d'abord une figure de courage et d'altruisme : toutes ses pensées, toutes ses actions sont tournées vers sa fille, jamais vers elle-même, mais vers « sa petite Cosette » (l. 9). L'image de sa fille « nue par le froid qu'il faisait » (l. 9-10) l'amène à couper ses cheveux sans attendre, à acheter une robe qu'elle envoie immédiatement. « Mon enfant n'a plus froid. Je l'ai habillée de mes cheveux », se dit-elle (l. 21), image de la tendresse d'une mère qui transforme en conte la triste réalité.

Elle trouve aussi la force d'affronter le regard des autres : le paragraphe qui évoque l'usine dont elle a été renvoyée dit qu'« elle affectait de rire et de chanter » (l. 30).

Hugo ne s'attarde pas sur l'introspection du personnage dans cet extrait, comme s'il voyait d'abord en elle une figure qui continue à avancer. Elle survit malgré le regard des autres, telle cette vieille ouvrière qui déclare : « Voilà une fille qui finira mal » (l. 31-32), ou cet « amant » (l. 33) qu'elle méprise, qui la maltraite et finit par la rejeter, ou ces Thénardier qui font voir au lecteur l'inefficience des efforts de Fantine : « C'était de l'argent qu'ils voulaient. Ils donnèrent la jupe à Éponine. La pauvre Alouette continua de frissonner » (l. 20). On remarquera le retour d'une structure parataxique, où l'absence de connecteurs donne l'impression que les idées s'enchaînent froidement.

TEXTE ÉCHO : Victor Hugo, *Discours sur la misère* (1849)

p. 168

Objectifs et enjeux

- → **Retrouver les thèmes du roman dans un texte argumentatif**
- → **Comprendre l'engagement du romancier contre la misère**
- → **Saisir la dimension politique du roman social**

Lecture comparée

1. Le *Discours sur la misère*, prononcé par Victor Hugo à l'assemblée législative, est écrit treize ans avant la publication des *Misérables* et porte en lui les germes du roman à venir. Discours politique, et non fiction narrative, il est un exemple des pouvoirs de la parole, de l'action engagée du poète dans la vie et dans l'époque.

À travers son discours, Hugo dresse un tableau de la misère sociale qui fait écho à l'extrait des *Misérables*. Ainsi, le champ lexical de la misère se développe-t-il au fil du texte (« souffre », l. 21 ; « désespère », l. 22 ; « sans pain », l. 24 ; « meurt de faim », l. 25 ; « souffrance publique », l. 36). Un tel tableau rappelle les conditions de vie de Fantine. Hugo évoque l'absence de « lois fraternelles » (l. 27), ce qui fait penser à la solitude de la jeune mère, à la fois victime de la cupidité des uns (les Thénardier) et du rejet des autres (l'usine, l'amant).

2. Pour convaincre ses interlocuteurs, Hugo utilise la stratégie de la provocation qui consiste à prendre à parti les députés : par l'anaphore « Vous n'avez rien fait » (l. 19, 21, 21-22, 23, 30-31, 32-33), volontairement accusatrice et hyperbolique, il tient à convaincre que la misère ne s'abolit pas par de petits actes, voire par de bonnes volontés ou de belles paroles. L'ambiguïté de la formulation tient à ce qu'on peut la comprendre comme un bilan des actions passés ou comme une vérité générale. Surtout, elle vient peu après cette phrase : « un dernier mot, je terminerai par là » (l. 17). À défaut d'un mot seul, la période de Hugo s'allonge et se déverse comme un fleuve qui semble ne jamais s'interrompre.

3. Afin de renforcer son discours, l'orateur fait appel à de nombreux procédés d'écriture. Il interpelle directement son auditoire par les apostrophes « messieurs » (répétées l. 1, 15, 37 et 40). De même, il joue sur les pronoms personnels : le pronom « vous » vise les députés dans leur action contre la misère, et s'oppose au « je » initial, ce qui renforce l'impression d'un face-à-face. Les exclamations régulières (l. 3, 6, 14, etc.) ont pour but d'impliquer l'auditoire.

Par ailleurs, Hugo martèle son propos par des anaphores : « je dis que » (l. 1-6), « voilà pourquoi » (l. 8), « Vous n'avez rien fait [...] tant que » (l. 19-37). Les parallélismes de construction, « je ne m'adresse pas [...] je m'adresse » (l. 15), ont la même fonction. Accumulations (par exemple l. 23-30) et gradations comme « à ce grand but, à ce but magnifique, à ce but sublime » (l. 13) créent un rythme ascendant qui permet d'emporter l'adhésion de l'auditoire.

Enfin, Hugo décrit la misère sociale par des métaphores du gouffre et de l'enfer, capables de frapper son public : « tant que dans cette œuvre de destruction et de ténèbres, qui se continue souterrainement » (l. 33-35), « c'est l'anarchie qui ouvre les abîmes, mais c'est la misère qui les creuse » (l. 41-42).

TEXTE 6 : Hector Malot, *Sans famille* (1878) p. 169

Objectif et enjeux

→ **Étudier la figure de l'orphelin dans le roman social**

Lecture analytique

1. Le roman d'Hector Malot, classique de la littérature qui traite de l'enfance, est devenu un classique de la littérature de jeunesse. Le personnage de Rémi, héros orphelin, à la recherche de ses origines, incarne une figure juvénile forte et juste, au cœur du récit d'apprentissage. Cet extrait évoque avec pudeur la situation sociale des enfants orphelins au XIXe siècle.

Les héros de la scène sont en effet deux enfants confrontés à une décision des adultes : Arthur convaincra-t-il sa mère d'élever Rémi, l'orphelin ? Arthur voudrait que sa mère le garde auprès d'eux, qu'il devienne son frère. Il utilise la persuasion, « et faisait d'elle tout ce qu'il voulait » (l. 2). Ses mots traduisent cette insistance enfantine qui joue sur les sentiments : « Maman, il faut retenir Rémi » (l. 1). Le verbe « il faut » insiste sur le caractère obligatoire auquel l'impersonnel donne une nécessité de fait. Le désir d'Arthur s'exprime à travers sa frénésie (« interrompit », l. 7 ; « poursuivant son idée », l. 11) et ses exclamations (« Ah ! », l. 7 ; « Là, voyez-vous, maman ! », l. 19). Il répond à la place de Rémi : « Rémi voudra bien [...] n'est-ce pas, Rémi, que vous ne voulez pas retourner à Toulouse ? » (l. 7-8). De plus, il répète sans cesse son prénom : « Rémi, Rémi d'abord » (l. 11).

2. Cependant, l'orphelin n'est pas dans la même situation que ses interlocuteurs. On comprend à travers cet extrait que Rémi n'a pas une éducation comme celle que lui propose madame Mulligan : « il faudra étudier, prendre de la peine, rester penché sur les livres, suivre Arthur dans ses études » (l. 14-15). Rémi appartient à un « maître » (« c'est que son maître consente à renoncer aux droits qu'il a sur lui », l. 9-10), avec qui il parcourt « les grands chemins » (l. 16).

On comprend plus implicitement la position de l'orphelin : il y a une forme de quiproquo entre Rémi, Arthur et sa mère sur sa situation familiale.

3. Mais quand madame Mulligan évoque « les parents de Rémi » (l. 28), cela provoque chez le personnage une panique soudaine : les paroles rapportées du narrateur expriment cette angoisse à travers les exclamations (« Consulter mes parents ! », l. 30 ; « Enfant trouvé ! », l. 32) et le champ lexical de la frayeur (« atterré », l. 35 ; « effroi », l. 36).

Rémi décrit ainsi la honte et l'infamie qui semblent socialement frapper les enfants victimes d'abandon au XIXe siècle. Il préfère que rien ne se sache, et donc renoncer à cette possibilité d'une vie agréable dans une famille prête à assurer son éducation scolaire, plutôt que révéler qu'il n'a pas de parents, qu'il est orphelin : « j'en vins à souhaiter que Vitalis n'acceptât pas la proposition de madame Milligan » (l. 37-38).

III. Le roman historique (p. 170-174)

TEXTE 7 : Victor Hugo, *Notre-Dame de Paris* (1831) p. 170

Objectifs et enjeux

→ **Aborder un roman historique qui se lit comme une fresque du Paris médiéval**

→ **Découvrir le mythe littéraire de Quasimodo**

Lecture analytique

1. *Notre-Dame de Paris* est un roman historique, véritable fresque qui reconstitue, sous la forme d'une fiction croisant les destins de trois hommes et d'une femme, un Paris médiéval. À travers cette plongée dans le passé, Hugo crée un des mythes littéraires les plus célèbres, celui de Quasimodo (ce nom latin même, « à peu près comme si », annonce le physique contrefait du personnage). Le texte permet de tracer un portrait de ce sonneur de cloches sourd et bossu, monstre d'humanité.

La grimace Quasimodo se présente en effet comme une sorte d'œuvre d'art, une réussite dans la laideur. Sa description comporte un lexique qui n'est pas celui du portrait physique. Il évoque les formes géométriques : le carré par le « nez tétraèdre » (l. 9), la courbe par la « bouche en fer à cheval » (l. 9-10) et le « menton fourchu » (l. 15), les lignes et les angles par la comparaison « comme les créneaux d'une forteresse » (l. 13). Le visage est présenté comme asymétrique et disharmonique (comparaison entre l'œil droit et l'œil gauche, l. 10-12), et les comparaisons « comme les créneaux d'une forteresse » (l. 13), « comme la défense d'un éléphant » (l. 14-15) donnent une dimension impressionnante au personnage : Hugo joue sur l'irréalité des proportions dans le portrait. On obtient en fin de compte une figure monstrueuse, où chaque détail semble étudié pour donner cet aspect fascinant : « Qu'on rêve, si l'on peut, cet ensemble » (l. 17-18).

2. La grimace provoque d'abord une forme d'enthousiasme : « L'acclamation fut unanime » (l. 19). Les verbes de mouvement traduisent cette frénésie : « on se précipita » (l. 19), « On [...] fit sortir » (l. 20). Et ce premier sentiment devient bientôt « surprise » et « admiration » (l. 21) devant Quasimodo, car « la grimace était son visage » (l. 22).

C'est même tout le corps de Quasimodo qui s'apparente à la grimace : « Ou plutôt toute sa personne était une grimace » (l. 23). Ce n'est plus un humain qui feint la figure monstrueuse, c'est un humain qui est un monstre : tous les noms s'apparentent au champ lexical du corps, ce qui ne nie pas l'humanité du personnage, mais les images associées expriment la déformation, la difformité. Les adjectifs employés, comme les adverbes qui viennent les renforcer, traduisent en même temps ces sentiments des spectateurs : « bosse énorme » (l. 25), « jambes si étrangement fourvoyées » (l. 26-27).

Quasimodo, du visage au corps entier, au milieu de cette foule, devient un « géant » (l. 35), figure à la fois repoussante et fascinante, où l'humain se dessine à travers la difformité, où l'étrange côtoie l'admiration : « et, avec toute cette difformité, je ne sais quelle allure redoutable de vigueur, d'agilité et de courage » (l. 30-31). Cette accumulation ternaire vient faire écho à celle décrivant la grimace, « de ce mélange de malice, d'étonnement et de tristesse » (l. 16-17).

TEXTE 8 : Stendhal, *La Chartreuse de Parme* (1839) p. 171

Objectif et enjeux

→ **Étudier une scène qui mêle reconstitution historique et fiction romanesque**

Lecture analytique

1. La scène relate la bataille de Waterloo, mais du point de vue de Fabrice, qui a rêvé, à travers l'image de Napoléon, de se retrouver sur le champ de bataille. Il est intéressant d'étudier comment Stendhal mêle la reconstitution et la fiction romanesque, comment la fiction s'empare du fait historique pour recréer à partir de cette matière une scène romanesque, et porter un regard sur l'événement.

La scène est relatée en focalisation interne, du point de vue de Fabrice, comme le suggèrent les verbes de perception : « Fabrice vit » (l. 1), « Il entendit » (l. 6), « il les regarda » (l. 7), « Ce qui lui sembla horrible » (l. 8).

Le spectacle du champ de bataille exerce à la fois une forme de fascination morbide (exprimée par « Ce qui lui sembla horrible », l. 8) et de plaisir : « Ah ! m'y voilà donc enfin au feu ! se dit-il. J'ai vu le feu ! se répétait-il avec satisfaction. Me voici un vrai militaire » (l. 11-12). Dans ces pensées du personnage, rapportées au discours direct, l'interjection, les deux exclamations, la progression de « m'y voilà » à « J'ai vu », montrent son contentement après qu'il a rêvé de vivre cet instant. Mais à défaut d'être vraiment un « militaire », il est au spectacle : « Fabrice, cette fois, put le voir tout à son aise » (l. 20-21). Il s'attarde (l. 20-24) à scruter un général et à se livrer aux pensées que l'apparence de l'officier fait naître en lui. Au point qu'il n'est pas vraiment acteur de ce qui se joue : quand, aux lignes 26 à 27, les hussards le dévisagent, leur regard provoque une réaction gênée (« le fit rougir », l. 27) qui le rappelle à la raison de sa présence.

2. La focalisation interne permet de porter sur la bataille de Waterloo un regard singulier. Le combat est d'abord décrit dans une vision esthétique. Le regard s'attarde sur le tableau de la « terre labourée qui était remuée d'une façon singulière » (l. 2) et sur le mélange de couleurs et de matières que provoquent la boue et le sang, dans la description du cheval blessé (l. 8-10). D'ailleurs, c'est le cheval qui retient à ce moment-là l'attention de Fabrice, non les combattants eux-mêmes : « Ce qui lui sembla horrible, ce fut un cheval [...] » (l. 8). Plus loin, le tableau se colore d'autres teintes avec « des boulets qui faisaient voler la terre » (l. 13) et « la fumée blanche de la batterie » (l. 15).

Le texte fournit une description physique des militaires, le « maréchal » d'abord (l. 20), « très blond, avec une grosse tête rouge » (l. 21), et les hussards : « à l'exception d'un seul, tous avaient des moustaches jaunes » (l. 25).

Le regard de Fabrice s'attache à chaque fois à de petits détails qui retiennent son attention. Il n'est pas question ici de retracer la bataille dans sa dimension stratégique et guerrière (« il n'y comprenait rien du tout », l. 17), mais dans sa dimension esthétique, dans le spectacle qu'elle offre au personnage, qui réalise alors une sorte de rêve ; ses sentiments contrastent avec la dureté et la gravité de la situation.

TEXTE 9 : Alexandre Dumas, *Le Vicomte de Bragelonne* (1847) p. 172

Objectifs et enjeux

→ **Étudier la place des personnages historiques dans la fiction**

→ **Comprendre comment l'écrivain transforme la matière historique en matière romanesque**

Lecture analytique

1. Alexandre Dumas évoque, dans cet extrait, la confrontation entre Louis XIV et son légendaire frère jumeau, Philippe, « l'homme au masque de fer », après que Fouquet, répudié par le roi, a tenté de le substituer au souverain sur le trône. Cette scène permet de comprendre comment l'auteur utilise la figure historique dans la fiction et la transforme en personnage, comment il travaille l'Histoire pour en faire une matière romanesque.

Homme de théâtre d'abord et toujours, Dumas privilégie la scène dans le récit, ce qui lui permet de créer des moments dramatiques où le lecteur est au spectacle. Dans cet extrait, la scène est d'abord perçue à travers des sensations auditives, comme si nous étions à l'extérieur de la pièce : « Un cri terrible partit de tous les coins de la chambre, cri douloureux poussé par le roi et ses assistants » (l. 1-2). Les adjectifs épithètes de « cri », comme la répétition du nom, participent à la dramatisation.

Puis le deuxième paragraphe crée un effet de retardement en proposant une vue globale de la scène : le présent de vérité générale « Il n'est » (l. 3) décrit encore l'effet provoqué par la révélation, mais sans qu'on y assiste concrètement. Le cadre est propice également à la dramatisation : « Les volets, à demi clos, ne laissaient pénétrer qu'une lumière incertaine tamisée » (l. 6-7). Dumas joue sur l'ombre et la lumière pour créer une atmosphère mystérieuse et préparer le lecteur à ce qui va suivre.

Des lignes 8 à 12, le passage de l'obscurité à la lumière, récit symbolique de la révélation progressive, est traduit par l'évolution des sensations visuelles : à « pénombre » succèdent « s'étaient [...] dilatés les yeux » (l. 8), « voyait les autres plutôt avec la confiance qu'avec la vue » (l. 9), « lumineux » (l. 11) et enfin « soleil » (l. 12). Dumas passe ensuite en revue chaque personnage, dans un plan serré que ne renierait pas aujourd'hui un cinéaste : Louis XIV, Fouquet, la reine mère, Monsieur, Madame, sont évoqués à travers leurs sentiments.

C'est une scène silencieuse qui se joue (là où Dumas use d'habitude du dialogue). Le texte décrit uniquement le jeu de regards, l'affrontement muet entre les deux frères. Si on n'assiste à aucune action concrète, l'immobilité de chacun laisse deviner toute la tension. L'accumulation en rythme ternaire « Muets, haletants, courbés » (l. 25) renforce cette idée.

L'extrait se termine par l'expression « ce temps de recueillement et de calme qui précède les violentes explosions de la colère » (l. 38-39), annonçant la suite du roman, où Louis fait emprisonner Philippe à nouveau.

2. Louis XIV est décrit comme un homme attaché à son statut royal : « Soleil vivant, il ne souffrait pas le soupçon d'une parité avec qui que ce fût » (l. 34-35). En reprenant le motif du Roi Soleil, Dumas révèle ici que son personnage a le sentiment, la certitude d'être le seul, l'unique, *le* roi. Cette conviction explique sa réaction à la vue de Philippe : « lorsqu'il se montra pâle et le sourcil froncé » (l. 13). Son attitude exprime alors un mélange d'inquiétude et d'orgueil. Et Dumas insiste volontairement sur la gémellité des deux hommes, qu'il place face à face aux lignes 22 à 26 : « Les deux princes » (l. 22), « l'un et l'autre » (l. 22 et 23), « tous deux » (l. 23), « l'un de l'autre » (l. 25).

Le retour en arrière au plus-que-parfait, qui traduit les pensées du roi (« Louis n'avait pas compté sur ces obstacles. Il s'attendait, en entrant seulement, à être reconnu », l. 33-34), affirme l'assurance du roi. Cependant, le passage dans le texte de « Louis XIV » (l. 13, 16 et 28) à « Louis » (l. 33) semble l'ébranler un temps. La comparaison, « plus terrifié peut-être qu'aucun autre autour de lui » (l. 37-38), montre qu'il doit mener combat : sauver son statut de roi unique.

TEXTE 10 : Léon Tolstoï, *Guerre et Paix* (1869) p. 173

Objectif et enjeux

→ **Étudier la mise en scène d'une figure historique comme personnage romanesque**

Lecture analytique

1. Cet extrait est intéressant pour comprendre les formes et les enjeux du roman historique : Tolstoï s'attache à retranscrire les pensées de Napoléon. Ainsi, le lecteur pénètre dans la pensée de la figure historique, à laquelle la fiction donne une humanité, un romanesque. Napoléon, figure mythique, devient personnage, parce que sa personnalité, riche et complexe, et son parcours sont une matière propre à nourrir le genre qu'est le roman.

Le texte prend ainsi la forme d'un monologue intérieur de Napoléon. Il s'ouvre sur la figure de l'empereur adoptant une attitude contemplative devant Moscou, après sa victoire. Napoléon adopte une position en hauteur : « elle est à mes pieds, attendant son sort » (l. 1-2). Le spectacle de la ville est offert aux yeux dans la phrase « Quelle ville étrange, belle, majestueuse ! » (l. 3), à travers l'accumulation, le rythme ternaire, l'exclamation. Le texte retranscrit la délectation du moment : « Et quel instant étrange et majestueux » (l. 3-4). Il s'agit en effet, pour Napoléon, d'un instant de satisfaction, d'orgueil face aux doutes passés de ses soldats. Ce moment est si fort, si unique, que Napoléon doute de sa réalité : « Mais non, il n'est pas vrai que je sois à Moscou » (l. 9-10), jusqu'à la dernière phrase de l'extrait (l. 35-36).

Le monologue se poursuit en prenant une dimension délibérative : que faire de cette ville ? Tolstoï traduit les atermoiements de l'empereur : « Un seul mot de moi, un seul geste de ma main et elle est perdue [...] Pourtant » (l. 6-10).

La suite du texte est au futur : après ce moment de contemplation et de recueillement, de prise de décision quant au sort de la capitale, Napoléon se projette et met en scène sa clémence à venir. L'hésitation sur le lieu montre l'effort du personnage pour s'imaginer le spectacle : « Du haut du Kremlin – oui c'est bien là le Kremlin, oui » (l. 19-20). Chaque phrase du monologue, dans cette énumération d'actions à venir, est scandée par un « je » anaphorique suivi des verbes d'action : « je leur donnerai » (l. 20-21), « je leur montrerai » (l. 21), « je forcerai » (l. 22) : on notera la progression des verbes, allant du don vers la contrainte. Napoléon, avec une exaltation progressive, comme nourri de ses propres mots, imagine son discours, jusqu'à retranscrire ses propres paroles à venir : « Boyards, leur dirai-je » (l. 32). Il se met véritablement en scène dans cet instant de clémence.

2. Napoléon suggère un moment que sa décision d'épargner la capitale russe lui est dictée par une guerre contre Alexandre qui se poursuit au-delà de la bataille et de la victoire : il évoque une « lutte personnelle entre lui et Alexandre » (l. 17-18) dans cette prise de décision sur le sort de la ville.

Napoléon confronte en effet deux systèmes de valeurs, deux visions du gouvernement : à la « barbarie » et au « despotisme » (l. 12), il oppose la « justice » et la « clémence » (l. 13). Il ne s'agit pas seulement d'avoir vaincu son ennemi sur le champ de bataille, il s'agit de le vaincre dans le cœur de son peuple, de lutter avec lui de respect et de générosité : « Je ne veux pas profiter de la fortune de la guerre pour humilier un souverain respecté » (l. 31-32). L'empereur va jusqu'à réécrire, mentalement, l'Histoire et ses événements : « Je dirai à la députation que je ne voulais pas et que je ne veux pas la guerre ; que je n'ai fait la guerre qu'à la politique perfide de leur Cour » (l. 25-28). Napoléon se présente comme l'incarnation de la paix contre la guerre. C'est dans les antithèses et les oppositions de valeurs qu'il s'affirme par rapport à Alexandre.

TEXTE 11 : Victor Hugo, *Quatre-vingt-treize* (1874) p. 174

Objectifs et enjeux

- **Mesurer la fidélité du roman historique par rapport à l'Histoire**
- **Étudier la tonalité épique à l'œuvre dans le roman historique**

Lecture analytique

1. Cet extrait permet de comparer les trois figures de la Révolution évoquées par le romancier aux portraits que l'époque en a faits, pour mesurer l'ambition du roman historique de retranscrire fidèlement la matière qu'il utilise.

Les trois descriptions de Victor Hugo semblent effectivement reprendre les aspects physiques que montrent les tableaux visibles en ligne sur http://lienmini.fr/el1-174, tant dans le visage, le corps, que dans le costume.

On retrouve les traits du visage de Robespierre : « pâle, jeune, grave, avec les lèvres minces et le regard froid » (l. 1-2). Son habit est soigné et on perçoit les mêmes teintes que dans le tableau : « une culotte de nankin, des bas blancs, une haute cravate, un jabot plissé, des souliers à boucles d'argent » (l. 4-5).

Danton, lui, s'impose par son apparence impressionnante, sa taille : c'est « une espèce de géant » (l. 5-6). Son costume est aussi plus négligé, « débraillé [...], le col nu [...], la veste ouverte » (l. 6-8). Les autres détails du visage (lèvres, œil) paraissent fidèles à la gravure.

La représentation de Marat et la description qu'en fait Hugo comportent toutes deux un « mouchoir noué sur ses cheveux gras et plats » (l. 14-15) et un visage paraissant malade en comparaison des deux autres. Un « poignard » (l. 18) remplace le pistolet visible sur la gravure, mais c'est bien un homme armé que l'on perçoit.

2. Cependant, l'écriture romanesque, l'art donnent aux personnages historiques une dimension épique, incarnant, au-delà des faits, des valeurs et des combats, et capable de faire sentir au lecteur ce qui se joue dans le récit.

Hugo grandit ainsi ses personnages par plusieurs procédés. Tout d'abord, l'ordre des portraits marque une gradation : ils vont de l'homme le plus naturel au plus surprenant, du plus bourgeois au plus populaire, du mieux habillé au plus original. La séparation des portraits participe aussi à créer une dimension épique. Les personnages ne sont pas présentés comme une triade. Hugo peint Danton et Marat dans un diptyque, ce sont deux figures opposées dans l'apparence physique comme le costume : « l'un, une espèce de géant, l'autre, une espèce de nain » (l. 5-6). Des détails physiques, accumulés, forment des visages singuliers : Marat devient ainsi quasiment une figure monstrueuse. C'est « un homme jaune » et « difforme » (l. 13-14), aux « yeux injectés de sang » (l. 14), qui n'a « pas de front » et une « bouche énorme » (l. 15). Chacun, par opposition aux autres, devient une figure reconnaissable : Robespierre dans le soin de son apparence, Danton dans cette figure de géant désinvolte, Marat dans ce physique monstrueux et inquiétant.

Ce travail qui rend les personnages épiques est ménagé par une révélation tardive et finale de leurs identités. Or, la description aura suffi à qui les connaît pour les identifier déjà.

IV. La science au cœur de la fiction (p. 175-177)

TEXTE 12 : Jules Verne, *Voyage au centre de la Terre* (1864) p. 175

Objectifs et enjeux

- → **Étudier un roman précurseur de la science-fiction**
- → **Analyser les liens entre exposé scientifique et intérêt romanesque**
- → **Comprendre l'intérêt de la forme du journal dans un récit d'aventures**

Lecture analytique

1. Jules Verne intègre à la fiction les données et les fantasmes de la science du XIXe siècle. Dans cet extrait, les personnages partent à la rencontre des créatures marines qui peuplent les océans. C'est alors un cours d'histoire naturelle que nous propose l'auteur.

Les lignes 1 à 19 ont donc une dimension explicative : le narrateur évoque ses connaissances sur les monstres marins qui peuplaient les eaux avant « l'apparition des mammifères » (l. 3). Le discours s'appuie sur un lexique globalement scientifique, ponctué de dates (« animaux antédiluviens », l. 1-2 ; « l'époque secondaire », l. 2 ; « les mers jurassiques », l. 5 ; « premiers âges », l. 8 ; « mille siècles avant l'homme », l. 10), se référant à la classification des animaux (« aux mollusques, aux crustacés et aux poissons », l. 1-2 ; « mammifères », l. 3 ; « sauriens », l. 6) et évoquant des lieux d'étude et d'observation scientifique (« Muséum de Hambourg », l. 14). Il décrit certaines techniques des paléontologues : « leurs ossements fossiles, retrouvés dans ce calcaire argileux que les Anglais nomment le lias, ont permis de les reconstruire anatomiquement et de connaître leur colossale conformation » (l. 10-13).

2. Le roman de Jules Verne est aussi un récit d'aventures haletant, que le procédé du journal permet de rendre plus proche du lecteur encore. Cette forme d'écriture, menée par un « je », donc par une subjectivité, est composée selon les jours (« *Lundi 17 août* », l. 1 ; « *Mardi 18 août* », l. 31). Elle se présente comme un récit chronologique dans lequel le narrateur raconte les événements marquants de sa journée.

Le journal permet de retrouver aussi les réflexions et les sentiments du personnage. Cette forme d'écriture donne au récit une dimension personnelle et singulière, puisque le narrateur seul décide de ce qu'il veut inscrire dans son journal. Ainsi le lecteur suit-il l'attente d'Axel, mêlée d'excitation et de crainte. Ses connaissances et son inexpérience lui laissent imaginer quels monstres peuvent tout à coup apparaître : « Mes yeux se fixent avec effroi sur la mer ; je crains de voir s'élancer l'un de ces habitants des cavernes sous-marines » (l. 20-21). Les termes « effroi » et « crains » font partie du champ lexical de la peur, présent par ailleurs dans le texte (« Je frissonne », l. 9 ; « Le danger est proche » ; « Il faut veiller », l. 30). Celui-ci accompagne un fantasme de l'inconnu exprimé par le nom « cavernes », espace souterrain et obscur. On remarque aussi à travers ces citations que l'écriture du journal est nerveuse, immédiate, organique, parce qu'elle n'est en théorie destinée qu'à son scripteur.

La forme du journal ménage donc en même temps une tension dramatique dans le récit : l'événement est préparé, attendu, les jours précédents, jusqu'au mardi 18 août. Il arrive enfin, et le narrateur retranscrit sa soudaineté par le présent de narration qui permet au lecteur d'assister à la scène : « Deux heures après, une secousse épouvantable me réveille » (l. 35). Rapportant les événements dans leur ordre chronologique, le narrateur ménage ainsi la révélation finale : « C'est un marsouin colossal ! » (l. 41).

TEXTE 13 : Jules Verne, *Vingt Mille Lieues sous les mers* (1870) p. 176

Objectifs et enjeux

- → **Découvrir un roman d'anticipation**
- → **Observer comment les découvertes scientifiques nourrissent l'imaginaire**

Lecture analytique

1. *Vingt Mille Lieues sous les mers* est un roman d'aventures qui a fait rêver les lecteurs épris d'océans, de régions maritimes inexplorées, d'anticipation aussi. L'extrait retenu présente le scaphandre, invention certes réalisée à l'époque (Jules Verne n'invente rien), mais dont l'usage ne s'est pas encore propagé au point où il l'est dans ce roman.

Cette innovation technologique est vue et décrite par un narrateur-personnage, le professeur Aronnax. L'intérêt de la narration à la 1re personne est de révéler les inventions ou innovations du capitaine

Nemo à travers un regard ignorant et inexpérimenté. Ainsi, d'une part, les personnages appréhendent ces découvertes selon des points de vue différents. Ned, par exemple, « manifesta une répugnance évidente à s'en revêtir » (l. 4) et déclare : « je n'entrerai jamais là-dedans » (l. 11). D'autre part, Aronnax décrit les scaphandres à partir de ses propres connaissances et références : « On eût dit une armure à la fois souple et résistante » (l. 17-18), « ses manches finissaient en forme de gants assouplis » (l. 22), le casque est une « calotte sphérique » (l. 31-32). Enfin, le professeur examine les scaphandres scrupuleusement, découvrant chaque détail de leur conception, et permettant au lecteur de se les représenter à partir de son regard (l. 15-23).

2. La science vient alors nourrir la fiction. Jules Verne les mêle, déjà, en insérant la description du scaphandre dans le tissu narratif : il s'agit pour les personnages d'aller explorer les fonds sous-marins à l'aide de ces habits.

Mais il décrit aussi une invention qui, au moment où l'ouvrage est écrit (1870), n'est pas encore utilisée. Il s'agit bien du scaphandre inventé par Rouquayrol et Denayrouze et breveté en 1863, mais celui-ci devra attendre le XXe siècle et l'entre-deux guerres pour trouver une véritable réalisation. Si la fiction s'appuie sur des recherches scientifiques de l'époque, elle dépasse et anticipe le présent en donnant une réalité à un objet à l'état de projet. Il en est de même pour le sous-marin dans lequel se trouvent les personnages.

TEXTE 14 : Robert Louis Stevenson, *L'Étrange Cas du Dr Jekyll et de Mr Hyde* (1886) p. 177

Objectif et enjeux

→ **Étudier un roman où se mêlent science et fantastique**

Lecture analytique

1. Au-delà de sa forme de roman fantastique, le récit de Stevenson utilise les progrès de la science au XIXe siècle pour donner une dimension renouvelée au thème du bien et du mal, et des forces qui s'affrontent en chaque homme. Cet extrait permet de mettre en évidence le rapport entre science et fiction dans le récit, chaque composante nourrissant l'autre alternativement et conjointement : ici la dimension scientifique vient donner sa force dramatique au récit pour faire naître le fantastique, de même que la fiction laisse peser le soupçon d'une possible réalisation des expériences du Dr Jekyll.

Le Dr Jekyll mène effectivement des expériences scientifiques sur la nature du bien et du mal présents en chaque homme. Ses recherches (l. 8-18) ont pour but de séparer ces deux éléments constitutifs de manière à enlever le « mauvais côté de [la] nature » de l'homme (l. 8). La qualification de médecin du narrateur ainsi que le lexique qu'il utilise apportent au récit une dimension scientifique : les verbes qui décrivent les actions (« combinai » ; « bouillonner », l. 4 ; « réagissaient », l. 5) renvoient à des expériences chimiques, tout comme le terme « ébullition » (l. 5-6) ou « seconde expérience » (l. 31).

À cette préparation succède l'observation, dans le miroir, des effets du « breuvage » (l. 6). On retrouve alors chez Jekyll l'attitude scientifique qui consiste à émettre des hypothèses scientifiques à partir des phénomènes constatés : il explique ainsi (l. 8-29) pourquoi Mr Hyde a une apparence différente de la sienne, étant « plus petit, plus mince et plus jeune » (l. 14), parce que par le passé Jekyll a davantage exercé le côté « bon » (l. 10) de sa nature. Le lexique, à nouveau, dépeint une démarche scientifique : « J'ai observé que » (l. 24), « je suppose » (l. 26-27). Et Jekyll exerce le recul nécessaire dans cette démarche d'analyse : « Je ne puis parler ici que par conjecture, disant non plus ce que je sais, mais ce que je crois être le plus probable » (l. 7-8).

2. Cet extrait ménage une véritable tension dramatique dans la conduite du récit. Le personnage mène une expérience qualifiée plusieurs fois de dangereuse et d'éprouvante : il se décrit « rassemblant toute [son] énergie » (l. 6) et souffrant « une fois de plus les tourments de l'agonie » (l. 34-35). Il se transforme en Mr. Hyde, mais le retour est-il possible ? Le narrateur évoque le risque de perdre pour toujours son identité de Dr Jekyll : « il me restait à voir si j'avais perdu mon individualité sans rémission » (l. 31-32).

D'ailleurs, la scène du miroir, quand Jekyll s'observe sous l'apparence de Hyde, fait passer de l'analyse à l'expression des sentiments : « j'éprouvai non pas de la répulsion, mais bien plutôt un élan de sympathie » (l. 19-20). Bien qu'il sache que Mr Hyde incarne son mauvais côté, le narrateur lui trouve des qualités plus développées que les siennes : « il offrait une incarnation plus intense de l'esprit, il se montrait plus intégral et plus un que l'imparfaite et composite apparence que j'avais jusque-là qualifiée de mienne » (l. 21-23). Les comparatifs de supériorité suggèrent une forme de fascination naissante pour cet être malfaisant.

Ainsi le récit revêt-il, en fin de compte, une dimension fantastique : cette scène du miroir est bien celle d'un personnage qui se voit autrement, qui est autre, qui trouve le moyen de se métamorphoser.

9 Réalisme et Naturalisme : de l'effet de réel à l'ambition scientifique

Manuel, p. 178-198

I. Problématiques et thèmes

L'objectif est de permettre aux élèves de découvrir, à travers des parcours composés d'extraits canoniques, quelques-uns des enjeux essentiels du Réalisme. Observateur des milieux et des hommes qui l'entourent, le romancier réaliste décrit avec précision la société de son époque dont il s'attache à comprendre les rouages (textes 1, 3, 4, 10, 13). Les bouleversements économiques, sociaux et politiques du XIXe siècle modifient peu à peu la vision de l'homme et du personnage traditionnel : le développement des valeurs bourgeoises induit un nouveau type romanesque, l'ambitieux (textes 2, 13), tandis que le peuple occupe une place accrue, en tant qu'entité collective (texte 10) ou à travers des figures individuelles qui deviennent des personnages à part entière (l'ouvrier, la domestique, la demi-mondaine...). Reflet de l'humanité ordinaire, le héros réaliste ouvre peu à peu la voie à l'« antihéros » moderne : chez Flaubert déjà, sa médiocrité le conduit à une forme de passivité et d'inaction (textes 6, 10, 11). Les descriptions fouillées des lieux ou des personnages contribuent à l'effet de réel recherché en même temps qu'elles invitent à des interprétations plus symboliques (textes 3, 4, 5, 6, 11, 14). Enfin, la représentation de l'amour et du couple permet également aux auteurs réalistes de se démarquer de leurs prédécesseurs en offrant une vision distanciée et volontiers cynique des relations amoureuses (textes 1, 2, 7, 8, 12).

Pierre Loti se situe en marge des auteurs réalistes, jugeant leurs sujets « particuliers aux barrières parisiennes » et condamnant la « curiosité malsaine » de ce mouvement. Dans *Pêcheurs d'Islande*, il s'attache à décrire très précisément la vie de pêcheurs bretons partis en mer, et celle de leurs femmes restées au port, renouvelant ainsi les thèmes tragiques par l'écriture romanesque.

À la fin du XIXe siècle, le romancier réaliste développe l'ambition non seulement de témoigner du monde dans lequel il vit mais d'en expliquer les ressorts et les déterminismes dans une approche positiviste, le Naturalisme, qui emprunte ses méthodes aux sciences humaines. Les Frères Goncourt et Émile Zola se penchent ainsi sur le peuple parisien des domestiques et des ouvriers.

Huysmans, après avoir partagé ce projet littéraire, prend ses distances. Dandy esthète, il soutient un art, le Décadentisme, s'intéressant davantage à l'imaginaire pour « remplacer les monotones ennuis de la nature par l'artifice ».

BIBLIOGRAPHIE

- **Jean Rousset**, *Leurs yeux se rencontrèrent. La scène de première vue dans le roman*, José Corti, 1981.
- **Jean-Pierre Richard**, *Littérature et sensation. Stendhal, Flaubert*, éditions du Seuil, 1990.
- **Henri Mitterand**, *L'illusion réaliste, de Balzac à Aragon*, PUF, 1994.
- **Bruno Blanckeman**, *Le roman depuis la Révolution française*, PUF, 2011.
- **Gérard Gengembre**, *Réalisme et Naturalisme*, éditions du Seuil, 2019.
- **Émile Zola**, *Carnets d'Enquêtes* : une ethnographie inédite de la France, Plon, 1986.
- **Philippe Hamon**, *Le Personnel du roman*, Droz, 1998.
- **Henri Mitterand**, *Le discours du roman*, PUF, 1986.
- **Yves Reuter**, *La description : théories, recherches, formation, enseignement*, Presses Universitaires du Septentrion, 1998.
- **Françoise Court-Pérez**, *Joris-Karl Huysmans, À Rebours*, PUF, 1995.

II. Le Réalisme : miroirs du réel (p. 180-194)

TEXTE 1 : Jane Austen, *Orgueil et préjugés* (1813) p. 180

Objectifs et enjeux

→ Étudier un *incipit* romanesque original
→ Percevoir la satire sociale à travers l'ironie du narrateur

Lecture analytique

1. L'*incipit* d'*Orgueil et préjugés* surprend par la prépondérance des paroles rapportées et, en particulier, par l'omniprésence du discours direct qui lui donne les allures d'une scène de théâtre. Les personnages qui dialoguent ici, Mr. et Mrs. Bennett, sont donc présentés au lecteur à travers les propos qu'ils échangent et qui permettent également de répondre à certaines questions cardinales. On découvre ainsi le lieu de l'action, l'Angleterre, et la mention du « cabriolet » (l. 16) ancre le récit dans une époque contemporaine à celle de l'auteure. Le complément circonstanciel de temps « un jour » (l. 6) marque le début de la narration, précédée par des considérations générales du narrateur. Différents personnages sont évoqués à travers le dialogue : Mrs. Long, Mr. Morris, les « cinq filles » de la famille Bennett et surtout Mr. Bingley qui est le principal sujet de la conversation. Le lecteur découvre alors la principale préoccupation de Mrs Bennett : marier ses filles à un riche célibataire.

Différents procédés contribuent à la vivacité du dialogue. Les questions sont nombreuses, et permettent tantôt d'instruire Mr. Bennett, tantôt de délivrer une information tout en essayant de susciter l'intérêt de l'interlocuteur (« avez-vous entendu dire que Netherfield a enfin trouvé un locataire ? », l. 6-7). Ce jeu de questions-réponses prend parfois les allures d'un interrogatoire lorsque le rythme s'accélère en raison de la brièveté des propositions (l. 20 à 23). Certaines questions rhétoriques (l. 30 par exemple) révèlent les émotions, tout comme les interjections exclamatives « Eh bien ! » (l. 14) ou « Oh ! » (l. 23). Les apostrophes, tout en permettant d'identifier les personnages, confèrent également au dialogue une allure théâtrale : les formules « mon cher Mr Bennett » (l. 6 et l. 26) ou « mon ami » (l. 14) émaillent ainsi les paroles de Mrs. Bennett.

La tonalité comique de l'*incipit* repose essentiellement sur le personnage de Mrs. Bennett que l'obsession à marier ses filles rend ridicule. Ses premières répliques laissent deviner son enthousiasme à la nouvelle de l'installation prochaine d'un jeune et riche célibataire. Le laconisme des interventions de son mari, signifié par l'emploi du discours indirect ou narrativisé (« Mr. Benett répondit que non », l. 8 ; « Mr. Bennett ne répliqua pas », l. 10), souligne avec contraste l'indifférence de ce dernier et suscite une réaction assez excessive, révélée dans l'incise « cria sa femme impatientée » (l. 11). La réponse ironique de Mr. Bennett trouve d'ailleurs un écho dans le commentaire du narrateur : « L'invitation parut suffisante » (l. 13). Mrs. Bennett rapporte alors les informations que lui a rapportées Mrs. Long : cette imbrication de paroles rapportées relève d'un commérage dont on peut supposer que la mère de famille se délecte. Son goût du bavardage est d'ailleurs illustré dans cet *incipit* puisqu'elle domine manifestement l'échange. L'insistance avec laquelle elle évoque l'aisance matérielle de Mr. Bingley révèle l'importance primordiale qu'elle accorde à l'argent dans le choix d'un gendre : le nouvel arrivant est d'abord désigné par la périphrase superlative « un jeune homme très riche » (l. 15), sont ensuite mentionnés son « cabriolet » (l. 16) et « ses domestiques » (l. 19) puis sa fortune est précisément estimée à « quatre ou cinq mille livres de rente » (l. 23-24). L'étonnement du mari, moins sensible à ces considérations matérielles, suscite une exaspération comique : la question rhétorique « pourquoi êtes-vous si fatigant ? » (l. 26-27) est prononcée par celle qu'on peut, à juste titre, qualifier d'exaspérante tant ses propos sont creux et futiles. Enfin, on peut s'amuser de la façon dont Mr. Bennett, pour s'éviter une corvée dont il ne voit guère l'intérêt, use de flatterie pour manipuler sa femme : le comparatif d'égalité « aussi bien qu'aucune d'elles » (l. 34-35) et le scénario hypothétique évoqué au conditionnel « il pourrait arriver que ce soit vous que Mr. Bingley trouve le plus à son goût » (l. 35-36) constituent des compliments auxquels Mrs. Bennett, quoique sensible, ne cède pas. Ils sont toutefois l'occasion pour elle de reconnaître ses propres charmes. L'assurance de Mrs. Bennett est d'ailleurs un autre trait de caractère qui peut faire sourire le lecteur : la modalisation dans « il est tout à fait probable qu'il pourra tomber amoureux de l'une d'elles » (l. 31-32) ou le raccourci souligné par la parataxe « Un riche célibataire ; quatre ou cinq livres de rente. Quelle bonne chose pour nos filles ! » (l. 23-24) montrent combien elle est convaincue d'un mariage à venir, alors même qu'elle n'a pas rencontré le futur gendre qui lui-même s'ignore.

2. Les très rares interventions du narrateur au sein du dialogue relèvent systématiquement de l'ironie.

De façon générale, le choix de s'effacer et de laisser parler Mrs. Bennett est la meilleure façon de permettre au lecteur de la juger. Rares sont les incises qui accompagnent les interventions : si la première permet d'identifier les personnages en révélant leur identité (« dit un jour Mrs. Bennet à son mari », l. 6), la deuxième, « reprit-elle » (l. 9), souligne par l'emploi du préfixe de répétition le fait que Mrs. Bennett tend à monopoliser la parole, d'autant plus que Mr. Bennett n'intervient pas directement au début du dialogue. Enfin, la troisième incise caricature l'emportement très excessif du personnage (« cria sa femme impatientée », l. 11). Par ailleurs, le dialogue illustre pleinement les commentaires initiaux du narrateur qui servent d'introduction générale au récit. L'expression générique « un célibataire » (l. 1), le pronom impersonnel « on » (l. 3), l'emploi du présent de vérité générale, le pluriel généralisant « familles des environs » (l. 4) confèrent au premier paragraphe les allures d'une maxime qui rend compte d'un comportement répandu. L'ironie affleure dans la question rhétorique « Qui songe à en douter ? » (l. 1), les adverbes « nécessairement » (l. 2) et « d'ores et déjà » (l. 4) et le terme hyperbolique de « propriété » (l. 5).

En quelques lignes, le narrateur pose les éléments constitutifs du roman à venir : la question du mariage, le rôle de l'argent, l'influence des familles sur les engagements. On pressent déjà combien la valeur des êtres dépend avant tout de leur position sur l'échiquier social. La société dont Jane Austen brosse les codes fait peser une lourde pression sur les femmes, tenues de prendre un mari et de se soumettre au jeu des rangs sociaux. L'ironie est alors à son comble lorsqu'elle joue d'une inversion faisant du célibataire convoité « la propriété de l'une ou de l'autre » (l. 5) des jeunes filles, alors que c'est la jeune fille qui épousera ce célibataire qui deviendra en fait sa propriété.

TEXTE 2 : Stendhal, *Le Rouge et le Noir* (1830) p. 181

Objectifs et enjeux

- ➔ Étudier les contradictions du héros réaliste
- ➔ Percevoir les interventions ironiques du narrateur et leurs effets

Lecture analytique

1. L'entreprise de Julien est dominée non par l'évocation des sentiments amoureux mais par l'idée du combat. Il ne s'agit pas tant de faire céder les résistances de la femme désirée dans la perspective d'un amour partagé que de se prouver à soi-même qu'on peut relever le défi qu'on s'est fixé. La scène de séduction est alors éclipsée par l'épreuve psychologique à laquelle Julien se soumet. À la fin du chapitre 8, il a effleuré la main de Mme de Rênal : « Cette main se retira bien vite, mais Julien pensa qu'il était de son *devoir* d'obtenir que l'on ne retirât pas cette main quand il la touchait. » C'est donc ce serment qui pousse le jeune homme à l'action, bien plus que le sentiment amoureux. De ce fait, les images du combat abondent : on pourra relever la référence au « duel » (l. 14), les hyperboles « mortelle angoisse » (l. 17), « tous les dangers » (l. 17), « affreux combat » (l. 22) ou « affreux supplice » (l. 38), le verbe « j'exécuterai » (l. 26) exprimant la détermination ou encore le terme de « gloire » (l. 2) une fois l'action accomplie. Mme de Rênal, assimilée à l'ennemi, est désignée par sa main, métonymie de sa personne et objet de la conquête, ou par le pronom impersonnel « on » qui la réduit à un objet à posséder : « on fit un dernier effort pour la lui ôter, mais enfin cette main lui resta » (l. 36).

La précision avec laquelle la progression temporelle est soulignée crée un sentiment d'urgence : « neuf heures trois quarts » (l. 23-24) puis « dix heures » (l. 29) sont indiqués. Le dernier coup de cloche semble s'étirer à travers l'emploi de l'imparfait et la proposition subordonnée circonstancielle de temps « comme le dernier coup de dix heures retentissait encore » (l. 32), qui offrent un arrière-plan aux gestes décisifs de Julien. Cet effet de compte à rebours contribue encore à dramatiser la scène qui se joue. Dans un effet de miroir, l'atmosphère de la soirée rend elle aussi compte de la tension : « Le ciel chargé de gros nuages, promenés par un vent très chaud, semblait annoncer une tempête » (l. 6-7).

2. Le jeu des focalisations permet de révéler le caractère exalté du jeune héros. Le récit se concentre essentiellement sur les motivations secrètes et les émotions de Julien et rend compte de la scène à travers son regard. La modalisation associée au complément d'attribution dans « semblait singulier à Julien » (l. 8-9) et l'évocation de ses souhaits (« Que de fois ne désira-t-il pas », l. 17-18) traduisent le point de vue interne du narrateur. Cette focalisation se retrouve aussi par l'emploi des discours direct (« se dit Julien », l. 14-15 ; « Julien [...] se dit », l. 25) et indirect (« il décida qu'il fallait absolument qu'elle permît ce soir-là que sa main restât dans la sienne », l. 2 3), qui permettent au lecteur de pénétrer les pensées du héros. Le vocabulaire du trouble, à la fois physique et émotionnel, et souvent hyperbolique, domine le passage et souligne la sensibilité exacerbée du personnage : on pourra relever les expressions « fit battre le cœur de Julien » (l. 4-5), « préoccupé » (l. 12), « tremblant »

(l. 14), « malheureux » (l. 14), « mortelle angoisse » (l. 17), « voix [...] profondément altérée » (l. 20-21), « anxiété » (l. 28), « excès de l'émotion » (l. 28-29), « hors de lui » (l. 29) et bien d'autres. Julien est agité par une foule de sentiments divers et éprouve tour à tour colère, impatience, hésitation, avant d'être submergé par une joie intense. Cette violence des sentiments surprend d'autant plus qu'elle n'est pas liée aux tourments de la passion mais à la honte que s'infligerait le personnage s'il n'atteignait pas le but fixé : à la fin du passage, le narrateur a soin de préciser les réelles motivations du héros dans une tournure adversative (« non qu'il aimât Mme de Rênal, mais un affreux supplice venait de cesser », l. 37-38). C'est donc avant tout l'amour-propre qui le conduit à agir et les émotions qu'il éprouve trouvent leur source dans le défi qu'il s'est imposé.

3. Stendhal déjoue les attentes du lecteur en supprimant toute sentimentalité de la scène de séduction et en installant une distance ironique qui tend à amuser bien plus qu'à émouvoir. Les excès de Julien, prêt à mourir s'il ne touche pas la main de Mme de Rênal comme il se l'est promis, prêtent à sourire : « je monterai chez moi me brûler la cervelle » (l. 27). Les nombreuses hyperboles soulignent le décalage entre ses émotions et la réalité de la situation. De même, les modalisations marquent le caractère exagéré des résolutions prises : « il décida qu'il fallait absolument » (l. 2-3). L'aveuglement du héros est tel qu'il est incapable de percevoir le trouble qui agite la jeune femme et que le narrateur, modulant les focalisations, indique ironiquement à son lecteur : « bientôt la voix de Mme de Rênal devint tremblante aussi, mais Julien ne s'en aperçut point » (l. 21-22). Le simple fait de saisir une main se transforme en un périple héroïque qui bouleverse le jeune homme, étourdi au point de ne plus « trop savoir ce qu'il faisait » (l. 33-34).

TEXTE 3 : Honoré de Balzac, *La Fille aux yeux d'or* (1834) p. 182

Objectifs et enjeux

- → **Découvrir le projet sociologique de Balzac, fondé sur l'observation et l'analyse des mécanismes sociaux**
- → **Analyser les fonctions de la description**
- → **Étudier une représentation de Paris, lieu essentiel de la littérature réaliste**

Lecture analytique

1. Dédicacée à Delacroix, peintre qu'admirait Balzac pour la violence épique de ses œuvres, l'entrée en matière de *La Fille aux yeux d'or* développe une description saisissante de Paris. Le caractère spectaculaire de la représentation repose d'abord sur sa dimension très visuelle : l'aspect cadavérique des Parisiens est précisé par l'énumération « hâve, jaune, tanné » (l. 2) ou l'accumulation verbale « décolore, blêmit, bleuit et brunit » (l. 27) ; la comparaison « grise comme le plâtre » (l. 30-31) tente de caractériser leur « teinte presque infernale » (l. 17-18) tandis que les adjectifs « contournés » et « tordus » (l. 5-6) rendent compte de leur expression. La vue est donc particulièrement sollicitée, comme le signale l'emploi des termes « aspect » (l. 1), « à voir » (l. 2), « paraître » (l. 13) ou « en voyant » (l. 13). C'est un véritable spectacle qui s'offre au regard et la mention répétée des « masques », dont l'antithèse « masques de faiblesse, masques de force » (l. 7-8) ou « masques de misère, masques de joie » (l. 8) indique la variété, fait pénétrer le lecteur dans un univers théâtral, marqué par l'« hypocrisie » (l. 9) et la facticité que révèle l'adjectif « fardée » (l. 13). Cette évocation effrayante du peuple parisien recourt à la fois aux tonalités épique et fantastique en associant la capitale à un véritable enfer : la mention de l'adjectif « infernale » (l. 17-18) procède de l'exagération épique mais l'analogie se précise ensuite de façon explicite (« Paris a été nommé un enfer », l. 18-19). L'imagerie traditionnelle du feu est alors convoquée : « Là, tout fume, tout brûle, tout brille, tout bouillonne, tout flambe » (l. 19-20). La syntaxe accumulative, martelée par l'anaphore du pronom totalisant et l'allitération en [b], traduit l'agitation frénétique de cette « nature sociale toujours en fusion » (l. 22). L'analogie à l'enfer s'enrichit d'un abondant champ lexical des flammes : « ardente » (l. 21), « cuisante » (l. 21), « feu et flamme » (l. 25), « fumée » (l. 31)... Ne survit en ces lieux qu'un peuple de cadavres (« tous exténués », l. 9, « physionomie cadavéreuse », l. 12, « peuple exhumé », l. 14).

2. L'analogie à l'enfer conduit à une sévère condamnation morale : la dépravation du peuple parisien le soumet à un terrible châtiment. Les visages altérés sont la manifestation de la corruption des âmes, obsédées par « les désirs » (l. 6), « une haletante avidité » (l. 9-10), la quête insatiable « de l'or, ou du plaisir » (l. 10). La métaphore des « poisons dont sont engrossés leurs cerveaux » (l. 6-7) souligne la manière insidieuse dont les vices imprègnent les esprits. Le dernier paragraphe brosse le portrait type du Parisien : le présent de vérité générale domine pour détailler le comportement commun de la population. L'antithèse entre « s'intéresser à tout » (l. 29) et « s'intéresser à rien » (l. 29) souligne sa versatilité capricieuse et annonce la série de contradictions énumérées ensuite. Oscillant entre « passion » (l. 34) et « insouciance » (l. 35), le comportement parisien est fortement déprécié lorsqu'il est rapproché de celui d'un « enfant » (l. 33). La comparaison « comme il jette ses bas, ses chapeaux, et sa fortune » (l. 36), accentuée par le parallélisme énumératif, ramène sur un même plan les futilités et les sujets les plus sérieux (« ses rois, ses conquêtes, sa gloire, son idole », l. 35), considérés avec la même désinvolture.

Si cette assimilation de Paris à un univers d'expiation des fautes peut paraître excessive, le narrateur a soin de corriger cette impression en précisant que la comparaison à l'enfer constitue une réalité. L'impératif prévient le lecteur : « Tenez ce mot pour vrai » (l. 19). Le projet de *La Comédie humaine*, que Balzac n'exposera que quelques années plus tard dans son *Avant-propos* (1842), affleure déjà dans l'*incipit* de *La Fille aux yeux d'or*. Le vocabulaire de l'observation et de l'explication apparaît à plusieurs reprises et rend compte du travail de l'écrivain désireux d'analyser les mécanismes sociaux et de comprendre les mobiles de la frénésie parisienne : on pourra ainsi relever les expressions « observations » (l. 11), « expliquer les causes » (l. 11), « justifier physiologiquement » (l. 17), « analyser les causes » (l. 25) ou « cause générale » (l. 27). La périphrase de « nature sociale » (l. 23-24) pour désigner la société comme objet d'étude conclut en une formule synthétique l'analogie mise en place pour souligner les similitudes entre la société et la nature. Dès le début du texte, la violence du microcosme parisien est signifiée à travers l'image de la tempête, dans une vaste métaphore filée qui fait de Paris « un vaste champ incessamment remué par une tempête d'intérêts sous lesquels tourbillonnent une moisson d'hommes que la mort fauche plus souvent qu'ailleurs » (l. 3 à 5). Les comparaisons « comme se le dit la nature » (l. 23) ou « comme la nature » (l. 23) précisent le rapprochement et des termes appartenant à l'univers de la nature (« insectes », « fleurs », l. 24) interviennent dans le champ de l'étude sociale. Cette analyse du corps social parisien, dominé par le vice et la dépravation, annonce ainsi le contexte dans lequel se déroulera *La Comédie humaine* et l'ambition de Balzac de réaliser une étude détaillée de la société de son temps.

TEXTE 4 : Honoré de Balzac, *Le Père Goriot* (1835) p. 183

Objectifs et enjeux

→ **Comprendre les enjeux de la description réaliste**

→ **Étudier les interactions entre lieu et personnage**

Lecture analytique

1. Le roman *Le Père Goriot* brosse un tableau extrêmement sombre de la société parisienne de 1819 et joue sur la confrontation de deux milieux : le monde aristocratique et la sordide pension Vauquer dont le passage étudié nous livre une minutieuse description. La découverte de ce lieu est d'abord olfactive. L'insistance sur l'odeur nauséabonde qui s'en dégage donne l'impression que le narrateur décrit les lieux au moment même où il y pénètre. La description progresse alors de la « première pièce » (l. 1), le salon, à « la salle à manger » (l. 8). Peu de marqueurs spatiaux apparaissent : seul le complément circonstanciel de lieu « dans un angle » (l. 14) permet de localiser un meuble précis, les autres éléments du décor se cumulant dans une vaste énumération, des lignes 16 à 25, qui traduit le désordre régnant et le manque de cohérence. La vue d'ensemble de la salle à manger progresse ensuite de façon circulaire et conduit à une observation des objets qui s'y trouvent. On reconnaît le souci de précision réaliste dans les abondantes caractérisations qui accompagnent les objets ou éléments évoqués. S'arrêtant sur de nombreux détails comme les motifs de la tapisserie ou les divers bibelots, le narrateur cherche à rendre compte du réel avec la plus grande précision possible.

L'abondant champ lexical de l'odorat et du goût, marqué par les termes très péjoratifs « exhale » (l. 1), « odeur » (l. 1), « sent » (l. 2), « goût » (l. 3), « pue » (l. 4), « nauséabondes » (l. 6), « atmosphères catarrhales » (l. 6), traduit le choc olfactif qui se produit dès l'entrée et qui éclipse toute description visuelle du salon. L'homéotéleute qui souligne l'énumération « le service, l'office, l'hospice » (l. 4) traduit la manière insidieuse dont la puanteur se répand. La comparaison ironique qui introduit la deuxième pièce indique une aggravation de la situation lorsque l'on passe à la salle à manger. La tonalité générale est encore très dépréciative en raison de la crasse et de la vétusté qui règnent sur les lieux : aux notations négatives à propos de la saleté (« crasse », « couches », « tachées », « vineuses », « grasse ») s'ajoute le champ lexical de l'usure (« échancrées », « débris », « chaises estropiées », « petits paillassons piteux », « charnières défaites »). L'impression de malaise que peut ressentir le lecteur est accrue par les sonorités dysphoniques qui parcourent le texte : on pourra noter l'allitération en [p] dans « de petits paillassons piteux en sparterie » (l. 23) ou en [k] dans « une couleur indistincte aujourd'hui, qui forme un fond sur lequel la crasse a imprimé ses couches » (l. 10-11). L'énumération de neuf adjectifs ou participes (l. 26-27) achève le tableau de cet intérieur totalement délabré. Le connecteur « enfin » (l. 29) introduit un bilan : le terme final de « pourriture » (l. 32) concentre l'horreur visuelle et olfactive que le narrateur s'est attaché à décrire.

Le lieu dans lequel se trouve le personnage est représenté tel quel, crûment, sans en atténuer la réalité par une tournure poétique. L'évocation de la « misère sans poésie » (l. 30), précisée ensuite par l'énumération « économe, concentrée, râpée » (l. 30) fait déjà glisser la description du lieu vers le jugement moral. Cumulant les tournures négatives (« sans poésie », « si elle n'a pas », l. 30, « si elle n'a », l. 31), la fin du paragraphe contribue à rendre compte de ce monde de privation.

2. À la présentation des lieux succède celle de Mme Vauquer : cette juxtaposition suscite d'emblée des analogies entre l'espace précédemment décrit et le personnage. Le narrateur invite d'ailleurs à procéder au rapprochement en suggérant que le tableau est complet lorsqu'arrive la propriétaire précédée de son chat. Au délabrement des meubles répond son manque de soin : les termes péjoratifs « attifée » (l. 36), « faux cheveux mal mis » (l. 37), « traînassant » (l. 37), « pantoufles grimacées » (l. 37-38), « vieillotte » (l. 38) participent du même réseau lexical que les éléments descriptifs employés pour évoquer le décor. Le portrait caricatural de Mme Vauquer est complété par des détails physiques qui dénotent une certaine aisance dont on peut déduire qu'elle est la conséquence directe de son avarice. L'adjectif péjoratif « grassouillette » (l. 38), la mention des « mains potelées » (l. 39), le « corsage trop plein » (l. 40) ou encore la comparaison dépréciative « dodue comme un rat d'église » (l. 39-40) signalent le profit tiré de son commerce. Le narrateur a soin d'expliciter ce jeu d'interactions entre le lieu et le personnage : l'expression « sont en harmonie avec » (l. 40) articule les références à la propriétaire et à sa pension.

3. Le passage illustre pleinement la théorie balzacienne de l'interaction entre les lieux et les personnages : la propriétaire est en parfaite harmonie avec la pension qu'elle dirige. Son apparence négligée et son avidité répondent au délabrement du lieu qu'elle occupe. À la fonction représentative de la description, traditionnelle lorsqu'il s'agit de présenter le lieu de l'action ou les protagonistes, s'ajoute donc une fonction symbolique puisque l'espace semble déterminer le comportement. On pourra noter la dimension quasi fantastique que revêt la description lorsque, aux détours de personnifications, les objets semblent prendre vie. La comparaison « comme le sont les débris de la civilisation aux Incurables » (l. 17) associe les meubles à des mourants dans un hospice, tout comme l'énumération d'adjectifs « manchot, borgne, invalide, expirant » (l. 26-27). La description devient alors proleptique, annonçant l'état psychique des pensionnaires. Il ne s'agit donc pas seulement de donner une représentation fidèle de la réalité mais d'en composer une image plus saisissante.

TEXTE 5 : Honoré de Balzac, *Illusions perdues* (1837-1843) p. 184

Objectifs et enjeux

→ **Étudier l'art du portrait chez Balzac**
→ **Découvrir un type balzacien**
→ **Analyser la composante satirique du portrait**

Lecture analytique

1. Le narrateur s'amuse à mettre en évidence la bêtise de M. de Bargeton à travers un portrait qui use essentiellement de caractérisation indirecte. Si quelques détails physiques sont fournis de façon directe, la majorité des traits se devinent à travers des situations qui mettent en scène de façon cocasse la stupidité du personnage. L'emploi généralisé de l'imparfait signale leur permanence, tout comme l'indicateur de fréquence « la plupart du temps » (l. 11). La première partie de la description est une variation sur le thème du sourire, adopté en toutes circonstances comme le révèlent l'antithèse et l'anadiplose : « Content ou mécontent, il souriait. Il souriait à une nouvelle désastreuse aussi bien qu'à l'annonce d'un heureux événement » (l. 4 à 6). Le recours au discours direct (l. 16 à 21) permet de faire entendre la vacuité des propos de M. de Bargeton et contribue encore à la vivacité du portrait. Enfin, l'emploi du pronom « vous » (l. 12, 13, 20) implique le lecteur et crée un effet de connivence, propice à la satire.

2. La verve satirique du narrateur se manifeste dès la première phrase qui accumule les termes dévaluatifs : « petits esprits » (l. 1), « inoffensive nullité » (l. 1-2), « fière stupidité » (l. 2). L'ironie pointe sans cesse : on pourra relever l'hyperbole ridicule « pénétré de ses devoirs envers le monde » (l. 3), l'antithèse « l'immensité de son vide intérieur » (l. 11), la référence « aux plus intimes intérêts de la vie » (l. 16) qui se résument à avoir « mangé [...] du veau » (l. 17). Le narrateur n'hésite pas à se dévaloriser explicitement son personnage : son manque d'esprit le condamne à une « vie végétative » (l. 10), son rôle en société se réduit à celui d'un majordome comme le signalent les parallélismes et antithèses qui clôturent l'extrait : « il regardait qui entrait » (l. 36) / « il guettait ceux qui partaient » (l. 38), « saluait en souriant et conduisait à sa femme le nouvel arrivé » (l. 36-37) / « leur faisait la conduite en accueillant leurs adieux par son éternel sourire » (l. 38 à 40). Le portrait physique renforce le côté ridicule du personnage puisque son nez le fait ressembler à un « vieux carlin poussif » (l. 24). Le rapprochement animalier est très péjoratif, tout comme la mention des « gros yeux vairons » (l. 25). C'est également à travers la métonymie du sourire, révélatrice de la stupidité du personnage, que se déploie la satire. Seule forme de communication dont est capable M. de Bargeton, le sourire tend au mieux au « rire complaisant » (l. 8) chez celui que tout rapproche de l'imbécile heureux. Les hyperboles « il les chérissait » (l. 26) ou « si précieux » (l. 27) soulignent la docilité avec laquelle il accueille ceux qui peuvent lui éviter d'avoir à parler et à se départir de son « éternel sourire » (l. 40).

3. La portée généralisante de la première phrase inscrit M. de Bargeton dans un ensemble plus vaste, celui des « petits esprits » (l. 1) qui se rencontrent dans les salons de province. Bien que d'une bêtise caricaturale, les propos du personnage renvoient à la vacuité de la conversation mondaine où ne se rencontrent que des imbéciles ou des « ennuyeux empressés de parler d'eux-mêmes » (l. 26). L'hypocrisie et la médisance sont épinglées à travers la référence aux « bavards d'Angoulême [qui] lui accordaient une sournoise intelligence, et le prétendaient mal jugé » (l. 27-29). Enfin, la soumission de M. de Bargeton à son épouse pour laquelle il mange, « par complaisance » (l. 16-17), du veau qu'il ne digère pas ou qu'il assiste docilement lors des réceptions, permet au narrateur de railler la passivité du mari soumis aux désirs de sa femme.

TEXTE 6 : Gustave Flaubert, *Madame Bovary* (1857) p. 185

Objectifs et enjeux

- → **Étudier les fonctions d'un *incipit* romanesque**
- → **Interroger le rôle d'un objet comme métonymie du personnage**

Lecture analytique

1. Le lecteur de roman attend de l'*incipit* les premières informations nécessaires à la mise en place de l'intrigue. L'apparition de Charles Bovary – et non de l'héroïne éponyme – est légitimée par la fiction puisqu'il est présenté ici à ses nouveaux camarades : dans un effet d'imbrication qui évite tout caractère artificiel au portrait, le personnage est introduit dans le récit à l'occasion de son arrivée dans la salle de classe et le regard porté sur lui est celui des collégiens, désignés par le pronom « nous », qui observent avec curiosité et amusement le « *nouveau* » (l. 1). La focalisation interne rend ainsi compte de ce que le groupe est en mesure de savoir : simplement désigné par l'expression le « *nouveau* » (l. 1, l. 9-10) ou le pronom « il », Charles est décrit à travers sa tenue vestimentaire et son attitude. Le lecteur découvre donc le personnage en même temps que le narrateur collectif. Ce choix de narration permet de fournir certaines explications au lecteur (le narrateur l'éclaire ainsi sur « l'habitude » (l. 21) du groupe de se débarrasser des casquettes dès l'entrée dans la classe) ou limite les informations à de simples hypothèses, par exemple sur les motivations du personnage observé (« soit qu'il n'eût pas remarqué cette manœuvre ou qu'il n'eût osé s'y soumettre », l. 25-26). Les détails fournis dans les descriptions, propres au souci réaliste de rendre compte minutieusement du réel, révèlent le regard scrutateur de la classe : les caractérisations sont nombreuses et précisent les couleurs des vêtements (« vert », « noirs », « rouges », « bleus », « jaunâtre », l. 13 à 15) dans un mouvement qui détaille le personnage de haut en bas, de sa veste à ses chaussures. La casquette attire en particulier l'attention : la syntaxe accumulative en précise les différents composants et s'organise en plusieurs étapes, soulignées par les expressions « elle commençait » (l. 31), « puis s'alternaient » (l. 32), « venait ensuite » (l. 33) et « se terminait » (l. 33).

De façon générale, l'effet de réel tient aussi à la scène représentée : l'arrivée de Charles Bovary au collège constitue un souvenir d'école et convoque des éléments conventionnels comme les personnages du « Proviseur » (l. 4) ou du « maître d'études » (l. 4-5), le champ lexical scolaire avec le « grand pupitre » (l. 2) et « la cloche » (l. 19) ou les rituels qui scandent la journée (« l'Étude », l. 1, la « récitation des leçons », l. 17). Le début *in medias res* participe également à cet effet de réalité : le récit s'ouvre au moment où le Proviseur accompagne le nouvel élève et interrompt la séance d'étude. Cette impression de vivacité est accentuée par les passages au discours direct qui rapportent les propos du Proviseur puis du professeur. L'anecdote narrée renvoie elle-même à une expérience communément vécue : l'arrivée d'un nouvel élève et les moqueries qu'elle peut provoquer.

2. Le « nous » collectif, narrateur de cette première page, réunit les élèves et l'auteur lui-même ; le lecteur est également invité à rejoindre le groupe dont le récit l'amène à partager la vision. Ce « nous » communautaire isole le jeune Charles ainsi « offert en pâture » au regard des autres. À la minutie de la description s'associent alors des expressions qui révèlent le jugement ironique de l'assemblée : le lecteur découvre l'âge, l'origine campagnarde et la haute taille du personnage en même temps que les connotations péjoratives confèrent au portrait une dimension satirique. On pourra ainsi relever la comparaison péjorative « comme un chantre de village » (l. 11-12). La tenue bariolée et trop étroite du nouveau, ses souliers grossiers décrits par l'énumération « forts, mal cirés, garnis de clous » (l. 16) laissent deviner son apparence ridicule. La casquette résume à elle seule son allure grotesque et revêt une dimension symbolique. Sa description, annoncée par le présentatif « C'était une de ces coiffures » (l. 27), occupe un paragraphe entier. Son aspect « composite » (l. 27) repose sur sa complexité géométrique (« ovoïde », « boudins circulaires », « losanges », « polygone », l. 31 à 33) et les différents éléments animaliers qui la composent (« bonnet à poil », l. 28, « casquette de loutre », l. 29, « poils de lapin », l. 33). L'énumération des attributs qu'elle emprunte au : « bonnet à poil » (l. 28), au « chapska » (l. 28), au « chapeau rond » (l. 28), à la « casquette de loutre » (l. 29) et au « bonnet de coton » (l. 29) signale l'impossibilité de la classer dans une catégorie précise, tout comme l'approximation « une façon de sac » (l. 33) ou la comparaison « en manière de gland » (l. 35-36) qui tentent de la rapprocher d'éléments connus. L'ironie de l'auteur éclate dans le commentaire très dévalorisant, introduit au présent : « une de ces pauvres choses, enfin, dont la laideur muette a des profondeurs d'expression comme le visage d'un imbécile » (l. 29-30). Les expressions « laideur muette » et « visage d'un imbécile », adaptées à la personne humaine, invitent à une lecture métaphorique : la casquette est un filtre et permet d'insister sur le caractère inadapté de son possesseur. Mais cet objet improbable exhibe aussi, au cœur du récit réaliste, sa dimension fictionnelle : elle symbolise le fonctionnement même du roman qui emprunte au réel pour créer une histoire hybride, composée de fragments inspirés de la réalité et d'autres totalement fictifs.

3. En refusant de s'intéresser au point de vue de Charles auquel est préféré celui de l'assemblée, la narration annonce déjà l'inconsistance du personnage, réduit à n'être que le support d'un objet qui le ridiculise. L'*incipit* installe Charles comme figure de l'humiliation et souligne son inadéquation en insistant sur son malaise manifeste : sa position spatiale « resté dans l'angle, derrière la porte » (l. 9), le qualificatif « fort embarrassé » (l. 12), les précisions « devait le gêner » (l. 13) ou « n'osant même croiser les cuisses » (l. 18) montrent son embarras. Son isolement s'accroît encore à la fin du passage lorsque sa maladresse en fait la risée de tous : l'expression « toute la classe » (l. 38) souligne la cohésion du groupe face au nouveau, devenu bouc-émissaire. L'incident de la casquette précède la moquerie que déclenchera le patronyme transformé en « Charbovary » et les nombreuses humiliations que subira le personnage tout au long du roman, en tant qu'officier de médecine et surtout en tant que mari.

TEXTE 7 : Gustave Flaubert, *Madame Bovary* (1857) p. 186

Objectifs et enjeux

- → **Interroger les effets de la focalisation interne**
- → **Étudier la manière dont le narrateur met ironiquement à distance les illusions du personnage**
- → **Comprendre les enjeux du « bovarysme »**

Lecture analytique

1. Essentiellement conduit par la focalisation interne (complément d'attribution « pour Emma » dès la première ligne), le passage nous permet d'accéder aux pensées d'Emma et de découvrir l'effet dévastateur que le départ de Léon joue sur son état d'âme. Le champ lexical de l'absence et de la mort domine comme le signalent les expressions « journée funèbre » (l. 1), « atmosphère noire » (l. 2), « chagrin » (l. 3), « mélancolie » (l. 9) ou « désespoir » (l. 9). La comparaison « le chagrin s'engouffrait dans son âme avec des hurlements doux, comme le fait le vent d'hiver dans les châteaux abandonnés » (l. 3-4) réifie Emma et la réduit à une bâtisse vide tandis que son chagrin s'associe de façon hyperbolique au vent. La vivacité des émotions éprouvées affleure dans les nombreuses modalités exclamatives qui ponctuent les paroles rapportées au discours indirect libre : « Ah ! il était parti, le seul charme de sa vie, le seul espoir possible d'une félicité » (l. 18-19). Les questions rhétoriques traduisent son désarroi et les regrets qui l'assaillent : « Comment n'avait-elle pas saisi ce bonheur-là, quand il se présentait ? » (l. 19-20). Aussi Emma trouve-t-elle refuge dans ses souvenirs et tente de faire revivre des moments anciens. Les analepses, signalées par l'emploi du plus-que-parfait (« ce tapis où il avait marché », l. 12, « Ils s'y étaient promenés », l. 14), lui permettent de se replonger dans un passé fantasmé. L'imparfait dans « Léon réapparaissait » (l. 9) souligne l'obsession de la jeune femme qui idéalise le souvenir du jeune homme : l'accumulation de comparatifs de supériorité « plus grand, plus beau, plus suave, plus vague » (l. 10) tend à magnifier l'amant perdu. S'ouvre alors un espace empreint de nostalgie dans lequel Emma se laisse bercer par le souvenir des moments vécus : la syntaxe, souvent binaire, et les jeux d'assonances et d'allitérations accompagnent la douceur de la remémoration (rythme binaire et assonance en [é] dans « quoiqu'il fût séparé d'elle, il ne l'avait pas quittée, il était là, et les murailles de la maison semblaient garder son ombre », l. 10-11 ; assonances en nasales et allitération en [s] dans « La rivière coulait toujours, et poussait lentement ses petits flots le long de la berge glissante », l. 13-14). Mais la douceur de la rêverie est éphémère et une mélancolie désespérée s'empare à nouveau du personnage : la comparaison « ses projets de bonheur qui craquaient au vent comme des branchages morts » (l. 37-38) et les expressions péjoratives « sa vertu stérile » (l. 38-39), « ses espérances tombées » (l. 39) soulignent la désillusion qui accompagne le retour au réel.

2. Le choix de la focalisation interne favorise l'empathie du lecteur à l'égard d'Emma dont il découvre l'état d'âme : les tourments qui l'assaillent et les émotions vives qu'elle éprouve brossent le portrait pathétique d'une femme désespérée et profondément insatisfaite. Toutefois, la rumination nostalgique dans laquelle elle s'enferme révèle son incapacité à agir. La perspective de rejoindre son amant est empêchée par une inertie qui la condamne au ressassement : « Mais Emma s'embarrassait d'avance aux difficultés de l'entreprise, et ses désirs, s'augmentant d'un regret, n'en devenaient pas plus actifs » (l. 23 à 26). On perçoit ici l'ironie du narrateur qui condamne la médiocrité de son personnage, incapable de se libérer de ses vaines aspirations romanesques. Ses souvenirs fantasmés brassent les clichés romantiques dont le passage nous livre tout un répertoire : Léon, héroïsé, incarne le parfait amant romantique, immortalisé dans une pose conventionnelle (« Il lisait tout haut, tête nue, posé sur un tabouret de bâtons secs ; le vent frais de la prairie faisait trembler les pages du livre et les capucines de la tonnelle... », l. 16 à 18). Le thème romantique de la passion et de ses amours contrariées s'illustre dans le scénario des retrouvailles qu'imagine Emma (l. 22-23). Les images employées, du château abandonné au *locus amoenus* dans lequel se retrouvaient les amants, mettent en évidence les déviations romanesques et stéréotypées qui faussent le jugement d'Emma. Le parallèle entre la relation vécue et le bal de la Vaubyessard, explicité par exemple par la comparaison « Comme au retour de la Vaubyessard » (l. 8), montre comment Emma confond dans un même fantasme les images qui satisfont ses aspirations. Le recours fréquent à l'accumulation et les hyperboles conventionnelles (les « bons soleils », l. 15, « je suis à toi », l. 23) ridiculisent le conformisme de pensée du personnage. La vie, pour Emma, se confond avec les images que la littérature a conçues de la passion et dont Flaubert livre ici une version caricaturale.

Prolongement

Ressource numérique : les réécritures d'un texte

Flaubert a consacré cinq années à l'écriture de Madame Bovary et certains passages ont nécessité six rédactions différentes. L'observation des brouillons permet de comprendre les étapes de travail de l'écrivain. Le premier jet, souvent gauche, met en place les éléments descriptifs ou narratifs. Les efforts se concentrent ensuite sur le style proprement dit : le vocabulaire se précise, la syntaxe s'enrichit, les rythmes et les sonorités viennent accompagner le sens. Chaque fragment du scénario se dilate peu à peu, explorant toutes les virtualités du texte. Le dernier moment de l'écriture correspond à une phase de condensation : « Des paragraphes entiers disparaissent au profit d'une phrase, d'un bout de phrase, voire d'un mot. La condensation est parfois extrême ; au lecteur de se débrouiller, de poser des hypothèses de sens, de reconstituer ce qui s'est passé. Pour Flaubert, un vrai texte devait être une partition que le lecteur devait interpréter pour se l'approprier » (Pierre-Marc Biasi, « Dans la fabrique du maître de Croisset », *Le Monde*, 20 décembre 1999). Les brouillons de Flaubert obéissent ainsi à une double exigence : rendre la narration plus claire et en concentrer les effets.

Une fois le texte publié, l'auteur apporte encore des modifications au gré des différentes éditions. Le succès du roman, paru pour la première fois en 1857, est tel que l'on compte vingt-quatre éditions successives en 1862, parfois avec des retouches du texte.

La confrontation de la version définitive et de la version antérieure permet de remarquer le travail de suppression auquel s'est livré l'auteur, puisque c'est tout un passage qui a disparu :

« [...] il était nombreux comme une foule, plein de luxe lui-même et d'irritations. Mais au souvenir de la vaisselle d'argent et des couteaux de nacre, elle n'avait pas tressailli si fort qu'en se rappelant le rire de sa voix et la rangée de ses dents blanches. Des conversations lui revenaient à la mémoire, plus mélodieuses et pénétrantes que le chant des flûtes et que l'accord des cuivres ; les regards qu'elle avait surpris lançaient des feux, comme les girandoles de cristal, et l'odeur de sa chevelure et la douceur de son haleine lui faisaient se gonfler la poitrine mieux qu'à la bouffée des serres chaudes et qu'au parfum des magnolias ».

On trouve ici un parallèle explicite entre les souvenirs liés au bal de la Vaubyessard et ceux associés à Léon. Les comparatifs de supériorité permettent de magnifier la figure de l'amant perdu et de souligner l'intensité des émotions qu'éprouve Emma en se remémorant les moments passés auprès de lui. Dans l'échelle de valeurs de la jeune femme, le bal sert de repère pour mesurer son éblouissement, et Léon le surpasse en tout point : « elle n'avait pas tressailli si fort », « plus mélodieuses et pénétrantes », « lui gonfler la poitrine mieux qu'à la bouffée des serres chaudes et qu'au parfum des magnolias ». Le portrait mélioratif de Léon s'étoffe : l'hyperbole comparative « nombreux comme une foule » suggère l'obsession de la jeune femme et les notations laudatives abondent (« le rire de sa voix », « la rangée de ses dents blanches », « l'odeur de sa chevelure », « la douceur de son haleine »). Mais leur imprécision suggère aussi le caractère fantasmé du scénario imaginé par Emma qui fait se rejoindre et entremêle les détails du bal et les traits du jeune homme. La version définitive tait donc ce jeu de comparaisons, réduit à la seule allusion au début du paragraphe : « Comme au retour de la Vaubyessard ». Il est bien sûr difficile d'expliquer les motivations d'un tel choix : peut-être Flaubert a-t-il renoncé aux excès d'une exaltation lyrique, dont on sait qu'il se méfiait particulièrement ? Peut-être a-t-il préféré la suggestion à l'évocation trop explicite ? Peut-être la poésie du passage (marquée par exemple par les deux octosyllabes finaux et les effets d'assonances et d'allitérations) risquait-elle d'en dévoyer les intentions ironiques ? Autant d'hypothèses qui permettent de réfléchir aux intentions de l'écrivain et aux moyens offerts par l'écriture pour les réaliser.

TEXTE 8 : Gustave Flaubert, *Madame Bovary* (1857)

p. 187

Objectifs et enjeux

→ **Étudier le détournement d'une scène de séduction**

→ **Interroger la portée critique qui sous-tend le tableau social**

Lecture analytique

1. Le passage étudié se déroule lors des comices agricoles : l'annonce des remises de prix se mêle à la scène de séduction qui se joue entre Rodolphe et Emma. Cette toile de fond, peu sentimentale, décrédibilise le moment amoureux et éclaire la scène de façon grotesque. Les interventions énumérant les récompenses sont morcelées : le discours direct fait entendre la trivialité des annonces (« Race porcine », l. 1, « tourteaux de graines oléagineuses », l. 12, « engrais flamand », l. 14), entrecoupées par les parties narratives qui racontent les étapes de l'entreprise amoureuse. De fait, la juxtaposition des tonalités crée une distance ironique. Pourtant, le moment est crucial : l'hyperbole « un désir suprême » (l. 16), l'union des amants à travers les expressions au pluriel « leurs lèvres » (l. 17), « leurs doigts se confondirent » (l. 17) concrétisent le début de la liaison entre Rodolphe et Emma. L'échange de regards, souligné par la tournure pronominale « Ils se regardaient » (l. 16), a précédé, de façon conventionnelle, l'échange de gestes. Mais l'insertion d'éléments prosaïques ruine la poésie du moment : rien n'échappe à cette contamination, pas même la mention du « coup de vent » (l. 9) ou les comparaisons dont le lyrisme surfait prête à sourire : « comme une tourterelle captive qui veut reprendre sa volée » (l. 3-4) ou « comme des ailes de papillons blancs qui s'agitent » (l. 10-11). De même, les propos de Rodolphe révèlent, par l'excès de modalité exclamative et les exagérations, la manipulation du séducteur expérimenté qui a deviné les frustrations de la jeune femme crédule et simule les élans passionnés qu'elle attend.

2. L'entrée de Catherine Leroux est mise en valeur par un effet de retardement qui suscite l'attente et la curiosité des participants et du lecteur lui-même. Annoncée de façon solennelle par le Conseiller qui s'impatiente en répétant son nom, la lauréate semble introuvable. Son arrivée est soulignée par l'adverbe « Alors » (l. 22) et mise en relief par l'expression « on vit » (l. 22) qui donne l'impression que tous les regards, y compris celui du narrateur, convergent vers elle. Alors que le dialogue dominait dans le passage précédent, créant un effet de scène rapide, le récit semble se ralentir : la pause descriptive contribue encore à donner de l'importance à celle qui ne doit pourtant recevoir qu'une « médaille d'argent – du prix de vingt-cinq francs » (l. 19-20) en récompense de ses « cinquante-quatre ans de service » (l. 18-19). Les nombreux détails fournis participent de l'effet de réel et semblent précisés par un observateur extérieur. La modalisation « paraissait » (l. 23) signale une focalisation externe. Les nombreuses caractérisations s'attachent à décrire l'apparence de la vieille femme : ses vêtements (« grosses galoches de bois », l. 24, « grand tablier bleu », l. 24, « camisole rouge », l. 26) ; son visage (« visage maigre », l. 25, « plissé de rides », l. 25, « Quelque chose d'une rigidité monacale », l. 31-32) ; son corps (« petite », l. 22, « deux longues mains, à articulations noueuses », l. 27, « encroûtées, éraillées, durcies », l. 28-29), etc. Les détails vestimentaires et l'abondant champ lexical de la ferme révèlent l'origine sociale du personnage. Son attitude signale son malaise : « maintien craintif » (l. 22-23), « se ratatiner » (l. 23), « mutisme » (l. 34), « placidité » (l. 34), « tout immobile » (l. 37). Tous ces éléments témoignent de la dégradation du personnage : le corps, meurtri par des années de labeur, se recroqueville tant la soumission et l'obéissance sont devenues des habitudes, une seconde nature désormais indélébile. La comparaison avec les bêtes, dont le personnage partage le comportement silencieux, signale le regard critique du narrateur qui adopte ensuite le point de vue de Catherine Leroux pour nous faire partager ses émotions. L'expression « les messieurs en habit noir » (l. 36) signale le changement de focalisation : le lecteur découvre alors les sentiments de la vieille paysanne, « intérieurement effarouchée » (l. 35) et les questions qui l'assaillent (« ne sachant s'il fallait s'avancer ou s'enfuir, ni pourquoi la foule la poussait et pourquoi les examinateurs lui souriaient », l. 37-38). La compassion, discrètement suscitée par les connotations des adjectifs « petite vieille » (l. 22), « pauvres » (l. 23), accentuée par la référence aux « souffrances subies » (l. 31), s'intensifie encore lorsque le lecteur prend conscience de la peur éprouvée par le personnage, encerclé à la manière d'une bête traquée. La dernière phrase achève le portrait et explicite la critique : la métonymie « ce demi-siècle de servitude » (l. 39) permet à la fois de désigner Catherine Leroux et de l'ériger en symbole de la société de son temps tandis que la mention ironique des « bourgeois épanouis » (l. 39), en antithèse, raille le contentement et l'aveuglement de ceux qui ignorent la misère d'autrui.

TEXTE 9 : Fedor Dostoïevski, *Crime et châtiment* (1866) p. 188

Objectifs et enjeux

→ **Découvrir un auteur majeur de la littérature russe**

→ **Étudier l'ambiguïté née du jeu des focalisations**

Lecture analytique

1. Le passage se situe au cœur d'une scène particulièrement intense et dramatique : après avoir assassiné Aliona Ivanovna, le jeune Raskolnikov, surpris par la sœur de l'usurière, tue celle-ci dans un geste d'une extrême violence. La tension est d'abord mise en place par les rythmes du récit. Le premier paragraphe multiplie les marqueurs temporels indiquant la soudaineté de la scène : l'adverbe « soudain » (l. 1) est répété, la seconde occurrence étant soulignée par la conjonction adversative « mais » (l. 4). Le silence, oppressant, est intensifié par l'hyperbole « un silence de mort » (l. 3), à prendre aussi au premier degré compte tenu du contexte, et la tournure nominale de la phrase : « Et, de nouveau, un silence de mort, une minute ou deux » (l. 2-3). L'angoisse est amplifiée par l'origine incertaine du bruit entendu : l'alternative, soulignée par la conjonction de coordination « ou » (l. 1) et la comparaison « comme si quelqu'un avait, sans bruit, poussé un gémissement » (l. 2-3), elle-même fondée sur une antithèse, crée un climat étrange. Le temps, comme suspendu, est brutalement accéléré par la succession rapide de trois verbes d'action au passé simple : « il bondit, saisit la hache et se précipita » (l. 4-5).

La tension, dans le deuxième paragraphe, tient au contraire à un effet de ralentissement de la narration : alors que le face-à-face entre Raskolnikov et Lizaveta ne dure que quelques secondes, le passage introduit des notations descriptives et des commentaires qui tendent à faire durer ce moment d'une extrême tension. La précision avec laquelle les gestes de Lizaveta sont décomposés crée une impression de ralenti : « elle ne leva même pas la main pour se protéger le visage [...]. Elle souleva tout juste, mais à peine, à peine, le bras gauche, [...] lentement, elle le tendit vers lui, en avant, comme pour l'écarter, lui » (l. 18 à 22). Les compléments circonstanciels de manière insistent sur la lenteur du mouvement : le contraste avec le geste meurtrier est d'autant plus net que celui-ci est caractérisé par sa rapidité et sa violence (« directement », l. 23, « fendit tout de suite », l. 23-24). La conséquence est énoncée de façon lapidaire, accompagnant la chute brutale de la victime : « Elle s'effondra net » (l. 24-25). Comme à la fin du paragraphe précédent, les gestes désordonnés de Raskolnikov, brièvement énumérés, marquent une nouvelle transition et un nouveau changement d'espace : « Raskolnikov s'affola complètement, saisit son sac, le jeta à nouveau et courut dans l'entrée » (l. 25-26). Le dernier paragraphe, dominé par l'imparfait, constitue une pause dans la narration des faits : mais le trouble qui agite le héros contribue encore à dramatiser la scène.

2. En variant les focalisations adoptées, le narrateur invite le lecteur à partager tour à tour les émotions des deux protagonistes : la focalisation, d'abord interne sur Raskolnikov, s'élargit en focalisation zéro, avant de se recentrer sur l'étudiant. Le premier paragraphe nous place d'abord du côté du meurtrier : la précision « osant à peine respirer » (l. 4) révèle son état psychique tandis que l'emploi du pronom impersonnel dans « on entendit » (l. 1) peut donner l'impression que le narrateur s'associe au héros et participe à ses côtés à la scène. C'est encore à travers le regard de Raskolnikov et en même temps que lui que le lecteur découvre la présence de Lizaveta (l. 6). La focalisation se modifie ensuite pour rendre compte avec précision de la panique qui submerge celle-ci : les comparaisons « blanche comme un linge » (l. 7), « comme incapable de crier » (l. 8), les manifestations physiques de la peur (« trembler », l. 8, « frissons », l. 9, « convulsions », l. 9, « une moue », l. 14), l'aphasie du personnage (« incapable de crier », l. 8, « voulut ouvrir la bouche », l. 10, « ne poussa aucun cri », l. 10-11), les qualificatifs « pétrifiée » (l. 7) et « terrorisée » (l. 18) traduisent l'intensité de la peur ressentie et permettent au lecteur de mesurer l'ampleur du choc. Différents procédés contribuent à susciter, de façon manifeste, la compassion : on pourra relever l'adjectif « pitoyable » (l. 14), renforcé par l'adverbe d'intensité « si », la comparaison à de « tout petits enfants » (l. 15), l'épithète « cette malheureuse Lizaveta » (l. 17), la gradation « tellement simple, tellement écrasée, à tout jamais terrorisée » (l. 17-18). La répétition de la locution « à peine, à peine » (l. 21), souligne de façon pathétique l'incapacité de Lizaveta, totalement sidérée, de faire montre d'un instinct de survie dont le narrateur rappelle pourtant, de façon superlative, qu'il est à cet instant « le plus naturel et le plus indispensable » (l. 19). Enfin, la précision avec laquelle le geste meurtrier est décrit, la violence qui en émane (l. 23-24) soulignent encore, par contraste, la fragilité de la victime.

Pourtant, les réactions de Raskolnikov, analysées dans le dernier paragraphe, suscitent une compassion paradoxale : le trouble du meurtrier est tel que le lecteur ne parvient pas à rejeter totalement le personnage. Les sentiments de « peur » (l. 27, 35), d'« horreur » (l. 35) et de « dégoût » (l. 36) qu'il ressent l'humanisent, tout comme la confusion qui l'empêche de prendre réellement conscience de la situation. La série de subordonnées hypothétiques et l'emploi du conditionnel annoncent, de façon proleptique, les conséquences dramatiques que le personnage ignore encore. Cette absence totale de maîtrise rend compte, de façon tragique, de l'impuissance de Raskolnikov face au drame qu'il a déclenché et à une situation qui lui a totalement échappé. On pourra d'ailleurs remarquer qu'en ne mentionnant pas Raskolnikov mais en évoquant « Le coup » meurtrier (l. 22-23), le narrateur semblait déjà absenter le personnage comme pour le déposséder de l'action.

TEXTE 10 : Gustave Flaubert, *L'Éducation sentimentale* (1869) p. 189

Objectifs et enjeux

- **Étudier la recréation littéraire d'événements historiques réels**
- **Interroger l'objectivité de l'écrivain réaliste**
- **Confronter deux images contradictoires du peuple**

Lecture analytique

1. Les journées révolutionnaires de 1848 constituent à la fois un épisode romanesque à part entière, puisque Frédéric et Hussonnet y assistent, et un récit historique. Les deux amis observent l'arrivée de la foule, animée d'une ivresse frénétique. L'impression de masse est suggérée par divers moyens : le singulier collectif « peuple » (l. 9, 18) ou le terme de « multitude » (l. 37) créent la même impression de nombre que l'usage récurrent du pluriel pour désigner les êtres ou les éléments qui s'y rattachent (« Tous les visages », l. 1). La formule « la multitude était trop nombreuse » (l. 37) crée une sorte de pléonasme qui souligne cette impression de marée humaine. Lorsqu'ils sont dissociés, les insurgés forment de nouveaux groupes, indifférenciés à travers la formule binaire « les uns [...], d'autres » (l. 27), identifiés à travers de nouvelles associations (« la canaille », l. 22-23, « des galériens », l. 34, « des forgerons », l. 25, « des prostituées », l. 26) ou isolés de façon indéfinie (« chacun », l. 26).

Les différentes attitudes témoignent d'une violence généralisée : la destruction du trône marque le début d'une série de débordements qui, dans un effet *crescendo*, conduisent à une hyperbolique

« fureur » (l. 33) et à une « curiosité obscène » (l. 33), obligeant les deux témoins à quitter les lieux. Le récit accumule, dans une syntaxe elle-même énumérative, la succession de comportements et traduit ainsi leur caractère désordonné et incontrôlé. Aux éléments visuels se joignent des notations qui traduisent le vacarme : « sifflets » (l. 13), « tintamarre continu des porcelaines brisées » (l. 31), « morceaux de cristal qui sonnaient » (l. 31-32), « comme des lames d'harmonica » (l. 32). Les énumérations telles que « les glaces et les rideaux, les lustres, les flambeaux, les tables, les chaises, les tabourets, tous les meubles » (l. 19 à 21) ou le rythme ternaire dans « fouiller tous les cabinets, tous les recoins, ouvrir tous les tiroirs » (l. 33-34) rendent compte de l'entreprise de destruction tandis que les symboles du pouvoir ou les vêtements luxueux sont détournés de leur usage commun. Les antithèses accentuent la perversion parodique de cette mascarade : la « canaille » (l. 23) se pare « de dentelles et de cachemires » (l. 23), les « forgerons » (l. 25) se couvrent de « chapeaux à plumes d'autruche » (l. 24-25), les « rubans de la Légion d'honneur » (l. 25-26) servent de ceintures aux « prostituées » (l. 26). L'image finale de la fille publique comme allégorie dévoyée de la liberté achève le portrait grinçant d'un peuple vandale (l. 39-40).

2. Le récit révèle trois points de vue différents sur cette scène d'insurrection populaire : ceux des deux amis et celui, plus implicite, de l'auteur. Le statut de spectateurs de Frédéric et Hussonnet est rappelé à diverses reprises à travers leurs commentaires, rapportés au discours direct, ou l'indication d'un détail à observer (« Hussonet montra à Frédéric un individu », l. 29-30). Le spectacle suscite des réactions très opposées, qui semblent rendre compte du jugement ambivalent de l'auteur lui-même, partagé entre fascination et répulsion. Hussonnet incarne la critique dépréciative, suscitée par les débordements vulgaires et primitifs du peuple enragé. Les caractérisations péjoratives abondent : « frénétique » (l. 17), « l'air hilare et stupide » (l. 7), « obscène » (l. 33), la comparaison animalière « comme un magot » (l. 7), les termes de « canaille » (l. 23) ou de « caprice » (l. 27), etc. Les notations physiques insistent sur la laideur des physionomies déformées par la rage : « Tous les visages étaient rouges » (l. 1), « figures plus sinistres » (l. 36), « les yeux grands ouverts, effrayante » (l. 40). La puérilité des comportements est soulignée par le terme de « caprice » et le commentaire ironique du narrateur : « Puisqu'on était victorieux, ne fallait-il pas s'amuser ! » (l. 22) : par jeu, chacun se déguise et arbore un accoutrement grotesque. Les propos d'Hussonnet révèlent le même mépris, qu'il s'agisse de souligner, dans une antiphrase ironique, la saleté des insurgés (« Les héros ne sentent pas bons ! », l. 3) ou leur absence de réalisme (« Quel mythe ! [...] Voilà le peuple souverain ! », l. 9). La réaction de Frédéric, ouverte par l'interjection « Ah ! » (l. 4), marque son désaccord : on devine sa fascination face à cette force populaire, guidée par son ivresse et ses seuls instincts. L'admiration de l'un naît précisément de ce qui dégoûte l'autre : les deux visions subjectives se complètent et pourraient ainsi dévoiler celle de l'auteur, sensible à la grandeur et à la valeur symbolique de certains actes tout comme à la bassesse de certains comportements.

3. L'impression de masse conjuguée à l'expression de la violence (champ lexical du combat : « éclata », l. 17, « brisa », « lacéra », l. 19) contribue à créer une tonalité épique à la scène et attribue au peuple une force qui semble irrépressible. De façon allégorique, la destruction du trône marque le renversement de la monarchie. Sa personnification, dans les paroles d'Hussonet, contribue à souligner sa dimension métonymique : « comme il chaloupe » (l. 11), « cancanne-t-il » (l. 12). Mais la familiarité des termes employés tend à dévaluer la portée du geste et souligne son caractère dérisoire. De même, les nombreuses expressions dévalorisantes dégradent la valeur héroïque du peuple, animé par des pulsions bestiales et privé ici de réflexion politique. Le narrateur a d'ailleurs soin de souligner, par l'emploi de l'irréel, les illusions puériles dont il se berce : « une joie frénétique éclata, comme si, à la place du trône, un avenir de bonheur illimité avait paru » (l. 17-18). Le caractère épique de la scène est dégradé par sa dimension grotesque et vulgaire : le symbole final de la fille de joie en statue de la Liberté concentre cette ambivalence, entre sublime et dérisoire. Ainsi, l'auteur s'éloigne des représentations glorieuses dont ont usé les Romantiques pour évoquer les insurrections populaires. Et si Frédéric semble encore animé d'une certaine illusion politique, sa passivité annonce déjà son désengagement et son progressif désenchantement.

TEXTE 11 : Gustave Flaubert, *Bouvard et Pécuchet* (1881, posth.) p. 190

Objectifs et enjeux

- → **Analyser une description subjective**
- → **Étudier comment l'auteur stigmatise la bêtise et le conformisme**

Lecture analytique

1. Installés à Chavignolles, en Normandie, Bouvard et Pécuchet ont décidé, après avoir infructueusement tenté de cultiver leur jardin, de l'aménager en suivant les conseils d'un guide intitulé *L'Architecture des jardins*. Ils organisent une pompeuse inauguration pour présenter leurs innovations à leur voisinage. La visite, sous la direction de Pécuchet, est annoncée de façon théâtrale : la présence incongrue de « rideaux » (l. 2) dans cet espace extérieur et la formule presque magique « le jardin apparut » (l. 2-3) montrent le caractère cérémonieux de la présentation. Le présentatif « C'était » (l. 4) ouvre la description de l'espace tel qu'il est perçu par les invités ; ainsi, le lecteur le découvre au gré de leurs déambulations. D'emblée, l'expression indéfinie « quelque chose » (l. 4) souligne le caractère difficilement identifiable du lieu, qualifié par l'adjectif péjoratif « effrayant » (l. 4). Les différents éléments du décor sont évoqués dans un ordre arbitraire, soulignant une organisation incohérente, et rappellent les stéréotypes des goûts romantiques : le rocher, « l'arbre foudroyé » (l. 8-9) et la cabane pour la nature, le « pont vénitien » (l. 6) et la « pagode » (l. 11) pour l'exotisme, le « tombeau » (l. 5) et le « mur en ruines » (l. 18) pour la nostalgie, la « charmille » (l. 9) et la « tonnelle » (l. 9) pour les confidences intimes. Le caractère insolite et grotesque de l'ensemble est détaillé par différents procédés : la comparaison « comme une montagne » (l. 4-5) souligne la taille exagérée du rocher, les indications de forme (un « cube », l. 5, un « accent circonflexe », l. 6, « une grande tache noire », l. 7, « en forme de cerfs ou de fauteuils », l. 8) ôtent toute poésie et les compléments circonstanciels de lieu associés à des légumes (« au milieu des épinards », l. 5, « par-dessus les haricots », l. 6, « sur le vigneau », l. 11-12) accentuent le prosaïsme de cet ensemble hétéroclite. Les termes aux connotations péjoratives (« pendaient », l. 10, « étalait », l. 10, « frappés », l. 12, « campagne toute plate », l. 13) confirment l'échec de ces recherches d'aménagement. L'ironie moqueuse du narrateur affleure dans l'explication fournie à propos de la cabane : « ils avaient incendié son toit pour la rendre plus poétique » (l. 7-8). La satisfaction des deux amis, exagérée par l'hyperbole « une véritable jouissance » (l. 15-16), repose sur un malentendu : « l'étonnement de leurs convives » (l. 15) relève bien plus de l'incompréhension que de l'admiration. Si les ifs taillés en forme de paons – d'un goût très discutable – suscitent l'enthousiasme d'une convive, l'accumulation de trois négations tempère immédiatement cette impression : « Mais le tombeau ne fut pas compris, ni la cabane incendiée, ni le mur en ruines » (l. 17-18). Les critiques fusent rapidement : accumulées au discours direct, sans précision sur les émetteurs, elles semblent unanimes. Les deux dernières tentatives de Bouvard pour épater son public tournent court : la présentation de la statue est un échec, l'écho ne se fait pas entendre, et le narrateur en explique malicieusement la raison, « Cela tenait à des réparations faites à la grange, le pignon et la toiture étant démolis » (l. 39-40). L'antithèse entre « réparations » et « démolis » souligne ironiquement le manque de discernement des deux acolytes. L'humiliation est totale lorsque les convives se moquent ostensiblement de la « porte aux pipes » (l. 29-30) : l'hilarité générale est décrite par une accumulation verbale (« éclata de rire », « poussait une sorte de gloussement », « toussait », « en pleurait », « fut prise d'un spasme nerveux », l. 32 à 34). Ainsi, au lieu de l'ébahissement attendu, le jardin de Bouvard et Pécuchet ne produit que des réactions de rejet qui progressent de l'incompréhension à la franche moquerie.

2. En adoptant le point de vue des convives, le narrateur permet au lecteur de découvrir le jardin et met en relief l'ampleur du désastre. Guidés par une recherche d'esthétisme, que Bouvard revendique en affirmant se moquer des fruits (l. 25), les deux apprentis paysagistes n'ont réussi qu'à compiler des horreurs. Leurs efforts sont réduits à néant : la parataxe dans « Bouvard et Pécuchet avaient charrié de l'eau pendant toute la matinée. Elle avait fui entre les pierres du fond » (l. 19-20) met en relief leur échec. Leurs déconvenues successives les ridiculisent, tout comme leur vain empressement : l'effort de Bouvard pour faire entendre l'écho, souligné par l'hyperbole « cria de toutes ses forces » (l. 37), est anéanti par un laconique « Rien ! » (l. 39). Mais la critique touche plus largement l'ensemble des convives dont est dénoncé le conformisme. La situation narrée relève elle-même du stéréotype : invités à découvrir un nouveau projet, les bourgeois du voisinage sont réunis lors d'une réception arrosée de « champagne » (l. 1). Généralement désigné par le pronom impersonnel « on », le groupe constitue un ensemble uniforme, volontiers prompt à l'imitation : il suffit qu'un membre rie pour que les autres, dans un effet de surenchère, s'esclaffent de plus belle. La comparaison « Tous firent comme elle » (l. 32) explicite ce comportement simiesque. Les réactions du groupe signalent également son hermétisme à toute question d'ordre esthétique. Ainsi, les premières critiques portent sur des considérations d'horticulture et non sur le manque d'harmonie ou de goût de l'installation. Le jardin mal paysagé suscite, pour tout commentaire, des réflexions sur les petits pois ou la taille des arbres fruitiers. À la suffisance de Bouvard et Pécuchet répond donc, comme en miroir, celle de leurs invités.

TEXTE 12 : Guy de Maupassant, *Une Vie* (1883) p. 191

Objectifs et enjeux

- **Étudier comment la focalisation interne détermine l'empathie du lecteur**
- **Analyser comment les illusions du personnage sont mises à l'épreuve du réel**

Lecture analytique

1. Le passage raconte la nuit de noces de Julien et Jeanne, vécue comme un viol par cette dernière qui, élevée dans un couvent, n'a pas été préparée à cette brutale confrontation au réel. Le choix de la focalisation interne permet au lecteur de savoir ce que ressent la jeune épouse durant cette nuit de noces. En taisant le point de vue de Julien, le narrateur invite le lecteur à prendre parti pour la jeune femme. Les références à ses sensations (« sentant une main forte », l. 7), à ses désirs (« elle avait surtout envie de se sauver », l. 9), les passages au discours indirect libre font découvrir ses pensées et révèlent la terreur qu'elle éprouve. Au contact de son mari, la jeune femme ressent une peur croissante, signifiée par la gradation du champ lexical de l'effroi : « peur », « effarement », « horrible anxiété », « bouleversée », « effroi », « épouvante », « saisissement ». Tétanisée, elle est incapable de bouger : la contradiction entre son désir de fuir (« soubresaut », l. 1, « elle avait surtout envie de se sauver, de courir par la maison », l. 9-10) et son immobilité (« elle ne remuait pas, raidie dans une horrible anxiété », l. 7) explicite sa panique. Prise au piège dans le lit conjugal, Jeanne ressemble à une bête traquée (« elle se blottit », l. 3, « éperdue », l. 3, « elle haletait », l. 8).

Le lecteur n'a pas accès aux pensées et réactions de Julien : son comportement est relaté du point de vue de Jeanne et le marié apparaît dès lors comme un époux brutal et égoïste (« il parut s'impatienter », l. 14, « avec une nuance de mauvaise humeur », l. 16, « attouchement brutal », l. 9). La mention répétée de sa pilosité (« jambe froide et velue », l. 2, « poil épais », l. 34), son comportement brusque le désignent comme un prédateur. Son désir est présenté, de façon hyperbolique, à la manière d'une faim : on pourra relever les adverbes « voracement » (l. 4-5) et « rageusement » (l. 20), la comparaison « comme affamé d'elle » (l. 20) ou les adjectifs « mordants... fous » (l. 21) qui qualifient ses baisers. Le rythme haletant des lignes 20 à 24 traduit tout à la fois l'empressement de Julien et l'égarement de Jeanne. L'excitation laisse place, une fois le désir contenté, au sommeil : la jeune mariée, négligée, finit par comprendre qu'elle n'est pas la première femme à être ainsi possédée. L'indifférence finale de l'époux désacralise la nuit de noces, la réduisant à une aventure parmi d'autres et constitue de fait un douloureux affront.

2. La désillusion de Jeanne affleure dans le bilan amer qu'elle tire de cette première expérience : les antithèses (« la désillusion d'une ivresse rêvée si différente », l. 39-40, « chère attente détruite », l. 40, « félicité crevée », l. 41) associent des termes suggérant l'espoir du bonheur au champ lexical de la destruction (avec la gradation de « détruite » à « crevée »). La fin du passage laisse entendre la colère de Jeanne, suscitée par le sommeil paisible de son époux qui constitue un ultime outrage. L'incommunicabilité affleure à travers le parallélisme « il dut lui parler et elle dut lui répondre » (l. 31) et dans le malentendu autour de l'expression « être ma petite femme » (l. 15) : Jeanne ne perçoit pas la connotation sexuelle, évidente pour Julien. Avec ironie encore, le narrateur mentionne la tapisserie de Pyrame et Thisbé (l. 44-45), symbole de l'amour éternel : la nuit que vient de vivre Jeanne offre un véritable contraste avec cette conception romanesque qui faisait rêver la jeune fille. Cette vision désenchantée de la vie de couple est de triste augure et constitue une brutale désillusion dont on devine qu'elle ne sera pas la dernière.

TEXTE 13 : Guy de Maupassant, *Bel-Ami* (1885) p. 192

Objectifs et enjeux

- **Étudier comment la fiction se nourrit du réel**
- **Percevoir la visée critique à travers une situation narrative**

Lecture analytique

1. De même que Madeleine aidait son premier mari dans la rédaction de ses articles et avait fourni son aide à Bel-Ami alors qu'il n'était qu'un proche de Forestier, elle participe activement à l'élaboration d'un nouveau texte dont elle est à l'initiative. Ses premières paroles, rapportées au discours direct, affichent un ton assez directif : elle interpelle Bel-Ami à travers la formule phatique « Tu ne sais pas » (l. 1) et use de verbes d'obligation comme « nous avons à » (l. 1) ou « Il faut » (l. 4). L'emploi du pronom personnel « nous » (l. 1) permet d'associer Bel-Ami à une décision qui semble prise de façon unilatérale. L'emploi du futur proche, associé à l'adverbe « immédiatement » (l. 6), les impératifs « Tiens, prends la lampe » (l. 6-7) laissent peu de place à la discussion : son mari obéit sans mot dire, soulignant un peu plus encore la domination de Madeleine. Son influence se mesure également à ses relations : les appositions au nom de « Laroche-Mathieu » (l. 4) rappellent l'importance politique de son informateur. Le début de la séance de travail est dirigé par la jeune femme : la succession de plusieurs verbes, dont elle est le sujet (« s'appuya », l. 14, « raconta », l. 14, « exposa », l. 15, « rêvait », l. 15), en fait l'élément majeur ; face à elle, Bel-Ami est en position d'écoute comme l'indique la valeur durative et simultanée de l'imparfait dans « Il l'écoutait avec attention » (l. 16). La situation s'inverse ensuite, comme l'explicite la formule « à son tour » (l. 17) : le jeune homme, sujet de quatre verbes juxtaposés (« il souleva des objections, reprit la question, l'agrandit, développa », l. 17), fait montre de créativité et d'ambition. La tournure binaire accentue la gradation qui souligne l'élargissement du projet : « non plus un plan d'article, mais un plan de campagne » (l. 17-18). Dans un jeu de va-et-vient qui souligne la connivence intellectuelle des époux, c'est au tour de Madeleine de prêter son attention à son mari qui a ouvert de nouvelles perspectives : « elle voyait large et loin en suivant la pensée de Georges » (l. 20). Elle est alors celle qui encourage : les propos, rapportés au style direct, marquent son adhésion, d'abord par la répétition de l'adverbe « Oui... oui » (l. 22) puis par les formules mélioratives et superlatives : « C'est très bon... C'est excellent... C'est très fort... » (l. 22).

Les rôles à nouveau s'échangent : Madeleine enjoint à l'action à travers l'impératif « écrivons » (l. 24) et inspire Georges, confronté à des difficultés de rédaction. On notera la récurrence des formules d'atténuation telles que « doucement » (l. 26), « souffler » (l. 26), « tout bas » (l. 27) qui montrent une certaine retenue alors même que les phrases dictées révèlent le style incisif de la jeune femme. Les expressions métaphoriques « traits piquants » (l. 32), « traits venimeux » (l. 32), la référence aux « railleries » (l. 33) *ad hominem* caractérisent son écriture volontiers perfide en même temps que les formules mélioratives « une façon drôle qui faisait rire » (l. 34) et « la justesse de l'observation » (l. 34-35) en reconnaissent les qualités. À Georges de compléter la trame ainsi fournie : les comparatifs de supériorité « plus profonde et plus puissante » (l. 36-37), le verbe « ajoutait » (l. 36) montrent comment il utilise les éléments fournis par Madeleine. Son talent tient à son « art des sous-entendus » (l. 37). En écho aux « traits » sarcastiques de la jeune femme fait écho le participe présent « aiguisant » (l. 38), filant ainsi la métaphore et confondant les styles dans une caractéristique commune. La fin du passage explicite cette union : l'emploi du pronom personnel pluriel « ils » (l. 42), des verbes pronominaux de sens réciproque « se souriaient » (l. 42) et « se révéler l'un à l'autre » (l. 43) insistent sur le rapprochement des personnages. La rédaction commune de l'article conduit à une véritable fusion spirituelle, une révélation explicitée par les émotions partagées puisque tous deux sont « enchantés et surpris » (l. 42-43).

2. Le passage insiste sur les liens entre journalisme et politique et, de façon plus générale, le roman raconte, à travers l'ascension de Georges Duroy, celle du journal *La Vie française*. D'abord considéré comme douteux, le journal devient peu à peu une référence respectée, capable d'influencer la vie politique, de lancer ou de détruire des carrières. Journaliste et chroniqueur, Maupassant connaît bien ce milieu et ses collusions avec le monde de la politique et des finances. L'actualité de l'époque affleure d'ailleurs assez explicitement dans le roman : l'affaire du Maroc, sujet de l'article, fait allusion à celle de Tunisie où Maupassant a été envoyé en 1881. La situation économique du pays a permis l'enrichissement de spéculateurs avertis qui ont su profiter de la déroute financière et ont pu acheter des terrains à très bas prix (parmi eux, les députés Laroche-Joubert et Léon Renault, dont le personnage fictif « Laroche-Mathieu » est peut-être l'amalgame). La rédaction de l'article de Bel-Ami et Madeleine montre les imbrications entre les deux milieux : les informations à l'origine du papier ont été fournies par un député et vont permettre d'attaquer le ministère. Quant à la véracité des faits, on voit comment le style journalistique de Duroy va permettre, par un jeu d'insinuations subtiles, de rendre le doute et les suppositions plus convaincants que la vérité : l'antithèse entre « douteux ou compromettant » (l. 39) et « imposer à l'esprit avec plus de force » (l. 40) fait ressortir cette stratégie de manipulation des données. La volonté de « blesser le chef du conseil » (l. 32-33), les attaques personnelles « sur son visage » (l. 33) montrent la férocité à l'œuvre. Enfin, le passage souligne l'opportunisme de Bel-Ami qui utilise à ses propres fins les talents de sa femme, et jouit sans scrupule de la place de son ancien ami décédé : de façon sarcastique, le narrateur montre Duroy installant ses pieds dans « la chancelière du mort » (l. 11) avant de s'emparer du « porte-plume d'ivoire, un peu mâché au bout par la dent de l'autre » (l. 12-13).

TEXTE 14 : Guy de Maupassant, *Pierre et Jean* (1888) p. 193

Objectifs et enjeux

→ Étudier les effets d'un *incipit in medias res*

→ S'interroger sur les fonctions de la description et sa dimension programmatique

Lecture analytique

1. L'ouverture du roman sur l'interjection familière « Zut ! » (l. 1) ne manque pas de surprendre le lecteur mais aussi les personnages présents puisque Mme Roland, « assoupie » (l. 4), est soudain réveillée par l'exclamation de son mari. Le lecteur est ainsi brutalement introduit dans une partie de pêche dont la tranquillité est interrompue. La locution adverbiale « tout à coup » (l. 1) marque la soudaineté de la prise de parole et indique un changement de situation. L'état antérieur des personnages est caractérisé par le silence voire le sommeil : les expressions « immobile » (l. 2), « yeux fixés » (l. 2), « un mouvement très léger » (l. 2-3) associées à l'imparfait duratif « demeurait » (l. 1-2) marquent une immobilité à laquelle les passés simples « se réveilla » (l. 5), « répondit » (l. 7), « se mirent à rire » (l. 11) mettent un terme. La vie sur l'embarcation semble reprendre au moment même où démarre le récit. La vivacité de ce début *in medias res* suscite la curiosité du lecteur qui va devoir reconstituer la situation au gré des informations qui vont lui être peu à peu fournies.

L'*incipit* répond de façon habile à ses deux principales fonctions : fournir les informations nécessaires à la compréhension de l'intrigue et susciter la curiosité. Si l'entrée en matière étonne par son abrupte interjection initiale, elle surprend également par l'absence de tout élément perturbateur. Rien ne vient troubler la paisible partie de pêche, si ce n'est le maigre butin que déplore M. Roland. Le lecteur, à bon droit un peu déçu, s'interroge donc sur la suite du récit. Les autres composants lui sont peu à peu fournis. Le choix de la focalisation zéro permet en effet au narrateur de nous informer sur la situation et les personnages. Ces derniers sont présentés dans un ordre concerté : d'abord le père de famille, puis sa femme, les deux fils (l'aîné, Pierre, avant son cadet). Mme Rosémilly est mentionnée comme « invitée » (l. 12) mais reste en retrait. Le narrateur omniscient est en mesure de révéler le passé des personnages ou leurs habitudes : « Ils faisaient, chaque fois, le même mensonge » (l. 40). Le recours à la caractérisation directe permet de décrire brièvement les deux frères, tout en soulignant leurs différences : l'apposition « un homme de trente ans à favoris noirs coupés comme ceux des magistrats, moustaches et menton rasés » (l. 32-33) s'oppose à celle qui permet de présenter Jean, « un grand garçon blond, très barbu, beaucoup plus jeune que son frère » (l. 37). L'apostrophe « docteur » (l. 31) informe également sur le statut social de Pierre. Le contexte est révélé par touches : la mention de « l'eau » (l. 2) puis du « bateau » (l. 4) annonce la « partie de pêche » (l. 5) qui est en train de se dérouler. Peu de marqueurs temporels apparaissent mais la précision « Depuis midi » (l. 8) indique que la scène se situe dans l'après-midi et que la partie de pêche a débuté depuis quelques heures. Enfin, les propos tenus permettent de découvrir certains traits de caractère. M. Roland se montre impulsif et irascible : il n'hésite pas à se plaindre de la gêne occasionnée par les femmes, même si c'est au détour d'une proposition à valeur générale : « les femmes vous font embarquer toujours trop tard » (l. 9). Ce manque de courtoisie, souligné par Jean, le conduit à se justifier. Son attitude contraste avec celle de sa femme : c'est elle qui le rappelle à l'ordre (l. 6) et la rêverie par laquelle elle semble absorbée l'éloigne de la partie de pêche qui obsède son mari. Elle fait toutefois preuve d'amabilité et cherche à apaiser les conflits, complimentant son mari pour sa « belle pêche » (l. 19), laquelle se réduit pourtant à une maigre proie. Le couple paraît ainsi assez mal assorti. Enfin, les deux frères sont présentés de façon identique : ils sont réunis dans l'expression « ses deux fils » (l. 10), dans une même attitude (« chacun une ligne enroulée à l'index », l. 10-11), dans une même réaction (« ils se mirent à rire en même temps », l. 11). Au terme de cette première page, le lecteur connaît donc les données spatio-temporelles ainsi que les principaux personnages.

2. Plusieurs éléments confèrent à cet *incipit* une dimension réaliste. L'usage du discours direct, dès l'ouverture du roman, permet de rapporter les paroles telles qu'elles sont supposées avoir été prononcées : les interjections familières abondent (« Zut ! », l. 1, « Eh bien !... eh bien ! », l. 6, « Cristi ! », l. 29, « Oh ! », l. 34) ainsi que les tournures elliptiques propres à l'oral (« Oh ! pas grand-chose, trois ou quatre », l. 34, « Et toi, Jean ? », l. 36). La syntaxe plus relâchée (« ils sont frais, ceux-là ! », l. 29, « Il ne mord plus, le gredin », l. 43) contribue également à la vivacité de l'échange et donne une impression d'authenticité. Le champ lexical de la pêche plonge le lecteur dans l'ambiance et renvoie à une situation plutôt banale. Les caractérisations sont nombreuses et précises, à propos par exemple du poisson qui « palpitait vaguement encore, avec un bruit doux d'écailles gluantes et de nageoires soulevées » (l. 21-22). Les notations visuelles (« flot d'argent », l. 25) ou olfactives (« odeur forte », l. 26, l'oxymore « saine puanteur », l. 26, « huma », l. 28) sollicitent les sens et invitent à participer à la scène. D'ailleurs, les allitérations en labiales dans « avec un bruit doux d'écailles gluantes et de nageoires soulevées, d'efforts impuissants et mous, et de bâillements dans l'air mortel » (l. 22-23) semblent imiter les bruits émis par le poisson agonisant. Mais cette description représentative se double d'une fonction plus symbolique : la « saine puanteur » (l. 26) annonce peut-être déjà le secret de famille et la perversité des relations qui se cachent derrière une apparente harmonie. De même, la position spatiale des deux frères, « l'un à bâbord, l'autre à tribord » (l. 10), en plus de leurs physiques contraires – l'un est « blond, très barbu » (l. 37), l'autre est brun, « moustaches et menton rasés » (l.33) –, suggère leur opposition et leur rivalité, tandis que leur mensonge récurrent, sur un sujet certes futile, trahit une certaine dissimulation. Ainsi, la description réaliste d'une situation apparemment apaisée laisse sourdre une menace et revêt une dimension proleptique.

TEXTE 15 : Pierre Loti, *Pêcheur d'Islande* (1886) p. 194

Objectifs et enjeux

- → **Étudier la progression et le rythme du récit**
- → **Analyser les sentiments des personnages et exploiter la focalisation interne**
- → **Comprendre comment Loti, en marge du Naturalisme, renouvelle les thèmes tragiques par l'écriture romanesque**

Lecture analytique

1. Le passage met en scène les derniers moments que les jeunes mariés passent ensemble. La scène de séparation suit une progression qui la rend à la fois lente et dramatique. Le premier paragraphe constitue un sommaire qui permet de résumer les dernières paroles échangées par les personnages. Les verbes « se parlaient » (l. 1) et « se disaient » (l. 4), comme le substantif « causerie » (l. 2) concentrent ces derniers échanges en attirant l'attention du lecteur sur les sentiments de Gaud et Yann, qui éprouvent la crainte de « faire fuir le temps plus vite » (l. 2).

À la ligne 5, l'emploi du passé simple introduit une rupture. Les lignes 5 à 9 constituent une scène : celle des derniers gestes. On peut relever les verbes au passé simple qui marquent l'enchaînement des actions : « enleva » (l. 5), « se serrèrent » (l. 6), « s'embarqua » et « se déployèrent » (l. 7), « agita » (l. 8). Aux lignes 5 et 6, on peut observer la juxtaposition des deux propositions qui traduisent le caractère précipité du départ. L'introduction à la ligne 9 de l'adverbe « longtemps » vient donner l'impression d'un ralentissement. Dans le même temps, le personnage de Yann s'efface : à la ligne 8, Gaud le reconnaît encore tandis qu'à la ligne suivante il n'est plus qu'une « silhouette sur la mer ».

Dès lors, le récit s'attache à souligner cet effacement lent et progressif du navire et de Yann. On relèvera ainsi les reprises des substantifs « éloignement » (l. 11), du verbe « s'éloigner » (l. 9 et 20) ou de l'adjectif « lointaine » (l. 37). On remarque que le récit suit d'abord le double mouvement de Gaud et du bateau quittant le port (l. 13-14). Puis Gaud s'arrête et laisse le navire s'éloigner : « Il lui fallut bientôt s'arrêter parce que la terre était finie » (l. 15). La scène devient alors statique et le bateau échappe lentement au regard de la jeune femme.

2. Le choix d'une focalisation interne permet au narrateur de mettre en évidence la lente disparition de la *Léopoldine* mais aussi les sentiments de la jeune femme. À la ligne 1, le lecteur comprend ce qu'éprouvent les deux personnages grâce à la comparaison qui le place en observateur extérieur. À partir de la ligne 8, le narrateur adopte une focalisation interne avec l'emploi du verbe de perception « reconnaissait ». Le champ lexical du regard, développé tout au long du texte, conforte cette focalisation.

Ce choix permet au lecteur d'accéder aux pensées de Gaud. À la ligne 12, le regard de Gaud se trouble. Ce trouble est souligné plus loin par l'emploi du subjonctif plus-que-parfait « on eût dit » (l. 19). Le trouble de la vision cède la place à une forme d'inquiétude. En effet, le narrateur adopte un discours narrativisé qui traduit ce sentiment : « Et à la longue, c'était étrange, cette agitation sourde des eaux » (l. 34-35). De même, la comparaison de la ligne 35 (« c'était comme si le lit des mers [...] voulait déborder ») pourrait traduire l'angoisse de la jeune femme face à la mer, angoisse qui se fait sentir à mesure que Yann disparait.

3. Cette angoisse qui se manifeste face aux éléments dont Gaud pressent la victoire inéluctable, installe la scène dans une atmosphère tragique qui dépasse toute recherche de pittoresque ou tout effet de réel. Ainsi, dès la ligne 3, l'adverbe « inexorablement » précédant le verbe « finir » place la scène sous le signe d'une mort annoncée. L'adjectif « suprêmes » (l. 4) conforte cette idée ainsi que l'évocation de « l'obscurité » à la ligne 41. On peut noter qu'à la ligne 16, Gaud s'assied « au pied d'une dernière grande croix » qui apparaît, aux yeux du lecteur, comme un signe de mauvais augure.

La mer joue ainsi le rôle d'une force transcendante, supérieure, contre laquelle les personnages ne peuvent lutter. Des lignes 2 à 24, la comparaison fait des « ondulations » de la mer le reflet d'une « tourmente qui se serait passée ailleurs, derrière l'horizon ». Le lecteur sent qu'une force invisible est à l'œuvre, force d'autant plus funeste que « dans le champ profond de la vue [...] tout demeurait paisible » (l. 25-26). Des lignes 31 à 36, la mer semble dotée d'une volonté propre avec l'emploi des termes « effort » (l. 33) et « voulait » (l. 36). La structure énumérative des lignes 31 à 34 semble mimer le ressac déterminé à « inonder les même grèves ». L'image qui clôt le texte annonce bien la disparition du navire et des marins qui s'apprêtent à entrer dans des « au-delà infinis ».

III. Le Naturalisme : l'ambition scientifique du roman (p. 195-198)

TEXTE 16 : Edmond et Jules de Goncourt, *Germinie Lacerteux* (1865) p. 195

Objectif et enjeux

→ Comprendre le projet romanesque des auteurs
→ Analyser le point de vue des Goncourt sur leur personnage

Lecture analytique

En racontant la vie de Germinie Lacerteux, les Frères Goncourt font le projet de faire accéder le peuple au roman comme ils l'annoncent dans la préface à ce roman écrite en octobre 1864 :

> « Nous nous sommes demandé s'il y avait encore, pour l'écrivain et pour le lecteur, en ces années d'égalité où nous sommes, des classes indignes, des malheurs trop bas, des drames trop mal embouchés, des catastrophes d'une terreur trop peu noble. »

L'étude sur le vif de leur servante Rose Malingre, qui a inspiré le personnage de Germinie, devait, selon eux, permettre de comprendre les ressorts qui mènent à une vie misérable : origine sociale, hérédité, histoire personnelle...

1. Le narrateur du roman porte un regard clinique sur l'alcoolisme de son héroïne. Le goût de Germinie pour l'alcool se fonde sur une expérience première, qui fait l'objet d'un épisode du roman, « un matin », où un verre bu avec Adèle « lui avait donné toute une journée d'oubli. » (l. 3) Cette expérience originelle constitue dès lors le point de départ de sa déchéance et de sa transformation comme le marque l'emploi intransitif du verbe : « elle avait bu » (l. 4). Le plus-que-parfait dans sa valeur accomplie souligne aussi que le destin de Germinie est scellé. L'anaphore qui suit de ce même verbe, dans un emploi cette fois transitif, détaille, dans le long passage des lignes 4 à 15, les rites et la progression de sa maladie. Germinie boit dès le matin, et avec tout le monde, profitant de toutes les occasions : « avec l'une », « avec l'autre », « avec des hommes », « avec Adèle ». (l. 5-7). Les narrateurs marquent aussi l'évolution de la consommation d'alcool de Germinie : elle passe en effet d'une consommation en « société », où elle avait besoin « d'entraînement », « du choc des verres », de « l'excitation de la parole » et « de la chaleur des défis » (l. 9-10), dans une évocation rythmée par des groupes nominaux construits symétriquement et qui valorisent encore les plaisirs partagés collectivement, à une consommation solitaire « elle était arrivée à boire seule » (l. 10-11), « solitairement et désespérément » (l. 13). Le texte donne à lire également comment Germinie passe de « petites *lichades* » (l. 4) à des verres « qu'elle avalait coup sur coup », des verres de « mélanges de vin blanc et d'eau-de-vie » (l. 13-14) qui ne servent qu'à accélérer l'ivresse. Le narrateur porte d'ailleurs un regard ambigu sur cette ivresse, au travers d'une série de trois expressions oxymoriques et symétriques : « le trouble heureux », « la folie vivante » et « le rêve éveillé et délirant de l'ivresse » (l. 15-16). Toutefois, la forme contournée par la négation absolue « Car ce qu'elle voulait, ce n'était point » marque bien qu'il n'y a aucun plaisir à retirer de l'alcool pour Germinie, sinon « l'oubli » que seul le « sommeil » (l. 17) peut lui apporter. Aussi la voit-on à la fin du passage se forcer à boire et à vider son verre « avec frénésie » pour « boi[re] [ses] embêtements » (l. 35-36) dans une métaphore qui dit explicitement les raisons de son alcoolisme et explique ainsi la déchéance de Germinie.

2. Son « Ivrognerie » (l. 29) succède rapidement à son ivresse et signe son déclin qui la conduira à « la Mort ». Cette déchéance s'inscrit déjà dans les rencontres de Germinie : ainsi Adèle, la crémière qui l'initie à l'alcool, boit « comme un homme » et prend « un vil plaisir à voir descendre aussi bas qu'elle cette bonne de femme honnête » (l. 7-8). Elle découvre en sa compagnie un monde de « bonnes de femmes entretenues », d'« hommes » (l. 4-6) avec qui elle partage les plaisirs de l'ivresse, et dans lequel son honnêteté ne peut subsister. La chute de Germinie se lit également dans la gestuelle coupable et dissimulée de son ivrognerie solitaire : « le verre [...] remonté sous son tablier et caché dans un recoin » (l. 11-12) et dans son accablement, « sur la toile cirée de la table de cuisine » (l. 20). Le tableau de son alcoolisme se fait toujours plus noir jusqu'à « l'absinthe pure » qu'elle boit pour « tomber dans une léthargie plus inerte » (l. 42-43).

Un sentiment de honte, d'abjection par rapport à sa situation accompagne sa déchéance : « Les heures de sa vie qu'elle vivait de sang-froid, en se voyant elle-même, en regardant dans sa conscience, en assistant à ces hontes, lui semblaient si abominables ! » (l. 24-26). Les trois gérondifs offrent ici un rythme ternaire formant un *crescendo* dans l'introspection de Germinie et soulignant sa souffrance et son humiliation. Le pluriel de « hontes » et l'emploi d'un lexique fort (« abominable ») et de la modalité exclamative renforcent cette impression. Plus loin, les narrateurs évoquent « un plus douloureux sentiment d'elle-même, une désolation et une détestation plus grandes de ses fautes et de ses malheurs » (l. 39-41) dans une nouvelle gradation.

Le sommeil devient une obsession, comme le signale la répétition du mot des lignes 17 à 29 ; il semble être le seul remède que trouve la servante pour échapper à sa triste condition, mais tous les termes et les images qui lui sont associés disent le prix à payer pour l'obtenir : « noir bonheur » (l. 17), « sans mémoire et sans rêve » (l. 17-18), « sommeil de plomb » (l. 18), « coup d'assommoir sur la tête d'un bœuf » (l. 18-19), le « sommeil congestionné de l'Ivrognerie qui berce avec les bras de la Mort » (l. 28-29) : cette métaphore personnifiant « l'Ivrognerie », le sommeil et la Mort conduit Germinie vers une fin inéluctable.

3. Si le regard des Goncourt sur l'alcool et ses effets sur le personnage de Germinie se veut scientifique et réaliste, les auteurs n'en utilisent pas moins une écriture imagée, riche en figures de rhétorique qui donnent au texte une tonalité tragique et provoquent la compassion pour un personnage dont le lecteur peut comprendre les souffrances.

Dès la première ligne de cet extrait, la vie de Germinie est décrite avec un lexique hyperbolique sous le signe de la souffrance et de la mort : « torture », « souffrait », « mort et passion » – deux mots qui peuvent ici être considérés comme des synonymes – « horreurs » (l. 1-2). Le sommeil que lui procurent le vin et les liqueurs est lui aussi fortement associé à l'idée de mort ; ses effets sont décrits physiquement par des verbes dont la progression mime les étapes vers la mort : « tombant [...] comme un coup d'assommoir sur la tête d'un bœuf », « foudroyaient », « couchaient la face », « rouler » (l. 18-21). Ce sommeil est synonyme d'une mort qu'elle recherche, « comme la trêve et la délivrance d'une existence qu'elle n'avait plus le courage de continuer ni de finir » (l. 22-23) ; et plus loin, de manière plus explicite, les narrateurs évoquent l'« immense besoin de néant [...] qu'elle éprouvait dans l'éveil » (l. 23-24). Le lecteur trouve dans le lexique employé l'annonce de la mort de Germinie qui « [s'abîme] la santé à boire » (l. 37). Une métaphore souligne encore « ses souffrances, ses douleurs, tout son horrible présent [qui] allait se noyer disparaître » (l. 31-32), cette descente vers une mort souhaitée, comme le montre l'image inversée de la noyade qui doit la délivrer de son malheur. En racontant, en expliquant son destin, les Goncourt permettent au lecteur de comprendre le personnage de Germinie et les raisons de son « Ivrognerie ».

L'écriture et le projet romanesque convergent, comme on peut le lire dans les dernières lignes de la préface de l'œuvre :

> « Il nous est venu la curiosité de savoir si cette forme conventionnelle d'une littérature oubliée et d'une société disparue, la Tragédie, était définitivement morte ; si, dans un pays sans caste et sans aristocratie légale, les misères des petits et des pauvres parleraient à l'intérêt, à l'émotion, à la pitié, aussi haut que les misères des grands et des riches ; si, en un mot, les larmes qu'on pleure en bas pourraient faire pleurer comme celles qu'on pleure en haut. »

TEXTE 17 : Émile Zola, *L'Assommoir* (1877) p. 196

Objectifs et enjeux

- → **Analyser la description de l'alambic et les points de vue portés sur l'objet**
- → **Comprendre le rôle de cette description dans le début du roman et comment elle oriente sa lecture**

Lecture analytique

Dans sa préface à *l'Assommoir*, Zola dit de son œuvre :

> « J'ai voulu peindre la déchéance fatale d'une famille ouvrière, dans le milieu empesté de nos faubourgs. Au bout de l'ivrognerie et de la fainéantise, il y a le relâchement des liens de la famille, les ordures de la promiscuité, l'oubli progressif des sentiments honnêtes, puis comme dénouement la honte et la mort. »

Pour rendre compte de cette réalité sociale, Zola enquête sur le monde et la vie de son temps à la manière d'un ethnologue et recueille « la matière d'une véritable encyclopédie de la vie sociale au XIXe siècle » (Henri Mitterand). Ce faisant, il inscrit ses personnages dans un univers attesté, une géographie réelle qui leur donnent un poids d'authenticité.

Dans le projet réaliste, la description constitue un motif important. Pour motiver cet élément textuel, l'auteur choisit le plus souvent d'adopter le point de vue d'un personnage qui découvre le lieu ou l'objet au fil de la narration. La description s'organise selon ce point de vue, auquel peuvent s'ajouter ceux d'autres personnages, celui du narrateur. Cette description, surtout quand elle se situe au début du roman, peut avoir une fonction métonymique et donner ainsi à lire le destin du personnage principal. L'alambic au début de *L'Assommoir*, devient ici la métaphore, le synonyme du fléau qu'est l'alcoolisme chez les pauvres.

1. Le lecteur va découvrir l'alambic qui trône dans le café du Père Colombe en empruntant divers points de vue, ceux des personnages réunis à ce moment de l'histoire. Gervaise, tout d'abord, est poussée par une « curiosité » (l. 2-3) qui constitue une première motivation à la description ; sa position et son regard offrent au lecteur la localisation de l'objet, à l'écart et protégé, « au fond, derrière la barrière de chêne » (l. 3). L'alambic y apparaît remarquable par sa taille, sa couleur et la lumière qui tombe sur lui « sous le vitrage clair de la petite cour » (l. 3-4). Les connotations de cette première image sont positives.

Coupeau prend ensuite le relai pour expliquer à Gervaise « comment ça marchait » (l. 5), comme le marque le discours narrativisé. La description rendue vivante par ses gestes reste positive : la taille de l'appareil et la clarté de l'alcool qui en sort (l. 6-7) sont évoquées par des termes mélioratifs : « énorme », « limpide ».

La longue phrase qui suit marque une première rupture, signalée par des caractéristiques plus inquiétantes : son apparence « étrange », sa « mine sombre » s'opposent à la clarté et au fonctionnement rationnel exposés précédemment. L'objet semble s'animer d'une vie cachée et obscure : « à peine entendait-on un souffle intérieur, un ronflement souterrain » (l. 9). Ce regard qui s'avère bien différent est celui du narrateur qui alerte son lecteur sur le caractère dangereux de l'alambic.

La conjonction « Cependant » marque un changement de perspective, en opposition à la précédente ; c'est un nouveau personnage, Mes-Bottes, qui offre son point de vue dans un discours indirect libre qui fait entendre sa voix et celles de ses « camarades » (l. 11). Le narrateur esquisse tout d'abord son portrait alors que Mes-Bottes attend de pouvoir consommer, regardant fixement « la machine à soûler » (l. 14). On découvre en quelques mots le portrait d'un alcoolique et son « rire de poulie mal graissée » (l. 13), ses gestes mécaniques (« hochant la tête »), son regard attendri sur la machine et son discours vulgaire qu'un juron introduit, « Tonnerre de Dieu » (l. 14). La personnification de l'alambic, comparé à une femme « gentille » (l. 14) annonce le désir presque sensuel qu'il éprouve pour l'alcool. L'écriture restitue son admiration bruyante et puérile avec les interjections et phrases exclamatives, les expressions familières et enfantines (« dans ce gros bedon de cuivre », l. 15), allant jusqu'au fantasme, celui d'être relié à la machine comme un enfant l'est à sa mère : « Lui, aurait voulu qu'on lui soudât le bout du serpentin entre les dents, pour sentir le vitriol encore chaud, l'emplir... » (l. 16-17). Au travers du « fichu grelot » (l. 21) du personnage de Mes-Bottes, le lecteur comprend la puissance du désir de l'alcoolique pour le « vitriol », qu'il veut boire en continu, comme à « un petit ruisseau » (l. 18). Cette image se poursuit comme une métaphore filée, où l'alambic « [laisse] couler sa sueur d'alcool, pareil à une source lente et entêtée » (l. 23-24), jusqu'à « envahir la salle, se répandre sur les boulevards extérieurs, inonder le trou immense de Paris. » (l. 24-25). Toutefois les connotations, attachées à ces images ont changé : elles ont perdu, comme l'indique la forme négative « sans une flamme, sans une gaieté » (l. 22), leurs connotations maternelles, chaleureuses et vivantes pour offrir la vision cauchemardesque d'une catastrophe, d'un flot funeste qui se répand dans la ville entière.

2. La dimension réaliste du passage lui confère une dimension documentaire dans ses premières lignes. L'alambic est situé dans le décor et Coupeau apporte à la description des explications qui en décrivent le fonctionnement technique, sans que l'on puisse déterminer une tonalité marquante. Mais le texte est rapidement investi par des qualificatifs qui témoignent de jugements plus marqués et la diversité des points de vue sur l'alambic amène le lecteur à entendre des voix différentes.

Les propos de Mes-bottes et ses commentaires apportent une tonalité comique et burlesque à la description et ses camarades sont les premiers à s'amuser de son bavardage. En affichant ses fantasmes, comme on l'a vu, ce dernier se livre à une certaine forme d'auto-dérision et en profite pour moquer le père Colombe en déplorant la taille des verres qu'il sert. On retrouve alors cette convivialité du café qui en fait aussi un lieu social.

Le point de vue du narrateur projette sur l'alambic une image très défavorable : il le qualifie de « machine à soûler ». La description, en évoluant, évoque l'objet de manière très sombre, et confère une dimension presque fantastique au récit : avec sa forme effrayante, l'alambic s'anime (« un souffle intérieur, un ronflement souterrain », l. 9-10). Tous les éléments convergent vers la figure monstrueuse d'un « travailleur morne, puissant et muet » (l. 10-11). Cette image inquiétante de l'alambic est renforcée aux lignes 21 à 25, provoquant le dégoût (« sueur d'alcool ») et devenant menace (« envahir la salle, se répandre sur les boulevards extérieurs »), voire catastrophe (« inonder le trou immense de Paris »). L'image de la capitale ramenée à un « trou » accentue évidemment la vision cauchemardesque de la ville noyée par l'alcool et est annonciatrice d'une mort tragique.

3. Cette description, qui s'inscrit dans les premières pages du roman, remplit la fonction attendue de construction du cadre romanesque : le narrateur décrit l'espace où vivent les personnages, contribuant, avec l'évocation du quartier de la Goutte d'or et de ses cafés, à installer l'effet de réel pour un lecteur qui retrouve une géographie connue.

Mais il s'agit également d'un roman dont le titre est *L'Assommoir*, nom du café du père Colombe ; le terme renvoie à l'arme qu'utilisent les bouchers pour abattre les bêtes et, par extension, à ce qui étourdit le buveur, l'eau de vie. Le titre réfère donc à l'univers de l'alcool et à l'alcoolisme qui constitue un fléau social au XIXe siècle.

L'alambic au cœur du café devient dès lors métonymique de l'histoire racontée ; les connotations et tonalités en annoncent le dénouement. Les points de vue divers marquent des trajectoires différentes pour les personnages. Gervaise découvre l'alambic avec une curiosité qui se démarque dans un premier temps du point de vue du narrateur, beaucoup plus perspicace sur les méfaits de l'alcool. Mais au fil de la description, et comme contaminées par sa voix, elle adopte son point de vue et paraît effrayée : « Alors, Gervaise, prise d'un frisson, recula ; et elle tâchait de sourire, en murmurant :
– C'est bête, ça me fait froid, cette machine... la boisson me fait froid... » (l. 25-27).
Ce frisson peut être interprété comme le pressentiment de son destin tragique qui ne sera pas le « bonheur parfait » dont elle rêve, où elle pourrait « mourir dans son lit ». (l. 30) D'ailleurs, Coupeau ne s'y trompe pas en la rassurant (« je ne bois jamais », l. 32-33) et en lui promettant : « nous nous chaufferons les petons » (l. 33-34), ironie tragique lorsque l'on découvre la fin de l'histoire. Les personnages du roman sont trop faibles pour lutter contre la puissance dévastatrice du monstre de l'alcoolisme qui transforme la ville de Paris en trou inondé.

Par ailleurs, la vitalité bravache et comique de Mes-Bottes évoque aussi les plaisirs partagés des ouvriers et les moments de répit que leur offre leur vie.

TEXTE 18 : Émile Zola, *La Bête humaine* (1890)

p. 197

Objectifs et enjeux

→ **Analyser la maladie de Jacques et la perception qu'il en a**

→ **Comprendre le sens et les fonctions du titre**

Lecture analytique

> Et c'est là ce qui constitue le roman expérimental : posséder le mécanisme des phénomènes chez l'homme, montrer les rouages des manifestations intellectuelles et sensuelles telles que la physiologie nous les expliquera, sous les influences de l'hérédité et des circonstances ambiantes, puis montrer l'homme vivant dans le milieu social qu'il a produit lui-même, qu'il modifie tous les jours, et au sein duquel il éprouve à son tour une transformation continue.

Émile Zola, *Le Roman expérimental*, 1880.

Avec le Naturalisme, Zola adopte une méthode scientifique, héritée notamment de Claude Bernard, qui trouve son illustration dans *La Bête humaine*. Après avoir décrit les ravages sociaux et familiaux de l'alcoolisme dans *L'Assommoir*, il analyse comment ce fléau agit sur les enfants de Gervaise et de Lantier qui souffrent de cette hérédité, à l'exemple de Jacques qui, dans ce passage, éprouve une pulsion-désir presque incoercible de meurtre sur la jeune Flore.

1. Le début de ce passage évoque la souffrance de Jacques qui découvre qu'il n'est pas guéri de son désir de meurtre, notamment au travers de l'expression « les jambes brisées » (l. 1). Cette hyperbole évoque aussi sa course folle pour échapper à l'envie de tuer Flore. Face au mal, il est physiquement abattu (« Jacques [...] tomba au bord de la ligne, et il éclata en sanglots convulsifs, vautré sur le ventre, la face enfoncée dans l'herbe », l. 1-4) comme s'il voulait lui échapper, disparaître du monde. Par leur connotation animale, le verbe « vautrer » et l'adjectif « convulsifs » marquent également la dimension bestiale de sa maladie. Le discours indirect libre fait entrer dans les pensées du personnage, qu'il exprime par la prière et les questions rhétoriques : « Mon Dieu ! il était donc revenu, ce mal abominable dont il se croyait guéri ? » (l. 4-6). La modalité exclamative, les répétitions (« tuer ») et les reformulations soulignent aussi la difficile prise de conscience de son acte : « Voilà qu'il avait voulu la tuer, cette fille ! Tuer une femme, tuer une femme ! » (l. 6-7).

Submergé par la souffrance, il se compare aux autres, « sous l'éveil de la puberté » (l. 10), confrontant le désir de ceux qui « rêvent d'en posséder une » (l. 11) au sien « enragé à l'idée d'en tuer une » (l. 11-12), opposant le désir sensuel à la folie meurtrière. Son désir à lui prend une dimension bestiale, mise en exergue par le mot « rage ». L'écriture mime la fascination qui le submerge par la répétition du mot « chair », montrant ainsi son obsession : « il avait bien pris les ciseaux pour les lui planter dans la chair, dès qu'il l'avait vue, cette chair, cette gorge, chaude et blanche » (l. 13-15). Les démonstratifs et les adjectifs qualificatifs apposés expriment cette envie irrépressible. La prise de conscience de sa folie meurtrière ne suffit pourtant pas à éteindre son désir : « s'il ne s'était pas cramponné aux herbes, il serait retourné là-bas, en galopant, pour l'égorger » (l. 17-18) ; « ses doigts tordus entrèrent dans la terre » (l. 20). Les verbes « galoper » et « égorger » renforcent la bestialité du comportement de Jacques.

Pourtant, il cherche à surmonter la violence de ses pulsions et rationalise, en essayant de comprendre les causes de cette maladie : « il s'efforçait de se calmer, il aurait voulu comprendre » (l. 22). Son investigation le ramène au passé : « Là-bas, à Plassans, dans sa jeunesse, souvent déjà il s'était questionné » (l. 23-24). Dans sa recherche clinique de l'origine de son mal, il tente de reconstruire une chaîne d'explication pour retrouver la sauvagerie primitive, et examine tous les êtres de sa famille : Gervaise, Claude et Étienne. Il analyse la santé de ses proches pour y voir s'il n'y a pas d'autres signes de maladie et s'épuise dans cette recherche vaine où toutes les causes immédiates sont peu à peu exclues au profit d'une vague et terrible faute originelle qui demeure elle-même irrémédiablement obscure et conclut : « La famille n'était guère d'aplomb, beaucoup avaient une fêlure. Lui, à certaines heures, la sentait bien, cette fêlure héréditaire » (l. 32-33).

Revenant de nouveau à sa maladie, il tente de définir les symptômes et les effets par des images : « de subites pertes d'équilibre, comme des cassures, des trous par lesquels son moi lui échappait, au milieu d'une sorte de grande fumée qui déformait tout » (l. 35-37). La raison lui échappe, il perd l'équilibre et la vue, tout ce qui le rattache au réel et à l'humanité, payant « pour les autres, les pères, les grands-pères, qui avaient bu, les générations d'ivrognes dont il était le sang gâté » (l. 40-41).

2. L'expression oxymorique, « la Bête Humaine », titre du roman, offre une image qui invite à faire le lien notamment avec le personnage principal, Jacques Lantier. Cette image dit le caractère double et antagoniste du mécanicien de la Lison. Contrairement aux autres Macquart, il est travailleur, aime son métier et il évite les frasques. Il ne boit pas, « ayant remarqué que la moindre goutte d'alcool le rendait fou » (l. 39). Jacques montre aussi dans sa lutte contre ses pulsions comment il se sert de sa raison pour comprendre la situation, et lutter contre l'origine de sa maladie. Par ailleurs, il retourne sa force et son énergie contre soi pour lutter contre son désir, en s'enfuyant jusqu'à tenter de disparaître sous terre. C'est la dimension humaine du personnage.

Pourtant, depuis l'enfance, il est sujet à des pulsions meurtrières, nommées sa « maladie » par sa marraine, tante Phasie, et qualifiées par le narrateur de « bête » (ailleurs dans le roman : « la bête envahissante », « la bête carnassière » ; dans ce passage : « la bête enragée », l. 38). Jacques doit fuir « ce mal abominable dont il se croyait guéri » (l. 5-6). Le lexique du passage et ses connotations, comme on l'a vu, renvoient à la violence animale des pulsions et au caractère monstrueux du viol et du meurtre d'une jeune fille.

Dans les dernières lignes, il se regarde comme un être monstrueux, une figure de loup-garou réfugié au fond des bois, lieu de terreurs primitives et de superstitions qui questionnent la nature humaine, au-delà des principes et des lois de l'hérédité. Ce faisant, Jacques témoigne aussi de la monstruosité de l'homme tiraillé entre la raison et la folie homicide. Ce titre invite donc à questionner l'humanité plus largement afin de se demander pourquoi l'homme se transforme parfois en bête ou ce qu'il y a de bestial en lui.

TEXTE 19 : Joris-Karl Huysmans, *À rebours* (1884)

p. 198

Objectifs et enjeux

→ **Analyser la description et ses effets**

→ **Comprendre ce que disent du personnage les références à Baudelaire**

Lecture analytique

1. L'intérieur du personnage d'*À Rebours*, des Esseintes dont le nom dit la distinction, doit être le lieu de son retrait du monde et de sa solitude. Des Esseintes apporte dès lors tous ses soins à le rendre conforme à ses goûts et aspirations esthétiques.

La pièce se transforme, grâce à l'utilisation du cuir maroquin, en une gigantesque reliure dont on découvre la matière et le procédé de fabrication : « avec du maroquin, à gros grains écrasés avec de la peau du Cap, glacé par de fortes plaques d'acier, sous une puissante presse » (l. 1-3). Ces précisions mettent en évidence sa rareté et sa sophistication. Le lexique (« écrasé, « glacé », « plaques d'acier », « immenses presses ») souligne la brutalité des procédés. La couleur et la brillance (« indigo foncé », « indigo laqué »), comparée à celle qui est appliquée sur les « panneaux de voitures » (l. 6), apportent les finitions à cette pièce hors du commun ; comme précédemment, la recherche de la beauté relève de techniques triviales ce qui peut sembler paradoxal. Dans l'ordre des travaux et de la succession des espaces de la pièce, l'attention se porte sur le plafond, « un peu arrondi », ce qui donne lieu à des comparaisons et images : « tel qu'un immense œil-de-bœuf, enchâssé dans sa peau d'orange, un cercle de firmament en soie bleu de roi » (l. 6-7). Le plafond s'ouvre sur le ciel, mais un ciel qui n'a rien de réel, qui est nommé « firmament » et peuplé de « séraphins d'argent » (l. 9), offrant une image baroque à connotations religieuses, que renforce l'évocation de la chape ancienne de « la confrérie des tisserands de Cologne » qui l'ont brodée (l. 9-10). Dès lors, le décor vient à se stabiliser dans une tension pourtant entre le bleu et l'orange, « échauffés » (l. 12) et « attisés » (l. 14) dans une nouvelle image, paradoxale elle aussi, avec ses connotations morales : « sans s'adultérer » (l. 13).

Le lecteur découvre le reste du décor : des meubles dans le désordre et des objets de grande valeur évoquant pourtant une certaine forme de rudesse et de brutalité (« peaux de bêtes fauves et [...] fourrures de renards bleus », l. 20 ; des meubles robustes mais anciens, à l'exemple d'une table « massive » datant du XVe siècle, l. 21 ; « de profonds fauteuils à oreillettes et un vieux pupitre de chapelle, en fer forgé, un de ces antiques lutrins », l. 21-22). Les objets sont également empruntés pour beaucoup d'entre eux au mobilier religieux.

La description des murs se poursuit avec celle des fenêtres dont la principale caractéristique consiste à ne pas laisser pénétrer la lumière ni à ouvrir la vue sur l'extérieur. À nouveau les attentes sont trompées et tout y participe : le verre est coloré, avec des incrustations d'or, il est « craquelé », interceptant « la vue de la campagne » (l. 26). Les fonctions semblent renversées et le décor personnifié : les croisées [...] se vêtirent, à leur tour, de rideaux » (l. 25-28), tandis que la « lumière feinte », « l'or assombri » des vieilles étoles, « s'étei[nt] ». Le lexique et les images (« un roux presque mort ») renvoient à une atmosphère sombre, éteinte : l'image de la mort semble bien présente, tandis que l'on retrouve dans la suite du texte des objets liturgiques et des étoffes anciennes.

L'adverbe « Enfin » (l. 30) marque la fin de la description qui déroule en une seule phrase le décor du cœur de la pièce, « un canon d'église », et ce qu'il contient. Tout retarde la présentation de cet objet et de ce qu'il supporte : la description et l'origine de la robe, provenant de Florence et empruntée au vêtement liturgique d'un évêque sur laquelle il est posé ; celle des ostensoirs qui l'encadrent et dont la dimension religieuse et symbolique – présenter l'hostie – renvoie à la religion primitive et orientale de Byzance ainsi qu'à la ferveur monastique médiévale de l'abbaye-au-bois de Bièvre. Ces ostensoirs révèlent la dévotion de Des Esseintes pour ces objets sacrés et précieux que sont les trois poèmes de Baudelaire.

Le lecteur découvre au travers de ce décor un personnage qui illustre la posture du dandy, soucieux d'offrir une représentation de son raffinement et de son originalité, comme on le voit au caractère sophistiqué de son intérieur, à son goût pour les matières riches, profondes et anciennes. Sa bibliothèque reliée de maroquin et ornée de dorures devient ainsi la métonymie de ce qu'elle contient. Il offre également l'image d'un décadent en faisant s'opposer matières brutes et matières très travaillées, couleurs éteintes et couleurs flamboyantes, ombre et lumière. La dimension mystique apparaît également favorisée par les objets religieux qui ont traversé le temps et des espaces culturels éloignés, et qui sont disposés dans une mise en scène qui fait de l'art la voie d'accès à la vie spirituelle sous l'égide de Baudelaire.

2. La bibliothèque de des Esseintes est devenue l'écrin qui renferme l'objet sacré, sa *Bible*, trois poèmes de Baudelaire présentés dans un triptyque. Deux sonnets encadrent un poème en prose, le cœur du message sacré. Les deux sonnets symétriques offrent une réflexion sur le temps et sur la mort. « L'Ennemi » se présente comme une méditation sur le cours de la vie et la mort qui approche : « – Ô douleur ! ô douleur ! Le Temps mange la vie » (v. 12 du poème) ; le poète cherche dans ses rêves « Le mystique aliment » (v. 11 du poème). « La Mort des Amants » peint à l'être aimé l'image d'un repos paisible et voluptueux qui se métamorphose en un tombeau où les amants échangent leur dernier souffle (« Nous échangerons un éclair unique, / Comme un long sanglot, tout chargé d'adieux », v. 12-13 du poème) pour ressusciter ensuite : « un Ange, entr'ouvrant les portes, / Viendra ranimer, fidèle et joyeux, / Les miroirs ternis et les flammes mortes » (v. 14-16 du poème). Ainsi les sonnets de Baudelaire offrent-ils ici l'image d'un personnage inquiet de la condition humaine, du temps qui passe inexorablement, qui sépare les amants et conduit à la mort. Mais ils forment aussi l'espoir d'une vie au-delà de la mort et présentent la permanence de l'esprit à travers l'image récurrente des fleurs.

Le poème en prose offre une réponse énigmatique, comme on le voit au choix du titre : « *Any where out of the world* ». Des Esseintes partage avec Baudelaire une vision morbide de la vie : « cette vie est un hôpital » (l. 1 du poème) dit le poète, qui « discute avec son âme » à la recherche d'un ailleurs. Et tandis que Baudelaire énumère tous les lieux qui pourraient satisfaire cette aspiration, de Lisbonne aux Pôles en passant par La Hollande et Batavia, son « âme fait explosion, et sagement elle [lui] crie : N'importe où ! n'importe où ! pourvu que ce soit hors de ce monde ! » (dernière ligne du poème). Comme Baudelaire, le personnage de Huysmans veut échapper au monde en voyageant au travers de son décor à la fois musée et mausolée, et au travers la poésie de Baudelaire qu'il érige en livre sacré. Il y trouve une spiritualité faite d'émotions et de sensations qui se font écho, d'images qui transcendent la mort et lui offrent « de longs bains de ténèbres » (poème de Baudelaire).

Ces poèmes éclairent à la fois la posture du personnage qu'est Des Esseintes et le projet qu'il a fait de se retirer d'un monde pour lequel il éprouve du dégoût ; il se réfugie alors dans une contemplation d'esthète et d'amateur d'un art décadent, artificiel et hybridé, mariant les opposés et des valeurs en conflit. Ce faisant, Des Esseintes emprunte également à Baudelaire ses images, sa rhétorique, et jusqu'à son lexique, dans une forme de mimétisme.

10 La remise en question d'une écriture

Manuel, p. 199-217

I. Problématiques et thèmes

La production romanesque du XXe siècle se caractérise par sa production variée, avec des styles d'écriture et des courants de pensée qui entrent parfois en contradiction. Il s'agit ici de faire découvrir aux élèves quelques-unes des nouvelles voies narratives ouvertes par les romanciers, tout en faisant apparaître leur interrogation commune : comment renouveler l'écriture pour dire le monde et révéler la complexité de l'être ? Animé par cet enjeu, le récit devient un champ d'expérimentations, autorisant tous les discours, explorant tous les points de vue. Plus qu'un moyen, l'écriture constitue parfois l'objet même du roman, qui devient lui-même le sujet de l'œuvre.

BIBLIOGRAPHIE

- **Mikhaïl Bakhtine**, *Problèmes de la poétique de Dostoïevski*, trad. G. Verret, éditions L'Âge d'Homme, 1970.
- **Jean-Bertrand Barrère**, *La Cure d'amaigrissement du roman*, éditions Albin Michel, 1964.
- **Michel Butor**, *Essais sur le roman, Répertoire I*, éditions Gallimard, 1964.
- **Dorrit Cohn**, *La transparence intérieure : modes de représentation de la vie psychique dans le roman*, trad. A. Bony, éditions du Seuil, coll. Poétique, 1981.
- **Raymonde Debray-Genette**, *Métamorphoses du récit*, éditions du Seuil, 1988.
- **Umberto Eco**, *Lector in fabula* ou *La coopération interprétative dans les textes narratifs*, éditions Grasset, coll. Figures, 1985.
- **Lise Gauvin**, *La fabrique de la langue. De François Rabelais à Réjean Ducharme*, éditions du Seuil, coll. Points - Essais, 2004.
- **Dominique Rabaté**, *Poétique de la voix*, éditions José Corti, 1999.
- **Alain Robbe-Grillet**, *Pour un nouveau roman*, Les Éditions de Minuit, 1963.
- **Claude Simon**, *Discours de Stockholm*, Les Éditions de Minuit, 1986.

II. Le roman au carrefour de nouvelles écritures (p. 201-205)

TEXTE 1 : Marcel Proust, *Du côté de chez Swann* (1913) p. 201

Objectifs et enjeux

→ Étudier un récit introspectif et sa dimension poétique

→ Comprendre comment la forme fait sens

Lecture analytique

1. L'expérience racontée – le souvenir déclenché par le goût de la madeleine trempée dans du thé – permet au narrateur d'analyser le phénomène de « mémoire involontaire », tout en l'opposant à la « mémoire volontaire ». L'évocation du souvenir particulier est interrompu par une série d'hypothèses et une formulation des lois générales de la mémoire (l. 5 à 18), avant d'être repris dans le deuxième paragraphe.

La « mémoire volontaire », qui repose sur un effort intellectuel, fait appel à la vue : le champ lexical de la vision (« la vue de la petite madeleine », l. 5, « souvent aperçu », l. 6, « leur image », l. 7, « les formes », l. 10) s'accompagne d'une description métaphorique, associant le gâteau à un « petit coquillage de pâtisserie » (l. 10) par référence aux coquillages qu'accrochaient les pèlerins au retour de Saint-Jacques de Compostelle. Cette allusion éclaire alors l'expression « plissage sévère et dévot » (l. 11) qui forme une plaisante antithèse avec l'adjectif « sensuel » (l. 11). Mais cette évocation intellectualisée ne déclenche aucun souvenir. Le narrateur tente d'expliquer cette inefficacité par une série d'hypothèses introduites par la modalisation « peut-être » (l. 6, 8) : les images semblent fragiles comme l'indiquent les termes évoquant la disparition (« désagrégé », l. 10, « abolies », l. 11, « ensommeillées », l. 11-12), et facilement confondues à d'autres.

Au contraire, le simple goût de la madeleine fait surgir le souvenir de façon spontanée. Les marqueurs temporels « tout d'un coup » (l. 1), « dès que » (l. 19) ou « aussitôt » (l. 21) signalent l'irruption brutale de la réminiscence : la brève proposition au passé composé « le souvenir m'est apparu » (l. 1) traduit cette soudaineté sur laquelle le narrateur n'a aucun contrôle. La saveur de la madeleine offerte par sa mère rappelle alors au narrateur, par association de sensations plus que d'idées, celle du même biscuit donné par sa tante Léonie. Le souvenir d'enfance renaît par fragments : le moment et le lieu (« le dimanche matin à Combray », l. 2) puis les circonstances. Il se déploie ensuite et s'amplifie à travers une vaste énumération : « et avec la maison, la ville, [...] la Place où on m'envoyait avant déjeuner, les rues où j'allais faire des courses... » (l. 25-26). La polysyndète accentue encore le phénomène à la fin du passage : « et les nymphéas de la Vivonne, et les bonnes du gens du village et leurs petits logis et l'église et tout Combray et ses environs » (l. 32 à 34). La comparaison « comme un décor de théâtre » (l. 22-23) et l'analogie avec les petits papiers japonais tentent d'expliciter cette reconstruction progressive et presque magique qui permet, à partir d'un petit morceau de madeleine, de faire réapparaître un monde enfoui. L'antithèse contenue dans la proposition finale « tout cela qui prend forme et solidité, est sorti, villes et jardins, de ma tasse de thé » (l. 34-35), souligne la dimension extraordinaire de ce mécanisme de résurgence et illustre le fonctionnement précédemment analysé : les sensations portent « sans fléchir, sur leur gouttelette presque impalpable, l'édifice immense du souvenir » (l. 17-18). Le passé tout entier refait alors surface, avec ses acteurs (la tante Léonie, les parents, M. Swann) et ses rites : le noyau familial s'élargit jusqu'à la microsociété de Combray et ses « bonnes gens » (l. 33). Sorte d'embrayeur de mémoire, le goût de la madeleine crée un choc sensoriel relayé ensuite par un travail conscient de réactivation des souvenirs : l'analepse « qu'on avait construit pour mes parents sur ses derrières » (l. 23-24) ou la parenthèse explicative « parce que ce jour-là je ne sortais pas avant l'heure de la messe » (l. 2-3) montrent comment la « mémoire volontaire » vient préciser, dans un second temps, les souvenirs nés de la sensation gustative.

2. La longueur des phrases permet d'accompagner le processus décrit. La phrase s'amplifie à mesure que les souvenirs se déploient et contribue ainsi à mettre en place tout un monde. La syntaxe, riche de subordonnées et de parenthèses, suit le parcours sinueux de l'introspection tout en mettant en perspective les différentes strates temporelles. Des lignes 19 à 27, la subordonnée temporelle introduite par la locution « dès que » s'attache à rendre compte de l'effet immédiat produit par la sensation, tandis que la parenthèse « quoique je ne susse pas encore et dusse remettre à bien plus tard de découvrir pourquoi ce souvenir me rendait si heureux » (l. 20-21) constitue un commentaire du narrateur qui écrit et analyse le phénomène. L'enchâssement des propositions lui permet de préciser les éléments, par touches successives, en particulier par l'ajout de subordonnées relatives (l. 23 à 27 par exemple). La cadence, souvent majestueuse, devient musicale : le rythme s'amplifie par le jeu des énumérations (« plus frêles mais plus vivaces, plus immatérielles, plus persistantes, plus fidèles », l. 14-15, « à se rappeler, à attendre, à espérer », l. 16). Mais la poésie des phrases, née de leur harmonie rythmique, tient aussi à leur sonorité : l'allitération en [p] dans « leur gouttelette presque impalpable » (l. 17) semble traduire la ténuité des sensations tandis que l'allitération en [s] et l'assonance en [i] dans « l'édifice immense du souvenir » (l. 17-18) amplifie la puissance de la métaphore. Enfin, les nombreuses comparaisons et métaphores, en opérant des rapprochements entre des réalités parfois très éloignées (par exemple, « l'odeur et la saveur » sont « comme des âmes », l. 15-16), rappellent le travail de la mémoire qui procède elle aussi par analogies.

TEXTE 2 : André Gide, *Les Faux-Monnayeurs* (1925) p. 202

Objectifs et enjeux

→ **Analyser les effets de la mise en abyme**
→ **Étudier les fonctions du dialogue**

Lecture analytique

1. Le personnage d'Édouard permet la mise en place d'une vertigineuse mise en abyme puisqu'il incarne un auteur écrivant un roman sur les faux-monnayeurs, au sein d'un roman qui porte le même titre. Aucune page de l'ouvrage d'Édouard n'est offerte au lecteur, mais les feuillets de son journal ou ses discussions permettent de développer, au sein de la fiction, des théories esthétiques et littéraires qui sont parfois celles de Gide lui-même. Le passage réunit ici la psychanalyste Sophroniska, Laura, Bernard et Édouard, et présente un abondant champ lexical de l'écriture, oscillant entre la question du « sujet » (l. 1) de l'œuvre et celle du style. Les conceptions littéraires développées renvoient, dans un jeu de miroir, au roman lui-même. Ainsi, lorsqu'il évoque son projet, Édouard résume en partie la trame narrative de l'œuvre dont il est lui-même le personnage : « j'invente un personnage de romancier, que je pose en figure centrale ; et le sujet du livre, si vous voulez, c'est précisément la lutte entre ce que lui offre la réalité et ce que lui prétend en faire » (l. 21 à 23). De fait, le processus de création du roman est abordé à l'intérieur-même de celui-ci. Les critiques formulées par Sophroniska et Laura s'adressent tout autant au projet d'Édouard qu'à l'œuvre que le lecteur est en train de lire : la concession « Ce pourrait être assez curieux » (l. 25) peut parfaitement correspondre à la structure étonnante des *Faux-Monnayeurs* (par exemple, l'impression de déconstruction dans le passage d'un chapitre à l'autre), et les mises en garde concernant le caractère ennuyeux des réflexions théoriques au sein de la fiction prêtent à sourire puisqu'elles peuvent tout aussi bien s'appliquer au dialogue des personnages tel qu'il se développe. Et ces critiques sont celles-là même que Gide anticipe de la part de ses lecteurs.

2. De façon provocatrice, Édouard affirme que son roman n'aura pas de sujet : il refuse en effet d'enfermer le récit dans une aventure préconçue, tout comme il rejette l'anecdotique. À partir de l'expression lexicalisée « Une tranche de vie » (l. 4-5), Édouard développe, dans une sorte de métaphore filée (« couper sa tranche » l. 6, « couper », 8, « coup de ciseaux », l. 9), une critique du roman traditionnel. Il s'attaque aux romans réalistes et naturalistes qui n'offrent du réel qu'une vision parcellaire et chronologique, trahissant les autres dimensions qui font le foisonnement même de la vie. Cet effet de réduction est stigmatisé à travers l'expression péjorative « toujours dans le même sens » (l. 6) et les questions rhétoriques « Pourquoi pas en largeur ? ou en profondeur ? » (l. 7). L'expression « ici plutôt que là » (l. 9) dénonce le caractère arbitraire de ces choix. De façon catégorique, le romancier affirme son opposition à travers la tournure négative « je voudrais ne pas couper du tout » (l. 7-8), précédée du complément « Pour moi » (l. 7) qui souligne son point de vue personnel. L'emploi du conditionnel signale toutefois que ce désir reste de l'ordre du souhait non réalisé et l'accumulation « ce que je vois, ce que je sais, tout ce que m'apprend la vie des autres et la mienne » (l. 11-12) marque à la fois l'ampleur et la difficulté de la tâche à accomplir : dans le *Journal des Faux-Monnayeurs*, Gide avoue d'ailleurs se confronter au même type de difficultés.

3. La forme dialoguée permet de prévenir l'ennui du lecteur : la menace, soulignée par les hyperboles « mourir d'ennui » (l. 19) ou « assomment le public » (l. 26-27), est déjouée par la vivacité de l'échange qui inscrit le débat théorique au sein de la fiction. Si les différents interlocuteurs permettent d'incarner les points de vue argumentatifs qui s'opposent, leurs réactions révèlent également les relations qui les unissent et présentent, de fait, un enjeu narratif.

Les interventions de Sophroniska et Laura font progresser l'échange argumentatif : les questions guident ou relancent la discussion (« le sujet de ce roman ? », l. 1, « Et tout cela est stylisé ? », l. 13), invitant Édouard à développer ses conceptions. Les critiques explicites de Laura, le ton condescendant de l'apostrophe « Mon pauvre ami » (l. 19) suscitent des réactions vives de la part d'Édouard qui marque avec force son désaccord (« Pas du tout » l. 21, « Mais non », l. 34). Le romancier doit alors se justifier, expliciter son projet : l'antithèse entre « ce n'est même pas cela que je veux faire » (l. 16) et « Ce que je veux » (l. 16) souligne la recherche de précision tandis que les impératifs « comprenez-moi » (l. 8), « suivez-moi » (l. 21) ou la formule « si vous voulez » (l. 22) montrent le souci de se faire comprendre. Édouard doit donc répondre aux objections dont l'intérêt est d'animer le débat et de pousser à l'explication.

La progression de l'échange revêt également un intérêt dramatique. Les parties narratives précisent régulièrement, à la manière de didascalies, les intonations ou les attitudes des interlocuteurs. La moquerie, d'abord latente, s'accentue peu à peu : les sourires, d'abord réprimés, laissent place au « rire » (l. 36) tandis que le ton se fait « persifleur » (l. 31). Le malaise d'Édouard progresse de façon parallèle (« Édouard haussa légèrement les épaules », l. 14-15, « désarçonnait Édouard », l. 32), d'autant plus qu'une connivence s'établit entre les trois autres personnages. Même si Bernard n'intervient pas, l'écrivain perçoit dans ses « regards malicieux » (l. 33) une forme d'adhésion qui l'exclut. Mais la boutade finale de Laura détend l'atmosphère puisque son rire se communique aux « trois autres » (l. 37) : la répartie d'Édouard se retourne de façon cocasse contre lui.

TEXTE 3 : Louis-Ferdinand Céline, *Voyage au bout de la nuit* (1932) p. 203

Objectifs et enjeux

→ Découvrir la richesse et les innovations de la langue de Céline
→ Étudier comment la dérision se mêle à l'évocation pessimiste de l'horreur

Lecture analytique

1. Les trois paragraphes qui constituent le passage étudié marquent les étapes de la prise de conscience du narrateur : la progression logique est soulignée par le connecteur adversatif « Mais » (l. 12) tandis que les expressions « les choses se mirent à se gâter » (l. 12) puis « Ça n'a pas traîné » (l. 21) indiquent, en début de paragraphes, la rapide progression temporelle. L'enthousiasme initial apparaît à travers la modalité exclamative : « La vie quoi ! » (l. 8), « Ah non ! Nous allions nous la voir dans son jus, la vraie Afrique ! » (l. 10-11). Mais la description du bateau tempère d'emblée l'enthousiasme : la comparaison « à la manière d'un oignon » (l. 3-4), motivée par les différentes couches de peinture associées à des « pelures » (l. 2), insiste sur la dégradation du navire. La chaleur suffocante et l'humidité écrasent peu à peu les voyageurs et les condamnent à une sorte de léthargie. Les adverbes « irrésistiblement » (l. 12-13) et « infiniment » (l. 14), la comparaison « comme dominés » (l. 13) ou l'adjectif « impossible » (l. 15), mis en valeur par l'ellipse syntaxique, montrent l'emprise d'une moiteur omniprésente. L'énumération « L'eau dans les verres, la mer, l'air, les draps, notre sueur, tout » (l. 14-15) indique que rien n'échappe à cette contagion, tout comme la répétition de l'adjectif « tiède » (l. 14, 15), corrigé par l'adjectif « chaud » (l. 15) et l'image de l'« étuve » (l. 14). La conséquence, marquée par le connecteur « Alors » (l. 17), est immédiate : les passagers, qui ne trouvent un peu de fraîcheur que dans « la glace du bar avec le whisky » (l. 16-17), s'enlisent dans « un vil désespoir » (l. 17). L'expansion syntaxique, à la fin du deuxième paragraphe, étire la phrase et accumule les expressions signalant l'inertie de ceux que la chaleur rend incapables de se mouvoir (« envoûtés », l. 18, « rivés », l. 18, « soudés », l. 19). L'allitération en [m] dans « On se mouvait mollement » (l. 22-23), associée à l'imparfait duratif, imite cet engluement, souligné par la comparaison « comme des poulpes au fond d'une baignoire d'eau fadasse » (l. 23-24). Les comportements commencent à se dérégler (« échangeant menaces après cartes et regrets en cadences incohérentes », l. 19-20) et la chaleur, qui condamne les passagers à une « massive ivrognerie » (l. 22), révèle la nature profonde des individus. Le propos se généralise : les passagers, déjà confondus dans la périphrase « tout le contenu humain du navire » (l. 21-22), sont ensuite les représentants de l'humanité tout entière, du moins des « Blancs » (l. 25). Sous la chaleur suffocante, les masques s'effritent et derrière le vernis de civilisation apparaissent les instincts dévoyés, la « grouillante cruauté » (l. 29), la « pourriture » (l. 30).

L'expérience vécue par le narrateur le conduit à se détacher du groupe auquel auparavant il s'associait : l'emploi du pronom impersonnel « on », à partir de la ligne 28, et le présent de vérité générale marquent le passage à l'analyse et à la réflexion. Contenue par « le travail et le froid » (l. 32), la nature primitive se libère sous « la fièvre ignoble des tropiques » (l. 30-31). Dans cette expression, l'hypallage « ignoble » résume le jugement du narrateur sur ses congénères. Le parallélisme final associe ce phénomène de révélation à la mer qui, se retirant, découvre le rivage : l'accumulation « la vérité, mares lourdement puantes, les crabes, la charogne et l'étron » (l. 34-35) s'applique aux deux domaines et pointe, dans une langue crue, l'immondice de la nature humaine. Ce n'est donc pas l'Afrique « dans son jus » (l. 10) que découvre le narrateur, mais la dégradation profonde de l'être. « L'Amiral Bragueton », dont le nom est forgé sur le substantif « braguette », est l'espace où les instincts les plus vils se débraillent, où l'animalité, suggérée par exemple par la comparaison « tels crapauds et vipères » (l. 26-27), refait surface. Les métaphores de l'humidité poisseuse et de la scatologie, associées à une langue argotique et martelée, accompagnent cette vision cauchemardesque d'une humanité enfermée dans un vaste cloaque.

2. La vision initiale que le narrateur a de l'Afrique se fait l'écho des propos qu'il entend, du discours colonialiste séduisant le néophyte qui s'embarque et se berce d'illusions. Avec ironie et autodérision, Bardamu dépeint l'Afrique mythique telle qu'il l'imaginait avec naïveté. Mais le narrateur qui raconte son histoire n'est plus dupe : la périphrase « nous les passagers boissonnants » (l. 11) emploie un néologisme cocasse qui décrédibilise les prétendus aventuriers. Avec prétention, les voyageurs, auxquels le narrateur s'associe à travers le pronom communautaire « nous », se targuent d'accéder à la réalité profonde du continent africain, opposée à la destination touristique qu'offrent les « agences » (l. 9). Le déterminant démonstratif dans « cette Afrique » (l. 9), aux connotations péjoratives, introduit avec mépris les clichés publicitaires véhiculés par les « chemins de fer et [l]es nougats » (l. 10). Le participe passé « décortiquée » (l. 9) renvoie, par métaphore, à l'idée d'une Afrique rendue consommable, c'est-à-dire facilement accessible. Au contraire, les passagers de l'*Amiral Bragueton* s'imaginent pénétrer un territoire dangereux et inconnu. La double apposition « l'Afrique, la vraie, la grande » (l. 4) introduit, de façon grandiloquente, une imagerie fantasmée qui convoque tous les lieux communs de l'exotisme. Le rythme ternaire de l'énumération et l'expansion finale de la proposition, soulignée par les allitérations en [s] et [f], renforcent la valeur hyperbolique des caractérisations : « celle des insondables forêts, des miasmes délétères, des solitudes inviolées, vers les grands tyrans nègres vautrés aux croisements des fleuves qui n'en finissent plus » (l. 4 à 6). La répétition du préfixe négatif « in- » dans « insondables » et « inviolées » souligne l'idée d'une terre à explorer tandis que les « miasmes délétères » et « les grands tyrans nègres » évoquent les dangers à affronter. À ces rêves d'aventures s'agrègent des fantasmes de gains voire de fortune. L'antithèse entre le dérisoire « paquet de lames "Pilett" » à la ligne l. 7 (allusion aux lames de rasoir « Gillette ») et l'énumération « des ivoires longs comme ça, des oiseaux flamboyants, des esclaves mineures » (l. 7-8) permet d'insister sur la représentation disproportionnée que ce fait Bardamu de l'Afrique sauvage, tandis que la gradation, qui progresse du trafic des animaux à l'exploitation humaine, rappelle les désirs pervers de certains colons. Cette vision de l'Afrique, marquée par l'exagération, permet au narrateur de tourner en dérision la politique coloniale de son temps qui propage des discours faussés et séducteurs, et la crédulité de ceux qui, comme lui, ont été dupés.

TEXTE 4 : Julien Gracq, *Au château d'Argol* (1938)

p. 204

Objectifs et enjeux

- → **Découvrir les fonctions de la description dans le roman moderne**
- → **Étudier comment la poésie s'introduit dans la prose romanesque**

Lecture analytique

1. La sortie à la mer des trois personnages, narrée au passé simple (« ils allèrent se baigner », l. 3, « les emporta », l. 5, « ils se dévêtirent », l. 28), permet d'évoquer la beauté sublime du paysage qui s'offre à leurs regards. En même temps, la mise en place de ce décor théâtralise la scène et magnifie l'apparition de Heide. Ici, la description a moins une valeur informative qu'esthétique : la pause qu'elle crée dans l'histoire suscite un effet d'attente et détourne le récit de l'événementiel. L'imparfait suspend le temps et l'emploi répété de verbes modalisateurs (comme « semblait » aux lignes 10, 15, 19, et 20), dont certains indiquent la subjectivité de la perception, contribue à suggérer une impression de trouble et d'incertitude. L'étrangeté du paysage marin naît d'abord de la brume qui l'enveloppe : la « brume légère » (l. 1) devient un « brouillard translucide et doux » (l. 6-7) et l'insistance sur les éléments immatériels comme « l'air » (l. 8) et le « vent » (l. 16) imprègne le paysage d'un certain onirisme. Cette atmosphère est soulignée par les images, parfois énigmatiques, qu'utilise le narrateur : on pourra par exemple relever la personnification « les pores de la planète » (l. 15), le corps qui devient « une outre entièrement close de chaudes ténèbres » (l. 12-13) et la lumière du soleil qui projette « un tapis de feu liquide » (l. 39).

La mise en scène de la lumière contribue à magnifier l'espace : son champ lexical, aux connotations mélioratives, parcourt le texte (« scintiller », l. 4, « poussière étincelante », l. 17, « les rayons », l. 23, « soleil », l. 23, « éclairait », l. 23, « poudroiement lumineux », l. 23-24, « le soleil jaillit », l. 28, « radieuse », l. 29, « reflets », l. 31, etc.). L'expérience sensorielle vécue au contact de l'espace tend à confirmer la première impression d'Albert et son caractère hyperbolique, « comme si intensément dramatique » (l. 8). Les sens les plus intimes sont sollicités à travers l'odorat et surtout le toucher : le comparatif de supériorité, « chargée d'une odeur plus enivrante que celle de la terre après la pluie » (l. 9-10) et les hyperboles mélioratives « les profondes délices » (l. 11), « la paroi vivante et merveilleuse » (l. 13-14) imprègnent l'atmosphère de sensualité et suggèrent la puissance des éléments. Ainsi, la violence marquée par les verbes « claquant » (l. 16), « fouettait » (l. 16), « arrachait » (l. 17) rend compte de la force du vent, tout comme l'hyperbole de « la grève dévorée du soleil » (l. 34) suggère son intensité et « son insupportable chaleur » (l. 16). De fait, la puissance du paysage devient presque inquiétante, ce qu'accentue la proximité du cimetière et de ses « tombes » (l. 28), associée aux « gouffres de la mer » (l. 9) et à ses « étendues liquides et éternellement vides » (l. 4-5).

Ce cadre fascinant et mystérieux sert de décor à l'apparition théâtralisée de Heide. Face à Herminien et Albert qui font figure de spectateurs, comme l'indique la mention répétée de « l'œil » (l. 24, 25, 33, 36), Heide surgit soudain : les éléments accompagnent sa marche et le soleil éclaire la « scène » (l. 29) comme les lumières au théâtre. Tout concourt à la mettre en valeur : dans un tableau sublime, sa silhouette se détache « sur le disque du soleil levant » (l. 38) et crée un fort contraste par sa verticalité. En effet, l'horizontalité du décor est à plusieurs reprises évoquée, à travers par exemple « les rayons presque horizontaux du soleil » (l. 23), « *l'horizontalité* toute puissante de ces bancs de brume » (l. 31-32) ou les « vagues plates et lisses » (l. 32). L'hyperbole du « miracle de sa *verticalité* » (l. 33) insiste sur l'antithèse. Les nombreuses caractérisations mélioratives (« radieuse nudité », l. 29, « reflets sublimes », l. 34-35, « merveilleuse lenteur », l. 37-38), le comparatif de supériorité « un pas plus nerveux et plus doux que celui de la cavale des sables » (l. 30) et l'énumération « son dos puissant, lisse et ténébreux » (l. 36) contribuent à sublimer la jeune femme et suggèrent la volupté du moment. Enfin, la beauté de la prose lyrique contribue à la poésie de la scène et à son caractère envoûtant. On pourra étudier le rythme et les sonorités de certaines phrases pour montrer le travail poétique du romancier. Ainsi, l'apparition de Heide est préparée et retardée par les deux compléments circonstanciels de lieu, eux-mêmes détaillés par des compléments qui s'allongent sur un rythme ternaire comme pour mimer l'horizontalité du paysage (l. 30 à 33). Les allitérations et assonances musicalisent la prose (allitérations en [l] et [b] dans

« longs bancs de brumes blanches », assonance en [a] dans « la cavale des sables » par exemple).

2. La description convoque les quatre éléments fondamentaux – l'eau, bien sûr, mais aussi l'air, le feu à travers le soleil, et la terre (« sable », l. 25, « tellurique », l. 15) – et en souligne la puissance. L'image « des flaques d'eau et des étendues unies du sable humide » (l. 25) rappelle la formation des continents et la comparaison « comme si l'œil enchanté, au matin de la création, eût pu voir se dérouler le mystère naïf de la *séparation des éléments* » (l. 25-26) explicite cette référence à la Genèse. De façon symbolique donc se rejoue la création du monde et l'apparition d'Heide, en tenue d'Ève, se donne à lire comme celle de la première femme, ce que suggère le terme religieux de « miracle » (l. 33) et l'allusion biblique à la marche de Jésus sur les eaux (« *Il semblait qu'elle marchât sur les eaux* », l. 35). Le personnage semble ainsi flotter dans une sorte d'apesanteur. Mais Ève est aussi la première tentatrice : l'attention portée à son corps et le désir qu'on devine à travers le regard des hommes qui en dessine les contours, annoncent un danger que la description du paysage faisait déjà pressentir. Enfin, l'apparition soudaine de Heide, marquée par la locution « tout à coup » (l. 33), rappelle celle de Vénus dans le tableau de Botticelli : la « lourde masse de sa chevelure » (l. 37) évoque les cheveux dénoués de Vénus Anadyomène mais le « tapis de feu liquide » (l. 39) remplace le coquillage aux pieds de la déesse et induit encore l'idée d'un danger qui inverse le mythe.

Prolongement

On pourra inciter les élèves à étudier le tableau *La Naissance de Vénus* de Botticelli (p. 36 du manuel), et à la comparer avec la scène décrite par J. Gracq.

TEXTE 5 : Louis Aragon, *Aurélien* (1944) p. 205

Objectifs et enjeux

- **Découvrir un incipit déroutant et un récit de rencontre décalé**
- **Comprendre les effets du discours indirect libre**

Lecture analytique

1. L'*incipit* d'*Aurélien* évoque la rencontre entre le héros éponyme et Bérénice : un portrait de la jeune femme est brossé à travers les impressions éprouvées par Aurélien. Le choix de la focalisation interne permet ainsi au lecteur de découvrir les deux personnages, puisque la vision très subjective du héros révèle indirectement certains traits de son caractère. Le point de vue interne est signifié dès l'ouverture par le verbe de vision « Aurélien vit » (l. 1), précisé plus loin par « regardée » (l. 8). Ses jugements sont explicitement indiqués dans les expressions « il la trouva » (l. 1), « Il n'aima pas » (l. 2), tandis que les modalisations comme « Aurélien n'aurait pas pu dire » (l. 7) soulignent ses incertitudes. Le portrait de Bérénice est nettement dépréciatif : l'adverbe « franchement » (l. 1) accentue l'effet péjoratif de l'adjectif « laide » (l. 1), ses cheveux sont « ternes » (l. 6), « mal tenus » (l. 6) et sa tenue révèle, pour Aurélien, son manque de goût. Le prénom de la jeune femme retient cependant l'attention du héros : il lui revient un vers extrait de la pièce de Racine mais une fois encore, la connotation méliorative de cette intertextualité poétique est dévaluée puisqu'il s'agit d'« un vers qu'il ne trouvait même pas un beau vers » (l. 14-15). D'ailleurs, l'hésitation sur la couleur des cheveux, « blonde ou brune » (l. 7-8), rappelle de façon également ironique le vers de Verlaine dans « Mon Rêve familier » (« Est-elle blonde, brune ou rousse ? – Je l'ignore », manuel p. 385). Pourtant, le vers racinien opère un charme étrange sur Aurélien et pourrait déjà annoncer l'effet que produit, de façon inconsciente, la jeune femme : le vers obsède le héros comme l'indiquent de façon insistante l'hyperbole « un vers qui l'avait hanté » (l. 13-14), l'effet de permanence induit par le passage du plus-que-parfait à l'imparfait dans « qui l'avait obsédé, qui l'obsédait encore » (l. 16), la répétition « revenait et revenait » (l. 18) et la citation régulière du vers, en intégralité ou par fragments. Cet acharnement à tenter de décrire Bérénice est révélateur du caractère d'Aurélien, de même que les critiques formulées sur les choix vestimentaires ou l'entretien des cheveux, qui signalent ses goûts et ses exigences en matière de féminité. La banalité de Bérénice et l'irritation qu'éprouve Aurélien suscitent paradoxalement l'intérêt du jeune homme.

Le récit nous invite à pénétrer dans la conscience intérieure du personnage : les phrases hachées, parfois nominales, et la construction parataxique miment les mouvements de la pensée qui procède par associations d'idées. On passe, de façon parfois chaotique, d'une idée à une autre, d'un prénom à un vers puis à une ville : « D'ailleurs il ne se rappelait que dans ses grandes lignes cette romance, cette scie. Brune alors, la Bérénice de la tragédie. Césarée, c'est du côté d'Antioche, de Beyrouth. Territoire sous mandat » (l. 20 à 22). Ces glissements permettent de suivre les pensées d'Aurélien et livrent au lecteur une sorte de rêverie décousue. Les reformulations et les points de suspension sont les signes manifestes d'une pensée qui se cherche, qui tâtonne, qui se précise par des mots plus justes : « Ses cheveux étaient ternes ce jour-là, mal tenus » (l. 6), « dont la beauté lui semblait douteuse, inexplicable » (l. 15-16) ou encore « un beau nom pour une ville. Ou pour une femme. Un beau nom en tout cas » (l. 24-25). Le lecteur est au plus près des réflexions d'Aurélien, de ses impressions : ses doutes affleurent en permanence, à travers le conditionnel (« n'aurait pas pu dire », l. 7) ou le champ lexical de l'imprécision (« impression vague, générale », l. 8, « c'est ce qu'il ne s'expliquait pas », l. 19) ou les questions rhétoriques (« Pourquoi ? », l. 18).

2. L'*incipit* surprend le lecteur et semble déroger à certaines règles. Les personnages sont nommés comme si le lecteur les connaissait déjà : ce début *in medias res* nous prive d'indications précises sur le contexte. Au mieux peut-on déduire des compléments circonstanciels de lieu et de temps « pendant la guerre, dans les tranchées, et plus tard démobilisé » (l. 14) que l'action se situe dans la période de l'entre-deux-guerres. D'autre part, les critères conventionnels de la rencontre sont dévoyés puisque nous assistons à l'inverse d'un coup de foudre, ce qui semble éloigner toute possibilité d'histoire d'amour. La référence à la pièce de Racine semble de mauvais augure puisque la tragédie évoque un amour impossible et le vers « *Je demeurai longtemps errant dans Césarée* » laisse entendre la mélancolie et l'idée de perte, ce que confirment les suppositions d'Aurélien : « Ça devait être une ville aux voies larges, très vide et silencieuse » (l. 32). Si l'expression « La première fois » (l. 1) permet de supposer que malgré cette rencontre ratée, les personnages vont se revoir, certaines notations telles que « Quelque chose comme une défaite » (l. 33) ou « Les restes d'un combat sans honneur » (l. 37) laissent entrevoir l'issue tragique du roman.

Mais surtout, l'*incipit* est particulièrement déroutant en raison du glissement des voix narratives. Le début du texte est pris en charge par un narrateur extérieur, qui parle d'Aurélien à la troisième personne. Les impressions du personnage sont rapportées tantôt à travers le style indirect (« Il se demanda même pourquoi », l. 9), tantôt à travers le style indirect libre, même si l'on peut hésiter parfois sur l'émetteur des propos. Ainsi, le commentaire « Les cheveux coupés, ça demande des soins constants » (l. 6-7) pourrait être associé à Aurélien, en raison de la reprise familière du sujet par le pronom démonstratif anaphorique « ça ». Mais le jeu se brouille avec l'apparition d'un « je » qui ferait d'Aurélien le narrateur de sa propre histoire : « Plutôt petite, pâle, je crois » (l. 10). Le pronom de première personne et le présent d'énonciation créent une rupture avec le système énonciatif précédemment mis en place. Cependant, dès la première phrase, le discours du personnage semble s'immiscer dans le récit mené par le narrateur : on pourra relever les modalisateurs « franchement » (l. 1) ou « enfin » (l. 2), les marques d'oralité et le relâchement syntaxique (« il n'aima pas comment elle était habillée », l. 2) ou l'abondant vocabulaire évaluatif. Cette subversion des codes romanesques perturbe donc le lecteur, bousculé dans ses attentes et ses habitudes.

III. L'Absurde (p. 206-207)

TEXTE 6 : Albert Camus, *L'Étranger* (1942) p. 206

Objectifs et enjeux

- **Analyser la subversion des codes d'écriture romanesque**
- **Interroger un récit déconcertant**

Lecture analytique

1. L'*incipit* de *L'Étranger* (et en particulier sa première phrase) ne manque pas de dérouter le lecteur et instaure un malaise tenace. De façon abrupte, un événement sinistre ouvre le roman et les premières lignes affichent d'emblée le ton, entre discours et récit. De nombreux indices concourent à donner l'impression de lire un journal intime : l'omniprésence du pronom de première personne « je », les marqueurs temporels ancrés dans la situation d'énonciation « aujourd'hui » (l. 1), « hier » (l. 1), « demain » (l. 2) ou « dans l'après-midi » (l. 5), les temps verbaux (présent, passé composé, futur). De fait, les informations qu'attend le lecteur apparaissent au hasard du discours : on apprend que l'action se passe à Alger et la mère du narrateur est identifiée grâce aux paroles rapportées du directeur de l'asile : « Mme Meursault est entrée ici il y a trois ans » (l. 31-32). Le style contribue également à créer l'illusion d'un journal : la syntaxe est simple, répétant fréquemment la structure sujet-verbe-complément, le niveau de langue est courant. Les phénomènes d'autocorrection, tout comme les modalisations et les aveux d'ignorance, semblent le gage d'une recherche de véracité : « Ou peut-être hier, je ne sais pas » (l. 1).

Mais la subversion narrative repose justement sur cette extrême sobriété, sur les lacunes qui privent le lecteur des éléments traditionnellement constitutifs du romanesque. Tout d'abord, les descriptions sont absentes : les différents personnages que l'*incipit* fait apparaître sont simplement désignés par leur nom (Céleste, Emmanuel) ou leur fonction (le patron, un militaire, le concierge...). Les rares notations descriptives, à propos du directeur, se réduisent à l'expression lexicalisée « petit vieux » (l. 29) ou à la vague mention de « ses yeux clairs » (l. 29). De fait, l'accent semble porter essentiellement sur les actions et leur enchaînement. Mais là encore, l'économie de marqueurs temporels et logiques conduit à une succession non hiérarchisée d'événements mis sur le même plan : quelle que soit leur importance ou leur potentielle résonance affective (la mort de la mère, l'autorisation d'absence, l'emprunt de la cravate...), les faits s'enchaînent sans qu'aucun ne soit mis en valeur. Alors que le roman traditionnel parvient à créer, par le jeu des analepses et des prolepses, une sorte d'épaisseur temporelle, la narration est ici bornée entre « hier » et « demain » : cette absence de projection, dans le passé ou l'avenir, crée une linéarité neutre et sans relief. La parataxe oblige alors le lecteur à combler les manques ou le place face à des incertitudes. Même lorsqu'une explication est fournie, elle demeure insatisfaisante car incomplète. Le narrateur répond « oui » au militaire « pour n'avoir plus à parler » (l. 24), mais nous ignorons ce que cache son mutisme. De façon générale, l'asyndète donne l'impression que les actions se succèdent de façon mécanique, en particulier lorsque les structures syntaxiques se répètent : « J'ai pris l'autobus à deux heures. Il faisait très chaud. J'ai mangé au restaurant » (l. 14). Dès lors, la focalisation interne ne tient plus ses promesses : aucune émotion, aucun sentiment n'est dévoilé, donnant une impression d'objectivité paradoxale. Le laconisme du narrateur déjoue donc les attentes du lecteur. L'écriture surprend enfin par son extrême sobriété : les effets de style semblent absents et peu de différences apparaissent entre le discours du narrateur et le télégramme cité dans les premières lignes. Le journal intime ressemble à un procès-verbal dans lequel sont consignées, de façon épurée et objective, les actions vécues par un narrateur qui ne s'implique jamais.

2. Aucun modalisateur, aucun terme affectif n'exprime la tristesse ou du moins l'émotion de celui qui vient pourtant de perdre un être proche. Les seules marques de subjectivité ou de jugement tiennent à des considérations sans rapport direct avec le décès : si le narrateur est « un peu étourdi » (l. 17), c'est parce qu'il a monté des escaliers. L'annonce de la mort ne bouleverse que son emploi du temps qu'il planifie en conséquence : « Je prendrai l'autobus à deux heures et j'arriverai dans l'après-midi » (l. 4-5). D'ailleurs, son organisation n'est pas totalement perturbée ainsi que le signale la précision « comme d'habitude » (l. 15). Le champ lexical de l'administration (« affaire classée », l. 13, « officielle », l. 13) met à distance toute affectivité. Seuls des facteurs extérieurs semblent avoir un effet immédiat : l'énumération « Cette hâte, cette course, c'est à cause de tout cela sans doute, ajouté aux cahots, à l'odeur d'essence, à la réverbération de la route et du ciel, que je me suis assoupi » (l. 20 à 22) montre l'influence qu'ont les sensations physiques sur le comportement de Meursault. À cette apparente indifférence s'ajoutent des expressions étonnantes comme « une excuse pareille » (l. 7) qui pourrait laisser penser au lecteur que le décès est un bon prétexte pour demander deux jours de congé. Les manifestations de peine ne proviennent que de l'entourage de Meursault : « ils avaient tous beaucoup de peine pour moi » (l. 15), « On n'a qu'une mère » (l. 16) ou le geste de compassion du directeur qui lui serre longuement la main. Ces signes d'empathie semblent incommoder le narrateur qui les mentionne sans les commenter ou qui en est gêné : « je ne savais trop comment la retirer » (l. 30-31). Pourtant, certains éléments invitent à nuancer cette impression d'insensibilité : la précipitation du narrateur (« J'ai couru pour ne pas manquer le départ », l. 20, « voir maman tout de suite », l. 26), son refus de parler, peuvent signaler son trouble et le terme « maman » évoque, de façon implicite, l'affection du narrateur pour sa mère. De façon plus nette se dégage un trait de caractère permanent : Meursault semble en proie à un sentiment de culpabilité qui se manifeste à plusieurs reprises, face à son patron (« ce n'est pas de ma faute », l. 8, « je n'aurais pas dû », l. 9, « m'excuser », l. 10) ou au directeur (« J'ai cru qu'il me reprochait quelque chose », l. 32, « lui expliquer », l. 33). Le lecteur peine donc à comprendre le personnage dont les réactions ne se conforment pas à ce qu'il attend.

TEXTE 7 : Franz Kafka, *Le Procès* (1925)

p. 207

Objectifs et enjeux

- → **Observer comment la narration use des points de vue**
- → **Dégager une vision de la société et de la condition de l'homme**
- → **Étudier la mise en œuvre de l'Absurde**

Lecture analytique

1. La première phrase du *Procès* plonge le lecteur *in medias res* : aucune description n'installe le cadre du récit. Le texte s'ouvre directement sur l'élément perturbateur qui va bouleverser la vie du héros, partiellement identifié par son prénom et l'initiale de son nom, « Joseph K. » (l. 1). Kafka va ainsi à l'encontre des codes romanesques établis au XIXe siècle : l'identité du personnage est incomplète, tout comme le schéma narratif, privé de situation initiale. L'arrestation, présentée au passé simple « fut arrêté » (l. 2), est un fait indiscutable mais aucune explication ne vient la justifier. Au contraire, la modalisation « Quelqu'un avait dû calomnier Joseph K. » (l. 1) présente une hypothèse incertaine et l'indéfini « quelqu'un » accentue l'impression d'imprécision. Le caractère arbitraire et illogique de l'arrestation est encore souligné par la formule « sans avoir rien fait de mal » (l. 2). L'absurdité de la situation installe d'emblée le lecteur dans un climat de malaise angoissant, d'autant que le récit insiste sur la tension dramatique du moment : « Ce n'était encore jamais arrivé » (l. 5-6), « une curiosité tout à fait inhabituelle » (l. 8), « troublé » (l. 8), « qu'il n'avait encore jamais vu » (l. 9). Les repères de la narration sont eux-mêmes bousculés par la prédominance des actions, au détriment des analyses psychologiques ou des commentaires explicatifs.

L'*incipit* prend alors des allures théâtrales : la scène se joue dans la chambre de K., lieu unique dans lequel pénètre un homme sans que la pièce mitoyenne soit évoquée. Seuls des bruits se font entendre (« S'ensuivit un petit rire dans la chambre mitoyenne », l. 21-22) de même que le monde extérieur n'apparaît qu'à travers « la fenêtre ouverte » (l. 35). Comme dans une scène d'exposition, le lecteur découvre progressivement le héros dont il peut composer, par touches, le portrait : K. vit dans une pension de famille et son niveau de langue, assez soutenu, signale son degré d'instruction. Les propos, rapportés au discours direct, tiennent lieu de répliques tandis que les nombreuses indications de gestes ou d'intonation fonctionnent comme des didascalies. Enfin, la voisine « postée à une fenêtre située en face du salon afin de pouvoir continuer à tout voir » (l. 36-37) assiste en spectatrice à la scène qui se déroule sous ses yeux.

2. Le narrateur, extérieur à l'histoire comme le signale l'emploi de la troisième personne, utilise un point de vue ambigu, qui oscille entre l'omniscience et la focalisation externe. L'hésitation apparaît dès la première phrase, qui associe une hypothèse à une information donnée pour sûre. Le lecteur doute dès lors de ses connaissances et s'étonne des formules contradictoires qui émaillent le récit comme l'antithèse « Quoique mince, il était bien bâti » (l. 10), l'incohérence entre l'adjectif « seyant » (l. 11) et l'énumération « une série de plis, de poches, de boucles, de boutons et d'une ceinture » (l. 11-12) pour décrire le vêtement, ou la formule paradoxale « particulièrement pratique, même si leur utilité restait incertaine » (l. 12-13). Le lecteur ne sait plus trop s'il doit rire du grotesque de la situation ou s'en effrayer : l'absurdité semble gagner la langue qui n'obéit plus aux règles de la logique et le lecteur, désorienté, ne peut plus se fier à celui qui conduit la narration. Enfin, le recours de plus en plus fréquent à la focalisation interne tend à décrédibiliser le récit dans son ensemble. Les pensées de K. sont révélées de façon manifeste (« Il lui vint tout de suite à l'idée qu[e] », l. 28-29) ou signalées par des modalisateurs (« cela ne lui parut pas important », l. 31). Le récit ne nous informe alors qu'en fonction de ce que le personnage peut savoir : « quelqu'un qui se tenait apparemment juste derrière » (l. 20-21). Or, l'attitude de K. devient étrange, comme le marque son « geste pour se libérer des deux hommes, qui pourtant se tenaient loin de lui » (l. 38-39). Dès lors, le lecteur peut s'interroger sur l'existence objective des événements narrés : ne relèvent-ils pas plutôt des fantasmes d'un homme perturbé et paranoïaque, comme pouvait le suggérer l'hypothèse initiale « Quelqu'un avait dû calomnier Joseph K. » (l. 1) ?

3. Le malaise croissant qu'éprouve le lecteur tient d'abord à la configuration de l'espace : le jeu des portes et la fenêtre accentuent, par contraste, l'enfermement de K. dans sa chambre. Alors que le lieu est ouvert au monde, K. ne peut en sortir : il doit « rester là » (l. 33) et n'a « pas le droit de partir » (l. 40). Au contraire, les autres ont le loisir d'y pénétrer à leur guise : la précision introduite par la proposition subordonnée relative « qui l'observait avec une curiosité tout à fait inhabituelle » (l. 7-8) montre que K. est constamment épié et le regard intrusif d'autrui devient un « droit de surveillance » (l. 30). L'absence d'intimité est telle que l'inspecteur semble capable de lire dans les pensées de K. (l. 31-32). Ces intrusions dans sa chambre, lieu pourtant le plus personnel, sont symboliquement d'une grande violence et violent son intimité. De façon arbitraire et brutale, la Justice représentée par les deux inspecteurs, accuse et arrête un homme sans que celui-ci connaisse les motifs de son inculpation et qui est donc, de fait, incapable de se défendre. Ce sentiment de malaise, perceptible dès l'*incipit*, est d'ailleurs annonciateur de tout le roman : K. restera dans l'impuissance et l'incompréhension face à son arrestation injustifiée.

IV. Le monologue intérieur (p. 208-211)

TEXTE 8 : Virginia Woolf, *Mrs Dalloway* (1925) p. 208

Objectifs et enjeux

- **Découvrir une auteure anglaise majeure**
- **Étudier les innovations narratives qui ont influencé de nombreux romanciers français**
- **Comprendre la mise en œuvre et les enjeux du monologue intérieur**

Lecture analytique

1. Les références à l'environnement, aux objets ou aux lieux que croise Clarissa au cours de sa promenade déclenchent ses réflexions et engagent sa pensée dans des directions diverses. Le monde extérieur se réduit alors à n'être qu'un point de départ, un déclencheur de pensées : celles de Clarissa vagabondent au gré d'associations d'idées tandis qu'elle arpente Westminster. La perspective de rendre visite à Evelyn la conduit à s'interroger sur son besoin de satisfaire les autres et l'amène à rêver d'une autre vie. Le lecteur pénètre ainsi dans un flux de réflexions qui s'enchaînent parfois de façon chaotique. L'interjection « Oh ! » (l. 13) introduit une proposition hypothétique à partir de laquelle les pensées s'engagent dans un scénario chimérique. Le discours indirect libre, marqué par l'emploi du conditionnel passé, transpose cette vie rêvée (« elle aurait été brune », l. 15, « elle se serait intéressée », l. 17, « elle aurait eu », l. 17). La construction imaginaire, structurée par les connecteurs « D'abord » (l. 15), « Puis » (l. 16) et « Mais » (l. 21), met en lumière les frustrations de Mrs Dalloway. Les termes mélioratifs « yeux magnifiques » (l. 16), « imposante » (l. 16), les superlatifs « très digne, très sincère » (l. 18), la comparaison « comme un homme » (l. 17) qu'elle emploie pour évoquer Lady Bexborough, forment une antithèse avec le portrait qu'elle brosse d'elle-même (« mince comme un échalas », l. 19, « petit visage ridicule », l. 19, « nez en bec d'oiseau », l. 20). La pensée rebondit pour livrer, dans une concession signalée par la formule « c'est vrai » (l. 20), les qualités qu'elle se reconnaît (« elle se tenait bien, c'est vrai, et elle avait de jolies mains, de jolis pieds et elle s'habillait bien ; elle ne dépensait presque rien », l. 20-21). Mais Mrs Dalloway souffre de passer inaperçue comme l'indiquent l'amère énumération « invisible, inaperçue, ignorée » (l. 24) et la disparition de son prénom sous le nom de son époux, « Mrs Richard Dalloway » (l. 27). L'animation et les vitrines de Bond Street vont détourner ses réflexions vers un autre sujet : la boutique d'un ancien gantier lui rappelle une maxime de son oncle dont les derniers moments sont sommairement évoqués : « Il s'était retourné sur son lit un matin, au milieu de la guerre. Il avait dit : "En voilà assez" » (l. 35-36). De façon brutale, ce souvenir déclenche une idée futile sur la préférence de Mrs Dalloway pour les gants. La parataxe accentue ce nouveau rebond de la pensée. Mais, de façon subtile, ces réflexions, en apparence décousues, suivent malgré tout une sorte de fil directeur : les derniers mots lapidaires de l'oncle semblent faire écho à l'exclamation « C'est tout ! » (l. 32) qui signalait peut-être la volonté de penser à autre chose.

2. La complexité du passage tient au croisement des voix narratives et à leur difficile distinction. Il est parfois délicat d'identifier avec assurance qui, du narrateur ou de Clarissa, émet l'observation. La présence régulière de guillemets et de verbes introducteurs de la pensée ou de la parole (« pensa Clarissa », l. 8, « pensa-t-elle », l. 10-11, « dit-elle », l. 32, « répéta-t-elle », l. 32-33) évite certes toute ambiguïté mais des marques d'oralité viennent envahir ce qui semblait relever de la narration. Ainsi, au début du passage, l'énumération des différents ouvrages ouverts sur l'étalage, annoncée par la formule impersonnelle « Il y avait » (l. 1), constitue une notation descriptive *a priori* prise en charge par le narrateur. Mais la modalité exclamative de la phrase nominale qui suit, « Que de livres ! » (l. 2), invite à interpréter la remarque comme une pensée du personnage, rapportée au discours indirect libre. Les commentaires qui suivent, fortement connotés (« petite femme incroyablement sèche », l. 4-5, « un air aimable juste pour un moment », l. 5), rendraient ainsi compte du jugement de Clarissa sur Evelyn Whitbread, d'autant plus que le passage au subjonctif et à l'indicatif présents puis au futur tendent à actualiser la scène évoquée. Le discours indirect libre se fait de plus en plus présent, réduisant les interventions du narrateur à de brèves parenthèses (« elle s'arrêta pour regarder un tableau hollandais », l. 22) ou à des précisions en incises (« pensa-t-elle en montant le trottoir », l. 13-14, « dit-elle en regardant la poissonnerie », l. 32). Les répétitions comme « rien, rien du tout » (l. 23), les phrases nominales telles que « Drôle d'impression » (l. 23) sont autant d'indices du monologue intérieur auquel le lecteur a accès.

TEXTE 9 : William Faulkner, *Le Bruit et la Fureur* (1929) p. 209

Objectifs et enjeux

→ **Découvrir un monologue intérieur atypique**

→ **Se confronter à une énonciation complexe, révélatrice des déficiences du personnage**

Lecture analytique

1. L'originalité et la complexité du passage reposent sur le système énonciatif mis en place : le récit à la première personne est la parole intérieure d'un déficient mental aphasique, Benjy, et retranscrit les bribes de dialogues qu'il a entendus trente ans auparavant. À ce procédé qui permet au lecteur de pénétrer la conscience, souvent incohérente, d'un être déficient, s'adjoint une superposition de strates temporelles : les passages en lettres romaines renvoient à l'enfance de Benjy alors âgé de cinq ans, tandis que les italiques correspondent au présent de la fiction, le 7 avril 1928. Incapable de distinguer les époques, le personnage mêle dans un flux continu fragments du passé et présent immédiat, et confond les différents moments de son existence. En ne modulant pas les temps verbaux et en nous empêchant donc de clairement différencier les périodes, Faulkner nous plonge délibérément dans la confusion mentale de son personnage.

Sa perception du monde est dominée par les sensations. La vue du feu et des effets visuels qu'il produit focalise son attention : il en suit toutes les modulations, du constat de sa présence (« *Il y avait du feu* », l. 4, « *Il y avait un autre feu* », l. 5) à sa disparition (« Le feu a disparu du miroir », l. 9), en passant par ses effets à travers le champ lexical de la lumière (« une lumière au haut de l'escalier », l. 1, « *il brillait sur sa main* », l. 7, « la lumière du feu », l. 22). Incapable de distinguer le feu de son reflet, Benjy ne comprend pas l'image dans le miroir (« *Il y avait un autre feu dans le miroir* », l. 5) ni la lumière projetée dans la pièce (« *Il montait et descendait sur les murs* », l. 5). De même, le scintillement des bagues est perçu comme un phénomène isolé, Benjy étant incapable de le rattacher à sa cause. De façon incohérente et presque fantastique, les bagues « *tressautaient* » (l. 7) ou « ont sauté sur le dos de Caddy » (l. 22) : la personnification montre que Benjy place sur le même plan les objets et les personnes. Son odorat est aussi particulièrement sensible et rend compte de son rapport immédiat au monde. Ainsi, sa perception de la maladie de sa mère est olfactive, comme le signale l'étonnante métaphore : « *Je pouvais sentir la maladie. C'était un linge plié sur la tête de maman* » (l. 5-6). Le linge, probablement imbibé d'une lotion médicamenteuse, est la représentation concrète de la maladie, la seule à laquelle Benjy peut avoir accès puisque l'abstraction lui est impossible. De même, il ne comprend pas l'origine du bruit qu'il entend : « Nous pouvions entendre le toit » (l. 32). Quant aux contacts physiques, ils renvoient régulièrement au fait que Benjy soit porté : on pourra relever « *Versh m'a posé par terre* » (l. 4), « m'a soulevé » (l. 9), « Il m'a pris dans ses bras » (l. 18-19), « *Caddy m'a pris de nouveau dans ses bras* » (l. 32-33), « Caddy m'a reposé par terre » (l. 38). La récurrence de ce geste signale combien il s'est imprégné dans sa mémoire. Enfin, la manière dont les pensées sont formulées signale la simplicité d'esprit du personnage. Les phrases du monologue intérieur, toujours assertives, se limitent à des constats. La syntaxe, dépourvue de subordination, n'offre que des noyaux de phrases juxtaposés : cette absence de liens logiques est le signe d'une pensée fragmentaire et souvent incohérente. Systématiquement, le lecteur doit donc pallier les insuffisances du monologue intérieur.

2. Benjy est incapable d'analyser le comportement d'autrui mais le lecteur parvient peu à peu à comprendre, à travers les bribes de dialogues et les gestes des autres personnages, leur attitude à son égard. Leur autorité se manifeste à plusieurs reprises dans les ordres qu'ils adressent à Benjy et qui lui somment toujours de se taire. Ce dernier ne parle pas mais geint ou crie, ce dont il n'a pas conscience puisqu'il ne fait aucune référence aux sons qu'il profère. L'onomatopée « Chut » parcourt le texte, relayée par les injonctions « Il faudra être sage » (l. 19), « il faut rester tranquille » (l. 30-31) ou « Faut être gentil » (l. 36). La formule « Sa façon d'être disait chut » (l. 2) est à cet égard révélatrice : Benjy ressent l'autorité de son père et la résume par sa formulation la plus fréquente. Sans cesse réduit au silence, Benjy est confié à des serviteurs et représente manifestement une gêne : sa mère veut le mettre au lit mais craint qu'il ne se réveille trop tôt le lendemain, son père le confie à Dilsey plutôt que de s'en occuper lui-même. Seule sa sœur Caddy semble lui porter une réelle attention et le fait qu'elle le prenne dans ses bras marque, de façon symbolique, son rôle de substitut maternel.

TEXTE 10 : Marguerite Duras, *Un barrage contre le Pacifique* (1950) p. 210

Objectif et enjeu

→ Étudier les moyens par lesquels le récit épouse les pensées du personnage

Lecture analytique

1. Dans *Un barrage contre le Pacifique*, l'écriture reste relativement traditionnelle : le récit, mené à la troisième personne et au passé, est généralement conduit en focalisation zéro. Dans le passage étudié, la focalisation interne domine cependant, permettant au lecteur de découvrir les émotions de Suzanne, partie seule dans Saïgon. On trouve donc des verbes signalant ses réflexions (« Elle trouvait », l. 1, « Elle essaya en vain de penser à autre chose », l. 14, « elle se persuadait », l. 16, « aurait voulu », l. 27) ou l'expression de ses sentiments (« Sa honte », l. 26, « Elle se haïssait », l. 26). Les nombreux termes subjectifs rendent compte de sa perception et traduisent en particulier l'admiration qu'elle éprouve face aux femmes de la ville. Mais cette admiration se meut peu à peu en une sorte de malaise : Suzanne se sent différente et ridicule face aux habitants dont elle ne partage pas les codes. La narration insiste sur le malaise croissant de la jeune fille : la gradation entre « C'était venu insensiblement » (l. 4-5) et « puis cela s'était confirmé, cela avait augmenté » (l. 6), soulignée par l'anaphore du démonstratif, marque sa progression, tout comme le parallélisme « Plus on la remarquait, plus elle se persuadait qu'elle était scandaleuse » (l. 16). La paranoïa de Suzanne modifie sa vision du réel : le champ lexical du regard (« cela se voyait », l. 8, « sur ce théâtre », l. 13, « la remarquait », l. 15, « regards braqués », l. -21-22, « nouveaux regards », l. 22), la comparaison hyperbolique « cela s'était répandu comme la foudre » (l. 18), la gradation d'« un seul » (l. 17) à « Toux ceux » (l. 18) jusqu'à l'hyperbole de « la ville entière » (l. 19) rendent compte du sentiment d'oppression qui transforme la promenade en une traque dont elle serait la victime. Aux regards s'ajoutent les rires, personnifiés, qui sont autant d'attaques sonores : « des rires qui grandissaient, lui passaient de côté, l'éclaboussaient encore par-derrière » (l. 23-24). Elle devient alors un « objet de laideur et de bêtise intégrales » (l. 16-17), se sent « cernée, condamnée » (l. 21), obligée d'avancer sous les regards hostiles. La syntaxe s'allonge pour mimer cette progression, cette fuite en avant du personnage (l. 18 à 24). L'humiliation éprouvée est telle que Suzanne souhaiterait disparaître : la piètre image qu'elle a d'elle-même se révèle dans son souhait de « tomber morte et couler dans le caniveau » (l. 25-26). De façon pathétique, la mort est envisagée comme seule issue. Le trouble excessif de Suzanne gagne peu à peu le récit qui fait entendre, d'abord au discours indirect libre (« Carmen avait tort », l. 8, « personne n'en avait un comme ça », l. 30, « À cause de ses yeux, où les jeter ? », l. 32, etc.), les pensées du personnage avant de glisser vers une forme de monologue intérieur. De façon incongrue apparaît, sans marque de discours direct, un possessif de première personne dans « ma mère » (l. 35), précédé d'une insulte dont la violence surprend : le lecteur est ainsi placé au plus près des émotions de la jeune fille et la syntaxe, saccadée, accumule les idées qui se bousculent dans son esprit (« un vieux sac à elle, cette salope, ma mère, ah ! qu'elle meure ! », l. 34-35) tandis que le niveau de langue, plus proche de l'oral, se relâche : « Et qui trimbale un pareil sac à main » (l. 34). La présence accrue du conditionnel, à la fin du passage, retranscrit le scénario presque délirant qu'élabore Suzanne pour échapper à un sentiment de persécution qu'aucun fait ne justifie réellement.

2. La beauté et l'unité des femmes que croise Suzanne suscitent une admiration teintée d'un sentiment de rejet. Les notations mélioratives sont nombreuses : on pourra relever les tournures laudatives « belles » (l. 1), « élégance estivale » (l. 1), « aisance à vivre » (l. 4), la comparaison « comme des reines » (l. 2), les métaphores hyperboliques « ces seigneurs et ces enfants de rois » (l. 9-10), l'hyperbole « extraordinaire » (l. 4). L'emploi du pluriel crée un effet de groupe, confirmé par l'impression d'unité qui se dégage à travers les expressions « toutes les femmes » (l. 1), « accord absolu » (l. 3), « mouvement général » (l. 3-4), « des semblables » (l. 12), ou l'équilibre induit par le rythme ternaire dans l'énumération « parlaient, riaient, faisaient des gestes » (l. 3). Suzanne se sent rapidement exclue de cette harmonie générale : « Eux avaient l'air d'aller vers un but précis, dans un décor familier, parmi des semblables. Elle, Suzanne, n'avait aucun but, aucun semblable, et ne s'était jamais trouvée sur ce théâtre » (l. 11 à 13). La construction parallèle et les répétitions soulignent l'antithèse, marquée par les tournures négatives. De fait, Suzanne se dévalue de façon de plus en plus excessive et masochiste : de « ridicule » (l. 8), elle devient « scandaleuse, un objet de laideur et de bêtise intégrales » (l. 16-17). La tenue qu'elle porte lui fait l'effet d'un accoutrement honteux : la répétition de l'adverbe « trop » dans « trop courte, trop étroite » (l. 29) disqualifie sa robe, son chapeau est jugé inadapté parce qu'elle est la seule à en porter un de ce type. L'autocritique se déplace alors des vêtements à la personne elle-même : les « cheveux » (l. 30) puis l'être tout entier sont frappés de disgrâce, « C'était elle, elle qui était méprisable des pieds à la tête » (l. 31-32).

L'anaphore de la locution « à cause de » (l. 32, 33) introduit une nouvelle série de critiques : les bras d'abord sont visés et caractérisés par l'apposition « ces ordures » (l. 33), insultante et disproportionnée. Le cœur est désigné par la métaphore de « bête indécente » (l. 33) tandis que les jambes sont jugées « incapables » (l. 34). Bien que conscient du caractère excessif des pensées de Suzanne, le lecteur ne peut que ressentir de l'empathie face au mal-être qu'elle éprouve.

TEXTE 11 : Nathalie Sarraute, *Le Planétarium* (1959) p. 211

Objectifs et enjeux

- Étudier la mise en place et les effets de la « sous-conversation »
- Analyser la complexité énonciative du récit

Lecture analytique

1. La première difficulté du passage tient à l'identification des interlocuteurs et de l'origine des différents passages de monologue intérieur. Les guillemets font apparaître trois occurrences de discours direct mais les verbes de paroles, absents, empêchent de déterminer qui est l'émetteur. Le lecteur, qui ne connaît pas encore très bien les personnages puisque nous sommes ici au début du roman, doit déduire des paroles leur source possible. Les propos rapportés l. 1 à 5 et l. 30 à 31 sont vraisemblablement prononcés par la belle-mère d'Alain qui insiste pour que son gendre raconte une anecdote à propos de sa tante. Le discours direct des lignes 17 à 19, s'il est assumé par Alain, ne correspond cependant pas au moment raconté mais à ce que le personnage a docilement coutume de répondre. En effet, Alain refuse de se prêter au jeu : « Ce petit ton sec qu'il prend pour refuser » (l. 25). Le discours indirect libre qui transpose les pensées du personnage (l. 6 à 17 et l. 19 à 23) permet de comprendre ses motivations. Les expressions « il le sait » (l. 8), « il voit déjà » (l. 21), « il sent » (l. 22), en faisant référence à sa vie psychique, explicite la focalisation interne. Les deux derniers paragraphes, détachés typographiquement, correspondent respectivement aux pensées de la belle-mère puis de son mari et déplacent donc la focalisation interne. Mais aucun indice ne guide le lecteur dans cette imbrication de flux de consciences. Le jeu des pronoms personnels contribue à cette complexité puisqu'aucun prénom ne permet de saisir explicitement le référent. De fait, l'absence de termes introducteurs du discours, l'imbrication de différentes focalisations et les croisements temporels entretiennent une impression de confusion.

Quelques éléments éclairent peu à peu la situation. L'insistance de la belle-mère se manifeste dans ses exhortations répétées : les impératifs « racontez-leur » (l. 2), « racontez » (l. 5), « ne vous faites pas prier » (l. 30), « allons, soyez gentil » (l. 31), « racontez » (l. 31) marquent son obstination et suscitent des réflexions assez similaires chez Alain et son beau-père : le premier lui reproche sa « façon brutale » (l. 6), son « manque de délicatesse » (l. 7), son « insensibilité » (l. 8), que l'autre traduit par une énumération de métaphores ou d'expressions lexicalisées volontairement exagérées : « elle fonce à l'aveugle, tête baissée, tarabuste les gens, piétine lourdement, met les pieds dans tous les plats, fait toutes les gaffes… » (l. 34-35). L'identité du beau-père se devine d'ailleurs à travers les expressions « ce garçon » (l. 32), « ce petit » (l. 32) qui désignent Alain, et le complément circonstanciel de temps « depuis trente-cinq ans qu'ils sont mariés » qui permet d'expliciter le lien familial. Les pensées de la belle-mère soulignent son incompréhension et son agacement : les phrases nominales exclamatives et la question rhétorique (« Mais quel air renfrogné tout à coup, quelle moue dégoûtée… Quelle mouche le pique ? », l. 24-25), les termes péjoratifs qu'elle emploie pour tenter d'expliquer le comportement de son gendre expriment un dédain que l'enthousiasme et la sollicitude exprimés au discours direct ne permettaient pas de deviner. Et c'est là tout l'enjeu des « sous-conversations » que développe le récit : derrière le vernis des conventions sociales se cachent les motivations profondes des personnages, ainsi mises à jour. Le passage constant des paroles rapportées aux commentaires cachés crée alors des écarts amusants pour le lecteur mais cruels pour les personnages.

2. En donnant accès aux pensées souterraines des personnages, le récit révèle la facticité des relations qui se nouent entre eux. Les réflexions d'Alain contrastent de manière significative avec ses paroles. Le discours direct feint l'enthousiasme et l'assurance : le public est plaisamment sollicité par l'impératif phatique « écoutez » (l. 17) et le pronom « vous » (l. 17). Les interjections « Oh ! » (l. 17) et « ah ! » (l. 18) et les exclamations « quel numéro » (l. 18) ou « quelle famille » (l. 18) manifestent une forme d'excitation, donnant à croire qu'Alain se réjouit de raconter une anecdote savoureuse. Or, son monologue intérieur révèle le supplice auquel il est soumis et dont son besoin de reconnaissance est le premier responsable. Le jeune homme se reproche « ce besoin qu'il a de se faire approuver, cajoler » (l. 8-9). La gradation, soulignée par l'anaphore « pour qu'ils s'amusent un peu, pour qu'ils soient contents, pour qu'ils lui soient reconnaissants » (l. 9 à 11) marque son désir coupable d'être apprécié et l'hyperbole au conditionnel « Ses propres père et mère, il les leur livrerait » (l. 11) montre qu'il est prêt à tout pour y parvenir. Le champ lexical du ridicule (« des poses ridicules », l. 12, « des situations grotesques », l. 12-13, « détails honteux », l. 13) rend compte de l'humiliation consentie du personnage, que confirme d'ailleurs le jugement dépréciatif qu'il formule devant tous : « On est vraiment tous un peu cinglés... » (l. 19). Pour s'intégrer au groupe, il est prêt à renoncer à sa dignité et à se perdre lui-même, comme l'indique la gradation qui l'annihile peu à peu en tant qu'individu : « pour rire un peu avec eux, tout heureux de se sentir parmi eux, proche d'eux, à l'écart de lui-même et tout collé à eux, adhérant à eux si étroitement, si fondu avec eux qu'il se regardait lui-même avec leurs yeux » (l. 13 à 16). L'obsession du regard des autres dicte le comportement d'Alain et suscite un jeu de masques, une vaste mascarade révélée par la métaphore filée du cirque : « vous jeter là, au milieu de la piste, en spectacle aux gens... » (l. 6-7), « il s'est exhibé » (l. 12), « ils sont là tous en cercle » (l. 20-21), « on compte sur son numéro » (l. 21). Mais la vedette, en n'assurant pas la prestation attendue, risque de devenir la victime jetée en pâture et sacrifiée. Ainsi se profile la critique d'une société bourgeoise et hypocrite dont l'affabilité masque les rapports de force. Les conventions sociales répriment l'authenticité et même les angoisses les plus profondes se dissimulent.

3. Les nombreux points de suspension donnent à l'écriture une allure particulièrement hésitante, fidèle aux pauses et aux ruptures syntaxiques, propres au discours oral, et surtout aux mouvements de la pensée qui se cherche, qui s'interrompt et tâtonne, se corrige et s'approfondit. Le lecteur suit ainsi le cheminement parfois chaotique de la conscience : les phrases s'allongent au gré d'ajouts successifs qui viennent préciser un mot ou une impression, ou au contraire restent ouvertes sur une idée inachevée : « C'est lui, cette fois encore, qui est venu, de lui-même, offrir... il ne peut y résister... » (l. 16-17). Ces ellipses, fréquentes, obligent le lecteur à compléter la phrase et à pallier les manques. Le sens est esquissé et sous le croisement des points de vue se dérobe sans cesse la vérité.

V. Le Nouveau Roman (p. 212-214)

TEXTE 12 : Alain Robbe-Grillet, *La Jalousie* (1957) p. 212

Objectifs et enjeux

→ Déterminer la place du narrateur et repérer ses interventions
→ Étudier la façon dont le personnage est remis en question
→ Étudier comment se manifeste le refus de la narration traditionnelle

Lecture analytique

1. Le passage étudié se situe au début du roman. Deux couples se retrouvent chaque soir sur une terrasse ainsi que le suggère l'évocation des « quatre couverts » (l. 8). Parmi les invités, seul Franck est présent. La périphrase « son mari » (l. 3) permet d'identifier le premier couple, à savoir Christiane et Franck. Quelques indices comme la référence au « climat humide et chaud » (l. 5) ou la mention d'un « artisan indigène » (l. 13) permettent de situer la scène dans un pays lointain tandis que les serviteurs à disposition des deux couples signalent leur milieu social privilégié. Le début du texte peut donner l'impression que le narrateur est extérieur : l'attention se focalise sur les gestes et les nombreuses marques d'ignorance ou d'incertitude confirmeraient l'idée d'une focalisation externe : « Il murmure quelques mots, un remerciement, sans doute » (l. 21-22). L'emploi du présent contribue à cette impression d'objectivité, puisque le narrateur semble retranscrire les actions qui se déroulent sous ses yeux : cet inventaire du réel relèverait dès lors d'un « réalisme objectif », propre au Nouveau Roman. Mais différents indices laissent apparaître une subjectivité.

Dès la première phrase, l'ajout de l'adverbe « encore » (l. 1) permet de percevoir un certain agacement, tout comme l'énumération sur un rythme ternaire, d'adjectifs mélioratifs redondants « souriant, loquace, affable » (l. 1). La présence de Franck, devenue une habitude (« Il n'est pas rare, à présent », l. 3, « désormais coutumière », l. 11), semble irriter le narrateur qui dédaigne de citer ses propos, vaguement rapportés sous une forme narrativisée. Les précisions apportées sur le fauteuil, « très simples, en bois et sangles de cuir » (l. 12) créent une antithèse ironique avec le « confort » que leur prête Franck. L'irritation se teinte ensuite de méfiance. Les verres et leur contenu (« Les verres sont emplis, presque jusqu'au bord, d'un mélange de cognac et d'eau gazeuse où flotte un petit cube de glace », l. 15 à 17) sont détaillés avec une extrême précision : l'adjectif « emplis » est corrigé, le glaçon est décrit par une périphrase géométrique. De même, les gestes d'A... sont minutieusement décomposés malgré leur banalité : « elle se penche » (l. 13), « elle s'est approchée » (l. 18), « Elle s'appuie de l'autre main » (l. 20). La répétition « elle se penche vers... » (l. 13 et 20) crée un effet de ralenti, comme si le narrateur étirait le geste pour mieux pouvoir l'observer. Cette attention presque maniaque portée aux détails révèle une forme de suspicion obsessionnelle, que confirme l'emploi de certaines modalisations comme « sans doute » (l. 22) ou l'incise « dit-elle » (l. 15) qui, placée entre tirets, suggère que la justification d'A... n'est qu'un prétexte pour maintenir l'obscurité. Cette pénombre semble particulièrement agacer le narrateur comme le montre son insistance à la souligner : « tout à fait nuit » (l. 14), « l'obscurité complète » (l. 18). De même, la disposition des fauteuils est très précisément expliquée : les marqueurs spatiaux abondent (« côte à côte, contre le mur », l. 28-29, « à sa gauche », « sur sa droite », l. 30, « de l'autre côté de cette table », l. 32, « davantage encore vers la droite », l. 32, etc.) et permettent au lecteur de se représenter assez nettement l'espace de la terrasse. Ils expliquent également la gêne occasionnée puisqu'il est difficile, à moins de réaliser « de fortes rotations de tête » (l. 37), de voir A... Or, la tournure emphatique « C'est elle-même qui a disposé les fauteuils » (l. 27) la rend responsable de cette organisation et laisse poindre une forme de reproche.

Le titre du roman, *La Jalousie*, permet dès lors de mieux saisir les enjeux du passage : les marques de subjectivité signalent, par le jeu des modalisations et des connotations, la jalousie du troisième personnage, qui n'est autre que le mari d'A... et l'occupant du quatrième fauteuil, puisqu'un seul est resté vide. Mais l'identification du narrateur reste délicate puisque le pronom personnel « je » n'apparaît pas et que rien ne prouve, de façon certaine, son statut. Les focalisations, qui oscillent entre point de vue externe et point de vue interne, floutent l'instance narrative alors même que tout est vu à travers son regard. Le mari n'apparaît donc que comme le point de vue qui organise la vision, une présence que le lecteur peut tout au plus supposer.

2. Refusant l'analyse psychologique qui fonde le roman traditionnel, *La Jalousie* ne fournit aucune explication sur les motivations ou les intentions des personnages. Les attitudes de Franck et A... ne sont suspectes qu'en fonction de l'interprétation qu'en fait le lecteur. Ainsi, les explications données à l'absence de Christiane, soulignées par le rythme ternaire et l'anaphore de la locution « à cause des » (l. 4 et 5), peuvent sembler trop nombreuses. L'allongement syntaxique leur donne l'allure de faux prétextes qui s'accumulent maladroitement dans une sorte de discours indirect libre. Le motif, « un peu de fièvre » (l. 3) paraît alors dérisoire et tend à décrédibiliser l'ensemble des justifications fournies. Cependant, aucun commentaire explicite ne vient confirmer cette hypothèse. De même, la minutie apparemment objective avec laquelle est décrite la disposition des sièges apporte des précisions qui invitent à tirer certaines conclusions : de façon intentionnelle, A... et Franck seraient installés « côte à côte » (l. 28-29) tandis que les deux autres fauteuils sont « de l'autre côté de cette table » (l. 32). Le complément circonstanciel de but « de manière à ne pas intercepter la vue entre les deux premiers » (l. 32-33) oriente le lecteur vers cette interprétation sans la confirmer explicitement, tout comme l'adverbe d'insistance « si près » (l. 20) ou le superlatif « le plus possible » (l. 18). De fait, le lecteur, à l'instar du narrateur, est conduit à porter sur les événements un regard de plus en plus partial et attribue aux personnages des intentions que rien ne permet vraiment de confirmer. Tributaire d'une vision incomplète, il ne peut déterminer la véracité des faits : reposent-ils sur une réalité objective ou sont-ils déformés par la subjectivité et la jalousie maladive du narrateur ? Dès lors, les repères de lecture sont brouillés.

3. A... est le personnage le plus présent dans le passage : en tant que maîtresse de maison, elle organise la soirée, donne des ordres, prend des décisions. Elle est à l'initiative des actions dont Franck est le destinataire passif : l'énumération de verbes d'action dont elle est le sujet grammatical porte toute l'attention sur ses gestes (« Elle se redresse d'un mouvement souple, s'empare du troisième verre – qu'elle ne craint pas de renverser, car il est beaucoup moins plein – et va s'asseoir à côté de Franck », l. 23 à 25) mais a tendance à la présenter de façon morcelée. Pourtant, elle n'est désignée que par une initiale, alors que le personnage absent, Christiane, dispose d'un prénom qui permet de l'identifier. Cette ellipse du nom constitue une entorse majeure aux codes du roman traditionnel : privé d'une identité nette, le personnage n'est plus saisi comme un tout psychologiquement analysable. A... n'apparaît qu'à travers ses gestes, d'ailleurs difficiles à percevoir en raison de l'obscurité, et aucune analyse n'est esquissée.

TEXTE 13 : Michel Butor, *La Modification* (1957) p. 213

Objectifs et enjeux

- Découvrir un mode de narration inattendu et en étudier les effets
- S'interroger sur les innovations du Nouveau Roman et leurs significations
- Étudier comment sont remises en question les notions de narrateur, de personnage et de lecteur

Lecture analytique

1. Le roman s'ouvre sur le pronom personnel de deuxième personne « Vous » et met en place un système énonciatif qui constitue la première originalité de l'œuvre. Si le lecteur peut d'abord croire à un dialogue, l'absence de marques du discours direct et la suite du récit invalident cette interprétation (seul le « Non », l. 11, peut donner l'impression de relever du dialogue). On comprend peu à peu que le pronom désigne le personnage principal de l'histoire, Léon Delmont, auquel le lecteur est invité à s'identifier de façon d'autant plus efficace que le récit semble lui être adressé. D'emblée, en se sentant pris à partie, voire pris au piège dans ce « vous » inclusif, le lecteur s'implique dans l'histoire. Michel Butor explique un autre enjeu essentiel du procédé :

> « C'est parce qu'il y a quelqu'un à qui l'on raconte sa propre histoire, quelque chose de lui qu'il ne connaît pas, ou du moins pas encore au niveau du langage, qu'il peut y avoir un récit à la seconde personne […] ».
>
> *Essais sur le roman*, 1964.

Dans ce dispositif, le narrateur raconte au personnage sa propre histoire, parce que lui-même ne la maîtrise pas totalement. La configuration traditionnelle (narrateur extérieur, focalisation interne donnant accès aux pensées du personnage) est donc complexifiée par la mise en place d'un destinataire qui, désignant tout à la fois le personnage et le lecteur, brouille ces notions.

Le système des temps contribue également à l'originalité du récit. La narration est simultanée, le présent de l'indicatif signalant la coïncidence entre fiction et narration, comme si les événements se construisaient au fur et à mesure que la lecture avance. On a ainsi l'impression que le narrateur expose au personnage ce qu'il est en train de faire. De façon étonnante, l'énonciation peut même précéder les faits énoncés, d'où l'emploi ponctuel du futur proche : « cette place où vous allez vous installer » (l. 29). Le récit met alors en perspective différents moments, mêlant au présent quelques retours en arrière, signalés par le passé composé (« Vous avez mis le pied » l. 1), le conditionnel passé (« vous auriez fait demander », l. 23) ou l'imparfait (« il ne fallait pas », l. 25).

2. De façon progressive, le lecteur est informé de la situation du personnage et sa curiosité est piquée par certains non-dits. La référence à la « valise » (l. 4) puis au « compartiment » (l. 22) permet de comprendre, *a posteriori*, les premières notations descriptives : « rainure de cuivre » (l. 1), « panneau coulissant » (l. 2). Mais le récit insiste surtout sur les difficultés que semble éprouver le personnage et l'effort physique qu'il réalise pour porter sa valise : le champ lexical de l'anatomie (« doigts », « muscles », « tendons », « phalanges », « paume », « poignet », « bras », « épaule », « dos », « vertèbres », « cou », « reins », l. 6 à 10) dessine avec précision le parcours de la douleur qui irradie tout le corps. En justifiant cette « faiblesse inhabituelle » (l. 12) par l'âge, le narrateur nous informe sur le personnage : il a « quarante-cinq ans » (l. 14) et les signes physiques du vieillissement, associés à un réveil difficile (« peau tendue et comme raidie en plis minces », l. 16-17, « cheveux, qui se clairsèment et grisonnent », l. 17) permettent de le décrire et de mentionner son entourage : deux femmes, Henriette et Cécile, et des enfants. Le réveil matinal est peut-être la cause de l'embarras que semble éprouver le héros : l'accès au wagon est évoqué sur le mode de la difficulté voire de l'échec (« vous essayez en vain », l. 2, « en vous frottant contre ses bords », l. 3, « vos doigts qui se sont échauffés », l. 6, « Vos yeux sont mal ouverts », l. 15, « vos tempes crispées », l. 16). L'énumération « vos habits qui le gênent, le serrent et lui pèsent » (l. 19-20) et la comparaison du corps « comme baigné, dans son réveil imparfait, d'une eau agitée et gazeuse pleine d'animalcules en suspension » (l. 20-21) insistent sur cette trouble impression de malaise. L'attitude du compagnon de voyage, que le héros scrute avec une attention étonnante, contribue à intensifier le climat de gêne mis en place : « cet homme vous dévisage, agacé par votre immobilité debout, ses pieds gênés par vos pieds » (l. 40-41). Ainsi placé dans une situation qu'il ne paraît pas maîtriser, le héros est comme privé d'initiative, d'autant plus que ses actions semblent dictées par celui qui les énonce. Le contexte se met donc peu à peu en place : un homme, âgé de quarante-cinq ans, père de famille, s'installe avec difficulté dans un train et s'apprête à faire un voyage. L'accès difficile au compartiment, présenté avec un excès de détails, est la seule action notable et peut déconcerter par sa banalité et son peu d'intérêt narratif. Mais le motif du départ reste obscur et son caractère secret peut susciter la curiosité du lecteur, déjà intrigué par la mention de deux femmes dont il ignore les rôles respectifs : « il ne fallait pas que quelqu'un sût chez Scabelli que c'était vers Rome que vous vous échappiez pour ces quelques jours » (l. 25 à 27). La destination est révélée, mais nous ignorons encore le but de cette escapade.

TEXTE 14 : Marguerite Duras, *Moderato Cantabile* (1958)

p. 214

Objectifs et enjeux

→ **Étudier la mise en place et le croisement de deux récits distincts à l'intérieur de la trame narrative**

→ **Percevoir la visée satirique d'un texte**

Lecture analytique

1. La scène se déroule chez Anne Desbaresdes, dans l'univers de la bourgeoisie de province. Arrivée en retard et ivre à sa propre réception, la maîtresse de maison adopte un comportement qui l'oppose à ses invités. Le texte a soin de l'isoler du groupe en la désignant systématiquement par son nom et son prénom ou par le pronom personnel « elle » tandis que les autres convives sont vaguement identifiés en tant qu'entité collective « d'autres femmes » (l. 5), « les femmes » (l. 10) ou de façon impersonnelle « on » (l. 10, l. 23), « quelqu'un » (l. 30). Face au groupe anonyme, le personnage se détache et affirme peu à peu son identité en usant en particulier du pronom « je ». Les antithèses soulignent cette opposition croissante : le polyptote accentue le contraste entre les femmes qui « se servent » (l. 10) et Anne qui « vient de refuser de se servir » (l. 21). La répétition de l'adverbe de négation « Non » (l. 17, l. 35), mis en valeur par le discours direct, manifeste sa résistance en même temps que le laconisme de ses réponses constitue une forme d'impolitesse face aux sollicitations de ses convives. En particulier, le refus exprimé par la formule « Non merci » (l. 17), nettement détaché de la question initiale, permet de faire émerger la parole d'Anne. Aux précautions oratoires adoptées par son entourage (« C'est peut-être cette fleur, ose-t-on avancer », l. 28) répond un ton de plus en plus sec. La parataxe entre les paroles rapportées au discours indirect « On redemande si elle n'est pas malade » (l. 33) et sa réponse au discours indirect libre « Elle n'est pas malade » (l. 33), calquée sur la question posée, dénote une sécheresse bien peu cordiale. Les efforts d'Anne pour jouer le rôle qu'on attend d'elle sont de moins en moins efficaces : « elle s'essaye encore à sourire, mais ne réussit encore que la grimace désespérée et licencieuse de l'aveu » (l. 31-32). Le masque social du sourire se déforme en une « grimace » presque grotesque : l'association des adjectifs « désespérée et licencieuse » traduit à la fois la souffrance d'être incapable de maintenir les apparences et le basculement dans l'indécence. Le constat tombe de façon brutale : « Anne Desbaresdes est ivre » (l. 32). L'excès d'alcool, souligné dans la première phrase (« boit de nouveau un verre de vin tout entier », l. 1), détone dans le cadre contrôlé de la réception mondaine. Et le désordre social qu'introduit Anne se reflète dans la syntaxe : les énoncés sont comme déséquilibrés voire incorrects (« Sa bouche est desséchée par d'autre faim que rien non plus ne peut apaiser qu'à peine, le vin », l. 13-14 ; « un temps très court, mais celui du scandale », l.22).

2. Le récit multiplie les codes et les stéréotypes attachés au dîner bourgeois. Le « canard à l'orange » (l. 10) est servi de façon théâtrale, puis désigné par la métaphore « canard d'or » (l. 12). Le mets, fin et exotique, affiche les prétentions de l'hôte à impressionner ses convives : « Le service du canard à l'orange commence » (l. 10) puis « Le canard suit son cours » (l. 30). Ici, la présence des domestiques est comme effacée au profit de l'objet servi, révélant le peu d'importance qu'on leur accorde. Cette discrète visée critique se retrouve dans l'hyperbolique « dévoration du canard » (l. 36) qui confère une valeur symbolique à l'appétit des bourgeois. L'avidité de la classe dominante s'exacerbe dans une forme de cannibalisme barbare : « Sa graisse va se fondre dans d'autres corps » (l. 36-37). Pour les femmes, la consommation du canard devient une expérience ironiquement extatique : l'hyperbole « défaille à sa vue » (l. 12) introduit des connotations sensuelles, tout comme les « doux murmures [qui] montent de leurs gorges » (l. 11-12). L'évocation de la viande entraîne peu à peu des confusions qui révèlent les désirs frustrés des bourgeoises attablées : faute d'assouvir leurs fantasmes de chair, elles les déplacent dans la « chère » (l. 11) et compensent leur frustration dans la nourriture. Cette confusion s'immisce dans le texte qui associe peu à peu les femmes au canard : ainsi, leurs bras sont « délectables » (l. 6) et l'indécision pronominale dans « on les choisit belles et fortes, elles feront front à tant de chère » (l. 10-11) tend à les confondre avec les cuisses du volatile. Avec ironie, le narrateur confronte ces fantasmes à l'« autre faim » (l. 13) qu'éprouve Anne qui, elle, a découvert, grâce au vin et à l'ivresse, une autre forme de désir. La sensualité des femmes, soulignée par l'énumération « bras nus, délectables, irréprochables, mais d'épouses » (l. 5-6), reste donc circonscrite dans les bornes de la décence, imposées par leur classe et leur statut. Même si elle refuse d'entrer dans le jeu des conventions mondaines, Anne en est encore prisonnière, comme le signale son sentiment de culpabilité (« ne plus pouvoir faire autrement », l. 2 ; « une indigne consolation », l. 3) et les traces d'un comportement stéréotypé (« Elle lève la main, comme il lui fut appris », l. 22-23).

3. Anne ne participe pas aux conversations et n'a de cesse d'imaginer une scène parallèle à celle qu'elle vit véritablement. Le parfum du magnolia lui permet de s'évader symboliquement du dîner bourgeois : « Elle soulève une nouvelle fois sa main à hauteur de la fleur qui se fane entre ses seins et dont l'odeur franchit le parc et va jusqu'à la mer » (l. 26-27). Le parfum relie ainsi deux espaces, celui de la maison et celui de « la grève » (l. 6), de « la plage » (l. 15) : il symbolise alors le fonctionnement de la narration qui, dans un jeu d'allers-retours, passe d'une scène à l'autre. Les connotations amoureuses de la fleur s'accentuent dans l'image érotique des seins en même temps que son flétrissement annonce déjà la fragilité de la passion. Cette sensualité affleure à travers les différents sens que la scène sollicite : l'ouïe (« l'homme siffle une chanson », l. 6-7), le toucher (« Il n'est pas impossible que cet homme ait froid », l. 9, « réchauffe », l. 39), l'odorat (« l'odeur du magnolia », l. 19) et la vue (« les paupières fermées », l. 37). La projection onirique permet de mettre en scène l'intériorité du personnage dont le lecteur découvre les pensées. Mais l'interpénétration des deux scènes tend à perturber le récit : par exemple, dans la séquence « Sa bouche est restée entrouverte sur le nom prononcé. – Non merci » (l. 16-17), l'homonymie entre le nom et l'adverbe de négation crée une sorte d'interférence. De même, le passage entre le récit et les pensées du personnage crée des ambiguïtés : la supposition « Il n'est pas impossible que cet homme ait froid » (l. 37) peut être attribuée à Anne tout comme au narrateur. Le récit tisse donc deux scènes simultanées que tout oppose : l'une, ancrée dans la fiction, dominée par les frustrations et les conventions sociales ; l'autre, onirique, qui révèle les désirs profonds du personnage.

VI. La déconstruction du langage

(p. 215-217)

TEXTE 15 : James Joyce, *Ulysse* (1922) p. 194

Objectifs et enjeux

→ **Découvrir un texte étranger qui a profondément influencé la production romanesque du XXe siècle**

→ **Étudier le « courant de conscience » dans une mise en œuvre à la fois originale et radicale**

Lecture analytique

1. Le passage proposé n'est qu'un extrait du long monologue intérieur de Molly qui constitue le dernier chapitre d'*Ulysse* ; Molly est la femme de Léopold Bloom, le héros du roman. Alors qu'elle est allongée à côté de son mari et que tout Dublin est endormi, elle se laisse envahir par un flot de souvenirs, de sensations, de désirs qui se bousculent dans un flux continu, dépourvu de toute ponctuation. Ce « courant de conscience », affranchi des règles et des convenances stylistiques, surprend par sa liberté de ton. Les expressions familières voire argotiques abondent : « gros yeux salaces » (l. 2), « ce gros rustre » (l. 3), « la bouchée que tu te fourres dans le bec » (l. 12), « une bouteille de piquette » (l. 32). Les tournures marquent un certain relâchement de la syntaxe avec des ellipses grammaticales propres à l'oral (« je voulais pas manger », l. 8, « elles en portaient jamais non plus », l. 17-18, etc.) ou des incorrections (« qu'est-ce qu'ils disent que ça donne une ligne ravissante », l. 26). Les temps verbaux signalent le passage des souvenirs aux réflexions présentes : ainsi, au début du passage, le plus-que-parfait (« m'avait matée »), le passé composé (« je l'ai remarqué », l. 3), l'imparfait (« je craquais », l. 4) et le conditionnel passé (« j'aurais aimé », l. 5) évoquent rétrospectivement un dîner qui engage une réflexion, au présent de vérité générale, sur la condition des femmes : « toujours dépendre d'eux pour l'argent au restaurant pour la bouchée que tu te fourres dans le bec il faut encore leur dire merci » (l. 11-12).

La pensée bifurque alors, par associations d'idées, sur les cadeaux que Molly espère encore obtenir de ses amants, essentiellement des vêtements, ce qui la conduit à évoquer son corps et les moyens de l'entretenir. Le texte semble dirigé par ces mouvements irrationnels de la conscience et rassemble, dans un même souffle, des éléments hétéroclites. Il permet surtout de révéler les pensées, jamais prononcées, d'une femme dont les réflexions se libèrent de la censure des hommes et de la société. La parole de Molly est franche et sans pudeur. On découvre sa gourmandise et les efforts auxquels elle doit consentir pour la réguler en société : « j'aurais aimé pouvoir manger tous les morceaux de ce poulet avec mes doigts il était tellement juteux et doré et tendre comme tout seulement je voulais pas manger tout ce que j'avais dans mon assiette » (l. 5 à 8) ou « il faudra que je supprime la bière au dîner ou peut-être que je me mets à trop l'apprécier » (l. 28-29). Elle sait profiter des hommes et de la dépendance que leur pouvoir impose aux femmes et se montre vénale lorsqu'elle établit la liste de ses futures exigences : « deux bonnes chemises pour commencer puis un pantalon » (l. 15-16). Le regard libidineux qu'elle inspire au Lord Maire, le commentaire sur les goûts de son amant qui « aime qu'il n'y ait pas de pantalon du tout » (l. 16-17) sont autant d'allusions sexuelles permises par le monologue intérieur. Joyce nous plonge ainsi dans les pensées les plus intimes d'une femme à une époque où la parole leur est interdite.

2. En 1931, Édouard Dujardin définit le monologue intérieur qu'il a utilisé, dès 1887, dans *Les Lauriers sont coupés* :

> « Le discours sans auditeur et non prononcé, par lequel un personnage exprime sa pensée la plus intime, la plus proche de l'inconscient, antérieurement à toute organisation logique, c'est-à-dire en son état naissant, par le moyen de phrases directes réduites au minimum syntaxial, de façon à donner l'impression "tout-venant". »
>
> *Le Monologue intérieur*, 1931.

Le caractère incohérent s'explique donc par le fait qu'il s'agit de pensées non formulées : le texte relate dans un flux continu les mouvements de la conscience et met sur un même plan, sans qu'aucune ponctuation ne les distingue, récits de souvenirs, descriptions, réflexions, réactions diverses (« oui », l. 19 ; « en tout cas », l. 14, etc.). Nous suivons donc, au plus près, les circonvolutions d'un esprit qui vagabonde et dont la narration épouse les plus infimes mouvements.

TEXTE 16 : Raymond Queneau, *Zazie dans le métro* (1959) p. 216

Objectif et enjeu

→ **Analyser les ressorts à la fois ludiques et poétiques d'une langue innovante**

Lecture analytique

1. La tonalité comique de l'*incipit* tient à la fois à la situation narrée et à la langue mise en œuvre. Sur le quai de la gare d'Austerlitz éclate une dispute absurde entre Gabriel et un couple. Tous sont indisposés par une odeur : celle de la saleté des gens. Le champ lexical de l'odorat est omniprésent : « Doukipudonktan » (l. 1), « sentent plus mauvais », (l. 7), « quelle odeur » (l. 8), « pue » (l. 11), « parfum qui émanait » (l. 13)... Les insultes fusent rapidement : Gabriel emploie, de façon condescendante, l'apostrophe « ptite mère » (l. 14, 18 et 19) et une périphrase très ironique : « tu crois que ton parfum naturel fait la pige à celui des rosiers » (l. 18-19). Vexée, la dame ne répond pas directement à Gabriel mais le désigne par la périphrase familière « ce gros cochon » (l. 22). L'intervention du mari souligne son manque de repartie puisqu'il ne trouve qu'à dire : « Tu pues, eh gorille » (l. 26). Le couple est ainsi ridiculisé, d'autant plus que le narrateur use de termes très péjoratifs à son propos : « une bonne femme » (l. 11), « la rombière » (l. 17), « le ptit type » (l. 23), le « moucheron » (l. 31).

Mais le comique tient surtout à la familiarité du ton : le langage parlé affecte non seulement les dialogues mais aussi les parties narratives et les procédés innovants sont nombreux. Le premier mot du texte, d'abord, déstabilise par son orthographe phonétique qui comprime l'interrogation : « Où et qui est-ce qui pue donc tant ? ». On retrouve ce procédé d'agrégat de sons dans la formule qui clôt le passage : « Skeutadittaleur » (pour « ce que tu as dit tout à l'heure »). Ce phénomène de transcription de l'oral est fréquent dans le texte et opère généralement par élision, « ptite mère » (l. 14), « T'entends ça ? » (l. 20), ou par aphérèse dans « Y a pas de raison » (l. 5-6). L'adverbe de négation est régulièrement omis : « ils doivent pas faire de grands efforts » (l. 4), « On peut pas supposer » (l. 6), « Ça devrait pas être permis » (l. 16), etc. Comme dans le parler populaire, la crase permet la contraction de deux syllabes en une : « les gens qu'attendent à la gare d'Austerlitz » (l. 6-7) ou « celui qu'avait le droit » (l. 21). S'ajoutent les nombreux termes argotiques et les inventions cocasses comme le « parfum de chez Fior » (l. 15), où le mot-valise superpose la fleur, le nom du célèbre couturier et la désignation argotique des fesses. On notera également la périphrase graveleuse à propos du mari : « celui qu'avait le droit de la grimper légalement » (l. 21).

Mais le comique de mots naît aussi du contraste entre cette langue familière et le langage savant qui apparaît aussi bien dans le discours indirect libre qui rapporte les pensées de Gabriel (« l'hominisation première », l. 28) que dans les interventions du narrateur (« faraud », l. 25, « cette pentasyllabe monophasée », l. 37). Loin de jouer le rôle de caution linguistique, le narrateur parle donc comme ses personnages, voire de façon plus vulgaire. Cette créativité verbale est le premier ressort du comique en même temps qu'elle souligne l'inventivité de l'auteur et son goût de la fantaisie.

2. La vivacité de l'*incipit* tient à différents éléments. Le lecteur entre dans le vif du sujet grâce au néologisme initial qui tient à la fois de l'interjection et de la question rhétorique. Les marques traditionnelles du discours direct sont omises et la pensée de Gabriel est livrée dans son immédiateté. L'action est déjà commencée et le cadre spatio-temporel se dessine peu à peu. Mais l'enjeu narratif du passage se concentre dans l'affrontement verbal qui confère au texte des allures théâtrales. Le dialogue domine et la dimension comique de l'affrontement tient beaucoup à la caricature des comportements qu'il met en place. Les désignations des différents personnages accentuent leur opposition : de façon hyperbolique, Gabriel est appelé « malabar » (l. 23), « gorille » (l. 26), « le costaud » (l. 33) puis « l'armoire à glace » (l. 36). Au contraire, le mari est ridiculisé par les appellations « le ptit type » (l. 23) ou le « moucheron » (l. 31). Les personnages s'opposent également par leur aisance verbale. Le narrateur valorise celle de Gabriel en modifiant l'expression figée « avoir la repartie facile » qui devient avoir « de la vitesse dans la repartie » (l. 14). Au contraire, l'antiphrase ironique « fignoler la réponse que voici » (l. 33-34) souligne le peu d'esprit de la réplique du mari : « Répéter un peu quoi ? » (l. 35). La litote « Pas mécontent de sa formule » (l. 36) se moque de sa satisfaction infondée. La dame n'est pas en reste : le commentaire ironique « sûre de son bon droit » (l. 17) et l'antithèse entre son comportement (« dit une bonne femme à haute voix », l. 11) et celui de Gabriel (« se demanda », l. 1) contribuent à la déprécier.

TEXTE 17 : Claude Simon, *Les Géorgiques* (1981) p. 217

Objectif et enjeu

→ **Étudier comment les effets de symétrie et de répétition se substituent à la linéarité chronologique du récit**

Lecture analytique

1. L'unique phrase qui constitue le passage étudié déroule les impressions et les pensées d'« un cavalier » (l. 2), perdu dans la nuit pendant la Seconde Guerre mondiale. L'emploi de l'article indéfini empêche toute identification précise et crée peu à peu une confusion qui va de pair avec l'égarement du personnage, que rien ne distingue des autres hommes qu'il croise : un « cavalier arrêté » (l. 16), désigné ensuite par le terme vague « le type » (l. 19) puis « un autre cavalier » (l. 27). Les conjectures du personnage : « mais peut-être est-ce le même type et le même cheval, ou peut-être que le cavalier arrêté c'est maintenant lui » (l. 27-28), « et ce cavalier arrêté (peut-être lui après tout) », l. 31-32, le rendent incapable de discerner ceux qu'il croise au point de ne plus savoir qui il est vraiment. Le lecteur est plongé dans la même incertitude, induite dès le début de la phrase par l'ambivalente parenthèse « (l'un ou l'autre) » (l. 2).

Les identités s'intervertissent et le cavalier perd peu à peu ses caractéristiques propres. Ses perceptions sont brouillées par la neige et l'obscurité : la construction emphatique « et tout ce qu'il peut voir, en avant, en arrière, à droite, à gauche, c'est la nuit noire » (l. 6-7) réduit le champ de vision et la double caractérisation dans « la vague lueur grisâtre » (l. 7) atténue toute impression de luminosité. De fait, la vision du cavalier est imparfaite : les comparaisons « comme une forme immobile, noire dans le noir » (l. 13-14), « comme s'il ressanglait, ou comme s'il urinait » (l. 16-17), l'adverbe « confusément » (l. 14) signalent cette difficulté à percevoir ce qui l'entoure. De fait, une attention accrue est portée aux bruits : sur « cette espèce d'immense et silencieuse rumeur des flocons » (l. 10-11) se font entendre « le seul crissement de la neige » (l. 4-5) puis les mots prononcés par l'autre cavalier, ou du moins ce qu'il devine (« quelque chose comme bon dieu oh bon dieu bon dieu », l. 18), puis des pleurs, désignés plus loin par la périphrase « des bruits bizarres, méprisables » (l. 29-30). Tout se fond dans une même indistinction : l'énumération privative « sans qu'il comprenne comment, ni puisse dire à quel moment exact cela s'est produit, ni depuis combien de temps » (l. 1-2), les nombreuses questions rhétoriques, les expressions indéfinies ou approximatives (« quelque chose », l. 18, « cette espèce », l. 10), les modalisateurs de doute (« peut-être », à plusieurs reprises), les corrections apportées à l'énoncé (« ce n'est ni l'un ni l'autre », l. 17, « (ou reste arrêté ?) », l. 39-40, « (du moins il lui semble », l. 41), l'imprécision des indicateurs temporels (« qui tombent maintenant depuis un temps qu'il ne parvient pas à se rappeler », l. 11-12, « un moment plus tard », l. 24, « pendant un moment », l. 33-34) contribuent à créer une atmosphère comme irréelle et vaporeuse. Le monde est enveloppé d'opacité et devient insaisissable : les parenthèses, qui mettent systématiquement en doute la pertinence de ce qui est avancé ou qui suggèrent des hypothèses toutes plausibles, insistent sur l'impossibilité de déterminer le vrai et le lecteur ne peut savoir si elles sont les réflexions du cavalier ou celles du narrateur, dont les contours deviennent flous.

2. La scène racontée est marquée par la répétition. D'abord, parce que le cavalier dont le lecteur suit le parcours croise, à plusieurs reprises, d'autres cavaliers, tantôt à l'arrêt, tantôt en mouvement. Ces rencontres sont évoquées par des termes qui signalent la récurrence (« cela recommence », l. 26, « un autre cheval et un autre cavalier arrêtés », l. 26-27, « à son tour », l. 29, « comme cela plusieurs fois dans la nuit », l. 36-37, « à des intervalles », l. 38) ou des formules qui elles-mêmes se répètent et tendent ainsi à confondre les moments (« il continue », l. 19, « il ne se retourne pas, il continue » à deux reprises, l. 21-22, « se remet en marche, continue », l. 33). À cette valse lente se mêlent les chutes de neige : l'utilisation, à nouveau, du verbe « continuer » (« flocons qui continuent à tomber », l. 11, « et la neige continue à tomber », l. 22-23) crée une sorte d'enlisement, accentué par l'emploi généralisé du présent et surtout des participes présents qui suspendent le temps. Et bien sûr, la syntaxe contribue à cette impression de piétinement : une seule longue phrase se déroule, s'étire pour suivre les méandres d'une conscience égarée, revient sur les mêmes impressions, les mêmes expressions qui sans cesse se répètent. À la manière du cavalier qui semble tourner en rond et se perdre dans une chevauchée immobile, toujours jalonnée par les mêmes étapes, la phrase ressasse les mêmes mots. La polysyndète « et il marche, et le type le suit, et il l'entend qui pleure, et il ne se retourne pas » (l. 21) souligne cette impression de reprise constante. En diluant ainsi l'intrigue romanesque dans une phrase qui s'étend sans fin, Claude Simon rompt avec le récit classique : tout semble se désagréger, de la syntaxe à l'identité du personnage, de l'espace décrit à la chronologie du récit.

11 Des quêtes multiples

Manuel, p. 218-239

I. Problématiques et thèmes

Devenu le genre hégémonique au XIXe siècle, le roman des XXe et XXIe siècles s'empare de tous les sujets et de toutes les questions : les voix narratives et les formes romanesques témoignent, notamment au travers des parcours des personnages aux destins marqués par l'histoire, des réflexions philosophiques, sociales et psychologiques de cette époque. Vingt ans séparent deux guerres mondiales qui ont profondément changé le monde et les représentations idéologiques, sociales et culturelles. Le monde tel qu'il est reste le sujet majeur des écrivains, qui se libèrent du projet d'en restituer les conditions réelles et la matérialité pour se préoccuper davantage de la place de l'homme dans un monde qui s'affranchit de la religion. Pour ce faire, les romanciers explorent toutes les formes, toutes les variations des instances narratives et du pacte avec le lecteur, toutes les tonalités, pour transcrire leur quête de sens, celui qu'ils donnent à la vie, à l'action, à la violence ou à l'autre.

Dans ce chapitre, la question centrale est celle du sens de la vie, et de l'image que se fait l'homme de son action à l'exemple de Saint-Exupéry et de la figure du héros plein d'humanité qu'il peint et représente, ou de Malraux, lui-même engagé dans les combats et qui raconte les choix de ses personnages, ou des protagonistes de *La Peste* qui discutent du sens de la lutte contre le mal quand Dieu se tait. Pour ces auteurs, engagés dans leur vie et dans leur œuvre, la relation à l'autre, amoureuse ou amicale, est l'un des ressorts essentiels à l'homme qui trouve dans sa relation à l'autre la dimension unique et singulière de son être et le partage de la condition humaine. Avec Roquentin, Jean-Paul Sartre montre, sur un personnage en crise, lucide et qui ne trouve aucun sens à son existence, les effets de se sentir coupé et différent des autres. En contrepoint, et dans d'autres formes, Borges explore l'image fantastique du monstre pour questionner ce qui fait l'humanité, quand Yourcenar écrit l'autobiographie fictive d'un empereur romain qui se demande qui il est et ce qu'est l'homme. Dans cette diachronie d'un demi-siècle, dans une autre sphère culturelle, Kundera mène dans son roman une réflexion philosophique sur l'ambivalence de la quête de liberté qui anime chaque homme.

Le XXe siècle est aussi, et surtout, indissociable des grands conflits qui l'ont déchiré et qui offrent la matière de très nombreux romans, écrits parfois par des témoins comme Primo Levi, dans une écriture qui se veut distanciée et objective, ou Jorge Semprun qui témoigne de la douleur qu'il y a à témoigner, on encore Irène Némirovsky, dont le roman écrit au fil des événements reste inachevé à la suite de l'arrestation et de la déportation de son auteure. Quant à Gaël Faye, il raconte une guerre contemporaine et, s'il a échappé à la mort, ce n'est pas le cas de toute sa famille. Coupé de ses origines, il dit combien il est difficile d'échapper à ce passé et à cette histoire pour vivre le présent.

Georges Perec fait le choix d'une écriture double pour raconter la difficile reconstruction de ses souvenirs d'enfance et ceux de ses parents déportés tous les deux, en faisant alterner l'écriture autobiographique et la fable explicative pour tenter d'expliquer les rouages de l'extermination.

Dans son œuvre traversée par les thématiques de la culpabilité et de la disparition, Modiano est en quête des traces qui peuvent permettre de reconstruire le passé, de faire resurgir les disparus comme Denise, jeune fille juive abandonnée dans la montagne par des passeurs criminels. Philippe Claudel et Sylvie Germain tentent aussi de recomposer un passé violent au travers de la fable (*Les Âmes grises*) et des images sensorielles puissantes qui permettent au lecteur de faire l'expérience de ce qu'il n'a pas éprouvé (*Magnus*).

Enfin, au XXIe siècle, la réflexion sur l'Histoire emprunte les voies résolument romanesques dans une démarche réflexive qui questionne la légitimité du roman à approcher la vérité historique. C'est ce que fait Laurent Binet dans son roman *HHhH*.

On pourra également éclairer ce chapitre avec la réflexion de Modiano qui suit, extraite du discours qu'il a prononcé lors de son obtention du prix Nobel de littérature et questionner le caractère protéiforme et hybride du genre romanesque aux XXe et XXIe siècles.

« Il arrive aussi qu'un écrivain du XXIe siècle se sente, par moments, prisonnier de son temps et que la lecture des grands romanciers du XIXe siècle – Balzac, Dickens, Tolstoï, Dostoïevski – lui inspire une certaine nostalgie. À cette époque-là, le temps s'écoulait d'une manière plus lente qu'aujourd'hui et cette lenteur s'accordait au travail du romancier car il pouvait mieux concentrer son énergie et son attention. Depuis, le temps s'est accéléré et avance par saccades, ce qui explique la différence entre les grands massifs romanesques du passé, aux architectures de cathédrales, et les œuvres discontinues et morcelées d'aujourd'hui. »

BIBLIOGRAPHIE-SITOGRAPHIE-FILMOGRAPHIE

- **Paul Veyne**, *Comment on écrit l'histoire*, éditions du Seuil, 2013.
- **Antoine Compagnon**, *Le Démon de la théorie*, éditions du Seuil, 1998.
- **Pierre Schoentjes**, *La Grande Guerre : un siècle de fictions romanesques*, actes du colloque des 13-15 mars 2008, Université de Gand (Belgique), Librairie Droz, 2008.
- Texte du discours prononcé par Patrick Modiano lors de son obtention du prix Nobel en décembre 2014 : https ://www.nobelprize.org/prizes/literature/2014/modiano/25249-conference-nobel/
- **Élisabeth Conesa**, « Jorge Semprun, L'Écriture ou la vie », dans *Cahiers jungiens de psychanalyse*, 2006, n°119-120 : https://www.cairn.info/revue-cahiers-jungiens-de-psychanalyse-2006-3-page-99.htm
- Le film de **Pawel Pawlikovski**, *Ida*, 2014 offre une analyse très fine de la quête individuelle d'un personnage qui interroge l'Histoire de la Seconde Guerre mondiale en Pologne.
- Une étude de *Magnus* de **Sylvie Germain** aux Éditions Magnard, coll. « Classiques et Contemporains » : livret de l'élève + accompagnement pédagogique : http://classiquesetcontemporains.com/livre/9782210743458-magnus-cc-ndeg156
- Interview de **Gaël Faye** où il explique le rôle que l'écriture a joué dans son parcours : https://www.youtube.com/watch ?v=42t-f8qnL0I

II. Penser l'autre pour se comprendre (p. 220-226)

TEXTE 1 : Antoine de Saint-Exupéry, *Vol de nuit* (1931) p. 220

Objectifs et enjeux

→ **Lire le débat entre deux points de vue, deux philosophies de la vie**

→ **Comprendre la philosophie de la vie de l'auteur du roman**

Lecture analytique

Saint Exupéry pilote et écrivain retranscrit dans son œuvre l'aventure des pionniers de l'aviation, que beaucoup considèrent comme des héros. Dans les années 1920, chaque vol est une aventure risquée, qui peut être fatale. Ce sont ces dangers qu'évoque l'extrait de *Vol de nuit* et l'attitude des hommes et des femmes face aux risques.

1. et **3.** Le récit à la troisième personne épouse ici le point de vue de Rivière dont le lecteur découvre les perceptions et pensées, notamment au travers du discours indirect libre : « Ce serait stérile » (l. 2). Madame Fabien, son interlocutrice est désignée par une synecdoque qui la réduit à sa voix (« cette petite voix lointaine, tremblante », l. 1) et qui souligne d'emblée son émotion et / ou sa timidité, la figure étant répétée ligne 8, qualifiée de « chant tellement triste mais ennemi ». Les deux personnages sont d'emblée engagés dans un dialogue qui est un débat, comme l'atteste le lexique : « s'affronter » (l. 2), « le problème » (l. 5), « conflit » (l. 9), mais qui ne peut être résolu : « il ne pourrait pas lui répondre » (l. 1-2) pense Rivière. Et de fait, le responsable du réseau ne fait que prodiguer un discours convenu sensé l'apaiser : « calmez-vous ! Il est si fréquent dans notre métier d'attendre » (l. 3-4). C'est donc à un conflit intérieur que le lecteur a accès : Rivière confronte le point de vue qui est celui de madame Fabien sur le « sens de la vie ». (l. 7) à l'idée qu'il se fait de la vie.

Rivière évoque la philosophie de madame Fabien dont il reconnaît le caractère absolu et le respect des règles sociales qui veulent que l'on ait des droits mais aussi des devoirs. Toutefois cette philosophie, qu'il qualifie de « bonheur individuel » et qui n'admet pas « le partage » (l. 9) se confronte à la sienne, qu'il lui oppose et qui est celle de « l'action » (l. 8-9). Le monde dont se revendique madame Fabien est un univers domestique que caractérisent la métaphore de la « clarté de lampe sur la table le soir », la synecdoque d'une « chair qui réclamait sa chair » et d'une nouvelle métaphore qui fait du couple « la patrie d'espoir, de tendresses, de souvenirs » (l. 11-12). Pour madame Fabien ce qui donne sens à la vie c'est un bonheur dont le couple est le lieu – « la patrie » – de la tendresse, vécue dans un temps scandé dont l'espoir constitue le futur, et les souvenirs, le passé.

À l'opposé de cette vérité domestique, celle de Rivière n'est pas « le problème d'une petite détresse particulière » (l. 5-6) ; elle est « inexprimable et inhumaine » (l. 15) et acquiert ainsi une autre dimension : non pas individuelle, ni facile à exprimer, ni sentimentale et affective, ni à l'échelle des humains. Telle est la philosophie de l'action qu'il revendique, et qui « brise des bonheurs » (l. 28) comme on peut le découvrir avec l'anecdote, la fable, qu'il se remémore. La construction d'un pont ne vaut pas le prix d'un visage écrasé, d'un « visage effroyable » (l. 22). Dans son débat intérieur, Rivière se retrouve face à une contradiction : comment justifier l'action si on juge que rien ne peut justifier qu'on lui sacrifie le bonheur ou la vie de pilotes. « Rivière, songeant à l'équipage, eut le cœur serré. » (l. 27) il poursuit donc sa réflexion : « si la vie humaine n'a pas de prix nous agissons toujours comme si quelque chose dépassait, en valeur, la vie humaine... Mais quoi ? » (l. 25-26). Rivière répond à cette question en observant que le bonheur individuel est forcément limité, ne serait-ce que par la mort qui est inéluctable. Alors, s'il y a quelque chose à sauver, ce pourrait-être l'action des hommes : « peut-être est-ce à sauver cette part-là de l'homme que Rivière travaille ? » (l. 41-42). Mais l'on notera que l'interrogation et l'adverbe composé dénient tout caractère de certitude à cette réponse.

2. Certes les aspirations des deux personnages, quoiqu'opposées, semblent être également légitimes, vraies. On peut même se demander si l'impasse logique dans laquelle Rivière se retrouve ne donne pas raison au choix du bonheur domestique que symbolise de manière récurrente la lampe, dont la lumière délimite « un sanctuaire d'or » (l. 32) dans une image qui sacralise le foyer. Pourtant on comprend tout au long du texte que Saint-Exupéry place la philosophie de Rivière au-dessus de celle de madame Fabien. Cette dernière est fragilisée par ses aspirations : sa voix est faible, son attitude témoigne de son impuissance, comme en témoigne la métaphore suivante : « elle était retombée [...] ayant usé ses faibles poings contre le mur. » (l. 17-18) Elle ne peut même pas faire valoir son idéal : c'est Rivière qui le fait dans son discours intérieur. Saint-Exupéry semble également valoriser son personnage qu'il ne présente pas comme un homme froid, dénué de sentiments : ce dernier compatit à la souffrance, il a le souci de ses hommes. Il est honnête avec soi-même dans le cheminement de sa pensée et reconnaît lorsqu'il achoppe sur une difficulté, voire une contradiction : « Rivière ne pouvait plus ne pas se demander "au nom de quoi ? "« (l. 28-29) Et s'il parvient à dépasser la contradiction en fondant sa philosophie sur une transcendance, il le fait en exprimant ses doutes. La lampe métaphore du bonheur domestique, belle et rassurante, porte en germe l'image opposée de la mort. Et c'est ainsi que « s'évanouissent, comme des mirages, les sanctuaires d'or ». (l. 37-38) Le sens de la vie de madame Fabien ne peut lui survivre ; celui de Rivière le dépasse et au travers son débat intérieur c'est sa propre philosophie – qui aura également été sa vie – que Saint-Exupéry fonde.

TEXTE 2 : André Malraux, *La Condition humaine* (1933) p. 221

Objectifs et enjeux

→ **Analyser le parcours de l'introspection d'un personnage**

→ **Comprendre comment le regard porté sur l'autre permet de mieux se connaître et de donner du sens à l'action et à la vie**

Lecture analytique

C'est dans le contexte de l'histoire de la Chine et de l'action révolutionnaire que Malraux met en scène des personnages qui cherchent à changer leur vie et celle des autres. À ce moment crucial du récit de la préparation de l'insurrection, les deux personnages, Katow et Kyo, traversent la ville la nuit vers le port et chacun est enfermé dans ses pensées.

Malgré l'imminence de l'action et du danger, Kyo est tout habité par la discussion qu'il vient d'avoir avec sa femme, May, « Il ne pouvait pourtant se délivrer d'elle. « (l. 2-3), et il s'interroge sur la nature des sentiments qu'il éprouve pour elle. Au travers du discours direct, le lecteur prend connaissance de ses pensées, au fil de leur élaboration comme le montrent la parataxe et les reprises, « Je ne la connais pas. Je ne la connais que ... », (l. 2-3), le dialogue qu'il entretient avec soi ou d'autres, notamment son père dont il reprend les propos : « on ne possède d'un être que ce que ce qu'on change en lui » ou de questions : « Et après ? » (l. 4).

1. Les pensées de Kyo sont aussi rythmées voire suscitées par sa marche et les lieux qu'il traverse. La forme d'introspection qu'il mène s'accorde avec son cheminement dans une ruelle de plus en plus noire à l'image de ses idées : « Il s'enfonçait en lui-même comme dans cette ruelle » (l. 5). Le noir complet, générateur d'angoisse est aussi celui de la solitude (l. 9). L'espace de leur parcours, (« derrière cette nuit dense et basse », l. 10) le plonge au cœur de ce que serait une vision métaphorique de la condition humaine : « la solitude immuable derrière la multitude mortelle comme la grande nuit primitive » (l. 9-10). Les mots ici prennent un sens plein, général que soulignent aussi la construction parallèle des groupes nominaux qui sont autant de métaphores. Et la ville de Shanghai, « ville déserte » (l. 11) est personnifiée, « pleine d'espoir et de haine » (l. 11), et comme lui peut-être, elle « guett[e] » (l. 10). Dans la suite du texte, l'espace disparaît totalement pour ne réapparaître que dans les dernières lignes avec la reprise du récit de l'insurrection : « Sur les toits, il y avait déjà des ombres à leur poste. » (l. 35-36).

2. Les interrogations de Kyo concernent tout d'abord May, qu'il perçoit soudain comme une étrangère : « elle me semblait une folle ou une aveugle » (l. 2) ; « je ne la connais pas » (l. 2-3).

Cette expérience le conduit dès lors à se demander comment on connaît l'autre. Sa première réponse semble évidente : puisque May est sa femme, c'est parce qu'il l'aime qu'il la connaît (l. 3). Lui vient alors à l'esprit une réflexion de son père : « On ne possède d'un être que ce qu'on change en lui » (l. 4), qu'il commente par « Et après ? », soulignant ainsi l'incongruité du propos qui ne répond pas à sa question, voire la déplace. On est passé du registre de la connaissance à celui de la possession, de l'amour, à celui du pouvoir : celui de changer l'autre. Explorant une autre piste, Kyo se remémore l'expérience faite quelques temps auparavant de ne pas avoir reconnu sa voix enregistrée sur un disque ; on lui a expliqué qu'on « entend la voix des autres avec les oreilles, la sienne avec la gorge » (l. 7-8).

Sa quête de l'autre passe alors par une quête de soi : « "Mais moi, pour moi, pour la gorge, que suis-je ?"« (l. 11-12), quête angoissante comme on le voit aux répétitions, à la segmentation de la phrase et à l'interrogation. C'est au travers de sa relation à May que Kyo va pouvoir accéder à soi. Il pose un premier principe (« Pour les autres, je suis ce que j'ai fait », l. 13) qui ne souffre que d'une exception, celle du couple indissociable qui permet la connaissance réciproque : « l'étreinte par laquelle l'amour maintient les êtres collés l'un à l'autre » (l. 15-16) ; cet amour est aussi « complicité consentie, conquise, choisie » (l. 20), les adjectifs soulignant ici la liberté de cet engagement. Kyo développe ensuite la représentation d'un amour de l'autre généreux et inconditionnel : « mes semblables [...] sont ceux qui m'aiment contre tout, qui m'aiment contre la déchéance, contre la bassesse, contre la trahison » (l. 22-25), et ce faisant, il renoue avec le champ du combat politique qu'il partage avec May. L'évocation s'achève avec la vision oxymorique d'un amour idéal mais « déchiré », dans « les ténèbres », « étreinte immobile [...] joue contre joue... », (l. 26-33). Cet amour n'est pas le bonheur, mais il est plus fort que la mort (l. 28-34).

3. Kyo a donc découvert dans l'introspection qui épouse son parcours dans Shanghai, que la connaissance de soi n'existe qu'au travers de l'amour, ce qui constitue pour lui « une espèce d'affirmation absolue, d'affirmation de fou » (l. 12). Cette découverte, il l'a faite dans une expérience qui est celle que connaît tout homme : celle de la solitude, celle de l'angoisse ; celle de l'incapacité de se connaître et de connaître l'autre ; celle du sens de la vie. Malraux retrace au travers de son personnage l'expérience humaine de la découverte de la condition humaine.

L'expérience de Kyo ne s'achève pas là : il y trouve aussi des réponses à sa recherche de l'autre et du sens de la vie. La singularité de son existence (« les hommes ne sont pas mes semblables, ils sont ceux qui me regardent et me jugent », l. 21-22) rencontre l'universalité de la condition humaine.

Si l'amour constitue une réponse, elle n'est pas suffisante : elle doit s'accompagner d'un objet partagé qui donne sens à la vie dans une adhésion qui est aussi une liberté de choix. Ainsi Malraux témoigne-t-il ici d'une vision de la condition humaine qui postule la liberté, la nécessité du combat et de l'amour pour rencontrer ses semblables.

TEXTE 3 : Jean-Paul Sartre, *La Nausée* (1938) p. 222

Objectifs et enjeux

→ **Analyser le regard que porte le personnage narrateur sur les autres et sur soi**

→ **Comprendre la dimension philosophique d'un récit**

Lecture analytique

La renommée de Jean-Paul Sartre comme philosophe et théoricien de l'Existentialisme et le choix d'un titre qui peut sembler provocateur, conduisent le lecteur à considérer le personnage principal comme porte-parole de l'auteur, et la fiction, comme une fable ou un discours philosophique.

1. Le lecteur d'aujourd'hui sait – ou apprend par ce texte – qu'au milieu du XXe siècle, le dimanche est le seul jour chômé et que c'est la journée réservée à la détente et à la vie sociale : on se montre en famille, on se salue, on pose aussi dans ses meilleurs vêtements, ceux du dimanche.

Le sujet de cet extrait, c'est donc le « dimanche », comme le marque le présentatif de la première ligne, et le « je » (l. 5), auteur d'un journal comme on l'apprend dans le paratexte, se place d'emblée dans la position de l'observateur qui regarde « la foule » s'écouler « à petits flots » (l. 2), dans une métaphore filée qui la déshumanise. Le dimanche est associé aux loisirs et plaisirs collectifs, comme on le voit au lexique (« chalets de plaisance » ; « la foule » ; « le grand hôtel », l. 1-3), parfois hyperbolique (les « mille ruisseaux » désignent la foule, l. 2), et à la présence d'enfants, que la modalité exclamative de la phrase nominale « Que d'enfants ! » nous révèlent (l. 3). Et pour donner une idée de leur nombre, le narrateur décline dans une nouvelle phrase nominale avec ses compléments, toutes les situations dans lesquelles il les voit : « en voiture, dans les bras, à la main, ou marchant... » (l. 3-5). Cette évocation du dimanche épouse la chronologie de la journée : le matin, les visages sont « presque triomphants » (l. 6). Mais l'après-midi, la foule n'exprime « plus rien que le calme, la détente », (l. 6-8) et une forme de lassitude qui retient les gestes et les bruits : les « coups de chapeau » perdent de leur « ampleur » et « les gens se laissaient tous aller [...] abandonnés au vent » (l. 1011).

La description fait appel à d'autres sensations. Les paroles sont intégrées à la description, sans les signes de ponctuation attendus, comme surgissant du texte : « le cri d'une mère, Jeannot, Jeannot, veux-tu bien ». Des odeurs, comme celle des « cigarettes du dimanche » que fument les commis sont convoquées (l. 14-15). Le narrateur s'interroge sur le silence qui s'installe ; il croit lire sur les visages des gens « un peu de tristesse » (l. 15) mais se convainc finalement qu'ils ne sont « ni tristes, ni gais : ils se reposaient » (l. 16). Le dimanche après-midi est le temps du repos, un repos « pour effacer leurs rides, leurs pattes d'oie [...] que donne le travail de la semaine » (l. 23). Ainsi la vocation du dimanche est-elle seulement de permettre aux travailleurs de réparer leurs forces comme le signale aussi le lexique économique et les métaphores, « vivre avec moins de frais, économiser les gestes » (l. 20-21), « amasser assez de jeunesse » (l. 24-25), faisant ainsi de la nature une ressource vitale : « l'air de la mer vivifie » (l. 26). La foule vivante du début du texte s'est métamorphosée en « foule tragique qui se reposait » jusqu'à être comparée à des « dormeurs » avec « leurs souffles réguliers et profonds » (l. 26-27).

2. et **3.** Antoine Roquentin observe la foule du dimanche tout au long de la journée, et sa description est scandée par les indicateurs temporels : « peu d'heures auparavant », « à présent » (l. 5-6) ; la journée se déploie du matin au soir : la prolepse « tout à l'heure ils allaient rentrer, ils boiraient une tasse de thé, en famille, sur la table de la salle à manger » (l. 18-19) anticipe sur la fin de l'après-midi, dans une évocation de la petite bourgeoise.

C'est un observateur précis et attentif qui note les lieux, enregistre les sensations, scrute les visages et rend compte de ses commentaires dans des phrases nominales ou développées dont les images et métaphores révèlent un point de vue distancié voire critique (en donnant par exemple une image fluviatile de la foule dès les premières lignes).

Au fil du texte, le narrateur marque sa distance voire son dédain pour une foule qui affiche une certaine prétention avec ses visages triomphants, « dans la jeunesse d'un matin » (l. 6), ou au contraire montre de la retenue (« un air gourmé », l. 5). Il exprime aussi son mépris quand il évoque plus loin le rôle social qu'elle veut jouer jusque dans le cercle familial (l. 18-19), faisant référence à des usages bourgeois.

C'est aussi une foule moutonnière et déshumanisée qu'il décrit toute occupée à refaire ses forces pour le travail de la semaine à venir. La figure de la jeunesse est au cœur de cette évocation : il s'agit d'en retrouver l'énergie, la joie et la force : « Auraient-ils le temps d'amasser assez de jeunesse pour repartir à neuf le lundi matin ? » (l. 24-25).

Roquentin regarde la foule et déambule en même temps qu'elle. Il semble partagé entre deux points de vue comme on l'a vu : une grande distance, un certain mépris, et le sentiment de sa différence. Tandis que la foule dort, il se déplace « à pas de loup » (l. 28) pour ne pas réveiller les dormeurs, avec son « corps dur et frais » (l. 29), qu'il oppose à leur fatigue et à leur abandon.

Roquentin est sensible au paysage et tout particulièrement au clair-obscur du coucher du soleil qu'il évoque au travers d'images de la lumière : « brilla », « allumeur », « reflet clair », « pénombre » (l. 31-33). La foule qui « s'éclaircissait » participe du spectacle et le tableau est complété par l'évocation sonore du « râle de la mer » qui apporte une connotation funèbre à l'évocation (l. 31-34). Roquentin est attentif à ceux qui partagent cet attrait pour la beauté à l'exemple de la jeune femme qu'il décrit face à la mer ou du petit garçon qui murmure « avec un air d'extase : "Oh le phare" ! » (l. 38-39), jusqu'à éprouver la tentation de la proximité, l'envie d'appartenir à cette « foule tragique », de l'aimer : « je me demandai, un instant, si je n'allais pas aimer les hommes » (l. 36-37.)

Le sentiment de sa singularité est plus fort : « c'était leur dimanche et non le mien » pense-t-il (l. 37). Ce faisant, Roquentin se désolidarise de la condition des autres hommes, jusqu'à désirer les fuir « le cœur gonflé d'un grand sentiment d'aventure » (l. 40).

Au travers de son roman Sartre développe un point de vue critique sur une société organisée autour de son économie et qui n'offre du temps, des loisirs et du lien social à la majorité des hommes que pour leur permettre de reconstituer leurs forces de travail. Il oppose à cet univers la beauté du monde et l'attrait pour l'ailleurs et l'aventure que les enfants ont encore, comme son personnage de Roquentin. Toutefois c'est un personnage en crise et solitaire parce qu'il refuse le monde et les autres et qu'il échoue encore à trouver du sens à son existence.

TEXTE 4 : Albert Camus, *La Peste* (1947) p. 223

Objectifs et enjeux

→ Analyser l'orientation et les arguments d'un dialogue entre deux personnages

→ Comprendre les principes et les raisons à l'action des hommes et à leur solidarité

Lecture analytique

Il s'agit dans le dialogue entre le docteur Rieux et Tarrou de questionner les raisons qui peuvent pousser ce dernier à s'engager dans la lutte contre la peste, fléau qui doit être lu à plusieurs niveaux et notamment comme une métaphore du mal absolu. Dès lors, la question de de la place et du rôle de la religion face au mal est posée dans la société du XXe siècle.

On verra que, dans un dialogue mené tout d'abord par Rieux, c'est finalement Tarrou qui impose l'orientation des échanges pour savoir ce qui constitue le moteur de l'action du docteur et ce en quoi il croit.

1. Tarrou et Rieux ont assisté à la messe et ils ont entendu le prêche du curé qui illustre le point de vue de l'église catholique sur le fléau. On peut reconstituer ce point de vue à partir des commentaires de Rieux sur ce sermon qui dit ne pas « aimer l'idée de punition collective » (l. 6). De manière implicite on comprend tout d'abord que Paneloux justifie ainsi la peste, ce que confirme la généralisation du propos « les chrétiens parlent quelquefois ainsi, sans le penser... » (l. 7). Considérer que lorsqu'ils profèrent de tels jugements « Ils sont meilleurs qu'ils ne le paraissent » (l. 8) signifie implicitement qu'il trouve l'idée de « punition collective » relevant de la méchanceté. C'est dire combien il condamne cette idée. Tarrou dans la question qui suit témoigne à nouveau indirectement des propos de Paneloux : la peste aurait « sa bienfaisance », car « elle ouvre les yeux, [...] force à penser ! » (l. 9-10). Rieux ne le récuse pas ; toutefois, c'est une propriété qui vaut pour toutes les maladies et pas uniquement pour la peste. Et s'il concède qu'elle « peut servir à grandir quelques-uns » (l. 13), il est scandalisé, comme nous le montrent son attitude : « le docteur secoua la tête avec impatience » (l. 11) et les jugements qu'il porte sur celui qui peut défendre un tel point de vue (« fou, aveugle ou lâche », l. 14-15). Rieux emploie comme on le voit un lexique fort pour parler de la peste et de la « misère et [de] la douleur qu'elle apporte » (l. 14), se fondant sur son expérience : « j'ai trop longtemps vécu dans les hôpitaux... » (l. 6).

2. Le fil conducteur de ce dialogue, la question de Rieux à Tarrou sur ce qui motive son engagement se trouve relancée dans la seconde partie du texte, avec la répétition de la question : « Avez-vous réfléchi ? » (l. 19). Mais Tarrou répond par une nouvelle question qui replace la discussion sur la religion et sur l'existence de Dieu. L'échange entre les deux hommes est spontané comme le souligne la répétition de « naturellement » (l. 5, l. 22) ; toutefois la question est très personnelle et la réponse difficile à énoncer pour Rieux : elle commence par une métaphore filée, « Je suis dans la nuit, et j'essaie d'y voir clair » (l. 23-24), puis Rieux hésite comme on le voit à la ponctuation et au lexique (l. 25-26) et à son attitude (« regardant Tarrou avec attention », l. 25-26) et enfin, fait appel à sa connivence et à sa compréhension. La suite se construit sur un syllogisme dont la conclusion sous forme de question est inattendue. Rieux postule que la question de l'existence de Dieu peut ne pas se poser face à la certitude de la mort pour l'homme. Dès lors la seule réponse semble être la lutte contre cette mort même si elle est inéluctable. Rieux décale également le point de vue sur la question qui lui est posée à lui en répondant « peut-être vaut-il mieux pour Dieu qu'on ne croie pas en lui » (l. 27-28), formulant par la suite un reproche implicite (« il se tait »). Face au silence de Dieu l'homme est abandonné à sa lutte contre la mort, lutte dont tout le monde sait qu'elle est perdue d'avance : c'est ce que Tarrou objecte à Rieux (« vos victoires seront toujours provisoires », l. 30-31). Rieux en convient en reprenant le terme de « défaite » qualifiée d' « interminable » (l. 36), évoquant alors l'épreuve de Sisyphe, image de la condition humaine. Et ce savoir est un savoir d'expérience auquel Rieux a déjà fait référence avec le lexique de la souffrance : « maladie », « maux », « misère », « douleur », et qu'il reprend avec « La misère » (l. 40).

Le dialogue entre les deux hommes, de spontané qu'il était, devient amical, comme en témoigne le rire de Rieux (l. 41), qui accompagne sa question posée pour la troisième fois à Tarrou : « qu'est-ce qui vous pousse à vous occuper de cela ? » (l. 42). L'échange est alors dynamique et en quatre répliques Tarrou donne sa conception de l'action, une morale comme il le dit et, relancé par Rieux, une morale qui se veut « compréhension » : le mot est employé ici dans un sens générique comme le signale l'article défini et l'absence de complément de nom. Cette compréhension qui ne peut être que celle des autres, de l'autre, est synonyme de partage d'un sort, d'une condition qui fonde l'humanité.

Dans leur dialogue, dans l'échange argumentatif qui est le leur, ces deux personnages illustrent et représentent l'idée que se fait Camus de la condition humaine et du rôle de chacun face à cette destinée, dont Dieu, s'il existe, ne se mêle pas. Rieux, en luttant contre la peste, dit la condition humaine, mortelle et insensée à laquelle l'homme est confronté et montre comment il peut lui donner du sens en l'assumant. Tarrou quant à lui adopte une morale qui est celle d'une solidarité humaine qui veut qu'on s'aide et se soutienne au nom même de cette condition partagée.

TEXTE 5 : Jorge-Luis Borges, « La demeure d'Astérion », *L'Aleph* (1947) p. 224

Objectifs et enjeux

➔ **Analyser la figure du monstre**

➔ **Interpréter la réécriture d'un mythe dans un nouveau genre**

Lecture analytique

1. Le titre de cette nouvelle, tout comme celui du recueil d'où elle est extraite, est mystérieux pour son lecteur. Quant au récit, il ne donne la clef de l'identité de ce personnage que dans ses derniers mots. On apprend seulement au début du texte qu'il se nomme Astérion et son histoire est qualifiée de « fable » (l. 1). Astérion est donc un être fabuleux si l'on prend le texte au pied de la lettre. Et le chapeau introductif souligne également cette dimension merveilleuse d'un personnage vivant dans un palais, seul et solitaire. Les détails de son identité qu'on découvre par sa voix sont disséminés dans le texte comme en témoignent les adresses au lecteur : « Dois-je répéter ... ? » (l. 1-2), « Dois-je ajouter... ? » (l. 2), « c'est un fait. « (l. 12). Il en est de même pour « ma mère est une reine » (l. 10), et « Je suis unique » (l. 12) qui confirment la dimension merveilleuse du récit. Astérion ne sait pas lire, comme il l'avoue en employant le langage classique du héros de tragédie, mû par une « généreuse impatience » (l. 16). Personnage héroïque et enfantin, Astérion raconte ses jeux solitaires et imaginaires : « à toute heure, je joue », (l. 22) ; « j'imagine qu'on me poursuit » (l. 21). S'il se peint dans ses jeux « semblable au mouton qui fonce » (l. 18-19), il dévoile toutefois sa nature dangereuse au détour du récit : « respirant puissamment » (l. 23).

La dimension fantastique du récit se donne à lire dans sa chute : L'évocation que fait Astérion de sa vie dans son palais est suivie d'un rapide dénouement, raconté à la troisième personne par un narrateur absent qui délègue la parole à deux nouveaux personnages, Thésée et Ariane, certainement connus des lecteurs pour être parvenus à tuer le Minotaure. Et c'est ainsi que se révèle la nature prodigieuse du personnage : Astérion est le Minotaure, comprend-on à l'échange et cette modalité d'écriture constitue un indice fort du récit fantastique : la chute provoque une vive surprise chez le lecteur dont Borges s'est aussi joué en choisissant le nom d'Astérion, peu connu, mais qui désigne aussi le minotaure !

2. L'identité d'Astérion connue ainsi que son destin, la relecture du texte permet de compléter son portrait et aide à comprendre comment le texte a trompé son lecteur en l'amenant à d'autres conclusions. Le portrait d'Astérion se construit au début du texte au travers des impressions qu'il provoque sur ceux qui l'aperçoivent ou le rencontrent, une peur qui confine à la terreur, dans un *crescendo* du lexique (des « gémissement[s] », « supplications », l. 6-7), et l'accumulation des verbes : les gens « priaient, fuyaient, s'agenouillaient » (l. 7-8). Chacun tente de se protéger : dans un temple, en jetant des pierres ou en se cachant dans la mer (l. 8-10).

Astérion restitue avec une grande vivacité les scènes de panique qu'il provoque tout en affichant sa peur de la « foule », la « multitude » qu'il croise, « visages sans relief ni couleur, comme la paume de la main » (l. 5), mais aussi son mépris, de leurs « supplications stupides » ou de leur absence de solidarité, comme le souligne l'hypallage dans «le gémissement abandonné d'un enfant » (l. 6). Astérion renvoie aux autres l'image inversée de sa propre peur et revendique sa supériorité et sa singularité : « ma mère est une reine » (l. 10) ; « Je suis unique » (l. 12). Quant à l'évocation, obscure à la première lecture, des « neuf êtres humains » (l. 24) qui tous les neuf ans pénètrent dans le palais, on comprend dès lors qu'il s'agit du tribut des neuf jeunes Athéniens dû au Minotaure. Et le palais désert que parcourt Astérion est le labyrinthe dans lequel il est enfermé, même s'il le récuse comme relevant d'une fable, « je serais, moi, Astérion, un prisonnier » (l. 1) dans une « galeri[e] de pierre » (l. 19).

3. Au-delà de la seule évocation de la figure d'un monstre, le traitement du mythe dans le genre fantastique permet de raconter l'histoire du point de vue du monstre, donnant ainsi la possibilité au lecteur de le voir de l'intérieur. Ce faisant, il partage sa solitude, la lenteur du temps qui passe et le recours à l'imagination, pour combler l'absence de l'autre, pour jouer par exemple : « j'imagine qu'on me poursuit » (l. 21). Plus loin, Astérion, dans son récit de l'arrivée des jeunes Athéniens qui sont livrés à sa cruauté, se présente sous l'aspect étonnant d'un meurtrier ignorant, « J'ignore qui ils sont » (l. 29), et innocent, « je cours joyeusement à leur rencontre » (l. 26), voire libérateur, « je les délivre de toute souffrance » (l. 25). La mort semble advenir sans violence : « ils tombent [...] sans même que mes mains soient tachées de sang » (l. 26-27). Mais plus étonnante encore est l'annonce de la venue d'un « rédempteur », attendu avec impatience (« Pourvu qu'il me conduise dans un lieu où il y aura moins de galeries » , l. 33-34) parce qu'il délivre Astérion de la solitude (« la solitude ne me fait plus souffrir » (l. 30-31) et qu'il suscite sa curiosité comme on le voit à la série de question sur la nature de ce rédempteur : taureau, homme, homme-taureau ou monstre (« sera-t-il comme moi ? », l. 35-36). Dans le mythe antique, le Minotaure est la figure du monstre bestial et cruel, une figure du mal ; dans la nouvelle de Borges, c'est une figure plus innocente, enfermée dans sa solitude, et qui attend d'être sauvée de son mal. Le choix du mot « *Aleph* » comme titre de son recueil de nouvelles unit l'image du taureau à celle de la genèse de l'écriture. En faisant de Thésée le rédempteur du Minotaure, Borges offre une nouvelle interprétation de la figure du monstre, qui est peut-être davantage une figure pessimiste de l'homme seul face à sa condition, sans ressource ni soutien : « je pense que l'art d'écrire ne peut rien transmettre » (l. 13-14) mais qui espère tout de même être sauvé.

TEXTE 6 : Marguerite Yourcenar, *Mémoires d'Hadrien* (1951)

p. 225

Objectifs et enjeux

→ **Analyser une méthode d'introspection**
→ **Comprendre la nécessité de penser l'autre pour mieux se comprendre soi-même et réciproquement**

Lecture analytique

1. L'observation de l'âme humaine est le thème de réflexion de l'extrait ; elle se décline en deux axes développés tour à tour dans chacun des deux paragraphes : l'observation des hommes fait l'objet du premier paragraphe et l'observation de soi-même, celui du second. Le point commun entre ces deux champs d'observation est que le narrateur expose, à chaque fois, dans une fine introspection, les fruits de son expérience et de sa réflexion ainsi que la méthode qui guide cette dernière. Ces deux analyses s'avèrent aussi complexes et difficiles à mener l'une que l'autre mais sont indissociables et c'est dans leur réciprocité que l'on peut espérer voir plus clair en l'âme humaine.

Ce qui rend « l'observation directe des hommes » difficile, c'est le fait qu'elle soit bornée par l'angle de vue liée à la condition sociale, quelle qu'elle soit, de chaque homme : « Le rang, la position, tous nos hasards, restreignent le champ de vision du connaisseur d'hommes » (l. 3-4). Pour étayer cette affirmation, le narrateur s'appuie sur l'analyse de la relation qu'il entretient avec son esclave qu'il évoque très précisément dans un exemple illustratif : « Le vieil Euphorion me présente depuis vingt ans mon flacon d'huile et mon éponge, mais ma connaissance de lui s'arrête à son service, et celle qu'il a de moi à mon bain, et toute tentative pour s'informer davantage fait vite, à l'empereur comme à l'esclave, l'effet d'une indiscrétion. » (l. 6-9). De ce fait, « Presque tout ce que nous savons d'autrui est de seconde main. » (l. 10) et même après s'être documenté sur les comportements des hommes, il s'avère extrêmement difficile, voire impossible d'accéder véritablement à leur connaissance. Pour illustrer cette incapacité à dégager un avis global sur quiconque, Hadrien évoque sa lecture assidue des rapports de la police de Rome : « ces rapports si naïvement circonstanciés s'ajoutent à la pile de mes dossiers sans m'aider le moins du monde à rendre le verdict final. Que ce magistrat d'apparence austère ait commis un crime ne me permet nullement de le mieux connaître. Je suis désormais en présence de deux phénomènes au lieu d'un, l'apparence du magistrat, et son crime. » (l. 15-20). Il semble donc impossible de trancher entre l'apparence et les actes...

En ce qui concerne l'observation de soi-même, l'empereur évoque deux procédés auquel il a recours : l'introspection, « une descente en soi » ou au contraire « une sortie hors de soi-même » (l. 29) mais le constat auquel il arrive est que « ces deux procédés de connaissance sont difficiles » (l. 28). Là encore, il paraît inconcevable de trancher entre une perception interne donc subjective et un point de vue externe qui se veut objectif ! La construction symétrique des deux phrases suivantes souligne les limites de chacune des deux méthodes adoptées : « Au plus profond, ma connaissance de moi-même est obscure, intérieure, informulée, secrète comme une complicité. Au plus impersonnel, elle est aussi glacée que les théories que je puis élaborer sur les nombres : j'emploie ce que j'ai d'intelligence à voir de loin et de plus haut ma vie, qui devient alors la vie d'un autre. » (l. 24-28).

2. En raisonnant sur la connaissance de soi-même et d'autrui, le personnage d'Hadrien brosse en même temps les grandes lignes de son autoportrait. Le trait le plus marquant est la sagesse dont il fait preuve dans la conscience qu'il a de la nécessité à se connaître soi-même : « Quant à l'observation de moi-même, je m'y oblige, ne fût-ce que pour entrer en composition avec cet individu auprès de qui je serai jusqu'au bout forcé de vivre » (l. 21-23).

Nécessité, mais aussi difficulté qui impose modestie et pragmatisme, et la comparaison avec le tailleur et ses outils souligne encore la grande sagesse dont l'empereur fait preuve dans son entreprise : « comme un patron tout préparé auquel un tailleur maladroit adapte laborieusement l'étoffe qui est à nous. Équipement de valeur inégale ; outils plus ou moins émoussés ; mais je n'en ai pas d'autres : c'est avec eux que je me façonne tant bien que mal une idée de ma destinée d'homme. » (l. 32-35). Il mène ici une réflexion philosophique universelle, se détachant du « je » au profit d'une vérité générale dont témoignent l'utilisation du « nous » généralisant et du « on » impersonnel. Cet extrait est tout à fait représentatif du roman où Hadrien médite ainsi, en philosophe, sur les épisodes de sa vie, pour en tirer éventuellement une leçon, pour lui, son successeur, et les siècles à venir, comme il le précise dans un passage antérieur : « Je compte sur cet examen des faits pour me définir, me juger peut-être, ou tout au moins pour me mieux connaître avant de mourir. »

3. S'il est aussi difficile de connaître les autres que de se connaître soi-même, c'est dans un lien de réciprocité constant entre l'observation d'autrui et de soi que l'on peut espérer éclairer la connaissance de soi. Hadrien écrit pour accéder à la connaissance de soi mais le moi est fuyant et insaisissable. En effet, quand il s'observe, deux écueils font obstacle à l'homme pour parvenir à une réelle connaissance de lui-même : une trop grande « complicité » ou au contraire une extériorité « glacée » (l. 25-26). C'est cette complicité que souligne Hadrien quand il déplore le fait qu'« une familiarité de près de soixante ans comporte encore bien des chances d'erreur. » (l. 23-24). C'est elle aussi qui est responsable de l'image complaisante que les hommes donnent d'eux-mêmes : « Si par hasard un homme se confesse, il plaide sa cause ; son apologie est toute prête. » (l. 10-11). Ainsi l'observation de soi-même et celle des autres coïncident-elles et si la lecture des nombreux rapports de police ne permet pas à l'empereur de dégager un verdict sur les magistrats condamnés, il en retire une meilleure compréhension de lui-même : « ces gens m'étonnent ; leurs folies servent d'excuses aux miennes. » (l. 14). C'est finalement, en adoptant une méthode empirique, à l'exemple des autres hommes, et qui tient compte du regard que ces derniers portent sur lui, que l'homme peut accéder à une certaine connaissance de lui-même : « une idée de ma vie partiellement modifiée par l'image que le public s'en forme » (l. 30-31). La connaissance de soi passe donc par l'analyse d'autrui mais s'avère très difficile ; le moi est en effet complexe, insaisissable et changeant comme l'indique le titre de la deuxième partie du roman : « *Varius multiplex multiformis* ».

TEXTE 7 : Milan Kundera, *L'Insoutenable Légèreté de l'être* (1984) p. 226

Objectifs et enjeux

- **→ Analyser l'ambiguïté des sentiments d'un personnage**
- **→ Comprendre les enjeux philosophiques d'une conception de la liberté et de la vie**

Lecture analytique

1. Après un premier paragraphe consacré aux réflexions de Tomas suite au départ de sa compagne Tereza, l'extrait est rythmé par ses actions, actions banales au passé simple qui ponctuent ce récit à la troisième personne : « Il alla déjeuner au restaurant » (l. 6) ; « Il paya, sortit du restaurant et alla faire un tour dans les rues » (l. 14). Une durée se dessine ainsi avec des étapes qui sont autant d'occasions pour le personnage de donner libre cours à ses réflexions et permettent ainsi à ses sentiments et à son point de vue sur ce qui vient de lui arriver d'évoluer. Ainsi, le repas au restaurant est-il associé au glissement de la tristesse vers la mélancolie (« Il se sentait triste, mais pendant le repas son désespoir initial parut se lasser, comme s'il avait perdu de sa vigueur et qu'il n'en restât que la mélancolie. », l. 6-8) et la déambulation à la sortie du restaurant à « une mélancolie de plus en plus délicieuse ». (l. 14-15) dont l'oxymore souligne le caractère inhabituel de l'association d'un sentiment de plaisir au sentiment de tristesse initial. Le paragraphe 6, à l'imparfait, marque une pause dans les actions de Tomas, pause dans sa vie dorénavant ouverte sur un avenir inconnu, et c'est finalement un sentiment de liberté qui envahit le personnage : « La soirée du samedi commençait ; pour la première fois il se promenait seul dans Zurich et aspirait profondément le parfum de sa liberté. L'aventure guettait à chaque coin de rue. L'avenir redevenait un mystère. » (l. 23-25).

2. L'ambiguïté des sentiments de Tomas pour Tereza est omniprésente dans l'extrait. Dès les premières lignes, en effet, ce qui singularise l'état de Tomas, c'est son caractère paradoxal : le départ de Tereza le « plongeait dans un état de stupeur, mais en même temps le tranquillisait. » (l. 1-2).

Ce qui l'emporte alors pour Tomas, c'est le sentiment de soulagement de n'avoir eu à prendre aucune décision : « Tereza avait elle-même décidé de tout. » (l. 4-5). Soulagement mais surtout satisfaction d'une histoire d'amour harmonieusement close : « leur histoire ne pouvait pas mieux se terminer. L'eût-on inventée, on n'aurait pas pu la conclure autrement » (l. 9-10). C'est sur la parfaite harmonie de leur histoire qu'insiste le troisième paragraphe avec le parallélisme des deux premières phrases et le chiasme de la troisième : « Un jour, Tereza était venue chez lui sans prévenir. Un jour, elle était repartie de la même manière. Elle était arrivée avec une lourde valise. Avec une lourde valise elle était repartie. » (l. 11-13). Au moment du départ de Tereza, c'est l'occasion pour Tomas de revenir sur les sept années passées avec elle et de constater « que ces années étaient plus belles dans le souvenir qu'à l'instant où il les avait vécues. » (l. 16-17). Il se livre alors à une analyse de ses sentiments et l'ambiguïté est manifeste dans la façon dont il envisage « l'amour entre lui et Tereza [...] certainement beau, mais aussi fatigant » (l. 18) ; l'opposition entre les adjectifs « beau » et « fatigant » souligne l'ambivalence de ses sentiments. Ce qu'il retient du vécu de leur amour, c'est son caractère « fatigant » que traduit la longue énumération de devoirs à accomplir : « il fallait toujours cacher quelque chose, dissimuler, feindre, réparer, lui remonter le moral, la consoler, lui prouver continuellement qu'il l'aimait, subir les reproches de sa jalousie, de sa souffrance, de ses rêves, se sentir coupable, se justifier et s'excuser. » (l. 19-22). Finalement, c'est en tant qu'histoire que son amour pour Tereza peut procurer un sentiment de plaisir à Tomas : « Maintenant, la fatigue avait disparu et il ne restait que la beauté. » (l. 22)

3. Dans le soulagement ressenti par Tomas, le sentiment d'une liberté retrouvée prend une part très importante ; l'évocation de sa vie de couple avec Tereza étant marquée par l'absence de liberté symbolisée par l'image de l'emprisonnement : « Il avait vécu enchaîné à Tereza pendant sept ans et elle avait suivi du regard chacun de ses pas. C'était comme si elle lui avait attaché, des boulets aux chevilles. » (l. 28-29). Opposé à cette image de lourdeur, son sentiment actuel de liberté se traduit par une sensation de légèreté : « À présent, son pas était soudain beaucoup plus léger. Il planait presque. Il se trouvait dans l'espace magique de Parménide : il savourait la douce légèreté de l'être. » (l. 30-31).La métaphore du vol symbolise cette soudaine impression de légèreté qualifiée de « douce » et que le personnage de Tomas « savoure » dans une sensation de plaisir rare puisque « magique ». La dimension philosophique du roman de Kundera est ici explicite avec « l'espace magique » et la référence au philosophe grec Parménide qui voit le monde divisé en paires d'entités opposées : lumière / obscurité, être / néant, entité positive d'un côté et négative de l'autre. Selon Parménide, la légèreté est positive, le poids est négatif. Toutefois, les dernières phrases entre parenthèses et au discours indirect libre insistent sur le caractère éphémère et fragile de cette sensation : « (Avait-il envie de téléphoner à Genève à Sabina, de contacter une des femmes de Zurich dont il avait fait la connaissance au cours des derniers mois ? Non, il n'en avait pas la moindre envie. Dès qu'il se retrouverait avec une autre, il le savait, le souvenir de Tereza lui causerait une insoutenable douleur.) » (l. 32-35). Tous les éléments du titre du roman sont présents ; toutefois, ici, la légèreté de l'être est qualifiée de « douce » et l'adjectif « insoutenable » renforce de façon attendue le sens du nom douleur qu'il qualifie. Le titre du roman, au contraire, fait figure d'oxymore en associant l'adjectif « insoutenable » au sentiment de « légèreté de l'être » et marque ainsi combien pour Kundera la légèreté est ambigüe, à la fois positive (liberté) et négative (poids de la vacuité de la vie qui sera incarnée par le personnage de Sabina). C'est cette ambiguïté qui sera au cœur du roman à travers la recherche de l'éphémère, absence de tout lien, devenant « insoutenable » pour la plupart des personnages qui préfèrent s'aliéner à une autre personne plutôt que d'être seul.

III. Les romanciers et la guerre : quête d'identité et de sens (p. 227-235)

TEXTE 8 : Primo Levi, *Si c'est un homme* (1947) p. 227

Objectifs et enjeux

- **Découvrir les signes de la déshumanisation, du mal**
- **Étudier les effets d'une « étude dépassionnée de l'âme humaine »**

Lecture analytique

1. « Et brusquement ce fut le dénouement. » (l. 1) formule une pensée paradoxale puisqu'elle marque le début de terribles souffrances. Ce « dénouement » est à prendre comme marquant la fin d'une étape dont l'issue restait sans réponse... maintenant, on allait enfin savoir.

« La portière s'ouvrit » (l. 1), « nous découvrîmes un large quai » (l. 4), « ... il fallait descendre les bagages » (l. 6) : chaque étape est une avancée lente vers l'inconnu, un inconnu inquiétant marqué à la fois par les « ordres hurlés » (l. 2) des soldats allemands et par la crainte paralysante qu'elle engendre « nous avions peur de rompre le silence » (l. 7-8).

« La portière s'ouvrit » (l. 1), « l'obscurité retentit » (l. 2), « Nous découvrîmes » (l. 4), « tout se tut » (l. 5), « Quelqu'un traduisit » (l. 6), « le quai fourmillait » (l. 7), « nous avions peur » (l. 7-8), « tous s'affairaient » (l. 8)... Les sujets des verbes se répartissent en deux ensembles : d'une part, « nous » et « tous » désignent les déportés ; d'autre part, « La portière », « l'obscurité », « quelqu'un » représentent des objets ou des êtres qui ne sont pas identifiables et qui provoquent peur et incompréhension chez les déportés. Le récit met également en évidence la rapidité de cette arrivée : « en moins de dix minutes », (l. 25) ; « ce tri rapide et sommaire » (l. 28), soulignant à nouveau sa mécanique et sa déshumanisation avec le choix du mot « tri ». Plus loin, l'évocation du « système plus expéditif » (l. 35), qui rend les opérations encore plus efficaces, ne repose que sur le « hasard » implacable : selon le côté du train où les déportés descendaient, ils « entraient dans le camp » ou « finissaient à la chambre à gaz. » (l. 37-38)

L'utilisation du discours narrativisé qui s'applique presque exclusivement aux déportés juifs renforce leur statut de victime et le sentiment de peur qui les anime : on n'ose s'exprimer ou on le fait « timidement, à mi-voix » (l. 9). Le discours direct est réservé aux bourreaux (l. 13, l. 18, l. 19-20, l. 21).

2. Le second paragraphe relate une série de faits organisés chronologiquement et qui commencent par le groupe nominal complément de temps « À un moment donné » (l. 11). Les expressions « ils s'approchèrent » (l. 11), « se mirent à interroger » (l. 12), « indiquaient deux directions » (l. 14) déroulent une chronologie qui marque une organisation froide et bien rodée. Le jeune âge et la bonne santé apparente de Primo Levi sont les deux critères qui, on le devine implicitement à ce moment du texte, lui ont sauvé la vie.

C'est d'abord à leur voix que le narrateur reconnaît les Allemands, une langue qui lui est « étrangère » mais qu'il qualifie de « barbar[e] », adjectif à prendre dans son sens propre, c'est-à-dire « qui n'est pas civilisée » (l. 2-3). À l'image fragile et chétive des déportés juifs, le narrateur oppose l'agressivité des soldats allemands, qui s'exprime dans une langue déshumanisée, presqu'animale, au travers de ces ordres aboyés et de la « hargne séculaire » dont elle témoigne.

Un second tableau les représente dans l'organisation, la gestion des arrivants. Cette image souligne alors leur impassibilité et leur efficacité qui semblent démentir la dimension angoissante et cruciale de la scène et provoque l'incompréhension de leurs victimes. C'est ce qui conduit à cette dernière représentation des soldats allemands en fonctionnaires zélés, seulement soucieux semble-t-il de faire leur « travail de tous les jours » (l. 22, puis répété l. 24) le plus rapidement possible au point de transformer le tri en jeu de hasard, comme on le lit à la fin du texte.

Toutefois la haine et la violence peuvent à tout moment s'exprimer comme on peut le lire à la fin du texte avec ce « coup en pleine figure » (l. 23-24) qui interrompt une scène de séparation certainement pathétique entre deux jeunes amoureux.

3. Primo Levi veut mener, dit-il, « une étude dépassionnée de l'âme humaine ». Pour cela, il essaie de mettre les événements à distance, tentant de les restituer avec la plus grande précision. On le voit à cette manière de rapporter les faits, qui décrit ici les agissements souvent violents des nazis comme un travail quotidien accompli mécaniquement, sans état d'âme : « d'un seul coup en pleine figure ils l'envoyèrent rouler à terre : c'était leur travail de tous les jours. » (l. 23-24). La distance se fait également dans une narration qui adopte le point de vue des déportés dont elle restitue l'incompréhension au travers de métaphores : celle de l'aquarium enlève à la scène son caractère de réalité (l. 15) ; l'expression « la nuit les engloutit » (l. 27) dit la mort sans en souligner le caractère épouvantable.

On peut également lire ce regard dépassionné dans le bilan qui suit et qui enregistre des faits et données sans commentaires : la durée de l'arrivée, le nombre des déportés du convoi, le nom des camps de travail où les rescapés du tri arrivent (l. 29 à 33).

Cependant, l'auteur ne réussit pas toujours à garder cette distance et ne peut, parfois, retenir un jugement ; mais il le fait de manière incidente comme si le véritable sujet n'était pas l'horreur et la souffrance vécues au moment des déportations : « de ces <u>aboiements barbares</u> naturels aux Allemands quand ils commandent, et qui semblent libérer une <u>hargne</u> séculaire. » (l. 2-4)

TEXTE 9 : Georges Perec, *W ou le souvenir d'enfance* (1975) p. 228

Objectifs et enjeux

- → **Analyser les traits de l'Utopie de W**
- → **Comprendre les mécanismes de l'oppression et de la déshumanisation**

Lecture analytique

1. et **2.** Le texte est présenté d'emblée comme une parabole et se donne à lire dans une dimension interprétative dès son nom réduit à une consonne rare, le W, écrite en majuscule. La majuscule a une valeur emphatique, ce que l'on note aisément avec le mot « Dieux » (l. 3), ainsi qu'avec les termes opposés de « Maîtres » et « esclaves », référant à deux mondes dont un seul, celui des puissants, est marqué par la majuscule. Dès lors, le relevé des mots soulignés par la majuscule signale les éléments privilégiés dans un monde organisé autour de la compétition sportive : « Athlète » (l. 2, 19), « Flamme olympique » (l. 4-5), « Sportifs » (l. 9) et « Champion ». W valorise le sport en investissant des pratiques qui sont celles du monde contemporain de Perec, comme par exemple « L'Hymne à la joie » (l. 5) joué par la fanfare de l'île et hymne de l'Union Européenne depuis 1961, ou encore des symboles toujours présents comme celui de la flamme olympique. Le lecteur de Perec entre donc dans un monde qui lui est familier jusqu'aux métaphores devenues des clichés à l'exemple des « Dieux du Stade » (l. 16), qui est aussi le titre du film de propagande nazie de Léni Riefenstahl diffusé en 1938 célébrant les jeux olympiques de Berlin de 1936, et dont on retrouve une évocation fidèle de la cérémonie d'ouverture (l. 13-18). La scène est bien conforme à l'Histoire : les Athlètes défilent au son de la musique devant « les grands Dignitaires W » (l. 18). Il suffit de remplacer W par nazis. Toutefois, ce qui semble constituer un trait distinctif des athlètes de W, c'est l'importance de la superstition et la diversité des pratiques qui servent à interroger « sans cesse le destin » (l. 9) : jeux d'osselets, observation du vol des oiseaux, de la chute des feuilles et possession de talismans comme « une pointe de la chaussure d'un champion olympique, un ongle de pendu » (l. 10-12). Et ce destin qu'espèrent les champions de W est d'obtenir le titre réservé à un seul de « Photophore officiel » (l. 5). On pourrait penser que ce titre récompense le sportif qui a les meilleures performances, mais ce n'est pas le cas : c'est le hasard qui décide de ce « miracle misérable » (l. 7), ce qui justifie les pratiques superstitieuses pour obtenir un titre dont les enjeux sont résumés en quelques mots qui expliquent le choix de l'oxymore : « échapper aux coups, au fouet, à l'humiliation, à la peur. » (l. 7-8). La société W est en fait une société dont les dignitaires sont les maîtres et les athlètes les esclaves opprimés.

3. Dans le dernier paragraphe, le narrateur se place en commentateur de ses images, comme on le voit à l'anaphore du présentatif et du démonstratif, « il faut les voir ces Athlètes » (l. 19, l. 27), qui soulignent le ridicule de leur tenue rayée et de leurs mouvements, qualifiés de « caricatures », de leur course « grotesque » (l. 19-21) ... Différents sports sont passés en revue, mais chacun offre une parodie de compétition où les sportifs sont moqués, maltraités, humiliés : « les poids sont des boulets », les sauteurs ont les « chevilles entravées », comme des prisonniers, condamnés à retomber dans du purin ou à être enduits de goudron et de plume (l. 21-24).

La scène se poursuit dans une montée de la violence qui transforme le stade en lieu d'exactions sur des hommes dans un état pitoyable : « des rescapés du marathon, éclopés et transis », des « Athlètes squelettiques » dont le portrait et l'attitude craintive évoquent les prisonniers des camps de concentration, « au visage terreux, à l'échine courbée, ces crânes chauves et luisants » (l. 26-28). Ils reçoivent les coups de juges de touche qui sont comme les kapos « armés de verges et de gourdins », sont victimes « d'une humiliation sans fin, d'une terreur sans fond » (l. 26-30).

L'anaphore continue de « il faut voir » ou « il faut les voir » relance le texte avec de nouvelles images toujours plus fortes, toujours plus larges, avec des généralisations, des effets de répétition comme celle de « chaque » (l. 30), ce qui contribue à transformer la scène en vision infernale de « l'anéantissement systématique des hommes » (l. 32), qu'il clôt avec une ironie tragique en justifiant les faibles performances des athlètes dans un tel univers.

Que disent cette fable et cet univers ? En 1975 lorsque Perec écrit son récit autobiographique, il veut témoigner de la barbarie nazie en évoquant la déportation et le meurtre de ses parents. Mais il veut aussi apporter sa contribution à l'explication des mécanismes d'endoctrinement et d'extermination ; pour ce faire, il transpose l'univers nazi dans une fable transparente dont le lecteur reconnaît les traits : la tenue rayée des déportés, le goût pour les événements sportifs grandioses et la capacité à humilier et à exterminer. Et de tout cela il veut fournir les « preuves [...] d'un écrasement conscient organisé, hiérarchisé » par « cette machine énorme dont chaque rouage participe, avec une efficacité implacable, à l'anéantissement des hommes. » (l. 30-32) Perec juge ainsi tous ceux qui ont contribué au fonctionnement de l'état nazi responsable de l'extermination, non pas des seuls déportés juifs, mais de tous les hommes qui ont tous été atteints dans leur dignité et dans leur condition par de tels actes.

TEXTE 10 : Patrick Modiano, *Rue des boutiques obscures* (1978) p. 229

Objectifs et enjeux

- ➔ **Analyser les procédés qui permettent de reconstituer une scène tragique du passé**
- ➔ **Découvrir la profondeur d'une écriture « dépouillée » et sa capacité d'évocation**

Lecture analytique

Cet extrait du discours tenu par Modiano lors de l'obtention du Prix Nobel peut constituer une introduction à son projet décriture : « Cette volonté de résoudre des énigmes sans y réussir vraiment et de tenter de percer un mystère m'a donné l'envie d'écrire, comme si l'écriture et l'imaginaire pourraient m'aider à résoudre enfin ces énigmes et ces mystères. »

1. Bien que le récit soit à la première personne, les informations qui nous sont données, particulièrement dans le début de l'extrait, sont purement factuelles et confèrent à la narration une impression de distance. En effet, les actions des personnages sont décrites au passé composé et ont la sobriété et l'objectivité du rapport d'un détective privé : « Wrédé était au volant, Besson assis à côté de lui. J'ai ouvert moi-même le coffre de la voiture pour charger les bagages et nous avons pris place, Denise et moi, sur le siège arrière. » (l. 5-7). Les actions sont décomposées comme dans le ralenti d'un film et la position qu'occupe chacun des personnages dans la scène est extrêmement précise. En revanche, ils n'ont d'autre caractérisation que leur nom ; aucune indication n'est donnée sur leur ressenti et l'emploi du discours indirect confère à leurs paroles un caractère lisse et neutre qui ne peut donner prise à une construction psychologique. Mais cette impression de distance provient surtout de la syntaxe : les phrases sont courtes, voire minimales, réduites le plus souvent à une seule proposition et sont juxtaposées ou coordonnées entre elles. Les groupes nominaux sont eux aussi le plus souvent limités au simple nom et les rares expansions revêtent un caractère purement informatif : « l'automobile noire de Besson, celle que j'avais déjà vue, à Sallanches » (l. 4-5).

Toutefois, derrière l'impression de distance qui se dégage de la narration, se mettent néanmoins en place un certain nombre d'indices grâce à une composition d'ensemble qui fait avancer le récit par petites touches. En effet, c'est la reprise de certaines informations subtilement modifiées qui donne à l'extrait sa tonalité tragique en suspendant le temps, avec par exemple la précision « Il neigeait » (l. 9) reprise à la fin (« il neigeait toujours », l. 38) ou encore la répétition du mot « bagages » (l. 1, 6, 15, 27), symbolisant le caractère crucial de ce départ que chaque itération précise un peu. Il en va de même du traitement des couleurs ; ainsi la couleur noire de la voiture, d'abord purement informative, permet-elle, lorsqu'elle est reprise, de mesurer la déchirure de la séparation entre Denise et le narrateur : « Elle n'était plus, là-bas, qu'un tout petit point noir. » (l. 30). L'opposition entre le noir de la voiture et le blanc de la neige joue un rôle majeur dans cette séquence narrative où le blanc finit par l'emporter et la sobriété glaciale de la dernière phrase souligne ainsi le désarroi du narrateur : « Tout autour de moi, il n'y avait plus que du blanc. » L'impression de distance est bien réelle mais participe d'un projet d'écriture ambitieux qui veut « dire les choses avec le moins de mots possible », comme l'expliquait Modiano dans l'un de ses entretiens.

2. L'importance du personnage de Denise est soulignée par le lien qui l'unit au narrateur « Denise et moi » énoncé dès la première ligne puis répété ligne 7. C'est le seul personnage qui donne lieu à un portrait. Toutefois, le portrait est à l'image de la narration : il s'en dégage une distance qui provient de notations parfaitement objectives comme celles que l'on peut lire sur une carte d'identité (âge, couleur des cheveux, couleur des yeux et précision de la taille) : « Elle avait vingt-six ans, les cheveux châtains, les yeux verts, et mesurait 1,65 m » (l. 25-26), ou des détails vestimentaires très précis et factuels : « Elle était habillée, ce matin-là, d'un manteau de skunks, d'un pull-over Jacquard et d'un pantalon de ski que lui avait prêté Freddie. [...] Nous n'avions pas beaucoup de bagages : deux sacs de cuir et une petite valise marron foncé. » (l. 24-27). Toutefois, la reprise de « ce matin-là », l'évocation du « nous » ainsi que l'accent mis sur la légèreté des bagages introduisent une charge émotionnelle dans cet instantané en montrant la fragilité de ce moment au bord du déséquilibre.

Dans ce portrait tout en retenue, Denise apparaît également au travers de quelques gestes ou expression où elle apparaît sereine, calme douce et aimante. Contrairement au narrateur elle n'est pas méfiante et n'imagine pas le guet-apens qu'on leur tend : elle s'assied donc à côté de Wrédé sans que cela ne donne lieu à aucune circonstance. Le narrateur qui l'observe note « qu'elle semblait confiante et de bonne humeur » (l. 22). À ce moment de leur séparation, elle témoigne de son amour en envoyant un baiser et le narrateur la revoit qui « penchait la tête par la vitre baissée » (l. 29) pour le voir encore tandis qu'il lui fait « un signe du bras ». (l. 28) Cette scène reconstruite, simple et paisible d'une séparation provisoire, telle qu'elle a été vécue, prend dans cette remémoration un caractère infiniment pathétique et tragique que souligne la retenue du narrateur jusque dans le portrait de la femme aimée.

3. Sous une apparence distante, le récit est composé de telle sorte qu'un réseau d'indices finit par s'élaborer, recréant ainsi dans sa dimension tragique le souvenir d'une scène vécue, mais longtemps oubliée, par le narrateur. Ces indices prennent tout leur sens grâce aux commentaires du narrateur qui les développent, créant ainsi un climat d'inquiétude voire d'angoisse quant à l'issue des actions. En effet, même si les actions se succèdent sans qu'aucun lien logique soit mis en évidence, l'écriture va plus loin que cet apparent constat, comme en témoigne, par exemple, l'emploi du verbe « sourire » dans les phrases suivantes : « Je lui ai tendu les liasses de billets. Il les a comptés. Puis il s'est retourné vers nous et m'a souri. » (l. 12-13) ; la dernière proposition indépendante « il m'a souri » par sa brièveté et sa place en fin de phrase, apporte sur la série d'actions qu'elle vient clore (le paiement du passage en Suisse), un éclairage inquiétant, renforcé un peu plus loin avec la répétition du verbe « sourire » précédé de points de suspension éloquents : « ... Il souriait toujours » (l. 16). Dans la phrase suivante, le narrateur confirme ce ressenti dans un commentaire où il qualifie le sourire d'étrange : « Étrange sourire que je revois encore dans mes rêves » (l. 16-17). Et l'emploi du présent de l'indicatif souligne le caractère traumatique de cette scène dont le souvenir hante encore le narrateur.

À partir de ce moment, le point de vue du narrateur se fait de plus en plus présent et ouvre sur une introspection explicite : « Je la regardais, et de nouveau un pressentiment m'a pincé le cœur. J'ai voulu ouvrir la portière et lui demander de descendre. Nous serions partis tous les deux. Mais je me suis dit que j'avais un naturel très méfiant et que je me faisais des idées. » (l. 19-22). L'évocation au conditionnel d'une autre issue dont il aurait pu avoir l'initiative ajoute au pathétique du souvenir en train de se reconstituer et qui va *crescendo* jusqu'à la fin de l'extrait. Ainsi le constat du guet-apens tombe-t-il comme un couperet dont la question irrémédiablement ouverte redouble la violence : « Au bout d'une dizaine de minutes, j'ai compris qu'il ne reviendrait pas. Pourquoi avais-je entraîné Denise dans ce guet-apens ? » (l. 34-35) C'est à partir de ce moment que s'enclenche le réflexe de l'oubli de ce qui est insupportable : « De toutes mes forces, j'essayais d'écarter la pensée que Wrédé allait l'abandonner » (l. 35-36). Et c'est ainsi que Denise disparaît dans la dernière phrase, comme son souvenir, petit point noir que la neige efface : « Tout autour de moi, il n'y avait plus que du blanc ».

TEXTE 11 : Jorge Semprun, *L'Écriture ou la vie* (1994) p. 230

Objectifs et enjeux

→ Analyser la confrontation entre des souvenirs personnels et des images documentaires
→ Lire le témoignage, les marques douloureuses de l'expérience des camps et la difficulté à vivre après une telle expérience
→ Comprendre le mécanisme de la mémoire et le rôle des souvenirs

Lecture analytique

« Mon problème à moi, mais il n'est pas technique, il est moral, c'est que je ne parviens pas, par l'écriture, à pénétrer dans le présent du camp, à le raconter au présent... Comme s'il y avait un interdit de la figuration du présent... Ainsi, dans tous mes brouillons, ça commence avant, ou après, ou autour, ça ne commence jamais dans le camp... Et quand je parviens enfin à l'intérieur, quand j'y suis, l'écriture se bloque... Je suis pris d'angoisse, je retombe dans le néant, j'abandonne... Pour recommencer autrement, ailleurs, de façon différente... Et le même processus se reproduit... »

L'Écriture ou la vie, Folio, p. 176.

Ces phrases de Semprun résument l'expérience déchirante de nombre de ceux qui ont été les victimes de la barbarie nazie et ont éprouvé d'immenses difficulté à témoigner de leur passé, car c'était le revivre et se justifier de n'être pas mort comme les autres.

1. Le caractère impersonnel et donc objectif des images filmées des camps de concentration est souligné par l'anaphore « L'œil de la caméra » (l. 4, 7, 8, 10), sujet des verbes de chacune des phrases du premier paragraphe. Les verbes (« explorait », « captait », « saisissait », « suivait ») insistent eux aussi sur la mission documentaire confiée à la caméra. La forte impression de réalité qui se dégage des images lors de la projection est clairement affirmée à la fin de l'extrait : « Les images grises, parfois floues, filmées dans le sautillement d'une caméra tenue à la main, acquéraient une dimension de réalité démesurée, bouleversante » (l. 28-29).

Pour décrire cette réalité des images, l'auteur emprunte un lexique précis et sobre dans des phrases à la syntaxe dépouillée : « le mouvement des bulldozers de l'armée américaine poussant des centaines de cadavres décharnés dans les fosses communes » (l. 7-8) ; « le lent cheminement d'un groupe de déportés clopinant sur l'esplanade d'une place d'appel, au soleil, vers une distribution de nourriture... », l. 11-12). La description est clinique : nul besoin d'adjectifs ou de comparaisons hyperboliques pour retranscrire l'horreur froide de ces images.

Le réalisme glaçant des images est confirmé par l'atmosphère et surtout le silence qui règnent dans la salle de cinéma lors de leur projection : « dans le silence de cette salle de cinéma de Locarno – où s'éteignaient les chuchotements et les murmures, où se figeait un silence d'horreur et de compassion : silence scandalisé, aussi, probablement » (l. 20-22).

2. Ce qui caractérise les images des camps que l'auteur a gardées dans sa mémoire, c'est leur jaillissement incontrôlé : « J'avais celles de ma mémoire, qui surgissaient parfois, brutalement. » (l. 15-16). Mais la particularité des souvenirs de ces moments d'horreur vient essentiellement de leur caractère paradoxal qui s'exprime dans les adjectifs employés pour les définir : « consubstantiels » qui signifie « naturellement uni ou intégré » repris par l'adjectif « naturels » et la forme comparative répétée « aussi » leur confère un statut fondateur au même titre que les bons souvenirs : « ceux de l'enfance. Ou [...] ceux du bonheur adolescent des initiations de toute sorte : à la fraternité, à la lecture, à la beauté des femmes. » (l. 28-29). Ce caractère paradoxal est souligné par l'emploi de l'adjectif antithétique « intolérable » au cœur d'un complément circonstanciel d'opposition mis en évidence entre tirets. Et c'est à nouveau sur l'ambivalence de ces souvenirs que mettent l'accent l'antithèse : « mon bien et mon tourment » et l'oxymore : « richesses mortifères de ma vie » (l. 25-26).

3. L'auteur souligne l'importance cruciale qu'a revêtue pour lui cette première confrontation à la projection cinématographique des images des camps de concentration : « C'était la première fois que je voyais des images de cette sorte. » (l. 13). La précision du lieu et du jour : « ce jour-là dans le cinéma de Locarno » ; « dans le silence de cette salle de cinéma de Locarno » (l. 2 et l. 20) corroborent cette importance et l'association des deux adverbes « Soudain, cependant » (l. 20) marque le bouleversement que le visionnement des images a entraîné dans la vie de l'auteur.

Les images jusqu'alors uniquement imprimées dans la mémoire de l'auteur perdent leur caractère intime : « ces images de mon intimité me devenaient étrangères, en s'objectivant sur l'écran. » (l. 22-23) ; « Elles n'étaient plus, ou n'étaient enfin, que la réalité radicale, extériorisée, du Mal : son reflet glacial et néanmoins brûlant. » (l. 26-27). Et ces images pourtant sont celles qui lui permettent d'être enfin certain de la réalité de sa déportation avec toute l'ironie tragique que révèle l'oxymore de : « je n'avais pas rêvé Buchenwald ».

L'auteur devient ainsi « spectateur de [sa] propre vie, voyeur de [son] propre vécu » (l. 33-34) à la fois « dépossédé » des images de sa mémoire et en même temps convaincu de « leur réalité » dans une tension qui peut expliquer le fait que Semprun mettra de nombreuses années à prendre la décision de relater son expérience. Il ne parviendra à écrire *L'Écriture ou la vie* qu'en 1987, après avoir remanié de nombreuses fois son livre et en avoir changé le titre (initialement *L'Écriture ou la mort*). L'alternative du titre de son livre correspond au choix difficile d'écrire après avoir vécu l'expérience concentrationnaire.

TEXTE 12 : Philippe Claudel, *Les Âmes grises* (2003) p. 231

Objectifs et enjeux

→ **Analyser une dénonciation de la guerre à travers le récit de la vie des habitants de P**

→ **Comprendre ce qui pousse les hommes à se faire la guerre**

Lecture analytique

1. Le statut à part des habitants de la ville de P est annoncé dès la première phrase du deuxième paragraphe par deux propositions qui s'opposent : « Notre petite ville entendit la guerre mais ne la fit pas vraiment » (l. 12). Le narrateur insiste sur le caractère privilégié des habitants auxquels il s'associe (« notre petite ville ») ; ils ont en effet eu la chance, bien qu'ils en soient très proches, d'être tenus à l'écart de la guerre. Chance mise en évidence par la majuscule à l'initiale du mot « Usine » ainsi que par la présentation quasi magique de l'ordre à l'origine de cette situation : « Un ordre tomba d'en haut » ; « par dérogation de je ne sais plus quelle huile lointaine » (l. 14-16) et renforcée par les commentaires de soulagement au discours indirect libre : « Un bon cette fois, c'est si rare » (l. 15) ; « La bonne aubaine ! » (l. 23). Le caractère privilégié des huit cents hommes de P. est également souligné par la description de leur vie au regard de celle des soldats qui sont sur le front tout proche : les oppositions lexicales sont nombreuses et renforcées par la syntaxe (« sortiraient d'un lit chaud, de bras endormis, et non d'une tranchée boueuse, pour aller pousser des wagonnets plutôt que des cadavres. », l. 21-23). À une phrase qui décline le lexique de la mort : « Le souffle des obus, la peur, les copains qui geignent et meurent à vingt mètres accrochés dans les barbelés, les rats rongeant les morts, au loin tout ça ! » (l. 24-26), succède une phrase parfaitement antithétique dans laquelle s'exprime, marquée par les allitérations en [v] et en [f], la vie dans toute sa sensualité : « À la place, la vie, la vraie, tout simplement. La vie chaque matin étreinte non pas comme un rêve par-delà les fumées mais comme une certitude chaude qui sent le sommeil et le parfum de femme. » (l. 26-28).

Mais la particularité de la situation des habitants de P. relève aussi de son caractère paradoxal : à la fois si loin de la guerre dans leur mode de vie « au loin tout ça ! » (l. 26) et pourtant si près géographiquement. Tellement près que « les ouvriers à musette, roses et bien portants » sont amenés à croiser « tous les soldats en convalescence, borgnes, culs-de jatte, amputés, écrabouillés, gueules cassées, gazés, charcutés » (l. 30-31) ; face à la santé éclatante des ouvriers, la longue énumération très réaliste des blessures des soldats souligne le scandale de la guerre. Du cruel choc de ces « croisements » entre deux mondes ne peuvent naître qu'un regard jugeant « Huit cents hommes qui aux yeux de certains n'en furent jamais » (l. 19-20), des marques d'hostilité comme ces propos au discours direct : « Veinards ! Planqués ! » (l. 29) et de gestes emplis de haine : « Certains le bras en écharpe ou la jambe en bois se retournaient à leur passage et crachaient par terre. » (l. 31-33).

2. Le premier paragraphe de l'extrait brosse le portrait d'un groupe de « patriotes » (l. 2) « qui tapaient contre le couvert des frondaisons vertes des marronniers et faisaient bourdonner les oreilles. » (l. 10-11) à l'idée de faire prochainement la guerre à leurs ennemis. L'envie de guerre s'exprime ainsi dans un climat de liesse générale dont l'oxymore « hurlements joyeux » marque le caractère inquiétant et qui résulte d'une fatalité et d'un engrenage comme le soulignent, dès la première phrase, les comparaisons avec la chaleur de l'été et les mécanismes d'horlogerie. L'absurdité d'un tel enchaînement de violence est mise en évidence par le chiasme qui relie ces deux phrases : « Les pères poussaient les fils. Les fils poussaient les pères ». À cet engrenage, aucune explication n'est donnée : juste du « ressassement » et de la « rancœur » (l. 5) qui perpétuent le cycle infernal de la guerre exprimé par le zeugme « on tendait des poings et des souvenirs douloureux » (l. 3) et la métaphore filée des blessures. Le souhait que la guerre advienne revêt un caractère à la fois unanime (« partout », l. 2 ; « par ici comme ailleurs », l. 3-4 ; « tout un pays », l. 6) et impersonnel (emploi du pronom indéfini « on » et désignations générales : « pays », « pères », « fils », « femmes », « mères », « épouses », « sœurs », l. 6 à 8) qui lui ôte toute légitimité et tout sens. « Amour-propre » et « bêtise » sont les mots clés du désir de guerre qui anime les hommes, à la différence des femmes auxquelles le narrateur prête « un soupçon de misère et une lucidité qui les projetaient bien au-delà de ces après-midis de hurlements joyeux » (l. 7-9).

3. La réalité de la guerre à travers la description des soldats en convalescence s'oppose à l'image de liesse qui se dégage du premier paragraphe. Toutefois, le regard critique porté par le narrateur sur l'attirance des hommes pour la guerre est déjà présent dans le premier paragraphe à travers la description péjorative qu'il nous donne de ces « patriotes qu'on avait remontés à bloc » (l. 2) et dans l'analyse qu'il fait de cet engouement collectif reposant sur la manipulation, l'amour-propre et la bêtise. La description des habitants de P. lui offre ensuite, à travers de nombreuses antithèses, l'occasion d'avancer dans sa dénonciation de la guerre en soulignant combien elle est synonyme de mort et s'oppose ainsi radicalement au sens de la vie sur lequel il insiste notamment dans cette phrase nominale : « À la place, la vie, la vraie, tout simplement » (l. 26-27). L'opposition entre les deux premiers paragraphes met en évidence le gouffre qui sépare la représentation imaginaire et virile de la guerre « au garance pétant et au bleu horizon » (l. 18-19) de sa dure et sordide réalité. Le sentiment d'injustice qui anime les soldats convalescents devant les huit cents gaillards de P qui affichent leur joie de vivre reflète la prise de conscience de cet écart et légitime le sentiment de haine qui les anime : « Il fallait les comprendre. On peut haïr pour moins que ça. » (l. 33). Les dernières phrases de l'extrait illustrent parfaitement la lucidité dont le narrateur fait preuve dans le regard critique qu'il porte à la fois sur le caractère mortifère de la guerre et sur la folie des hommes qui s'y laissent entraîner au travers de la prolepse qui offre une tonalité pathétique : « Quelques-uns en partant fiers comme des cadets ne savaient pas encore qu'ils auraient bientôt leurs noms gravés un jour sur un monument qui restait à construire. » (l. 35-37).

TEXTE 13 : Irène Némirovsky, *Suite française* (2004) p. 232

Objectifs et enjeux

→ **Analyser la révolte d'un individu face à l'opinion publique**

→ **S'interroger sur les conséquences de l'obéissance en temps de guerre**

Lecture analytique

1. La guerre avec ses « sombres images » (l. 3) est présentée comme « un malheur universel » (l. 9) qui gomme toute individualité avec son cortège impersonnel de douleurs : « les prisonniers, les veuves, la misère, la faim, l'occupation. » (l. 6). C'est cette universalité qui donne force à « l'opinion publique » (l. 12) ; la métaphore filée de la ruche insiste sur le caractère aveugle de l'obéissance de chacun au groupe : « cet "esprit de la ruche" dont parlait Bruno. Essaim grondant, malfaisant, qui obéit à des fins inconnues... » (l. 13-14). Tous sont soumis aux lois de la guerre dans « un esprit communautaire » qui interdit tout libre-arbitre. Les différences sont gommées au profit d'une obéissance aveugle qui amène chacun, quels que soient sa nationalité ou son groupe d'appartenance, à nier sa singularité et par là même sa liberté : « Les Allemands, les Français, les gaullistes s'entendent tous sur un point : il faut vivre, penser, aimer avec les autres, en fonction d'un État, d'un pays, d'un parti. » (l. 19-21). La guerre impose ainsi ses valeurs et les comportements humains sont dès lors jugés en dehors de toute considération morale ou philosophique : « Ce qui les rend coupables, c'est l'idée de la guerre » (l. 8-9). Pire que la comparaison avec les esclaves, c'est la comparaison avec le chien qui rend le mieux compte du comportement que la guerre impose aux hommes : « Un esclave ? Cela vaut mieux qu'un chien qui se croit libre quand il trotte derrière son maître. Ils ne sont même pas conscients de leur esclavage, se dit-elle en écoutant le bruit des hommes et des chevaux » (l. 25-27).

2. Ce qui lie Bruno et Lucile, c'est leur profonde amitié avec ce qu'elle a à la fois de singulier, de paisible et de réconfortant : « C'est l'ami le plus respectueux, les livres, la musique, nos longues conversations, nos promenades dans les bois de la Maie... » (l. 6-7) ; des échanges réciproques sur les arts et la nature basés sur des valeurs humaines comme le respect les opposent à tous les autres qui obéissent comme des automates aux lois de la guerre. Ce qui fonde leur amitié, ce n'est pas d'être français ou allemand mais d'être humain : « Elle se sentait alors un être humain, fier et libre » (l. 31). Leur connivence leur permet de résister à « l'esprit de la ruche » et leur union en est d'autant plus forte et précieuse : « Cette amitié entre elle et l'Allemand, ce secret dérobé, un monde caché au sein de la maison hostile, que c'était doux, mon Dieu ! » (l. 29-30) ; le privilège et l'exigence d'un monde qui s'ouvre à eux, face à l'adversité qu'ils subissent au quotidien, est souligné par le champ lexical du secret. Ce qui les unit, c'est le choix courageux du bonheur individuel que la guerre interdit à quiconque : « elles [les images de guerre] ne lui permettaient pas d'être heureuse. « (l. 4-5). Leur quête du bonheur les protège des fausses valeurs instituées par la guerre : « et moi je leur ressemblerais si la pitié, la solidarité, "l'esprit de la ruche" me forçaient à repousser le bonheur. » (l. 28-29).

3. D'emblée, le personnage de Lucile est présenté en opposition au monde qui l'entoure : « Elle se bouchait les oreilles pour ne plus les entendre. Elle ne voulait plus rien savoir. » (l.2-3) et la narration en focalisation interne analyse son sentiment de révolte : « Elle s'effrayait parfois et s'étonnait même de sentir en son cœur une telle rébellion » (l. 11-12). L'extrait se donne à lire comme une sorte de discours introspectif du personnage à travers de courtes propositions renforcées par une ponctuation forte et notamment de nombreux points de suspension qui reflètent le flux instantané de ses pensées et la force de sa détermination.

La révolte de Lucile se manifeste tout au long de l'extrait à travers les nombreuses phrases exclamatives au discours indirect libre : « Assez de ces visions de guerre, de ces sombres images ! » (l. 3), ou au discours direct : « Oh, mon Dieu ! je ne veux pas ! Je suis une pauvre femme inutile ; je ne sais rien mais je veux être libre ! » (l. 21-22). Les interjections soulignent la violence de sa protestation : « Eh bien, oui, la guerre, se disait-elle, eh bien, oui, les prisonniers, les veuves, la misère, la faim, l'occupation. Et après ? Je ne fais rien de mal. » (l. 5-7). L'intensité de sa révolte est également marquée par la répétition de phrases injonctives au mode subjonctif : « Qu'on nous laisse tranquilles... Qu'on nous laisse ! » (l. 10-11) ; « Qu'ils aillent où ils veulent « (l. 14) ; « qu'on me laisse au moins le droit de juger de mon destin, de me moquer de lui, de le braver, de lui échapper si je peux » (l. 24-25).

L'interprétation du roman sera éclairée également par le contexte de son écriture : l'auteure de cette fiction est une femme persécutée parce que sa famille est d'origine juive et elle écrit son livre alors qu'elle se cache. C'est d'ailleurs pour cette raison que son roman est resté inachevé. Son refus de la haine proclamé par son personnage et sa revendication de la liberté prennent dès lors tout leur sens. Elle ne confond pas tous les Allemands dans une même détestation et elle reconnaît en chaque individu, une singularité une valeur personnelle. Et surtout, elle revendique une totale liberté dès lors qu'elle respecte la ligne morale qu'elle s'impose : ne rien faire de mal.

TEXTE 14 : Sylvie Germain, *Magnus* (2005) p. 233

Objectifs et enjeux

- **Analyser les procédés qui mettent en évidence le caractère traumatique de la violence dans le récit d'un bombardement**
- **Observer la dimension apocalyptique et symbolique du récit et la métamorphose du personnage**

Lecture analytique

1. Le récit de cette scène de bombardement est fait à la troisième personne avec le point de vue d'un enfant de cinq ans et demi. On ne trouve en effet dans cet extrait aucune information de la part d'un narrateur externe qui aurait pu permettre au lecteur de comprendre la scène avec recul et discernement comme le récit d'un reportage de guerre ou d'un livre d'histoire. Le lecteur, dans cet extrait, découvre les événements avec le même effarement que l'enfant « arraché à son sommeil » (l. 1) sans rien comprendre au « grand vacarme ambiant » (l. 3). La focalisation interne associée au présent de narration fait ainsi plonger le lecteur au cœur du « cauchemar » de l'enfant abasourdi par une vision dont l'horreur est insoutenable. Pour traduire cette horreur, l'écriture se fait métaphorique. Tout s'arrête soudain : « il dort encore, il dort debout, en courant et criant. Mais ses pleurs cessent d'un coup » (l. 5-6) pour laisser la place à une valse macabre et la métaphore filée de l'oiseau de feu (« un gros oiseau de feu » ; « Le rapace déploie ses ailes lumineuses », l. 7-8) qui projettent dans les yeux de l'enfant des images dont l'hyperbole et l'oxymore traduisent la fascination : « Devant ce rapt d'une vélocité prodigieuse, d'une beauté féroce » (l. 9-10).

Dans le second paragraphe, de la même façon, c'est le recours à des métaphores qui rendra compte de l'anéantissement de l'enfant : « son regard se brise » (l. 16) ; « Son esprit se pétrifie, son cœur se condense en un bloc de sel » (l. 17-18). Le recours au langage imagé d'un enfant tente également d'exprimer le traumatisme qu'il subit : « le petit garçon avale sa salive comme un caillou, et avec, tous les mots qu'il connaissait, tous les noms. » (l. 10-11). Il en va de même de la description de la fusion du corps de l'enfant avec celui de son ours en peluche qui donne la mesure de son anéantissement : « il entend le bruit très sourd de son cœur salin battre dans le corps en tissu de l'ours dont le museau s'écrase contre sa gorge et les yeux en boutons-d'or se pressent contre son cou. » (l. 19-21) ; « il confond son corps et celui de l'ourson aux yeux de renoncules » (l. 29). Il n'a plus comme seul repère que « les yeux de la peluche [qui] semblent avoir sauvegardé une fraîcheur, une douceur miraculeuse. » (l. 23-24).

2. Les références à l'épisode biblique de Sodome et Gomorrhe sont très explicites : les citations dans une typographie en italiques se détachent du texte dont elles soulignent le découpage en trois paragraphes. Elles apparaissent, au début du deuxième et du troisième paragraphe tels des sous-titres associés aux titres « Hambourg, instant néant » et « Hambourg, instant zéro » qu'elles semblent ainsi commenter. Ces citations rappellent d'ailleurs le nom de code, « Opération Gomorrhe », choisi par les alliés pour désigner les raids aériens menés sur la ville de Hambourg entre juillet et août 1943. La référence à l'épisode de Sodome et Gomorrhe est également inscrite au plus profond du texte par l'intermédiaire du mot « fournaise » et au travers des images d'apocalypse comme les « déflagrations célestes et [l]es vociférations de la ville fracassée » (l. 18-19). L'image de l'anéantissement de l'enfant au « cœur salin » avec « Son esprit [qui] se pétrifie, son cœur [qui] se condense en un bloc de sel » (l. 17-18) annonce la référence au personnage de la femme de Loth transformée en « colonne de sel » pour avoir regardé en arrière la ville de Sodome qu'elle fuyait. Ces références bibliques renforcent le caractère insupportable de la violence qui s'abat sur le petit garçon qui « n'est pas Abraham » et dont l'innocence ne peut être l'objet d'une vengeance divine, à l'instar des habitants de Sodome et Gomorrhe. Mais les comparaisons avec cet épisode de la bible permettent aussi et surtout de donner au récit une dimension mythique, conférant ainsi un caractère universel au destin tragique de l'enfant.

3. La répartition de l'extrait en trois paragraphes bien démarqués correspond aux différents stades des métamorphoses subies par l'enfant. Le premier paragraphe est consacré à l'irruption de la tragédie dans la vie du petit garçon. Le deuxième paragraphe, comme son titre l'indique décrit l« 'instant néant » où l'enfant « meurt à sa mémoire, à sa langue, à son nom » (l. 17). Il s'anéantit, perdant la sensation de sa propre existence, confondant son corps avec celui de son ours en peluche. Enfin, le troisième et dernier paragraphe, « instant zéro », décrit la renaissance brutale de l'enfant : « En ce trou temporel, un petit garçon, sitôt mort, est remis brutalement au monde, jeté tout nu dans un cratère du monde. » (l. 27-28). Tout n'est plus que chaos dans sa tête comme le scandent, tout au long du paragraphe, les anaphores : « Il ne sait plus rien de » et « il confond ». Un chaos épouvantable, traduit par les longues énumérations où règnent désordre et folie au travers du foisonnement des figures de style : hyperboles (« fracas », l. 30), métaphores et personnifications (avalanches de pierres », « forêt de flammes en marche houleuse », l. 31) ; oxymores (« vagissements des mourants », l. 32). C'est par la puissance de l'écriture que s'opère la renaissance des mots qui « ne sont plus que des sons foulés en vrac dans le pressoir-fournaise de la guerre. » (l. 34-35). L'écriture flamboyante métamorphose à la fin du texte le drame du jeune enfant en une vision apocalyptique et parvient ainsi à dire l'indicible horreur de la guerre : « Il en coule un jus gluant, empestant le sang et la chair carbonisée, le soufre, le gaz, la fumée. Un jus graisseux et noir fileté d'étincelantes saignées jaunes et écarlates. »

Prolongements

En prolongement à cette lecture, on pourra se reporter à l'entretien mené avec Sylvie Germain dans les ressources numériques (cf. p. 233 du manuel de 1re), et plus particulièrement à la question : « Le roman a-t-il, selon vous, vocation à traiter de tous les questionnements humains ? Qu'apporte la fiction, l'imaginaire, à une réflexion d'ordre philosophique et historique ? »

TEXTE 15 : Laurent Binet, *HHhH* (2010) p. 234

Objectifs et enjeux

- **Découvrir le cadre et les protagonistes d'un récit historique**
- **Comprendre un projet romanesque paradoxal**

Lecture analytique

Dans la première page de son roman, Laurent Binet s'interroge sur la légitimité de son propos dans le même temps qu'il pose les premiers éléments de son récit. Cet *incipit* offre en raccourci une image de la démarche, de la méthode d'écriture du roman qui questionne en permanence la légitimité de son projet, de ses méthodes et de ses sources en tension avec les événements de sa vie, d'une histoire personnelle indissociable de son désir de devenir écrivain. S'il renouvelle en cela l'écriture du roman, il s'inscrit également dans une tradition qui le relie à d'autres écrivains majeurs et l'on pensera à Montaigne qui se veut aussi « être la matière de son livre ».

1. La première page de ce roman s'écrit dans un présent d'énonciation souligné par le présentatif, « c'est son nom », (l. 1), et une question qui annonce de manière appuyée la présence d'un narrateur qui prend en charge le récit à la première personne : « Je veux le croire ». (l. 4.) Son propos ressemble davantage à un commentaire ou à une préface, où le passé composé renvoie à un passé révolu, accompli, « a-t-il écouté le grincement ? » (l. 3).

Les informations reçues sur le narrateur s'inscrivent dans un cadre partagé avec le personnage du roman, la ville de Prague, et un temps dans lequel il s'inclut, « Nous sommes surtout en 1942. » (l. 8-9). On comprend que ce narrateur est intéressé par la question de la littérature et de l'écriture de fiction comme en attestent la référence à l'écrivain Milan Kundera et celle plus loin à son projet de coucher « cette image sur le papier », (l. 24-25). Le personnage principal, Gabčík, est un personnage historique, auteur du « plus haut fait de la résistance de la Seconde guerre mondiale. » (l. 20-21). Des détails nous permettent de nous le représenter au début de l'histoire, seul, dans le noir et aux aguets dans un appartement à Prague près du jardin botanique (l. 2-8).

Le narrateur de cet *incipit* qui se représente sous les traits d'un écrivain faisant le projet de raconter les exploits de Gabčík semble se confondre avec la figure de l'auteur de *HHhH.* Cette identité qui pourrait conduire à un récit autobiographique ne résiste pas au projet affiché : le centre, la visée de ce récit n'est pas l'auteur du roman. Le narrateur veut raconter l'histoire, les exploits de Kubiš et Gabčík pour rendre hommage à leur mémoire, à leur héroïsme sans déformer l'histoire par la fiction.

2. Le portrait du personnage s'élabore à partir de la perception d'un son, dont on apprend avec retard qu'il s'agit du « grincement tellement reconnaissable des tramways de Prague » (l. 3-4), qu'aurait peut-être écouté Gabčík. À partir de cette évocation sonore et ténue se construit un décor dont tous les détails concourent à une représentation du personnage, « seul » et dans le noir d'un appartement où il est allongé « sur un petit lit de fer » (l. 3). Le tableau se précise un peu plus loin, tant pour évoquer ce que fait Gabčík – il « attend, allongé, pense et écoute » (l. 6-7) –, que pour localiser plus précisément l'espace de l'action dont la réalité est attestée par le narrateur : « Nous sommes à Prague », « Comme je connais bien Prague » (l. 4-7). L'image du personnage principal se précise, de l'interrogation à la conviction (« Je veux le croire », l. 4) et à la représentation (« je peux imaginer », l. 5).

Dans le second paragraphe, il n'est plus question de représentation mais de perception objective : « je le vois, allongé [...] écouter le grincement tramway qui s'arrête devant le Jardin Botanique » (l. 22-24). Tout concourt ici à attester la réalité de cette première scène du roman et à permettre au lecteur de prendre contact avec ce personnage qui le fait entrer dans le récit, en partageant les dangers que sa situation semble impliquer. C'est d'emblée un point de vue empathique que le lecteur adopte ici.

D'évidence, c'est une grande admiration que le narrateur éprouve pour ses personnages historiques et leur exploit ; en attestent les adjectifs employés (« exceptionnelle », l. 18-19), les expressions superlatives (« un des plus grands actes de résistance de l'histoire humaine », l. 19-20). C'est ce qui explique son projet de roman qui veut leur « rendre hommage » (l. 21-22).

3. Ce que condamne le narrateur ici c'est la volonté des écrivains de faire croire à la réalité de leurs personnages ; pour cela, ils doivent les doter d'un nom, et c'est ce qui fait honte à Kundera : « il a un peu honte d'avoir à baptiser ses personnages » (l. 9-10). Cette invention du nom inscrit le roman dans un pacte réaliste avec son lecteur, en produisant un « effet de réel » (l. 13). À moins que ce ne soit par « commodité » (l. 14) et l'on comprend en effet qu'en donnant un nom au personnage, son auteur facilite la lecture de son récit.

L'opposition du narrateur à l'écriture de fiction, quand elle se donne à lire comme l'expression de la réalité, apparaît nettement au travers du lexique péjoratif qui qualifie de tels procédés : « puéril[s] » (l. 13), « vulgaire[s] » (l. 15).

Son projet à lui est plus ambitieux : il veut « rendre hommage » à des héros, raconter une « histoire fabuleuse » (l. 30) et non commune, évoquer la « réalité historique » (l. 30), et non pas faire croire à la réalité par de naïfs « effet[s] de réel ». Un tel projet peut conduire à l'échec : en traitant un personnage historique dans l'espace romanesque, le risque est grand de le transformer en personnage de roman, de transformer le récit du « plus haut fait de résistance de la Seconde Guerre Mondiale » (l. 20-21) en « de la littérature : alchimie infamante » (l. 27). La forme antithétique des expressions, les connotations que porte le lexique montrent nettement l'opposition des valeurs qui se jouent dans son périlleux projet.

Une lecture à voix haute du texte révèle les strates et ruptures de l'écriture de cet *incipit* ; par petites touches de plus en plus nette surgit l'histoire que le narrateur fait sortir de ses limbes. Ces interrogations, qui deviennent des certitudes au fil des reprises du propos, créent des effets de rythme et de ruptures et une lecture heurtée, difficile, qui épouse bien le fil de la pensée, des réflexions et des inquiétudes du narrateur.

Si, comme le dit la dernière phrase du texte, raconter l'histoire de Gabčík et Kubiš conduit à appliquer « une épaisse couche réfléchissante d'idéalisation » (l. 29) sur leur histoire, le projet du narrateur semble d'ores et déjà difficile voire compromis. En effet la « réalité historique » est bien antinomique de « l'idéalisation » qu'est le processus romanesque et la fable construite qu'évoque « cette histoire fabuleuse ». Cela pourrait conduire l'écrivain à l'échec. C'est un paradoxe que les historiens ont même dépassé : ils savent que l'histoire ne peut être écrite que dans un récit qui transforme les personnes en personnages, et comme le dit Paul Veyne dans Comment on écrit l'histoire (1971) : « Les événements ne sont pas des choses, des objets consistants, des substances ; ils sont un découpage que nous opérons librement dans la réalité... », à la manière du romancier.

TEXTE 16 : Gaël Faye, *Petit Pays* (2016)

p. 235

Objectifs et enjeux

- → **Analyser les caractères du déracinement**
- → **Comprendre le rapport ambivalent au souvenir de l'enfance et du pays natal dans une quête d'identité**

Lecture analytique

« J'ai écrit ce roman pour faire surgir un monde oublié, pour dire nos instants joyeux, discrets comme des filles de bonnes familles : le parfum de citronnelle dans les rues, les promenades le soir le long des bougainvilliers, les siestes l'après-midi derrière les moustiquaires trouées, les conversations futiles, assis sur un casier de bières, les termites les jours d'orages... J'ai écrit ce roman pour crier à l'univers que nous avons existé, avec nos vies simples, notre train-train, notre ennui, que nous avions des bonheurs qui ne cherchaient qu'à le rester avant d'être expédiés aux quatre coins du monde et de devenir une bande d'exilés, de réfugiés, d'immigrés, de migrants. »

C'est ainsi que Gaël Faye expliquait son projet d'écriture lors d'une interview au moment de la parution de son roman.

Dans le prologue, un passage en italiques nous ramène au temps du narrateur adulte, le jour de ses trente-trois ans. Il vit en France mais connaît une grande nostalgie, au point que l'idée du retour au pays l'obsède.

1. L'esprit du narrateur n'est jamais au repos avec son « histoire qui [l]e hante » (l. 30). L'omniprésence et la force des souvenirs du pays sont marquées dès les premières phrases : « Pas un jour sans que le pays ne se rappelle à moi » (l. 1) ; la syntaxe de cette phrase avec le renforcement de la négation, le temps présent et la fonction sujet assurée par « le pays », met en évidence le caractère obsessionnel du souvenir. Celui-ci est amplifié et souligné dans l'énumération de la phrase suivante avec les déterminants indéfinis, le champ lexical de la discrétion (« *furtif* », « *diffuse* », « *suffisent* ») et l'antithèse « *un bruit* » / « *un silence* » : « *Un bruit furtif, une odeur diffuse, une lumière d'après-midi, un geste, un silence parfois suffisent à réveiller le souvenir de l'enfance.* » (l. 1-3).

Les souvenirs du pays et de l'enfance sont étroitement liés et c'est ce qui explique leur caractère paradoxal : « *rêve* » ou « *songe* » mais aussi « cauchemars » (l. 15-16). Le pays est en effet le « *quartier* », l'« *impasse* » de l'enfance, lieux d'une époque associée au bonheur d'un cadre familial et amical : « *je vivais heureux avec ma famille et mes amis* » (l. 16-17), mais également le lieu qui engendre « *une peur de retrouver des vérités enfouies* » (l. 14-15). C'est sur la prégnance de ces « *marques dont [il] ne sai[t] que faire* » (l. 17), mais surtout sur leur caractère ambivalent et destructeur que le narrateur insiste à la fin du troisième paragraphe : « *Dans les bons jours, je me dis que c'est là que je puise ma force et ma sensibilité. Quand je suis au fond de ma bouteille vide, j'y vois la cause de mon inadaptation au monde.* » (l. 18-19).

2. Dans le deuxième paragraphe, le narrateur donne quelques éléments de sa vie nouvelle dans « *une ville nouvelle* » à son image : sa vie en Europe est impersonnelle (« *Je vis et travaille en région parisienne* », l. 11), aussi lisse et superficielle que son appartement qui « *sent la peinture fraîche et le linoléum neuf* » (l. 9-10). Bien qu'il donne tous les signes d'une intégration réussie (« Il m'a fallu des années pour m'intégrer, comme on dit. Avoir un emploi stable, un appartement, des loisirs, des relations amicales. », l. 12-13), « *comme on dit* » marque alors la distance du regard du narrateur sur son intégration apparente. Ce regard critique se manifeste également dans le vocabulaire péjoratif qu'il utilise pour désigner son installation dans la ville nouvelle : « *Je loge. Je crèche. Je squatte* » (l. 8-9). La gradation dans le registre familier et le rythme saccadé de ces trois phrases réduites chacune à son seul verbe ajoutent à l'impression de précarité de la vie actuelle du narrateur ; tout s'oppose à la longue phrase dans laquelle il donne sa définition du verbe « habiter » avec l'emploi de termes empruntés au lexique de la géographie physique (« *topographie* » ; « *anfractuosité* », l. 7-8) qui mettent l'accent sur l'osmose naturelle entre l'habitant et le lieu, soulignant ainsi la sensualité du lien (« *se fondre charnellement* », l. 7). Aucun enracinement possible dans cette « *cité dortoir et fonctionnelle* » où « *les voisins* » sont de « *parfaits inconnus* » et où la communication consiste à « *s'éviter cordialement* » (l. 9-10).

Le déracinement produit une sorte de vie entre parenthèses. « Tout m'intéresse. Rien ne me passionne. » (l. 20). Le parallélisme construit sur l'antithèse du « tout » et du « rien » souligne l'incapacité du narrateur à être acteur de sa vie et sa résignation à vivre à côté de sa vie, à mener une vie au ralenti, comme le marque le champ lexical de la torpeur (« *divagation* », l. 20) ; « vautrés », « *moyenne molle* », l. 21).

3. Le caractère obsessionnel du retour au pays natal est marqué par l'anaphore qui ouvre le premier et le troisième paragraphe : « *il m'obsède, ce retour* » (l. 1, l. 14) où le mot « retour » est tout particulièrement mis en évidence, derrière le verbe, dans une apposition au sujet grammatical « il ». L'obsession du narrateur est d'autant plus marquée qu'en contrepoint il nous donne à voir le point de vue de sa sœur sur leur pays natal : « *"Tu n'y trouveras rien, à part des fantômes et un tas de ruines", ne cesse de me répéter Ana, qui ne veut plus jamais entendre parler de ce "pays maudit"* ». (l. 3-4). On devine qu'à l'inverse du narrateur, celle-ci est parvenue à s'intégrer « *voyage d'affaire à Londres* » (l. 28), ce qui lui donne une position de mentor par rapport à son frère qui tente de suivre ses recommandations : « *Je l'écoute. Je la crois. Elle a toujours été plus lucide que moi.* » (l. 4-5). Mais ses efforts sont vains et son malaise est tel qu'il finit par être victime d'une sorte de dédoublement : « *Je m'observe* » (l. 22). Les deux questions rhétoriques soulignent le regard qu'il porte sur ce qu'il est devenu par souci d'adaptation : « *Est-ce bien moi, ce type dans le miroir de l'ascenseur ? Ce garçon près de la machine à café qui se force à rire ?* » (l. 22-23). Dès lors, étranger à lui-même, il suffira d'un concours de circonstances (solitude, soirée d'anniversaire, coup de fil signe du destin, impossibilité de joindre sa sœur...) pour qu'il abandonne toutes ses bonnes résolutions et prenne la décision d'un retour au pays natal, seul moyen de faire taire ses obsessions et de donner un sens plein à sa vie.

La lecture de cet extrait pourra donner lieu à la lecture cursive de ce récit apprécié par les élèves. La comparaison du récit avec la chanson éponyme permettra également de confirmer l'orientation de la lecture du texte en interrogeant aussi la dimension et les spécificités des genres que sont le roman et la chanson.

IV. Voix lyriques (p. 236-239)

TEXTE 17 : Colette, « Jour gris », *Les Vrilles de la vigne* (1908) p. 236

Objectifs et enjeux

→ **Étudier la description dans le récit**
→ **Travailler sur la dimension poétique d'un récit**

Lecture analytique

1. La phrase d'ouverture permet à la narratrice de rappeler à son interlocuteur qu'elle vient d'ailleurs, d'une région dont elle ne mentionne pas le nom. C'est à se rendre dans ce pays qu'elle invite son destinataire. Ce pays est distant du lieu de l'énonciation, comme l'indiquent les adverbes de lieu : « y » (l. 2 et l. 3), « là-bas » (l. 7). L'énumération d'adverbes « là-bas, ici, tout près » permet à la narratrice de se rapprocher de ce lieu où se trouvent ses racines. À la ligne 4, la narratrice invite son interlocuteur à la suivre avec l'impératif « Viens », répété deux fois. Ce voyage imaginaire s'effectue dès lors à travers les propositions subordonnées de condition introduites par « si ». Les verbes de ces propositions sont tous des verbes de mouvement qui impliquent un déplacement, même imaginaire : « passais » (l. 11), « arrivais (l. 15), « suivais » (l. 27). Ce voyage passe par différents lieux, qui restent imprécis, mais composent un paysage bucolique : « des bois » (l. 5), « les taillis de ronces » (l. 6), « les prairies fauchées » (l. 11), « un jardin » (l. 15), « une vallée étroite » (l. 20), ou encore « un petit chemin » (l. 28). Les composantes de ce paysage sont peut-être inspirées par le bocage de la Puisaye, en Bourgogne, où Colette a passé son enfance et où se trouvent se « racines ».

2. L'évocation de ces contrées se fait en juxtaposant les saisons : « l'automne » (l. 8), « juin » (l. 11), « un jour d'été » (l. 15). De même, la narratrice mentionne « le soir » (l. 20) et « l'heure où la lune ruisselle sur les meules » (l. 11-12). Les lieux et les moments se succèdent sans logique apparente comme dans un rêve. Le caractère onirique de la description tient aussi à l'impression d'indétermination qui se dégage des éléments du paysage. Colette emploie les articles indéfinis quand elle mentionne ces différents lieux. L'impression d'indétermination et de mystère émane des composantes même du paysage, presque merveilleuses. Ainsi l'herbe y est « profonde » (l. 3), et la forêt, personnifiée semble posséder une « chevelure » (l. 2). Des lignes 20 à 26, la description du brouillard donne lieu à des images qui semblent sorties de l'imagination d'un enfant : « il se fond en lui-même et se fait tour à tour nuage, femme endormie, serpent langoureux, cheval à cou de chimère » (l. 23-24). De même, le chemin que la narratrice propose de suivre est « le sentier enchanté qui mène hors de la vie » (l. 29), sentier qui mène à « une forêt ancienne, oubliée des hommes, et toute pareille au paradis » (l. 31-32). L'imaginaire de la narratrice qui refait le chemin menant vers le pays de son enfance idéalise ainsi cet espace presque édénique : « tu t'assoirais là, pour n'en plus bouger jusqu'au terme de ta vie ! » (l. 18-19). Toutefois, ce voyage dans la mémoire est brutalement interrompu comme le serait un rêve par un réveil brutal : au dernier paragraphe, la narratrice s'interrompt et semble revenir à la réalité : « Je ne sais plus... je parlais, je parlais de mon pays, pour oublier la mer et le vent... » (l. 33-34).

3. La description de ce pays fait naître des images sensuelles : la narratrice semble retrouver les sensations éprouvées dans sa jeunesse. Ces sensations sont rendues par le recours aux synesthésies. On peut ainsi relever : « d'un vert délicieux et apaisant dont mon âme a soif » (l. 3-4), ou encore « digitales d'un rose brûlant » (l. 28). La narratrice superpose ainsi différentes sensations qui surgissent dans le même temps. Elle se montre toutefois particulièrement sensible aux odeurs de la campagne. Elle mentionne d'abord « le parfum des bois » semblable à « la fraise et la rose » (l. 5). Les taillis de ronces en fleurs évoquent un « fruit insaisissable qu'on aspire en ouvrant les narines » (l. 7-8). De même, aux lignes 8 à 10, la narratrice se réfère aux odeurs de l'automne, odeur de « pomme trop mûre ». Par ailleurs, les images qui se présentent à la narratrice sont colorées et lumineuses. Ainsi, « les papillons et les chardons se teignent du même azur mauve et poussiéreux » (l. 17-18). On peut aussi relever la métaphore aquatique qui dépeint le clair de lune : « la lune ruisselle sur les meules rondes » (l. 11-12).

TEXTE 18 : Jean Giono, *Le Chant du monde* (1934) p. 237

Objectifs et enjeux

→ **Étudier les enjeux de la description**
→ **Comprendre la vision du monde d'un auteur**

Lecture analytique

1. La description du lieu où les deux personnages font halte s'inscrit dans la tradition du *locus amoenus*. Il s'agit d'un lieu auquel on accède en s'écartant des chemins : « C'était bien une île protégée par le grand courant » (l. 7-8). On remarque à ce sujet la présence de l'eau et de la végétation qui caractérise ce *locus amoenus*. La dimension poétique de la description tient aussi à la syntaxe employée par l'auteur. Les phrases sont simples, composées le plus souvent d'une seule proposition, comme aux lignes 19 à 24. Cette simplicité confère au texte une dimension presque orale et musicale. La musicalité est sensible aussi aux lignes 24 à 26 : la description du verger est rythmée par la répétition du mot « arbres ». Le rythme de la phrase est ternaire et croissant. Enfin, Giono propose une description imagée. Les comparaisons donnent au texte cette dimension poétique propre à l'auteur. On peut ainsi relever, entre autres exemples : « le pollen fumait dans le soir comme le sable sous la danse des poulains » (l. 27-28).

2. Cette poésie de la description permet à Giono de mettre en avant l'explosion de vie qui caractérise le printemps. Celui-ci est personnifié aux lignes 12 à 14 : « Le printemps du sud [...] avait déjà conquis le soir et la nuit ». L'image du printemps conquérant souligne la puissance des phénomènes qui caractérisent cette saison. Giono se montre ainsi sensible aux mouvements et aux bruits des êtres et des choses. Dès la ligne 2, la description donne à voir des « bêtes » qui courent « en faisant écumer les feuilles sèches ». Le fleuve se caractérise par un grand « courant » (l. 7-8). Ce sont les mêmes « courants profonds » qui animent le frai à la ligne 32. Le champ lexical du bruit est particulièrement développé. On relève ainsi : « appelait » (l. 17), « criant (l. 20), « miaulaient » (l. 29), ou encore « hennissement » (l. 36). Les sons et le mouvement rendent compte de la vie qui anime la nature au printemps. Ce principe de vie est d'ailleurs omniprésent. Les personnages du récit, amoureux, trouvent dans la nature un cadre qui fait écho à leur amour. En effet, le verger se couvre de fleurs et de chatons (l. 24 à 26), l'air est saturé de pollen (l. 27 et 28), le frai de poisson est visible dans l'eau du fleuve (l. 32 et 33).

3. La description proposée ici fait écho aux préoccupations de Giono dans les années 1930 (voir la *Trilogie de Pan*). Le romancier illustre l'idée selon laquelle le monde forme un tout (*pan* en Grec), où chaque élément fait miroir à un autre. On trouve cette idée dans le texte à travers les images. En effet, dès le premier paragraphe, la métaphore permet d'attribuer à une chose les caractéristiques d'une autre : les feuilles sèches écument comme l'eau. Aux lignes 19 et 20, le vol des grues est comparé à des « flèches » : ici le monde animal est rapproché du monde humain. Aux lignes 21 et 22, le narrateur mentionne la présence d'un « esturgeon à dos de cochon » : l'animal aquatique est ainsi comparé à un animal terrestre. La métaphore qui clôt le texte reprend ce principe : le hennissement du fleuve fait fusionner monde animal et élément naturel. Cette impression que rien ne manque dans la nature est renforcée par la structure énumérative du texte. En effet, de la ligne 15 à la fin, le texte s'organise en une succession de phrases simples, pour la plupart, dont chacune évoque un élément placé en tête et étant sujet du verbe. Il se dégage de la description l'impression d'une liste, d'un inventaire du monde qui nomme chaque chose en croisant chaque élément : l'eau, la végétation, le ciel, et même le feu (avec le « bond » que la fouine effectue à la ligne 30). La description est donc bien une pause dans le récit mais elle permet à l'auteur de rendre sensible sa vision du monde.

TEXTE 19 : Albert Camus, « Noces à Tipasa », *Noces* (1939) p. 238

Objectifs et enjeux

→ **Étudier la description**
→ **Comprendre la vision du monde d'un auteur**

Lecture analytique

1. La description de Tipasa est marquée par une forme de sensualité. En effet l'auteur se montre sensible à la lumière, aux couleurs, et aux odeurs du lieu. Dès la première phrase, chaleur, lumière et parfum sont associés dans le même groupe nominal : « dans le soleil et dans l'odeur des absinthes ». Le champ lexical des odeurs est particulièrement développé et mis en relief par des images parfois surprenantes, comme : « L'odeur volumineuse des plantes aromatiques racle la gorge et suffoque dans la chaleur énorme » (l. 6-7). Ici, les adjectifs contribuent à mettre en avant les parfums et la chaleur. Camus se montre aussi attentif aux couleurs, en particulier celles des fleurs, mais aussi celle de l'autobus (« couleur de bouton d'or », ligne 15). Celles-ci sont parfois notées comme dans un tableau abstrait et forment « des gouttes de lumière et de couleur » (l. 5), ou encore un « monde jaune et bleu » (l. 10 et 11). La lumière est omniprésente, comme le souligne l'oxymore de la ligne 4 : « la campagne est noire de soleil ». Enfin, les sons retiennent l'attention de l'auteur. On entend ainsi les « sonneries » des voitures des bouchers (l. 15-16) ou la mer qui « suce avec un bruit de baiser » les premiers rochers (l. 21 et 22). L'auteur semble avant tout percevoir le monde par ses sens plus que par une pensée.

2. Ce paysage est par ailleurs vivant, animé d'un mouvement discret. Ainsi, les gouttes de lumière « tremblent au bord des cils » (l. 5-6). Une métaphore permet de donner l'illusion que la montagne du Chenoua elle-même est en mouvement : elle « s'ébranle d'un rythme sûr et pesant pour aller s'accroupir dans la mer » (l. 8-9). Plus loin, au pied du phare, « de grosses plantes grasses descendent vers les premiers rochers » (l. 20-21). Un peu plus loin, c'est la lumière que l'on voit « descendre du ciel » (l. 23). Inversement, aux lignes 27 et 28, l'odeur des absinthes fermente et « monte sur toute l'étendue du monde » comme un alcool « généreux ». La métaphore de la fermentation indique que ce lieu est animé par un principe de vie. Cette vie est aussi très présente à travers la diversité des fleurs et plantes dont l'auteur rapporte la présence. Celles-ci semblent envahissantes : « Partout, des bougainvillées rosat dépassent les murs des villas ; dans les jardins, des hibiscus au rouge encore pâle, une profusion de roses thé épaisses comme de la crème et de délicates bordures de longs iris bleus » (l. 12 à 14).

3. Cet espace vivant et sensuel est parcouru selon un cheminement qui prend l'allure d'une initiation. L'ouverture du texte sacralise le lieu et le pare d'une aura particulière : « Au printemps, Tipasa est habitée par les dieux et les dieux parlent dans le soleil et l'odeur des absinthes ». Il y a donc pour Camus quelque chose à retenir d'un passage à Tipasa. Aux lignes 10 et 11, l'auteur entre dans un « monde jaune et bleu ». À la ligne 18, il emprunte un « escalier » qui mène aux ruines. Il suit le « chemin » de la ligne 19 et marque une pause pour regarder la mer et le ciel. Il précise alors : « Avant d'entrer dans le royaume des ruines, pour la dernière fois nous sommes spectateurs » (l. 24 et 25). Ainsi, après l'arrivée en autobus, l'auteur semble se trouver au seuil d'un espace inconnu. Il fait « quelques pas » (l. 26) et donne une dimension symbolique à ce qui se trouve face à lui : « Nous marchons à la rencontre de l'amour et du désir » (l. 29). À partir de cette ligne 28, le narrateur, s'exprimant à la première personne, découvre à la fois la beauté sensible du monde et la relation à l'autre. La répétition du mot « amour » associé au verbe « aimer » met l'accent sur la présence de l'autre et sur le sentiment qu'il inspire à l'auteur. La dernière phrase, par la personnification (« le grand libertinage de la nature et de la mer »), souligne l'importance aux yeux de l'auteur de la beauté du monde, hors de « l'amère philosophie qu'on demande à la grandeur » (l. 30 à 32)

TEXTE 20 : Albert Cohen, *Les Valeureux* (1969)

p. 239

Objectifs et enjeux

- → **Étudier un *incipit***
- → **Travailler sur la tonalité lyrique et sa parodie**
- → **Étudier la description dans le récit**

Lecture analytique

1. Cette première page est l'*incipit* du roman et donne donc au lecteur un certain nombre d'informations. La première ligne donne une indication temporelle : l'histoire commence « à six heures du matin ». Dès le début le personnage est présenté par son nom : « Pinhas Solal ». Ce personnage est pauvre et vit dans une cave qui s'ouvre sur l'extérieur par un soupirail. La répétition de l'expression « qui lui servait de » donne une idée de la pauvreté de cet homme. La même formule est reprise aux lignes 11 et 12 (« dans la vitre fêlée qui lui servait de miroir »). Ce moment où le personnage se regarde dans le miroir est l'occasion d'en faire un portrait physique. Le portrait donne à voir un personnage décharné et laid dont la « redingote rapiécée » accuse un peu plus la pauvreté. La référence aux vêtements à la fois élégants mais usés et passés de mode permet de présenter un personnage qui semble en décalage avec le monde (l. 3). On apprend enfin dans le dernier paragraphe que le personnage est juif, comme l'indiquent le nom de « Salomon », son « parent adulte le plus proche » et la référence à la prière des endeuillés qui se dit « en hébreu » (l. 32.) Cette première page permet aussi de planter un décor. Il s'agit de l'île de « Céphalonie », nommée par le personnage lui-même à la ligne 10. La description de l'île (des lignes 4 à 9), placée avant le portrait de Pinhas Solal, contraste avec la description du personnage : la mer est brillante, l'air est parfumé, et le paysage devient un tableau dans le soupirail par lequel le personnage regarde.

2. Cet incipit présente très brièvement le personnage mais est *in medias res* et lance une action qui ne manque pas d'intriguer le lecteur. Dans le premier paragraphe, le personnage est présenté à son réveil. La réplique au discours direct de la ligne 10 place le lecteur en attente. Pinhas Solal fait ses adieux à son île. Aux lignes 17 et 18, la raison de cet adieu est donnée de façon explicite, au discours indirect libre : « Oui, ce jour, vingt-huitième de mars, allait être celui, funeste, de son décès ». La réplique suivante permet de revenir de façon redondante sur cette information. Le mot « suicide » est employé à la ligne 20. À partir de la ligne 29, le personnage anticipe ses funérailles. L'adverbe « demain » et la locution « tout à l'heure » fait ainsi passer à une autre temporaité et font attendre un événement qui semble imminent. La question rhétorique qui clôt l'extrait contribue aussi à impliquer le lecteur et à le placer en position d'attente.

3. L'imminence du suicide de Pinhas Solal pourrait donner lieu à un texte sombre. Pourtant, le lyrisme s'y mêle à l'humour et à la dérision. La description de l'île, caractérisée par ses éléments naturels, semble annoncer une page à la tonalité lyrique. Dès la ligne 10, la réplique de Solal s'inscrit dans une tonalité élégiaque par l'exclamation et le lexique. La portée de cette tonalité est toutefois contredite par l'emphase du personnage, dont on vient de voir la misère, et qui se définit comme « le plus noble et le plus malheureux » des fils de l'île de Céphalonie. On retrouve la même emphase à la ligne 19 : « Adieu, chers aspects de ma personne ! ». Les lignes qui suivent permettent au lecteur de partager les pensées de Solal et de comprendre les raisons de son geste. Avec distance, le lecteur reconnaît les clichés romantiques que le personnage accumule : les « génies » ne sont pas reconnus, la société est injuste, et la misère les accule au suicide. La formule « ce monde cruel » (l. 27) accentue ce cliché. Par ailleurs, la théâtralité du personnage lui donne une dimension comique : il se parle à lui-même en « haussant douloureusement les sourcils » (l. 22-23). Enfin, le dernier paragraphe prête aussi à sourire. En effet, soucieux de l'image qu'il renvoie, Solal envisage de lire lui-même la prière des endeuillés. L'emploi du verbe « rendre » à la forme pronominale dans « se rendrait ainsi les derniers devoirs » (l. 34) peut faire sourire par le décalage qu'elle introduit. Si cet *incipit* présente un personnage malheureux et prêt aux dernières extimités, il le fait en parodiant le cliché du génie incompris et en mêlant au lyrisme des éléments nettement comiques.

12 Destinées singulières, témoignages d'une époque

Manuel, p. 240-255

I. Problématiques et thèmes

Les textes du XXe siècle à nos jours réunis dans ce *corpus* explorent deux directions complémentaires : le rapport à soi et le rapport au monde dans lequel vit le sujet.

À la suite de Rousseau, et tout en prenant des libertés avec le pacte de sincérité que ce dernier avait établi avec son lecteur, les écrivains se demandent qui ils sont et comment leur personnalité s'est construite, dans le cadre parfois étroit d'une histoire familiale. Le texte de Marcel Proust qui ouvre ce *corpus* met en scène un narrateur très proche de l'auteur : il évoque l'enfance, selon la tradition du récit autobiographique, et le moment essentiel pour lui du baiser maternel le soir. Rédigeant ses *Mémoires*, un projet d'écriture de grande ampleur qui accompagne toute son existence, Simone de Beauvoir se montre soucieuse de tout dire, de se dire dans la vérité de son être. En retraçant sa jeunesse, elle témoigne du poids des codes sociaux imposés aux jeunes filles de la bourgeoisie. Jean-Paul Sartre regarde avec une distance ironique le petit garçon qu'il était et dont la laideur dévoilera la théâtralité du jeu familial. Il réhabilite ainsi le genre de l'autobiographie qui avait suscité les critiques des auteurs du Nouveau Roman, à l'exemple de Nathalie Sarraute. Celle-ci, méfiante devant les artifices du genre, ne s'y livre qu'à la fin de sa vie. Théâtralisant son « for intérieur » sous la forme d'une seconde voix qui l'empêche de tomber dans le piège d'une écriture autobiographique convenue, la romancière tente de remonter aux sources de l'écriture dans le récit de son enfance. L'entreprise d'Annie Ernaux, quant à elle, est plus sociologique : elle analyse la rupture que ses études ont créée entre elle et son milieu familial, dépassant alors un sentiment de déloyauté envers ses origines.

Si dans l'autobiographie l'auteur s'affiche explicitement comme sujet et objet de son projet littéraire, l'entreprise romanesque, bien qu'elle fasse le choix de la fiction, témoigne aussi d'une vie singulière inscrite dans un temps, une société, une lignée, un univers.... Dans *L'Équipage*, Joseph Kessel transfigure son expérience de la Première Guerre mondiale et rend vie aux héros de l'aviation dont il a partagé le sort. Fitzgerald témoigne des « années folles » qu'a connues, vers 1920, une Amérique riche et sortie victorieuse de la guerre. Dans *Thérèse Desqueyroux*, roman inspiré d'un fait divers, François Mauriac met en scène avec réalisme une petite bourgeoisie de province sans talent et soucieuse uniquement de conformisme social. Le roman de Steinbeck, référence sur la crise de 1929, représente la fin d'un monde rural broyé par la spéculation ; il fait entendre les voix de paysans que la terre avait pu nourrir durant des générations et que leur travail rendait fiers et dignes. Dans *Roses à crédit*, c'est à travers la séparation d'un couple qu'Elsa Triolet transcrit les mutations sociales dues à la société de consommation. L'extrait de *Belle du Seigneur* met en scène le délitement de l'amour-passion de Solal et Ariane, victimes de la médiocrité et de la violence d'un monde sans idéal, en pleine montée du nazisme. Enfin *La Vie devant soi* de Romain Gary décrit, à travers le point de vue d'un enfant désemparé, le traumatisme de Mme Rosa, vieille femme juive hantée par le souvenir des rafles nazies.

Le roman au XXIe siècle témoigne aussi de l'attitude des individus face à des questions qui les dépassent. C'est le cas de Laurent Gaudé, qui reconstruit le parcours des migrants et cherche ce qui pousse les hommes à partir. Dans son roman polyphonique *Réparer les vivants*, Maylis de Kerangal choisit d'aborder avec réalisme le problème du don d'organe : elle décrit tout le processus d'une transplantation cardiaque du point de vue de chacun des personnages impliqués. Quant à Alice Zeniter, dans *L'Art de perdre*, elle retrace dans une enquête historique le destin de son grand-père harki dans une société qui le voue, ainsi que sa famille, à la relégation et au mépris.

BIBLIOGRAPHIE

- **Véronique Bartoli-Anglard**, *François Mauriac : « Thérèse Desqueyroux »*, éditions PUF, coll. « Études littéraires », 1992.
- **Pierre Bayard**, *Le Hors-Sujet : Proust et la digression*, éditions de Minuit, coll. « Paradoxe », 1997.
- **Rachel Boué**, *Nathalie Sarraute : La sensation en quête de parole*, L'Harmattan, coll. « Critiques littéraires », 1997.
- **Chloé Brendlé**, « L'euphorie communicative : le style selon Kerangal », *Acta fabula*, mars 2018, vol. 19, n° 3 : https://www.fabula.org/acta/document10803.php
- **Muriel Carduner-Loosfelt** « Variations sur le grotesque dans *Belle du Seigneur* », *Sociétés et Représentations*, n° 3, 2000, p. 69-78 : https://www.cairn.info/revue-societes-et-representations-2000-3-page-69.htm?contenu=resume#
- **Stéphane Chaudier**, « "Dieu ait son cul". Le style de Momo-Rosa Romain Gary », *Europe*, 2014, p. 145-162 : https://hal.archives-ouvertes.fr/hal-01381933/document
- **Jean-Louis Chrétien**, *Conscience et roman : la conscience à mi-voix*, t. II, éditions de Minuit, coll. « Paradoxe », 2011.
- **Jacques Dubois**, *Les Romanciers du réel : de Balzac à Simenon*, Seuil, coll. « Essais », 2000.
- **Philippe Gasparini**, *Autofiction : une aventure du langage*, Seuil, coll. « Poétique », 2008.
- **Philippe Lejeune**, *L'Autobiographie en France*, Armand Colin, coll. « Cursus », 1971, rééd. 2010.
- **Philippe Lejeune**, *Le Pacte autobiographique*, Seuil, coll. « Poétique », 1975.
- **Christine Montalbetti** (éd.), *Le Personnage*, Flammarion, coll. « GF », 2003.
- **Bérengère Moricheau-Airaud**, « Propriétés stylistiques de l'auto-sociobiographie : l'exemplification par l'écriture d'Annie Ernaux », *COnTEXTES*, n° 18, 2016 : http://journals.openedition.org/contextes/6235
- **Pierre-Louis Rey**, *Le Roman*, Hachette, coll. « Contours littéraires », 1992.
- **Alain Schaffner**, *Albert Cohen : le grandiose et le dérisoire*, Carouge-Genève, éditions Zoé, 2013.
- **Jean-Yves Tadié**, *Lectures de Proust*, Armand Colin, 1971.
- **Dominique Viart**, *Quel projet pour la littérature contemporaine ?*, publie.net, 2008.
- **Dominique Viart** (dir.), *Le Roman français contemporain face à l'Histoire*, Quodlibet, 2014.
- Lectures de Proust dans le temps, dossier réalisé par **Albert Gauvin** : http://pileface.com/sollers/spip.php ?article599
- Masterclasse de **Maylis de Kerangal** sur France Culture : https://www.franceculture.fr/emissions/les-masterclasses/maylis-de-kerangal-je-pense-que-je-nai-pu-ecrire-que-parce-que-jai-lu-si-je-ne-lis-plus-jecris-moins

II. Se raconter (p. 241-245)

TEXTE 1 : Marcel Proust, *Du côté de chez Swann* (1913) p. 241

Objectifs et enjeux

- → Analyser la dimension autobiographique du texte
- → Comprendre le projet d'écriture de Proust

Lecture analytique

Le baiser maternel est un motif récurrent et fondateur dans l'œuvre de Proust. « Toute notre vie, écrit-il à Barrès dans un courrier de 1906, n'avait été qu'un entraînement, elle à m'apprendre à me passer d'elle pour le jour où elle me quitterait, et cela depuis mon enfance quand elle refusait de revenir dix fois me dire bonsoir avant d'aller en soirée, quand je voyais le train l'emporter quand elle allait à la campagne, quand plus tard à Fontainebleau et cet été même, je lui téléphonais à chaque heure. Ces anxiétés qui finissaient par quelques mots dits au téléphone, ou sa visite à Paris, ou un baiser, avec quelle force je les éprouve maintenant que je sais que rien ne pourra plus les calmer. Et moi de mon côté je lui persuadais que je pourrais très bien vivre sans elle. » L'extrait présenté dans le manuel se situe au début du premier volume de *À la recherche du temps perdu*, *Du côté de chez Swann*. Le narrateur, qui n'est pas Proust même si son récit s'inspire largement de la vie de l'auteur, évoque son enfance à Combray et insiste sur le moment du coucher. Celui-ci est particulièrement douloureux pour l'enfant, éloigné de sa mère dans la grande maison de vacances familiale.

1. L'extrait présente, en apparence, les caractéristiques du genre autobiographique. Deux « je » et deux temps coexistent : le moment de l'événement, vécu par l'enfant, et le moment de l'écriture par un narrateur adulte. Le point de vue de l'enfant peut se percevoir à travers l'emploi du mot « maman » (l. 1 et 19), des formules familières comme « il y avait du monde à dîner » (l. 21), l'emploi du pronom « nous » accompagnant l'irruption du discours direct (« Une visite, qui cela peut-il être ? », l. 31-32), ou encore la description précise de la robe de la mère : « le bruit léger de sa robe de jardin en mousseline bleue, à laquelle pendaient de petits cordons de paille tressée » (l. 4-5). L'accumulation de détails sur la robe, perçue à travers les sensations auditives puis visuelles de l'enfant, ainsi que les allitérations en [p], donnent une forte présence au souvenir qui semble resurgir dans sa vivacité.

Cependant, le point de vue du narrateur adulte est également sensible. À travers des subordonnées relatives ou des parenthèses, il apporte des précisions sur la suite des événements, les émotions ou les motivations des personnages : « [le moment] qui allait le suivre, où elle m'aurait quitté, où elle serait redescendue » (l. 6-7), « mon père qui trouvait ces rites absurdes » (l. 13) ; « (plus rarement depuis qu'il avait fait ce mauvais mariage, parce que mes parents ne voulaient pas recevoir sa femme) » (l. 24-25). En effet, le narrateur ne se remémore pas une scène spécifique de son enfance, mais recompose une scène récurrente en mêlant l'évocation de divers soirs. Ce qui structure le texte, ce sont les sentiments et les pensées de l'enfant qu'il tente de saisir, pour peindre au plus près le moment, intense, du baiser maternel et de la séparation. Les émotions sont caractérisées avec précision : « Ma seule consolation » (l. 1), « un moment douloureux » (l. 5-6), « ce bonsoir que j'aimais tant » (l. 7), « le temps de répit » (l. 8), « à ma tristesse et à mon agitation » (l. 12), « le calme qu'elle m'avait apporté » (l. 16), « ces soirs-là [...] étaient doux » (l. 19-20). De même, le narrateur décrit les sentiments de la mère de l'extérieur, tels qu'il les décryptait dans son enfance à travers les expressions de son visage : « visage fâché » (l. 11), « la voir fâchée » (l. 16) et « sa figure aimante » (l. 17). Surtout, comme dans tout récit autobiographique, le texte possède une forte dimension analytique, comme en témoigne la présence de nombreux connecteurs logiques (« mais », l. 2, 11 et 19 ; « si... que », l. 2-3 ; « De sorte que », l. 7 ; « car », l. 11 ; « Or », l. 16 ; « en comparaison de », l. 20 ; « à cause de cela », l. 21). Le narrateur tente, tout à la fois, de réactualiser l'émoi provoqué par le baiser maternel et de traduire la complexité des sentiments de l'enfant, pour expliquer sa difficulté à s'abandonner paisiblement à ce moment de tendresse. Dans les lignes 2 à 9, il explore le paradoxe du baiser, à la fois désiré et repoussé, puis, dans les lignes 9 à 19, l'inquiétude ressentie à la perspective de gâcher ce moment. Mais il y a pire pour l'enfant : lorsqu'« il y avait du monde à dîner » (l. 21), sa mère ne lui donne pas le baiser attendu, ce qui lui inflige une souffrance véritable. Le narrateur annonce alors le récit de son plus grand malheur d'enfant, un *topos* du genre autobiographique. Mais, avant cette scène, le narrateur, entraîné par l'enchaînement de ses idées, évoque les visites de Swann à ses parents, ce qui permet aussi de restituer la vie d'un groupe social et familial. À cette occasion, explorant le processus de la réminiscence, le texte rappelle les soirées au jardin à travers une sensation concrète, la sonnette de la grille d'entrée et le rôle qu'elle joue en distinguant les visiteurs des gens de la maison. Le double tintement de « la clochette pour les étrangers » (l. 30-31) annonce le rituel social de la visite, mais précède aussi une esquisse de la famille, installée au jardin et discutant (« ma grand'tante parlant à haute voix », l. 33). Ainsi, tant sur les plans thématiques et énonciatifs que dans son organisation, le récit de Proust s'apparente à l'écriture autobiographique. Comme celle-ci, il a pour objet la recherche du passé ou plus précisément, comme il l'affiche, la « recherche du temps perdu ».

2. Pour signifier l'importance cruciale du baiser maternel et la douleur de son absence, le narrateur a recours, à deux reprises, à des images religieuses qui donnent à ce moment d'union un caractère sacré. Ainsi le groupe nominal « ce baiser de paix » (l. 13) fait-il référence à un moment du rite catholique où les fidèles échangent entre eux la « paix du Christ ». Plus loin, la référence religieuse est plus explicite et l'image plus développée : « elle avait penché vers mon lit sa figure aimante, et me l'avait tendue comme une hostie pour une communion de paix où mes lèvres puiseraient sa présence réelle et le pouvoir de m'endormir » (l. 17-19). La comparaison étonnante entre une hostie et le visage de la mère apparente cette dernière au Christ, dont l'hostie représente le corps incarné et reçu par les croyants lors de l'eucharistie. Au-delà de cette référence précise à la messe catholique, la « communion » (l. 19) symbolise l'union avec la mère. Le moment du baiser restaure pendant un instant la symbiose perdue, comme si le corps de la mère, tel le Christ, descendait en l'enfant pour s'incorporer à lui, annihilant le départ et l'absence, sources de souffrances infinies pour l'enfant. Mais cette image évoque également celle, plus convenue, de la mère nourricière, qui donne la vie et apaise. À cette dimension religieuse du baiser du soir, le narrateur oppose de manière incidente le point de vue rationnel du père qui qualifie cette habitude de « rites absurdes » (l. 13), suggérant ainsi un conflit entre la figure spirituelle de la mère et celle, plus prosaïque, du père.

3. Comme on le voit, la mise en mots du souvenir permet au narrateur de mener une analyse précise de ses sentiments d'enfant, grâce à la finesse de son expression et à sa description exacte des sensations et émotions. Ce faisant, il tente de comprendre les processus psychologiques qui l'ont construit, comment sa sensibilité a pris de telles couleurs, les raisons des souffrances et des plaisirs que son moi adulte éprouve. Mais il s'agit aussi pour lui, grâce au procédé de la réminiscence, de revivre un passé révolu, de faire renaître les êtres chers disparus. Sa démarche consiste aussi à expliquer ce passé, à l'exemple de l'histoire de Swann qu'annonce une ligne entre parenthèses : « (plus rarement depuis qu'il avait fait ce mauvais mariage [...]) » (l. 24-25). On le voit, un réseau de relations et de codes sociaux constitue le cadre de ces premières émotions, de ces événements fondateurs d'une vie et d'un récit. Mais le texte est aussi une langue et des images, des synesthésies qui créent un monde nouveau, l'œuvre d'art que Proust façonne quand il recrée, par exemple, le « bruit ferrugineux, intarissable et glacé » d'un grelot (l. 28-29) et le « double tintement, ovale et doré » d'une clochette (l. 30).

TEXTE 2 : Simone de Beauvoir, *Mémoires d'une jeune fille rangée* (1958)

p. 242

Objectifs et enjeux

- **Étudier comment l'autoportrait rend compte d'une origine sociale et d'une trajectoire personnelle**
- **Comprendre les enjeux de l'écriture autobiographique pour l'écrivain et son lecteur**

Lecture analytique

Le portrait de Simone de Beauvoir se construit en diptyque : l'auteure montre l'image qu'elle se fait d'elle-même – dans une relation à soi qui est une projection – en lien, et le plus souvent en opposition, avec le point de vue de son père – qui fait référence à des normes et des codes culturels et sociaux.

1. *Mémoires d'une jeune fille rangée* : en choisissant un tel titre, Simone de Beauvoir affiche une identité sociale, esquisse un premier portrait et suggère le destin auquel elle était promise. « Jeune fille rangée », jeune fille de bonne famille, elle a un avenir fixé, doit adopter un comportement attendu. Sa famille veille alors à ce qu'elle ne déroge pas à ce statut. Le regard de son père est ainsi un reflet dans lequel la narratrice s'observe. Quoique le contexte du début du XXe siècle soit peu favorable à une éducation approfondie des filles, son père semble la soutenir, acceptant de la voir lire « n'importe quoi » (l. 6) après, toutefois, avoir longtemps sélectionné ses lectures : « il m'interdirait encore les *Contes* de François Coppée » (l. 5). Il convient qu'elle est « une fille exceptionnelle », mais ce jugement prend la forme d'une concession à un jugement implicite, moins élogieux, comme le souligne la phrase au conditionnel « Il aurait pu s'accommoder » (l. 9). Dès lors le comportement « insolite » (l. 10) de la jeune fille semble constituer un défaut majeur, la transgression d'un conformisme social. La suite du texte, adoptant le point de vue de la narratrice, esquisse un portrait physique valorisant : la jeune fille se regarde « de nouveau dans les glaces avec faveur » (l. 11). Cette satisfaction contraste avec la description de la narratrice en société, dans des rôles mondains où elle fait « piètre figure » (l. 12), ce qu'elle illustre en précisant : « moi je souriais mal, je ne savais pas faire du charme, de l'esprit ni même des concessions » (l. 15-16). Selon elle, cette difficulté à briller en société ne relève pas d'une forme de gaucherie, mais du projet qu'elle mène : être une « professionnelle » (l. 19) de l'étude qui « ne représent[e] pas un à-côté de [sa] vie mais [sa] vie même » (l. 24-25). L'importance des marques de la 1re personne dans les lignes 17 à 32, les verbes de la pratique intellectuelle (« je savais », l. 18 ; « Je préparais », l. 19 ; « j'avais établi », l. 21 ; « m'imposer », l. 23 ; etc.) soulignent sa détermination. Le nombre des matières qu'elle a choisi d'étudier, littérature, latin, mathématiques, grec, marque bien l'« effort » (l. 24) qu'elle s'impose et dont elle est capable ; cela explique également que les autres sujets « ne [l]'intéressaient pas » (l. 26-27). Avec une certaine modestie, elle avoue ne pas avoir d'idées à ce moment de sa vie, mais s'entraîner « à réfléchir, à comprendre, à critiquer » (l. 29-30), ce qui constitue une entreprise intellectuelle totale : « je m'interrogeais, je cherchais avec précision la vérité : ce scrupule me rendait inapte aux conversations mondaines » (l. 30-32). Ce faisant, elle explique pourquoi elle ne peut briller dans les salons. Elle n'est capable ni de dire « aimablement des riens » (l. 14-15) ni de faire « des concessions » (l. 16), ne peut s'adapter à un monde où règnent l'apparence et l'hypocrisie. Sans complaisance mais sans excès de modestie, Simone de Beauvoir offre le portrait d'une jeune fille brillante, mais condamnée à des réussites exceptionnelles pour « conjurer la gêne » (l. 40) de sa famille devant son incapacité à devenir une jeune mondaine accomplie, l'idéal de son groupe social.

2. Le père de Simone de Beauvoir, qui représente aussi le point de vue de sa mère incluse dans l'expression « Mes parents » (l. 16), semble avoir une position ouverte sur son éducation. Toutefois, on le voit surtout attaché aux préjugés et aux traditions : « il avait le culte de la jeune fille, la vraie » (l. 2) ; il prend pour modèle sa nièce Jeanne qui « croyait encore que les enfants naissaient dans les choux » (l. 3). Sa tolérance est étroite : « il ne voyait pas beaucoup de distance entre une fille avertie et la Garçonne » (l. 6-7). Plus généralement, les parents de la narratrice sont surtout attachés aux apparences : « Si du moins j'avais sauvé les apparences ! » (l. 8-9), paraissent-ils dire dans une exclamation au discours indirect libre. Quant à réussir sur le plan intellectuel, il ne peut s'agir que de « réussites extraordinaires » (l. 39). Simone de Beauvoir souligne ainsi la distance qui la sépare de ses parents. Conformistes et enfermés dans leur groupe social, ils craignent surtout le regard des autres sur une jeune fille « insolite » (l. 10). Ainsi, ils redoublent leurs attentes à l'égard de la jeune Simone : elle doit être à la fois une jeune fille pure et remarquablement intelligente, à la fois éprise de vérité et jouant le jeu hypocrite des relations mondaines. Le lecteur comprend dès lors que la jeune fille ne pourra conquérir son autonomie que par la rupture avec sa famille.

3. Lorsque Simone de Beauvoir commence la rédaction de ses *Mémoires*, c'est une auteure reconnue, aussi bien pour son œuvre romanesque, couronnée par le prix Goncourt en 1954, que pour sa réflexion sur le destin des femmes dans *Le Deuxième Sexe*, en 1949. Sa démarche vise à reconstruire un parcours intellectuel et social qui l'a amenée à rompre progressivement avec son milieu d'origine pour devenir autonome. Dès les premiers mots de l'extrait, elle adopte un point de vue surplombant, dans une prolepse : « Demain j'allais trahir ma classe et déjà je reniais mon sexe » (l. 1). Elle analyse dans cette trajectoire ce qui relève des circonstances sociales, extérieures à elle, et ce qui relève de sa volonté. Au-delà de la seule addition de contingences et de déterminismes, elle veut élucider les forces qui ont pu se conjuguer ou s'opposer à la réalisation de son destin. Pour la narratrice, ce sont ses qualités intellectuelles, son souci d'analyser et de comprendre, sa recherche de la vérité qui l'ont empêchée de jouer une comédie sociale toute d'apparences et de mensonge : « ce scrupule me rendait inapte aux conversations mondaines » (l. 31-32). Elle prend conscience du fait qu'elle ne s'est pas éloignée de son milieu social par provocation ni au nom d'idées subversives, mais pour accomplir une vocation intellectuelle inscrite en elle : « il fallait que l'étude ne représentât pas un à-côté de ma vie mais ma vie même » (l. 24-25).

Le lecteur, quant à lui, peut mieux comprendre les trajectoires des écrivains du XXe siècle, ainsi que le poids des contraintes sociales et de genre qui pèsent sur des générations entières. Il découvre aussi la singularité d'un destin en cours d'accomplissement, qui éclaire l'œuvre romanesque et philosophique de l'auteure. Le lecteur d'autobiographie peut également comprendre une intériorité qui l'amène lui-même à se projeter, à penser sa vie à venir ou passée, dans une démarche lucide et sincère ; car c'est bien le contrat de tout discours du moi.

TEXTE 3 : Jean-Paul Sartre, *Les Mots* (1964) p. 243

Objectifs et enjeux

- → **Analyser le point de vue du narrateur adulte sur un épisode douloureux de son enfance**
- → **Comprendre les choix narratifs de l'auteur**

Lecture analytique

1. Dans ce passage, la narration adopte un rythme alerte : les phrases courtes font se succéder prestement les actions. Le lecteur les découvre en même temps que le personnage-enfant, dans un enchaînement qui paraît insolite. Dès le début de l'extrait, le ton est donné : le jeune Jean-Paul se retrouve chez le coiffeur sans avoir été prévenu, sans aucune idée de ce qui va lui arriver. La deuxième phrase met particulièrement en évidence la pétulance avec laquelle le grand-père mène la danse : « Mais, à peine avions-nous tourné le coin de la rue, il me poussa chez le coiffeur en me disant : "Nous allons faire une surprise à ta mère" » (l. 2-4) ; les connecteurs « mais » et « à peine » révèlent la rapidité de l'action, la volte-face des événements. La vivacité est également rendue par le recours fréquent au point-virgule ou aux deux-points, ainsi qu'à des termes comme « etc. » ou « Bref » (l. 14) pour marquer les enchaînements. Les passages au discours direct, très nombreux dans le premier paragraphe, contribuent également à la légèreté de ce récit. Celui-ci est fondé sur la surprise, comme l'indiquent la répétition du terme et son champ lexical : « "Nous allons faire une surprise à ta mère." J'adorais les surprises. Il y en avait tout le temps chez nous. Cachotteries amusées ou vertueuses, cadeaux inattendus, révélations théâtrales suivies d'embrassements » (l. 3-6). C'est bien sous le signe de la surprise que l'anecdote se clôt, dans une sorte de chute : la nouvelle coiffure de Jean-Paul suscite le désappointement des protagonistes. Enfin, le caractère vivant de l'anecdote provient aussi de l'humour dont le narrateur fait preuve, notamment dans le choix du vocabulaire, par exemple l'adverbe « clandestinement » (l. 9) ou encore l'antithèse en forme de zeugma « je revins glorieux et tondu » (l. 16-17).

2. Ce récit vivant de l'épisode des cheveux coupés n'est pas sans rappeler une scène de théâtre, dans laquelle le jeune Jean-Paul serait l'acteur obéissant aux injonctions d'un grand-père metteur en scène. Toutefois, la dimension théâtrale dépasse cette seule anecdote, car elle est présentée par le narrateur comme emblématique de l'atmosphère de son enfance. C'est ce qu'indiquent les deux descriptions de la vie familiale, qui font référence de manière explicite au théâtre : « révélations théâtrales suivies d'embrassements : c'était le ton de notre vie » (l. 5-6) ; « Bref les coups de théâtre faisaient mon petit ordinaire » (l. 14). Pour illustrer cette dimension dramatique, un exemple vient s'intercaler entre ces deux phrases, au beau milieu du récit : l'anecdote de l'appendicite. Le narrateur ne développe de cet épisode que la mise en scène et le jeu des acteurs : « ma mère n'en avait pas soufflé mot à Karl » (l. 7), « Mon oncle Auguste avait donné l'argent » (l. 8-9), « clandestinement », « nous nous étions cachés » (l. 9), « l'affable solennité de cette voix » (l. 12). Aucune mention n'est faite des sensations douloureuses que l'on pourrait associer à cette opération. De plus, l'abréviation « etc. » (l. 14) indique le choix du narrateur de faire du quiproquo entre oncle et grand-père le point d'acmé de l'épisode. En interrompant le récit de la coupe de cheveux pour y insérer cette autre anecdote, le narrateur ménage un suspens au service du coup de théâtre final. Il rejoue en quelque sorte son enfance à la manière d'une comédie.

3. Toutefois la comédie est grinçante et des indices montrent clairement que le narrateur ne se contente pas d'amuser son lecteur. Il s'agit de revenir sur un épisode qui confine au traumatisme : la brutale découverte de sa laideur à travers le regard de ses proches. Dès le récit de la coupe de cheveux, le narrateur adulte abandonne le ton enjoué de la comédie pour rendre perceptible le désarroi de l'enfant : « je regardai avec bienveillance mes boucles rouler le long de la serviette blanche qui me serrait le cou et tomber sur le plancher, inexplicablement ternies ; je revins glorieux et tondu » (l. 14-17). L'allitération en [l] et le verbe « serrer » traduisent le malaise ressenti par l'enfant : il perçoit, sans en être tout à fait conscient, qu'un drame est en train de se jouer avec la chute de ses boucles « inexplicablement ternies ». Rien de jubilatoire, en effet, dans le coup de théâtre final. La métamorphose de l'enfant a des conséquences dramatiques, comme le souligne la phrase « Il y eut des cris mais pas d'embrassements » (l. 18), reprise des « révélations théâtrales suivies d'embrassements » (l. 5-6) qui rompt avec la tonalité comique. Les passages au discours direct disparaissent dans le second paragraphe, pour laisser la place aux commentaires du narrateur adulte. Celui-ci analyse avec une lucidité implacable les réactions de ses proches, inattendues et violentes pour l'enfant qu'il était. Le recours au discours indirect libre lui permet d'expliquer les pleurs de sa mère avec le recul de l'adulte : « on avait troqué sa fillette contre un garçonnet. Il y avait pis : tant qu'elles voltigeaient autour de mes oreilles, mes belles anglaises lui avaient permis de refuser l'évidence de ma laideur » (l. 19-21). L'emploi du mot « laideur », renforcé par les termes « évidence » (l. 21) et « vérité » (l. 23), souligne l'acuité du regard porté par le narrateur adulte. Il en va de même pour sa description de son grand-père : l'adjectif « interdit » (l. 24), amplifié par l'adverbe intensif « tout », insiste sur l'étonnant mutisme d'un personnage auparavant si volubile. Le narrateur adulte n'a plus d'illusions sur l'attitude de ses proches. L'emploi du déterminant possessif dans les expressions « sa fillette » (l. 19) ou « sa petite merveille » (l. 25) met en évidence la dimension égocentrique de l'amour familial, brutalement révélée à l'enfant par cette blessure narcissique. On pourra d'ailleurs noter, dès le récit de l'appendicite, le commentaire ironique du narrateur sur son grand-père : « des angoisses qu'il n'eût, de toute manière, pas ressenties » (l. 7-8). Si l'écriture permet à l'auteur de revenir sur un épisode de son enfance pour l'analyser sans aucune complaisance, elle lui permet également de se protéger et de se reconstruire. Ainsi parvient-il à adoucir par une périphrase poétique l'évocation de son œil malade : « Déjà, pourtant, mon œil droit entrait dans le crépuscule » (l. 21-22). Mais c'est surtout grâce à l'ironie et à l'autodérision que le narrateur prend de la distance par rapport à son enfance. Il la transforme en une comédie, en un jeu avec le lecteur où, prenant le schéma à rebours des contes classiques, il se légitime comme un antihéros : « on lui avait confié sa petite merveille, il avait rendu un crapaud » (l. 24-26).

TEXTE 4 : Nathalie Sarraute, *Enfance* (1983) p. 244

Objectifs et enjeux

- → **Analyser les éléments constitutifs d'un souvenir d'enfance**
- → **Comprendre le rôle du rapport à la langue pour l'enfant et pour le narrateur adulte**

Lecture analytique

On pourra rappeler la place des œuvres de Nathalie Sarraute dans les débats sur le roman, auxquels elle a largement contribué. Figure emblématique du Nouveau Roman avec Jean Ricardou, Michel Butor et Alain Robbe-Grillet, elle a développé une écriture qui veut saisir la réalité, en procédant par retouches et reformulations, interruptions et changements de perspectives. Elle affiche ses difficultés de formulation dans une langue parfois orale et suspendue, qui révèle la difficulté à transcrire l'expérience humaine. On pourra ainsi montrer comment le dialogue intérieur entre deux voix témoigne de ces obstacles à l'écriture. Il est emblématique du genre autobiographique, de sa dimension réflexive et de ses deux temporalités (passé et présent qui commente le passé). La description de la vie à l'école constitue également un *topos* du récit autobiographique : le narrateur y évoque des sentiments souvent indélébiles qui ont contribué à forger sa personnalité et sa perception du monde.

1. Cet extrait évoque l'entrée à l'école primaire de Nathalie Sarraute. C'est l'odorat qui est le premier sens sollicité par l'enfant : elle énumère alors les lieux de l'école, « les escaliers de ciment, les salles de classe entourant une cour sans arbres, les hauts murs » (l. 1-2), tout un espace qui baigne dans une « vague odeur de désinfectant » (l. 1). La vue ensuite restitue les couleurs : le « beige souillé » des « hauts murs » (l. 2), le « tableau noir » (l. 3) et la « terne carte des départements » (l. 3-4). La narratrice décrit à la fois ce qui est présent et ce qui fait défaut, l'absence d'arbres dans la cour ainsi que le manque d'ornements aux murs de la classe (l. 2-4), suggérant ainsi une forme de déception. Les couleurs foncées, les connotations attachées aux adjectifs « souillé » (l. 2) et « terne » (l. 3), l'odeur de « désinfectant » (l. 1), donnent de l'école une image de lutte pour la propreté, de vide sans vie ni fantaisie. La reprise pronominale « tout cela », suivie du pronom indéfini « quelque chose » (l. 4), souligne la difficulté de la narratrice à caractériser ce lieu, les impressions qui s'en dégagent et l'avenir qu'il annonce, « le pressentiment d'une vie » (l. 5). Les points de suspension en fin de paragraphe renforcent l'impression d'une parole interrompue. L'intervention de la seconde voix comble cette interrogation, proposant l'adjectif « Plus intense » (l. 6). La réponse de la narratrice révèle son souci d'employer les mots les plus justes, analysant et reformulant plusieurs fois son propos. Elle enchaîne des propositions courtes qui progressent des lignes 7 à 10 : d'abord elle rejette nettement l'adverbe « plus » dans une phrase minimale ; dans la suivante elle examine la pertinence de l'adjectif « autre », l'emploi du conditionnel « serait » (l. 7) marquant encore une certaine retenue. Avec la reprise nominale « Une autre vie » (l. 7), elle valide cette expression puis la justifie dans la phrase nominale qui suit, marquant la disjonction de son existence entre un passé devenu extérieur, « là-bas », et « cette vie toute neuve » (l. 8) reformulée en « vraie vie » (l. 10). On peut lire à nouveau dans cette démarche le souci de recréer le souvenir dans toute sa vérité. Ce faisant, c'est le projet autobiographique que Sarraute redéfinit, quand elle veut faire revivre le passé dans une forme d'objectivité qui exclut « l'emphase » (l. 11).

Dans un second temps, la narratrice s'essaie à raconter un souvenir, « un de ses instants » (l. 12) décrit comme heureux, car source de « tant de plaisirs » (l. 13). À nouveau, elle part de ses sensations pour le faire renaître. Elle fait d'abord appel au toucher et à la vue, au contact de ses vêtements d'écolière, un « épais tablier noir à longues manches fermé dans le dos » (l. 14-15), rappelant, de manière un peu paradoxale pour un souvenir heureux, des sensations de gêne, d'enfermement et de raideur. Mais on découvre ensuite que ce qui la ravit, c'est la découverte du mouvement d'ensemble de ces écolières penchées sur leur pupitre : la narratrice se compare aux « autres filles » de sa classe (l. 16) et se découvre semblable à elles, par l'âge et la taille. Cette ressemblance l'autorise dès lors à substituer au seul « je » un « nous » (l. 17) qui marque son appartenance à un groupe.

2 et 3. La dictée est décrite comme un événement heureux. L'enfant est sensible à l'exercice, notamment à ses rituels qui lui permettent de montrer son application et son souci de bien faire. Elle note les sensations agréables que lui procurent ces gestes qu'elle énumère : écrire son nom, la date, et faire « habilement glisser sa plume le long d'une règle » (l. 19-20). Comme les vêtements qui l'engoncent, ces contraintes sont moins pénibles que rassurantes. Ce qui rend la dictée jubilatoire pour la petite fille, c'est aussi le ballet de la maîtresse entre les tables qui, bienveillante, veut aider les enfants : « elle articule chaque mot distinctement, parfois même elle triche un peu en accentuant exprès une liaison » (l. 23-24).

Devant ce texte, le lecteur comprend que la petite fille aime la dictée et la classe pour le plaisir de se retrouver dans un groupe, elle qui est allée tardivement à l'école. Elle aime aussi bien faire, comme l'y incitent les rituels, la réflexion sur l'orthographe dont elle découvre les étapes et l'attention de la maîtresse. Surtout, la découverte de la langue et de mots rares enchantent la petite fille ; leur enchaînement suscitent un véritable plaisir esthétique, transcrit par les reprises nominales employés : « leur beauté, leur pureté parfaite » (l. 26), leur « naturelle élégance » (l. 28). Enfin, malgré la « légère angoisse » (l. 29) et l'« inquiétude » (l. 37-38) qu'elle éprouve, elle aime l'effort de réflexion que requièrent les accords. Dans une nouvelle forme de dialogue avec soi, présenté au discours direct, elle retranscrit sa logique, la méthode qu'elle suit et les encouragements qu'elle se prodigue : « Regarde bien, ne passe rien » (l. 33). Puis elle revient au récit pour synthétiser la réflexion qu'elle mène dans une énumération de verbes : « se tend, parcourt, hésite, revient » (l. 34). Au début du XXe siècle, les textes des dictées sont souvent choisis dans les œuvres littéraires, au vocabulaire très éloigné du langage commun. La narratrice y découvre dès lors la beauté de la langue, la rigueur de ses règles et les conditions d'une réflexion rigoureuse fondée sur le questionnement. C'est tout l'univers de la pensée et du langage qui s'ouvre à elle. À la relecture, on comprend que ce premier rapport au langage a fondé son écriture, toujours en quête du mot juste, de la vérité. C'est pourquoi la forme du dialogue met en lumière ses efforts de précision, de remémoration et de justesse, son souci de ne pas embellir le passé en lui donnant des couleurs plus vives. De la sorte, Nathalie Sarraute renouvelle le pacte autobiographique. Elle met également en évidence la dimension dialogique de la réflexion et de la pensée. On en voit un exemple à l'intérieur de la narration, dans une forme de discours intérieur où la narratrice s'interpelle et s'exhorte : « Attention, c'est un verbe... souviens-toi de la règle » (l. 31-32). Cette forme de dialogue mental permet ainsi de questionner les lois du genre romanesque dans une distance partagée avec le lecteur.

La découverte de l'école devient dès lors le lieu de l'initiation à la beauté de la langue, à l'intelligence et à la rencontre avec l'autre, qui permet de se connaître et d'exister.

TEXTE 5 : Annie Ernaux, *La Place* (1983) p. 245

Objectifs et enjeux

→ **Analyser le regard porté par la narratrice sur son père**

→ **Comprendre l'ambition sociologique du récit autobiographique au XXe siècle**

Lecture analytique

1. La prise de distance de la narratrice par rapport à son milieu social est manifeste. Les déterminants possessifs de la 1re personne circonscrivent à la fois les activités et le territoire de la narratrice à l'intérieur de la maison familiale : « Je travaillais mes cours », « toujours dans ma chambre » (l. 1-2). Les adverbes « toujours » et « jamais », renforcés par l'imparfait d'habitude, soulignent le caractère total de la coupure avec sa famille, qui se traduit par une absence complète de communication : « On mangeait sans parler » (l. 2-3). La métaphore de l'émigration (« J'émigre doucement vers le monde petit-bourgeois », l. 4-5), ainsi que l'emploi des termes « monde » (l. 4) et « univers » (l. 11) pour désigner des catégories sociales mettent en évidence le clivage entre son milieu et celui auquel elle aspire. À partir de la ligne 3, elle emploie le présent de l'indicatif pour décrire sa rupture avec sa classe sociale : « Tout ce que j'aimais me semble *péquenot* » (l. 6). Elle renvoie dans un passé révolu tous les repères de son enfance, abordés dans une énumération hétéroclite où se côtoient pêle-mêle personnages, objets fondateurs, symboles de la culture populaire : « Luis Mariano, les romans de Marie-Anne Desmarets, Daniel Gray, le rouge à lèvres et la poupée gagnée à la foire qui étale sa robe de paillettes sur mon lit » (l. 6-8). C'est dans le rapport au langage que la prise de distance est le plus lisible. Ainsi les propos des parents sont-ils déconnectés de toute communication, figés dans un statut d'exemples voire réduits à l'état d'aphorismes ridicules : « par exemple, "la police, il en faut" ou "on n'est pas un homme tant qu'on n'a pas fait son service" » (l. 9-10).

2. La narratrice analyse le décalage que l'école a installé entre elle et son père. Le dialogue et les échanges sont rompus, aussi bien de la faute du père que de celle de la fille, comme le souligne le parallélisme « Il n'osait plus me raconter des histoires de son enfance. Je ne lui parlais plus de mes études » (l. 12-14). À la fois admiratif et réprobateur, le père porte un regard ambigu sur les études de sa fille qui lui sont devenues « incompréhensibles » (l. 14-15). Il est en effet respectueux de l'école, sésame pour « obtenir une bonne situation et *ne pas prendre un ouvrier* » (l. 22), mais aussi suspicieux face à ce qu'il considère comme une « souffrance obligée » (l. 21-22) : « Il s'énervait de me voir à longueur de journée dans les livres, mettant sur leur compte mon visage fermé et ma mauvaise humeur » (l. 19-20). L'incompréhension du père est parfaitement illustrée par sa sacralisation du mot « travail » : « Il se fâchait quand je me plaignais du travail » (l. 15-16). Le sens qu'il accorde à ce mot symbolise également le fossé que les études ont creusé entre sa fille et lui car, à ses yeux, lire, écrire, étudier n'est pas vraiment « travailler » : « Il disait que j'apprenais bien, jamais que je travaillais bien. Travailler, c'était seulement travailler de ses mains » (l. 34-37). Les activités intellectuelles sont ainsi assimilées à une forme d'oisiveté ou de luxe. C'est ce qui explique la honte paradoxale du père d'avoir une grande fille qui n'a pas encore d'emploi : « Devant la famille, les clients, de la gêne, presque de la honte que je ne gagne pas encore ma vie à dix-sept ans » (l. 25-26), « Il craignait qu'on ne me prenne pour une paresseuse et lui pour un crâneur » (l. 30-32). La narratrice explique la situation ambiguë du père par son incapacité à communiquer avec sa fille. Il ne peut créer de dialogue que si leurs échanges font référence à des domaines qui ne lui sont pas étrangers, c'est ce qu'elle souligne en évoquant de façon humoristique l'exception du latin : « Sauf le latin, parce qu'il avait servi la messe » (l. 14). Ce qu'il ne parvient pas à assumer, c'est de ne plus être maître de leur relation, de ne plus pouvoir jouer son rôle de père initiateur ; il lui est impossible d'accepter une inversion des rôles qui ferait de sa fille l'initiatrice à de nouveaux savoirs et de nouvelles valeurs. Devant l'érosion de son pouvoir, la narratrice montre combien les sentiments du père sont ambigus : « Et toujours la peur ou PEUT-ÊTRE LE DÉSIR que je n'y arrive pas » (l. 17-18). Annie Ernaux évoque une autre interprétation, l'impossibilité d'un amour paternel généreux et désintéressé, mais en insistant sur le terme « peut-être » au moyen des petites majuscules, elle choisit de la signifier sans l'assumer pleinement. Elle suggère plus loin une autre explication : ce qui importe au père, plus que de perdre sa fille, c'est d'assurer son bonheur. Or il ne parvient plus à en repérer les signes, étranger à la catégorie sociale dans laquelle sa fille, transfuge, évolue dorénavant : « Mais que j'aime me casser la tête lui paraissait suspect. Une absence de vie à la fleur de l'âge. Il avait parfois l'air de penser que j'étais malheureuse » (l. 22-24).

3. L'écriture permet à la narratrice de mesurer l'ampleur du bouleversement, personnel et social, de son existence. La phrase qui clôt le premier paragraphe (« L'univers pour moi s'est retourné », l. 11) en suggère la puissance : les termes « univers » et « s'est retourné » évoquent un cataclysme, le passé composé insiste sur l'aspect accompli, la forme pronominale renforce la position d'objet de la narratrice. À travers son récit, la narratrice adulte analyse les difficultés de sa position d'adolescente. Ainsi, c'est par un paradoxe qu'elle décrit l'aporie de son errance entre deux mondes : « C'est le temps où tout ce qui me touche de près m'est étranger » (l. 3-4). Cette phrase semble faire écho à celle de Rousseau dans les *Rêveries du promeneur solitaire :* « Tout ce qui m'est extérieur m'est étranger désormais ». En substituant à « Tout ce qui m'est extérieur » la paraphrase « tout ce qui me touche de près », Annie Ernaux souligne le caractère inouï de sa situation : ce qui est le plus proche d'elle est en même temps le plus lointain. Elle ne se reconnaît plus dans les valeurs ni dans le langage de sa classe sociale. Pour autant, elle n'est pas pleinement intégrée dans le milieu petit-bourgeois dont elle retranscrit le jargon en italiques (« *cucul* » ; « *péquenot* », l. 6 ; « *préjugés* », l. 9 ; « *gens simples* ou *modestes* ou *braves gens* », l. 12). En transcrivant des mots en italiques, comme les paroles de ses parents ou ses propres mots mis à distance par des guillemets (« Je faisais de "l'ironie" », l. 3), la narratrice emprunte différentes voix, et cette polyphonie lui permet d'éloigner le passé pour mieux l'analyser.

III. Témoigner (p. 246-255)

TEXTE 6 : Joseph Kessel, *L'Équipage* (1923) p. 246

Objectifs et enjeux

→ **Analyser des portraits de personnages de roman**

→ **Comprendre la construction de l'effet de réel auprès du lecteur**

Lecture analytique

1. Le contexte même du roman, la Première Guerre mondiale, contribue à l'inscrire dans une réalité historique. Kessel lui-même a participé à la guerre : s'inspirant de son expérience, il enrichit son récit d'informations sur les débuts de l'aviation. Les appareils ont une technologie peu sophistiquée et sont même très rudimentaires. Ainsi, le pilote baisse le pare-brise pour pouvoir naviguer à vue dans le brouillard, jusqu'à en sentir « le goût fade » (l. 2). Les notations géographiques renforcent aussi la tonalité réaliste : l'avion se déplace dans un espace identifié (« Aux approches de l'Aisne », l. 24), puis figurent les noms de « Soissons » et « Reims » (l. 42-43), sur la ligne de front entre les forces françaises et allemandes. Le paysage décrit d'en haut est creusé par les « boyaux » et les « parapets » (l. 38) des tranchées, et l'expression « couloir fuligineux » (l. 36-37) apporte des connotations inquiétantes : le vol se déroule dans un espace étroit, noir comme la suie. Les hommes sont menacés par la faible visibilité qu'ils ont dans le brouillard : « Quinze mètres au plus » (l. 39).

Les portraits des deux personnages, construits en opposition, leur donnent aussi une authenticité, qui tient à leur inscription dans des déterminations sociales et psychologiques, garantes de la cohérence de l'action. Le lecteur, engagé dans l'histoire dès le début du passage, en découvre après coup le contexte : le pilote n'a pas pu virer après le décollage. Les indicateurs de temps, « À peine » (l. 1) et « Tout de suite » (l. 2), contribuent à rendre l'action plus rythmée et vive. La suite du récit donne quelques détails d'une mission et aborde ses conditions dangereuses, mais sans que rien ne se passe vraiment, jusqu'au retour : « Berthier donna le signal du retour » (l. 43).

2. En décrivant une mission de l'équipage de Berthier et Neuville, qui semble se dérouler sans événement notable, le texte offre l'occasion de découvrir les personnages selon divers points de vue. Le lecteur emprunte tout d'abord la perspective de Neuville dont il partage les sensations et les pensées : le goût du brouillard, le contact du vent « qui flagellait son front » (l. 4), une vision imagée des nuages, comparés à « un troupeau de cavales » (l. 5), ou du brouillard, rapproché d'un « rideau laiteux » (l. 6). On voit que le narrateur, qui sait tout de ses personnages, délivre leurs pensées et leurs émotions les plus secrètes. Ainsi la peur domine Neuville et l'accompagne en permanence. Le lexique de cette émotion envahit le texte, dans une gradation marquée : « peur, mortellement peur » (l. 10), « l'épouvante » (l. 11), « angoisse », « cœur [...] lourd » (l. 13), « effroi » (l. 19), « hanté » (l. 22). Le narrateur fournit au lecteur les explications qui complètent le portrait du personnage en révélant ses motivations les plus intimes. Neuville est également décrit comme un pilote âgé et chevronné, comme on le voit à « sa main de vieux et adroit pilote » (l. 41). La qualification « d'homme de sa lignée » (l. 15) indique qu'il est d'une grande famille, soucieuse de son importance et de son rôle social. Il porte à ce titre de l'intérêt à son apparence (« Je dois avoir une belle figure de lâche sous ce masque », l. 9) ; on apprend pourtant que son visage a un aspect « pétrifié qui écartait de lui toute amitié » (l. 19-20). Mais le trait principal du personnage est son orgueil de classe qui lui interdit de « vivre dans la boue des boyaux et des sapes » (l. 16). C'est pour cela qu'il s'est engagé dans l'aviation ; et son orgueil est tel qu'il prend toujours plus de risques.

Après cette description de Neuville, le texte adopte le point de vue de Berthier, dans un changement de perspective qui paraît d'autant plus naturel et justifié qu'il est articulé à la narration. En effet, c'est quand Neuville regarde Berthier (« Neuville se tourna vers Berthier », l. 27) et que celui-ci lui fait un signe que le narrateur change de point de vue, dans une forme de champ-contrechamp. Le second portrait se construit en opposition au premier. Berthier, plus jeune, « novice » (l. 31), « esprit ingénu » (l. 35), est présenté comme « Disposé au songe » (l. 31) et aux « rêveries » (l. 35). Lui ne craint pas la mort mais « de manquer sa mission » (l. 29-30), précise le narrateur, ce qui explique que Berthier épuise les pilotes : il a peur d'« avoir laissé échapper un détail essentiel » (l. 33-34). L'alternance des points de vue conduit donc le lecteur à partager les idées et les sentiments des personnages, tandis que les interventions du narrateur expliquent leurs motivations. Les portraits des aviateurs acquièrent ainsi une épaisseur, une rationalité, une représentativité sociale et psychologique qui contribuent à l'effet de réel de ce récit inscrit dans l'Histoire. Les deux portraits, malgré leur opposition, dépeignent tous deux des personnages qui, pour des raisons différentes, deviennent des figures de héros.

TEXTE 7 : Francis Scott Fitzgerald, *Gatsby le Magnifique* (1925) p. 247

Objectifs et enjeux

- → Analyser le point de vue d'un observateur attentif et précis
- → Étudier la peinture d'une époque dans le roman (ici, les années folles)

Lecture analytique

1. Nick Carraway, narrateur-personnage, n'apparaît explicitement que dans le dernier paragraphe de cet extrait. Toutefois, on comprend que la description de la fête chez Gatsby résulte de nombreuses observations qu'il a menées ; il en connaît le déroulement habituel, voire rituel. Tout est grandiose et démesuré chez Gatsby : la musique est jouée non pas par un petit ensemble, mais par « une pleine fosse » dont le narrateur détaille les instruments : vents, cordes et percussions (l. 2-3). Cette longue énumération confirme la démesure de ce groupe de musiciens qui s'étale aux proportions d'un véritable orchestre. Les voitures « sont garées, cinq de front, dans l'allée » (l. 4-5), ce qui donne une idée de la largeur de l'allée et donc de la taille de la maison, avec ses « galeries, les salons et les vérandas » (l. 5). Son bar « fonctionne à plein rendement » (l. 7), comme on pourrait le dire d'une usine, ce qui permet de se représenter la foule des visiteurs. Un tel luxe révèle la richesse de l'hôte. Ses invités ne sont occupés que de plaisirs et de loisirs : la fête succède à la plage ; les « nageurs » rentrent puis « s'habillent » pour la soirée (l. 3-4). La fête est également décrite à travers les couleurs et l'originalité des coiffures et des vêtements, à l'image des châles qui « éclipsent tous les rêves de Castille » (l. 7), comble de l'exotisme, de la beauté et de la rareté. Ainsi le récit de Carraway peint-il un tableau qui semble se centrer moins sur les personnages que sur des effets de teintes, de formes et de matières.

2. La fête se caractérise par sa légèreté et le mélange des impressions qui touchent tous les sens. À l'extérieur, les cocktails « flottent sur des plateaux » et « imprègnent de leurs parfums » le parc (l. 8), des « bavardages » et des « rires » font « vibrer » l'air (l. 9). Une autre forme de légèreté, cette fois au sens figuré, affecte aussi le comportement des invités : ils s'expriment par des insinuations qualifiées de « nonchalantes » ou se font des « présentations sitôt oubliées » (l. 10). Au fil de la soirée, la fête monte en puissance, enfle et s'accélère. Des métaphores soulignent la vitalité de la soirée, comme « Les lumières s'avivent » (l. 12), et l'expression « la terre accomplit l'embardée qui la détourne du soleil » (l. 12-13) décrit avec humour l'arrivée du soir. La description prend la forme de synesthésies : la « musique » devient « jaune-cocktail » (l. 13), le rire, tel du champagne, « s'épanche avec plus de prodigalité, s'écoule comme d'une coupe » (l. 15). La fête redouble de joie, ce que souligne le champ lexical de l'allégresse (« joyeux », l. 16 ; « gai » ; « triomphe », l. 20), et de mouvements incessants, comme le montrent les nombreux verbes : « Les groupes changent [...], s'enflent [...], se dissolvent et se reforment » (l. 16-17). Quelques invitées se distinguent au milieu de ces groupes en adoptant des trajectoires plus individuelles : qualifiées de « vagabondes », ces « filles confiantes » « font la navette » (l. 18), se déplacent de cercle en cercle, en deviennent le centre puis s'en éloignent. Dans la fête qui bat son plein, seules ces « vagabondes » se détachent sur un fond mouvant et résumé à ses éléments constitutifs, comme le montre la métaphore de « l'océan changeant des visages, des voix et des couleurs » (l. 21). Ni les lieux ni les individus ne se détachent, dans un spectacle qui devient la quintessence de la fête.

Le personnage de Gatsby est absent de ce théâtre ; il n'est mentionné que dans le dernier paragraphe et uniquement en tant que propriétaire de la maison : « chez Gatsby » (l. 31), « la porte de Gatsby » (l. 35), « quelqu'un qui connaissait Gatsby » (l. 36-37), « son hôte » (l. 41). La relation qui l'unit aux autres est toujours indirecte, et sa maison ressemble davantage à un hôtel, un bar, un lieu de spectacle, un « quelconque Luna-Park » (l. 38), qu'à une propriété privée. Car si tout le monde connaît Gatsby, personne ne semble vraiment l'avoir rencontré, sinon quelques « rares assistants » (l. 32) invités formellement à ses fêtes. Même le narrateur, qui fait pourtant partie de ce dernier groupe, n'offre que le point de vue de la foule sur le héros du roman.

3. Après la Première Guerre mondiale, la riche Amérique s'ouvre à une nouvelle culture qui bouleverse les codes esthétiques et sociaux, notamment avec le jazz. Les femmes conquièrent une certaine liberté. Coiffures et silhouettes se transforment. Profitant de l'essor économique de cette période, Gatsby est infiniment riche : il dépense sans compter pour accueillir chaque jour des invités qu'il ne connaît pas pour la plupart. La fête sort du cadre ; elle semble durer jour et nuit, de la plage à la danse, à l'intérieur et à l'extérieur ; on y goûte tous les plaisirs, la musique, les cocktails, la danse et les discussions frivoles dans la douceur de l'air. Par ailleurs, les années folles sont l'ère du culte du progrès et de la modernité : on la retrouve ici dans les voitures qui se multiplient, dans le gigantisme des villas et des orchestres de jazz, dans les danses et la notoriété des stars grandissante dans la société. Enfin cette période semble moins attachée aux clivages sociaux que les générations précédentes. Les invités de Gatsby sont des gens dont « la simplicité de cœur [...] tenait lieu de carte d'admission » (l. 39-40). Pour autant, les relations humaines y apparaissent fondées seulement sur le plaisir : les gens ne se connaissent pas ou semblent s'oublier très vite, vivant à l'infini « d'enthousiastes rencontres entre femmes qui n'ont jamais connu leurs noms respectifs » (l. 10-11). *Gatsby le Magnifique* représente alors avec précision la vie de cette génération littéraire qu'on a appelée « génération perdue », tant la période des années folles a été courte, avant la crise de 1929 qui a plongé le pays dans la récession.

TEXTE 8 : François Mauriac, *Thérèse Desqueyroux* (1927) p. 248

Objectifs et enjeux

- → **Analyser les relations entre les personnages selon les points de vue qui s'expriment**
- → **Étudier la représentation des rapports de pouvoir entre hommes et femmes dans le roman**
- → **Examiner un portrait grinçant de la bourgeoisie du XXe siècle**

Lecture analytique

Cette scène romanesque montre l'opposition violente de Bernard et de sa femme Thérèse, dans une alternance de récit et de dialogue. Le lecteur peut alors comprendre les points de vue des deux personnages et le regard que porte sur eux le narrateur, extérieur à ce récit à la 3e personne.

1. Le personnage du mari, Bernard, est décrit à travers le point de vue de sa femme Thérèse qui l'observe avec attention. Ce portrait, par ses détails, le montre comme un homme peu aimable, en colère : il a « les veines de la face gonflées » et « balbutie » (l. 2). Thérèse, qui le connaît bien, devine qu'il ne maîtrise son bégaiement qu'en retrouvant un discours tout fait, « les phrases préparées avec soin » (l. 6). La posture qu'il emprunte pour lui parler, « Appuyé à la cheminée », son « ton grave » et le « papier » qu'il lit (l. 7-8), tout converge pour décrédibiliser l'image solennelle qu'il veut donner et ainsi le rendre ridicule : « Thérèse n'a plus peur ; elle a envie de rire ; il est grotesque » (l. 8). Grâce au discours indirect libre (au présent de narration), le lecteur entend l'héroïne penser, confirmer les idées qui lui traversent l'esprit, imaginer l'avenir : « il est grotesque ; c'est un grotesque » (l. 8), « Peu importe ce qu'il dit [...], elle partira » (l. 9-10). Le jugement qu'elle porte sur son mari devient plus sévère encore : dans un crescendo, son accent est qualifié d'« ignoble » (l. 9) et lui-même d'« imbécile » (l. 11). Les détails de son portrait physique, « ses ongles mal tenus », son tremblement et l'absence de « manchettes » (l. 12), contribuent à accentuer l'effet détestable qu'il produit sur Thérèse. Relégué dans la catégorie des « campagnards ridicules hors de leur trou » (l. 13), il fait partie de de ceux « dont la vie n'importe à aucune cause, à aucune idée, à aucun être » (l. 13-14). La personne de Bernard se résume donc à une forme triplement négative, au néant. Thérèse justifie ainsi sa tentative d'assassinat : « Cela n'aurait eu aucune importance que cet imbécile disparût du nombre des vivants » (l. 10-11). Puis c'est dans l'Histoire qu'elle va chercher une légitimation à son crime, invoquant Robespierre, Napoléon et Lénine, trois figures de dictateurs peu soucieux de la vie humaine. Ce n'est que dans un second temps que le point de vue de Bernard est dévoilé : « Il la voit sourire ; s'exaspère, hausse le ton, elle est obligée d'écouter » (l. 16).

2. En contrepoint de cette scène bruyante et passionnée, le « silence [...] d'Argelouse » (l. 26) souligne la solitude et l'enfermement auxquels Thérèse est condamnée par son mari. Qualifiée de « prodigieu[se] » (l. 26), l'absence de bruit est signe de mort ou de disparition de toute vie. L'extérieur est devenu « désert » (l. 27) : les « coqs » (l. 26) sont silencieux, eux qui annoncent le jour nouveau, et même si l'évocation de l'eau et des « cimes innombrables » (l. 27) pourrait suggérer un paysage bucolique, les éléments, l'eau et le vent, n'animent plus la nature : « aucune eau vive ne court [...] aucun vent n'émeut » (l. 27). La répétition de l'adjectif « aucun » fait écho à son emploi dans les lignes précédentes, où Thérèse exprimait le néant que représente Bernard pour elle. Aussi, même ce lieu qu'elle aime, et qu'elle doit quitter, est devenu silencieux et inerte, préfigurant son destin.

3. Comme on l'a vu, le portrait de Bernard se dessine dans un premier temps à travers le regard de Thérèse, et il traduit d'une certaine manière les raisons de sa tentative d'assassinat : elle est mariée à un homme qu'elle n'aime pas, qui ne lui plaît pas et qui a rendu son existence vaine, à son image. Mais ce portrait est aussi complété par le récit et le dialogue. On découvre tout d'abord un personnage en colère et qui tente d'imposer son autorité au moyen d'interjections et de phrases courtes qui sont autant de questions rhétoriques : « Quoi ! Vous osez avoir un avis ? émettre un vœu ? » (l. 3). Il rappelle le pouvoir qu'il a sur sa femme, exigeant qu'elle écoute et reçoive ses « ordres », ses « décisions irrévocables » (l. 4-5). Plus loin, il affirme à nouveau son autorité par la formule triviale « je vous tiens » et l'emploi du verbe « obéir » au futur (l. 16-17). On apprend à cette occasion que ses ordres découlent de « décisions arrêtées en famille » (l. 17). Car la famille est bien, aux yeux de Bernard, la valeur suprême. Devant elle, l'individu compte peu. Le mot est ainsi répété dans une longue réplique, dans un crescendo « pompeux » (l. 32), comme le note Thérèse : « la famille compte seule [...] L'intérêt de la famille [...] pour l'honneur de la famille » (l. 28-30). Bernard affiche alors les valeurs de son groupe social : la « famille » (l. 28), le « pays » et « Dieu » (l. 30). Ses ordres sont assortis de menaces, car il affirme détenir dans son secrétaire une « preuve inédite » (l. 23) qui pourrait donner lieu à un nouveau procès. On voit bien que Bernard a tout examiné pour protéger son honneur. Ainsi Thérèse doit-elle feindre, pour l'honneur de la famille, qui veut qu'un couple soit uni et une femme innocente de tout crime (l. 34-35). Le dernier paragraphe marque bien la détermination du mari : sa dernière réplique, « Faisons vite et que tout soit dit une fois pour toutes : demain nous quitterons cette maison » (l. 39-40), prend la forme d'une formule conclusive où l'ordre est exprimé par l'impératif, le subjonctif et le futur. La suite détaille les rites sociaux, religieux et familiaux qu'il convient de respecter pour donner l'apparence d'une famille honorable : s'établir dans la maison familiale, fréquenter la messe, visiter ses parents. Un tel conformisme repose sur la peur du changement ; il faut se conduire « comme nous avons toujours fait » (l. 43). Bernard représente bien ici la figure du mari autoritaire qui a des droits sur sa femme et qui les revendique, ce qui est une réalité en cette première partie du XXe siècle. Il est aussi un notable, un bourgeois qui ne saurait prêter le flanc à la critique ni accepter de perdre la face : il appartient à une famille dont il doit défendre l'honneur avant tout. Dans ce contexte étroit, les femmes peinent à trouver une place et une autonomie qui leur permettent de diriger leur vie.

TEXTE 9 : John Steinbeck, *Les Raisins de la colère* (1939) p. 249

Objectifs et enjeux

→ **Analyser un témoignage réaliste sur la crise de 1929 aux États-Unis**

→ **Étudier une représentation singulière de la fatalité sociale à travers une scène romanesque**

Lecture analytique

1. Le début de ce passage est consacré au discours du père adressé à sa famille, sa tribu, avant le départ. Le ton en est naturellement grave et solennel. Dès ses premiers mots, il développe le thème de l'arrachement à la terre natale, du déracinement (« C'est dur de s'arracher de chez soi et de s'en aller », l. 2), tout en revendiquant une certaine identité : la famille Joad n'est pas « des nomades » (l. 3). On peut aussi trouver des accents nostalgiques dans l'évocation d'un passé plus heureux, « Des gens comme nous qu'avaient une maison [...] on était des gens qu'avaient une ferme » (l. 2-4), avant le « jour où les tracteurs sont arrivés pour nous chasser ». (l. 3-4). Mais c'est aussi un message d'espoir que Pa transmet à sa famille, espoir que soulignent l'emploi du futur proche (« Heureusement pour nous que ça ne va pas durer longtemps », l. 11) et surtout la destination choisie, « l'Ouest », le pays mythique des pionniers (l. 12). Pa fonde aussi sa confiance sur l'image de la famille, de sa capacité de travail, de sa solidarité qui la rend plus forte face à l'adversité : « nous sommes beaucoup à travailler, et nous sommes tous bons à l'ouvrage. On se fera de bons salaires là-bas et on mettra tout ensemble » (l. 19-21). Pourtant, le texte se poursuit dans une tonalité beaucoup plus inquiétante avec l'intervention d'un « homme en haillons » (l. 14) ; celui-ci va témoigner de la condition épouvantable des travailleurs partis vers la Californie qui, au lieu de trouver le paradis, tombent en enfer.

2. Pour rendre compte du sort de ces métayers du Midwest, l'auteur a choisi un narrateur-personnage, Tom Joad (fils de « Pa »). Ce dernier offre un point de vue extérieur sur l'attitude des autres personnages, mais aussi une vision interne, en ce qu'il partage les réflexions et les émotions du groupe. Le récit semble alors réaliste, et le choix du dialogue participe à cet effet de réel : il donne à entendre les voix et les expressions d'un groupe social déterminé, celui des paysans. Ceux-ci s'expriment dans une langue familière, dans un cadre domestique. Le père est ainsi désigné du nom de « Pa », emploie des marques de l'oral (« on » pour nous, absence du « ne » dans les phrases négatives), des propositions courtes et riches en ruptures syntaxiques : « Des gens comme nous qu'avaient une maison » (l. 2-3). On découvre également dans le texte des informations sur le monde agricole, sur le statut des métayers et des propriétaires, sur les conséquences de la crise.

3. Le portrait et le discours de l'homme vêtu en haillons, figure annonciatrice du malheur, préfigure le sort qui attend les travailleurs en Californie. Son portrait se concentre sur l'état pitoyable de ses vêtements : il est désigné par les expressions synonymes « Un homme en haillons » (l. 14 et 22), « L'homme dépenaillé » (l. 32) puis « L'homme en guenilles » (l. 35 et 38). Ces habits sont même décrits en détail : « Des lambeaux d'étoffes pendaient de son veston noir. Son pantalon était percé aux genoux » (l. 14-15). Sa description physique est aussi marquée par la couleur noire, celle de la poussière maculant son visage, qui contraste avec les « rides blanches » tracées par la sueur (l. 16). Ce personnage tout de noir et de blanc a un comportement étrange, qui le ravale au rang d'un animal, comme on le voit à la comparaison suivante : « son rire dégénéra en un ricanement aigu qui ressemblait à un hennissement » (l. 23). Le verbe « dégénérer » trouve des échos dans les mots « toux » (l. 24), « crise », « yeux rouges et larmoyants » (l. 25) qui dénotent des problèmes de santé physique et mentale. Enfin, par ses propos, il témoigne d'une attitude irrévérencieuse et sardonique : il répète à quatre reprises « Vous allez », en ponctuant ses phrases de jurons, en reformulant ironiquement le projet de la famille (« Vous allez là-bas pour gagner de gros salaires... », l. 26-27) ou en l'interrogeant sur des détails (« cueillir des oranges peut-être bien ? Cueillir des pêches ? », l. 28). Le mot « perfidement » (l. 27), disposé entre parenthèses et qui fonctionne comme une didascalie, montre que le narrateur a bien compris l'intention moqueuse de l'homme en noir. Les pêches et les oranges que la famille espère cueillir, symboles du paradis californien, ne sont pas à leur portée. La sentence finale (« Moi... J'en reviens. J'y ai été », l. 39) est prononcée sur un ton étrange, « bizarre » (l. 35), et avec une certaine mise en scène. L'homme parle « lentement » (l. 38) et retarde l'information. En témoignent la mise en relief du pronom sujet et les points de suspension : « Moi... », suivis de deux propositions, l'une au présent d'énonciation et l'autre au passé composé marquant l'aspect accompli. Le narrateur souligne ainsi le caractère fatal, inexorable de ce destin de misère ; il décrit l'effet sidérant que produit cette annonce : « Les hommes étaient tout raides » (l. 40).

TEXTE 10 : Elsa Triolet, *Roses à crédit* (1959) p. 250

Objectifs et enjeux

→ **Analyser portraits et descriptions selon les points de vue qui s'expriment**
→ **Comprendre la dimension critique du roman sur la France de l'après-guerre**

Lecture analytique

1. Ce passage est tout d'abord centré sur le personnage de Daniel, présenté à l'imparfait de description dans ses activités du soir. Il est montré dans sa chambre, en train de travailler : « Daniel ouvrait ses livres » (l. 2). Les indices spatiaux permettent de se figurer la maison qu'il habite : la chambre, le « lit, face à la fenêtre ouverte » (l. 5), le « ciel brodé d'étoiles » (l. 7). En adoptant un point de vue omniscient, la narratrice nous fait pénétrer dans l'esprit de son personnage, décrivant « ce qui grouillait dans sa tête » (l. 3) : la « science » (l. 5), en premier lieu, puis les pensées qui occupent « ces insomnies... » (l. 3-4). Les points de suspension contribuent à installer l'impression que le texte dévoile un discours intérieur, jusqu'à saisir les pensées restées implicites. Pour Daniel, la nuit est un moment de grande clairvoyance et d'attention : « jamais ce qu'il avait eu en tête n'avait été plus clair, ne s'était mieux ordonné que la nuit » (l. 4-5). Celle-ci va de pair avec la nature et l'extérieur, sources de sensations et d'observations.

Mais le complément circonstanciel de temps « Cette nuit-ci » (l. 7) introduit une rupture dans la description des habitudes de Daniel. Le texte isole un moment particulier de sa vie, caractérisé aussi par le complément circonstanciel de cause « à cause de la conversation avec son père » (l. 8). Le lecteur va donc partager des bribes de ses pensées, segmentées à nouveau par les points de suspension. Le monologue intérieur est transcrit au discours indirect libre, marqué par l'imparfait et par des déictiques qui font référence au moment de l'énonciation : « Bientôt deux heures du matin, elle devait déjà dormir » (l. 8-9). Daniel songe alors à Martine. La narratrice fait entendre les mots tendres, les petits noms que le mari donne à sa femme : « Petite-perdue-dans-les-bois, petite courageuse » (l. 9-10). Il se montre soucieux aussi de respecter ses demandes, notamment ne pas fumer dans la chambre, au lit : il « secoua sa pipe dans le cendrier, soigneusement, pour faire plaisir à Martine » (l. 10-11). Pourtant, la suite du texte dit explicitement que Daniel « n'était pas heureux » (l. 12) à cause d'« une somme de raisons diverses » (l. 13-14). Son principal motif de lassitude semble être leur séparation, Martine vivant à Paris et Daniel à soixante kilomètres de distance. Il reproche à sa femme de ne pas venir le voir le week-end, ce qui l'amène à prendre la décision de ne pas retourner à Paris avant un mois, et de lui imposer de faire le déplacement : « elle préférait le confort à ses bras » (l. 21-22). Le discours indirect libre restitue la forme même de ses reproches, comme le montre l'emploi d'une métonymie attendue, « ses bras », pour désigner l'amour qu'il lui porte. Le procédé se poursuit dans les lignes suivantes. Les reproches sont exprimés dans des énoncés proches de la langue orale, révélant la colère et la tristesse de Daniel : la dislocation de la phrase « Elle était tout de même un peu folle, Martine » (l. 23-24) ; la phrase infinitive incomplète « Se tuer de travail pour acheter un ensemble cosy » (l. 24) ; les commentaires comme « ce n'était pas grave » (l. 28), « c'était cela qui était incompréhensible » (l. 29), « c'était trop idiot » (l. 31-32) ; le recours récurrent à l'exclamation. Au moyen de ce discours intérieur, le lecteur peut se représenter Martine comme une femme éprise de confort et accordant trop de prix aux objets modernes. Selon Daniel, elle a « mauvais goût » (l. 28), ce qui lui fait perdre de l'aura qu'elle pouvait avoir à ses yeux : « Le mystère, la grandeur de Martine s'évanouissaient » (l. 32).

Les réflexions du mari sont accompagnées des interventions de la narratrice, qui tente de trouver les termes adéquats à la situation : « Il était, comme on dit, ennuyé, mais ce mot est, en fait, impropre et je ne sais comment définir cet état » (l. 12-13). Elle questionne ses stratégies d'écriture pour décrire le malaise de son personnage, par exemple quand elle effleure la « somme de raisons diverses que l'on pourrait peut-être énumérer » (l. 14). Elle généralise le mal-être de Daniel comme une situation prototypique, universelle, en employant la 2e personne du pluriel dans la subordonnée relative « qui [...] vous mettent dans cet état que je ne sais pas nommer... » (l. 14-16), jusqu'à s'adresser directement à ses lecteurs : « Enfin, vous voyez peut-être quand même ce que je veux dire... » (l. 17-18). Ces choix énonciatifs contribuent à donner une certaine réalité au personnage, dont le lecteur semble entendre directement les pensées.

2. Dès les premières lignes de ce passage, on comprend que depuis un an déjà Martine n'habite plus avec Daniel dans cette maison à la campagne (« celle qui avait été leur chambre l'an passé », l. 1-2). Les deux personnages semblent très différents : Martine aime la vie à Paris et un certain confort, tandis que l'existence de Daniel est centrée sur la campagne, la production de roses, le savoir et la réflexion. Cet éloignement de sa femme lui pèse, et sa décision de ne pas aller à Paris annonce un conflit au sein du couple. Sur le plan sentimental, si Daniel semble encore éprouver une certaine tendresse pour Martine, il manifeste cependant son incompréhension et son éloignement : « qu'elle y tint si férocement, à ce cosy, c'était cela qui était incompréhensible » (l. 29), « Daniel se fâchait à nouveau » (l. 31). La dernière phrase, « Daniel ralluma sa pipe » (l. 35), apparaît comme une provocation : il transgresse volontairement les règles édictées par Martine, montrant, ce faisant, qu'il veut se libérer d'elle. On peut dès lors imaginer que ce couple risque de se séparer définitivement.

3. Le portrait de Martine, ébauché au travers des réflexions de Daniel, est profondément ancré dans une époque, en ce qu'il présente les débuts des Trente Glorieuses et de l'ère de la consommation. Ainsi, pour une jeune femme moderne comme Martine, l'« absence d'une salle de bains à la ferme décidait de leur vie commune » (l. 22-23). La narratrice, comme son personnage, raille ce désir d'objets modernes, d'autant plus que leur première caractéristique semble être la laideur. Ainsi l'ensemble-cosy semble plus étonnant encore que ne le serait « un de ces singes au derrière nu » (l. 26). Cette laideur tient à la trivialité des matériaux utilisés : le « tube métallique » (l. 33), le « caoutchouc », les « ressorts » (l. 34) du matelas, autant de matières qui accompagnent la vie quotidienne, du repas jusqu'à la nuit. Ce que critique Elsa Triolet, c'est la valeur donnée à ce qui, à ses yeux, n'en a pas, comme « des choses, des affaires, des objets » (l. 30). Ces nouveaux objets créent un désir insatiable. Martine veut se les procurer « coûte que coûte » (l. 31) en se tuant au travail et y tient « férocement » (l. 29), comme à « une drogue » (l. 31). Ainsi, tout le fil conducteur de ce roman, qu'Elsa Triolet choisit d'intituler *Roses à crédit*, sera le conflit entre création et possession, entre ville et nature, entre confort et sérénité ; et, d'ores et déjà, les préférences de la narratrice vont vers les valeurs que représente Daniel.

TEXTE 11 : Albert Cohen, *Belle du Seigneur* (1968)

p. 251

Objectifs et enjeux

→ **Analyser l'expression des sentiments d'un personnage dans une narration à la 3e personne**

→ **Percevoir l'emprise du contexte historique sur une histoire personnelle**

→ **Comprendre une vision pessimiste de l'amour-passion**

Lecture analytique

1 et 2. Dans ce récit de la soirée que Solal et Ariane passent au cinéma, l'auteur joue avec les degrés de la focalisation. Un narrateur omniscient semble donner au lecteur les informations qui lui permettent de se représenter la scène, telles des didascalies au théâtre. Des phrases au passé simple délimitent ainsi les différents moments de la soirée : un premier film, l'entracte puis une deuxième séance. Toutefois, il ne s'agit pas simplement de planter un décor mais, avant tout, de faire accéder le lecteur aux pensées intimes de Solal, par le recours de plus en plus marqué à une focalisation interne. Ce sont ses états d'âme et leur progression qui rythment véritablement l'extrait. Chacun des quatre paragraphes correspond à un degré de plus dans la prise de conscience de l'absurdité désespérante de sa situation : « Durant tout le film, il rumina son obsession » (l. 1) ; « un sentiment de déchéance envahissait Solal » (l. 11-12) ; « Alors, passant de l'humilité à l'insolence, il parla trop haut » (l. 19).

Le premier paragraphe nous présente l'intériorité du personnage : il réfléchit à l'avenir de son couple en le comparant à d'autres liaisons hors mariage, faisant alterner les pronoms « Les autres » (l. 2 et 4) et « Eux » (l. 3). Malgré sa forme délibérative, visible aux connecteurs logiques « Alors » (l. 2) et « Ou bien » (l. 3), la réflexion de Solal est empreinte d'un profond pessimisme. Il fait preuve d'une ironie acerbe sur son propre amour, par la métaphore juridique « Condamné à la passion perpétuelle » (l. 1), et sur les conventions sociales en général, par les antiphrases « plus malins encore, d'autres faisaient les choses convenablement » (l. 3-4) et « honorés de tous qui savaient pourtant à quoi s'en tenir sur le passé » (l. 5-6). De plus, sa réflexion le mène à une impasse. En effet, la seule issue à l'isolement social du couple est évoquée sous la forme d'une question radicalement écartée dès sa formulation : « Se marier avec elle ? Solution déjà rejetée » (l. 6). Son introspection se révèle essentiellement négative, ce que traduit la métaphore « il rumina son obsession » (l. 1). La fulgurance des associations d'idées qui se forment dans la tête de Solal, marque de son caractère obsessionnel, est lisible à la juxtaposition de phrases simples, voire non verbales : « Alors, obstacles, rencontres rares, délices. Eux, les fous, enterrés vivants dans leur amour » (l. 2-3).

Le moment de l'entracte, développé sur deux paragraphes, apparaît comme le pivot du texte. Le personnage vit une nouvelle prise de conscience, signalée explicitement par deux verbes de perception : « Il s'aperçut » (l. 14-15), « il comprit » (l. 16). La description n'est plus, en effet, que le reflet du regard que Solal porte sur le monde qui l'entoure. En témoigne la personnification des lampes qui « frissonnèrent et badigeonnèrent de lait violent les spectateurs endoloris » (l. 7-8), traduisant l'intensité et la contagion de son malaise. Il en va de même du long groupe nominal qui décrit la marchande d'esquimaux, « une huileuse commère à accroche-cœurs psalmodiant esquimaux glacés caramels mous bonbons à la menthe » (l. 8-10) : le vocabulaire péjoratif, la disparition des marques typographiques du dialogue et de la ponctuation reflètent le dégoût du personnage. Le deuxième paragraphe se clôt sur l'expression d'une ironie profondément désabusée, visible dans la description du couple : Solal et Ariane sont « là, tous deux, assis, commentant à voix basse le film, exceptionnels, élégants, déshérités » (l. 12-13). Ariane n'est plus que « cette malheureuse » (l. 17). La foule est également perçue de manière ambiguë, dans une opposition entre des termes péjoratifs (« plèbe », l. 13 ; « salement », l. 14) et mélioratifs (« joyeuse, fraternellement babillante et sûre d'elle », l. 13-14).

La focalisation interne resurgit plus nettement dans la fin du troisième paragraphe, par l'emploi du discours indirect libre qui laisse s'exprimer sans filtre le désespoir de Solal. En effet, ce paragraphe crée un choc entre un récit neutre, en focalisation externe (« il [...] lui acheta un cornet, le tendit à Ariane qui sourit, remercia, prit un bonbon à la menthe, l'introduisit dans sa bouche après avoir détaché la papillote », l. 18-21) et les anaphores finales, qui scandent l'ampleur du désenchantement (« pour en arriver là », l. 21 et 22 ; « pour sucer », l. 22 et 24 ; « sa chérie », l. 25 et 26), comme si jaillissait, finalement, le cri de Solal. Dans ce passage au discours indirect libre, les souvenirs de l'amour passé, triomphant (« la danse éblouie du Ritz », l. 21 ; « l'enthousiasme de leur première nuit », l. 22 ; « la tournoyante belle folle d'autrefois », l. 24), ne révèlent que plus amèrement la faillite de leur passion. Les adverbes « conventionnellement » (l. 22-23) et « tristement » (l. 24) et l'apposition « la mort dans l'âme » (l. 23) soulignent la déchéance du couple qui se fond dorénavant dans la médiocrité du décor ambiant, dans ce « sale petit cinéma » (l. 23).

Le regard que Solal porte alors sur Ariane est d'une lucidité implacable : « gênée dans ses entournures, sa chérie, maladivement empruntée, sa chérie, et ne voulant pas le savoir » (l. 25-26). Le paragraphe se clôt sur une question rhétorique (l. 26-28) qui exprime l'impasse dans laquelle se trouve le couple, l'oxymore « affreuse délectation » (l. 28) soulignant sa désespérance.

3. L'impuissance et la détresse de Solal sont au paroxysme dans le dernier paragraphe. Son regard s'efface, comme s'évanouissant derrière le glissement aléatoire des images d'actualité qui reflète l'absurdité d'un monde livré aux aboiements d'Hitler. En effet, ces visions hétéroclites s'enchaînent sans explication ni logique, à la manière d'un fondu-enchaîné. Dans une seule longue phrase finale combinant juxtaposition et subordination, avec de nombreuses propositions imbriquées (hypotaxe), l'auteur semble abolir l'espace et le temps. De plus, il associe des actualités festives à des événements tragiques, avant une chute effrayante et burlesque : « et Hitler aboya » (l. 39). Ce rappel brutal du contexte historique, l'arrivée au pouvoir d'Hitler, fait écho à la comparaison des lignes 14 à 15, « Il s'aperçut qu'il parlait à voix honteuse, comme un Juif de ghetto craignant d'attirer l'attention », qui évoque la montée de l'antisémitisme. Symboliquement, le contexte fait écho au désenchantement de Solal qui, comme le rappelle le chapeau du texte, a perdu son poste à la Société des Nations pour être intervenu en faveur des Juifs allemands.

TEXTE 12 : Romain Gary, *La Vie devant soi* (1975) p. 252

Objectifs et enjeux

- → **Analyser le point de vue d'un narrateur enfant**
- → **Comprendre les liens qui unissent Momo et Madame Rosa**
- → **Étudier le thème du traumatisme de la guerre dans un roman du XXe siècle**

Lecture analytique

1 et **2.** L'extrait met en scène Madame Rosa en proie à un cauchemar : il s'ouvre sur son hurlement et se clôt sur l'image rassurante de la cave, qui marque son retour à la paix. La frayeur du personnage est traduite par le hurlement initial, par un second « cri » (l. 10) et par des comparaisons qui soulignent l'intensité de sa peur : « Elle avait la tête qui tremblait et des yeux comme si elle voyait quelque chose » (l. 2). Mais ce qui émane de ce portrait du personnage en action, c'est surtout un sentiment d'étrangeté. En effet, les étapes de sa déambulation nocturne sont décrites par une succession de verbes d'action au passé composé, dans des propositions courtes, ce qui met en évidence une logique, une mécanique dans ses gestes : « Puis elle est sortie du lit, elle a mis son peignoir et une clé qui était cachée sous l'armoire » (l. 3-4) ; « Elle est allée dans l'escalier et elle l'a descendu » (l. 5). Madame Rosa semble agir en somnambule. La vieille femme paraît en proie à une hallucination ; le lecteur comprendra dans la suite du roman que cette rescapée du camp d'Auschwitz revit les traumatismes de la Seconde Guerre mondiale. Elle accomplit une descente dont la durée semble infinie au narrateur : « Madame Rosa descendait l'escalier tantôt dans la lumière tantôt dans le noir » (l. 7). L'emploi de l'imparfait et de l'adverbe « tantôt » suggère que le temps est, en quelque sorte, suspendu. L'étrangeté est aussi créée par les réactions de Momo, témoin de la scène. Il est désemparé devant la panique de Madame Rosa, figure maternelle rassurante : « J'avais les genoux qui tremblaient et c'était terrible de voir cette Juive qui descendait les étages avec des ruses de Sioux comme si c'était plein d'ennemis et encore pire » (l. 15-17). Son désarroi est accru par le comportement de la vieille dame, qui enfreint les conseils qu'elle-même lui a prodigués jusqu'alors : « elle a tourné à gauche, vers l'escalier de la cave [...] Madame Rosa nous interdisait d'aller dans cet endroit » (l. 19-21) ; « Je ne savais pas du tout ce qui se passait, encore moins que d'habitude, et ça fait toujours encore plus peur » (l. 13-15). Dans cette progression vers les profondeurs, les repères habituels sont inversés, le noir devenant salvateur tandis que la lumière engendre l'angoisse : « c'est moi qui l'ai allumée comme un con et Madame Rosa, qui était un étage plus bas, a poussé un cri » (l. 9-10). S'instaure ainsi une contagion de la peur (« on se faisait peur tous les deux avec ça », l. 13). La force du lien qui unit Momo à Madame Rosa les amène à partager les mêmes sentiments, ce que l'on voit dès le début de l'extrait : « Je l'ai suivie parce qu'elle avait tellement peur que je n'osais pas rester seul » (l. 5-6). L'articulation d'une subordonnée de conséquence à la subordonnée de cause souligne la forte interaction entre les deux personnages et l'ambivalence du rôle de Momo, protégeant Madame Rosa pour se protéger lui-même.

Des profondeurs de la cave surgit, finalement, une lumière apaisante ; le narrateur est surpris par la vision qui s'offre alors à ses yeux : « J'ai regardé » (l. 30). L'emploi du verbe « regarder » sans complément d'objet direct insiste sur l'étonnement de Momo, tout en créant une attente chez le lecteur. La description du dernier paragraphe dépeint alors un tableau aux couleurs chaudes (« un fauteuil rouge », l. 31 ; « il y avait un chandelier avec des branches juives et une bougie qui brûlait », l. 33-34) d'où se dégage une ambiance chaleureuse, malgré le caractère hétéroclite et la vétusté des objets cités. La paix retrouvée de Madame Rosa n'a pas besoin d'être exprimée, elle est visible par sa posture, au centre du tableau final : « Il y avait au milieu un fauteuil rouge complètement enfoncé, crasseux et boiteux, et Madame Rosa était assise dedans » (l. 31-32). Madame Rosa apparaît comme la reine d'un univers rassurant qu'elle s'est créé en secret, et qu'elle présentera à Momo plus loin dans le roman comme « sa résidence secondaire » ou son « trou juif » (p. 62, dans l'édition Gallimard, coll. « Folio », 1982). L'étonnement de Momo est cette fois signe d'apaisement, et il reprend conscience de sensations bien réelles : « J'étais tellement étonné que je n'avais plus peur, sauf que j'avais le cul nu et que je commençais à me sentir froid » (l. 37-38).

3. Ce qui donne à la fois sa force et sa saveur au récit, c'est la parole de ce narrateur enfant, s'exprimant dans une langue mi-orale mi-écrite (lexique familier, phrases courtes, emploi répété du pronom « ça »). Il offre ainsi un regard candide sur une réalité pourtant terrible. Ainsi la peur panique de madame Rosa est-elle exprimée par des comparaisons empruntées à un imaginaire d'enfant : « c'était terrible de voir cette Juive qui descendait les étages avec des ruses de Sioux comme si c'était plein d'ennemis et encore pire » (l. 15-17). Les explications de Momo attestent également de sa perception enfantine du monde qui l'entoure ; le décalage entre le caractère fantaisiste des références et son ton catégorique, voire péremptoire, surprend et amuse le lecteur : « Madame Rosa nous interdisait d'aller dans cet endroit parce que c'est toujours là qu'on étrangle les enfants » (l. 20-21) ; « Les monstres font rarement de la lumière, c'est toujours le noir qui leur fait le plus de bien » (l. 25-26). Outre les références, le style lui-même déconcerte le lecteur en se jouant des règles syntaxiques. Par exemple, le récit traduit l'enchaînement mécanique des actions de Madame Rosa dans le zeugma « elle a mis son peignoir et une clé qui était cachée sous l'armoire » (l. 3-4), ou décrit sa peur par la tautologie « Elle avait [...] des yeux comme si elle voyait quelque chose » (l. 2). De même, le narrateur recourt à des raccourcis ou à des associations inhabituelles : « Les murs, c'était que des pierres qui sortaient comme des dents et ils avaient l'air de se marrer » (l. 32-33). Dans cette phrase, la présence de l'hypallage (les murs rient) non seulement surprend, mais traduit de manière elliptique et percutante le soulagement du personnage entrant dans la cave. Les emplois détournés de certains termes, comme l'adverbe « mieux », reflètent pareillement le regard décalé de Momo : « Je suis descendu dans le couloir qui sentait la pisse et même mieux » (l. 27). Enfin, le récit est émaillé de commentaires du narrateur au présent de l'indicatif, dont la gouaille familière désamorce la tonalité angoissante de la scène : « Quand elle se penche, elle a un cul encore plus grand que d'habitude » (l. 4) ; « le gérant est un salaud » (l. 8-9) ; « comme un con » (l. 10) ; « j'ai cru vraiment que c'était la fin des haricots elle était devenue macaque » (l. 21-22). Dans un tel récit, le plaisir de lecture provient de cette langue étourdissante, qui se joue du pathétique en le sublimant avec humour.

TEXTE 13 : Laurent Gaudé, *Eldorado* (2006) p. 253

Objectifs et enjeux

- **→ Analyser la dimension pathétique et tragique d'un récit**
- **→ S'interroger sur les enjeux d'une mise en scène de la violence et de la souffrance humaine**

Lecture analytique

Compte tenu du thème de ce passage et de sa tonalité pathétique, on pourra amener la classe à échanger sur ses impressions de lecture. Il s'agit d'interroger les effets qu'une scène aussi douloureuse et même violente peut avoir sur le lecteur, afin de prendre en charge des lectures très empathiques avant d'entrer dans le détail de l'écriture. On pourra reprendre cette question à la fin de l'étude pour formaliser ces effets du texte et les dépasser, et pour questionner la signification d'un tel projet romanesque.

1. Le récit de la mère libanaise, rapporté à la 3e personne, est annoncé au début du chapitre par la phrase : « Elle retraça, dans le détail sa traversée à bord du Vittoria » (édition J'ai Lu, p. 24). Dans une focalisation interne, le narrateur adopte le point de vue de la jeune femme, glissant parfois dans le discours indirect libre pour faire entendre sa voix. Le premier paragraphe installe une atmosphère lugubre, cruelle (l. 1), dans une écriture distanciée, purement descriptive. Les personnages, indifférenciés, sont désignés par des pronoms sujets indéfinis comme « Tout », « Certains », « D'autres » (l. 1) et des groupes nominaux avec des articles définis, par exemple « Les bébés », « Les mères » (l. 2), « les cris d'enfants » (l. 3). Le récit va jusqu'à effacer les personnes et dissocier les « esprits » (l. 4) des « corps » (l. 5). La chronologie devient indistincte, l'action et les mouvements sont abolis. L'imparfait contribue à immobiliser la scène. La description suit ainsi, pas à pas, l'évolution de la situation et semble s'épuiser comme les passagers : les phrases sont courtes, minimales et même non verbales. Elles se succèdent dans une parataxe qui montre l'enchaînement inexorable des faits : les plaintes et prières ne servent à rien (l. 1-2), les bébés pleurent car les mères n'ont plus d'eau. La phrase nominale qui suit, « Plus de force » (l. 2-3), traduit la conséquence de ce manque, sur un ton lapidaire et implacable. Tout se ralentit, comme le marque le champ lexical de la faiblesse et de la lenteur : « lent » (l. 1), « faiblissaient » (l. 3), « épuisement », « cesser » (l. 4), « léthargie » (l. 5). L'arrivée du passé simple dans « Bientôt, ce ne fut plus que silence » (l. 6), loin de signifier la reprise de l'action, ne sert qu'à décrire une forme de dénouement. C'est ce que soulignent le détachement de l'adverbe « bientôt », le présentatif et la négation restrictive « ce ne fut plus que » et le nom « silence » privé de déterminant, ce qui lui confère un sens absolu : ce silence est synonyme de mort. La scène se déroule ainsi dans une atmosphère funèbre, annonciatrice de la tragédie à venir.

Même la nature – la mer, le soleil – constitue une force néfaste et criminelle : « La révolution lente et répétée du soleil les torturait et la soif les faisait halluciner » (l. 22). La mer devient un cimetière : « il fallait jeter les hommes à la mer » (l. 8) ; « Bientôt, ces corps plongés à l'eau furent de plus en plus nombreux » (l. 9-10), au point que le lecteur a l'impression que les morts se jettent d'eux-mêmes à la mer, dans une danse macabre : « Ils passaient par-dessus bord les uns après les autres » (l. 10-11). Enfin, le « bruissement des vagues » (l. 19) accompagne le râle de l'enfant qui se meurt.

2 et **3.** La figure maternelle, telle qu'elle apparaît ici, se fond d'abord dans le groupe indifférencié des « mères » (l. 2) aux bébés torturés par la soif. Elle se lit aussi dans le geste d'une femme anonyme qui tend à la protagoniste « une bouteille dans laquelle il restait quelques gouttes d'eau » (l. 13-14), marque de solidarité. Cette eau ne sauvera pourtant pas l'enfant, et le récit montre le combat désespéré de la jeune mère pour empêcher son fils de sombrer, chacun de ses gestes se révélant vain : « Elle essaya de faire boire le nourrisson mais il ne réagit pas. Elle lui mouilla les lèvres mais les gouttes coulèrent de son menton » (l. 14-16). La mère ne renonce pas, combative : « il fallait qu'elle se batte bec et ongles » (l. 16). Une succession de verbes au passé simple, « l'appela, le secoua, lui tapota les joues » (l. 17), montre sa volonté acharnée. Mais le récit bascule quand le bébé « finit par râler, distinctement » (l. 17). Le râle de l'enfant envahit toute la perception de la mère, tout son univers, et en entendant « le petit souffle rauque de son enfant » (l. 19-20) elle se transforme en figure pathétique de mère douloureuse : « Elle supplia. Elle gémit » (l. 20). Cette agonie marque un nouveau temps d'arrêt. Le récit devient disloqué, avec des phrases nominales, « Les heures passèrent. Toutes identiques. Sans bateau à l'horizon » (l. 20-21), marquant l'absence de bornes temporelles ou spatiales.

Puis la narration restitue le point de vue de la mère qui, hallucinée, nie la mort de son enfant. Le plus-que-parfait (« Elle était restée », l. 24 ; « avaient tapé », l. 27, etc.) semble retranscrire, au discours indirect libre, la voix de la Libanaise parlant à Piracci. Elle se présente en mère aimante et tendre, « chantant des comptines » (l. 25) et parlant à son fils pour le rassurer, avant de devoir affronter une dernière épreuve dans son calvaire : le corps de son bébé lui est arraché. Le texte atteint dès lors une dimension pathétique éprouvante pour le lecteur. Dans un crescendo tragique, on voit d'abord la mère refuser la réalité, hurler « de la laisser tranquille » (l. 29) ; puis le lecteur comprend son égarement au désordre de ses pensées, traduites par le discours indirect libre : « De quoi parlaient-ils ? [...] Elle ne comprenait pas » (l. 32-35). Enfin le texte la représente se battant tel un animal qui protège son petit : « Elle se défendit. Elle cracha et mordit » (l. 37). Quand le cadavre est jeté à la mer, le texte rend la brutalité de la scène en associant une sensation réelle et objective, le bruit de l'eau, et les sentiments de la mère, qui voit disparaître un « corps aimé, embrassé » (l. 40-41).

La scène dépeint ainsi une figure maternelle complexe : une mère tendre à laquelle se substitue une pietà douloureuse, une femme affolée et désespérée. Les tonalités dominantes de l'extrait sont ainsi le tragique et le pathétique. L'engrenage de la mort qui saisit les passagers prend aussi une forme hallucinée et fantastique : les morts semblent plonger dans la mer, la jeune femme ne saurait pas dire quand son enfant est mort et continue à le bercer comme s'il vivait encore.

Prolongements

La représentation de la violence impose que l'on s'interroge sur la signification d'un tel récit. Il s'agit d'en rappeler le contexte romanesque : la femme qu'a sauvée Piracci lui demande un pistolet pour venger la mort de son enfant sur les passeurs qui rançonnent les migrants puis les laissent mourir. On comprend que ce désir de vengeance est à la mesure de la violence qu'elle a subie. Le récit sert aussi à composer le portrait de Piracci ; c'est cette rencontre avec la mère qui l'amènera à quitter Catane, pour un voyage à rebours de celui des migrants.

Enfin, on pourra inviter les élèves à faire des recherches sur les œuvres de Gaudé, son implication dans des projets théâtraux qui témoignent de son engagement politique. Aussi, cette douleur et cette violence ne sont pas gratuites mais veulent toucher le lecteur afin de dénoncer le sort des migrants.

TEXTE 14 : Maylis de Kerangal, *Réparer les vivants* (2014) p. 254

Objectifs et enjeux

- → **Analyser comment le texte donne accès à la réalité du milieu hospitalier**
- → **Étudier le principe de polyphonie dans le roman contemporain**
- → **Comprendre la portée dramatique de nouveaux sujets de société (ici, le don d'organes) pour le lecteur**

Lecture analytique

> « Et je me souviens qu'ouvrir ce bouquin [*Pot-Bouille* d'Émile Zola], qui est un peu impressionnant pour une fille de treize ans, m'a provoqué une espèce d'électrochoc. D'abord, j'ai compris ce que pouvait être une entreprise romanesque, la radiographie d'un immeuble. Non seulement cette forme de roman me donnait accès à tous ces milieux sociaux différents rassemblés : la cour des cuisinières, les riches qui font salon, les chambres de bonnes... Mais l'idée que la FICTION me donne accès à ça, me permette de connaître le monde depuis ma vie de collégienne au Havre, et quand je dis "connaître", j'inclus le plan émotionnel : ce n'est pas que l'agencement des appartements haussmanniens à la fin de la Belle Époque, c'est aussi l'amour, par exemple. Juste au moment où je commençais à me poser des questions sur les sentiments, les émotions, l'amour, c'est quoi tout ça ? Donc *Pot-Bouille*, et *Au bonheur des Dames*, et puis Balzac et Flaubert, et Hugo... tous ces romanciers du réel m'ont complètement sonnée... »
>
> Maylis de Kerangal, 2018.

Ces quelques phrases extraites d'une interview réalisée en 2018 par Isabelle Danel (https://www.bande-a-part.fr/cinema/entretiens/maylis-de-kerangal-entretien), éclairent son projet romanesque, revendiquant sa filiation avec les romanciers réalistes du XIXe.

1. À la manière d'Émile Zola, qui remplissait des carnets d'enquête avant de se lancer dans l'écriture, Maylis de Kerangal attache une grande importance à l'étape de documentation préalable à l'écriture d'un roman : pour écrire *Réparer les vivants*, elle s'est déplacée dans des hôpitaux et a même assisté à une greffe. Cette dimension documentaire ancre la scène dans le milieu hospitalier avec un réalisme certain. Notamment, l'emploi d'un langage professionnel fait du personnage Révol un médecin crédible ; en témoigne la précision technique avec laquelle il explique aux parents de Simon l'intervention que va subir leur enfant : « Nous allons procéder à une évaluation intégrale des organes, et transmettre ces éléments au médecin de l'Agence de la biomédecine qui, en fonction de ces informations, peut proposer un ou plusieurs prélèvements, après quoi nous organiserons l'intervention elle-même au bloc opératoire » (l. 25-28). Ce même langage professionnel se retrouve dans les mots de Rémige : « on incise le corps, on prélève, on referme » (l. 39). Ainsi, les propos des médecins, retranscrits avec une certaine fidélité, sont-ils décrits par la phrase nominale « Des verbes simples, des verbes d'action, des informations atonales » (l. 39-40). Le recours à un langage réduit à sa fonction strictement référentielle interdit le pathos. Le texte fait aussi allusion à d'autres termes de jargon médical, « trois mots rapides dans un langage crypté que Sean et Marianne ne captent pas, les acronymes et la vitesse d'élocution destinés à brouiller la compréhension » (l. 10-12) ; paradoxalement, le langage technique semble pensé pour prendre en compte et atténuer la souffrance des parents. Cependant, le sujet traité dans ce roman impose de dépasser un simple effet de réel qui se limiterait aux stéréotypes de l'hôpital et du don d'organes. En effet, le lexique, travaillé minutieusement, est d'une sobriété qui permet de rendre compte de la réalité intime de chaque personnage dans son interaction avec les autres. Les sentiments des personnages sont décrits au moyen de notations anatomiques, d'une précision clinique : aussi bien la tension extrême de Thomas Rémige, « le thorax en expansion sous l'effet d'un influx de chaleur, comme si son sang prenait de la vitesse » (l. 3-4), que l'« angoisse » (l. 21) des parents, « toujours cet écarquillement des yeux qui plisse le front et augmente le blanc autour des pupilles, et toujours ces lèvres entrouvertes » (l. 22-23).

2. Le déroulement du protocole est décrit pas à pas, dans une chronologie précise, donnant au lecteur l'impression qu'il assiste à la scène en temps réel. Cette impression est renforcée par l'emploi du présent de narration et par les déictiques qui ponctuent le récit : « Révol est là qui les attend, ils sont quatre à présent » (l. 13-14). Dans cette scène dramatique et décisive – les parents doivent accepter ou refuser le don du cœur de leur fils –, toute l'action est retranscrite en une hypotypose où les détails concrets se succèdent, par touches rapides, sans transition : « leurs chaussures salissent le sol, y déposent de la gadoue et des herbes noires » (l. 6-7) ; « Au-dehors, une bande de pelouse à l'aplomb du mur, une chaussée de bitume, et entre les deux, une haie à hauteur d'homme » (l. 18-19) ; « les chaises vermillon » (l. 20) ; « le canapé vert pomme » (l. 21). Le lecteur accède ainsi à une perception morcelée et crue du réel. Le rythme du récit concourt également à le plonger dans la scène : par exemple, la succession du monosyllabe « pile » et du mot-phrase « Merci » (l. 4) rend palpable l'urgence et la tension du moment. De plus, un brouillage s'opère entre la narration et les paroles des personnages, qui surgissent sans être signalées par la ponctuation ou la typographie : le lecteur, de la sorte, partage le temps de l'énonciation avec les personnages.

3. La douleur des parents est au cœur de cette séquence narrative, qui progresse au rythme de leur acceptation de la réalité. Dès le début de l'extrait, leur présence dans les services de l'hôpital est une anomalie, et même une violence : « Marianne et Sean baissent les yeux, sont plantés comme des piquets sur le seuil du bureau, interdits, leurs chaussures salissent le sol, y déposent de la gadoue et des herbes noires » (l. 5-7). La mise en relief de l'apposition « interdits », au centre de la phrase, est renforcée par la comparaison qui traduit l'hébétude des parents en les référant à des objets. À la fin de l'extrait, l'intensité de leur courage est mise en évidence par l'expression de la sidération de la mère : « Marianne serre les dents sur la manche de son manteau » (l. 36). La violence sourde à laquelle elle semble résister fait écho à la métaphore guerrière associée au père : « courageux en cet instant, soldat qui monte au feu, poitrail offert à la mitraille » (l. 35).

Mais c'est aussi le travail sur les mots qui permet de saisir leurs émotions au plus près. En témoigne le traitement du mot « donneur » : ligne 1, le terme tombe comme un couperet, suivi d'un commentaire minimaliste du narrateur : « C'est Sean qui fait cette déclaration » (l. 2). Pourtant, l'objectif n'est pas d'évacuer l'émotion du texte en édulcorant le propos, bien au contraire, et c'est en cela que la dimension réaliste du récit est particulièrement forte. Ainsi, après avoir décrit minutieusement la réaction de Thomas Rémige, la narration opère un décrochement (matérialisé par un tiret) et nous fait entendre l'écho du mot « donneur » dans l'esprit des parents. Du mot « donneur » surgit le verbe « abandonner », « – donneur, donneur, donner, abandonner, les mots s'entrechoquent au creux de leurs tympans, ils vrillent en série » (l. 8-9) ; la phrase retranscrit, par le rythme et les métaphores, la violence intérieure de ce choc. Plutôt que de peindre la souffrance des parents par un vocabulaire hyperbolique, qui enfermerait le lecteur dans une position de voyeur éthiquement insoutenable, l'auteure choisit d'exprimer le jaillissement de leur douleur dans sa brutalité nue, par le surgissement du verbe « abandonner ». Ce pouvoir des mots est souligné aux lignes 16 et 17 par la comparaison hypothétique : « La fenêtre de la pièce est ouverte comme s'il avait fallu la recharger en atmosphère vierge, le dialogue précédent l'ayant épuisée, gâtée ». Les mots deviennent ainsi une évidence sensorielle, décrite par trois noms surgissant sans déterminant, rythmés par une allitération en [s] : « – souffles, larmes, sueurs » (l. 18). Le langage métaphorique, loin d'extrapoler la douleur en déployant des images hyperboliques, permet de faire saisir au lecteur une souffrance incommensurable, devant une réalité que les mots échouent à dire : « Il y a beaucoup d'informations dans cette phrase pourtant trouée en son milieu, une zone opaque qui catalyse leur peur : l'intervention elle-même » (l. 31-32). Le refus du pathos et le choix de la sobriété renforcent l'expression de la douleur des parents face à l'inconcevable « transgression » de « l'ouverture » (l. 41) et de la « dispersion » (l. 38) du corps de leur enfant.

TEXTE 15 : Alice Zeniter, *L'Art de perdre* (2017) p. 255

Objectifs et enjeux

- **Analyser le lien entre histoire collective et histoire individuelle**
- **Comprendre le destin d'un personnage à travers la recomposition d'un épisode historique**

Lecture analytique

1. L'impression qui se dégage de cet extrait, dans lequel la narratrice évoque le camp de Rivesaltes où son grand-père Hamid a séjourné, est la perte de toute marque d'humanité. Par le recours à des pluriels globalisants (« des militaires », l. 3 ; « des civils », l. 4 ; « les hommes et les familles », l. 7 ; « des voisins, des amis, des proches », l. 8), le texte suggère le classement des réfugiés dans des catégories. Les individus se confondent dans un anonymat que souligne l'emploi des pronoms indéfinis « Certains » (l. 2) et « les autres » (l. 5). Il en va de même pour les responsables du camp, désignés eux aussi par des pronoms indéfinis (« On », l. 8 ; « Personne », l. 11). À cette absence totale d'individualité s'ajoute la description du traitement infligé aux réfugiés. Les verbes, tant par leur champ lexical que leur voix passive, réduisent la population du camp au rang de simples objets : « les hommes et les familles sont triés, répartis, redistribués » (l. 7-8). Ce déni de l'humain peut se lire également dans le brouillage des repères, particulièrement mis en évidence dans les phrases nominales qui traduisent le « mouvement permanent » du camp : « Arrivées et départs. Addition, soustraction » (l. 1-2). La reprise des noms pluriels génériques par des noms abstraits marque une progression dans le sentiment d'irréalité. Le camp est un espace flou, peu lisible, ce qui ne peut qu'engendrer une sensation d'hébétude : « c'est le flottement. Entourés de départs et d'arrivées de tous côtés, leur tête leur tourne » (l. 5-6). Les réfugiés, devant ces mouvements, semblent plongés dans une quête de sens désespérée et vaine, ce que révèle le champ lexical de la fatalité : « à leur malchance, à la cruauté du hasard ou aux nécessités du monde du travail » (l. 10-11). La moindre occasion de développer un lien affectif leur est refusée : « On sépare des voisins, des amis, des proches qui venaient de se retrouver ici et à qui ce regroupement fortuit offrait une consolation appréciable » (l. 8-9). L'identité et la singularité de ces hommes disparaissent derrière leur statut de réfugiés ; ainsi paraissent-ils interchangeables, comme en témoignent, dans la phrase suivante, la structure circulaire et la métaphore finale : « un autre camp, celui de Bias, où ils prennent la suite des Français d'Indochine, eux-mêmes envoyés vers un autre camp – c'est la danse des perdants des guerres coloniales » (l. 25-28). La révélation de cette inhumanité atteint son paroxysme à la fin du premier paragraphe : « il est facile pour ceux qui restent à Rivesaltes de comprendre que leur destination est un mouroir pour les vieux et les invalides » (l. 29-31). Comme le suggère le verbe « comprendre », le destin de ces laissés pour compte s'impose à eux sous la forme d'une déduction glaçante, dont l'allitération en [v] et l'assonance en [i] traduisent l'extrême violence.

2. Après un long plan général sur la vie du camp, l'extrait se clôt par un gros plan sur Ali et Hamid, le grand-père et le père de la narratrice. Ce retour sur les protagonistes du roman montre combien l'Histoire collective a pu interférer dans les histoires familiales. Ainsi, en examinant la désignation métonymique du père par les « bras » (l. 34), peut-on lire sa déchéance dans les yeux de son fils. En effet, ces bras, symboles jusqu'alors de la toute-puissance paternelle, apparaissent désormais au fils à travers le prisme du camp et sa froide réalité : « Hamid éprouve de la honte à ce que personne ne veuille des bras de son père » (l. 33-34). L'humiliation d'Hamid, le choc qu'il ressent sont mis en évidence par l'opposition entre l'image passée des bras, que les mots « toujours », « émanation » et « puissance brute » (l. 35-36) rapprochent du divin, et la trivialité des détails physiques perçus « maintenant » : ils « pendent maintenant le long de ses flancs, inutiles et flaccides » (l. 36-37). Chaque terme de la proposition martèle l'impuissance du père, le regard méprisant du fils.

3. En intégrant à son récit des passages explicatifs, la narratrice dénonce radicalement l'absence d'humanité dans le traitement infligé aux réfugiés algériens. Non seulement les familles sont en plein désarroi, mais les explications officielles mettent en évidence une logique implacable dans l'organisation du camp : son absurdité apparente se révèle être le résultat d'une entreprise mûrement réfléchie, dans ses moindres détails, par les autorités. En témoigne la description de la stratégie que suit l'administration. Elle est présentée avec une articulation logique serrée, composée de connecteurs de cause, conséquence et but (« car », l. 14 ; « de ce fait », l. 15 ; « pour », l. 19), des références précises aux administrations (« le Service des Français musulmans, rattaché au tout nouveau ministère des Rapatriés », l. 12-13), ainsi que des citations exactes de recommandations officielles (« "à ne pas mettre dans les hameaux des familles de même origine" », l. 13-14 ; « "amène inévitablement, en cas de difficulté, les membres de cette famille à faire bloc, et de ce fait à opposer une résistance accrue en cas d'application de mesures de discipline" », l. 14-16). La narratrice dénonce la mauvaise foi des autorités qui se revendiquent de la sagesse des Anciens pour justifier leurs lois iniques : « Selon un principe que certains font remonter à la Grèce antique et d'autres au Sénat romain, un principe que Machiavel a rendu si populaire qu'il est devenu platement proverbial, on les divise pour mieux régner sur eux » (l. 16-19). L'ironie acerbe, dans la fin du premier paragraphe, laisse la place à la colère, sensible dans la métonymie « du muscle sans langage » (l. 21) ou les métaphores « les bouches ouvertes des mines » (l. 19-20) et « la danse des perdants des guerres coloniales » (l. 27-28). Par son écriture nourrie de recherches historiques solides, et par les portraits sensibles et pathétiques de ses personnages, Alice Zeniter répond à une quête de sens douloureuse et vaine, et redonne ainsi leur dignité à ces hommes au destin bafoué.

1 Les origines du théâtre

Manuel, p. 264-269

I. Problématiques et thèmes

• La tragédie antique, un théâtre politique et moral

Ce choix de textes sera l'occasion de découvrir les origines du théâtre et notamment la tragédie antique dans toute sa portée politique et morale. Sophocle, Euripide et Sénèque mettent en scène, en l'incarnant ou en analysant ses effets, le pouvoir monarchique. Les textes de Sophocle et de Sénèque montrent des rois, Créon et Thésée, dont l'autorité s'exerce sur une cité (Thèbes) ou sur une région (l'Attique). Les trois dramaturges font également paraître sur la scène des personnages victimes du pouvoir monarchique : Antigone est condamnée pour avoir voulu ensevelir son frère, Médée est exilée, et Hippolyte, victime de la malédiction paternelle, a été déchiqueté par ses chevaux. Les questions soulevées par ces pièces sont néanmoins de natures diverses. Chez Sophocle, la raison d'État se heurte à la conscience religieuse ou morale. On voit en Créon un homme qui résiste au discours de l'humanité et qui, sourd à la prière d'une jeune fille, applique brutalement la loi d'exception qu'il a instaurée. Représentée dans le contexte de l'Athènes démocratique, cette pièce suscite donc une réflexion sur l'usage du pouvoir et sur la tentation tyrannique. Les citoyens sont invités à conserver, dans l'administration des affaires de la cité, le sens de la mesure afin que soit préservée la liberté de tous. Euripide et Sénèque soulèvent des questions principalement morales. Tous deux peignent des passions humaines, d'autant plus puissantes qu'elles s'expriment chez des personnages qui, par leur statut social, leur ascendance et leurs pouvoirs, s'élèvent au-dessus du commun des mortels. Profondément pessimiste, Euripide montre la toute-puissance des passions, qui conduisent les hommes à des accès de rage auxquels, quoique conscients de leur erreur, ils finissent par céder. Sénèque invite à la tempérance, vertu stoïcienne, en montrant les effets destructeurs de la colère. On peut ainsi considérer que son théâtre est le « terreau dans lequel aurait pour ainsi dire germé son œuvre philosophique » (René Martin et Jacques Gaillard, *Les Genres littéraires à Rome*, Nathan, coll. « Scodel », 1990).

• Les formes du théâtre antique et médiéval

Les textes réunis dans cette section illustrent aussi deux formes de dramaturgie comique qui présentent certaines similitudes. Chez Plaute comme dans *La Farce de maître Pathelin* est mise en scène une humanité moyenne, dont les préoccupations et le langage reflètent les aspects les plus quotidiens de l'existence. Le comique prend son essor sur cette représentation réaliste de l'humanité. Mettant en scène des personnages stéréotypés (l'avare, l'avocat roué), ces pièces ont pour cadre la sphère privée ou professionnelle et pour moteurs la tromperie et le profit matériel. Dans les deux extraits proposés, le comique repose sur la mise en scène des laideurs morales, qui donne lieu à des jeux de scène grotesques, soutenus par la verve d'une langue ancrée dans son terroir et plaisante pour un public de lettrés romains ou de clercs parisiens.

• Le théâtre antique et médiéval, aux sources du théâtre français

Le théâtre antique et médiéval a exercé une grande influence sur le théâtre occidental. Entre la Renaissance et l'âge baroque, on s'est attaché à faire revivre la tragédie et la comédie antiques. Les types que l'on rencontre chez Plaute ou dans la farce médiévale réapparaissent par exemple dans le théâtre de Molière, où ils sont mis au service d'une intention parénétique plus affirmée, et qui était déjà présente dans les pièces de Ménandre, en Grèce, ou de Térence, à Rome. Jacques Gaillard et René Martin (*op. cit.*) considèrent que la comédie classique, néanmoins, est toujours restée très chaste, par rapport à son ancêtre antique : ils voient dans les « coquettes du répertoire », comme Célimène, « les héritières directes des courtisanes du théâtre grec et latin ». La tragédie fait, quant à elle, de fréquents emprunts aux sujets mythologiques que mettait en scène l'Antiquité : Robert Garnier dans *Hippolyte*, Jean Racine dans *Phèdre* ou encore Pierre Corneille dans *Médée*, par exemple, s'inspirent de Sénèque et d'Euripide.

Plus généralement, le théâtre antique ne saurait être perçu comme un genre figé. Le théâtre grec n'a cessé de se transformer au cours du temps pour épouser les attentes du public. De même, les Romains ont acclimaté à leurs mœurs le théâtre grec. En effet, les Anciens, en inventant le théâtre, ont trouvé une forme littéraire propre à remplir une fonction collective. Ils ont imaginé et employé les différents moyens d'expression permettant de mettre en scène les hommes et les idées. En mêlant les chants, la danse, le dialogue et les gestes, ils ont créé un art total, proche de l'opéra, et transmis à la postérité des thèmes et des structures dont les différentes époques redécouvrent et explorent sans cesse les virtualités. Aujourd'hui encore, les dramaturges et metteurs en scène se nourrissent de l'œuvre des Anciens, comme en témoignent les photographies de mise en scène qui illustrent les pages de cette section.

• La représentation de la société dans le théâtre

De plus, le théâtre est un genre fondamentalement ancré dans l'espace social. Il apparaît, en Grèce, au moment où émerge un cadre politique démocratique, chacun pouvant y exprimer son avis sur les affaires de la cité. À Athènes Les représentations théâtrales ont lieu durant les derniers jours de fêtes célébrées en l'honneur du dieu Dionysos notamment : ces fêtes sont un moyen d'« affermir l'unité de la cité » (Paul Demont, Anne Lebeau, *op. cit.*) et chaque citoyen est invité à y participer « activement » (*ibid.*). Le théâtre médiéval qui a pour cadre les cours, les villes et les villages est lié, lui aussi, au calendrier religieux. À l'occasion du carnaval, par exemple, enfants des écoles, étudiants, troupes professionnelles ou simples particuliers s'assemblent pour représenter devant la cité tout entière des mystères et des farces. La « Basoche », communauté de clercs dépendant des cours de justice, plaide par exemple des causes fictives pour faire rire le public, dans des pièces qui conservent la forme des procès.

Les sujets mis en scène par la tragédie antique appartiennent à la légende héroïque. Ils sont néanmoins, pour les Grecs, des fragments d'histoire, et non des légendes. Ils entretiennent un lien avec les événements politiques ou militaires dont la cité est le théâtre. Dans les tragédies d'Eschyle, la représentation, grandiose, est une « sorte de messe païenne » (René Martin, Jacques Gaillard, *op. cit.*). La place de la psychologie s'accroît chez Sophocle. Euripide, qui met en scène la déchéance des figures issues du mythe (Paul Demont, Anne Lebeau, *op. cit.)*, accorde sur la scène tragique une place toute particulière à un personnel nouveau, formé de gens simples. À Rome, Sénèque, qui se livre très librement à l'adaptation de ses modèles grecs, apparaît comme un auteur engagé. Observateur lucide de l'histoire romaine et de la cour de Néron, il se montre résolument hostile à la royauté. Par bien des aspects, Sénèque peut évoquer pour nous le théâtre de Jean-Paul Sartre (*cf.* p. 312) ou d'Albert Camus (*cf.* p. 313).

La comédie antique représente, quant à elle, les mœurs et les préoccupations de la société grecque. Les pièces du dramaturge grec Aristophane abordent des questions politiques ou sociales et mettent couramment en scène la vie quotidienne. Plaute, adaptant à Rome les intrigues et les situations de la comédie grecque dite « nouvelle » (celle de Ménandre), répond aux attentes du public romain, qui souhaite qu'on lui montre les mœurs grecques. La société romaine affleure principalement dans l'évocation de faits contemporains et de particularités institutionnelles, mais aussi dans l'usage d'une langue populaire.

Le Moyen Âge, enfin, ne sépare pas le comique du tragique. Il ménage à l'intérieur du spectacle sérieux que constituent les mystères (œuvres pieuses destinées à aider le public dans sa quête du salut) un espace pour la farce, interlude comique qui se livre à la peinture satirique d'une humanité médiocre. Dans la farce médiévale, comme chez Plaute, la profondeur psychologique des personnages est réduite à l'exposition d'un travers, et leurs emplois dramatiques se confondent avec leurs rôles sociaux. *La Farce de maître Pathelin* est à cet égard à la fois exemplaire et exceptionnelle. Elle met en scène un drapier, un avocat et un pauvre idiot, mais fait jouer avec une finesse toute particulière les ressorts psychologiques qui animent le personnage éponyme.

BIBLIOGRAPHIE-SITOGRAPHIE-FILMOGRAPHIE

- **Paul Demont et Anne Lebeau**, *Introduction au théâtre grec antique*, éditions Librairie générale française, coll. « Le livre de Poche – références », 1996.
- **Jean-Christian Dumont et Marie-Hélène François-Garelli**, *Le Théâtre à Rome*, éditions Librairie générale française, coll. « Le Livre de poche– références », 1998.
- **Timothy Gantz**, *Mythes de la Grèce archaïque*, éditions Belin, coll. « L'Antiquité au présent », 2004.
- **Pierre Grimal**, *Le Théâtre antique, éditions* PUF, coll. *« Que sais-je ? »*, 1978.
- **Jacqueline de Jomaron**, *Le Théâtre en France*, éditions Armand Colin, 1988.
- **Pierre Larthomas**, *Le Langage dramatique*, éditions PUF, coll. « Quadrige », 1972.
- **René Martin et Jacques Gaillard**, *Les Genres littéraires à Rome*, éditions Nathan, coll. « Scodel », 1990.
- **Henri Rey-Flaud**, *Pour une dramaturgie du Moyen Âge*, éditions PUF, coll. « Littératures modernes », 1980.
- **Jacqueline de Romilly**, *Précis de littérature grecque*, éditions PUF, coll. « Quadrige », 1980.

II. Textes (p. 265-269)

TEXTE 1 : Sophocle, *Antigone* (441 av. J.-C.) p. 265

Objectifs et enjeux

- → **Découvrir une grande famille tragique : les Labdacides**
- → **Comprendre la dimension religieuse et politique du théâtre grec**
- → **Étudier la forme d'un dialogue tragique antique**
- → **Découvrir les sources antiques de pièces classiques et contemporaines**

Lecture analytique

1. Cette scène se situe dans le deuxième épisode (scène parlée) de la tragédie. Antigone vient d'avouer qu'elle avait rendu à son frère mort l'hommage, sommaire, d'une triple libation et versé sur son corps quelques poignées de poussière. Traduite devant son oncle Créon, elle est d'abord interrogée sans ambages : « Ainsi tu as osé passer outre à ma loi ? » (l. 1). Dès lors, dans un dialogue où se répondent deux tirades interrompues par un jugement du Coryphée (l. 24-25), la jeune fille oppose à son oncle menaçant une foi inébranlable en ces « lois non écrites » (l. 7) qui lui commandent d'ensevelir son frère. Deux répliques de longueur équivalente traduisent la violence de cet affrontement où s'exprime, de part et d'autre, une intransigeance farouche. Les deux adversaires dialoguent à peine : leurs répliques s'ouvrent toutes deux, dans la traduction, par l'adverbe « Oui » (l. 2 et 26), qui correspond à des réalités linguistiques différentes dans le texte grec : Antigone reconnaît son forfait ; Créon la prend à parti. La fille d'Œdipe ne s'adresse que deux fois à Créon : une fois au début, « je ne pensais pas que tes défenses à toi » (l. 5-6), une deuxième fois à la fin, « Je te parais » (l. 21). Elle semble ensuite dialoguer avec elle-même à travers les questions rhétoriques « pouvais-je donc [...] ? » (l. 10) et « ne le savais-je pas ? » (l. 12), ou s'adresser à la cité entière et prendre ainsi le public à témoin : « je le dis bien haut » (l. 14). Enfin, elle achève ses paroles par une formule sentencieuse qui accuse Créon à la 3e personne : « le fou pourrait bien être celui même qui me traite de folle » (l. 22-23).

Symétriquement, Créon interpelle Antigone au début de sa réplique : « Oui, mais sache bien, toi » (l. 26), puis il ne s'adresse plus à sa nièce. Il la désigne au moyen d'une reprise nominale périphrastique et dédaigneuse, « Cette fille » (l. 30, qui traduit le pronom anaphorique grec *autè*), ou du pronom de la 3e personne : « c'est elle qui est l'homme », « elle doit » (l. 33), « Qu'elle soit née [...] qu'elle soit » (l. 34), « ni elle » (l. 36). Le même pronom, à partir de la ligne 37, désigne Ismène, qui est en effet absente. Créon, à l'instar d'Antigone, refuse donc toute forme de dialogue. Les deux personnages tiennent pour néant leurs présences scéniques respectives.
De la sorte, Antigone semble avoir déjà renoncé à se justifier devant le tribunal de son oncle. Elle tourne les yeux vers les dieux qu'elle prend à témoin (« ce n'est pas Zeus », l. 2), eux qui ont édicté des lois « non écrites » (l. 7), « éternelles » (l. 9). Créon, quant à lui, est avant tout l'homme de la cité qui invoque un dieu familial, le « Zeus de notre maison » (l. 35-36, *Zeus herkeios* en grec). Il incarne donc une justice séculière, celle de la cité, où s'imposent les lois « établies » (l. 31). C'est par ailleurs un homme qui s'emporte, condamnant la fierté (l. 30) et « l'insolence » (l. 31) d'Antigone, qui enrage en songeant qu'il est dépossédé de son autorité masculine (« ce n'est plus moi, mais c'est elle qui est l'homme », l. 33). La fin de sa tirade prend la forme d'un véritable réquisitoire, qui reprend les codes de la rhétorique judiciaire. La parole de Créon est en effet celle que l'on pratique devant les tribunaux : elle énonce les chefs d'accusation (« je l'accuse d'avoir été sa complice », l. 37), convoque des accusés (« Appelez-la-moi », l. 38) et décrit Antigone comme un « criminel » (l. 41).

Ce passage se présente donc sous la forme d'un *agôn*, scène typique du théâtre grec, qui met en scène un violent face-à-face entre le premier personnage ou protagoniste (Créon) et le deuxième personnage ou deutéragoniste (Antigone). Ces deux longues tirades, pleines de lenteur rhétorique, servent la montée et l'exacerbation des tensions. Antigone, tour à tour, dédaigne son oncle et le provoque, en appelle à la cité et aux dieux, comme le font les orateurs devant l'assemblée démocratique à Athènes. Créon, ivre de colère et conforté dans sa position par le jugement rapide du Coryphée, profère contre sa nièce de terribles menaces. L'art de Sophocle réside dans l'art de mettre en scène l'opposition entre deux systèmes de valeurs, de faire entendre les modulations vibrantes d'un lyrisme passionné et les accents de la colère, mais aussi de transposer sur la scène tragique les attitudes, les expressions et les intonations qui s'entendent dans les tribunaux et les assemblées politiques.

2. La frêle jeune fille, contre le décret de Créon qui refuse à un mort les honneurs funèbres, rappelle l'existence des « lois non écrites, inébranlables, des dieux » (l. 7-8). Ces lois, ce sont les articles de la piété, attitude de respect envers les dieux qui est au fondement même de la société grecque. Or la volonté d'Antigone, donner un tombeau à son frère (l. 18-20), est un devoir religieux impérieux. S'y soustraire, c'est se rendre coupable d'une double offense : l'une, aux dieux d'en-haut, « Zeus » (l. 2) et la « Justice » (l. 3), qui ne doivent pas voir un cadavre ; l'autre, aux dieux d'en-bas, les « dieux infernaux » (l. 3-4), qui doivent obtenir le défunt qui leur est dû. Elle adopte donc une conduite acceptée et encouragée par la société athénienne, et son attitude désigne Créon comme le véritable impie. De plus, en rendant les honneurs funèbres à son frère (« le corps d'un fils de ma mère », l. 19), elle respecte une autre forme de la piété antique qui réside dans le respect que l'on doit à ses parents, image du respect dû à la cité tout entière.

Antigone est de surcroît toute jeune : elle évoque la mémoire de sa mère (l. 19) ; le Coryphée rappelle qu'elle est la « fille » d'Œdipe (l. 24). Or la profondeur des paroles qu'elle énonce contraste avec sa jeunesse et fait ainsi naître la pitié dans le cœur du public. La formule sentencieuse que lui prête le poète dramatique au terme de sa tirade, « Mais le fou pourrait bien être celui même qui me traite de folle » (l. 22-23), fait d'elle la dépositaire de la sagesse collective.

Défendant ainsi les articles essentiels de la piété antique, Antigone représente sur scène les valeurs du public grec et, par son discours, elle maintient la cohésion civique. C'est donc à elle que va la sympathie du public.

Néanmoins, en prenant la parole, Antigone sort du rôle dans lequel est confinée la femme athénienne au ve siècle av. J.-C., contrainte à n'être qu'une spectatrice silencieuse des événements. On peut penser que cette deuxième forme de rébellion contre l'ordre établi a dû susciter au moins des interrogations dans le public.

3. Dans l'*agôn*, traditionnellement, le personnage qui prend la parole le premier est aussi celui dont la cause est perdue. Antigone est donc condamnée d'avance par le cadre dramaturgique lui-même. Son identité mythique la condamne également : par le mécanisme de la naissance, elle ne s'appartient pas, elle est d'abord la sœur du défunt Polynice, « le corps d'un fils de ma mère » (l. 19). Ce mécanisme la voue à la mort. Le tragique plonge ainsi ses racines dans la famille, dont les membres entrent violemment en conflit. Ces familles sont de surcroît des lignées puissantes, qui exercent le pouvoir dans leur cité. Dès lors, le tragique prend chez Sophocle une dimension politique.

La mort promise à la jeune Antigone, de plus, est particulièrement cruelle, car elle est prématurée (« mourir avant l'heure », l. 14). Mais elle en accepte la venue, car cette issue est pour elle un devoir : « Que je dusse mourir, ne le savais-je pas ? » (l. 12) ; la mort constitue d'ailleurs le seul remède à ses maux (« c'est tout profit », l. 14-15 ; « Subir la mort, pour moi n'est pas une souffrance », l. 17-18). Elle devient ainsi une véritable héroïne.

Le tragique apparaît donc ici comme l'effet d'une épure : Aristote, dans *La Poétique*, écrit que Sophocle « créait les personnages tels qu'ils devraient être, tandis qu'Euripide les créait tels qu'ils sont » (*La Poétique*, 1454a, trad. du grec ancien par J. Hardy, éditions Les Belles Lettres, 2008). Antigone, consciente dès le début de sa situation tragique, a accompli un acte de transgression et agit lucidement, en assumant et expliquant son geste : « Oui, car ce n'est pas Zeus qui l'avait proclamée », l. 2-3). Sa fidélité à un mort l'entraîne inéluctablement, héroïquement, vers le néant. Emmurée dans son univers, elle semble de surcroît bien seule pour affronter l'épreuve qui lui est promise : les paroles du Coryphée (l. 24-25), loin de l'approuver, blâment son tempérament inflexible et altier.

Cet extrait nous permet également de nous interroger sur une définition sociale du tragique. Les tragédies grecques, en effet, n'étaient pas destinées « à un public particulier amateur de théâtre, mais à tout le corps civique de la cité » (Christian Meier, *De la tragédie grecque comme art politique*, éditions Les Belles Lettres, coll. « Histoire », 1991). Les Athéniens, peuple simple et modeste jusque-là, venaient d'acquérir soudainement, par leur victoire militaire sur les Perses en 479 av. J.-C., le pouvoir de présider aux destinées du monde grec et de prendre part aux décisions politiques. Le peuple devait donc disposer des connaissances qui lui permettraient de juger sainement dans tous les domaines de la vie publique. La nature de ses attentes, lorsqu'il se rend au théâtre, découle de cette situation. Le peuple athénien qui assiste à une pièce en connaît d'avance le déroulement et le dénouement. Il peut nommer facilement tous les personnages du drame, et indiquer leurs liens de parenté. Il est rarement possible, pour le dramaturge, de modifier les mythes traditionnels auxquels la tragédie emprunte son sujet. Dès qu'Antigone entre en scène, le spectateur grec sait que la mort lui est promise. On vient donc au théâtre pour communier devant la mise en scène de ses propres sentiments religieux et civiques. Ici, on s'interroge naturellement sur les dérives auxquelles peuvent conduire l'aveuglement et la brutalité des dirigeants.

TEXTE 2 : Euripide, *Médée* (431 av. J.-C.)

p. 266

Objectifs et enjeux

→ **Découvrir une grande figure mythique : Médée**
→ **Étudier un monologue tragique**
→ **Étudier l'esthétique de la tragédie grecque**
→ **Découvrir les sources antiques de tragédies classiques**

Lecture analytique

1. Médée est déchirée entre l'amour qu'elle éprouve pour ses enfants, la haine qu'elle nourrit contre Jason et la crainte de voir sa dignité outragée. Songeant à ses enfants, qui sont présents sur scène (« *les enfants sortent* », didascalie du vers 37 ; didascalies internes à partir du vers 29 ; photographie du spectacle de Jacques Lassalle, p. 266), elle se laisse envahir par la tendresse et décrit ses fils dans des termes lyriques : « le visage lumineux des enfants » (v. 2), « Ô main que j'aime le plus, bouche que j'aime le plus, / ô beauté et visage bien nés de mes enfants ! » (v. 31-32), « Étreinte douce, / tendre peau, souffle des enfants, le plus voluptueux ! » (v. 34-35). Ces mouvements, d'un puissant pathétique, contrastent violemment avec les élans qui lui inspire la situation dans laquelle elle se trouve. Médée est, en effet, cruellement isolée, entre Jason, ce « père » qui n'est déjà plus son mari mais qu'elle veut « attrister » (v. 5), et des ennemis à qui elle ne veut laisser nul loisir de rire (v. 8) et dont elle ressent la méchanceté : ne risquent-ils pas d' « humilier [ses] enfants ? » (v. 21). Elle provoque alors l'effroi du public, qui est spectateur d'une colère d'autant plus inquiétante qu'elle prend la forme d'un inexorable glissement vers le crime (« nous tuerons », v. 23). Aussi, prise entre la tendresse et la colère, Médée est-elle contrainte de se meurtrir elle-même et de s'infliger d'indicibles douleurs : « Je ne peux plus regarder, / pas de votre côté » (v. 36-37). Les signes de son égarement transparaissent d'autre part dans l'éparpillement du « moi » du personnage en plusieurs métonymies qui semblent agir à sa place. Tour à tour, ce sont les « décisions » (v. 3) de Médée, puis son « ardeur » (v. 16) qui s'affranchissent du « je » pour vivre d'une existence autonome. Enfin, comme étrangère au drame qui se joue dans sa conscience, elle se rend aux assauts du « mal » (« Le mal m'a vaincue », v. 37) qui met à distance la véritable cause de sa décision.

Les sentiments qu'elle éprouve, d'une intensité extrême, se succèdent en se combattant. Tout au long de sa tirade s'expose la déchirure profonde d'un cœur qui s'immole lui-même avec un terrible courage. Ce monologue (Médée n'est pas seule en scène, mais ne parle que pour elle-même et pour le public) peint, avec un réalisme psychologique saisissant, les combats qui se jouent dans une âme tourmentée et dit, par sa forme même, la profonde solitude de l'être devant les angoisses qui l'étreignent.

2. Médée est placée devant un dilemme : assouvir sa vengeance en tuant ses enfants (« attrister leur père », v. 5), ou préserver leur vie en « laissant [ses] ennemis filer impunis » (v. 9), ce qui l'exposerait à leurs « rires » (v. 8). Elle se livre ici à un débat contradictoire avec elle-même, introduit au premier vers par une interrogation (« Que dois-je faire ? »). Ce monologue délibératif suit les oscillations d'une pensée d'abord indécise et animée de soubresauts (v. 1-18), puis résolue (v. 19-40).

Dans la première partie de la tirade, deux interrogations (v. 1, 6 et 9), entrelacées d'exclamations (v. 1 et 7), peignent le désarroi d'une mère aimante. Médée épargnera ses enfants et s'enfuira avec eux (v. 1-7). Cet élan de tendresse cède la place à la colère : deux autres interrogations signalent un renversement complet dans les sentiments de l'héroïne qui refuse de perdre sa vengeance : « Mais qu'est-ce qui m'arrive ? Je veux mériter les rires / en laissant filer mes ennemis impunis ? » (v. 8-9). Puis une volte-face soudaine de son âme, révélée par l'impératif « Arrête » (v. 15) et l'adverbe « Non » (v. 16), rend Médée à ses sentiments maternels. Mais c'est au croisement de sa tendresse maternelle et de sa haine pour la cour de Corinthe que Médée forme sa résolution criminelle. Elle soustraira ses enfants, par amour pour eux, aux railleries (v. 19-21). La première moitié du monologue a donc abouti à une décision.

La deuxième partie du monologue remet en marche l'action tragique, et trois mouvements peuvent s'y distinguer. Un mouvement oratoire, d'abord, dans lequel Médée expose le caractère irrévocable de sa décision. Le ton s'est affermi : les phrases déclaratives expriment la détermination du personnage. Les futurs, fréquents, annoncent un dénouement terrible : « jamais il ne se fera » (v. 20), « nous tuerons » (v. 23), « il ne s'échappera pas » (v. 24). Puis vient un mouvement scénique : Médée se dirige vers ses enfants, qu'elle embrasse, et congédie (v. 29-37). Enfin, un mouvement conclusif, qui s'achève par un énoncé sentencieux, « l'ardeur [...] / est la cause des plus grands malheurs chez les hommes » (v. 39-40). Si la première fonction du monologue réside dans l'expression des sentiments, elle peut aussi (et c'est le cas ici) aboutir à une solution et devenir « un élément de l'action, au même titre qu'une scène d'action dialoguée »

(Jacques Scherer, *La Dramaturgie classique en France*, éditions Nizet, 1950). Ce soliloque où transparaît une évidente maîtrise oratoire permet donc à Euripide de peindre le triomphe de la volonté sur les sentiments maternels et de préparer le dénouement de la tragédie.

3. L'ambiguïté du personnage réside en premier lieu dans son humanité paradoxale. Mère aimante, Médée est aussi inspirée par une fureur glaçante qui la rend inhumaine. Elle semble reliée aux divinités chtoniennes qu'elle invoque au vers 19 : « Au nom des démons souterrains qui habitent auprès d'Hadès ». Euripide, en effet, a formé en Médée une figure humaine et, dans sa transposition dramatique, il effacé le discours mythologique qui dessine autour de cette magicienne barbare un halo inquiétant.

D'autre part, par le courage immense de son attitude – elle combat, seule, contre la raison d'État et sacrifie son propre bonheur –, elle fait preuve de qualités héroïques. C'est néanmoins sur un champ de bataille domestique que se livre son combat, et son héroïsme est criminel. Elle ne peut nullement, à ce titre, prétendre incarner l'héroïsme exalté par la littérature antique, notamment dans l'épopée.

TEXTE 3 : Plaute, *La Comédie de la marmite* (IIe s. av. J.-C.)

p. 267

Objectifs et enjeux

- **Découvrir un type littéraire : l'avare**
- **Étudier un dialogue comique**
- **Étudier l'esthétique de la comédie antique**
- **Découvrir les sources antiques de comédies classiques**

Lecture analytique

1. Chaque personnage de cette scène est absorbé par des pensées qu'il conserve prudemment pour lui : la didascalie « *à part* » (l. 9, 15, 23 et 31) qui précède régulièrement les répliques d'Euclion et la perplexité de Mégadore devant un interlocuteur qui parle « tout seul » (l. 18) sont les signes scéniques d'un dialogue qui ne peut qu'avorter.

Mégadore, venu demander à Euclion la main de sa fille, respecte avant tout les règles de la civilité. Il ménage soigneusement son interlocuteur, en formant des vœux pour sa félicité (« Puisses-tu, Euclion, être toujours en santé et bonheur ! », l. 6), en s'enquérant de sa santé (« Te portes-tu bien, et comme tu le désires ? », l. 8 ; « Ainsi, vraiment, tu vas bien ? », l. 11), en vantant les avantages de sa situation (« tu possèdes assez pour vivre décemment », l. 13-14) et enfin en offrant son secours (« On te prêtera, je t'aiderai », l. 21-22). Ces paroles bienveillantes, loin de réconforter Euclion, suscitent sa méfiance : « Ce n'est pas sans raison qu'un riche aborde aimablement un pauvre », dit-il (l. 9-10). Il ne voit en Mégadore qu'un opportuniste venu lui soutirer son argent.
Tous deux se méprennent donc sur leurs intentions réciproques, et Plaute retire deux bénéfices de cette situation dramatique.

Les apartés, tout d'abord, nombreux dans ce passage, sont l'instrument d'une étude psychologique qui est au cœur de la pièce de Plaute. Ce procédé permet de « faire entendre aux spectateurs un secret sentiment qu'ils ne peuvent ignorer sans demeurer dans quelque embarras » (D'Aubignac, *La Pratique du théâtre*, cité par Jacques Scherer, *op. cit.*). Plaute explore ici la psychologie d'Euclion, en prêtant à son personnage, tour à tour, des répliques qui révèlent ses pensées véritables et d'autres, obreptices, qui lui permettent de donner le change à son interlocuteur.

Ce quiproquo, d'autre part, contribue à l'agrément de la comédie. L'idée fixe de l'un et les intentions de l'autre, soigneusement tenues secrètes, placent le spectateur, qui seul est instruit de tout, dans une position surplombante d'où il peut observer à loisir les mécanismes psychologiques qui meuvent les deux personnages. Il se délecte ainsi de l'implicite enchâssé dans le cœur des répliques. On suppose donc Euclion déchiré entre la volonté farouche de conserver le secret autour de sa marmite et son idée fixe qui le ramène sans cesse à l'idée de son trésor. Incapable de se taire, mais désirant ardemment protéger son secret, il est sans doute sujet, sur scène, à des spasmes qui laissent son interlocuteur désemparé. En face de lui, le vieux Mégadore, venu prudemment demander la main de la fille du vieil avare, est en effet étourdi par l'agitation de son interlocuteur qui forme un contraste saisissant avec son attitude compassée. Mégadore ne parvient pas à parler à Euclion : « Qu'as-tu à parler comme cela, tout seul ? » (l. 18), « Écoute-moi un peu » (l. 29), « Où vas-tu ? » (l. 35). L'agitation grotesque d'Euclion sur scène et le contraste qu'offrent les deux vieillards est de nature à susciter le rire. On peut supposer que les masques portés par les personnages présentaient, eux aussi, des physionomies opposées, l'un exprimant la gravité grincheuse et l'autre une forme de tranquille aménité.

2. Le titre de la pièce ménage un doute autour du sujet qu'elle traite. *La Comédie de la marmite* (en latin *Aulularia*, « la petite marmite ») annonce un drame domestique qui, dans l'imaginaire religieux des Anciens, va se nouer autour du foyer et des divinités qui le protègent : les Lares qui veillent sur les habitants et les Pénates, dieux du cellier à provisions. Or, nous voyons ici que les considérations religieuses sont absentes des préoccupations d'Euclion. Si la première réplique, « mon esprit est à la maison » (l. 5), peut brièvement tromper le spectateur, la suite du dialogue montre bien quelle religion pratique le vieillard : il semble vouer un culte non pas aux dieux qui garantissent la prospérité du foyer, mais à un trésor bien plus tangible. L'« or », dissimulé dans son cellier, s'expose généreusement dans ses répliques (l. 10, 15, 24, 31). L'exclamation finale, « Les dieux sont avec moi ! Mon bien est sauf ! » (l. 40), illustre bien la confusion qui s'opère dans son esprit entre spiritualité et fortune. Ses nombreux apartés montrent l'angoisse qui le tenaille et révèlent la nature de son rapport au monde. Euclion interprète tous les comportements à l'aune du sentiment qui l'envahit. Ne voyant qu'avidité dans l'amabilité de son interlocuteur, il se tient constamment sur le qui-vive : « Ce n'est pas sans raison qu'un riche aborde aimablement un pauvre » (l. 9-10), « Le voici qui demande, sous couleur de promettre ; il a la bouche ouverte, pour dévorer mon or » (l. 23-24), « il essaie maintenant que nous fassions une transaction » (l. 31-32). Euclion perd tout sens de la mesure et en vient à soupçonner gratuitement sa servante, qu'il insulte (« La vieille », l. 15) et condamne à un atroce châtiment (« je lui couperai la langue et je lui arracherai les yeux », l. 16-17). Excessif, il est également aliéné : se plaignant devant Mégadore de sa pauvreté (l. 12 et 19), il se plaint de son dénuement en son for intérieur (« un riche aborde aimablement un pauvre », l. 9-10), alors même qu'il ne cesse de répéter qu'il a de l'or. Il est, enfin, incapable de soutenir une conversation et rompt brutalement un entretien à peine amorcé pour « *se dirige[r] vers la maison* » (didascalie, l. 34). Le spectateur, qui connaît les intentions réelles de Mégadore, décèle donc sous les agissements et les paroles la folie qui ronge le personnage : c'est un avare. Le bref monologue dans lequel Mégadore, aux lignes 37 à 39, commente l'impression que lui a laissée ce premier échange achève d'isoler Euclion en le désignant comme l'objet d'un spectacle pour les personnages eux-mêmes. Selon un procédé fréquent dans la comédie antique, le dramaturge joue avec l'illusion théâtrale. Ici, d'ailleurs, Mégadore annonce également au spectateur le sujet du dialogue à venir : « lorsque je mentionnerai sa fille en lui demandant de me la donner » (l. 37-38).

Ce sujet de comédie porte en lui une puissante *vis comica*, car Plaute peut, par des signes scéniques spectaculaires, donner consistance à un trait de caractère. Dans *La Poétique*, Aristote établit en effet un rapport entre action et caractère : « les personnages n'agissent pas pour imiter les caractères mais ils reçoivent leurs caractères par surcroît et en raison de leurs actions » (*La Poétique*, 1450a). Le trouble que souhaite étudier Plaute est à lui seul un répertoire de conduites comiques et se prête très bien à la schématisation. Les noms des personnages eux-mêmes, empruntés à la culture grecque où les Romains puisent la matière de leurs comédies, déterminent un caractère ou un rôle : « Euclion » est en effet formé sur un adjectif grec signifiant « bien fermé » et *mégadôros* signifie « généreux ».

Nous pouvons également retrouver dans cet extrait la trace d'une réflexion sur l'homme et sur la société et, partant, nous interroger sur l'engagement de Plaute dans la société de son temps. Le mal qui ronge le vieil avare, d'une part, menace le bonheur de sa fille – et de sa servante. Or le théâtre de Plaute, souvent, prend la défense de la jeunesse et de l'amour. Le sujet traité par Plaute dans cette comédie, d'autre part, revêt une importance capitale dans la Rome des IIIe et IIe siècles av. J.-C. où la conservation du patrimoine et sa transmission au moyen du mariage sont perçus comme un problème fondamental. Dans le droit romain, la femme mariée reçoit de son *pater familias* des biens qu'elle apporte à son époux. Au décès de son père, elle devient l'héritière de ses biens. Euclion, qui refuse toute dot à sa fille et dissimule sa fortune, menace la continuité de la famille, soustrait au circuit économique une somme considérable et met en péril l'ordre social, que garantit la stabilité des patrimoines. Néanmoins, certains commentateurs (Marie Delcourt, *Plaute et l'impartialité comique*, éditions La Renaissance du livre, Bruxelles, 1964) ne voient en Plaute qu'un auteur moralement impartial, uniquement soucieux de faire rire.

Le personnage créé par Plaute a survécu à l'épreuve des siècles et s'est incarné de nouveau sous les traits d'Harpagon dans *L'Avare* de Molière (1668). Ce personnage est une copie fidèle de l'Euclion antique. Molière s'est beaucoup inspiré des jeux de scène imaginés par son modèle latin pour graver le type du maniaque rongé par l'avarice.

TEXTE 4 : Sénèque, *Phèdre* (Ier s.) p. 268

Objectifs et enjeux

- **Découvrir une légende antique**
- **Étudier un dialogue de tragédie romaine**
- **Étudier l'esthétique de la tragédie romaine**
- **Découvrir les sources antiques de tragédies classiques**

Lecture analytique

1. Placé devant le corps supplicié d'Hippolyte, Thésée laisse éclater sa douleur : il cherche à reconnaître son fils et s'accuse d'un crime dont il est, indirectement, responsable.

Ses lamentations s'expriment dans les interrogations qu'il s'adresse : « C'est là Hippolyte ? » (l. 5, en latin *Hippolytus hic est* ?), « Quel est ce débris méconnaissable » (l. 19), « Quelle partie de toi est-ce là ? » (l. 20). Il semble dialoguer encore avec son fils (« C'est moi qui t'ai fait périr », l. 6) et avec lui-même (« Étreins ces membres, ces restes de ton fils, [...] presse-les sur ton cœur », l. 9-11). Thésée est désormais seul, et sa solitude même l'accuse. Phèdre morte, Hippolyte déchiqueté, il voit s'élever devant lui l'image de sa culpabilité : « Je reconnais mon crime. C'est moi qui t'ai fait périr » (l. 5-6). Dans l'extrémité de sa douleur (« Ô l'amère souffrance », l. 9), il ne peut s'en prendre qu'à une force supérieure : « Ô sinistres destins » (l. 24). Mais cette force n'a fait que répondre à ses prières : il avait lui-même, en effet, maudit son fils (« Allons, accomplis cette amère faveur, toi qui règnes sur les flots ! Qu'Hippolyte ne voie pas plus longtemps la lumière du jour et, en pleine jeunesse, se rende chez les mânes irrités contre son père », v. 945-947 ; *cf.* aussi chapeau p. 268). Rongé par le remords, il s'accable de traits empoisonnés qui soulignent l'ironie cruelle du destin : « Voyez, je jouis du présent accordé par ce père » (l. 8), « Ô cruelle faveur des dieux » (l. 24-25), « Tiens, prends ces suprêmes offrandes de ton père » (l. 27-28). En réclamant vengeance, il a succombé lui-même au *dolor*, notion propre au théâtre de Sénèque et définie comme une« souffrance à la fois physique et morale du personnage, causée par une blessure ou une perte dont un autre s'est rendu coupable » (Olivier Got, *Le Théâtre antique*, éditions Ellipses, coll. « Thèmes et études », 1997). Ses dernières paroles disent combien ce sentiment, en lui, n'est pas encore éteint : il maudit la dépouille de son épouse qu'il désigne par la métonymie « tête impie » (l. 39).

Le Chœur, formé d'Athéniens, peut-être compagnons d'Hippolyte, apporte à Thésée le réconfort de ses paroles et de ses gestes. Par ses attitudes, il le soutient et l'aide dans l'accomplissement des premiers rites funéraires, comme l'indiquent les ordres du monarque : « Ici, ici apportez les restes » (l. 4). Il partage également sa peine, se décrivant en train de pleurer : « mes larmes », « mes mains, tremblantes » (l. 16), « demeurez secs mes yeux » (l. 17). Ses paroles, quant à elles, ouvrent un horizon apaisé sur cette scène épouvantable. Le Chœur ne mesure plus la brève étendue du temps humain, mais projette l'instant tragique sur la toile de l'« éternité » (l. 1). Il s'agit de s'affranchir du présent, par essence fugace et sujet aux vicissitudes de la fortune, pour accepter le mouvement inéluctable et cyclique de la destruction : « l'éternité te reste pour répandre tes plaintes » (l. 1). C'est le temps de la consolation. Le Chœur recommande en effet à Thésée de rendre à son fils les honneurs funèbres, en substituant aux déchirements des passions l'exécution rigoureuse du rituel funéraire : « acquitte-toi [...] des rites dus », « ensevelis » (l. 2), « Dispose en ordre » (l. 12), « remets au bon endroit » (l. 13), « jusqu'à ce que le père achève de dénombrer » (l. 17-18), « redonner forme à ce corps » (l. 18). Ses prescriptions, après le déchaînement tragique, sont de nature religieuse. Réunir les membres déchiquetés, c'est avant tout, selon les injonctions de la religion romaine, permettre l'incinération et par là même effacer une souillure matérielle. Mais c'est aussi, selon les préceptes de la philosophie stoïcienne que professe Sénèque, chercher à atteindre la tranquillité de l'âme, l'ataraxie. Ce décompte méticuleux permet en effet à Thésée d'entrer dans l'ordre de la raison, du *logos*, principe stoïcien qui se confond avec Dieu et régit tout dans la nature. Se comportant selon la raison, maîtrisant sa douleur, Thésée consent à son destin. La tâche macabre qu'il accomplit est la voie qu'il doit suivre pour dépasser sa souffrance et atteindre la royauté intérieure, la paix de l'âme.

2. Le spectateur peut être d'abord frappé d'effroi par la mort d'Hippolyte. Si nous adoptions les catégories du théâtre français classique pour lire cette pièce, elle serait scandaleuse. Il se trouve que nous connaissons mal la destination des pièces de Sénèque. Peut-être ne devaient-elles faire l'objet que d'une lecture publique (*recitatio*), pratique fréquente dans l'Empire romain. Les notations atroces, en réalité, pouvaient évoquer seulement d'autres spectacles dont nous ne saurions aujourd'hui former une idée bien nette. Florence Dupont souligne d'autre part la fréquence de « scènes de boucherie » dans les textes de Sénèque et se livre à la réflexion suivante : « la présence réaliste de lambeaux sanglants serait un contresens historique sur la signification de ces scènes pour les Anciens. Thésée essayant de reconstituer comme un puzzle le corps morcelé d'Hippolyte cherche à sculpter une dernière image de son fils, qui doit être celle d'un "beau mort", l'image qui se gravera dans les mémoires et qui pourra devenir une statue sur son monument funéraire » (Florence Dupont, *Les Monstres de Sénèque*, éditions Belin, 1995). Or, ajoute Florence Dupont, le démembrement du corps d'Hippolyte l'a « fait basculer du côté des monstres mythologiques ; sa mort affreuse fait qu'il ne sera jamais un beau mort et ne rejoindra jamais la société des hommes. Thésée passera le restant de ses jours à chercher les restes de son fils dispersés dans la nature sauvage ». Elle imagine donc une tout autre lecture de ce passage : loin de déposer sur scène des « tripailles » sanguinolentes, les Anciens, sensibles à la valeur symbolique des mots de Thésée, pouvaient en avoir proposé la réalisation esthétique dans divers artifices artistiques, « fragments d'une statue en pierre », ou « cailloux multicolores d'une mosaïque ». Dès lors resurgirait l'image d'Hector, par exemple, dont le corps traîné dans la plaine de Troie a conservé toute sa beauté : « Le sang tout partout est lavé. De souillures nulle part. Toutes les blessures des coups qu'il a reçus sont fermées ; car en lui plus d'un a poussé le bronze » (*Iliade*, XXIV, v. 419-421, trad. du grec ancien par Julie Recoing en 2008). Le corps héroïque doit mourir dans toute sa beauté et échapper à la putréfaction.

Les dramaturges contemporains se sont néanmoins emparés du texte de Sénèque et ont su en restituer l'intensité (*cf.* photographie de *Phèdre* mise en scène par Julie Recoing en 2008. Sans doute moins sensible à la philosophie stoïcienne que les Anciens, le spectateur d'aujourd'hui est saisi par l'émotion qu'offre ce père s'affligeant sur le corps démembré de son fils. Cet ample soliloque, où transparaît la confusion du personnage, est profondément pathétique. Les nombreux déictiques qui accompagnent l'inventaire macabre des fragments de corps (« cette masse », l. 4 ; « ces membres », l. 5 et 9-10 ; « ce corps lacéré », l. 12 ; « ces morceaux abandonnés » ; « ici c'est la place », l. 13 ; « ce débris », l. 19 ; « les restes que voici », l. 30) désignent à chaque fois, par métonymie, tout le corps d'Hippolyte et montrent que le deuil va devenir infini : « Tiens, prends ces suprêmes offrandes de ton père, toi qu'il faudra ensevelir de nombreuses fois » (l. 27-29). Ainsi s'élève une douloureuse litanie pleine de lyrisme, propre à émouvoir le public. La souffrance de Thésée, en outre, a deux spectateurs : le Chœur et nous-mêmes. Les encouragements du Chœur adressés à Thésée soulignent l'égarement du personnage, qu'il faut guider comme un enfant. En versant des larmes sur le fils, le Chœur verse aussi des larmes sur le père. La douleur est comme multipliée par ce miroitement scénique.

Ce vaste chant de deuil, néanmoins, suit un cheminement sous lequel se dessine une soigneuse expansion rhétorique. Le mouvement général s'ouvre sur la douleur du père devant la « masse informe » (l. 4) d'un corps démembré, qu'on reconstitue peu à peu, fragment par fragment, puis s'élève par degrés jusqu'à l'évocation d'un deuil collectif (« que la Mopsopie tout entière retentisse en bruyantes lamentations », l. 32-34) aux dimensions de l'immense éparpillement du corps d'Hippolyte (« à travers les champs, allez chercher les débris épars de son corps », l. 35-36). Il s'achève par une malédiction particulière. Nous entendons ici, sous les épanchements du personnage, un mouvement très assuré, qui contraste avec les élans désordonnés d'une âme brisée par la douleur. La parole de Thésée modèle peu à peu la matière, à la manière d'un statuaire ciselant la pierre pour en extraire une effigie. Peut-être pourrions trouver là un argument en faveur d'une lecture publique de la pièce, dans une société impériale où les déclamations étaient particulièrement appréciées. Ces brillants traits de rhétorique sont néanmoins « un trait marquant du théâtre latin depuis Ennius » (Jean-François Dumont, Marie-Hélène Garelli, *Le Théâtre à Rome*, *op. cit.*).

3. Transposant sur la scène romaine une légende empruntée à la culture athénienne, Sénèque s'approprie un personnage bien connu, Thésée, pour en exploiter à son tour les virtualités dramatiques. La figure du héros mythologique se dessine dans le dialogue qu'il entretient tout au long du texte avec son père, le dieu Neptune, et avec le destin. Ce monarque apparaît ici dans tout son éclat tragique. L'éparpillement gigantesque du corps d'Hippolyte transcrit aussi la grandeur légendaire de son père. Ce corps, monstrueusement déchiqueté et disséminé à travers les champs en bord de mer, figure peut-être aussi un itinéraire, celui qu'accomplit Thésée lui-même lorsque, se rendant de Trézène à Athènes, il a longé les côtes du Péloponnèse et de l'Attique en les purgeant de leurs brigands et de leurs monstres.

Toutefois, Sénèque choisit ici de mettre en scène celui qui, présenté comme roi d'Athènes par la littérature archaïque, devient héros de l'Attique dans l'imaginaire des hommes du ve siècle av. J.-C. Le Thésée de Sénèque souhaite en effet faire connaître la nouvelle du deuil à « la Mopsopie tout entière » (l. 32-33). En faisant le choix de ce terme ancien désignant l'Attique, Sénèque rappelle les origines archaïques d'un mythe qu'il a décidé de remodeler. Autant qu'une figure mythologique, le dramaturge nous montre ici une figure emblématique de la conscience politique athénienne : Thésée, devenu roi d'Athènes, a réuni les différentes bourgades de l'Attique et assuré l'unité de la cité. Une légende prétend que les Grecs ont vu combattre à leurs côtés à la bataille de Marathon (490 av. J.-C.) l'immense silhouette de Thésée, et la démocratie athénienne lui a rendu un culte héroïque. Sous la plume de Sénèque, il devient donc véritablement roi de l'Attique, unité territoriale devenue au ve siècle av. J.-C. le berceau des idées démocratiques. Peut-être peut-on voir en lui, également, une transposition héroïque de l'empereur romain, dont les décisions s'étendent à tous les territoires de l'Empire. Ainsi acclimaté aux mœurs romaines, Thésée pourrait devenir un nouveau héros du panthéon gréco-romain. Dès lors, une lecture synchronique et symbolique est possible. Malgré sa grandeur incommensurable, Thésée apparaît ici dans toute sa fragilité humaine : ce long chant de désespoir déplore une « vieillesse brisée » (l. 9), un « cœur écrasé d'affliction » (l. 11). On pourrait donc voir, dans ce passage, une invitation à la méditation. Proche de l'empereur, Sénèque pourrait lui adresser sous le couvert d'un poème dramatique une leçon d'éthique stoïcienne : le sage doit accepter ce qui arrive et se montrer indifférent aux coups du sort. Il doit donc conserver la maîtrise de soi. On peut aussi lire dans ce tableau un appel à la clémence, vertu cardinale de la philosophie stoïcienne.

TEXTE 5 : *La Farce de maître Pathelin* (xve s.) p. 269

Objectifs et enjeux

- Lire un chef-d'œuvre du théâtre comique du Moyen Âge
- Découvrir le genre de la farce
- Étudier l'héritage théâtral antique et l'évolution des formes théâtrales

Lecture analytique

1. Selon la définition qu'en donne Aristote dans *La Poétique*, la comédie est « l'imitation d'hommes de qualité morale inférieure, non en toute espèce de vice, mais dans le domaine du risible, lequel est une partie du laid. Car le risible est un défaut et une laideur sans douleur ni dommage » (*La Poétique*, 1449a).

Le comique, dans ce passage, repose en premier lieu sur l'identité des personnages, qui incarnent des types susceptibles de divertir un public de citadins (un avocat déchu et un berger), parce qu'ils lui ressemblent ou lui donnent le sentiment de sa propre supériorité. Les spectateurs peuvent ici être sensibles à diverses formes de comique. S'il est difficile d'évaluer le comique de gestes dans une scène dépourvue d'indications scéniques, il ne fait pas de doute en revanche que ce passage offre au metteur en scène de nombreuses occasions de susciter le rire. On peut imaginer par exemple Agnelet, joignant le geste à la parole, divaguant sur scène comme un mouton dans un pré.

La progression même de la scène fait naître un comique de caractère qui révèle peu à peu la véritable nature de l'avocat. Désireux d'obtenir le paiement de ses honoraires, il affiche tout d'abord sa satisfaction en réclamant des éloges : « Est-ce que j'ai bien réglé ton affaire ? » (l. 3), « Est-ce que je te l'ai bien entortillée ? Et mes conseils, ils étaient bons ? » (l. 5-6). Puis il feint l'urgence : « Il est l'heure que je m'en aille » (l. 10). Sentant l'inutilité de ces premiers efforts, il en vient à la flatterie : « tu as très bien tenu ton rôle [...] tu t'es retenu de rire » (l. 12-13). Cette ultime tentative de conciliation ayant échoué, la colère le gagne et Pathelin oscille constamment entre onctuosité et menace, dans une scène qui traduit sa conscience toujours plus nette de devenir la dupe. Condescendant, mais imperceptiblement menaçant d'abord (« Paie-moi bien gentiment », l. 15), il sermonne Agnelet : « Parle raisonnablement » (l. 17). Il s'impatiente : « j'en ai assez de tes bêlements » (l. 21), « Vas-tu comprendre à la fin ? Ne me rebats plus les oreilles avec ton "bée" » (l. 24). Puis Pathelin se radoucit de nouveau, parlant à Agnelet comme un père déçu à son fils : « Dire que je devrais me féliciter de toi ! » (l. 28). Puis il en arrive aux insultes (« un bouseux, un mouton habillé », l. 32), dont il mesure l'inutilité. Il essaie alors une nouvelle fois la douceur, cherchant à établir avec Agnelet une connivence d'acteurs, et il lui tend un piège : « Si tu le fais pour t'amuser, dis-le, ne me force pas à discuter. Viens souper à la maison » (l. 34-35). Enfin, en désespoir de cause, il en vient aux menaces : « Je te préviens, si jamais je trouve un sergent, je te fais arrêter » (l. 39-40). Ces nombreuses variations, hautement comiques, révèlent le double fond du caractère de l'avocat, prêt à jouer tous les rôles pour gagner sa cause. La constance d'Agnelet dans son rôle d'idiot produit un contraste saisissant, qui est de nature à susciter le rire des spectateurs.

La scène tire également de puissants effets du comique de mots. Le plus spectaculaire réside sans doute dans la répétition de l'enchaînement « paie »/« bée ». Elle donne à toute cette scène son rythme et sa mélodie : hanté par l'idée de recevoir ses honoraires, l'avocat ne cesse de répéter « paie-moi » (l. 10, 15, 17, 21 et 25). Pierre Larthomas, analysant le théâtre de Molière, signale qu'on obtient un rythme efficace en « répétant la phrase un nombre de fois suffisant, toujours sous la même forme, et à intervalles suffisamment rapprochés pour que l'effet soit sensible » ; « une fois le spectateur en alerte », cette phrase « devient de plus en plus comique » (*Le Langage dramatique*, *op. cit.*). La récurrence de cet impératif propage dans la scène la sonorité [ɛ], à laquelle fait écho l'onomatopée « bée », qui l'enveloppe et en constitue la formule paronymique. On entend, au fond, un seul et même son et, par contagion, la fièvre pécuniaire qui anime l'avocat le fait peu à peu choir dans le domaine de l'animalité. Dans son emportement, il en vient à bêler lui-même : « Ne me rebats plus les oreilles avec ton "bée" » (l. 24). Le langage des personnages donne ainsi à voir une humanité grimaçante, soumise au besoin élémentaire de posséder de l'argent.

Enfin, la situation par elle-même comporte une dimension comique. La vivacité du dialogue met en lumière une flagrante opposition entre l'homme parvenu qui sait manier le langage et le berger que sa simplicité réduit à un langage primitif. L'un fait montre, en effet, de toute l'étendue de sa science des tribunaux. Il utilise le vocabulaire des gens de droit, comme « partie » (l. 5), « affaire » (l. 3) et « conseils » (l. 6). Il montre aussi sa connaissance des artifices qui permettent de faire triompher une cause en présentant son métier comme un art de l'illusion et du théâtre (« entortillé », l. 6 ; « rôle », l. 12 ; « rire », l. 13). En face de lui, c'est pourtant la simplicité incarnée qui triomphe par l'irréfutable onomatopée monosyllabique.

2. La victime d'Agnelet, le drapier Guillaume, a reconnu en Pathelin, défenseur du voleur, celui qui, plus tôt dans la pièce, lui avait dérobé par ruse six aunes de tissu. Le juge vient de quitter l'assemblée qui avait assisté au procès et qui constitue le public de cette nouvelle scène. On voit donc celui qui triomphait un instant plus tôt devant le tribunal, drapé dans son art oratoire et sa rouerie, se dissoudre devant plus roué que lui. Les reliefs de son art encore perceptibles dans l'interrogation rhétorique du début du texte (l. 3 et 5-6) s'effilochent peu à peu. En contrefaisant la stupidité, Agnelet, dont le nom révèle la candeur, désarme peu à peu les fleurs de la rhétorique. Les armes du plus fort s'émoussent sur un épiderme qu'elles ne parviennent pas à entamer. Dès lors, le rapport de force s'inverse, et l'emportement de maître Pathelin est un aveu d'impuissance. D'acteur, l'avocat devient spectateur d'une farce qu'Agnelet joue devant lui et à ses dépens. Il est condamné à commenter, en fin connaisseur, les attitudes du berger : « sans continuer à me bêler après », « j'en ai assez de tes bêlements » (l. 20-21), « Monsieur fait l'extravagant ! Et à qui vends-tu tes excentricités ? » (l. 23). Il en vient à avouer qu'il est la cible d'un jeu dont il a perdu la maîtrise : « Et de qui crois-tu te moquer » (l. 27), « voir un berger [...] me tourner en ridicule » (l. 32), « Si tu le fais pour t'amuser » (l. 34). Le langage qu'il utilise est autant celui du personnage que celui de l'acteur qui reconnaît en autrui la pratique aboutie de son art.

Le spectateur est ainsi entraîné dans l'ivresse d'une scène qui lui procure, tout d'abord, le plaisir de la surprise. Jusque-là, en effet, on riait avec l'avocat. Désormais, on rit contre lui. Pathelin, qui semblait devoir triompher devant le personnage d'un sot, est en définitive maîtrisé par plus roué que lui. Le passage illustre donc parfaitement le genre de la farce, qui tire son nom de l'ancien français *farser*, signifiant « tromper ». Ce genre, qui plonge ses racines dans l'Antiquité, a exercé une influence durable jusqu'à aujourd'hui. On en trouve la manifestation dans certaines pièces de Molière comme le *Bourgeois Gentilhomme* (*cf.* p. 285), où le comique confine parfois à la bouffonnerie et exploite, dans la mise en scène du corps, dans la vivacité du langage et dans les thèmes abordés, les ressorts que fait jouer la farce.

2 Des jeux baroques aux règles classiques : le théâtre pour plaire et instruire

Manuel, p. 270-285

I. Problématiques et thèmes

Que ce soit le théâtre baroque avec ses excès et son goût du mouvement, ou bien la mise en scène classique avec sa représentation des passions, le théâtre révèle, par ses choix esthétiques, une certaine vision de l'homme et du monde. Les dramaturges du XVIIe siècle, à travers leurs pièces, posent des questions morales, religieuses et confrontent des valeurs dans des conflits tragiques ou comiques.

Le parcours commence par l'étude de trois extraits de pièces emblématiques (respectivement anglaise, espagnole et française), qui représentent le théâtre baroque. Dans une perspective d'histoire littéraire, on pourra montrer aux élèves la rupture que représente le théâtre classique par rapport au théâtre baroque, marqué par une grande liberté de ton, une grande variété de personnages et une vision du monde teintée d'inquiétude. Ces trois scènes sont autant de réflexions sur le spectacle théâtral, qui n'est qu'une illusion mais que le spectateur tient pour vrai. On pourra ainsi étudier tout ce qui est relatif à la mise en scène d'une pièce, au théâtre dans le théâtre.

L'époque classique a durablement marqué le théâtre occidental. Étymologiquement, le mot « classique » désigne les auteurs de l'Antiquité donnés comme modèles (du latin *classicus*, « de première classe », *classici scriptores* signifiant « auteur de première classe »). L'idéal classique prône l'imitation des Anciens, et les sujets des pièces sont souvent empruntés aux auteurs de l'Antiquité, puisant dans les mythes (*Phèdre*, *Médée*) ou dans l'histoire antique (*Bérénice*, *Britannicus*). Soucieux de plaire et d'instruire, les dramaturges font leurs les préceptes d'Aristote et d'Horace. Peu à peu, le Classicisme se fixe des règles strictes, tant dans la composition que dans le contenu : règles des trois unités, règles de bienséance et de vraisemblance (*cf.* « Le Classicisme », p. 44). L'étude des textes montrera comment les dramaturges se sont emparés de ces règles tout en créant une esthétique originale, propre à leur siècle.

L'esthétique classique s'appuie donc sur une conception extrêmement contrôlée de l'art dramatique. Elle repose sur des règles qui sont énoncées dans le but de plaire et d'émouvoir le spectateur. Cette dramaturgie est mise au service d'un idéal moral, que le spectacle théâtral doit défendre et dans lequel la raison triomphe sur les passions et les vices. Cette vocation morale du théâtre, instruire en corrigeant les mœurs, se retrouve aussi bien dans la tragédie qui condamne les passions et les comportements excessifs, que dans la comédie qui dénonce les vices et les travers des hommes.

Enfin, il s'agira de faire percevoir aux élèves la richesse de la vie théâtrale au XVIIe siècle : Corneille, Racine, Molière attirent un public nombreux. Louis XIV soutient les arts et fait jouer des pièces à Versailles et à Paris. L'art dramatique suscite des débats vifs : on peut citer Corneille, souvent en butte aux critiques pour sa transgression des règles classiques, la question de la vraisemblance qui passionne les critiques de l'époque, ou encore la censure exercée contre le *Misanthrope* de Molière. La diversité des textes proposés dans cette partie témoigne de cette intense production théâtrale.

BIBLIOGRAPHIE

- **Aristote**, *Poétique*, IVe siècle av. J.-C.
- **Abbé d'Aubignac**, *La Pratique du théâtre*, 1657.
- **Jean Rousset**, *La Littérature de l'âge baroque en France : Circé et le paon*, éditions José Corti, 1995.
- **François Laroque**, *Shakespeare et la fête. Essai d'archéologie du spectacle dans l'Angleterre élisabéthaine*, éditions PUF, 1988.
- **Georges Forestier**, *La Tragédie française, Règles classiques, passions tragiques*, éditions Armand Colin, coll. « U : Lettres », 2e édition, 2016.
- **Roland Barthes**, *Sur Racine*, éditions du Seuil, 1963.
- **Patrick Dandrey**, *Molière ou l'esthétique du ridicule*, éditions Klincksieck, 1992.

II. Jeux baroques (p. 272-274)

TEXTE 1 : William Shakespeare, *Le Songe d'une nuit d'été* (1600) p. 272

Objectifs et enjeux

- **Étudier un extrait d'une des pièces les plus emblématiques du théâtre élisabéthain**
- **Analyser les manifestations et les enjeux de l'inconstance baroque**

Lecture analytique

1. La principale métamorphose à l'œuvre dans cette scène est due au lutin Robin, qui a affublé Bottom d'une « *tête d'âne* » (l. 1). Cet attribut animal connoté négativement participe du burlesque parce qu'il introduit un décalage entre le sujet sérieux de la pièce répétée par la troupe (l'histoire de Pyrame et Thisbé, comme le rappelle la première réplique) et l'apparence à la fois monstrueuse et ridicule de l'acteur qui joue Pyrame. Les réactions d'effroi des autres comédiens de la troupe sont marquées par l'excès, comme l'attestent les nombreuses exclamations (« Oh ! monstrueux ! Oh ! étrange ! », l. 3 ; « Dieu te bénisse, Bottom, Dieu te bénisse ! », l. 19) et leur fuite (« *Sortent tous les comiques* », l. 5). La cause de ces réactions est mentionnée par chacun : « tu es métamorphosé » (l. 16), « Tu es transfiguré » (l. 19).

C'est ensuite un *quiproquo* qui nourrit le comique, puisque Bottom ne comprend pas la réaction de ses camarades (« Pourquoi se sauvent-ils ? », l. 13) et croit qu'ils lui jouent un tour (« C'est une de leurs friponneries », l. 13, « Je vois leur friponnerie », l. 21). Ironiquement, le sentiment de peur bascule alors du côté de Bottom, de façon d'autant plus comique que celui-ci s'en défend : « je chanterai, pour qu'ils entendent bien que je n'ai pas peur » (l. 23-24). Le comique de situation est donc renforcé par le comique de caractère, et le procédé du théâtre dans le théâtre, orné des faux semblants typiques du baroque, fonctionne à plein, comme le confirme l'énumération des métamorphoses annoncées de Robin aux lignes 8-9.

On retrouve dans la dernière partie de l'extrait un nouveau décalage comique dans le monde sens dessus dessous de la forêt : Bottom, après avoir suscité la peur autour de lui, charme Titania par son chant. Il est qualifié d'« ange » (l. 29) par la reine des fées, qui s'adresse à lui par l'apostrophe méliorative « tendre mortel » (l. 36). Son apparence effrayante fait paradoxalement naître chez la reine des fées un intense sentiment d'amour, comme le soulignent la comparaison « Mon oreille est enamourée de ta voix / Comme mon œil est captif de ta forme » (l. 37-38) et la gradation « le pouvoir de ta beauté m'entraîne [...] à te dire, à te jurer, que je t'aime » (l. 39-40).

2. Le retour de Bottom « *affublé de la tête d'âne* » est à l'origine du mouvement qui dynamise l'ensemble de la scène. En effet, l'apparition de cette figure monstrueuse entraîne la fuite désorganisée de toute la troupe, annoncée par l'impératif « fuyons, messieurs » (l. 4) et confirmée par les nombreuses didascalies d'entrée et de sortie de scène (l. 5, 15, 18 et 20). Cette fuite est initiée par le lutin Robin : « Vous danserez en rond : je vous donne la chasse » (l. 6). L'énumération d'animaux plus ou moins rapides (l. 11), de participes présents relatifs aux sons qu'ils produisent (l. 10), ainsi que la mention du « feu ardent » (l. 11) dans la suite de sa réplique, renforce cette idée de course frénétique à travers la forêt.

Même s'il ne quitte pas la scène, Bottom est lui aussi en mouvement. D'une part, son esprit est tourmenté par une situation sur laquelle il n'a pas de prise : « Ils veulent me faire tourner en bourrique pour m'effrayer » (l. 21-22). D'autre part, il combat cette inquiétude en se déplaçant lui-même, imitant le mouvement sans but de ses camarades : « Je vais marcher ici de long en large » (l. 23).

Enfin, plus métaphoriquement, c'est le mouvement du cœur que ce passage met en scène. Le chant de Bottom, mis en abyme dans les paroles qu'il prononce (« *La grive, au gosier enchanteur, / Le roitelet, au chant fluet* », l. 27-28), éveille Titania et suscite son amour « dès le premier regard » (l. 40). La soudaineté de cette passion, qui s'explique par l'enchantement dont est victime la reine des fées, est l'une des caractéristiques du théâtre baroque, qui met en scène l'inconstance des sentiments humains. On peut d'ailleurs constater que la prose est réservée à la trivialité, alors que les vers concentrent les épanchements du cœur.

TEXTE 2 : Pedro Calderón de la Barca, *La vie est un songe* (1635) p. 273

Objectifs et enjeux

- **Étudier le thème de l'illusion et ses enjeux (esthétiques, moraux)**
- **Comprendre la réflexion sur le pouvoir développée par Calderón**

Lecture analytique

1. Sigismond est un prince retenu captif qui a vécu, en songe croit-il, une journée en tant que monarque, comme l'indique la formule emphatique « c'est prince de Pologne que j'étais » (l. 8). Son goût du pouvoir est clairement exprimé : il énumère en usant d'hyperboles les signes extérieurs de ce pouvoir, les fastes de ses attributs (« sur une couche qui aurait pu par ses diaprures et ses couleurs être le lit des fleurs qu'a tissé le printemps », l. 4-5, « parures, bijoux et habits », l. 6) et la soumission de ses sujets (« mille gentilshommes prosternés », l. 5). Cette situation révèle surtout ses instincts les plus sombres et les plus violents, ce que le choix du rythme binaire permet de souligner : « la violence et la rage au cœur » (l. 10), « De tous j'étais le maître et de tous je me vengeais » (l. 13). Cette dernière citation met clairement en relation le pouvoir et la violence. Le caractère choquant du comportement de Sigismond est renforcé par le décalage entre la réplique de Clothalde et sa réponse (l. 9-11) ainsi que par la réaction de son père le roi, dans la didascalie de la ligne 16 et dans l'aparté de Clothalde « Le roi s'en est allé, ému de l'avoir entendu » (l. 17), qui a valeur de didascalie interne.

Néanmoins, plusieurs éléments contribuent à nuancer ce portrait bien sombre. D'abord, Sigismond exclut de sa colère une femme dont il est tombé amoureux, par la négation restrictive « il n'y a qu'une femme que j'aimais » (l. 13-14), ce qui contribue à l'humaniser. Ensuite, on constate qu'il fait preuve d'un recul critique sur ses agissements dans le cadre de l'échange avec Clothalde : la parenthèse « quelle cruauté délectable ! » (l. 3-4), fondée sur un oxymore, montre qu'il a pris conscience des limites de ce pouvoir illusoire ; il reconnaît ses torts envers son geôlier (« Pas très bien », l. 10) et consent à réfléchir aux conséquences de ses actes après le départ de celui-ci (« Il a raison », l. 22).

2. La pensée de Sigismond est toute entière basée sur le caractère flottant de la frontière entre illusion et réalité, caractéristique du baroque : « Encore qu'il se soit agi d'un songe, je vais te dire, Clothalde, non ce que j'ai rêvé, mais bien ce que j'ai vu » (l. 2-3). Sigismond prend conscience que la vie est un songe (« vivre, ce n'est que rêver », l. 24) et développe dans son monologue final une réflexion au présent de vérité générale sur la vanité de l'existence, où tout est éphémère. Il utilise les images significatives du « vent » et des « cendres » (l. 28) et évoque par un euphémisme la mort et ce qui s'ensuit, dans une perspective chrétienne : « en sachant qu'il se réveillera dans le sommeil de la mort » (l. 29-30). Il dialogue avec lui-même à la fin de la scène : « Qu'est-ce que la vie ? Un délire. Qu'est-ce que la vie ? Une illusion, une ombre, une fiction. » (l. 35-36). Cette illusion est commune à tous, comme le souligne l'énumération « Le roi rêve... » (l. 26), « Le riche rêve... » (l. 30) et « le pauvre rêve... » (l. 30-31), qui passe en revue des archétypes et reconstitue un véritable *theatrum mundi*.

C'est surtout sur la vanité du pouvoir, politique et financier, qu'insiste Sigismond. Toutes les prérogatives du roi, « ordonnant, disposant et gouvernant » (l. 26-27), ne sont qu'illusion, au même titre que « ces louanges qu'il reçoit à titre précaire » (l. 27) et qui flattent son orgueil.

Ironiquement, la richesse est la source d'« un surcroît de soucis » (l. 30). La leçon est double, formulée d'abord par Clothalde (« même dans les songes on ne perd rien à bien faire », l. 20), puis par Sigismond lui-même (« le plus grand bien est peu de chose », l. 36) : d'après cette conception chrétienne, il convient de se comporter avec humilité et honneur sur terre pour prétendre accéder au paradis, dont l'image est esquissée aux lignes 31-32 (« celui qui commence à s'élever »).

TEXTE 3 : Pierre Corneille, *L'Illusion comique* (1636) p. 274

Objectifs et enjeux

→ **Étudier une mise en abyme caractéristique du théâtre baroque**

→ **Comprendre la façon dont le théâtre était perçu dans la première moitié du XVIIe siècle, avant la consécration du théâtre classique**

Lecture analytique

1. La didascalie initiale mentionne le « *rideau* », élément symbolique du théâtre, mais l'utilise de façon paradoxale : le rideau tombe d'ordinaire à la fin du spectacle, il se lève ici sur les coulisses, l'envers de l'illusion.

À travers les personnages, ce sont les différentes instances du théâtre qui sont mises en scène. Pridamant représente le spectateur qui se laisse prendre à l'illusion théâtrale, comme le souligne l'isotopie du regard : « Que vois-je ! » (v. 2), « Voyez » (v. 3), « je vois » (v. 4-5), « ce que vous avez vu » (v. 23), « je vous ai fait voir » (v. 30). Alcandre joue quant à lui le rôle du metteur en scène qui explique à Pridamant les ressorts du théâtre. Les vers 8-9 sont saturés par le lexique théâtral ; la « Scène » (v. 11), lieu de la représentation, est mentionnée et le vers 12 rappelle que l'essence même du théâtre est la parole (« leurs vers », « leurs paroles »). Les protagonistes sont eux aussi indiqués : on les appelle les « Acteurs » (v. 8) et les rôles qu'ils jouent sont caractérisés par les expressions antithétiques « Le traître et le trahi, le mort et le vivant » (v. 14).

Par ailleurs, Pridamant, en évoquant la « pratique » (v. 9), c'est-à-dire la recette de la représentation, montre que si le théâtre est une illusion pour le spectateur, c'est pour l'acteur une pratique professionnelle et maîtrisée qui lui permet de gagner sa vie. Pridamant constate d'emblée que les jeunes gens comptent « de l'argent » (v. 2), et Alcandre fait référence à l'importance de leur « gain » (v. 29) en plaçant le terme en début de vers.

2. Dans la deuxième réplique de Pridamant, le nom « charme » (v. 6) souligne le pouvoir de séduction du spectacle théâtral, tout comme le verbe « ravissent » (v. 28), mis en valeur par l'enjambement en début de vers et indiquant bien que le théâtre transporte le spectateur dans un autre univers.

Le personnage de Pridamant se laisse prendre au charme de l'illusion car il se méprend sur la réalité de ce qu'il voit, comme l'indiquent son étonnement (exclamations des vers 4-5 et 20) et son incompréhension (questions rhétoriques des vers 2 et 6-7). Il confond réalité et fiction en plaçant sur le même plan des acteurs réels (« Clindor », « Lise ») et les personnages fictifs (« Rosine », « leur assassin »).

On peut aussi parler du rôle didactique du théâtre puisque Pridamant va bénéficier de la leçon d'Alcandre, qui va l'inviter à remettre en cause ses préjugés. En effet, après avoir compris que son fils n'est pas mort, Pridamant demeure affligé par le métier qu'il exerce : « je trouve partout mêmes sujets de plainte » (v. 34). Alcandre le place face à ses responsabilités de père grâce à l'analepse que constituent les vers 16 à 19, au passé composé. S'il rassure Pridamant sur le sort de son fils (« ce que vous avez vu [...] / N'est que la triste fin d'une pièce tragique », v. 23-25), il suggère que le spectacle de « son adultère amour, son trépas impourvu » (v. 24) pourrait être une des conséquences possibles de ses réactions de père trop sévère. La phrase impérative « Cessez de vous en plaindre » (v. 37) invite clairement Pridamant à cette remise en cause que permet le théâtre à ses spectateurs.

3. Alcandre fait l'éloge des comédiens. Aux vers 10-11, il souligne la différence entre acteurs et spectateurs, entre trompeurs et trompés, en rappelant que le jeu des acteurs suscite l'émotion des spectateurs : la terreur et la pitié (« L'un tue et l'autre meurt, l'autre vous fait pitié », v. 10) résultent logiquement de la représentation d'une « pièce tragique » (v. 25) et permettent la *catharsis*.

Alcandre explique également la façon dont le comédien vit le théâtre. Le jeu est conçu comme une technique n'engageant pas les sentiments de l'acteur, comme l'indique la double tournure négative « sans prendre intérêt en pas un de leurs rôles » (v. 13). D'ailleurs, l'allusion aux costumes dans l'hyperbole « ce grand équipage / Dont je vous ai fait voir le superbe étalage » (v. 29-30) révèle bien l'importance de l'apparence et de l'ostentation dans le théâtre.

Plus globalement, c'est un véritable plaidoyer pour le théâtre que développe le magicien. Dans sa troisième réplique, le qualificatif « si difficile » (v. 21) et le nom « asile » (v. 22) sont positifs et ouvrent sur une vision élogieuse du théâtre, dont les comédiens sont la partie la plus visible. Sa dernière réplique (qui est en réalité le début d'une tirade) souligne l'importance que l'on accorde au théâtre et l'admiration qu'il suscite par une abondance de termes hyperboliques et mélioratifs comme les superlatifs « si haut » (v. 38) et « le plus doux » (v. 42), le verbe « idolâtre » (v. 38), l'accumulation de groupes nominaux des vers 40 à 43. Les comédiens sont les bienfaiteurs d'un public toujours plus nombreux et prestigieux, touchant aussi bien « Paris » que les « provinces » (v. 41), les « princes » (v. 42) que le « peuple » (v. 43).

III. Tragédie et passion (p. 275-280)

TEXTE 4 : Robert Garnier, *Hippolyte* (1573) p. 275

Objectifs et enjeux

→ Découvrir une réécriture du mythe de Phèdre

→ Analyser la représentation de la passion

Lecture analytique

1. L'action de la pièce de Garnier se place à Athènes (comme dans la pièce de Sénèque) et non à Trézène comme chez Euripide et Racine. La passion amoureuse commande toute l'action dans la pièce de Garnier. C'est la première représentation française racontant les amours malheureuses d'Hippolyte et de Phèdre. Le premier acte s'ouvre sur l'ombre d'Égée annonçant de façon tragique la passion coupable de Phèdre et la mort d'Hippolyte, demandée par son père. Après ce premier acte proleptique, le deuxième est tout entier consacré à la description de la passion monstrueuse : le monologue de Phèdre, le dialogue avec la Nourrice (cet extrait), puis le chant du Chœur décrivent la puissance de la passion. Garnier propose une peinture violente, baroque d'une femme amoureuse, présentée comme une victime tourmentée par le monstre d'Amour. La pièce de Garnier contient ainsi les prémices de la conception classique de l'amour, vu comme une passion coupable.

En effet, celle-ci est perçue comme monstrueuse. La Nourrice multiplie les métaphores pour décrire le pouvoir destructeur de l'amour : « une bête si caute » (v. 26), « ce fier serpent » (v. 18), « Amour est un serpent, un serpent voirement » (v. 19), la vérité générale étant ici renforcée par le chiasme. Puis une métaphore associe ses effets à celui d'un poison incurable : « privés d'espoir de toute guérison » (v. 23), « notre sang infect de sa poison » (v. 24). Garnier rappelle ainsi le caractère monstrueux de l'amour : « Sous ce monstre d'Amour, que vous dussiez dompter » (v. 12), que la métaphore filée présente comme un ennemi qu'il faut combattre (« Domptez-le », v. 13 ; « vous emporterez une pareille gloire », v. 17 ; « Si [...] vous avez la victoire », v. 18 ; « combattre sa malice », v. 30). Le champ lexical du combat montre que l'amour est perçu comme une créature qu'il faut terrasser.

2. L'héroïne ne peut que susciter la terreur et la pitié des spectateurs. Elle exprime sa douleur et ses ennuis en multipliant les phrases exclamatives : « Hé bons Dieux ! » (v. 1), « ô malheureux Amour ! » (v. 3). Les hyperboles (« une si dure peine », v. 2) et le lexique de la souffrance mettent en relief le caractère pathétique de sa situation : « Souffrirai-je » (v. 3), « s'affligeant » (v. 10), « Languirez-vous » (v. 11). Phèdre apparaît comme une victime tragique de l'amour et des dieux, comme le prouvent les références à ceux-ci (v. 1) ou à la flèche de Cupidon (v. 6). Sa plainte, rendue lyrique par les répétitions de « maudites », souligne l'acharnement de la fatalité : « Que maudite soit l'heure et maudit soit le jour / Que je te fus sujette ! ô quatre fois maudite » (v. 4-5). En employant la deuxième personne pour s'adresser directement à l'Amour, Phèdre rappelle qu'elle n'est pas responsable de cette passion coupable. Les phrases interrogatives soulignent l'impuissance de l'héroïne et laissent présager que les appels à la résistance de la Nourrice seront bien vains : « que ferai je ? » (v. 1), « Souffrirai je toujours ? » (v. 3). Les références au corps, nombreuses dans l'extrait, témoignent de la puissance de son emportement et rendent tangibles et saisissants les tourments qu'il inflige : « La poitrine et le cœur » (v. 2), « dedans notre sein » (v. 20), « notre sang » (v. 24). La tragédie, par le spectacle de cette passion excessive, provoque la *catharsis* (la purgation des passions, du grec *khatarsis* qui signifie « purification »). La passion de Phèdre est perçue comme une défaite de la raison : « d'Hippolyte que j'aime, et non pas seulement / Que j'aime, mais de qui j'enrage follement » (v. 7-8). L'enjambement souligne le passage de l'amour à la folie. La passion est décrite comme une abdication de la raison (« cette amour insensée », v. 10).

TEXTE 5 : Pierre Corneille, *Médée* (1635)

p. 276

Objectifs et enjeux

- → **Étudier la représentation d'un personnage monstrueux, coupable d'*hubris***
- → **Analyser un monologue délibératif**

Lecture analytique

1. Pierre Corneille, auteur prolifique qui écrivit des comédies, des tragédies et des tragi-comédies, choisit avec Médée de représenter un personnage de la mythologie rongé par sa jalousie. Annonçant certains personnages monstrueux de Racine qui ont le pouvoir de susciter terreur et pitié comme le recommandait Aristote, au IVe s. avant J.-C., Médée montre le désordre que créent les passions. Ici son amour, sa jalousie, le dépit qu'elle éprouve après avoir été délaissée par Jason, la poussent à envisager le meurtre de ses propres enfants.

Dans ce monologue délibératif, Médée s'interroge sur la nécessité de ces infanticides : « mon âme éperdue / Entre deux passions demeure suspendue » (v. 27-28). Elle rappelle qu'elle a déjà tué : « est-ce assez de deux morts ? » (v. 1), « mon frère » (v. 11). Son monologue multiplie les antithèses, révélant le trouble du personnage : « J'adore les projets qui me faisaient horreur » (v. 18), « De l'amour aussitôt je passe à la colère » (v. 19). Le dilemme de Médée est de choisir entre la mère (qui protège ses enfants) et la femme (qui se venge) ; son monologue délibératif exprime ses doutes et ses hésitations et la fait passer à plusieurs reprises « Des sentiments de femme aux tendresses de mère » (v. 20). Pour résoudre ce dilemme, le monologue déroule plusieurs étapes : tout d'abord, Médée affirme vouloir sacrifier ses enfants, dans une antithèse : « immolons avec joie » (v. 7). Puis, le connecteur logique « Mais », au vers 11, annonce un revirement : « Mais ils sont innocents », immédiatement contredit par le vers suivant : « Ils sont trop criminels » (v. 12). L'anaphore « Il faut » (v. 13 et 14) montre que Médée tente de se convaincre de la nécessité du crime. La suite de sa réplique enchaîne les revirements et révèle le combat entre la pitié et la vengeance : le texte évoque la pitié de la mère (v. 16), puis la « fureur » de la femme (v. 17), puis à nouveau la pitié : « Mais ma pitié renaît » (v. 26), et enfin, vainqueur, le désir de vengeance : « N'en délibérons plus [...] / Je vous perds, mes enfants » (v. 29-30). La particularité de ce monologue délibératif est qu'il n'est pas structuré autour de grandes étapes de la réflexion, mais fait se succéder de nombreux revirements, ce qui est le signe de l'incohérence et du trouble de Médée qui perd ici sa raison et cède à la folie de la vengeance.

2. Médée est toute entière livrée à la fureur (« Il faut qu'il souffre en père aussi bien qu'en amant », l. 14). C'est la loi de la vengeance qui s'applique, œil pour œil, comme le montre l'utilisation du polyptote : « Je vous perds, mes enfants ; mais Jason vous perdra » (v. 30), « Il me prive de vous, et je l'en vais priver » (v. 25). Le lexique signale la fureur de Médée : « les fureurs de mon âme » (v. 4), « ma fureur » (v. 17). Médée est fascinante par sa cruauté que le dramaturge nous donne à voir (le mot « monstre » vient du latin *monstrum*, de « *monere* », « faire voir »). Les spectateurs ne peuvent qu'être saisis par le contraste entre la cruauté du projet de meurtre de la femme trahie, et l'amour d'une mère qui désigne ses enfants par la périphrase « chers fruits de mon amour » (v. 23) en multipliant les possessifs (« mes enfants », v. 30, « des miens », v. 7), et en s'adressant à eux directement (« Je vous perds », v. 30).

Un tel personnage est propre à susciter la *catharsis* et inciter les spectateurs à mettre à distance ces sentiments excessifs. Des passions incontrôlées (amour, jalousie, vengeance) nourrissent la démesure du personnage de Médée et provoquent la pitié du spectateur. Interrogeant sa vengeance, elle use de la 2e personne du singulier, comme pour mettre à distance la femme qui demande vengeance et dont elle perçoit la nature monstrueuse. Médée semble dominée par ce désir de punir : « Est-ce assez, ma vengeance » (v. 1), « Consulte [...] tes plus ardents transports » (v. 2). Lorsqu'enfin l'héroïne use de la première personne, c'est pour s'arroger un droit contre-nature, celui de vie et de mort sur ses enfants : « Nature, je le puis sans violer ta loi » (v. 9). Pourtant, en envisageant de tuer ses propres enfants, Médée viole bien une loi de la nature : le rôle d'une mère est de donner la vie à ses enfants et non de la reprendre. En s'arrogeant ce droit de mort, Médée est coupable d'*hubris*, ce crime de démesure, dont les héros tragiques se rendent souvent coupables.

Prolongement

On pourra compléter l'étude de ce monologue par la lecture de l'extrait de la pièce d'Euripide (p. 266), l'un des hypotextes de Corneille.

TEXTE 6 : Jean Racine, *Britannicus* (1669) p. 277

Objectifs et enjeux

- → **Découvrir deux personnages opposés à travers leurs paroles**
- → **Étudier la représentation d'un pouvoir excessif**
- → **Étudier l'utilisation du théâtre dans le théâtre**

Lecture analytique

1. La pièce se passe à Rome dans le palais de Néron, lieu qui symbolise le pouvoir. C'est aussi pour Junie le lieu de sa séquestration. Néron la retient malgré elle et exerce un chantage odieux, voulant la forcer à renoncer à Britannicus, sous peine d'assassiner ce dernier.

Néron, empereur Romain au Ier siècle après J.-C., était passionné de théâtre. Il aimait se produire sur scène et imaginer des intrigues. Lors de l'écriture de sa pièce, Racine exploite donc cette caractéristique biographique et en fait ici un metteur en scène despotique qui entend diriger les autres comme bon lui semble. À Junie, il donne des ordres : « éloignez-le de vous » (v. 15), « Renfermez votre amour » (v. 26), il lui dicte ses paroles et ses gestes : « soit par vos discours, soit par votre silence » (v. 18). Mais le dramaturge est aussi spectateur et juge. Néron se pose en observateur de la pièce qu'il a imaginée : « Caché près de ces lieux, je vous verrai » (v. 25). Tout à son désir du contrôle, il pourra percevoir « un geste » ou « un soupir » (l. 30), et ajoute même : « J'entendrais des regards » (v. 28), soulignant la perspicacité du despote. Néron incarne le tyran dont l'exercice du pouvoir est passionnel, sans limite dans sa volonté de contrôler l'autre. Un tel personnage ne peut que susciter la terreur. Il ordonne en utilisant la modalité déontique : « il doit porter ailleurs » (v. 20). C'est un être dominé par ses désirs, qui lui dictent sa conduite : « Je veux » (v. 11), « Je ne veux point » (v. 13).

C'est là tout le paradoxe du « monstre naissant » que constitue Néron (préface de *Britannicus*). Être dominé par ses passions, soumis à ses désirs souvent changeants dans la pièce, il est un amoureux éconduit et jaloux : « ce sont ces plaisirs et ces pleurs que j'envie » (v. 5). Mais c'est aussi un tyran menaçant qui manie l'ironie, les sous-entendus (« je garde à ce prince un traitement plus doux », v. 7), la menace voilée (« Si ses jours vous sont chers », v. 15) ou explicite : « Et sa perte sera l'infaillible salaire » (v. 29). On peut étudier les actes de langage et les différentes modalités de l'expression de l'injonction dans les paroles de Néron (impératif, futur, verbes modaux). Sa passion du pouvoir est excessive et il ne parle que pour commander et menacer. Chez lui, le verbe devient ordre : « Il vaut mieux que lui-même / Entende son arrêt » (v. 13-14), « éloignez-le » (v. 15). Ces ordres sont soulignés par la césure ou la rime : « Soit par vos discours, soit par votre silence, / Du moins par vos froideurs, faites-lui concevoir » (v. 18-19).

2. Face aux manœuvres de Néron, Junie incarne la sincérité. Elle révèle sa compassion et ses sentiments pour Britannicus. La première phrase courte (« Britannicus est seul. », v. 1) et la pause soulignée par la césure mettent en relief l'isolement de celui-ci. Le lexique souligne sa situation pathétique : « ennui » (v. 1), « pleurs » (v. 3), « malheurs » (v. 4). Sans détour, ignorant la prudence devant le tyran qui la maintient captive, Junie exprime son amour. Elle avoue avec sincérité son attachement à Britannicus et son inquiétude pour son avenir. Elle s'offusque avec des phrases exclamatives et refuse de mentir : « Moi ! Que je lui prononce un arrêt si sévère ! » (v. 21). Le mensonge est perçu comme impossible pour Junie, innocente et sincère. Tandis que Néron recourt à des ruses et à des manipulations, elle lui est en tout point antithétique et s'exprime avec franchise en dépit du danger. Une telle scène de confrontation ne peut que susciter la terreur et la pitié chez le spectateur : terreur provoquée par le pouvoir absolu que s'arroge Néron, pitié en raison de l'isolement de Junie et de Britannicus. Racine nous montre ici une scène de conflit inégale entre le tyran et l'innocente. La source de ce conflit est le pouvoir sans limite que s'est donné Néron, comme le rappelle Roland Barthes :

> « Le conflit est fondamental chez Racine, on le trouve dans toutes ses tragédies. Il ne s'agit nullement d'un conflit d'amour […]. Le rapport essentiel est un rapport d'autorité, l'amour ne sert qu'à le *révéler* ».

Ce que Barthes résume par l'équation suivante :

> « A a tout pouvoir sur B.
> A aime B qui ne l'aime pas. »
>
> Roland Barthes, *Sur Racine*, Éditions du Seuil, 1963.

Le motif du regard montre bien que ce conflit est plus un conflit de pouvoir que d'amour. Dans une mise en abyme, le spectateur regarde Néron qui observe Junie, dans une posture voyeuriste. Après l'avoir provoqué, il contemple le malheur de sa captive et de Britannicus. Le regard du tyran dit son pouvoir sans limite, il contrôle tout : « je vous verrai, Madame » (v. 25). Mais ce regard signale aussi son impuissance à contrôler les sentiments de Junie. Mal aimé, il ne peut jouir du regard de l'amant, il n'a que celui du tyran.

Cette scène de conflit met en relief le désir de contrôle de Néron, qui entend observer et diriger Junie. Cette passion du pouvoir transformera au fil de la pièce cet homme en un tyran cruel et monstrueux.

TEXTE 7 : Jean Racine, *Bérénice* (1670)

p. 278

Objectifs et enjeux

- → **Analyser l'expression d'un conflit amoureux**
- → **Étudier une situation tragique, qui oppose l'amour et le pouvoir**

Lecture analytique

1. Dès sa première réplique, Titus annonce sa décision. Il se pose en homme qui a mûrement réfléchi : « Je sais » (v. 1), « Je sens » (v. 2). Cependant, au vers 4, le connecteur logique « Mais » balaie tout ce qui le rattachait à son amour : « Mais il ne s'agit plus de vivre, il faut régner ». La raison d'état triomphe de l'intérêt personnel, comme le montre le passage de la première personne « je » (v. 1-4) à la tournure impersonnelle « Il faut » (v. 4). Bérénice fait entendre son amertume : « Eh bien ! régnez, cruel » (v. 5), « infidèle » (v. 9), « l'ingrat » (v. 21). Par une synecdoque, elle rappelle que Titus a menti, en désignant la bouche qui a fait les promesses : « cette même bouche, après mille serments » (v. 7), « Cette bouche, à mes yeux s'avouant infidèle » (v. 9). Cette scène est un moment de tension car les personnages sont en conflit, Bérénice ne comprenant pas la décision de Titus. Pleine d'aigreur et d'amertume, elle formule une fin de non-recevoir : « Je n'écoute plus rien » (v. 12), « Je ne dispute plus. » (v. 6). Les adverbes de négation sont mis en relief à la césure, particulièrement marquée dans le vers 5 par une ponctuation forte. Mais sans cesse, Bérénice en revient à ses sentiments, dans un balancement entre l'amertume et l'amour.

2. Bérénice soupire, s'exclame (« Ah ! Seigneur », v. 13 et 28), utilise des questions qui resteront sans réponse : « Songez vous […] / Combien ce mot cruel est affreux quand on aime ? » (v. 13-14). Elle formule des regrets : « que de soins perdus ! » (v. 20) ; le lexique met en relief son tourment : « cruel » (v. 14), « affreux » (v. 14), « souffrirons » (v. 15). Dans sa préface, Racine évoquait la « tristesse majestueuse » de son héroïne, « qui fait tout le plaisir de la tragédie ». Sans cesse, Bérénice en revient à son amour, évoquant le passé (v. 6 à 10), puis le futur (v. 15 à 19). Dans un élan lyrique, Bérénice exprime sa passion pour son bien-aimé mais aussi du ressentiment face au choix qu'il a fait : « L'ingrat, de mon départ consolé à l'avance » (v. 21). Les derniers vers qui achèvent la tirade expriment bien le statut de cette héroïne pathétique face à son amour déçu et son futur détruit : « Ces jours si longs pour moi lui sembleront trop courts » (v. 23). Le temps des promesses d'amour est donc passé, il ne reste que le vide et l'absence.

3. Le paradoxe de cette scène de rupture est qu'elle est aussi une déclaration d'amour. Les deux personnages affirment l'impossibilité de vivre sans l'autre, pourtant c'est cet impossible qu'ils vont devoir affronter. Pour Titus, renoncer à Bérénice est un déchirement : il mentionne ses « tourments » (v. 1) ; les vers suivants décrivent un renoncement à la vie même : « je ne saurais plus vivre » (v. 2), « il ne s'agit plus de vivre » (v. 4), « Titus n'a pu, sans expirer » (v. 27). Titus convoque une métaphore frappante pour montrer le déchirement que constitue son choix : « mon cœur de moi-même est prêt à s'éloigner » (v. 3). On notera la polysémie du mot « cœur » qui peut désigner à la fois l'amour et le courage. L'opposition entre l'amour et l'État est présentée comme irréductible, comme le souligne l'antithèse entre « vivre » et « régner » (v. 4). Les références au temps dans la tirade de Bérénice expriment le manque : « et pour jamais » (v. 12), « Pour jamais ! » (v. 13), « Dans un mois, dans un an » (v. 15), « Que le jour recommence et que le jour finisse » (v. 17), « Sans que jamais [...] sans que de tout le jour » (v. 18-19). Les répétitions et les anaphores évoquent un temps qui semble interminable ; elles insistent sur le poids que représente cet avenir sans Titus, perçu dans une hyperbole comme une éternité insupportable : « une absence éternelle » (v. 10).

TEXTE ÉCHO : Henry de Montherlant, *La Reine morte* (1942) p. 279

Objectifs et enjeux

- **Étudier comment le dialogue théâtral exprime le conflit**
- **Analyser comment le théâtre interroge les valeurs, ici le pouvoir et l'amour**

Lecture analytique

Dans *La Reine Morte*, Montherlant reprend le thème du conflit familial qu'il avait déjà exploré dans ses pièces *Fils de Personne* ou *Demain il fera jour.* Dans *La Reine Morte*, Montherlant s'inspire d'un drame historique du XVIIe siècle, écrit par Luis Vélez de Guevara, *Régner après sa mort*, évoquant le sort tragique d'Inés de Castro, secrètement mariée à Pedro, le fils du roi du Portugal. Dans sa réécriture, Montherlant met en exergue les valeurs qui opposent le roi et son fils, l'un est attaché à la raison d'état, l'autre à son bonheur individuel. La rigueur du père et son dévouement au royaume l'amènent à un crime monstrueux : il tuera sa belle-fille Inès et l'enfant qu'elle porte.

1. Pedro est à l'opposé de Titus. Dans le conflit de l'amour et du pouvoir, il choisit l'amour, préférant l'intérêt individuel et la quête du bonheur, à l'intérêt collectif et au respect des devoirs. Il est ainsi perçu comme un être faible par son père. Ferrante manifeste son incompréhension face à son fils dont il ne partage pas les valeurs. Il multiplie les interrogations : « Il n'est donc que votre plaisir au monde ? » (l. 6), « Êtes-vous une femme ? » (l. 28). Les exclamations sont méprisantes : « Tant d'idées au secours d'un vice ! » (l. 21), « Votre bonheur ! » (l. 28). Ses paroles fortement modalisées expriment un jugement péjoratif : les arguments du fils sont des « absurdités » (l. 31), son amour est « un vice » (l. 21). Ferrante rabaisse et salit le sentiment amoureux qu'éprouve Pedro et que ce dernier présente pourtant comme sa « destinée » (l. 19), son « amour » (l. 7). Ferrante place le pouvoir au-dessus du bonheur personnel. Comme le souligne Montherlant :

> « Il dit la vérité, sa vérité, ses vérités. C'est un terrible roi Lear ; mais il n'est pas couronné de fleurs de thym, il est couronné de ses vérités ».
>
> *En relisant la Reine Morte*, 1954.

Pedro argumente, il utilise la concession puis défend ses valeurs : « des devoirs dont je ne méconnais pas l'importance, mais auxquels j'ai le droit d'en préférer d'autres » (l. 12-13). Il se pose en être qui a réfléchi et énonce des vérités générales : « la destinée d'un être importe autant que la destinée d'un million d'êtres ; une âme vaut un royaume » (l. 19-20), « il y a la vie privée, et elle est aussi importante, et elle aussi a ses devoirs » (l. 13-14). Face à cette argumentation développée, Ferrante réplique avec brutalité, dans des phrases courtes, non verbales, qui sous-entendent des ordres et intiment au fils de se taire et de régner : « Assez d'absurdités. En vous ma suite et ma mémoire » (l. 31). En rappelant plusieurs fois l'échéance imminente, Ferrante se fait cruel et menaçant : « Vous avez donc cinq jours » (l. 35), « Dans cinq jours » (l. 36). L'échange finit par une menace implicite, que la phrase inachevée laisse deviner : « Sinon... » (l. 36).

2. Deux conceptions de la vie s'affrontent ici. D'un côté, le roi qui place l'exercice du pouvoir et la raison d'état au-dessus de tout : « vous êtes chrétien, et demain serez roi » (v. 18) ; de l'autre le fils, qui évoque la sphère intime : le bonheur d'Inès, ses rêves à lui (« Une femme, un enfant, les former, les rendre heureux », l. 14-15). Ferrante incarne à la fois la rigidité et la faiblesse. Figé dans ses conceptions, orgueilleux, méprisant, le roi s'obstine jusqu'à l'absurde, n'hésite pas à menacer ou à suggérer un compromis immoral, un « partage raisonnable » (l. 3), périphrase désignant l'adultère qu'il conseille à son fils (épouser l'Infante et garder Inès pour maîtresse). Le fils refuse ces compromissions, se marier avec l'Infante et aimer Inès lui semblent des voies inconciliables comme le souligne l'antithèse : « Vivre partie avec l'Infante, et partie avec Inès » (l. 1). Aux yeux de Ferrante, le fils est médiocre et faible car il place ses désirs au-dessus de la raison d'état : « je ne veux pas nous sacrifier » (l. 11), auquel il répond « Vous [...] ne voulez rien voir d'autre » (l. 23), « Même si vous n'en voulez pas » (l. 31-32). C'est la modalité du vouloir qui est associée à Pedro, pour rappeler que le fils a fait le choix du bonheur personnel et a refusé les contraintes. À travers le conflit du père et du fils, ce sont deux visions opposées de la vie et du devoir qui s'affrontent.

TEXTE 8 : Jean Racine, *Phèdre* (1677)

p. 280

Objectifs et enjeux

- → **Étudier la représentation de la mort dans la tragédie classique**
- → **Analyser comment la tragédie suscite terreur et pitié**

Lecture analytique

1. La scène de la mort d'Hippolyte est rapportée par Théramène. À l'époque classique, la bienséance (exigence morale) interdisait la représentation de la mort sur scène, la vraisemblance (exigence intellectuelle) interdisait la mise en scène du merveilleux. La mort d'Hippolyte, infligée par un monstre marin, ne pouvait donc pas être montrée sur scène. Ainsi, c'est par un récit que cette mort nous est racontée, dans une hypotypose. La scène est décrite de manière extrêmement vivante, de façon à la mettre sous les yeux des spectateurs, comme s'ils y avaient assisté. Pour y parvenir, Théramène use du présent de narration et convoque des images violentes et sanglantes, qui touchent et terrifient le spectateur.

L'apparition du monstre est marquée par une gradation : « L'onde approche, se brise, et vomit à nos yeux » (v. 1). Même les flots, d'où vient le monstre, ne semblent pas vouloir garder la créature et la rejettent violemment sur le rivage. L'hyperbole « tout fuit » (v. 11) montre que la créature ne terrifie pas seulement les hommes, mais aussi le ciel, la terre et les flots. Avec une inspiration baroque, Racine multiplie les verbes de mouvement et les hyperboles, et décrit une nature bouleversée par l'apparition, comme les personnifications des vers 8 à 10 le soulignent : « Le ciel avec horreur voit ce monstre sauvage, / La terre s'en émeut, l'air en est infecté / Le flot qui l'apporta recule épouvanté ». Les quatre éléments naturels personnifiés expriment leur horreur. De plus, Théramène évoque les « mugissements » de la bête (v. 7, 18). Racine convoque ici différents sens et offre un tableau terrifiant à voir et à entendre. Il imite ici Euripide :

> « Le flot vomit un taureau sauvage, monstrueux ; la terre entière, emplie de son mugissement, y répond par un écho effroyable, et c'était pour les témoins un spectacle insoutenable aux regards. »
>
> Hippolyte, *Euripide*, ve s. av. J.-C., trad. L. Méridien.

Le monstre est un être contre-nature qui n'a sa place nulle-part : « Indomptable taureau, dragon impétueux » (v. 5). La description de la créature surnaturelle s'étale sur cinq vers qui multiplient les détails horrifiques : « écailles jaunissantes » (v. 4), « cornes menaçantes » (v. 3), « replis tortueux » (v. 6). Le monstre est l'incarnation visible de la fureur, à l'image de la passion monstrueuse qui ronge Phèdre : « monstre furieux » (v. 2). Cette créature est donc dépourvue de toute raison (« monstre sauvage », v. 8). La créature doit donc son statut de monstre à son apparence repoussante, mais aussi au fait qu'elle est, par sa fureur, l'antithèse de l'homme caractérisé par sa raison. D'ailleurs, lors du combat d'Hippolyte et de la créature, l'hypotypose permet de peindre un tableau de feu et de sang : « gueule enflammée » (v. 19), « de feu, de sang et de fumée » (v. 20). Le rythme ternaire et l'allitération en [f] mettent en relief la violence de la scène.

2. Hippolyte est dans cette scène l'archétype du héros tragique, qui sait qu'il va mourir : son courage est décrit comme « inutile » (v. 11), ses efforts sont « impuissants », (v. 23), mais il accomplit sa destinée (affronter le monstre). Une périphrase confirme qu'il est le « digne fils d'un héros » (v. 13), puisque Thésée avait combattu un monstre lui-aussi, le Minotaure. Le récit de Théramène emprunte une tonalité épique et le héros multiplie les actions héroïques : « arrête », « saisit », « pousse », « fait » (v. 14 à 16). Le courage de cet homme est souligné par l'opposition entre « Tout fuit » et « lui seul » (v. 11, 13). Hippolyte entre dans la légende. Au vers 25, Théramène suggère que d'autres récits du combat se répandent : « On dit qu'on a vu même » (v. 25). Les circonstances de la mort du héros la rendent plus frappante et pathétique. En effet, Hippolyte meurt traîné par ses propres chevaux rendus fous de peur, des animaux qu'il a lui-même éduqués et nourris. Cette trahison rappelle celle de son père, qui l'a maudit et a appelé la vengeance de Poséidon (« un dieu qui d'aiguillons pressait leur flanc », v. 26). La scène donne à voir le chaos (« désordre affreux », v. 25), chaos qu'ont provoqué la passion et le mensonge de Phèdre, ainsi que la colère de Thésée. Tout semble sens dessus dessous : les chevaux tuent leur maître, le père a réclamé la mort du « digne fils » (v. 13). Hippolyte meurt sous les yeux de ceux qui lui sont proches, comme le rappelle Théramène dans un vers lyrique : « J'ai vu, seigneur j'ai vu votre malheureux fils » (v. 33).

Le témoin répète par deux fois « J'ai vu » dans une hypotypose, qui donne aussi l'impression qu'il tente de se convaincre lui-même des récents événements. Le lexique souligne le pathétique de cette mort : « plaie » (v. 36) « douloureux » (v. 37), « ma douleur » (v. 31), « pleurs » (v. 32).

À la douleur physique du héros répond la douleur morale des spectateurs de la scène : « De nos cris douloureux la plaine retentit » (v. 37). Le choix de Théramène comme témoin qui vient conter la mort du jeune homme, est aussi propre à susciter la pitié. Cet homme, attaché à Hippolyte, a dû par deux fois endurer sa mort, lorsqu'il y a assisté et lorsqu'il l'a décrite. Il ne cache pas sa peine, mais au contraire la rend publique : « Excusez ma douleur. Cette image cruelle » (v. 31). La césure appuyée par la ponctuation forte met en relief le mot « douleur » et montre le trouble de Théramène qui suspend ici son récit terrifiant et revient au moment de l'énonciation. Le mot « cruelle », à la rime, mis en relief par l'enjambement, souligne le caractère insupportable de la scène.

Comme Sénèque dans *Phèdre* (Ier s.), Racine choisit de faire mourir Hippolyte lors de l'attaque du monstre, avant que le récit ne soit conté à Thésée (Euripide lui, laissait Hippolyte avec un « souffle de vie » qui permettait au père et au fils de se parler avant que ce dernier n'expire). Ici, Théramène fait le récit d'une mort qui a déjà eu lieu, et qui renforce l'impuissance du roi, à qui il ne reste que le chagrin et les regrets.

IV. La tragicomédie (p. 280-282)

TEXTE 9 : Pierre Corneille, *Le Cid* (1637) p. 281

Objectifs et enjeux

- → **Étudier un monologue délibératif**
- → **Étudier l'expression d'un dilemme**
- → **Analyser l'utilisation des stances**

Lecture analytique

1. Le monologue complet de Rodrigue se compose de six stances. L'extrait proposé correspond aux trois premières, et constitue un exorde du héros, qui exprime la profondeur de sa souffrance. Les deux derniers vers de la première strophe ont une dimension informative, puisqu'ils présentent la situation dans un chiasme qui oppose les deux pères : « mon père est l'offensé, / Et l'offenseur le père de Chimène ! » (v. 9-10). Après l'exposé de cette situation, les deux strophes suivantes présentent le dilemme dans une série d'antithèses : « Il faut venger un père, et perdre une maîtresse » (v. 13), « L'un m'anime le cœur, l'autre retient mon bras » (v. 14). Les deux derniers vers de chaque stance formulent deux questions qui expriment l'alternative qui s'offre à Rodrigue : « Faut-il laisser [...] ? / Faut-il punir [...] ? » (v. 19-20), « M'es-tu donné pour venger mon honneur ? / M'es-tu donné pour perdre ma Chimène ? » (v. 29-30). Il est habituel d'inclure un effet de style à la fin des stances, afin de marquer une pause et de souligner l'unité de chaque strophe. Ici, l'anaphore montre que les deux possibilités sont d'égale importance : par ces questions sans réponse, il s'agit bien de souligner le désarroi du héros qui est confronté à un choix impossible. Les vers 15 et 16 résument parfaitement les termes du dilemme : « Réduit au triste choix ou de trahir ma flamme / Ou de vivre en infâme ». Les mots à la rime, accentués, associent l'amour et la honte (« flamme » / « infâme »), signalant l'impossibilité de l'amour.

2. La ponctuation expressive, très forte (exclamations, interrogations) souligne le trouble du héros. Le premier mot évoque, dans une métaphore, sa douleur incommensurable : « Percé jusques au fond du cœur » (v. 1). Rodrigue exprime ses tourments dans une première strophe pathétique : « mon âme abattue » (v. 5), « l'étrange peine » (v. 8), et il résume sa situation à travers une périphrase : « malheureux objet d'une injuste rigueur » (v. 4). Les stances (terme emprunté à l'italien *stanza*, « demeure », « logis ») constituent une pause dans l'action. Elles permettent au héros d'analyser sa situation et de prendre une décision. Elles offrent aux spectateurs l'image d'un héros troublé. Les octosyllabes ou hexasyllabes, en rompant le rythme des alexandrins, présents partout ailleurs dans la pièce, permettent d'exprimer une plainte aux accents lyriques : « Ô Dieu l'étrange peine ! » (v. 8 et 18), « Fer qui causes ma peine » (v. 28). On remarquera la présence du mot « peine » au huitième vers de chaque stance, qui est comme un refrain et qui vient rimer avec « Chimène ». Les strophes, construites selon le même modèle métrique, constituent ainsi une unité lyrique et introduisent une musicalité dans le discours de Rodrigue. Les oxymores mettent en relief la bataille intérieure que se livre le personnage : « aimable tyrannie » (v. 22), « gloire ternie » (v. 23), « cher et cruel espoir » (v. 25).

Les stances ont été critiquées à l'époque de Corneille au nom de la vraisemblance, mais ont connu un vrai succès auprès du public. Cette forme poétique et lyrique permet une pause dans l'action dramatique et laisse Rodrigue exprimer son désarroi et sa douleur.

TEXTE 10 : Pierre Corneille, *Le Cid* (1637) p. 282

Objectif et enjeu

→ **Analyser la représentation d'un amour tragique**

Lecture analytique

1. Les deux héros se rencontrent et laissent éclater leur peine et leur amour. Leurs répliques s'enchaînent et se répondent grâce aux stichomythies qui soulignent l'harmonie de ces amants : « Ô miracle d'amour ! – Ô comble de misères ! » (v. 18), « Rodrigue, qui l'eût cru ? – Chimène, qui l'eût dit ? » (v. 20), « Ah ! mortelles douleurs ! – Ah ! regrets superflus ! » (v. 24). Chimène évoque d'ailleurs ses « ennuis » (v. 4) : le mot a un sens très fort à l'époque de Racine. Il désigne de violents tourments de l'âme, souvent liés à un deuil ou à l'absence d'un être aimé ; ici, la mort de son père et la perte de Rodrigue sont deux raisons aux « ennuis » de la jeune femme. Le mot provient du verbe « ennuyer » (provoquer des tourments), lui-même issu de la locution latine *in odio esse* (« être un objet de haine »).

Les hyperboles, nombreuses, soulignent également la souffrance des amants : « ma douleur extrême » (v. 6), « Ô comble de misère ! » (v. 18), « Que de maux et de pleurs » (v. 19). Les phrases exclamatives et interrogatives expriment leur désarroi. Les deux héros n'ont plus le droit de s'aimer ou de se voir. Le texte rappelle le caractère secret, interdit de cette rencontre : « Si l'on te voir sortir, mon honneur court hasard » (v. 9). D'ailleurs, la rencontre entre Chimène et Rodrigue, lors de sa représentation, a été jugée contraire à la vraisemblance et a nourri les critiques contre la pièce : il semble en effet invraisemblable qu'une jeune femme accepte de recevoir en secret le meurtrier de son père.

2. Les deux héros offrent l'image d'un amour tragique. L'oxymore « mourante vie » (v. 26) montre l'impossibilité pour Rodrigue de supporter une telle souffrance. Le héros envisage d'ailleurs la mort comme une issue : « en me faisant mourir » (v. 1). L'antithèse du vers 5 exprime la situation tragique de Chimène, consciente de son destin : « Sachant que je t'adore et que je te poursuis » (v. 5). La jeune femme est prise dans un conflit entre le devoir et l'amour : « Je ferai mon possible à bien venger mon père » (v. 15). En mettant un terme à leur rencontre, Chimène se plie à son devoir (« je ne t'écoute plus », v. 25), comme l'exige l'honneur. La métaphore de l'orage symbolise de même les aléas du destin auxquels les héros sont soumis : « si près du port, contre toute apparence / Un orage si prompt brisât notre espérance ? » (v. 22-23). Le caractère imprévisible de ce destin tragique est souligné par l'emploi du subjonctif imparfait (« brisât », v. 23, « fût », « perdît », v. 21) et plus-que-parfait (« eût cru », « eût dit », v. 20). Le malheur qui frappe les héros était une éventualité dont la réalité était jugée impossible, jusqu'à il y a quelques heures encore.

V. Comédie et satire (p. 283-285)

TEXTE 11 : Molière, *L'École des femmes* (1662) p. 283

Objectifs et enjeux

- → **Étudier une scène de dispute**
- → **Percevoir les différentes tonalités présentes dans une scène : comique, pathétique, polémique**

Lecture analytique

1. La question de l'éducation des femmes occupe une place importante dans l'œuvre de Molière (*Les Femmes savantes, Les Précieuses ridicules*). Le dialogue exprime ici un conflit. Avec ironie, Arnolphe s'emporte contre Agnès : « J'ai grand tort en effet ! » (v. 1). Arnolphe entend contrôler le comportement d'Agnès qui se révolte. Les anaphores mettent en relief l'antagonisme entre les deux personnages : « Oui. Mais pour femme » (v. 7), « Oui. Mais, à vous parler » (v. 9), « Et vous avez » (v. 16), « Et pourquoi » (v. 17). Des stichomythies soulignent la vivacité avec laquelle Agnès s'oppose à Arnolphe : « Mais il fallait chasser cet amoureux désir » (v. 21), « Le moyen de chasser ce qui fait du plaisir ? » (v. 22). La tonalité polémique domine, les personnages multiplient les reproches et les invectives. Agnès manifeste son opposition à plusieurs reprises dans des phrases négatives : « Je n'entends point » (v. 2), « Point du tout. » (v. 24), « Hélas ! non » (v. 27). Le caractère comique de la dispute provient de l'excessive franchise d'Agnès : « Il est plus pour cela selon mon goût que vous » (v. 10), « Oui, je l'aime » (v. 15). Dans un retournement comique, Molière montre que les leçons de franchise d'Arnolphe, qui avaient pour but d'éviter qu'elle ne le trahisse, l'amènent à lui avouer cruellement qu'elle en aime un autre : « à vous parler franchement » (v. 9), « s'il est vrai, ne le dirais-je pas ? » (v. 17), « Voulez-vous que je mente ? » (v. 27). L'honnêteté d'Agnès est sans pitié, à la fois candide et cruelle. L'élève a bien retenu les leçons de son maître : « J'ai suivi vos leçons » (v. 5). Par ce retournement comique, Molière montre une femme qui ne se soumet pas à l'autorité de l'homme et qui utilise l'enseignement qu'il lui a inculqué pour s'en affranchir.

2. Molière fait ici la satire d'un barbon méfiant et misogyne. Arnolphe a une vision négative des femmes. Il les soupçonne d'être infidèles, inconstantes, promptes à trahir. Ce sont d'ailleurs des accusations qu'il formule à l'encontre d'Agnès : « une action infâme » (v. 3), « vous avez le front » (v. 16), « traîtresse » (v. 15), « impertinente » (v. 18). Le lexique de la trahison et de l'insolence montre quelle vision de la femme idéale est celle d'Arnolphe : il s'attend à ce qu'elle soit fidèle, respectueuse et soumise. Par ailleurs, Agnès lui reproche sa vision du mariage, qui semble « fâcheux et pénible » (v. 11) lorsqu'il est vu par Arnolphe, alors qu'au contraire il apparaît « rempli de plaisirs » (v. 13) pour Agnès et Horace. La rime entre « plaisirs » et « désirs » suggère une conception du mariage plus sensuelle, à l'opposé de celle prônée par Arnolphe où tout est contrainte et devoir.

Cet homme est aussi excessif dans sa façon de vouloir contrôler Agnès. Il se pose en professeur : « vos leçons » (v. 5), « vous m'avez prêché » (v. 5), « vos discours » (v. 12). Il rappelle les impératifs qu'il a imposés à son élève : « Le deviez-vous » (v. 18), « il fallait » (v. 21). Le vocabulaire qu'il emploie renvoie à des devoirs qu'Agnès aurait dû respecter. Arnolphe incarne un Pygmalion malheureux, ayant échoué à modeler une femme selon ses désirs, voyant sa créature lui échapper. Il exprime son dépit d'être ainsi trahi : « Ne saviez-vous pas que c'était me déplaire ? » (v. 23), « Je vous l'avais fait, me semble, assez entendre » (v. 8). Agnès est une Galatée qui s'affranchit de l'autorité de son maître et se révolte : « Pourquoi me criez-vous ? » (v. 1). Le personnage d'Arnolphe paraît ici pathétique, la franchise d'Agnès est cinglante pour son protecteur. Son incapacité à exprimer son amour, autrement que par des ordres ou des reproches, insiste sur son désespoir. Il laisse transparaître sa peine et son chagrin : « Vous ne m'aimez donc pas [...] ? » (v. 26). La question semble être celle d'un enfant déçu. Le dépit amoureux d'Arnolphe est à la fois comique et pathétique, car malgré tous ses efforts pour éduquer Agnès, il est confronté à l'impossibilité de trouver une femme qui ne le trahisse pas. Certaines répliques ont même des accents pathétiques : « C'est que vous l'aimez, traîtresse » (v. 15).

Dans cette scène de conflit comique, Molière exploite un *topos* de la comédie, celui d'un vieux barbon éconduit par une jeune femme. Mais la scène de dispute est en réalité plus complexe et révèle un personnage touchant, malheureux, incapable de trouver les mots pour dire ce qu'il ressent.

TEXTE 12 : Molière, *Le Tartuffe* (1669) p. 284

Objectifs et enjeux

→ **Étudier une scène d'aveu amoureux**

→ **Analyser comment Molière dénonce l'hypocrisie**

Lecture analytique

1. L'aveu permet à la fois l'expression de l'amour et la libération de celui qui parle. Le mot « aveu » implique une culpabilité, une faute jusque-là cachée. Tartuffe révèle ici un amour coupable à plusieurs titres : Elmire est mariée, elle est l'épouse son hôte, et Tartuffe s'est présenté comme un dévot n'ayant de cesse de régenter et de juger les comportements des autres.

L'aveu de Tartuffe se déploie dans une longue tirade, véritable argumentation qui use de la persuasion pour justifier un amour immoral. Il flatte Elmire et évoque ses « appas » (v. 11) afin qu'elle soit bien disposée à entendre ses arguments (ce que l'on peut appeler la *captatio benevolentiae*, la recherche de la bienveillance de l'auditoire). Puis il anticipe sa réponse et réfute les arguments qu'Elmire pourrait lui opposer : « Je sais qu'un tel discours de moi paraît étrange » (v. 13). Il excuse son comportement en avouant ses faiblesses (« après tout, je ne suis pas un ange », v. 14) et en se posant en victime : « vos charmants attraits » (v. 16), « charmes » (v. 22). Le mot « charme » (du latin *carmen*, « formule magique ») évoque une attirance irrésistible dont il serait plus victime que coupable. Des vers 19 à 22, Tartuffe suggère un combat entre la raison et l'amour : la « douceur » est placée en position de sujet, elle « Força la résistance », « Elle surmonta tout », « tourna tous mes vœux ». Enfin, dans une dernière étape, il présente des arguments en faveur de cet amour, l'assurant en particulier de sa grande discrétion (v. 31-32).

2. Pour avouer son amour, Tartuffe fait l'éloge d'Elmire en usant d'hyperboles et d'un lexique mélioratif : « la splendeur plus qu'humaine » (v. 17) ou encore « l'ineffable douceur » (v. 19). Il souligne la toute-puissance et l'emprise qu'exerce sur lui l'amour dans une métaphore : « votre esclave indigne » (v. 26). Sa première réplique, en multipliant les marques de la deuxième personne, donne à Elmire tout pouvoir de faire son bonheur ou son malheur : « En vous » (v. 1), « De vous » (v. 2), « Par votre seul arrêt » (v. 3), « si vous voulez » (v. 4), « s'il vous plaît » (v. 4). Tartuffe use d'un lexique religieux pour exprimer l'amour qu'il ressent pour Elmire : « une dévotion à nulle autre pareille » (v. 30), « célestes appas » (v. 11), « vos regards divins » (v. 19). Il fait d'elle une divinité à laquelle il voue un culte. Les hyperboles et la préciosité de son langage (« ô suave merveille », v. 29) tentent de convaincre de la pureté de ses sentiments, pourtant coupables.

3. La scène souligne l'hypocrisie de Tartuffe qui oublie ses convictions religieuses et son devoir et ne songe qu'à son bonheur personnel, comme le montre l'énumération : « mon espoir, mon bien, ma quiétude » (v. 1) ou l'antithèse « ma peine ou ma béatitude » (v. 2). Ce dernier mot qui connote la religion montre la perversion de Tartuffe, chantre de la religion et du devoir, qui pourtant défend ici son plaisir et son désir dans des vers lyriques au rythme ternaire ou binaire (v. 1-2). Elmire exprime son étonnement face à cet aveu, et la rime « galante » / « surprenante » (v. 5-6) souligne tout ce qu'a d'incongru ce discours amoureux du dévot. Elmire rappelle la réputation de Tartuffe : « Un homme comme vous, et que partout on nomme » (v. 9). Le dernier argument de Tartuffe affirme avec certitude que sa réputation ne craint rien : « Votre honneur avec moi ne court point de hasard » (v. 31). Molière propose une scène d'aveu comique, dans laquelle Tartuffe révèle son hypocrisie et son mépris de la morale. Dans une satire, Molière dénonce l'hypocrisie de son personnage, et rappelle ainsi une des fonctions de l'art théâtral au XVIIe siècle : plaire et instruire. C'est ce que le dramaturge explique lorsqu'il défend sa pièce après sa censure :

> « Je n'avais rien de mieux à faire que d'attaquer, par des peintures ridicules, les vices de mon siècle ; et comme l'hypocrisie, sans doute, en est un des plus en usage, des plus incommodes et des plus dangereux, j'avais eu, Sire, la pensée que je ne rendrais pas un petit service à tous les honnêtes gens de votre royaume, si je faisais une comédie qui décriât les hypocrites [...]. »
>
> *Premier placet présenté au roi*, 1664.

TEXTE 13 : Molière, *Le Bourgeois gentilhomme* (1670) p. 285

Objectifs et enjeux

→ **Étudier les différents types de comique**

→ **Analyser comment le comique est mis au service d'une critique**

Lecture analytique

1. Tout au long des deux premiers actes du *Bourgeois gentilhomme*, les maîtres se succèdent dans un effet comique qui souligne les efforts de Monsieur Jourdain pour s'élever au-dessus de sa condition. En raison de sa naissance, M. Jourdain ne peut réussir à devenir noble. Ses efforts pour acquérir les usages et le savoir d'un gentilhomme sont voués à l'échec, mais ils font surtout apparaître sa bêtise et sa naïveté confondantes dans des scènes au fort pouvoir comique. Molière avait l'ambition de dénoncer les travers de ses contemporains. À ses yeux, la comédie « corrige les mœurs par le rire », ce que rappelle la célèbre formule latine que l'on doit à Horace et qui a servi de devise aux comédiens italiens : *castigat ridendo mores.*

La « leçon » utilise toutes les ressources du comique, dont on pourra rappeler les procédés aux élèves. Le comique de gestes se déploie à travers les mimiques de la bouche indiquées par les didascalies internes : « en rapprochant la mâchoire d'en bas et celle d'en haut » (l. 25-26), « écartant les deux coins de la bouche vers les oreilles » (l. 29). Le comique de répétition est présent par la réitération des voyelles et des gestes. Le pouvoir comique de cette leçon provient d'un décalage entre l'indigence du contenu de la leçon et les tournures sentencieuses du professeur : « traiter cette matière en philosophe » (l. 15), « il faut commencer selon l'ordre des choses » (l. 16). Molière déploie sa verve pour dénoncer l'attitude ridicule et la pédanterie du professeur de philosophie. La longue énumération des éléments constitutifs de la physique caricature l'orgueil du professeur qui étale sa science (« les causes de tous les météores, l'arc-en-ciel, les feux volants, les comètes, les éclairs, le tonnerre, la foudre, la pluie, la neige, la grêle, les vents et les tourbillons » (l. 6 à 8), mais son envolée se heurte ici aux limites de son élève qui l'accueille par un jugement prosaïque : « Il y a trop de tintamarre là-dedans, trop de brouillamini » (v. 9). En revanche, Monsieur Jourdain fait preuve d'un enthousiasme excessif devant la simple succession de quelques voyelles : « A, E, I, I, I, I. [...] Vive la science ! » (v. 31). De fait, la leçon du maître n'a rien de philosophique. De philosophe, il n'a visiblement que le nom et il se contente de débiter des évidences concernant les voyelles, avec emphase et assurance.

2. Le comique est ici au service d'une critique. Dans son désir de s'élever au-dessus de sa condition, M. Jourdain ne fait preuve d'aucun discernement. S'il se montre avide d'apprendre, c'est bien sa bêtise qui éclate dans cette leçon qui ne lui apprend rien qu'il ne sache déjà. L'absence d'esprit critique et la capacité à s'extasier devant des évidences participent au comique de caractère de M. Jourdain qui est d'une naïveté confondante : « Ah que cela est beau ! » (l. 27), « Cela est admirable » (l. 34-35), « Ah ! la belle chose que de savoir quelque chose ! » (l. 38-39). La répétition du mot « chose » signale une pensée qui tourne en rond. D'ailleurs, Monsieur Jourdain est un élève docile et sans esprit : « Oui. » (l. 24), « Ma foi ! oui. » (l. 27), « Cela est vrai. » (l. 31), « Il n'y a rien de plus juste » (l. 34), « Vous avez raison » (l. 38). Molière fait ici une satire de ses contemporains, tant des professeurs pédants que des bourgeois crédules qui aspirent à dépasser leur condition. Le titre montre dans un oxymore à quel point l'aspiration de M. Jourdain est impossible : on est soit bourgeois, soit gentilhomme.

Prolongement

La lecture audio peut aider les élèves à distinguer les différents types de comique dans cet extrait.

3 Tableaux de mœurs en pleine évolution

Manuel, p. 286-291

I. Problématiques et thèmes

Les scènes sélectionnées dans cette séquence permettent de souligner l'évolution des mœurs et du théâtre au cours du XVIIIe siècle, à travers la comédie sociale et le drame bourgeois. On pourra montrer aux élèves que les personnages de valets occupent toujours une place de choix, dans la lignée de la *commedia dell'arte* et de la comédie de Molière, avec les textes de Lesage, Marivaux et Beaumarchais (dans *Le Mariage de Figaro*). On pourra également étudier l'expression du sentiment amoureux dans un théâtre qui se veut plus proche de la réalité qu'au siècle précédent. Il sera également intéressant que constater que le jeu de scène occupe une place grandissante dans la comédie, notamment chez Beaumarchais qui utilise les objets comme moteurs dramatiques.

BIBLIOGRAPHIE

- **Patrice Pavis,** *Marivaux à l'épreuve de la scène*, Publications de la Sorbonne, 1986.
- Un épisode de la chronique « Ça peut pas faire de mal », *Figaro, le valet révolutionnaire*, enregistré le 15 août 2013 : https://www.franceinter.fr/emissions/ca-peut-pas-faire-de-mal/ca-peut-pas-faire-de-mal-15-aout-2013
- **Marc Buffat** (textes réunis et présentés par), *Diderot, l'invention du drame*, Klincksieck, 2000.

II. La comédie sociale (p. 287-290)

TEXTE 1 : Alain-René Lesage, *Turcaret* (1709) p. 287

Objectifs et enjeux

- **Étudier une scène d'exposition et ses fonctions (informative, dramatique, esthétique)**
- **Étudier les relations maîtres-valets et le thème de l'argent, central dans le théâtre du XVIIIe siècle**

Lecture analytique

1. L'échange entre une maîtresse et sa suivante en ouverture de pièce est un procédé souvent utilisé pour évoquer ce qui a précédé le lever de rideau. Ici, l'échange est d'emblée tendu, comme en témoignent les nombreuses exclamations et l'interruption intempestive marquée par les points de suspension (l. 2) et la didascalie « *l'interrompant* » (l. 3). Ce parti pris réaliste fait entrer le public dans l'intimité de la baronne et permet une présentation efficace des personnages. Outre la baronne et Marine, introduites par la didascalie de titre de scène selon leur importance hiérarchique, la scène dessine le portrait du personnage éponyme. La première expression qui le désigne, « M. Turcaret le traitant » (l. 15-16), est faussement respectueuse : Marine se moque en fait de lui car le public de l'époque sait que les traitants, s'ils sont riches, proviennent du tiers-état et qu'ils se sont compromis pour accéder à ce rang. En outre, l'adjectif démonstratif est nettement dépréciatif dans « ce M. Turcaret » (l. 18). Le héros supposé de la pièce est d'emblée ridiculisé, placé dans la lignée moliéresque des barbons, jaloux et cocus avant même d'être mariés : la proposition relative « qui n'est pas un homme fort aimable » (l. 18-19) nous apprend qu'il ne sera pas épousé par amour ; plus loin, la répétition du mot « ami » (l. 27, 28 et 29) au sujet du « petit chevalier joueur » (l. 24-25) est lourde de sens.

Par ailleurs, cette scène introduit un thème qui sera le moteur de l'intrigue, l'argent, dont le champ lexical apparaît dans toute la scène. Les dépenses s'opposent aux recettes (« Hier encore deux cents pistoles ! », l. 1 ; « Suis-je femme à thésauriser ? », l. 7-8), le mari défunt ne vaut que pour son « petit douaire » (l. 13) et l'amant pour sa générosité (« il vous fait tous les jours quelque présent considérable », l. 22-23). Certaines expressions ont d'ailleurs un double sens dans la bouche de la malicieuse Marine : la « fortune propice » (l. 15) représente plus le gain attendu de la rencontre avec Turcaret que les caprices d'un heureux hasard ; dans l'expression « précieuse conquête » (l. 15), c'est l'adjectif plus que le substantif qu'il faut entendre. Le public est d'emblée confronté à des personnages dénués de valeurs morales, pour lesquels l'amour est un jeu au sens où il convient de miser sur le bon amant : « Celui-ci, par exemple, vous pourriez fort bien l'épouser, en cas que M. Turcaret vînt à vous manquer » (l. 30-31). Les champs lexicaux de l'amour et de la finance se croisent, de telle sorte que le public comprend que, si le chevalier offre gratuitement « sa foi » (l. 42), c'est par pur intérêt : « il dispose de votre bourse comme de la sienne » (l. 43).

Dès cette scène d'exposition, les apparences sont donc trompeuses. La baronne dupe Turcaret amoureux, mais est à son tour dupée par le chevalier avec l'aide de Frontin. Marine oppose au portrait flatteur fait par la baronne (« ami », l. 27 ; « un fort honnête homme », l. 34) une énumération ironique de termes péjoratifs : « Avec ses airs passionnés, son ton radouci, sa face minaudière, je le crois un grand comédien » (l. 35-36). La complexité de la situation est ici la promesse d'une pièce captivante pour le spectateur.

2. Marine, la suivante de la baronne, est ici le personnage le plus lucide. C'est pourquoi elle mène l'échange et parle plus que sa maîtresse, affirmant ainsi sa supériorité par la maîtrise de la parole. Certes, les convenances sont respectées, puisque Marine rappelle son lien de sujétion par l'appellation « madame » (l. 3) et vouvoie la baronne qui la tutoie, mais le ton de la suivante est libre et plein d'audace : elle réprimande sa maîtresse pour sa folie dépensière, en employant des termes forts (« votre conduite est insupportable », l. 3-4 ; « vous mettez ma patience à bout », l. 6 ; « ce que je ne puis souffrir », l. 23-24). La baronne a du mal à se défendre face aux reproches qui lui sont adressés, comme l'attestent la réplique interrompue de la ligne 2, l'exclamation brève de la ligne 5 et les questions rhétoriques des lignes 7 et 8.

La franchise de Marine frôle l'insolence quand elle décrit très familièrement le comportement financier et sentimental de la baronne, qui écoute sans réagir : « Vous aviez déjà mangé le petit douaire » (l. 13), « c'est que vous soyez coiffée d'un petit chevalier joueur » (l. 24-25). L'expression métaphorique visant le chevalier, qui « fait ses caravanes dans les lansquenets » (l. 33), invite à comprendre qu'il mène une vie dissipée. Enfin, son franc-parler est manifeste dans l'affirmation lucide : « le maître et le valet sont deux fourbes qui s'entendent pour vous duper » (l. 39-40).

Elle fait preuve d'un bon sens caractéristique des valets de comédie, n'ayant pas d'intérêt propre à défendre. Là où sa maîtresse est trompée par les apparences, Marine voit clair et avance des arguments logiques : « ce qui me confirme dans mon opinion, c'est que… » (l. 36-37). La Baronne ne peut que reconnaître la clairvoyance de sa suivante : « Je ne dis pas le contraire » (l. 17).

TEXTE 2 : Marivaux, *Le Jeu de l'amour et du hasard* (1730) p. 288

Objectifs et enjeux

→ **Étudier une scène de comédie où les valets ont le premier rôle**

→ **Étudier différents types de comique (comique de mots, de caractère, de situation)**

Lecture analytique

1. Le moteur dramatique de la scène est un *quiproquo* qui fait que chacun des valets croit avoir affaire à une personne de condition supérieure.

Lisette est la première à avoir des doutes, comme l'indique l'aparté qui ouvre l'extrait : « Tant d'abaissement n'est pas naturel ! » (l. 1). Sa curiosité est aiguisée (« Sachons de quoi il s'agit », l. 6) et elle presse Arlequin de questions pour connaître son identité : « Est-ce que vous n'êtes pas ?… » (l. 4), « En un mot, qui êtes-vous ? » (l. 10), « Quel est votre nom ? » (l. 13), « Ce n'est donc point Dorante à qui je parle enfin ? » (l. 20-21). Il y a un contraste comique entre l'empressement de Lisette, manifeste dans l'emploi d'impératifs (« Achevez donc », l. 13) et de la locution « En un mot » (l. 10), et la façon dont Arlequin diffère le moment où il devra avouer. Il amorce une réponse puis s'interrompt (« Je suis… », l. 11), et répond par une autre question qui a l'air hors sujet (« N'avez-vous jamais vu de fausse monnaie ? » (l. 11). Ses répliques sont saturées de métaphores ou d'analogies qui semblent être des énigmes que Lisette doit résoudre : « voilà où gît le lièvre » (l. 3), « vous m'ôtez ma couverture » (l. 5), « savez-vous ce que c'est qu'un louis d'or faux ? Eh bien, je ressemble assez à cela » (l. 12). Cet effet dilatoire a pour fonction de produire un effet comique en augmentant la gêne et la crainte d'Arlequin, qui ne cesse de faire des allusions à son masque tout en le gardant.

Ce retardement s'explique par la peur d'Arlequin de décevoir Lisette et de perdre son estime. Réciproquement, Lisette peut aussi craindre la même chose. Les images choisies par Arlequin ont un rapport avec sa condition de valet : il personnifie l'amour tout en ancrant la métaphore dans une réalité sociale peu reluisante : « votre amour est-il d'une constitution bien robuste ? […] Je vais le loger petitement » (l. 7-9). On voit qu'Arlequin use de précautions pour éviter un choc à Lisette, dans l'aparté « Préparons un peu cette affaire-là… » (l. 7) et les interjections « Ah dame ! » (l. 17) et « Hélas ! » (l. 29). Par contraste, l'aveu de Lisette est beaucoup plus facile : elle a juste à procéder par symétrie, en juxtaposant « la coiffeuse de madame » (l. 40) au « soldat d'antichambre » (l. 19 et 39) qu'avait utilisé Arlequin.

2. Arlequin fait preuve d'une habileté verbale sans limites pour éviter une déconvenue. Le comique de mots est donc fortement exploité par Marivaux dans cette scène. Arlequin refuse de se nommer et utilise des images burlesques pour se définir avec autodérision : « un louis d'or faux » (l. 12), « un soldat d'antichambre » (l. 19). La première métaphore est concrète et non galante ; la deuxième parodie les périphrases précieuses qui consistent à désigner quelqu'un ou quelque chose de manière détournée. L'association du mot « soldat », qui a une connotation valeureuse, au complément du nom « d'antichambre », qui évoque la domesticité, est incongrue. Arlequin se rapproche de plus en plus de la révélation de sa véritable identité : « Lui dirai-je que je m'appelle Arlequin ? » (l. 14). La rime d'Arlequin avec « coquin » (l. 15) et « faquin » (l. 23) renvoie à l'idée de malhonnêteté et souligne le mensonge d'Arlequin. On note aussi que les apartés qui marquent les étapes de l'aveu soulignent la stratégie du valet mais occultent le trouble amoureux que l'on rencontre dans les apartés des maîtres par ailleurs.

La désillusion des deux valets est rapidement dédramatisée. À partir du moment où Lisette est détrompée, elle retrouve un langage familier très expressif pour exprimer une contrariété de façade (puisqu'elle est elle-même une suivante) : « Faquin ! » (l. 23), « Mais voyez ce magot ; tenez ! » (l. 25). Néanmoins, il n'y a pas de réelle tension, les personnages de *commedia dell'arte* reviennent au tutoiement en même temps qu'à la réalité et conservent leur bonne humeur : « Ah ! ah ! ah ! je ne saurais pourtant m'empêcher d'en rire, avec sa gloire ! » (l. 32-33), « Ah ! que mon amour vous promet de reconnaissance ! » (l. 36-37).

C'est donc sur l'invention langagière, la fantaisie d'Arlequin et la générosité de Lisette que repose le comique de cette scène.

TEXTE 3 : Beaumarchais, *Le Mariage de Figaro* (1778) p. 289

Objectifs et enjeux

- **Étudier une scène de comédie révélatrice des thématiques amoureuse et sociale qui sont au cœur de la pièce de Beaumarchais**
- **Comprendre l'importance de la mise en scène**
- **Introduire le personnage de Chérubin, dont il est à nouveau question dans l'extrait suivant (*La Mère coupable*), mais sur un ton beaucoup plus pathétique et tragique**

Lecture analytique

1. Malgré la menace que représente le comte Almaviva, c'est la légèreté et l'humour qui dominent cette scène autour du « ruban de nuit » (l. 4) de la comtesse, objet symbolique du lien espiègle entre Chérubin et Suzanne et de la sensualité qui envahit le jeune page.

Suzanne se moque des élans amoureux du jeune Chérubin. Son attitude distanciée et ironique est notable dans les didascalies (« *raillant* », l. 2 ; « *riant* », l. 27) et son ton parodie le tragique exalté du jeune page par la personnification des objets appartenant à la comtesse : « Hélas ! l'heureux bonnet et le fortuné ruban qui renferment la nuit les cheveux de cette belle marraine... », l. 2-3).

L'affrontement des deux jeunes gens est mis en scène comme un jeu : le ruban de nuit de la comtesse devient l'enjeu d'un combat coquin qui contribue à donner un rythme effréné à la scène. Les didascalies soulignent ce mouvement permanent : « *vivement* » (l. 4), « *tourne autour du grand fauteuil* » (l. 8), « *arrache la romance* » (l. 17), « *Elle veut arracher le ruban* » (l. 32), « tourne en fuyant » (l. 33 et 36), « *Il lui donne chasse à son tour* » (l. 35). De brèves répliques se font écho car Suzanne cherche à repousser les avances du page. En répétant les mêmes mots, elle souligne malicieusement l'audace dont Chérubin fait preuve : l'exclamation « *Son cœur* ! » (l. 5) reprend sur un ton mi-amusé mi-offusqué l'apostrophe « mon cœur » (l. 4) ; on constate le même fonctionnement pour les expressions « amuser mon cœur » (l. 15-16) et « Amuser votre cœur » (l. 17). Suzanne s'amuse aussi à inverser l'effet de menace, toujours dans un effet de symétrie : « Mille soufflets » (l. 36) répond aux « mille baisers » (l. 34) que promet Chérubin.

Les personnages, vifs et pleins d'esprit, jouent sur les mots et tiennent le sérieux à distance. La camériste feint de gronder le jeune page, mais ses reproches sont systématiquement atténués par l'adjectif « petit », modalisateur qui exprime sa tendresse, comme dans l'oxymore « vous serez le plus grand petit vaurien » (l. 10-11), l'apostrophe « petit scélérat » (l. 17) et la périphrase « ce petit voleur » (l. 38). Elle lui pardonne ses excès du fait de son jeune âge, qu'elle rappelle ironiquement en le qualifiant de « petit morveux sans conséquence » (l. 6) et en l'appelant « monsieur » (l. 31).

La scène joue donc du comique de gestes, de caractère et de mots.

2. Chérubin est jeune et s'éveille à la sensualité ; il se montre passionné et ivre d'amour. La vivacité de ses élans le surprend et la dépasse, comme le traduisent son ton « *exalté* » (l. 20) et la réplique qui suit cette didascalie. Il exprime son bouleversement par la proposition négative « je ne sais plus ce que je suis » (l. 20) et son exaltation par une énumération de sensations et d'émotions fortes (« je sens ma poitrine agitée », « mon cœur palpite », « le font tressaillir et le troublent », l. 21-22).

Ces caractéristiques le rapprochent du personnage de Dom Juan, puisqu'il désire séduire toutes les femmes qu'il côtoie : « le besoin de dire à quelqu'un *Je vous aime* est devenu pour moi si pressant, que je le dis tout seul [...] à ta maîtresse, à toi, aux arbres, aux nuages, au vent » (l. 23-25). On voit bien ici que ses désirs sont illimités, sans but ni objet précis. Il mentionne fugitivement Fanchette, qui est de son âge et l'a accueilli chez elle : « Fanchette est douce, elle m'écoute au moins » (l. 30). Dans le cadre du jeu permis par le ruban, il courtise Suzanne avec beaucoup d'assurance, en la tutoyant et l'apostrophant de façon familière (« donne-le-moi, mon cœur », l. 4 ; « laisse-le-moi, Suzon », l. 13) ou en lui adressant des menaces coquines (« Mais si tu n'es pas contente du prix, j'y joindrai mille baisers », l. 34). Même Marceline, beaucoup plus âgée que lui, trouve grâce à ses yeux, comme l'attestent les exclamations des lignes 28 et 29.

Néanmoins, Chérubin conserve une candeur que n'a pas Dom Juan. Son amour reste très enfantin : il se montre sentimental avec le ruban de la comtesse (« Laisse, ah ! laisse-le-moi », l. 13) et la romance qu'il lui a écrite (l. 14) ; plus loin, il évoque la douceur de Fanchette (l. 30) et se montre susceptible et puéril dans la proposition exclamative « tu ne l'es pas, toi ! » (l. 31).

TEXTE 4 : Beaumarchais, *La Mère coupable* (1792) p. 290

Objectifs et enjeux

→ **Étudier une scène de conflit dramatique**
→ **Étudier les principales caractéristiques du drame bourgeois**

Lecture analytique

1. C'est un conflit aigu que met en scène Beaumarchais : les réactions des deux protagonistes sont extrêmes. La colère du Comte éclate dans des métaphores hyperboliques (« vous avez provoqué l'explosion du ressentiment qu'un respect humain enchaînait », l. 7-8), tandis que le trouble et la peur de la Comtesse s'exprime par des répétitions et des exclamations (« Monsieur, Monsieur ! vous m'effrayez beaucoup ! », l. 6 ; « Ah ! Monsieur ! Ah ! Monsieur ! », l. 9). Le jeu de scène vient confirmer la tension entre les personnages : à la ligne 15, la Comtesse « *veut se lever* » mais le Comte la « *clou[e] sur son fauteuil* ».

Il s'agit bien d'un dialogue, mais aucun des protagonistes ne consent à écouter l'autre. On note l'emploi de l'adverbe de négation dans la bouche de la Comtesse (« Non, Monsieur, ne me dites rien ! », l. 11) et, avec plus d'insistance encore, dans celle du Comte (« Non, vous ne fuirez pas », l. 17-18 ; « Non, non », l. 23). Les questions rhétoriques « Et c'est vous qui le demandez ? » (l. 5) et « Vous demandez ce qu'il a fait ? » (l. 10) montrent assez qu'il s'agit d'un échange faussé. D'ailleurs, l'échange se rompt de fait à la fin de l'extrait, quand la Comtesse, en proie au désespoir, ne s'adresse plus à son mari mais à Dieu. La lecture de la lettre est entrecoupée par ses requêtes affolées, des lignes 31 à 40.

2. La Comtesse plaide la cause de son fils en accusant le Comte d'être d'une sévérité injuste dans une réplique fortement modalisée : « Permettez-moi de vous le dire, un traitement aussi étrange est sans excuse aux yeux de la raison » (l. 1-2). Cette attaque provoque la colère du Comte : celle-ci monte en *crescendo*, comme le soulignent les didascalies (« *d'un ton terrible* », l. 3 ; « *plus fort* », l. 5 ; « *avec fureur* », l. 7), la ponctuation expressive et la longueur croissante de ses répliques. La Comtesse doit alors faire face aux conséquences de son infidélité passée : « vous entendrez son arrêt et le vôtre » (l. 8) ; « Rappelez-vous, femme perfide, ce que vous avez fait vous-même ! » (l. 12-13).

Le principal moteur de la scène est la lettre envoyée par la Comtesse à Chérubin le jour de la naissance de son fils illégitime et que le Comtesse a en sa possession (« *lui montrant sa lettre* », l. 19). Cette lettre est une preuve de l'infidélité de la Comtesse, comme le prouvent les passages lus par le Comte : « Aujourd'hui [...], je viens de mettre au monde un fils, mon opprobre et mon désespoir » (l. 26-28). Les propos cités renvoient à la situation désespérée de la Comtesse face à son mari : son état de faiblesse se traduit par certaines didascalies (« *au désespoir, veut se lever* », l. 15 ; « *anéantie* », l. 22 ; « *on entend la Comtesse, égarée, dire des mots coupés qui partent du délire* », l. 29-30) et par le ton tragique qu'elle emploie à partir de la ligne 15. On peut notamment relever la supplication « Laissez-moi m'enfuir, je vous prie » (l. 15-16), les phrases exclamatives « Je vais mourir ! Je vais mourir ! » (l. 22) et les prières qu'elle adresse à Dieu en dernier recours (« Grand Dieu ! », l. 31 ; « Frappe, mon Dieu », l. 35).

En dernier lieu, on peut noter que la présence de Léon, caché, indiquée par la didascalie de titre de scène, renforce encore la dramatisation.

III. Le drame bourgeois (p. 291)

TEXTE 5 : Denis Diderot, *Le Fils naturel* (1757) p. 291

Objectifs et enjeux

- **Comprendre les principales caractéristiques du drame bourgeois**
- **Étudier une scène d'aveu qui peut être rapprochée de celle dans laquelle Phèdre avoue son amour à son beau-fils Hippolyte dans la pièce de Racine**

Lecture analytique

1. Dorval doit plaider la cause de son ami Clairville auprès de Rosalie, dont il est lui-même fou amoureux. Sa position auprès de la jeune femme est donc des plus inconfortables.

Il commence par lui adresser des reproches sous la forme de questions rhétoriques qui rappellent avec insistance le pouvoir qu'elle exerce sur Clairville, et sur la gent masculine en général : « Avez-vous oublié que Clairville est l'amant que votre cœur a préféré ? [...] Mademoiselle, croyez-vous qu'il soit permis à une honnête femme de se jouer du bonheur d'un honnête homme ? » (l. 1-4). Son discours moralisateur tente de dissimuler sa propre émotion, puisqu'il pourrait aussi bien être l'honnête homme mentionné dans sa dernière question.

En effet, son ton reste d'abord mesuré et ses propos généraux, comme en attestent la litote « Vous n'êtes point injuste » (l. 7) et l'assertion au présent de vérité générale « Il y a des raisons à tout » (l. 9). Néanmoins, il ne parvient pas à maintenir longtemps la distance qu'il s'était imposée : son émotion est palpable dans ses exclamations (« Rosalie ! Elle ! », l. 11) et les interruptions fréquentes de sa parole dans la réplique des lignes 13 à 15 ; on remarque aussi qu'après l'avoir apostrophée d'un neutre « Mademoiselle » (l. 3), il appelle la jeune fille par son prénom (l. 11, 13) ; enfin, il lui fait part de son expérience personnelle sur un ton très pathétique (« j'ai connu cet état cruel !... que je vous plaindrais ! », l. 14-15).

Une fois qu'il comprend que son amour pour Rosalie est réciproque, il continue de lutter contre ses sentiments par égard pour son ami Clairville. Les questions rhétoriques « Qu'ai-je entendu ?... Qu'ai-je dit ?... Qui me sauvera de moi-même ?... » (l. 36-37) le prouvent. Le fidèle messager subit l'attraction du désir et souffre de ne pouvoir répondre au désir de l'autre.

2. Peu avant le début de l'extrait, Dorval a annoncé son départ à Rosalie. C'est cette annonce qui va provoquer l'aveu de la jeune femme.

Elle se trouve dans un état de complet égarement car elle trahit son engagement vis-à-vis de Clairville. Le ton tragique qu'elle emploie souligne son désespoir : « Je m'accable sans cesse de reproches. [...] Je voudrais être morte ! » (l. 5-6), « Je ne sais plus ce que je suis. Je ne m'estime plus » (l. 8), « Clairville sera bien vengé ! » (l. 12). Elle formule l'aveu de son désamour dans la phrase emphatique « C'est que j'en aime un autre. » (l. 10) qui a aussi pour fonction d'expliquer son état. Cette explication prend dans sa tirade la forme d'un récit, celui d'un coup de foudre, comme l'indique le passage de l'imparfait au passé simple (« je n'imaginais pas que je pusse en aimer un autre, lorsque je rencontrai... » (l. 17-18). La phrase lapidaire « Je le vis » (l. 20) traduit bien le caractère instantané de la naissance de cet amour.

En fait, l'aveu le plus difficile pour Rosalie est celui de son amour pour Dorval. C'est pourquoi elle ne désigne jamais clairement le jeune homme, préférant employer la troisième personne dans un substantif très vague (« un autre », l. 10 et 17) et des périphrases laissant de plus en plus nettement transparaître sa passion (« l'écueil de ma constance et de notre bonheur », l. 18 ; « cet objet doux et terrible », l. 19 ; « son rival », l. 24). Rosalie, en référence au mythe de l'androgyne, évoque l'accord parfait permis par cette rencontre : « tout [...] semblait répondre à je ne sais quelle image que la nature avait gravée dans mon cœur » (l. 19-20), « Je me voyais à peine dans les autres ; [...] et je me retrouvais sans cesse en lui » (l. 27-29). Au final, l'aveu est clair pour Dorval du fait de cette communauté de cœur : la question qu'il pose à la ligne 33 (« Si vous aimez, on vous aime, sans doute ? ») vise davantage à confirmer la réciprocité de son amour qu'à obtenir un aveu plus explicite de Rosalie.

4 Ruptures et nouvelles tendances au théâtre

Manuel, p. 292-304

I. Problématiques et thèmes

Dans la première moitié du XIXe siècle, le drame romantique s'impose comme une révolution théâtrale et artistique, incarnée et portée par une génération, de Hugo à Vigny en passant par Musset et Dumas. Ces jeunes poètes renouvellent les codes de la dramaturgie pour proposer un « théâtre de la vie », entier, réunissant en lui le comique et le tragique, le noble et le bas. Ils mettent en scène des héros passionnés, en quête d'idéal et d'absolu, souvent confrontés aux limites et aux contraintes de leur environnement et de leur époque. Inspiré du théâtre élisabéthain (Shakespeare) et des auteurs allemands de la fin du XVIIIe siècle (Goethe, Schiller), le drame romantique en France, circonscrit à une époque, connaîtra des résurgences avec Edmond Rostand à la fin du siècle (*Cyrano de Bergerac*) et Tchekhov en Russie.

Les vaudevilles de Labiche, Courteline et Feydeau, tout en divertissant les spectateurs, offrent une satire de la société bourgeoise du XIXe siècle. À la fin du siècle, Alfred Jarry s'inspirera à la fois du couple bourgeois du vaudeville et de l'univers de la tragédie pour créer *Ubu roi*, pièce provocatrice et inclassable.

BIBLIOGRAPHIE

- **Victor Hugo**, préface de *Cromwell*, Larousse, coll. « Petits classiques Larousse », 2009.
- **Alfred de Musset**, *La Confession d'un enfant du siècle*, Flammarion, coll. « GF », 2010.
- **Anne Ubersfeld**, *Le Drame romantique*, Belin, coll. « Belin sup lettres », 1999.

II. Le drame romantique (p. 293-300)

TEXTE 1 : Victor Hugo, *Hernani* (1830)

p. 293

Objectifs et enjeux

- → **Lire une pièce fondatrice du théâtre romantique**
- → **Étudier une scène d'exposition**
- → **Observer le mélange des genres et des tonalités**

Lecture analytique

1. Ce n'est pas un hasard si *Hernani* ouvre ce chapitre. La pièce de Hugo est un acte fondateur du drame romantique, et la célèbre bataille qui a marqué sa première représentation a évidemment joué un rôle important dans l'histoire du théâtre. Cet extrait permet d'aborder la traditionnelle scène d'exposition, en mettant en relief les caractéristiques propres à ce nouveau théâtre, un théâtre d'action, qui revendique un mélange des genres et des tonalités.

La première scène d'*Hernani* donne ainsi à voir et à comprendre le cadre de l'action dans laquelle le spectateur est plongé à l'ouverture du rideau. La didascalie initiale, précise, permet de se représenter le cadre spatio-temporel de la scène : « *Une chambre à coucher, la nuit* ». Il s'agit donc d'un espace intime et nocturne, dont l'atmosphère particulière est propice à l'intrigue. Les détails donnés sur les costumes (« *vieille, en noir, avec le corps de sa jupe cousu de jais* », didascalie initiale ; « *et laisse voir un riche costume de velours et de soie, à la mode castillane de 1519* », didascalie après le vers 2) et l'onomastique des personnages (don Carlos, doña Josefa) permettent d'évoquer un pays et une époque : l'Espagne du XVIe siècle.

L'apostrophe « duègne » (v. 4) de don Carlos à doña Josefa caractérise le personnage féminin dans sa fonction de gouvernante. La réponse de cette dernière, avec l'apostrophe « maître » (v. 12), assoit le rapport entre les deux protagonistes de la scène. Chacun est donc identifiable à son costume et à ses paroles.

Le cadre intime, l'action (un personnage s'introduit la nuit dans une chambre) et le quiproquo initial (« Quoi ! Seigneur Hernani, ce n'est pas vous ? », v. 3) laissent deviner une intrigue amoureuse, nœud du drame à venir : une femme est convoitée par deux hommes. La réplique de don Carlos aux vers 5 à 11 fonctionne comme un retour en arrière : elle présente la situation initiale et le personnage de doña Sol, alors absent mais central dans la pièce. La didascalie et la menace finale de don Carlos (« DON CARLOS, *tirant de sa ceinture un poignard et une bourse.* – Daignez, madame, / Choisir de cette bourse ou bien de cette lame », v. 19-20) créent une tension supplémentaire dans cette première scène.

2. Le drame romantique se caractérise par une esthétique du mélange des genres et des tonalités, visant, comme le défend Hugo, à faire du théâtre une image de la vie. Dans cet extrait, on retrouve en effet des caractéristiques propres à la fois à la comédie et à la tragédie.

La situation pourrait être celle d'une comédie : un personnage se cache dans une chambre, avec la complicité plus ou moins forcée d'une gouvernante, pour épier la rencontre nocturne de deux amants. Le quiproquo qui ouvre la scène (le personnage introduit dans la pièce n'est pas celui qu'on attend) ajoute à ce comique. Le comique de mots n'est pas en reste. La formule comique « Le jeune amant sans barbe à la barbe du vieux » (v. 10) joue du sens propre et figuré du mot « barbe » tout en insistant sur le mot « vieux », substantivé et placé en fin de vers. Quand don Carlos demande à doña Josefa de confirmer ses soupçons (« Suis-je bien informé ? », v. 11), le vers est interrompu par un silence (« *Elle se tait* », didascalie du vers 11) et à la relance (« Vous répondrez peut-être ? », v. 11), doña Josefa rétorque : « Vous m'avez défendu de dire deux mots, maître » (v. 12). La suite joue justement sur les mots : « Aussi n'en veux-je qu'un. – Oui, – non » (v. 13), et les échanges suivants seront ponctués du monosyllabe affirmatif de la duègne. Ajoutons le comique né du décalage entre le statut des personnages (noblesse de don Carlos, personnage important) et la situation triviale que nous vivons dans cette chambre.

Pourtant, les éléments qui composent cette exposition renvoient aussi au genre de la tragédie : un personnage noble, don Carlos, le cadre aristocratique de la chambre, la caractérisation du duc de Pastrana, autant de détails qui appartiennent traditionnellement au genre tragique. L'intrigue même, un homme jaloux convoitant la même femme qu'un autre, pourrait donner à cette entrée en matière une teinte sérieuse et grave. Et l'extrait se clôt sur une adresse menaçante : l'objet brandi par don Carlos, un poignard, préfigure la fin funeste du drame.

On semble donc sourire dans cette exposition, mais elle cache toute la gravité de la pièce à venir. Le spectateur est plongé dans une intrigue où alternent les émotions, du rire à l'inquiétude.

3. Le drame romantique est un théâtre d'action. Loin de l'immobilité tragique et de la narration, il donne à voir un spectacle au sens propre du terme.

Les didascalies montrent l'importance de la mise en scène : le rideau s'ouvre sur un personnage seul en scène, des bruits de coups hors scène ménagent l'arrivée d'un deuxième acteur. Le costume joue un rôle essentiel, puisque don Carlos cache encore son visage lorsqu'il entre. Cette première partie de la scène implique un jeu d'acteurs précis pour ménager la surprise du spectateur, qui doit refléter celle de la duègne (« *Elle le regarde sous le nez et recule étonnée* », didascalie après le vers 2). Ainsi, les émotions successives qui traversent doña Josefa (attente, interrogation, surprise, frayeur) sont retranscrites dans le texte.

De plus, le roi d'Espagne garde son identité secrète durant toute la scène et se caractérise donc à travers ses gestes et ses paroles. C'est pourquoi la gestuelle est essentielle dans cette scène d'action, les actions de don Carlos étant notées précisément : « *Il la secoue par le bras* » (didascalie du vers 11), « *tirant de sa ceinture un poignard* » (didascalie du vers 19).

On devine aussi l'importance du travail de la lumière pour rendre à la scène toute son atmosphère et sa dimension d'intrigue. Le metteur en scène jouera également, sans doute, sur le contraste entre deux moments : le silence relatif de l'ouverture, avec cette inquiétude croissante, puis l'enchaînement vif des répliques qui met en branle la mécanique théâtrale.

TEXTE 2 : Victor Hugo, *Lucrèce Borgia* (1833) p. 294

Objectifs et enjeux

- → **Étudier le dénouement d'un drame romantique**
- → **Montrer comment l'auteur met en scène une révélation finale**
- → **Étudier la dualité du personnage féminin, entre mère et monstre**

Lecture analytique

1. Dans *Lucrèce Borgia*, Victor Hugo a ménagé le suspense de la révélation jusqu'à son terme : il faut attendre le dénouement et les ultimes mots d'une Lucrèce expirante pour que Gennaro comprenne qu'elle est sa mère. Cette dernière scène suit donc une construction toute en tension, qui amène la révélation finale.

La tension repose sur la menace de mort qu'exerce Gennaro sur Lucrèce, matérialisée par la présence d'un « *couteau* » (l. 30). Elle repose aussi sur l'ignorance du personnage qui ne connaît pas l'identité de sa mère et croit que Lucrèce l'a peut-être assassinée : « Qu'avez-vous fait de ma mère, madame Lucrèce Borgia ? » (l. 1). Ce sont les réactions successives de Gennaro qui donnent à cette scène, dont on devine la fin, toute sa force dramatique. En effet, la tirade de Lucrèce semble, dans un premier temps, semer le doute dans l'esprit du jeune homme : à la didascalie « *ébranlé* » (l. 22) s'ajoute la réplique « Oh ! je le vois bien, j'ai ma grâce ! » (l. 23). Ce moment de répit laisse imaginer une issue apaisée.

Mais l'intervention d'un personnage extérieur à la scène (on n'entend qu'une voix), alors que tout le plaidoyer de Lucrèce jouait sur l'intimité et le face-à-face, relance la tension. Tandis que le début de la scène, intime, se refermait sur deux personnages, la présence de cette voix au-dehors, de ce hors-scène, vient bousculer les choses. La mort de Maffio (« Je meurs ! Venge-moi ! », l. 29) pousse Gennaro à tuer Lucrèce. Toute la tension repose alors sur l'enchaînement très vif de répliques rapides et brèves, les tentatives de Lucrèce, de plus en plus courtes et exprimées par les impératifs et les apostrophes, se heurtant à la réponse monosyllabique de Gennaro, « Non ! » (l. 35, 37, 39). Lucrèce lutte pour sa survie, et le mot final, après l'acte (« *Il la frappe* », l. 40), vient révéler de manière tragique et cruelle l'horrible vérité : « Gennaro ! je suis ta mère ! » (l. 41-42).

2. C'est aussi un moment qui finit de peindre le personnage de Lucrèce, personnage ambigu, où la figure du monstre côtoie l'image de l'amour maternel, notamment dans la tirade initiale.

Lucrèce, devenue la proie de Gennaro armé d'un couteau, tente une dernière fois d'échapper à la mort. Elle prononce alors un discours rythmé par les prières et les supplications. Le propos est scandé par les apostrophes (« Gennaro ! », l. 14 ; « mon Gennaro », l. 15), les exclamations (l. 2, 4, 5, 13, 14, etc.), les interjections (« Mon dieu », l. 2 ; « Oh ! », l. 4 ; « Eh bien », l. 5, etc.) et les impératifs par lesquels elle supplie Gennaro de lui laisser la vie sauve (« Attends, attends ! », l. 2 ; « Écoute-moi encore un instant », l. 4 ; « Ne me tue pas », l. 15). Ces supplications, où la phrase non verbale remplace parfois la phrase verbale pour exprimer avec plus de force le cri de détresse (« un peu de pitié ! Grâce de la vie ! », l. 18), encadrent le discours de Lucrèce qui tente, par plusieurs stratégies argumentatives, de toucher le jeune homme.

Elle dresse ainsi un tableau pathétique : l'argument premier est celui de la pitié. Usant du lexique religieux (« voile » ; « cloître », l. 6 ; « miséricorde », l. 17), Lucrèce en appelle à la pitié de Gennaro en lui offrant le tableau fantasmé d'une retraite religieuse. Elle évoque l'image de la femme dans un parfait dénuement, qui renonce à son pouvoir et même à sa féminité (elle « s'est fait raser la tête, elle couche dans la cendre », l. 7-8) pour connaître une mort symbolique autrement que par le fer (« je m'enferme », l. 6 ; « elle creuse sa fosse de ses mains », l. 8). Ce tableau s'accompagne de termes pathétiques qui la dépeignent afin de susciter la compassion : « malheureuse » (l. 7), « cette femme » (l. 10).

Lucrèce emploie de nombreux mots qui appellent au pardon : « pardonner » (l. 15-16), « repentir », « compassion » (l. 16), « miséricorde » (l. 17), « pitié », « Grâce » (l. 18). Cette accumulation de termes semble, par leur nombre, vouloir faire plier l'adversaire.

Enfin Lucrèce évoque une image honteuse, celle de l'homme lâche qui tue une femme (l. 19-21) : ce dernier argument est une manière de culpabiliser Gennaro si jamais la pitié ne suffisait pas.

Le spectateur peut alors s'interroger, une dernière fois, sur cette figure de femme. Un monstre, Lucrèce ? L'ambiguïté du personnage depuis le début du drame trouve une issue dans cette dernière scène. Elle semble protéger davantage la vie de Gennaro que la sienne en l'empêchant de commettre un matricide. L'impossibilité de parler (« je ne puis tout dire. Et puis, si je te disais tout, je ne ferais peut-être que redoubler ton horreur », l. 2-3), la double énonciation qui fait du spectateur un témoin et un complice du secret, ajoutent à l'émotion. Le dénouement dessine, à travers le monstre que regarde Gennaro, la figure de la mère. L'ambiguïté subsiste, donc, dans ces deux mots d'« horreur » et de « mépris » (l. 3) qui représentent ses craintes : crainte pour son fils (« horreur ») et crainte pour elle (« mépris »).

TEXTE 3 : Alfred de Musset, *On ne badine pas avec l'amour* (1834)

p. 295

Objectifs et enjeux

- **Observer la construction argumentative d'une tirade**
- **Étudier la vision de l'amour dans le drame romantique**

Lecture analytique

1. Ce texte contient une des tirades les plus célèbres du théâtre français : « Tous les hommes sont menteurs », etc. (l. 19-35). Le drame de Musset, où résonne sa passion pour George Sand, devient le lieu d'une parole sur l'amour. On s'intéressera ici aux pouvoirs de cette parole, et à l'art, à la rhétorique, dont Perdican se sert, à force d'images et de procédés rhétoriques, pour persuader Camille.

Perdican construit son argumentation, qui vise à convaincre Camille de céder à l'amour, en deux tirades : la première est un réquisitoire contre l'amour divin, la deuxième un plaidoyer pour l'amour des hommes.

Il tente d'abord de persuader Camille du « mensonge de l'amour divin » (l. 4). La tirade s'ouvre sur trois questions rhétoriques (l. 2-3), manière d'interpeller son interlocutrice et de capter son attention. Cet effort est redoublé par l'amplification du discours, sensible à l'allongement de la deuxième question par rapport à la première, à la répétition du mot « mensonge » (l. 3 et 4) et l'antithèse entre les termes « vierge » et « femme » (l. 5). Ces questions sont suivies de deux exclamations précédées par l'interjection « Ah ! » (l. 5) qui donnent de la force au discours de persuasion. Pour appuyer son argumentation, Perdican décrit l'attitude de Camille par des négations ou des termes exprimant le refus : « sans me serrer la main » (l. 7), « tu ne voulais revoir ni ce bois, ni cette pauvre petite fontaine » (l. 7-8), « tu reniais » (l. 9). La froideur de la jeune femme (devenue un « masque de plâtre », l. 9) s'oppose ici aux sensations diverses (toucher, vue) et au paysage personnifié, par exemple la fontaine qui verse des « larmes » (l. 9), dans une image pathétique et lyrique. Perdican utilise ensuite l'antithèse, amorcée par la conjonction « mais » (l. 10), et renforcée par la personnification du « cœur » qui oublie les paroles des nonnes : au dogme dépeint par la métaphore filée de l'éducation (« leçon », « lire », l. 11), le jeune homme oppose le sentiment. L'hyperbole qui clôt la tirade (« le bonheur de ma vie », l. 13) donne de la force à la fin du réquisitoire, et fait écho au ton virulent des premières lignes (« crime », l. 4). Perdican emploie des images et des mots puissants pour persuader l'autre.

La deuxième tirade est un plaidoyer pour l'amour humain. Sa construction obéit quasiment au schéma classique et aristotélicien du discours oratoire : exorde (adieu fait à Camille), narration (retour de Camille au couvent), confirmation (« Tous les hommes sont [...] toutes les femmes sont », l. 19-28) et péroraison (l'amour seul exprime la vérité de la vie : « C'est moi qui ai vécu, et non pas un être factice », l. 33-34). À l'intérieur du discours, Perdican entame une véritable diatribe où sont énumérés, dans deux accumulations qui s'opposent, tous les défauts masculins, puis tous les défauts féminins. Mis dos à dos, homme et femme se jugent l'un l'autre à travers une série de préjugés et de reproches, toute réconciliation entre les deux sexes paraissant impossible. Cependant, la véritable antithèse commence à partir des mots « mais il y a au monde » (l. 26) : c'est l'amour qui permet de dépasser ces oppositions, c'est l'amour et « l'union de deux de ces êtres si imparfaits et si affreux » (l. 27-28) qui donnent sens à la vie de chacun. Employant volontairement, après sa diatribe contre les nonnes, des termes religieux (« chose sainte et sublime », l. 26-27), Perdican renverse les valeurs pour persuader Camille.

2. À travers ces deux tirades s'exprime une vision de l'amour qui accepte d'abord de reconnaître l'opposition des hommes et des femmes pour donner sens à leur union.

L'amour est d'abord du côté de la vie. Il se vit, s'éprouve, ne s'apprend pas, ne se récite pas. Comme on l'a vu, Perdican oppose le lexique de l'éducation (« fait la leçon », l. 6 ; « oublié sa leçon » ; « qui ne sait pas lire », l. 11) au cœur qui s'abandonne aux sensations s'offrant à lui (images tendres et sensuelles de la main, de la fontaine, de l'herbe).

L'amour n'est pas celui de Dieu, il est celui des hommes. Renoncer à l'amour humain, c'est refuser la vie. Le couvent devient l'image de la mort, du renoncement à l'existence. Les mots qui s'attachent à ce lieu de réclusion ou qui renvoient aux discours de nonnes sont les termes « crime » (l. 4), « m'en coûter le bonheur de ma vie » (l. 13), « hideux » (l. 17), « empoisonnée » (l. 18).

L'amour se fonde d'abord sur la reconnaissance d'une opposition essentielle entre hommes et femmes : oui, ils sont différents et irréconciliables. Et les accumulations, lignes 19 à 23, sont renforcées par des métaphores péjoratives qui disent le dégoût de vivre (« le monde n'est qu'un égout sans fond », l. 23-24 ; « montagnes de fange », l. 25-26). Cette accumulation d'images négatives permet, dans l'antithèse finale, d'affirmer que c'est l'amour qui donne sens à notre vie. L'amour, « chose sainte et sublime » (l. 26-27), permet justement de dépasser ces oppositions et de transcender ces deux êtres.

Dans un monde qui n'est que marasme et profondeurs hostiles, l'amour donne à chaque être la sensation et le sentiment de vivre : « J'ai souffert souvent, je me suis trompé quelquefois, mais j'ai aimé » (l. 32-33). Le « je » remplace ici les groupes nominaux généraux (« Tous les hommes », l. 19) et l'indéfini (« On », l. 28). Dans un accent final lyrique, Perdican dit que l'amour est ce qui donne sens et vérité à notre existence.

TEXTE 4 : Alfred de Vigny, *Chatterton* (1835)

p. 296

Objectifs et enjeux

- → **Comprendre les fonctions du monologue théâtral**
- → **Étudier les différents aspects du héros romantique**

Lecture analytique

1. Le monologue théâtral remplit plusieurs fonctions. Il est d'abord un moment où le personnage est seul avec lui-même, seul face à lui-même. C'est un moment de pause dans l'action, dans la machine dramatique. Dans cet extrait, l'écriture de Vigny met en relief ce moment d'introspection tout en lui donnant une fonction délibérative.

Chatterton se retrouve face à lui-même, faisant le constat d'un amour non partagé (« Il est certain qu'elle ne m'aime pas », l. 1-2) et tentant de vaincre son désespoir pour se mettre à écrire. La tirade se décompose en plusieurs temps où le jeu sur les 1re, 2e et 3e personnes met en évidence la double fonction du monologue, à la fois introspective et délibérative :

– Premier mouvement (l. 1-7) marqué par l'emploi de la 1re personne : Chatterton fait le constat de la situation, puis, avec une série d'exclamations, tente de se donner de l'élan, de prendre une décision pour avancer : « Il faut, à cette heure, que ma volonté soit assez puissante » (l. 5-6). On voit bien l'aspect de délibération, d'exhortation du monologue. Chatterton se met en scène dans une métaphore du théâtre : « toute cette comédie est jouée : j'en commence une autre avec moi-même » (l. 4-5).

– Deuxième mouvement (l. 7-16) : l'utilisation de la 3e personne et du nom propre « Chatterton » (l. 8 et 9) montrent que le personnage se regarde avec distance, veut « Ouvrir son cœur » (l. 13-14). Ce passage à la 3e personne marque une progression dans le monologue délibératif. Il y a ici quelque chose de plus impersonnel, et la disparition du « je » est un moyen pour le personnage de trouver des vérités plus générales : la poésie, la création, et les moyens d'accéder à cette création.

– Troisième mouvement (l. 16-28) : dans un passage à la 2e personne, Chatterton s'interpelle avec force, ce que montrent les impératifs « assieds-toi, et travaille » (l. 20). Le personnage se parle à lui-même pour s'exhorter à faire, à sortir de cet état d'impuissance, à trouver la force de créer. Dans ce mouvement s'opposent et se répondent les champs lexicaux de la création intellectuelle (« réfléchissant », l. 21 ; « réflexion », l. 22 ; « idée », l. 25 ; « mot », l. 26 ; « pensée », l. 27) et de l'argent (« pauvre », l. 22 et 23 ; « vol », l. 24 ; « rapporte », l. 26 ; « shelling », l. 27) : pressé par la misère, Chatterton doit réagir, il n'a pas le choix.

– Quatrième mouvement (l. 29-41) : le personnage revient au « je » après cette expérience de dédoublement de soi. La fonction délibérative des précédents mouvements se poursuit d'abord, à travers la personnification du « découragement » (l. 29) qu'affronte le « je ». Ce retour à la 1re personne marque une intensité dramatique plus forte, l'urgence de faire, appuyée par les exclamations plus fréquentes, les phrases plus brèves. On notera cependant le « Nous » final (l. 41) : Chatterton clôt son monologue par une pensée qui englobe les hommes en général, et qui inclut le spectateur, par la double énonciation, dans cette méditation sur ce que nous paraissons être aux yeux des femmes.

La dualité propre au personnage, cette tension entre la nécessité d'écrire, la réalité de sa situation précaire, et son désir de paraître autre devant la femme qu'il aime, se matérialise par ce dialogue avec lui-même, cette scène-miroir où le jeu fait alterner différents visages de Chatterton. La tension, marquée dans les didascalies, entre « *Il se lève* » (l. 16) et « *Il* [...] *se rassied* » (l. 18) souligne cette dualité.

2. Chatterton porte en lui les caractéristiques du héros romantique. Tout d'abord, il recourt à une tonalité pathétique et lyrique. Le héros romantique est d'abord l'affirmation sur scène d'un « je », d'une individualité qui exprime ses émotions, ses pensées, ses réflexions, son désarroi. Il n'est pas tant le représentant d'un groupe que l'expression d'une personnalité, d'une singularité. Ainsi, dans cet extrait, le champ lexical dominant est celui des sentiments (« aime », l. 1 ; « cœur », l. 14 ; « volonté », l. 5 ; « découragement », l. 29 ; « Mépris de moi-même », l. 29-30 ; etc.). Les métaphores et les personnifications viennent appuyer cette vision personnelle du monde : le personnage dialogue ainsi avec le découragement et le mépris de soi (l. 29-30), ou encore considère sa propre « volonté » (l. 5 et 9).

De plus, le héros romantique exprime avec force les sentiments qui le traversent. L'hyperbole, ou plutôt un ton hyperbolique est alors privilégié, parce qu'il donne à voir et à entendre toutes les émotions du personnage : par exemple l'image du cœur « mutilé » (l. 16) que le poète donne à vendre. Dans le passage « si demain ce livre n'est pas achevé, je suis perdu ! oui, perdu ! sans espoir ! – Arrêté, jugé, condamné ! jeté en prison ! » (l. 31-32), la gradation des participes passés (qui décrivent une projection horrifiée vers l'avenir, sorte de cauchemar éveillé) montre comment l'exagération peut exprimer le désarroi et l'angoisse du personnage.

Le héros romantique est aussi, généralement, prisonnier d'une tension entre deux pôles, sans cesse tiraillé entre une forme d'aspiration, d'élan, d'espoir, et un état qu'il vit et qu'il rejette. Chatterton est, lui, tiraillé entre sa volonté d'écrire et la situation qu'elle lui impose pour vivre (accepter un emploi de domestique), et son amour pour Kitty Bell.

Enfin, le héros romantique se révolte contre sa condition, tente de la dépasser, mais jette généralement sur le monde un regard plein de désillusion où s'exprime sa propre souffrance. On retrouve ce désenchantement dans le texte de Vigny. Chatterton se dépeint en être souffrant : « Mes mains sont glacées, ma tête est brûlante » (l. 2-3), « Chatterton malade » (l. 8) ; le physique porte les stigmates du mental. Le regard sur soi est souvent péjoratif : « Mépris de moi-même, ne viens pas achever de me perdre », s'écrie Chatterton (l. 29-30).

TEXTE ÉCHO : Johann Wolfgang von Goethe, *Faust* (1808) p. 297

Objectif et enjeux

→ **Découvrir un mythe littéraire à la source du Romantisme français**

Lecture comparée

1. L'étude de cet extrait de *Faust* permet de comprendre en quoi ce personnage, inspiration et précurseur du héros romantique français, incarne déjà les caractères chers à Hugo, Vigny, Musset et Dumas. On trouve chez Goethe l'expression exacerbée d'un lyrisme amoureux et la dualité du personnage tiraillé dans ses sentiments.

Faust apparaît comme un héros romantique car ses états d'âme correspondent au décor de l'action. La tirade s'ouvre sur une apostrophe au « doux crépuscule » (l. 1) et sur une métaphore associant la chambre de Marguerite à un « sanctuaire » (l. 2) : la scène se situe dans un entre-deux, entre le jour et la nuit, propice à la rencontre, à l'intimité ; l'espace devient espace sacré, image de l'importance que revêt le moment. Le cadre extérieur est aussi évoqué : l'apostrophe à la « Nature » (l. 14) permet à Faust d'imaginer Marguerite (ne porte-t-elle pas un nom de fleur justement ?) dans sa première jeunesse. La chambre est propice à la rêverie de l'amoureux : dans un geste symbolique, Faust « *relève un rideau de lit* » (l. 13). Il est placé ainsi dans une attitude contemplative, méditative, mais aussi exaltée, où s'affrontent le désir et le songe.

Les paroles de Faust sont empreintes de lyrisme amoureux. Le « je » est omniprésent, et exprime ses sentiments en recourant à des apostrophes lyriques (« Saisis mon cœur, douce peine d'amour », l. 2 ; « Ô main si chère ! », l. 12). Les émotions contrastées que provoquent l'attente et le désir sont soulignées par les nombreuses figures d'opposition : les oxymores (« douce peine d'amour », l. 2 ; « délices cruelles », l. 13) et antithèses (« Dans cette misère, que de plénitude ! Dans ce cachot, que de félicité ! », l. 4-5 ; « en joie et en douleur », l. 6) renforcées par les nombreuses exclamations qui disent l'exaltation du moi. Un cœur romantique qui aime n'est jamais serein, il est toujours inquiet, traversé par des émotions contradictoires à tout instant. Chaque objet qui peuple la chambre est alors personnifié : « Oh ! reçois-moi » dit Faust au fauteuil (l. 5). Il est aussi sacralisé à l'aide du champ lexical du religieux (« félicité », l. 5 ; « Christ », l. 8 ; « divine », l. 12 ; « ciel », l. 13 ; « ange », l. 15 ; « image de Dieu », l. 17).

Faust, par ailleurs, s'engage dans un dialogue avec lui-même. Or la figure du double apparaît souvent chez le héros romantique (Lorenzaccio chez Musset, Chatterton chez Vigny) qui, dans ces moments de solitude et dans le monologue, parle à la 2e personne. Faust, de même, agit comme s'il se regardait (« Et toi, qui t'y a conduit ? [...] je ne te reconnais plus », l. 18-19), s'apostrophant lui-même : « Malheureux Faust ! » (l. 19).

2. La pièce de Goethe inaugure aussi le mélange des genres que revendiqueront les dramaturges romantiques. En effet, il se mêle ici l'exaltation d'un moi espérant le retour d'un amour, et une pure scène de comédie qui cache ses intentions malignes, sur un fond plus sombre qu'il n'y paraît. Le couple formé par Faust et Méphistophélès est, de ce point de vue, riche de significations et d'imagination scénique.

Le diable, ici, s'habille en valet. Il joue en effet le rôle d'adjuvant, tel un serviteur de comédie, et son irruption (l. 25) rompt avec le lyrisme de la tirade de Faust. Méphistophélès apporte une « cassette » (l. 27) pleine de bijoux, soit un objet voué à accomplir les désirs de son maître. Le vouvoiement, le registre de langue plus courant (« j'ai beau, pour cela, me gratter la tête, me frotter les mains », l. 35) renforce l'impression que ce démon est un homme au service de Faust. Comme les valets de comédie, là où Faust est un homme de méditation et de désir, Méphistophélès est un homme d'action : on note dans ses répliques l'importance des verbes à l'impératif engageant à agir (« placez-la », l. 28 ; « venez », l. 36 et 39) et l'emploi du passé composé qui témoigne de ses actes (« j'ai prise », l. 27).

Mais le pacte qui unit ici maître et serviteur est ambigu. Depuis la nourrice Œnone dans *Phèdre* de Racine, nous savons que tout personnage dévoué à un autre n'est pas forcément garant du bon et du mieux pour celui qu'il sert. Méphistophélès est aussi suspect. Quand il entre, il fait face aux dénégations de Faust : « Allons, allons, je n'y reviens plus » (l. 26). La réplique suivante de l'amoureux suggère le doute : « Je ne sais si je dois... » (l. 31) ; la négation encore employée ici n'est plus aussi ferme qu'avant, et le mot interrogatif « si » ainsi que les points de suspension soulignent l'hésitation du personnage. Faust est tiraillé entre le devoir, ce qu'il « doi[t] » (le mot ici est fort, il a une connotation morale), et son désir. Tout le travail de son interlocuteur est de le faire pencher d'un côté de la balance. Les derniers mots de Méphistophélès, dans les lignes 36 à 39, sont encadrés par l'impératif

« venez », exhortation à le suivre. Et il souligne avec ironie le décalage entre l'attitude du savant (fasciné comme devant « la physique et la métaphysique », l. 38) et le désir de l'amant (« amener à vos vœux et à vos désirs l'aimable jeune fille », l. 36-37). Finalement, l'ambiguïté de cette scène tient surtout au rapport maître-serviteur, car c'est bien Méphistophélès qui emporte, à force de persuasion (mettant en place la cassette, objet magique destiné à fasciner Marguerite), l'adhésion de Faust, et le pousse à agir : « *Ils sortent* » (l. 40).

TEXTE 5 : Alfred de Musset, *Lorenzaccio* (1834) p. 298

Objectifs et enjeux

- **Étudier une scène de violence**
- **Réfléchir à la mise en scène du drame romantique**

Lecture analytique

1. Extraite du recueil *Un spectacle dans un fauteuil*, œuvres écrites non pour être jouées mais pour être lues, cette pièce ambitieuse de Musset se caractérise par l'importance de la mise en scène dans l'écriture. Ce sera l'un des objectifs de cette étude : mettre en lumière le rôle des décors, des accessoires, de la direction d'acteurs, dans le drame romantique. Parce qu'il n'écrit pas pour être représenté, Musset donne au lecteur à « voir » cette scène singulière où se confondent les sentiments et les symboliques : acte de mort, acte d'amour, le meurtre du duc Alexandre, répété tout au long de l'intrigue par Lorenzo, trouve son achèvement dans cette chambre où se mêlent Éros et Thanatos.

La scène se fonde sur une ambiguïté de mots et de sentiments qui caractérise la relation de Lorenzo et Alexandre. L'apostrophe « mignon » (l. 2) résume assez bien le masque que Lorenzo a pris pour pouvoir approcher son cousin au plus près.

C'est d'abord, pourtant, une scène de meurtre, attendue depuis l'exposition de la pièce. On remarque aussitôt qu'elle est très courte, finalement, au regard du temps qui l'a précédée. Les didascalies insistent sur la préparation de l'assassinat : Lorenzo fait en sorte que le duc ne puisse pas se défendre quand il frappera (« *Il entortille le baudrier de manière à empêcher l'épée de sortir du fourreau* », l. 5-6), tout en prononçant une réplique ironique aux yeux du lecteur : « Il est bon d'avoir toujours une arme sous la main » (l. 5).

Le cadre ménage les conditions du meurtre : c'est la chambre de Lorenzo, un lieu intime, dans un tête-à-tête entre les deux personnages. Le duc, après un monologue, « *se couche* » (l. 19) : il est alors sans armes, au sens propre et au sens figuré. Lorenzo attend le moment propice (« Dormez-vous, seigneur ? », l. 20) pour porter le premier coup. Et le duc s'éteint sur l'apostrophe « Renzo ? » (l. 21), diminutif affectif qui suggère la relation intime des deux protagonistes.

La deuxième partie de la scène, après l'entrée de Scoronconcolo, est marquée par une métaphore qui mêle l'éros et le thanatos, l'amour et la mort : « Je garderai jusqu'à ma mort cette bague sanglante, inestimable diamant » (l. 24-25). Le meurtre est assimilé à l'union entre les deux personnages, et la chambre devient le cadre d'une nuit de noces. Comme après l'acte nuptial (le duc couché dans son lit, la symbolique de l'épée enfoncée), Lorenzo quitte le lit, « *s'asseyant sur le bord de la fenêtre* » (l. 27), dans une attitude contemplative. Dans ses répliques se succèdent les exclamations lyriques, renforcées par une anaphore de « que » (« Que la nuit est belle ! que l'air du ciel est pur ! », l. 27-28 ; « Que le vent du soir est doux et embaumé ! comme les fleurs des prairies s'entr'ouvrent ! Ô nature magnifique ! ô éternel repos ! », l. 30-31). La nature semble correspondre à l'état d'âme du personnage ; elle traduit la quiétude retrouvée après l'acte, avec des connotations de purification et de renaissance. Puis Lorenzo ordonne : « tire ces rideaux » (l. 37). Ce geste suggère la métaphore du spectacle fini, d'un acte achevé, qu'il soit meurtrier ou sexuel. Les sentiments mêlés traduisent l'égarement de Lorenzo qui, portant un masque pour approcher le duc, a fini par devenir ce masque.

2. La mise en scène, ou l'idée que le lecteur peut se faire de ce « spectacle dans un fauteuil », est essentielle dans cet extrait. Le décor, d'abord, doit figurer d'une manière ou d'une autre le cadre intime de la chambre. Le lit est un élément important du mobilier : espace central de l'action, espace symbolique aussi, il doit rendre compte de l'ambiguïté qu'on a mise en relief. Les lumières peuvent aussi transcrire la nuit qui baigne la scène. Les accessoires sont tout autant nécessaires à l'action : l'épée qu'on retire et qu'on enveloppe, celle qu'on va chercher et qui permet de tuer.

La scène suggère aussi tout un jeu de Lorenzo. Dans un premier temps, il doit simuler la proximité, l'intimité avec le Duc. Ensuite, des jeux de scène montrent Lorenzo qui sort et rentre : cela suppose que le Duc lui tourne le dos, qu'il ne le voie pas revenir, qu'il ne perçoive pas l'arme dont s'est emparé Lorenzo.

La dernière réplique de Lorenzo, « Ne te souviens-tu pas qu'ils sont habitués à notre tapage ? » (l. 40), renvoie à une scène précédente où Scoronconcolo et lui jouaient à se battre, pour préparer le voisinage aux bruits du meurtre à venir. C'est dire si la mise en scène est surtout orchestrée par le personnage lui-même : de son arrivée dans la chambre avec le Duc jusqu'au meurtre, chaque geste, chaque mouvement a été scrupuleusement pensé et exécuté. La mise en scène est donc double : Lorenzo, acteur et scénographe, nous fait assister en tant que spectateur à cet acte final qu'il a depuis longtemps répété.

TEXTE 6 : Edmond Rostand, *Cyrano de Bergerac* (1897) p. 299

Objectifs et enjeux

- **Étudier le renouvellement du drame romantique à la fin du siècle**
- **Découvrir un texte qui se prête à une performance d'acteur**

Lecture analytique

1. Si la pièce de Rostand n'appartient pas strictement à l'époque du drame romantique, circonscrite à la première moitié du XIXe siècle, elle en est un écho de la fin du siècle : le dramaturge trouve, à travers la figure poétique de Cyrano de Bergerac, écrivain du XVIIe siècle, un héros de théâtre auquel il donne une dimension épique. La scène que nous étudions est un grand classique, tirade incontournable du répertoire, qui met en lumière l'insolence et le talent du personnage principal. Elle est à la fois un régal pour le spectateur et une véritable performance pour l'acteur.

Dans cette longue tirade, Cyrano effectue son autoportrait, à travers les insultes créatives que l'on pourrait adresser à son nez. « Regarde-moi mon cher, et dis quelle espérance / Pourrait bien me laisser cette protubérance ! », confiera Cyrano à son ami Le Bret, vers la fin du premier acte. Le « nez » de Cyrano est à la fois l'appendice qui le caractérise, son signe de reconnaissance, et son complexe. Mieux qu'un nez postiche ornant le visage du comédien, cette tirade permet au spectateur de se représenter, dans l'hyperbole et l'imagination poétique, le physique du personnage. Les discours rapportés qui s'enchaînent insistent sur sa taille : « Mais il doit tremper dans votre tasse » (v. 6), la gradation « C'est un roc !... c'est un pic !... c'est un cap ! / Que dis-je, c'est un cap ?... C'est une péninsule ! » (v. 8-9), « Pour pendre son chapeau, c'est vraiment très commode ! » (v. 26). Sa grosseur aussi est suggérée, au vers 19 (« ce poids ») par exemple. L'énumération de métaphores, qui devient accumulation, finit par donner à ce détail physique l'apparence d'un monstre difforme et protéiforme : on passe, au hasard des tonalités, de l'élément minéral (« roc », v. 8 ; « conque », v. 31), terrestre (« péninsule », v. 9), domestique (« cheminée », v. 17), liquide (« Mer Rouge », v. 29), végétal (« navet » ; « melon », v. 36) à la représentation merveilleuse (« triton », v. 31).

Mais la description-fleuve que fait Cyrano de son nez révèle surtout un trait de caractère, son autodérision. Jouant à la fois les rôles du personnage ridicule et de celui qui l'attaque, il se regarde lui-même, se parle à lui-même, s'insulte lui-même, comme le montrent les apostrophes « monsieur » (v. 4, 11, 33 et 39), « l'ami » (v. 25). Les hyperboles, celle des vers 8 à 9, par exemple, où les points de suspension viennent créer un effet d'attente après les exclamations, ou encore la parodie de *Pyrame et Thisbé* (v. 40-42), qui clôt la série en une montée finale, font de Cyrano un dramaturge et un acteur.

Le personnage fait alors preuve de son génie du verbe et des mots. La tirade est une performance qui contraste avec l'insulte proférée plus haut par le vicomte de Valvert : « vous avez un nez [...] très grand ». Le trait devient bien ridicule au regard de l'imagination de Cyrano. Ce dernier montre un talent de poète, d'orateur, qui le rend capable d'improviser devant la foule ce morceau, en alternant les tonalités et les situations. La tirade est à l'image du personnage, colosse tonitruant et fougueux, exubérant, mais surtout maître des mots et du langage, comme le montrera la suite de l'intrigue.

C'est aussi son caractère provocateur qui est mis en avant : les vers 1 à 2 et 43 à 47 mettent en évidence l'esprit belliqueux de Cyrano. La méprisante apostrophe « jeune homme » (v. 1) rabaisse Valvert, et ce portrait de l'adversaire trouve son écho dans la fin de la tirade, puisqu'il y est réduit aux trois lettres qui « forment le mot : Sot ! » (v. 47). C'est une provocation puisqu'elle amène au duel qui suit l'extrait.

2. Pour le comédien, ce passage est un véritable morceau de bravoure. C'est une tirade-fleuve qui représente une épreuve de jeu. Sa longueur et la multiplicité des tonalités demandent une invention constante, un rythme qui permettent de capter l'attention du spectateur et de la retenir ensuite.

Elle repose sur un jeu varié de registres de langue et des tonalités. Chaque début de phrase joue le rôle d'une didascalie indiquant le ton à prendre : « Agressif » (v. 4), « Amical » (v. 6), etc. On est donc dans une variété de sentiments et d'émotions, de caractères aussi. La performance est d'autant plus grande que chaque ton correspond à une nouvelle situation, un nouveau personnage à incarner. On peut voir par exemple la différence entre « Cavalier » (v. 25), « Campagnard » (v. 35) et « parodiant Pyrame en un sanglot » (v. 40). Ces trois moments sont trois écritures théâtrales. Dans le passage

« Quoi, l'ami, ce croc est à la mode ? / Pour pendre son chapeau, c'est vraiment très commode ! » (v. 26-27), la proximité du personnage avec son interlocuteur est palpable, tout comme la familiarité renforcée par les sonorités en [k]. De même le ton « Campagnard » imite, à la manière des comédies de Molière, les accents, la syntaxe et le lexique du paysan dans « Hé ! ardé ! C'est-y un nez ? Nanain ! » (v. 35). Cette parole contraste fortement avec la langue tragique empruntée au Théophile de Viau dans « Le voilà donc ce nez qui des traits de son maître / A détruit l'harmonie ! Il en rougit, le traître ! » (v. 41-42). Rostand décalque les vers célèbres de Viau (« Ah voici le poignard qui du sang de son maître / S'est souillé lâchement : il en rougit, le traître ») en conservant la place des compléments, le présentatif et surtout la personnification du poignard qui devient celle du nez.
Enfin, on peut rappeler que le personnage prononce cette tirade à l'hôtel de Bourgogne, après une représentation théâtrale qu'il a empêchée. Le passage est alors une mise en abyme du travail du comédien. C'est aussi un voyage dans le théâtre, dans ses formes et ses langages auquel est invité l'acteur qui incarne Cyrano.

TEXTE 7 : Anton Tchekhov, *Platonov* (1923, posth.)

p. 300

Objectifs et enjeux

- **Analyser une scène de dénouement chaotique et confuse**
- **Comprendre l'héritage du Romantisme au théâtre**

Lecture analytique

1. Bien que composée dans la deuxième moitié du XIXe siècle, la pièce de Tchekhov, comme ses personnages en général, porte l'écho des voix du drame romantique. Le héros, Platonov, est double, se montrant affable en société, mais se sentant en réalité torturé. Il est intéressant d'analyser l'écriture de ce dénouement de la pièce : la mort vient rompre l'équilibre de cette petite société. Tchekhov décrit une petite intelligentsia enfermée dans ses codes et ses habitudes, où l'individu peine à être lui-même.
Platonov propose un dénouement original. Le spectateur assiste, en effet, à une profusion de personnages sur scène. La mort du héros, dans le drame, est traditionnellement mise en scène de manière intime, ménageant au spectateur un moment fort face au protagoniste. Ici, on est d'abord surpris de voir le nombre de comédiens présents.
Plus que la présence de nombreux personnages, c'est l'enchaînement et l'entrecroisement des répliques qui donne à ce dénouement ce caractère particulier. La pièce se finit dans un chaos de gestes et de paroles, où l'un meurt mais où tous semblent éperdus. Platonov agonise sur scène, au milieu des autres, sans cesser cependant de parler : « Trois roubles pour lui ! » (l. 9). Les personnages autour de lui continuent d'évoluer et, alors même qu'il est mort, Anna nie : « Ça va passer. Courage… » (l. 10-11), « Il va guérir » (l. 16). Jusqu'au cri de Triletski : « Il est mort ! » (l. 17). Ce chaos est renforcé par les paroles du général Ivan qui ouvrent et ferment l'extrait : lui-même clame « Je suis mort » (l. 2, 3 et 20) plusieurs fois. La mort de Platonov crée cette « débandade » de « la compagnie » (l. 22-23) exprimée par Triletski. Alors qu'on pourrait attendre, face à la mort du protagoniste, une immobilité des personnages, les didascalies nombreuses indiquent des mouvements et des déplacements incessants : « *Iakov, Vassili, Katia et le cuisinier se précipitent à l'intérieur du bureau* » (l. 4), « *Grévkova s'assied au bureau* » (l. 19), Anna « *se dirigeant vers Sofia* » (l. 29)… De même les personnages alternent les répliques (l. 1-20), détournant l'attention du spectateur du seul Platonov. Chacun y va de sa remarque, exprimant ses sentiments ou son état d'esprit : Anna n'y croit pas, Ivan se lamente, Katia se culpabilise, Triletski s'adresse aux uns et aux autres (l. 21-26).
2. Peut-on alors parler d'écriture romantique pour *Platonov* ? Plusieurs éléments peuvent nous y faire penser. En premier lieu, le drame se ferme sur la mort du héros, à l'image des personnages qui ont jalonné le théâtre romantique. La mort a d'ailleurs lieu sur scène, et le spectateur assiste à la lente agonie de Platonov.
De plus, le texte présente le même désenchantement du monde que les drames de Vigny ou de Musset : dans les répliques des personnages, on remarquera les interrogations sur la vie (« Elle ne vaut pas un sou, la vie ! », l. 21), la recherche d'un sens religieux au décès de Platonov (« Pardonnez-moi, je suis maudite… », l. 13-14 ; « Le bon Dieu nous a oubliés… À cause de nos péchés… », l. 37). Le héros s'est suicidé, cachant depuis longtemps, sous des dehors agréables, un profond mal-être. La surprise et le chaos créés par sa mort montrent la solitude inhérente à chaque être, qui cache aux autres sa nature profonde. Cette société bourgeoise, enfermée dans ses codes et ses habitudes, ne voit pas la vraie nature des gens qui la composent.
Enfin, la parole a dans cette pièce une véritable force. Comme dans le drame romantique, les mots résonnent sur la scène, sont portés par les exclamations, les apostrophes, les questions rhétoriques, les hyperboles. Le « je », ici réparti entre plusieurs personnages, exprime son émotion et ses états d'âme. Il ne reste plus, comme le dit Triletski, qu'à « Enterrer les morts et réparer les vivants » (l. 28).

III. Le théâtre de boulevard (p. 301-303)

TEXTE 8 : Eugène Labiche, *Un chapeau de paille d'Italie* (1851) p. 301

Objectifs et enjeux

→ **Étudier le genre du théâtre de boulevard : ici, le vaudeville**

→ **Étudier comment le comique sert la critique de la place accordée aux femmes par la société**

Lecture analytique

1. Le vaudeville appartient au théâtre de boulevard, du nom du boulevard du Temple à Paris où se concentraient, à la fin du XIXe siècle, les théâtres qui jouaient des comédies d'intrigue avec moult rebondissements et machineries. Le vaudeville a été à la mode de 1850 à la moitié du XXe siècle. Labiche est un des auteurs les plus connus de ce théâtre, qu'il tire vers la satire sociale.

Le spectateur apprend par cette scène que Fadinard, jeune et séduisant rentier parisien qui doit épouser Hélène, sa promise, n'est pas l'homme honnête et juste que l'on croit. On le voit ici avec la modiste, Clara, qui doit trouver pour lui un chapeau de paille et qui s'avère être une ancienne conquête qu'il a délaissée sans la prévenir. La rustrerie de Fadinard éclate grâce aux réactions indignées de Clara. Labiche profite ainsi de l'intrigue de la pièce pour brosser le portrait de jeunes filles délaissées par leur amoureux, malgré la promesse de mariage, dans l'attente de leur retour.

La mauvaise foi de Fadinard se voit dès sa première réplique puisqu'il demande à Clara de parler bas : « Chut !... pas de bruit » (l. 2 ; *cf.* note 1). Il l'a donc immédiatement reconnue et, plutôt que de la saluer ou mieux, de s'excuser, il lui demande de se taire ! Les points de suspension, récurrents dans les répliques de Fadinard, montrent ses hésitations et ses difficultés à répondre de ses actes devant Clara. Il a évidemment d'autres préoccupations (le chapeau de paille, intrigue de la pièce) que de répondre aux jérémiades d'une ex-conquête : « Fichue rencontre » dit-il en aparté (l. 5). Les autres apartés, aux lignes 19 et 23, vont dans le même sens. Dès sa première réponse à la question de Clara, « et d'où venez-vous ? » (l. 1), « j'arrive de Saumur » (l. 2-3), le spectateur comprend la mauvaise foi maladroite de Fadinard. Sa tentative d'explication (« j'ai manqué la diligence », l. 5) est un mensonge grossier qui ne laisse personne dupe.

Cependant, il avoue la forfaiture en rendant justice à Clara : « C'est vrai... j'ai été canaille pour ça » (l. 13). Mais c'est encore un aparté : seul le spectateur entend son aveu. Labiche use de ce procédé théâtral, ingrédient habituel du comique, pour rendre le spectateur complice du personnage. Ici, cependant, l'aparté peut avoir deux fonctions : amuser les spectateurs qui adhèrent à cette attitude machiste ou, au contraire, justifier les réprimandes des spectateurs ayant de l'empathie pour Clara.

Cela dit, tout en admettant mentalement ses torts, Fadinard, de mauvaise foi, refuse toute incrimination de la part de Clara : « J'ai quelques légers torts, j'en conviens... » (l. 8), « tu exagères ! d'abord, il n'y a que cinq mois et demi » (l. 16), jouant sur des détails afin de minimiser sa faute. Il cherche à avoir un ascendant sur la jeune femme : le tutoiement participe de ses manœuvres dans ce sens, tandis qu'elle continue de le vouvoyer pour marquer sa désapprobation.

Prolongeant sans vergogne sa mauvaise foi, Fadinard va jusqu'à prétendre qu'il a toujours des sentiments pour Clara (« tu sais si je t'aime ») et « *l'embrasse* » (l. 20). Ce passage nous fait penser indéniablement au *Dom Juan* de Molière lorsque, à la scène 4 de l'acte II, dom Juan promet le mariage à deux paysannes à la fois, dans un jeu de scène célèbre.

2 et **3.** Clara, en femme avisée, oppose à Fadinard son sens de la répartie ; elle s'indigne avec force et ironie contre le mépris qui lui a été infligé. Labiche donne une véritable énergie au personnage féminin bafoué, mettant à nu l'attitude inqualifiable des hommes machistes de son temps. Et par ces reparties, il donne à cette scène de dispute une tonalité comique propre à séduire le public.

En effet, Clara se moque de la litote de Fadinard : « Comment, quelques légers torts ? » (l. 9), et use d'ironie : « J'attends et vous revenez... au bout de six mois... sans parapluie ! » (l. 15). Le décalage est comique, puisque Clara donne l'impression qu'elle est fâchée à cause du parapluie manquant, ce qui fait répondre à Fadinard : « quant au parapluie, c'est un oubli... je vais le chercher... » (l. 17). Cette scène, pour les comédiens, est un bijou de précision, jouant à merveille entre le dépit et l'ironie. Les jeux de scène sont aussi notés avec rigueur, comme la didascalie « *Fausse sortie* » (l. 17), et renforcent le comique créé par l'attitude absurde de Fadinard.

Quand il se dit amoureux de la jeune femme, Clara se laisse embrasser (aucune didascalie de l'auteur n'indique le contraire). Et, finaude, elle rappelle opportunément leur promesse de mariage, l'engagement de son amoureux pour un acte religieux sacré. Le passage se termine alors par un renversement de situation, puisque Fadinard, ne pouvant se permettre de fâcher Clara, va dans son sens malgré lui : « Comme ça se trouve » dit-il à part, déconcerté (l. 23). En effet, il a besoin du « chapeau de paille » (l. 30), aussi lui fait-il comprendre que le mariage est toujours possible, dans des phrases elliptiques : « Mais je te le promets toujours... » (l. 24), « moi, épouser une autre femme... » (l. 27-28) et lui donne « sa pratique », sous-entendu les gestes amoureux. Il la rassure sur l'objet de sa présence, un chapeau de paille qu'il destine à un « capitaine de dragons » blagueur (l. 34-36) et non à une femme. Le prétexte peut faire sourire mais, par une suite de circonstances, est partiellement vrai (c'est effectivement à un militaire, l'amant d'Anaïs Beauperthuis, que le chapeau est destiné). Labiche, qui n'est plus à un rebondissement près, donne une vraie raison pour une fausse déclaration, alors que la noce, à la porte, peut faire irruption à n'importe quel moment. On peut apercevoir ainsi l'une des caractéristiques du théâtre de boulevard. Plus les rebondissements sont nombreux et improbables, plus le public est ravi.

Activités complémentaires

On pourra demander aux élèves d'observer la photographie, p. 301. Elle montre comment la mise en scène met en valeur les réactions des personnages : Clara, pleine de dépit, est de dos, et le dessin du canapé rejoint la figure hélicoïdale en fond de scène, aux nombreuses interprétations (la concentricité des intrigues, la machinerie diabolique, la folie ou l'égoïsme des hommes, la pénétration de l'âme...).

Il est aussi possible, pour prolonger l'étude, de se reporter aux p. 90 et 91 pour y observer la définition du vaudeville, des citations et des photographies de mise en scène de plusieurs pièces célèbres, dont *Un chapeau de paille d'Italie*.

TEXTE 9 : Georges Courteline, *Les Boulingrin* (1898) p. 302

Objectifs et enjeux

→ **Étudier comment une situation propre au vaudeville tourne à l'absurde**

→ **Étudier la satire des bourgeois**

Lecture analytique

1. Dans ses pièces courtes qui l'ont rendu célèbre, Courteline se plaît à choisir des situations simples et à les amplifier jusqu'à l'absurdité, tant pour les personnages que pour le public. La pièce *Les Boulingrin* porte bien son titre. Les personnages éponymes, un couple de bourgeois qui passe son temps à se disputer, illustrent leur nom en forme de calembour : ils ont « un grain » dans « la boule » (la tête), et ce grain de bêtise va s'amplifier jusqu'à l'incendie de leur maison.

Courteline profite de la satire des bourgeois pour épingler également le pique-assiette, des Rillettes, bien nommé, lui aussi, puisqu'il s'invite chez les Boulingrin pour profiter de leur repas. La dispute s'est envenimée jusqu'à ce que le couple prenne à tour de rôle des Rillettes pour juge, Mme Boulingrin sort un revolver et M. Boulingrin se cache derrière des Rillettes (l. 2). Celui-ci se retrouve, à partir de ce moment, le jouet d'un véritable combat, telle une marionnette manipulée par les deux forcenés. Il reçoit les ordres des personnages, par exemple « Ne bougez pas, bon sang de bonsoir ! » (l. 6). Il se rend bien compte qu'il est joué, mais ne réussit pas à s'extirper de cette violence. Toute la scène montre sa poltronnerie : « Ah non, eh !... Lâchez-moi ! Pas de blagues ! » (l. 4-5), « M. Boulingrin, par pitié » (l. 17), « je ne veux pas mourir encore ! » (l. 18), il est « *affolé* » (l. 46). Les gags se succèdent pour accentuer l'impression de manipulation de des Rillettes. Ainsi des claques sont-elles infligées au personnage candide, chaque époux croyant atteindre l'autre en frappant le pique-assiette : les didascalies des lignes 23 et 28 précisent même le nombre de gifles qu'il reçoit. Le comique est d'autant plus renforcé que les regrets de des Rillettes, « Quelle fâcheuse idée j'ai eue de venir passer la soirée » (l. 18-19), sont en décalage avec la violence de la dispute. Le pique-assiette semble surtout regretter de ne pas pouvoir profiter du dîner. D'ailleurs, l'exclamation qui suit le coup de pistolet est aussi un jeu de mot renvoyant à la bonne panse du bourgeois : « Une balle dans le gras !!! », dit Des Rillettes éploré (l. 30).

2. Ce dénouement montre une montée vers l'absurde.

La dispute a pris de l'ampleur jusqu'à ce que Mme Boulingrin, à bout, pointe un revolver sur son mari en criant : « C'est toi qui l'auras voulu » (l. 1), lui imputant ainsi la faute. Les mots alors se mélangent, comme l'indique la didascalie : « *Les trois personnages hurlent à l'unisson* » (l. 10), M. Boulingrin de peur, Mme Boulingrin de fureur et des Rillettes d'angoisse à l'idée de recevoir la balle. On peut imaginer le désordre en scène et les jeux de panique à orchestrer par le metteur en scène. La satire semble atteindre un paroxysme, entre la furie des époux et la poltronnerie de des Rillettes. Le comique de situation et de geste est poussé à l'extrême pour faire rire le public.

La tension monte d'un cran lorsque l'auteur a l'idée géniale de faire éteindre la lumière par M. Boulingrin (« *Il souffle la lampe* », l. 20). Labiche s'en amuse dans la didascalie « *du sein de ces ténèbres profondes* » (l. 21-22), tel un film d'horreur avant l'heure. Le spectateur est alors plongé dans le noir, comme les comédiens, et doit suivre la scène à l'oreille ; l'imagination fait le reste. La violence se poursuit dans le bruit et la fureur. Le spectateur devine alors ce qui se passe par le son des gifles et les cris de des Rillettes, jusqu'à ce qu'il s'exclame : « Faites attention nom de Dieu, vous me marchez sur la figure » (l. 38- 39), laissant imaginer des gestes des plus rocambolesques.

La suite de la scène est un concert d'invectives : « Ah ! tu voulais m'assassiner ? » (l. 23), la mise au défi « Vise-moi donc, maintenant ! » (l. 20-21), les injures « Canaille ! Crapule ! Poison ! » (l. 25), « Chamelle ! » (l. 40), « Enfant de coquine ! » (l. 41). Un coup de pistolet retentit à la ligne 29 et déclenche la destruction d'un miroir par le mari (« je casse la glace », l. 31), aussitôt suivie des représailles de l'épouse (« je casse la pendule », l. 32). Dans une gradation folle, on en arrive à la destruction de tout le mobilier (« je casse tout », l. 34) jusqu'à l'incendie (« Eh bien je mets le feu », l. 36) !

Le couple ne recule devant aucun défi. L'univers sonore du public est saturé de bruits et de cris (« *Des meubles culbutés s'écroulent* », l. 35 ; « *Galopades, hurlements* », l. 37). C'est le chaos et l'auteur, ne reculant devant rien, exige du metteur en scène qu'il représente la vision brutale de l'incendie pour susciter à la fois l'effroi et la jubilation du spectateur : « *Soudain,* [...] *c'est la lueur rouge de l'incendie. La scène s'éclaire d'une teinte de sang* » (l. 44-45). La métaphore « *teinte de sang* » ouvre des possibilités au metteur en scène, qui doit alors utiliser des machineries de théâtre, avec poulie ou à traction humaine à l'époque (à la fin du XIXe siècle, l'électricité était encore rare : il faut attendre 1881 pour en voir des applications, et 1900 pour que l'électricité soit testée dans la première ligne de métro). Le public peut alors combler son besoin de spectaculaire en assistant à un incendie en direct, annoncé par les hurlements de des Rillettes : « L'incendie !!! Au feu ! Au feu ! » (l. 46). Le spectacle est à son comble.

Ainsi Labiche met-il en scène un engrenage absurde qui fait grossir une situation de départ (une dispute de couple) en l'amplifiant par une cavalcade de rebondissements, renforcée par la présence d'une tierce personne, jusqu'à la destruction totale.

Activités complémentaires

On pourra rechercher sur Internet la dernière page de la pièce pour découvrir la fin voulue par l'auteur : un incendie mis en scène avec l'arrivée des pompiers, ou bien « un feu de bengale » avec sonorisation orchestré par le couple en mal de sensations.

Des scènes d'une telle jubilation anticipent sur des pièces iconoclastes comme *Ubu roi* d'Alfred Jarry. On pourra lire, p. 304, la scène d'exposition entre Père Ubu et Mère Ubu, et la comparer à la pièce de Courteline.

TEXTE 10 : Georges Feydeau, *On purge bébé* (1910) p. 303

Objectifs et enjeux

- **Comprendre la satire du monde de l'argent**
- **Étudier une critique de la condition de la femme dans la société bourgeoise**
- **Étudier le comique au service du vaudeville**

Lecture analytique

1. Parmi les pièces de Feydeau aux titres amusants, *On purge bébé* suscite d'emblée le sourire par l'allusion scatologique. Il fallait oser. C'est en effet l'intrigue principale : le bébé (en fait, l'enfant a sept ans), soit Hervé Follavoine ou « Toto », est constipé et il faut le purger. Cependant M. Follavoine, son père, est occupé (deuxième intrigue), car il attend M. Chouilloux dans l'espoir de conclure une affaire financière de la plus haute importance : vendre un pot de chambre en « porcelaine incassable » (l. 4) à chaque soldat de l'armée française, par l'intermédiaire de M. Chouilloux, « président de la commission d'examen » pour cet appel d'offre (l. 1).

Cet extrait précède l'arrivée de Chouilloux : le public assiste à la discussion du couple qui se termine en dispute, scène que l'on peut comparer aux deux autres textes de ce groupement sur le théâtre du boulevard (*cf.* p. 301 et 302). La dispute est en effet un poncif de ce théâtre et particulièrement du vaudeville. Comme dans *Les Boulingrin*, la satire est portée par une confrontation entre des personnages aux noms révélateurs. En effet, le comique contenu dans le titre et l'intrigue se poursuit avec le nom des personnages : M. Follavoine serait, par la métaphore, populaire, et le calembour, « fol d'avoine », c'est-à-dire fou d'argent. Débute ainsi la satire du bourgeois qui ne pense qu'à s'enrichir, accentuée par le double sens de la « folle avoine », une graminée sauvage nuisible aux cultures. M. Chouilloux, quant à lui, possède un nom farfelu, qui par le jeu des sonorités renvoie à la bêtise, la lâcheté (« ouille ») et l'aveuglement (« dans les choux » ; pendant le dîner, Chouilloux apprendra que le troisième invité est l'amant de sa femme et sera dupé par Toto qui lui fera boire sa purgation). Julie porte un « joli » (par paronomase) prénom malgré son caractère impétueux et sans-gêne, et Toto tient tête à toute la famille puisqu'il ne veut pas boire la purgation (issu des farces du XIXe siècle, on retrouve encore ce nom d'enfant espiègle et têtu dans les plaisanteries du type « 0 + 0 = la tête à Toto »).

Follavoine expose, à travers des questions rhétoriques pour avoir l'assentiment de sa femme, la situation et l'importance de la visite de Chouilloux d'un point de vue financier (l. 1-5). Les expressions populaires qu'il emploie (« l'affaire est dans le sac et ma fortune est faite », l. 5-6 ; « c'est le pactole », l. 8) montrent que l'appât du gain est sa seule motivation.

2. Cependant la discorde commence au moment où Julie s'aperçoit que l'affaire sera connue, et que son statut de femme bourgeoise sera entaché par le produit qui fera la fortune de la famille : « je ne veux pas être la femme d'un monsieur qui vend des pots de chambre », s'écrie-t-elle (l. 14-15). À ses yeux, être porcelainier est plus noble qu'être « le monsieur qui vend exclusivement des pots de chambre » (l. 25-27). Ce n'est pas la fortune qu'elle récuse, mais le produit qu'elle dénigre : « c'est dégoûtant », dit-elle (l. 17). La négation « non » est répétée plus de dix fois dans le passage, avec des interjections allant de l'exclamation « Oh » (l. 14), marquant la surprise et la déception, au cri « Ah » (l. 27 et 39) pour la colère et la détermination. Le dénigrement la pousse à être désagréable et ironique envers son mari : « Tu es bien aimable » (l. 32).

3. La dernière réplique de Julie est pleinement comique par la gestuelle qu'elle propose. Tout d'abord, elle semble mimer une démarche, avec une métaphore empreinte d'ironie : « marcher dans la vie, auréolée d'un vase de nuit » (l. 33-34). On peut l'imaginer alors prenant le pot de chambre des mains du mari. Ensuite, elle ébauche une saynète avec trois personnages et un dialogue, véritable performance pour l'actrice (l. 36-39).

Quant aux objets et costumes, ils participent au comique de la scène. En effet, comme on peut le voir sur la photographie p. 303 (*cf.* aussi p. 91), Julie est arrivée dans le cabinet de travail de son mari, en chemise de nuit et bigoudis, un seau à la main, celui de ses « eaux sales » selon ses propres termes. Ce dispositif est propice à de nombreux jeux de scène. L'autre objet est le pot de chambre (ou plusieurs) que Follavoine peut tenir à la main ou placer sur son bureau. Cet accessoire est aussi propice au comique (est-il vraiment incassable ?).

IV. Le drame comique (p. 304)

TEXTE 11 : Alfred Jarry, *Ubu roi* (1896) p. 304

Objectifs et enjeux

- **Étudier une farce parodique du XIXe siècle**
- **Comprendre comment se renouvelle la satire du couple bourgeois**

Lecture analytique

1. La geste du Père Ubu, née d'une pièce potache de lycéens mettant en scène leur professeur M. Hébert (le « Père Hébé » qui représentait pour ses élèves tout le grotesque du monde), est si connue qu'elle a donné le mot « ubuesque » en français. Elle commence par *Ubu roi*, drame parodique narrant l'usurpation par Ubu du trône de Pologne. Cette pièce iconoclaste est montée d'abord avec des marionnettes en 1888, puis dans une mise en scène au théâtre de l'Œuvre en 1896 qui a fait scandale par son refus de réalisme. Jarry cherche à remplacer le corps de l'acteur par la marionnette, propre, d'après lui, à remplir un espace scénique dévolu aux figures et non à la psychologie : il préfigure le théâtre moderne.

La scène d'exposition d'*Ubu roi* est déjà originale. Comme toute bonne exposition, elle présente au public les personnages principaux : Père Ubu et Mère Ubu, qui s'affrontent verbalement en résumant leur passé. L'intrigue est également mise en place par l'exhortation de Mère Ubu, qui pousse Père Ubu à tuer le roi Venceslas pour prendre la couronne.

Si le motif de la dispute du couple n'est pas nouveau (il est même très courant dans le théâtre de boulevard, notamment le vaudeville, à l'époque de Jarry ; *cf.* p. 301-303), la scène est renouvelée par le mélange des tonalités. La satire y côtoie l'horreur, de réplique en réplique. L'intrigue, le meurtre du roi, est empruntée à la tragédie, mais les usurpateurs sont un simple couple bourgeois dont la vulgarité et la médiocrité suscitent le rire. Le mélange des tonalités est accompagné par une grande variété de registres de langue. Le lexique de la tragédie côtoie les expressions populaires : « vous me faites injure et vous allez passer tout à l'heure par la casserole », menace Père Ubu (l. 20-21), sans qu'on sache quelle torture il imagine là. On trouve aussi dans cette scène une véritable création verbale, provocatrice et fantaisiste, avec des orthographes anciennes qui rappellent la langue de Rabelais (« estes », l. 2), ou encore les jurons du Père Ubu : le célèbre « Merdre » (l. 1 et 7), « Bougre de merdre, merdre de bougre » (l. 35-36). Le chiasme de cette expression laisse imaginer une gestuelle des plus grotesques, appelant le rire des spectateurs.

2. La pièce prend en effet un aspect burlesque. Elle parodie les tragédies classiques ou shakespeariennes, notamment *Macbeth* ; la référence à Shakespeare est d'ailleurs présente dès l'épigraphe d'*Ubu roi* où la graphie et la syntaxe font aussi allusion à Rabelais (« Adonc le Père Ubu hoscha la poire, dont fut depuis nommé par les Anglois Shakespeare »). L'intrigue de *Macbeth* est présente dans *Ubu roi*, mais avec des personnages grossiers et satiriques. Père Ubu est vulgaire, jurant « Merdre » (l. 1 et 7) sans raison. Violent, il menace sa femme (« Que ne vous assom'je », l. 3) et veut la « passer [...] par la casserole » (l. 20-21). Il paraît surtout « bête » (l. 15), comme l'indique Mère Ubu, répétant « je ne comprends pas » (l. 5), « je ne comprends rien de ce que tu dis » (l. 14). Pour le pousser au meurtre, Mère Ubu lui dit qu'il pourra « augmenter indéfiniment [ses] richesses, manger fort souvent de l'andouille et rouler carrosse par les rues » (l. 26-27), puis le tente avec un « parapluie » et un « grand caban » (l. 33), c'est-à-dire la richesse, la panse, l'apparence.

La photographie de la mise en scène de Jean-Louis Crinon, p. 304, souligne bien cet aspect burlesque : les deux personnages apparaissent comme deux bouchers aux mines patibulaires, arborant des médailles et un collier de saucisses, dans des tons dominants de rouge et de blanc. On pourra aussi se reporter au portrait grotesque d'Ubu dessiné par Jarry lui-même. Par ce caractère farcesque, la geste du Père Ubu rappelle une autre geste « hénaurme », celle des géants Gargantua et Pantagruel de Rabelais.

3. Pareille à lady Macbeth qui tente son mari, Mère Ubu pousse Père Ubu à usurper le trône de Pologne : « Qui t'empêche de massacrer toute la famille et de te mettre à leur place ? » (l. 18-19). Pour convaincre son époux, Mère Ubu met en place une stratégie très réfléchie. Dominatrice et dédaigneuse, elle commence par dénigrer son mari en employant des termes péjoratifs (« voyou », l. 2 ; « votre fiole », l. 13) et caricature ses soldats en « estafiers armés de coupe-choux » (l. 12). C'est elle qui porte alors la satire du Père Ubu. Elle s'écrie aussi : « Tu es si bête » (l. 15) devant l'incapacité de son mari à comprendre son désir. Puis elle sait appâter son homme avec les plaisirs que procure le pouvoir plus que le pouvoir lui-même (l. 26-27 et 32-34). Quand il prend enfin sa décision, elle le félicite en considérant qu'il est « devenu un véritable homme » (l. 40) ; mais la remarque est peut-être ironique devant la menace en l'air de son mari (« si jamais je le rencontre au coin d'un bois, il passera un mauvais quart d'heure », l. 36-38).

Pourtant, Mère Ubu est aussi vulgaire que son époux. Si elle ne jure pas, elle emploie des mots familiers comme « coupe-choux » (l. 12), « votre fiole » (l. 13), « ce cul » (l. 25) et quand Ubu la menace, elle réplique : « qui te raccommoderait tes fonds de culotte ? » (l. 22-23). Elle se distingue aussi par sa violence, parlant d'« assassiner » (l. 4) et de « massacrer » (l. 18).

À travers ce couple grotesque qui conquiert le trône dans le sang, la pièce *Ubu roi* est une critique acerbe du pouvoir et de l'autocratie.

5 Dire le monde contemporain

Manuel, p. 305-322

I. Problématiques et thèmes

Le théâtre des XXe et XXIe siècles rend compte de la réflexion sur la condition humaine et ses évolutions, il se fait le spectacle du monde, une mise en abyme des illusions et désillusions des êtres. Cependant, le monde continue sa marche comme le théâtre continue ses explorations. Le point commun à tous les extraits choisis dans cette partie peut être celui de l'action : l'homme est-il responsable de ses actes ? Comment croise-t-il sa conscience et sa liberté ? Le parcours est divisé en trois groupements.

• Au carrefour des influences

Le retour aux sources du théâtre ou aux grandes épopées européennes peut s'expliquer comme une tentative de compréhension de l'ère moderne qui a sombré dans l'horreur de la guerre, et d'interrogation de la notion de destinée. Les trois textes proposés dans ce premier groupement s'inspirent directement de l'âge d'or espagnol ou des mythes grecs qu'ils actualisent. Ce sont trois œuvres incontournables et emblématiques de cette période. Même si les religions abordées sont différentes (religion catholique pour la première et de la Grèce antique pour les deux autres), *Le Soulier de satin*, *La Machine infernale* et *La guerre de Troie n'aura pas lieu* offrent cependant des problématiques communes : comment ces histoires légendaires questionnent-elles le destin individuel et le destin collectif ? Comment questionnent-elles la responsabilité de chacun dans les actes commis ? La fidélité à l'amour, au roi, à la patrie ? Comment ces personnages légendaires transcendent-ils leur époque pour nous parler encore aujourd'hui ?

• Le théâtre de la condition humaine

La deuxième partie du parcours se compose de sept textes qui permettent d'aborder la période qui s'étend des années d'Occupation aux années 1970, trente ans de théâtre qui se font l'écho des questions qui ébranlent les hommes. La situation internationale se complexifie après la guerre et ses horreurs réitérées alors qu'on croyait que la précédente serait « la der des ders ». Un théâtre philosophique et politique naît de cette période de bouleversements où les personnages portent sur la scène la confrontation des pensées et des idéologies en place ou rêvées. Les problématiques tirées de la confrontation de ces textes sont nombreuses et mettent en abyme celles de la société moderne. Un attentat révolutionnaire en Russie (*Les Justes*), la guerre d'occupation dans un pays de fiction (*Les Mains sales*), la résistance et la collaboration (*Antigone*), la question des classes sociales (*Les Bonnes*), la théorie et l'expérience scientifiques (*La Vie de Galilée*) sont autant d'histoires qui collent à l'Histoire où les destins individuels sont pris entre les convictions et l'action. Question fondamentale quand cette dualité suppose la mort, celle refusée pour soi-même (Galilée), revendiquée (Antigone), ou perpétrée envers autrui comme une mission politique ou idéologique (Solange, Hugo, Yanek). Faut-il mourir ou donner la mort ? Une mort décidée pour briser l'absurdité humaine ? Quelle action (la parole en est-elle une ?) et pour qui ? Pour soi, pour l'humanité ou pour des idées ? Doit-on se sentir responsable ? Comment la conscience s'invite-t-elle au débat intérieur et ébranle-t-elle l'action ? La condition humaine s'offre alors le luxe du doute, constante de ces œuvres emblématiques de cette période.

Reste en ce milieu du XXe siècle la fausse issue de l'Absurde que Beckett et Ionesco donnent au théâtre à travers des œuvres qui resteront à la postérité comme *Fin de partie* et *Rhinocéros*. Refusant les étiquettes, ces deux auteurs posent néanmoins, dans une langue qui se perd, des questions sur la finitude (*Fin de partie*) et les totalitarismes (*Rhinocéros*).

• L'homme face à lui-même

Six textes viennent clore le parcours pour aborder le théâtre de ces dernières années. Ils offrent un rapide panorama de ce théâtre contemporain multiforme, encore nourri des genres d'autrefois. Chacune des œuvres proposées s'accroche au passé comme un point d'ancrage qui pourrait délivrer l'homme de sa condition ou, au moins, l'alléger. Quelle est la force du passé dans cette quête de liberté ? Si Olivier Py s'inspire de Corneille (*Illusions comiques*), c'est encore pour questionner la fonction du théâtre. Bernard-Marie Koltès, Jean-Luc Lagarce et Wajdi Mouawad posent leurs personnages dans un prégnant mais impossible passé à cerner tandis que Joël Pommerat et Catherine Anne cherchent dans la révolution française les jalons de la démocratie en perpétuel questionnement.

Que ce soit la question de la tradition aux prises avec la modernité (*Combat de nègre et de chiens*), de l'histoire individuelle (*Juste la fin du monde*, *Incendies*, *J'ai rêvé la* Révolution) ou collective (*Incendies*, *Ça ira (1) Fin de Louis*, *J'ai rêvé la Révolution*), de la condition féminine (*Incendies*, *J'ai rêvé la Révolution*), de la transmission (*Combat de nègre et de chiens*, *Juste la fin du monde*, *Incendies*, *J'ai rêvé la Révolution*), les questions actuelles abondent dans ce théâtre où le texte revient en force pour dire les douleurs et la mort mais qui sont propices aux révélations et aux espoirs de toutes sortes.

Il est intéressant de noter que, dans plusieurs extraits, la nuit est un *topos* qui permet d'atteindre l'intime de la pensée comme des sentiments.

BIBLIOGRAPHIE-SITOGRAPHIE

- **Robert Abirached** (dir.), *Le théâtre français du xxe siècle*, Avant-scène théâtre, 2011.
- **Michel Azama**, *De Godot à Zucco, anthologie des auteurs dramatiques de langue française 1950-2000*, Éditions théâtrales, 2004 : ces 3 volumes sont très riches et contiennent de nombreux extraits et analyses. Le tome 1 est consacré aux continuités et renouvellement, le 2e aux récits de vie et le 3e au bruit du monde.
- **Michel Corvin** (dir.), *Dictionnaire encyclopédique du théâtre à travers le monde*, Bordas, 2019.
- **Réseau Canopé**, la revue : *Théâtre aujourd'hui* (14 numéros) : sur des auteurs, des mises en scène et les arts du spectacle contemporains. Elle peut être commandée sur le site www.theatre-contemporain.net
- **Réseau Canopé**, les dossiers pédagogiques « Pièces (dé)montées » (une trentaine par an) présentent les mises en scènes et textes contemporains : http://crdp.ac-paris.fr/piece-demontee

II. Au carrefour des influences (p. 307-309)

TEXTE 1 : Paul Claudel, *Le Soulier de satin* (1929) p. 307

Objectifs et enjeux

→ **Analyser l'expression d'un dilemme**
→ **Comprendre en quoi l'écriture en versets donne un accent particulier au dialogue**

Lecture analytique

Paul Claudel s'inspire ici de la Renaissance espagnole (le siècle d'or) et des conquistadores naviguant au-delà des mers. À cette époque, les royaumes et comptoirs passent aux mains des Espagnols comme le montrent les personnages principaux, Doña Prouhèze et son vieux mari Don Pélage, gouverneur général des Présides (forteresses espagnoles dans des territoires conquis d'Afrique) qui séjournent à Ceuta (un territoire espagnol dans la pièce) sur la côte marocaine. La citadelle Mogador, située plus loin sur la côte, dont Don Camille sera bientôt nommé gouverneur, sera un point de convergence de nombreuses actions. Cette période historique d'expansion l'est également pour la religion catholique : c'est ce qui intéresse Claudel dans ce drame mystique qui pose des questions de casuistique.

La pièce est divisée en quatre journées comme dans la tradition des pièces espagnoles de cette époque. L'extrait se situe au début de la pièce, lors de première journée. Doña Prouhèze et son mari sont en Espagne, dans les terres familiales de Don Pélage, pour un court séjour avant de rejoindre l'Afrique. Don Pélage devant s'absenter pour des questions familiales (sa cousine Doña Viriana se meurt et ses filles sont à marier), il confie sa femme à la vigilance de Don Balthazar, son ami de toujours, durant le trajet périlleux de retour (scène 2).

1 et 2. À la scène 5, on assiste à l'échange entre Don Balthazar et Doña Prouhèze qui lui avoue son amour pour un jeune homme, Don Rodrigue, à qui elle a fait parvenir une lettre. Elle somme Don Balthazar, en sa qualité de « défenseur » (l. 24), de la « défendre » (l. 19) contre le désir de rejoindre cet amant. Son dilemme est donc simple, elle l'exprime à la ligne 15 : « Je jure que je ne veux point faire le mal » (le mal signifiant ici le péché qu'est l'adultère), cependant « tout ce que je pourrai faire pour vous échapper et pour rejoindre Rodrigue, / Je vous donne avertissement que je le ferai » (l. 24 à 26). Le dilemme réside dans sa volonté, celle de ne pas contrevenir à la foi (le péché de l'adultère) qui s'oppose à son désir amoureux. Cette question de casuistique apparaît en littérature avec *La Princesse de Clèves* (Mme de la Fayette, 1678). Mais Doña Prouhèze ne situe pas la casuistique à cet endroit : « ce n'est point vouloir que prévoir » (l. 28) dit-elle. Pour elle, ce n'est pas une question de volonté mais de « liberté » (l. 29) dont elle se méfie ; elle la remet dans les mains de Don Balthazar (l. 28). Doña Prouhèze complexifie la situation en impliquant doublement Don Balthazar : elle lui avoue son amour et son action (la lettre à Don Rodrigue, l. 1 et 3) et lui demande de tout faire pour l'empêcher de le rejoindre (l. 24 à 26). Doña Prouhèze se dédouane ainsi complètement en remettant la responsabilité de ses actes à venir à Don Balthazar : « c'est vous qui êtes responsable et chargé de me défendre » (l. 18 et 19). Elle prolonge la métaphore avec cette expression belliqueuse « la campagne s'ouvre » (l. 23) comme si elle édulcorait la notion de tentation. Cet extrait pose donc clairement la question de l'aveu et de la liberté d'action. Avouer permet-il de ne plus être responsable de ses actes ? La liberté est-elle indépendante de la volonté ? La liberté est-elle de choisir ses actes ?

Doña Prouhèze soulève un autre point de discussion : faut-il laisser passer le hasard quand il se présente à propos : « occasion inouïe » (l. 6), « je ne cherche point d'occasion, j'attends qu'elle vienne me trouver » (l. 21 et 22) ? C'est l'explication qu'elle donne de la lettre envoyée : « profité de [...] cette gitane qui gagnait directement Avila où je sais qu'elle est la résidence de ce cavalier ». Elle détourne la casuistique (le hasard ne peut exister puisque Dieu fait toutes choses) par l'ironie à travers la question rhétorique : « N'aurait-ce pas été un péché, comme disent les Italiens ? » dont l'argument d'autorité est provocateur et blasphématoire selon Don Balthazar (« Ne blasphémez pas » l. 9). Dans cet échange contradictoire, elle écarte la honte (« vergogne » l. 10), la tutelle de son mari (l. 12) puis celle de Dieu (l. 14) qu'elle devrait craindre d'après Don Balhazar qui les lui rappelle selon les préceptes de la morale religieuse. Elle étonne de nouveau à la fin du passage en exprimant son amour pour son mari (« je l'aime » l. 31), ce qui devrait la détourner de tout autre désir.

Doña Prouhèze est donc dans une situation inextricable. Cet extrait prépare et précède le célèbre passage (qui donnera le titre à la pièce) où Doña Prouhèze, telle une enfant, confie à la vierge un de ses souliers en disant : « Mais quand j'essaierai de m'élancer vers le mal, que ce soit avec un pied boiteux » (première journée, fin de la scène 5).

Le prénom du personnage, Prouhèze, à la double étymologie possible (de l'occitan « proesa », *prouesse*, et de l'ancien français « prouvaire », *prêtre*), présage des contradictions et combats intérieurs à venir.

3. L'écriture en verset rappelle de fait l'écriture biblique. Cet écho fait de l'histoire de Prouhèze et de Rodrigue un drame mystique où les questions de l'amour et de la vertu sont posées. La construction en courts paragraphes en prose offre un rythme et une respiration particuliers, propices à la création poétique. Ainsi, certaines propositions sont mises en exergue par le passage à la ligne pour éclairer la pensée de Prouhèze : la ligne 8 avec la question oratoire à valeur d'ironie, les lignes 18 et 19 témoignant à la fois de l'affection de Prouhèze pour Don Balthazar et de la responsabilité qu'elle lui inflige, les lignes 23 à 26 avec la mise en garde qui commence et finit le passage (« averti » l. 23) et « avertissement » l. 26). Ce dernier passage, composé de trois parties, permet les réitérations et met en valeur l'objet de ce dialogue, Rodrigue (l. 25) placé au centre. Les pronoms « je » (Prouhèze) et « vous » (Balthazar) liés grammaticalement à chaque proposition marquent le lien des deux personnages imposé par Prouhèze.

Prolongements

La photographie de la mise en scène d'Olivier Py montre Prouhèze habillée d'une frêle robe blanche laissant percevoir les os du corps de la comédienne comme une introspection permanente et douloureuse. L'astre placé en arrière (mais à sa hauteur) rappelle la phrase de Py comme une lecture de la pièce : « De part et d'autre de l'Océan, qui devient ici l'amer calice que se tendent Rodrigue et Prouhèze d'un bout à l'autre de l'horizon, les destins brûlent, filent ou clignent comme des astres, composant à eux tous l'épopée baroque d'une salvation. »

TEXTE 2 : Jean Cocteau, *La Machine infernale* (1932) p. 308

Objectif et enjeux

→ **Analyser la réécriture d'un mythe**

Lecture analytique

Cette célèbre pièce met en scène le mythe d'Œdipe sous le titre métaphorique et fantaisiste de *La Machine infernale* (clin d'œil à l'enfer) qui rappelle la tragédie de Sophocle *Œdipe roi*. Dans la mythologie grecque, Œdipe est le roi de Thèbes, fils de Laïos et de Jocaste auxquels il succède. Cependant, son histoire a commencé bien plus tôt, dès sa naissance, après la prédiction funeste de l'oracle de Delphes. L'extrait choisi est le célèbre moment où Œdipe se retrouve devant le Sphinx ; celui-ci terrorise la ville en envoyant à la mort ceux qui ne réussissent pas à résoudre son énigme. Dans la mythologie égyptienne, le sphinx est un monstre à corps de lion et à tête humaine (voir notamment le Sphinx de Gizeh au milieu des grandes pyramides réalisé au XXVe siècle av. J.-C et désensablé en plusieurs phases à partir de 1816) tandis que chez les Grecs il a une tête et des seins de femme ainsi que des ailes d'aigle.

Le retour à l'inspiration antique après la Première Guerre mondiale s'enrichit des découvertes du XIXe siècle. En effet, la France se passionne alors pour l'Égypte depuis la campagne du général Bonaparte en Égypte (1798) et l'expédition scientifique qui l'accompagne (découverte de la pierre de Rosette en 1799, traduction des hiéroglyphes par Champollion en 1822, érection de l'obélisque de Louxor à Paris en 1836, etc.). À la fin du XIXe siècle, Sigmund Freud s'inspire du mythe d'Œdipe pour concevoir un point important de la thèse psychanalytique (le complexe d'Œdipe) tandis que la peinture et la littérature fantastique (notamment Théophile Gautier) s'emparent aussi de ces références.

1. Cocteau reprend le mythe d'Œdipe pour s'en libérer. Inspiré par les courants modernes, il compose une œuvre à part entière : mélange des genres, introduction de la fantaisie, de la poésie à la manière surréaliste, anachronisme... Mais la tragédie demeure avec le destin scellé d'Œdipe comme celui de l'homme dans sa piètre condition.

Le passage phare de la pièce est donc chargé de toutes ces influences auxquelles s'ajoutent la fantaisie et l'humour de l'auteur. Un duo fantastique (Sphinx et Anubis, le maître et le serviteur) fait subir l'épreuve à Œdipe. Il s'agit là d'un clin d'œil géographique de Cocteau aux deux Thèbes, la grecque où se déroule le mythe et l'égyptienne (aujourd'hui appelée Louxor) où se trouve le sphinx de Gizeh et qui fut également centre religieux du culte d'Anubis. Anubis est le dieu-chien (ou chacal), dieu funéraire égyptien qui embaume et emporte le mort dans l'au-delà, « le pays sacré ». Le Sphinx, créature hybride chez les Égyptiens comme chez les Grecs, se transforme ici en une belle jeune fille qui n'en peut plus de tuer. Cocteau, à la fois fantaisiste et moderne, lui prête une détestation de son sort divin de tueuse d'hommes sans raison auquel il substitue un désir de vivre comme une mortelle tombant amoureuse d'un jeune homme. C'est le début de l'acte II. Anubis, au contraire, est celui qui, à la manière d'un metteur en scène, orchestre la tragédie telle que la mythologie la transmet. Cette opposition subsiste lorsqu'Œdipe doit être interrogé : Anubis dit que « Cet homme ne peut sortir d'ici sans subir l'épreuve » (l. 14) alors que le Sphinx veut le laisser libre, « Tu es libre » (l. 11). En effet, juste avant le passage, elle a placé Œdipe dans la situation de répéter la scène funeste en lui révélant la réponse de l'énigme. C'est pourquoi elle utilise le conditionnel aux lignes 1 et 3, qu'elle explique aux lignes 9 à 11. Mais Œdipe, « épouvant[é] » (l. 10), immobilisé par son pouvoir, ne saisit pas l'enjeu de la scène pour le Sphinx. Il est terrifié comme un enfant devant la mort qui lui semble inévitable « Oh ! non ! non ! non !... » (l. 5), « Œdipe pousse un cri » (l. 8) dans une attitude peu héroïque. Anubis, dans une posture autoritaire (ce que souligne l'impératif à la 2e personne du singulier), ordonne l'épreuve : « Silence ! Interroge cet homme » (l. 18). Dès la réponse donnée, le Sphinx « roule sur le socle » et Œdipe « court à perdre haleine proclamer sa victoire » (l. 33 et 34) précise Anubis, sans aucun remerciement.

La fin de la scène est alors étonnante : Anubis retrouve le vouvoiement et sa place de serviteur du Sphinx « Vous revoilà femme et me revoilà chien » (l. 42 et 43) tandis que le Sphinx s'emporte contre l'attitude d'Œdipe, ingrat et indifférent à son aide et à ses sentiments « L'imbécile ! Il n'a donc rien compris » (l. 38). Le rythme ternaire et la construction anaphorique de la réplique de la ligne 35 révèlent la profonde tristesse du Sphinx devant l'humanité perdue dont elle rêvait. La rage et l'ironie l'envahissent à la fois contre Œdipe et contre Anubis dans la dernière réplique du passage : « cours vite, mords-le, Anubis, mords-le ! » (l. 40 et 41). La construction symétrique de la citation précédente, l'onomatopée injurieuse « Kss ! Kss ! » et l'expression phatique « Tiens, tiens, regarde » dénigrent le dieu-chien pour n'en faire qu'un vulgaire canidé au service de sa maîtresse. Anubis, le sage, a quant à lui accompli son œuvre ; c'est bien là toute la résonnance du mythe « Tout recommence » (l. 42).

2. Au-delà de la fantaisie (une Sphinx amoureuse) et de l'humour (Anubis se présente de profil comme dans les fresques égyptiennes, le vocabulaire familier de plusieurs répliques), Cocteau semble donner un sens à cette réécriture du mythe en montrant l'égoïsme de l'homme à travers l'attitude d'Œdipe, incapable de voir le désir de changement du Sphinx : « C'était une démonstration, Œdipe, une simple démonstration. Tu es libre » (l. 11), dit-elle rassurante.

À l'injonction d'Anubis, les hésitations du Sphinx sont visibles à trois reprises dans le dialogue (l. 15, 17 et 20). La didascalie (l. 20) précise même le jeu du visage qui les accompagne. Pas de regret, pas de rédemption possible. Comme Œdipe, l'homme court littéralement à sa perte. Le Sphinx, créature funeste, cache cependant un cœur meurtri qu'a voulu exploiter l'auteur telle l'allégorie de la repentance impossible. Son sarcasme final n'est cependant pas plus glorieux que l'ingratitude d'Œdipe.

Il serait intéressant de donner l'acte entier à lire aux élèves afin d'y retrouver les nombreux indices que le Sphinx donne à Œdipe pour l'empêcher de succomber à son destin fatal.

Activité complémentaire

Le tableau de Gustave Moreau placé en regard de l'extrait p. 308 est une œuvre emblématique du peintre, consacrant avec succès son retour aux expositions (il a été exposé au Salon de 1864). Comme l'extrait, le tableau représente le moment où Œdipe répond au Sphinx, le face-à-face des regards, la confrontation dans laquelle domine Œdipe. L'étude des éléments du tableau (le décor et ses couleurs dominantes qui présagent la tragédie, la posture et la nudité des corps, les pattes et les seins qui rendent sensuelle la relation, les attributs d'Œdipe...) pourra confirmer cette vision symboliste qui renouvelle le mythe, comme le fait au théâtre la pièce de Cocteau.

Vous pourrez demander aux élèves de comparer ce tableau avec celui d'Ingres, *Œdipe explique l'énigme du sphinx* (datant de 1808 et exposé au salon de 1827) dont il s'inspire, et celui de Bacon, *Œdipe et la Sphinx d'après Ingres* (1984).

La comparaison peut se faire également avec la photographie de la mise en scène de Jean Cocteau lui-même, celle de 1954 avec Jean Marais prêtant ses traits à Œdipe (*cf.* p. 305 du manuel). La beauté du Sphinx est ici accentuée par celle de la comédienne (Jeanne Moreau) et l'amplitude des ailes diaphanes placées en corolle autour du gracieux buste féminin, le reste du corps étant caché par la colonne. À l'inverse des deux tableaux, Œdipe est ici prosterné devant le Sphinx qui l'a immobilisé par son pouvoir surnaturel. Anubis, posture en force, bras croisés, se pose en gardien de la loi imposée par le mythe.

TEXTE 3 : Jean Giraudoux, *La Guerre de Troie n'aura pas lieu* (1935) p. 309

Objectifs et enjeux

- → Étudier une rhétorique de l'argumentation
- → Analyser la réécriture d'un mythe

Lecture analytique

À l'instar des auteurs de son époque, Jean Giraudoux s'inspire de la mythologie grecque à plusieurs reprises. Si Cocteau s'intéresse à la famille des Labdacides (*La Machine infernale*), Giraudoux choisit celle des Atrides (*Électre*) ou les personnages de la ville de Troie comme ici. L'intrigue de cette pièce se situe avant la prise de décision, au moment des pourparlers avec l'envoyé de l'ennemi, lorsqu'il est encore temps d'arrêter la guerre entre les Troyens et les Grecs (enlèvement d'Hélène, épouse de Ménélas, par Pâris). L'analogie avec l'époque de l'auteur est évidente : la politique militaire expansionniste de Mussolini (en Éthiopie) et celle d'Hitler annoncent une nouvelle guerre mondiale qui semble impossible à stopper. Marqué par la négation, le titre de la pièce traduit le refus de la guerre et donc une opposition au destin des hommes réglé par la mythologie. Le titre est aussi, pour l'auteur et diplomate, ardent défenseur de la paix, la proclamation du désir de paix intrinsèque à l'humanité incarné par le couple Andromaque-Hector qui s'oppose aux autres personnages. Blessé à deux reprises lors de la Première Guerre mondiale, Giraudoux condamne en effet la guerre et ses violences dès les années 1930. Même s'il récuse avoir fait une pièce sur l'actualité, il est aisé d'établir un parallèle entre la situation des Troyens et des Grecs et celle des Français et des Allemands sur le point d'entrer en guerre. Pour Giraudoux, le théâtre est un lieu où le texte prime et le spectacle est « la seule forme d'éducation morale et artistique d'une nation ».

1 et 2. Il s'agit ici du tout début de la scène d'exposition, le spectateur découvrant la situation à travers l'échange entre Andromaque et Cassandre. La première réplique donne le ton par la répétition du titre dans la bouche d'Andromaque, la femme d'Hector, fils du roi Priam de Troie et frère de Pâris. Cassandre est la fille du roi Priam et la sœur d'Hector. Son rôle dans la tragédie est de dire l'avenir mais de n'être jamais crue (*cf.* le mythe de Cassandre et son don de divination). Elle sait donc que la guerre aura lieu. Le spectateur assiste ainsi à la première joute oratoire entre les deux femmes dont les avis divergent. Andromaque veut tout faire pour préserver la paix tandis que Cassandre, grâce au don reçu d'Apollon, annonce que la guerre est inéluctable. L'entrée *in medias res* permet de comprendre que la discussion a commencé avant la pièce. Andromaque affirme sa position par l'exclamative mais, pour le spectateur, elle doit étayer son propos. Cassandre utilise le mot « pari » pour lancer les arguments comme si la guerre était un jeu dont le gain, d'après Andromaque, est « l'effroyable » (l. 12). Cette réplique rappelle le don de Cassandre qui ne prédit que les malheurs alors qu'Andromaque a une propension au bonheur et à la paix.

Le premier argument d'Andromaque est l'accueil de l'envoyé des Grecs et le renvoi d'Hélène à son mari (Ménélas, roi de Sparte et frère d'Agamemnon) ; c'est la loi du mariage : « on va bien lui envelopper sa petite Hélène, et on la lui rendra » (l. 4). Le ton sarcastique de son propos dénote son opinion quant à cette raison futile de faire la guerre : l'enlèvement d'Hélène par Pâris, son beau-frère, qu'elle ne semble pas apprécier. Cassandre, quant à elle, contredit cet argument aux lignes 5 et 6, proposition après proposition, leur juxtaposition mettant en valeur la rapidité avec laquelle la guerre sera déclarée.

Le deuxième argument d'Andromaque est lié à la parole. Son mari en est le garant par sa promesse : « il m'a juré que cette guerre était la dernière » (l. 10) – qui n'est pas sans rappeler l'expression française au sujet de la Première Guerre mondiale, qualifiée de « der des ders ». Andromaque avance également un autre argument : le pouvoir de la parole d'Hector, valeureux guerrier troyen, fils du roi Priam ; Hector, prince et mari, ne peut mentir à la nation.

Le troisième argument d'Andromaque est directement lié à la raison de la guerre : Hélène et Pâris ne s'aiment plus, « Pâris ne tient plus à Hélène. Hélène ne tient plus à Pâris » (l. 15-16). La construction des deux phrases courtes et indépendantes forme un chiasme qui accentue la séparation du couple. Cependant, Cassandre détruit de nouveau cet argument par une lapalissade : « c'était la dernière [guerre]. La suivante l'attend » (l. 11). Le ton badin et amical (tournures familières) de ce passage est pourtant contredit par la syntaxe des répliques de Cassandre composée de phrases courtes, indépendantes et juxtaposées, qui mettent en place un système d'assertions implacables à l'image de ses prédictions.

Cassandre ne donne que deux raisons à la déclaration de la guerre. La première est la bêtise, « celle des hommes et celle des éléments » (l. 14) qu'elle rapproche en les juxtaposant. Les « éléments » font certainement référence, par métonymie, aux dieux eux-mêmes qui les manipulent mais qui ont ici disparu par l'actualisation du mythe. La bêtise renvoie au « pari » de Cassandre de la ligne 2. Cette phrase devenue célèbre semble venir directement de l'auteur, chantre de la paix. Le deuxième argument est celui du destin et de ses préférences, que Cassandre définit comme le rejet de la négation : « Tu as vu le destin s'intéresser à des phrases négatives ? » (l. 20). Cette phrase reste obscure ; Cassandre l'expliquera plus loin aux lignes 31 à 33 : les Troyens veulent choisir leur avenir ; pourtant, en faisant la guerre, ils ne font que suivre la destinée décidée par les dieux. Cassandre donne alors une nouvelle définition du destin : « la forme accélérée du temps » (l. 22). Elle insiste ici sur l'inéluctabilité du destin dans la tragédie grecque, qui se manifeste aussi à l'ère moderne pourtant bien éloignée de la mythologie.

3. Afin de mieux expliquer son propos, Cassandre utilise la métaphore du tigre pour désigner le destin. Le tigre est un animal puissant, magnifique mais dangereux. Tel est le destin en temps de guerre, à la fois grandiose par les actes héroïques, et horrible par les violences et la mort perpétrées. Le sommeil du tigre contraste avec la violence dont il est capable éveillé (crocs, griffes...). Son sommeil signifie l'attente et le réveil du destin. Cependant, Cassandre teinte ses propos d'ironie. En effet, le dénigrement d'Andromaque qui ne comprend pas la notion de destin, passe par cette « métaphore pour jeunes filles » (l. 26), Cassandre demandant à Andromaque sur un ton un peu cassant : « Tu la comprends celle-là ? » (l. 25). Deux conceptions sont ici opposées à travers les propos des deux femmes : la croyance au destin, à la fatalité (encore populaire aujourd'hui) et la liberté de choix des hommes. Andromaque dit d'ailleurs : « Je ne sais pas ce qu'est le destin » (l. 22).

III. Le théâtre de la condition humaine (p. 310-316)

TEXTE 4 : Jean Anouilh, *Antigone* (1944) p. 310

Objectifs et enjeux

- → Étudier la notion de destin
- → Comprendre comment un mythe peut faire écho à une situation contemporaine

Lecture analytique

À l'image des auteurs de son temps, Anouilh s'inspire de la mythologie grecque pour questionner son époque. Dans *Antigone*, il reprend ainsi l'histoire de la famille des Labdacides et notamment la confrontation entre Antigone et son oncle Créon qui a succédé à son père le roi Œdipe après la mort de ses frères (qui se sont entretués pour le pouvoir). De nombreuses thématiques de cette pièce sont toujours actuelles : l'engagement, la résistance (en 1944, la France est encore occupée par les nazis), la compromission, le combat pour les idées, la patrie, la religion, l'humanité, la justice, la mort... L'extrait est ici centré sur la raison du combat d'Antigone : enterrer son frère religieusement, lui qui pourrit au soleil, sous peine de voir son âme errer éternellement entre le monde des vivants et les Enfers (l'Érèbe). Antigone préfère la loi des dieux à celle de Créon.

1. À la ligne 1, Antigone rappelle sa volonté : « enterrer [son] frère que ces hommes ont découvert ». La rime intérieure entre « frère » et « découvert », à laquelle s'ajoute l'allitération en [ʀ], donne à cette phrase la force rythmique d'un vers et d'une sentence. La tonalité tragique (« il faut » pour marquer la destinée) commence dès cette réplique. Créon contredit aussitôt cette proposition en la désignant comme « absurde » (l. 2), terme qu'il répète à la ligne 23. Le dénigrement porté par ce mot est renforcé par l'attitude d'Antigone que Créon juge dérisoire : « tu le sais bien », « que peux-tu donc sinon [...] » (l. 4). Antigone a saisi l'étendue de la tâche à accomplir par rapport à ce qu'elle a déjà réussi : « il faut faire ce que l'on peut » (l. 7). Cette formule sonne comme un rappel de son engagement. Par la juxtaposition des propositions indépendantes, le jeu des répétitions et des enchâssements, la réplique met en valeur le travail pas-à-pas, aussi petit soit-il, même s'il peut sembler dérisoire face à l'ampleur de l'objectif.

Créon enchaîne alors les contrarguments dans ses répliques des lignes 8 à 23. Il met en cause le rituel religieux qui s'apparente à une mascarade : « ce bredouillage en série sur sa dépouille », « cette pantomime ». Il accuse les prêtres de ne penser qu'à enchaîner les cérémonies : « la formule du prêtre », « pauvres têtes d'employés fatigués écourtant les gestes, avalant les mots, bâclant ce mort pour en faire un autre avant le repas de midi ». Par les mots à connotation péjorative et l'antithèse, la description est une satire des prêtres. Les mots relevant de l'art théâtral font du rituel religieux un spectacle de mauvaise qualité. Selon Créon, c'est ce comportement qui appelle à la colère et à la révolte : « tu te mettrais à hurler tout d'un coup ? À leur crier de se taire, de s'en aller ? » (l. 16-17). Ces répliques ressemblent à un discours anticlérical comme on pouvait en écrire à l'époque d'Anouilh. Pour Créon, Antigone elle-même éprouverait de la « honte » (l. 22) devant un tel comportement, avide et hypocrite, en lieu et place d'humanité, d'amour et de respect pour le défunt.

La réplique d'Antigone de la ligne 24 marque le tournant de cette confrontation. Antigone partage en effet l'avis de son oncle : « oui, c'est absurde ». Sa lucidité ne fait donc aucun doute. Créon la presse alors de lui donner une autre raison, ce que soulignent la construction anaphorique des interrogatives (l. 25 à 30) et leur juxtaposition. Ce questionnement prend l'allure d'un interrogatoire, Créon jouant le responsable de la police. Le comédien jouant Créon peut user de gestes coercitifs ou au contraire montrer l'accablement devant le mutisme d'Antigone.

2. Les réponses d'Antigone aux questions pressantes de Créon sont courtes et rapides : ses assertions montrent sa lucidité devant la situation (« Je le sais » l. 6, « Oui je les ai vus » l. 14, « Oui c'est absurde » l. 24) et sa détermination dans son action (« Mais cela du moins je le peux » l. 6, « Non » l. 28). Le devoir d'Antigone, semble-t-il, est donc hiératique : elle souhaite réparer l'injustice faite à son frère, lui donner une sépulture selon le rituel de la religion grecque (l. 1). Pourtant, ses raisons ne sont ni religieuses, ni politiques (l. 25-28), ni même l'amour finalement (l. 29-30). À toutes les raisons avancées par Créon, Antigone ne répondra que : « Pour personne. Pour moi. » (l. 31). La construction réitérative permettant de faire l'analogie entre « personne » et « moi » donne à Antigone la conscience de la condition humaine. Ainsi, elle accomplit ce devoir pour elle-même, elle le fait pour sa propre conscience, pour ne pas être en défaut, en contradiction avec elle-même.

Antigone accepte donc la punition infligée par la loi : la mort, que lui rappelle Créon par la question oratoire « Tu as donc bien envie de mourir ? » (l. 32). Dans sa réplique des lignes 34 à 38, elle insiste sur le fait qu'elle accepte son destin : « Faites comme moi. Faites ce que vous avez à faire » (l. 35) – la construction des phrases continuant d'être hachée et rapide comme le battement de son pouls en alerte. Antigone subit son destin et n'en tire aucune gloire : Créon la compare d'ailleurs à un « petit gibier pris » (l. 33), comparaison accentuée par l'allitération en [p] et l'assonance en [i] et qu'elle ne conteste pas.

Antigone a donc les caractéristiques de l'héroïne tragique (princesse de rang noble, qualités morales telles que la détermination et la franchise). Cependant, son courage semble limité dans le temps : « Faites-le vite. Voilà tout ce que je vous demande. Je n'aurai pas du courage éternellement, c'est vrai. » (l. 36-38). L'ironie tragique de l'adverbe « éternellement » porte un goût amer. L'évocation des forces divines incommensurables qui manipulent les hommes (« Vous êtes le roi, vous pouvez tout, mais cela, vous ne pouvez pas » l. 40-41), la négation finale et le présent des verbes rompent la toute-puissance royale. Antigone est maintenant au-delà de la condition humaine. En effet, la position de « Faites comme moi » entre l'attendrissement et le rôle à jouer de Créon, le renvoie encore à l'humanité : « si vous êtes un être humain » (l. 36). Rien ne peut cependant l'atteindre elle : « Ni me sauver. Ni me contraindre » (l. 43). La construction anaphorique présente dans toutes ses répliques en fait une « machine à exécuter ». Il serait intéressant de lire avec les élèves la scène finale avec le garde lorsqu'elle est emmurée et lui dicte une lettre pour Hémon, son fiancé ; on pourra alors étudier le courage et l'humanité d'Antigone.

Activités complémentaires

Pour une partie de la critique, Antigone a pu incarner la Résistance lors de l'Occupation allemande, face à un Créon symbolisant la collaboration. Après l'étude de ce passage et le rappel de ce que fut la Résistance, on pourra demander leur avis aux élèves sous la forme d'un débat.

Il serait également intéressant de comparer l'attitude et la posture d'Antigone dans ce passage avec celles d'Hugo (*Les Mains sales*, extrait p. 312) et d'Yanek (*Les Justes*, extrait p. 313) sur les principes de l'action et de l'engagement.

TEXTE 5 : Jean Genet, *Les Bonnes* (1947) p. 311

Objectifs et enjeux

→ Comprendre la dénonciation sociale exprimée
→ Étudier le jeu sur l'identité et le travestissement

Lecture analytique[1]

La pièce met en scène Claire (la plus jeune) et Solange, deux sœurs au service de Madame, « une dame un peu cocotte, un peu bourgeoise » selon l'auteur lui-même et qui a un amant (appelé Monsieur). Ce qui intéresse l'auteur dans la pièce n'est pas la relation maîtresse-domestique : « il ne s'agit pas d'un plaidoyer sur le sort des domestiques. Je suppose qu'il existe un syndicat des gens de maison – cela ne nous regarde pas » dit-il dans le texte « Comment jouer *Les Bonnes* ? » liminaire à la pièce. C'est la question de la domination qu'il désire creuser, domination de classe ressentie par les deux bonnes et domination de l'une sur l'autre par mimétisme, ainsi que la question de l'identité (soumise au jeu et au travestissement – mise en abyme du théâtre ? –, à la violence, à l'annihilation) de ces deux femmes complètement fascinées par leur maîtresse qu'elles admirent et haïssent à la fois. Lorsque Madame sort, le spectateur assiste au rituel des deux personnages : l'une d'elle joue le rôle de Madame, met ses robes, se maquille, prend ses gestes, sa voix et ses tournures, tandis que l'autre joue le rôle de la bonne. Cet enchevêtrement des identités va faire sombrer les deux femmes jusqu'au meurtre de Madame. Elles ont en effet peur qu'elle apprenne la vérité sur la lettre anonyme de dénonciation de Monsieur que l'une d'elles a adressée à la police. La pièce, en avance pour son temps, tant dans sa construction (sans acte et sans scène, d'un seul flux dans une construction dramaturgique implacable) que dans son propos, a été mal accueillie à sa première représentation.
La fascination pour le mal des deux bonnes a été vue comme provocatrice et malsaine (après la Seconde Guerre mondiale, les préoccupations étaient autres). Cependant, la pièce est depuis la plus jouée des œuvres de Genet, auteur révolté et engagé politiquement qui veut réveiller les consciences.

1. L'extrait choisi se situe vers la fin de la pièce. Le meurtre de Madame n'a pas réussi : elle n'a pas bu le tilleul empoisonné préparé par Claire et vient de sortir retrouver son amant qui a enfin été relâché par la police. Dans cette tirade, Solange exprime tout d'abord sa rancœur et sa colère, en s'adressant à Madame qu'elle aurait tuée : « Hurlez si vous voulez ! » (l. 1). Plusieurs expressions désignent alors une certaine contestation sociale, une lutte des classes qui relèverait de l'actualité de l'auteur. « Étranglée par les gants de la vaisselle » (l. 3) est une expression métaphorique et métonymique qui désigne avec ironie la domesticité meurtrière, accédant d'un coup à l'existence, ce qui peut expliquer la revendication de Solange d'être appelée « mademoiselle Solange Lemercier » (l. 5). Mais c'est aussi un clin d'œil aux propos de Claire qui parlaient d'objets qui « trahissent » comme s'ils vengeaient celles qui les ont si souvent portés pour travailler. « Je suis l'égale de Madame et je marche la tête haute » (l. 10-11), que l'on retrouve dans « Maintenant j'ai ma robe et je suis votre égale » (l. 15) traduisent l'accession de Solange à l'égalité de statut. On retrouve cette idée plus bas dans la réplique « Mais maintenant je reste droite » (l. 30). Ce renversement de situation peut faire penser à la relation maître / serviteur de la comédie des XVIIe et XVIIIe siècles.
Les lignes 27 à 30 présentent une longue liste du travail que doit accomplir tout domestique. La construction anaphorique des phrases et des propositions et l'effet de zoom (de « faire le lit » à « coller mon œil à la serrure ») rappellent les tâches et les compromissions des employés pour plaire aux maîtres. L'acte meurtrier fantasmé par Solange permet de libérer sa parole, comme le travestissement était jusque-là exutoire de la violence contenue.

2. Solange et Claire s'accusent mutuellement de l'échec du meurtre de Madame, échec qui conduira à leur perte. « Nous sommes maudites » explique Claire terrorisée, « les objets nous trahissent » et « nous accusent » (quelques pages avant l'extrait). Mais Claire refuse de fuir. La situation semble inextricable lorsque commence le travestissement dans un désordre de peur, de violence verbale et de domination, chacune jouant Madame ou l'autre sœur. Les personnages semblent perdre leur identité tout en étant lucides du jeu, au risque de dérouter le spectateur jusqu'au malaise – c'est effectivement ce que veut l'auteur selon son texte liminaire. Dans sa tirade, Solange va ainsi successivement jouer plusieurs rôles : elle est tour à tour elle-même (jusqu'à la ligne 6) puis joue Madame (de la didascalie de la ligne 6 à la ligne 10) puis redevient Solange (jusqu'à la fin de l'extrait). Mais dans cette longue logorrhée, la conscience de Solange semble défaillir pour se laisser porter par le délire verbal. Tout en fantasmant le meurtre de Madame, elle s'adresse à elle (l. 1-6) en regardant et en poussant Claire (didascalie ligne 2), puis à l'inspecteur (l. 11-13) puis de

1. *Dans l'édition du manuel datant de juin 2019 apparaît un second paragraphe à la ligne 27 alors que les lignes auraient dû se suivre. Les références de lignes que nous indiquons ici ont été corrigées pour que le texte se suive.*

nouveau à Madame (l. 13-16), à Monsieur, l'amant de Madame (l. 16-19), puis de nouveau à Madame (l. 19-34) et de nouveau à l'inspecteur (l. 34-36). On peut cependant se demander à qui elle s'adresse des lignes 35 à 38 : à l'inspecteur, à Claire (et elle jouerait alors Madame) ou à Madame ?

L'adresse se mêle à la gestuelle et aux tons de voix (« Elle imite la voix de Madame » l. 6), puisque Solange s'adresse à chaque interlocuteur avec déférence et mimétisme. Le jeu de la comédienne relève ici de la performance. Solange atteint-elle l'incohérence, la folie comme semble le suggérer la ligne 17 ? Le spectateur est ici partagé entre la terreur et la pitié.

Le jeu et le travestissement ont ici plusieurs effets. Ils sont une nécessité vitale pour Solange, elle joue « pour survivre » comme le dit J. Vincey, metteur en scène de la pièce en 2012. Ils permettent de faire coïncider l'être et le paraître. Elle veut également dominer et narguer par la parole et par le jeu ceux qui la dominaient et la méprisaient pour son statut avant le meurtre fantasmé. Enfin, le jeu libère sa parole pour expulser son oppression : « Je peux tout oser. Et qui, qui pourrait me faire taire ? » assène-t-elle à la ligne 25.

3. L'assassinat est clairement exprimé à plusieurs reprises, un assassinat prémédité de Madame : « Poussez même votre dernier cri, Madame ! [...] Madame est morte ! » (l. 1-2), « ce que j'ai fait » (l. 5), « Rien de notre collaboration à ce meurtre » (l. 13). Solange prend la responsabilité du meurtre à elle seule et atteint le sublime : « Solange est allée jusqu'au bout » (l. 37). Le vêtement prend ici une valeur symbolique : « Maintenant j'ai ma robe et je suis votre égale » (l. 15). La couleur rouge (couleur de la mort, du sang versé), est celle choisie par Solange, en contraste avec la couleur blanche de Madame : « Je porte la toilette rouge des criminelles » (l. 15), répété à la dernière ligne de l'extrait « vêtue de rouge ». Cette propension au meurtre et à la responsabilité de l'acte accompagnée des symboles du destin renvoie au genre de la tragédie. Ce serait ici deux domestiques élevées au rang d'héroïnes tragiques contemporaines.

Il est intéressant de noter que plusieurs phrases relevées ici sont des alexandrins : « Poussez même votre dernier cri, Madame ! », avec la diérèse à « derni-er » (l. 1), « Rien de notre collaboration à ce meurtre » (l. 13), ou s'en rapprochent comme la phrase des lignes 15-16 qui compte 13 syllabes, « Je porte la toilette rouge des criminelles ». L'auteur aurait ainsi voulu adopter une langue proche de la poésie tragique.

De plus, le meurtre de Claire semble sous-jacent, plus trouble encore : « Moi, j'ai ma sœur » (l. 24), « Mlle Solange, celle qui étrangla sa sœur » (l. 30). Le passé simple du verbe semble signifier un acte révolu commis pendant la tirade (*cf.* la didascalie ligne 2 où Claire a été poussée dans un coin). On demandera aux élèves de lire la suite de la tirade et la fin de la pièce pour vérifier la mort attendue et décider de la tonalité tragique de ce fait divers sublimé qui cause terreur et pitié.

TEXTE 6 : Jean-Paul Sartre, *Les Mains sales* (1948) p. 312

Objectif et enjeux

→ **Analyser la conception existentialiste qui se dégage de l'extrait**

Lecture analytique

Philosophe de l'existentialisme, Jean-Paul Sartre met en scène dans cette pièce la pensée existentialiste à travers des personnages en action. Le propos est donc philosophique et politique puisqu'il s'agit de vérifier à la fois le postulat de l'absurdité humaine à l'aune de la liberté de l'individu et la façon dont l'individu s'approprie l'action, ici dans un groupe politique clandestin. Les situations et les débats développés dans la pièce sont ceux d'une époque qui, après-guerre, reconsidère la condition humaine du point de vue de l'action, seule capable de nous définir : « L'homme n'est rien d'autre que ce qu'il fait » dit Sartre. La pièce pose donc la question de l'engagement en politique, de l'idéal et du pragmatisme.

La situation de la pièce est complexe comme peut l'être la réalité de la Seconde Guerre mondiale dont on reconnaît des événements. L'action se déroule en 1943, dans un pays fictif, l'Illyrie, situé à l'est de l'Europe, et gouverné par le Régent et son parti fascisant. Les troupes allemandes, aux prises avec l'armée soviétique, menacent d'occuper le pays. Deux partis clandestins opposés tentent de prendre le pouvoir pour sauver le pays, le Pentagone (parti bourgeois de la droite nationaliste) et le Parti du Prolétariat (communiste). La pièce suit Hugo, membre d'un groupe du Parti du Prolétariat dont l'action va prendre une direction décisive. En effet, les membres de ce groupe vont demander à Hugo, un jeune poète aristocrate dévolu à la cause prolétaire et en mal d'action, d'assassiner l'un de leurs chefs, Hoederer, soupçonné de trahison ; celui-ci est en effet en passe de signer un accord avec le régime et le Pentagone pour un gouvernement de coalition tripartite afin de contrer l'ennemi.

1. Secrétaire particulier d'Hoederer, Hugo est installé avec sa femme dans l'une des chambres de la maison. La relation entre les deux hommes tourne assez vite à l'amitié par leurs discussions passionnées sur l'action politique même si leurs opinions divergent. Au tableau IV, Hugo assiste à l'entretien entre Hoederer et les chefs des autres partis lorsqu'une bombe est lancée dans la pièce. Hugo comprend que ce sont ses camarades qui agissent puisqu'il tarde à accomplir sa mission. Personne n'est tué. À la scène 3 du tableau V, Hugo tente de raisonner Hoederer ; sa décision est prise : s'il échoue, il le tuera. Hugo veut lui démontrer que la coalition n'est pas une solution, que le parti doit prendre le pouvoir seul et par les armes. Dans le passage, ils en arrivent à définir leur vision de l'action et de l'humanité. L'action décrite est l'action armée, celle qui fait couler le « sang » (Hugo, l. 1) et qui donne « des gants rouges » (Hoederer, l. 2). Un peu plus loin, Hoederer dira « rayer cent mille hommes d'un trait de plume » (l. 22) et « tu es un destructeur » (l. 40). Ces images marquent l'opposition des deux hommes. En effet, Hugo insiste sur le fait qu'il ne craint pas ce type d'action : il fait allusion à la ligne 1 au meurtre d'Hoederer qu'il espère encore commettre. Hoederer, quant à lui, ignorant la mission d'Hugo, se moque facilement de sa jeunesse, de son immaturité (il l'appelle « mon petit » l. 40) et de ses origines sociales par la métaphore des « gants rouges », l'utilisation de l'ironie « c'est élégant », « rayer [...] d'un trait de plume » et de la satire « petit nez d'aristocrate » sensible à « ce qui pue ». Hoederer accuse ainsi Hugo de réclamer les actions héroïques (hyperbole des « centaines de milliers d'hommes », l. 21), d'avoir une vision théorique de la révolution, et de dénigrer les autres actions laborieuses et pourtant nécessaires dans un parti clandestin (il fait ici allusion aux tractations, compromis et négociations).

Le passage aux principes (des lignes 17 à la fin) focalise l'attention sur la définition de l'humanité, dont les deux hommes semblent avoir une conception différente. Hoederer est un praticien de la révolution, son pragmatisme lui fait voir les hommes au pluriel, ceux du labeur journalier et non l'homme universel, l'humanité de la théorie révolutionnaire. Il utilise le singulier pour indiquer la valeur incommensurable de chaque être parmi la multitude : « Pour moi, ça compte un homme de plus ou de moins dans le monde. C'est précieux. » (l. 39). C'est chaque homme qui importe pour Hoederer, et non la masse dans son ensemble. Hoederer accuse alors Hugo de ne pas aimer les hommes (l. 27 et 40) et de leur préférer les principes.
Selon lui, la lutte pour les hommes est une conséquence directe de l'amour qu'on leur porte : « Si on n'aime pas les hommes on ne peut pas lutter pour eux. » (l. 30 et 31). L'absence de virgule entre les deux propositions et l'allitération en [p] insistent sur la liaison intrinsèque entre aimer et lutter.
Pour Hugo, l'amour doit être réciproque : « Pourquoi les aimerais-je ? Est-ce qu'ils m'aiment ? » (l. 29). Hugo est bien un homme de principe ; il entre au parti pour la justice, non pour les hommes (« je suis entré au parti parce que sa cause est juste », l. 32), et croit en l'avenir, à « ce que [les hommes] pourront devenir » (l. 34). Au contraire, Hoederer « aime les hommes pour ce qu'ils sont » (l. 35). L'énumération des caractéristiques qu'il distingue chez les hommes (des COD du verbe « j'aime » qui leur donnent la même valeur) forme un ensemble sensible mettant en jeu les sensations, notamment charnelles, de la vérité humaine (« leurs voix », « leurs mains chaudes », « leur regard ») et les peurs humaines (« inquiet », « désespérée », « contre la mort et contre l'angoisse »). Dans cette dernière citation, la répétition de la préposition négative (contre) met l'angoisse au-dessus de la mort dans la hiérarchie des peurs. Par ce dialogue, Sartre met ainsi à l'épreuve la pensée existentialiste concernant l'absurdité de la condition humaine : l'homme est un être fragile (« la plus nue de toutes les peaux ») et « désespér[é] », rempli de « saloperies » et de « vices » (l. 35). L'homme est conscient que sa vie est vaine et dépourvue de sens puisque la mort la termine lamentablement. Pour les existentialistes, l'action est en effet la seule voie pour lui donner un sens.

2. Hoederer est un révolutionnaire pragmatique. Devant la situation inextricable (voir l'introduction de la lecture analytique qui rappelle les enjeux géopolitiques de la pièce), il faut trouver une solution efficace pour tous : pour le Parti du Prolétariat (qui veut instaurer une révolution communiste) et pour le peuple ; il faudrait alors arrêter la guerre (« si nous traitons avec le Régent, il arrête la guerre », l. 18) et les tractations pourront commencer avec les Russes (« les troupes illyriennes attendent gentiment que les Russes viennent les désarmer », l. 18-19). Sinon ce sera la tuerie : « si nous rompons les pourparlers, il sait qu'il est perdu et il se battra comme un chien enragé » (l. 20). La comparaison montre à quel point les événements sont graves : ils impliqueront l'ensemble de la nation et déclencheront une guerre voire une guerre civile (« des centaines de milliers d'hommes y laisseront leur peau », l. 21). Les métaphore et métonymie rappellent à quel point la vie humaine est dérisoire, aussi fine qu'une peau. Hoederer place la responsabilité de l'homme politique dès cet instant, même si les autres personnes de son parti sont en désaccord (l. 11). Pour Hugo, c'est l'inverse.

Activités complémentaires

• On pourra demander aux élèves de réfléchir à cette citation de Sartre : « le théâtre n'est fait ni pour la démonstration, ni pour les solutions. Il se nourrit de questions et de problèmes » (J.-P. Sartre, *Pour un théâtre de situation*, textes rassemblés par M. Contat et M. Rybalka).

• Il serait également intéressant de comparer la position d'Hoederer avec celle de Yanek dans la pièce de Camus *Les Justes* (extrait p. 313), après la lecture des deux pièces.

• Les élèves peuvent également comparer les personnages de cet extrait avec ceux d'Antigone et de Créon dans la pièce *Antigone* d'Anouilh (extrait p. 310).

TEXTE 7 : Albert Camus, *Les Justes* (1949) p. 313

Objectifs et enjeux

→ **Étudier l'expression du désarroi et de la culpabilité**

→ **Analyser la conception existentialiste qui se dégage de l'extrait**

Lecture analytique

Le fait historique sur lequel s'appuie Albert Camus a réellement eu lieu en 1905 à Moscou. Camus a étudié l'événement et le procès d'Ivan Platonovitch Kaliaïev, membre du groupe terroriste des socialistes révolutionnaires, qui a lancé la bombe sur le Grand-duc Serge et l'a assassiné. La suite de la pièce relatera la deuxième tentative de Kaliayev, son incarcération puis son procès jusqu'à sa condamnation à mort par pendaison. La pièce dépasse le cadre historique et pose les questions de la philosophie existentialiste, fondée par Sartre et Camus. L'action qui donne sens à la vie de l'homme peut-elle être un acte meurtrier même s'il s'agit de combattre une injustice imposée par le despotisme ? Y a-t-il des limites à la révolte ?
L'extrait se situe au moment où Kaliayev revient auprès de ses camarades pour leur expliquer pourquoi il n'a pas lancé la bombe. La question ici est claire : peut-on impliquer la vie d'enfants dans un acte révolutionnaire ?

1. Dans cette longue tirade, Kaliayev exprime son tourment de n'avoir pas pu lancer la bombe et indique la raison pour laquelle il ne l'a pas fait. Il se demande si son refus de l'acte est justifié et réclame la confiance de ses camarades. La raison principale pour laquelle Kaliayev n'a pas lancé la bombe est la présence des enfants dans la calèche du Grand-duc : le mot est répété trois fois dès les premières lignes. La description des enfants, à l'encontre de l'image habituelle, rythme son récit passant sans cesse de leur attitude à la sienne. Les enfants apparaissent d'abord par leur regard : « triste » (l. 12 et 16), « sérieux » (l. 25) et « grave » (l. 3), « ils ne riaient pas, eux » (l. 11). La raideur de leur corps est frappante : « ils se tenaient tout droits » (l. 12), « le buste raide » (l. 13) comme deux statues « de chaque côté de la portière » (l. 14), tels deux ornements qui embellissent la calèche. Cette image accentue la déshumanisation des enfants qui apparaît à travers les termes « perdus » et « vide » (l. 12 et 13). Leur regard vide fait opposition à celui de Kaliayev qui est rivé sur eux « je n'ai vu qu'eux » (l. 14). Les dix occurrences des verbes « voir » et « regarder » dans ce passage prouvent l'attraction exercée par les yeux des enfants sur Kaliayev. Il ne peut en effet soutenir ce regard : « S'ils m'avaient regardé, je crois que j'aurais lancé la bombe. Pour éteindre au moins ce regard triste » (l. 15 et 16). La proposition subordonnée de but, formant à elle seule une phrase, explique ce que ne supporte pas Kaliayev. L'image du chien savant (« les mains sur les cuisses », « dans leurs habits de parade », l. 13) accentue le spectacle dans lequel figurent les enfants. La famille du tsar se met en scène dans une représentation du pouvoir ; faire exploser la calèche lors de son passage, serait briser ce pouvoir.

Cependant, le récit d'un épisode de son passé vient rappeler la fragilité que l'on associe habituellement à l'enfance : il évoque aux lignes 28 et suivantes sa crainte de renverser un enfant totalement grisé par la vitesse (« j'imaginais le choc, cette tête frêle frappant la route, à la volée… »). Le rythme haché traduit par les virgules, par la juxtaposition des compléments du verbe « imaginer » et par les points de suspension montre toute l'horreur de l'image suggérée si l'explosion avait eu lieu.

2. Le champ lexical du regard étudié ci-dessus pour les enfants, se retrouve également dans les didascalies : « *Il* [Kaliayev] *lève les yeux vers Stepan* » (l. 1), « *Il* [Kaliayev] *quitte Stepan du regard* » (l. 10), « *il lève les yeux vers les autres* » (l. 17), « *et les voit tous tournés vers lui* » (l. 22), « *il tourne son regard de l'un à l'autre* » (l. 27). Kaliayev cherche ainsi régulièrement ses camarades du regard pour avoir leur assentiment : « Regardez-moi, frères, regarde-moi Boria » (l. 23). Le mot « frères » placé au milieu de la répétition rappelle le lien sacré qui relie les membres du groupe et la valeur de leur action.
En effet, Kaliayev s'attache à démontrer à ses camarades la contradiction de son attitude en précisant l'émotion dans laquelle il était avant l'arrivée de la calèche : « heureux » (l. 5), « mon cœur s'est mis à battre de joie » (l. 6). Le parallélisme entre

la calèche et son cœur est intéressant à étudier : le bruit du « roulement de la calèche » sur le pavé « grandissait » et le rythme cardiaque « battait de plus en plus fort ». Le comparatif « à mesure que » et la locution « tant de » soulignent l'intensité de l'émotion ressentie : « il faisait tant de bruit en moi » (l. 7). L'exaltation de Kaliayev est mise en valeur par la succession anaphorique de propositions indépendantes et la répétition de « oui, oui » (l. 8 et 9) comme un battement de cœur traduisant son assentiment à la mission. La comparaison avec le vent (l. 29) renforce le pouvoir mêlé de joie qu'il ressentait déjà en Ukraine, et sa détermination à suivre le mouvement révolutionnaire. L'expression « Je n'avais peur de rien » (l. 29) donne l'image d'un homme capable d'agir, prêt à l'action. L'antithèse est donc totale avec la description de ses sensations lorsque Kaliayev a vu les enfants : « Mon bras est devenu faible. Mes jambes tremblaient » (l. 28). Son incompréhension et son désarroi sont perceptibles : « Je ne sais pas ce qui s'est passé » (l. 18). Les superlatifs pointent le temps qui en est la cause : « il était trop tard » (l. 19), « tout s'est passé trop vite » (l. 24). L'absence de liaison (parataxe) entre les phrases des lignes 24 et 25 traduit l'absence de temps pour réfléchir. Seul l'adjectif « terrible » rend compte de la réalité vécue. « Ce poids terrible » (l. 25) est celui de la bombe et celui, de façon figurée, de la culpabilité du meurtre de deux enfants. Cependant, le choix est fait : « je n'ai pas pu » (l. 26). L'exclamation « Oh non ! » qui précède montre sa sensibilité et son incapacité morale à tuer des enfants.

Tout en rappelant sa fidélité à la cause « je ne suis pas un lâche, je n'ai pas reculé » (l. 23), Kaliayev implore le pardon de ses camarades « Aidez-moi... » (l. 33). Les points de suspension accentuent ses hésitations : les mots lui manquent devant le « silence » de ses camarades (l. 34). Les propositions courtes, les énoncés à fonction phatique, adressés à ses camarades (« tu comprends ? », l. 9 ; « Regardez-moi, frères », l. 23), sont autant de procédés pour capter leur attention. Il s'en remet à leur jugement en les appelant « mes seuls juges » (l. 36). Le dernier paragraphe commence par des propositions à la première personne du singulier qui s'opposent au « vous ». La dualité encadrant ce paragraphe est posée : « Je voulais me tuer » / « Vous ne dites rien ». Ainsi, en ne s'étant pas suicidé, il rappelle que sa vie est au service du groupe et des idées qu'ils défendent.

Activité complémentaire

Il serait intéressant de comparer les personnages de cette pièce avec ceux des *Mains sales* (extrait p. 312) et d'*Antigone* (extrait p. 310).

TEXTE 8 : Bertolt Brecht, *La Vie de Galilée* (1955) p. 314

Objectif et enjeux

→ **Comprendre quelle vision de la condition humaine se dégage de l'extrait**

Lecture analytique

Bertolt Brecht écrit et met en scène ses pièces. En mettant les spectateurs à distance (« la distanciation »), son objectif est de casser le quatrième mur et donc le processus d'identification créé par l'illusion théâtrale (« la participation du spectateur » dit Brecht). Pour lui, il faut faire prendre conscience au spectateur du système de domination des classes sociales et le faire réfléchir aux contradictions de chaque individu en fonction de ce système. *La Vie de Galilée* est une pièce qui lui est chère : il la met en chantier dès 1926 pour une première version en 1938, lors de son exil au Danemark (ses œuvres sont alors interdites dans l'Allemagne nazie) puis la corrige à plusieurs reprises jusqu'à sa dernière version jouée en 1955 à Berlin-Est, un an avant sa mort. Son titre initial, *La Terre tourne* (1938), met les sujets de l'héliocentrisme (prouvé par Galilée d'après Copernic) contre la théorie du géocentrisme (modèle de Ptomélée prôné par l'Église en application à l'époque de Galilée) et les procès de l'Église sur la « vérité scientifique » au cœur de la pièce. Le propos est bien celui de la confrontation entre la science et le pouvoir, la science et l'obscurantisme. L'extrait choisi se situe vers la fin de la pièce : Galilée a abjuré en public ses calculs mathématiques sous la pression de l'Église, et récusé l'héliocentrisme. Il est assigné à résidence près de Florence et a l'interdiction d'évoquer cette théorie. Andrea, ancien élève de Galilée, est de passage à Florence et veut revoir son maître : il ne comprend pas sa rétractation qu'il a prend pour une trahison. Leur discussion porte sur le dernier ouvrage que Galilée écrit en secret, les *Discorsi* (*Discorsi e dimostrazioni matematiche intorno a due nuove scienze attenenti alla mecanica & i movimenti locali*) publié en 1638. Le titre abrégé est *Discorsi intorno a due nuove scienze*, à traduire assez facilement avec les élèves.

1. Dans son nouvel ouvrage, Galilée traite du mouvement en physique et de ses propriétés : il s'agit pour lui du « fondement d'une physique nouvelle » (l. 7). C'est la première référence mettant la science en opposition à la religion. À la ligne 8, l'expression « Fourre ça sous le manteau » rappelle l'interdiction dont Galilée a fait l'objet. En effet, il n'a pas l'autorisation de publier ses écrits. À la ligne 11, face au contentement d'Andrea comprenant la continuation de ses travaux, Galilée s'exclame : « Je t'enseignais la science et je niais la vérité ». Cette phrase a un double sens : Galilée semble avoir intégré et accepté la position de l'Église (ce que traduit le terme « vérité ») et explique à Andrea qu'il était dans l'erreur (« niais »). De plus, elle souligne la dichotomie entre « science » et « vérité ». La phrase est donc judicieuse car elle respecte l'interdiction qu'a reçue Galilée tout en laissant Andrea expliquer ses pensées. En effet, Andrea a cru à la trahison de Galilée lorsqu'il a renié ses travaux pour obéir à l'Église qui prône le géocentrisme – théorie selon laquelle la Terre est fixe et le soleil lui tourne autour, ce qui correspond à une vision du monde centrée sur l'œuvre de Dieu. Avec la rédaction de ce nouvel ouvrage, Andrea semble croire que Galilée s'est rétracté pour continuer à mener à bien ses expériences scientifiques : « je me suis rétracté mais je vivrai » (l. 18) dit-il au nom de Galilée. Dans la réplique suivante, Andrea liste les choix et compromis de Galilée qu'il comprend désormais : la vente de la lunette astronomique au Sénat de Venise, l'inclination « devant l'enfant de Florence » (futur Cosme II de Médicis dont il sera le précepteur) et la maxime métaphorique : « il se pourrait que la ligne la plus courte entre deux points soit la courbe » (l. 28), qui rappelle « vous vous êtes incliné » (l. 25). Ce sont les compromissions avec le pouvoir qui permettent au scientifique de continuer ses travaux. À la ligne 30, Andrea fait allusion à l'affaire de l'héliocentrisme qu'il qualifie de « rixe politique » (l. 31) – selon le procès de Galilée, il est interdit de nommer cette théorie. Andrea fait ainsi la différence entre les découvertes aux conséquences politiques avérées, inutiles à défendre (« sans espoir ») et les « affaires véritables de la science » (l. 32), qui pourront enfin sortir le monde de la religion grâce à la phrase métonymique : « on pourra se passer du ciel » (l. 35). Il unit ainsi la science et la vérité par la mention de l'adjectif « véritables » (l. 32). Le rire de Galilée à la ligne 36 traduit en effet ses véritables pensées.

2. L'expression « avoir les mains sales » mêle la valeur morale d'une attitude et un organe du corps humain qui est sali. Elle signifie qu'on collabore à des affaires malhonnêtes. Mais ici le sens métaphorique des « mains sales » (l. 19) est à préciser à la lumière des répliques d'Andrea. En effet, Andrea explique comment Galilée est sommé de se rétracter lors du procès sous peine d'emprisonnement (voir les notes p. 314). Il fait mention du bûcher à la ligne 38 sur lequel finissaient parfois les personnes jugées hérétiques par les juges de l'Inquisition. Le procès fit grand bruit et Andrea, à l'image de tous les élèves de Galilée, pensait qu'il ne se rétracterait pas, qu'il mourrait pour ses convictions (l. 17). Or Galilée s'est rétracté, il a abjuré la théorie de l'héliocentrisme, ce qu'Andrea appelle « désert[er] » (l. 9), ce pourquoi il l'a « condamn[é] » (l. 10). Avoir « les mains sales » signifie alors être capable de tout accepter pour rester en vie, abdiquer, donner raison à l'ennemi, accepter les compromissions.

Mais la suite de la réplique, « mieux vaut sales que vides » (l. 19) qu'Andrea prête à Galilée, signifie que le savant doit vivre, même au prix de compromissions (« mieux vaut sales ») pour continuer de mener ses recherches. Il dit ainsi de Galilée que « les héros depuis toujours [le] font rire » (l. 26). Pour Andrea, nul besoin de mourir pour la science quand il faut vivre pour elle. Il précise sa pensée quelques lignes plus loin : « vous occuper des affaires véritables de la science » (l. 32). Cependant, Galilée confie à la fin du passage à Andrea la véritable raison de sa rétraction : « j'avais peur de la douleur physique » (l. 43). En effet, il a craint la torture, voire le bûcher, encore fréquents à l'époque. À la ligne 40, Galilée avait initié cet aveu par une phrase qui ressemble à une maxime : « il n'y a pas d'œuvre scientifique qu'un homme soit seul à pouvoir écrire ». Il fait ainsi œuvre de modestie, que deux exemples de cette page viennent appuyer : la lunette astronomique (l. 23) qu'il a certainement reprise et perfectionnée de l'artisan opticien hollandais, Hans Lippershey (*cf.* le début de la pièce), et la théorie de l'héliocentrisme qu'il a reprise de Copernic et prouvée grâce à ses calculs mathématiques. Il s'agit donc plutôt « d'une contribution scientifique » dira Andrea après l'extrait. Galilée, le grand scientifique, n'est en fait qu'un homme, sensible, ayant peur de la souffrance et de la mort comme tout homme. C'est la part d'humanité expliquant nos contradictions qui intéresse Brecht dans ses dernières pièces, *La Vie de Galilée* étant sa dernière.

Activité complémentaire

On pourra inviter les élèves à comparer l'expression « les mains sales » avec le titre de la pièce de Sartre (extrait p. 312). On pourra aussi comparer les positions de ces deux personnages aux personnages des pièces *Les Justes* (extrait p. 313) et *Antigone* (extrait p. 310).

TEXTE 9 : Samuel Beckett, *Fin de partie* (1957) p. 315

Objectifs et enjeux

- → **Étudier une pièce du théâtre de l'Absurde**
- → **Comprendre quelle vision de la condition humaine se dégage de l'extrait**
- → **Analyser le jeu sur le langage et sa fonction**

Lecture analytique

Œuvre la plus célèbre de Beckett, *En attendant Godot* est l'une des pièces qui permet de définir le théâtre de l'Absurde, mouvement des années 1950 et 1960 qui remet en cause la construction classique des pièces de théâtre, du langage lui-même et jusqu'à la visée du théâtre.
Dans *Fin de partie*, sa deuxième pièce, nous retrouvons les mêmes caractéristiques : les personnages ressemblent à des personnes, les répliques ressemblent à la parole, les situations se suivent et se ressemblent pour des personnages qui s'ennuient ; le dérèglement s'opère alors rapidement. Tout bascule, en effet, dans un monde en suspens où les figures, remplaçant les personnages, tentent de ne pas éclater dans le vide qu'elles meublent de paroles insignifiantes. Le langage est donc la première piste d'étude de cette pièce.

L'extrait présenté ici se situe dans le premier tiers de la pièce. Les deux personnages attendent que le temps passe. Le titre de la pièce semble dire que c'est la fin. Hamm est assis sur une chaise roulante, il réclame son calmant régulièrement et Clov répond (ou pas) à ses demandes comme un serviteur le ferait.

Les deux personnages ont tout d'abord un nom intéressant à interpréter. En effet Hamm a un double sens en anglais : le jambon et un cabotin (mauvais acteur). Les élèves pourront ainsi dire ce qu'évoquent pour eux ces deux traductions au regard du texte (ou de la pièce entière, s'ils la lisent). Hamm pourrait également faire penser à la contraction de « I am » (*je suis*) qui renvoie à la question de la condition humaine, à la base du théâtre de l'Absurde (même si Beckett disait n'appartenir à aucun mouvement littéraire). Hamm est effectivement celui qui parle de ce qu'il ressent : « Cette nuit, j'ai vu dans ma poitrine. Il y avait un gros bobo » (l. 36-37). Quant à Clov, on pourrait suggérer un jeu sur le mot « clou » d'autant que Hamm fait également penser à « hammer », le marteau en anglais. En effet, imposant dans sa posture immobile, Hamm pourrait avoir ce rôle de « taper » sur le personnage de Clov qui lui est debout et va et vient au gré des demandes de Hamm. Le dialogue de l'extrait montre qu'en effet les questions sont toujours posées par Hamm, ce qui exaspère Clov : « GRRIS ! » répète-t-il à la ligne 29, « *encore plus fort* » précise la didascalie, pour renverser la domination exercée par Hamm. « Clov » peut également suggérer « clos », le monde dans lequel ils sont et qu'il décrit dans cet extrait.

1. Ce dialogue se compose donc de questions-réponses. Clov serait les yeux de Hamm, et lui décrit l'horizon qui entoure l'espace fermé dans lequel se trouvent les deux personnages. Cet espace intrigue le spectateur, ce qui permet d'analyser la photographie de la mise en scène de Bernard Levy (2006) de la page 315 qui rend compte des didascalies initiales de la pièce précisant le décor. Il s'agit d'un espace nu, gris dans lequel les seuls objets sont la chaise roulante de Hamm, objet pesant et compact et, au contraire, effilés et verticaux, l'escabeau de Clov et la lunette dans laquelle il regarde. Les deux personnages s'opposent donc par leur posture et leur fonction mais s'avèrent complémentaires. Ainsi, le dialogue est mené par Hamm : il passe en revue les éléments qu'on devrait trouver à l'horizon d'un paysage situé sur la côte puisque l'expression « le fanal est dans le canal » (l. 6) permet de certifier qu'ils sont dans une pièce située près d'une côte. Hamm aimerait imaginer « une voile » (l. 5), « des mouettes » (l. 13) à l'horizon. « Mais que veux-tu qu'il y ait à l'horizon ? » lui répond Clov pour clore la description d'un lieu isolé, vide de toute vie (« Plus rien » l. 12, « Néant » l. 22). Les deux personnages apparaissent alors comme des survivants, seuls rescapés d'une époque post-apocalyptique où le soleil serait « néant ». C'est un espace angoissant pour le spectateur, à l'air étouffant : « Les flots ? Du plomb. » (l. 20). Dans la photographie de la mise en scène, cette vacuité de l'horizon est accentuée par le dessin de la fenêtre par laquelle regarde Clov. Ce n'est pas une « vraie » fenêtre de décor créant l'illusion théâtrale ; ici, le metteur en scène a explicitement déclaré, par le choix du dessin, la vacuité du destin de ces personnages condamnés à jouer la même comédie. C'est d'ailleurs la phrase de Clov : « Pourquoi cette comédie tous les jours ? » (l. 35). La réponse du théâtre de l'Absurde pourrait être dans la réponse de Hamm : « la routine » (l. 36), la seule qui puisse rassurer une vie d'homme, l'enfermer dans sa piètre condition.

Si le dialogue fonctionne sans action, à l'antithèse des dialogues du théâtre classique, il recèle pourtant quelque humour, autre ressort de la langue. Les mots semblent être choisis pour leurs sonorités par un auteur irlandais qui écrit en français (la pièce sera traduite par la suite en anglais par l'auteur lui-même). « Le fanal est dans le canal » (l. 6) semble avoir été écrit pour la rime intérieure et la paronomase amusantes. Il en est de même pour la rime intérieure dans « Noir clair, dans tout l'univers » (l. 32). Les expressions familières rendent le dialogue contemporain mais également quotidien au spectateur : « Pah ! » (onomatopée de Hamm l. 7), « Tu vas fort » (l. 33), « un gros bobo » (tournure plutôt enfantine l. 37), « Jamais vu une chose comme ça ! » (l. 4), « Qu'est ce qui se passe ? » (l. 41) auxquelles s'ajoute l'expression grossière : « Je t'en fous » (l. 24).

Cependant, les répétitions verbales et les silences (au début du passage pendant la gestuelle de Clov puis « *Un temps* » l. 18, 33 et 39) rendent l'atmosphère pesante et angoissante (*cf.* la dernière didascalie) même s'il ne se passe rien : « il fait gris » (l. 28). Hamm ressent cette angoisse en disant à Clov : « Ne reste pas là, tu me fais peur » (l. 33). Leur relation est donc un peu plus complexe qu'on ne croyait. Clov n'est pas si obéissant puisqu'il répond de façon grossière « Je t'en fous » (l. 24) et crie de plus en plus fort « Il fait gris. [...] Gris ! [...] GRRIS ! » (l. 28-29). Il semble connaître une réponse ou du moins une partie de la réponse : « Qu'est-ce qui se passe ? » demande Hamm, « Quelque chose suit son cours » répond Clov, (l. 41-42) rappelant la première réplique de ce passage « Jamais vu une chose comme ça ! » (l. 4). Il s'agit certainement de la routine (l. 35). Le dialogue est donc circulaire à l'image de l'espace de jeu qui est clos et entretient donc un faux-suspens dont sont friands les auteurs du théâtre de l'Absurde.

2. Le néant du monde apparaît dès le titre : *Fin de partie* comme la dernière manche d'un jeu d'échecs (qu'appréciait Beckett). Mais la manche semble perdue d'avance comme dans la tragédie. Dans l'extrait, le néant apparaît dès la ligne 12 avec l'expression « Plus rien » construite sur un oxymore, puis avec la question oratoire « Mais que veux-tu qu'il y ait à l'horizon ? » (l. 17) ; celle-ci est suivie du silence « *Un temps* » (l. 18) qui agit comme le vide de la réponse. Apparaît ensuite le terme « Néant » pour désigner le soleil (l. 22). La dernière occurrence du néant associée à la mort pourrait être l'avant-dernière remarque de Hamm : « Non, c'était vivant » (l. 39). En effet, si « c'était vivant » (avec un verbe à l'imparfait) alors maintenant, au moment de l'énonciation, la mort est présente. Or, Hamm parle de sa poitrine dans laquelle il a vu un « gros bobo ». On peut donc interpréter le « bobo » comme vivant par rapport à son cœur qui ne l'est plus (« Non, c'était vivant » répond-il à Clov), à moins que ce ne soit une réminiscence de l'enfance, un souvenir enfantin que porte le mot « bobo ». On pourrait aller jusqu'à se demander si les personnages sont déjà morts et s'ils stationnent à l'infini, dans une forme de « routine », dans un *no man's land* intermédiaire se souvenant de leur passé. Ou alors la mort serait ici l'hyperbole d'un cœur qui ne ressent plus, qui serait devenu insensible et indifférent, comme blasé par l'existence morne de la couleur grise de l'univers dans lequel ils sont. Quelle que soit l'interprétation, elle renvoie au vide de l'existence (l'absurdité de la condition humaine qu'explique la philosophie de l'existentialisme qui a inspiré le théâtre de l'Absurde). Cette image est accentuée par la métaphore du gris : « Il fait gris » (l. 28), d'autant que l'horizon est fini. Le verbe « faire » qui attend un COD pour marquer une action est ici au contraire suivi d'une couleur terne, ni noire ni blanche, celle qui ne se prononce pas, couleur de l'entre-deux.

Le temps gris est également associé à la tristesse, à l'automne et au vieillissement (les cheveux). La décrépitude des corps et des esprits est peut-être cette « chose qui suit son cours ». Si l'on suit la métaphore de la vieillesse, la gestuelle de Clov, par la précision des didascalies et leur répétition, prend une double valeur comme si le spectateur, à l'instar de Clov, observait les personnages avec une lunette grossissante : c'est la mise en abyme de cette scène, le théâtre dans le théâtre. Le mouvement des personnages ressemble en effet à celui de marionnettes d'un monde fini, gris, tant le mot est répété comme les gestes. Qui serait alors le manipulateur : l'auteur, le spectateur, chacun des personnages, le destin, Godot (de la première pièce de Beckett) ? On pourra profiter de ce faux-suspens pour faire lire la pièce aux élèves et discuter avec eux des symboles et de leur portée.

Prolongement

Dans l'ouvrage dirigé par Michel Vinaver, *Écritures dramatiques, essais d'analyse de textes de théâtre* (Actes Sud, 2000), Joseph Danan propose une analyse intéressante, réplique par réplique, de ce texte coupé en deux segments puis d'un troisième segment de la pièce (p. 459 à 483).

TEXTE 10 : Eugène Ionesco, *Rhinocéros* (1959) p. 316

Objectifs et enjeux

- **Étudier une pièce du théâtre de l'Absurde**
- **Analyser la dénonciation de la société qui est faite**
- **Déceler les tonalités comique et tragique et comprendre leur fonction**

Lecture analytique

La pièce *Rhinocéros* fait partie des plus connues de Ionesco après *La Cantatrice chauve* de ses débuts avec laquelle il initie le théâtre de l'Absurde. Dans la préface de l'édition de 1960, Ionesco écrit « *Rhinocéros* est sans doute une pièce antinazie, mais elle est surtout une pièce contre les hystéries collectives et des épidémies qui se sachent sous le couvert de la raison et des idées ». Le propos est donc clair : à travers les personnages qu'il met dans une situation inextricable et métaphorique, la maladie contagieuse de la « rhinocérite » (se transformer en rhinocéros), l'auteur fait un réquisitoire contre tous les totalitarismes pour prôner une conscience

de l'humanité. Cette « résistance » au totalitarisme, à l'uniformisation, à la déshumanisation, renvoie à des moments de l'Histoire de cette première moitié du XXe siècle en France, en Europe et en URSS. Il serait intéressant de demander aux élèves intéressés par les événements historiques de faire des recherches sur la montée des fascismes, le nazisme et la situation après la Seconde Guerre mondiale.
On pourra leur demander ensuite de repérer dans le texte ou de rechercher dans *Notes et Contre-notes* (1966), des passages où Ionesco analyse ces éléments historiques à la lumière de ses pièces de théâtre.

1. L'extrait se situe à la fin de la pièce quand Béranger, seul dans la ville à ne pas avoir attrapé la rhinocérite, se lamente sur son sort avant de prendre conscience du combat à mener en tant que survivant. Dans la première partie du monologue (l. 1-31), l'accablement de Béranger est visible par le nombre important de propositions exclamatives et interrogatives : les premières phrases, par exemple, en comptent dix. Ses sentiments sont multiples : il se sent perdu « À quoi je ressemble alors ? À quoi ? « (l. 3), en plein désarroi, il ne reconnaît plus ses amis et voisins, « Qui sont-ils tous ces gens-là ? » (l. 4) ; il est empli d'angoisse de ne pas ressembler aux autres devenus rhinocéros (« ou moi peut-être », l. 5) ; la colère l'envahit « il décroche les tableaux, les jette par terre avec fureur » (l. 12). Pour finalement se raviser, admirer les rhinocéros et espérer en devenir un : « je n'ai pas de corne, hélas ! » (l. 14-15), « Comme je voudrais avoir une peau dure et cette magnifique couleur d'un vert sombre » (l. 19-20). Il est également accablé par la solitude : « je pourrai aller tous les retrouver » (l. 16).

Ainsi, le premier élément source d'angoisse est la perception de son corps : « il se regarde en passant la main sur sa figure (l. 2), il « contemple sa poitrine dans la glace » (l. 18). Il était persuadé d'avoir été transformé comme les autres, or il ne se reconnaît pas : « À quoi je ressemble alors ? À quoi ? « (l. 3). La vision des photos et tableaux représentant ses amis transformés le persuade qu'il s'est métamorphosé lui aussi : « C'est moi, c'est moi » (l. 8) répète-t-il pour s'en persuader. La force de persuasion exercée par les images qu'il regarde est à l'œuvre : Ionesco appuie ici un élément important du système d'annihilation de l'individu par l'uniformisation à travers l'utilisation des images. La dévalorisation de son corps d'homme est alors à son point culminant : « ce sont eux qui sont beaux », « que c'est laid un front plat », « j'ai la peau flasque » (l. 13 et suivantes), etc. La survalorisation du corps du rhinocéros devient une admiration, une idolâtrie : « cette magnifique couleur d'un vert sombre », il demande même deux cornes « il m'en faudrait une ou deux » (l. 14)...

Les mouvements de Béranger marquent également son désarroi qui devient de la colère : « *il retourne vers la glace* » (didascalie l. 1) puis vers le placard aux photos (l. 4), vers les tableaux (l. 6) qu'il va accrocher au fur et à mesure puis s'en écarte (l. 12) et enfin retourne vers la glace (l. 12).
Ces mouvements d'approche et d'éloignement expriment l'agitation que crée l'angoisse et met également en valeur le jeu sur l'identité qui s'opère. En effet, la transformation se fait par le corps, parce que cela se voit (c'est le jeu des photos et des tableaux qu'il finit par jeter de rage) mais se fera également par la personnalité et la culture. C'est la langue des rhinocéros qu'il veut apprendre, le barrissement : « leurs chants ont du charme » (l. 21). Ses essais infructueux le mettent dans une grande agitation « non, ce n'est pas cela, que c'est faible » (l. 24). Il en arrive à la détestation de ce qu'il est : « Hélas, je suis un monstre, je suis un monstre. Hélas, jamais je ne deviendrai rhinocéros, jamais, jamais ! » (l. 27-28). Les exclamations et la répétition marquent le désespoir dans lequel se trouve Béranger et la tonalité pathétique de ce passage, soulignant même le ridicule de la faiblesse humaine. L'acculturation a fonctionné puisque la situation est inversée dans la conscience de Béranger : le monstre n'est pas le rhinocéros, c'est lui ! Le processus de l'uniformisation est ici précisément mis en place par l'auteur dans ce monologue, dans lequel les nombreuses didascalies jouent un rôle important.
Mais ce n'est pas le désespoir qui détermine les sentiments qui le traversent, c'est la honte de lui-même : de « comme j'ai mauvaise conscience » (l. 26) à « J'ai trop honte ! » (l. 30), avant qu'il ne tourne le dos à la glace selon la didascalie. La valeur morale de cette remarque montre à quel point, selon l'auteur, le travail d'uniformisation ébranle l'individu, de la détestation à la mauvaise conscience, jusqu'à cette rupture que crée la honte de soi. La phrase qui sonne comme une maxime « Malheur à celui qui veut conserver son originalité ! » (l. 31) fonctionne comme une sentence religieuse (« malheur »). On comprend que l'uniformisation et ses slogans sont la nouvelle religion des totalitarismes.

2. Le spectateur assiste donc à la transformation du personnage en un résistant mais un résistant de la dernière heure et cela à la fin du monologue. En effet, la prise de conscience ne commence qu'à la ligne 32 par la didascalie qui précise qu'« *il a un brusque sursaut* ». Ce n'est donc pas une longue délibération comme dans les monologues tragiques ou le fruit d'une réflexion. Ici, Béranger déplore son impuissance à devenir rhinocéros jusqu'au désespoir et à la honte de lui-même (« Trop tard maintenant », l. 27). Dans ce monologue de la déploration, les interjections « Oh », « Ah » et « Hélas » participent au pathétisme. La transformation se fera alors en un « sursaut », après une phrase qui ressemble à une maxime : « Malheur à celui qui veut conserver son originalité ! » (l. 31). D'où lui vient le sursaut ? De la maxime, du mot « originalité » ? De son éloignement de la glace pour ne plus se voir ? Le fait de ne plus se regarder dans le miroir lui aurait-il permis de prendre conscience de la lutte à engager ? Par ces interrogations, l'auteur pointe ici le rapport à l'image dans le processus d'uniformisation opéré par les totalitarismes que nous avons analysé plus haut. Ce sursaut peut aussi survenir parce qu'il ne réussit pas à se transformer : « je ne peux plus changer. Je voudrais bien, je voudrais tellement, mais je ne peux pas. » (l. 29). La construction anaphorique et celle en chiasme de la négation, certifie l'acceptation de son impuissance. Et il ajoute « Eh bien tant pis ! » (l. 31) comme par dépit.

Ionesco présente donc son revirement de façon discutable : il résiste car il n'a pas pu se transformer. Cependant, le spectateur peut se demander pourquoi il n'a pas pu se transformer et d'où lui est venue cette force salutaire de résister. Ionesco n'en dit pas plus. Ainsi, l'acte héroïque n'est pas celui auquel le spectateur est habitué dans le théâtre classique. Le monologue tragique inclut l'aspect délibératif entre deux situations, deux lignes de conduite dont le caractère héroïque est indéniablement la gloire du héros. Ici, le revirement se fait *in extremis* comme une façon d'appuyer la dangerosité du phénomène totalitaire. En effet, l'acceptation se fait de façon volontaire par les personnages de la pièce, y compris par Béranger dans ce monologue où il implore la transformation. L'acte héroïque est donc bien tardif mais contient le vocabulaire attendu, non pas celui de l'attaque mais de la défense : « je me défendrai contre tout le monde » ; la construction symétrique de la répétition (l. 33-34) indique le retournement de situation, signifié par le mouvement de son corps (« *Il se retourne* » l. 32).

La répétition du mot « carabine » montre sa détermination. L'expression « Je ne capitule pas », au présent, marquant une résistance déjà prête, est la dernière phrase de la pièce et laisse le personnage seul contre tous, comme tout héros digne de ce nom. Son humanité sera sa seule force et son orgueil : « je suis le dernier homme, je le resterai jusqu'au bout » (l. 34). C'est la prise de conscience de son humanité qui fait que l'homme peut résister à la fascination. La ville, comme dans la tragédie classique, est une mise en abyme du monde et du combat des hommes. Mais le monologue de Béranger mêle les tonalités. En effet, le spectateur est inquiet tout au long du monologue par la fascination de Béranger pour les rhinocéros (de façon fantastique, les portraits des rhinocéros sont déjà chez lui au début du monologue). Il comprend le processus d'intégration (ou plutôt de désintégration) demandé consciemment par Béranger mais Ionesco, à son habitude, va casser ce rapport par le rire, en mélangeant tragique et comique. Les images des tableaux représentant de vieilles personnes tandis que Béranger clame « C'est moi, c'est moi ! » provoquent le rire du spectateur, rire libérateur car il a très bien compris l'horreur de la situation. Un autre moment peut prêter à rire : lorsque Béranger tente d'imiter le barrissement des rhinocéros à renfort d'onomatopées (« Ahh, ahh, brr ! ») accentuant l'animalité féroce alors que, dans une antithèse à valeur comique, lui-même loue le « charme » de « leurs chants » (l. 21). Les passages comiques ou tragiques ne se succèdent pas dans ce monologue ; comme dans le théâtre de Ionesco, ils sont mêlés (contrairement au drame romantique du XIXe siècle) pour nous mettre en garde contre les processus insidieux d'uniformisation que sont les totalitarismes et la violence qui s'ensuit. Ionesco résume lui-même son propos dans la phrase suivante : « J'ai pensé avoir tout simplement à montrer l'inanité de ces terribles systèmes, ce à quoi ils mènent, comme ils enflamment les gens, les abrutissent, puis les réduisent en esclavage » (préface de 1960, in *Notes et contre-notes*, 1966).

Prolongements

– **Eugène Ionesco**, *Notes et Contre-notes* (1966) dans lequel il donne sa vision du théâtre et de ses œuvres.

– La mise en scène d'Emmanuel Demarcy-Mota au théâtre de la Ville à Paris, en 2004 et son appareil pédagogique dans le DVD « Entrer en théâtre / Texte et représentation » (Scérén-CRDP Champagne-Ardennes, 2006). Mise en scène remarquable, elle a bénéficié d'une tournée internationale et de plusieurs reprises.

On peut d'ailleurs visionner le monologue de Béranger en entier dans la reprise de cette mise en scène en 2006, avec Serge Maggiani dans le rôle de Bérenger : www.youtube.com/watch?v=IRRdUjsrpOc

IV. L'homme face à lui-même (p. 317-322)

TEXTE 11 : Bernard-Marie Koltès, *Combat de nègre et de chiens* (1979) p. 317

Objectifs et enjeux

- **Analyser les spécificités de l'écriture théâtrale et le jeu sur la langue**
- **Étudier un texte mettant en avant la difficile communication entre les êtres**

Lecture analytique

Voyageur infatigable en Europe, en Afrique et en Amérique, Koltès puise dans ces lieux des histoires à raconter dans une langue travaillée et moderne. Son théâtre revient donc sur la force du texte, à l'inverse du théâtre de l'Absurde et d'une époque où le spectacle et les expériences de la scène l'emportent. Il ne revendique pas non plus un théâtre dont la finalité serait socio-politique : *Combat de nègre et de chiens* « ne parle pas, en tous les cas, de l'Afrique et des Noirs – je ne suis pas un auteur africain – elle ne raconte ni le néocolonialisme ni la question raciale. Elle n'émet certainement aucun avis. Elle parle simplement d'un lieu du monde. On rencontre parfois des lieux qui sont, je ne dis pas des reproductions du monde entier, mais des sortes de métaphores de la vie ou d'un aspect de la vie, ou de quelque chose qui me paraît grave et évident » dit-il lors d'un entretien avec Jean-Pierre Hahn (paru dans la revue *Europe* en 1983). Les choses sont donc claires en ce début de lecture : l'histoire est écrite pour elle-même, pour raconter des moments graves de la vie. « Elle parle surtout de trois êtres humains, isolés dans un certain lieu du monde qui leur est étranger, entourés de gardiens énigmatiques ; j'ai cru – et je crois encore – que raconter le cri de ces gardes entendu au fond de l'Afrique, le territoire d'inquiétude et de solitude qu'il délimite, c'était un sujet qui avait son importance. » (*Une part de ma vie. Entretiens (1983-1989)* de Bernard-Marie Koltès, paru aux Éditions de Minuit, en 1999).

L'extrait choisi est le début de la première scène, la scène d'exposition plaçant les personnages, les lieux et les enjeux de la pièce. Cependant, Koltès a précédé cette page d'une autre page précisant le lieu, les objets et les personnages. Ces précisions données dans le chapeau du texte p. 317, sont rédigées ainsi : « dans un pays d'Afrique de l'Ouest, du Sénégal au Nigéria, un chantier de travaux publics d'une entreprise étrangère ». Le lecteur en a donc connaissance avant la lecture de la première scène et, pour le spectateur, la scénographie rend compte de ces précisions. Le metteur en scène Patrice Chéreau, qui commence avec cette pièce sa collaboration avec Koltès en 1983, a choisi de remplir la scène d'un énorme pont inachevé qui rappelle le lieu (un chantier) mais inaugure une atmosphère pesante. La mise en scène de Thibaut Wenger (photographie p. 317 du manuel) rend hommage à cette première mise en scène avec les piliers du pont au centre de l'espace scénique qui renvoient à la cité fermée des Blancs qui y habitent.

Quant aux deux personnages de cette scène (parmi les quatre de la pièce), ce sont Horn, le chef de chantier, et Alboury « un Noir mystérieusement introduit dans la cité ». Le lecteur a également appris précédemment que la scène a lieu de nuit, au milieu des appels des gardes noirs pour se maintenir en éveil.

1. La didascalie initiale confirme le confinement et la lourdeur de l'atmosphère : « *Derrière les bougainvillées, au crépuscule* » (l. 1). L'espace choisi est celui caché par les arbres, la nuit, donnant à Alboury une part de mystère, que confirme la première réplique d'Horn « J'avais bien vu, de loin, quelqu'un, derrière l'arbre » (l. 2). Alboury se présente immédiatement : « Je suis Alboury, monsieur » (l. 3). Avec la marque d'attention « monsieur », il pose d'emblée la relation de courtoisie. Il continue avec la raison de sa venue : « je viens chercher le corps » (l. 3), « c'est pour cela que je suis là » (l. 7). Le lecteur apprend donc la mort d'un ouvrier noir qu'on ne verra pas dans la pièce mais qui en est le centre. Alboury ne cesse de rappeler sa mission, avec une phrase telle une sentence à la ligne 9, réclamant de fait sa place égale dans le dialogue, en guise de réponse à la question de Horn. Le sujet de ce passage est donc ce mort qu'Alboury vient rechercher au nom de sa mère : elle « tournera toute la nuit dans le village, à pousser des cris, si on ne lui donne pas le corps » (l. 5-6). Par le mot « mon frère » ajouté à la ligne 9, le personnage devient une figure du village venue remplir une fonction sacrée. Le rite funéraire est d'ailleurs évoqué à deux reprises par Alboury « poser des branches sur le corps » (l. 4), « la famille aurait enterré la calebasse » (l. 17).

Dans la page qui précède la première scène, Koltès précise d'où provient le nom Alboury qu'il a choisi : d'un « roi de Douiloff (Ouolof) au XIXe siècle qui s'opposa à la pénétration blanche ». Alboury Ndiaye a été en effet roi (bourba) du Djolof, un ancien royaume sur le territoire de l'actuel Sénégal de 1875 à 1890, date de l'annexion du Djolof par la France. Il est célèbre pour ses combats contre les troupes françaises. Ainsi, ce personnage au nom symbolique vient réclamer le corps de l'un des siens aux Blancs qui ne le rendent pas. Le village devient donc une mise en abyme de cette région.

Alboury serait également par allégorie l'Afrique, mère nourricière comptant les siens, qu'elle nourrit avec difficulté : « une bouche de moins à nourrir » (l. 18 et répété), et un peu plus loin « une bouche de plus à nourrir » (l. 20) si, une fois le chantier fermé, il était revenu au village sans travail. « C'est un malheur pour peu de temps » précise-t-il, le temps du deuil uniquement puisque le chantier va fermer et ne fournira plus de travail au village. Cette réplique rend compte de la réalité triviale d'une Afrique affamée aux prises avec le travail apporté par les Blancs. Elle rappelle également la question de la valeur de la vie et de la mort différente pour chaque camp. On ne sait toujours pas, dans ce début de pièce, comment l'ouvrier est mort, s'il s'agit d'un accident ou d'un assassinat : « une malheureuse chute, un malheureux camion », « on a dû l'amener à l'infirmerie, l'arranger un peu » (l. 13). Si le corps n'est pas rendu et si Horn fait allusion à deux reprises à la police (l. 8 et 24), la raison de sa mort semble ambiguë. D'ailleurs, Alboury ne demande pas la cause de la mort, il avance plutôt la nuisance des cris de la mère du mort (« la vieille ») qui empêchera le village de dormir (l. 6-7). Cette raison triviale vient donc s'ajouter à la fonction sacrée étudiée précédemment. Alboury avance une troisième raison à sa venue : son désir d'observer les Blancs, « voilà l'occasion de voir le Blanc de près » (l. 27). Dans la nuit, dans la solitude de cette cité, les deux mondes vont-ils se parler, se comprendre ?

2. Horn ne montre pas son inquiétude devant l'intrusion d'Alboury pourtant interdite dans la cité, compte tenu de la présence des gardes. Il s'inquiète plutôt de l'origine de sa venue, si c'est à la demande de la police ou du village (l. 8). C'est sans doute un élément important qui aura une conséquence sur sa conduite. En effet, dans ce dialogue qu'il entretient dans l'obscurité, il ne semble pas craindre ce personnage énigmatique. Il le respecte en l'appelant « monsieur » en retour (l. 8) et en le vouvoyant. Dès sa troisième réplique, il lui donne quelques explications sur la mort de l'ouvrier tout en rappelant les règles du chantier (l. 11-12). Il lui présente les condoléances de circonstances, accentuées par la répétition : « faites part de mon regret à la famille. Je vous fais part de mes regrets » (l. 14-15). Il reconnait ainsi dans son locuteur un égal. Cependant, Horn parle aussi en tant que chef de chantier représentant les Français de la cité et l'entreprise pour laquelle il travaille. Il montre sa force par ses relations avec la police et les autorités : « ici au chantier, nous entretenons d'excellents rapports avec la police et les autorités locales ; je m'en félicite » (l. 24-25). Tout en jouant son rôle d'hôte, il utilise l'impératif pour inviter Alboury à « boire un whisky » (l. 22). Sa réplique de la ligne 23 : « Venez-vous asseoir à la table, monsieur » mêle l'impératif et le respect à l'égard de son invité.

Le spectateur ne peut cependant s'empêcher de penser à la mort de l'ouvrier et la lier à cette attitude de courtoisie. Les explications de Horn sont en effet elliptiques et révèlent son embarras : « une chute », « un camion qui roulait à toute allure », « le conducteur sera puni », « les ouvriers sont imprudents » (l. 10-12). Les adjectifs « terrible » et « malheureux » (répété trois fois, y compris pour le camion !) qualifient « l'affaire », « l'histoire » de façon sensible mais visent également à réduire son importance et la responsabilité de l'entreprise. Il manque évidemment ici de nombreux éléments d'explications mais Alboury n'en demande pas. Sa dernière réplique révèle une autre raison à sa venue : « voilà l'occasion de voir le Blanc de près » (l. 27), Horn représentant à lui seul les Blancs. Ainsi, l'occasion est donnée à deux mondes différents de se parler et d'essayer de se comprendre. Alboury dit en effet : « J'ai encore, monsieur, beaucoup de choses à apprendre » (l. 27-28).

3. L'abondance de virgules, de points-virgules et de deux-points dans les propos des deux personnages mérite d'être relevée. La première phrase de Horn par exemple compte une virgule presque tous les deux mots. Les comédiens doivent tenir compte de ces respirations (de différentes durées) demandées par l'auteur. La scansion et le phrasé sont donc dépendants de ces marques de ponctuation qui demandent une écoute particulière de l'écriture de Koltès. Un exercice de lecture à voix haute serait intéressant à mener avec les élèves pour vérifier les effets à l'oreille du spectateur.

Les répétitions sont aussi un élément caractéristique de l'écriture koltésienne apportant une musicalité que les allitérations ou assonances confirment. On peut par exemple noter l'assonance en [i] aux lignes 6 et 7 appuyant les cris de la mère ou encore l'allitération en [ʀ] à la ligne 9 pour appuyer la force de la répétition d'Alboury. L'adjectif « malheureuse », répété au début et à la fin de la réplique de Horn (l. 10 et 15), encadre les prétendues explications de la mort de l'ouvrier comme pour mieux les circonscrire.

Les répétitions circulent également d'un personnage à l'autre comme deux discours cherchant à communiquer : l'adjectif « terrible » utilisé par Alboury pour qualifier la nuit avec les cris de la mère (« Une terrible nuit » l. 6), est repris par Horn, avec la même construction, cette fois utilisée pour qualifier la mort de l'ouvrier : « une terrible affaire » (l. 10). Même chose avec l'adjectif « malheureuse » à la fin de la réplique de Horn, (l. 15) repris par Alboury au début et à la fin de la réplique suivante (l. 16 et 21).

Cependant, on peut noter des éléments spécifiques marquant la langue de chaque personnage. Horn utilise l'impératif à plusieurs reprises : il a en effet l'habitude de donner des ordres en tant que chef de chantier et il en donne ici à Alboury malgré le respect qu'il lui porte « Faites part… » (l. 14), « Venez boire », « ne restez pas », « venez » (l. 22 à 24). Alboury, quant à lui, a la spécificité du conteur avec un récit en boucle à chacune de ses répliques : le récit des cris de la mère (l. 3 à 7), « la bouche à nourrir » (l. 16 à 20) et des paroles qu'il adresse à son âme – ce sera d'ailleurs le seul impératif dont il use, « j'ai dit à mon âme : cours […] » (l. 27-28). L'image poétique de l'âme allant des oreilles aux yeux pour mémoriser chaque chose observée sert d'apologue à ce récit : apprendre dans la découverte de l'autre comme en témoigne la phrase d'Alboury, « j'ai encore, monsieur, beaucoup de choses à apprendre » (l. 28). Ce sera finalement le sujet de la pièce au-delà de la recherche du corps de l'ouvrier.

Koltès demandera à ce que le personnage d'Alboury soit joué par un Noir, on le comprend dès ce passage (voir sa lettre à Stefani Hunzinger, de Paris, le 18 décembre 1983, in *Lettres*, ouvrage cité plus bas).

Activité complémentaire

Outre l'exercice de lecture à haute voix mentionné plus haut, on pourra également faire repérer aux élèves les nombreuses répétitions et anaphores, les allitérations et assonances puis leur en faire analyser les effets.

Prolongements

- La mise en scène de **Thibaut Wenger** (2016) est visible sur Internet : https://vimeo.com/217473320

- **Bernard-Marie Koltès**, *Une part de ma vie. Entretiens (1983-1989)*, Les Éditions de minuit, 1999.

- **Bernard-Marie Koltès**, *Lettres*, Les Éditions de Minuit, 2009.

- Théâtre aujourd'hui n° 5, *Koltès, combats avec la scène* (Scérén-CNDP, 1996) avec un CD d'interviews et d'extraits de mises en scène.

- Le site officiel de l'auteur : www.bernardmarie-koltes.com

TEXTE 12 : Jean-Luc Lagarce, *Juste la fin du monde* (1990) p. 318

Objectifs et enjeux

→ **Analyser le travail sur la langue et la poétique du texte**

→ **Explorer un monologue contemporain**

Lecture analytique

Jean-Luc Lagarce est l'un des auteurs contemporains français les plus joués dans le monde. Nous sommes happés par ses personnages, luttant entre la solitude et la vérité, cherchant sans cesse à dire à l'autre (ici les membres de la même famille) ce qui ne peut être dit, dans une langue ciselée faite de réitérations et de redondances. Tous ces points apparaissent dans la pièce choisie : *Juste la fin du monde*, écrite en 1990 alors que Lagarce se savait atteint du sida. Cette pièce autobiographique raconte comment Louis, âgé de 34 ans, revient auprès de sa famille pour annoncer sa fin prochaine. Le chapeau de la page 318 du manuel résume la pièce et la difficulté de Louis à parler. L'écriture de Lagarce est connue pour son travail de la langue : il crée sa propre poétique. Les personnages forment un chœur polyphonique à la recherche du mot juste, abusant de l'épanorthose, de l'anaphore et de la parataxe comme pour traduire la possibilité (ils y croient encore) de communiquer, d'exprimer ce qui a toujours été tu, de dire les souffrances et les attentes de chacun et de tous. C'est un « bégaiement collectif rituel qui dit une non-coïncidence entre le langage et la pensée » selon Lydie Parisse (*Lagarce, Un théâtre entre présence et absence*, Classiques Garnier, 2014).

L'extrait proposé à l'étude n'est pas un texte à plusieurs voix mais le dernier monologue à la fin de la pièce : celui de Louis partant de la maison sans avoir pu parler. Lagarce l'appelle « Épilogue ». Il répond au « Prologue », qui était également un monologue de Louis avant le départ vers sa famille. C'est la parabole de l'enfant prodigue de la Bible (Évangile de Luc, XV, 23) mais c'est l'impossibilité de la réunion et la mort qui la terminent. Il nous semble intéressant d'étudier avec les élèves ce dernier monologue, dans un parcours ou une perspective sur la parole ou la fin testamentaire, que l'on pourra comparer avec les autres textes du chapitre sur le théâtre contemporain où ces thèmes apparaissent.

Le titre de la pièce renvoie à la mort prochaine de Louis ou plutôt à sa fin au monde, le monde étant resserré à lui s'il en part. Le mot « juste » est intéressant à analyser avec les élèves dans la construction de la locution à interpréter car polysémique en soi : « adéquat », « logique », « exact », mais aussi « seulement », « petit », « étriqué », et encore « légitime », lié à la justice, à l'équité...

1. Au milieu du monologue, écrit sous la forme d'un paragraphe (ou strophe), Louis évoque, en s'adressant au lecteur-spectateur, un souvenir marquant puisqu'il « le raconte encore » (l. 5). Puisque c'est le dernier (« après j'en aurai fini » l. 6), ce souvenir prend une valeur testamentaire. Il est fondé en deux parties : le souvenir de ce qui a été (l. 5 à 18) et le souvenir de ce qui aurait pu être fait et qui ne l'a pas été (l. 19 à la fin). C'est donc une mise en abyme de la pièce puisque Louis part de sa famille sans avoir fait ce qu'il avait prévu.

Par la construction anaphorique des lignes 7 et 8, Louis circonscrit le temps et l'espace du souvenir : « c'est l'été » (l. 5), « la nuit » (l. 9), « c'est dans le Sud de la France » (l. 8). La nature est présente par les termes génériques : « la montagne » (l. 9), « la vallée » (l. 16), la chaleur (nuit d'été) qui ne permettent pas l'éveil des sens du lecteur. On peut tout juste s'attarder sur l'expression « la vallée [qu'il] devine sous la lune » (l. 16) qui crée un jeu de lumière en clair-obscur. Le tableau est ainsi esquissé rapidement pour mettre l'accent sur le personnage en marche, le « je » qui raconte le souvenir en trois temporalités : passé, présent et avenir. Par le jeu des temps verbaux, ces temporalités se mêlent et s'entrelacent pour créer un paysage à interpréter. En effet, la montagne désigne le refuge de Louis après son départ de la maison familiale, la nuit accentuant la solitude choisie. Louis raconte au présent de narration qu'il y était « perdu » (l. 11), métaphore qui peut évoquer le regret. Son choix se fixe alors sur « la voie ferrée » (l. 11) qu'il va suivre. La triple raison qu'il donne à ce choix fait preuve de rationalité et de bon sens comme la construction de la phrase, efficace et rapide : éviter « les méandres de la route », « le chemin le plus court », « elle passe près de la maison » où il vit (l. 11 et 12). Cependant, ces trois éléments sont intéressants à interpréter. Si la route symbolise la vie avec ses « méandres » nombreux et complexes, Louis préfère s'en extraire (il est parti du cercle familial) : il est « absent » (l. 7) et non présent dans sa nouvelle vie. Il choisit la « voie ferrée », plus rapide, qui serait comme un passe-droit, une fuite de ses responsabilités de frère aîné, pour une vie intense, libre. La voie ferrée est une voie sans risque par la métaphore d'une voie sans train la nuit (l. 13). Le viaduc auquel il accède (du latin *viaeductus*, composé de *via*, « la voie » et *ducere*, « conduire, diriger ») s'associe à cette image comme une voie royale : un « viaduc immense » (l. 15) qu'il emprunte avec le désir de puissance « domine la vallée » (l. 14). Ce désir est accentué par la personnification du viaduc et l'harmonie imitative (« viaduc », « domine », « vallée », « devine »). Louis marche donc à sa vitesse mais il n'aura que la nuit, métaphore du temps cruellement court, image de la mort.

La mort est en effet suggérée à plusieurs reprises dans l'évocation du souvenir : l'incise entre parenthèses « après j'en aurai fini » (l. 6), « et c'est ainsi que je me retrouverai » (l. 14), appelle un complément « à égale distance du ciel et de la terre » (l. 18). Le futur des verbes et l'image de l'espace medium, entre ciel et terre, certifient la fin à brève échéance, elle-même empruntant une valeur mystique ou philosophique, un lien intrinsèque avec la nature. La mort est aussi annoncée dans le titre donné à ce monologue, « épilogue », et rappelée au premier paragraphe dans un présent à valeur de futur proche : « Je meurs quelques mois plus tard, / une année tout au plus » (l. 3 et 4). Implicitement et par euphémisme, la mort est présente dès la première ligne : « je pars. / Je ne reviens plus jamais. Je meurs ». La gradation des verbes et l'anaphore amplifient l'imminence de la mort.

2. Dans la deuxième partie du récit du souvenir, Louis explique son désir secret (« je devrais » l. 21), ce à quoi il voulait en venir (« et c'est cela que je vais vous dire » l. 20) en continuant de s'adresser au lecteur-spectateur. Le monologue de Louis est délibéré et fait du public son unique interlocuteur puisque le retour est un échec. Il reprend sa marche, « je me remets en route » (l. 27), infatigable. Le verbe est au présent, c'est celui du souvenir comme celui du temps présent de son échec. Son désir était de « pousser un grand et beau cri, un long et joyeux cri qui résonnerait dans toute la vallée » (l. 21 et 22) comme une renaissance. Les nombreux adjectifs, le rythme binaire et le long verbe au conditionnel (« résonnerait ») allongent le cri désiré en le faisant entendre, le cri étant source de la parole. Cette mise en éveil de la sensation auditive du lecteur accentue l'image du bonheur qui y est associé (« ce bonheur-là » l. 23) comme étant le vrai bonheur. Il s'agirait alors de dire au monde son bonheur de vivre, tel un cadeau, ce que traduit la métaphore du verbe « offrir » (l. 23). Cet acte exutoire (« hurler une bonne fois » l. 24) y associe-t-il la colère contenue enfin lâchée ? La domination entrevue à travers l'image du viaduc est ici prolongée par le cri « dans toute la vallée » (l. 22), mise en abyme du théâtre, la vallée étant le public et le viaduc la scène éclairée par la lune. Cependant, Louis n'a pas crié : « je ne l'ai pas fait » (l. 26). Le présent utilisé dans la phrase précédente (« je ne le fais pas ») est celui de la narration comme de l'énonciation. Ainsi, la marche qu'il reprend dans son souvenir devient celle de la fin de la pièce : inexorablement « Je me remets en route » (l. 27). Le verbe « remettre » renvoie à l'image de l'artisan infatigable qui remet son ouvrage sur le métier, inlassablement.

3. Le texte est écrit en paragraphes mais la mise à la ligne récurrente renvoie à l'écriture en « vers libres ». Le rythme ainsi créé se mêle à celui des harmonies imitatives, des répétitions et des anaphores. L'écriture « par les oreilles » donne une respiration particulière et une scansion à trouver lors de la lecture à voix haute. On pourra faire faire cet exercice aux élèves.

Le clair-obscur de la lune, les sons voulus (le cri) ou effectifs (« les pas sur le gravier » l. 28 et 29) participent de la poétique du texte. La langue est simple, le vocabulaire courant. Cependant, les nombreuses images éclairent les propos du personnage-auteur dans une marche inlassable : « Après, ce que je fais, / je pars » (l. 1 et 2). L'épanorthose, qui singularise l'écriture lagarcienne, apparaît ici à deux endroits : à la ligne 6, pour préciser la mort imminente, et à la ligne 20 pour réajuster ses propos. Le souvenir n'est pas l'objectif du texte mais c'est « le cri » qu'il aurait voulu lâcher dans la vallée comme un cri de libération, de ralliement, d'appropriation. Est-ce la pensée finale ? La phrase des lignes 30 et 31, « Ce sont des oublis comme celui-là que je regretterai », sonne comme les derniers regrets lors de l'extrême-onction. Face à la mort certaine à 34 ans, « Je meurs quelques mois plus tard, / une année tout au plus » (l. 3 et 4), que peut-on laisser à la postérité ? « Un grand et beau cri, un long et joyeux cri », la parole à la famille retrouvée ? L'anaphore et l'asyndète des lignes 25 à 27 accentuent son incapacité à ouvrir la bouche, à trouver le verbe fondateur de l'être. Le seul bruit qu'il réussit à émettre, ce n'est pas celui de sa voix, parole impossible comme la pièce le montre, mais « le bruit de mes pas sur le gravier » (l. 28 et 29), qui brise le silence, dans la solitude et la tristesse de la voie ferrée, où il est finalement enfermé par les deux rails de fer.

Prolongements

– Lire l'article en ligne de Lydie Parisse sur la comparaison entre la pièce de Lagarce et le film de Xavier Dolan (2016) dont un photogramme est reproduit dans le manuel : https://journals.openedition.org/skenegraphie/1409#ftn2

– Sur le nouveau site de Canopé en partenariat avec Theatre-contemporain.net, « Théâtre en acte », un chapitre est consacré à *Juste la fin du monde* (analyses comparatives, extraits de mises en scène...) : www.reseau-canope.fr/edutheque-theatre-en-acte/oeuvre/jean-luc-lagarce-1/juste-la-fin-du-monde.html

TEXTE 13 : Wajdi Mouawad, *Incendies* (2003) p. 319

Objectifs et enjeux

→ **Analyser l'écriture testamentaire**
→ **Étudier un portrait de femme**

Lecture analytique

La version du texte choisie est celle de l'édition de 2011, remaniée par l'auteur par rapport à la version de 2003 (Actes Sud).

La pièce de Wajdi Mouawad est une vaste fresque mettant en scène l'épopée d'une famille à la recherche de son passé qui commence au Liban, pendant la guerre civile, entre 1975 et 1990. Différentes temporalités se croisent selon les âges de la mère, Nawal. Dans l'extrait choisi de la scène 9, Nawal a 16 ans et elle veille sa grand-mère Nazira qui se meurt. Un an plus tôt, Nawal a accouché d'un enfant qu'elle a dû abandonner à cause du déshonneur et a dû se résoudre à ne plus revoir son jeune amant. Les propos de sa grand-mère mourante prennent alors une valeur testamentaire. Le sujet en est l'éducation de la femme. Que veut-elle transmettre de si important à sa petite fille pour l'appeler aussi urgemment ?

1. Les interjections qui sont le prénom « Nawal ! » et la répétition du prénom le long de ces deux répliques marquent l'importance de son discours en l'adressant à la jeunesse du personnage et, par la double énonciation au théâtre, au public.
Avant d'étudier ce que Nazira veut transmettre, voyons les expressions qui montrent l'importance de la transmission.
« Prends-moi la main » demande-t-elle d'abord à Nawal. La sensation tactile est en effet l'élément qui figure le lien par métaphore, il rappelle le lien de la chair et du sang que l'on retrouve dans les expressions « la chair de ma chair, le sang de mon sang » pour désigner la progéniture. Le contact de la chair est aussi celui de la douceur et de l'amour, la caresse de la mère vers son enfant et de l'enfant vers sa mère, accentuée par l'allitération en [m] (« moi » et « main »). Cette interprétation est répétée par l'expression « aux gens qu'on a aimés, qui nous ont aimé » (l. 3) marquant également la réciprocité par le parallélisme de la construction et les pronoms « on » et « nous » qui se font écho.
La main est aussi le symbole de la confiance, du guide que l'on peut être pour l'autre. Pour finir, la main symbolise le contact, l'assurance que les paroles vont continuer ainsi sur ce canal privilégié. Nazira énonce une autre phrase à l'impératif :

« Écoute ce qu'une vieille femme qui va mourir a à te dire » (l. 10). La sensation auditive s'ajoute donc à la sensation tactile. La parole sera donc l'élément central de la transmission : « à te dire ». Et à l'article de la mort (« une vieille femme qui va mourir »), « il y a des choses que l'on a envie de dire » (l. 1 et 2). Le « on » générique permet l'universalité : la personne sait que ce sont ses derniers mots, d'autant que son âge lui a offert une grande expérience.

L'objectif de la transmission est d'« aider [les gens] une dernière fois » et « les armer pour le bonheur » (l. 3 et 4). Les verbes « aider » et « armer » insistent sur la pénibilité de la vie qui demande l'expérience des anciens. Il est intéressant de remarquer que le verbe « armer » n'est pas suivi du cliché « pour la vie » mais « pour le bonheur ». Le bonheur se prépare, se construit et demande donc, selon Nazira ; c'est une démarche réfléchie.

2. La transmission tient donc en des recommandations urgentes que Nazira veut donner à sa petite-fille, encore jeune et qui a pourtant déjà subi des pressions familiales, sociales et culturelles. Elle lui rappelle en effet l'événement qui a atteint sa chair un an auparavant : « un enfant est sorti de ton ventre et depuis tu marches dans les nuages. » (l. 4 et 5). L'expression « tu marches dans les nuages » signifie, par métaphore, qu'elle est hors de la réalité, elle perd pied pour oublier ce qu'elle a subi. Mais, à travers les nombreuses injonctions qui suivent (« Ne tombe pas Nawal, ne dis pas oui. Dis non. Refuse. » l. 5 et 6), Nazira impose à Nawal un retour à la réalité et une désobéissance. L'antithèse, la construction anaphorique, la répétition et la redondance accentuent la révolte qu'elle tente de réveiller chez Nawal : elle doit retrouver la révolte qu'elle a ressentie lors de l'abandon imposé de son enfant. En effet, ce rappel (« ton amour est parti, ton enfant est parti » l. 6) se retrouve au milieu des injonctions qui se poursuivent : « N'accepte pas, Nawal, n'accepte jamais » (l. 7), les deux constructions se faisant écho. Dans cette première réplique, seize injonctions poursuivent le même but : secouer Nawal pour qu'elle refuse la soumission en se tournant vers l'éducation. Le verbe « apprends » est répété cinq fois et il concerne les savoirs fondamentaux, ceux enseignés à l'école : lire, écrire, compter. C'est le titre de la scène avec un quatrième verbe étonnant (« parler ») car la parole est acquise par l'enfant en famille bien avant l'âge de l'école. Nazira évoque ainsi le pouvoir du langage pour sortir de sa condition sociale : « C'est ta seule chance de ne pas nous ressembler » (l. 11). Elle le lui fait promettre à la fin de la réplique (« Promets-le-moi » l. 11) comme un pacte reliant les deux femmes : « je te le promets » répond Nawal (l. 12).

Dans sa deuxième réplique Nazira prévoit son enterrement. Elle accepte la tradition religieuse, la mise en terre, « le visage tourné vers le ciel », « le seau d'eau » lancé par chacun (l. 13 et 14) en signe de purification. On peut demander aux élèves d'analyser la photographie de la mise en scène de l'auteur (page 319 du manuel) du point de vue de la posture et de la couleur des vêtements. Mais il y a un manque intolérable : le nom de Nazira ne sera pas écrit sur « la pierre » en guise de stèle, scellant son analphabétisme, comme celui de tout le village, « aucun d'entre eux ne sait écrire » (l. 15). Nazira encourage donc Nawal à apprendre : « Toi Nawal, quand tu sauras, reviens et grave mon nom » (l. 15 et 16). L'adjonction du prénom du début de la phrase, donnant à l'énoncé une dimension phatique, renforce la mission donnée, comme si la mission se transmettait : « j'ai tenu mes promesses » (l. 17). Cette mission est en lien avec la filiation qui grossit au fur et à mesure des générations, à l'instar de la gradation accentuée par le rythme ternaire : « Nous, notre famille, les femmes de notre famille ». Il s'agit ici de la condition des femmes de la lignée que Nazira résume par la colère contenue : « nous [...] sommes engluées dans la colère depuis si longtemps » (l. 18 et 19). Le verbe « engluer », à connotation péjorative, insiste par la métaphore sur l'inertie, la lourdeur, le piège dans lequel sont toutes les femmes. Nazira explique comment la colère se transmet de génération en génération de femmes, de mère en fille, dans une phrase faite de répétitions et d'échos, insistant sur la prochaine génération : « toi aussi tu laisseras à ta fille la colère en héritage ». Sa démonstration se termine par l'injonction métaphorique « il faut casser le fil » amenant deux autres injonctions à l'impératif : la conséquence « alors apprends », et l'étape suivante « Puis va-t'en » (l. 22). C'est l'étape de la liberté, sortir de la « glu » qui les colle au sol de l'obéissance.

Prolongements

– On pourra comparer ce texte avec celui de Catherine Anne sur Olympe de Gouges, extrait de *J'ai rêvé la Révolution*, p. 322 du manuel.

– Sur le nouveau site de Canopé en partenariat avec Theatre-contemporain.net, « Théâtre en acte », un chapitre est consacré à *Incendies* (analyses comparatives, extraits de mises en scène...) : www.reseau-canope.fr/edutheque-theatre-en-acte/oeuvre/wajdi-mouawad/incendies.html

TEXTE 14 : Olivier Py, *Illusions comiques* (2006) p. 320

Objectif et enjeux

→ **Étudier la mise en abyme qui est faite du théâtre**

Lecture analytique

Illusions comiques est la pièce la plus connue d'Olivier Py. Elle est inspirée de deux pièces du XVIIe siècle et de *Nous, les héros* de Jean-Luc Lagarce (1994). Le titre, le style baroque et la visée de la pièce, notamment la fin sur le renouveau du théâtre, viennent de *L'Illusion comique* de Corneille (1636) tandis que l'histoire et le propos sont inspirés de *L'Impromptu de Versailles* de Molière (1663) et de la pièce de Lagarce. Dans la pièce de Molière, la troupe de Molière joue son propre rôle, plongée en pleine répétition d'une pièce attendue dans deux heures par le roi. Les élèves peuvent analyser la photographie de la mise en scène de l'auteur (p. 320 du manuel) où l'on aperçoit le buste de Molière au centre de la scène. L'analyse de la posture des personnages mettra en valeur le théâtre dans le théâtre puisque les personnages assis assistent à la prestation du personnage central. Son costume, le fond de scène et ses néons de cabaret sont également à interpréter.

La pièce, en trois actes, passe donc par le théâtre dans le théâtre, par l'illusion théâtrale mise à nue, devant les spectateurs, dans un foisonnement scénique qui n'exclut pas le rire, pour aborder ce qu'est le théâtre et sa fonction sociale, philosophique et politique : « le texte a la prétention de tout dire sur l'acte dramatique et le mystère théâtral » (préface d'Olivier Py de l'édition Actes Sud, 2006). L'extrait choisi est le début de la pièce.

L'écriture des personnages rend hommage à la pièce de Molière car ce sont les véritables noms des comédiens qui apparaissent. Les personnages et leurs aspirations vont donc se mêler aux comédiens ainsi que leurs pensées et réflexions sur le théâtre. Chez Molière, seul « Mademoiselle » était employé, réservant le nom de famille aux hommes selon la tradition. Ici, Olivier Py met les comédiens à égalité de traitement dans une pièce moderne et d'actualité et, pour le rôle de l'auteur, il spécifie « Moi-même », rôle qu'il a joué sur scène, mise en abyme de son travail d'auteur, de metteur en scène et de comédien ; Moi-même est le poète, le double de l'auteur. On pense ici à Jean-Luc Lagarce, mort trop tôt (en 1995, l'un des personnages de la pièce s'appelle ainsi) auquel la pièce est dédiée (*cf.* la dédicace). Le terme « poète » est à prendre dans le sens de créateur (du grec *poïêsis* : « création », l'état poétique chez Platon est rattaché à l'enthousiasme, c'est-à-dire à l'inspiration ou possession divine).

1. Dans ce passage, nous apprenons que la troupe va répéter une scène du « Poète et la Mort » écrite par Moi-même, deux thèmes récurrents dans l'écriture poétique et théâtrale universelle. Mais il est question d'une pièce attendue depuis longtemps, la pièce que rêve d'écrire Moi-même (« Mais cette pièce que tu rêvais d'écrire ? » l. 7) et de jouer avec sa troupe de comédiens. Cette pièce rêvée rappelée par Monsieur Fau est ainsi caractérisée : « un poème sans coupable, un après-midi sous les arbres, éloigné de toute douleur… ». Il s'agit donc d'une pièce ignorante de certains genres du théâtre mais qui se situe plutôt du côté de la pastorale ou du moins dans une proximité avec la nature : « un après-midi sous les arbres ». Les points de suspension permettent de continuer le rêve de la troupe, un rêve choral. En effet, ce n'est pas Moi-même, le poète, qui la décrit mais les comédiens qui l'attendent avec tant de ferveur : « Mais cette pièce » (l. 7), « Est-ce qu'il n'est pas temps ? » (l. 11). Monsieur Girard précise la description qu'on pourrait apparenter à la définition du bonheur ou plutôt du paradis terrestre, un Éden sans la faute originelle « un poème sans coupable », « éloigné de toute douleur » (l. 7 et 8), où les êtres vivent une réelle communion avec la nature à l'opposé de la douleur. En effet, on n'y connaît pas la différentiation des sexes, ni des âges, c'est une « jeunesse inconsciente de sa beauté» (l. 17), une jeunesse éternelle, une enfance idyllique perpétuelle qui jouit de cet Éden. Les occupations décrites sont épanouissantes et culturelles à l'instar de l'abbaye de Thélème de Rabelais : chanter, danser, jouer de la musique et manger de façon frugale et agréablement, « des chansons fredonnées, des pas de danse », « un repas improvisé de fraises des bois et de miel », « le piano désaccordé » (l. 16 à 19). La communion entre les êtres et la nature est mise en valeur dans la plupart des expressions par la réunion d'un élément naturel associé à un élément humain : les « pas de danse » sont « perdus dans l'ombre des feuilles », les « étoiles de mer » sont dans « les poches », le repas s'improvise de « fraises des bois et de miel sur une nappe brodée ». Les éléments décrivant une civilisation avancée sont présents, ce n'est pas la Genèse de la création ; en effet, la nappe est brodée, le piano est désaccordé d'avoir autant servi. Par allégorie, la philosophie est également présente dans ce monde rêvé : « la philosophie viendrait comme ça, sur la pointe des pieds » (l. 9) comme une suite logique de l'évolution de ce monde et de ses êtres innocents. Ses « lampions de couleur » (l. 10), désignant métaphoriquement les fulgurances de pensée, orneraient les arbres dans une union volontaire entre l'homme et la nature. On peut comparer ces propos avec ceux de Louis sur la nature (extrait de *Juste la fin du monde* de Jean-Luc Lagarce, p. 318 du manuel).

Cette pièce rêvée vient en contradiction avec les autres pièces, notamment « Le Poète et la Mort » que la troupe va répéter. La conjonction de coordination « mais » initie la réplique de Monsieur Fau (l. 7) alors que Monsieur Girard vient de dire une réplique du personnage de la Mort. L'antithèse marquée par le champ lexical de la nature dans la pièce rêvée et la Mort est renforcée par la douleur associée à la mort (l. 8). De même pour la philosophie pour laquelle « l'aiguillon de la mort » (l. 22) semble une nécessité discursive mais non dans la pièce rêvée.

2. Mais le temps d'écrire cette pièce n'est pas encore venu : « pas encore » répond Moi-même. Le poète, en phase avec le monde, ne se sent pas prêt : « Le monde n'est pas prêt / Ni moi ». « Je n'ai pas su l'écrire » ajoute-t-il, impuissant, à la ligne 23. Les raisons ne sont pas données mais c'est la question de la fonction du théâtre qui est posée ici, théâtre de divertissement, de réflexion, de provocation... L'artiste doit-il suivre son époque, être en phase avec son temps ou le devancer, l'éclairer comme le dit Victor Hugo ? C'est la question du rapport entre texte et spectacle. À peine apprend-on qu'« un théâtre sans douleur, ça serait vraiment scandaleux » (l. 15). C'est donc une définition du théâtre patrimonial et actuel qui est brandie par Monsieur Girard, une définition qui ne souffre aucune autre visée (« scandaleux »). Ce théâtre empreint de douleur et de mort est donc celui créé depuis ses origines. Olivier Py fait ici allusion aux règles du théâtre qu'a posées Aristote (notamment la tragédie), qui ont dominé les XVIIe et XVIIIe siècles et qui agissent encore aujourd'hui comme repères ou substrat critique (*cf.* Florence Dupont, *Aristote ou le vampire du théâtre occidental*, Aubier, 2007). La troupe aspire donc à une autre ère de création. Cependant, puisque le temps n'est pas arrivé, ils vont répéter « "Le Poète et la Mort" pour la millième fois ! » (l. 24). Le ton était déjà exaspéré au début de la scène : « Encore "Le Poète et la Mort" ! » (l. 4) s'exclamait Monsieur Balazuc. C'est une pièce-creuset de toutes les pièces où la douleur et la mort officient en toute impunité, y compris contre l'auteur lui-même qui peut être emporté par la Mort à tout moment. C'est notre condition de mortels ainsi mise en jeu, dans tous les sens du terme comme dans le sens d'une définition du théâtre. Mais les définitions ne s'arrêtent pas là.

La pièce débute par un verbe à l'impératif : « Commençons ! » et le théâtre commence comme par magie ! C'est cela aussi le théâtre, les enfants le savent bien, la force du verbe : un mot est dit et la chose est, comme le souligne Henri Quantin dans sa postface de l'édition de la pièce (Babel, 2016) : « un seul mot crée un monde ». C'est ce que font les comédiens à la fin de l'extrait : « Monsieur Girard – Je fais le poète mort trop tôt » et « Mademoiselle Mazev – Et moi la Mort ». Ce passage rappelle également le travail inlassable de répétition du comédien par l'hyperbole de la « millième » répétition. Et pour l'auteur celui d'avoir inlassablement ce dialogue avec la Mort (qu'annonce le titre) puisque la Mort est la plus puissante « Tout m'appartient » (l. 6) dit-elle. Il faut donc mourir « trop tôt et sans gloire ». La condition du poète est ainsi posée, l'envergure de son rôle : créer aux côtés des hommes – rôle assumé de compromissions, ou alors créer selon ses principes et le rêve qu'il se forge. Et par là-même se fonde le rôle du théâtre dans la société. Doit-il évoquer un monde heureux ou, au contraire, mettre le spectateur face aux souffrances et à la Mort que les êtres s'infligent, aux « tremblements et [aux] regrets » (l. 5) ? C'est également la question de la réception des œuvres, comment le public agit pour l'échec ou le succès d'une œuvre et pour la reconnaissance de l'auteur. La pièce *Nous, les héros* de Jean-Luc Lagarce à laquelle rend hommage cette pièce, a été mise en scène par Olivier Py en 1997 deux ans après la mort de l'auteur, « mort trop tôt et sans gloire » puisque sa notoriété sera acquise *post-mortem*.

Prolongements

– **Henri Quantin**, *Illusions comiques d'Olivier Py*, Canopé, 2009.

– Sur le nouveau site de Canopé en partenariat avec Theatre-contemporain.net, « Théâtre en acte », un chapitre est consacré à Olivier Py (vision du théâtre, analyse des œuvres) : www.reseau-canope.fr/edutheque-theatre-en-acte/auteur/olivier-py.html

– Sur le site Éduscol, la captation d'un entretien avec Olivier Py sur sa pièce (2016) : https://eduscol.education.fr/theatre/actualites/rencontre-avec-olivier-py-autour-de-sa-piece-illusions-comiques

TEXTE 15 : Joël Pommerat, *Ça ira (1) Fin de Louis* (2016) p. 321

Objectifs et enjeux

- → Étudier une écriture contemporaine
- → Comprendre en quoi les propos sur un évènement passé peuvent résonner avec les préoccupations actuelles

Lecture analytique

S'intéressant à la Révolution française, Joël Pommerat entreprend d'abord un travail de deux ans de recherches documentaires avec des historiens et sa dramaturge Marion Boudier. En 2015, après 9 mois de répétitions, il crée avec ses comédiens le spectacle intitulé *Ça ira (1) Fin de Louis* sur les premières années de la Révolution. Le texte est publié en 2016. En tournée internationale depuis sa création, le spectacle totalise plus de 200 représentations à ce jour. Il a reçu trois Molières en 2016 (celui du théâtre public, du metteur en scène et de l'auteur francophone de l'année). La critique et le public ovationnent ce spectacle qui montre le processus de la création de la démocratie française. La pièce situe les événements depuis 1787 (et les problèmes économiques de la France) jusqu'à la montée de la contre-révolution en 1790-1791. Ce n'est pas une reconstitution historique des événements mais un spectacle qui associe le public aux réflexions, débats et discours menés par les comités de quartiers puis les États généraux et l'Assemblée constituante. Le texte mêle des parties authentiques et des parties proposées par les comédiens lors des répétitions et réécrites par Joël Pommerat. Le propos se trouve ainsi actualisé comme s'il avait lieu aujourd'hui pour « donner une sensation de temps présent au passé » selon l'analyse de Joël Pommerat. C'est « une forme hors norme, par la force des émotions et des idées politiques mobilisées, par l'actualité des débats en jeu et la vibration de la salle transformée en assemblée » écrit Marion Boudier. Une épopée de 4 h 40 où le public se sent investi par un spectacle qui finalement résonne fortement avec les préoccupations et réflexions actuelles. Il serait intéressant de faire réaliser des recherches aux élèves puis de les faire débattre sur ces moments de l'histoire et leur actualité.

1. L'extrait se situe vers la fin de la scène 4 dont la situation est résumée dans le chapeau du texte à la page 321 du manuel. Les comités de quartier se réunissent pour préparer les élections des représentants du tiers-état aux États généraux qui seront réunis à partir du 4 mai 1789 à Versailles par le roi (les derniers datent de 1614). Nous sommes dans le 49ᵉ district de Paris et assistons aux discussions de la vingtaine de personnes réunies dans ce comité de quartier pour désigner les délégués amenés à élire les 20 députés de Paris (début de la scène). L'égalité est ici le sujet de discussion, égalité qui n'est pas dans la constitution de l'Ancien régime. Deux personnages, le secrétaire de séance et l'homme 5 s'opposent à deux autres, Carray et l'homme 4. Le secrétaire de séance, qui consigne les débats, resserre l'égalité au domaine politique pour porter directement un jugement : ceux qui promettent l'égalité sont « irréalistes » et « irresponsables » (l. 2 et 3). Carray, membre du tiers-état et futur député, le contredit en donnant la raison de l'égalité : elle est naturelle (« c'est la nature même des choses » l. 4), traitant à son tour ceux qui s'y opposent d'« aveugles » ou de « menteurs hypocrites » (l. 6 et 7).

Il veut profiter de ces États généraux pour changer le système de la monarchie (l. 16 et 17) et inscrire l'égalité dans une nouvelle constitution.

Pour expliquer son point de vue, le secrétaire de séance prend pour exemple l'armée et la religion, toutes deux privilégiées dans le système monarchique. Tant pour l'armée que pour la religion (ici la vision du paradis, l. 13), le secrétaire de séance fait valoir les différentes strates de commandement, du général au soldat, les grades des anges, qu'il compare aux strates de l'État. Pour lui, l'efficacité vient de la hiérarchie : « il faut qu'il y en ait qui commandent et qui dirigent, et d'autres qui obéissent » (l. 12 et 13), utilisant deux verbes pour le commandement et un seul pour l'obéissance. Pour la vision du paradis, il s'appuie sur un argument d'autorité, saint Thomas d'Aquin, que tous ont lu ou entendu lors des lectures par le prêtre à l'église. Il associe « la valeur » (l. 14) à l'efficacité et, sans nommer le roi au-dessus de tous, par analogie, il nomme Dieu au-dessus des anges. Le conditionnement par le système dont parle Carray (l. 16) est effectivement à l'œuvre chez le secrétaire de séance.

Le personnage appelé Homme 4 utilise un autre exemple, celui de l'égalité de participation aux débats. En effet, il donne une liste des personnes exclues des débats : « masse immense de chômeurs, de pauvres, de nécessiteux » (l. 19 et 20). Il faut savoir que pour le tiers-état, seuls les hommes de plus de 25 ans et inscrits sur le rôle des impositions (ceux qui paient des impôts) pouvaient voter. On comprend donc que l'homme 4 demande un changement dans la constitution de façon à instituer des élections à suffrage universel. Sa demande est accentuée par les deux questions oratoires (l. 19 à 22) et l'antithèse entre la fierté et la honte qu'il ressent : « la fierté de pouvoir m'exprimer » et « la honte en voyant tous ceux qui sont exclus de nos débats ».

2. Le premier élément est l'argument apporté par Carray, l'égalité est naturelle : « c'est la nature même des choses » (l. 4). Les applaudissements (didascalie l. 8) montrent l'assentiment du groupe assemblé. Nous retrouvons ici le débat sur l'égalité que nous connaissons bien, celui des philosophes des Lumières et notamment le *Discours sur l'origine et le fondement de l'inégalité parmi les hommes* de Jean-Jacques Rousseau publié en 1755 pour répondre à un sujet de l'académie de Dijon. Cet essai est diffusé, lu et critiqué avant d'être interdit par l'Église (mise en cause du péché originel).

Le deuxième élément vient de la réplique de l'homme 4 qui demande à ce que tous les Français puissent participer aux débats. Sous la forme de deux questions oratoires, il donne l'exemple des exclus des débats (l. 19 à 22). L'expression de sa demande renforce son propos sur l'égalité des Français. Le lexique et le jeu de la paronomase insistent sur le nombre : « la masse immense » comme le rythme ternaire et la gradation de la liste « de chômeurs, de pauvres, de nécessiteux ». Les négations multiples (« n'est pas appelée », « leur a refusé », « ne sont pas considérés ») et la répétition du pronom « nous » dénoncent la séparation qui est faite entre les Français : « s'exprimer avec nous », « se joindre à nous », « chez nous » (l. 21 à 23). Le personnage va plus loin en accusant le système monarchique de déshumaniser certaines catégories de Français avec la prétérition « je ne demanderai pas pourquoi », et la proposition « chez nous comme des êtres humains, comme des frères, comme des Français comme nous » (l. 24). Les répétitions formant une boucle et la gradation mettent en valeur la fraternité entre tous les Français et l'associent à l'égalité.

Activité complémentaire

Les élèves peuvent comparer ce texte avec celui de Catherine Anne sur Olympe de Gouges : *J'ai rêvé la Révolution* (extrait p. 322 du manuel).

Prolongements

– **Marion Boudier**, *Avec Joël Pommerat, L'écriture de* Ça ira (1) Fin de Louis, tome 2, Actes Sud, 2019.

– Sur le site « Théâtre en acte » du réseau Canopé en partenariat avec le site Théâtre-contemporain.net vous trouverez un dossier sur Joël Pommerat, des fiches pédagogiques, des extraits, des études et prolongements : www.reseau-canope.fr/edutheque-theatre-en-acte/auteur/joel-pommerat-1.html

– Le dossier pédagogique « Pièces (dé)montées » du réseau Canopé sur la pièce, numéro 66, de novembre 2017 : http://crdp.ac-paris.fr/piece-de-montee/piece/index.php?id=ca-ira1

TEXTE 16 : Catherine Anne, *J'ai rêvé la Révolution* (2018) p. 322

Objectif et enjeux

→ **Étudier un monologue contemporain, ses forces et sa résonance**

Lecture analytique

Cette pièce s'inspire des derniers jours d'Olympe de Gouges. Femme politique, écrivaine également de théâtre (43 pièces), elle participa aux débats et aux enjeux de la Révolution française. Elle marqua cette période par l'écriture de *La Déclaration des droits de la femme et de la citoyenne* (1791) qu'elle sentait exclue des décisions. Vous trouverez un extrait de *La Déclaration* p. 466 du manuel (l'avant-propos et le préambule). Il serait intéressant de demander aux élèves de faire des recherches sur l'implication et les actions d'Olympe de Gouges dans la Révolution et le motif pour lequel elle a été emprisonnée à Paris en 1793 jusqu'à sa condamnation le 3 novembre 1793 par le Tribunal révolutionnaire et son exécution place de la Concorde.

Catherine Anne s'est documentée abondamment avant d'écrire la pièce. Elle choisit de nommer son personnage La Prisonnière et met en valeur le questionnement de la femme politique et son attente du procès (pour trahison à la Révolution) pour lequel elle prépare sa défense. L'extrait choisi se situe au début de la scène 13, dans la nuit du 31 octobre au 1er novembre. Le procès a lieu le 2 novembre et le 3 novembre le Tribunal prend sa décision.

1. Catherine Anne ne rend pas seulement hommage à la femme politique mais également à l'écrivaine Olympe de Gouges. Il fallait une écriture contemporaine qui puisse rendre vivante cette femme dont les propos sont encore actuels et rendre compte à la fois de la clarté de ses propos, de sa sensibilité au monde et de l'urgence de sa situation de prisonnière. L'écriture choisie répond à ces exigences par de courtes unités de sens, une mise à la ligne régulière et l'absence de ponctuation. Cette liberté d'écriture renvoie à la liberté de vie et de ton recherchée par Olympe de Gouges (voir sa biographie et sa nombreuse bibliographie). Cette liberté d'écriture fait ressembler le monologue à un poème et invite

la comédienne à une scansion proche de la respiration, à peine essoufflée, d'une femme aux aguets à la veille de son procès. C'est en effet le début de son monologue « Encore la nuit / Encore une nuit » (l. 2 et 3).
Elle qui a consacré sa vie à l'écriture, les mots lui servent de compagnie dans son isolement : « Les mots que j'ai écrits / Tourbillonnent dans ma tête » (l. 13 et 14). Les lignes suivantes témoignent par l'anaphore « tant de » et le champ lexical de l'écriture (« mots », « écrits », « phrases », « tracées », « papier ») de la métaphore du tourbillon évoquée à la ligne 14. Les mots sont comme des amis, des « compagnons obstinés » (l. 15), par étymologie latine (*cum* + *panem*) : ceux avec lesquels on partage le pain.
À quatre reprises, des citations de ses écrits lui reviennent à l'esprit : aux lignes 11, 20, 31 et 37. La diversité des propos montre à quel point Olympe de Gouges se battait par l'écriture sur tous les fronts. Avec les notes dans la marge qui précisent les titres et les dates, il est aisé de retrouver les thèmes et les luttes : lutte pour ses pièces de théâtre que la Comédie-Française n'a pas toujours jouées et que le public sanctionnait tant les idées étaient novatrices pour l'époque (abolition de l'esclavage et de la peine de mort) ; lutte pour l'égalité entre hommes et femmes avec la célèbre *Déclaration des droits des femmes* publiée le même jour que la *Déclaration des droits de l'homme* (de 1789 reprise pour la Constitution de 1791) qui interdit toujours aux femmes de voter et d'être députées. Ces incursions dans son passé lui rappellent pourquoi elle est là et lui permettent encore et toujours, même seule dans cette cellule, de parler au public contemporain par la double énonciation et l'illusion théâtrale que permet le théâtre.

Le réveil du passé va plus loin, jusqu'à l'enfance d'Olympe : « Chanter la langue / Comme ma petite maman » (l. 25 et 26), la première langue étant la langue maternelle, celle de la découverte du monde portée par le verbe « chante ». C'est aussi la langue de ses origines sociales, elle qui est issue de la petite bourgeoisie de province « parler le parler de chez nous / Simple » (l 27) – Olympe de Gouges étant le pseudonyme de Marie Gouze. Elle a d'ailleurs prononcé des discours contre la pauvreté à plusieurs reprises à l'Assemblée : « Chaque mot qui sort de ma bouche peut être un crapaud » (l. 30).

Cependant, cet amour des mots lui a procuré des doutes sur son expression : la phrase « Peur toujours de mal parler / Balbutier » (l. 23-24) rappelle la difficulté pour toute femme de l'époque, d'autant plus de condition modeste, de se faire reconnaître comme écrivain. C'est ce que rappelle la citation de la ligne 20 « Hommes [...] empire despotique dans la littérature, vous blâmerez toujours mon style » dans laquelle elle compare de manière satirique (« vains et ridicules ») les hommes à des despotes marquant leur « empire » alors que la révolution qu'ils prônent lutte contre le système politique despotique !

2. La Prisonnière ne doute pas que son style incisif et ses arguments la feront libérer lors du procès. Sûre d'elle, elle a décidé de ne pas utiliser la clé transmise en secret par sa belle-fille pour s'échapper. La Prisonnière compte donc les nuits qui la mèneront au procès. L'attente cependant l'épuise : « Je ne tiens plus dans ma peau » (l. 4 et répété à la fin de l'extrait) montre son état de santé et d'hygiène réduit à néant, « Rien d'humain » (l. 5). Les conditions de détention et la déshumanisation en prison sont un sujet qu'elle a intégré dans son *Adresse au tribunal révolutionnaire* (1793).
La Prisonnière est seule dans sa cellule. La didascalie de la ligne 1 précise « beaucoup de vent dehors », ce que reprend la Prisonnière aux lignes 8-9 : « le vent hurle / Même les pierres gémissent ». Le monologue est donc empreint du souffle du vent qui rappelle le chant de la nuit précédente. En effet, à la scène 11 on apprend que le matin du 31 octobre vingt députés ont été guillotinés pour trahison à la Révolution. Arrêtés en pleine assemblée puis emprisonnés dans une cellule près de la prisonnière, ils ont chanté toute la nuit. Cette exécution inquiète la prisonnière sur son sort « J'ai peur » (l. 10), au-delà de l'horreur qu'elle ressent devant la mort de ces hommes qui étaient ses amis en politique. La personnification du vent et des pierres rappelle cette horreur. C'est aussi son propre cri qu'elle peut percevoir.
La peur est celle de la femme politique, de ses écrits et de leurs conséquences : « Pour quelle destinée » (l. 19). Elle semble douter de ses actions à la veille de son procès. L'assonance en [e] aux lignes 18-19 (« pensées », « tracées », « papier », « destinée ») insiste sur le lien entre l'écriture et la peur : « Peur toujours de mal penser » (l. 22), « Personne ne m'a nourrie de certitudes » (l. 29). Elle rappelle son « caractère emporté », son « cœur sensible » (l. 11) qui l'ont fait réagir dans l'instant (« entraînée ») en écrivant des affiches qu'elle placardait aussitôt dans les rues de Paris. Elle est spontanée et directe : « chaque mot qui sort de ma bouche peut être un crapaud ». La comparaison avec le crapaud montre sa lucidité quant à la visée satirique et l'emportement de certains écrits politiques. Cependant, ce sont ses écrits qui peuvent la sauver, pense-t-elle, lorsqu'elle rappelle l'article premier de la *Déclaration des droits des femmes* qu'elle a rédigée (l. 31).
La solitude est aussi une peur qu'elle ressent : « Seule » (l. 39) déjà évoquée à la ligne 6 avec la solitude de la prison, « Chacun recroquevillé dans le silence glacé de la peur » (l. 6). Mais pire encore, la solitude dans laquelle la plongera le procès si la

mort est décrétée : « le silence glacé » évoquant par métaphore la mort et son cadavre, accentué par l'absence de toute humanité, « aucun chant » (l. 7). Seule la nature comprend son désarroi : « Le vent hurle / Même les pierres gémissent » (l. 8 et 9) – la personnification de la nature pouvant également faire référence à Olympe, puisque « j'ai peur » apparaît comme une conséquence des propositions précédentes.

3. Catherine Anne a choisi d'appeler le personnage principal « La Prisonnière » afin de donner une portée universelle à son propos. Elle apparaît alors comme une mise en abyme de tous les prisonniers pour opinion politique, particulièrement des femmes qui luttent pour l'égalité et la liberté dans le monde aujourd'hui. Dans ce monologue, quelques mots renvoient à son rêve politique qu'elle ouvre à tous les êtres humains, hommes et femmes. Un monde de liberté et d'égalité partagées par toutes et tous : « La femme naît libre et demeure égale à l'homme » (l. 31), ce qui n'était pas le cas sous l'Ancien régime mais ne le sera pas plus pendant la Révolution (le droit de vote n'étant accordé aux femmes qu'en 1945). Le présent des verbes de cet article de la *Déclaration* est celui de vérité générale, qu'appuient les déictiques « un jour / Ici ailleurs et pour toujours » (l. 34 et 35). L'universalité se double ici de l'éternité, par la rime simple : « jour » / « toujours ». S'ajoute à ce rêve de société future l'expression « le monde souriant » (l. 36) à laquelle on peut adjoindre celle de « chanter la langue » (l. 25). Ainsi, la sensibilité du personnage transparaît par le choix de ces verbes, « sourire » et « chanter », pour réclamer la joie et le bonheur qu'une nouvelle société doit apporter à tous ses enfants.

Par contre, le futur utilisé à la ligne 33 (« Est-ce que cela deviendra vrai ») permet à la Prisonnière de traduire ses doutes quant à la réalisation de son rêve. Le conditionnel « J'aurais voulu » (l. 36) pointe ses regrets et peut-être déjà sa mort prochaine qu'elle entrevoit par le verbe « laisser le monde » (l. 36), les mots « faiblesses » (l. 38) et « Seule » (l. 39), ainsi que la phrase négative « Je ne tiens plus dans ma peau ».

Activité complémentaire

Ce texte peut être comparé aux extraits des pages précédentes du groupement « l'homme face à lui-même » (p. 317 à 321 du manuel) : Koltès, Lagarce, Mouawad, Py et Pommerat.

Prolongements

– Le site de **Catherine Anne** et le dossier du spectacle : www.catherineanne.info/jai-reve-la-revolution-2/

– L'entretien vidéo de Catherine Anne sur son travail d'autrice disponible via ce lien : lienmini.fr/el1-322

1 La poésie antique : naissance des genres poétiques

Manuel, p. 332-335

I. Problématiques et thèmes

• Les formes de la poésie antique

Les premiers poèmes sont des épopées (*cf.* « L'évolution des formes narratives de l'Antiquité au XXIe siècle », p. 95 du manuel) et des poèmes didactiques (*cf.* « Les genres de la littérature d'idées, de l'Antiquité au XXIe siècle », p. 427 du manuel). La poésie personnelle, ou lyrique, a pris deux formes principales : la lyrique chorale et la monodie. La première, d'essence collective, est à l'origine des hymnes. La seconde exprime des sentiments intimes. Dans ces deux formes, la poésie antique a fondu différents genres possédant des structures métriques très exigeantes. Le vers ancien repose sur une prosodie et sur une métrique. La prosodie est l'étude de la quantité des syllabes : la poésie gréco-latine fait entendre une alternance de syllabes longues et de syllabes brèves. La métrique désigne l'étude de la combinaison des syllabes. Les Grecs et les Latins, dans la plupart des cas, ne comptent pas les syllabes pour former un vers, mais les « pieds », qui sont des ensembles de syllabes. Il n'est guère possible de rendre compte de ces jeux dans les traductions. Le rythme de l'épopée repose sur l'usage d'un long vers majestueux, l'hexamètre dactylique, dont notre alexandrin donne quelque idée. Il existe une grande variété de vers, dont l'usage est dicté notamment par la matière que traite le discours poétique.

Parmi les genres les plus pratiqués, on peut signaler :

– **l'épopée** (*cf.* p. 335 du manuel) : ce genre est étudié dans le chapitre 1 du manuel. Homère et Virgile (*cf.* p. 100-101 du manuel) utilisent l'hexamètre dactylique. Ovide l'emploie également dans *Les Métamorphoses* (*cf.* p. 335 du manuel) ;

– **l'ode** (*cf.* p. 334 du manuel) est un poème lyrique, qui s'agence en strophes et doit pouvoir être mis en musique. Elle se prête au traitement de sujets divers : éloge des dieux ou des hommes valeureux (par exemple, dans ses *Odes*, Pindare célèbre les athlètes vainqueurs lors des Jeux olympiques) ;

– **l'ode sapphique** (*cf.* manuel p. 333), en particulier, a été « créée pour chanter la nudité du désir, l'âpre tourment de la jalousie, la suavité des caresses » (Y. Battistini, *Poétesses grecques*, 1998). Elle repose sur l'emploi d'un modèle immuable : les syllabes longues et brèves alternent tout au long de strophes composées de quatre vers, dont les trois premiers comptent onze syllabes, et le dernier, plus bref, cinq ;

– **l'élégie** est à l'origine un poème dont la diction était accompagnée de la flûte. Elle repose sur l'alternance de distiques « élégiaques » formés d'un vers long (l'hexamètre) et d'un vers plus court (le pentamètre). Contrairement à l'épopée, elle « entretient un lien avec l'actualité » ; « ce genre caméléon, où le poète se met en scène et interpelle directement ses interlocuteurs (concitoyens, convives ou proches), englobe tous les aspects de la vie publique et privée. » (S. Saïd, M. Trédé, A. Le Boulluec, *Histoire de la littérature grecque*, PUF, 2004). Elle peut être aussi bien guerrière que politique ou amoureuse. L'élégie érotique s'est tout particulièrement épanouie à Rome ;

– **l'épigramme**, à l'origine, désigne une inscription en vers, gravée sur une pierre. Elle apparaît, selon Y. Battistini (*op. cit.*) comme une « forme ouverte » et un « laboratoire », dont l'unité est le distique réunissant un hexamètre et un pentamètre. Ce court poème recherche avant tout l'élégance, se prête au traitement de thèmes variés (un décès, l'amour, le vin), et s'achemine vers une pointe finale.

– **l'hymne** est un chant destiné à célébrer un dieu ou un héros. Il s'ouvre traditionnellement par l'invocation de l'être célébré, se poursuit par le récit de ses exploits et s'achève par une courte prière.

• L'amour dans la poésie antique

La poésie antique célèbre souvent la violence de la passion amoureuse. Sappho chante les douleurs physiques et morales auxquelles est exposé l'amoureux. Ovide, dans *Les Métamorphoses*, montre la toute-puissance de la passion, qui peut dompter le cœur d'un dieu et le pousser au crime. Ce thème de l'amour est également traité par Théocrite, dans les *Idylles* ou par Virgile, dans les *Bucoliques*.

• Les mythes dans la poésie antique

Les textes de ce parcours présentent diverses exploitations des mythes par la poésie amoureuse. Dans l'*Ode* sapphique (*cf.* manuel p. 333), il est question d'Hélène et d'Hermione, mais aussi des Enfers grecs. Le traitement du sujet mythologique relève d'un choix minutieux ; il se réduit à une notation, qui dessine un horizon imaginaire autour des sentiments exprimés. À partir de la période hellénistique, le mythe devient objet de culture. Il n'a plus pour fonction d'éclairer le présent, mais constitue un témoignage sur l'histoire du monde. Les poètes en particulier procèdent à l'inventaire des récits légendaires et réagencent une matière immense, recueillant variantes et récits méconnus. Ovide raconte, pour le plus grand plaisir du lecteur, des légendes courtes (Apollon et Daphné occupent un peu plus d'une centaine de vers en tout dans son poème) qui sont « le mémorial solennel et futile de notre civilisation » (Pierre Maréchaux, *Les Métamorphoses d'Ovide*, 1999). Les poésies didactique, étiologique (*cf.* Ovide, manuel p. 335), bucolique, ou élégiaque accueillent couramment les mythes dans leurs vers.

BIBLIOGRAPHIE

- **Margaret C. Howatson** (dir.) *Dictionnaire de l'Antiquité*, Robert Laffont, coll. « Bouquins », 1998.
- **Suzanne Saïd, Monique Trédé, Alain Le Boulluec**, *Histoire de la littérature grecque*, PUF, 2019.
- **Suzanne Saïd**, *Approches de la mythologie grecque*, Les Belles Lettres, 2008.
- **Yves Battistini**, *Poétesses grecques*, Imprimerie nationale éditions, 1998.
- **Pierre Grimal**, *La Littérature latine*, Fayard, 1994.
- **Pierre Grimal**, *Le Lyrisme à Rome*, PUF, 1978.
- **Jean-Paul Dumont**, *La Philosophie antique*, coll. « Que sais-je ? », PUF, 2002.

II. Textes (p. 333-335)

TEXTE 1 : Sappho, « Fragments », *Poésies* (VIIe-VIe siècle av. J.-C.) p. 333

Objectifs et enjeux

- → Découvrir la poésie lyrique grecque
- → Comprendre les origines du lyrisme moderne
- → Étudier la forme de l'ode dans une poésie fragmentaire

Lecture analytique

1. Tout au long de ces fragments circule une énonciation centrée sur le « moi ». Les pronoms personnels et les déterminants possessifs de la première personne parcourent ces poèmes et contribuent à la peinture d'une attitude contemplative. Le corps de la poétesse, à la manière d'un instrument, transpose les mouvements de la sensibilité dans un langage musical aux accents langoureux. Tour à tour figé (« j'attendais », fr. 23, v. 1 ; « nous restons », fr. 23, v. 2 ; « je ne puis plus parler », fr. 31, l. 5 ; « D'une morte j'ai presque l'apparence », fr. 3, v. 10) et en proie à une violente commotion (« spasme », fr. 31, l. 4 ; « je tremble », « une sueur glacée couvre mon corps », fr. 31, l. 9), il porte les stigmates d'une expérience mystique (« dépossédé », fr. 31, l. 9), aimantée par une force invincible (« il faut tout risquer », fr. 31, l. 11 ; « J'aspire », « je cherche ardemment », fr. 36 ; » je voulais », fr. 48). Le corps de la poétesse n'est plus qu'un organe de perception, et toute l'activité du sujet semble s'être réfugiée dans ses sens qui, seuls, font encore palpiter la vie dans un corps qui se pétrifie (« je te regarde », fr. 23, v. 2 ; fr. 31, l. 4 ; « la douceur de ta voix », fr. 31, l. 2). Eux aussi néanmoins se consument dans la contemplation d'une lumière trop intense : « il m'éblouit », fr. 31, l. 1. En proie à la souffrance, le sujet ne peut se détacher de l'objet qui le torture. Exposant ainsi dans ses vers les convulsions qui ébranlent son corps et la vision qui fascine ses sens, Sappho, modulant les accents éclatants d'un lyrisme enthousiaste et les douloureuses inflexions de l'élégie, chante les tourments qui agitent son âme et en explore les oscillations les plus secrètes. Dans ces fragments poétiques émerge donc une voix nouvelle, qui, au chant collectif entonné par l'épopée, substitue une expression personnelle dans laquelle se dessine la frêle figure de l'individu.

2. La complète dépossession de soi que traduit l'expression lyrique dans ces fragments a pour origine le sentiment amoureux. Cet amour est à la fois ressenti, observé et analysé. Celle qui le ressent est sujette à une puissante attraction qui la pousse vers l'objet de son désir : « J'aspire à qui me manque et je cherche ardemment » (fr. 36) ; « ardemment je te voulais » (fr. 48).

La répétition de l'adverbe « ardemment » dans ces deux traductions d'un même verbe (en grec, *maomai* signifie « chercher à atteindre »), dit la force impérieuse du désir. Paronyme du verbe *mainomai*, « être transporté, avoir un délire religieux », *maomai* pare le sentiment amoureux d'une violence qui l'apparente à l'extase.

Sappho est éperdument éprise d'une femme : « Tu es venue » (fr. 48). Elle semble s'absorber dans la contemplation de son amie : « je te regarde » (fr. 23, v. 2 et fr. 31, l. 4), « tu apparais » (fr. 23). Elle célèbre sa « beauté » (fr. 23, v. 7) tout au long d'un portrait qui se déplie sur trois vers dans le fragment 23 :

« pas même Hermione / n'est aussi belle, Hélène aux cheveux d'or c'est toi, / Elle est ta ressemblance ». Le regard suit les mèches blondes de la femme aimée qui se déroulent en longues boucles et caresser ce visage dans l'enjambement des vers 3 et 4. La poétesse est également sensible à la voix de celle qu'elle aime, dont elle ressent la « douceur » et écoute les expressions joyeuses (« ton rire », fr. 31, l. 2-3).

Par-delà la frontière qui isole les fragments, Sappho raconte ici un drame : celui de l'attente de l'être aimé : « d'amour j'attendais » (fr. 23, v. 1), « J'aspire à qui me manque » (fr. 36), « Tu es venue » (fr. 48). Au creux de cette rencontre se noue un autre drame. Tout au long de cette page se superpose à l'amour un deuxième sentiment, qui accroît les souffrances de la poétesse. Sappho retrouve, dans le regard d'un autre, les sentiments qu'elle éprouve pour son amie. Un homme, qui devant elle « prend place » (fr. 31), interrompt la douceur d'un « face à face » (fr. 23, v. 2). Comme elle, « cet homme » est « captivé » (fr. 31, l. 2). L'enjambement que reproduit la traduction aux lignes 1 et 2 (fr. 31) exprime la stupeur de la poétesse, qui ralentit et étire le moment où se brise l'harmonie d'un moment délicieux. Attentive aux moindres signes, Sappho décèle les traces d'une connivence qui l'exclut : « ce désir d'aimer qui passe dans ton rire » (fr. 31, l. 3). Les fragments recousus sur cette page font donc entendre le chant douloureux d'un cœur rongé par la jalousie.

L'amour est présenté dans ces fragments comme une maladie (« guérir / toute ma peine »). Ses symptômes sont décrits avec précision dans le fragment 31, dont nous avons conservé quatre strophes et demie, et qui permet de ressentir l'expansion des sentiments dont l'ode est l'instrument poétique. Cette maladie amoureuse affecte le métabolisme et se communique au corps tout entier.

Le bouleversement que produit l'amour est de nature physiologique. L'amoureuse éprouve deux sensations intenses et contraires. À la chaleur (« un feu subtil a couru en frisson sous ma peau », l. 6-7) succède un froid extrême (« une sueur glacée couvre mon corps »). On retrouve fréquemment, dans la poésie lyrique ou dramatique, cette évocation clinique et oxymorique de la passion amoureuse. On lit ainsi, chez Ronsard, dans *Les Amours* au sonnet 94 : « Comme la cire au feu, je me distile / sous mes soupirs : et ma force inutile / Me laisse froid sans haleine et sans pous ». Le passage d'un état à l'autre est évoqué également dans le fragment 48 : en venant, son amie a « refroidi le feu du désir ». L'expression antithétique traduit, dans les deux cas, la déception amoureuse. C'est tout le corps qui porte les symptômes de ce mal intérieur. Il affecte les sens et prive la poétesse de la parole : « je ne puis plus parler » (l. 5), « ma langue est brisée » (l. 6) ; il la prive également de la vue : « mes yeux ne me laissent plus voir » (l. 7) et de l'ouïe : « un sifflement tournoie dans mes oreilles » (l. 7-8). Le corps tout entier s'en trouve bouleversé : « je tremble » (fr. 31, l. 9), « je suis plus verte que l'herbe », « D'une morte j'ai presque l'apparence » (fr. 31, l. 10 ; *cf.* Ronsard, *op. cit.* « Je semble au mort, qu'on dévale en la fosse »). Une ample métaphore aux proportions homériques fait passer un souffle épique sur la peinture tourmentée de la passion amoureuse : « Éros a ébranlé mon / âme comme le vent dans la montagne quand il s'abat sur les chênes » (fr. 47). Comme le faisait Homère, qui, dans les moments les plus dramatiques, enchâssait l'épisode héroïque dans une métaphore astronomique (*cf.* manuel p. 100, comparaison de l'avancée d'Achille avec la survenue d'un astre dans le ciel nocturne), Sappho dessine autour de la souffrance amoureuse le halo d'une comparaison météorologique. Elle déplace ainsi l'expression élégiaque dans l'ordre de la poésie collective, disant le caractère universel du tourment amoureux et sa noble puissance qui le rend digne des sentiments héroïques.

Dès lors, l'amour est promu au rang d'émotion poétique. Quittant l'ordre de l'expérience purement sensible, il entre dans l'ordre de la création artistique. La poétesse, par son art, a le pouvoir de conférer aux êtres qu'elle chante l'immortalité poétique. Deux comparaisons mythologiques font de la femme aimée une « Hermione » et, plus encore, une « Hélène ». L'homme qui contemple l'amante tant convoitée « goûte le bonheur des dieux » (fr. 31, l. 1). La poétesse elle-même, en s'abandonnant à cette même contemplation amoureuse, égale donc les poètes inspirés qui chantaient les vers de l'épopée. Toute-puissante, elle peut aussi condamner l'être aimé à l'oubli (« personne n'aura de toi un jour / ni souvenance ni désir », « Invisible », fr. 55.) auquel n'échappent que les élus chantés par les poètes : « Car tu n'as pas eu en partage les roses / de Piérie »).

TEXTE 2 : Horace, *« Carpe diem, quam minimum credula postero »*, *Odes* (Ier siècle av. J.-C.) p. 334

Objectifs et enjeux

- **Découvrir la poésie lyrique latine**
- **Étudier une ode**
- **Aborder la philosophie épicurienne et le *carpe diem***

Lecture analytique

1. Tout au long de ce poème, Horace adopte le ton de l'injonction, qui se traduit par l'emploi fréquent de l'impératif, exprimant l'ordre, sous la forme négative de la défense tout d'abord (« ne cherche pas » v. 1 ; « n'y touche pas », v. 3), puis sous la forme positive (« assagis-toi », « mets », v. 6 ; « ajuste », v. 7 ; « Cueille », v. 8). S'intercalant entre ces deux formes, une proposition introduite par « plutôt », dont le centre est un verbe à l'infinitif, traduction du latin « melius pati », littéralement « il est meilleur de se résigner » exprime une recommandation. L'ensemble de la pièce comporte donc une dimension didactique.

Le mouvement général du poème, fondé sur cette évolution morphosyntaxique, suggère deux attitudes opposées. Les objurgations liminaires se teintent d'une mise en garde instante : « savoir (c'est sacrilège) » (v. 1). Il faut donc se résigner. La deuxième partie du poème suggère au contraire un mode de vie fait, cette fois-ci, d'un acquiescement enthousiaste. Le dessein didactique et philosophique se nourrit du cadre intime qui l'accueille. L'interlocutrice du poète, comme mise en apposition au sujet sous-entendu des impératifs et nommée dans l'apostrophe du vers 2, règne partout dans cette ode. L'usage de la première personne du pluriel, aux vers 4 et 7, opère la fusion entre les instances qui semblent ici dialoguer. L'ensemble s'apparente ainsi à un entretien amoureux et la leçon se teinte d'une affectivité qui influe sur le ton poétique. L'expression lyrique s'ouvre fugitivement au sentiment de la nature dans l'enjambement des vers 5-6 qui peint un vaste tableau maritime. Ces rochers battus par les flots forment un paysage intérieur et assimilent notre vie à la vague courant sur les eaux qui se brise soudain sur les roches. La brièveté de la pièce, quant à elle, en rapprochant les impératifs, précipite la voix poétique, qui semble courir et perdre haleine. Le rythme du *carmen*, hâté par les enjambements des vers 2-3 et le rejet des vers 5-6, (en latin, *fugerit invida / aetas*) achemine vivement interlocutrice et lecteur vers l'exhortation conclusive. Le jeu des temps de l'indicatif, lui aussi, suggère une urgence et traduit les angoisses du poète : tandis que nous regardons vers l'avenir (« sera », v. 3), le présent (« nous parlons », v. 7) a déjà été enseveli et appartient à un futur désormais antérieur (« il aura fui », v. 7). Le ton inquiet qui véhicule la leçon fait donc la toile de fond de cette pièce où Horace parvient à contenir le jaillissement lyrique dans les rives rectilignes du tracé rhétorique.

2. Les recommandations d'Horace sont de natures diverses : elles encouragent au détachement, à l'acceptation et à l'action. Elles évoquent, successivement, deux temporalités : l'avenir et le présent. Horace invite tout d'abord son interlocutrice à se défaire des craintes qu'inspire aux hommes la religion. Il lui enjoint en effet de détourner ses yeux de l'avenir (« Ne cherche pas à savoir [...] quelle est pour moi, quelle pour toi / La fin » (v. 2-3). Cette attitude, inspirée par la piété du poète qui s'efface devant l'inaccessible vérité des dieux (« savoir (c'est sacrilège) », v. 1 ; « Les Babyloniens / Et leur science, n'y touche pas », v. 2-3), et leurs décisions implacables (« la fin [...] que les dieux ont fixée », v. 2), est aussi article d'épicurisme : les hommes doivent s'en tenir à ce qu'ils peuvent observer par « le truchement de leurs sensations » (Jean-Paul Dumont, *op. cit.*). Insidieusement, le poète critique donc ici la religion, qui précisément cherche à sonder le secret des volontés divines. Cette délivrance conduit naturellement à l'acceptation de son sort : « Plutôt prendre l'avenir comme il sera ! » (v. 3). L'image de l'avenir ne doit donc pas occuper nos pensées et nos gestes : « sans te fier du tout à demain » (v. 8). Paradoxalement, le ton inquiet d'Horace invite sa compagne à déposer toute forme d'inquiétude pour abolir l'attente de l'avenir dans l'absence de trouble (l'ataraxie), qui est la forme aboutie de la sagesse (« assagis-toi », v. 6).

Cette acceptation n'est cependant pas une attitude soumise ou résignée. Elle suppose une véritable activité, qui réside dans l'art d'habiter l'instant présent. Toujours suspendus entre passé et avenir, nous traversons le temps en dilettantes. Horace nous demande un effort au contraire, qu'il exprime dans le fameux énoncé gnomique « *carpe diem* ». « Couper le jour » (littéralement), c'est renoncer à la complaisante habitude du lendemain (« la longueur de ton espoir », v. 7) et renfermer en chaque jour les promesses de la vie, ce qui suppose un « ajustement » (v. 7).

La force de cette leçon vient en grande partie de son ancrage affectif. Horace énonce en effet les principes d'une philosophie qu'il connaît bien, pour l'avoir étudiée durant un séjour à Athènes, mais il l'enveloppe dans le cadre intime d'une méditation personnelle.

TEXTE 3 : Ovide, *Les Métamorphoses* (Ier siècle)

p. 335

Objectifs et enjeux

- → **Découvrir un poème mythologique, cosmogonique et épique**
- → **Analyser le traitement poétique du thème de l'amour**
- → **Étudier un mythe célèbre**

Lecture analytique

1. Ce récit raconte la métamorphose d'une jeune fille, Daphné, en laurier, et prend la forme d'un drame où se mêlent effets narratifs et plastiques.

La narration met en scène des personnages qui, par nature, hantent le domaine divin. L'usage du grand mètre épique, l'hexamètre dactylique, donne à l'ensemble du passage une solennité que figurent plastiquement sur la page des vers dont le rythme est semblable à celui de *L'Énéide* (manuel p. 101). Au cœur de la narration, une tentative de viol, repoussée d'abord par la fuite, longtemps incertaine, puis éludée par la métamorphose de la nymphe. Le récit s'apparente à un affrontement épique : on pourrait lire, en filigrane, le combat d'Hector et d'Achille (manuel p. 100), ou, plus encore, songer aux passages de l'*Iliade* montrant des héros altérés de carnage et triomphant au cœur de l'aristie qui leur est consacrée (Achille au chant XXI, poursuit en les massacrant les Troyens. Apollon, afin de leurrer le héros achéen, feint d'être l'un des Troyens et court devant lui, lui laissant sans cesse l'espoir de l'atteindre). On pourra songer également au rôle que jouent les fleuves dans l'épopée, et au Scamandre en particulier qui poursuit Achille de ses flots en fureur dans l'*Iliade* (chant XXI). Ovide transpose donc bien la violence du sujet épique dans une scène où paraît la fragile figure d'une jeune fille abandonnée à la toute-puissance d'un dieu. Le style est aussi celui de l'affrontement épique. Les combats singuliers, dans l'*Iliade*, sont en général précédés de discours – c'est le cas ici (« son discours inachevé », v. 2) – et s'achèvent par des discours (ici : vers 21-22 et vers 32 à 40 ; on pourra relire par exemple le combat entre Hector et Patrocle, au chant XVI, vers 751-867). Il pourrait être intéressant de commenter ici l'inachèvement du discours liminaire : quelle gloire Apollon pourrait-il revendiquer, quel idéal pourrait-il incarner ? Les codes épiques transparaissent également dans le recours à la comparaison cynégétique des vers 9 à 14. Ovide met en regard cette scène de poursuite amoureuse et le tableau familier qui en constitue l'illustration, afin de souligner la grande cruauté de cet épisode mythologique. On pourra ainsi, au fil du récit, voir comment le texte ovidien entrecroise, de façon spectaculaire, la chaîne de la poésie érotique et la trame du récit épique.

On perçoit également dans ce texte les signes d'une conscience esthétique particulièrement remarquable. Apollon est en effet représenté selon les canons esthétiques traditionnels adoptés par les vases grecs (amphores attiques à figure rouge de Vulci, v. 500 av. J.-C., par exemple), ou les statues, comme l'*Apollon du Belvédère*, copie romaine d'un bronze grec du IVe s. av. J.-C. Sa tête est couverte d'une abondante chevelure (v. 39), il est jeune, « éternellement » (v. 6 et 39), possède cithare et carquois (vers 33-34). Ovide sculpte ici une statue du dieu mais une statue encore incomplète : il lui manque le laurier. Daphné appartient à la catégorie des nymphes, divinités secondaires qui fréquentent les dieux forestiers comme Apollon et Diane, par exemple. Elle en possède les attributs et les traits : il suffit pour s'en rendre compte d'observer la *Nymphe* de Jean Goujon, bas-relief qui orne la fontaine des innocents à Paris (v. 1550). Drapée d'une fine tunique (v. 4), Daphné est belle (v. 3), jeune et ses cheveux sont longs (v. 5).

L'un, dieu de la chasse, est ailé par Éros (v. 16), l'autre, fille du fleuve Pénée qu'elle apostrophe au vers 21, file comme l'eau courante (v. 2) pour échapper au viol. Tout est donc fait pour ménager des effets cinématiques et préparer le contraste qui donne à ce passage un éclat particulièrement intense. Les deux personnages sont entraînés dans une course éperdue : l'une fuit (v. 6, 18 et 19) à perdre haleine (« à bout de force », « épuisée », v. 19), l'autre la poursuit (v. 1, 8, 16) infatigablement (v. 17). Au détour des vers, le rythme poétique suit la course effrénée des personnages : « la fille du Pénée poursuivit / Sa course folle », v. 1-2). Les comparatifs dramatisent l'instant (« le dieu et la vierge sont aussi prompts », v. 15) ou soulignent l'accélération (« d'un pas plus vif », v. 8) et précipitent l'issue fatale : (« plus rapide », v. 17). Le poète, tour à tour, les suit séparément (« le premier », v. 11 ; « le second », v. 13 » ; « L'un... / L'autre », v. 15-16) ou les réunit, rivalisant de vitesse (« tous deux courent », v. 10 ; « le dieu et la vierge », v. 15). Le récit entremêle partout au drame qui se joue les notations de ce mouvement qui fait chorégraphie. Cette syntaxe haletante imite la rapidité de la course, dont le récit s'arrête soudain, « son souffle effleure, / à deux pas de la fugitive » (v. 17-18). La syntaxe se concentre soudainement : seuls un enjambement et un groupe nominal prépositionnel séparent ceux qui, jusque-là, étaient semblables dans l'effort, mais éloignés dans l'espace. Et brutalement, la scène se fige : « une lourde torpeur envahit ses membres » (v. 18), « son pied, si véloce tantôt, se fixe » (v. 26). Toute cette scène de poursuite est traversée par la circulation immatérielle des souffles, qui symbolisent la vitesse de la course. Tout d'abord, le poète perçoit les souffles du vent ou de la vitesse : « le vent » (v. 3), « son souffle » (v. 4), « une brise légère » (v. 5). Ces souffles se confondent ensuite avec la respiration du dieu : « son souffle effleure » (v. 17). Ovide tire de cet élément atmosphérique ou cinétique des effets esthétiques : le corps de Daphné est « découvert » (v. 3), sa tunique est pressée contre elle par le vent, qui la fait « voler » (v. 4), ses cheveux ondulent (v. 5) ou flottent (v. 18). Ces notations, qui transcrivent le désir éprouvé par le dieu, mêlent ainsi à l'âpre violence de cette lutte une coloration érotique.

2. L'écriture de la métamorphose est exécutée avec un soin tout particulier par Ovide. D'un côté, le poète brosse le portrait d'une jeune fille pleine de vie et, de l'autre, dessine, trait après trait, les contours végétaux du laurier. Le corps (v. 3) devient « tronc » au vers 24 ; le souffle suggère une poitrine, qui devient « une mince écorce » (v. 24) ; les cheveux deviennent feuillage (v. 25), les bras deviennent rameaux (v. 25), les pieds deviennent racines (v. 26) tandis que la tête devient cime (v. 27). La métamorphose enveloppe progressivement la jeune femme : c'est d'abord son souffle qui se fige, puis, depuis les extrémités ondoyantes (cheveux, bras, pieds, tête), le corps tout entier. On reconnaît ici le groupe sculpté par Le Bernin, qui épouse les contours du poème d'Ovide. Le passage de l'état humain à l'état ligneux s'exprime dans des verbes où l'idée de mouvement est conservée, mais appliquée à la forme, et non plus à l'espace : « envahit », « entoure », « s'allongent », « deviennent », « se fixe », « forme ». À la chaleur animée de la vie (le cœur bat encore au vers 29) succède la froide inertie du bois (vers 31). Chaque parcelle du corps de Daphné recelait donc en elle la virtualité d'un végétal. Le poète nous montre les moments successifs de la transformation et pas seulement les deux états qui en constituent l'origine et l'aboutissement. Fragment par fragment, il peint la transformation du corps humain en arbre. Cette lenteur dans l'évocation permet le glissement insensible de la peinture réaliste du corps à la description fidèle de l'arbre dans une écriture qui saisit le mouvement autant que la forme. La fuite des corps le long du Pénée devient changement d'état du corps qui se fige dans l'immobilité d'un arbre dont la cime reste agitée par les vents. Le surnaturel est ici effet de style. Il a pour instruments la métaphore et le vocabulaire du mouvement. Au fond, cette métamorphose conserve tout de l'être métamorphosé. Le laurier conserve ainsi l'aspect gracile et le mouvement qui caractérisaient Daphné. Son tronc, désormais inerte, renferme un cœur resté inflexible aux demandes d'Apollon. Le poème resserre donc les mailles d'une étoffe tissée de deux fils aux propriétés opposées (animé, inanimé) mais contiguës (formes et mouvements s'épousent à merveille). Il extrait le laurier de la matière même dont était faite la femme, à la façon d'un sculpteur qui extrait une forme du marbre dans lequel elle existe en puissance.

Les émotions que provoque le récit résultent en grande partie de ce mouvement. Les états d'esprit des deux personnages sont radicalement opposés : Apollon, « inspiré par l'amour même » (v. 7), poursuit Daphné « dans l'espoir » de la rejoindre tandis que la nymphe est envahie par l'« angoisse » (v. 16). Ce récit est parcouru d'une tension propre à ménager une forme de suspense. La comparaison homérique assimilant le dieu à un chien et Daphné à un lièvre, à la fois dérisoire et terrible, souligne la violence extrême de l'épisode. L'angoisse qui anime Daphné tout au long de sa fuite, les supplications qu'elle adresse à son père pour qu'il la soustraie au viol par l'anéantissement de son corps et son emprisonnement progressif dans l'écorce de l'arbre donnent à ce récit un caractère profondément pathétique. Le poème dit en effet la disparition progressive de la vie : Daphné est « à bout de force » au vers 19 ; envahie d'une « lourde torpeur », au vers 23 ; son pied a perdu la vélocité qu'il avait « tantôt » ; son humanité est réduite à un phénomène lumineux par la négation restrictive du vers 27, traduisant le latin « *remanet nitor unus in illa* » : litt. « le même / seulement l'/éclat subsiste ». Or, la transformation de Daphné est irréversible : une profonde tristesse naît donc dans le cœur du lecteur, devant la disparition prématurée du personnage féminin et la peinture de ses peines. Comme dans l'*Iliade*, tristesse et beauté s'illuminent de feux réciproques, et forment l'image, en clair-obscur, du tragique qui est l'essence même de la destinée humaine, vouée à se transformer pour s'anéantir dans la fixité de la mort.

L'art d'Ovide réside donc dans l'usage de formes poétiques, lexicales, stylistiques et grammaticales permettant de montrer la métamorphose comme dépouillement d'une forme ancienne et apparition d'une forme nouvelle. L'art de l'arabesque qu'on décèle dans le tracé de l'écriture poétique, l'attention accordée au dessin des formes, trahit un goût certain, chez Ovide, pour le maniérisme. Néanmoins, la puissance de l'évocation produit sur le lecteur une profonde émotion, où se mêlent angoisse, tristesse et admiration.

3. Ce poème, mêlant ampleur du souffle épique et intonations de la poésie amoureuse, peut se lire comme une épopée de l'amour, et trouver sa place à côté de l'*Énéide*. L'empereur Auguste avait souhaité, en effet, que fût rédigée une grande épopée nationale célébrant l'origine de Rome. Il avait trouvé en Virgile un poète bénévole. Ovide procède différemment mais répond à des préoccupations comparables. Son poème se présente lui aussi comme un poème des origines. Le laurier doit en effet l'élégance de ses feuilles à la métamorphose qui l'a créé. Le discours étiologique donne donc une assise mythique à un végétal qui revêt une valeur symbolique toute particulière à Rome. Ce sont en effet les feuilles de laurier qui formaient la couronne la plus prestigieuse que puisse porter un Romain, la *corona triumphalis*. Elle est portée par le général vainqueur durant son triomphe (v. 36) qui le conduit vers le Capitole et elle ceint le front de l'Empereur

Auguste. Le récit ovidien montre l'acquiescement d'un dieu grec à l'établissement du pouvoir impérial romain. Désormais, Apollon, par ailleurs dieu de la poésie, assoit son autorité sur le monde romain et, en retour, consacre les institutions politiques romaines.

Dans la mesure où elle donne naissance à l'un des emblèmes de l'autorité romaine, cette transformation peut également préfigurer d'autres transformations comme celle vers laquelle s'acheminent *Les Métamorphoses*, et qui figure l'apothéose de Jules César. Ainsi se trouve établi un lien entre mythe grec et histoire romaine, entre monde humain et monde divin, entre vainqueur militaire romain et précellence culturelle de la Grèce. C'est en effet le laurier qui étendra son ombre bénéfique sur le palais impérial et la couronne civique (v. 37-38). La métamorphose, qui met en scène le passage d'un état à un autre, peut donc symboliser le glissement d'un pouvoir à un autre en rappelant, philosophiquement, la « permanence des identités » et en invitant à l'acceptation de la « labilité, de la porosité ou de la fluidité, d'une nature à l'autre » (Karine Descoings, Jean-Baptiste Guillaumin, *Silves latines, Ovide Métamorphoses XIV*, Atlande, 2011).

Ainsi se trouve fondée la légitimité de la culture latine. Ovide remodèle les mythes grecs et permet ainsi à Rome de s'approprier le modèle culturel hellénique. Il devient dans ce geste l'émule de ses illustres prédécesseurs et s'offre à son tour comme revêtu de l'autorité créatrice. L'image qu'il sculpte dans ses vers peut donc devenir à son tour un modèle. Son Apollon, « posant sa main sur le tronc » (v. 28), « enlace les branches » (v. 30). Or, l'original grec en bronze de l'*Apollon du Belvédère* tenait debout seul. Les copistes romains, qui utilisèrent le marbre, durent appuyer l'effigie du dieu sur un tronc d'arbre. Postérieure au poème d'Ovide, la copie romaine en marbre pourrait l'avoir pris pour modèle.

2 La poésie lyrique au Moyen Âge

Manuel, p. 336-340

I. Problématiques et thèmes

La poésie lyrique du Moyen Âge ne peut se définir par le seul usage du vers, qui sert autant aux récits épiques qu'à évoquer les souffrances et les joies de l'amour. Elle se distingue plutôt par sa tonalité et par le « moi » qui s'y exprime.

C'est dans des formes fixes comme la complainte et la ballade qu'on rencontre le plus souvent la tonalité lyrique, mais également dans des lais, longs poèmes narratifs inspirés des légendes bretonnes : Marie de France y décrit les affres de l'amour et les dilemmes des amants entre la loyauté et la passion. Dans sa *Complainte*, Rutebeuf déplore la fragilité de l'amitié, montrant ainsi un « je » nostalgique qui s'épanche et se plaint, mais flatte en même temps un seigneur dont le mécénat lui est indispensable. Villon, se pensant condamné à la pendaison, écrit la célèbre « Épitaphe Villon » (ou « Ballade des pendus »), où la mort est donnée à voir dans sa dimension matérielle et sordide. L'élégie, genre codifié dans l'Antiquité, devient dès lors une tonalité qui se développe au gré de l'apparition de formes nouvelles.

C'est ce changement opéré dès le Moyen Âge que signale Jean-Michel Maulpoix dans son ouvrage *Du lyrisme* (p. 195) : « Au Moyen Âge, l'élégie est absente de la poésie. Ou plutôt elle s'y montre présente, non pas comme telle, mais comme tonalité (élégiaque) dans des genres tels que les "chansons de toile", les "aubes" qui chantent la séparation des amants, les complaintes, les dits, les ballades, les épitaphes... Elle dit les chagrins d'amour. »

En Italie, où la Renaissance est plus précoce d'un siècle que dans le reste de l'Europe, la poésie lyrique participe à fonder une langue, l'italien. L'œuvre de Dante inscrit la littérature italienne dans la continuité de la poésie antique, notamment de Virgile. Ce faisant, et avec l'invention du sonnet, l'Italie ouvre la voie, en France, à la poésie lyrique de la Renaissance.

BIBLIOGRAPHIE-SITOGRAPHIE

- **Frédérique Le Nan**, « Formes et figures de la supplication amoureuse dans la chanson d'Oc et d'Oïl (1130-1200) » *in* Luce Marchal-Albert, Pauline Bruley et Anne-Simone Dufief (dir.), *La Supplication, discours et représentation,* Presses universitaires de Rennes, coll. « Interférences », 2015.
- **Jean-Michel Maulpoix**, *Du lyrisme*, éditions José Corti, coll. « En lisant en écrivant », 2000.
- **Martha Rowe Dolly et Raymond J. Cormier**, « Aimer, souvenir, souffrir : les chansons d'amour de Thibaut de Champagne », *Romania*, 1978, n° 395, p. 311-346 : https://www.persee.fr/doc/roma_0035-8029_1978_num_99_395_1931
- *Rutebeuf, Œuvres complètes*, texte établi, traduit, annoté et présenté avec variantes par **Michel Zink**, éditions Garnier, 1990.
- **Michel Zink**, *Littérature française du Moyen Âge*, chapitres 5, « Troubadours et trouvères » et 11, « La poésie du XIVe au XVe siècle », PUF, coll. « Quadrige manuels », 1992.
- **Michel Zink**, *Poésie et conversion au Moyen Âge,* Paris, PUF, coll. « Perspectives littéraires », 2003.
- **Élisabeth Pinto-Mathieu**, « Pauvretés de Rutebeuf », conférence au Collège de France consultable en ligne : https://www.college-de-france.fr/site/michel-zink/seminar-2014-01-22-11h30.htm

II. Textes (p. 337-340)

TEXTE 1 : Marie de France, « Equitan », Lais (vers 1170) p. 337

Objectifs et enjeux

- Analyser un conflit de valeurs dans l'univers chevaleresque médiéval
- Comprendre la représentation de l'amour courtois et les formes du lyrisme dans la poésie médiévale

Lecture analytique

1. Cet extrait du lai de Marie de France se situe au début du récit, juste à la suite de la présentation du héros éponyme Equitan en ces vers : « C'est le lai d'Equitan, un courtois chevalier / qui était seigneur des Nantais, juge souverain et roi. » Comme on le voit, ce jeune roi est peint avec toute les qualités du héros épique ; on apprend également qu'il « aimait les plaisirs de l'amour / et se conduisait en vaillant chevalier pour les mériter ». Dans une configuration qui correspond à un *topos* du roman courtois, Equitan est servi par un sénéchal, son ami, qui conjugue lui aussi toutes les vertus, notamment la loyauté envers son seigneur.

Un roi – et chevalier de surcroît –, qualifié de courtois, doit mettre ses exploits au service d'une « dame ». Celle qui est nommée ainsi au vers 3 de l'extrait, et qui a éveillé l'amour d'Equitan, possède toutes les qualités d'un modèle poétique idéal. Elles sont annoncées dans deux expressions symétriques, aux vers 3 et 4 : sa « grande beauté » et sa « parfaite éducation ». Suivant un premier regard englobant, la poétesse décrit son « corps harmonieux » et son « allure gracieuse » (v. 6), rendant le portrait vivant. Puis le regard se concentre sur sa tête, dont la beauté tient à la lumière qui s'en dégage ; ses yeux sont « scintillants » (v. 7), ses cheveux sont « blonds et brillants » (v. 9), ce qui redouble l'image de la lumière. Ses autres traits sont loués avec force par la répétition de l'adjectif « beau » (v. 7-8) pour son visage et sa bouche, et l'emploi de « parfait » pour son nez (v. 8). La femme du sénéchal offre en tout point l'idéal de la dame du Moyen Âge, avec ses cheveux blonds et son « teint de rose » (v. 11) qui la distinguent des femmes du peuple. Et si la nature a « mis tous ses soins » (v. 5) à la rendre belle, sa « parfaite éducation » (v. 4) a fait d'elle une dame « Courtoise et de parole agréable » (v. 10), qualité suprême. La poétesse souligne dans une question rhétorique (« Qu'en dire de plus ? », v. 12), que rien ne pourrait compléter ce portrait physique et psychologique. Enfin, la dame d'Equitan ajoute, à sa beauté idéale, un caractère exceptionnel, unique : elle est sans « pareille dans le royaume » (v. 13).

2. Un tel modèle de perfection ne peut que susciter l'admiration et l'amour d'Equitan. Il désire voir « souvent » la femme du sénéchal et la combler de présents, comme on le voit aux vers 14 à 16. Il éprouve une passion dont il se retrouve captif : « Amour a fait de lui l'un des siens » (v. 17), il est « possédé par son amour pour la dame » (v. 22). La forme passive transcrit bien son aliénation à cet amour et à ses conséquences : « Il lui faut se vouer tout entier à cet amour maintenant » (v. 23). À cette passion s'oppose la loyauté qu'il doit à son vassal. Ce dilemme moral est posé à la fin de l'extrait en deux phrases : « Je ne puis que l'aimer, je crois. / Mais si je l'aime, j'agirai mal » (v. 33-34). Elles révèlent à la fois le caractère irrésistible de son amour et son immoralité, ainsi que la raison qui doit l'en éloigner : « car c'est la femme de mon sénéchal » (v. 35). Ce raisonnement qui prend la forme d'un dilemme entre amour et loyauté est marqué par le retour d'un rythme binaire : « Sagesse et ruse » (v. 21), le comportement « sombre et pensif » du roi (v. 23), « il ne trouve ni sommeil ni repos » (v. 26). Equitan, déchiré, se sent coupable mais impuissant à lutter contre l'amour : « car il n'y a pas de défense possible » (v. 25). Le lecteur est témoin de ses souffrances, car le personnage exprime sa douleur dans des paroles au discours direct et à la tonalité pathétique. Equitan y dit son regret dans une question rhétorique devenue cliché : « Hélas, quelle destinée / m'a mené dans ce pays ? » (v. 28-29). Face à une situation inextricable, ce conflit de valeurs entre l'univers chevaleresque et ses relations de vassalité et l'amour, il ne reste à Equitan que le chagrin.

3. Comme on l'a vu, le roi Equitan se retrouve prisonnier d'une passion dont il n'est pas responsable. L'image allégorique de l'Amour fils de Vénus frappant l'amant d'une flèche, aux vers 17 à 18, le dépeint comme une victime, et cette image est réitérée quelques vers plus loin : « La vue de cette dame / m'a enfoncé dans le cœur une douleur » (v. 30-31). L'amour est bien synonyme de souffrance et de déchirement. Le lexique qui constitue la métaphore filée de la blessure insiste sur cette idée de douleur : « décoché une flèche » (v. 18), « profondément blessé » (v. 19), « en se fichant dans son cœur » (v. 20). La force irrépressible de la passion est également soulignée par l'adjectif « possédé » en tête de vers et en apposition au vers dans la version traduite de l'ancien français du manuel (v. 22).

Les mouvements d'Equitan semblent alors échapper à son contrôle : le désir le « fait trembler de tout [s]on corps » (v. 32). L'amour courtois est une passion, qui fait de l'amant un captif et lui fait endurer la souffrance (premier sens du terme « passion »). À l'image d'un culte à rendre, l'amour surpasse tout le reste, jusqu'à imposer qu'on lui dédie sa vie : au vers 24, « Il lui faut se vouer tout entier à cet amour maintenant », le modalisateur « il faut » exprime la nécessité, le déictique « maintenant » dit l'urgence, et « se vouer » a un sens quasi religieux, renforcé par l'adverbe « tout entier ». Et c'est bien ici l'idéal de l'amour courtois que prône Marie de France. L'amour devient, cependant, une fatalité qui peut mener à la mort. Et l'histoire d'Equitan sera fatale à tous. Dans cet extrait situé au début du lai, tout suspens est dénié au récit par l'annonce du dénouement, à la tonalité tragique : la dame dont il sera question doit « apporter le malheur au pays » (v. 2), les mots « malheur » et « pays » employés sans qualification ni complément et accompagnés de déterminants définis, frappent le lecteur par leur force et l'invitent à partager ce destin.

Appartenant à la même tradition (celle de Bretagne) que le roman de *Tristan* (*cf.* p. 106), Equitan offre une image semblable de la passion amoureuse. L'accent porté sur les douleurs de la passion et l'expression de leur intensité lui confèrent une tonalité lyrique qui trouvera à s'exprimer chez les poètes de la Renaissance, dans la forme du sonnet.

TEXTE 2 : Rutebeuf, « Que sont mes amis devenus... », *La Complainte* (1262) p. 338

Objectifs et enjeux

- → **Analyser les formes et thèmes de la complainte**
- → **Découvrir les premières formes du lyrisme au Moyen Âge**

Lecture analytique

1. Le poème emprunte son titre à l'un de ses vers les plus connus du poète qui déplore la disparition de ses amis. La forme de la complainte lui donne l'occasion de décrire ses souffrances, sa solitude et, plus largement, son sort, dans une langue imagée, comme en témoigne la métaphore évocatrice du « vent » (v. 32-34) qui évoque la fin de l'amitié.

L'un des motifs récurrents, quand il s'agit pour les poètes de dépeindre leur sort, est la pauvreté dans laquelle ils vivent. Rutebeuf, dont on ne connaît pas bien la vie, sinon par ce qu'il en dit dans son œuvre, ne semble pas faire pas exception à la règle. Il déplore son destin dans un texte où le rythme des vers, deux vers longs suivis d'un plus court (des octosyllabes et vers de quatre syllabes dans le texte original), favorise les effets de rupture et les mises en relief.

Le vers 1 annonce le sujet de la complainte dans un énoncé lapidaire, qui se détache grâce au présentatif « Telle », au présent d'habitude et à la simplicité lexicale. Les vers suivants (v. 2-3) illustrent le dénuement du poète en révélant la mise en gage de ses biens et son déménagement. Ils sont suivis d'un vers court (quatre syllabes dans le texte original) qui en donne les raisons, comme le marque la conjonction « car ». C'est dans un propos encore lapidaire et sec que le poète parle de sa maladie : « Car j'ai été couché malade » (v. 4), avec la seule précision de sa durée et de la solitude qui aggravent l'épreuve (« Trois mois sans voir personne », v. 5). Les motifs se succèdent sur le mode additif. « Et ma femme a eu un enfant », poursuit-il, et « Elle a été à deux doigts de la mort » (v. 6 et 8). Sa plainte toutefois le ramène à soi et au « peu de plaisir » (v. 11) qu'il éprouve alors. On peut soupçonner des allusions moins pathétiques qu'il n'y semble dans ce genre qu'est la complainte et dont l'une des caractéristiques est le mélange des tonalités, du pathétique à la trivialité. Que penser en effet de la solitude d'un homme couché dans la même pièce que sa femme ? Ou de son regret du « peu de plaisir » (v. 11) qu'il en a tiré, avec une allusion grivoise qui se poursuit dans les vers 12 à 13 ? Il revient ensuite à la question de sa pauvreté causée par la maladie, en en faisant le bilan sur un ton plus grave : « je suis physiquement infirme / Jusqu'à ma mort » (v. 15-16). L'on note que le mot « mort » est situé à la rime, dans un effet de soulignement. Les trois vers suivants marquent, dans une gradation pathétique, que le sort du poète est définitivement scellé. Dans un discours au présent, qui a valeur de vérité générale, le poète dit avec regret que « Les maux ne savent pas venir seuls » (v. 17). Son existence est révolue : le déictique « maintenant », qui renvoie au moment de l'énonciation, lui sert à dire que son avenir est « du passé » (v. 19).

2. Ce triste sort du poète est redoublé par le manque de soutien de ses amis. Dans une métaphore filée, il évoque leur abandon en les rapprochant de fétus dispersés au premier souffle de vent : « Ce sont amis que le vent emporte / Et il ventait devant ma porte, / Ainsi le vent les emporta » (v. 32-35). Le thème du vent est associé à une première image, celle de la culture (« Que j'avais tant cultivés », v. 21), et qui justifie la métaphore suivante du vent, avec le lexique de la dispersion (« éparpillés », v. 23 ; « Ils n'avaient pas été bien attachés », v. 24 ; « Je crois que le vent les a emportés », v. 30). Ce jeu de métaphores symbolise avec insistance l'inconstance de l'amitié. L'organisation des vers sous la forme de tercets permet de mettre en relief certaines phrases, comme le vers 31 : « L'amitié est morte ». Le poète fait le deuil de ces amitiés de circonstance.

3. *La Complainte* est un poème à tonalité élégiaque, qui est proche du ton lyrique et exprime des regrets et des lamentations. Le texte prend dès lors la forme d'un discours à la 1re personne. On constate ici l'importance du pronom sujet « je » ou complément « me » ou « moi », présent dans presque tous les vers. Le « je » omniprésent se met en scène dans un grand isolement : il ne voit « personne » (v. 5) – et l'on peut considérer, si on l'en croit, que la présence de sa femme ne vient pas soulager cette solitude. Sa déploration commence par la liste de ses déboires, comme on l'a vu, se poursuit dans une gradation et s'achève sur le constat qu'il n'a plus d'avenir (v. 18-19). La plainte se combine donc au regret du passé. La thématique de la nostalgie et celle de la solitude sont introduites dans une longue phrase interrogative (v. 20-22) évoquant la fragilité des liens humains : Rutebeuf met ici en scène un « je » qui déplore la perte de ses amis, perte perçue comme d'autant plus douloureuse qu'il les a « tant aimés » (v. 22). Et sa déception est immense, car c'est au moment où le poète aurait eu besoin d'eux qu'ils lui ont fait défaut : « ils ont failli. / De tels amis m'ont mis en mauvaise situation, / Car jamais [...] / Je n'en vis un seul à mes côtés » (v. 25-29). L'emploi de la forme négative, renforcée par l'adverbe « jamais », met en évidence la profondeur du sentiment d'abandon du poète. Dans ce monde médiéval, tout empreint de religion, le texte montre aussi la résignation du narrateur face aux malheurs envoyés par Dieu pour mesurer la foi des chrétiens : « aussi longtemps que Dieu me mit à l'épreuve / De bien des manières » (v. 27-28). Dans cet univers, Rutebeuf ne peut afficher un désespoir qui serait synonyme de faiblesse.

Comme on l'a vu, l'émergence du discours sur soi au Moyen Âge, ses peines et ses regrets constituent une première forme de lyrisme élégiaque. Si les thèmes traités et la vision du poète pourraient paraître convenus, ce type de lyrisme prend en compte, pour la première fois, l'individu et son destin. Il inaugure une forme de sensibilité, jusqu'à donner à voir la figure de l'auteur qui sort de l'anonymat.

TEXTE 3 : Dante Alighieri, *La Divine Comédie* (vers 1321) p. 339

Objectifs et enjeux

- **Analyser les fonctions du poète selon Dante**
- **Découvrir une forme de lyrisme renouvelée, inspirée de l'Antiquité et de la *fin'amor* du Moyen Âge**

Lecture analytique

1. Dans son poème, Dante, voyageant de l'enfer au paradis en compagnie de Virgile pour y retrouver Béatrice qu'il aime passionnément, rencontre les âmes du « cercle des Luxurieux ». Pour avoir cédé au désir et au plaisir, ces dernières sont perpétuellement emportées par un tourbillon qui les malmène. Paolo et Francesca y ont pour compagnons d'infortune Hélène de Troie, Didon ou encore Cléopâtre. Or Francesca, questionnée par Dante, lui a raconté les circonstances de sa mort et de celle de son amant : originaire de Rimini en Italie, mariée à Lanciotto Malatesta, elle s'est éprise de son beau-frère, Paolo Malatesta, lui aussi amoureux d'elle. Lanciotto les a surpris et tués.

C'est donc une passion fatale que raconte Francesca, puisqu'elle a conduit les amants à la mort. Le poète lui demande ensuite comment l'un et l'autre ont pris conscience de leur amour : « comment Amour vous permit-il / De vous douter de vos désirs obscurs ? » (v. 11-12). La question postule le caractère caché, mystérieux, mais aussi irrépressible de l'amour, tout en « désirs obscurs ». Francesca fait le récit, complet et continu, du moment crucial de cette découverte (v. 19-30). Il se confond avec la lecture du « livre / De Lancelot » (v. 19-20). Dans une construction en abyme, Dante donne à lire ainsi, par-dessus l'épaule des amants, l'amour tout aussi tragique de Lancelot pour Guenièvre ; il établit dès lors un parallèle entre les deux histoires. La réponse de Francesca va montrer le rôle que jouent les récits poétiques dans l'éveil de l'amour. Les jeunes gens, « seuls », lisent innocemment l'histoire de Lancelot, « sans [se] douter de rien » (v. 21) et « par plaisir » (v. 19). S'ils sont parfois émus, comme le montrent les vers « À plusieurs fois cette lecture fit / Que, relevant les yeux, ensemble nous pâlîmes » (v. 22-23), cette émotion pourtant ne suffit pas à faire naître leur amour par simple mimétisme. Mais, dans un enchaînement inéluctable, le « passage » du baiser entre Lancelot et Guenièvre, son écriture poétique, déclenche la passion qui « a triomphé de nous » (v. 24). La lecture de la métaphore « du désiré sourire / [...] baisé par un si bel amant » (v. 25-26) pousse Paolo et Francesca à s'embrasser. Ainsi, c'est moins l'histoire de Lancelot qui encourage les amants que le « livre, et son auteur » (v. 29), c'est-à-dire le texte même du roman arthurien. Ainsi Francesca explique-t-elle son désir pour celui « qui jamais [d'elle] ne sera retranché » (v. 27).

Cette référence aux aventures de Lancelot et à ses amours avec la reine Guenièvre confère aussi au couple formé par Francesca et Paolo une dimension mythique, à l'exemple de Tristan et Iseut. Le récit dantesque concentre tous les traits de la *fin'amor* médiévale ; il offre un modèle idéalisé des relations qui unissent les amants courtois, qui devient une seconde source d'inspiration pour ce poète symbole de la Renaissance italienne.

2. Le récit des amours de Francesca et de Paolo provoque la compassion du lecteur, ému et attristé à l'exemple de Dante : « En écoutant ces deux âmes meurtries, / J'inclinai le visage » (v. 1-2). Il est même doublement pathétique, car la mise en abyme permet de représenter deux passions tragiques, celle des amants italiens et celle de Lancelot et Guenièvre. On peut ainsi relever le lexique de la souffrance et du malheur tout au long de l'extrait : « meurtries » (v. 1), « Hélas » (v. 4), « au pas douloureux » (v. 6), « souffrances » (v. 8), « pleurs », « triste » (v. 9), « douleur » (v. 13), etc. Le pathétique relève aussi du cadre de ce dialogue, l'enfer, lieu de souffrance sans fin. Il est accentué par les émotions des damnés qui se remémorent avec tristesse et nostalgie le bonheur passé : « Nulle douleur n'est pire, me dit-elle, / Que de garder du temps heureux mémoire / Dans le malheur » (v. 13-15). L'un des personnages, Paolo, ne parle pas durant cette scène, mais il est représenté en pleurs (« L'autre pleurait », v. 32), ce qui ajoute encore au pathétique de la scène. L'émotion est à son comble, à tel point que le poète narrateur s'évanouit : « Je me pâmai, comme si je mourais » (v. 33). En cela il révèle une des fonctions majeures du poète.

3. *La Divine Comédie* représente plusieurs figures de poète. L'auteur romain Virgile est dépeint comme le guide de Dante en enfer et au purgatoire, signalant ainsi la primauté de la littérature antique, source même de la poésie : ses codes et formes servent de modèle aux poètes de la Renaissance italienne. Les personnages que rencontrent les deux poètes sont aussi, pour la plupart, des héros de l'Antiquité, à l'image de Didon ou de Cléopâtre. L'enfer que traverse Dante est à la fois l'enfer chrétien et le monde des morts tel que le représente la mythologie antique. Virgile, envoyé par Dieu pour amener le poète à Béatrice, a aussi un rôle salvateur, car il protège le narrateur dans sa traversée du bien et du mal, et le guide sur la voie du paradis.

Mais dans cet extrait, Dante s'accorde un autre rôle : il fait figure de poète témoin. Il écoute les malheureux, comme on le lit au vers 1 : « En écoutant ces deux âmes meurtries ». Il cherche à comprendre le sentiment amoureux et veut redonner la voix aux couples fameux, comme Virgile l'a fait en chantant les héros guerriers dans son *Énéide*. Le poète éprouve aussi de la compassion, un sentiment qui croît au fil du récit et qui va le conduire « Jusques aux pleurs » (v. 9), jusqu'à partager les douleurs extrêmes des damnés qu'il plaint : « de pitié / Je me pâmai, comme si je me mourais » (v. 32-33). Mais cette compassion le ramène aussi au respect de la transcendance : « tes souffrances / Jusques aux pleurs me font triste et pieux » (v. 8-9). Le poète est à la fois porte-parole des malheureux, compatissant, mais aussi croyant, songeur et voyant.

Prolongement

La figure de poète que Dante construit ici n'est pas sans évoquer celle que revendique Hugo. En conclusion à cette lecture, on pourra donc faire référence aux vers du recueil *Les Rayons et les Ombres*, pour faire apparaître une continuité féconde entre ces deux œuvres.

TEXTE 4 : François Villon, « L'Épitaphe Villon », *Poésies diverses* (1461) p. 340

Objectifs et enjeux

- → **Analyser les enjeux d'une forme poétique contrainte**
- → **Analyser les enjeux d'un *topos***
- → **Découvrir l'émergence d'une nouvelle forme du lyrisme à la fin du Moyen Âge**

Lecture analytique

1. Le titre attribué à ce poème, « L'Épitaphe Villon », inscrit cette ballade dans la thématique de la mort. L'autre titre qui lui est plus communément attribué, « Ballade des pendus », marque indéniablement son caractère morbide et funèbre. En effet, Villon met en scène la fiction, ou l'anticipation, de sa mort en compagnie d'autres pendus. Il la donne à voir dans un tableau effrayant, une hypotypose saisissante, au présent de narration : « Vous nous voyez ci attachés, cinq, six » (v. 5) ; le pronom personnel « nous » inclut le narrateur dans la scène, la rendant dès lors pathétique. La mort est visible, littéralement, par son champ lexical (« occis », v. 12 ; « morts », v. 19), ainsi qu'à travers l'image réaliste de la dégradation des cadavres et de leur putréfaction. Le corps y est éclaté en ses nombreuses parties : « la chair [...] / [...] est piéça dévorée et pourrie » (v. 6-7), les « os [...] cendre et poudre » (v. 8), les yeux sont « cavés » (v. 23), la barbe et les sourcils sont arrachés (v. 24). Le lecteur se représente avec horreur ces corps « débués et lavés » (v. 21), « desséchés et noircis » (v. 22) par les éléments au fil des saisons, dans un mouvement qui semble leur rendre une forme de vie : ainsi du vent qui « sans cesser nous charrie » (v. 27). Des détails macabres concentrent l'attention jusqu'à faire partager les sensations des pendus. Le lecteur peut éprouver l'horreur de se voir, et de se sentir, dévoré par les corbeaux et les pies ; les corps sont « Plus becquetés d'oiseaux que dés à coudre » (v. 28), dans des allitérations en [d] qui, comme les allitérations en [p] et [r] au vers 7, renforcent l'image tout autant épouvantable qu'insolite. C'est un poète d'ores et déjà mort qui s'exprime, comme le marquent les verbes au présent (« voyez », v. 5 ; « est », v. 7, etc.) et au passé composé (« a débués et lavés », v. 21 ; « ont [...] cavés », v. 23) qui soulignent la dimension révolue des actions. Le narrateur s'adresse alors à son lecteur dans une forme de prosopopée, formulant un énoncé proprement sidérant : « Nous sommes morts » (v. 19).

2. Si la mort constitue un des principaux *topoï* qui traversent la littérature, la pendaison, en revanche, apparaît comme un motif fort peu littéraire en ce qu'elle touche à un univers trivial. Toutefois, c'est l'occasion pour Villon d'exploiter des motifs familiers au lecteur, dont celui de la repentance. Les coupables, ici les pendus, reconnaissent leurs fautes et la justice de leur peine : « fûmes occis / Par justice » (v. 12-13) ; ils plaident l'inconséquence (« tous hommes n'ont pas bon sens rassis », v. 14) et se repentent. C'est ce qui les autorise à réclamer la mansuétude des autres hommes, en se proclamant leurs frères : « Si frères vous clamons » (v. 11). Ce faisant, ils demandent la charité, la reconnaissance d'une dignité humaine qui exige que « De notre mal personne ne s'en rie » (v. 9), ce que rappelle aussi le vers « Hommes, ici n'a point de moquerie » (v. 34). Villon, porte-parole des suppliciés, demande que leurs souffrances ne soient pas redoublées avec acharnement : « Nous sommes morts, âme ne nous harie » (v. 19). Cet appel à l'humanité se complète d'une leçon exemplaire : « Ne soyez donc de notre confrérie » (v. 29) ; le spectacle des pendus doit avertir les hommes de ne pas céder au péché et à l'erreur pour ne pas subir pareil sort.

La ballade s'inscrit aussi dans le genre de la prière, comme le montrent les impératifs (« N'ayez », v. 2 ; « priez », v. 10, 20, 30 et 35) et les subjonctifs (« ne s'en rie », v. 9 ; « harie », v. 19, etc.) qui ont tous une valeur de souhait. La supplication s'accommode bien de cette forme poétique. L'envoi qui conclut la ballade devient une requête adressée au « Prince Jésus » (v. 31). Mais le poète supplie aussi ses congénères et tous ceux qui voient, ou se représentent, le spectacle des pendus. Le refrain à la fin de chaque strophe leur demande les prières que tout chrétien doit offrir aux défunts : « Mais priez Dieu que tous nous veuille absoudre ! » (v. 10, 20, 30, 35).

Ainsi, la tradition de la ballade offre une forme contrainte bien adaptée au projet de Villon : un discours adressé, comme le marque l'envoi, à Dieu dans une forme convenue et, de manière plus originale, à ses congénères, ses « Frères humains » (v. 1).

3. La fin du Moyen Âge voit se développer une réflexion sur la mort qui prend une forme éminemment pathétique, comme en témoigne la diffusion des « danses macabres » : elles rappellent que la mort est inéluctable et qu'elle touche tous les hommes, quelle que soit leur condition. On retrouve cette conscience de la mort dans l'œuvre poétique de Villon. C'est donc cette première dimension d'un lyrisme sombre, d'un *memento mori* qu'illustrent ses images : « Et nous, les os, devenons cendre et poudre » (v. 8). Si le lecteur moderne peut les rapprocher des vanités du XVIIe siècle, elles rappellent aussi les leçons de la Bible : « car tu es poussière et tu retourneras à la poussière ».

Mais ce *memento mori* du pendu est également l'expression d'un « je ». L'identité du poète se résume, ici, au groupe auquel il appartient, les mauvais garçons, et il se met en scène partageant leur sort fatal. En revendiquant sa fraternité avec les lecteurs, il veut, au-delà de sa vie et de son sort, témoigner de l'humanité irréductible de l'individu, quels que soient ses actes. En réclamant la pitié des hommes et la « merci » de Dieu (v. 3-4), il offre d'ailleurs l'image d'une religion humaine et compassionnelle. Villon offre également une vision sensible de la mort, réaliste, qui fait du corps souffrant une partie de la personne humaine, et du corps abîmé, maltraité, un objet de pitié. Enfin, l'individu Villon, ce mauvais garçon condamné à mort et qui craint le gibet, laisse transparaître sa personnalité dans cette ballade : il s'y projette en victime de cette mort infamante qu'est la pendaison, et fait partager l'horreur qu'il éprouve à son public, qu'il soit contemporain du poète ou lecteur d'aujourd'hui.

3 Tradition et renouvellement en poésie

Manuel, p. 341-348

I. Problématiques et thèmes

Le dessein humaniste de créer un homme nouveau et d'appréhender différemment le monde a conduit les auteurs à repenser le langage et les formes poétiques. Les écrivains de la Renaissance allient la tradition antique et la nouveauté des formes venues d'Italie, telles que le sonnet. Pétrarque, qui a chanté son amour pour Laure de Noves dans son *Canzoniere*, inspire la création dans des cercles poétiques qui se développent.

À Lyon, véritable foyer culturel, Maurice Scève conjugue l'influence de Pétrarque et le platonisme pour chanter Délie (réminiscence littéraire de Tibulle, anagramme de *L'Idée ?*) dans une poésie subtile. Louise Labé donne naissance à une poésie féminine qui exalte le sentiment amoureux à la faveur de sonnets.

À Paris, les poètes de la Pléiade ont l'ambition de promouvoir la langue française tout en se nourrissant des modèles antiques. Il ne s'agit pas d'imiter simplement les thèmes (expression du sentiment amoureux, voire de la passion, éloge de la nature) et les formes (l'ode par exemple) reçus en héritage, mais de créer une œuvre où s'exprime une sensibilité personnelle (tonalité élégiaque dans *Les Regrets* de Du Bellay, lyrisme de Ronsard dans les *Odes*), au regard d'un nouvel art poétique (*cf. La Défense et Illustration de la langue française).*

Mais la poésie se fait aussi l'écho de son temps et des heures sombres de l'histoire dans une poésie « engagée ». Renouant avec le genre épique, Agrippa d'Aubigné dénonce les méfaits des guerres de religion dans *Les Tragiques*. La sensibilité baroque, déjà présente chez Agrippa d'Aubigné, se développe au début du XVIIe siècle. Elle se caractérise par un sentiment d'inquiétude et d'instabilité, suggéré par des images fortes et des hyperboles qui frappent le lecteur. Pierre de Marbeuf, pour qui la poésie relève d'un art difficile, écrit des sonnets, consacrés aux tourments amoureux, dans une langue pure, à la forme ciselée. Préfigurateur du lyrisme romantique, André Chénier fait vivre sa passion, nourrie d'érudition, pour les poètes antiques (Virgile, Tibulle, Properce…) qu'il s'approprie et qu'il fait fusionner avec sa sensibilité personnelle. La recherche esthétique (images, travail sur la langue, rythmes…) vise à concilier une conception du monde antique et les aspirations de son temps (progrès, modernisme).

Comment les poètes du XVIe au XVIIIe siècle renouvellent-ils les thèmes et les formes poétiques tout en s'inspirant de la tradition ? Quel nouveau regard portent-ils sur l'homme dans sa relation avec le monde qui l'entoure ?

BIBLIOGRAPHIE

- **Poésie de la Renaissance**
  - **Pétrarque,** *Canzoniere*, Gallimard, 1983.
  - **Paul Ardouin,** *Maurice Scève, Pernette du Guillet, Louise Labé : l'amour à Lyon au temps de la Renaissance*, Nizet, 1980.
  - **Louise Labé,** *Œuvres complètes (sonnets, élégies, débat de Folie et d'Amour)*, Flammarion, coll. « GF », 1986.
  - **Joachim Du Bellay**, *La Défense et Illustration de la langue française*, 1549, Hachette Livre, BnF, 1905 (Essai).
  - **Ronsard,** *Les Odes*, Garnier, 1923 (version téléchargeable).
  - **Pierre Laurens,** *Anthologie de la poésie lyrique latine de la Renaissance*, Gallimard, 2004.
- **Poésie des XVIIe et XVIIIe siècles**
  - **Robert Sabatier,** *La Poésie du XVIIe siècle* et *La Poésie du XVIIIe siècle*, Albin Michel, 1975.
- **Ouvrages théoriques**
  - **Jean Mazaleyrat**, *Éléments de métrique française*, Armand Colin, 1974.

II. L'École de Lyon (p. 342-343)

TEXTE 1 : Maurice Scève, « Le front », *Blasons* (1536) p. 342

Objectifs et enjeux

→ **Découvrir la poésie amoureuse de la Renaissance (L'École de Lyon)**

→ **Comprendre l'art du blason, genre poétique qui s'est développé à partir du XVe siècle**

→ **Étudier la célébration du corps féminin, ses caractéristiques et ses finalités**

Lecture analytique

1. À l'origine, le blason appartient à la science des armoiries. Il désigne l'ensemble des pièces qui forment l'écu d'une ville ou d'une famille. À partir du XVe siècle, il constitue un ensemble de vers à rimes plates, visant à faire l'éloge ou la satire d'une personne, voire d'un objet.

Maurice Scève, poète lyonnais, remporte un concours de blasons en 1536. Devenu chef de file du cercle des lettrés de Lyon, il s'illustre dans ce genre poétique, très en vogue au XVIe siècle. Aux côtés de Louise Labé et de Pernette du Guillet, il représente la poésie amoureuse à travers les cinq blasons qu'il a écrits en 1536 (*La Gorge*, *La Larme*, *Le Soupir*, *Le Sourcil* et *Le Front*) et le recueil, *Délie-Objet de plus Haute Vertu*, consacré à une femme, double littéraire de Pernette du Guillet.

Le locuteur, désigné par la première personne du singulier à plusieurs reprises (« je vois » v. 7, « ma vie ... ma mort » v. 18), s'adresse au corps de la femme aimée ou d'une allégorie féminine à travers une partie physique, « Le front », titre du blason, écrit en décasyllabes.

On retrouve la rhétorique de l'apostrophe, commune au genre du blason, à travers les sept mentions du « front » qui ouvre le poème à la faveur du titre. Le corps est mis en valeur par le jeu d'anaphores qui scande le poème. Le mot « front » est répété en début de vers, la dernière occurrence devient plus solennelle par l'emploi de l'interjection et de l'exclamation finale : « Ô Front ». Elle devient aussi plus intime, lorsqu'elle passe de la troisième personne (« Front qui est clair » v. 3) à la deuxième du singulier (« Ô Front, tu es une table d'attente » v. 17). Le corps est quasiment sacralisé.

Les qualités du « front », tant physiques que morales, sont mises en exergue. Ses dimensions sont soulignées à l'aide d'adjectifs qualificatifs qui fonctionnent au début du poème en binômes (« large et haut », « patent et ouvert » v. 1, puis « élevé » v. 11). La partie du corps décrite correspond aux canons esthétiques de l'époque : front épilé et largement dégagé (*cf.* représentations de la femme dans la peinture de Botticelli et de Cranach). Sa forme (« plat et uni » v. 2) et son teint (« clair » v. 3) font aussi l'objet d'une description nuancée (« rides très menues », v. 8). Les aspects physiques reflètent des qualités morales et intellectuelles : accessibilité par son ouverture (v. 1), intelligence (v. 12 : « engin » au sens d'*ingenium*), force et puissance (v. 14 : absence de crainte, v. 5 : domination sur le reste du corps).

À la faveur d'une image récurrente (la synecdoque), le front constitue l'expression de la femme tout entière et de ses innombrables qualités. L'objet d'amour, qui suscite séduction et admiration, se transforme alors en matière poétique.

2. À l'instar de l'amoureux qui dépend de la femme révérée (« Les lois qu'Amour voulut en lui écrire » v. 16), les relations entre la femme et le monde sont très étroites. Les références à la nature (« serein firmament » v. 3, « troublé par nues » v. 7, « le soleil se lève » v. 10, « cette sphère ronde » v. 11) assimilent le corps féminin au monde. Dépassant la comparaison physique, le « front » se mue en intelligence universelle commandant à l'univers. La femme devient révélatrice et médiatrice de la connaissance (« Front élevé sur cette sphère ronde, / Où tout engin et tout savoir abonde » v. 11-12).

Objet de sensualité par les références à la beauté (« beaux cheveux » v. 2) et aux ondulations du corps (« mouvement » v. 4), l'amour apparaît sous une forme épurée (« table d'attente » v. 17) et idéalisée. On retrouve l'empreinte du platonisme à travers les éléments tels que « le front », siège de l'intelligence, lieu de l'élévation et reflet du macrocosme. Les influences pétrarquisantes sont tout aussi présentes, qu'il s'agisse de la soumission à la femme aimée dont on célèbre les qualités physiques et morales ou de l'expression d'une sensualité toute en retenue.

Prolongements

On peut prolonger la lecture du texte :

– par des blasons et des contre-blasons de la Renaissance (Marot, *Épigrammes*, « Du beau tétin », « Du laid tétin ») ;

– par des poèmes célébrant le corps féminin, dans une perspective diachronique : Baudelaire, « La chevelure » ; Éluard, « La courbe de tes yeux » ; Senghor, « Femme nue, femme noire »...

TEXTE 2 : Louise Labé, « Je vis, je meurs... », *Sonnets* (1555) p. 343

Objectifs et enjeux

- **Étudier l'influence de Pétrarque dans le sonnet de Louise Labé**
- **Montrer le renouvellement du genre dans un poème lyrique intimiste**

Lecture analytique

S'inscrivant dans la lignée des poétesses de la Renaissance (par exemple Pernette du Guillet) et des cercles poétiques de l'époque, à Lyon notamment, Louise Labé reprend les thèmes (sensations et sentiments, amour-passion) et les formes pétrarquistes (le sonnet) en adoptant un point de vue féminin : elle inverse les rôles et les visions dans la mesure où l'homme devient objet du désir amoureux dans un propos très personnel, voire intimiste.

1. Dans ce sonnet en décasyllabes, chaque strophe forme une unité syntaxique, marquée par une ponctuation forte. Les deux quatrains montrent, par juxtaposition et coordination (« et » v. 3, 6 et 8), les états et les effets contrastés, voire désordonnés, de la passion, si soudains soient-ils (locutions adverbiales à valeur temporelle placées en début de vers : « Tout à un coup » v. 5, « Tout en un coup » v. 8).

Un jeu d'antithèses internes ponctue les deux premières strophes : « vis//meurs », « brûle//noie », « chaud//froidure », « molle//dure », « ennuis// joie », « ris//larmoie », « plaisir//grief », « s'en va// dure », « sèche//verdoie ».

Les deux tercets insistent sur la toute-puissance et le triomphe de l'amour (allégorie en fonction sujet « <u>A</u>mour » v. 9) qui provoque des erreurs d'appréciations chez le sujet, exprimées dans des séries d'oppositions : « plus de douleur » // « hors de peine » (v. 10-11), « mon désiré heur » // « mon premier malheur » (v. 13-14).

Un habile jeu d'antithèses parcourt le sonnet qui obéit à une structure circulaire ou cyclique : la chute nous ramène au vers 1.

2. Louise Labé se livre à une analyse minutieuse de l'amour-passion. Elle en exprime les effets physiques à travers des images qui traduisent des notations sensuelles variées, opposées et entrelacées : eau et feu (v. 1), chaleur et froid (v. 2), douceur et dureté (v. 3), sécheresse et renaissance (v. 8). Toutes ces sensations sont portées à leur paroxysme grâce aux hyperboles : « extrême » (v. 2), « trop » (v. 3).

Les sentiments apparaissent tout aussi contradictoires. L'amour offre des joies et des peines <u>extrêmes</u>, exprimées à nouveau par des antithèses : « <u>grands</u> ennuis // entremêlés de joie » (v. 4), « en plaisir maint grief tourment » (v. 6). L'opposition de monosyllabes juxtaposés qui ouvrent le sonnet (« Je vis, je meurs ») résonne comme un cri.

La passion se joue aussi de la raison du sujet aimant. Le vers 9 fait éclater le pouvoir du sentiment amoureux à travers l'emploi d'un hiatus (« Ains<u>i A</u>mour »), d'allitérations en <u>labiales</u> « A<u>m</u>our inconsta<u>mm</u>ent <u>m</u>e <u>m</u>ène » et d'une fonction grammaticale sujet : le « je » est devenu « il ». L'allégorie de l'amour exprime la violence de la passion contre laquelle le sujet aimant ne peut lutter à armes égales. L'expression verbale (« me remet » v. 14), écho de « me mène » (v. 9), traduit à nouveau la puissance de l'amour qui défie la raison humaine.

3. Louise Labé évoque les tourments de l'amour en toute liberté et avec fougue. Elle met en scène un sujet énonciateur qui dit « je ». Le pronom personnel de la première personne apparaît 14 fois en fonction sujet. Il est relayé par le pronom en fonction attributive (« m'est » v. 3) et par l'adjectif possessif de la première personne (« mon bien » v. 7, « mon premier malheur » v. 14). L'énonciatrice / locutrice devient objet grammatical, lorsqu'elle évoque l'amour, maître et persécuteur (« <u>me</u> mène // <u>me</u> remet »).

La poétesse décrit le désordre lié aux états amoureux dans un lyrisme à la fois personnel (présence récurrente du « je », séries d'images et d'antithèses pour exprimer la diversité des sensations et des sentiments) et universel (allégorie du pouvoir de l'amour, emploi du présent à valeur générale).

La plainte se veut aussi musicale. Le sonnet repose sur 4 rimes et non 5 (ABBA/ABBA/CDC/CDD), essentiellement féminines. L'économie de moyens sonores rend la plainte plus expressive, plus retentissante.

Le poème s'inscrit dans la tradition pétrarquisante (douleurs de l'amour exprimées avec force antithèses et images) qui est renouvelée avec virtuosité (expression fine de la variété des « tourments »).

Au désordre de la passion répond la structure rigoureuse du sonnet en décasyllabes qui ordonne la pensée par l'écriture poétique.

III. La Pléiade (p. 344-345)

TEXTE 3 : Joachim du Bellay, « Heureux qui, comme Ulysse... », *Les Regrets* (1558) p. 344

Objectifs et enjeux

- → **Étudier un éloge inversé du voyage dans la confrontation entre le village natal (Liré en Anjou) et la représentation de Rome**
- → **Montrer comment le sonnet permet d'exprimer des sentiments, notamment une plainte personnelle (lyrisme élégiaque)**

Lecture analytique

Il convient de rappeler l'importance du voyage au XVIe siècle, thème lié aux grandes découvertes et à la circulation des personnes comme des écrits. Si le voyage représente un rêve d'humaniste, Du Bellay traite ce motif sur un mode mineur dans une dizaine de sonnets, empruntés aux *Regrets*. Parti en mission en Italie comme secrétaire aux côtés de son cousin, le cardinal Jean du Bellay, le poète décrit la Rome moderne, la cour pontificale, ses mœurs, les affaires... Déçu par la réalité qu'il découvre, il traduit sa nostalgie de l'Anjou, sa terre d'origine, dans une écriture poétique très personnelle.

1. Le sonnet obéit à une structure syntaxique et thématique rigoureuse.

– Quatrain 1 : il évoque en une phrase exclamative deux figures mythologiques, Ulysse et Jason, à travers le thème du voyage, des aventures et du retour.

– Quatrain 2 : il s'oppose à la strophe précédente par simple juxtaposition. On passe des figures héroïques au « je » du locuteur qui exprime avec sa propre sensibilité son désir de retour au pays natal. La strophe est composée d'une seule phrase interrogative, introduite par deux questions coordonnées : « Quand », « <u>et</u> en quelle saison ».

– Tercets 1 et 2 : ils présentent un mouvement énumératif. Ils sont composés en effet d'un jeu de comparaisons juxtaposées, introduites par l'anaphore « plus que » (comparatif de supériorité) établissant une antithèse entre la Rome altière et la simplicité du village natal. Les rimes masculines caractérisent Rome tandis que les rimes féminines renvoient à l'Anjou, par opposition.

C'est un contraste très fort qui est établi entre l'Italie et la France, entre la célèbre Rome et un petit village d'Anjou, peu connu du public.

2. Le poète confronte son pays natal à l'antique cité romaine grâce à des comparaisons systématiques, amenées par l'anaphore « plus que ».

Rome représente la magnificence par ses constructions (« palais » nom antéposé) et les matériaux nobles (« marbre ») ; elle incarne l'orgueil et la distance : l'adjectif « audacieux », mis en valeur par la diérèse, personnifie les monuments (« front ») et souligne leur froideur.

En contrepoint, le village natal renvoie à la quiétude et à la douceur de vivre humblement grâce à une série d'oppositions qui permet de mettre en tension les deux lieux, Rome et l'Anjou natal :

– opposition syntaxique introduite par « plus que » (comparatif de supériorité) ;

– opposition lexicale : « palais front audacieux » // « séjour de mes aïeux », « marbre dur »// « ardoise fine », « air marin »// « douceur angevine » ;

– opposition rhétorique : jeu de chiasmes avec les références angevines qui encadrent les tercets 1 et 2 ;

– opposition sonore : jeu sur les rimes masculines relatives à Rome // rimes féminines qui caractérisent le pays natal. Le poème se clôt sur l'évocation du pays natal « douceur angevine ».

La strophe 2 décrit la simplicité de l'existence rustique à travers des images de la vie quotidienne (« fumer la cheminée », v. 6) et l'intimité du lieu.

3. Les références mythologiques scandent la première strophe. Ulysse, roi d'Ithaque, héros d'une épopée grecque l'*Odyssée*, revenu dans sa patrie au bout de vingt ans, et Jason, chef thessalien de l'expédition des Argonautes partis en quête de la Toison d'or en Colchide, apparaissent comme deux figures célèbres de voyageurs revenus au pays.

Les deux héros antiques servent de modèles et de comparants, introduits par « comme » et ouvrent le sonnet à travers une maxime solennelle « Heureux qui ». Les bienfaits de l'aventure sont évoqués à travers des termes positifs « beau voyage », « plein d'usage et de raison ». La notion de retour au pays est mise en valeur par l'alexandrin qui clôt le quatrain. Ces références, réunies dans une phrase exclamative, visent à magnifier le voyage accompagné d'un retour sur la terre natale et à introduire le sentiment de nostalgie qu'éprouve le poète.

Ce dernier joue sur les marques de l'énonciation. Contrastant avec le premier quatrain (emploi de la troisième personne), le second prend des accents personnels dès le vers 5 avec l'apparition du « je ». Le locuteur se projette dans la situation du voyageur antique rentrant au logis. Il évoque son propre village avec insistance dans l'emploi du possessif de la première personne : « mon petit village », « ma pauvre maison ». Les tercets combinent à leur tour les marques de l'attachement au pays natal (« mes aïeux », « mon Loire gaulois », « mon petit Liré ») qui s'opposent aux déterminants à valeur généralisante (« des palais le front »).

Le registre élégiaque domine dans le sonnet. L'attachement au pays natal est mis en valeur par l'évocation d'une vie rustique faite de simplicité (« fumer la cheminée ») et d'intimité (« le clos de ma maison »).

Le regret de la terre natale s'exprime à travers le jeu d'oppositions (Rome/Anjou) soutenues par l'anaphore (« plus que ») et les types de phrases : exclamations exprimant l'envie (strophe 1) lors de l'évocation des grands voyageurs et interrogations insistantes (strophe 2) traduisant la nostalgie (« quand », « en quelle saison ») qui amène le poète à faire l'éloge de son pays natal au détriment de la célébrissime Rome.

Le sonnet repose sur une série de contrastes entre la cité antique de Rome et le village natal de Liré en Anjou. Tout oppose les deux lieux, qu'il s'agisse du lexique, de la syntaxe, de la rhétorique et des sonorités. Les éléments romains sont encadrés, voire enfermés par « le séjour [...] aïeux » et « la douceur angevine » ; c'est le choix affectif qui l'emporte définitivement.

Prolongements

On peut prolonger la réflexion sur le regret de la terre natale au XVIe siècle, en proposant les lectures suivantes :

- Marot, « À la reine de Navarre », *Œuvres poétiques* ;
- Du Bellay, « France, mère des arts », *Les Regrets*, sonnet IX ;
- Ronsard, « Quand je suis vingt ou trente mois / Sans retourner en Vendômois », *Les Odes*.

TEXTE 4 : Pierre de Ronsard, « Mignonne, allons voir si la rose... », *Odes* (1550-1552)

p. 345

Objectifs et enjeux

→ **Étudier le renouvellement du « carpe diem » inspiré de l'Antiquité**

→ **Caractériser l'ode ronsardienne : de l'imitation à la création poétique**

Lecture analytique

1. S'inspirant de la forme antique, Ronsard est le premier à avoir adopté l'ode à la poésie française. Ainsi il emprunte à Pindare, poète grec (518-438 av. J.C.), l'ode à trois strophes. Composé de trois sizains d'octosyllabes, le poème « Mignonne » obéit à un schéma régulier, un distique de rimes plates, suivi d'un quatrain de rimes embrassées. Les rimes féminines dominent, conférant ainsi un élément de douceur à l'évocation de la femme-fleur.

Chaque sizain correspond à un moment du « drame » qui se joue. La première strophe constitue une invitation (« allons voir ») du poète à la jeune fille, invitation à contempler la beauté de la rose en plein épanouissement (« rose », « pourpre », « pourprée »), même si la présence du mot « vesprée » annonce déjà l'effet du temps. La deuxième strophe, introduite par un adverbe exprimant le regret (« Las ! »), présente le spectacle de la rose flétrie, conformément aux lois de la nature. Les monosyllabes « choir » et « soir », placés à la rime, rappellent le caractère éphémère de la beauté. La dernière strophe, introduite par un lien logique (« Donc »), établit les conséquences de la fuite du temps, sous la forme d'une exhortation épicurienne à profiter de la vie (« cueillez votre jeunesse »). La comparaison finale (« comme à cette fleur ») amène l'interlocutrice à tirer la leçon de l'analogie entre les deux destins.

2. L'ode est adressée à une jeune fille, identifiée, en la personne de Cassandre Salviati, fille d'un banquier italien, rencontrée lors d'un bal à Blois (*cf.* dédicace de l'ode).

Le terme « Mignonne » scande chacune des strophes, mais occupe une place différente, avec des tonalités tout aussi variées. L'ode s'ouvre sur l'apostrophe qui représente tout d'abord une invitation plaisante à la promenade au jardin : « allons voir ». L'impératif à la première personne du pluriel réunit les amants. Il s'agit d'une apostrophe affective (sens de « ma chère » ou « chérie »). La deuxième occurrence, décalée au deuxième vers de la strophe suivante, s'adresse autant à la jeune fille qu'au lecteur par l'emploi de l'impératif à la deuxième personne du pluriel (« voyez »), tous deux pris à témoin de la situation dégradée au jardin. La répétition de « las » (v. 7 et v. 9) confère une tonalité élégiaque au poème à travers la plainte qui s'exprime. La dernière mention, placée en fin de vers dans la dernière strophe (v. 13), fait écho au vers 1 mais le déplacement rappelle l'urgence. Le poète donne des conseils qu'il réitère (« Cueillez, cueillez votre jeunesse » v. 16) à l'impératif présent (deuxième personne du pluriel). L'appel se fait plus pressant et personnel.

3. Le poète développe un double réseau d'images tout au long de l'ode, en féminisant la rose et en associant la femme à une fleur.

La première strophe présente la description d'une rose qui devient femme peu à peu. La personnification apparaît au vers 3 avec la mention de la « robe », reprise avec les « plis de sa robe pourprée » au vers 5 et se poursuit avec la référence au « teint ». Une comparaison est alors introduite au vers 6 par le biais de l'adjectif « pareil » ; la rose est le comparé, la jeune fille le comparant. La personnification atteint son point d'orgue au vers 9 dans l'emploi du pluriel (« ses beautés »), mais l'expression « une telle fleur » (v. 11) ramène le lecteur à la réalité (fuite du temps, fragilité de la beauté, brièveté de la vie).

Dans la dernière strophe, la métaphore s'inverse, tout en entrelaçant les thèmes de la femme et de la fleur. La jeune fille est transformée en végétal par la présence des métaphores (« âge fleuronne », « verte nouveauté »). La métaphore « Cueillez, cueillez votre jeunesse » devient comparaison (« comme à cette fleur ») en vue de l'explication finale à valeur didactique « fera ternir votre beauté ». Les deux derniers vers explicitent la leçon épicurienne. Les mots qui se font écho à la rime (« jeunesse » et « vieillesse ») rappellent les notions temporelles, condensées au vers 12 (« du matin jusques au soir »). Placé en contre-rejet, le terme « vieillesse » insiste sur la fuite inexorable du temps et la brièveté de l'existence.

Par un jeu délicat d'enchevêtrement des thèmes et des images, Ronsard renouvelle le « carpe diem », précepte épicurien du poète latin Horace, invitation à profiter de l'instant présent et, ici, à en faire profiter l'amant.

Prolongements

– On peut lire les poètes élégiaques latins qui ont traité le « carpe diem » (Horace, *Odes*, I, 11 ; Tibulle, *Elégies*, I, 8) et qui ont inspiré Ronsard.

– On peut aussi prolonger l'étude par les poèmes de Ronsard qui exploitent le motif de la rose : *Sonnets pour Hélène*, II, 24 ; *Sur la mort de Marie*, V.

IV. Souffle épique et sensibilité baroque (p. 346-347)

TEXTE 5 : Théodore Agrippa d'Aubigné, « Je veux peindre la France ... », *Les Tragiques* (1616) p. 346

Objectifs et enjeux

→ **Étudier le regard porté sur la guerre par un humaniste protestant**

→ **Réfléchir sur l'écriture, notamment les tonalités épique et tragique, au service de la critique politique et morale**

Lecture analytique

1. La peinture de la France repose sur un jeu d'images ou de figures par analogie. La France est personnifiée sous les traits d'une mère nourrissant des jumeaux ; la personnification qui parcourt l'extrait se transforme en allégorie : souffrance de la mère qui s'exprime dans le récit et dans le passage au discours direct. La métaphore est filée tout au long du passage ; la France est le comparé, la « mère affligée » le comparant ; la figure féminine se déploie : mère allaitant, mère souffrant, mère ensanglantée.

Les deux frères, Esaü et Jacob, fils d'Isaac et de Rébecca, sont des personnages bibliques (*cf.* Ancien Testament, Genèse, 25) ; Esaü est l'aîné, il vend son droit d'aînesse à son frère pour un plat de lentilles ; Jacob est le cadet et l'élu de Dieu ; tous deux se livrent un combat sans pitié. Dans les vers 3 à 10, Esaü est présenté comme le responsable du conflit : il usurpe le sein maternel ; il est désigné par un lexique dévalorisant : « le plus fort » (force brutale ici), « orgueilleux », « voleur acharné », « malheureux » ; le démonstratif (« ce voleur acharné ») a la valeur dépréciative du *iste* latin. Jacob est présenté dans les vers 11 à 14 comme une victime ; il est caractérisé par un lexique valorisant : « se défend », « juste colère », en écho au vers 26 : « le droit et la juste querelle ». Toutefois le point de vue évolue. Séparés dans la syntaxe et dans la présentation, les deux frères sont réunis ensuite à partir du vers 17, quand le combat devient sanguinaire. « Mais » annonce ce changement, voire cette rupture : « leur rage », « leur poison », « leur courroux ».

2. Dans ce combat épique, on retrouve l'esthétique du grossissement avec des procédés tels que le lexique de la violence (par exemple « furieux » au vers 19 ; sens de *furor* et diérèse), l'antithèse des couleurs (lait et sang), le champ sémantique du « sang » (v. 31, 33, 34), les sonorités qui suggèrent la brutalité (allitération en [r] au vers 18 par exemple), les hyperboles, la gradation dans la violence (mutilation de la mère et agonie), les enjambements (vers 3 à 6 : violence de l'agression)...

Le poète emprunte à l'esthétique baroque l'espèce d'hypotypose qui transforme le conflit entre les deux frères en un tableau animé et spectaculaire aux effets visuels (contraste des couleurs : lait *vs* sang) et sonores (force des diérèses : « furieux », v. 19 ; agressivité de l'allitération en [r], v. 18).

3. La présence de l'auteur est explicite ; elle est marquée d'emblée par le « je » et le présent de l'énonciation. Son point de vue évolue à travers le passage. S'il semble prendre parti pour Jacob, le protestant, présenté comme une victime (portrait aux vers 11 à 14) contre Esaü, le catholique, présenté comme l'agresseur (portrait aux vers 3 à 10), le parti pris se modifie au fur et à mesure que le combat progresse et que la mère est mise à mal. La lutte contre nature est condamnée dans le discours de la mère qui réunit les deux frères dans une même condamnation : « Vous avez, félons... », voire une malédiction : « Or vivez de venin... ».

Le poète recourt à la tonalité épique par l'amplification de la scène et à la tonalité tragique pour dénoncer l'acte monstrueux des deux frères, qui rappelle des luttes fratricides connues du lecteur (Abel et Caïn, Étéocle et Polynice, Romulus et Rémus).

Le texte d'Agrippa d'Aubigné présente, par le biais d'une allégorie, un combat singulier qui oppose deux personnages bibliques, Esaü et Jacob (*cf.* Ancien Testament, Genèse, 25) et ce en présence de leur mère. On peut faire une lecture historique ou politique de cette épopée et y voir le symbole d'une France ravagée par les guerres de religion (1562-1598) qui confrontent deux partis, les catholiques et les protestants. Cet écho d'une réalité contemporaine figure dans *Les Tragiques*, poème consacré aux malheurs des protestants, rédigé en 1577 et publié de manière clandestine en 1616. Le texte se situe dans la première partie intitulée *Misères*, qui montre la France déchirée par les guerres civiles. Cette œuvre de 1577, largement postérieure à celle de Rabelais (1534), porte l'empreinte de son temps : nous sommes passés de l'humanisme triomphant qui marque le début du siècle à une période sombre faite d'inquiétude et de pessimisme.

Prolongements

On peut mettre en perspective la pièce de Robert Garnier, *Antigone* (1580), notamment le passage où Jocaste montre à ses fils, Étéocle et Polynice, l'horreur du combat qui les oppose (acte II, vers 678 *sq.*). De confession catholique, Robert Garnier rappelle le contexte des guerres de religion qui ravagent la France.

TEXTE 6 : Pierre de Marbeuf, « Et la mer et l'amour... », *Recueil de vers* (1628) p. 347

Objectifs et enjeux

→ **Rendre les lecteurs sensibles au vertige des mots dans un sonnet baroque**

→ **Étudier le lyrisme élégiaque**

Lecture analytique

Auteur de sonnets baroques, Pierre de Marbeuf, grand admirateur de l'Italien Marino, aime à travailler le thème de l'eau, élément mouvant, fluctuant et insaisissable, symbole de la vanité terrestre.

1. L'eau constitue le motif central du sonnet, comme le montrent les nombreuses répétitions des termes « mer » (6 occurrences) ou « eau » (4 occurrences). L'anaphore « la mer » (v. 1 et 2), l'homonymie et la paronomase des vers 1 et 2 « la mer // l'amer », « la mer // amère » renforcent la présence de l'élément liquide. À cette thématique essentielle est associé le motif du feu, déjà présent implicitement dans la mention de l'orage (v. 4). Il apparaît de manière plus explicite à partir du second quatrain (« enflammer » v. 7, « le feu » v. 10, 11 et 14, « brasier » v. 12, « brûle » v. 13). Les deux thématiques, qui sont étroitement entrelacées, sont parfois unies dans le même vers ; ainsi « le feu » et « l'eau » encadrent le vers 10. Par l'emploi de ces éléments opposés dans leur nature, mais liés par l'écriture, Marbeuf crée une poésie cosmique.

Le thème de la mer (élément concret) est associé en outre à l'amour (sentiment abstrait) par le biais d'éléments communs explicites : « partage » (v. 1), « aussi bien » (v. 3), « tous deux » (v. 8). Ils sont aussi unis par la syntaxe : « et la mer et l'amour » (forme d'insistance au vers 1). La conjonction de coordination « et » est répétée aux vers 2 et 3 : « et la mer [...] et l'amour », créant un effet de refrain. Des ressemblances sont établies entre l'amertume de la mer (sel) et les larmes (salées) par la répétition de l'adjectif « amer », entre la mer tourmentée et les souffrances de l'amour (verbe commun au vers 3 « s'abîme »), entre le risque de naufrage et l'échec amoureux (v. 7 et 8). Une référence mythologique (v. 9) prolonge le parallélisme à travers les liens qui unissent Vénus, déesse de l'amour, mère de Cupidon, née de l'écume de la mer.

2. Le sonnet repose sur un réseau d'images. Le poète évoque le sentiment amoureux par le biais de la métaphore du feu qui brûle, devenue *topos* de la poésie précieuse et baroque. Le rapprochement attendu apparaît vers 7 : l'amour est symbolisé par la flamme. La métaphore du feu est alors filée :

puissance de l'amour (v. 11), amour-passion (« brasier amoureux » v. 12, « ton amour qui me brûle » v. 13), mais amour, source de souffrance (« si fort douloureux », hyperbole au vers 13) et de tourments. Les mots à la rime « amoureux //douloureux » ne laissent aucune issue favorable à l'amant. La douleur est symbolisée par « la mer de mes larmes », image hyperbolique, qui clôt le poème, et renversée. La mer, qui était le comparé, devient alors le comparant.

La réflexion sur l'amour, générale au début du sonnet, devient personnelle dans le dernier tercet. La troisième personne « celui qui » (énoncé impersonnel, présent à valeur générale) cède la place à la première qui s'affirme (« j'eusse éteint », « me brûle », « mes larmes ») dans une adresse à l'être aimé, non nommé mais interpellé directement (« ton amour » v. 13). L'amour dévastateur engendre une souffrance inextinguible : impuissance de l'eau face au feu, suggérée par la subordonnée hypothétique finale exprimant un irréel. Le poème constitue une immense plainte élégiaque, fondée sur un jeu subtil d'images.

3. Le poème, très travaillé, constitue un exercice de virtuosité. Les trois motifs enlacés (mer / feu / amour) se déploient tout au long du sonnet qui s'ouvre sur l'évocation de la mer et se referme sur l'image inversée de « la mer de mes larmes ». Les sons [a] et [m] (« amour » / « mer ») qui s'entremêlent renforcent les liens entre les thématiques, de même que les nombreuses homonymies et paronomases (« la mer » / « l'amer » / « la mère », « armes » / « larmes ») qui scandent le poème. Celui-ci repose en outre sur un rythme binaire qui prolonge les oppositions entre les éléments ; il mime le mouvement des vagues, les aléas de la passion et les ondulations de la pensée. Ces éléments contribuent au vertige ou au tourbillon qui s'amplifie dans l'espace du sonnet.

V. L'inspiration élégiaque (p. 348)

TEXTE 7 : André Chénier, « La Jeune Tarentine », *Les Bucoliques* (1792) p. 348

Objectifs et enjeux

→ **Étudier un thème traditionnel d'inspiration antique (la mort de la jeune fille), traité sur le mode élégiaque**

→ **Comprendre les références littéraires qui nourrissent le poème (intertextualité) et les modalités de traitement**

Lecture analytique

1. Dans un poème, composé de trente alexandrins, André Chénier évoque la mort d'une jeune fille, à la veille de ses noces.

Le titre du poème, « La jeune Tarentine », renseigne peu le lecteur sur le thème traité : il évoque davantage l'image de la jeunesse et fait référence à des origines géographiques (Tarente, ville du Sud de l'Italie). L'identité est explicitée au vers 3, « Myrto », nom d'origine grecque qui évoque le végétal (myrte). Elle est caractérisée par un seul élément physique : « Son beau corps » (v. 16).

La jeune fille, promise en mariage, accomplit un voyage maritime dont la destination est mentionnée au vers 4, « Camarine », ville située au Sud de la Sicile. Le champ lexical de la mer est constitué de termes au caractère poétique : « vaisseau » (v. 4), « proue » (v. 11), « flots » (v. 14), « vague marine » (v. 16). Toutefois, les premiers vers, qui résonnent comme une plainte funèbre, donnent le ton et annoncent l'expression des regrets (« hélas ! » v. 26 et 27) qui se déploient dans un immense chant de deuil, entonné par les divinités marines. La mort est déjà évoquée avec pudeur et discrétion au vers 3, à la faveur d'un euphémisme et d'un passé composé (« Elle a vécu ») qui insiste sur l'action définitivement terminée, celle de la vie. La rupture que constitue « Mais » au vers 11 introduit la mort dans le récit. Elle est plus suggérée que décrite en quelques vers au rythme rapide : enchaînement de phrases juxtaposées qui traduisent l'engloutissement dans la mer.

Par un habile mélange des temps et des éléments du récit, le texte fait alterner deux images de la jeune fille, celle de la défunte et celle de la future mariée. Ainsi le verbe à l'imparfait (« la portait » v. 4) fait un retour dans le passé mais l'emploi du modalisateur au passé (« devaient » v. 6) laisse peu de doute sur l'issue du voyage. Les préparatifs de la noce, image de la vie, sont décrits à l'aide d'un passé composé (« a [...] enfermé sa robe d'hyménée » v. 8) et d'un futur dans la passé (« ses bras seraient parés » v. 9), oscillation constante entre la promesse de bonheur et la mort certaine. Dans un jeu d'échos, les derniers vers dressent un bilan négatif de ce qui n'aura pas existé dans un mouvement ternaire : « Tu n'as point revêtu / L'or n'a point serré / Les doux parfums n'ont point coulé ». Les fastes du mariage, renvoyant à la vie, sont annihilés par la répétition anaphorique des négations. L'horreur de la mort est ainsi mise à distance et poétisée.

2. André Chénier trouve son inspiration dans les modèles antiques. Toutefois, le retour aux sources ne signifie pas simple imitation. Il fait revivre l'Antiquité d'une manière personnelle. Il emprunte le titre de son recueil à Virgile (*Les Bucoliques*), poète latin qu'il admirait. En hommage, il a composé de nombreuses idylles (27 environ), pièces poétiques dans lesquelles il célèbre l'amour dans un décor champêtre.

« La jeune Tarentine » s'inscrit dans la tradition de l'épitaphe (*cf.* Danielle Porte, *Tombeaux romains, anthologie d'épitaphes latines*, Gallimard, 1993) et de l'élégie funèbre (Tibulle, Properce) qui célèbrent la vie éphémère et proposent une méditation sur la mort. Le texte fait un va-et-vient constant entre ces deux pôles, récit d'un voyage funeste et évocation des noces. La mort est énoncée avec discrétion. Le moment de la noyade, rapporté avec concision au présent de narration, se situe dans l'incertitude réitérée : « elle est au sein des flots » (v. 14 et 15), et se poursuit, « Son beau corps a roulé » (v. 16). Est-elle morte ou vivante ? Questions légitimes que se pose le lecteur. Le corps de la jeune fille, évoqué avec une légère sensualité dans les vers 7 à 9, quand sont décrits ses atours de mariée, perd alors toute réalité. Il devient objet : « poussent (son beau corps) au rivage / l'ont déposé mollement » (v. 21-22).

Le poète décrit les funérailles maritimes de la jeune fille à la manière d'une scène ou d'un tableau antique. Thétis elle-même conduit le cortège des divinités marines qui entonnent un thrène, chant funèbre, empreint de regrets (« hélas ! / hélas ! », v. 26-27), rapporté au discours direct dans les vers 27 à 30. Tout un cérémonial de deuil est décrit à travers les gestes (« élèvent / poussent / ont déposé ») et les pleurs, expression de la douleur. Évocation visuelle et sonore du cortège antique des pleureuses au vers 25 : « frappant leur sein et traînant un long deuil » (allitération en [r] et assonance en [an] imitant les cris de douleur).

Il est à noter que l'élément humain est gommé dans la scène des funérailles : absence des marins, seule présence des divinités marines, conduites par Thétis, célèbre Néréide, fille de Nérée, « vieillard de la mer ». Le cortège des 50 Néréides, figures mythologiques, est renforcé par l'appel aux « Nymphes des bois, des sources, des montagnes » (v. 24). À défaut de noces terrestres, ce sont des funérailles marines, orchestrées par les divinités de la mer et élargies à la nature. La scène finale fait écho aux plaintes inaugurales et à l'appel aux larmes, disposé en chiasme (« pleurez / doux alcyons / doux alcyons / pleurez » v. 1-2) et placé sous l'égide de Thétis. Myrto, privée prématurément de la vie et du bonheur conjugual, finit par appartenir à l'univers mythologique et au chœur des nymphes.

Si le poète reprend à son compte un *topos* antique, il confère une dimension esthétique et plastique (à la manière de la statuaire) à la scène qu'il décrit avec retenue, tout en suscitant l'émotion du lecteur.

3. À travers le voyage maritime de la « jeune Tarentine », le poète invite le lecteur à méditer sur le caractère éphémère de l'existence et sur la soudaineté de la mort (jeune beauté emportée par noyade au cours d'une tempête). L'horreur de la mort est distanciée, estompée par l'écriture poétique. La mort n'est jamais désignée en tant que telle mais toujours suggérée par des euphémismes au passé composé : « elle a vécu » (souvenir du parfait latin) et au présent, « elle est au sein des flots » (rappel d'un parfait grec, marquant le résultat présent d'une action passée).

Les plaintes initiales et finales qui encadrent le récit de la mort expriment, sur un mode élégiaque, des regrets : fête des noces fastueuses, synonyme de bonheur, compromise et mort prématurée en pleine jeunesse. Rythmes variés (haché dans les trois premiers vers ou amplifié aux vers 5-6), sonorités en écho grâce aux répétitions (« alcyons / oiseaux », « est sein des flots »), exclamations répétées (v. 2, 3, 26, 27) contribuent à la musicalité du poème où s'exprime une vive émotion.

Ces thématiques et ces tonalités (lyrisme élégiaque) annoncent le courant romantique. La mort de la « jeune Tarentine » peut être rapprochée des funérailles d'Atala, dans l'œuvre éponyme de Chateaubriand (1801).

Prolongements

On peut inviter les élèves à confronter le poème d'André Chénier qui met en scène la mort de la jeune fille, telle une œuvre picturale ou plastique, à la statue réalisée par Alexandre Schoenewerk en 1871, et à s'interroger sur la permanence du sujet à travers les arts et les époques.

4 Les formes du lyrisme

Manuel, p. 349-365

I. Problématiques et thèmes

Ce parcours vise à donner aux élèves un aperçu du lyrisme des romantiques (*cf.* p. 60, Le Romantisme) et des poètes du début du XXe siècle, dont certains sont leurs successeurs. Il permet d'aborder les fluctuations du lyrisme, tantôt élégiaque (« Le Lac » d'Alphonse de Lamartine), tantôt enthousiaste (« Trafalgar Square la nuit » de Valéry Larbaud), tantôt entremêlé au polémique (« Ultima Verba » de Victor Hugo).

La variété des poèmes de ces pages, pour la plupart patrimoniaux, entend donner aux élèves des repères structurants. Les deux premières parties du parcours (« Chanter ses sentiments » et « Mener des combats ») permettront de recontextualiser ce que l'on entend par « Romantisme » en poésie, afin de leur en faire distinguer les principaux motifs tout en les amenant à se méfier des clichés. Ainsi, l'égocentrisme souvent reproché aux poètes romantiques peut être remis en question si l'on s'intéresse au statut des textes, explicitement adressés à des destinataires, et aux thèmes universels qu'ils portent (le rapport au temps et à la nature, par exemple). Beaucoup des poèmes reproduits ici interrogent d'ailleurs les fonctions du poète et de la poésie, question récurrente à travers toute l'histoire littéraire.

En outre, ce choix de poèmes montre que le Romantisme oscille entre l'usage de la versification traditionnelle et des expériences plus modernes (les vers courts chez Marceline Desbordes-Valmore, l'emploi du trimètre par Victor Hugo, etc.), qui seront prolongées par leurs héritiers. Le lyrisme, associé à une libération de l'inspiration, s'exprime à travers des formes poétiques plus souples et plus diversifiées que dans les siècles précédents.

La troisième partie du parcours, « Un lyrisme nouveau ? », s'intéresse à l'évolution de la poésie à l'aube du XXe siècle, avant les expériences du Surréalisme. À travers les textes proposés, on pourra étudier la pérennité de certains thèmes du Romantisme (l'amour, la fuite du temps, la nature), mais aussi leur mutation, par le recours à des sources d'inspiration (l'exotisme, l'Orient, la ville moderne) ou des formes nouvelles (versets, vers libres). Les élèves seront ainsi amenés à s'interroger sur la modernité en poésie au début du XXe siècle.

BIBLIOGRAPHIE-SITOGRAPHIE

- **Albert Béguin,** *L'Âme romantique et le rêve*, éditions José Corti, 1939.
- **Jean-Pierre Richard,** *Études sur le romantisme*, Le Seuil, coll. « Pierres vives », 1971.
- **Dominique Rincé,** *La Poésie romantique*, Nathan, coll. « Intertextes », 1983.
- **Jean-Michel Maulpoix,** « Le lyrisme, histoire, formes et thématique... », à lire sur http://www.maulpoix.net/lelyrisme.htm.

II. Chanter ses sentiments (p. 351-357)

TEXTE 1 : Lord Byron, « Le premier baiser de l'amour », *Heures de paresse* (1807) p. 351

Objectifs et enjeux

→ Découvrir un poème écrit par l'un des précurseurs du Romantisme

→ Analyser la confrontation proposée par Byron entre deux littératures

Lecture analytique

1. Lord Byron se révolte, dès les premiers mots du poème, contre un certain type de littérature. Il interpelle violemment les auteurs, employant le « vous » dans toutes les strophes en dehors de la dernière, dont ces écrivains sont évincés. Les termes dépréciatifs que Byron emploie pour rejeter cette littérature sont révélateurs de son style et de son contenu : les « romans » de ces écrivains sont qualifiés d'« imbéciles » (l. 1) et, lorsque le poète personnifie ces œuvres en les interpellant par la périphrase « froides compositions de l'art » (l. 10), il critique leur maîtrise technique éloignée de toute spontanéité. Bien que Lord Byron parle de « romans » (l. 1), il apostrophe leurs auteurs par le terme « Rimeurs » (l. 4), mot péjoratif qui désigne de mauvais poètes. On comprend que par « romans » le poète entend des récits versifiés fondés sur des « fictions », définies comme des « trames de mensonges tissues par la Folie » (l. 1-2). Cette métaphore stigmatise donc la poésie qui se cantonne à l'« imagination », certes assimilée à un « feu » productif (l. 4), mais qui donne seulement lieu à des histoires de « bergers » et de « moutons » (l. 13). Ces « passions pastorales [...] faites pour le bocage » (l. 4-5) renvoient aux bucoliques, poèmes apparus dans l'Antiquité et louant la vie à la campagne. De fait, Lord Byron évoque « L'Arcadie » (l. 14), région de Grèce chantée par le poète latin Virgile et devenue en littérature un pays utopique, décor par excellence des bucoliques ; on retrouve une telle utopie à la fin du XVIIIe siècle chez des poètes comme André Chénier (*cf.* p. 348). Le principal reproche que formule Lord Byron à l'encontre de telles œuvres est donc celui de ne « jamais émouvoir » (l. 14), hyperbole qui en dit long sur sa définition de la poésie.

2. Par contraste, Lord Byron recherche une littérature faite de vécu et d'authenticité, et donc apte à toucher la sensibilité du lecteur. Pour mettre en valeur sa conception de la poésie, il donne pour titre à son poème « Le premier baiser de l'amour », expression reprise en épiphore à la fin de chaque strophe. Alors que dans chacune des six premières strophes, la première moitié critique les auteurs de bucoliques, la seconde valorise, de façon antithétique, la vision de la poésie que Byron propose. Celle-ci semble puiser directement dans le vécu, comme le suggère l'exclamation « de quelle heureuse source d'inspiration couleraient vos sonnets, si vous aviez savouré le premier baiser de l'amour ! » (l. 5-6). L'idée d'inspiration est reprise dans le passage où le poète met en avant sa propre démarche : « je recherche les inspirations d'un cœur [...] » (l. 11), comme si le cœur lui-même était l'auteur de ses textes. Enfin, les hyperboles des deux dernières strophes font des premiers émois amoureux une forme de « paradis » (l. 18) sur terre, le « souvenir » (l. 20) qui, parmi tous, fait revivre les « plaisirs » (l. 19) passés. C'est donc bien une poésie lyrique que Lord Byron revendique, autrement dit une poésie en provenance du « moi », mais à destination de tous.

TEXTE 2 : Marceline Desbordes-Valmore, « Le Soir », *Élégies et romances* (1819) p. 352

Objectifs et enjeux

- **Étudier l'expression musicale du sentiment amoureux**
- **Analyser le rapport du « moi » au temps qui passe**

Lecture analytique

1. La structure retenue par Desbordes-Valmore rend sensible l'attente amoureuse. La hâte d'en arriver au rendez-vous nocturne est soulignée par l'épiphore, à la fin des trois premières strophes, de l'expression « J'attends le soir » (v. 8, 16 et 24), précédée du verbe « voir » (v. 15 et 23) ou de son dérivé « revoir » (v. 7). D'ailleurs, les deux premiers huitains ne sont composés l'un et l'autre que d'une phrase, preuve de l'empressement de l'amante. Les deux strophes suivantes comptent respectivement trois et deux phrases, ce qui donne l'impression que cette impatience croît jusqu'au moment des retrouvailles.

En outre, Desbordes-Valmore veille à placer les mots-clés de son poème à des endroits stratégiques. Alors que le texte a pour titre « Le Soir », le premier vers lui répond par une antithèse : « l'aurore ». Le lecteur perçoit ainsi immédiatement le décalage temporel entre le moment rêvé par la poétesse et le moment réel dans lequel elle s'inscrit. De fait, le mot « aurore » est précédé de la locution adverbiale « En vain » (v. 1), disant la lassitude de l'amante face au lever du jour. En effet, elle doit patienter jusqu'à la nuit pour retrouver la personne qui occupe ses pensées : la rime entre les vers 7 et 8, répétée dans les huitains suivants, confirme cette échéance : « Pour te revoir, / J'attends le soir. »

2. Il n'est donc pas étonnant que la poétesse mêle l'évocation des étapes de sa journée à la progression de son sentiment amoureux. Chaque huitain associe l'évocation du temps à l'intériorité de la locutrice. Les colorations de l'« aurore » (v. 1) rendent la locutrice « tout oppressée » (v. 6) par la « pensée » (v. 5), c'est-à-dire le souvenir, de son amant ; la métaphore de « L'Amour [qui] s'éveille » (v. 13) est associée autant au « soleil » levant (v. 11) qu'à la passion renaissante ; chaque « journée » (v. 21) qui passe est vécue intérieurement comme

« une année » (v. 22), hyperbole révélatrice d'une perception subjective du temps. L'arrivée du soir, signalée par la métaphore du « voile sombre » (v. 25), entraîne une dissociation : le « doux repos » (v. 27) qui gagne le monde s'oppose à l'émoi du « cœur » (v. 30), métonymie désignant l'amour de la locutrice prête à retrouver l'être désiré.

Pour donner forme au passage du temps, la poétesse en fait un véritable personnage. Les moments de la journée sont sujets de verbes renvoyant habituellement à des activités humaines : l'aurore « annonce un jour / Fait pour l'amour » (v. 3-4), puis est « en fuite » (v. 9), jusqu'à ce qu'« Un voile sombre / Ramène l'ombre » (v. 25-26). La personnification est à son comble lorsque, des vers 17 à 20, la poétesse cesse d'appeler la personne aimée pour s'adresser directement au temps : « Heure charmante, / Soyez moins lente ! » (v. 17-18). L'amoureuse cherche à avoir une emprise sur ce temps qui ne fuit pas assez vite à son goût.

3. Si l'expression amoureuse du « je » prédomine dans ce poème, le texte est également lyrique par sa dimension musicale. Le choix des tétrasyllabes ou quadrisyllabes permet à la fois de matérialiser l'empressement de l'amante et de jouer sur les sonorités. En effet, employer des vers d'une telle brièveté implique de rapprocher les rimes. Les répétitions de sons occupent donc, dans ce poème, une place particulièrement importante, d'autant plus que Desbordes-Valmore utilise beaucoup de rimes suffisantes (comme « aurore » et « colore », v. 1-2) ainsi que quelques rimes riches (comme « sombre » et « ombre », v. 25-26). Le sous-titre du poème indique d'ailleurs qu'il a été composé sur une musique de Garni, que l'on imagine à la fois légère et rythmée.

De fait, le texte est structuré comme une chanson : « J'attends le soir » (v. 8, 16 et 24) en fin de strophes qui sert de refrain. Ce dernier subit une dernière variation aux vers 31-32 : « Je vais te voir ; / Voilà le soir. » On remarque que le futur proche et le présentatif clôturent le poème, car la parole poétique ne s'y justifiait que par l'attente. La répétition obsessionnelle du refrain, cherchant à maîtriser l'impatience de la poétesse, a porté ses fruits, signe des fonctions thérapeutique et incantatoire de la poésie.

TEXTE 3 : Alphonse de Lamartine, « Le Lac », *Méditations poétiques* (1820)

p. 353

Objectifs et enjeux

→ **Découvrir un texte emblématique de la poésie romantique**

→ **Analyser le rapport du poète au temps et à la nature**

Lecture analytique

1. Ce poème célèbre exprime sur un mode élégiaque l'obsession de la fuite du temps. La disparition des jours y est représentée comme une menace omniprésente. Dès la première strophe, la métaphore de « l'océan des âges » (v. 3) et la question rhétorique à propos de l'impossibilité de « Jeter l'ancre un seul jour » (v. 4) introduisent le thème du passage inéluctable des heures. Tout le poème semble emporté dans un mouvement : Lamartine évoque le souvenir d'un lac agité avec les verbes d'action « Tu mugissais » (v. 9), « tu te brisais » (v. 10), mentionne le « bruit des rameurs qui frappaient en cadence » (v. 15) l'eau, comme s'ils égrenaient les secondes, et rapproche le temps d'un oiseau dont on ne peut empêcher la fuite : « Ô temps ! suspends ton vol » (v. 21). Les champs lexicaux du temps et de la rapidité parcourent ensemble le poème : « la nuit éternelle » (v. 2), « l'année » (v. 5), « Un soir » (v. 13), « heures » (v. 21), « votre cours » (v. 22), « rapides » (v. 23), « nos jours » (v. 24), « coulez » (v. 26), « quelques moments » (v. 29), « Le temps m'échappe et fuit » (v. 30)... Les allitérations en [l], présentes tout au long du texte, contribuent à suggérer l'écoulement ininterrompu des jours, tout en l'associant implicitement à l'eau.

Ainsi, le temps soumet l'homme à sa toute-puissance. Le poète rapporte le discours que Julie aurait adressé au temps : « et vous, heures propices ! / Suspendez votre cours : / Laissez-nous savourer les rapides délices / Des plus beaux de nos jours ! » (v. 21-24). En apostrophant le temps, Julie ou Elvire en fait un véritable personnage qu'elle implore : elle lui demande de ralentir sa course (dont les enjambements retranscrivent la vitesse, par exemple aux vers 31-32), afin de laisser les mortels profiter de leur existence. Or, le mouvement permanent du temps entraîne les hommes, perpétuellement emportés vers la mort, d'où la métaphore filée de la navigation : « toujours poussés vers de nouveaux rivages » (v. 1), « nous voguions » (v. 13), « L'homme n'a point de port » (v. 35)...

2. Victime de la fuite inexorable du temps, le poète se tourne vers la nature, à laquelle il attribue différents rôles. Elle est d'abord un refuge, une confidente. Le poète la tutoie et l'interpelle : l'exclamation lyrique « Ô lac ! » (v. 5) en fait un interlocuteur et l'adjectif hypocoristique « chéris » vient caractériser ses « flots » (v. 6). La proximité du poète avec le lac est renforcée par sa solitude : « Regarde ! je viens seul m'asseoir sur cette pierre / Où tu la vis s'asseoir ! » (v. 7-8).

En humanisant la nature, à laquelle il confère le sens de la vue, le poète en fait également le témoin « attentif » (v. 19) de ses souvenirs. Le poète se sent en osmose avec le lac à tel point que, dans sa mémoire, les « flots » des jours heureux sont « harmonieux » (v. 16). La brièveté de l'hexasyllabe, contrastant avec les alexandrins, redouble la diérèse « harmoni-eux », dont la musicalité et l'effet d'insistance mettent en valeur le bien-être incarné dans la nature. Cette nouvelle personnification participe à créer un paysage-état d'âme, notion prisée par les romantiques : la nature semble faire écho aux sentiments du « je » poétique.

Confidente du poète, elle est aussi la gardienne de ses souvenirs. Lamartine fait appel à sa mémoire en l'interrogeant : « Un soir, t'en souvient-il ? » (v. 13). Prenant ainsi la nature pour témoin, le poète décrit un souvenir de Julie, employant le système des temps du passé ; il fait ainsi revivre momentanément Julie. En effet, le poète la désigne par la synecdoque « la voix qui m'est chère » (v. 19) – ce qui n'est pas sans rappeler le mythe de la nymphe Écho, qui ne subsiste plus que par sa voix. Julie semble ainsi parler d'outre-tombe et dispenser aux lecteurs une leçon de vie dont la nature garde la mémoire. Le discours rapporté relève de l'ironie tragique dans la mesure où la défunte Julie, au moment de prononcer ces paroles, était déjà lucide quant à la force destructrice du temps (« Le temps m'échappe et fuit », v. 29). Mais ses paroles sont également une forme de *carpe diem*. Le dernier quatrain de l'extrait, par la répétition de l'impératif « Aimons donc » (v. 33) et la diérèse « jouissons » (v. 34), enjoint au lecteur de profiter de l'instant présent.

TEXTE 4 : Alfred de Vigny, « Le Cor », *Poèmes antiques et modernes* (1826)

p. 354

Objectifs et enjeux

- **Étudier un texte accordant une place essentielle à la nature et à la musicalité**
- **Percevoir l'intérêt des romantiques pour le Moyen Âge**

Lecture analytique

1. Dans « Le Cor », la nature fait pleinement écho à la solitude du poète, qui se définit en effet comme un être sensible et affectionnant l'isolement. Il se met en scène dès le vers 1 : « J'aime le son du Cor, le soir, au fond des bois ». Le poème débute ainsi sur l'affirmation, en des termes simples, d'un goût prononcé pour la musique d'un instrument, inscrivant d'emblée le texte dans la tonalité lyrique. De plus, le complément circonstanciel de temps « le soir » (v. 1), mis en relief juste après la césure, désigne un moment de solitude ; complété par l'indication de lieu « au fond des bois », il peint le portrait d'un homme cherchant à se retirer de la société humaine. L'exclamation des vers 5 et 6 reprend ces idées avec une certaine redondance : le poète insiste sur la fréquence de son retranchement (« Que de fois », « plus souvent »), et l'adjectif « seul » est suivi d'expressions formant un chiasme avec la fin du vers 1 : « dans l'ombre à minuit » (v. 5) fait écho à « le soir, au fond des bois » (v. 1), dessinant à nouveau un paysage nocturne et vide. L'antithèse entre « J'ai souri » et « plus souvent pleuré » (v. 6) confirme la propension du « je » à la mélancolie. D'ailleurs, si le cor est plus loin qualifié de « mélancolique et tendre » (v. 16), c'est sans doute pour établir une correspondance entre sa musique et le poète lui-même.

La nature semble donc être l'unique compagne du poète. L'exclamation lyrique « Ô montagne d'azur ! ô pays adoré ! » (v. 9) est une manière d'interpeller et de personnifier cette entité chère au cœur du poète. Les alexandrins suivants présentent une accumulation des éléments du paysage, laissant une place de choix à l'élément liquide : « Cascades » (v. 11), « Sources, gaves, ruisseaux, torrents des Pyrénées » (v. 12)... Le lexique mélioratif dépeint la montagne comme une sorte de reine : « trône des deux saisons, / Dont le front est de glace et les pieds de gazons ! » (v. 13-14). Ce cadre idyllique et protecteur – voire maternel si l'on songe à l'espace rond et clos du « cirque du Marboré » (v. 10) – offre un refuge idéal à celui qui veut s'adonner à la rêverie poétique, comme le souligne l'anaphore de « C'est là qu'il faut s'asseoir, c'est là qu'il faut entendre [...] » (v. 15).

2. Si le poète s'isole dans la nature, c'est notamment pour y jouir du son du cor, instrument auquel il confère le pouvoir de faire voyager dans le temps. La référence à cette musique structure tout le poème. En effet, le champ lexical de l'ouïe émaille le texte entier. Il se rapporte tout d'abord au son du cor, perçu par le poète et associé à un chant humain : « il chante » (v. 2), « ouïr » (v. 7), « entendre / Les airs lointains » (v. 15-16), « cette voix d'airain » (v. 18), « ses chants cadencés » (v. 19), « la voix du Cor » (v. 26). Mais il concerne aussi les éléments de la nature, qui semblent gagnés par le chant de l'instrument à vent : le cor entraîne « L'harmonieux grelot du jeune agneau qui bêle » (v. 21) et donne une voix à la cascade qui « unit [...] / Son éternelle plainte au chant de la romance » (v. 23-24). Il paraît même capable de suspendre le temps de la chasse :

la « biche aux abois » (v. 2) du premier quatrain s'arrête, « attentive » (v. 21) à la musique.

Outre ce pouvoir de transfiguration de la nature, le cor a la capacité de faire ressurgir un passé fantasmé. Le verbe modalisateur « croyais » (v. 7) indique qu'il s'agit là d'une impression du poète : il s'imagine transporté dans un passé épique et tragique, peuplé de « Paladins » mourants (v. 8). Le septième quatrain fait en effet renaître le Moyen Âge : à l'aide de questions rhétoriques, Vigny apostrophe les « Âmes des Chevaliers » (v. 25), dont il croit percevoir la « voix » (v. 26) d'outre-tombe à travers celle du cor. Le poète répète alors le nom de « Roncevaux » (v. 27) à la manière d'une incantation, en référence à la bataille célébrée dans la chanson de geste (*cf. La Chanson de Roland*, p. 102), et recourt à nouveau au fantastique : « L'ombre du grand Roland n'est donc pas consolée ! » (v. 28). Vigny fait ici figure de romantique bercé par une certaine vision du Moyen Âge, idéalisant et réactualisant au présent de l'indicatif les héros du passé : il fait pour ainsi dire entendre l'esprit de Roland à travers les allitérations en [R] et les assonances en [ã] et [õ]. Finalement, ce qui est doté d'un pouvoir incantatoire, ce n'est pas tant le chant du cor que celui de la poésie.

TEXTE 5 : Alfred de Musset, « La Nuit de mai », *Les Nuits* (1835-1837) p. 355

Objectifs et enjeux

→ **Analyser le sens d'un apologue animalier**

→ **Comprendre le rôle de la souffrance intime dans la création poétique**

Lecture analytique

1. La réplique théâtralisée de la Muse, déesse qui incarne l'inspiration artistique, développe une argumentation rigoureuse. Musset y formule sa thèse de manière didactique. La Muse tutoie le poète et, par les impératifs « Laisse-la » (v. 2), « ne crois pas » (v. 5), lui prodigue des conseils qui sont autant de leçons de conduite et d'écriture. Si dans un premier temps (v. 1-4) elle admet la souffrance de son interlocuteur, dans un deuxième temps, introduit par la conjonction adversative « Mais » (v. 5), elle affirme la nécessité de continuer à écrire malgré la douleur ou, plutôt, à partir de cette douleur même. La « voix » (v. 6) du poète doit se faire entendre, car « Les plus désespérés sont les chants les plus beaux » (v. 7). À l'aide de maximes au présent de vérité générale, la déesse soutient la thèse romantique de la souffrance créatrice ; de même, au vers 4, elle joue sur le double sens de l'adjectif « grand » : une « grande douleur » rend les hommes « grands », ou, autrement dit, un mal intense élève au-dessus de l'humanité ordinaire. Des vers 9 à 37, la Muse recourt à l'apologue du pélican pour illustrer son propos. Les vers 38 à 41 constituent la clôture de l'argumentation : ils explicitent le sens à tirer du récit en comparant le poète et le pélican (v. 38 et 41). Le présent de narration cède alors à la place au présent de vérité générale.

L'étape de l'argumentation la plus développée reste l'apologue. Par l'entremise de la Muse, Musset met en scène un récit doté d'une dimension symbolique, rythmé et imagé. L'apologue commence par l'entrée en scène du pélican, dans une atmosphère lugubre suggérée par le complément circonstanciel « Dans les brouillards du soir » (v. 10). L'oiseau revient d'un voyage épuisant en quête de nourriture : son rôle de père nourricier est indiqué par la mention de « Ses petits affamés » (v. 11). Or, la progéniture du pélican semble plongée dans l'illusion : le participe passé « croyant » (v. 13) indique qu'ils pensent voir leur père apporter une pêche conséquente. À cette « joie » (v. 14) s'oppose la conscience tragique du pélican, soulignée par le parallélisme « L'Océan était vide et la plage déserte » (v. 21), qui nous plonge dans le point de vue interne de l'oiseau. À partir du vers 23 se déploie alors le sacrifice du pélican, annoncé par l'alexandrin précédent : « Pour toute nourriture il apporte son cœur » (v. 22). Le nom « cœur » est ici à comprendre à la fois au sens figuré, comme métonymie de l'amour paternel, et au sens propre, car le pélican fait don de ses « entrailles » (v. 24) à ses enfants. La surenchère des vers 29 à 31 assimile son attitude à un suicide tragique.

2. L'apologue du pélican est une allégorie du poète et de sa mission. L'oiseau, qui cherche en vain une nourriture et ne trouve de solution que dans le sacrifice, incarne à la fois la souffrance personnelle de Musset et le « mal du siècle » romantique. Sa personnification en « Pêcheur mélancolique » (v. 18) en fait aussi le double du poète. Le champ lexical de la souffrance, au fil du texte, insiste sur la torture physique du pélican, métaphore filée de la douleur morale du poète : « Le sang coule à longs flots de sa poitrine ouverte » (v. 19), « sa sanglante mamelle » (v. 26), « un trop long supplice » (v. 30)... Le rythme ternaire du vers 28, « Ivre de volupté, de tendresse et d'horreur », qui associe le plaisir et le mal, semble révéler une forme de complaisance pour le malheur. Ce paradoxe s'explique par la sublimation de la souffrance, car la torture du pélican est transmuée en chant : « il berce sa douleur » (v. 25), il pousse un « cri sauvage » (v. 33), bouleversant « oiseaux » (v. 35) et « voyageur » (v. 36). De même, au début du discours de la Muse, la rime entre « beaux » et « sanglots » (v. 7-8) suggère que les larmes des poètes peuvent se transformer en beauté.

Le poète comme le pélican semblent donc accéder à une dimension supérieure. Les références religieuses abondent dans l'apologue : l'oiseau « regarde les cieux » (v. 18), nourrit ses fils de « ses entrailles de père » (v. 24), tel le Christ donnant son corps à partager dans l'eucharistie, et incite le voyageur qui l'entend à invoquer « Dieu » (v. 37). En mettant en parallèle le « divin sacrifice » (v. 29) du pélican et la « sainte blessure » (v. 2) du poète meurtri dans son amour, la Muse transfigure les êtres souffrants, dont la voix devient chant. Le sacrifice leur permet alors de se rapprocher du divin, métaphorisé par la « roche élevée » (v. 16) qu'élit le pélican. Selon une perspective très romantique, le tragique amène donc au sublime.

Le sacrifice du pélican symbolise ainsi celui du poète. Outre les analogies finales, le poète et l'oiseau sont associés par des expressions proches : le « festin de mort » dont le pélican est victime, souligné par les allitérations en [s] de l'alexandrin (« Sur son festin de mort il s'affaisse et chancelle », v. 27), annonce les « festins humains » (v. 40) que les poètes livrent aux hommes. Musset emploie ici la métaphore du cannibalisme pour montrer à quel point ces êtres sacrifiés rassasient ceux qui les entourent, au sens propre pour le pélican, figuré pour le poète. En effet, l'oiseau suscite des « cris de joie » (v. 14) chez ses petits, le poète permet à la société de « s'égayer » (v. 39) : par sa faculté à muer sa douleur en chant poétique, il procure un plaisir esthétique à ses lecteurs. C'est donc bien une écriture du « cœur » frappé (v. 33) que prône Musset, le geste du pélican rappelant sa célèbre citation : « Ah ! frappe-toi le cœur, c'est là qu'est le génie » (« À mon ami Édouard B. », *Premières poésies*, 1835). Bien qu'il fasse don de son sang pour ravir « ceux qui vivent un temps » (v. 39), le poète atteint l'immortalité par l'écriture même de sa douleur « funèbre » (v. 34) : la place de l'adjectif « immortels », juste avant la césure du vers 8, donne en effet plus de force à la maxime de la Muse.

TEXTE 6 : Victor Hugo, « Demain, dès l'aube… », *Les Contemplations* (1856) p. 356

Objectifs et enjeux

- **Redécouvrir un poème célèbre où le poète s'inspire de son vécu**
- **Comprendre la fonction symbolique de l'écriture poétique**

Lecture analytique

1. Ce poème célèbre a d'abord la particularité de se fonder sur une révélation progressive du destinataire. Une lecture rapide de la première strophe donne l'impression qu'Hugo s'adresse à une amante, toujours vivante. En effet, une relation d'affection profonde lie les deux personnages : un « je » s'adresse à un « tu », pronoms de l'intimité, et éprouve un véritable manque en l'absence de l'être aimé, ce qu'il exprime par la négation « Je ne puis demeurer loin de toi plus longtemps » (v. 4). L'amour prend un caractère obsessionnel qui pousse le poète à partir seul et à se détourner de toutes les distractions présentes sur son chemin : l'anaphore « ni l'or du soir qui tombe, / Ni les voiles au loin » (v. 9-10) signifie que le poète est prêt à se rendre aveugle aux beautés du monde jusqu'à retrouver la personne qui occupe son cœur. L'emploi du futur, tout au long du poème, laisse attendre une sorte de rendez-vous.

Cependant, même si le lecteur ignore la biographie d'Hugo, différents éléments lui font comprendre que le poète dédie son poème à sa fille morte. Les deux derniers vers forment une chute : le moment de l'arrivée, attendu tout au long du poème, survient ici comme un coup de théâtre, avec l'apparition du mot « tombe » (v. 11) et la mention du bouquet mortuaire dans le dernier alexandrin. Mais, en réalité, cette chute était préparée : plusieurs détails peuvent être lus rétrospectivement comme suggérant la mort de l'être aimé. De fait, la recherche obsessionnelle de l'isolement par le poète, mise en valeur par le rejet de l'adjectif « Triste » (v. 8), s'apparente à une démarche de deuil ; l'accumulation du vers 7, « Seul, inconnu, le dos courbé, les mains croisées », souligne sa posture d'accablement et de recueillement ; enfin, la rime qui associe les homonymes « tombe » (verbe, v. 9) et « tombe » (nom, v. 11) se révèle programmatique.

2. C'est donc un véritable pèlerinage que le poète projette d'entreprendre. Les éléments abondent quant à sa progression spatio-temporelle. Le vers 1 est constitué d'indications de temps de plus en plus précises, fixant le moment du départ à « l'aube » du lendemain, c'est-à-dire le jour des quatre ans de la mort de Léopoldine. Le texte se clôt par l'image du crépuscule, suggéré par la métaphore « l'or du soir qui tombe » (v. 9). Le voyage occupera donc toute une journée. L'anaphore du premier quatrain, « J'irai par la forêt, j'irai par la montagne » (v. 3), insiste sur le caractère sauvage et ardu de l'itinéraire. La troisième strophe, avec la synecdoque des « voiles » et le toponyme « Harfleur » (v. 10), montre, quant à elle, un paysage fluvial. À ce changement du paysage correspondent des variations de l'alexandrin, parfois traditionnel comme dans le vers 3, parfois un trimètre romantique, aux vers 5 et 7 par exemple.

La démarche du poète est caractérisée par la détermination. Plusieurs verbes au futur sont des verbes d'action, signalant les étapes du parcours : « Je partirai » (v. 2), « J'irai » (v. 3), « Je marcherai » (v. 5), « j'arriverai » (v. 11). L'anaphore du pronom personnel « je » exprime clairement la volonté infaillible du poète, qui a pour seul objectif de rejoindre Léopoldine. Le trimètre du vers 5, par les pauses qui mettent en valeur les assonances en [e], attire l'attention sur cette détermination : « Je marcherai // les yeux fixés // sur mes pensées ».

3. Le poème interroge, de plus, les fonctions de l'écriture poétique. Il lui donne une fonction thérapeutique : la poésie aide à surmonter la douleur. Associer à la défunte les marques de la 2e personne et le présent d'énonciation (« tu m'attends », v. 2) donne l'impression d'une présence recréée et permet à Hugo de dialoguer avec sa fille disparue. L'expression de la souffrance du « moi » se trouve sublimée par la poésie : malgré son apparente simplicité, ce poème est sans doute resté célèbre pour ses images poétiques et sa façon d'universaliser sa douleur. Ainsi, le motif de l'homme accomplissant un pèlerinage solitaire peut faire sens pour tout lecteur. En outre, par l'emploi récurrent du futur, le poète s'encourage à entreprendre son parcours commémoratif : l'écriture lui permet donc de se projeter concrètement dans l'avenir.

Enfin, c'est la fonction mémorielle de la poésie qui se trouve ici incarnée. La symbolique du bouquet de « houx vert et de bruyère en fleur » (v. 12) est forte : il métaphorise à la fois la douleur (le houx est un arbuste piquant) et la beauté. Mais surtout, il est symbole d'immortalité : le feuillage du houx est persistant et la bruyère n'est pas fanée mais en plein épanouissement. Finalement, c'est la vie qui, dans ce poème, semble surmonter la mort : plutôt que de se fermer sur le mot « tombe », le texte s'ouvre sur le mot « fleur ». Grâce à l'écriture poétique, Hugo honore la mémoire de sa fille et la rend immortelle.

TEXTE ÉCHO : Victor Hugo, *Lettre à Léopoldine* (1834) p. 357

Objectifs et enjeux

→ **Mettre en contexte le projet de Hugo, composer les « Mémoires d'une âme »**

→ **Confronter l'écriture épistolaire dans le cadre intime et la poésie autobiographique**

Lecture comparée

1. Ce texte est une lettre intime adressée à Léopoldine Hugo, la fille préférée du poète. Il s'agit donc de l'écriture épistolaire d'un « petit papa » (l. 27) à son enfant. Plusieurs périphrases hypocoristiques désignent Léopoldine : « ma poupée » (l. 1 et 12), « mon cher petit ange » (l. 1), « ma Didine » (l. 22). Le poète fait également référence aux autres membres du cercle familial : la « maman » (l. 9), « mon gros Charlot et ma petite Dédé » (l. 19-20) et « mon pauvre Toto l'exilé » (l. 20-21). Si Hugo utilise un vocabulaire enfantin, c'est que sa fille n'a alors pas dix ans. Ce minimalisme du lexique se double d'une épuration de la syntaxe : « La mer est grande, les églises sont belles, les campagnes sont jolies » (l. 4-6). Le poète cherche à être compris par sa fille, à qui il écrit pendant un voyage. En effet, il insiste sur la promesse tenue d'écrire à Léopoldine (l. 1-2) et évoque son retour proche (l. 17). Cette lettre de circonstance permet à Hugo d'enseigner la charité à sa fille, à travers la description pathétique des « pauvres enfants qui allaient pieds nus au bord des routes » (l. 14-16), mais surtout d'exprimer son amour de père.

De fait, l'écriture de cette lettre se caractérise par l'expression touchante de l'affection paternelle. Outre les nombreux hypocoristiques, cet aspect se retrouve dans la comparaison des lignes 6 à 11 : « les campagnes sont moins jolies que toi, les églises sont moins belles que ta maman, la mer est moins grande que mon amour pour vous tous ». Par cette analogie valorisante pour la famille du poète, l'amour qu'il a pour elle semble prendre les dimensions de l'univers. Le champ lexical des sentiments émaille d'ailleurs la lettre, dans un lyrisme simple : « Je vous aime bien » (l. 16), « j'espère » (l. 20), « nous nous aimerons bien » (l. 24), « comme je t'aime » (l. 26). La projection dans le futur du dernier paragraphe imagine la transmission de cet amour filial, mais elle prend une connotation tragique pour le lecteur connaissant la destinée de Léopoldine.

2. Si l'écriture épistolaire diffère de l'écriture poétique, on trouve ici des éléments repris et sublimés dans « Demain, dès l'aube... ». Plusieurs points communs rapprochent les deux textes. La situation d'énonciation semble identique : un « je » s'adresse à un « tu », ce qui apparente le poème à une lettre. Hugo recourt par ailleurs à quelques procédés poétiques, comme les anaphores et les hyperboles du deuxième paragraphe ; alors que le poète compare ici la beauté de sa fille à celle des « campagnes » (l. 7), il exprime un chagrin intense dans le vers 8 du poème en affirmant : « le jour pour moi sera comme la nuit ». La perception du monde par le poète est donc directement influencée par ses sentiments pour Léopoldine. Dans la lettre, la difficulté de l'absence, ici ponctuelle, est soulignée par l'expression « Encore quelques heures » (l. 17). On trouve aussi, dans ces deux formes littéraires, la fonction expressive mais aussi la fonction mémorielle de l'écriture : Hugo rédige cette lettre pour qu'elle soit relue plus tard par Léopoldine, comme il le lui demande avec la tournure injonctive « Garde toujours cette lettre » (l. 22-23).

Toutefois, ces différents éléments sont transfigurés par le genre poétique. L'écriture poétique s'avère plus travaillée : Hugo emploie des alexandrins, joue sur les rimes, crée des images poétiques plus élaborées (comme « l'or du soir qui tombe », v. 9). Mais, surtout, le poème, destiné à être lu ailleurs que dans le cercle familial, se caractérise par une absence d'identification des personnages, qui le rend apte à concerner n'importe quel lecteur. Paradoxalement, l'écriture poétique est autant subjective qu'impersonnelle, autant intime qu'universelle. L'immortalisation de Léopoldine par le travail poétique en prend d'autant plus d'ampleur.

III. Mener des combats (p. 358-359)

TEXTE 7 : Alphonse de Lamartine, « À Némésis », *Odes politiques* (1832) p. 358

Objectifs et enjeux

→ **Contextualiser la condamnation du lyrisme pur**
→ **Étudier l'engagement du poète romantique**

Lecture analytique

1. Dans cet extrait du poème « À Némésis », Lamartine fait de la poésie une arme de combat. En effet, la tonalité polémique caractérise ce texte à la ponctuation expressive, écrit en réponse aux accusations de Barthélémy dans le journal *Némésis*. Son titre annonce une riposte, la déesse Némésis incarnant d'ailleurs la juste colère, voire la vengeance. Le tutoiement du troisième huitain s'avère particulièrement agressif : l'anaphore du verbe « Tu crois » (v. 18 et 21) permet de dénoncer les erreurs de l'interlocuteur. Lamartine entreprend donc de rétablir la vérité : « Tu crois [...] / Que le ciel m'a jeté la bassesse et la lyre, / À toi l'âme du citoyen ? » (v. 21-24). La question rhétorique, qui vise à interpeller l'adversaire autant que le lecteur, suggère que la « lyre », c'est-à-dire l'instrument poétique, et le rôle de « citoyen » ne sont, en réalité, pas dissociés, mais se réunissent en Lamartine. Le poète jette ainsi l'opprobre sur les poètes qui se cantonnent à un lyrisme purement esthétique ou sentimental, alors que la situation politique requiert des actes : c'est le sens de l'anaphore restée célèbre « Honte à qui peut chanter pendant que [...] » (v. 1, 5 et 9). La poésie, désignée par la périphrase « l'arme qui reste », est en effet l'ultime recours qui permettra de « combattre » (v. 13).

Pour faire face à l'urgence du combat, Lamartine mobilise également la tonalité épique. Elle lui permet de s'exhorter à l'action et de rallier les lecteurs à sa cause. Ainsi, il dépeint une situation apocalyptique, à travers le champ lexical du feu : « Rome brûle » (v. 1), « l'incendie en fleuve ardent circule » (v. 3), « si la flamme / Dévore déjà son foyer ! » (v. 7-8), « leur torche » (v. 10). L'enjambement des vers 7 et 8 transcrit l'imminence de l'embrasement. Au cœur de ce chaos, le poète fait figure de héros : alors que l'anaphore « C'est l'heure de » (v. 13-14) rappelle l'urgence de la situation, les métonymies de « la voix et du geste » (v. 15) identifient la parole poétique et l'action politique comme ultimes instruments de la lutte. Lamartine, tel un héros épique, apparaît seul contre l'adversité.

2. Le poète engagé accorde une place de choix aux références antiques dans son poème. Les noms propres y renvoyant sont mis en valeur par leur place en fin de vers (« Rome », v. 1 ; « Néron », v. 2 ; « Panthéon » ; v. 4 ; « Césars », v. 12 ; « Rostre ensanglanté », v. 14) ou bien à l'hémistiche (« Séjan », v. 21). En outre, le poète procède à une dramatisation littéraire. La métaphore de l'« incendie en fleuve ardent » (v. 3) et le parallélisme du vers 4, « Des temples au palais, du cirque au Panthéon », invoquent l'exemple du célèbre incendie qui ravagea Rome en 64, dans une description chaotique qui suscite l'effroi chez le lecteur. Lamartine passe ensuite à la tonalité pathétique dans les vers 5 à 8, en attirant la pitié sur « chaque femme » (v. 5) et « chaque citoyen » (v. 7) : on peut noter l'emploi du déterminant indéfini qui permet d'isoler les victimes. De plus, la personnification de la « mort » (v. 6) et du feu avide (v. 8) contribuent à créer un effet d'horreur. Usant d'un lexique manichéen, le poète oppose ces victimes aux « sicaires » (v. 9) armés, sujets de verbes d'action violents : « Jettent les dieux proscrits aux rires populaires, / Ou traînent aux égouts les bustes des Césars » (v. 11-12). Cette inversion des valeurs, rendue sensible par les antithèses, fait entrevoir le chaos.

Les finalités de cette référence à l'Antiquité sont multiples. Lamartine entend d'abord employer ces exemples canoniques, universels, pour condamner la passivité des poètes lyriques : ils sont associés au sanguinaire Néron, empereur et poète, dans des vers dont le rythme quaternaire met l'accent sur les mots-clés : « S'il n'a l'âme // et la lyre // et les yeux // de Néron ! » (v. 2). En parallèle, Lamartine cherche à donner de la légitimité à son engagement. Il s'imagine alors « monter au Rostre ensanglanté » (v. 14), image puissante lui donnant la fonction de porte-parole et de défenseur d'une société en péril. Enfin, il tâche d'inscrire son combat dans l'Histoire : en jouant sur les antithèses de « L'esclavage » et de « la liberté » (v. 20) et en défendant les valeurs de la tradition, de la religion et de la liberté à travers l'exclamation du vers 16 (« Rome, les dieux, la liberté ! »), il se hisse au rang de figure historique.

TEXTE 8 : Victor Hugo, « Ultima verba », *Les Châtiments* (1852)

p. 359

Objectifs et enjeux

- **Analyser l'entremêlement des tonalités au service du combat**
- **Étudier la figure hugolienne du poète romantique**

Lecture analytique

1. Hugo dénonce violemment Napoléon III et son régime. La date inscrite par le poète à la fin du texte en fait un poème-anniversaire du coup d'État de Louis-Napoléon Bonaparte : il vise donc à remettre en question sa confiscation du pouvoir. Hugo attaque frontalement l'empereur : il le tutoie et le surnomme « César » (v. 8) ou encore « Sylla » (v. 26), non pas pour évoquer sa gloire, mais pour l'assimiler à un dictateur. Il dénonce l'usurpation du pouvoir par l'empereur en opposant, en fin de vers, le « Louvre » (v. 7), palais royal investi par Napoléon III, et le « cabanon » (v. 8) misérable qu'il mérite en réalité. Cette antithèse ironique fait la satire de l'interlocuteur, mis à distance à partir du vers 13, où Hugo abandonne le tutoiement pour employer par mépris le pronom personnel « il ».

Mais Hugo fustige également les complices de Napoléon III. La synecdoque dévalorisante des « têtes courbées » (v. 9) accuse les lâches qui se sont rangés aux côtés de l'empereur. Ces traîtres sont qualifiés de « valets » (v. 7), terme péjoratif qui dégrade leur rang social tout en les dépeignant comme des simples sbires. De façon plus discrète, Hugo condamne également le clergé par le pronom indéfini « on » associé au verbe « bénit » (v. 4). Par le chiasme sémantique des vers 3 et 4 (« la gloire à tout ce qu'on insulte / [...] l'opprobre à tout ce qu'on bénit »), le poète fait entendre qu'il va, dans un monde qui inverse les valeurs, rétablir la vérité.

2. Cette tonalité polémique se mêle toutefois à un certain lyrisme, invoqué pour traduire l'expérience de l'exil. Le poète exprime, entre autres, la nostalgie du pays natal et la douleur d'avoir perdu ses amis. Au début de l'extrait, il interpelle ces derniers par l'apostrophe méliorative « Mes nobles compagnons » (v. 1). Il affirme aussi se sentir conforté dans son exil par l'idée de la « République » (v. 2), personnifiée comme une présence ralliant les « bannis » malgré leur éloignement dans l'espace. Cependant, Hugo évoque son pays avec mélancolie : les exclamations « France ! » (v. 14 et 16), la proposition relative « qu'on pleure toujours » (v. 14) et l'anaphore de la négation « Je ne reverrai pas » (v. 15 et 17) introduisent dans le poème des accents élégiaques. Le poète rappelle, par l'oxymore « Tombeau de mes aïeux et nid de mes amours » (v. 16), que toute son existence est rattachée à la France. Cette dernière, personnifiée à travers le tutoiement et l'usage des adjectifs dans « ta terre douce et triste » (v. 15), semble elle-même gagnée par la peine.

Cependant, si le bannissement est à l'origine subi, Hugo le transforme en exil assumé. Les verbes d'action, avec « je » pour sujet, expriment sa détermination à continuer à résister : « je planterai ma tente » (v. 19), « J'accepte l'âpre exil » (v. 21), « Je resterai proscrit, voulant rester debout » (v. 20). En effet, comme le soulignent la répétition du verbe « rester » et le rythme binaire dans le vers 20, selon le poète, la seule solution pour garder son intégrité est de demeurer exilé. Pour renforcer son courage, Hugo invoque l'allégorie de la « fidélité » (v. 11) à travers une apostrophe incantatoire, renforcée par la polysyndète : « Sois ma force et ma joie et mon pilier d'airain ! » (v. 12).

3. « Ultima verba » dresse ainsi l'autoportrait du poète. Hugo incarne la lutte contre l'oppression. Le vers 10 théâtralise son attitude : « Je croiserai les bras, indigné, mais serein », dans un oxymore qui le présente comme une force tranquille. Il se grandit également par deux références : le titre « Ultima verba » (« derniers mots » en latin) désigne habituellement les dernières paroles d'un mourant, et la mention du « sac de cendre » (v. 5) renvoie à la Bible, où plusieurs personnages, en particulier le prophète Daniel, se couvrent de cendre en signe de deuil ou de pénitence. Le poète se dépeint ainsi comme hors de la vie humaine, marqué par la noirceur et portant le deuil de la France perdue. Mais c'est aussi un prophète prédisant un avenir plus juste que le présent ; les nombreux futurs du poème peuvent en effet être interprétés dans ce sens. La parole poétique a donc une valeur performative : le parallélisme et les métonymies « La voix qui dit : malheur ! La bouche qui dit : non ! » (v. 6) attribuent à la poésie le pouvoir de condamner et de résister. Le poète va jusqu'à se caractériser en véritable héros épique. Le dernier quatrain se fonde sur une gradation descendante qui décrit l'amenuisement des troupes faisant face à Napoléon III : « mille » (v. 25), puis « cent » (v. 26), puis « dix » (v. 27), puis « un » (v. 28). Ces chiffres, évidemment hypothétiques, permettent de mettre en valeur la ténacité héroïque du poète, dont le « je » s'affirme, placé presque systématiquement après la césure (v. 26, 27 et 28). De manière hyperbolique, Hugo s'imagine faire face seul à l'empereur, dans un dernier duel.

IV. Un lyrisme nouveau ? (p. 360-365)

TEXTE 9 : Anna de Noailles, « Le Temps de vivre », *Le Cœur innombrable* (1901) p. 360

Objectifs et enjeux

- → **Étudier un poème du xxe siècle qui prolonge le Romantisme par ses thèmes**
- → **Étudier la tonalité élégiaque**

Lecture analytique

1. Le titre du poème indique clairement l'orientation du texte : il s'agit d'une méditation sur la façon dont il faut employer le temps qui nous est imparti. La poétesse fait ainsi le constat de la brièveté de la vie dès la première strophe. Au vers 1, l'emploi de l'adverbe « déjà » et de la métaphore du « soir » de la vie inscrivent le poème dans cette thématique, récurrente en poésie. Les vers 3 et 4 affirment cette brièveté à travers deux images : celle du raisin qui va « de la vigne au pressoir » (v. 3) et celle du jour, qui va de « l'aube » au soir (v. 4). Le présent de vérité générale donne une portée presque proverbiale à cette affirmation. Les vers 9 à 20 développent également l'idée selon laquelle la vie est brève, en développant l'exemple de ceux qui n'ont pas su en profiter. Cette idée s'exprime à travers différentes images : ces hommes n'ont pas « bu le miel ni respiré le vent » (v. 11), ils n'ont pas « goûté la vie » (v. 15). La poétesse oppose ainsi le plein et le vide : à tout ce que ces hommes n'ont pas su prendre ou donner, s'oppose une mort marquée par le vide, comme l'indique la périphrase « cette ombre où l'on dort / Sans rêve et sans haleine » (v. 19-20). Le vide de cette existence est aussi traduit par l'emploi des tournures négatives « ils n'ont pas goûté » (v. 15) et « n'ont pas répandu » (v. 17).

Devant ce constat accablant, la poétesse semble s'adresser à elle-même et s'invite à cueillir la vie. La première strophe contient déjà une incitation à profiter de l'existence : « Respire ta jeunesse » (v. 2). D'autres verbes à l'impératif redoublent cette invite : « Garde » (v. 5), « Aime » (v. 7) ou « regarde » (v. 29). Au vide de l'existence d'autrui, le texte oppose la plénitude d'une vie d'ouverture au monde et aux autres. Ainsi, aux vers 21 à 22, l'accumulation de substantifs au pluriel dans « Sois innombrable à force de désirs / De frissons et d'extase », organisée selon un rythme ternaire, traduit cette idée de plénitude. Le mode de vie que prône la poétesse permet alors d'accéder à une certaine sagesse, à une certaine sérénité, comme l'indique la formule de la dernière strophe : « sans regret ni tourment » (v. 29). Le poème s'inscrit donc, par ses thèmes, dans une longue tradition poétique illustrée par Horace, Ronsard ou encore Lamartine (*cf.* p. 334, 345 et 353).

2. Cette dimension traditionnelle du poème, qui se fait chant élégiaque, est aussi visible dans les choix formels d'Anna de Noailles. Le poème est en effet composé de huit quatrains aux rimes croisées. Chaque quatrain fait alterner un alexandrin et un hexasyllabe. Or, ce choix fait penser aux poèmes de Lamartine ou de Musset, dont les stances évoquaient déjà la fuite du temps. L'alternance d'un vers long et d'un vers bref peut aussi rappeler le distique élégiaque de la poésie antique. Si le poème peut être défini comme un chant élégiaque de déploration, c'est aussi pour sa musicalité. L'anaphore de « combien s'en sont allés » (v. 9 et 13) rythme le texte et fonctionne comme un refrain. Les allitérations renforcent également la musicalité du texte. On peut par exemple relever l'allitération en [s] aux vers 13 et 14, ou celle en [l] et [m] aux vers 6 et 7. Le rythme des alexandrins est, lui aussi, classique et marqué par une grande régularité des coupes et des accents, comme on peut le voir au vers 19 : « Les voici // maintenant // dans cette ombre // où l'on dort ». La tonalité élégiaque est enfin donnée par les images funèbres employées par la poétesse. À titre d'exemple, on peut relever « Combien s'en sont allés qui ce soir sont pareils / Aux racines des ronces » (v. 13-14) ou « Les voici maintenant dans cette ombre où l'on dort » (v. 19). On voit donc que, alors que d'autres poètes explorent les voies de la modernité, Anna de Noailles fait le choix de s'inscrire dans la longue tradition littéraire du *carpe diem*.

TEXTE 10 : Saint-John Perse, « La Ville », *Éloges* (1911) p. 361

Objectifs et enjeux

- → **Étudier un poème en versets**
- → **Observer le renouvellement lyrique dans l'évocation de la nature**

Lecture analytique

1. Le poète s'adresse à Robinson et l'aide à reconstituer le paysage de l'île qu'il a quittée. On observe au fil des premiers versets un glissement qui rend cette dernière plus présente : on passe ainsi de « *ce soir près de ton Île* » (l. 1) à « *c'est le soir sur ton Île* » (l. 6). Ce lieu, non nommé, est désigné avec une majuscule qui la magnifie. Le texte s'attache ainsi à en restituer l'atmosphère, recréant un paysage insulaire plein de vie. Le poète met en avant la fécondité foisonnante de la nature, avec « *tout est salé, tout est visqueux et lourd comme la vie des plasmes* » (l. 11-12) ; de même, la plage est « *lavée des courants chauds et des laitances* » (l. 15) et « *Les vases sont fécondées* » (l. 18-19). On assiste même à la naissance de perles : « *c'est la déglutition de deux perles gonflant leur gosier jaune* » (l. 22-23). Enfin, le poète fait entendre, par une personnification qui rapproche la mer d'un nouveau-né, le « *Vagissement* » des eaux (l. 24). Par ailleurs, l'impression de foisonnement est rendue par l'emploi récurrent du pluriel, par exemple : « *Sous les palétuviers qui la propagent, des poissons lents parmi la boue ont délivré des bulles avec leur tête plate* » (l. 17-18). Le poète s'attache également à restituer les sons d'une nature bruyante. L'antithèse des lignes 3 à 4 met déjà l'accent sur le sens de l'ouïe : « *le silence multipliera l'exclamation des astres solitaires* ». On relève aussi « *le fruit creux, sourd d'insectes, tombe dans l'eau des criques, fouillant son bruit* » (l. 13-14) ou « *Entends claquer les bêtes creuses dans leurs coques* » (l. 19), passage où l'allitération en [k] fonctionne comme une harmonie imitative. Enfin, la description restitue l'atmosphère étrange de la nature tropicale. L'emploi de termes génériques comme « *bêtes* » (l. 19 et 21) laisse l'imagination du lecteur travailler et participer à l'élaboration du texte.

2. Le poème s'inscrit dans la tonalité lyrique : le texte s'ouvre sur une apostrophe exclamative, comme le ferait une ode. Le poète, qui cherche à provoquer l'admiration de Crusoé, se situe dès les premières lignes dans le registre de l'éloge, comme l'indique le titre du recueil : « le ciel qui se rapproche louangera la mer » (l. 1-2). Plusieurs passages rendent compte de cette admiration, par exemple la métaphore « le vase sans défaut de la mer » (l. 7-8). Le rythme des phrases traduit l'enthousiasme du poète, à l'instar de « Ce sont de grandes fleurs mouvantes en voyage, des fleurs vivantes à jamais, et qui ne cesseront de croître par le monde » (l. 25-26) : la cadence ternaire et la répétition de « fleurs » semble transcrire l'étonnement devant la végétation. De même, l'exclamation « *Ô la couleur des brises circulant sur les eaux calmes, / les palmes des palmiers qui bougent !* » (l. 27-28) trahit un émerveillement devant le paysage exotique. La vision de l'île, quittée mais imaginée, provoque même de la joie, exprimée de façon très appuyée à la fin du texte par la répétition et l'exclamation : « Joie ! ô joie déliée dans les hauteurs du ciel ! » (l. 32). Le texte se clôt sur l'expression d'une fusion avec les éléments naturels : « Crusoé ! tu es là ! Et ta face est offerte aux signes de la nuit, comme une paume renversée » (l. 33). Il s'agit bien pour le poète, à travers la figure de l'exilé qu'est Crusoé, de retrouver la joie ressentie dans un pays lointain, en abolissant par la parole poétique la distance et le temps. À la fin du texte, la nature n'est plus mentionnée comme un horizon que la pensée suscite, mais Robinson est bien « là » (l. 33), présent sur l'île, grâce à l'écriture poétique.

TEXTE 11 : Victor Segalen, « Perdre le Midi quotidien... », *Stèles* (1912) p. 362

Objectifs et enjeux

- → **Étudier un poème en versets**
- → **Aborder le thème du voyage en poésie**
- → **Examiner comment l'écriture poétique devient une quête de soi**

Lecture analytique

1. Le poème se présente comme un parcours à travers un espace imaginaire, presque abstrait, que le poète se propose d'explorer et dans lequel il entraîne le lecteur. L'invitation est formulée à l'aide de verbes à l'infinitif qui scandent le texte. La première phrase (« perdre le Midi quotidien », l. 1) invite le poète comme le lecteur à oublier leurs repères ordinaires pour entamer un voyage initiatique. Des lignes 1 à 6, de courtes propositions non verbales juxtaposées décrivent les étapes du voyage, à travers différents éléments (« des cours, des arches, des ponts », l. 1 ; « aux marches, aux rampes, aux escalades », l. 2 ; « la stèle précise », l. 3 ; les « Points du Ciel », l. 6) qui rappellent de façon discrète les éléments de décor présents sur les peintures et estampes de la culture chinoise classique. Cependant, ils n'évoquent la Chine que de manière allusive (Segalen refusant en effet tout exotisme factice) et restent suffisamment vagues pour laisser au lecteur le soin d'imaginer précisément leur aspect. Ce n'est donc pas tant à un voyage dépaysant qu'à une exploration intérieure que le lecteur est convié. Les étapes de ce voyage sont aussi marquées par des verbes de mouvement, comme « traverser » (l. 1), « Éviter » (l. 3), « contourner » (l. 3) ou encore « revenir » (l. 4). Dans la dernière partie du texte, le poète arrive dans un espace nouveau, qui est, au sens propre, un « ailleurs » (l. 11) indéterminé. On y accède par une « porte en forme de cercle parfait » (l. 11), qui peut aussi rappeler un élément architectural chinois. La parenthèse décrit cet espace de façon abstraite : « au beau milieu du lac en forme de cercle parfait, cet abri fermé, circulaire, au beau milieu du lac, et de tout » (l. 11-13). La répétition de « milieu » et l'écho entre « cercle » et « circulaire » font du point d'aboutissement du parcours un lieu imaginaire à la forte portée symbolique.

2. En effet, ce voyage est avant tout une quête de soi. Il s'agit pour le poète de se trouver lui-même, par une forme de dépaysement qui abolit tous les repères. Ainsi, on remarque la récurrence des termes qui expriment le désir de s'affranchir des bornes : « perdre le Midi quotidien » (l. 1), « tenter les chemins bifurqués » (l. 1-2), ou encore « égarer enfin le quadruple sens des Points du Ciel » (l. 6). Il s'agit pour le poète de « Tout confondre » (l. 14). Cette perte des repères passe, en particulier, par le détachement d'avec tout ce qui est familier, ce qu'indique l'expression du but dans « tout cela, pour tromper aussi vos chères poursuites » (l. 7-8). L'énumération « amis, parents, familiers et femmes » (l. 7) précise de quoi le poète cherche à s'éloigner. L'interrogative indirecte développée aux lignes 8 à 10 permet au poète de préciser sa pensée : il semble vouloir oublier tout ce qui est de l'ordre de l'affect, comme l'« amitié », les « bontés », les « transports ».

En réalité, le but ultime de ce parcours est un retour à soi-même. Cette idée est mise en relief par la phrase non verbale « Qui est moi » (l. 16), détachée de sa proposition principale par le point et le rejet sur le dernier verset. Cette quête de soi prend la forme d'un retour vers ce qui peut être perçu comme un repère fondamental. En effet, le poète indique à deux reprises vouloir oublier les points cardinaux (l. 1, 6 et 14-15) pour trouver ce qu'il décrit comme « l'autre, le cinquième, centre et Milieu » (l. 15). L'énumération et la redondance (« centre et Milieu ») mettent en valeur ce but ultime de la quête entreprise par le poète. Elle s'accompagne d'une recherche de perfection : en témoigne la description de l'« ailleurs » (l. 11), dont la forme circulaire est un symbole de plénitude. L'écriture poétique est donc le lieu où s'effectue cette quête qui passe par un voyage imaginaire abolissant tous les repères.

TEXTE 12 : Valéry Larbaud, « Trafalgar Square la nuit », *Les Poésies de A.O. Barnabooth* (1913) p. 363

Objectifs et enjeux

→ **Aborder la modernité poétique**
→ **Découvrir un poème en vers libres**
→ **Étudier la tonalité lyrique**
→ **Étudier le motif du voyage en poésie**

Lecture analytique

1. Le poème est une invitation amoureuse au voyage, adressée à une jeune femme. Celle-ci est désignée par différentes périphrases : c'est une « jeune mendiante » (v. 1) et une « femme dédiée à la ville » (v. 18). Le poète l'interpelle d'abord par une question rhétorique : « Ne sens-tu pas [...] que c'est une chose précieuse, d'être là [...] ? » (v. 1-2) qui s'étend jusqu'au vers 6. À deux reprises, il l'invite à la suivre dans la ville, par la répétition de « Viens » aux vers 11 et 13. Il trace pour elle un parcours dans la ville dont différentes indications de lieu marquent les étapes : « là » (v. 2), « dans ce désert architectural » (v. 3), « au milieu de la plus grande ville du monde » (v. 4), « au bord des terrasses d'eau noire » (v. 9). C'est en amoureux que le locuteur et la « jeune mendiante » (v. 1) parcourent la ville. Le poète exprime explicitement ses sentiments : « je suis une fée, je t'aime » (v. 11). Le couple est intimement uni : au vers 17, le poète invite sa compagne à se presser contre lui, au vers 12, il évoque un « festin » et des « fleurs » dans l'espace clos de sa voiture. L'exclamation qui ferme le texte traduit sur un mode lyrique la joie de l'amant qui partage avec cette femme la contemplation de la ville nocturne.

2. Le poète et sa compagne parcourent Londres la nuit, et l'écriture cherche à restituer l'atmosphère particulière de la ville nocturne. La ville est d'abord désignée par une périphrase qui en souligne l'étrangeté : « ce désert architectural » (v. 3). Le mot « désert » peut sembler ici en opposition avec le vers 4, qui comporte une seconde périphrase : « la plus grande ville du monde ». Le poète se montre aussi sensible à la lumière qui baigne la métropole. C'est celle des réverbères, décrits à travers la métaphore des « astres / Perpendiculaires, astres malins, clignotants » (v. 4-5), mise en valeur par le contre-rejet. Leur éclat vacille, comme l'indique l'adjectif « clignotants » (v. 5), et la personnification fait même des réverbères des « astres malins » (v. 5). Ils sont aussi « embués » (v. 6), ce qui fait écho au « brouillard bleu » du vers 8. Leur lumière se projette en « livides reflets » (v. 10) sur les « terrasses d'eaux noires » (v. 9). La ville baigne ainsi dans une atmosphère floue et brumeuse, accentuée par la « splendeur lunaire » du vers 16. La présence des statues de « lions » (v. 8) qui décorent Trafalgar Square, et que l'on devine dans le brouillard, contribue à rendre la ville étrange sous la lumière des réverbères « malins » (v. 5). Enfin, la ville est désignée par une périphrase, « La grande chose nocturne » (v. 14), qui donne l'impression d'un paysage vague et indéterminé.

3. Ce poème, par son sujet (une grande métropole européenne), s'inscrit dans une quête de modernité. En effet, le poète revendique une inspiration urbaine en présentant « la grande chose nocturne » comme « plus belle / Que les déserts et que la mer, et que les fleuves des tropiques » (v. 16-17). Le contre-rejet donne du relief à cette idée selon laquelle la poésie peut trouver la beauté ailleurs que dans une nature exotique et grandiose. Larbaud partage d'ailleurs avec Apollinaire (*cf.* « Zone », p. 392) le goût pour les villes modernes. Ces métropoles, comme Londres, sont notamment caractérisées par la présence de l'électricité, tels les « globes électriques » du vers 10. De même, si le mot « voiture » (v. 12) peut encore désigner en 1913 une calèche ou une voiture à cheval, il est déjà synonyme d'« automobile ».

La modernité du poème tient aussi à sa forme même. En effet, Larbaud écrit en vers libres, forme qui apparaît à la fin du XIXe siècle. Les vers sont ici de diverses longueurs : le plus court est le vers 18, il s'agit d'un heptasyllabe (ou d'un octosyllabe si le lecteur choisit de prononcer « dédi-ée » avec une diérèse) ; le plus long est le vers 12, qui compte dix-huit syllabes. Les contre-rejets des vers 4, 11 et 14 témoignent de la liberté que le poète prend avec une écriture plus conventionnelle, qui fait coïncider la syntaxe et la versification. Le poème renouvelle donc le motif de l'invitation amoureuse au voyage en lui donnant un cadre moderne et en faisant le choix d'une forme libre.

TEXTE 13 : Guillaume Apollinaire, « Le Pont Mirabeau », *Alcools* (1913) p. 364

Objectifs et enjeux

- **Étudier la tonalité élégiaque**
- **Étudier le renouvellement de lieux communs poétiques : l'amour, la fuite du temps**

Lecture analytique

1. Le poème se présente comme une déploration de l'amour perdu et de la fuite du temps. Il s'inscrit dans une tonalité élégiaque, caractérisée par une certaine musicalité. En effet, le distique « Vienne la nuit sonne l'heure / Les jours s'en vont je demeure » (v. 5-6, 11-12, 17-18 et 23-24) fonctionne comme un refrain qui fait du poème une véritable chanson. Les répétitions participent également à transformer le poème un chant mélancolique, ressassant les mêmes motifs. Apollinaire répète « Sous le pont Mirabeau coule la Seine » (v. 1 et 23), et l'anaphore « L'amour s'en va » (v. 14-15) produit le même effet de répétition et de ressassement. On peut relever aussi l'emploi du polyptote « passe » (v. 9), « passent » (v. 19) et « passé » (v. 20). De même, le poème joue sur les assonances, par exemple aux vers 15 et 16 avec la paronomase « la vie est lente » et « violente ». Il faut en effet prononcer cet adjectif avec une diérèse pour obtenir un décasyllabe. Tous ces procédés contribuent à la musicalité de ce chant élégiaque et mettent en relief les motifs du poème.

2. Les répétitions qui structurent le poème transcrivent l'obsession du poète pour des idées fixes : la perte de son amour et la fuite des jours heureux, comparable au cours du fleuve. Les deux premiers vers établissent un lien entre l'amour et l'eau par l'emploi de la conjonction « Et » (v. 2). La comparaison du vers 13 reprend cette idée : « L'amour s'en va comme cette eau courante ». De même, la métaphore du « pont de nos bras » (v. 9) rapproche étroitement le fleuve et le sentiment amoureux. Mais l'amour, comme l'eau, a passé, ainsi que le suggère l'imparfait du vers 4 (« venait ») qui renvoie le bonheur dans un passé révolu. À la fuite de l'amour et de l'eau se superpose donc le thème du passage du temps, exprimé avec insistance par le distique qui sert de refrain. Il est explicite dans la septième strophe qui rassemble les trois thèmes. La rime « semaines » / « Seine » (v. 19 et 22) y relie le temps au fleuve et le double sujet introduit par « ni » (« Ni temps passé / Ni les amours reviennent », v. 20-21) établit un parallèle avec l'amour : l'anaphore met ici en relief ce lien étroit. La négation souligne la sensation de vide et le manque éprouvés par le poète, des thèmes propres à la tonalité élégiaque.

3. Le poème s'inscrit dans une tradition élégiaque, mais il renouvelle cette inspiration par des choix formels qui l'inscrivent dans la modernité. En effet, si le poète choisit l'alternance entre quatrains et distiques, la rime n'est pas systématique : ainsi, les vers 14 et 20 ne riment avec aucun autre. De même, Apollinaire supprime les signes de ponctuation : le poème s'écoule comme l'eau du fleuve lui-même, dans un flux ininterrompu. Enfin, le pont Mirabeau est un pont récent en 1913 (il fut achevé en 1896) et son architecture métallique en fait un élément résolument moderne quand Apollinaire publie *Alcools*. Ainsi, le thème conventionnel de l'amour enfui est ici associé à un monument neuf et surprenant dans le Paris de 1913.

TEXTE 14 : Paul Valéry, « Le Cimetière marin », *Charmes* (1922) p. 365

Objectifs et enjeux

- → **Étudier un éloge poétique**
- → **Examiner l'expression lyrique des sentiments**

Lecture analytique

1. Le poème célèbre la beauté du paysage marin. Dès le premier vers, le poète file la métaphore du « toit » et plus largement de l'architecture pour caractériser la mer : on relève ainsi « temple simple à Minerve » (v. 13) ou « Temple du Temps » (v. 19). Cette répétition de « temple » contribue également à sacraliser la mer. Par ailleurs, Valéry se montre sensible à la luminosité du paysage méditerranéen. Aux vers 3 et 4, la lumière est mise en avant à travers la personnification de Midi « le juste », qui « compose de feux / La mer ». En outre, l'enjambement met en évidence l'antithèse entre les termes « feux » et « mer », soulignant ainsi l'éclat de l'élément liquide. Cet éclat est aussi transcrit par les deux métaphores qui ouvrent la seconde strophe, celle des « fins éclairs » qui consument « maint diamant d'imperceptible écume » (v. 7-8). L'alliance du feu et de l'eau structure tout le poème : on la retrouve au vers 10 (la mer devient le lieu où « se repose » le « soleil ») et au vers 16 (la surface de l'eau devient une « voile de flamme »). La mention de l'« or » au vers 18 prolonge cette idée, ainsi que le vers 23, qui rend compte de la « scintillation sereine », renforcée par une allitération en [s]. Enfin, le poète construit le début de ce texte sur une opposition entre le stable et le mouvant. La mer est, en effet, « toujours recommencée » (v. 4), mais elle est aussi « le calme des dieux » (v. 6). Elle possède la dureté du « diamant », mais se fait aussi « écume » (v. 7). Aux vers 13 et 14, deux périphrases la désignent, « stable trésor » et « masse de calme » ; pourtant, au vers 23, le mot « scintillation » suggère une lumière intermittente et mouvante.

2. La contemplation du paysage marin paraît suspendre le temps. Au vers 4, la mer « toujours recommencée » semble obéir à une autre temporalité que celle qui régit la vie humaine. Le poète, qui l'observe depuis un cimetière, « entre les tombes » (v. 2), l'associe de la sorte à une éternité qui s'offre à un « long regard » (v. 6). La périphrase « le calme des dieux » (v. 6) conforte cette idée, reformulée aux vers 10 à 12 : le soleil qui « se repose » semble arrêter son cours au-dessus de l'eau, et l'union de l'astre et de l'eau est décrite comme les « Ouvrages purs d'une éternelle cause ». Le « temps scintille » alors, devenant presque une matière palpable. La mer est même désignée au vers 19 comme le « Temple du Temps », la paronomase soulignant le lien entre les deux réalités. Le poète semble donc suspendre son travail intellectuel pour se laisser absorber dans la contemplation de la mer : « Ô récompense après une pensée / Qu'un long regard sur le calme des dieux » (v. 5-6).

3. Cette contemplation fait naître chez le poète des sentiments divers. Le premier d'entre eux semble être un émerveillement devant le spectacle de la mer. Ainsi, le texte est nettement lyrique, comme l'indique l'interjection « Ô » employée aux vers 5 et 17. On peut aussi relever de nombreuses phrases exclamatives qui traduisent l'enthousiasme du poète. Mais il exprime aussi son apaisement avec « Ô récompense après une pensée / Qu'un long regard sur le calme des dieux » (v. 5-6) ou encore « Et quelle paix semble se concevoir ! » (v. 9). La mer, « masse de calme » (v. 14), semble être le miroir du « silence » du poète (v. 17). Elle fait également naître chez celui qui la regarde un sentiment d'élévation. Dès le vers 1, la référence au « toit » indique que l'on a sur la mer une vue surplombante. Cette impression d'élévation est aussi rendue sensible par la métaphore « Édifice dans l'âme » (v. 17). La même idée est reprise au vers 20, où le poète déclare à la 1re personne : « À ce point pur je monte », et au vers 24 par le terme « l'altitude ». Ainsi, la mer, par sa beauté qui semble éternelle, alimente les pensées du poète qui s'abandonne à sa rêverie, à son « songe » (v. 12).

5 Le désenchantement : visions dans la nuit

Manuel, p. 366-370

I. Problématiques et thèmes

Ce choix de poèmes regroupés sous le titre « Le désenchantement : visions dans la nuit » vise à faire découvrir aux élèves le Romantisme noir en poésie. On y retrouvera les poncifs de ce mouvement alternatif : le motif de la nuit et du rêve cauchemardesque, l'omniprésence de la mort et le goût pour un Moyen Âge réinventé.

Ces pages présentent, en outre, l'intérêt de révéler la variété formelle et les innovations poétiques du XIXe siècle. En effet, plus que le Romantisme canonique, c'est le Romantisme noir qui paraît révolutionner le plus significativement le genre poétique. Le langage poétique est revisité par le ton railleur d'Alfred de Musset, quand il met à distance les clichés habituels sur la lune. Si Gérard de Nerval reprend la forme traditionnelle du sonnet, systématisée en France à partir du XVIe siècle, il utilise un langage crypté s'adaptant à ses visions intérieures. Mais ce sont surtout *Gaspard de la nuit* et *Aurélia* qui se démarquent par leur forme : Aloysius Bertrand invente le poème en prose, tandis que Gérard de Nerval déploie dans son roman atypique une prose poétique (on pourra renvoyer les élèves aux définitions p. 543 du manuel).

Dans une perspective d'histoire littéraire, il sera pertinent de mettre ces textes en regard avec les expérimentations du Symbolisme et du Surréalisme, dont ils sont incontestablement les précurseurs.

BIBLIOGRAPHIE

- **Jean-Pierre Richard**, *Poésie et profondeur*, « Géographie magique de Nerval », Le Seuil, coll. « Pierres vives », 1955.
- **Raymond Jean**, *La Poétique du désir*, Le Seuil, 1974.
- **Jean-Luc Steinmetz** (éd.), *La France frénétique de 1830*, éditions Phébus, 1978.
- **Côme Fabre et Félix Krämer**, *L'Ange du bizarre : le romantisme noir de Goya à Max Ernst*, Hadje Cantz Verlag / Musée d'Orsay, 2013.

II. Textes (p. 367-370)

TEXTE 1 : Alfred de Musset, « Ballade à la lune », *Contes d'Espagne et d'Italie* (1829) p. 367

Objectifs et enjeux

→ Découvrir la dimension parodique du Romantisme noir

→ Percevoir l'esprit tourmenté du poète derrière la dérision

Lecture analytique

1. Dans ce poème de jeunesse, le poète manifeste sa désinvolture. Le choix de la forme, en premier lieu, exprime sa liberté et son originalité. Le titre, « Ballade à la lune », semble certes s'inscrire dans le sillage du Romantisme, son chef de file Victor Hugo ayant lui-même fait paraître des *Odes et Ballades* en 1828. La ballade romantique, inspirée des poètes allemands et anglais du XVIIIe siècle, n'a plus la rigidité formelle de la ballade médiévale (*cf.* p. 340), mais se caractérise toujours par sa vocation à être chantée et dansée. Or, Musset explore la liberté de cette forme ancienne en composant son poème de quatrains en trois hexasyllabes et un dissyllabe au troisième vers, mètre très rare en poésie. Il crée, en cela, une dissonance dans chaque strophe. On peut d'ailleurs se demander si la mention du « ver qui te ronge » (v. 25) n'est pas une plaisanterie auto-référentielle de Musset : comme la lune, le poème est rongé par les vers courts. Le choix audacieux des dissyllabes met aussi en valeur les mots-clés du texte et peut même nous amener à une deuxième lecture : « La lune » (v. 3) « Dans l'ombre » (v. 7) « Nous lorgne » (v. 11).

L'impertinence du poète est également perceptible dans sa façon d'apostropher la lune. Le « je » la tutoie et l'interpelle à partir du vers 5. L'astre est féminisé, comme l'indique l'accord du participe passé « éborgnée » (v. 29), mais Musset ne reprend pas le motif traditionnel de la lune représentée comme une femme mystérieuse et inaccessible : parodiant le lyrisme du Romantisme canonique, il interpelle l'astre dans une série de dix questions fondées sur des métaphores dévalorisantes. Ainsi, la négation restrictive « N'es-tu rien qu'une boule ? » (v. 13) fait perdre à la lune toute magie, tandis que l'image péjorative du « grand faucheux bien gras / Qui roule / Sans pattes et sans bras » (v. 14-16) la transforme en une répugnante araignée estropiée. Cette ballade n'a donc rien d'une sérénade dédiée à la majestueuse lune. Bien au contraire, celle-ci, plus fascinée par le poète que l'inverse, vient l'espionner (v. 33-36) ; elle prend au vers 35 la forme d'une « corne », symbole des cocus.

2. Le poète fait preuve d'une inventivité loufoque et caustique, multipliant des images peu communes pour désigner la lune. L'astre s'intègre ainsi dans un univers cauchemardesque. Le début du poème met en place un cadre inquiétant, qui laisse attendre un récit fictif, avec le présentatif à l'imparfait « C'était », le complément circonstanciel de lieu « dans la nuit brune » (v. 1), dans lequel une teinte vague prend la place du noir, et l'adjectif « jauni » renvoyant à la vétusté du « clocher » (v. 2). Si la comparaison de l'astre à un simple « point sur un i » (v. 4) s'avère humoristique, plusieurs passages exploitent des associations d'idées plus sombres et grinçantes. Outre l'animalisation de la quatrième strophe, le poète imagine que la lune cache, « Sous [s]on masque blafard » (v. 12), un « chérubin cafard » (v. 10). L'oxymore liant le mot « chérubin », correspondant à un adorable angelot, et le nom « cafard », renvoyant à un insecte écœurant (ou, dans un sens plus ancien, à un être hypocrite et sournois), vise autant à faire sourire le lecteur qu'à distiller une atmosphère lugubre. La lune semble être le signe d'une certaine souffrance. Douée du sens de la vue au vers 9, dans lequel une métaphore en fait l'unique « œil du ciel borgne », elle devient elle-même « éborgnée » (v. 29). De plus, la question « Qui t'avait éborgnée / L'autre nuit ? » (v. 29-30) est suivie d'une hypothèse : un « arbre pointu » (v. 32) : la mutilation de la lune est d'autant plus violente qu'elle a été subie.

Pire encore, la lune devient une sorte d'incarnation de la mort ou de la damnation. Quelle que soit la manière dont elle est présentée, pleine (*cf.* les images de sa rotondité aux vers 9, 13 et 18) ou en croissant (« ton profil », v. 8 ; strophes 7 à 9), elle lui est liée. Rongée par « un ver » (v. 25) comme le serait un cadavre, elle semble à la fois décapitée et pendue puisque sa « face » et son « profil » (v. 8) se « Promène[nt] au bout d'un fil » (v. 6) : la personnification, loin de donner vie à l'astre, le condamne au néant. De victime dans cette strophe, la lune devient tortionnaire au cinquième quatrain : la métaphore du « vieux cadran de fer » (v. 18) la transforme en une horloge sadique sonnant « L'heure aux damnés d'enfer » (v. 20). Cette référence à l'imaginaire chrétien se poursuit avec l'antithèse entre l'« âge » et l'« éternité » (v. 23-24), suggérant la torture des suppliciés qui, en enfer, regardent s'écouler leur peine sans jamais en voir la fin. Derrière les images décalées du poème se fait donc entendre une angoisse propre au Romantisme noir.

TEXTE 2 : Aloysius Bertrand, « Un rêve », *Gaspard de la nuit* (1842)

p. 368

Objectifs et enjeux

- **Analyser un poème en prose savamment organisé**
- **Étudier un univers grinçant inspiré du Romantisme anglais**

Lecture analytique

1. La structure de ce poème s'avère particulièrement travaillée : le « rêve » qu'il présente en renferme en réalité plusieurs. La linéarité du poème nous laisse *a priori* penser que nous suivons le déroulement d'un unique songe. Le titre, d'ailleurs, est au singulier : « Un rêve ». Le poète se présente à la fois comme le témoin du rêve, l'un de ses personnages et son narrateur ; l'anaphore du parallélisme « ainsi [...], ainsi je raconte » (l. 1, 4 et 9) insiste sur la fidélité de son récit. Chaque paragraphe se caractérise par une unité de sens paraissant correspondre aux différentes étapes de la vision : les deux premiers paragraphes mettent en place le cadre, le troisième fait entrer en scène les personnages et les deux derniers coïncident avec le dénouement du récit, tragique pour deux des protagonistes. Seul le poète parvient à réchapper au rêve, ce que souligne la mise en valeur de la 1re personne du singulier par l'anacoluthe « Mais moi, la barre du bourreau s'était [...] brisée » (l. 16). Les connecteurs « d'abord » (l. 1), « ensuite » (l. 4) et « enfin » (l. 9) souligneraient ainsi la structuration temporelle et logique du texte, dont le dernier mot est significativement « réveil » (l. 19).

Cependant, une organisation plus savante, comme souterraine, suggère qu'il s'agit en réalité de trois rêves entremêlés. Les parallélismes syntaxiques, les nombreuses répétitions et l'usage récurrent des tirets distinguent autant qu'ils lient ces différentes visions. Si l'on superpose les trois premiers paragraphes et que l'on recoupe leur contenu avec les noms propres précisés dans le quatrième, on peut identifier trois histoires différentes. La première correspond à la destinée de « Dom Augustin », caractérisé par les périphrases « un moine qui expirait couché dans la cendre des agonisants » (l. 9-10) et « le prieur défunt » (l. 13), qui agonise dans une « abbaye » (l. 1) faisant entendre un « glas funèbre » (l. 4) – l'adjectif annonçant déjà son décès. Le deuxième rêve relate la mort lente de « Marguerite, que son amant a tuée » (l. 14), décrite quant à elle par la périphrase « une jeune fille qui se débattait pendue aux branches d'un chêne » (l. 10-11), chêne situé en pleine « forêt » (l. 2). Enfin, le troisième récit suit le parcours du poète sur le point d'être exécuté par le « bourreau » (l. 11) sur sa « roue » (l. 12) ; dès le début du texte, il se trouve sur la place publique du « Morimont » (l. 3), référence autobiographique à Dijon, la ville d'enfance d'Aloysius Bertrand. L'enchevêtrement de ces trois récits permet de restituer la logique du rêve, souvent confuse, ce à quoi fait écho la citation de Rabelais mise en exergue.

2. Plutôt que dans un « rêve », c'est dans un univers cauchemardesque que ce poème nous plonge, de son début à sa fin. Le texte prend pour cadre une atmosphère inspirée du roman gothique et des tableaux en clair-obscur de Rembrandt. La première phrase, « Il était nuit » (l. 1), met en place le décor d'un conte noir. Tout le texte est marqué par l'obscurité, avec la répétition de l'adjectif « noirs » (l. 7 et 17) et les mentions de la « cellule » (l. 5), lieu de pénombre, et de la « cendre » (l. 10). Toutefois, le champ lexical de la clarté (« lune », l. 2 ; « chapelle ardente », l. 14 ; « blanche robe d'innocence », « cierges de cire », l. 15) parsème des touches de lumière dans le texte comme sur une toile. Outre le sens de la vue, celui de l'ouïe est convoqué par les répétitions hypnotiques et par les allitérations, redoublant ici la personnification des arbres frissonnants : « des cris plaintifs et des rires féroces dont frissonnait chaque feuille » (l. 5-6). De plus, l'univers décrit par Aloysius Bertrand, d'inspiration médiévale, rappelle l'atmosphère de cauchemar des romans gothiques anglais. L'image des « murailles lézardées » (l. 1) évoque des ruines hantées, les protagonistes du récit correspondent aux personnages-types du religieux (cf. *Le Moine* de Lewis, p. 151), de la jeune femme persécutée et du criminel. Plus généralement, la mort plane sur le poème : son champ lexical, par les termes « expirait » (l. 9-10), « agonisants » (l. 10), « pendue » (l. 11), « défunt » (l. 13), « tuée » et « ensevelie » (l. 14), parcourt en effet tout le texte.

Mais le caractère angoissant du rêve est aussi dû au rôle dérangeant qu'y joue le poète. La fin du deuxième paragraphe met en scène « un criminel » (l. 7) conduit à son lieu d'exécution. L'emploi du déterminant indéfini garde l'anonymat sur ce personnage, qui semble présenté de l'extérieur ; or, dans la dernière proposition du paragraphe suivant, la présence du pronom personnel « moi que le bourreau liait » (l. 11) en fait un avatar du poète. Cette substitution d'un personnage à l'autre traduit bien l'inquiétante étrangeté du monde onirique. Le lecteur est amené à formuler des hypothèses sur la culpabilité du poète : il peut ainsi se demander si le crime en question n'est pas le meurtre de Marguerite, le groupe nominal « son amant » (l. 14) devenant alors une périphrase qui désigne le poète. Comme dans un cauchemar, le rêveur se réveille au moment où la mort le frôle : la comparaison de la « barre du bourreau » (l. 16) à un « verre » (l. 17) qui se brise marque la fin brutale du rêve, tandis que la métaphore de la liquéfaction de la « foule » (l. 18) annonce la poursuite « d'autres songes vers le réveil » (l. 19). Poétiquement, la brisure du « verre » renvoie peut-être à la fin de son envers, le « rêve », ou au refus des vers pour dire son univers.

TEXTE 3 : Gérard de Nerval, « El Desdichado », *Les Chimères* (1854) p. 369

Objectifs et enjeux

- → **Étudier la façon dont Nerval crypte la forme claire du sonnet**
- → **Analyser l'expression d'un « moi » sombre et éclaté**

Lecture analytique

1. Le sonnet laisse libre cours à l'expression de la mélancolie du poète, qui s'y caractérise par la privation. Cette dépossession est d'emblée annoncée par le titre, qui peut se traduire par « le déshérité ». Le vers 1, dans un rythme ternaire, révèle que cette privation est triple : absence de lumière, d'amour et de réconfort. Le nom « veuf » (v. 1), mis en valeur par sa position entre la césure et une coupe secondaire, et par son encadrement entre deux tirets, se trouve explicité par la métaphore du vers 3 : « Ma seule *étoile* est morte ». Cette périphrase peut être comprise comme une allusion à Jenny Colon, la défunte bien-aimée du poète ; elle sublime la morte en sous-entendant qu'elle représentait pour le poète l'unique sens de sa vie. En effet, en personnifiant son « cœur désolé » (v. 7), Nerval se dépeint plongé dans le chagrin ; la proposition relative au passé composé « toi qui m'as consolé » (v. 5), formant une antithèse avec le nom « l'inconsolé » (v. 1), fait de la femme aimée le seul salut du poète, un salut désormais impossible puisqu'elle s'est éteinte.

Ainsi, le poème tout entier est baigné dans une atmosphère obscure, développant l'image du « ténébreux » (v. 1). Même si quelques touches de couleur viennent ponctuellement contraster avec cet arrière-plan, notamment le « rouge » du « baiser de la reine » (v. 10) et la « rose » (v. 8) entremêlée à la vigne, le noir domine : la métaphore de « la nuit du tombeau » (v. 5), la référence à la « grotte » (v. 11) et la mention de « l'Achéron » (v. 12), fleuve des Enfers, évoquent toutes trois la noirceur. Dès le premier quatrain, l'oxymore « le *Soleil noir* » permet de définir le sentiment de « *Mélancolie* » (v. 4), associé à une forme de clair-obscur qui correspond bien à la coloration du poème. Cet état de tristesse est un motif poétique cher aux romantiques ; ici, son symbole orne significativement le « luth » (v. 3), instrument musical et poétique qui incarne le lyrisme de Nerval.

2. Ce lyrisme porte, cependant, une quête d'identité complexe, car le poète éprouve de la difficulté à se définir. Certes, le sonnet s'ouvre sur l'affirmation « Je suis » (v. 1), pourtant le locuteur ne se définit ensuite que par l'absence. C'est donc un autoportrait en négatif, mais aussi éclaté que propose Nerval, en usant des tirets comme s'il dialoguait intérieurement avec lui-même. Or, cette démultiplication du « moi » n'aboutit pas à une image fixe. Les questions du vers 9 formulent deux alternatives : « Suis-je Amour ou Phébus ?... Lusignan ou Biron ? ». L'emploi des points de suspension, réitéré au vers 11, suggère l'indécision du poète, qui semble interrompre son discours, comme guetté par la folie.

Pour mener à bien cette quête de soi, Nerval opère un détour par le passé et par le mythe. Comme ses confrères romantiques, il fait ressurgir un passé médiéval : « le ténébreux » (v. 1) peut être considéré comme une allusion à Amadis de Gaule, héros d'un roman de chevalerie de 1508 s'inscrivant dans un Moyen Âge fantasmé. La périphrase du vers 2 invente une généalogie chevaleresque au poète tout en évoquant les arcanes du tarot (la carte « La Maison Dieu », symbole de la fierté détruite, porte l'image d'une tour en ruines). Quant à « Biron » (v. 9), c'est un seigneur vassal du roi Henri IV. Nerval s'imagine donc une identité noble et médiévale annoncée dès le titre, qui renvoie autant à la chevalerie qu'à la fiction littéraire. De fait, les allusions littéraires et mythiques émaillent le poème et plus particulièrement les tercets. Le merveilleux mythologique s'y déploie avec la « syrène » (v. 11) et les noms propres « Amour » et « Phébus » (v. 9). Le dernier mot du poème, « fée » (v. 14), consacre la victoire de l'onirisme.

3. La quête d'identité du poète se confond alors avec une quête poétique. Nerval s'inscrit à mi-chemin entre la tradition et la modernité de son temps. L'évocation du « Pausilippe » (v. 6), lieu présumé du tombeau du poète latin Virgile, peut constituer un hommage à la poésie antique, et le poète recourt à la forme du sonnet qui constitue un vrai modèle d'écriture en France depuis le XVIe siècle. Pourtant, Nerval renouvelle de l'intérieur sa structure, car ses quatrains se fondent sur des rimes croisées et non embrassées ; les tercets non plus ne suivent pas le schéma de rimes traditionnel (disposé en CDD CEE au lieu de CCD EDE ou CCD EED). De plus, le poète crée des effets de rupture à l'aide des tirets et des italiques, s'arrêtant de la sorte sur les mots-clés du poème. Le titre espagnol, les noms propres, l'accumulation des références issues des romans de chevalerie, des mythes grecs, du folklore européen avec la « fée » (v. 14) et de la religion catholique avec la sainte (l. 13) brouillent la limpidité habituelle du sonnet. Mais ce syncrétisme ne vise pas à être pleinement compris : le poète invente avant tout un langage qui s'adapte à la dimension composite de son univers « rêvé » (v. 11).

Or, « Le Destin » du poète, pour reprendre le titre originel du sonnet, est celui d'un nouvel Orphée. La perte de Jenny-Eurydice illumine paradoxalement le poème : l'adjectif « constellé » démultiplie l'« *étoile* » morte, brillant désormais dans le « luth » même (v. 3), c'est-à-dire dans le chant poétique. La métaphore de la traversée de « l'Achéron », allusion à la biographie de Nerval (qui a connu deux crises de folie dont il est sorti « vainqueur », v. 12), transforme l'instrument en « lyre d'Orphée » (v. 13). Le poète peut donc devenir « Phébus » (v. 9), dieu du soleil et de la poésie. La victoire est bien celle du chant poétique qui, en tutoyant l'être aimé (v. 5-6), lui redonne vie et ressuscite les jours passés : la puissance évocatoire des sonorités en [i] et en [R] du second quatrain fait entendre l'« Italie » (v. 6) et l'entremêlement du « pampre » et de la « rose » (v. 8) regrettés.

TEXTE 4 : Gérard de Nerval, *Aurélia* (1855) p. 370

Objectifs et enjeux

→ **Découvrir les caractéristiques de la prose poétique**
→ **Interpréter un rêve cauchemardesque**

Lecture analytique

1. Ce récit s'apparente à une quête aux allures infernales. Il prend pour cadre une atmosphère crépusculaire ; juste avant cet extrait, Nerval écrit que « dans les rêves, on ne voit jamais le soleil ». Ici, l'accumulation nommant les arbres qui composent les « massifs » (l. 1), le participe passé « noircies » (l. 2), l'image de l'« ombre agrandie » (l. 16) et l'exclamation à propos de la « nuit » (l. 20) décrivent en effet un paysage gagné par l'obscurité. Quelques touches de lumière s'y détachent toutefois, mais la couleur douce de la « rose trémière » (l. 8) est vite remplacée par les « nuages pourprés » (l. 11), dont le rouge vif évoque le sang. L'arrivée subite du « clair rayon de lumière » (l. 9) produit un contraste, souligné par la redondance, entre la fin du jour et ce faisceau surnaturel qui semble surgir de nulle part.

Dans ce décor en clair-obscur, la quête du poète glisse du rêve vers le cauchemar. Le texte est ainsi marqué par le mouvement. Le lecteur, d'abord englobé dans le pronom indéfini « on » (l. 2), suit le parcours du poète-narrateur sur les traces de la « dame » (l. 6), retranscrit par des verbes de perception ou d'action associés au « je » : « J'aperçus » (l. 2), « je suivais » (l. 6), « je marchais » (l. 15), « je me heurtai » (l. 16), « j'eus la persuasion » (l. 17)... Le début du chapitre VII parle de « rêve si heureux à son début » (l. 21) : l'adverbe intensif y est aussitôt contrebalancé par le complément circonstanciel, rappelant que ce bonheur a été de courte durée. De fait, le premier paragraphe suggère un décor apaisé où résonne le son « harmonieux » (l. 4) de la fontaine, retranscrit par les allitérations en [R] des lignes 4 et 5. Or, dans le troisième paragraphe, le poète constate que le « jardin » a laissé place à un « cimetière » (l. 19). Le « pan de mur dégradé » (l. 16-17) fait songer à des décombres hantés, où le poète entend d'ailleurs des « voix » (l. 19) non identifiées.

2. La transformation du paysage rêvé suit la métamorphose de la femme poursuivie. Le choix de la prose poétique (*cf.* définition p. 543) permet de mimer la progression de cette transformation ; dans toute la première phrase, complexe, du deuxième paragraphe, les étapes de la métamorphose sont marquées par les indicateurs temporels « puis » (l. 8), « peu à peu » (l. 9) et « tandis que » (l. 11). Le poète décrit la dame en pleine mutation, partie du corps par partie du corps : « sa taille élancée » (l. 6), « son bras nu » (l. 8), « sa figure et ses bras » (l. 11), ce qui lui permet de rappeler la nature humaine de l'apparition avant sa transfiguration. Nerval joue sur la temporalité du phénomène, alternant les actions ponctuelles exprimées par les passés simples « entoura » (l. 7) et « se mit » (l. 8), et les actions inachevées avec les imparfaits « prenait » (l. 9), « devenaient » (l. 10) et « imprimaient » (l. 11), qui donnent une impression d'extension du temps.

Le texte donne donc à voir la transfiguration poétique d'une femme en paysage. Nerval ne cesse d'entremêler ces éléments. Déjà, dans les phrases qui précèdent la métamorphose, le vocabulaire de la brillance qualifiant la robe de la jeune femme (« faisait miroiter », « taffetas changeant », l. 7) rappelle le « clapotement harmonieux » (l. 4) de la fontaine », tandis que la proximité des compléments dans les mots « de son bras nu une longue tige de rose trémière » (l. 8) associe implicitement le membre du corps au végétal. Ainsi, par la métaphore « elle se mit à grandir sous un clair rayon de lumière » (l. 8-9), la femme devient une fleur en pleine expansion. D'ailleurs, c'est tantôt la figure féminine (« elle se mit à grandir », l. 8), tantôt le paysage (« le jardin prenait sa forme », l. 9) qui se retrouve sujet, symbolisant la fusion de la femme et de l'espace. Le verbe « se transfigurait » (l. 12), terme religieux qui désigne une transformation revêtant un éclat glorieux et surnaturel, est complété par l'antithèse « elle semblait s'évanouir dans sa propre grandeur » (l. 12-13). La créature semble disparaître au moment de son apothéose.

3. Cette transfiguration amène à s'interroger sur la symbolique du rêve. Le songe révèle en effet l'idéalisation de la femme. L'expression « La dame » (l. 6) a une connotation médiévale et fait référence à la *fin'amor*, amour parfait voué par un chevalier raffiné à une femme de haute condition. De fait, non seulement la figure féminine est caractérisée par l'adverbe mélioratif « gracieusement » (l. 7), mais elle est divinisée à l'aide du champ lexical du ciel : « clair rayon de lumière » (l. 9), « nuages » (l. 11), « ciel » (l. 12). Sa disparition, rendue sensible par l'allitération en [s] aux lignes 12 à 13, s'expliquerait alors par son accession au statut de déesse immatérielle. L'expression « Je la perdais ainsi de vue » (l. 12), l'exclamation lyrique « Oh ! ne fuis pas ! » (l. 13) et le complément circonstanciel de but modalisé « comme pour saisir l'ombre agrandie qui m'échappait » (l. 15-16) disent le caractère inaccessible de la femme-paysage.

Mais le récit rapporte, surtout, un rêve prémonitoire annonçant la mort de la bien-aimée du poète. L'antithèse entre les motifs de l'« eau vive » (l. 3-4) et de l'« eau dormante » (l. 4) nous avertit de la réversibilité du rêve. De même, les « statues noircies par le temps » (l. 2) préfigurent la rigidité du « buste de femme » (l. 17), chute du récit. Or, dans ce tronc humain, le poète reconnaît « des traits chéris » (l. 18) ; le fait que Nerval ne mentionne l'élue de son cœur que par le pronom possessif en italiques « *le sien* » (l. 18) masque à peine la référence à Jenny-Aurélia, dont la mort hante le poète. Il met d'ailleurs l'accent sur sa « grande perplexité » (l. 21) devant son rêve en posant la question de sa signification. La prolepse « Je ne le sus que plus tard. Aurélia était morte » (l. 22), phrases dont la brièveté contraste avec le déploiement de la prose poétique, constitue une révélation brutale. Le poète orphique encourage ainsi le lecteur à reparcourir l'extrait à la lumière de cette clé de lecture : le texte devient une énigme à déchiffrer. La métaphore « L'Univers est dans la nuit » (l. 20) nous invite alors à chercher dans le monde onirique la réponse aux secrets de l'existence.

6 Le Parnasse ou l'Art pour l'Art

Manuel, p. 371-375

I. Problématiques et thèmes

Les poèmes proposés dans la séquence offrent un panorama assez complet de la poésie parnassienne, qui s'abstrait du siècle dans lequel elle s'inscrit pour convoquer des formes poétiques et des thèmes liés à d'autres époques et d'autres lieux (*cf.* p. 69, Le Parnasse).

On pourra donc montrer que ces poèmes sont en rupture avec le romantisme et qu'ils visent un idéal esthétique par le biais d'un travail exigeant de la matière poétique. Les poèmes de Gautier et Banville permettront notamment de dessiner l'image d'un créateur audacieux et acharné, en marge de la médiocrité de l'époque.

Le *corpus* réuni offre également la possibilité de montrer aux élèves comment des formes poétiques traditionnelles ont été renouvelées par les poètes du Parnasse.

Enfin, des liens avec la poésie moderne de Baudelaire et avec la poésie symboliste de Verlaine ou de Mallarmé peuvent éclairer les élèves sur l'évolution de la poésie dans la seconde moitié du XIXe siècle.

BIBLIOGRAPHIE

- **Théophile Gautier**, préface de *Mademoiselle de Maupin*, 1835.
- *Le Parnasse contemporain*, recueil de trois volumes collectifs de poésies, 1866, 1871, 1876.
- **Yann Mortelette**, *Histoire du Parnasse*, éditions Fayard, 2005.

II. Textes (p. 372-375)

TEXTE 1 : Théophile Gautier, « L'Art », Émaux et camées (1852) p. 372

Objectifs et enjeux

- → **Comprendre de quelle manière le poème se présente comme un art poétique**
- → **Illustrer la conception du travail poétique par la convocation de nombreux arts plastiques**
- → **Étudier conjointement le tableau de Gérôme, autour du mythe du sculpteur Pygmalion**

Lecture analytique

1. Selon Gautier, la poésie est un acte créateur placé sous le signe du labeur physique. C'est pourquoi il s'adresse au poète par les apostrophes à valeur métaphorique « Statuaire » (v. 13) et « peintre » (v. 29). Au vers 2, le terme « forme », qui pourrait renvoyer à la forme poétique, évoque aussi le moule et renvoie au travail manuel. Le poète mentionne également des métiers supposant une maîtrise technique : « pétrit » (v. 14), « four de l'émailleur » (v. 32). L'adjectif « délicate » (v. 25) témoigne de cette dextérité. En outre, la mention de la « main » (v. 25) et du « pouce » (v. 15) évoque un travail manuel, ce qui peut surprendre pour de la poésie, que l'on assimile plus fréquemment au monde des idées et des émotions.

Gautier établit une analogie entre l'écriture poétique, la sculpture et la peinture, qui relèvent du travail de la matière. De même que le sculpteur qui pétrit l'argile, le poète fait des mots sa matière première, comme le suggère l'énumération du vers 4 dans laquelle Gautier place sur le même plan « Vers, marbre, onyx, émail ». Le poème lui-même, une odelette, est marqué par une grande exigence formelle puisque chaque strophe est ciselée avec des vers courts (6/6/2/6) aux rimes croisées.

On constate en effet que le champ lexical des matériaux propres à la sculpture est très représenté : « marbre » est repris et précisé par « carrare » et « paros » (v. 17-18) ; l'« onyx » (v. 4) et l'« agate » (v. 27) sont des pierres semi-précieuses. Le « bronze » (v. 22) et l'« airain » (v. 52) renvoient également à la sculpture. L'accumulation du vers 53 « Sculpte, lime, cisèle » fait du poète un sculpteur de mots. L'orfèvrerie, quant à elle, est évoquée par les mentions de « l'émailleur » (v. 32), mais aussi de « la médaille » (v. 45), sans parler des « camées » du titre du recueil. Enfin, l'évocation de la peinture rappelle qu'il s'agit d'un art fondamentalement descriptif : plusieurs exemples de représentations sont énumérés des vers 33 à 40 ; il est intéressant de noter que les « blasons » qui clôturent le vers 36 désignent à la fois des pièces d'orfèvrerie représentant les armoiries et un type de poème faisant l'éloge de la beauté (d'une femme, le plus souvent), à travers une ou plusieurs parties de son corps. Ces arts recherchent tous la beauté, sans souci d'utilité. L'art est ainsi autonome. Il s'agit pour le poète d'inscrire sa poésie dans la matière et indirectement dans le temps : « poursuis dans un filon » (v. 26) / « éternité » (v. 42), « demeurent » (v. 51).

2. Gautier propose ici une nouvelle définition de la poésie, marquée par une grande exigence formelle et ayant pour seul souci la beauté. Ainsi l'apostrophe de la « Muse » (v. 8) n'implique pas tant l'idée d'une inspiration divine que celle d'un acte créateur très concret. On note d'ailleurs que le domaine éthéré des idées n'est mentionné qu'à deux reprises, sans valorisation particulière : « quand flotte ailleurs l'esprit » (v. 16), « ton rêve flottant » (v. 54). En effet, le poète est invité à effectuer un travail acharné, demandant beaucoup d'efforts, comme le soulignent les injonctions « repousse » (v. 13), « Lutte » (v. 17), « fuis » (v. 29) et surtout l'accumulation des impératifs au début de la dernière strophe (« Sculpte, lime, cisèle ») par lesquelles Gautier énonce des conseils à l'attention des poètes. Il accorde une place particulière à la rigueur signifiée par l'analogie surprenante avec la chaussure (strophes 2 et 3). Plus loin, la mention du « contour pur » (v. 20) suppose un travail bien exécuté, tandis que les termes « gardiens » (v. 20) et « trait fier » (v. 24) peuvent évoquer les règles, par opposition aux licences poétiques fortement dévaluées et symbolisées par le « soulier trop grand » (v. 10) qui ne tient pas la marche.

La dimension argumentative du poème apparaît dès la première strophe, dans l'affirmation d'une thèse au présent de vérité générale soulignée par l'adverbe inaugural « Oui », qui contraste avec l'interjection « Fi » (v. 9), traduisant le dédain et le rejet d'une autre conception. Gautier affirme la supériorité de l'œuvre lorsqu'elle est le fruit d'un travail difficile, comme l'indiquent le comparatif de supériorité « plus belle » (v. 1) et le mot « travail » (v. 2), mis en relief à la rime en fin de vers ; l'adjectif « rebelle » (v. 3), isolé dans le vers court, témoigne quant à lui de la difficulté de l'entreprise poétique. Le fruit de ce travail, ancré dans la matérialité et la solidité, devient palpable et pérenne. Gautier met en place des jeux d'oppositions pour souligner cette idée, entre « Tout passe » et « L'art robuste / Seul à l'éternité » (v. 41-42), ou encore entre les verbes « meurent » (v. 49) et « demeurent » (v. 51).

TEXTE 2 : Charles-Marie Leconte de Lisle, « Le Rêve du jaguar », *Poèmes barbares* (1862) p. 373

Objectifs et enjeux

→ **Découvrir un poème à la dimension picturale**

→ **Étudier la métaphore de l'ambition poétique de Leconte de Lisle**

Lecture analytique

1. Ce poème, composé d'une unique strophe de 22 vers, décrit la nature avec un luxe de détails.

On constate d'emblée qu'il s'agit d'une forêt exotique.

La flore est caractéristique de contrées lointaines (« acajous » et « lianes », v. 1).

La faune offre une grande variété d'espèces : on y trouve des insectes (« mouches », v. 2 ; « araignée », v. 5), des oiseaux (« perroquet », v. 4), des reptiles (« les grands lézards », v. 12) et différents types de mammifères (« singes », v. 5 ; « bœufs » et « chevaux », v. 6). La densité et la vie de cette nature sont soulignées par la longueur de la première phrase (5 vers) et les nombreux qualificatifs associés à chaque nom (« L'araignée au dos jaune et les singes farouches », v. 5).

Leconte de Lisle insiste aussi sur la splendeur cette jungle. Par exemple, il souligne la beauté du perroquet par l'adjectif mélioratif « splendide » (v. 4). Il confère à son poème une dimension picturale en renforçant les contrastes entre l'obscurité des sous-bois (« Sous les noirs acajous », v. 1 ; « En un creux du bois sombre interdit au soleil », v. 14) et des taches colorées et lumineuses (« au dos jaune », v. 5 ; « étincelle à travers l'herbe rousse », v. 13 ; « ses yeux d'or », v. 17) ; les couleurs noire et jaune, qui dominent, sont celles de la fourrure du jaguar.

On remarque enfin que le poète donne vie à son tableau en animant le félin qui en est le sujet principal. Le jaguar est en effet introduit en mouvement, le vers 8 épousant par sa régularité sa démarche lente : « Sinistre / et fatigué / revient / à pas égaux ». Les sonorités contribuent elles aussi à renforcer le caractère impressionnant et la souplesse du fauve, comme les allitérations en [s] et en [ʀ] et l'assonance en [y] dans le vers 9 (« Il va frottant ses reins musculeux qu'il bossue »), ou encore l'allitération en [f] du vers 19 (« faisant mouvoir sa queue et frissonner ses flancs »).

2. Au vers 15, l'animal est au repos et peut ainsi sembler inoffensif : « Il s'affaisse, allongé sur quelque roche plate ». Cependant, Leconte de Lisle crée autour de lui une atmosphère oppressante qui suggère la sauvagerie de sa nature barbare (pour faire référence au titre du recueil). La végétation est une véritable prison luxuriante : les compléments de lieu « Sous les noirs acajous » (v. 1) et « En un creux du bois sombre » (v. 14) soulignent l'impression d'enfermement ; les lianes « s'enroulant en bas parmi les souches » (v. 3) sont assimilées à des serpents et s'entrelacent, comme le font aussi les rimes choisies par le poète ; les « vieux troncs morts à l'écorce moussue » (v. 7) semblent symboliser le danger de mort qui rôde, et que confirme la fuite des lézards (v. 12-13). En outre, l'atmosphère est irrespirable, comme l'indique le nombre de qualificatifs associés au nom « air » (v. 2).

Le jaguar est en effet présenté comme un fauve redoutable. La périphrase qui le présente souligne son instinct meurtrier (« le tueur de bœufs et de chevaux », v. 6) et la formulation emphatique « C'est là » renforce le lien entre le cadre spatial et le fauve. Plus loin, il est qualifié de « sinistre » (v. 8), et sa description physique met surtout en évidence sa puissance destructrice : « ses reins musculeux qu'il bossue » (v. 9), « mufle béant » (v. 10), « Un souffle rauque et bref, d'une brusque secousse / Trouble les grands lézards » (v. 11-12). Sa violence est enfin soulignée dans le « rêve » qui le transporte dans un lieu irrigué (« au milieu des plantations vertes », v. 20) : le verbe d'action « enfonce », le complément de manière « d'un bond » et l'enjambement du vers 22 traduisent l'explosion de barbarie dont le jaguar est capable, dans une véritable hypotypose. On peut penser que Leconte de Lisle, lui aussi, rêve que sa poésie, sous sa surface rassurante, recèle cette violence et ce refus de tiédeur qui caractérisent les poètes parnassiens.

TEXTE 3 : Théodore de Banville, « Dizain à Villon », *Trente-six ballades joyeuses* (1873) p. 374

Objectifs et enjeux

- → **Comprendre comment clôturer un recueil de ballades**
- → **Étudier un texte poétique bref, qui témoigne de la fascination des poètes parnassiens pour les époques antérieures (ici le Moyen Âge)**
- → **Découvrir la figure de François Villon, célèbre pour ses ballades**

Lecture analytique

1. Banville est un grand admirateur de François Villon, poète du Moyen Âge à qui il veut ici rendre hommage.

Il commence par s'insurger contre la légende qui, d'après lui, a faussé l'image de ce poète. Il dénonce les calomniateurs en opposant le pluriel insistant du groupe nominal « Tant de menteurs » (v. 3) à sa propre personne, que la formulation emphatique contribue à mettre en position de force : « moi je nie / Tout » (v. 4-5). Il souligne son indignation par le rejet du participe « Navrée » (v. 2) et du pronom indéfini « Tout » (v. 5), ainsi que l'expression « Dans ta légende absurde » (v. 4). Il fait de Villon une figure de martyre en employant un ton pathétique, comme l'attestent l'interjection « hélas ! » et la comparaison à Iphigénie (v. 2).

Son admiration est manifeste dans les apostrophes laudatives qui parsèment le texte (« Sage Villon », v. 1 ; « grand aïeul », v. 5 ; et « Ô vagabond », v. 6) et la mention de son « libre génie » (v. 5).

2. Banville présente Villon comme le précurseur de cette poésie audacieuse et ambitieuse qu'il représente lui-même.

C'est d'abord sa liberté qu'il souligne, en rappelant qu'il était un poète en marge de la société. Outre le « libre génie » du vers 5, on peut relever l'image du « vagabond dormant sous le ciel bleu » (v. 6). Il reprend ensuite sa réputation de voleur, mais dans un sens très élogieux : le vol est qualifié de « hardi » (v. 9), et Villon est rapproché de Prométhée, le voleur de feu (v. 9-10). Banville rend ainsi hommage à son courage de précurseur et en fait un modèle pour tous les poètes, désignés par le pronom « nous » : « Qui vins un jour nous apporter le feu » (v. 7). La « prunelle encore épouvantée » (v. 8) rappelle une nouvelle fois cette audace et peut être rapprochée de l'image du voyant choisie par Rimbaud pour parler de la mission du poète (*cf.* p. 388 du manuel).

TEXTE 4 : Théodore de Banville, « Le Printemps », *Rondels* (1875) p. 374

Objectifs et enjeux

- → **Étudier une forme poétique brève héritée du Moyen Âge : le rondel (petit rondeau)**
- → **Étudier un lyrisme inscrit dans la tradition, avec le *topos* de la reverdie et son renouvellement**

Lecture analytique

1. Le cadre est associé à la saison du renouveau de la nature, au « Printemps », qui donne son titre au poème et que l'on retrouve dans le refrain des vers 1, 7 et 13. Le retour du printemps (*topos* traditionnel de la reverdie, hérité du Moyen Âge) est d'emblée manifeste dans la formulation emphatique « Te voilà » (v. 1) et l'antithèse entre « Les anciens lierres se flétrissent » (v. 6) et « Les thyrses des lilas fleurissent » (v. 2 et 6).

C'est une nature épanouie, végétale et minérale, qui est décrite ici, par petites touches très évocatrices. On retrouve d'abord l'abondance de la floraison, avec la répétition du même vers (v. 2 et 6) et la mention des « lilas », fleurs printanières s'il en est. La lumière qui revient avec cette saison est aussi valorisée dans la métaphore stéréotypée « les rayons d'or éclatants » (v. 5), désignant les rayons du soleil. Les êtres humains sont en symbiose avec cette nature idéale : la liberté qu'elle offre est aussi symboliquement associée aux « amantes » qui « délivrent leurs cheveux flottants » (v. 3-4) ; l'invitation « Couchons-nous au bord des étangs » (v. 9) renforce cette proximité avec la nature. Notons que tous les termes relatifs à celle-ci sont au pluriel, pour mieux souligner encore l'idée d'abondance (« lilas », v. 2 et 8 ; « rayons », v. 5 ; « lierres », v. 6 ; « étangs », v. 9).

2. Le lyrisme à l'œuvre ici est souligné par la structure particulière du rondel, qui est construit sur deux rimes et comporte un refrain (v. 1, 7 et 13). Ce vers, à la forme emphatique et exclamative, comporte une adresse directe à la nature : l'apostrophe « rire du Printemps » confère à cette saison des amours une dimension allégorique et rend compte de la joie présente du poète (emploi du présent d'énonciation). Les sonorités traduisent également ce sentiment d'exaltation et d'épanouissement à travers une allitération en [s] et une assonance en [i] : « Les thyrses des lilas fleurissent ».

Si le poète ne cache pas qu'il n'en a pas toujours été ainsi, en évoquant « nos maux amers » (v. 10), il souligne ici l'espoir d'un renouveau positif : on note l'emploi de deux propositions à valeur incitative aux vers 9 et 10, ainsi que des hyperboles mélioratives « Mille espoirs fabuleux » (v. 11) et « Nos cœurs gonflés et palpitants » (v. 12). C'est l'énergie de la reverdie qui donne au poète sa force et sa confiance en l'avenir, comme en atteste le verbe « nourrissent » (v. 11).

TEXTE 5 : José Maria de Heredia, « Les Conquérants », *Les Trophées* (1893)

p. 375

Objectifs et enjeux

- **Étudier une forme poétique fixe : le sonnet**
- **Découvrir la variété des sources d'inspiration des poètes parnassiens**
- **Comprendre la dimension métaphorique du thème de la conquête**

Lecture analytique

1. Le poème s'ouvre sur une comparaison particulièrement significative où les « Conquérants » du titre, les « routiers et capitaines » (v. 3), sont comparés à des « gerfauts » (v. 1), des oiseaux de proie. Cette comparaison repose sur leur envie de voyage, leur courage de quitter le pays natal. Elle souligne aussi la liberté et la noblesse qu'ils ont en commun : dans le premier hémistiche du vers 1, l'image de l'envol est très positive ; qui plus est, les « gerfauts », logiquement évoqués au pluriel, sont synonymes de grandeur. Dans le second hémistiche, le mot « charnier » (comprendre « tombeau à grande échelle ») dénote la violence et la mort et fait métaphoriquement de l'Espagne un pays brutal, avide de pouvoir et de conquêtes ; les adjectifs « ivres » et « brutal » (v. 4) insistent clairement sur la barbarie et la violence de ces conquêtes. Ainsi, les deux facettes de ces conquérants, la noblesse et la sauvagerie, sont mises en valeur par les expressions antithétiques « leurs misères hautaines » (v. 2) et « ivres d'un rêve héroïque et brutal » (v. 4), où la douceur du son [v] se heurte à la dureté de la gutturale [ʀ].

Les références au premier voyage de Christophe Colomb sont claires : « Palos de Moguer » (v. 3) est l'endroit d'où Colomb partit en août 1492, « Cipango » (v. 6) est le Japon qu'il espérait atteindre à bord des « blanches caravelles » (v. 12). En outre, le poème évoque les « mines lointaines » (v. 6), les « vents alizés » (v. 7) et la « mer des Tropiques » (v. 10) ; le vers 8, et en particulier le groupe nominal « bords mystérieux », rappelle quant à lui les connaissances géographiques encore très floues de l'époque.

La dimension épique du sonnet réside dans la valorisation du caractère aventurier des *conquistadors*. Au vers 4, le verbe « Partaient » est mis en valeur par un rejet ; la même idée est reprise au début du deuxième quatrain par « ils allaient conquérir » (v. 5), ce qui crée une continuité entre les deux quatrains. Ces « conquérants » sont donc des héros épiques qui n'hésitent pas à braver les dangers ni à affronter l'inconnu : « mines lointaines » (v. 6), « aux bords mystérieux du monde occidental » (v. 8).

2. La structure très contrainte du sonnet permet de souligner la progression du matériel au spirituel. Leur voyage est aussi l'accomplissement d'une destinée dont ces conquérants ne sont pas maîtres, comme le suggère le vers 7 où ces hommes sont soumis aux forces de la nature : les « vents alizés » sont en effet le sujet du verbe « inclinaient ».

Le poème rend perceptible leurs aspirations et leurs fantasmes dans les tercets : si la première motivation de ces hommes est matérielle, ils veulent également découvrir des mondes nouveaux. L'inconnu les entoure littéralement, comme le montrent les groupes nominaux « bords mystérieux » (v. 8) et « un ciel ignoré » (v. 13). Le poème glisse progressivement dans le domaine du rêve, annoncé dès le vers 4 : « espérant des lendemains épiques » (v. 9), « Enchantait leur sommeil d'un mirage doré » (v. 11). Ces termes évoquent un univers merveilleux, fabuleux, tout comme la mention de « L'azur phosphorescent » (v. 10). Enfin, la pointe du sonnet met en relief l'idée d'élévation : les « étoiles nouvelles » (v. 14), complément d'objet du verbe « monter » sont placées en fin de vers après deux compléments de lieu, cheminant du bas (« du fond de l'océan ») vers le haut (le ciel). Ces éléments confirment le fait que ce sont des choses que l'homme ne peut s'approprier, qui sont inaccessibles et que les « conquérants » ne peuvent donc que contempler. On peut donc voir que leur voyage transforme leur caractère et leur essence même.

7 Baudelaire et la modernité

Manuel, p. 376-380

I. Problématiques et thèmes

Les poèmes choisis permettent d'aborder les différents aspects de l'esthétique baudelairienne, et plus particulièrement la fusion de « la boue et l'or ». On trouve l'un des quatre poèmes de la section « Spleen et idéal » des *Fleurs du mal*, « Spleen » ; deux poèmes de l'idéal, le premier en vers (« L'invitation au voyage »), le second en prose (« Un hémisphère dans une chevelure ») et le sonnet « Correspondances », qui synthétise quant à lui l'apport de Baudelaire à la poésie dans la seconde moitié du siècle, avec son travail sur les symboles et la complémentarité des sens.

L'œuvre de Baudelaire est en effet idéale pour montrer aux élèves comment s'effectue le passage du Romantisme et du Parnasse, dont l'influence est perceptible dans *Les Fleurs du mal*, au Symbolisme mélancolique et pessimiste.

On pourra aussi montrer que la modernité poétique de Baudelaire tient davantage à ses thèmes et ses images qu'au renouvellement des formes poétiques, même s'il s'est essayé à la prose (à la suite d'Aloysius Bertrand par exemple).

BIBLIOGRAPHIE

- **Ernest Pinard**, réquisitoire contre *Les Fleurs du mal*, 1857.
- **Dominique Rincé**, *Baudelaire et la modernité poétique*, éditions PUF, coll. « Que sais-je ? », 1984.
- Adèle Van Reeth, « Baudelaire et l'esthétique de la boue ». On pourra écouter ce podcast des *Chemins de la philosophie*, diffusé en 2019, sur le site de France Culture.

II. Textes (p. 377-380)

TEXTE 1 : Charles Baudelaire, « Correspondances », *Les Fleurs du mal*, « Spleen et idéal », IV (1857) p. 377

Objectifs et enjeux

- → Étudier l'un des poèmes les plus commentés de Baudelaire, offrant de nombreuses clés de lecture de son œuvre : théorie des correspondances sensorielles, images symboliques, mysticisme, dépassement de la morale
- → Étudier un sonnet irrégulier

Lecture analytique

1. D'après Baudelaire, l'homme est confronté au mystère de la nature. Dès le titre, au pluriel indéfini, la dimension mystique du poème apparaît. La nature est présentée comme un lieu sacré par la métaphore du « temple », filée avec la mention des « vivants piliers » (v. 1). Face à cette nature impressionnante, l'homme est placé en position d'infériorité. Il est mentionné au début du vers 3, englobé par la « Nature » qui, elle, est mise en valeur dès l'ouverture du poème. Le verbe « passe » (v. 3), dont l'homme est sujet, évoque son passage éphémère sur terre, alors que la nature, sujet d'un verbe d'état au vers 1 (« La Nature est un temple ») est immuable. De plus, l'idée d'« unité » de la création est clairement exprimée à la fin du vers 6, et renforcée par l'adjectif « vaste », mis en valeur au début du vers suivant.

La Nature représente un monde dont le sens ne se saisit pas facilement, comme l'atteste le complément de lieu « à travers des forêts de symboles » (v. 3) : l'emploi du pluriel rend sensible la multitude de significations dont la nature est porteuse. Cette idée de confusion est confirmée par la personnification « de vivants piliers / Laissent parfois sortir de confuses paroles » (v. 1-2). Dans les vers 5 à 8 (« se confondent », « ténébreuse et profonde », « sons », « se répondent ») l'assonance en [ɔ̃] donne à entendre les « longs échos » (v. 5) mystérieux mentionnés au début de la deuxième strophe. En outre, l'adverbe « parfois » (v. 2) indique que la communication de l'homme avec la Nature ne s'établit qu'à des moments privilégiés.

C'est au poète, intermédiaire entre la nature et les hommes, qu'il revient d'être cet interprète.

2. Le poète est celui qui va éclaircir ce qui semble confus. Le vers 7, dans une double comparaison méliorative, glisse de la « nuit » à la « clarté » et réunit les mondes nocturne et diurne ; la formulation impersonnelle « Il est », en ouverture du premier tercet, marque le début des explications. La clé de la compréhension tant recherchée est formulée au présent de vérité générale dans « Les parfums, les couleurs et les sons se répondent » (v. 8), repoussé à la fin du second quatrain par les comparaisons encore obscures des trois vers qui le précèdent. Ce vers essentiel résume l'idée des synesthésies, qui sont des associations de sensations de nature différente.

Pour décrypter la nature, il faut donc non seulement mobiliser l'ensemble des sens, mais aussi les mêler pour comprendre ce qui se cache derrière la surface du monde. Baudelaire base sa théorie des correspondances sur les « parfums » (v. 9), ce qui n'est pas surprenant de la part d'un poète qui fait de l'odorat le plus important des cinq sens (*cf.* « Un hémisphère dans une chevelure », p. 380 du manuel). La répétition du terme comparatif « comme » tout au long des quatrains permet d'établir des rapprochements entre l'odorat et les autres sens : le toucher (« frais comme des chairs d'enfants », v. 9), l'ouïe (« doux comme des hautbois », v. 10) ou encore la vue (« verts comme les prairies », v. 10). On remarque que Baudelaire accorde deux vers aux « parfums frais » (v. 9), liés aux sentiments, et quatre aux parfums « corrompus, riches et triomphants » (v. 11). Ces derniers, que l'on pourrait associer au versant du Mal, sont en fait marqués par l'idée d'élévation : la diérèse qui met en valeur le mot « ex-pan-si-on » (v. 12) est significative de cet accroissement du monde sensible aux yeux du lecteur ; « l'ambre », le « benjoin » et « l'encens », d'origines minérale et végétale, et « le musc » (v. 13), d'origine animale, sont liés à l'adoration religieuse et au spirituel. Le mélange de mysticisme et de sensualité est d'ailleurs célébré dans le dernier vers qui associe « l'esprit et les sens ».

Prolongement

On peut rapprocher ce poème de « Voyelles », d'Arthur Rimbaud, qui fait correspondre les lettres et les couleurs (*cf.* p. 388 du manuel).

TEXTE 2 : Charles Baudelaire, « L'invitation au voyage », *Les Fleurs du mal*, « Spleen et idéal », LIII (1857) p. 378

Objectifs et enjeux

- **Étudier un poème de l'idéal dans une section qui met en valeur le « spleen »**
- **Comprendre l'importance de la musicalité en poésie (en lien avec Verlaine, par exemple)**

Lecture analytique

1. Ce poème est un modèle d'harmonie musicale. Il est composé de trois strophes de douze vers suivies d'un refrain, et ces strophes sont formées de deux sizains juxtaposés. Cet ensemble crée un effet d'allongement du temps et de l'espace et permet le déploiement du fantasme du poète. « L'invitation au voyage » est donc construit comme un triptyque, avec l'analogie entre la femme et le paysage, l'évocation d'un intérieur hollandais secret et enfin la description de la ville au soleil couchant.

Le mouvement et la musicalité du poème viennent de l'alternance de vers de cinq et sept syllabes. Le vers impair bref, sans césure, traduit mieux le bercement provoqué par la rêverie : « Vois sur ces canaux / Dormir ces vaisseaux / Dont l'humeur est vagabonde » (v. 29-31). « L'invitation au voyage » est d'ailleurs l'un des seuls poèmes du recueil à utiliser des vers impairs.

Le refrain achève de donner au poème l'aspect d'une berceuse apaisante et envoûtante. Il concentre dans cinq termes abstraits les éléments constitutifs du bonheur et de la perfection selon Baudelaire : « Là, tout n'est qu'ordre et beauté, / Luxe, calme et volupté » (v. 13-14, 27-28, 41-42). Le pronom indéfini et la négation restrictive en font une définition synthétique et exclusive. La beauté est l'idéal esthétique du poète : c'est ici celle de la femme. Le bonheur repose quant à lui sur une vie sensuelle et raffinée : le « luxe » est l'écrin de la femme et de l'amour (v. 15 à 26) ; la « volupté » est impliquée par la répétition anaphorique du verbe « aimer » (v. 4-5) et le nom « désir » (v. 33) et fortement suggérée par la longue description de la chambre. Cependant, l'ordre et le calme, que l'on peut rapprocher, renvoient à la nécessité de l'apaisement, de la paix intérieure qui composent l'idéal : Baudelaire évoque la « douceur » dès le vers 2, puis le sommeil (v. 30 et 39).

La « douceur » dont il est question passe aussi par les nombreuses évocations sensorielles. La lumière, tendre et protectrice, donne au poème une dimension picturale, notamment à travers l'évocation des « ciels brouillés » (v. 8) et de la « chaude lumière » (v. 40) qui protège le monde. Les parfums sont raffinés, comme le suggère le superlatif « Les plus rares fleurs » (v. 18). Pour Baudelaire, la fusion des sensations visuelles et olfactives du deuxième couplet est un véritable langage de l'âme : « Tout y parlerait / à l'âme en secret / Sa douce langue natale » (v. 24-26).

2. L'essence du voyage baudelairien est d'être à jamais une promesse de voyage. Ici, c'est un voyage rêvé, un déplacement dans un autre décor, somptueux et exotique. L'importance de l'imaginaire est soulignée par les nombreuses références aux pensées et aux émotions des protagonistes : « Songe » (v. 2), « Pour mon esprit » (v. 9), « l'âme », v. 25). Le jeu des modes et des temps renforce cette impression : l'impératif du vers 2 et le conditionnel (« Décoreraient », v. 17 ; « parlerait », v. 24) renvoient à des actions possibles mais non encore réalisées, même si la puissance de l'imaginaire s'impose à partir du vers 29 où l'on passe de « Songe » à « Vois » (le présent succède au conditionnel). Enfin, la personnification des « vaisseaux » (v. 30) souligne la même idée : leur « humeur est vagabonde » (v. 31). Bien qu'ils soient associés au mouvement, ils aspirent, comme le poète, au repos bienheureux (« Vois sur ces canaux / Dormir ces vaisseaux » (v. 29-30). Le sommeil apparaît comme une possibilité d'exister hors du monde réel et oppressant (« Le monde s'endort / Dans une chaude lumière », v. 39-40).

Le pays évoqué reste un ailleurs idéal et indéterminé, désigné par les adverbes déictiques « là-bas » (v. 3) et « Là » (au début du refrain). La « douce langue natale » (v. 26) peut être perçue comme une référence au paradis originel. On note aussi une alliance de l'Occident (« Des meubles luisants », v. 15 ; « ces canaux », v. 29, qui font notamment référence à la Hollande) et de l'Orient (« La splendeur orientale », v. 23), qui suggère la perfection de ce lieu. Il s'agit apparemment d'un pays exotique et merveilleux qui permet au poète de s'évader : on y trouve « Les plus rares fleurs » (v. 18), « l'ambre » (v. 20), matière mythique chargée de mystère, un décor luxueux (v. 15-26).

Pour imaginer ce voyage, la présence de la femme aimée est nécessaire. C'est à elle que l'invitation est adressée, comme le prouvent les apostrophes « Mon enfant, ma sœur » (v. 1) et les impératifs déjà relevés. Elle correspond au fantasme baudelairien de la femme-enfant que l'on protège et est clairement valorisée par son rapprochement avec le paysage (« Au pays qui te ressemble ! », v. 6). Le poète compare les « ciels » à ses « yeux » (v. 7 à 12), et l'on retrouve l'ambivalence de la femme baudelairienne. Le pays rêvé semble donc émaner de la femme aimée et a, comme elle, une dimension esthétique (le pluriel « ciels » est un terme de peinture).

TEXTE 3 : Charles Baudelaire, « Spleen », *Les Fleurs du mal*, « Spleen et idéal », LXXVIII (1857) p. 379

Objectifs et enjeux

→ **Définir le « spleen » baudelairien et étudier les images qui lui sont associées**

→ **Travailler sur l'espace baudelairien, à la fois physique et mental**

Lecture analytique

1. Le poème est formé de cinq quatrains d'alexandrins. Les quatre premiers forment une seule et même phrase qui souligne la montée en puissance du « spleen ».

L'anaphore de la conjonction de subordination « Quand », au début des trois premières strophes, scande la progression inexorable du « spleen » et rappelle l'ennui et la mélancolie propre à cette forme poétique. Le mouvement à l'œuvre est descendant, puisque l'on part du « ciel » (v. 1) pour arriver à « la terre » (v. 5). Le spleen s'infiltre peu à peu, il dégouline par la pluie, ruisselle sur les fenêtres comme sur la ville (« Quand la pluie étalant ses immenses traînées », v. 9), les allitérations en [l] et l'assonance en [ã] contribuant à allonger le vers. L'emploi du verbe « verse » (v. 4) fait de la pluie un élément actif qui personnifie le « spleen ». La nature, ici, n'est pas romantique puisqu'elle n'est pas du côté du poète mais contribue à son mal-être.

Le rapprochement de la menace est également sensible par la perception qu'en a Baudelaire. Le constat se fait d'abord sur le monde extérieur, avec la description du « ciel » (v. 1), de « la terre » (v. 5) et de « la pluie » (v. 9-10), mais on entre rapidement à l'intérieur de l'esprit du poète pour mesurer le poids de cette angoisse : ce glissement est perceptible dans les trois premières strophes, où il est question de « l'esprit gémissant » (v. 2), de « l'Espérance » (v. 6) et du « fond de nos cerveaux » (v. 12). L'adjectif possessif « nos », comme le pronom personnel « nous » (v. 4), englobe plusieurs personnes, dont le poète qui observe et décrit le rapprochement de la menace.

L'assaut sur les « esprits errants et sans patrie » (v. 15), ceux des poètes peut-on supposer, est soudain et brutal, traduit par la locution adverbiale « tout à coup » (v. 13), les termes « cloches » (v. 13) et « affreux hurlement » (v. 14) qui donnent à entendre la violence de ses angoisses. L'adjectif modalisateur « affreux » (v. 14) et le verbe « geindre » (v. 16) rendent sensible la réaction du poète face à ces bruits sinistres ; l'adverbe « opiniâtrement » (v. 16), souligné par la diérèse, souligne l'intensité de la souffrance.

2. Dès la première strophe, Baudelaire met en place l'image du « cercle » (v. 3), renforcée par la rime avec « couvercle » (v. 1) pour rendre palpable le caractère englobant du « spleen ». Plus largement, le paysage décrit permet à Baudelaire de traduire de façon symbolique le sentiment d'étouffement qu'il ressent et qui provoque son mal être. Le poète fait le choix d'images frappantes : le ciel est comparé à « un couvercle » (v. 1), la terre à « un cachot humide » (v. 5), et la pluie « D'une vaste prison imite les barreaux » (v. 9). Les sonorités occlusives en [k] pour le « couvercle » et le « cachot », placés en fin de vers, renforcent ce sentiment d'oppression. Le « Spleen » gagne les habitations, les refuges possibles, puisqu'il touche aux « murs » (v. 7) et se « cogn[e] » aux « plafonds » (v. 8).

La défaite progressive de l'espoir, nommé « l'Espérance » (v. 6) sous forme d'allégorie, est d'abord annoncée par la comparaison avec la « chauve-souris » (v. 6), qui reste prisonnière des « murs » (v. 7) et des « plafonds » (v. 8) figurant une tombe ; cet animal est aussi l'image du poète désespéré, en proie à une souffrance aiguë (« S'en va battant les murs [...] Et se cognant la tête », v. 7-8). Dans la strophe suivante, les « filets » tendus « au fond » (v. 12), c'est-à-dire jusque dans les moindres recoins, évoquent bien un enchevêtrement d'angoisses, celles du poète. Le verbe « tendre » (v. 13), par ailleurs, suggère également l'idée d'un piège. La dernière strophe, qui débute par un tiret, formule le constat de l'échec de l'esprit par une personnification des « corbillards », eux-mêmes symboles de la mort, personnification amplifiée par l'enjambement des vers 17 et 18. Les coupes irrégulières du vers 19 imitent la respiration essoufflée du poète. En contre-rejet, « L'Espoir » (v. 18) est battu par une autre allégorie, « l'Angoisse, atroce, despotique » (v. 19). La gradation ascendante des adjectifs qui la qualifient matérialise sa victoire par l'achèvement du poète. La position de ce dernier (« Sur mon crâne incliné », v. 20) est celle du condamné à mort dont la tête se glisse sous l'échafaud de la guillotine.

TEXTE 4 : Charles Baudelaire, « Un hémisphère dans une chevelure », *Petits poèmes en prose* (1869, posth.) p. 380

Objectifs et enjeux

- → **Étudier un poème en prose**
- → **Comprendre les liens entre la femme et l'idéal selon Baudelaire**
- → **Comprendre l'importance des sensations et de l'inspiration exotique dans la poésie baudelairienne**

Lecture analytique

1. Le lyrisme domine dans ce poème en prose. Baudelaire s'adresse directement à la femme qu'il aime, Jeanne Duval : « Laisse-moi respirer [...] l'odeur de tes cheveux » (l. 1), « Si tu pouvais savoir tout ce que je vois ! » (l. 4). Tout au long du poème, les marques de la 1re et de la 2e personne du singulier (pronoms personnels, adjectifs possessifs) sont mêlées. On remarque aussi que le présent d'énonciation contribue à plonger le lecteur dans l'intimité du couple : « Mon âme voyage sur le parfum » (l. 5).

La description de la femme se concentre sur ses cheveux, qui deviennent une métonymie de l'être aimé. Ils sont caractérisés par leur abondance : Baudelaire souhaite y « plonger » (l. 1) ; la métaphore « l'océan de ta chevelure » (l. 11) en souligne l'important volume, tout comme la mention des « tresses lourdes et noires » et des « cheveux élastiques et rebelles » du dernier paragraphe. La sensualité de cette chevelure renforce encore l'éloge de cette femme. Baudelaire place l'odorat au centre de son poème, comparant dès le premier paragraphe les cheveux à « un mouchoir odorant » (l. 3). Plus loin, il évoque des odeurs sucrées ou fleuries (« parfumée par les fruits, par les feuilles », l. 9-10, « pots de fleurs », l. 17, « sucre », l. 19) et des parfums exotiques (« l'odeur du tabac mêlé à l'opium », l. 18, « odeurs combinées du goudron, du musc et de l'huile de coco », l. 20-21).

La maîtresse de Baudelaire le plonge dans une véritable extase sensuelle. L'anaphore qui ouvre les paragraphes 4, 5 et 6 confère un rythme hypnotique au texte et souligne l'érotisme de la situation : « Dans les caresses de ta chevelure » (l. 15), « Dans l'ardent foyer de ta chevelure » (l. 18). Le contact physique entre les deux êtres est évoqué dans la comparaison « comme un homme altéré dans l'eau d'une source » (l. 2), qui symbolise le désir, et dans la morsure déclinée dans le dernier paragraphe dans les verbes « mordre », « mordille » et « mange » (l. 22-23). Le poète utilise les sonorités pour renforcer l'harmonie des sensations : dans la proposition relative « où l'atmosphère est parfumée par les fruits, par les feuilles et par la peau humaine » (l. 9-10), les allitérations en [f] et [p] unissent par le son les trois odeurs évoquées.

2. La chevelure offre à Baudelaire la possibilité de se remémorer des souvenirs de voyage dans les îles Bourbon (la Réunion) et Maurice, comme l'attestent les métaphores « pour secouer des souvenirs dans l'air » (l. 3) et « il me semble que je mange des souvenirs » (l. 23). Il s'agit donc d'un voyage immobile, permis par le songe. On peut relever des termes associés à la rêverie (« Mon âme voyage », l. 5, « tout un rêve », l. 7, « j'entrevois », l. 11) ou encore la mention de substances hallucinatoires comme le « tabac » et « l'opium » (l. 18).

Le poète est transporté dans un autre univers, comme le montrent les verbes de mouvement « plonger » (l. 1), « agiter » (l. 2), « secouer » (l. 3), « voyage » (l. 5), « me portent » (l. 8). C'est ensuite le champ lexical de l'univers maritime qui confirme l'idée de voyage, avec le port et ses bateaux (« plein de voilures et de mâtures », l. 7, « un port », l. 11, « dans la chambre d'un beau navire », l. 16), mais aussi la mer et ses grands espaces (« de grandes mers [...] où l'espace est plus bleu et plus profond », l.8-9, « l'infini de l'azur tropical », l. 19-20).

La chevelure devient ici un microcosme concentrant tout un monde tropical idéal. Cet univers est évoqué à travers son ciel, ses vents (« les moussons », l. 8), ses végétaux et ses produits (« fruits », « feuilles », « tabac », « musc », « opium », « sucre », « huile de coco »), sa chaleur (« charmants climats », l. 8-9, « éternelle chaleur », l. 14, « ardent foyer », l. 18). La perfection de ce lieu exotique est renforcée par l'évocation des quatre éléments : l'air à travers les parfums, le ciel et l'azur, l'eau dans l'image de la source (l. 2) et les références à la mer, le feu avec la chaleur et la métaphore de « l'ardent foyer » (l. 18) et la terre grâce à ses productions végétales. L'idée de totalité est soulignée par l'emploi répété du pronom indéfini « tout » (2e paragraphe) et de l'adjectif indéfini à valeur globalisante dans « tout un rêve » (l. 7). On comprend alors le titre du poème : grâce à leur parfum enivrant, les cheveux font naître un monde tout entier.

Prolongement

On peut proposer de faire une étude comparée de ce poème avec sa version versifiée « La chevelure », dans *Les Fleurs du mal*.

8 En quête d'absolu

Manuel, p. 381-390

I. Problématiques et thèmes

Dans la seconde moitié du XIXe siècle, de nombreux poètes, sans se regrouper sous la bannière d'un mouvement clairement identifié, témoignent d'une volonté de renouveler la poésie. On peut compter parmi eux les auteurs des courants décadents et symbolistes.

Les poèmes réunis sous le titre « En quête d'absolu » permettront de dessiner les contours du Décadentisme et du Symbolisme en poésie. Les élèves pourront comprendre que leur quête d'absolu passe tantôt par une provocation tant thématique que formelle (Lautréamont, Corbière, Laforgue), tantôt par une volonté de forcer le lecteur à décrypter des images d'une grande ambiguïté (Verlaine, Rimbaud, Mallarmé).

Au fil des textes, on verra aussi que cette volonté commune de renouvellement poétique n'empêche pas la sensibilité propre à chaque poète de s'exprimer : on pourra par exemple comparer le désespoir d'un Tristan Corbière et l'expression de la mélancolie dans la poésie de Verlaine.

Enfin, la séquence offre la possibilité d'étudier des poèmes très différents sur le plan formel, du sonnet régulier au poème en prose.

BIBLIOGRAPHIE-SITOGRAPHIE

- **Arthur Rimbaud,** lettres dites du « Voyant » à Paul Demeny, 1871 ; reproduites dans *Œuvres complètes*, Flammarion, coll. « GF », 2016.
- **Paul Verlaine,** *Les Poètes maudits*, 1884.
- **Jean-Pierre Richard,** *L'Univers imaginaire de Mallarmé*, Le Seuil, coll. « Pierres vives », 1961.
- Jugements et critiques sur l'œuvre de Lautréamont : https://gallica.bnf.fr/essentiels/lautreamont/jugements-critiques

II. Les décadents (p. 382-384)

TEXTE 1 : Le comte de Lautréamont, « Je suis sale... », *Les Chants de Maldoror*, chant IV, strophe 4 (1869) p. 382

Objectifs et enjeux

→ **Étudier un texte de prose poétique**

→ **Comprendre comment et pourquoi Lautréamont a cherché à redéfinir la poésie**

Lecture analytique

1. L'autoportrait de Maldoror fait de la laideur et de l'horreur des sujets poétiques. Le personnage parle de lui à la 1re personne du singulier : « Je suis sale » (l. 1). Sa volonté de se définir le plus précisément possible apparaît d'emblée à travers le rythme croissant des premières phrases. La description, bien que constamment surprenante, est savamment organisée. Après des remarques concernant ce qu'il nomme son « cadavre » (l. 10), Maldoror décrit successivement les parties de son corps, en insistant particulièrement sur les plus intimes, sans souci de bienséance : « Sous mon aisselle gauche » (l. 11), « Sous mon aisselle droite » (l. 15), « ma verge » (l. 20), « mes testicules » (l. 25), « les deux parties charnues qui forment le derrière humain » (l. 29-30).

La monstruosité est présente sous toutes ses formes dans ce corps malade et repoussant, envahi par la moisissure et la vermine : « Sur [sa] nuque, comme sur un fumier, pousse un énorme champignon » (l. 3-4), et sa peau est « remplie d'ignobles parasites » (l. 7). Tout y semble en voie de métamorphose. Ainsi, la formulation « une sorte de végétation vivace » (l. 7) souligne le caractère indéterminé de la chose décrite, qui se rapproche du végétal ; Maldoror dit aussi de ses bras : « je crois [...] qu'ils se sont changés en bûches » (l. 22). Sa colonne vertébrale est « un glaive » (l. 34) : même un objet conçu par l'homme a envahi ce corps. Des animaux répugnants, suscitant l'horreur ou la peur, sont mentionnés (« une famille de crapauds », l. 11 ; « Une vipère méchante », l. 19 ; « Deux méduses », l. 28), et le « caméléon » (l. 15) est lui-même associé à l'idée de transformation.

Maldoror est alors un individu d'un genre nouveau, véritable négation de l'humanité. Les animaux les plus voraces ont de la répugnance pour lui : « Les pourceaux, quand ils me regardent, vomissent » (l. 1-2). Il est dans l'incapacité de se reproduire, ayant été dépossédé de ses testicules (l. 24-25). Il est entre la vie et la mort, cadavre survivant grâce à sa propre putréfaction, comme l'indique la question rhétorique des lignes 9 à 10. Cet être passif, colonisé par de nombreuses espèces animales, est soumis à un véritable supplice, mais sans la grandeur d'un Prométhée ou d'un Tantale : les expressions « quand l'un d'eux remue, il me fait des chatouilles » (l. 12), « ils [...] sucent la graisse délicate qui couvre mes côtes : j'y suis habitué » (l. 17-19) donnent un aspect dérisoire à ce monstre.

2. La prose poétique de Lautréamont est inclassable. Son caractère décalé s'explique, notamment, par le ton volontairement détaché qu'adopte Maldoror. Par exemple, il évoque avec une apparente insouciance la présence de batraciens sous son aisselle gauche : « une famille de crapauds a pris résidence, et, quand l'un d'eux remue, il me fait des chatouilles » (l. 11-12). Ses réflexions au présent de vérité générale (« il faut que chacun vive », l. 16) tendent à présenter l'invasion de son corps comme un phénomène normal. Le ton se fait parfois quasiment scientifique, par l'emploi d'un lexique spécialisé tel « un énorme champignon, aux pédoncules ombellifères » (l. 4-5) et de formulations invitant à l'observation objective, comme « Quoi qu'il en soit, il importe de constater que le sang ne vient plus y promener sa rougeur » (l. 22-23).

Le rapport qui s'établit entre le poète et le lecteur est également inhabituel. D'une part, la complicité avec le lecteur est manifeste dans l'emploi de l'impératif « Prenez garde » (l. 12) et l'apparence d'un dialogue à la fin du texte : « Oui, oui... je n'y faisais pas attention... votre demande est juste » (l. 34-35). D'autre part, la volonté de provocation de Lautréamont est manifeste. La mise en garde « Prenez garde qu'il ne s'en échappe un [...] : il serait ensuite capable d'entrer dans votre cerveau » (l. 12-14), que sous-tend le thème de la folie, est inquiétante. L'insistance sur des détails horribles et choquants, soulignés par l'évocation de sensations désagréables, est faite pour dégoûter le lecteur : « Les croûtes et les escarres de la lèpre ont écaillé ma peau, couverte de pus jaunâtre » (l. 2-3), « Une vipère méchante a dévoré ma verge » (l. 19-20), « un crabe [...] garde l'entrée [de l'anus] avec ses pinces, et me fait beaucoup de mal ! » (l. 26-28), « il est resté deux monstres, sortis du royaume de la viscosité, égaux par la couleur, la forme et la férocité » (l. 32-33). Ces éléments témoignent de la révolte poétique à l'œuvre chez cet auteur en marge de toutes les écoles.

TEXTE 2 : Tristan Corbière, « Le crapaud », *Les Amours jaunes* (1873) p. 383

Objectifs et enjeux

- **Étudier un sonnet déstructuré**
- **Observer l'image dégradée du poète**
- **Comprendre un apologue animalier qui présente une définition du poète**

Lecture analytique

1. Le poème se présente comme un sonnet dégradé, déstructuré. L'atmosphère mise en place, prenant le contrepied de l'esthétique romantique, est d'emblée étouffante : on entend « Un chant dans une nuit sans air... » (v. 1). L'obscurité domine, comme le montrent le complément circonstanciel de temps « dans une nuit » (v. 1) et la rime entre « sombre » et « ombre » (v. 3 et 6) ; la lumière se limite à la « lune » rapprochée du « métal clair » (v. 2) et à l'« œil de lumière » du crapaud, difficile à apercevoir (« Vois-tu pas son œil de lumière... / Non », v. 12-13). L'impression est d'autant plus oppressante que le crapaud « Tout vif / Enterré, là » (v. 4-5) suggère l'image d'un enterré vivant, idée mise en valeur par le rejet et reprise plus bas par le complément circonstanciel de lieu « sous sa pierre » (v. 13).

Le poème semble raconter une promenade amoureuse qui prend un tour sinistre. Les traces d'un dialogue avec la femme aimée sont perceptibles dans les tirets, l'impératif « Viens » (v. 6) et l'apposition « ton soldat fidèle » (v. 8) par laquelle le poète se désigne. La nature qui entoure le couple dégage une impression de froideur, avec la métaphore « La lune plaque en métal clair » (v. 2) et la mention de la « pierre » (v. 13). À cela s'ajoute le caractère repoussant du crapaud (l'exclamation du vers 7 montre ainsi le dégoût de la jeune femme) et de la « boue » (v. 10). On peut noter aussi une montée de l'inquiétude au fil des vers. Le pronom démonstratif « Ça » (v. 6), à valeur indéfinie, crée un effet de suspens que renforcent les phrases inachevées, les exclamations de plus en plus fortes et le passage de la « peur » (v. 7) à l'« Horreur » (v. 10 et 11). Le calme apparent du poète, qui s'interroge : « Horreur pourquoi ? » (v. 11), contraste d'autant plus avec l'angoisse de son interlocutrice.

En outre, le lyrisme est particulièrement malmené : dès le premier vers, le poète joue sur les mots en donnant au mot « air » un double sens (air que l'on respire ou air que l'on chante). Le fait de chanter « sans air » (v. 1) apparaît comme un paradoxe, et les personnages semblent entendre un chant du néant, ou un anéantissement du chant. La progression symbolique vers le sol (on passe de la « lune », v. 1, à « sous le massif », v. 5) réduit ensuite le chant à « un écho [...] / Enterré » (v. 4-5). On note enfin que Corbière déconstruit la forme traditionnelle du sonnet en plaçant d'abord deux tercets puis deux quatrains. La syntaxe est éclatée par les tirets et les points de suspension qui coupent les phrases. Enfin le dernier vers est détaché du reste par une ligne de points, ce qui rend l'énonciation ambiguë : est-ce le crapaud qui s'exprime ? est-ce une métaphore énoncée par un des deux interlocuteurs ?

2. À l'instar de « L'albatros » de Charles Baudelaire, le crapaud est ici l'image du poète. Cette figure permet à Corbière de mettre en place une nouvelle esthétique, provocante, contrastée, caractéristique du Décadentisme. Le crapaud réunit « l'ombre » (v. 6) et la « lumière » (v. 12), la laideur et la beauté, c'est donc un animal contradictoire. De prime abord, le lecteur perçoit son aspect répugnant et effrayant, souligné par les courtes exclamations « Un crapaud ! » (v. 7), « Horreur ! » (v. 10), « Horreur !! » (v. 11). Il est associé au « froid » (v. 13), à « l'ombre » (v. 6) et à la mort par l'image de la « pierre » (v. 13) qui rappelle la tombe. Bloqué au sol, « sans aile » (v. 9), il est incapable de s'élever. Néanmoins, les termes qui lui sont associés sont le plus souvent marqués par un fort contraste : le rejet sépare « tout vif / Enterré » (v. 4-5) et l'oxymore « Rossignol de la boue » (v. 10) lui reconnaît une forme d'élévation par le chant. Plus loin, la mention de « son œil de lumière » (v. 12) révèle une beauté cachée, presque insaisissable, qu'il faut savoir observer, ainsi que son intelligence.

L'identité du crapaud se dévoile de façon progressive, à partir du « chant » du vers 1 que l'emploi de l'article indéfini « Un » laisse indéterminé. Son caractère énigmatique est ensuite traduit par le pronom démonstratif « Ça » (v. 6) et l'adverbe déictique « là » (v. 5 et 6) qui marque une progression vers la révélation. Au début du premier quatrain, la phrase nominale éclaire les promeneurs et le lecteur : « Un crapaud ! » (v. 7). L'impératif « Vois-le » (v. 9) focalise l'attention sur l'animal ; mais dès ce vers, la juxtaposition du pronom « le » et de l'apposition « poète tondu » (v. 9) crée un lien entre l'animal et le poète.

On comprend en effet que Corbière se décrit à travers le crapaud. Le dernier vers, nettement séparé du reste du poème, constitue la clé de l'énigme : la formule de politesse « Bonsoir » peut être attribuée aussi bien au crapaud qui s'éclipse qu'au poète qui se présente ; le pronom « moi » se détache, placé en fin de vers par le présentatif. Cet autoportrait déguisé traduit, sous la trivialité du ton, la solitude et l'isolement du poète. La réaction de la jeune femme révèle que le poète est rejeté et incompris : « Pourquoi cette peur » (v. 7), « Horreur pourquoi ? » (v. 11). Le portrait du poète en crapaud a une connotation essentiellement péjorative. L'oxymore « Rossignol de la boue » (v. 10) dessine l'image d'un chantre de l'amour dégradé, et la périphrase « poète tondu » (v. 9) symbolise l'impuissance du poète, dans une allusion au héros biblique Samson qui perd toute force une fois ses cheveux coupés. Notons que le mot « poète » (v. 9) doit se prononcer en synérèse, ce qui dévalorise encore celui-ci : son nom se résume à une diphtongue dissonante, tel le chant du crapaud.

TEXTE 3 : Jules Laforgue, « Complainte d'un autre dimanche », *Les Complaintes* (1885) p. 384

Objectifs et enjeux

- **Étudier une autre forme de la mélancolie en poésie**
- **Découvrir une poétique de la trivialité**
- **Examiner un nouveau portrait dégradant du poète**

Lecture analytique

1. Le poème se présente comme la peinture d'un décor sans magie ni charme. Le poète décrit le paysage qu'il voit de sa chambre, tel un tableau qui se forme dans le cadre de « la fenêtre » (v. 2). La référence à l'hôpital du « Val-de-Grâce » (v. 8) situe la scène à Paris. C'est une vision partielle, du fait de la « jalousie en travers » (v. 3) ; la forme de l'objet est traduite par la place du groupe nominal, débordant sur le deuxième hémistiche de l'alexandrin (enjambement interne). La trivialité s'invite dans cette peinture par la mention d'un objet fort peu poétique, « une paire de guêtres / Tachant de deux mals blancs ce glabre paysage » (v. 4-5) ; l'enjambement traduit le caractère envahissant et déplacé de ces vêtements.

La vue qui s'offre au poète n'offre pas de relief. Pour la décrire, Laforgue fait le choix d'une métaphore dépréciative : l'adjectif « glabre » (v. 5), qui signifie rasé, sans poil, confère une dimension sinistre au paysage en même temps qu'il surprend le lecteur par son caractère décalé. De fait, c'est un paysage malade dont il est question, le poème étant marqué par un abondant champ lexical du morbide : outre la mention du « Val-de-Grâce » (v. 8), on note le groupe participial « suppurant du livide » (v. 6), la métaphore des « arbres [...] / Qui marbrent ce ciel crû de bandages livides » (v. 9-10) et la personnification des glycines (« les squelettes des glycines », v. 11 ; « ces glycines / Recroquevillant leur agonie aux ficelles ! », v. 14-15). Tout semble pâle et étriqué, sans grâce, ce que soulignent les termes péjoratifs dans les groupes nominaux « Un couchant mal bâti » (v. 6), « de mesquines rafales » (v. 9), « des rafales encor plus mesquines » (v. 12) et « bribes de dentelles » (v. 13) ; la locution adverbiale « encor plus » (v. 12) indique une dégradation délétère.

Laforgue affiche ainsi une volonté de prendre le lyrisme traditionnel à contrepied. Le *topos* du soleil couchant en automne est placé sous le signe de la laideur par l'épithète « mal bâti » (v. 6). Il est aussi détourné par la transformation du complément de nom « au vent d'octobre » (v. 1 et 21) en une épithète curieusement antéposée au nom « paysage ». Si les vers sont des alexandrins, leur découpage n'a rien de régulier, car les nombreux enjambements internes (v. 1, 2, 3, 7, 8, 9, 11, 12, etc.) effacent les césures ; toutes les rimes sont féminines, ce qui est inhabituel, et certaines se résument à des assonances, comme « chambre » et « scaphandre » (v. 16 et 18). Pour décrire un paysage démystifié, le vers perd son rythme et sa musicalité.

2. Le poète, dont l'image est aussi dégradée que le paysage décrit, semble miné par la monotonie de son existence : la structure du poème suggère l'idée d'un éternel recommencement, les vers 1 et 21 étant construits de la même façon et formulant la même idée, à quelques variantes près. De plus, le paysage est d'abord évoqué à l'imparfait avec « C'était » (v. 1), puis, dans la même phrase, au présent d'énonciation avec « Que découpe, aujourd'hui dimanche » (v. 2). Passé et présent se confondent, un paysage ancien semble se perpétuer dans un présent morose.

Dans la quatrième strophe, le poème s'engage dans une méditation amère du poète sur lui-même. Sa colère désabusée transparaît dans l'emploi de nombreuses exclamations (v. 13-19) et dans la question rhétorique « Et puis, après ? » (v. 17). La phrase nominale « Des vers », placée au début du vers 17, souligne symboliquement le caractère dérisoire du travail poétique. Le poète se dévalorise dans l'apostrophe péjorative « ô sordide limace ! » (v. 17) qui le réduit à un animal rampant tout à fait répugnant. Il s'adresse des reproches véhéments : au lieu de profiter de l'existence, il reste enfermé dans un espace confiné, décrit dans deux compléments de lieu, l'un concret, la « chambre » (v. 16), l'autre métaphorique, le « scaphandre » (v. 18) ; il radote et n'évolue pas, comme le soulignent le néologisme « tu te ressasses » (v. 19) et la question rhétorique du vers 20. C'est donc l'image dégradée d'un poète morose et en proie à la détresse que ce poème dessine, non sans provocation.

III. « Tout est symbole » (p. 385-390)

TEXTE 4 : Paul Verlaine, « Mon rêve familier », *Poèmes saturniens* (1866) p. 385

Objectifs et enjeux

- **Étudier l'esthétique du rêve et de l'ambiguïté chez Verlaine**
- **Étudier un sonnet régulier**
- **Comprendre le rôle des symboles dans la définition de la figure féminine**

Lecture analytique

1. Dans ce sonnet, Verlaine déploie un lyrisme en demi-teinte pour dépeindre une figure de femme très singulière. Le pronom personnel « je » ouvre le poème, et ses occurrences sont nombreuses. L'allitération en [m], consonne labiale, particulièrement notable dans le vers 2 et encore perceptible aux vers 3 à 5, et dans la rime des vers 6-7, souligne le verbe « aime » (v. 2). Le sentiment amoureux, présent aussi dans la métonymie traditionnelle « mon cœur » (v. 5), est ainsi mis en exergue. Il s'accompagne cependant de douleur, sensible, quant à elle, dans l'interjection « hélas ! » (v. 6).

La femme rêvée est une allégorie de la femme idéale, par définition inaccessible. Son caractère imaginaire est souligné par l'enjambement « ce rêve étrange et pénétrant / D'une femme inconnue » (v. 1-2) ; l'adjectif, au préfixe privatif *in-*, crée autour d'elle une aura mystérieuse. Dans le premier tercet, les questions auxquelles répond la phrase simple « Je l'ignore » (v. 10) marquent la difficulté du poète à saisir son apparence, comme s'il s'agissait d'une femme désincarnée. Les informations qui nous sont livrées sur son nom, sa voix et son regard, demeurent très imprécises, comme la comparaison « Son regard est pareil au regard des statues » (v. 12).

Cette femme est aussi idéale en ce qu'elle répond aux aspirations du poète, qui rêve de réciprocité dans l'amour. Dans le deuxième hémistiche du vers 2, les deux propositions relatives « et que j'aime, et qui m'aime », mises en valeur par le parallélisme de construction et par la polysyndète, soulignent cette symbiose. De même, l'adjectif métaphorique « transparent » (v. 5), en position de contre-rejet, est significativement associé par la rime au groupe verbal « me comprend » (v. 4 et 5). La femme apparaît comme un remède au mal-être du poète, elle lui permet de sortir de la solitude. De plus, la répétition du pronom « elle » dans le groupe « elle seule » (v. 6, 7 et 8), encore soulignée par l'adjectif à valeur adverbiale, renforce l'idée d'une symbiose miraculeuse ; le verbe de la proposition « mon cœur [...] cesse d'être un problème » (v. 5-6) annule la connotation dysphorique du nom « problème ». Si le poète soupire après cette figure féminine inaccessible, c'est qu'il attend d'elle une forme de guérison, et l'absence de cette femme accentue sa solitude.

2. Malgré le caractère bénéfique de cette femme idéale, le rêve se teinte de couleurs plus sombres. Ainsi, les adjectifs « étrange et pénétrant » qui le qualifient dès le vers 1 contrastent avec l'adjectif contenu dans le titre : l'étrangeté s'oppose à tout ce qui est « familier ». D'ailleurs, « pénétrant » indique une émotion forte qui laisse une trace et peut impliquer une douleur ; les allitérations en [R] et en [t] font, quant à elles, sonner durement ce premier vers.

Le mystère même qui entoure la femme la rend ambivalente. L'adjectif « inconnue » (v. 2), mis en valeur devant la césure, est en opposition logique avec les deux relatives suivantes : comment s'aimer quand on ne se connaît même pas ? L'indécision traduite par la répétition de la conjonction de coordination « ni » et l'enjambement dans « ni tout à fait la même / Ni tout à fait une autre » (v. 3-4) est bien de l'ordre du rêve inquiétant.

Enfin, les personnages du poème semblent fantomatiques, aussi bien la mystérieuse femme que le poète lui-même. Dans sa description, plusieurs éléments connotent la mort par l'absence de couleur : « mon cœur, transparent » (v. 5), « mon front blême » (v. 7). Ces signes à la connotation funeste, qui relèvent de l'étrange, s'accumulent au fil du poème. Les comparaisons des vers 11 et 12, censées dévoiler l'identité de la femme, font allusion aux morts par la périphrase euphémistique « ceux des aimés que la Vie exila » : elle renforce la dimension mortifère du rêve. Plus loin, les trois épithètes détachées « lointaine, et calme, et grave » (v. 13), marquées par une polysyndète, évoquent elles aussi la mort, tout comme la relative « qui se sont tues » (v. 14). Le sonnet se conclut ainsi sur une note lugubre. Sous son apparence tendre, le poème est tout à fait à sa place dans la section « Melancholia » et le recueil *Poèmes saturniens* : le poète y exprime une mélancolie qui tend vers la noirceur.

TEXTE 5 : Paul Verlaine, « Chanson d'automne », *Poèmes saturniens* (1866) p. 386

Objectifs et enjeux

- → **Étudier un poème musical**
- → **Étudier l'expression de la mélancolie dans la poésie de Verlaine**
- → **Observer le motif du « paysage-état d'âme »**

Lecture analytique

1. Ce court poème préfigure parfaitement l'art poétique de Verlaine, qui, huit ans après les *Poèmes saturniens*, exigera que la poésie soit « De la musique avant toute chose » (« Art poétique », *Jadis et Naguère*, 1874). Dès le titre, la dimension musicale est affirmée : c'est bien d'une « chanson » qu'il s'agit. Le poète évoque au vers 2 les « violons », en faisant le choix du pluriel ; par cet instrument à cordes, c'est le bruit mélancolique du « vent » automnal (v. 14) que le texte désigne. Dans la deuxième strophe, la sonnerie de l'« heure » (v. 9), mise en relief par le rejet, apporte une nouvelle touche musicale au poème. Fatidique, elle est associée aux pleurs du poète par la coordination et la rime : « Et je pleure » (v. 12).

Les choix formels de Verlaine sont, eux aussi, parfaitement cohérents avec le titre. Les vers courts, rares en poésie, créent ici une musicalité par la régularité du rythme (4/4/3) dans tout le poème. Dans ces trois strophes de six vers, la combinaison des rimes (la même rime se répète après un groupe de deux vers) reflète l'incertitude et l'angoisse du poète : c'est une musique trébuchante, une mélodie de fausses notes où la plainte s'éteint peu à peu. En outre, la couleur mélancolique est renforcée par le contraste entre des sonorités dures (allitérations en [g], [k], [p] et [t]) et des sonorités plus douces (allitérations en [l], [m] et [n]). Ces sons redondants, dont le plus parfait exemple est « Mo/no/tone » (v. 6), soulignent la morosité du poète.

2. Dans la continuité de l'esthétique romantique, le poète décrit un paysage qui reflète l'état de son cœur. La saison, mentionnée dans le titre et au vers 3, est surtout dépeinte par l'impression qu'elle suscite ; à peine le poète mentionne-t-il le « vent mauvais » (v. 14) et la « Feuille morte » (v. 18). L'automne annonce la fin de l'année et, symboliquement, la fin d'une étape dans la vie de Verlaine. C'est surtout sa dimension mélancolique qui est mise en avant : la première strophe s'ouvre sur la métaphore des « sanglots longs / Des violons / De l'automne » (v. 1-3), cause, mais surtout reflet, de la souffrance du poète (v. 4-6). Paysage extérieur et paysage intérieur finissent par se rejoindre dans la comparaison finale : « Et je m'en vais / [...] Pareil à la / Feuille morte » (v. 13-18).

Le poète n'est plus maître de son destin : c'est le paysage qui semble décider de son avenir.
Si la deuxième strophe, « Je me souviens / Des jours anciens / Et je pleure » (v. 10-12), souligne la tentation de la mémoire comme remède à la fuite du temps, la dernière strophe est marquée par la disparition progressive du poète. Le « je », sujet au vers 13, devient objet au vers 15 : il est le jouet du « vent mauvais » (v. 14) qui entraîne sa démarche titubante, suggérée par les adverbes « Deçà, delà » (v. 16). En outre, son départ, signalé par « je m'en vais » (v. 13) ne paraît pas résulter d'une décision volontaire, mais d'une volonté supérieure à laquelle il se soumet. La fatalité est un thème cher à Verlaine : les *Poèmes saturniens* dépeignent un poète gouverné par une mauvaise planète, Saturne, qui ne lui laisse aucune trêve et l'empêche d'être heureux.

TEXTE 6 : Paul Verlaine, « Il pleure dans mon cœur... », *Romances sans paroles* (1874) p. 387

Objectifs et enjeux

- → **Étudier un poème musical**
- → **Étudier l'expression de la mélancolie dans la poésie de Verlaine**
- → **Comprendre l'importance du motif de l'eau**

Lecture analytique

1. Verlaine emploie la métonymie traditionnelle du « cœur » (v. 1, 4, 7, 10 et 16) pour exprimer ses sentiments. C'est le sentiment de tristesse qui se diffuse dans tout le texte, exprimé par les termes « Il pleure » (v. 1), « langueur » (v. 3), « qui s'ennuie » (v. 7), « deuil » (v. 12) et « peine » (v. 13 et 16). Le poète semble pris d'un chagrin débordant, excessif : cette idée de saturation s'exprime par le verbe pronominal « s'écœure » (v. 10) et les formulations hyperboliques « la pire peine » (v. 13) et « tant de peine » (v. 16). Cette douleur est d'autant plus grande que la cause en est inconnue, comme le soulignent les phrases interrogatives « Quelle est cette langueur / Qui pénètre mon cœur ? » (v. 3-4) et « Quoi ! nulle trahison ? » (v. 11), ainsi que l'affirmation « Ce deuil est sans raison » (v. 12) ; la répétition de la préposition « sans » (v. 12 et 15) insiste encore sur l'absence de cause.

2. La pluie est un élément essentiel du poème. Elle est introduite dans l'épigraphe attribuée à Rimbaud : « Il pleut doucement sur la ville. » La présence de l'adverbe modalisateur « doucement » peut étonner, car il connote positivement le motif de la pluie. Les apostrophes « Ô bruit doux de la pluie » (v. 5) et « Ô le chant de la pluie ! » (v. 8), renforcés par les exclamations, traduisent un enthousiasme paradoxal du poète face à la pluie : cette dernière apaise-t-elle son cœur ou bien augmente-t-elle sa peine ?

Quoi qu'il en soit, la pluie semble se substituer au poète et à sa mélancolie. Le néologisme « Il pleure » (v. 1 et 9), formé à partir du verbe impersonnel « il pleut », permet de renforcer la comparaison entre le cœur triste du poète et la ville sous la pluie : « Il pleure dans mon cœur / Comme il pleut sur la ville » (v. 1-2). Ce choix entraîne l'effacement progressif du poète : la 1re personne n'est présente qu'à travers le déterminant possessif « mon » (v. 1, 4 et 16), remplacé ensuite par un article indéfini dans « un cœur » (v. 7), puis par un déterminant démonstratif dans « ce cœur » (v. 10). Qui plus est, l'intériorité du poète se laisse passivement envahir par l'extérieur, comme si la pluie porteuse de mélancolie s'infiltrait en lui : « cette langueur / Qui pénètre mon cœur » (v. 3-4).

3. Verlaine fait le choix d'un poème court, une « ariette » (terme musical désignant une chanson courte), qui se caractérise par la grâce de sa mélodie. Cette musicalité s'accorde avec l'idée de monotonie, d'abord par la structure des strophes (les mêmes termes se répètent à la rime au premier et au dernier vers), puis par la répétition du mot « cœur ». Elle est aussi directement associée au lyrisme, comme le rappellent le « bruit doux de la pluie » (v. 5) et « le chant de la pluie » (v. 8).

Le choix de l'hexasyllabe confère un rythme régulier au poème ; les vers, composés uniquement de monosyllabes, imitent les gouttes de pluie qui tombent (« Ô bruit doux de la pluie / Par terre et sur les toits ! », v. 5-6). Cependant, ce sont surtout les sonorités qui renforcent cette dimension musicale, au premier rang desquelles l'allitération en [l], consonne liquide qui reproduit le son de la pluie. Des allitérations plus dures, en [R] et [k], viennent contrebalancer cette douceur, par exemple aux vers 9-10. On peut donc dire que Verlaine transpose musicalement ses états d'âme contradictoires.

TEXTE 7 : Arthur Rimbaud, « Voyelles », *Poésies* (1871) p. 388

Objectifs et enjeux

- → Étudier un poème énigmatique
- → S'interroger sur la fonction du poète selon Rimbaud

Lecture analytique

1. Dans ce poème, Rimbaud multiplie les correspondances entre sons, couleurs, sensations et symboles. Les voyelles, quintessence des mots, sont en majuscules, énumérées dans une sorte d'incantation que vient clore l'apostrophe « voyelles » à la fin du premier vers. Chaque voyelle est associée à une couleur : « A noir, E blanc, I rouge, U vert, O bleu » (v. 1). Ces associations arbitraires font de ces lettres des objets visuels et sonores, qui ont un sens en soi mais peuvent en susciter bien d'autres. Ainsi, chaque lettre éveille une multitude de sensations : elles peuvent être visuelles, tels le « noir corset velu des mouches éclatantes » (v. 3) et les « rois blancs » (v. 6), olfactives, à l'instar des « puanteurs » (v. 4), gustatives comme le « sang craché » (v. 7), tactiles tels les « frissons d'ombelles » (v. 6) et les « vibrements » (v. 9), ou encore auditives, par exemple les mouches qui « bombillent » (v. 4) et le « suprême Clairon plein des strideurs étranges » (v. 12). Chaque voyelle est illustrée d'un ou plusieurs tableaux qui sont autant d'hallucinations mettant à contribution tous les sens, selon l'exemple des synesthésies baudelairiennes (*cf.* « Correspondances », p. 377). L'impression d'accumulation créée par la juxtaposition des images poétiques renforce encore la richesse des interprétations possibles.

On note également que chaque voyelle est associée à une connotation morale. Le noir représente la mort, la décomposition, la saleté illustrées par les « mouches [...] / Qui bombillent autour des puanteurs cruelles » (v. 3-4). Le blanc représente la pureté et l'innocence, la « candeur » (v. 5). Le rouge, marqué par l'excès, est associé à la violence, symbolisée par le « sang craché » (v. 7), et à la sensualité représentée par le « rire des lèvres belles / Dans la colère ou les ivresses » (v. 7-8). Quant au vert, il correspond au calme et à la « Paix des pâtis [...], paix des rides » (v. 10). Enfin, le bleu est associé au divin qu'incarnent les « Anges » (v. 13). Ces éléments amènent à lire ce sonnet comme une tentative de synthèse d'une vision du monde et de la poésie.

2. Ce sonnet énigmatique dessine, en filigrane, une image très valorisante du poète. Rimbaud a écrit, dans une lettre à son professeur Paul Demeny, que le poète doit se faire « voyant » (*cf.* p. 343). Or, ce mot entre en résonance avec le titre du poème, « Voyelles ». Outre les couleurs, qui rappellent l'importance de la vue, on peut remarquer que la métaphore « rayon violet de Ses Yeux » (v. 14) achève le poème sur l'évocation d'un regard perçant. Le poète est bien celui qui voit au-delà des apparences et révèle une réalité inconnue jusqu'alors. Ici, le recours à l'hypallage, comme dans les groupes nominaux « mouches éclatantes » (v. 3), « puanteurs cruelles » (v. 4) et « glaciers fiers » (v. 6), confère à certains mots une nouvelle dimension.

Le poète est aussi un inventeur, comme le suggère la métonymie « grands fronts studieux » (v. 11).
Le verbe au futur, dans la proposition « Je dirai quelque jour vos naissances latentes » (v. 2), annonce les poèmes à venir, issus des illuminations verbales qu'offre le sonnet. Ainsi, le poète renouvelle la langue, créant les néologismes « bombillent » (v. 4), « vibrements » (v. 9) et « strideurs » (v. 12). L'image de l'alchimiste, qui apparaît clairement au vers 11, montre le poète comme un explorateur à la recherche de l'inconnu.

Le texte esquisse ainsi un parcours poétique : s'extirpant de la noirceur du « Golfe d'ombre » (v. 5), mis en valeur par le rejet au vers 5, le poète avance vers la « candeur des vapeurs et des tentes » (v. 5), c'est-à-dire l'innocence apaisante qui caractérise l'enfance, avant l'éclosion des « lèvres belles » (v. 7) et les corruptions de la maturité dans les « ivresses pénitentes » (v. 8) ; après avoir atteint une forme de sérénité, symbolisée par la « paix des rides » (v. 10), le poète peut enfin exprimer ses visions, comme l'indique la métaphore du « suprême Clairon plein des strideurs étranges » (v. 12). En outre, on peut penser qu'en intervertissant l'ordre des voyelles O et U, Rimbaud choisit de terminer par « l'Oméga » (v. 14), dernière lettre de l'alphabet grec, sans doute pour achever un système parfait et imposer sa volonté d'un renouvellement poétique.

TEXTE 8 : Arthur Rimbaud, « Aube », *Illuminations* (1872-1875) p. 388

Objectifs et enjeux

- → Étudier un poème en prose et comprendre comment il traduit la liberté du poète
- → S'interroger sur la fonction du poète selon Rimbaud

Lecture analytique

1. Le poème prend ici une forme narrative : il raconte la course du poète à la poursuite de l'aube, personnifiée sous la forme d'une « déesse » (l. 8). Encadré par deux courtes phrases au rythme d'octosyllabes (l. 1 et 15), le récit part de la situation finale, « J'ai embrassé l'aube d'été » (l. 1) et se développe en une longue analepse. Des lignes 2 à 3, Rimbaud présente la situation initiale (le sommeil de la nature), l'adverbe « encore » suggérant qu'il va se passer quelque chose. Le passage de l'imparfait, « bougeait », « était » (l. 2), « quittaient » (l. 3), au passé composé, « J'ai marché » (l. 3), signale l'élément déclencheur : la marche du « je » va tout transformer. Puis se succèdent des actions rapportées essentiellement au passé simple, de façon chronologique : « dit » (l. 6), « ris » (l. 7), « s'échevela » (l. 7), « reconnus » (l. 8), « levai » (l. 9). Le parcours du poète est marqué par la mention de nombreux lieux : « dans le sentier » (l. 5), « wasserfall » (l. 7), « Dans l'allée » (l. 9), « Par la plaine » (l. 9), « À la grand'ville » (l. 10), « parmi les clochers et les dômes » (l. 10-11), « près d'un bois de lauriers » (l. 13). Les verbes de mouvement confirment le déplacement du poète : « J'ai marché » (l. 3), « courant » (l. 11), « chassais » (l. 12). Le paragraphe des lignes 12 à 14 constitue un élément de résolution justifiant la première ligne du poème : le poète « entour[e] » (l. 13) finalement la déesse de l'aube. Quant à la dernière phrase, « Au réveil il était midi » (l. 15), elle donne la clé de l'interprétation du poème : il s'agit du récit d'un rêve.

En outre, la narration suit la progression de la lumière. Elle est d'abord absente, la résistance de l'obscurité nocturne étant traduite par la métaphore « Les camps d'ombres ne quittaient pas la route du bois » (l. 2-3). Puis l'oxymore « blêmes éclats » (l. 5) donne à voir les premières lueurs de l'aube, qui finissent par atteindre les parties hautes du paysage, comme la « cime argentée » (l. 7). La métaphore « je levai un à un les voiles » (l. 9) et la référence au « coq » (l. 10) suggèrent l'étalement de la lumière à toute la plaine. Le poème se termine dans la pleine lumière de « midi » (l. 16).

2. Le poète semble avoir le don d'animer la nature. Avant son passage, la nature est morte, ce qu'indique le champ lexical de l'immobilité et de la mort : « Rien ne bougeait », « L'eau était morte » (l. 2), « ombres » (l. 3). L'action du narrateur (« J'ai marché », l. 3) met fin à l'inertie et anime la nature, personnifiée par la mention des « haleines vives et tièdes » (l. 3-4) et par les verbes d'action : « les pierreries regardèrent » (l. 4), « une fleur qui me dit son nom » (l. 6), « au wasserfall blond qui s'échevela » (l. 7). Par la suite, l'aube du titre est associée à une déesse (l. 8), avec un « immense corps » (l. 13) ; elle est sujet des verbes « fuyait » (l. 10) et « tombèrent » (l. 13). Cette dimension merveilleuse est un élément de l'univers du mythe ou des contes de fées, confirmée par la présence d'un champ lexical de la richesse et de la magnificence : « palais » (l. 2), « pierreries » (l. 4), « argentée » (l. 7), « clochers » (l. 10), « dômes », « marbre » (l. 11). Le choix du nom allemand « wasserfall » (l. 7), signifiant cascade, renvoie aussi aux légendes germaniques et à leurs ondines. En outre, les paysages se succèdent à toute vitesse et les actions semblent avoir lieu simultanément en ville et à la campagne, ce qui confirme la dimension onirique du poème.

3. Ce poème offre plusieurs niveaux de lecture, compte tenu de l'originalité de la forme : le choix de la prose est parfaitement cohérente avec la liberté revendiquée par Rimbaud et impliquée par le thème (une course matinale et onirique). La tonalité magique des images et la polysémie des termes achèvent de brouiller la logique. Par exemple, la comparaison « courant comme un mendiant » (l. 11-12) peut sembler contradictoire, puisqu'un mendiant attend, justement, sans bouger. L'énonciation même est marquée par l'ambiguïté, puisque le poète est à la fois le « je » de la première phrase et « l'enfant » (l. 13) mentionné dans l'avant-dernier paragraphe. Comme l'aube, la poésie est une quête permanente qui transforme le poète en « mendiant » (l. 11), toujours à la recherche d'un langage nouveau. Les « lauriers » (l. 13) peuvent aussi renvoyer au poète vainqueur des concours antiques, couronnés alors de lauriers.

On peut surtout penser que ce rêve merveilleux est le récit métaphorique d'une expérience initiatique, marquée par la transgression et l'interdit. L'enfant, qui vivait en communion avec la nature, découvre l'amour physique, après avoir poursuivi longuement sa proie (« je la chassais », l. 11). Son but est bien le dévoilement, ainsi que le signale l'image des « voiles » levés (l. 9 et 12), puis la possession, ce qu'indiquent les expressions « J'ai embrassé » (l. 1), « je l'ai entourée [...] et j'ai senti un peu son immense corps » (l. 12-13). Mais l'étreinte accomplie est aussitôt suivie d'une chute (l. 13-14), évoquant la chute de l'homme hors d'Éden dans la Bible. Cette course-poursuite peut alors être perçue comme un échec sentimental : l'être aimé, inaccessible car trop idéalisé, échappe au narrateur qui ne parvient, finalement, qu'à sentir « un peu son immense corps » (l. 13).

TEXTE 9 : Stéphane Mallarmé, « Le vierge, le vivace et le bel aujourd'hui... », *Poésies* (1887) p. 389

Objectifs et enjeux

- **Étudier un poème hermétique**
- **Étudier un sonnet régulier**
- **Comprendre la vision de la création poétique que propose Mallarmé**

Lecture analytique

1. Ce sonnet est caractéristique de l'hermétisme de la poésie de Mallarmé et de son approche symboliste. Le poème n'a pas de titre, mais la figure centrale en est un cygne, mentionné explicitement au début du second quatrain : « Un cygne d'autrefois » (v. 5). Piégé dans la glace d'un « lac » (v. 3) où son « plumage est pris » (v. 11), l'animal est plongé dans ses souvenirs. Il prend ainsi conscience de son identité, comme l'indique la formulation emphatique « c'est lui / [...] qui » (v. 5-6), et revêt une dimension symbolique. En effet, il est personnifié, doué de sentiments humains par le verbe « se souvient » (v. 5) et, plus loin, le nom « l'ennui » (v. 8) et l'adjectif « froid de mépris » (v. 13). Il est alors tentant d'y voir une image du poète.

Le choix du cygne s'explique par la connotation positive de ce symbole. Il est décrit par l'adjectif mélioratif « Magnifique » (v. 6), épithète détachée du pronom personnel « lui » (v. 5) et mis en valeur par sa position en début de vers. *A posteriori*, on comprend que l'énumération ternaire qui ouvre le poème, « Le vierge, le vivace et le bel aujourd'hui » (v. 1), ne désigne pas seulement les qualités de l'instant présent (l'adverbe substantivé « aujourd'hui »), mais aussi, par métonymie, les caractéristiques du cygne : blancheur virginale, vie qui résiste et beauté. On retrouve cette idée de pureté au vers 12 (« son pur éclat »). En outre, son énergie et sa superbe sont évoquées dans le complément circonstanciel de manière « avec un coup d'aile ivre » (v. 2) et la proposition « Tout son col secouera cette blanche agonie » (v. 9), soulignée par le déterminant indéfini à valeur globalisante et l'allitération en [k].

Enfin, il est intéressant de constater que cette figure symbolique appartient à la fois au passé (« Un cygne d'autrefois », v. 5), au présent (« le bel aujourd'hui », v. 1 ; « se souvient », v. 5) et au futur (« secouera », v. 9).

2. Malgré les qualités de cette figure, symbole du poète, sa principale caractéristique reste l'impuissance à se libérer, et métaphoriquement à créer. Aux vers 2 à 3, le lecteur est invité, par l'emploi du pronom de la 1re personne du pluriel, à assister au spectacle d'un cygne prisonnier des glaces qui fait un effort violent pour se libérer : « Va-t-il nous déchirer avec un coup d'aile ivre / Ce lac dur ». Les vers 3 et 4 décrivent cet emprisonnement dans le « lac dur » par deux épaisseurs de glace. La première, superficielle, est « le givre » (v. 3) que l'aile agitée disperse, mais la seconde, désignée par la mention hyperbolique « glacier » (v. 4), semble plus profonde et il est impossible de s'en dégager : ainsi les « vols » d'autres oiseaux « n'ont pas fui » (v. 4). La même idée est reprise dans le premier tercet, où s'oppose la « blanche agonie » (v. 9) du givre et « l'horreur du sol où le plumage est pris » (v. 11).

La question du premier quatrain, « Va-t-il nous déchirer [...] / Ce lac » (v. 2-3), laisse encore planer un espoir de délivrance. Cette espérance ne sera contredite qu'au vers 6 par l'antithèse « Magnifique mais [...] sans espoir ». L'échec du cygne-poète est expliqué dans le complément circonstanciel de cause du vers 7, « Pour n'avoir pas chanté la région où vivre », marquante par sa tournure négative. Implicitement, le cygne, et à travers lui le poète, se voit reprocher de ne pas avoir célébré « la région où vivre » (v. 7). Derrière cette périphrase énigmatique, on peut deviner le paradis désormais perdu de l'idéal poétique. Le poids de ce passé marqué par l'échec est souligné, au vers 11, par les allitérations en [R] et [p]. Le cygne est alors confondu avec la matière mortifère de la glace et devient un « Fantôme qu'à ce lieu son pur éclat assigne » (v. 12) ; symboliquement, c'est le poète face à la page blanche, c'est la mort de l'écriture que décrivent le verbe « hante » (v. 3), la métaphore de la « blanche agonie » (v. 9) et l'apposition « Fantôme » (v. 12), tous renvoyant à l'idée de transparence.

TEXTE 10 : Émile Verhaeren, « Les plaines », *Les Campagnes hallucinées* (1893) p. 390

Objectifs et enjeux

- **Étudier un poème qui transfigure la réalité**
- **Observer la tonalité tragique à l'œuvre dans le poème**

Lecture analytique

1. Le poème prend la forme d'un texte descriptif en partie réaliste. Comme son titre l'indique, ce poème présente une plaine dans la campagne, immense et sans relief. Verhaeren décrit un paysage d'automne, ce que montrent les mentions de « l'équinoxe » (v. 18) et de « Novembre » (v. 19) personnifié, ainsi que l'évocation du vent violent, aux vers 6 et 15. Le poète insiste sur la platitude du paysage à travers la métaphore des « tabliers de plaies » (v. 2) qui renvoient aux clos cultivés ; elle est aussi suggérée par la force du vent qui ne rencontre aucun obstacle : « Par au-dessus, souvent, / Rage si fort le vent » (v. 14-15). C'est aussi un espace vide, nu, comme l'indique la répétition de la conjonction « ni » dans l'accumulation « ni trèfle vert, ni luzerne rougie, / Ni lin, ni blé, ni frondaisons, ni germes » (v. 7-8). L'idée de monotonie est clairement exprimée dans le premier distique, par la phrase à présentatif « C'est la plaine, [...] / Interminablement, toujours la même » (v. 12-13). Véritable refrain, le distique est repris avec des variations aux vers 29 à 30.

La progression du poème rend compte d'un parcours à travers les plaines. La première strophe se situe dans une campagne agricole, avec l'accumulation « De pauvres clos, de pauvres fermes, / Les portes lâches / Et les chaumes » (v. 3-5) qui souligne le caractère misérable de ces lieux. Le mouvement du vent (v. 15) dynamise ensuite le parcours : on passe « Sur les mares, dans les allées » (v. 23). C'est enfin l'eau sous toutes ses formes qu'évoque le poète : « Les rivières » (v. 30), « Les flots » (v. 31), « les eaux » (v. 34). Le voyage dans les plaines se poursuit « vers la mer » (v. 36). On voit ainsi que, à la manière d'un romancier réaliste, le poète s'attache à décrire chaque espace avec un vocabulaire précis. Il s'attarde parfois sur des détails tels les « Christs » présents « Aux carrefours » (v. 24-25) : ceux-ci fonctionnent comme des effets de réel. Toute idéalisation est, d'ailleurs, refusée par le poète, qui montre la « tourbe » sale des digues (v. 32) et les carcasses « Pourrissantes » (v. 39) des navires. Verhaeren donne ainsi à voir la réalité crue et sinistre de ces plaines à l'approche de l'hiver.

2. Néanmoins, le poème ne se cantonne pas à cette évocation réaliste. Le titre du recueil, *Les Campagnes hallucinées*, annonce une transfiguration de ces espaces par le biais de la poésie. Les plaines décrites paraissent en effet rongées par le tragique, comme en voie de disparition. Tout y dénote la souffrance : la métaphore du vers 2, « Écartèlent leur sol en tabliers de plaies », évoque la violence subie par la terre. Cette violence est infligée par la nature, tels le « vent » qui « troue à coups de hache » les « chaumes » (v. 5-6) et « l'équinoxe » qui fend le ciel à « coups de boxe » (v. 16-18). Mais elle est aussi l'œuvre des hommes, dont « Les haches et les marteaux voraces / Dépècent les carcasses » (v. 37-38) : les sonorités sifflantes et chuintantes s'associent à l'allitération en [k] pour donner à entendre la rudesse de ces attaques. En répétant l'adjectif polysémique « pauvres » (v. 1 et 3) et en qualifiant le mois de novembre personnifié de « Lamentable » (v. 20), le poète compatit à la souffrance de cette plaine « Où ne vague que crainte et peine » (v. 29).

En outre, la mort rôde, omniprésente. Verhaeren choisit des symboles très évocateurs pour la rendre palpable : à la fin de la première strophe, « l'arbre par la foudre cassé » (v. 9) devient « Comme un malheur en effigie » (v. 11), allégorie d'une fatalité tragique. Plus loin, « les grands bras des Christs funèbres » (v. 24) sont la proie de l'obscurité, qui connote la mort (« par les ténèbres », v. 25 ; « vers le soleil perdu », v. 27). Dans la dernière strophe, les symboles tragiques abondent : « Les rivières stagnent ou sont taries » (v. 30), « Comme le sol, les eaux sont mortes » (v. 34), « carcasses / Pourrissantes » (v. 38-39). Ainsi, sous la surface d'une évocation concrète sourd l'annonce de la mort des plaines, ces espaces d'une autre époque, dans le contexte de transition de la fin du XIXe siècle.

9 Les voix du Surréalisme

Manuel, p. 391-402

I. Problématiques et thèmes

La sous-partie intitulée « Les voix du Surréalisme » s'attache à offrir aux élèves un panorama de ce mouvement littéraire protéiforme : il s'agira de (re)découvrir la manière dont les poètes s'éloignent de la versification traditionnelle pour explorer des formes nouvelles, comme les vers libres, le calligramme ou le poème en prose, sans parler des formes hybrides. Plusieurs poètes mettent d'ailleurs en scène cette volonté de rupture et de libération dans leurs textes.

Les poèmes retenus permettent toutefois de comprendre que la modernité formelle ne va pas toujours de pair avec la modernité thématique. En effet, si Apollinaire par exemple s'intéresse à la capitale, bien d'autres poèmes qualifiés de surréalistes restent dans le sillage d'une certaine poésie amoureuse. Les textes révèlent cependant la part de rêve et de magie présente dans le monde, prolongeant ainsi la quête du Romantisme noir et du Symbolisme, avec lesquels on pourra établir des liens.

Dans tous les cas, il sera pertinent de montrer qu'en dépit de caractéristiques d'écriture communes, les poètes parfois qualifiés malgré eux de « surréalistes » font entendre des voix très personnelles et des visions du monde singulières.

BIBLIOGRAPHIE

- **Gaëtan Picon**, *Histoire de la littérature européenne*, « La Poésie contemporaine », La Pléiade, Gallimard, 1968.
- **Gérard Durozoi**, *Histoire du mouvement surréaliste*, Hazan, 2004.
- **Jean-Pierre Richard**, *Onze Études sur la poésie moderne*, Le Seuil, 1964.
- **Michel Jarrety**, *Dictionnaire de poésie de Baudelaire à nos jours*, PUF, 2001.
- **Daniel Oster**, *Apollinaire*, Seghers, 2001.

II. Guillaume Apollinaire, le précurseur (p. 392-394)

TEXTE 1 : Guillaume Apollinaire, « Zone », *Alcools* (1913) p. 392

Objectifs et enjeux

→ **Découvrir un poème considéré comme précurseur du Surréalisme**

→ **Étudier le lien entre la modernité thématique et la modernité poétique**

Lecture analytique

1. La nouveauté de ce poème se situe à différents plans. Elle s'exprime d'abord dans le contenu. Le titre, « Zone », inscrit le poème dans le cadre de la capitale française et de ses terrains vagues, revendiquant par là un thème *a priori* peu poétique. Le premier vers marque la volonté de rupture d'Apollinaire : l'expression « À la fin », qui ouvre paradoxalement à la fois le poème et le recueil, dit la lassitude du poète par rapport à la tradition. En effet, le pronom personnel « tu » peut, en ce sens, s'adresser au poète lui-même, exposant ici sa démarche littéraire. L'adjectif qualificatif « las » (v. 1), la formule familière « Tu en as assez » (v. 3) et la surenchère « Ici même les automobiles ont l'air d'être anciennes » (v. 4) confirment le dégoût du poète face au « monde ancien » (v. 1) qu'il qualifie hyperboliquement d'« antiquité grecque et romaine » (v. 3). C'est tout un héritage littéraire et culturel qu'il semble ici rejeter.

Le ton et la forme du poème portent ce souffle de nouveauté. Apollinaire interpelle le « Christianisme » (v. 7) comme s'il s'agissait d'une personne, de surcroît en le tutoyant, ce qui peut paraître irrévérencieux. Le langage est courant voire parfois relâché : le poète répète par exemple la tournure peu travaillée « il y a » aux vers 12 et 13 et, surtout, ne recourt à aucune ponctuation. Ce choix fait par Apollinaire au moment de la publication du recueil accentue le désir de l'auteur de s'affranchir de la poésie du « monde ancien » (v. 1). Enfin, le poète ne suit pas une forme poétique fixe : au contraire, il écrit en vers libres, c'est-à-dire en recourant à des mètres variés, parfois longs (comme le vers 11) et en ne s'imposant pas de rime systématique. Les strophes même sont irrégulières : trois monostiches, un tercet, un huitain et un dizain ouvrent le poème.

2. Cependant, malgré sa modernité affichée, ce poème conserve des liens avec la tradition, notamment au niveau de la versification et du lyrisme. Certes, Apollinaire exploite les vers libres, apparus à la fin du XIXe siècle, mais on reconnaît des alexandrins aux vers 19-21 et au vers 1 si l'on fait la diérèse sur l'adjectif qualificatif « ancien ». En jouant sur l'ambiguïté entre le vers canonique qu'est l'alexandrin et le vers impair qu'est l'hendécasyllabe, le poète indique subtilement qu'il se situe à mi-chemin entre la tradition et la modernité. Son poème se fonde d'ailleurs globalement sur des rimes suivies. Enfin, si la tonalité lyrique n'est pas omniprésente, il n'est pas anodin que le verbe « aimer » soit associé à la première personne au vers 23 et que le poète utilise le « ô » vocatif (v. 2 et 7).

D'un point de vue thématique, la tradition subsiste avec le rôle accordé à la religion. L'antithèse des vers 4-5 oppose les voitures qui semblent « anciennes » et « La religion [...] restée toute neuve la religion » ; la répétition du groupe nominal et sa comparaison, au vers suivant, aux « hangars de Port-Aviation », inscrivent pleinement la religion dans la modernité, comme si elle s'affranchissait du temps. Apollinaire répète l'adjectif qualificatif « Seul » (v. 7) pour insister sur la permanence du « Christianisme », ce qui aboutit à une hyperbole faisant du « Pape Pie X », interpellé, « l'Européen le plus moderne » (v. 8). L'écart de rime aux vers 7-8 permet, par les sonorités, de suggérer cette modernité. Apollinaire paraît toutefois se trouver dans une position ambiguë car, dans une anacoluthe, il fait de « la honte » le sujet des vers 9-10, comme s'il n'assumait pas totalement son désir d'« entrer dans une église ».

3. Quoi qu'il en soit, l'un des enjeux du poème est de sublimer le quotidien pour rendre compte de la vision de son auteur. La banalité de la vie en ville devient un sujet poétique. La région parisienne est mise à l'honneur depuis la hauteur de la récente « tour Eiffel » (v. 2), jusqu'à une « rue industrielle » (v. 23) anonyme mais localisée (v. 24) et qualifiée par les mots mélioratifs « jolie » (v. 15) et « grâce » (v. 23). Les images utilisées amènent le lecteur à épouser le regard neuf qu'Apollinaire porte sur le quotidien. Le vers 2 personnifie la « tour Eiffel » en « Bergère » et la métaphore du « troupeau des ponts [qui] bêle » (v. 2) animalise les automobiles klaxonnant. Ce mélange d'urbanisation et de ruralité poétise le quotidien et prête à sourire. La description de la rue est aussi animée : la routine des travailleurs énumérée au vers 17 prend une allure entraînante, rythmée par l'effet de zoom temporel, de la semaine à « midi » (v. 18-20).

Plus qu'un sujet, le quotidien devient un mode d'expression poétique. Le texte marque l'avènement de nouvelles formes de littérature issues du quotidien : le présentatif « Voilà la poésie » (v. 12) qualifie « les prospectus les catalogues les affiches » (v. 11), tandis que « la prose » (v. 12) habite les écrits quotidiens (« les journaux », v. 12) et populaires (« aventures policières », v. 13). Le citadin peut ainsi lire chaque « matin » (v. 12) et partout, comme le souligne l'hyperbole « mille titres divers » (v. 14). Tantôt personnifiés (avec le verbe « chantent », v. 11), tantôt animalisés (avec la comparaison « à la façon des perroquets criaillent », v. 22), ces écrits et ces images deviennent des formes d'expression musicales et colorées. L'écriture du poème elle-même, proche du cubisme, juxtapose les images au fil de la déambulation du poète.

TEXTE 2 : Guillaume Apollinaire, « Nuit rhénane », *Alcools* (1913) p. 393

Objectifs et enjeux

→ **Découvrir un poème d'inspiration légendaire**
→ **Analyser la richesse d'une écriture poétique moderne**

Lecture analytique

1. Le poème « Nuit rhénane » semble tout entier gagné par l'ivresse. La présence explicite ou implicite du vin marque en effet le texte. Le premier comme le dernier vers débutent par le groupe nominal « Mon verre » ; l'anaphore de ce sujet associe ainsi l'état d'ébriété au poète. Le champ lexical de l'alcool se précise avec la mention du « vin » au vers 1, et va jusqu'à caractériser le Rhin, personnifié au vers 9 : « Le Rhin le Rhin est ivre où les vignes se mirent » (v. 9). Cette image suggère que le poète prête son exaltation au fleuve, mais elle cherche aussi à signifier que rien n'échappe à l'emprise du vin. De manière plus insidieuse, les allitérations en [v] amènent le lecteur à se sentir lui-même concerné par l'ivresse, qui rend la parole poétique comme hésitante : « verre », « vin » (v. 1) ; « vu » (v. 3) ; « verts » (v. 4) ; « ivre », « vignes » (v. 9) ; « voix » (v. 11) ; « verts » (v. 12) et « verre » (v. 13) à nouveau.

Le poème paraît ainsi entraîné dans un mouvement général. La comparaison « trembleur comme une flamme » (v. 1) qualifie le « verre » de vin vacillant, et quasiment tous les personnages et les éléments suivent cette dynamique : le verbe « Tordre » (v. 4) qualifie les « sept femmes » mystérieuses, le poète enjoint à ses compagnons de danser « une ronde » (v. 5) et même les étoiles, représentées par la métaphore « l'or des nuits » (v. 10), « tombe[nt] en tremblant » (v. 10) dans le Rhin. En outre, le décor se dédouble : les verbes « se mirer » et « se refléter »

(v. 9-10) renvoient à l'effet de miroir envoûtant de l'eau, qui trouble davantage la vision du buveur. L'écriture elle-même tangue : « Le Rhin » (v. 9) est répété deux fois d'affilée et le rythme de l'alexandrin varie. Les vers 1 et 10, contenant un dérivé de « trembler », semblent justement perdre l'équilibre : il s'agit de trimètres, rompant avec la binarité de l'alexandrin et rendant la parole poétique comme titubante.

2. L'ivresse consacre la victoire du surnaturel sur le réel. Le poète s'inscrit à l'origine dans un décor réaliste, dans lequel le surnaturel fait intrusion. Le titre « Nuit rhénane » met en place le cadre spatio-temporel : la scène se déroule la nuit, moment propice à la rêverie et aux illusions, et l'adjectif qualificatif « rhénane » évoque déjà les légendes du bord du Rhin. Si le premier vers semble correspondre au contexte d'une taverne, l'image de la « flamme » annonce, par la rime, les « sept femmes » maléfiques du vers 3. Le premier quatrain bascule donc rapidement dans le surnaturel. Ces créatures, à la chevelure verte si longue qu'elle occupe tout le vers 4, font songer aux Ondines, génies des eaux de la mythologie germanique attirant les hommes au fond des fleuves telles les sirènes, ou encore à la « Loreley », sorcière rhénane mise en scène dans un autre poème.

Le poète essaie de résister, en vain, à la puissance menaçante de ces créatures. À travers l'impératif « chantez plus haut » (v. 5), il enjoint à ses compagnons de couvrir la voix du « batelier » (v. 2) contant cette légende, rappelant la figure d'Ulysse demandant aux siens de l'attacher pour ne pas céder au chant des sirènes. Le poète leur demande de danser une « ronde » (v. 5), motif enfantin permettant de conjurer le mauvais sort. De façon significative, il fait rimer ce mot avec « toutes les filles blondes » (v. 7), qu'il souhaite faire regrouper auprès de lui pour contrer l'envoûtement. En effet, ces filles, caractérisées par leur fixité et leur sagesse avec le parallélisme « Au regard immobile aux nattes repliées » (v. 8), inspirent la sécurité. Or, le retour des Ondines, non plus « femmes » (v. 3) mais « fées aux cheveux verts » (v. 12), indique la défaite du poète. C'est pourquoi son poème, qui aurait pu contenir 14 vers comme un sonnet, se clôt sur un treizième vers sous forme de monostiche qui laisse entendre la victoire railleuse des Ondines avec la comparaison « comme un éclat de rire ».

3. Malgré la défaite apparente du poète, le poème constitue un hymne au chant poétique. Apollinaire rend hommage au pouvoir incantatoire de la poésie. Le champ lexical du chant renvoie autant au batelier (« la chanson lente », v. 2) qu'aux compagnons du poète (« chantez plus haut », v. 5) et qu'aux « fées [...] qui incantent l'été » (v. 12). Or, l'étymologie de ce verbe mêle chant et incantation, disant le pouvoir magique de la poésie. C'est en effet le chant qui parvient à donner vie au surnaturel et qui subsiste, dépersonnalisé, au vers 11 : la synecdoque « La voix chante toujours » ne prête plus attention qu'à l'envoûtement sonore. D'ailleurs, le poème lui-même exerce un pouvoir de fascination sur le lecteur grâce à sa circularité, à ses répétitions et au jeu de mots sur les homonymes « verre » et « verts », qui associent l'ivresse poétique à la sorcellerie.

Le texte révèle également le pouvoir créateur de la poésie. Apollinaire joue sans doute aussi sur l'homonymie avec le mot « vers » : l'alexandrin final renverrait alors à la brisure poétique recherchée par son écriture moderne. Le poète se plaît d'ailleurs à inventer des mots : les néologismes « trembleur » (v. 1) et « râle-mourir » (v. 11) accentuent les allitérations en [r] évocatrices de mal-être. Les images du reflet suggèrent que le langage poétique permet d'accéder à un monde parallèle et légendaire où, à l'oreille, « l'été » convoqué par les « fées » (v. 12), devient Léthé, fleuve des enfers faisant oublier aux humains leur passé sur terre et constituant ici le double du Rhin. Refusant l'élitisme, Apollinaire invite le lecteur à s'initier au plaisir poétique à son tour avec l'impératif « chantez » (v. 5).

TEXTE 3 : Guillaume Apollinaire, « Il pleut », *Calligrammes* (1918) p. 394

Objectifs et enjeux

→ Étudier un calligramme

→ S'interroger sur le lien entre le visible et le lisible

Lecture analytique

1. Par définition, le calligramme donne à voir son sujet. En effet, ce dernier s'impose immédiatement à l'œil du lecteur, comme dans une œuvre picturale, d'autant plus que les caractères composant l'image s'avèrent réduits et ne peuvent donc se déchiffrer au premier regard. Le calligramme représente un rideau de pluie pas tout à fait vertical, ce qui donne l'impression qu'il est orienté vers la droite par un vent capricieux. De fait, les différentes lignes ou les différents vers qui le constituent ne sont pas totalement parallèles et ont des longueurs variables. Afin de figurer la chute de la pluie, Apollinaire a choisi de faire se succéder les lettres composant les mots à la manière de minuscules gouttes d'eau. L'absence de majuscules et de ponctuation suggère la fluidité, la liquidité. Peut-être la mise en page des mots permet-elle aussi de rendre sensible l'effet de la pluie, qui brouille la vue de celui qui la regarde.

Le texte lui-même est également structuré par la pluie, véritable sujet du poème. En dehors du titre minimaliste « Il pleut », chaque ligne ou vers contribue à développer le champ lexical de ce phénomène météorologique : la tournure impersonnelle du titre est répétée aux lignes (ou vers) 1, 2 et 4, les « gouttelettes » (l. ou v. 2) et les « nuages » (l. ou v. 3) sont mentionnés et le poète utilise le verbe « tomber » (l. ou v. 5) pour évoquer la chute de l'eau. Apollinaire donne d'ailleurs vie au temps pluvieux à travers l'animalisation « ces nuages cabrés se prennent à hennir » (l. ou v. 3), transformant les nuages en chevaux impétueux ; l'image poétique figure ici le mouvement du ciel chargé et changeant.

2. Le motif de la pluie est traité de façon lyrique. Un ton nostalgique caractérise le poème. L'emploi du verbe impersonnel « pleuvoir » est transitif aux lignes ou vers 1-2, comme dans l'expression « il pleut des cordes ». Cette tournure donne lieu à deux métaphores : « il pleut des voix de femmes » et « c'est vous aussi qu'il pleut merveilleuses rencontres de ma vie ô gouttelettes ». La comparaison « comme si elles étaient mortes même dans le souvenir » associe la pluie qui tombe à l'évocation d'un passé totalement révolu, bien que l'on ignore si ce sont les « voix » ou les « femmes » en elles-mêmes qui sont considérées comme éteintes et oubliées. Le rideau de pluie pourrait ainsi être assimilé à des larmes, ce que semble confirmer la personnification du « regret » et du « dédain » qui « pleurent une ancienne musique » (l. ou v. 4). Même si le lecteur ne peut savoir à quoi fait explicitement référence le poète, qui préserve une part de mystère, il est certain que le calligramme se plonge dans l'intériorité d'Apollinaire, employant le déterminant personnel « ma » (l. ou v. 2).

Le lyrisme du poème tient aussi à sa dimension adressée. L'apostrophe lyrique « ô gouttelettes » et la tournure présentative « c'est vous qu'il pleut aussi merveilleuses rencontres de ma vie » (v. ou l. 2), mettant en valeur le pronom personnel « vous », interpellent les rencontres heureuses du poète. En effet, l'adjectif qualificatif « merveilleuses » et le suffixe diminutif du nom « gouttelettes » expriment son attendrissement. Les deux derniers traits de pluie se fondent sur la métaphore de l'impératif « écoute », marquant un changement de destinataire : ce dernier pourrait être le poète se parlant à lui-même ou bien le lecteur, sensibilisé à la musicalité du texte. Les effets sonores abondent : les allitérations en [m] font entendre les « voix de femmes » et les « merveilleuses rencontres », celles en [r], évoquent les larmes et celles en [t] les « liens » qui tombent.

3. Bien que le calligramme paraisse correspondre au titre, on peut se demander s'il ne cache pas d'autres représentations. Le manque de lisibilité du texte pourrait aller dans ce sens. Les caractères cryptent la signification du poème, déjà peu évidente. Apollinaire n'utilise aucun connecteur logique et semble restituer des impressions qui tombent sur lui une à une au rythme de la pluie : la métaphore des « liens » qui tombent s'avère éloignée des autres considérations et le poète recourt parfois à une syntaxe étonnante comme pour le verbe « hennir » (l. ou v. 3), qu'il emploie de manière transitive alors qu'il s'agit d'un verbe intransitif.

Plusieurs images peuvent ainsi surgir du calligramme, comme autant de lectures. La chute de l'eau pourrait figurer les larmes, mais le dessin rappelle aussi la chute des « liens qui te retiennent en haut et en bas » (l. ou v. 5). Ces liens sont peut-être ceux de l'« ancienne musique », périphrase qui désignerait la poésie traditionnelle, dont le poète cherche à se libérer. Le choix de la forme du calligramme lui permet en effet de renverser un quintil, composé de lignes ou de vers sans rimes et bien plus longs que les vers classiques. L'intrusion des « villes » (l. ou v. 3) dans le poème en accentue la modernité. Enfin, l'adjectif qualificatif « auriculaire » (l. ou v. 3), disant la petitesse des villes face au ciel agité, peut amener à voir dans le dessin une main, métonymie de l'écriture.

III. Les fondateurs (p. 395-402)

TEXTE 4 : André Breton, « L'union libre », *Clair de terre* (1923) p. 395

Objectifs et enjeux

→ **Étudier un blason moderne**

→ **Comprendre le fonctionnement de l'image surréaliste**

Lecture analytique

1. Ce texte est un poème d'amour à la gloire du corps féminin, dont il propose un blason élogieux. Le groupe nominal qui structure le poème, « Ma femme », exprime la possessivité et la fascination du poète pour sa bien-aimée. Breton s'inscrit dans la tradition du blason, forme poétique développée au XVIe siècle, qui décrit de façon méliorative le corps ou une partie du corps, en général féminin. En effet, le poète développe le champ lexical de la préciosité avec l'« ambre » (v. 7), l'« Or » (v. 31), le « rubis » (v. 35) et même le « champagne » (v. 15) pour évoquer la valeur de sa femme. La description est organisée selon une progression globale du haut vers le bas, comme dans les portraits traditionnels : elle commence par la « chevelure » (v. 1) pour s'arrêter à la fin de l'extrait sur les « seins » (v. 33) de l'être aimé. Cependant, la circulation du regard s'avère assez libre, le poète passant de la « taille » (v. 3) à la « bouche » (v. 5), pour s'attarder ensuite sur les « cils » (v. 11) de l'élue de son cœur. Ce parcours aléatoire s'explique par l'émotion vive de Breton, qui laisse libre cours à son désir amoureux. Une grande sensualité se dégage du poème, mêlant tous les sens dans une véritable synesthésie : la vue (« jambes de fusée », v. 25), l'ouïe (« Aux mouvements d'horlogerie », v. 26), le toucher (« aisselles de martre », v. 20), l'odorat (« Aux doigts de foin coupé », v. 19) et le goût (« langue d'hostie poignardée », v. 8).

Breton fait du corps de sa femme un véritable microcosme. Celle-ci paraît constituer l'univers du poète car elle rassemble les quatre éléments : l'eau (« mer », v. 23 ; « boivent », v. 29), l'air (« étoiles » ; v. 5 ; « hirondelle », v. 12), la terre (« ardoise » v. 13 ; « blé », v. 24) et le feu (« feu de bois », v. 1 ; « allumettes », v. 17). Le corps féminin parvient, en outre, à réconcilier les contraires : la métaphore des « cils de bâtons d'écriture d'enfant » (v. 11) l'associe à l'innocence, tandis que celle des « seins de creuset du rubis » (v. 35) lui confère un érotisme étonnant. Cette sensualité n'empêche pas la femme d'accéder à un statut presque divin : les 17 occurrences de l'anaphore « Ma femme » dans l'extrait donnent au poème l'aspect d'une litanie, sorte de prière fondée sur une longue suite d'invocations à un dieu ou à un saint.

2. Cependant, le titre « L'union libre » ne désigne pas seulement le lien amoureux entre le poète et sa femme ; il définit également l'écriture surréaliste du poème. De fait, le texte se caractérise par sa versification libérée des règles prosodiques traditionnelles. Breton fait le choix des vers libres, pratiqués depuis la fin du XIXe siècle. Ainsi, les mètres ont des longueurs variables : le poème s'ouvre sur un alexandrin dont la césure ne peut se faire à l'habituel hémistiche, se poursuit avec deux octosyllabes (v. 2 et 3) et exploite des vers impairs comme l'hendécasyllabe (v. 7, 8, 18, 24...). Le choix d'un vers court au vers 3 permet peut-être de figurer la « taille de sablier ». L'extrait ne comporte qu'une rime, aux vers 7-8, entre « frottés » et « poignardée ». Par ailleurs, l'absence de ponctuation permet au lecteur de choisir son rythme de lecture, en s'arrêtant s'il le souhaite sur les images les plus déroutantes. Le poème reste structuré par les anaphores de « Ma femme » et de ses compléments du nom, comme dans une sorte de cadavre exquis refusant le principe rationnel des strophes.

Il semble en effet que Breton ait écrit sous la dictée de l'inconscient, en quête d'une « union libre » des mots. Les surréalistes affectionnent les associations surprenantes, remettant en question les carcans dans lesquels la pensée est enfermée par la société et la morale. Le poète cherche moins les rapprochements sémantiques que les rapprochements sonores : l'image du « cou d'orge » (v. 30) semble appeler la paronomase avec le nom « gorge » (v. 31), créant des échos inattendus qui remplacent les traditionnelles rimes. Mais les associations de mots et d'idées peuvent faire naître du sens : les « épaules de champagne / Et de fontaine à têtes de dauphins sous la glace » (v. 15-16) font songer au contexte d'une soirée mondaine et évoquent par les allitérations en [f] la légèreté des épaules, tout en laissant imaginer leur forme aussi arrondie que celle d'une bouteille de champagne ou d'une fontaine. Si le sens des images ne peut s'épuiser, c'est sans doute parce que Breton n'a pas privilégié un sens concret et clair mais est parti en quête du merveilleux pour dire l'irréductibilité de son amour. Les images parfois amusantes voire *a priori* peu flatteuses de ce poème (comme celle du « nid de scalares » pour désigner les aisselles, v. 22) manifestent la liberté créatrice du poète, tout en mettant à distance les habituels clichés du blason.

TEXTE ÉCHO : André Breton, *Nadja* (1928)

p. 396

Objectifs et enjeux

→ **Découvrir un texte inclassable donnant à voir l'esprit du Surréalisme**

→ **S'interroger sur le rôle accordé à la figure féminine**

Lecture comparée

1. Breton utilise deux images pour suggérer son hypothèse selon laquelle la vie pourrait « demande[r] à être déchiffrée comme un cryptogramme » (l. 5). L'extrait s'ouvre sur l'exemple d'un type d'hommes que le narrateur connaîtrait, se laissant « enfermer la nuit dans un musée pour pouvoir contempler à leur aise, en temps illicite, un portrait de femme qu'ils éclairent au moyen d'une lampe sourde » (l. 1-3). Il semblerait légitime de se demander, comme Breton plus loin à propos de l'errance nocturne de Nadja avec un « archéologue » (l. 12), pourquoi ne pas se livrer à une telle observation de jour. Le choix de la nuit, thème cher aux surréalistes, permet en fait de mettre l'accent sur le monde énigmatique qui s'y cache. Cet exemple donne lieu à une antithèse entre « la nuit » et l'éclairage du tableau par une « lampe sourde », personnification qui insiste sur le caractère clandestin de cette lumière volontairement tamisée. Le complément circonstanciel « en temps illicite » (l. 2) donne l'impression que l'homme pourra alors s'adonner librement à son observation, associée ici à une forme de fétichisme artistique puisque le personnage semble amoureux d'une toile. La question rhétorique des lignes 3-4 laisse entendre qu'une telle approche du tableau serait le meilleur moyen d'en percer le mystère. L'interrogation parle d'ailleurs d'une « femme » (l. 4) et non plus d'un portrait, comme si celle-ci était devenue réelle.

La porosité de la frontière entre le rêve et le réel, entre la fiction et la réalité, est encore plus poussée dans l'image suivante. Breton paraît s'y inspirer des romans d'aventures et de magie : l'accumulation « Des escaliers secrets, des cadres dont les tableaux glissent rapidement [...], des boutons sur lesquels on fait très discrètement pression [...] » (l. 5-8) liste de façon concrète les mécanismes cachés qui peuvent peupler les récits de ce genre et qui laissent place à des univers parallèles remplis de péripéties. La syntaxe de la phrase retarde la proposition principale afin de ménager le suspense pour le lecteur comme pour l'aventurier : ainsi, selon Breton, « il est permis de concevoir la plus grande aventure de l'esprit comme un voyage de ce genre au paradis des pièges » (l. 10-11). L'usage de la comparaison et de l'hyperbole permettent à l'auteur d'illustrer de façon imagée l'idée selon laquelle l'esprit humain doit s'affranchir des apparences et de la logique pour explorer librement l'existence et toute sa part de mystère et d'inconscient. Breton invite le lecteur à adopter une démarche active pour déchiffrer le sens de la vie, qui ne va pas de soi.

2. À l'image de l'existence, l'identité de Nadja est source d'interrogation mais aussi d'inspiration. Le second mouvement de l'extrait (l. 11-29) est constitué d'une nouvelle question rhétorique (l. 22-23). Cette interrogation porte sur l'identité de Nadja : « Qui est la vraie Nadja [...] ? ». Breton distingue deux visages *a priori* antithétiques de la jeune femme : « celle qui m'assure avoir erré toute une nuit [...] à la recherche de je ne sais quels vestiges de pierre » (l. 12-14), c'est-à-dire la Nadja intrépide et secrète, croyant en l'existence d'un monde caché, et la Nadja désignée par la périphrase « celle qui *tombait* » (l. 23-24). Cette seconde Nadja serait perçue par les passants comme « la plus pauvre de toutes les femmes et de toutes la plus mal défendue » (l. 27-29) : cette hyperbole pathétique ne correspond vraisemblablement pas à la vision qu'a le narrateur de Nadja, comme le suggère la négation restrictive « n'avaient su voir en elle que [...] » (l. 26-27). Comme dans la première partie de l'extrait, Breton remet en question les fausses apparences et la fermeture d'esprit. La métaphore de la « chimère » (l. 22) va aussi dans ce sens.

Le nombre de lignes que le narrateur consacre à la première Nadja confirme qu'il la perçoit comme une source d'inspiration. Il la caractérise d'ailleurs par la périphrase méliorative « la créature toujours inspirée et inspirante » (l. 16-17), qui transfigure la femme qu'elle est en médiatrice vers un monde supérieur. Par sa façon singulière de voir le monde, Nadja initie l'auteur de ce texte autobiographique au merveilleux que recèle le quotidien. C'est pourquoi le nom « rue » est répété (l. 18 et 20) : Breton définit ce lieu comme « seul champ d'expérience valable » (l. 18-19) aux yeux de Nadja, comme si c'était justement cet endroit *a priori* le plus banal au monde qui permettait réellement d'accéder à un monde supérieur. La mise entre parenthèses de la question rhétorique « pourquoi ne pas le reconnaître ? » (l. 22-23) à propos du second visage de Nadja révèle la difficulté de Breton à dire l'image dévalorisante que la société avait alors de sa muse, annonçant ainsi sa tragique destinée.

TEXTE 5 : Paul Éluard, « La courbe de tes yeux... », *Capitale de la douleur* (1926)

p. 397

Objectifs et enjeux

→ **Étudier un blason moderne**

→ **S'interroger sur le rôle accordé à la femme aimée**

Lecture analytique

1. Ce poème célèbre le regard de la femme aimée. Il s'agit d'un blason élogieux : les yeux, métonymie de la femme, sont évoqués à travers un vocabulaire exclusivement mélioratif. Éluard exploite le champ lexical du cercle : « La courbe », « le tour » (v. 1), « Un rond » (v. 2), « Auréole » (v. 3). Or, la forme circulaire est traditionnellement signe de perfection : elle symbolise l'harmonie et la paix, comme le suggèrent les allitérations en [d] et en [s] du vers 2 (« Un rond de danse et de douceur »), assimilant explicitement la rotondité à une sensation de légèreté et de bien-être. Les différentes parties de l'œil sont représentées : les « Roseaux » (v. 7) que sont les cils, les « Ailes » (v. 8) que sont les paupières et les « Bateaux chargés du ciel et de la mer » (v. 9), métaphores pour l'iris bleuté.

Le regard féminin donne ainsi sa forme au poème. De fait, le premier et le dernier vers créent un effet de circularité : le texte s'ouvre et se clôt sur la mention du regard (« La courbe de tes yeux », « dans leurs regards ») afin de signifier que celui-ci est source d'inspiration et fait accéder à la plénitude. Les « yeux » sont donc omniprésents : ils sont placés juste avant la césure de l'alexandrin initial (6/6) et du décasyllabe du vers 5 (4/6), puis réapparaissent à la fin du vers 14. Si le 2e quintil et le début du 3e ne reprennent pas le champ lexical du regard, c'est parce qu'ils reposent sur une énumération de métaphores recherchées, à la manière d'une litanie, prière listant les qualités de la divinité invoquée. La rondeur des yeux s'entend même à la lecture, nécessitant de dessiner un rond avec sa bouche pour prononcer les nombreuses assonances en [u] et en [o] : « courbe », « tour » (v. 1), « douceur » (v. 2), « Auréole », « berceau nocturne » (v. 3), « tout » (v. 4), « jour et mousses de rosée » (v. 6)...

2. En évoquant le regard féminin, le poète révèle la relation fusionnelle qu'il entretient avec son épouse. Éluard se caractérise d'abord par sa dépendance amoureuse. Le chiasme entre le premier et le dernier vers entremêle le regard de la femme au « cœur » et au « sang » du poète, métonymies de son amour et de son existence : « La courbe de tes yeux fait le tour de mon cœur » / « Et tout mon sang coule dans leurs regards ». Des yeux de la femme dépend donc la vie d'Éluard. La négation du vers 4, qui jette dans l'oubli toute une partie de l'existence du poète, s'explique par la tournure présentative du vers 5 : c'est le regard porté par Gala sur lui qui le fait accéder à la conscience de lui-même. La rime entre « vécu » et « vu » confirme la métaphore des yeux comme miroir de la vie. D'ailleurs, à partir de ce vers, le poème ne se fonde plus que sur des décasyllabes, suggérant que l'apparition de la femme donne forme à la vie du poète.

Cette relation fusionnelle se manifeste également dans les images de la maternité. La métaphore du « berceau nocturne et sûr » (v. 3) renvoie autant à la forme et à la couleur des yeux de Gala qu'au réconfort presque maternel qu'elle offre au poète. Le participe passé « éclos » et le nom « couvée » (v. 11) complètent le champ lexical de la naissance. Il semble que la femme, protectrice comme une mère, donne vie au poète. Le poème passe en effet de l'obscurité du « berceau nocturne » (v. 3) à la lumière du « jour » (v. 6) juste après la mention de la rencontre avec Gala.

3. L'influence du regard féminin sur l'existence du poète est telle que ce dernier l'associe à l'univers. Les yeux de Gala constituent un véritable microcosme. La présence des quatre éléments fait comprendre qu'ils tiennent lieu de monde pour Éluard : l'air (« vent », v. 7 ; « ciel », v. 9), l'eau (« rosée », v. 6 ; « mer », v. 9 ; « sources », v. 10), le feu (« jour », v. 6 ; « lumière », v. 8) et la terre (« Feuilles » et « mousse », v. 6) sont représentés dans le poème. En outre, le lexique des cinq sens met en valeur la satisfaction synesthésique que produit le regard de Gala sur le poète. Ainsi, les vers 6 et 7 mêlent les sens de la vue (« Feuilles de jour » et « sourires »), du toucher (« mousse » et « vent »), du goût (« rosée »), de l'odorat (« parfumés ») et de l'ouïe (à travers les allitérations en [r] et en [z] mises en avant par la paronomase « rosée » / « Roseaux »). La métaphore des « Bateaux chargés du ciel et de la mer » (v. 9) transforme bien la femme en une médiatrice vers l'immensité de l'univers.

La femme aimée est ainsi transfigurée : elle devient une divinité qui donne même naissance à l'univers. Les champs lexicaux de la lumière (« jour », v. 6 et 13 ; « lumière », v. 7 ; « aurores », v. 11 ; « astres », v. 12) et de la religion (« Auréole », v. 3 ; « Ailes », v. 8 ; « ciel », v. 9) l'assimilent à une puissance divine. La comparaison et le parallélisme des vers 14 et 15 explicitent cette dimension cosmique : les « yeux purs », synonymes d'« innocence », font advenir le « jour » et « le monde entier ». Le poème, suivant une gradation ascendante jusqu'à cette hyperbole, accorde à la femme un pouvoir démiurgique et sacré, dans un lyrisme tout surréaliste.

TEXTE 6 : Robert Desnos, « J'ai tant rêvé de toi », *Corps et biens* (1930) p. 398

Objectifs et enjeux

- → **Étudier l'expression de l'amour fou et de l'onirisme**
- → **Percevoir les effets d'une forme poétique moderne**

Lecture analytique

1. Desnos exprime sa relation malheureuse avec la femme aimée. Il lui voue un amour absolu mais unilatéral. Son texte lui est adressé : Desnos tutoie celle que l'on peut identifier comme Yvonne George mais qui reste anonyme bien que la mention de la « voix » (l. 3) puisse renvoyer à son métier de chanteuse. Le corps féminin est morcelé : les démonstratifs « ce corps » et « cette bouche » (l. 2), les possessifs « ton front » (l. 11) et « tes lèvres » (l. 12) constituent des métonymies suggérant le désir charnel du poète mais aussi l'impossibilité d'appréhender pleinement sa bien-aimée. Les expressions hypocoristiques parcourent le poème. Elles disent l'attachement du poète à sa belle : l'adjectif qualificatif « chère » (l. 3) caractérisant la « voix » de la destinataire, la métaphore de la prise de possession de l'esprit du poète (« ce qui me hante et me gouverne », l. 6) et l'hyperbole « la seule qui compte aujourd'hui pour moi » (l. 11) rendent sensible, par la gradation ascendante, l'ampleur croissante de son amour.

Ce poème analyse la relation impossible du poète et de la femme à travers le temps. La plupart des verbes sont au passé composé, comme si Desnos établissait un bilan : l'anaphore « J'ai tant rêvé de toi » (l. 1, 4, 9, 13), complétée par les participes passés « tant marché, parlé, couché avec ton fantôme » (l. 13), associent le passé du poète à un fantasme puisque la relation y reste de l'ordre du rêve. L'emploi du présent, lui, permet de décrire le résultat de cette chimère : la structure consécutive « tant [...] que » de la ligne 1 aboutit au constat suivant : « tu perds ta réalité » (l. 1). Le présent est alors associé à un temps perdu d'avance avec la question rhétorique « Est-il encore temps [...] ? » (l. 2-3) et les négations « il n'est plus temps sans doute » (l. 9) et « il ne me reste plus [...] qu'à être fantôme » (l. 13-14). Desnos semble se dissoudre dans le présent ; le seul futur envisagé le compare à une « ombre qui [...] se promènera » (l. 15).

2. Le poème est structuré d'une façon originale et symbolique. La progression des paragraphes prépare la victoire finale de l'onirisme. Ils sont rythmés par l'anaphore, sorte de refrain qui traduit l'obsession de Desnos à la fois pour la femme aimée et pour le monde de la nuit. Le premier mouvement du texte, comprenant le constat du poète et la question rhétorique aux lignes 2 et 3, laisse déjà entendre qu'il est trop tard pour étreindre la destinataire. Les trois paragraphes suivants sont formés de deux phrases syntaxiquement reliées : la phrase commençant par « Et que » (l. 6) se rattache à la deuxième répétition « J'ai tant rêvé de toi que » (l. 4). Ce mouvement se fonde sur une antithèse entre l'« ombre » (l. 4) de la femme aimée et le « contour de [s]on corps » (l. 5), c'est-à-dire son « apparence réelle » (l. 6) : Desnos craint ainsi de s'être enfoncé trop loin dans le rêve pour pouvoir saisir le corps réel de sa belle. Les derniers paragraphes disent le triomphe du songe avec la négation « il n'est plus temps sans doute que je m'éveille » (l. 9), reprise par l'affirmation « Je dors debout » (l. 9-10).

En outre, l'hybridité de la forme poétique retenue permet de marquer un basculement sémantique. L'expression « Ô balances sentimentales » (l. 8) se détache à divers titres : non seulement elle est isolée visuellement en plein cœur du poème, mais elle correspond à un octosyllabe dans un texte s'apparentant au poème en prose. Il semble que Desnos ait mis en valeur cette apostrophe lyrique et métaphorique pour symboliser le point de bascule de son texte entre, d'une part, le constat selon lequel la destinataire perd sa réalité (l. 1-7) et, d'autre part, la propagation de cette déréalisation au poète, devenant un rêveur éveillé (l. 9-16). Le chiasme des modalisateurs « peut-être » (l. 5) / « sans doute » (l. 7), « sans doute » (l. 9) / « peut-être » (l. 14) confirme que l'incertitude prend le dessus.

3. Le thème du rêve est ainsi traité de manière ambivalente. Ce poème met en scène les dangers de l'onirisme. L'insistance sur le caractère insaisissable de la femme aboutit à lui faire perdre toute réalité : la première périphrase qui la désigne est « ce corps vivant » (l. 2), renvoyant à la réalité, puis la destinataire devient « ombre » (l. 4) et enfin « fantôme » (l. 13). Cette gradation montre combien la femme réelle a cédé sa place à la femme rêvée, d'où la comparaison « je pourrais moins toucher ton front et tes lèvres que les premières lèvres et le premier front venu » (l. 11-12). Desnos intériorise donc cet amour charnel impossible pour rejoindre le monde du virtuel, incarné dans le conditionnel : « je deviendrais une ombre » (l. 7). Le nom « fantôme », renvoyant à la femme à la ligne 13, peut alors caractériser le poète, « fantôme parmi les fantômes » (l. 14). L'hyperbole « plus ombre cent fois que l'ombre » (l. 14-15) transforme l'univers du songe en présage de mort et le poète en âme errante.

Cependant, le poème met aussi en œuvre les pouvoirs du rêve : une union onirique et poétique, impensable dans le réel, s'accomplit ici. Le poème se fonde sur des structures binaires suggérant l'image du double, qu'il soit celui du couple ou du monde parallèle : « de la vie et de l'amour » (l. 10), « se promène et se promènera » (l. 15)... De plus, le texte se clôt sur une tonalité étonnamment légère à travers l'adverbe « allègrement » (l. 15) et la lumière du « cadran solaire de ta vie » (l. 16), formant une antithèse par rapport à l'obscurité régnante. Si le poète se considère comme « plus ombre cent fois » (l. 15) que l'aiguille guidant l'existence de l'être aimé, l'analogie le lie pour toujours au destin de celle qui occupe son cœur.

TEXTE 7 : Jules Supervielle, *L'Enfant de la haute mer* (1930) p. 399

Objectifs et enjeux

→ **Découvrir un texte inclassable, entre le récit et la poésie**

→ **S'interroger sur les effets d'une écriture fantaisiste**

Lecture analytique

1. Ce texte original présente un monde hésitant entre le réel et le rêve. Il met en scène un étrange village. Le nom « rue » (l. 1, 3, 11, 25) n'est même pas une synecdoque du « village » (l. 15 et 31) car la précision « la seule rue de cette petite ville » (l. 25) réduit le village à cette unique voie de circulation, métaphorisant le passage d'un monde à l'autre.

Supervielle décrit précisément ce village-rue évoquant le Nord de la France. Le complément circonstanciel de lieu « dans le haut Atlantique à la surface de la mer » (l. 2-3) est complété par le nombre « au-dessus d'un gouffre de six mille mètres » (l. 3). En outre, le lexique des couleurs caractérise les maisons : l'antithèse entre le « roug[e] » originel des « briques » et leur « teinte gris-de-France » (l. 4) dit leur décoloration rappelant les « toits d'ardoise » (l. 5). Si le village semble proche de la dissolution avec la vétusté de son « clocher très ajouré » (l. 5-6), il paraît en même temps éternel, comme le suggère l'adjectif qualificatif « immuables » (l. 5).

C'est donc un univers onirique que peint Supervielle. Les neuf questions rhétoriques correspondent à autant de tentatives de trouver une explication rationnelle à la conception de ce village suspendu. L'anaphore « Comment » (l. 1, 9 et 11) est en effet suivie du vocabulaire de l'architecture : « s'était formée » (l. 1), « quels architectes » (l. 2), « tenait-il debout » (l. 9). Le modalisateur « sans doute » (l. 6) tâche de formuler une hypothèse et la comparaison « comme si elle marchait sur la terre ferme » (l. 11) montre qu'en marchant sur l'eau, la fillette défie les lois de la logique. La tonalité fantastique de cette « rue flottante » (l. 1) n'est pas dénuée de fantaisie avec le « poisson » (l. 8) qui saute par-dessus une cour censée être fermée. Enfin, la personnification « toujours prêt à s'évanouir » (l. 32) dit combien le village est menacé de disparition, peut-être parce qu'il n'est que la création de l'esprit de l'enfant : la coordination entre le « sommeil » de la fillette et la disparition du village (l. 15) paraît confirmer que celui-ci est invisible parce qu'imaginaire.

2. Le poète-narrateur porte un regard particulier sur la petite habitante du village. Sa tendresse se révèle dans le portrait qu'il dresse d'elle. L'enfant apparaît à la ligne 10 : son âge, « douze ans », et son assurance de villageoise en « sabots » provoquent l'étonnement du narrateur. Le portrait physique et moral occupe les lignes 20-24. Supervielle y fait coexister des termes péjoratifs et mélioratifs, opposés ou plutôt liés par le « mais » (l. 21 et 23). Le visage peu harmonieux de l'enfant est ainsi contrebalancé par sa « peau très blanche » et ses « taches de douceur » (l. 21-22), jeu de mots qui dit l'émotion du poète. L'oxymore « modestes mais très lumineux » (l. 23), qualifiant les yeux de la fillette, suscite une « grande surprise » chez l'observateur comme si l'enfant reliait au « fond des temps » (l. 24), hyperbole lui conférant un pouvoir magique. Ses yeux « gris » (l. 23) rappellent d'ailleurs les maisons, faisant du village un avatar de l'enfant.

Cette description hypocoristique se mêle à une insistance sur la solitude de la fillette. La répétition de l'adjectif qualificatif « seule » (l. 10, 18 et 25) met en valeur cette idée. Il renvoie autant à l'enfant qu'au village-rue, également personnifié à la ligne 31 : « ce village perdu ». L'adverbe d'intensité « si » (l. 10) et l'hyperbole « la seule petite fille au monde » (l. 18) accroissent l'isolement de l'enfant, dont le narrateur se demande si elle a conscience de sa tranche d'âge dans la mesure où elle ne côtoie personne. Le dernier paragraphe de l'extrait prend une dimension tragique : l'attitude de la fillette traduit son espoir d'une quelconque compagnie avec la comparaison « comme si elle eut attendu [...] » (l. 26-27), mais la négation de la dernière phrase vient annihiler cette possibilité.

3. Le lecteur se retrouve toutefois immergé dans l'histoire de la petite fille. Le poète-narrateur l'invite en effet à plonger avec lui dans le fantastique. Les questions rhétoriques interpellent le lecteur, l'amenant à partager les interrogations du narrateur. Contrairement au « marin » (l. 16) incapable d'apercevoir le village suspendu, le lecteur est initié à un monde secret. Les temps du récit (l'imparfait « Elle n'était pas très jolie », l. 20 ; le plus-que-parfait « nul marin [...] n'avait jamais aperçu le village », l. 16-17) permettent de mettre en place le cadre de ce poème-conte symbolique. La simplicité du lexique, qui se remarque dans la répétition de l'adverbe « très » (l. 5, 20, 21, 23), peut parler à tous. Le lecteur est d'ailleurs vouvoyé à la ligne 23, de façon à partager l'étonnement attendri du poète.

De plus, le lecteur se retrouve face à un texte en train de s'écrire. Le narrateur intervient à la ligne 12 avec un « nous » de modestie qui lui permet aussi d'englober le lecteur. Or, le futur « Nous dirons les choses au fur et à mesure que nous les verrons et que nous les saurons » (l. 12-13) donne l'impression que l'histoire se crée sous les yeux du narrateur et du lecteur. Ce passage peut métaphoriser l'écriture automatique surréaliste. De fait, l'épanorthose des lignes 21-22, corrigeant le nom « douceur » en « rousseur », semble naître de la paronomase, comme si le « je » écrivait au fil de l'eau. La périphrase « ce qui doit rester obscur » (l. 13) admet l'hermétisme de ce texte inclassable, à l'image de cette rue entre deux mondes.

TEXTE 8 : Henri Michaux, « Clown », *Peintures* (1939) p. 400

Objectifs et enjeux

→ **Comprendre la démarche de rupture du poète**

→ **Étudier un autoportrait déroutant**

Lecture analytique

1. « Clown » fait apparaître un poète qui se (dé)construit dans l'opposition. Michaux s'oppose aux carcans de la société. Il en critique le conformisme et les liens factices. Le vocabulaire de l'illusion dénonce les apparences sociales : « ce qui paraissait m'être indissolublement proche » (v. ou l. 5), « la forme qu'on croyait si bien attachée, composée, coordonnée, assortie à mon entourage et à mes semblables, si dignes, si dignes, mes semblables » (v. ou l. 12-13). Le terme « semblables » est une antiphrase, le poète se dissociant de ces faux liens mis en valeur par l'accumulation. Il rejette dans le même temps les valeurs imposées par la société : la logique des « misérables combinaisons faites "de fil en aiguille" » et la « misérable pudeur » (v. ou l. 7-8) caractérisant jusqu'alors le poète. Par la répétition de l'adjectif qualificatif péjoratif, Michaux met à distance voire renie le personnage que la société a plaqué sur lui.

C'est ainsi à l'idée d'une importance de soi que le poète s'oppose également. Le champ lexical de la haute opinion de soi (« idée-ambition », v. ou l. 17 ; « hauteur », « estime » v. ou l. 18), habituellement mis en avant, est ici dévalorisé : l'oxymore « Vidé de l'abcès d'être quelqu'un » (v. ou l. 9) associe la gloire à une posture intolérable voire à un amas de pus, si on le prend au sens propre. Le poète utilise alors le plus-que-parfait pour signifier son erreur passée à propos de lui-même et la métaphore de la lumière pour dire sa prise de conscience : « le sens que contre toute lumière je m'étais fait de mon importance » (v. ou l. 20-21).

2. À partir de cette opposition, le poète peut exprimer sa démarche de libération. Cette démarche, radicale, est envisagée dans un futur plus ou moins proche. L'anaphore « Un jour » est complétée par « bientôt peut-être » (v. ou l. 2), nuançant l'imminence du projet par un modalisateur. Le futur reste le temps principal du texte. Il est souvent associé à la violence : Michaux s'inscrit dans une volonté de rupture (« J'arracherai », v. ou l. 3 ; « Je le trancherai », « je le romprai », v. ou l. 6), de renoncement (« je lâcherai », v. ou l. 4) et même d'exorcisme (« j'expulserai de moi », v. ou l. 11). Il cherche à faire tomber les liens le retenant à la société : « je le renverserai », « je le ferai dégringoler » (v. ou l. 6). La métaphore crue du vomissement du vers 7 est reprise dans la triade synthétique « dissipation-dérision-purgation » (v. ou l. 11). Ce déferlement de violence vise en effet à être suivi d'un apaisement : l'image « j'arracherai l'ancre qui tient mon navire loin des mers » (v. ou l. 3) évoque un marin en quête d'ailleurs.

Cette volonté de rompre avec le conformisme et de prendre le large est mise en lumière par la forme poétique, inclassable. Proche des vers libres, le poème contient quelques rares rimes (« dégringoler » / « nourricier », v. ou l. 6 et 9) et évoque parfois les versets en raison de la longueur de certains vers ; la 3e strophe, ou 3e paragraphe, ressemble plus à de la prose. Le refus de s'inscrire dans une forme conventionnelle coïncide avec l'esprit du poème. La gradation rythmique des vers ou lignes 1 à 3 figure le souffle libéré du poète voulant larguer les amarres, tandis que les lignes 10 à 13 permettent, par une écriture prosaïque, de critiquer la « forme [...] composée, coordonnée », métaphore de la littérature traditionnelle. Ce texte constitue donc un programme poétique : les règles prosodiques y sont abandonnées, au même titre que les liens logiques critiqués aux vers ou lignes 7 et 8. Michaux écrit sous une forme libérée, arrachant l'« ancre » (ou encre ?) aliénante pour partir à la rencontre de lui-même.

3. L'autoportrait du poète est riche de sens. Michaux s'affirme comme un poète du « rien ». Par les métaphores « Réduit à une humilité de catastrophe » (v. ou l. 14), « Ramené au-dessous de toute mesure à mon rang réel » (v. ou l. 16) et « Anéanti quant à la hauteur » (v. ou l. 18), Michaux se place au degré zéro de l'estime de soi. Or, ce « rang infime » (synonyme de « rang réel », selon le parallélisme v. ou l. 16) est valorisé comme un « nivellement parfait » (v. ou l. 14) et comme une forme de « courage » (v. ou l. 4). Paradoxalement, le poète en vient à se définir par la surenchère « pour être rien et rien que rien » (v. ou l. 4). L'anaphore « sans nom, sans identité » (v. ou l. 19) souligne cette négation de soi.

Michaux se voit comme un poète « grotesque » (v. ou l. 20), délaissant le paraître pour rechercher l'inconnu. Le « clown » du titre réapparaît vers ou ligne 20 : ce mot, hérité de l'anglais, signale à la fois la distanciation par rapport à la langue française et par rapport à la figure du poète, ici assimilé à un marginal et à un bouffon. Le choix du titre est alors explicité : « l'esclaffement » renvoie aux deux sens du verbe « s'esclaffer », signifiant à la fois « éclater » et « rire ». Michaux fait exploser les normes par une « dérision » (v. ou l. 11) salvatrice. Ramené au degré zéro de l'être, le poète peut métaphoriquement plonger « dans l'infini-esprit sous-jacent » (v. ou l. 23), dans un « espace nourricier » (v. ou l. 9) pas forcément « lointain » (v. ou l. 19) qui n'est autre que l'espace intérieur. Si la paronomase rapproche la « risée » (v. ou l. 20), la « rosée » (v. ou l. 24) et l'aspect « ras » (v. ou l. 26) du poète, thèmes majeurs du texte, c'est parce que l'autodérision amène à la renaissance suggérée par le lexique mélioratif du vers ou ligne 24. Or, la réduction visuelle du poème suggère que l'écriture poétique a déjà rempli sa fonction cathartique.

TEXTE 9 : Louis Aragon, « La constellation », *Les Yeux d'Elsa* (1942)

p. 401

Objectifs et enjeux

- **Étudier un poème conciliant tradition et modernité**
- **Analyser le lyrisme surréaliste**

Lecture analytique

1. Ce poème célèbre l'amour fou en hissant la femme aimée au rang de déesse. La parole poétique se développe sur le mode de l'éloge. Fondé sur une hyperbole plaçant l'anaphore « trop grand trop fou » de part et d'autre de la césure, le vers 1 annonce la démesure des « mot[s] » qui seront consacrés à la muse. L'image « le ciel pays de la louange énorme » (v. 16) confirme leur visée laudative. De fait, les adjectifs qualificatifs mélioratifs « belles » (v. 17) et « merveilleuses » (v. 26) caractérisent les mains d'Elsa. La tonalité lyrique du poème s'avère évidente : le « Je » s'y exprime à travers des anaphores (v. 2, 6 et 7), recourt au déterminant possessif « mon » (v. 18) pour s'approprier sa bien-aimée et exploite le champ lexical de l'amour : « moi qui les aime tant » (v. 22), « que j'aime tant » (v. 30), « que jalousement mes longs baisers révèrent » (v. 28). Le passage du pronom personnel « elle » (v. 1) au « l' » (v. 10) donne l'impression que le poème raffermit le lien entre les deux amants.

Cette relation intime n'empêche pas Aragon de diviniser sa femme. Elsa n'est jamais nommée dans l'extrait et devient, dès son apparition dans le poème, une créature merveilleuse, dotée d'attributs célestes : par le pouvoir de l'imagination suggéré par le verbe « songer », le poète la revêt d'une « robe en nuage filés » (v. 2), d'« ailes » (v. 3) et de « bijoux » (v. 4) qu'anges et hirondelles jalousent. Les allitérations en [ʒ] accentuent la dimension angélique de cette femme qui semble appartenir au ciel. La référence au « ciel » précédée d'un présentatif (v. 16), la métaphore « que neige la clarté » (v. 17) et l'apostrophe transformant la destinataire en une « étoile » (v. 18) faisant écho au titre l'assimilent à un être sacré et lumineux. Cette pureté divine transparaît aussi dans l'apposition « Téméraires blancheurs oiseaux de paradis » (v. 27), qualifiant ses mains.

2. Le texte constitue donc un hymne à l'amour et à la vie en des temps sombres. La toile de fond du poème, quoique discrète, s'avère en effet inquiétante. Le son des « cloches des noyés » (v. 13), qui crée une image inattendue suite à la métaphore du Niagara, rappelle le contexte de la Seconde Guerre mondiale. L'oxymore liant les vers « Ces mains que tant de fois les miennes réchauffèrent / Du froid qu'il fait dans notre enfer » (v. 22-23) donne l'impression d'une destinataire affaiblie par les conditions de vie qu'elle partage avec le poète en cette période. Or, une antithèse vient contraster avec l'« enfer » de la guerre : le « paradis » (v. 27) de l'amour.

De fait, le sentiment amoureux est présenté dans le poème comme un élan de vie. L'antithèse des vers 18-19, qui oppose à la rime le sommeil anesthésiant du « chloroforme » et la question suggérant l'impossibilité que le poète s'« endorme », donne à l'amour le pouvoir de lutter contre la mort symbolique. En outre, les motifs de la nature, de la passion et de l'espoir sont entremêlés. Si l'affirmation fantaisiste « Sur la terre les fleurs se croiront exilées » (v. 5) signifie que la femme-fleur délaisse ses compagnes pour habiter le ciel ; cette image est reprise au vers 25, nouvelle apposition à propos des mains d'Elsa : « Primevères du cœur promesses du printemps ». Par la ressemblance sonore, les fleurs thérapeutiques sont associées à des « promesses » (celle d'une guérison de la France peut-être), tandis que le parallélisme syntaxique fait de la métonymie du « cœur » un synonyme du « printemps », saison de l'amour et du renouveau. C'est pourquoi Aragon peut utiliser le futur dans la 2e strophe et énumérer les saisons au vers 29, l'amour s'inscrivant dans la permanence.

3. Aragon propose enfin une image de la création poétique. Cette dernière se place d'abord dans le sillage de la tradition. Le poète se caractérise comme un « trouvère » (v. 8) moderne, semant les mots pour « récolter la strophe » offerte comme « trophée » (v. 10) Les nombreuses métaphores de ce quintil et les allitérations en [v] et en [t] dédient symboliquement les vers du poète à la femme aimée. Cette virtuosité verbale est celle des poètes lyriques du Moyen Âge, chantant la *fin'amor* ou amour idéalisé. Le poème révèle également l'influence du blason, forme poétique prisée au XVIe siècle qui consiste à faire l'éloge d'une partie du corps, ici les mains (strophes 4 à 6). Enfin, la forme qu'Aragon confère à son texte respecte une certaine tradition poétique. On trouve des quintils composés chacun d'alexandrins et d'un octosyllabe et fondés sur des rimes dont plusieurs, riches, renforcent la musicalité du poème (v. 2-5, v. 6-8-9...).

Cependant, cette création poétique reste marquée par le Surréalisme. L'onirisme teinte le poème avec le lexique du « ciel » (v. 16), la rime « rêvèrent » / « révèrent » (v. 26-28) et le verbe « songe » (v. 2). L'absence de ponctuation accentue le pouvoir de l'imaginaire, le rythme de la lecture devenant plus libre et favorisant des associations surprenantes : si on lit les vers 13 et 14 ensemble, la comparaison étonne, alors qu'une seconde lecture la rattache au vers 15. En réalité, le poème glorifie autant Elsa que la poésie : la gradation du vers 11 fait du poème un fleuve qui « grandit m'entraîne et tourbillonne », comme si la parole poétique était croissante et intarissable. La prétérition des vers 21-22 et 30, exprimant l'amour pour les mains d'Elsa en affirmant ne pas l'avoir dit, suggère le plaisir de l'écriture lyrique.

TEXTE 10 : René Char, « La Sorgue », *Fureur et mystère* (1948) p. 402

Objectifs et enjeux

- **Découvrir la place du terroir dans la poésie de René Char**
- **Étudier une écriture proche de l'hermétisme**

Lecture analytique

1. René Char s'adresse à la Sorgue sur un ton affectueux. Le titre du poème, « La Sorgue », annonce l'hommage qui va être rendu à la rivière traversant le village natal du poète. En effet, les déterminants possessifs des groupes nominaux « mon pays » (v. 2) et « ma maison » (v. 3) soulignent le lien affectif du poète à son terroir. Or, le cours d'eau est intimement associé au chez-soi, comme le souligne l'antithèse « Rivière où l'éclair finit et où commence ma maison » (v. 3). Dès le vers 1, Char exprime un certain regret : l'adverbe intensif « trop », le participe passé « partie » et le rythme marqué par les virgules mettent en relief la rapidité du flux, insaisissable pour le poète. Le poète va jusqu'à s'approcher de la tonalité pathétique lorsqu'il personnifie la rivière malmenée : « Rivière souvent punie, rivière à l'abandon » (v. 7). Malgré ces épreuves, le cours d'eau reste vivace. Le complément du nom « au cœur jamais détruit » (v. 20) loue son humanité et sa permanence.

Cette proximité du poète avec le cours d'eau se double d'un ton invocatoire : le texte se rapproche en effet d'une prière. L'anaphore du nom « Rivière », structurante, ouvre onze vers sur vingt-et-un et marque le début du second hémistiche des vers 7, 14 et 16 : cette apostrophe fait bien de la Sorgue la destinataire du poème. Or, la rivière est assimilée à une forme de divinité : les formules impératives « Donne aux enfants de mon pays » (v. 2) et « Garde-nous violent » (v. 21) ainsi que le subjonctif à valeur votive « Que chaque pauvre dans sa nuit fasse son pain de ta moisson » (v. 6) transforment la Sorgue en une puissance supérieure capable d'assurer la transmission d'une façon d'être au monde, mais aussi la préservation et même la survie des habitants.

2. De fait, la rivière semble être au cœur d'un véritable cosmos. Elle est d'abord au confluent des quatre éléments. Évidemment, elle se trouve associée à l'élément aquatique à travers son champ lexical : « sillons » (v. 9), « désaltère » (v. 15), « mer » (v. 17), « les eaux » (v. 18). Cependant, si le vers 17 suggère que la Sorgue est paradoxalement supérieure à la mer, c'est peut-être parce qu'elle entretient des liens avec les trois autres éléments. La rivière se fond avec la terre, présente dans les métaphores des vers 4 et 5 et dans la mention de la « vigne » (v. 19). La référence à l'« éclair » (v. 3), la répétition du nom « soleil » (v. 5 et 13) et la métaphore de la « lampe » (v. 15) évoquent la luminosité du Vaucluse décuplée par l'eau. Enfin, le champ lexical de l'air avec le « vent » (v. 9), les « brouillards éclos » (v. 14), les « étoiles » (v. 17) et l'« ouragan » (v. 19) confirme la dimension cosmique de la Sorgue.

Mais la rivière est également associée aux hommes. Les métaphores des vers 5 et 15 se fondent sur deux synonymes, « anxiété » et « angoisse », liant la Sorgue à un sentiment humain malgré l'opacité des images. D'une façon tout aussi déroutante, les vers 10 et 11 proposent une énumération originale donnant l'impression que la rivière concentre tout, l'humain et le végétal, la méfiance et l'empathie ; la rime entre le « soupçon » et la « compassion » met d'ailleurs en valeur cette antithèse. La Sorgue rassemble les hommes, elle est le lieu de l'altérité : « Rivière des meilleurs que soi » (v. 14), elle compte aussi des « menteur[s] » (v. 13). Les compléments du nom « rivière » aux vers 8 et 12 listent les habitués du lieu, attachés à un travail pénible et rustique ou bien gagnés par la « fièvr[e] ».

3. Cette fièvre se ressent dans l'écriture poétique elle-même, qui exprime la violence du lieu. La forme poétique choisie donne à entendre les fluctuations de la rivière. Char recourt à des vers libres : les vers, plus longs que dans la versification traditionnelle, s'avèrent irréguliers, ce qui suggère le rythme vivant de la rivière, éloigné d'une régularité mortifère. Si les rimes sont globalement suivies, le vers 5 crée un effet de rupture en mettant en valeur le mot « anxiété », qui ne trouve aucun écho dans une autre fin de vers. Dans la même perspective, la 4e strophe perturbe la distribution des vers en prenant la forme d'un tercet et non pas d'un distique. Ces variations rythmiques font de la poésie elle-même une rivière impétueuse, rappelant la citation de Char dans *Fureur et Mystère*. Ce poème a d'ailleurs pour vocation d'être rendu audible tel le roulement de l'eau suggéré par l'allitération en [r] du vers 4 : Char le lisait à haute voix avec ses amis, ce qui dit la valeur de la Sorgue aux yeux des hommes.

C'est aussi la dimension surréaliste de l'écriture qui redonne toute sa force vive à la rivière. Si les images peuvent parfois échapper à la compréhension du lecteur, il semble que Char manifeste un certain goût pour la violence du lieu. Le mot « violent » dans le vers final peut être perçu comme un synonyme de « passionné » si l'on se réfère aux vers 2 et 4 : la Sorgue se caractérise par sa « passion » et « roule aux marches d'oubli la rocaille de ma raison », ce qui paraît signifier qu'elle rejette toute rationalité. De fait, le poème confère à la Sorgue une dimension magique avec le complément du nom « des pouvoirs transmis » (v. 18). Si l'image de « l'ouragan qui mord la vigne » (v. 19) recèle une certaine violence, cette dernière est le signe d'une renaissance à venir : « et annonce le vin nouveau ». On peut d'ailleurs se demander si le poète ne fait pas ici un clin d'œil aux surréalistes en reprenant la fin du 1er cadavre exquis imaginé (« Le cadavre exquis boira le vin nouveau »). Quoi qu'il en soit, la force de la Sorgue semble bien aller dans le sens de l'espoir et de la libération de l'esprit humain, comme le suggère l'antithèse de la rime finale entre « prison » et « horizon ».

10 La poésie engagée, entre colère et exaltation

Manuel, p. 403-411

I. Problématiques et thèmes

Les textes rassemblés dans ce parcours permettent d'étudier la poésie engagée au XXe siècle, à travers trois groupements de textes. Les trois premiers textes sont des poèmes d'auteurs engagés chacun à leur façon dans la Résistance. Les poèmes de Prévert et de Vian sont plus tardifs et se situent dans les années 1950. Enfin, le parcours se clôt sur trois poèmes du courant de la Négritude. À travers ces textes, et en particulier à travers le travail sur les tonalités, on invite les élèves à réfléchir sur les différentes modalités de l'engagement poétique, entre expression de la colère et de l'espoir, entre invective et éloge. En outre, on peut travailler ici avec les élèves sur les valeurs que les textes poétiques peuvent transmettre au-delà de leur aspect circonstancié. Pour les poèmes de Desnos, d'Éluard ou de Char, il s'agit des valeurs du groupe, de la collectivité qui doit s'engager pour lutter contre l'occupant. Les textes de Prévert et de Vian opposent la jeunesse et la beauté du monde aux intérêts matérialistes et militaristes de la société bourgeoise. Les poèmes de Césaire, de Damas et de Senghor montrent comment les poètes de la Négritude rejettent les valeurs aliénantes et destructrices du système colonial en leur opposant les éléments des cultures africaines et antillaises. Enfin, au-delà même de leur portée politique, ces poèmes peuvent être intégrés à un parcours plus large qui s'attacherait à étudier l'évolution des formes poétiques au XXe siècle.

BIBLIOGRAPHIE

- **Jacques Chevrier**, *La Littérature nègre*, Armand Colin, coll. « U : Lettres », 2003.
- **Jean-Paul Sartre**, *Qu'est-ce que la littérature ?*, Gallimard, 1947.
- **Pierre Seghers**, *La Résistance et ses poètes*, Seghers, 2004.
- www.reseau-canope.fr/poetes-en-resistance/accueil/

II. Les poètes de la Résistance (p. 404-406)

TEXTE 1 : Robert Desnos, « Ce cœur qui haïssait la guerre... », *L'Honneur des poètes* (1943) p. 404

Objectifs et enjeux

- → Étudier un poème de la Résistance
- → S'interroger sur la façon dont l'écriture poétique appelle à l'action

Lecture analytique

1. Comme l'indique le titre à l'imparfait, le poème rend compte d'une profonde métamorphose opérée par la guerre. Le premier vers exprime cette idée par l'antithèse : « haïssait la guerre » et « bat pour le combat et la bataille ». L'antithèse est renforcée par le passage de l'imparfait au présent. Le présentatif « voilà que » suggère que la transformation est à la fois brutale et surprenante. La même structure syntaxique est reprise de façon plus développée aux lignes 2 à 5. Dans ce passage, le poète oppose deux univers nettement antithétiques. Celui d'avant la guerre se caractérise par une adéquation entre l'homme et l'univers : le cœur battait « au rythme des marées, à celui des saisons, à celui des heures du jour et de la nuit ». Le rythme ternaire de l'énumération suggère l'harmonie qui règne entre l'homme et le monde. Au contraire, la métaphore des lignes 4 et 5 (« un sang brûlant de salpêtre et de haine ») exprime la violence que la guerre fait naître chez le poète. À la fin du poème, Desnos élargit cette métamorphose : la guerre touche et transforme tout un groupe en reprenant la même structure antithétique, « ces cœurs qui haïssaient la guerre battaient pour la liberté au rythme même des saisons et des marées, du jour et de la nuit ».

2. L'exclamation qui ouvre le poème donne le ton. Le poète exprime sa colère à travers plusieurs images qui traduisent la violence de ses émotions. La métaphore du salpêtre (l. 5) dit bien le caractère explosif de ce qui agite le poète. À la ligne 6, l'écriture rend compte du bruit de ce cœur qui bat et provoque presque la douleur : « il mène un tel bruit dans la cervelle que les oreilles en sifflent ». Les effets de ce bruit sont même décrits de manière hyperbolique : « il n'est pas possible que ce bruit ne se répande pas dans la ville et la campagne » (l. 7-8). Signe de l'émotion du poète qui trouve écho chez d'autres hommes, ce bruit est aussi comparé à la mer battant contre une falaise (l. 14). On relève par ailleurs tout au long du texte la reprise du verbe « battre » à travers le polyptote : « bat » (l. 1), « battait » (l. 2), « battant » (l. 11), « battent » (l. 13). La répétition du verbe traduit elle aussi la violence de cette colère, nommée explicitement à la ligne 18 dans l'expression « réveiller les vieilles colères ». Les images et le lexique traduisent donc la brutalité des émotions que l'Occupation provoque chez le poète.

3. Le poète cherche à communiquer ses émotions pour engager ses lecteurs à l'action. L'écriture poétique ne se borne pas ici à dénoncer. Le bruit qui siffle à ses oreilles se communique « dans la ville et la campagne ». La coordination « et » articule ici deux espaces traditionnellement opposés qui doivent se trouver l'un et l'autre touchés par la colère du poète. Ce même bruit est comparé à la ligne 9 à une « cloche appelant à l'émeute et au combat ». L'appel à la révolte se fait à la ligne 16 à travers une phrase nominale exclamative qui prend la forme d'un slogan : « Révolte contre Hitler et mort à ses partisans ! ». La simplicité de la formule la rend plus intelligible pour le lecteur. Le poète appelle à une action collective comme en témoignent les lignes 11 et 12 qui répètent le groupe nominal « autres cœurs ». À la ligne 15, la reprise de « millions » présente l'action collective comme la garantie de triompher de l'occupant tandis qu'à la ligne 19, la métaphore de l'aube suggère la réussite de cette entreprise collective qui se fait pour défendre la « Liberté » (ligne 18). On note ainsi que le poème ne fait pas l'apologie d'une violence gratuite. Le combat auquel le poète appelle est présenté aux lignes 13 et 19 comme une « besogne », un mal nécessaire.

TEXTE 2 : Paul Éluard, « Courage », *Au rendez-vous allemand* (1944) p. 405

Objectifs et enjeux

- **Comprendre le rôle des émotions dans l'appel à l'action**
- **Étudier la façon dont les ressources de l'écriture poétique sont mises au service de l'engagement**

Lecture analytique

1. Le poète fait appel à la tonalité pathétique pour évoquer les souffrances de la ville. Le pathos est d'autant plus sensible que la ville est personnifiée en de multiples figures qui sont autant d'allusions à ses habitants, susceptibles de se révolter. Ainsi, dès le premier vers, le parallélisme et l'allitération en [f] mettent en exergue cette souffrance : « Paris a froid Paris a faim ». Les vers suivants présentent la ville comme un personnage pauvre subissant les privations. Ainsi, Paris « ne mange plus de marrons dans la rue » (vers 2), ses travailleurs sont « affamés » (vers 10) et la ville est pâle et maigre (vers 14). Éluard insiste sur le malheur qui frappe la ville. On peut à ce titre relever l'hyperbole du vers 5 (« Plus de malheur encore est imposé aux pauvres ») ou, au vers 7, l'adjectif « malheureux ». Toutefois, le poème met aussi en avant la force de la ville. L'énumération des vers 8 et 9, rythmée par la répétition de « c'est », dit ce qui reste à la ville. De même, Éluard fait l'éloge de Paris au vers 12 en s'adressant directement à lui : « Tu es vivant d'une vie sans égale ». Des vers 15 à 19, le poète montre les qualités des habitants en apostrophant Paris : la ville est belle, habitée par des valeurs d'humanisme, forte, et animée par le sentiment de la justice. Les souffrances de la ville sont ainsi compensées par les ressources qui lui permettent de se soulever et de garder « courage », comme l'indique le titre.

2. Éluard apostrophe à plusieurs reprises Paris, l'incitant progressivement à se révolter. On peut noter à titre d'exemple les vers 11, 14 et 21. Dans ce dernier exemple, le poète exprime sa certitude en employant le futur proche : « Tu vas te libérer Paris ». La formule est répétée au vers 24 (« Tu vas te libérer de la fatigue et de la boue ») afin de mieux persuader les lecteurs. Éluard s'adresse aussi directement à ses lecteurs, susceptibles de s'engager dans l'action : « Frères ayons du courage » (vers 25). L'écriture poétique prend ainsi une dimension oratoire. Pour inciter à l'action, le poète cherche à faire naître l'espoir. Quand il exhorte les Parisiens à la révolte, Éluard multiplie les images. On peut en particulier relever les métaphores de la lumière. Au vers 22, on note une comparaison qui fait de Paris une « étoile ». Aux vers 28 et 29, Éluard déclare : « Un rayon s'allume dans nos veines / Notre lumière nous revient ». On peut aussi citer : « Et c'est de nouveau le matin un matin de Paris » (vers 32). Ces images sont complétées par la métaphore du printemps qui désigne la possible victoire : « L'espace du printemps naissant » (vers 34). L'espoir est d'autant plus grand qu'il naît chez des hommes dont Éluard dit, par une énumération, qu'ils ne sont ni « casqués » ni « bottés » ni « gantés » ni « bien élevés ». Cette série de participes désigne l'occupant nazi dont la force armée ne peut soumettre une ville pourtant caractérisée par sa « pâleur » et sa « maigreur » (vers 14). Enfin, Éluard donne de l'espoir à ses lecteurs en faisant appel aux valeurs. Ainsi, selon lui, Paris ne « supporte [...] pas l'injustice ». De même, le poète rappelle le souvenir de ceux qui sont déjà morts pour les valeurs de liberté : « Les meilleurs d'entre nous sont morts pour nous » (vers 30). Il déclare aussitôt que ce sacrifice est de nature à ranimer l'espoir et à alimenter la révolte : « Et voici que leur sang retrouve notre cœur ». Le rythme du vers (un alexandrin) renforce le parallèle entre « leur sang » dans le premier hémistiche et « notre cœur » dans le second. Ainsi, Paris et ses habitants doivent avoir du « courage » car ils sont portés par des valeurs positives face à « la force idiote ».

TEXTE 3 : René Char, « Fragment 128 », *Feuillets d'Hypnos* (1946) p. 406

Objectifs et enjeux

- **Étudier un texte qui a valeur de témoignage**
- **Comprendre les valeurs qui animent un poète résistant**

Lecture analytique

1. Le fragment 128 des *Feuillets d'Hypnos* se présente sous la forme d'un récit au premier abord peu poétique. Le texte relate un événement dont le poète a été témoin : un jeune braconnier est passé à tabac par des SS qui cherchent à retrouver René Char caché dans le village. Le récit rend compte de la tension de l'épisode. Le récit commence *in medias res* : les quatre premières lignes, rédigées au plus-que-parfait et à l'imparfait, décrivent le village à l'arrêt sous la coupe de « deux compagnies de SS ». L'énumération souligne la tension et la violence qui sont déjà à l'œuvre : « assiégé, bâillonné, hypnotisé, mis dans l'impossibilité de bouger » (lignes 2 et 3). La dernière phrase du premier paragraphe lance l'action en introduisant le passé simple et en annonçant la violence de la scène : « Alors l'épreuve commença ». Les actions s'enchaînent rapidement. Le récit met en relief la brutalité des SS : « Un vieux [...] vit les quatre murs et le toit de sa grange voler en morceaux sous l'effet d'une bombe » (lignes 6 à 8). Dans la phrase « Et coups de pied et coups de crosse de pleuvoir », on reconnaît une phrase simple et non verbale : l'économie de l'écriture rend encore plus sensible cette violence. Le récit est d'autant plus dramatique qu'il se fait à la première personne et en focalisation interne. Comme l'indique le poète à la ligne 12, il observe la scène caché dans une maison inoccupée ; le choix d'une focalisation interne plonge le lecteur dans l'action et confère une plus grande tension au récit : on ne perçoit que ce que perçoit le narrateur et l'on partage son anxiété et sa rage. Aux lignes 20 et 21, René Char fait sentir celles-ci en rapportant le détail de la « sueur crispée ». La tension est d'autant plus forte que le narrateur ne peut pas agir : sa puissance est « contenue » (ligne 21). Le récit trouve alors une résolution surprenante, qui est présentée à la ligne 23 comme un véritable coup de théâtre : « Alors apparut jaillissant de chaque rue la marée des femmes, des enfants, des vieillards ». La métaphore de la marée met en avant le caractère surprenant de l'événement qui mobilise non des hommes armés mais des villageois dont on n'attend pas qu'ils influent sur le cours de l'action. À ce moment, la narration fait état du soulagement du poète : « un sourire se détacha de ma pâleur » (ligne 30).

2. Ce récit à la première personne permet de partager les émotions et, surtout, les réflexions de René Char. Des lignes 9 à 21, le narrateur commente l'action en cours et fait état de ses sentiments. On peut ainsi relever « Cette pensée me rassura » (ligne 14) ou « Une rage insensée s'empara de moi » (lignes 19 et 20). À partir de la ligne 21, René Char procède à une sorte d'examen de conscience. Alors qu'il observe le jeune maçon roué de coups par les SS, Char s'inquiète de l'issue de l'événement. L'adverbe « fatalement » rend compte de cette inquiétude. L'écriture devient alors l'occasion d'un aveu : « j'eus honte de souhaiter sa mort ». Cet aveu trouve sa justification dans la résolution du récit. En effet, l'expression de cette honte permet à l'auteur de mettre en relief la leçon humaine qu'il tire de l'épisode. Cette leçon se découvre progressivement. Le poète découvre d'abord « des yeux anxieux et bons » (ligne 29). À sa propre anxiété répond celle de ses « semblables ». Char fait ainsi état d'une expérience partagée. Ces yeux sont aussi « bons » : en cela ils s'opposent à la violence des SS. La métaphore de la ligne 4 (« la gueule de leurs mitrailleuses ») renvoie ces derniers du côté de l'animalité et de l'inhumanité, avec lesquelles contraste l'humanité des villageois. Cette humanité devient signe d'espoir au milieu de l'horreur, ainsi que le dit la comparaison de la ligne 29 : « des yeux anxieux et bons [...] passaient comme un jet de lampe sur ma fenêtre ». Char donne donc à cet événement une valeur exemplaire, voire didactique. Il éprouve pour les villageois un véritable sentiment de solidarité, comme l'indique l'image des « mille fils confiants » qui le relient à ces hommes, ces femmes et ces enfants. La dernière phrase du texte se détache à la façon d'une moralité et permet à l'auteur de formuler une leçon : « J'ai aimé farouchement mes semblables cette journée-là ». Au-delà d'un épisode circonstancié, le poète donne à l'événement une portée symbolique puissante dont rend compte l'écriture des carnets.

III. Diversité des engagements (p. 407-408)

TEXTE 4 : Jacques Prévert, « Pater Noster », *Paroles* (1946) p. 407

Objectifs et enjeux

→ **Étudier la dérision au service de l'engagement**

→ **Comprendre la vision du monde d'un poète**

Lecture analytique

1. Conformément au titre du poème, le premier vers prend la forme d'une prière : « Notre Père qui êtes aux cieux ». Mais le vers 2 contredit aussitôt cette première intention en introduisant une chute : le poète demande à Dieu de rester au ciel. Paradoxalement, Dieu n'est plus nommé dans le reste du texte. Les vers 5 à 32 énumèrent ce que l'on trouve « sur la terre » (vers 3). Le poète oppose ainsi le monde des hommes au divin dont il semble récuser l'existence : les « mystères de Paris », selon Prévert, valent bien « celui de la Trinité » (vers 6 et 7). Le texte a cependant une forme de prière. Ainsi, le poème est structuré par l'anaphore de la préposition « avec » ou celle des possessifs (« ses », « son », « sa », « leurs »). L'écriture prend la forme d'une litanie un peu monotone qui rappelle la prière. Par ailleurs, Prévert multiplie les procédés qui confèrent une certaine musicalité au poème. On peut ainsi relever l'allitération en [m] du vers 20 : « Émerveillées elles-mêmes d'être de telles merveilles ». On peut aussi noter les parallélismes de construction qui contribuent à rythmer le texte, comme « Avec leurs légionnaires / Avec leurs tortionnaires » (vers 25 et 26) ou comme « Avec les saisons / avec les années » (vers 29 et 30).

2. Cette prière vise avant tout à mettre en évidence les beautés simples du monde. La terre est d'abord présentée comme « si jolie » (vers 4). Plus loin, Prévert répète le mot « merveilles » (vers 15 et 20). Des vers 5 à 21, le poète énumère ce qui constitue ces merveilles en jouant sur les contrastes. Le « petit canal de l'Ourcq » est ainsi mis en regard de la « grande muraille de Chine » (vers 8 et 9), l'« Océan Pacifique » fait écho aux « deux bassins des Tuileries » (vers 11 et 12). Aux « bons enfants » répondent les « mauvais sujets » dans le décasyllabe formé par le vers 14. L'inventaire n'exclut donc aucune réalité et met sur un même plan les merveilles architecturales ou naturelles avec les choses les plus modestes. C'est d'ailleurs une beauté simple que célèbre Prévert, comme l'indique l'adjectif « jolie » au vers 2. Les vers 16 et 17 résument cette idée : ce sont des « merveilles » « Qui sont là / Simplement sur la terre ».

3. Ces merveilles contrastent avec les « épouvantables malheurs du monde » énumérés des vers 23 à 32. Le poète ne formule pas explicitement une dénonciation. L'énumération vise à opposer merveilles et malheurs pour mieux mettre en relief le caractère scandaleux de ces derniers. Ces malheurs sont essentiellement liés à la guerre. Le poète mentionne ainsi en les faisant rimer les « légionnaires » et les « tortionnaires » (vers 25 et 26). Les « légionnaires » font écho à l'expression « qui sont légion » (vers 24). Ce dernier vers peut traduire la tristesse du poète qui mesure l'ampleur des malheurs du monde. Le vers 28 attire particulièrement l'attention. L'énumération et le jeu sur les sonorités mettent sur même plan « maîtres », « prêtres » et « reîtres », laissant à penser qu'il existe un lien entre le clergé, l'armée et les puissants de ce monde. La dénonciation de Prévert est ici discrète : implicitement, le poète rejette les valeurs d'une société qui fait l'apologie de la guerre. L'antimilitarisme du poète est cependant plus sensible au vers 32 : « l'acier des canons » est ici lié à la pourriture et à la misère.

TEXTE 5 : Boris Vian, « À tous les enfants », *Chansons* (1954) p. 408

Objectifs et enjeux

→ **Étudier l'engagement d'un poète dans une chanson**

→ **Étudier le plaidoyer et le réquisitoire dans un poème**

Lecture analytique

1. Comme le titre l'indique, le poème est adressé à des jeunes gens. À deux reprises, aux vers 1 et 4, le poète désigne ses destinataires par « À tous les enfants ». Le terme « enfant » met en exergue la jeunesse des destinataires qui sont partis à la guerre. L'écriture permet alors d'édifier à ces jeunes gens un « monument ». Le mot est répété aux vers 3, 7, 11 et 12. L'écriture vise ainsi à entretenir la mémoire des jeunes soldats. Boris Vian ne parle pas explicitement de guerre. Toutefois, c'est bien à de jeunes soldats qu'il rend hommage, en retenant pour évoquer leur souvenir, l'image d'enfants qui sont partis « le sac au dos » (vers 1) et qui

« ont pleuré le sac au dos » (vers 5). Le détail du sac à dos fait allusion à l'équipement du soldat en campagne. Pour rendre hommage à ces jeunes gens, le poète s'attache à mettre en évidence leur souffrance et inscrit le texte dans une tonalité pathétique. Vian évoque les pleurs des enfants (vers 5) et leurs « chagrins » (vers 6). La construction parallèle des vers 11 et 12 met en avant la « souffrance » et la « terreur » qui constituent de manière métaphorique la matière du monument que le poète édifie.

2. Boris Vian accuse les responsables du sacrifice de ces jeunes soldats présentés comme des enfants innocents. Le vers 20 oppose nettement les « enfants » aux responsables par l'emploi de la conjonction « mais ». Vian prononce le réquisitoire de « ceux qui sont restés / Les pieds au chaud sous leur bureau ». Cette image est frappante car elle met en parallèle les soldats en campagne, sac au dos, et des bureaucrates qui se tiennent à distance des combats. Ces hommes sont désignés clairement comme responsables puisqu'ils ont voulu la guerre (vers 23). Boris Vian les décrit à travers l'image conventionnelle du bourgeois matérialiste. On les voit calculer le « rendement » de la guerre. Au vers 26, on les voit qui « comptent et comptent leurs écus ». La répétition du verbe suggère qu'il s'agit de leur seule préoccupation. L'image du bourgeois est aussi visible par l'embonpoint de ces hommes dotés de « bajoues ». Le néologisme verbal « qui ventripotent » (vers 25) est particulièrement excessif et donne du relief à l'image du profiteur de guerre que dénonce le poète. Dans la deuxième strophe, la répétition de « à tous » rend compte du ton accusateur du poète.

3. Dès le premier vers, le poète s'exprime en son propre nom et parle à la première personne pour exprimer sa colère et son indignation. Ses sentiments sont particulièrement sensibles à la fin du texte. On peut relever aux vers 29 à 31 une énumération, rythmée par la répétition de « avec ». Le poète énumère les armes par lesquelles il entend accuser les responsables de la guerre : la « schlague », le « fouet », les « pieds », les « poings ». Plus encore, les « mots » eux-mêmes, cités au terme de l'énumération, sont présentés comme le moyen d'exprimer cette colère. Le poète met aussi en évidence le contraste entre la beauté du monde et la violence de la guerre. Aux vers 14 à 19, il oppose les beautés du monde aux effets de la guerre. Le monde est « parfumé », « plein de rires, plein d'oiseaux bleus ». Mais cette beauté simple est contredite par la guerre. La rime de « bleus » et « feu » met en évidence cette opposition. L'image de la tâche de sang rend compte de la violence de la guerre, comme la métaphore de la griffure du vers 16.

IV. Les poètes de la Négritude (p. 409-411)

TEXTE 6 : Léon-Gontran Damas, « Solde », *Pigments* (1937) p. 409

Objectifs et enjeux

→ **Étudier un poème de la Négritude**
→ **Étudier l'expression de la révolte**

Lecture analytique

1. Le poète, Guyanais, se met en scène au milieu de la bonne société formée par les colons. Il fait état de son malaise. Pour cela, il répète à sept reprises, au début de chaque strophe, la même formule : « J'ai l'impression d'être ridicule ». Ainsi, par son caractère litanique, la phrase met en évidence ce qu'éprouve le poète dans un milieu qui n'est pas le sien : « dans leurs salons » (vers 18). L'anaphore de la préposition « dans » qui parcourt les vers 1 à 21 met un peu plus en exergue l'impression de décalage qu'éprouve le locuteur. Le malaise est donc pour l'essentiel un malaise moral mais il affecte aussi le corps. La première strophe est centrée sur les vêtements que porte le poète. Le fait de se vêtir à l'occidentale est présenté au vers 11 comme un « emmaillotage » qui « affaiblit les membres ». Les vers 9 et 10 mettent en avant la douleur infligée par les chaussures. La métaphore du vers 14 insiste sur la douleur du corps : le cou se transforme en « cheminée d'usine ». Les maux de tête du poète ne cessent que quand le poète baisse la tête (vers 15 et 16). L'expression de ce mal-être physique, et surtout moral, éclaire le titre : celui qui s'exprime ici a le sentiment de s'être vendu, d'avoir trahi, et de n'être plus lui-même.

2. En effet, le poème oppose deux mondes que tout sépare. La répétition de « leurs » souligne cette distance : le poète ne se reconnaît pas dans la société coloniale. Les deux premières strophes mettent l'accent sur le rôle joué par le vêtement, signe visible qui distingue ces deux univers. Ainsi, l'énumération des vers 2 à 7 donne l'impression que les colons multiplient les accessoires factices. En revanche, le poète résume son corps par la métaphore « ma beauté de cache-sexe » (vers 12). Les vers 9 et 10 expriment la même idée. L'expression « mes orteils qui ne sont pas faits pour transpirer » met en avant, à travers un détail symbolique, l'écart entre le poète et la société qu'il côtoie. Au vers 25, Damas emploie une périphrase pour désigner le thé qu'on sert dans ces salons : « un peu d'eau chaude ». Il souligne ainsi l'étrangeté de cette boisson qu'il ne fait pas sienne, autre symbole d'un monde colonial auquel il n'appartient pas. La répétition de l'adjectif « ridicule » accentue cette distance que le poète met entre lui et la société coloniale.

3. En mettant ainsi à distance la société coloniale, le poète peut poser sur elle un regard critique. Les deux premières strophes, en insistant sur le rôle du vêtement, présentent un monde artificiel. On peut en particulier relever dans ce sens, au vers 5, le mot « faux-col » qui connote cette idée d'artifice. Aux vers 17 à 21, c'est l'artifice des comportements que le poète met en évidence. Les mots placés à la rime dans cette strophe construisent une gradation qui tourne en ridicule les « manières » des colons, qui finissent par ressembler à des « singeries ». Le vers 26, par la personnification des « gâteaux enrhumés », tourne un peu plus en dérision les colons. Les deux dernières strophes sont plus nettement accusatrices. Aux vers 28 et 29, le poète souligne les mensonges des colons en évoquant « les théories qu'ils assaisonnent / au goût de leurs besoins ». Plus encore, les vers 30 et 31 semblent une discrète allusion aux maisons closes et pointent l'immoralité de la société coloniale. Le vers 35 confirme cette lecture : le poète se sent « souteneur » parmi les colons. La dernière strophe met à la rime les deux substantifs « souteneur » et « égorgeur », reliant ainsi dans l'esprit du poète l'immoralité à la violence. Enfin, aux vers 37 et 38, le locuteur déclare avoir les « mains effroyablement rouges ». L'adverbe a ici une valeur hyperbolique et accentue l'effet visuel de la couleur du sang. Ces deux derniers vers introduisent l'idée que la civilisation coloniale est bâtie sur la violence, puisque celle-ci est liée au sang. Le fait d'épeler les syllabes du mot « civilisation » révèle l'ironie du poète.

TEXTE 7 : Aimé Césaire, *Cahier d'un retour au pays natal* (1939) p. 410

Objectifs et enjeux

- → **Étudier un poème qui dénonce le colonialisme**
- → **Travailler sur le rôle des images dans la poésie engagée**

Lecture analytique

1. Le poète s'exprime à la première personne du singulier et s'adresse à un autre Antillais. Sa colère s'exprime en particulier dans les apostrophes adressées au destinataire des lignes 2 à 4. On peut en particulier noter la répétition du mot « gueule » qui appartient à un registre de langue familier et qui traduit le mépris du locuteur pour celui qui se compromet avec l'ordre colonial. En effet, Césaire insiste sur cet aspect à travers le lexique de l'autorité : « flic », « vache » (deux termes argotiques pour désigner les policiers), mais aussi la double périphrase des « larbins de l'ordre » et des « hannetons de l'espérance ». La périphrase « punaise de moinillon » fait écho au mot « hannetons » : la référence aux insectes dans ces périphrases souligne un peu plus la colère du poète. Enfin, la répétition de « va-t'en » (lignes 2 et 3) permet aussi au poète d'exprimer son mépris pour celui auquel il s'adresse et qui est perçu comme un traître.

2. La colère du poète s'explique par le tableau terrible que celui-ci dresse des Antilles coloniales. Les lignes 9 et 10 introduisent la double métaphore de la putréfaction et de la maladie. Ainsi, le poète évoque d'abord « la force putréfiante des ambiances crépusculaires » puis, de façon ironique, un « sacré soleil vénérien ». Ces deux thématiques sont reprises dans la suite du texte et révèlent l'état de délabrement des Antilles. On peut ainsi relever les mots qui filent la métaphore de la putréfaction et de la destruction : les « fleurs du sang qui se fanent » (ligne 15) ou « une vieille misère pourrissant sous le soleil » (ligne 18). Par ailleurs, les Antilles sont « grêlées de petite vérole » (ligne 12) et le silence crève de « pustules tièdes » (ligne 19). Le tableau est effroyable : Césaire évoque successivement « la faim » (ligne 11), « l'alcool » (ligne 12) et la « misère » (ligne 18). Sur le plan moral, le constat est sans appel. En effet, les Antillais sont réduits à « une vieille vie menteusement souriante » (ligne 17). Plus encore, ils ne peuvent parler comme l'indique le terme « silence » à la ligne 18, et surtout, aux lignes 15 et 16, « les martyrs qui ne témoignent pas » et « les fleurs du sang qui [...] s'éparpillent dans le vent inutile ».

3. Le tableau désolant ne suffit pas à entamer l'espoir du poète. Ce dernier se réfugie par l'imaginaire dans un espace préservé dont la description contraste avec celle des Antilles coloniales. À la ligne 4, il se détourne pour rejoindre « des paradis [...] perdus ». Le titre du recueil trouve ici une partie de son explication. Des métaphores valorisantes soulignent la beauté de ce paradis, qui se caractérise par une nature vivante et généreuse. On peut ainsi relever « un fleuve de tourterelles et de trèfle de la savane » (ligne 7). Dans la dernière strophe, l'espoir du poète est plus sensible : celui-ci s'exprime au futur simple, prophétisant un avenir meilleur. Cette strophe est composée d'une seule longue phrase, très oratoire, rythmée par les trois verbes au futur (« éclateront » ligne 21, « emportera » lignes 21-22 et « restera » ligne 22). Ces trois verbes rythment une gradation qui reproduit un mécanisme à la fois violent (comme l'atteste l'image des volcans à la ligne 21) et purificateur : le poète exprime l'espoir que « l'eau nue » emporte « les tâches du soleil » (lignes 21 et 22).

TEXTE 8 : Léopold Sédar Senghor, « Femme noire », *Chants d'ombre* (1945) p. 411

Objectifs et enjeux

→ Étudier un éloge poétique

→ Travailler sur la représentation du poète

Lecture analytique

1. Conformément au titre, ce poème est avant tout l'éloge de la « femme noire ». Celle-ci n'est pas nommée autrement. Il ne s'agit donc pas d'une femme en particulier mais d'une figure allégorique. Senghor met en valeur la couleur de sa peau à travers différentes métaphores. On peut ainsi relever « ta couleur qui est vie » (ligne 2) ou « les perles sont étoiles sur la nuit de ta peau qui se moire » (lignes 19 et 20). Le poète met aussi en avant la sensualité de cette femme qui apparaît comme un « fruit mûr à la chair ferme » (ligne 8). La femme apparaît aussi comme une figure protectrice, presque maternelle : « À l'ombre de ta chevelures s'éclaire mon angoisse aux soleils prochains de tes yeux » (lignes 21 et 22). Enfin, la femme noire est la muse du poète, comme il le déclare aux lignes 8 et 9 : « bouche qui fais lyrique ma bouche ». Cette célébration se présente comme un chant, rythmé par la formule « Femme nue, femme noire », qui constitue un refrain. Le poète adopte une certaine noblesse du ton en choisissant d'écrire sous la forme de versets, rappelant les textes sacrés.

2. À travers cette figure allégorique, Senghor mobilise des images qui renvoient explicitement à l'Afrique. L'éloge n'est donc pas seulement celui de la femme, mais aussi celui des différentes cultures africaines, conformément au projet qui anime les poètes de la Négritude. La femme est explicitement comparée à une « terre promise » (ligne 4). Elle devient ensuite « savane » (le terme est répété deux fois à la ligne 10). À la ligne 12, la référence au tam-tam associe étroitement cette femme à un instrument représentatif de l'Afrique. On notera ici l'allitération en [t] qui met la métaphore en relief. Enfin, Senghor se réfère aux « Princes du Mali ». Ce faisant, il rend hommage aux différentes cultures qui se sont succédées dans cette partie du continent africain et donne tort à l'idée répandue par l'idéologie colonialiste selon laquelle les peuples africains n'auraient pas d'histoire. Le verset constitué par les lignes 15 et 16 se réfère à des compétitions d'athlètes et établit ainsi un parallèle avec la culture olympique antique.

3. Au-delà de la célébration de l'Afrique, Senghor fait l'éloge de la poésie. La femme est en effet sa muse et lui donne l'inspiration. Le poète vante la « voix grave de contralto » de cette femme (ligne 13) et lui donne une valeur spirituelle. La référence au tam-tam constitue une autre mention de la musique. Le poème est ainsi traversé par des allusions à la musique et au chant. Les versets qui concluent le poème font explicitement l'éloge de la parole poétique. À travers une antithèse, le poète oppose la « beauté qui passe » de la femme noire à la « forme » qu'il « fixe dans l'Éternel ». Il met ainsi en valeur le pouvoir de la poésie qui confère l'immortalité à ce qu'elle touche.

11 Célébrations du monde

Manuel, p. 412-421

I. Problématiques et thèmes

Ce parcours explore la diversité des écritures poétiques après 1945. Sans souci d'exhaustivité, cette diversité est abordée ici sous l'angle du rapport que les poètes entretiennent avec le réel, le monde matériel et sensible. On peut ainsi s'interroger avec les élèves sur la façon dont l'écriture poétique peut célébrer des réalités parfois modestes : des objets (Ponge, Réda) ou des paysages ordinaires (Suarès, Jaccottet, Roubaud, Chedid...). Les textes qui constituent ce parcours peuvent être le support pour une étude du lyrisme contemporain, qui a pour particularité de s'interroger sur lui-même (Jaccottet, Bonnefoy, Maulpoix). Certains textes ont une dimension humoristique et ludique évidente et permettent d'étudier la poésie sous l'angle du jeu verbal (Ponge, Roubaud). Enfin, à travers les poèmes présentés ici, on peut étudier les évolutions formelles de la poésie moderne et contemporaine qui, elles aussi, témoignent d'une grande diversité.

BIBLIOGRAPHIE

- **Marie-Claire Bancquart**, *La poésie en France du surréalisme à nos jours*, Ellipses, 2016.
- **Jean-Claude Pinson**, *Habiter en poète*, Champ Vallon, 1995.
- **Daniel Guillaume** (dir.), *Poétiques et poésies contemporaines*, Le temps qu'il fait, 2003.
- « La nouvelle poésie française », *Le magazine littéraire*, n° 396 (mars 2001).
- www.maulpoix.net/critique.html

II. Textes (p. 413-421)

TEXTE 1 : André Suarès, « Le petit port bleu », *Croquis de Provence* (1913) p. 413

Objectifs et enjeux

- **Étudier la façon dont l'écriture poétique rend compte de la beauté d'un paysage**
- **Travailler sur la prose poétique**

Lecture analytique

1. Dans ce poème, Suarès décrit un paysage méditerranéen : la description est conçue comme un tableau. L'extrait s'organise en effet en différents plans. Les lignes 1 à 7 décrivent la rade et sa forme générale ; on peut par exemple relever la comparaison avec la « double coupe » à la ligne 1. À la ligne 9, l'auteur propose un plan large en présentant l'arrière-plan : « Au fond, des collines pelées ». Des lignes 11 à 21, le champ de vision se resserre sur le village et ses habitants. Enfin, le dernier paragraphe propose à nouveau un plan large en se fixant sur « l'horizon ». Comme dans un tableau, Suarès fixe les couleurs, ici vives et pures. Ainsi, les îles sont « en marbre rose ou en pierre bleue » (lignes 3 et 4) ; les barques sont « peintes en vert et en bleu » (ligne 8) ; les collines ont une « base d'argile rouge ». L'emploi des couleurs peut rappeler le style des fauves qui travaillent à la même époque sur les bords de la Méditerranée. La comparaison des pierres blanches avec la neige met en relief l'intensité de ces couleurs pures. À la ligne 22, l'intensité du vert est soulignée par « les montagnes sont noires de pin ». De même, les collines sont « du vert le plus gris » (ligne 22).

2. Si la description mobilise la vue du lecteur par son caractère pictural, Suarès cherche à rendre compte de la diversité des sensations que fait naître ce paysage. Ainsi, l'auteur rend sensible la chaleur qui baigne le lieu en comparant les « vieux » qui se promènent sur le port à des « oignons » cuits par le soleil (lignes 14 et 15). Suarès est surtout sensible aux parfums : à la ligne 21, il mentionne ainsi « un parfum très fin de goudron ». Il met aussi l'accent à la ligne 25 sur l'odeur « de thym et d'aromate » des immortelles. Plus discrètement, les « eucalyptus » cités à la ligne 17 peuvent mobiliser l'odorat du lecteur, d'autant plus que leurs « longues ombres » évoquent pour l'auteur les « feuilles de sauge » (ligne 18). Le goût est aussi sollicité. Le bordage des barques rappelle le « sel » (ligne 12). La comparaison des vieux avec des oignons (ligne 15) va aussi dans ce sens.

3. En décrivant ainsi ce petit port bleu, Suarès semble vouloir révéler la beauté du paysage. À la ligne 2, la rade est comparée à une « double coupe » modelée par « le maître ouvrier ». Cette allusion à un démiurge qui aurait façonné la rade la rend plus précieuse. À la ligne 2, les îles semblent faites de « marbre rose », autre matériau précieux qui révèle la beauté du paysage. Aux lignes 8 et 9, Suarès souligne la blancheur des pierres par une formule hyperbolique : « la neige n'est pas d'un blanc plus pur que ces pierres au soleil ». De la même façon, les simples façades blanches des maisons sont « rehaussées d'un filet bleu ou vert ». Le mot « rehaussées » donne, là encore, l'impression de quelque chose de précieux. Aux lignes 19 et 20, les métaphores révèlent la beauté des filets qui sèchent et qui deviennent un « réseau d'or noir, magnifique dentelle ». L'antithèse des lignes 24 et 25, articulée autour de la conjonction « mais », résume le projet de Suarès qui est de mettre en évidence la beauté de ce qui est humble : « une plante humble comme une mousse, mais qui a une odeur de thym et d'aromate ».

TEXTE 2 : Francis Ponge, « Le cageot » et « Le pain », *Le Parti pris des choses* (1942) p. 414

Objectifs et enjeux

- **Étudier des poèmes en prose**
- **Étudier la façon dont la poésie attire notre attention sur les objets du quotidien**

Lecture analytique

1. Les deux poèmes répondent à un même projet : Ponge cherche à définir les caractéristiques de l'objet décrit. Le nom de celui-ci est donné en titre. L'article défini laisse à penser que le poète ne décrit pas un objet en particulier mais le type même de l'objet. Les deux textes sont ainsi écrits au présent de vérité générale. On peut relever par exemple : « Lorsque le pain rassit ces fleurs fanent et se rétrécissent ». Les deux « proèmes » se présentent donc comme des textes explicatifs.

Dans « le cageot », Ponge procède en trois étapes. Le premier paragraphe décrit la forme et l'usage de l'objet. Le deuxième paragraphe met en évidence la fragilité du cageot. Les dernières lignes mettent en évidence la perception que l'on peut avoir de l'objet : « cet objet est en somme des plus sympathiques ». Dans « Le pain », Ponge procède aussi en différentes étapes. Les lignes 1 à 3 s'attachent à décrire la croûte du pain. Le second paragraphe explique la fabrication du pain et la formation de cette croûte. Enfin, les lignes 9 à 12 s'attachent à décrire la mie. Pour Ponge, il s'agit bien de décrire objectivement les objets en dehors de toute effusion lyrique.

2. Toutefois, Ponge fait œuvre de poète en décrivant le cageot et le pain à travers différentes analogies. Dans « Le cageot », le poète personnifie le contenu de l'objet : « ces fruits qui de la moindre suffocation font à coup sûr une maladie » (lignes 2 et 3). Aux lignes 5 et 6, ces mêmes denrées sont désignées comme « fondantes et nuageuses ». Les références au contenu du cageot permettent à Ponge de mettre en évidence la fragilité de celui-ci, par comparaison avec ce qu'il contient. Aux lignes 7 à 10, c'est le cageot lui-même qui est personnifié. À travers la formule « éclat sans vanité » (lignes 7 et 8), Ponge souligne à nouveau la modestie de l'objet. Le poète emploie ensuite trois adjectifs qui personnifient l'objet : « ahuri » (ligne 8), « maladroite (ligne 9) et « sympathiques » (ligne 10).

Dans « Le pain », Ponge a recours à une métaphore filée qui fait du pain une réduction de la terre elle-même. Ainsi, la croûte du pain donne une « impression quasi panoramique » (lignes 1 et 2) et semble composée de différentes chaînes de montagnes. L'énumération des lignes 5 et 6 file cette métaphore : « vallées, crêtes, ondulations, crevasses ». Le four du boulanger prend même une dimension « stellaire » (ligne 5) : Ponge fait ainsi du pain une sorte de microcosme à l'image du macrocosme qu'est l'univers. La métaphore filée trouve son terme quand Ponge compare la mie à un « lâche et froid sous-sol » (ligne 9). Une seconde métaphore filée se substitue alors à la première, celle qui fait de la mie un élément végétal : « feuilles ou fleurs » (ligne 10). Dans les deux textes, les images permettent à Ponge de métamorphoser des objets du quotidien qui deviennent alors dignes d'attention.

3. Ces descriptions sont aussi pour Ponge l'occasion de jouer avec le langage poétique. Dans « Le cageot », le poète propose une étymologie fantaisiste du mot : « À mi-chemin de la cage au cachot, la langue française a cageot ». Le jeu repose ici sur la paronomase, qui établit un lien humoristique entre « cage », « cachot » et « cageot » en faisant de « cageot » un mot valise. À la ligne 10, Ponge joue sur la polysémie du verbe « s'appesantir ». Au sens propre, il ne faut pas peser sur le cageot, objet fragile qui risque de se briser. Au sens figuré, Ponge invite à ne pas développer la description du cageot, sous peine de s'appesantir.

Dans « Le pain », le poète joue avec les sonorités. On peut, par exemple, relever une allitération des sons [s] et [f] à la ligne 11 : « lorsque le pain rassit ces fleurs fanent et se rétrécissent ». Comme dans « Le cageot », Ponge conclut le pain par un jeu sur la polysémie du verbe « briser ». En effet, on peut aussi bien briser la mie friable du pain que « briser là » et mettre un terme au poème. De même, le double complément du nom qui complète « objet » aux lignes 13 et 14 permet de jouer sur deux acceptions du mot : « objet de respect » et « objet de consommation ». L'écriture poétique exploite donc toutes les ressources du langage pour décrire avec humour des objets du quotidien.

TEXTE 3 : René-Guy Cadou, « Toi », *Hélène ou le règne végétal* (1951) p. 415

Objectifs et enjeux

- → **Travailler sur le lyrisme amoureux**
- → **Étudier un double éloge : celui de la femme aimée et celui du monde**

Lecture analytique

1. Le poème se présente par son titre comme une dédicace à Hélène. La femme est célébrée dans un poème en vers libres, toutefois rythmés par l'anaphore de « Tu es », qui permet d'énumérer les qualités d'Hélène et qui souligne tout le prix que le poète accorde à sa muse. Cette anaphore fait du poème une sorte de litanie qui permet de chanter l'être aimé en en faisant une figure presque divinisée. Par ailleurs, Cadou s'adresse à Hélène pour lui dire très explicitement ses sentiments : « Tu es celle que j'aime » / Davantage que le pain » (vers 10 et 11). Enfin, le poète semble réaliser un rêve de fusion amoureuse à travers le texte. On peut ainsi relever la formule « tu es toujours sur ma joue » (vers 17). De même, au vers 20, la répétition de « bouche » et le parallélisme établi entre les deux amants par celle-ci impose l'image d'un baiser. Le poème est donc une déclaration lyrique qui permet au poète d'exprimer ses sentiments.

2. Hélène est décrite à travers une série de métaphores qui révèlent sa beauté. Elle apparaît ainsi comme « une grande plaine parcourue de chevaux » (vers 1) ou « l'algue marine et la plante sauvage » (vers 5). Pour décrire Hélène, le poète mobilise des métaphores végétales, qui reprennent le motif thème annoncé par le titre du recueil : « Si je pense à ta bouche il me vient à la bouche / Ce goût de lait de fruits de feuilles [...] ». La femme apparaît ainsi comme une figure nourricière qui donne vie au poète. C'est le sens que l'on peut donner à la métaphore surprenante du vers 7 (« Tu es pleine de poissons dans ta chevelure »), métaphore qui associe l'image de la sirène à celle d'une pêche miraculeuse. La comparaison avec le pain (vers 11) conforte cette image d'une femme qui apparaît indispensable. De même, Hélène apaise le poète : la comparaison établie par Cadou entre sa voix et les voix du monastère (vers 18 et 19) suggère une idée d'harmonie et de douceur, en auréolant un peu plus la femme d'une aura sacrée. La comparaison d'Hélène à l'arnica (vers 6) suggère elle aussi qu'elle a cette vertu apaisante.

3. À travers les images employées pour célébrer Hélène, Cadou semble s'ouvrir au monde. Hélène apparaît comme celle qui lui en révèle la beauté et la simplicité. Aux vers 14 et 15, elle est présentée comme étroitement liée au monde végétal et au monde animal : « Tu es la petite voisine du trèfle et la compagne du lézard ». Cette proximité fait d'elle l'intermédiaire entre le poète et la création. Les vers 1 et 2 relient Hélène au monde animal et au végétal (les « chevaux » et le « myosotis ») mais aussi à l'élément liquide (« le port de mer ») et à l'élément terrestre (la « plaine »). À travers Hélène, c'est donc le monde dans sa diversité qui se trouve réuni. Ainsi, au vers 5, elle est présentée comme étant à la fois : « l'algue marine et la plante sauvage ». La double métaphore met en parallèle deux univers d'autant plus proches qu'ils sont reliés par l'assonance en [a]. Le poème associe donc la femme aimée à divers paysages qui défilent à travers son évocation : la « grande plaine » (vers 1), la « rivière » (vers 3), les « collines » (vers 13). En elle se réalise aussi une synthèse temporelle : elle permet au poète de choisir entre « avenir et souvenir ».

TEXTE 4 : Philippe Jaccottet, *À travers un verger* (1975) p. 416

Objectifs et enjeux

- → **Étudier un extrait de prose poétique**
- → **Étudier un texte s'interrogeant sur les limites de l'écriture poétique**

Lecture analytique

1. Dans cet extrait, Philippe Jaccottet aborde un sujet souvent traité par les poètes : la fugacité des beautés de la nature. Les fleurs d'amandiers semblent à la fois présentes et absentes. En effet, aux lignes 1 à 3 le poète rappelle le peu de temps que dure la floraison de ces arbres. À la ligne 4, il précise que ces fleurs qu'il évoque ne sont déjà plus qu'un « souvenir ». L'énumération d'adjectifs qui suit ce terme souligne la fragilité du souvenir : « trop vague, presque effacé, incontrôlable ». Ce thème est reformulé dans la conclusion de l'extrait : « déjà je ne les vois plus, ils n'auront duré que peu de jours ». Ainsi, tout au long du passage, le poète multiplie les images qui soulignent le caractère fugace de ces fleurs qui n'existent plus que par la mémoire. Aux lignes 8 et 9, la répétition de « plus » met en évidence cette fugacité : « leur floraison semblait plus confuse, plus insaisissable ». Plus loin, et à plusieurs reprises, Jaccottet compare ces fleurs à du brouillard : « il ne me reste plus dans la mémoire qu'un brouillard à peine blanc » (ligne 11), « un brouillard, s'il existait un brouillard sans humidité ». Le texte multiplie les références à ce qui est évanescent et insaisissable, comme avec la métaphore filée de l'essaim qui débute à la ligne 14 et se prolonge aux lignes 17 à 20. Aux lignes 29 et 30, le poète fait presque disparaître les fleurs, dont la réalité et le souvenir semblent remis en question : elles sont « à la limite du perceptible ». Ainsi, le poète s'interroge sur la réalité du souvenir de ces fleurs.

2. Le poète s'interroge aussi sur la capacité du langage à restituer le souvenir des fleurs d'amandiers. L'écriture poétique s'impose dans le premier paragraphe comme une sorte de nécessité. À la ligne 2, le poète déclare : « je me suis dit qu'il fallait en retenir la leçon ». À la ligne 4, malgré l'évanescence des fleurs dans sa mémoire, il ajoute « je ne me déroberai pas ». Mais outre la fragilité du souvenir, l'écriture poétique rencontre d'autres difficultés. Aux lignes 15 à 18, évoquant la couleur des fleurs, Jaccottet hésite et s'interroge sur la validité des adjectifs : « blanc est déjà trop dire ». La question rhétorique (« Timide, gris, terne ? ») traduit ces interrogations. L'emploi de la locution « quelque chose » (ligne 18) laisse entendre la difficulté de trouver le mot juste. Cette difficulté est renforcée par le poids des clichés qui empêchent le poète d'approcher au plus près et de façon personnelle de la réalité décrite. Aux lignes 25 et 26, Jaccottet énumère trois termes qu'il caractérise comme de « vieilles images disparates » : « essaim, écume, neige ». Cherchant des images permettant de décrire les fleurs, le poète doit écarter les « rapprochements avec le monde humain » (ligne 32) : selon lui, ces images, qu'il rapporte à la ligne 33, sont fausses. Ces interrogations se traduisent donc dans une écriture hésitante : les lignes 18 à 24 suivent un rythme heurté par les virgules, les points virgules, le tiret. Cette longue phrase semble se dissoudre dans les points de suspension qui la concluent en la laissant ouverte. À la ligne 34, la question « c'était quoi ? » interrompt la phrase et donne le sentiment que le poète tâtonne. Ce texte constitue ainsi une réflexion sur l'écriture poétique elle-même dont Jaccottet souligne qu'elle peine à restituer l'essence des choses et qu'elle passe par des clichés qu'il faut renouveler sans cesse.

TEXTE 5 : Jacques Réda, « La bicyclette », *Retour au calme* (1989) p. 417

Objectifs et enjeux

- → **Étudier la façon dont l'écriture poétique transfigure un objet banal**
- → **Travailler sur la dimension narrative du poème**

Lecture analytique

1. Le poème se présente comme le récit en vers d'une rencontre surprenante avec un objet du quotidien. Le premier vers résume la situation initiale et l'élément perturbateur de ce récit. La rencontre a lieu « dans la rue un dimanche à six heures ». Le récit est aussitôt lancé par l'adverbe « soudain » mis en valeur à la fin du vers. Les vers 2 à 6 introduisent le « vélo » au terme d'une longue phrase énumérative qui en retarde l'apparition. Les vers 7 à 14 constituent un arrêt sur image qui permet de décrire la bicyclette. À partir du vers 15, le récit est relancé par l'adverbe « alors ». Au vers 21 la bicyclette s'est transformée ; on notera la locution adverbiale « à présent ». Ce récit reprend en les détournant quelques clichés de la rencontre amoureuse. La rencontre se fait « dans la rue » (vers 1). Le poète surprend l'objet « au bout d'un corridor » (vers 2), « à travers les feuilles d'un jardin » (vers 4). L'objet prend vie, ce qui accentue l'impression que le poète fait une rencontre : au vers 8, Réda indique que la bicyclette « a la grâce d'une bête ». Au vers 15, il lui prête une vie en notant « on dirait qu'elle comprend ».

2. Cette rencontre est rendue dans une écriture poétique qui métamorphose la bicyclette. Le terme « vélo », répété aux vers 6 et 7, appartient à un registre de langue courant mais les images permettent de révéler la beauté de cet objet banal. Le vers 7 constitue un alexandrin au rythme régulier qui met en avant la perfection de l'objet : « C'est un grand vélo noir de proportions parfaites ». Aux vers 8 et 9, la bicyclette devient un animal à travers deux métaphores, celle de la « bête » et celle de « l'oiseau ». Au vers 18, la métaphore animale est filée : « on la verrait s'enlever d'un seul bond ». Cet animal qu'est la bicyclette devient fantastique. Le poète note qu'on le verrait « lancer dans le feu du soir les grappes d'étincelle ». Au dernier vers, on assiste à une sorte de catastérisation (transformation d'un être vivant en constellation dans les mythes grecs) qui achève la métamorphose de la bicyclette : ses roues deviennent « deux astres en fusion ». Cette métamorphose du quotidien se joue aussi dans l'environnement du vélo. Des vers 3 à 6, la lumière est comparée, par une métaphore filée, à un « torrent » qui « se pulvérise » et forme des « gouttes d'or » au contact des roues de la bicyclette. Cette métaphore est reprise au vers 11. Au contact de l'objet merveilleux, le monde semble se transformer.

3. Comme l'indique le titre du recueil, Réda cherche à recueillir dans cette œuvre des moments de calme et d'harmonie. La rencontre avec la bicyclette est présentée comme un moment de silence. L'heure matinale, rappelée au vers 1, contribue à la sérénité de la scène. Au vers 10, le poète précise dans une phrase simple : « La rue est vide ». Il fait aussi état du « silence » qui règne alors. La bicyclette elle-même est « En éveil dans sa fixité calme » (vers 9). L'antithèse entre « en éveil » et « fixité calme » met en valeur l'impression d'équilibre qui se dégage de ce moment. La lumière qui baigne la scène participe à cette impression d'harmonie. Le soleil est présent au vers 3, il se transforme en « gouttes d'or » au vers 6 et en « feu vert et doré » au vers 11, la lumière semblant alors fusionner avec la couleur du jardin. Aux vers 20 et 21, la lumière émane de la bicyclette elle-même. Le jeu sur les sonorités rend compte de cette harmonie en conférant au poème une réelle musicalité. Le poète fait le choix de l'assonance plutôt que de la rime. Aux vers 2 et 3, on peut relever « losanges » et « branches ». Plus loin, « village » (vers 13) fait écho à « entrave » (vers 16). On notera aussi l'allitération du [p] au vers 12, celle des fricatives [f] et [v] aux vers 11 et 17. Les ressources du langage poétique suggèrent ainsi l'harmonie qui se dégage de la contemplation inattendue d'un objet banal.

TEXTE 6 : Jean-Michel Maulpoix, « Le grand pavois », *Une histoire de bleu* (1992) p. 418

Objectifs et enjeux

- → **Étudier un extrait de prose poétique**
- → **Analyser un texte s'interrogeant sur les limites de l'écriture poétique**

Lecture analytique

1. Dès la première ligne, le poète affirme le caractère artificiel du langage poétique. La métaphore qui ouvre le poème fait de la mer une « mâture », c'est-à-dire un élément fabriqué de toutes pièces par l'homme. Cet artifice est d'ailleurs souligné par l'allitération du [m] qui donne son relief à la première ligne. Le poème est construit sur le motif de l'artifice. Selon Maulpoix, nous avons recours à des images toutes faites pour décrire la relation que nous entretenons avec la mer : « Nous savons bien que sur la page le large tient par des ficelles ». Comme à la ligne précédente, le jeu sur les sonorités vient appuyer cette idée : on peut à ce titre noter l'écho entre « large » et « page ». Aux lignes 5 et 6, le motif de l'artifice est développé à travers les images du vêtement et du maquillage : « le masque de velours de la mer, son uniforme de gala et la tromperie de ses paupières fardées de bleu ». Le poète invite ainsi à prendre ses distances avec les clichés de l'art. À la ligne 4, il accumule les clichés cinématographiques qui mettent en scène des paysages de convention : « Nous allons voir l'azur au cinéma, les bougainvillées et les voiliers blancs ». L'anaphore du pronom « nous » insiste sur cette expérience partagée et invite le lecteur à aller dans le sens de l'écrivain. Ce dernier cherche à obtenir l'assentiment du lecteur par la répétition de formules qui engagent à prendre du recul par rapport à nos goûts : « Nous savons bien » (ligne 2), « Nous prenons goût » (ligne 3) ou « Nous aimons » (lignes 5, 7, et 9).

2. En dépit de cette distance critique, le poète explore le lien qui unit l'homme à la mer. La répétition de « Nous aimons » met en évidence le caractère affectif de ce lien. La relation qui unit l'homme à la mer est présentée comme une quête d'absolu. Ainsi, le texte met en évidence la grandeur de la mer. À la ligne 2, la mer est nommée « le large ». À la ligne 3, le poète rappelle sa « démesure », même si elle est factice. À la fin du texte, la mer est personnifiée et le poète évoque « l'énorme carrure de son bleu » (ligne 14). La mer apparaît comme une réponse à ce qui est désigné à la ligne 14 comme une « angoisse ». Aux lignes 9 et 10, le poète formule cette idée de manière métaphorique : « et cette ivresse d'y boire un peu pour ne pas rendre gorge ». À la ligne 11, Maulpoix donne une explication imagée de cette angoisse : « Nous sommes des résidus de ciel, d'anciens soupirs des dieux ». Le rythme binaire de cette phrase met en avant le sentiment diffus de perte et de nostalgie qu'exprime le poète. Malgré son caractère artificiel, le goût pour la grandeur de la mer semble apaiser la peur de la mort du poète, comme il l'affirme aux lignes 13 et 14. Ainsi, même si elle est, avec les clichés qu'elle véhicule, une réponse imparfaite aux peurs du poète, la mer apparaît comme un élément rassurant et apaisant.

TEXTE 7 : Jacques Roubaud, « Sonnet VII – À la tour Eiffel », *La forme d'une ville change plus vite...* (1998) p. 419

Objectifs et enjeux

→ Étudier un sonnet moderne

→ Comprendre comment l'humour est mis au service de la célébration

Lecture analytique

1. Jacques Roubaud reprend à son compte la forme fixe du sonnet. Les quatrains suivent un schéma que l'on trouve, par exemple, dans le sonnet d'Arvers : ABAB BAAB. Les quatrains suivent un schéma plus fréquent : CCD EDE. On doit souligner que, pour Roubaud, il n'existe pas de sonnet type. Toutefois, ce sonnet peut être défini comme licencieux par rapport aux formes couramment employées. En outre, Jacques Roubaud préfère le vers de quatorze syllabes à un mètre plus courant (comme l'alexandrin ou le décasyllabe). Il le déclare d'ailleurs au vers 2 et l'explique au vers 3 comme un hommage au poète Jacques Réda (voir p. 417 « La bicyclette »). Ainsi, il renouvelle le sonnet. Ce renouvellement passe aussi par la suppression des points : seul est conservé le point du vers 14. Enfin, certains enjambements sont assez surprenants. À titre d'exemple, on peut relever celui du vers 7 au vers 8 qui sépare l'article défini « la » du substantif « Ville ».

2. L'écriture poétique métamorphose le monument avec humour. Au vers 1, le poète apostrophe la tour en la personnifiant. Au vers 4, la personnification est complétée par le verbe « toises » et l'image comique de « l'œil de crabe », image qui semble appelée par la nécessité de rimer avec « syllabes » (vers 2). La personnification structure tout le poème. Aux vers 9 et 10, Roubaud mentionne les « jambes » et les « fesses » de la tour. Là encore, on note le recours à la tonalité comique. En effet, les allusions sexuelles contribuent à tourner en dérision un monument qui symbolise Paris à lui seul. Au vers 13, l'auteur fait de la tour Eiffel une « géante » qui trouble les enfants. Le vers 14 achève de métamorphoser le monument avec la métaphore de la « montagne » et compare les enfants à des « hameaux intranquilles ». L'écriture poétique se veut ici ludique par la dérision qu'elle emploie.

3. Cette dimension ludique se trouve aussi dans les nombreux jeux verbaux du sonnet. Il faut rappeler ici que, pour Roubaud, l'écriture poétique se caractérise par les règles qu'on lui impose plus que par un usage spécifique du langage. Ainsi, le poète joue sur la polysémie. Le mot « toises » est employé au vers 4 comme verbe. Puis c'est le substantif au pluriel « toises » qui apparaît au vers 5. Le jeu verbal passe aussi par l'emploi d'un mot anglais (« drab » au vers 5) qui rime avec « crabe », et dont l'auteur donne la traduction entre parenthèses au vers 6. On peut aussi noter le parti que le poète tire du rapprochement entre un terme concret (« fesses » au vers 10) et l'adjectif abstrait qui le complète (« théoriques » au vers 11. L'auteur joue aussi avec les sonorités. On peut par exemple relever l'allitération en [m] du vers 7 : « le mercurochrome de minium ». Enfin, le poète emploie des termes rares à côté de mots s'inscrivant dans un registre courant : on peut lire aussi bien le mot « intranquilles » (vers 14), rare et littéraire, à proximité de « dessous » (vers 10). La célébration de la tour Eiffel se fait ici avec humour à travers un jeu poétique.

TEXTE 8 : Yves Bonnefoy, « Que ce monde demeure », *Les Planches courbes* (2001) p. 420

Objectifs et enjeux

→ Étudier la façon dont la poésie révèle la beauté du monde

→ Réfléchir aux pouvoirs de l'écriture poétique

Lecture analytique

1. Le poème prend une forme de prière à travers l'expression appuyée d'un souhait. Bonnefoy répète à plusieurs reprises une même formule de manière incantatoire : « Que ce monde demeure ». Ailleurs dans le poème le poète emploie le subjonctif pour formuler d'autres souhaits, qui déclinent le premier. On peut ainsi relever « Que les huppes [...] s'envolent » (vers 17 à 19) ou « Que l'absence, le mot / Ne soient qu'un » (vers 26 et 27). Le texte s'inscrit en outre dans une tonalité lyrique comme l'indiquent les nombreuses exclamations (vers 10, 16 et 25), ou l'emploi de l'interjection « Ô » au vers 5. Enfin, les répétitions et le jeu sur les sonorités accentuent le caractère litanique du poème. On peut par exemple relever la répétition de « beauté » aux vers 7 et 8. Aux vers 9 et 10, on peut remarquer une allitération en [m] : « Que ce monde demeure / malgré la mort ».

2. Au vers 10 et au vers 34, le poète prend acte de la réalité de la mort. Il célèbre donc la réalité des choses les plus simples et les plus fragiles, comme le montre l'allusion à la neige qui fond dans la main au vers 36. Aux vers 2 et 3, l'écriture semble se borner à relever la présence de ce qui existe :

« Les feuilles / sont lourdes d'eau et d'ombre ». Le poète se montre ainsi sensible aux choses les plus simples : il évoque en particulier les arbres (vers 2, 11-12 et 13-16). Il se montre également sensible à la « beauté de fleuve » (vers 8). Les vers 17 à 24 restituent une image quotidienne : l'envol des huppes à l'aube. Le vers 28 semble résumer la pensée de l'auteur par l'emploi de « la chose simple ». L'écriture poétique cherche ainsi à souligner la beauté de ces choses les plus simples. On peut noter la répétition de ce mot aux vers 7 et 8. Par une métaphore, le poète s'attache à mettre en évidence « L'or du fruit mûr » et « l'or / De la feuille sèche » (vers 31 et 32).

3. L'écriture poétique permet de dépasser la fugacité de ces éléments en les fixant dans le poème. Au vers 16, Bonnefoy s'arrête sur « l'imminence du fruit ». L'écriture permet ainsi de faire demeurer le monde « Malgré la mort » (vers 10). Les vers 17 à 24 mettent particulièrement cette idée en évidence. Le poète semble figer l'envol des huppes. Au vers 19, il souhaite que les oiseaux « s'envolent à jamais » ; aux vers 23 et 24, il souhaite que tout reste « immobile / Une heure encore ». Le temps est ainsi suspendu dans le poème. Grâce à la poésie, les oiseaux accèdent à la « légende » (vers 23). L'écriture poétique a donc le pouvoir de suspendre le temps. De même, elle instaure une harmonie entre les éléments. Au vers 6, Bonnefoy note que la terre présente des « signes désaccordés », des « chemins épars ». Mais au vers 30, le poète unit « La couleur à l'ombre » et, aux vers 31 et 32, « L'or du fruit mûr à l'or / De la feuille sèche ». Aux vers 26 et 27, la poésie, désignée par « le mot », a même le pouvoir de conjurer « l'absence » des choses. Toutefois, l'image de la neige fondue qui clôt l'extrait rappelle la fragilité de cette entreprise d'écriture qui cherche à montrer la beauté du monde au-delà de ses « signes désaccordés ».

TEXTE 9 : Andrée Chedid, « Émerveillements », *Rythmes* (2003) p. 421

Objectifs et enjeux

→ **Étudier le renouvellement du lyrisme au début du XXIe siècle**

→ **Travailler sur la célébration poétique**

Lecture analytique

1. Le titre du poème, au pluriel, traduit l'intention d'Andrée Chedid de faire part de son émerveillement devant le monde sensible. Celui-ci est traduit à travers différents procédés. On peut d'abord relever l'anaphore de « Jamais » qui rythme le poème. Elle introduit à chaque fois l'idée selon laquelle cet étonnement est sans cesse renouvelé : « Jamais au bout du mystère » (vers 1) et « Jamais au bout du secret » (vers 9). Les deux derniers vers inscrivent le texte dans la tonalité lyrique par le point d'exclamation et introduisent le mot « émerveillements » au pluriel, suggérant que ceux-ci sont sans fin et sans nombre. La structure énumérative du poème qui accumule des images semble tenter un inventaire du monde et mimer l'enthousiasme de la poétesse devant ce qui se révèle à elle.

2. L'écriture poétique vise à révéler les beautés du monde. L'idée de révélation est d'ailleurs perceptible dans le motif récurrent du secret, terme qui est employé au vers 9. D'autres termes lui font écho : « mystère » (vers 1) et « arcanes » (vers 15). Le secret dont s'approche le poème est lié à la vitalité du monde qu'observe la poétesse. Cette vitalité surprenante s'exprime par exemple à travers l'antithèse des vers 3 et 4 : la « branche lépreuse », marquée par la mort, regorge paradoxalement de « feuillages ». Ce même paradoxe est formulé aux vers 7 et 8 : « [...] de nos terres percluses / D'où naissent les moissons ». La vitalité renouvelée du monde est marquée par des métaphores qui relient un élément naturel à l'idée de mouvement. Ainsi, Andrée Chedid évoque « l'élan des fleurs » (vers 5) ou « l'essor des bourgeons » (vers 6). La seconde strophe développe cette idée d'un mouvement permanent par l'évocation des saisons (vers 10 à 13). Enfin, ce foisonnement de vie qui étonne la poétesse est marqué par l'emploi presque systématique du pluriel. On peut par exemple relever : « les moissons » (vers 8), « les feuilles » (vers 10) ou « les touffeurs de l'été » (vers 12).

1 Monde nouveau et nouveaux mondes

Manuel, p. 430-442

I. Problématiques et thèmes

• Les influences antiques

À la Renaissance, la philosophie antique occupe une place centrale dans le développement des idées humanistes. Les humanistes admirent tout particulièrement l'effort consenti par les philosophes antiques (Épicure, Pythagore, Platon) pour éclairer le monde. Ils se sentent animés par une communauté d'intentions, un même amour de la raison humaine, une commune curiosité, une même volonté de tout examiner. On lit désormais Platon et Aristote eux-mêmes et non leurs commentateurs. Le nombre des traductions croît considérablement et les éditions mettent un grand nombre d'ouvrages à la disposition des lecteurs. La philosophie platonicienne, qui admettait l'idée d'un dieu créateur et le principe de l'immortalité de l'âme, se rapprochait de la doctrine chrétienne, et exerce donc une grande influence sur les penseurs humanistes. Montaigne s'est particulièrement intéressé à la philosophie stoïcienne, dont il expose, dans ses *Essais*, les principaux articles (il faut supprimer les passions, rechercher l'impassibilité et faire de la vertu le souverain bien). Néanmoins, les humanistes, de façon méthodique, soupèsent les doctrines des philosophes antiques. Ils en adoptent souvent les principes sans adhérer à tous de façon dogmatique.

• Les penseurs de l'Humanisme européen

L'Europe des XVe et XVIe siècles se caractérise par de grands bouleversements dans tous les domaines, qu'ils soient d'ordre géographique (découverte de nouvelles terres), scientifique (invention de l'imprimerie) ou culturel et artistique (lois de la perspective et procédé de la peinture à l'huile). Dans ce cadre spatio-temporel, les humanistes façonnent une nouvelle image du monde et de l'homme. Ce courant de pensée, qui met à l'honneur les ressources de l'Antiquité, accorde une place centrale à l'homme tout entier, corps et esprit, et au savoir, source de progrès.

Les idées nouvelles connaissent un rayonnement européen grâce à l'imprimerie, mise au point par Gutenberg. La technique permet de fabriquer rapidement des livres moins chers qui sont lus désormais par les bourgeois des villes. La pensée humaniste se répand aussi par le biais de nombreux voyages dans un monde étendu. Les idées nouvelles sont diffusées dans les collèges où l'on enseigne notamment le latin et le grec (comme le collège de Coqueret à Paris).

Les humanistes de toute l'Europe entretiennent des relations intellectuelles grâce aux voyages qu'ils entreprennent et aux écrits qui circulent. Le Hollandais Érasme (*Éloge de la folie*, sa *Correspondance*), les Italiens Machiavel (*Le Prince*) ou Pic de la Mirandole (*De la dignité de l'homme*) et l'Anglais Thomas More (*L'Utopie*) incarnent l'Humanisme européen aux côtés de leurs contemporains français, Rabelais (*Pantagruel* et *Gargantua),* Montaigne (*Essais*) et Jean de Léry (récit de voyage au Brésil). La poésie connaît aussi un renouveau. Ronsard et Du Bellay, tout en empruntant des formes aux Italiens (*Sonnets* de Pétrarque) recherchent l'expression de soi dans des œuvres où le français, devenue langue de cohésion nationale, est valorisé et théorisé par Du Bellay dans *La Défense et Illustration de la langue française*.

Dans des formes artistiques différentes (peinture, sculpture, architecture...) et des genres littéraires variés (poésie, roman, lettre ou essai), les humanistes défendent une nouvelle conception de l'homme et du monde. Ainsi, ils mettent au centre de leurs recherches l'être humain conquérant sa dignité par une connaissance directe de la nature, par un nouveau rapport à l'éducation, par une redécouverte des civilisations passées et un regard neuf porté sur d'autres mondes. Le retour à la Bible et aux grandes œuvres de l'Antiquité gréco-latine ne constitue pas une fin en soi. Au-delà de la connaissance, il s'agit de puiser les fondements d'une nouvelle ère. Quelles valeurs essentielles sont défendues par ces figures emblématiques de la Renaissance ? Comment ces penseurs renouvellent-ils la vision de l'homme et de la société tout en faisant œuvre de création ?

• Montaigne ou le genre de l'essai

En faisant l'essai de son entendement dans son œuvre, en examinant le monde dans lequel il vit et les hommes qui l'entourent et en les comparant à ces « cannibales » découverts dans le Nouveau Monde, en doutant du savoir d'hier et d'aujourd'hui, Montaigne s'interroge sur la condition de l'homme, à travers la sienne. Penseur humaniste, il réfléchit à la possibilité pour l'homme de se développer dans l'autonomie de la pensée et du jugement moral et fait de l'éducation la voie à une existence singulière, assumée et lucide.

BIBLIOGRAPHIE

- **Sur les influences antiques**
  - **Claude Calame**, *Qu'est-ce que la mythologie grecque ?*, Gallimard, 2015.
  - **Alain Moreau**, *La Fabrique des mythes*, Les Belles Lettres, 2006.
  - **Marcel Detienne**, *L'Invention de la mythologie*, Gallimard, coll. « Tel », 1992.
  - **Jacqueline de Romilly**, *Précis de littérature grecque*, PUF, 2014.
  - **Jean Bayet**, *Littérature latine*, Armand Colin, 1996.
  - **René Martin et Jean Gaillard**, *Les genres littéraires à Rome* (vol. 1 et 2), Scodel, 1982.
  - **Jean-Paul Dumont**, *La philosophie antique*, PUF, coll. « Que sais-je ? », 2002.
  - **Philippe de Lajarte**, *L'Humanisme en France au XVIe siècle*, Honoré Champion, 2009.

- **Sur les penseurs de l'Humanisme européen**
  - **Stefan Zweig**, *Érasme : grandeur et décadence d'une idée* [1935], Grasset, 2003.
  - **Jean-Claude Margolin**, *L'humanisme en Europe au temps de la Renaissance*, PUF, coll. « Que sais-je ? », 1981.
  - **André Chastel et Robert Klein**, *L'humanisme : l'Europe de la Renaissance*, Skira, 1995.
  - **Gilbert Sinoué**, *L'enfant de Bruges*, Gallimard, 2001.
  - **Pierre Mari**, *Humanisme et Renaissance*, Ellipses, 2016.
  - **Sophie Chauveau**, *Léonard de Vinci*, Gallimard, 2008.
  - **Sophie Chauveau**, *L'Obsession Vinci*, Gallimard, 2019.

- **Sur Montaigne**
  - **Antoine Compagnon**, *Un été avec Montaigne*, Éditions des Équateurs / France Inter, 2013.
  - **Jean-Yves Pouilloux**, *Montaigne : que sais-je ?*, Gallimard, 1987.
  - **Jean Starobinski**, *Montaigne en mouvement*, Gallimard, 1993.

II. Les influences antiques (p. 432-433)

TEXTE 1 : Platon, *Le Banquet* (vers 375 av. J.-C.) p. 432

Objectifs et enjeux

→ Lire un texte fondateur dans l'histoire de la littérature d'idées
→ Étudier la valeur du récit mythique dans le discours philosophique
→ S'interroger sur le sens du mythe

Lecture analytique

1. Aristophane imagine l'histoire de notre humanité sous la forme d'un drame en trois actes. L'humanité primitive se présente sous la forme d'une « boule » (l. 10), formée de la coalescence de deux parties symétriques dirigées par une tête unique (l. 11 à 15). Possédant deux sexes, cette sphère peut appartenir à l'un des deux genres qui nous caractérisent mais aussi à un troisième genre, un composé d'homme et de femme, « l'androgyne » (l. 3 à 8). Le drame se noue au moment où ces créatures, circulaires comme leurs parents astraux (l. 25), deviennent arrogantes et menacent l'autorité des dieux, provoquant ainsi la colère de Zeus et la coupure originelle. Zeus songe ensuite à perpétuer cette espèce qu'il vient de créer par division et invente la reproduction sexuée (dernier paragraphe).

2. L'auteur dramatique montre ici sa grande maîtrise d'une forme littéraire traditionnelle, dont l'étude entre dans la formation de chaque petit Athénien. Il reprend toutes les conventions qui caractérisent le récit mythologique. Il fait en effet une incursion délibérée dans les temps lointains et brumeux où ne peuvent s'orienter que les poètes et les mythographes. Il propose une ascension dans le temps des origines « au temps jadis » (l. 2).
Son récit reprend les codes de la poésie théogonique. La narration, rétrospective, dessine l'image d'un temps suspendu, dont rendent compte les verbes à l'imparfait et le recours fréquent, en particulier, au verbe « être » (sept occurrences dans le texte grec correspondant au premier paragraphe). Ces choix confèrent au récit le dénuement propre aux narrations naïves comme les contes. La généa-

logie tient lieu de chronologie, comme dans les théogonies traditionnelles : ces créatures ont des parents dont elles conservent l'apparence : « rejeton du soleil », « rejeton de la terre » (l. 23), « rejeton de la lune » (l. 24). Chacune ne peut donc avoir que la forme d'un cercle. Ce mythe étiologique revient aux origines du monde et explique l'apparition d'une humanité simple, succédant à une humanité composite, ou du moins double. Le récit comporte en outre une dimension dramatique qui tient le lecteur en haleine : drame de la coupure, ici résumé, puis drame du retour à l'unité originelle, signalé par les verbes traduisant une quête avide (« tentait de s'unir » l. 29, « s'enlaçaient » l. 30, « s'enlaçait » l. 34), des émotions (« regrettant » l. 29, « désiraient » l. 30), et annonçant un dénouement tragique : « ils finissaient par mourir » (l. 31), « Ainsi l'espèce s'éteignait » (l. 36). Il emprunte également à la poésie théogonique ces notations merveilleuses qui exercent sur les enfants la plus grande séduction. Les êtres étranges que dessine Aristophane s'apparentent aux créatures monstrueuses qui paraissent sur la scène théogonique sous les traits effrayants des Cyclopes ou des Hécatonchires. Mais ici transparaît tout un art de la narration, qui donne au récit d'Aristophane sa singularité. L'auteur comique pratiquait, à la scène, un humour leste et souvent scabreux, mais faisait aussi preuve d'une inventivité remarquable. Or la fiction de l'homme double, où règne l'excès (trop de mains, trop de jambes, trop de visages, d'oreilles et de sexes) transporte le merveilleux dans l'ordre comique. La forme même de ces créatures, leur mode de déplacement clownesque (« ils faisaient comme les acrobates qui font la culbute... ils avançaient vite en faisant la roue » l. 17-20), ainsi que les abondantes précisions qu'apporte Aristophane pour figurer leur mouvement dans l'espace écartent résolument ce récit de sa matrice culturelle, qui se trouve ainsi parodiée. On retrouve dans ce passage toute la fantaisie qui caractérise les comédies d'Aristophane, où le corps, personnage à part entière, est mis en scène dans son réalisme le plus carnavalesque. Nous lisons ici le détournement comique des théogonies traditionnelles. Les récits des origines exposent également une anthropogonie (Hésiode, *Les Travaux et les jours*, vers 108 et suivants). Or l'homme dont Aristophane montre l'apparition était déjà là, sous une autre forme : « ce qu'était la nature de l'être humain » (l. 1), « au temps jadis notre nature n'était pas la même » (l. 2). Il raconte donc une transformation, de la même façon que son récit est une transformation d'un autre récit, celui d'Hésiode par exemple. En outre, il n'est pas question de division des sexes chez Hésiode : Pandore n'apparaît qu'en marge du récit de création de l'homme. Elle est le produit d'une fabrication artisanale et fut donnée aux hommes (Hésiode, *Les Travaux et les jours*, vers 60 et suivants). Or ici, de façon singulière, Aristophane propose un récit de la naissance des sexes, une « génogonie » si ce néologisme était licite. Cette entorse fait de ce récit un jeu du plus haut effet comique.

Aristophane invente donc le genre du mythe comique, prolongeant ainsi le geste par lequel, couramment, Socrate confie au *mythos* le soin d'une démonstration inaccessible au *logos*. Il dissémine d'ailleurs dans son récit les signes d'une intention sérieuse. On voit paraître, au début du texte, des tournures surprenantes. L'adverbe « aujourd'hui » (l. 2-3), qui traduit l'adverbe grec *νυν* (*nun*), est en effet employé chez Hésiode pour inviter les Muses à reprendre la parole : c'est un « allons, à présent, Muses, chantez... ». Quant à l'adverbe signifiant « au temps jadis » (l. 2), *πάλαι* (*palai*), il n'est simplement pas employé chez Hésiode. Chez Aristophane, il s'agit donc d'une promotion mythologique du temps humain. Le mythe devient ici l'instrument du paléontologue et non plus du poète visionnaire. Il revêt d'ailleurs son discours des simarres du rationalisme : son énoncé comporte une dimension didactique : « premièrement, il y avait trois catégories d'êtres humains et non pas deux comme maintenant ». Ce « premièrement » est fréquent chez Hésiode, où il est généralement traduit par « au commencement ». Il annonce, en grec, un *ἔπειτα* (*épeita*), qu'on traduit chez Hésiode comme un connecteur temporel (« ensuite »), mais qui prend ici le sens d'un connecteur logique annonçant une nouvelle étape dans un discours rhétorique (« deuxièmement »). Aristophane, en jouant sur la polysémie des mots, dévoie simultanément les signes de la narration théogonique traditionnelle et les chevilles de la rhétorique. Il raconte le mythe en parodiant le style oratoire. Il procède donc à un double détournement, substituant au *logos*, discours argumenté, un *mythos*, c'est-à-dire un récit façonné, une fiction, mais donnant au *mythos* la cohérence argumentative du *logos*. Le récit d'Aristophane accueille ainsi la fable dans l'ordre de la rhétorique, ce qui est peut-être une façon de rappeler que le mythe, fable dont on reconnaît le caractère mensonger, n'est pas moins vrai que le discours argumentatif, qui se construit avec d'autres instruments mais dans un même atelier.

Ce discours emprunte donc une grande partie de ses qualités au cadre dans lequel il est prononcé et à la façon dont Platon transcrit la personnalité du récitant. Il remplit à merveille sa fonction dans un banquet, où il s'agit de faire entendre un discours séduisant, qui cependant possède une signification. Comme tout récit mythique, le mythe des genres ou de l'androgyne « est fondé sur une composante pragmatique qui relève à la fois du pédagogique et de l'esthétique » (Claude Calame, *op. cit.)*. Quoique mensonger, et présenté comme tel par la distance parodique, il contient une part de vérité, et Aristophane nous propose ainsi une vision de l'Amour qui peut éclairer nos comportements et nos représentations.

3. Aristophane, dans son entreprise d'imitation, s'écarte considérablement des récits mythologiques hésiodiques ou orphiques, qui représentent l'Amour sous les traits d'Éros, figure ailée sortie du chaudron cosmogonique ou de l'œuf primitif. Selon Aristophane, le désir amoureux n'apparaît pas dès l'origine des temps comme en témoigne le tableau de l'humanité brossé dans le premier paragraphe : « au temps jadis », il n'est question que d'une « synthèse » des genres (l. 8), produite par la réunion des deux sexes en chaque individu (« chacun avait deux sexes » l. 14). Ces créatures n'ont d'autre désir que celui d'une « direction » (l. 16-17). Il n'est jamais question d'une attraction des sphères.

Chez Aristophane, la coupure de l'être double donne naissance à deux « moitiés ». Ce terme, répété à sept reprises dans le dernier paragraphe (l. 29, 33, 34, 35 et 36), insiste sur le résultat paradoxal de cette division du double : l'excès laisse la place à la pénurie. Il en résulte une détresse affective des deux moitiés séparées. Aristophane la nomme « regret » à la ligne 29 et en fait une force qui imprime un mouvement aux hémisphères. Le récit de ce mouvement centrifuge repose sur une stylistique du manque et du double, qui traduit des formules grecques de sens équivalent : reprise nominale du mot « moitié » (« morceau » l. 29), déterminants et pronoms (jonction prépositionnelle : « l'un sans l'autre », l. 32 ; couple syntaxique : « l'une ...l'autre » et emploi partitif du pronom numéral : « l'une des moitiés » l. 32-33 ; groupe déterminant indéfini exprimant l'identité : « un même », l.31) ; constructions pronominales (« s'unir » l. 29, « ils s'enlaçaient » l. 30 et « elle s'enlaçait » l. 34), adverbe (« mutuellement » l. 30). De nombreuses formules disent ainsi la réciprocité et modèlent une image de l'amour comme quête de l'unité originelle. Le regret de la moitié perdue fait naître le désir et la pénurie se résout dans la fusion. L'homme a besoin de l'autre, d'un autre fait pour lui, mais sa quête est illusoire, car la coupure originelle est sans remède, et la division demeure dans cette nouvelle fusion. Dès lors, l'Amour apparaît comme l'impuissant remède au tragique de notre condition. Nous ne pouvons lui échapper car nous sommes incomplets, mais il ne peut nous apporter ce que nous en attendons. Il nous rend donc à la fois touchants, beaux et misérables.

TEXTE 2 : Lucrèce, *De la nature* (Ier s. av. J.-C.) p. 433

Objectifs et enjeux

→ **Découvrir un genre littéraire antique : le poème didactique**
→ **Étudier la philosophie épicurienne**
→ **Étudier le mélange des tonalités**

Lecture analytique

1. Ce passage se situe au début du premier chant d'un poème qui en compte six. Ces chants sont regroupés par dyades qui s'ouvrent sur un éloge d'Épicure. Nous lisons ici le premier éloge adressé à ce philosophe des IVe et IIIe siècle avant J.-C. Le premier mouvement du texte offre un tableau de l'humanité écrasée par la religion et raconte l'entrée en scène victorieuse d'Épicure (lignes 1 à 12). Dans un deuxième mouvement, après avoir écouté les craintes de son disciple, Lucrèce lui fait le récit du sacrifice d'Iphigénie, crime commis par la religion (lignes 13 à 26). Le troisième mouvement du texte entreprend de dissiper les inquiétudes que suscitent les poètes sacrés lorsqu'ils promettent à l'homme des souffrances éternelles dans l'au-delà. Le texte suit donc un cheminement très méthodique : Lucrèce érige d'abord un monument à Épicure, puis libère l'homme de la religion et l'engage sur la voie de la connaissance.

2. Le texte relève de trois grandes catégories littéraires qui influent sur les intonations que perçoit le lecteur. L'ensemble, didactique, comporte une charge violente contre la religion et ses ministres : partout, de façon latente ou manifeste, retentissent les accents de la polémique. La célébration d'Épicure, quant à elle, relevant du genre épidictique, s'élève jusqu'à l'emphase lyrique. Enfin, le récit du sacrifice d'Iphigénie, emprunté à la matière épique et tragique, se teinte de nuances lyriques et pathétiques.

Le premier paragraphe du texte adopte les codes de la poésie épique, faisant surgir Épicure au passé simple (le *perfectum*, en latin) sur la toile de fond de l'histoire (« Un Grec, un homme, osa lever les yeux »). Nous lisons le portrait d'un héros épique (il en a les qualités : « courage » l. 6 et force : « effort vigoureux » l. 7) et le récit de son aristie : sur le champ de bataille où il faut affronter les éléments (« la foudre, les grondements menaçants du ciel » l. 5), « il a fini par triompher » (l. 7), « il s'est avancé » (l. 8-9), « il a parcouru (l. 9). Il s'agit en réalité d'une vaste métaphore filée, qui assimile à un combat épique une lutte qui se livre dans l'ordre de la raison : la véritable valeur d'Épicure, c'est la force « de l'esprit et de la pensée » (l. 8-9). Ajoutons que ce vainqueur, ce « Grec », est désigné en latin par le terme *Graius* et non par l'adjectif courant *Graecus*. Le mot qu'emploie Lucrèce appartient au langage poétique, et plus particulièrement à la langue épique. Par divers procédés, Lucrèce réunit également le domaine de la physique et l'univers de la fiction épique. Les principaux sont l'énumération (« les fables divines, la foudre,... » l. 4 sont les obstacles dressés devant Épicure) et la métaphore, par un glissement sémantique du trait concret au trait abstrait (« son désir de forcer les portes étroitement closes de la nature » l. 6-7 : les portes de Troie peut-être, image des confins du ciel ; « de l'esprit et de la pensée il a parcouru le tout immense » l. 8-9 : la plaine de Troie, peut-être, que ne cessent de sillonner les guerriers tout au long de l'*Iliade*). Nous verrions donc dans cet affrontement un combat homérique si le lexique de la physique ne lui assignait un tout autre but. C'est une avancée résolue vers la lumière, pour atteindre les horizons les plus lointains, les « barrières enflammées de notre univers » (l. 8), qu'on s'interdisait jusque-là de sonder. La dernière proposition de ce premier paragraphe entonne un chant de triomphe (« et nous, la victoire nous élève jusqu'au ciel » l. 12) qui n'est pas sans rappeler le lyrisme choral de l'ode pindarique. Épicure se trouve élevé par l'enthousiasme de son thuriféraire, comme en une apothéose, au rang de héros de la pensée. Dans son geste héroïque, il est soutenu par une communauté, désignée par le pronom personnel « nous » (l. 12 et 31). C'est toute l'École du Jardin qui est ainsi célébrée comme le vainqueur d'un combat ou d'un concours.

Quant au vaincu, il est la cible de violentes attaques : la religion est présentée aux lignes 2 et 3 comme un monstre mythologique, qui pourrait évoquer Méduse, par exemple. Représentée à son tour comme l'une des créatures qu'elle agite devant les yeux des hommes crédules, elle est elle-même reléguée au rang de « fable » (l. 34), de « superstition » (l. 34). La présentation de l'homme forme un contraste saisissant avec cette image d'une religion monstrueuse : l'humanité est humiliée, avilie, écrasée et terrifiée par la crainte de la mort notamment (l. 1 à 3, 31 et 35) ; pis encore, elle est trompée : des « rêveries » (l. 30), la maintiennent dans un état d'hébétude par l'image effroyable qu'elles donnent de la mort (l. 34 à 36). Le ton, violemment polémique, dénonce superstitions et « menaces ». La passion qui anime Lucrèce culmine dans l'évocation du sacrifice d'Iphigénie, tragique fragment d'epyllion convoqué en exemple. La fragilité de la jeune fille, le tableau déchirant de sa montée vers l'autel, l'attention du poète au regard de la victime qui croise le regard de son père, les promesses d'un mariage soudain converti en sacrifice, tout ce tableau d'un pathétique puissant porte l'indignation à son paroxysme : la religion est cause d'« actes impies » et de crimes (l. 15 et 28).

Néanmoins, malgré la violence des émotions qui animent le discours poétique, partout, en filigrane, court le fil bien tendu de l'argumentation. Le maître veille à faire preuve de la plus grande clarté dans son énoncé comme en témoignent les articulations logiques qui scandent les étapes de son raisonnement (« aussi » l. 7, « ainsi » l. 11, « À ce propos » l. 13, « et en effet » l. 30, « car » l. 33). Un cheminement persuasif se dessine ainsi tout au long du passage. La religion, qui accable injustement l'humanité, a ses ministres, « prêtres » (l. 20), « poètes sacrés » (l. 29) et « prophètes ». Tous sont armés du mensonge : les prêtres dissimulent le fer (l. 20), les poètes affabulent (l. 29), les prophètes menacent (l. 34). La religion ne doit son prestige qu'à la cécité de l'humanité : « Car si les hommes voyaient qu'il est un terme fixé à leurs misères, ils pourraient de quelque façon tenir tête [...] » (l. 32-33). L'irréel du passé, implicitement, expose l'un des principaux articles de la philosophie épicurienne : il n'y a pas de vie après la mort. Ainsi l'ambition du poème est soudainement dévoilée. Lucrèce l'énonce sur le ton du philosophe maître de lui-même et de sa science. Il faut soulever le problème de l'âme et de sa nature. Si l'âme est de la même nature que le corps, l'édifice du discours religieux s'effondre et nous sommes libres dans un monde où physique et morale sont disjointes.

3. Lucrèce a choisi d'exposer la doctrine épicurienne dans le genre de la poésie didactique, auquel l'éducation grecque (la *paideia*) avait couramment recours pour favoriser la mémorisation des textes. Il adapte ce genre ancien, qu'avait pratiqué Hésiode au tournant du VIIIe et du VIIe siècles avant J.-C., à des questions de nature scientifique et philosophique. Il s'inscrit par là dans la lignée d'Empédocle (philosophe grec du Ve siècle avant J.-C.) qui s'était attaché, dans son poème *Sur la Nature* (*Peri Phuseôs)*, à donner une explication rationnelle du monde. Dès lors, le choix de ce genre présente de grands avantages. Admis comme le véhicule de l'enseignement par les sociétés antiques, il inspire la confiance. Or, tout au long du texte, on voit précisément le maître s'efforcer de maintenir toujours avec son élève un lien personnel, presque affectif. Cette préoccupation se lit dans les marques du dialogue qui sont prises dans la trame même du discours philosophique : (« je » l. 13, « tu » l. 13, 14 et 30, pronom personnel disjoint renforcé par « même » l. 29). On pourra remarquer la fréquence des constructions pronominales réfléchies : « tu t'inities » (l. 13), « tu t'engages » (l. 14), « tu [...] te sépare[s] » (l. 30). Ces traductions correspondent à des formules de sens équivalent en latin (verbes déponents, suffixe d'insistance *-met*). Le pronom personnel a toujours, ici, un sens réflexif, comme pour montrer l'acuité du regard posé par le maître sur les moindres réactions de son élève et sur les émotions qu'elles révèlent. S'effaçant, d'autre part, derrière la figure d'Épicure dans un poème entièrement consacré à l'exposition de sa pensée, Lucrèce adopte lui-même l'humble posture de l'auditeur. La variété des tons le montre d'ailleurs en proie à cette agitation dont il décèle les signes chez son auditeur. Le maître semble donc s'instruire en même temps qu'il instruit son disciple. Tout montre qu'en adoptant le genre du poème didactique, il s'est interrogé sur le meilleur moyen de transmettre efficacement l'enseignement de son maître. La *paideia* ancienne reposait en grande partie, en effet, sur la lecture des épopées d'Homère. En mêlant à son poème didactique les tons et les thèmes épiques, Lucrèce inscrit la nouveauté de sa pensée dans l'ancienneté d'un genre qui lui confère ainsi son autorité. L'écriture polymorphe de Lucrèce lui permet ainsi d'entraîner puissamment son disciple et de progresser avec lui vers son but, la quête de la sérénité, sur le flot tourmenté d'une diction véhémente et passionnée.

III. Les penseurs de l'Humanisme européen (p. 434-438)

TEXTE 3 : Thomas More, *L'Utopie* (1516) p. 434

Objectifs et enjeux

- **Étudier la description d'une société idéale**
- **Comprendre comment l'utopie reflète la quête d'un idéal humaniste**
- **S'interroger sur les limites du genre de l'utopie et du projet d'une société idéale**

Lecture analytique

1. Raphaël Hythlodée, voyageur-narrateur, décrit le cadre géographique découvert en Utopie. Il s'agit d'une île, espace clos, protégé et isolé du reste du monde. La capitale Amaurote, dont le nom signifie la ville difficile à voir ou obscure, occupe un point central dans une vision d'un urbanisme rationnel ; ce choix est mis en valeur par le superlatif « le plus convenable ». Il décrit les cités qui composent le pays en des termes valorisants : « cinquante-quatre villes spacieuses et magnifiques » (l. 1). Il insiste sur le caractère géométrique et similaire des constructions, comme le suggère la triple répétition de l'adjectif « même » (l. 3-4). L'espace assigné à chaque ville est défini avec une rigueur mathématique (« vingt mille pas de terrain » l. 11). Un rapport équilibré entre la ville et la campagne est défini dans l'intérêt commun.

L'importance de la campagne est précisée à travers les habitations décrites et les fonctions occupées par les Utopiens. Ils exercent le métier d'agriculteurs par alternance (« deux ans de service agricole » l. 28) afin de transmettre le savoir acquis et de former d'autres habitants. C'est un moyen de préserver les agriculteurs et de garantir les revenus de la terre pour assurer la subsistance du pays.
La vision politique qui se dégage de l'île est fondée sur l'harmonie, la mesure et l'équilibre (« les institutions, les lois y sont <u>parfaitement</u> identiques » l. 2). D'aucuns exercent des fonctions politiques selon le principe de l'alternance : « Tous les ans, trois vieillards <u>expérimentés</u> et <u>capables</u> sont nommés députés » l. 7) dans un souci « démocratique » de partage raisonné des responsabilités, exercées par des sages.
Le travail est soumis à une organisation très rigoureuse. La vie à la campagne est structurée et hiérarchisée : « sous la <u>direction</u> d'un père et d'une mère », « trente familles sont <u>dirigées</u> par un philarque » (l. 25). Ce travail lourd et pénible fait l'objet d'une rotation annuelle pour épargner les forces vives.
Ainsi, la vie en Utopie apparaît très cadrée dans tous ses aspects, politiques, moraux, sociaux, urbanistiques et économiques. Des termes mélioratifs, adjectifs et adverbes, décrivent ces villes idéales conçues sur le même plan. Un qualificatif général les résume : « ces heureuses cités » (l. 13).

Cette description sert de prétexte à l'énonciation de principes humanistes. L'intérêt attaché à la personne humaine à travers la quête de son bien-être et l'harmonie de la société en constituent le but ultime. L'aménagement de l'espace, l'économie, les lois sociales et politiques servent cet idéal de bonheur collectif. La description elle-même, très structurée, reflète en creux le modèle présenté. Thomas More, humaniste anglais, croit au progrès de l'Homme, a confiance en ses capacités et en sa raison. Il recherche l'égalité sociale et politique entre les citoyens dans le programme qu'il développe dans le cadre du récit.

2. La cité utopienne est pensée comme un système établi dans la perspective du bien commun et dans le respect de l'individu. Fondée sur l'abolition de l'argent et de la propriété privée, elle garantit l'efficacité de ce nouveau « contrat social » en évinçant toute forme de pouvoir personnel de type tyrannique. Les cités autonomes gouvernent leurs propres affaires grâce à des magistrats élus à l'année, choisis parmi les Utopiens les plus sages et respectables, « vieillards expérimentés et capables » (l. 7).
À l'instar de l'organisation politico-sociale, la famille, très structurée, constitue la communauté de base. L'organisation de la vie collective planifie le nombre de personnes d'une famille agricole, d'une phylarquie (groupe de trente familles, *cf.* l. 25). L'individu ne jouit, quant à lui, d'aucun statut privilégié. Afin que se maintienne l'équilibre nécessaire à la vie en Utopie, des mouvements sont prévus d'une cité à l'autre.
C'est donc une société pensée et organisée, garantissant une place et un rôle à chaque citoyen, favorisant le bonheur (« ces heureuses cités ») et préservant *a priori* de la tyrannie. Cette utopie, « le lieu de nulle part », est présentée comme réalisée dans un ailleurs, situé sur une île.

L'utopie porte toutefois en elle-même sa propre critique. La description d'une société cadrée, structurée et hiérarchisée à l'extrême invite le lecteur à réfléchir sur les limites du genre utopique. Quelle place est réservée à la liberté, au libre-arbitre, aux initiatives personnelles et aux choix individuels ? Comment le citoyen s'épanouit-il dans ce contexte ?

Prolongements

On pourra prolonger l'étude de l'utopie en lisant d'autres exemples chez les contemporains français et italiens :
- **Rabelais**, *Gargantua*, 1534, chapitres LI-LIII (Thélème) ;
- **Montaigne**, *Essais*, 1580-1595, I, 26, « De l'institution des enfants » ;
- **Tommaso Campanella**, *La Cité du Soleil*, 1602 (cité idéale des Solariens).

TEXTE 4 : Érasme, *De l'éducation des enfants* (1529) p. 435

Objectifs et enjeux

→ **Étudier la question du savoir et de l'éducation**
→ **Réfléchir sur l'écriture, notamment l'épidictique, au service d'un idéal humaniste**

Lecture analytique

1. Érasme prône l'enseignement de deux disciplines : les langues et la littérature, que l'on peut repérer grâce aux articulations logiques : « » En premier lieu » et « Et puis ». Le public concerné est double dans un souci humaniste : enfants et adultes sont pris en compte, même si les visées éducatives diffèrent en fonction de l'âge. Les deux disciplines sont mises en valeur à travers le circuit argumentatif et les procédés d'écriture, même si l'on observe une disproportion dans le traitement des deux thèmes : les langues (lignes 2 à 6) et les lettres (lignes 6 à 34).
Pour les langues, Érasme distingue la facilité d'apprentissage chez l'enfant (« plaisir naturel de l'imitation » l. 5) des difficultés que rencontre l'adulte, opposition soulignée par « alors que » (l. 3-4). La littérature est développée par des arguments de longueur inégale. Érasme insiste d'abord sur les « fables des poètes » qui ont des intérêts multiples pour tous : plaisir, connaissances linguistiques et fonction morale. Un double champ lexical de l'agrément (« séduisants attraits charment », « plaisant », « rire et fantaisie ») et de l'apport (« profit », « connaissance de la langue », « formation du jugement », « préceptes philosophiques sérieux ») est développé à l'aide de termes valorisants. Le recours à un exemple illustratif est exploité à travers « les apologues d'Esope », que renforce la question oratoire : « Quoi de plus plaisant ? » (l. 10). « Les autres fables des poètes anciens » (l. 13) interviennent en second lieu : la poésie épique et bucolique, la comédie ont une fonction ludique et morale. Érasme a également recours au champ lexical de l'agrément (« charmant ») et de l'apport (« somme de philosophie », « mille faits instructifs »), même s'il est moins développé que précédemment. Pour la poésie épique, il recourt à des exemples à valeur argumentative (Circé et Ulysse).
« Plaire et instruire », telles sont les visées de l'éducation humaniste selon Érasme, principes dont la morale classique va se nourrir.

2. Le locuteur s'engage dans le débat éducatif à travers des marques affirmées de la première personne du singulier et du pluriel (« je » et « nous ») et implique un interlocuteur désigné par « tu » : Érasme se place dans une relation maître / élève, auteur / lecteur... Les marques du jugement /sentiment sont présentes, notamment à travers le champ lexical du plaisir.
Il fait l'éloge de l'éducation à travers les langues et la littérature et insiste sur leur visée ludique et didactique en lien avec les Anciens. La rhétorique de l'éloge est développée avec l'emploi d'un lexique valorisant, relatif au plaisir d'apprendre, qui est repris en écho tout au long de l'extrait.

Les phrases interrogatives dominent. Il s'agit essentiellement de questions oratoires qui participent de la rhétorique de l'éloge à l'égard des Anciens : « Un stoïcien s'exprimerait-il plus gravement ? » (l. 18), « Quoi de plus plaisant à écouter pour un enfant que les apologues d'Ésope ? » (l. 11) ; en écho, ligne 20 : « Mais quoi de plus gracieux qu'un poème bucolique ? Quoi de plus charmant qu'une comédie ? ». Des exemples, à valeur argumentative, permettent de souligner le double intérêt de la poésie épique, ludique (« fait rire » l. 15) et morale (« raison » en opposition à « passions »).

Prolongements

On peut retrouver des échos de ces préoccupations pédagogiques dans l'œuvre de Rabelais, en quête d'une éducation idéale, qu'il s'agisse de *Gargantua* (chapitre XXI) ou de *Pantagruel* (Lettre de Gargantua à son fils, chapitre VIII).

TEXTE 5 : Nicolas Machiavel, *Le Prince* (1532) p. 436

Objectifs et enjeux

- **Étudier la question du politique dans le traité d'un humaniste italien**
- **Réfléchir sur la conception du prince idéal à la Renaissance**

Lecture analytique

1. Dans le premier paragraphe, Machiavel décrit le politique idéal en énonçant une vérité générale au présent (« ne doit pas croire ni agir à la légère ») : il s'agit de rechercher des vertus telles que la mesure et la tempérance.

Dans le deuxième paragraphe s'engage le débat introduit par le lien logique « de là » : « s'il vaut mieux être aimé que craint, ou l'inverse » (titre du chapitre XVII). Un premier argument qui vise à concilier les deux postures est rejeté (« mais »). Dans le choix inéluctable qui doit être fait, la crainte doit l'emporter sur l'amour chez le prince. L'explication, introduite par « en effet », se fonde sur l'analyse du comportement humain : accumulations de défauts plus ou moins noirs (« ingrats... avides »). Une nouvelle opposition, amenée par « mais » (l. 12), fait progresser le raisonnement : les amitiés, achetées et intéressées, demeurent vaines en cas de nécessité. La conclusion du raisonnement : « Et les hommes » (l. 17) favorise à nouveau la confrontation des deux termes : « aimer »/ » craindre » au profit du second, en raison de la noirceur de l'âme humaine (« méchants »).

Tout en introduisant une nouvelle objection avec « cependant », le dernier paragraphe a une valeur conclusive. Dans une formulation générale, Machiavel concilie les deux postures : « être craint et n'être pas haï peuvent très bien se trouver ensemble » (l. 25-26).

2. Machiavel réfléchit sur l'art de gouverner efficacement dans la cité à l'aide d'un raisonnement organisé à la manière d'une controverse, rappelant la *disputatio* antique. Le raisonnement progresse logiquement à l'aide de contre-arguments et d'objections introduites par « et », « mais » ou « cependant ». Le locuteur définit aussi l'attitude idéale du politique, faite de respect à son égard. Après avoir confronté les termes « aimer » et « craindre », il opte pour le point de vue de la crainte, fondé sur l'observation de la nature humaine. Dans une longue phrase sont accumulés les travers humains « ingrats... avides de gain » (l. 9-10), inconciliables avec l'exercice du pouvoir. Dans le dernier paragraphe, le choix politique est clairement énoncé à l'aide d'un présent de vérité générale et d'un verbe d'obligation morale (devoir) : « être craint et n'être pas haï peuvent très bien se trouver ensemble ».

3. Machiavel défend l'image d'un politique, homme du juste milieu. Il doit incarner la mesure et la prudence (« ne pas agir à la légère » l. 1) dans ses actes et tendre vers deux vertus, « la sagesse et l'humanité ». Le régime idéal, défini au terme du raisonnement, repose sur la crainte, non point vue à la manière de l'empereur Caligula : « Oderint, dum metuant » (Suétone, XXX, « Qu'ils me haïssent, pourvu qu'ils me craignent ») mais dans la recherche d'un équilibre entre la crainte et l'amour, deux postures conciliables. Seule façon de s'imposer à une nature humaine aussi envieuse qu'opportuniste.

Prolongements

On peut prolonger la réflexion en puisant dans l'œuvre contemporaine de l'Italien Baldassare Castiglione, *Le livre du courtisan* (1528) qui définit le modèle idéal de l'homme de la Renaissance, préfiguration de la notion « d'honnête homme » développée au XVIIe siècle.

TEXTE 6 : François Rabelais, *Gargantua* (1534) p. 437

Objectifs et enjeux

→ **Étudier l'art du discours politique dans un récit romanesque**

→ **Caractériser la figure du Prince dans le texte d'un humaniste français**

Lecture analytique

1. Chef de l'armée des Utopiens, Gargantua s'adresse aux vaincus dans une harangue qui est rapportée au discours direct. Il exprime son point de vue à l'aide de la première personne du singulier et recourt aux marques de la volonté. Le chapitre XLVIII, intitulé « La concion que feist Gargantua ès vaincus », est constitué d'un long discours rapporté directement ; l'autorité du Prince est renforcée par cet effet de réalisme.

Dans ce discours, le Prince règle la situation engendrée par la guerre et définit les conditions d'une paix durable. Il accorde son pardon aux ennemis (§1) et leur octroie la liberté (§1 lexique valorisant : « délivre, rends libres et indépendants ») ; il protège leur retour (« conduiront en lieu sûr ») et leur assure des conditions matérielles (« solde ») ; il réorganise le pouvoir devenu anarchique en nommant un conseil des sages pendant la régence ; il s'entoure de précautions envers les fauteurs de troubles, car générosité ne signifie pas naïveté.

Le ton se veut ferme et injonctif comme le montrent les marques de la volonté et la structure rigoureuse du discours ; la parole est maîtrisée. La volonté du Prince, futur roi, s'affirme dans cette harangue aux vaincus. Pour définir les conditions de la paix, il emploie à plusieurs reprises des verbes de volonté tels que « vouloir » et « ordonner » et des verbes au futur de l'indicatif : « vous recevrez », « sera gouverné ». Le présent dans la formule « je vous absous et vous délivre » (l. 2) a aussi force de loi. Une volonté forte empreinte de sagesse s'exprime dans le discours de Gargantua. Protection garantie aux vainqueurs et aux vaincus, pouvoir des ennemis réorganisé, éloquence maîtrisée font de Gargantua un Prince aussi habile qu'humain.

2. Grandgousier et Ponocrates représentent le père et le précepteur qui ont contribué à l'éducation du Prince et à la transmission des valeurs. Le premier paragraphe rend hommage aux parents à l'aide d'un terme moral à connotation positive qui évoque l'esprit de justice ancestral : « bienveillance ». Ponocrates, qui devient le gouverneur sur le territoire de Picrochole pendant la minorité du fils de ce dernier, incarne lui aussi la sagesse.

Gargantua a intégré les leçons de son maître. Il recourt à des exemples historiques, tirés de l'histoire biblique et antique : Moïse et Jules César. Ces exemples jouent un rôle démonstratif. Gargantua règle en effet sa conduite sur celle des Anciens : plein de mansuétude et de clémence, il pardonne aux vaincus et punit les fauteurs de troubles.

La figure de Gargantua prend une nouvelle dimension, celle d'un Prince calme, pondéré, lucide, efficace et profondément humain (*cf.* le lexique moral valorisant). Il s'oppose en tout point à Picrochole (étymologiquement « Bile amère ») qui représente l'esprit de conquête, la démesure, la folie guerrière et la lâcheté à travers la figure du déserteur.

Gargantua incarne le Prince idéal par les valeurs qu'il défend dans son discours : prudence envers les responsables du conflit, magnanimité et générosité envers les vaincus.

Son éducation est désormais achevée. Il met en pratique les principes reçus dans le second modèle pédagogique ; il a assimilé aussi les valeurs des ancêtres familiaux et des Anciens qu'il a lus. Il est donc prêt à gouverner. Il représente un modèle pour les contemporains à travers la leçon de sagesse politique qu'il donne aux vaincus. Il permet de passer du désordre à un nouvel état, celui de l'ordre.

TEXTE 7 : Jean de Léry, *Histoire d'un voyage fait en la terre du Brésil* (1578) p. 438

Objectifs et enjeux

→ **Étudier un dialogue argumentatif dans un récit de voyage consacré au Nouveau Monde**

→ **Comprendre la diversité des cultures et la relativité des points de vue**

Lecture analytique

1. La découverte des peuples du Nouveau Monde constitua un choc culturel à la Renaissance. Pour les humanistes, ce fut l'occasion de s'interroger sur leur propre société et leur système de valeurs, tout en questionnant l'Autre et ses particularités culturelles. C'est ce regard curieux et ouvert que Jean de Léry porte sur le peuple Tupinamba, Indiens du Brésil.

Dans l'extrait du chapitre 13, deux interlocuteurs définis dialoguent. Il s'agit du narrateur, désigné

dans le récit par la première personne du singulier (« me fit telle demande » l. 3, « j'ai ouï » l. 39) et « un vieillard » (l. 3), « pauvre sauvage américain » (l. 40), « nos Tupinambas » (l. 1). De nombreux verbes de parole scandent le passage (« lui dis-je » l. 14, « dit alors mon vieillard » l. 29).
La discussion naît de l'incompréhension des Indiens d'Amérique face à la course effrénée des Européens après le bois du Brésil. La conversation est rapportée au discours direct à la faveur d'un jeu de questions-réponses. L'initiative de la parole revient au vieillard qui, par ses interrogations récurrentes et précises, mène le dialogue. Tantôt brèves (l. 7, 13, 22 et 24), tantôt plus longues (avant-dernier paragraphe), elles font progresser le dialogue. Elles portent la marque de la fausse naïveté du vieillard qui met ainsi en question les us et coutumes des Européens, avides de bois brésilien et de richesses. Le récit est essentiellement constitué d'un dialogue qui, par sa vivacité et sa dynamique, crée un effet de réel.

2. L'intention de tirer une réflexion de cette discussion apparaît dès l'évocation de la grande surprise des Tupinambas, « fort ébahis ». L'étonnement devient alors un leitmotiv, comme le suggèrent les questions (l.7, 13, 22 et 24) ou les assertions du vieillard (« Ha, ha... tu me contes merveilles » l. 19, avec le sens étymologique de « choses incompréhensibles »). Cet étonnement révèle aussi l'incompréhension des Indiens devant l'attitude des Européens. La critique sévère porte sur différentes attitudes, propres aux « civilisés ».
Le premier grief part d'un constat objectif. Le vieillard dénonce le pillage des ressources naturelles du Brésil, notamment du « bois » : « mais vous en faut-il tant ? ». La critique devient plus générale, lorsque l'Indien pointe l'avidité des Européens qui ne recherchent que l'enrichissement. La dénonciation de l'abondance se fait à travers l'accumulation de biens de tous ordres (« plus de frises et de draps rouges... couteaux, ciseaux, miroirs et autres marchandises »). Les reproches adressés aux civilisés se poursuivent par la mention de leur inconscience face aux dangers et aux souffrances, effet de leur cupidité. Le vieillard réunit de façon saisissante dans une même expression les termes de ce paradoxe : « vous endurez <u>tant de maux</u>, pour amasser <u>des richesses</u> ».

Enfin, le vieillard pointe les mœurs des Européens, remettant en cause la pratique des héritages (l. 25), pour en souligner l'étrangeté, voire l'absurdité aux yeux des peuples indigènes. L'Indigène joue le rôle d'un révélateur. À partir de simples constats, fondés sur l'observation de la réalité, il met en lumière les défauts des Européens dans une critique acerbe, renvoyant ainsi une image dévalorisante du Vieux Monde.

3. Par son statut de « vieillard », l'Indien incarne l'expérience et la sagesse. Il représente en effet un interlocuteur respecté du narrateur qui le qualifie de manière affective « mon vieillard » (l. 29) et qui lui reconnaît l'intelligence par le détour d'une litote : « n'était nullement balourd » (l. 30). Il admire aussi sa capacité à discuter (« grands discoureurs » l. 22). Porte-parole du peuple Tupinamba, il est la figure de la sagesse, modèle inversé des Européens.
Les Tupinambas vivent dans un profond respect de la nature, présentée comme une mère nourricière envers laquelle ils éprouvent de la reconnaissance. L'expression « terre... a nourris » est répétée à dessein dans l'avant-dernier paragraphe.
Ce peuple cultive le sens de la famille et n'est pas tourné uniquement vers les générations futures. Il marque en effet affection et égards pour les ascendants comme les proches (« des parents et des enfants ... aimons et chérissons » l. 35).

Renversant l'image traditionnelle des Indiens, sauvages au regard de l'Europe, Jean de Léry montre que les véritables barbares sont les Européens qui, implicitement, portent le titre de chrétiens. Les « sauvages » apparaissent plus humains que les peuples qui veulent les civiliser. À la fois réquisitoire contre la vieille Europe et éloge du Nouveau Monde, le dialogue argumentatif porte les valeurs humanistes (diversité et relativité des cultures, droit à la différence) qui trouvent un écho chez un contemporain français, Montaigne (*Essais*, I, 31, chapitre « Des Cannibales ») et qui vont inspirer le mythe du « Bon sauvage » au XVIIIe siècle, chez Montesquieu (la figure du Persan), chez Voltaire (la figure de l'Ingénu) et chez Diderot (le vieux Tahitien).

IV. Montaigne ou le genre de l'essai (p. 439-442)

TEXTE 8 : Michel de Montaigne, « Notre monde vient d'en trouver un autre », *Essais* (1580-1595) p. 439

Objectifs et enjeux

- **Analyser et évaluer l'argumentaire de chacune des parties**
- **Comprendre le point de vue de Montaigne sur la question de la colonisation du Nouveau Monde**

Lecture analytique

1. En quelques lignes, Montaigne présente cette rencontre dont on ne saura ni quand ni où elle pourrait avoir eu lieu : elle représente davantage le prototype de ces nombreuses rencontres qui ont eu lieu au fil des pérégrinations, du cabotage des conquérants, « en naviguant le long des côtes » (l. 1). Les indéfinis « quelques Espagnols » (l. 1-2), « une contrée fertile » (l. 2) ainsi que l'adjectif « habituelles » (l. 3) marquent le caractère général d'une rencontre « type » entre les colons et les Indiens. On peut lire ici deux mouvements correspondant aux deux temps de ce dialogue « mis en scène » par Montaigne : le discours des Espagnols pour commencer, « leurs déclarations habituelles » (l. 3) qui s'étend sur une dizaine de lignes (l. 3 à 11) ; puis la réponse des Indiens est développée plus longuement (l. 11-31). Ce sont les Indiens qui ont le dernier mot dans cet échange qui privilégie de ce fait leur discours.

Les « déclarations » des Espagnols adressées aux Indiens sont avant tout des exigences et des demandes qu'ils justifient en référence à des droits affichés comme légitimes. Envoyés par le roi le plus puissant du monde, ils se présentent comme les détenteurs du pouvoir sur tout le continent au nom du double pouvoir reconnu dans l'Occident du XVe siècle : le pouvoir temporel du roi et le pouvoir spirituel de Dieu, délégué au Pape. C'est donc au nom des puissances du monde qu'ils formulent leurs demandes. D'abord générales, « être tributaires » (l. 7) c'est-à-dire leur payer des impôts, elles se précisent avec ce qui est nécessaire aux colons, « des vivres » mais aussi de l'or. Chaque demande est assortie d'arguments ou de justifications qui ne se situent pas nécessairement sur le même plan : payer des impôts pour être bien traité, c'est reconnaître la supériorité de l'autre, donner des vivres pour de la nourriture c'est une tautologie qui ne justifie pas la requête. La demande d'or est assez curieusement destinée à un « médicament » (l. 9), ce qui ressemblerait assez à un mensonge. Enfin, les Espagnols inscrivent la conquête dans un projet de christianisation des peuples rencontrés. La religion est alors dite « vraie » ce qui n'autorise donc pas la discussion. Quelques mots en discours narrativisé « ajoutant quelques menaces » (l. 11) servent de conclusion à ces « déclarations ». Le discours des Indiens va consister à réfuter systématiquement la sincérité, la légitimité, la logique même des déclarations des Espagnols en les reprenant terme à terme au rythme de l'anaphore de la locution « quant à » qui souligne chaque réponse. Au droit du plus fort, les Indiens vont opposer la logique, prenant au pied de la lettre les propos des Espagnols pour montrer qu'ils conduisent à des contradictions : on ne peut se dire pacifique lorsque l'on est en armes ; on ne peut se dire puissant quand on est dans le dénuement (« puisqu'il demandait, il devait être indigent » l. 14) et enfin on ne peut donner ce que l'on ne possède pas. Les deux réponses suivantes se situent sur un plan différent : les Indiens acceptent de donner sans rechigner des vivres et de l'or, du moins dans la proportion de ce dont ils n'ont pas besoin. Et s'ils se montrent enfin intéressés par le Dieu unique dont on leur parle, par fidélité ils déclarent préférer toutefois les leurs. La raison et la logique sont à nouveau convoquées pour signaler combien il est peu raisonnable de menacer des gens dont on ignore la puissance, montrant qu'à la force on peut toujours répondre par la force : « qu'ils se dépêchassent – et promptement – de quitter leur pays » (l. 27-28). Cette réponse est parallèle à la menace qui conclut le discours des Espagnols mais elle est fondée sur la raison et non sur la force.

2 et **3.** Dès la première ligne, le mot « mines » indique clairement ce que recherchent les Espagnols : de l'or et des biens. La dernière phrase le rappelle : « les Espagnols ne trouvèrent pas les marchandises qu'ils cherchaient » (l. 33-34). Ainsi, le seul moteur de la conquête semble bien être l'avidité et la cupidité. La déclaration des Espagnols est un discours autoritaire qui n'attend pas de réponse puisque leurs interlocuteurs n'ont pas la liberté d'accepter ou de refuser ce qui n'est qu'un coup de force illégitime. Face à cette attitude des Espagnols, la réponse des Indiens propose une autre image de leurs valeurs au travers également de leurs coutumes et comportements. À la soif du lucre (profit), ils opposent leur générosité qui leur fait accepter de donner des vivres et de l'or à ceux qui en réclament, à la fois parce qu'ils ont le sens de l'hospitalité et qu'ils sont généreux. Ils ne tiennent l'or « en nulle estime » (l. 18), ne s'attachant qu'à sa valeur esthétique au service de leurs dieux, des dieux auxquels ils sont fidèles, ce qui témoigne aussi de leur piété pour une religion ancienne, signe de l'ancienneté de leur civilisation : « après s'en être servis si utilement pendant si longtemps » (l. 23-24). D'autres qualités caractérisent encore ce peuple, le goût pour la vie et le bonheur, le sens de l'amitié. Pour autant, ils ne sont pas forcément tels qu'on a pu les peindre, craintifs voire lâches. Ils ont une justice qui peut se montrer rigoureuse et ils ne craignent pas la confrontation ni le combat, menaçant à leur tour les Espagnols s'ils se montrent sourds à la raison. Enfin, la civilisation de ce peuple éclate tout au long du texte dans cette volonté de dialoguer, de raisonner, et ce de façon convaincante, avant – ou plutôt – que de recourir à la force. En comparaison, la civilisation des Espagnols paraît fondée sur le seul goût de la richesse, sur la seule volonté de puissance et l'intolérance religieuse. Ils méprisent tout ce que pourraient leur apporter les autres, mis à part la richesse, ce sur quoi conclut Montaigne en écrivant « ils ne firent arrêt ni entreprise ; quelque autre avantage qu'il y eût : témoin mes Cannibales » (l. 34-35). L'adjectif possessif dit bien de quel côté va la préférence de Montaigne et l'ironie de l'emploi du mot « cannibale » renforce son jugement qui a pu paraître en son temps bien paradoxal mais montre de quel côté se trouve la civilisation.

Ainsi, de toutes les façons possibles, à travers le récit, dans ses commentaires, en mettant en scène ce dialogue entre les Espagnols et les Indiens, en donnant à ces derniers le dernier mot, en leur prêtant le discours le plus raisonnable, Montaigne dénonce la soif de l'or moteur de la conquête, il démonte le portrait caricaturé d'un peuple qualifié dans le meilleur des cas de peuple enfant, peuple balbutiant, de peuple esclave dans le pire.

TEXTE 9 : Michel de Montaigne, « Rencontre à Rouen », *Essais* (1580-1595) p. 440

Objectifs et enjeux

- → Confronter les représentations des uns et des autres
- → Lire le dialogue entre les Indiens et Montaigne
- → Comprendre le point de vue de Montaigne sur la conquête du Nouveau Monde

Lecture analytique

1. L'information principale racontée dans ce chapitre titré « Des Cannibales » peut être résumée ainsi : « Trois d'entre eux [...] se trouvèrent à Rouen au moment où le feu roi Charles IX y était » (l. 1-6). Le reste de cette longue phrase est consacré au développement de deux longues propositions, l'une introduite par le participe présent « ignorant » (l. 1) et l'autre par l'adjectif qualificatif « malheureux » (l. 4), deux mots qui résument le destin des Indiens tel que Montaigne le perçoit, un peu moins d'une centaine d'années après le début de la conquête et une quinzaine d'années après avoir assisté à cette rencontre de Rouen. On estime en effet que cet *Essai* a été rédigé vers 1578. D'emblée, Montaigne adopte un regard de compassion sur ces Indiens victimes d'une ignorance qui n'est pas absence de savoir mais méconnaissance du Monde ancien, « des corruptions de ce côté-ci de l'océan » (l. 2), une ignorance qui causera leur perte irrémédiable « leur ruine (comme je présuppose qu'elle est déjà avancée) » (l. 3-4) et le malheur, celui d'avoir perdu leur « quiétude ». Deux mondes s'opposent, « le côté-ci de l'océan », « le nôtre » (l. 5) dit Montaigne, celui de la tromperie et du vice, et l'autre, celui des Indiens que caractérise « la douceur de leur ciel » (l. 5). Montaigne prend ici clairement fait et cause pour les Indiens. Témoin dans un premier temps de l'événement, il raconte comment on veut éblouir les indigènes en leur faisant admirer la beauté de la ville. En leur demandant ce qui les a le plus surpris, le roi pose l'implicite que tout, ou du moins beaucoup de choses, sont surprenantes et admirables. Pour répondre à cette question qui contraint leur réponse, les Indiens déplacent le propos grâce à un subtil distinguo pour s'attacher plutôt à ce qui leur a semblé « étrange » et donc éloigné d'eux et de leurs coutumes. Leur étonnement souligne deux questions fondamentales, celle du pouvoir et celle de la répartition des richesses. Dans le royaume de France, le pouvoir de droit divin peut être hérité par un enfant de dix ans, dans celui des Indiens il est pris ou reçu par un homme adulte qui a la force de l'exercer. En prêtant à ses Indiens la langue simple d'un traducteur, Montaigne renforce les oppositions « tant d'hommes grands portant la barbe, forts et armés » (l. 11-12) et un « enfant » (l. 14). La parole des Indiens devient plus développée et précise quand il s'agit de dénoncer l'inégalité entre ceux qui sont « remplis et gorgés de toutes sortes de bonnes choses » (l. 17) expression qui dénonce l'excès et l'avidité et s'oppose à la pauvreté des mendiants « décharnés par la faim et la pauvreté » (l. 18-19). Richesse et pauvreté sont vues de manière réaliste et matérielle. L'étonnement des Indiens va jusqu'à ne pas comprendre comment de telles inégalités ne conduisent pas les pauvres à se révolter, comme ils le feraient dans leur société, transformant l'inégalité en injustice et rendant ainsi la violence légitime contre cette injustice. Enfin, le langage prêté aux Indiens contribue à opposer leur civilisation et leurs valeurs à celles des Occidentaux : en appelant les hommes « moitié les uns des autres » (l. 16) comme l'explique Montaigne, ils posent le principe de l'égalité, d'une relation très étroite entre les êtres jusqu'à une certaine interdépendance, une solidarité.

2. Le deuxième paragraphe met en scène Montaigne qui n'est plus seulement témoin puisqu'il discute avec l'un des Indiens et non des moindres puisqu'il s'agit d'un personnage important, peut-être même un roi, contribuant ainsi à un parallélisme dans les situations. À nouveau, il est intéressant de confronter les questions posées et les réponses apportées. Les questions ouvertes de Montaigne peuvent sembler naïves et superficielles. Les réponses montrent qu'elles complètent la question déjà abordée du pouvoir et qu'un nouveau distinguo s'opère : quand Montaigne s'intéresse aux fruits du pouvoir, le chef indien répond sur les devoirs du chef qui est de conduire au combat des milliers d'hommes en prenant leur tête, preuve de courage et d'intelligence stratégique. Et quand Montaigne s'interroge sur l'autorité dont peut encore bénéficier un chef en temps de paix, un nouveau distinguo oriente la question sur les honneurs que l'on en retire, notamment celui bien modeste de se voir tracer des sentiers pour aller dans les villages. Ainsi le lecteur peut-il conclure que le chef de guerre doit être désintéressé, une vertu que les conquistadors espagnols ont peu pratiquée.

3. Comme on l'a vu, le dialogue n'est pas aisé dans des langues qui s'ignorent, celles des Indiens étant peu connues, ce qui explique la difficulté à décrire et confronter les mœurs et coutumes. Toutefois, c'est aussi l'occasion de révéler, par des périphrases, ce que l'habitude fait perdre de vue. Mais c'est surtout l'occasion de mettre en scène et en débat la question fondamentale de la civilisation, des rapports humains, du bien et du mal. Montaigne se fait le narrateur d'une rencontre entre deux univers différents, il intervient dans le débat par ses commentaires, devient l'un des interlocuteurs et par là-même participe à l'échange des points de vue sur l'humanité de l'autre. Ce faisant, il organise et oriente le propos, sélectionne les sujets abordés, fait résonner des échos, poursuit la réflexion. Le regard qu'il porte sur ces Indiens croise celui que les « cannibales » portent sur le monde de « deçà », l'Occident, un monde qui les étonne et les scandalise. Montaigne utilise cet étonnement comme révélateur de la relativité des usages, coutumes et lois européennes voire des principes qui régissent les sociétés civilisées. Dans cette confrontation, le sauvage, le barbare n'est peut-être pas celui que l'on nomme ainsi ! Montaigne a semé le doute. L'ultime paragraphe et ultime phrase du chapitre peuvent sembler troublants. L'allusion à la coutume des indigènes d'aller nus semble contredire tout le reste : « mais quoi » ! La civilisation serait donc incompatible avec la nudité ? N'est-ce que sur ce seul critère que se fonderait tout discours qui interdirait aux dits sauvages d'appartenir à la race humaine ? Cette dernière pirouette ironique fustige la pauvreté de l'argumentation de ceux qui interdisent aux Indiens et à leurs sociétés d'être qualifié de civilisés à ce seul titre.

Deux paragraphes et deux dialogues permettent de croiser les regards, ceux des Français sur les Indiens qu'ils imaginent ignorants, naïfs et dénués de culture. Pourtant, ces derniers, grâce à leur habileté rhétorique et un langage qui s'élabore et se développe jusqu'à inverser la situation, offrent au travers du dialogue une image critique du monde ancien caractérisé par le seul intérêt et l'injustice.

TEXTE 10 : Michel de Montaigne, « Pour une éducation humaniste », *Essais* (1580-1595) p. 441

Objectifs et enjeux

→ **Lire une dénonciation du pédantisme et reconstruire un programme d'éducation humaniste**

→ **Partager un regard renouvelé sur l'enfance avec le lecteur**

Lecture analytique

1. Un « enfant de famille » issu d'une famille illustre comme l'est le fils de la comtesse de Foix est éduqué par un précepteur. Dans cet extrait, Montaigne définit les qualités de celui qui doit exercer une telle charge. Et l'on voit que l'adage (aujourd'hui commun) qui veut qu'on préfère une tête bien faite à une tête bien pleine concerne d'abord le maître, un maître dont on attend autant de qualités morales qu'intellectuelles.

« On ne cesse de criailler à nos oreilles » (l. 5) se plaint Montaigne dans le deuxième paragraphe s'impliquant dans ce reproche fait aux maîtres par l'utilisation d'adjectifs et de pronoms de la première personne du pluriel. L'utilisation du verbe « criailler », composé d'un suffixe aux connotations péjoratives et à la sonorité cacophonique, introduit par un verbe inchoatif qui souligne la répétition et la durée, insiste sur le caractère très déplaisant de la méthode en usage, « usuelle ». L'image de l'entonnoir rapproche cette méthode du gavage, méthode qui se trouve ainsi réduite à la répétition d'un savoir ingurgité de force. Montaigne propose une autre façon de faire, avec la métaphore de la conduite, « mettre sur la piste » (l. 8), « lui ouvrant [...] le chemin » (l. 9-10). La citation empruntée à Socrate insiste sur la nécessité de laisser l'élève découvrir le savoir avant de le lui exposer. Le paragraphe qui suit cette métaphore de la conduite de l'élève permet d'aborder la question de la « juste mesure » (l. 18) de l'allure à adopter, une allure adaptée à la force de l'élève. Montaigne insiste sur le paradoxe que constitue cette adaptation « aux allures puériles du disciple » (l. 19) car se mettre à son niveau est plus difficile que de le faire monter à soi, comme le rappelle la dernière phrase.

2. Le lecteur de Montaigne peut s'étonner aujourd'hui d'une réflexion sur l'éducation qui semble décrire les enjeux de l'enseignement du début du troisième millénaire. Mais il s'agit de remettre cette réflexion dans son contexte et de se souvenir qu'il ne s'agit pas ici d'une éducation généralisée, ouverte à tous, mais de celle qui est réservée à la part infime de ceux qui sont bien nés, « des enfants de maison ». Comme on le note, l'éducation clairement condamnée est celle qui ne vise qu'à l'accumulation de connaissances, « la science » (l. 3), un mot au sens plus restreint au XVIe siècle et synonyme de savoir. C'est d'une éducation complète, intellectuelle et morale qu'il s'agit. Les méthodes préconisées rejettent le par cœur, la répétition, au profit de découvertes progressives de l'élève, invité à « goûter les choses, les choisir et les discerner » (l. 9) avec l'aide d'un maître qui sait se mettre à sa portée et le guider quand il le faut. On voit l'importance portée à une éducation adaptée à chaque enfant, une idée largement développée dans le quatrième paragraphe qui présuppose également le caractère profondément original de chacun. Montaigne entre dans le détail des méthodes pour permettre à l'élève de dégager la signification de ce qu'il apprend : « qu'il le lui fasse mettre en cent formes et adaptées à autant de sujets différents » (l. 34-35). Il inscrit son modèle d'éducation en tension entre des oppositions qu'il dépasse ou intègre, entre intelligence et âme, entre répéter et enfin expliquer, entre conduite et autonomie... Enfin, le résultat de l'éducation ne se mesurera pas à ce que l'élève aura appris mais à la manière de conduire « sa vie » (l. 32), une expression qui dit l'importance de l'éducation pour Montaigne.

3. La langue de Montaigne est souvent claire et vivante grâce à la métaphore qui projette dans le monde sensible ce qui touche à l'âme et à l'esprit et transforme les objets de la pensée en êtres vivants, animés. Ainsi l'éducation est-elle associée à ce qu'on aurait tort d'appeler le dressage d'un cheval mais son « élevage » pour conserver cette image d'une éducation. C'est ainsi que l'élève est comme un cheval mis « sur la piste » comme on l'a déjà relevé. La métaphore est filée ensuite avec les mots « allure », « trotter », « conduite », un vocabulaire qui traduit dans l'espace les progrès de l'esprit et de l'âme du disciple, conduit, précédé ou suivi par un maître, « un guide » (l. 1) qui connaît la « juste mesure » dans un idéal d'équilibre qui pourrait bien être caractéristique des valeurs humanistes. Un autre réseau rencontre cette image initiale qu'on a reconnue sous le titre du gavage et que l'on retrouve à la fin de cet extrait. Ne faire que « répéter la leçon » c'est la faire régurgiter, sans digestion. Et ce savoir qui n'a pas changé de forme comme l'indique cette métaphore triviale et péjorative reste sous la forme de « mots » (l. 28) quand c'est « leur sens et leur substance » (l. 29-30) qui compte.

Ainsi, cette double métaphore qui structure ici le discours dessine deux images opposées de l'éducation, l'une triviale et sans changement, l'autre élevée et dynamique et qui permet au disciple d'évoluer et de mener sa vie.

Dans la réflexion sur l'éducation de Montaigne se lit un projet humaniste. C'est l'être qui se construit, original et autonome, dans cette relation attentive et ambitieuse entre le disciple et son maître.

TEXTE 11 : Michel de Montaigne, « Chaque homme porte en soi la forme de l'humaine condition », *Essais* (1580-1595)

p. 442

Objectifs et enjeux

- → **Décliner le pacte de lecture des *Essais***
- → **Comprendre les enjeux pour Montaigne de l'écriture de son œuvre**

Lecture analytique

Ces trois extraits permettent d'approcher la question du rapport à soi de Montaigne et la manière dont un projet émerge d'un processus d'écriture et de réécriture, le projet des *Essais*.

1. Dans la préface, pourtant adressée « Au lecteur », Montaigne explique les raisons qui lui ont fait écrire son livre et à qui il le destine. Ce faisant, il développe une série d'oppositions. Dès la première ligne, il attache son texte à la sphère privée en le destinant à sa famille et ses amis afin qu'ils gardent le souvenir de lui après sa disparition et qu'ils le voient « sur le vif » (l. 9), c'est-à-dire encore vivant. Il répétera cette idée en prenant congé de son lecteur à la fin de la préface avec un « adieu donc » définitif, et en qualifiant son livre de sujet « si frivole et si vain » (l. 14) que rien ne justifierait qu'on s'y attache. Cette préface est donc consacrée à développer un projet qualifié aussi de « bizarre et extravagant » (l. 6), d'» idée folle » (l. 4) dans le texte 2 où, loin de toute volonté mondaine, Montaigne apparaîtra sous sa forme « simple, naturelle et quotidienne » (l. 8-9), trois adjectifs qui caractérisent son état domestique. Et ce n'est pas sans humour qu'il insiste sur son « naturel » qui aurait pu sous d'autres cieux le faire poser nu. Une définition de la nature se lit ici qui implique que l'on ne cache pas ses défauts ni qu'on pose ou qu'on adopte une démarche étudiée, signes de la mondanité, de la recherche de la « gloire » (l. 3) ou de la « faveur du monde » (l. 6).

2. Dans ces extraits, Montaigne inscrit son livre dans le genre de l'autoportrait, littéraire comme on l'a vu mais aussi pictural, un genre qui émerge à la Renaissance et qu'il définit parfaitement en écrivant « je suis moi-même la matière de mon livre » (texte 1, l. 13) ou « je me suis offert à moi-même comme sujet » (texte 2, l. 5). « Car c'est moi que je peins » (l. 8) ajoute-t-il et, non sans ironie ou facétie, il prévient : « je me serais très volontiers peint tout entier dans mon livre et tout nu » (l. 11-12). On retrouve également son souci de ne pas chercher à donner une image idéale de soi « Je peins un homme bien mal formé particulier (texte 3, l. 2).

3. La dernière phrase du texte 3, qui a servi de titre à ce montage de trois extraits, des miscellanées, dans une forme hybride qui convient bien à l'esthétique baroque de Montaigne, dit la tension de la vision humaniste, entre la singularité de l'être et son caractère irréductible et, dans le même temps, la valeur générale de la qualité d'humain, qui est celle de l'homme en général. Cette tension se résout en partie dans l'idée du mouvement, qualité intrinsèque à l'humanité : « Le monde n'est qu'une balançoire perpétuelle » (l. 3-4). À cette image s'ajoute celle du passage, un passage qui n'est pas celui des âges de la vie mais celui du changement rapide « de jour en jour, de minute en minute » (l. 6-7) ; c'est par cette articulation entre le temps et le mouvement que se trouve résolue l'aporie de la vérité, immuable et constante. Chaque moment, chaque mouvement est le signe d'une vérité qui ne se contredit pas avec la précédente. Le second paradoxe veut que l'on puisse saisir l'humanité, la dimension morale de chacun quelle que soit sa valeur personnelle, sa place dans la hiérarchie ou sa qualité sociale : une « vie ordinaire et privée » permet de témoigner d'une existence morale tout autant qu'une vie illustre.

Montaigne fait passer l'homme de sa condition d'être indifférencié et soumis par la société, par le pouvoir ou la religion, à celle d'individu autonome doté d'une vie morale. C'est cette autonomie qui fait son essence universelle. Dans le même temps, il perçoit sa propre singularité et la revendique pour dire que l'humanité se décline sous toutes ses formes, variées et originales.

2 Religion, raison et morale

Manuel, p. 443-456

I. Problématiques et thèmes

Ce choix de textes permet d'aborder la littérature d'idées au XVIIe siècle, sous ses diverses formes (essais, apologues, maximes, lettres, mémoires, etc.) et d'en traiter les grands thèmes.

Le traumatisme des guerres de religion, les leçons de l'humanisme ont conduit les penseurs du XVIIe siècle à philosopher sur les liens entre la raison et la religion. Il s'agit pour eux de donner aux hommes confiance en leurs facultés afin qu'ils cultivent une liberté et une autonomie compatibles avec un cadre moral, religieux et civil. C'est ainsi que Descartes (texte 1), soucieux de doter l'homme de démarches rationnelles permettant d'accéder à des savoirs justes et certains, énonce une morale « provisoire » dans une maxime qui invite à choisir les opinions et actions les plus modérées et les mieux partagées. En analysant le processus du divertissement, Pascal (texte 2) veut réconcilier l'homme avec sa condition mortelle en lui offrant l'espérance d'une vie meilleure. Bossuet (texte 3) rappelle aussi la fragilité de l'existence terrestre dans son oraison à la mémoire de la jeune princesse Henriette-Anne d'Angleterre et fait trembler la cour réunie devant le tableau de la vanité de la vie qui n'épargne pas les puissants. « Les Animaux malades de la peste » de La Fontaine (texte 5) est plus polémique : il met en scène des animaux qui désignent le plus faible comme victime expiatoire, après une confession biaisée de chacun d'entre eux. Les plus puissants sont déclarés absous.

Les auteurs du XVIIe siècle réfléchissent aussi sur les relations des hommes entre eux, au sein de la société monarchique. Le système de cour y est détaillé, directement, comme dans les *Lettres* de Mme de Sévigné (texte 8) ou les *Mémoires* de Saint-Simon (texte 12), ou indirectement, par le biais d'apologues, comme dans les *Fables* de La Fontaine (textes 4 et 5).

Les moralistes critiquent les vicissitudes de fortune qui affectent les hommes à la cour : les grands font et défont les réputations, les carrières. Mme de Sévigné raconte les infortunes dont est victime Fouquet, le surintendant des finances, et prend parti pour lui (texte 8). La Bruyère, dans *Les Caractères* (texte 10), peint la fortune puis la chute d'un homme. Les jugements portés sur lui suivent le cours de son influence auprès des puissants. La Rochefoucauld, dans une de ses *Maximes* (maxime 158, texte 9), compare les hommes à des pièces de monnaie, dont le roi fixe le cours. Mais les moralistes montrent aussi cette tendance des hommes à vouloir s'élever à la cour : c'est le cas de Cimon et Clitandre, dont La Bruyère fait le portrait (texte 11). Pour beaucoup d'auteurs, la cour est le règne du paraître : La Rochefoucauld le dénonce dans ses maximes (texte 9), tout comme Saint-Simon qui relate une anecdote malheureuse arrivée à une de ses amies, lors d'une mascarade (texte 12). D'autres auteurs, tel La Fontaine, critiquent le pouvoir arbitraire, la justice aveugle : dans « Le Loup et l'Agneau » (texte 4) ou « Les Animaux malades de la peste » (texte 5), l'injustice est montrée de manière flagrante. Enfin Bossuet, dans ses *Oraisons funèbres* (texte 3), souligne que la puissance est peu de chose : une vanité.

L'apologue a une place privilégiée dans cette critique politique. Ces récits présentent des exemples pour montrer le pouvoir du bon ou du mauvais monarque. Ainsi les fables (textes 4 et 5) mettent-elles en scène des animaux, Loup et Lion, qui symbolisent la puissance et commettent des injustices. Dans le texte de Fénelon (texte 7), le pouvoir du bon monarque se manifeste par la vision de la terre d'Égypte, fertile et heureuse. Cette utopie est l'occasion pour le personnage de Mentor de délivrer ses conseils, sous une forme directe : il donne la définition du bon et du mauvais monarque. Par le biais d'un exemple, une leçon est ainsi délivrée.

À côté du pouvoir monarchique, les écrivains remettent en question la justice. Les deux fables de La Fontaine mettent en scène des personnages puissants amenés à perpétrer des injustices. Le Loup (texte 4), poussé par la faim, justifie le crime qu'il s'apprête à commettre par des arguments fallacieux, dans une parodie de procès. Le Lion (texte 5) confesse ses péchés, mais sa position de monarque le sauve du sacrifice : on désigne à sa place le moins puissant de tous.

Par ailleurs, l'apparence semble être au cœur de la société du XVIIe *siècle*, ainsi que l'affirme La Rochefoucauld dans l'une de ses maximes (texte 9). Dans une société où les mascarades sont courantes (voir Saint-Simon, texte 12), il est normal que les auteurs de cette époque réfléchissent au paraître. Tous dénoncent l'agitation stérile qui agite les hommes, à la cour, comme Cimon et Clitandre dans *Les Caractères* de La Bruyère (texte 11), ou dans la vie de tous les jours, dans la conversation (La Rochefoucauld, texte 9, maxime 142). Dans cette société, les hommes font beaucoup de bruit pour peu de résultats. Il faut se montrer actif (texte 11), parler beaucoup (texte 9), rivaliser d'ingéniosité lors des fêtes en portant un masque à quatre visages, par exemple (texte 12). Si l'apparence n'est qu'ostentation, il peut ne s'agir que d'amour-propre, mais Saint-Simon dénonce cette attitude lorsqu'elle est blessante (texte 12). L'anecdote du masque aux quatre visages met en évidence le paraître nuisible : la comédie que joue l'homme masqué ne vise qu'à mettre dans l'embarras l'amie de l'auteur, qui doit faire bonne contenance devant des spectateurs ébahis et amusés.

À ces vices marqués par la fausseté et l'excès, les auteurs du XVIIe siècle opposent la mesure, une des caractéristiques de l'honnête homme. Pascal (texte 2) voit dans le divertissement la marque d'une démesure, le signe d'une incapacité de l'homme à rester seul avec lui-même. L'absence de modération c'est aussi la vanité : La Bruyère (texte 11) souligne le décalage qui existe entre la façon dont Cimon et Clitandre se désignent et la réalité, entre leur savoir abondant de petites choses et l'utilité de celui-ci. Dans ses *Maximes* (texte 9), La Rochefoucauld invite les hommes à faire usage de façon modérée de la parole : les grands esprits, en quelques mots, en disent davantage que les bavards.

Un autre trait marquant des textes du XVIIe siècle est leur inspiration antique (phénomène d'intertextualité). C'est en citant les Écritures que Bossuet (texte 3) cherche à consoler de la mort de la duchesse d'Orléans, mais invite aussi à réfléchir sur la condition humaine. D'autres auteurs, comme La Fontaine (texte 6) ou La Bruyère (textes 10 et 11), réécrivent des œuvres antiques : La Fontaine s'inspire des fables d'Ésope, par exemple, et La Bruyère puise chez Théophraste une façon originale de présenter des types humains, en dressant le portrait de personnages fictifs. L'Antiquité sert la réflexion : Fénelon met en scène Télémaque et son précepteur, Mentor (texte 7), tandis que La Fontaine imagine un orateur athénien, devant l'assemblée du peuple, ayant recours au genre de l'apologue pour rendre son auditoire attentif (texte 6). Tous, selon les principes d'Horace, cherchent à plaire, émouvoir et instruire, par le biais de récits fictifs, d'apologues.

Les auteurs du XVIIe siècle connaissent, enfin, les salons et le pouvoir que la parole peut y avoir. Pour Bossuet (texte 3), la parole est consolatrice : elle élargit le cas personnel de la duchesse d'Orléans à la condition humaine. Chez La Fontaine (texte 4), la parole accuse : par le biais d'arguments fallacieux, le Loup cherche à justifier l'injustice qu'il s'apprête à commettre. La force l'emporte sur la parole juste et raisonnée de l'Agneau. Dans le texte 5, les animaux confessent leurs crimes. Chacun s'accuse personnellement des crimes qu'il a commis, mais le crime le moins important se voit puni par la peine la plus lourde. La parole s'y fait également flatteuse : le Renard sait convaincre l'assemblée qu'il ne faut pas punir le Lion pour les crimes perpétrés. La parole est du côté des puissants. Dans le texte 6, « Le Pouvoir des Fables », La Fontaine nous invite à réfléchir sur les meilleurs moyens pour rendre l'auditoire réceptif : il faut plaire par les mots pour pousser à l'action.

BIBLIOGRAPHIE-SITOGRAPHIE

- **Antoine Adam**, *Histoire de la littérature française au XVIIe siècle*, Albin Michel, coll. « Bibliothèque de l'évolution de l'humanité », 1997.
- **Michel Bouvier**, *La Morale classique*, Honoré Champion, coll. « Moralia », 1999.
- **Jean-Dominique Beaudin**, **Pauline Chaduc**, **Alain Lanouvière**, *Fénelon, Les Aventures de Télémaque*, éditions Atlande, 2009.
- **Emmanuel Bury**, *L'Esthétique de La Fontaine*, éditions Sedes, coll. « Critique littéraire », 1996.
- **Michel Crépu**, *Le Tombeau de Bossuet*, éditions Grasset, 1997.
- **Jean Ehrard**, **René Pomeau**, *Histoire de la littérature française : de Fénelon à Voltaire*, Flammarion, coll. « GF », 1998.
- **Marc Fumaroli**, **Roger Zuber**, *Dictionnaire de littérature française du XVIIe* siècle, PUF, coll. « Quadrige », 1994.
- **Alain Génetiot**, *Le Classicisme*, PUF, coll. « Quadrige », 2005.
- **Lucien Goldmann**, *Le Dieu caché*, Gallimard, coll. « Tel », 1955.
- **Marie-Aude de Langenhagen**, *La Bruyère*, Studyrama, coll. « Panorama d'un auteur », 2005.
- **Marlène Lebrun**, *Regards actuels sur les Fables de La Fontaine*, Presses universitaires du Septentrion, coll. « Savoirs mieux », 2000.
- **Lucie Olbrechts-Tyteca**, **Chaïm Perelman**, *Traité de l'argumentation*, éditions de l'Université de Bruxelles, coll. « UB lire Fondamentaux », 2005.
- **Marine Ricord**, *Les Caractères de La Bruyère ou les exercices de l'esprit*, PUF, coll. « Écrivains », 2000.
- **Anne Staquet**, *Descartes et le libertinage*, éditions Hermann, coll. « Philosophie », 2009.
- **Victor-Lucien Tapié**, *Baroque et classicisme*, Hachette, coll. « Pluriel », 1980.
- Une page consacrée au « divertissement » dans les *Pensées* de Pascal sur le site de la BnF : https://gallica.bnf.fr/essentiels/pascal/pensees/divertissement

II. Religion et raison (p. 445-447)

TEXTE 1 : René Descartes, *Discours de la méthode* (1637) p. 445

Objectifs et enjeux

→ **Analyser le caractère méthodique du discours de Descartes**

→ **Comprendre les enjeux de la morale qu'il préconise**

Lecture analytique

1. Dans la troisième partie de son *Discours de la méthode*, Descartes cherche à savoir si la raison peut dégager une vérité en matière morale. Faute de pouvoir disposer immédiatement d'une morale absolue, fondée sur les investigations bien menées de la raison, il réfléchit pour son compte personnel à des règles pratiques lui permettant de vivre « le plus heureusement » possible (l. 3). Et c'est de sa propre expérience qu'il se propose de « faire part » (l. 5).

Cet extrait est donc consacré à l'exposé de la première maxime de sa morale, qui fixe à l'individu des objectifs raisonnables pour éviter l'irrésolution et l'insatisfaction permanente. Pour éclairer la démarche de Descartes, nous pouvons aussi nous reporter aux quelques phrases qui précèdent immédiatement l'extrait étudié. Le philosophe y compare l'homme en quête de morale à une personne dont la maison serait insalubre et qui n'aurait d'autre choix que de la raser afin d'en construire une autre ; mais en attendant il lui faut trouver un moyen provisoire de se loger : « Et, enfin, comme ce n'est pas assez, avant de commencer à rebâtir le logis où on demeure, que de l'abattre, ou s'exercer soi-même à l'architecture, et outre cela d'en avoir soigneusement tracé le dessin ; mais qu'il faut aussi s'être pourvu de quelque autre, où on puisse être logé commodément pendant le temps qu'on y travaillera. » Ce chapitre comporte deux autres maximes : la « seconde maxime était d'être le plus ferme et le plus résolu en mes actions que je pourrais ». Et la « troisième maxime était de tâcher toujours plutôt à me vaincre que la fortune, et à changer mes désirs que l'ordre du monde ».

L'exposé de Descartes est tout entier piloté par l'exercice de la raison. Il dresse un état des lieux de la condition humaine à un moment donné, en prenant en compte tous ses paramètres, afin d'en déduire un art de vivre. L'extrait commence par une subordonnée circonstancielle de but, par laquelle le philosophe explique précisément son intention : « afin que je ne demeurasse point irrésolu en mes actions pendant que la raison m'obligerait de l'être en mes jugements, et que je ne laissasse pas de vivre dès lors le plus heureusement que je pourrais, je me formai une morale par provision » (l. 1-4). Pour pouvoir agir, il faut renoncer provisoirement à une morale fondée sur la recherche de la vérité absolue, et vivre, en attendant, dans un bonheur relatif, exprimé par « le plus heureusement que je pourrais » (l. 3).

Une fois la finalité de son discours posée, Descartes avance pas à pas selon ce principe de réalité, en fondant minutieusement chacune de ses affirmations. Dès lors, l'examen détaillé du texte permet de repérer un enchaînement, un emboîtement de causes et de concessions. Ainsi commence-t-il par expliquer pourquoi il a choisi d'« obéir aux lois et aux coutumes de [son] pays » (l. 6) et d'imiter « les mieux sensés de ceux avec lesquels j'aurais à vivre » (l. 10) par ce raisonnement :

- cause 1 (suivre les opinions des personnes raisonnables est le meilleur choix, l. 12-13), signalée par la conjonction « car » (l. 12), elle-même fondée sur une cause 2 (Descartes veut remettre en cause ses propres opinions, l. 11-12) introduite par la locution conjonctive « à cause que » (l. 11) ;
- concession : « Et encore qu'il y en ait peut-être d'aussi bien sensés parmi les Perses ou les Chinois que parmi nous » (l. 13-14) qui marque la relativité des opinions et des pensées ;
- réfutation de la concession, par réitération du principe d'utilité : « il me semblait que le plus utile était de me régler selon ceux avec lesquels j'aurais à vivre » (l. 14-15).

Dans un deuxième temps, Descartes développe l'idée selon laquelle il va examiner les actes, et non les paroles, de ses modèles : « pour savoir quelles étaient véritablement leurs opinions, je devais plutôt prendre garde à ce qu'ils pratiquaient qu'à ce qu'ils disaient » (l. 16-17). Il justifie cette idée par ce raisonnement :

- causes 1 (les hommes cachent ce qu'ils pensent, l. 17-19) et 2 (les hommes se méprennent sur leurs propres croyances, l. 19), introduites par les locutions conjonctives coordonnées « non seulement à cause que » (l. 17) et « mais aussi à cause que » (l. 19) ;
- cause 3 (croire et savoir qu'on croit est différent, l. 19-21) justifiant la cause 2 et introduite par « car » (l. 19).

Dans un troisième temps, Descartes procède de la même manière pour expliquer pourquoi « entre plusieurs opinions également reçues » (l. 21-22), il fait le choix des « plus modérées » (l. 22). On retrouve à nouveau le principe de réalité et de prudence (avec aussi le modalisateur « vraisemblablement », l. 23) dans l'énoncé des causes qui justifient son choix :

– causes 1 (les avis modérés sont plus « commodes » à mettre en pratique, l. 22-23) et 2 (la modération vaut mieux, l. 23-24), coordonnées, introduites respectivement par « tant à cause que » (l. 22-23) puis « et » (l. 23), la cause 2 étant elle-même justifiée par une cause 3, fondée sur l'observation : « tous excès ayant coutume d'être mauvais » (l. 24).

– cause 4 qui prend en compte la quête de vérité du philosophe, en permanente évolution, ce que signalent les locutions conjonctives « en cas que » et « moins... que si » : « comme aussi afin de me détourner moins du vrai chemin, en cas que je faillisse, que si, ayant choisi l'un des extrêmes, c'eût été l'autre qu'il eût fallu suivre » (l. 23-26). On peut noter encore la rigueur de la démonstration qui tente de prendre en considération toute hypothèse, comme le montre l'emploi du subjonctif.

Enfin, Descartes met l'accent sur la liberté comme objectif fondamental : « Et particulièrement je mettais entre les excès toutes les promesses par lesquelles on retranche quelque chose de sa liberté » (l. 26-28) ; il expose ensuite de façon très précise les causes de cette affirmation :

– cause rejetée : « non que je désapprouvasse les lois » (l. 28), suivie de la justification des lois par leur utilité sociale, « qui, pour remédier à l'inconstance des esprits faibles, permettent [...] qu'on fasse des vœux ou des contrats qui obligent à y persévérer » (l. 28-31) ;

– cause revendiquée 1 : « mais à cause que je ne voyais au monde aucune chose qui demeurât toujours en même état » (l. 31-32) pour expliquer le refus de s'engager ;

– cause revendiquée 2, coordonnée à la précédente : « et que, pour mon particulier, je me promettais de perfectionner de plus en plus mes jugements, et non point de les rendre pires » (l. 32-34). Descartes s'autorise ainsi à pouvoir changer d'avis.

Ce repérage détaillé permet de mesurer la dimension méthodique du propos de Descartes : il fait appel à la raison pour fonder ses choix, en en comparant et en en explorant toutes les causes.

2. Descartes fait preuve de pragmatisme en nous proposant « une morale par provision » (l. 3-4), dont les règles pratiques invitent à la compréhension et à la modération plutôt qu'à la polémique. La modération qu'il préconise correspond au bon sens et à la juste mesure en toute chose. Elle est affichée dès le début du deuxième paragraphe de cette première maxime : « suivant les opinions les plus modérées et les plus éloignées de l'excès, qui fussent communément reçues en pratique par les mieux sensés de ceux avec lesquels j'aurais à vivre » (l. 8-10). On notera l'emploi répété du superlatif qui souligne l'importance accordée aux trois critères, « les plus modérées », « les plus éloignées de l'excès », « les mieux sensés », qui définissent la mesure. Le choix de Descartes en faveur des « coutumes de [son] pays » (l. 6) implique la reconnaissance des « mieux sensés », en prenant garde toutefois de ne pas accorder trop d'importance aux opinions mais bien plutôt aux actions : « je devais plutôt prendre garde à ce qu'ils pratiquaient qu'à ce qu'ils disaient » (l. 16-17).

Cependant, l'obéissance à la loi ne se réduit pas au strict conformisme : elle n'engage que le comportement extérieur, et nullement la conviction profonde du sujet. En effet, on peut adopter un comportement en conservant son propre jugement. Cette attitude est d'ailleurs indispensable et l'opposition systématique au reste de la société nous créerait plus de désagréments qu'elle ne nous rendrait libres. Descartes nous invite ainsi à la prudence vis-à-vis des lois, dont il concède la relativité, mais qu'il nous faut respecter sans pour autant altérer nos convictions profondes. Ainsi, le contrat qui engage l'individu dans la communauté civile ne doit pas lui interdire la liberté de penser par soi-même : « je mettais entre les excès toutes les promesses par lesquelles on retranche quelque chose de sa liberté » (l. 27-28).

Descartes préconise ainsi une modération qui permet de vivre en paix avec les autres tout en fondant l'autonomie de la conscience. Elle consiste aussi à ne pas se livrer totalement à une opinion, incertaine par nature, comme le souligne la distinction entre « croire » et « savoir qu'on croit » fondatrice du *Cogito* : « l'action de la pensée par laquelle on croit une chose étant différente de celle par laquelle on connaît qu'on la croit » (l. 19-21). Dans l'absence de certitude sur ce qui est vrai, on ne peut s'engager définitivement : c'est ce qu'envisage Descartes quand il précise préférer le juste milieu « afin de me détourner moins du vrai chemin, en cas que je faillisse, que si, ayant choisi l'un des extrêmes, c'eût été l'autre qu'il eût fallu suivre » (l. 24-26). La finalité de cette première maxime est donc de trouver, grâce à la modération, la meilleure voie pour être le plus heureux possible dans la société dans laquelle on vit, tout en restant libre dans sa propre quête de la vérité.

3. Les rapports entre la raison et la religion sont délicats à articuler, à cette époque où il est impossible de remettre en cause l'existence d'un dieu. Descartes essaie, dès lors, de penser le rôle de la raison dans le champ spécifique du savoir et de la morale en posant la croyance en Dieu comme un postulat. C'est en « retenant constamment la religion en laquelle Dieu m'a fait la grâce d'être instruit dès mon enfance » (l. 6-8) que Descartes va observer tout ce qui peut être de l'ordre de la pensée et de la réflexion. La démonstration de Descartes s'appuie sur le droit naturel qui, à l'inverse du droit divin, ne reconnaît en la loi que le contrat des hommes entre eux, et dont la légitimité n'est donc que relative et jamais absolue : « non que je désapprouvasse les lois qui, pour remédier à l'inconstance des esprits faibles, permettent [...] qu'on fasse des vœux ou des contrats qui obligent à y persévérer » (l. 28-31). On peut se demander, lorsque Descartes associe « vœux » et « contrats », s'il n'inclut pas aussi le vœu religieux dans le relativisme général des opinions qu'il affirme nettement plus haut : « Et encore qu'il y en ait peut-être d'aussi bien sensés parmi les Perses ou les Chinois que parmi nous » (l. 13-14). Mais, une fois ce relativisme posé, ce qui importe avant tout, c'est de préserver la paix civile : « il me semblait que le plus utile était de me régler selon ceux avec lesquels j'aurais à vivre » (l. 15), affirme Descartes. En dissociant raison et religion, au moins dans cette étape de sa démarche, il écarte de l'espace civil la question de la foi, source des terribles guerres de religion du siècle précédent.

TEXTE 2 : Blaise Pascal, *Pensées* (1670) p. 446

Objectifs et enjeux

- **Analyser les procédés argumentatifs qui renforcent la démonstration de Pascal**
- **Comprendre le rôle de la religion dans une vision pessimiste de l'existence humaine**

Lecture analytique

1. Ce texte est extrait de la seconde partie des *Pensées*, « Misère de l'Homme sans Dieu », qui instruit le procès du divertissement considéré comme une « puissance trompeuse » (c'est le sous-titre du chapitre), au même titre que l'imagination, l'orgueil ou encore l'amour propre. Ici, Pascal analyse le divertissement en retournant aux origines du mot (du latin *divertere*, « détourner de ») et en accordant à ce terme une très large extension : le travail, par exemple, est considéré comme un divertissement.

Dans cet extrait, Pascal se livre à une démonstration rigoureuse. Il s'agit d'abord, pour lui, de mettre en évidence les causes du divertissement, en déterminant son origine. La démonstration, présentée comme le fruit d'un cheminement intellectuel personnel, comme l'atteste la présence du pronom « je » (« je me suis mis à considérer », l. 1 ; « j'y ai regardé de plus près », l. 9 ; « Je ne parle que de ceux », l. 14), suit une logique rigoureuse, mise en relief par les nombreux connecteurs. On retrouve d'abord des indications temporelles : « quand » (l. 1, l. 9), « souvent » (l. 4). Mais le texte est surtout structuré par de nombreux connecteurs logiques qui font s'enchaîner rigoureusement les idées par des liens de cause, de conséquence ou d'opposition, comme les conjonctions « Mais » (l. 9 et l. 22), « et » (l. 7), « si... que » (l. 12), « Car » (l. 14), « Aussi » (l. 18), « parce que » (l. 26). Les liens de conséquence sont soulignés également par la locution verbale « vient de » (l. 5 et l. 10). On peut aussi noter le recours à la conjonction de subordination « si » (l. 6 et 7) : ces hypothèses servant à fonder des déductions sont emblématiques du raisonnement scientifique.

La composition du passage est très rigoureuse et suit une progression logique parfaite. Pour expliquer « le malheur des hommes » (l. 4-5), Pascal commence par tirer de son observation des conduites humaines une première thèse (l. 1-8), exprimée au présent de vérité générale et que résume cette phrase : « tout le malheur des hommes vient de ne savoir pas se tenir en repos dans une chambre » (l. 4-5). C'est la thèse qu'il a l'habitude de défendre (« j'ai souvent dit », l. 4). Cette première opinion est inductive, résultat d'un raisonnement fondé sur l'observation.Elle est renforcée par un exemple (l. 5-7) qui suggère un syllogisme implicite : un homme riche n'a pas besoin de sortir de chez lui pour gagner sa vie ; or l'homme riche sort de chez lui ; donc l'homme riche n'est pas capable de demeurer chez lui. Notons que ce premier exemple est pris chez l'homme riche, car autrement on pourrait faire valoir la simple nécessité matérielle (sortir de chez soi pour gagner sa vie). Or, précisément, Pascal veut d'abord démontrer que le divertissement ne procède pas d'une nécessité matérielle.

Cette première thèse est ensuite questionnée, dans une démarche qui est présentée d'emblée comme plus sérieuse car relevant d'un examen plus approfondi et abstrait (« Mais quand j'y ai regardé de plus près », l. 9 ; « cause bien effective », l. 10-11). En effet, Pascal énonce une seconde thèse (l. 9-13) qu'il présente comme une réaction cohérente, sinon tout à fait raisonnable : le divertissement est une manière d'échapper au spectacle « du malheur naturel de notre condition faible et mortelle, et si misérable, que rien ne nous peut consoler, lorsque rien ne nous empêche d'y penser, et que nous ne voyons que nous » (l. 11-13).

Ensuite, dans les deux paragraphes suivants, Pascal précise son champ d'observation qu'il restreint à l'homme sans religion, à qui s'adresse tout particulièrement son discours : « Je ne parle que de ceux qui se regardent sans aucune vue de Religion » (l. 14). Il commence, dans le troisième paragraphe, par rappeler le rôle de la religion qui est d'apaiser l'homme face à sa condition : « Car il est vrai que c'est une des merveilles de la Religion Chrétienne, de réconcilier l'homme avec soi-même, en le réconciliant avec Dieu ; de lui rendre la vue de soi-même supportable » (l. 15-17) ; « Ce n'est qu'en le portant jusqu'à Dieu, et en le soutenant dans le sentiment de ses misères, par l'espérance d'une autre vie, qui l'en doit entièrement délivrer » (l. 19-21). Une fois posée l'efficacité de la religion, Pascal peut revenir avec plus de force au tragique de la condition de l'homme sans Dieu, dans un lien d'opposition (« Mais ») qui relie le quatrième paragraphe au troisième : « Mais pour ceux qui n'agissent que par les mouvements qu'ils trouvent en eux et dans leur nature, il est impossible qu'ils subsistent dans ce repos qui leur donne lieu de se considérer et de se voir, sans être incontinent attaqués de chagrin et de tristesse » (l. 22-25).

Pascal peut maintenant conclure sa démonstration à la manière d'une démarche scientifique. Parti d'exemples empruntés à son observation personnelle, il accède, dans le dernier paragraphe, à l'énoncé de lois communes à tous les hommes. Ainsi, le pronom « je » et le passé composé des premiers paragraphes ont disparu au profit du pronom « on », à valeur générale, du subjonctif injonctif et du futur. Le texte se clôt sur un raisonnement hypothético-déductif, à la manière d'un théorème en mathématiques, dont le résultat est sans appel, comme en témoignent les verbes au futur et les modalisateurs de la nécessité : « par nécessité » (l. 34), « nécessairement » (l. 35). L'homme, ainsi, n'a d'autre perspective que le malheur de sa condition.

2. L'ensemble du texte donne une vision tragique de l'existence humaine. Le champ lexical de la misère et de la souffrance est très présent : « périls », « peines » (l. 2), « querelles » (l. 3), « entreprises périlleuses et funestes » (l. 4), « malheur » (l. 4-5 et 11), « faible », « mortelle » (l. 11), « misérable » (l. 12), « misères » (l. 20 et 28), « chagrin » (l. 24), « tristesse » (l. 25), « vues affligeantes » (l. 34), « malheureux » (l. 35). En revanche, le champ lexical du plaisir, que l'on attendrait davantage dans un texte sur le divertissement, est particulièrement restreint et on ne le trouve que dans le troisième paragraphe consacré à l'éloge de la religion.

Le poids du malheur est mis en évidence par le long groupe nominal qui clôt le second paragraphe : « c'est-à-dire du malheur naturel de notre condition faible et mortelle, et si misérable, que rien ne peut nous consoler, lorsque rien ne nous empêche d'y penser, et que nous ne voyons que nous » (l. 12-13). Nous pouvons noter l'intensif « si » placé devant un mot déjà très fort, « misérable », et la gradation entre les adjectifs « faible », « mortelle » et « misérable », dont la force et le nombre de syllabes vont croissant. Le drame de l'homme face à lui-même est particulièrement souligné dans le quatrième paragraphe, avec la répétition du pronom réfléchi « soi » : « L'homme qui n'aime que soi ne hait rien tant que d'être seul avec soi. Il ne recherche rien que pour soi, et ne fuit rien tant que soi » (l. 25-26). La structure des phrases, avec leurs antithèses (« aime » s'oppose à « hait », « recherche » à « fuit »), met en évidence le paradoxe tragique de la condition humaine et l'impasse dans laquelle se trouve l'homme sans Dieu.

3. Après avoir décrit le divertissement, Pascal suggère qu'il ne suffit pas au bonheur de l'homme. Il désigne par « divertissement » toutes les activités qui nous évitent l'ennui et qui nous empêchent d'avoir conscience de notre condition. Quand l'homme tourne ses pensées vers lui-même, « il trouve en soi-même un amas de misères inévitables, et un vide de bien réels et solides qu'il est incapable de remplir » (l. 27-29). La structure en chiasme de la phrase place l'homme au cœur d'une aporie entre le plein et le vide, entre ce qui est à sa portée et ce qui ne l'est pas mais qui ne lui apporte rien. Mais Pascal reconnait également que, sans le divertissement, l'homme serait accablé par la petitesse et la peur de mourir, il ne connaîtrait pas un instant de bonheur ni de repos. Le divertissement ne semble alors qu'un rempart bien mince contre le malheur toujours triomphant. Si, comme Pascal le dit dans un autre passage, le divertissement est proprement « raisonnable » contrairement à ce qu'affirment les philosophes qui « ne connaissent guère notre nature », il n'en est pas moins vain : l'homme se retrouve dans une impasse, dans le malheur. Aussi la religion est-elle, selon l'opinion de Pascal, la seule réponse qui permette de « réconcilier l'homme avec soi-même » (l. 15-16) et de l'aider ainsi à accepter sa condition. La religion serait la seule source de bonheur, comme le montre le lexique mélioratif et hyperbolique : « c'est une des merveilles de la Religion Chrétienne » (l. 15) ; « elle produit tous ces effets merveilleux » (l. 19). L'efficacité de la religion résiderait dans la promesse qu'elle fait d'une vie éternelle : « Ce n'est qu'en le portant jusqu'à Dieu, et en le soutenant dans le sentiment de ses misères, par l'espérance d'une autre vie, qui l'en doit entièrement délivrer » (l. 19-21). Cette pensée et cette aspiration à une félicité sans limite offriraient la seule consolation à la finitude de la condition humaine. C'est d'ailleurs sur ce postulat que Pascal appuie, dans un autre passage célèbre des *Pensées*, la proposition de son pari.

Prolongement

Afin d'approfondir la notion de divertissement, on pourra faire référence à un autre passage du 139e fragment, où Pascal a recours à l'exemple du roi pour illustrer le caractère tragique de la condition humaine : « Quelque condition qu'on se figure, où l'on assemble tous les biens qui peuvent nous appartenir, la royauté est le plus beau poste du monde. Et cependant, qu'on s'en imagine accompagné de toutes les satisfactions qui peuvent le toucher. S'il est sans divertissement et qu'on le laisse considérer et faire réflexion sur ce qu'il est, cette félicité languissante ne le soutiendra point. Il tombera par nécessité dans les vues qui le menacent des révoltes qui peuvent arriver et enfin de la mort et des maladies, qui sont inévitables. De sorte que s'il est sans ce qu'on appelle divertissement, le voilà malheureux, et plus malheureux que le moindre de ses sujets qui joue et qui se divertit. »

TEXTE 3 : Jacques-Bénigne Bossuet, *Oraisons funèbres* (1680) p. 447

Objectifs et enjeux

→ **Analyser la tonalité pathétique de l'oraison**

→ **Comprendre comment le discours religieux prescrit des règles pour la vie terrestre**

Lecture analytique

1. Le 21 août 1670, Bossuet prononce l'éloge funèbre de la duchesse d'Orléans, épouse de Monsieur, frère du roi, et disparue subitement à vingt-six ans. Le jeune âge, la beauté et le pouvoir de la jeune duchesse permettent au prédicateur de mettre en lumière toute la puissance de la mort. Il tire de ce drame un véritable enseignement. Par cette mort, Dieu, selon lui, vient nous rappeler la vanité des choses terrestres, et il convient alors de se préparer à la mort.

La mort de Madame, particulièrement inattendue, se prête à des effets pathétiques que Bossuet exploite afin de préparer ses auditeurs à l'enseignement qu'il veut leur donner. La mise en scène du pathétique occupe la plus grande partie du texte après que Bossuet a annoncé sa volonté édifiante. Dès les lignes 15 et 16, le « coup » qui vient d'arriver est qualifié de « grand » et de « terrible ». Et le texte enchaîne immédiatement sur une série d'exclamations qui traduisent l'ampleur de ce drame et la sidération qu'il provoque : « Ô nuit désastreuse ! ô nuit effroyable, où retentit tout à coup, comme un éclat de tonnerre, cette étonnante nouvelle, Madame se meurt, Madame est morte » (l. 16-18). Le jeu des interjections (« Ô »), l'anaphore « Ô nuit » et la gradation « désastreuse », « effroyable » font pénétrer les auditeurs de Bossuet au cœur du drame et de la douleur. À cette exclamation se joint la soudaineté de la mort, suggérée par le mot « nuit », un bref espace de temps. L'emploi du passé simple « retentit », l'adverbe « tout à coup » et la comparaison avec un « éclat de tonnerre », soulignées par les allitérations en [t] et en [k], ne font que renforcer cet aspect. Cette soudaineté est encore soulignée par le fameux « Madame se meurt, Madame est morte » : l'anaphore de « Madame » et la reprise du verbe « mourir », en deux phrases très courtes où l'on passe de l'aspect non accompli (« Madame se meurt ») à l'aspect accompli (« Madame est morte »), expriment la rapidité de l'action. Le scandale de l'instant qui suffit pour passer de vie à trépas est traduit par la parataxe : seule une virgule sépare deux moments essentiellement distincts en dépit de leur apparente ressemblance. Notons aussi dans ce passage l'allitération en [m] (« Madame se meurt, Madame est morte ») qui peut créer un effet d'écrasement.

Ensuite, dans les lignes 19 à 26, le champ lexical de la souffrance très présent renforce le caractère dramatique de l'événement : « tragique » (l. 19), « désolé » (l. 19 et 25), « mal » (l. 20), « consterné » (l. 21), « cris », « douleur », « désespoir » (l. 22), « abattu », « désespéré » (l. 23), « douleur » (l. 25), « gémissaient » (l. 26). Dans la phrase « Partout on entend des cris ; partout on voit la douleur et le désespoir, et l'image de la mort » (l. 21-22), le rythme ternaire se conjugue avec une gradation pour accentuer cette douleur.

Par ailleurs, le *pathos* ne concerne pas la seule famille du roi ou la cour. La mort de Madame est un véritable drame universel : « Qui de nous ne se sentit frappé à ce coup [...] ? » dit Bossuet (l. 19-20). Les anaphores de « partout » (l. 21-22) et de « tout » (l. 23) contribuent à mettre en relief cette universalité. Bossuet montre le pays touché par cette mort : « Le roi, la reine [...] tout est désespéré » (l. 22-23) ; on remarque dans cette phrase un élargissement qui va, suivant un ordre très hiérarchisé, de la cour à l'univers tout entier en passant par le peuple. De même, dans le parallélisme « La princesse leur échappait [...] et la mort plus puissante nous l'enlevait » (l. 30-31), le passage du « leur » au « nous » montre bien comment la douleur royale s'étend à tous. Cette douleur fait de Saint-Cloud un véritable centre du monde, auquel « on accour[t] [...] de toutes parts » (l. 20) : ici encore, l'emploi du pronom « on » montre que la douleur est universelle.

Enfin le *pathos* est mis en relief par la description de la douleur du roi et de son frère : « *Le roi pleurera, le prince sera désolé* » (l. 24-25), « En vain Monsieur, en vain le roi même tenait Madame serrée par de si étroits embrassements » (l. 26-27), « des embrassements si tendres » (l. 30). Le mot « embrassement » répété deux fois auprès d'un superlatif (« si étroits », « si tendres ») offre une image concrète de l'attachement du roi et de son frère à Madame. Le public est appelé à contempler toute la détresse des Grands à qui la mort enlève un être aimé. D'ailleurs, le mot « tragique » (l. 19) employé par Bossuet, qui peut faire songer au théâtre, est révélateur : le décès de la princesse a les traits d'une tragédie, il est l'accomplissement d'une fatalité, annoncée par les Écritures et exercée contre les Grands. Cette mort prend, d'une certaine manière, la forme d'un spectacle, ce que révèle notamment l'emploi des verbes « voir » et « entendre » : « Partout on entend des cris ; partout on voit la douleur et le désespoir » (l. 21-22). Il s'agit bien ici de montrer. On voit aussi comment, par le jeu des apostrophes et par l'emploi de questions rhétoriques (l. 18-19), Bossuet appelle l'attention de son public : « Considérez, messieurs » (l. 8). Le choix de ce verbe est remarquable, non pas tant par l'usage de l'impératif, naturel dans la bouche d'un prêtre, mais par son double sens : si son sens courant est « observer », au sens étymologique (du latin *sidus, sideris*, « l'astre ») il nous suggère une « sidération » proche de la stupeur. Tout le texte vient finalement mimer le moment cruel de la mort de Madame comme en une seule hypotypose.

L'évocation de la soudaineté de la mort et de sa précocité est reprise à la fin du texte par la comparaison avec l'herbe des champs : « Madame cependant a passé du matin au soir, ainsi que l'herbe des champs » (l. 33-34). Dès lors, l'image de la fleur atténue la violence du scandale. Elle ramène à un univers naturel, dans lequel le temps ne fonctionne plus sur le mode de la rupture, mais selon les cycles du jour et des saisons ; elle induit donc déjà la possibilité d'une résurrection. Cet euphémisme atténue la violence de la douleur et l'écriture poétique joue un rôle bienfaisant : le rythme s'est ralenti pour épouser celui de vers classiques (« Le matin, elle fleurissait », l. 34, « le soir, nous la vîmes séchée », l. 35, ont un rythme d'octosyllabes). De même, le verbe « a passé » (l. 33), au passé composé avec l'auxiliaire « avoir », suggère un état transitoire, plutôt que l'auxiliaire « être » qui aurait exprimé l'achèvement. La mort de Madame est dès lors envisagée comme transitoire : selon Bossuet, Dieu la sauvera.

2 et **3.** Tout comme la citation de l'*Ecclésiaste* (l. 1) rappelle le tragique de la condition humaine, la mort de Madame prend une valeur exemplaire et vient ainsi appuyer toute l'argumentation de Bossuet. En effet, il s'agit pour lui d'émouvoir et de convaincre et l'émotion qu'il convoque est là pour appuyer son propos. Dès le début du texte Bossuet appelle la cour (« messieurs », l. 8) et le monde chrétien (« Chrétiens », l. 11) à voir dans la mort de Madame un enseignement. Ainsi, le mot « instruction » est répété deux fois : « à l'instruction du reste des hommes » (l. 11), « pour nous donner une telle instruction » (l. 12). Nous trouvons de même le verbe « instruit » (l. 14) et le verbe « avertir » (l. 9) qui en est ici l'équivalent. Cette volonté d'instruction est particulièrement appuyée dans les lignes 9 à 15 du texte.

La thèse du prédicateur veut que Dieu frappe les Grands pour montrer à l'homme sa faiblesse et son impuissance face à la mort. Par cette évocation de l'impuissance, Bossuet veut rappeler l'homme à Dieu. Cette thèse s'appuie sur une forte hiérarchie qui apparaît dès la ligne 9 : Dieu frappe les puissants pendant « que nous tremblons sous leur main ». Si les grandes puissances sont les objets de Dieu et de la mort, il est ainsi évident que nous sommes tous très faibles devant cette même mort. C'est l'« élévation » (l. 10), la puissance, qui est la cause de la mort des Grands voulue par Dieu. En montrant les plus hauts personnages de l'État face au destin et à la fatalité, l'argument prend ainsi une dimension cathartique. L'orateur tient d'abord à accuser la vanité des actions humaines, y compris de l'amour du roi et de Monsieur. L'expression « en vain » est répétée trois fois (l. 26-27), accompagnant une gradation qui va des « princes » et « peuples » à « Monsieur » et au « roi » lui-même. La vacuité de leurs actions est attestée par la parole de saint Ambroise : « je serrais les bras mais j'avais déjà perdu ce que je tenais » (l. 29). Cette impuissance des Grands met en évidence le pouvoir de Dieu et de la mort. Dans le début du deuxième paragraphe, la puissance des Grands est incarnée par la « main » qui effraye le peuple : « nous tremblons sous leur main » (l. 9). Cependant, les Grands sont eux-mêmes sous le pouvoir de la main de Dieu, qui les « frappe » (l. 9). Dans le troisième paragraphe, « ces royales mains » (l. 31), métonymie désignant le roi, ne peuvent empêcher « la mort plus puissante » (l. 30-31) de leur arracher ce qu'elles tenaient, ce qui souligne le pouvoir de la mort. Le souverain se trouve dépossédé, comme le marquent les verbes « échappait » (l. 30) et « enlevait » (l. 31).

Mais ce pouvoir de Dieu et de la mort semble aussi tout entier contenu dans les Écritures. Certes, les références aux textes bibliques sont un passage obligé pour le prédicateur, mais Bossuet leur donne ici une importance cruciale. Elles relèvent tout d'abord de l'argument d'autorité : faire référence à l'Écriture, c'est faire référence à la parole de Dieu et donc à la vérité. Mais elles prennent surtout un accent fortement prémonitoire. Il semble que la mort de Madame soit tout entière annoncée dans les écritures, comme une fatalité, et qu'elle soit « l'accomplissement de [la] parole du prophète » (l. 24). Et c'est effectivement avec les mots de l'Ecclésiaste, mis en exergue, que s'est ouverte l'oraison.

III. Instruire en divertissant (p. 448-451)

TEXTE 4 : Jean de La Fontaine, « Le Loup et l'Agneau », *Fables* (1668-1693) p. 448

Objectifs et enjeux

- **Aborder le genre de l'apologue : un court récit à visée didactique**
- **Étudier une mise en scène plaisante d'animaux cherchant à dénoncer le pouvoir tyrannique**

Lecture analytique

1. Une moralité a été placée avant le récit, aux vers 1 et 2 : elle en donne la clef. À la lumière du récit, on comprend que le « plus fort » est évidemment le Loup. Mais cette moralité présente une ambiguïté : le superlatif « la meilleure » fait référence à un système de valeurs morales. Or, le Loup est le personnage que nous rejetons pour sa cruauté et pour la fausseté de son discours. La moralité pourrait alors être glosée ainsi : l'argumentation des plus puissants est toujours approuvée, même si elle est fausse et injuste. En effet, le récit qui illustre la moralité est un exemple d'injustice. Pour ce faire, l'auteur a recours à deux personnages qu'il oppose soigneusement. Tout d'abord, cette opposition est naturelle : le Loup est un prédateur de l'Agneau. Le récit se focalise sur ces deux personnages qui sont successivement présentés (v. 3-6), dans un cadre naturel, au bord d'une rivière. Leur situation est également différente : l'Agneau a soif, puisqu'il « se désalt[ère] » (v. 3), tandis que le Loup est « à jeun » (v. 5), et « la faim en ces lieux [l']attirait » (v. 6). L'un a trouvé de quoi boire, tandis que l'autre est en quête. Le narrateur, dans le récit, attire l'attention sur l'innocence de l'Agneau : son identité même indique sa jeunesse, sur laquelle il insiste d'ailleurs dans ses paroles (« je tette encor ma mère », v. 21). Le cadre dans lequel il se trouve, bucolique, convient parfaitement à l'image que nous avons de l'animal : l'« onde pure » (v. 4) rappelle la blancheur de l'Agneau et contribue à le présenter de manière méliorative. Le Loup, en revanche, par la noirceur de son pelage, contraste avec sa victime. Il est présenté de manière péjorative : le texte souligne sa violence avec les expressions « plein de rage » (v. 8) et « cette bête cruelle » (v. 18). Contrairement à l'Agneau qui est présenté rapidement (« Un Agneau », v. 3), le Loup est qualifié par les relatives « qui cherchait aventure » (v. 5) et « que la faim en ces lieux attirait » (v. 6) : le narrateur insiste sur sa quête, sur ses intentions déjà malveillantes et que le dialogue, par la suite, va révéler.

2. L'observation de la nature (le loup est un prédateur pour les agneaux) est ici au service de la critique politique : la fable dénonce la violence des plus puissants envers les plus faibles. Les animaux possèdent des attributs humains : ils sont doués de la parole, ils miment un système sociétal fondé sur la hiérarchie. La conversation qui s'amorce après la présentation des deux animaux met en exergue, à travers la figure du Loup, un pouvoir tyrannique. Les deux personnages s'adressent l'un à l'autre de façon différente : l'Agneau marque sa déférence craintive pour le Loup, avec l'apostrophe « Sire » ou l'expression « Votre Majesté » (v. 10). Il s'adresse à lui à l'aide de la 3e personne du singulier dans les vers « que Votre Majesté / Ne se mette pas en colère (v. 10-11), où le contre-rejet permet d'insister sur la supériorité du Loup. En employant cette expression, l'Agneau semble vouloir atténuer la colère de son interlocuteur. Celui-ci, en revanche, fait preuve de brutalité : le tutoiement est d'emblée utilisé. Il accuse l'Agneau (« si hardi », v. 7, « témérité », v. 9), et emploie un futur injonctif qui souligne son statut supérieur : « Tu seras châtié de ta témérité » (v. 9).

3. Les argumentations développées par chacun des personnages sont également différentes. Le Loup emploie successivement des arguments que l'Agneau contredit. En effet, ceux-ci sont fallacieux : il invoque le caractère séditieux et irrespectueux de l'Agneau et la gêne qu'il occasionne (v. 7), puis les paroles injurieuses prononcées (v. 19), celles de son frère (v. 22) et enfin il élargit son accusation au monde des bergers, à l'aide d'une énumération en un seul vers (« Vous, vos bergers et vos chiens », v. 25), parole sans appel puisque l'Agneau ne peut répondre. Cependant, les arguments sont contestables, et d'ailleurs contestés par son interlocuteur. La forme même de son argumentation est défaillante : le Loup emploie une question rhétorique (v. 7), ou le connecteur logique « donc » de façon abusive (v. 22 et 23). Il manifeste ainsi sa hâte d'en arriver au dénouement inévitable : la mort de l'Agneau. Le Loup fait preuve d'assurance en reprenant les paroles de l'Agneau (« Je ne puis troubler sa boisson. / – Tu la troubles », v. 17-18) ou le verbe « savoir » (« je sais que de moi tu médis l'an passé », v. 19). Aucune preuve de ce qu'il avance n'est apportée : le complément circonstanciel de temps, « l'an passé » (v. 19), reste vague, tout comme l'emploi du pronom personnel indéfini « on » (« On me l'a dit », v. 26) ; l'obligation de se venger évoquée au vers 26 est sans fondement.

En revanche, l'argumentation de l'Agneau est beaucoup plus fondée en raison : il apporte des justifications acceptables, par exemple la mention de la position des deux personnages. Il se trouve en effet « Plus de vingt pas au-dessous » du Loup (v. 15). Il a recours à une argumentation construite, les connecteurs sont employés à bon escient (« Mais », v. 12 ; « par conséquent », v. 16 ; « si » au sens de « puisque », v. 20). Les dénégations sont nombreuses : « Ne se mette pas en colère » (v. 11), « en aucune façon » (v. 16), « Je ne puis troubler » (v. 17), « je n'étais pas né » (v. 20) ; « Je n'en ai point » (v. 23). Pourtant, tandis que les phrases du Loup s'allongent, celles de l'Agneau sont de plus en plus courtes : on s'achemine progressivement vers le dénouement, rendu abrupt par la brièveté des vers et par le présent de narration aux vers 27 à 29.

Par la présentation de ces deux personnages antithétiques, le fabuliste entend dénoncer le pouvoir tyrannique : le lexique judiciaire employé à la toute fin de la fable (« Sans autre forme de procès », v. 29) est nié. De plus, au fil du texte, le lecteur est amené à éprouver de la compassion pour l'Agneau, du fait de sa faiblesse, tandis qu'il rejette le Loup présenté de manière péjorative. La fable exprime donc un constat désabusé sur le monde, où la parole juste devient inutile face à l'arbitraire.

TEXTE 5 : Jean de La Fontaine, « Les Animaux malades de la peste », *Fables* (1668-1693)

p. 449

Objectifs et enjeux

- → **Étudier une fable qui présente des animaux dans une situation tragique**
- → **Analyser la dénonciation de l'auteur face au système de cour et aux injustices sociales**

Lecture analytique

1. La fable se présente de manière traditionnelle : un long récit présentant des personnages est suivi d'une moralité, dans les deux derniers vers, où la parole du fabuliste explicite l'histoire racontée. Les personnages doivent faire face à une situation d'urgence, tragique, qui n'est pas sans rappeler les récits antiques. Ils sont en proie à la peste, dont le caractère pernicieux est souligné d'emblée par la répétition du terme « mal » (v. 1 et 2), avant même d'être nommée. Nul être n'est épargné, quelle que soit sa condition sociale, comme le souligne le chiasme du vers 7, « Ils ne mouraient pas tous, mais tous étaient frappés », la répétition de la négation « ni » (v. 11), toutes les négations qui parcourent les vers 8 à 14, ou encore l'énumération des différents animaux touchés : « Loups », « Renards » (v. 11), « Tourterelles » (v. 13). Les animaux mis en scène sont emblématiques : ils représentent différentes catégories sociales. Le Lion, qui symbolise traditionnellement le roi, est d'abord évoqué aux vers 15 à 33 : c'est le premier à s'exprimer face à la situation tragique que tous sont en train de vivre. Il s'adresse aux autres animaux en les apostrophant : « Mes chers amis » (v. 15). Cette expression manifeste de sa part une certaine empathie face au fléau qui les ronge, mais on sent qu'il possède un pouvoir que les autres n'ont pas. En effet, il préside le conseil (v. 15), il emploie par la suite des impératifs pour marquer sa prise de décision : « Ne nous flattons donc point, voyons » (v. 23). De même, sa proposition de confesser les péchés commis par chaque animal n'est pas remise en question : chacun s'exécute (v. 44-48). Lorsque le Lion propose de se sacrifier, il emploie la restriction « s'il le faut » (v. 30), et il argue de la « justice » (v. 32) pour demander à chacun de procéder comme lui. En agissant ainsi, il sait que nul n'osera le contredire ou le contester : il est puissant. La suite de la fable prouve qu'il a raison, car le Renard le disculpe et les autres animaux confessent leurs péchés. Or tous les animaux cités possèdent une caractéristique commune, la force : « Tigre », « Ours » (v. 45), « mâtins » (v. 47) et « Loup » (v. 56) constituent ce que le fabuliste nomme « puissances » au vers 45. En revanche, « L'Âne » sur lequel se concentre le récit des vers 49 à 62 ne fait pas partie des puissants, comme le Loup le souligne aux vers 57 à 58 : « ce maudit animal, / Ce pelé, ce galeux ». Contrairement aux autres animaux cités, carnivores et violents, il est herbivore, comme il l'avoue au vers 53. Il est donc inoffensif, ne peut se défendre. Il devient alors le bouc émissaire de la société animale mise en scène dans le récit. Les exclamations des autres animaux, retranscrites au discours indirect libre, montrent avec ironie le décalage entre la faute commise et le châtiment : « Manger l'herbe d'autrui ! quel crime abominable ! » (v. 60). Le fabuliste met donc en scène une parodie de procès : la justice prônée par le Lion n'est pas appliquée. Tous se liguent pour sacrifier l'animal dont le crime est le moins grave, si l'on considère nos propres valeurs. L'antithèse du vers 59, dans lequel « Sa peccadille » s'oppose à « un cas pendable », constitue d'ailleurs une dénonciation du fabuliste. On voit ainsi que le système de cour est fondé sur des injustices sociales, dont la moralité des deux derniers vers rend compte : « Selon que vous serez puissant ou misérable / Les jugements de Cour vous rendront blanc ou noir », avec la structure parallèle fondée sur des oppositions (« puissant » opposé à « misérable » ; « blanc » à « noir »), reliées par la conjonction de coordination « ou ». La justice de la cour n'est donc qu'apparente, fluctuante, puisqu'elle se fonde sur des critères sociaux.

2. La fable met également en évidence le pouvoir de la parole, représenté par la figure du Renard qui intervient aux vers 34 à 42. Fidèle à la tradition des fables, le Renard est un animal rusé, capable de séduire par ses mots. Faisant partie des « flatteurs » évoqués au vers 43, il représente les courtisans. Ses propos, rapportés au style direct, manifestent son habileté à manipuler le langage. Il emploie des éloges exagérés, par le biais d'intensifs répétés en fin de vers : « trop bon Roi » (v. 34), « trop de délicatesse » (v. 35). Les hyperboles abondent dans son discours, notamment lorsqu'il cherche à disculper le lion : « beaucoup d'honneur » (v. 38) a été rendu aux animaux qui ont été mangés ! Quant au berger, il est « digne de *tous* maux » (v. 40, nous soulignons). L'orateur insiste sur la supériorité du Lion, rappelle son statut royal à travers ses apostrophes (« Sire », v. 34 ; « Seigneur », v. 37) et dans des alexandrins. Ces vers contrastent avec les octosyllabes suivants : il s'agit à ce moment-là de passer rapidement sur les crimes commis par le Lion. Les paroles du Renard emportent ainsi l'adhésion de tous, comme le montre une phrase à l'infinitif de narration, relativement courte : « et flatteurs d'applaudir » (v. 43). La brièveté de la formule manifeste l'efficacité de sa parole. Plus loin, le discours du Loup, rapporté au style indirect aux vers 56-58, est tout aussi efficace que celui du Renard. Composé d'hyperboles également, il accuse l'Âne. Les paroles de ce dernier paraissent, en regard, peu éloquentes. Sa confession comporte des expressions prosaïques (« Je tondis de ce pré la largeur de ma langue », v. 53) et son discours reflète celui du Lion. Le roi des animaux confessait avoir « dévoré force moutons » (v. 26) ; il avait surenchéri en évoquant la mort du berger, au vers 29, le vers le plus court de la fable et qui constitue un rejet ; l'Âne, de son côté, accumule les différentes raisons qui l'ont poussé à manger une quantité d'herbe, en réalité peu importante (une « largeur de [...] langue », v. 53) : « La faim, l'occasion, l'herbe tendre [...] / Quelque diable aussi me poussant » (v. 51-52). L'Âne montre ainsi qu'il n'a pas compris ce qui était en train de se tramer : il joue un rôle, tout comme les autres animaux, mais il n'a pas conscience du danger que sa parole lui fait subir. La Fontaine, comme dans d'autres fables, semble nous mettre en garde contre l'usage maladroit du discours.

3. L'ensemble de la fable est tragique. Tout d'abord, la situation dans laquelle se trouvent les animaux ne semble laisser aucune place à l'apaisement. En effet, la présentation de la situation initiale, les ravages de la peste, s'étend des vers 1 à 14. Le lexique de la mort parcourt ce passage, avec l'« Achéron » (v. 5), « mouraient » (v. 7), « mourante vie » (v. 9). La mention de la peste est retardée : on commence par la désigner comme « Un mal » au vers 1, puis le narrateur répète le mot « Mal » au vers 2. Les négations sont nombreuses : « ils ne mouraient pas tous » (v. 7), « On n'en voyait point » (v. 8), « Nul mets » (v. 10), « Ni Loups ni Renards n'épiaient » (v. 11), « Plus d'amour », « plus de joie » (v. 14). La situation semble désespérée pour tous les animaux, qui sont impuissants face à un fléau envoyé par la divinité. En effet, dès les premiers vers, le narrateur signale que l'intervention divine sert à « punir les crimes de la terre » (v. 3). La solution que le Lion envisage pour faire cesser le courroux divin n'est pas sans rappeler les tragédies antiques : il faut une victime, un bouc émissaire, sur lequel pourra s'abattre la colère des dieux (v. 19). L'influence antique est d'ailleurs rappelée dans le discours du Lion, quand il emploie une référence à l'« histoire » comme argument d'autorité pour que chacun se confesse (« L'histoire nous apprend qu'en de tels accidents / On fait de pareils dévouements », v. 21-22). Mais la fable est également tragique pour l'Âne, qui s'achemine progressivement vers la mort (« Rien que la mort n'était capable / D'expier son forfait », v. 61-62). Cette tonalité tragique sert bien évidemment la dénonciation de l'auteur.

Cela dit, cette lecture du récit comme une tragédie est une lecture première. Le fabuliste cherche aussi à faire sourire son lecteur. On peut citer, par exemple, l'emploi, dans le discours du Renard, du participe « croquant », qui, placé avant une pause dans le vers 38, contraste avec l'apparente solennité de ses paroles. Le mélange des registres de langue se retrouve également dans le récit, par exemple lorsque l'Âne est désigné comme un « baudet » (v. 55) : cette appellation dédramatise quelque peu la situation.

Prolongement

Il est possible de faire travailler aussi les élèves sur une critique implicite du fabuliste. En effet, à travers le récit, La Fontaine semble s'en prendre également aux Tartuffes qui agissent sous couvert de la religion. Le texte regorge d'allusions religieuses : punition du Ciel, v. 2-3 ; mention du sacrifice expiatoire, v. 19 ; « L'état de [...] conscience », v. 24 ; la dénonciation du péché de gourmandise ; les « petits saints » que sont les « gens querelleurs », v. 47-48 ; la mention, dans le discours de l'Âne, des moines, v. 50...

TEXTE 6 : Jean de La Fontaine, « Le Pouvoir des fables », *Fables* (1668-1693)

p. 450

Objectif et enjeux

→ **Montrer comment cette fable invite à réfléchir sur le genre de l'apologue**

Lecture analytique

1. Le récit se concentre sur les paroles d'un « Orateur » (v. 2) face à une situation périlleuse et sur les effets qu'elles produisent sur l'auditoire. Le fabuliste commence par rapporter ces paroles en discours narrativisé : leur contenu exact n'est pas connu. Si le lecteur n'apprend que le thème du discours, « le commun salut » (v. 5), il en sait un peu plus sur le style employé par l'Orateur. L'urgence de la situation le pousse à employer un ton véhément : les vers 3 à 9 comportent de nombreuses expressions qui y font allusion, comme « forcer les cœurs » (v. 4), repris par l'adverbe « fortement » (v. 5), puis « figures violentes » (v. 7). Le narrateur utilise d'ailleurs l'image du tonnerre pour rendre compte de cette violence (« tonna », v. 9). L'Orateur a recours à des figures de rhétorique, telle la prosopopée (« Il fit parler les morts », v. 9), afin de rendre son discours plus percutant, d'agir sur son auditoire en suscitant des sentiments forts, car il veut « exciter les âmes les plus lentes » (v. 8). Pourtant, le discours reste inefficace. La rhétorique semble alors dévalorisée par La Fontaine, qui emploie la périphrase « un art tyrannique » pour la désigner (v. 3). Plaçant cette expression à la rime avec le mot « république » (v. 4), il entend montrer que le discours de l'Orateur est inadapté à son public. La grandiloquence des paroles sied mal à un peuple qualifié de « vain et léger » au vers 1, ou d'« animal aux têtes frivoles » au vers 11. L'effet produit est nul, comme le souligne le rapprochement de deux termes antithétiques « tout » et « personne » au vers 10, placés de part et d'autre de la césure. Le participe présent passif « Étant fait à ces traits » (v. 12), apposé au nom « animal », a ici une valeur de cause : les paroles de l'Orateur manquent d'originalité, la rhétorique ne suffit plus pour convaincre les esprits.

2. L'Orateur a alors recours à un nouveau procédé : l'utilisation d'un apologue. Le début de l'histoire nous est raconté au style direct, contrairement aux paroles précédentes (v. 16-20). Le récit se présente comme une fable : l'Orateur présente tout d'abord les trois personnages et la situation initiale à l'imparfait (« faisait voyage », v. 16), puis l'élément perturbateur au vers 18, en employant un présent de narration qui dynamise le récit. Deux des trois personnages sont mentionnés ensuite, « l'Anguille » (v. 18) et « l'Hirondelle » (v. 19), dans des tournures parallèles, avec l'emploi du gérondif (« en nageant », « en volant », v. 18 et 19). Le récit s'arrête avant la mention de Cérès et la conclusion de l'histoire, ce qui suscite l'intérêt de l'auditoire, réagissant dans un mouvement unanime (« Cria tout d'une voix », v. 21). L'histoire racontée est simple, mettant en scène des animaux, une divinité, un cadre naturel. Or, cette fable opère un retournement de situation : l'Orateur, qui cherchait à pousser les Athéniens à l'action, obtient par ce biais le réveil de l'assemblée (v. 29).

Enfin, la moralité court des vers 32 à la fin. Le fabuliste y montre le lien qui existe entre le récit, situé dans un temps lointain et dans une autre culture, et ses contemporains, avant d'envisager son cas personnel, en s'impliquant directement par le pronom « moi-même », placé à la fin du vers 32. Il prend l'exemple de *Peau d'âne* et évoque le « plaisir » (v. 35) que l'on peut ressentir à son écoute. Car conformément aux principes d'Horace, il faut plaire et instruire, ce que font les fables ou les contes. Dans les deux derniers vers, avec une comparaison qui peut sembler paradoxale (« vieux », v. 36, s'opposant à « comme un enfant », v. 37) et dans une phrase possédant un mouvement concessif (« je le crois ; cependant », v. 36), La Fontaine donne une leçon esthétique : la sagesse peut aussi se parer d'un style simple et plaisant.

3. Le texte présente les caractéristiques d'une fable, bien qu'elle paraisse ancrée dans une temporalité et un lieu précis (le contexte des guerres entre Athènes et Philippe de Macédoine) : deux étapes ponctuent le récit (les deux discours de l'orateur), avec un retournement de situation à la fin. L'Orateur obtient enfin l'attention des Athéniens, grâce à un apologue. La moralité des derniers vers délivre un enseignement général, qui redouble celui du récit. Mais, à l'intérieur du récit, on trouve également une fable, inachevée : ce sont les paroles de l'orateur, des vers 16 à 20. La fin et la moralité en sont absentes. En ce sens, on peut dire que La Fontaine crée une mise en abyme : à l'intérieur d'une fable, se trouve une autre fable, procurant au lecteur un vertige délectable.

TEXTE 7 : Fénelon, *Les Aventures de Télémaque* (1699) p. 451

Objectif et enjeux

→ **Étudier un extrait d'une œuvre de fiction qui délivre un enseignement politique et moral**

Lecture analytique

1. Le début de l'extrait se présente comme une utopie. On y retrouve également les caractéristiques de l'âge d'or, tel qu'Hésiode, par exemple, le présente. En effet, la terre d'Égypte dans laquelle abordent les personnages est marquée par l'opulence, comme le souligne Mentor dans ses paroles à la ligne 11 : « il est dans l'abondance ». Ainsi, les adjectifs qui qualifient les différents éléments décrits appartiennent au champ lexical du nombre, de la profusion : « nombre infini de canaux » (l. 3), « des villes opulentes » (l. 4), « des prairies pleines de troupeaux » (l. 6). L'adjectif « dorée », qui qualifie la moisson à la ligne 6, crée une métaphore qui souligne la richesse de la nature. Les pluriels comme « canaux » (l. 3), « des villes », (l. 4), « des maisons » (l. 4-5), « des terres » (l. 5), « des prairies » (l. 6), « des fruits » (l. 7), traduisent la même idée d'abondance.

Le narrateur-personnage, Télémaque, se concentre sur la campagne. Il montre ainsi la fécondité de la terre : la terre d'Égypte est qualifiée de « fertile » (l. 2) ; le groupe verbal « se couvraient [...] d'une moisson dorée » (l. 5-6) ou le verbe « épanchait » (l. 7) rendent compte de la même idée ; le complément circonstanciel de temps « tous les ans » (l. 5) suggère que le pays ne subit aucun aléa climatique ni épuisement des sols. La terre manifeste une générosité qui n'est pas sans rappeler celle que l'on trouve dans les textes évoquant l'âge d'or : « sans se reposer jamais » (l. 6), la terre fournit des fruits. La société présentée pratique l'élevage (« des prairies pleines de troupeaux », l. 6), mais aussi l'agriculture (« des laboureurs qui étaient accablés sous le poids des fruits », l. 6-7). L'ensemble paraît harmonieux : aucune notation discordante n'apparaît. Le pays est uniformément riche, que ce soit dans les villes ou dans les campagnes, comme Télémaque le remarque aux lignes 3 et 4 : « Nous ne pouvions jeter les yeux sur les deux rivages sans apercevoir » un pays fécond. Le groupe prépositionnel « sur les deux rivages », complément circonstanciel de lieu, souligne cette harmonie. Le calme, la sérénité et le bonheur sont alors suggérés par une vision bucolique et charmante. Mentor le note dans ses paroles : le peuple « vit heureux, et aime celui à qui il doit tout son bonheur » (l. 11). Et, de fait, les personnages présentés, « laboureurs » (l. 7) et, « bergers » (l. 8), ne semblent nullement inquiétés. Si le participe passé « accablés » à la ligne 7 peut paraître dysphorique, le complément d'agent « sous le poids des fruits que la terre épanchait de son sein » (l. 7-8) montre que ce n'est pas le travail qui est excessif. L'activité des bergers, elle, se résume à la musique, selon une image traditionnelle : ils « faisaient répéter les doux sons de leurs flûtes et de leurs chalumeaux à tous les échos d'alentour » (l. 8-9). La présence d'échos suggère l'idée du silence qui règne dans la campagne, et montre que ces paysans sont éloignés du tumulte de la guerre. Enfin, l'idée de bonheur est traduite par les termes « délicieux » (l. 3), « agréablement » (l. 5), ou encore « doux sons » (l. 8). L'ensemble est comparé à un jardin (« semblable à un jardin », l. 2-3) qui rappelle le jardin d'Éden.

2. Les premières paroles de Mentor donnent une définition du « sage roi » (l. 10), du « bon roi » (l. 16) : c'est celui qui sait apporter « paix » et « joie » (l. 15), qui « fai[t] la joie de [ses] peuples » (l. 12). Le bon roi est bienveillant et une relation d'amour l'unit à son peuple : on voit, dans les lignes 10 à 20, trois occurrences du verbe « aimer » (l. 11, 13 et 14), dont l'une au passif (l. 14). Plus encore, les liens qui unissent le roi à ses sujets sont assimilés à une relation filiale, comme le montre la comparaison de la ligne 14 : « Aimez vos peuples comme vos enfants ». Le bon roi est un père, qui aime et protège son peuple. Il incarne l'autorité bienveillante. Cependant, à la fin de son intervention, Mentor fournit un contre-exemple : le mauvais roi, uni à son peuple non par l'amour mais par la peur. Le verbe « craindre » est employé dans ce discours à quatre reprises, sous une forme active (l. 17 et 20, deux fois) et passive (l. 18). Des antonymes du verbe « aimer » l'accompagnent : « ils sont haïs, détestés » (l. 19). La relation de dépendance entre le peuple et le mauvais roi est rendue évidente par le chiasme des lignes 19 à 20 : « ils ont encore plus à craindre de leurs sujets, que leurs sujets n'ont à craindre d'eux » ; mais Mentor emploie un comparatif de supériorité pour mieux souligner le danger d'être un mauvais monarque. Dans ce passage, nous assistons ainsi à une véritable leçon politique de Mentor. Il commence par examiner l'exemple que les deux personnages ont sous les yeux, avant d'en tirer une conclusion générale (« C'est ainsi [...] que », l. 11-12). Il délivre son enseignement à l'aide d'un verbe d'obligation, « vous devez » (l. 12), et d'impératifs : « Aimez » (l. 13), « goûtez » (l. 14), « et faites » (l. 15). Ces trois conseils formulés à l'aide d'impératifs ont un rythme ascendant. La fin de sa réplique, consacrée aux mauvais rois, veut décrire une vérité universelle : les pluriels et le présent de vérité générale le montrent.

3. Les attitudes de Télémaque et de Mentor diffèrent dans la fin du texte, à partir de la ligne 21. C'est l'occasion pour le précepteur de délivrer un enseignement non seulement politique, mais aussi moral. En effet, Télémaque est en proie à un profond découragement. Ses paroles sont pleines de pessimisme et marquées par une tonalité tragique. Sa douleur est visible dès le début de sa réplique par l'interjection « Hélas ! » (l. 22). Les négations abondent dans son discours : « il n'est pas question » (l. 22), « il n'y a plus d'Ithaque » (l. 23), « nous ne reverrons jamais » (l. 23-24), « il n'aura jamais » (l. 25), « jamais je n'aurai » (l. 26 ; noter le chiasme avec la proposition précédente), « nulle autre pensée ne nous est plus permise » (l. 27-28), « les dieux n'ont aucune pitié » (l. 28). Le futur employé (« reverrons », « aura », « aurai ») est nié, de façon absolue. Télémaque manifeste aussi son incertitude, avec la concessive au conditionnel « quand même Ulysse retournerait plein de gloire dans son royaume » (l. 24-25), ce mode ayant une valeur d'irréel du présent. Le jeune homme croit ne plus jamais revoir Ithaque, et a l'impression que les dieux sont hostiles à sa quête, comme il le mentionne dans la proposition subordonnée circonstancielle de cause « puisque les dieux n'ont aucune pitié de nous » (l. 28). Il en vient à souhaiter la mort, ce qu'il exprime par l'impératif « mourons » (l. 27 et 28). Mentor, quant à lui, est dans l'exhortation et l'indignation. Ses paroles, transcrites au style direct des lignes 31 à la fin de l'extrait, sont marquées par la modalisation expressive, sensible aux interjections : « quoi donc ! » (l. 32), « Oh ! » (l. 36). Il critique l'attitude de Télémaque en l'interpellant et en le désignant de manière négative : « Indigne fils du sage Ulysse ! » (l. 31). Il fait appel au courage du jeune homme, en lui rappelant le rôle qu'il doit tenir en tant que fils du héros grec. Ce dernier est cité comme modèle à suivre (voir l'emploi du verbe « apprendre », l. 36, successivement au sens d'« enseigner » et d'« être informé »). Mentor fait l'éloge d'Ulysse, évoquant « sa première gloire » (l. 33-34), et l'appelant « l'invincible Ulysse » (l. 34). Il compare leurs situations respectives : les « malheurs » du héros sont « encore plus grands » (l. 35) que ceux de son fils, pourtant l'attitude du père diffère de celle du fils. D'ailleurs, Mentor insiste sur la souffrance d'Ulysse en rappelant « tous les malheurs qu'il souffre depuis longtemps » (l. 38-39). Le pédagogue a recours à une fiction, marquée par la proposition circonstancielle de condition « s'il pouvait apprendre [...] » (l. 36), afin d'exhorter son jeune élève au courage. Ce système hypothétique a valeur de potentiel : les compléments circonstanciels de lieu, « dans les terres éloignées où la tempête l'a jeté » (l. 36-37), laissent imaginer qu'Ulysse est encore vivant. Cette remarque doit rassurer Télémaque. Mentor essaie également d'inspirer de la honte à Télémaque, en imaginant ce qu'Ulysse pourrait ressentir s'il connaissait la souffrance de son fils (l. 38). Le personnage invite donc son élève à rester stoïque face aux événements contraires et à garder espoir. Les lamentations ne siéent pas à un futur roi.

IV. Critiques et morale (p. 452-456)

TEXTE 8 : Mme de Sévigné, *Lettres* (novembre 1664) p. 452

Objectifs et enjeux

- Étudier l'argumentation dans le genre épistolaire
- Analyser, à travers l'anecdote de la disgrâce de Fouquet, comment se joue la fortune des puissants dans le système de cour

Lecture analytique

1. Mme de Sévigné rapporte dans la première lettre une anecdote concernant le surintendant des finances, Fouquet. Elle s'implique personnellement et prononce explicitement son avis sur ce personnage : elle fait partie de « Ceux qui aiment M. Fouquet » (l. 9). On note à cette occasion une occurrence du pronom personnel de la 1re personne dans « je suis de ce nombre » (l. 10) qui n'apparaîtra à nouveau qu'aux lignes 14 et 15. Mais le reste de la lettre laisse aussi indiquer qu'elle est favorable à Fouquet. Elle prononce un jugement sur sa réponse lors de son procès : « il a très bien répondu » (l. 1). De même, à travers un sous-entendu, elle montre qu'elle désapprouve ses opposants : « les autres disent que c'est une affectation : voilà le monde » (l. 10-11). À la fin de la lettre, elle désigne le surintendant par la périphrase « ce pauvre prisonnier » (l. 14), manifestant ainsi sa compassion pour lui. Dans le récit qu'elle fait du procès et de la promenade de Fouquet, elle laisse entendre que c'est un personnage admiré : il force le respect des juges, qui « l'ont salué » (l. 2). Elle emploie des pluriels ou des quantificateurs pour désigner les personnes qui apprécient Fouquet : « Plusieurs juges » (l. 2), « Ceux qui aiment » (l. 9), « La plupart » (l. 13) ou

« tout le monde » (l. 16). Ses opposants, évoqués à la ligne 10 (« les autres »), apparaissent minoritaires. Même le chancelier est isolé face aux juges (l. 2) et dans sa remarque rapportée au style direct pointent l'aigreur et le dépit. Mme de Sévigné rend compte des espoirs des autres puissants (« suivant leurs désirs », l. 13), et semble les partager. Les anecdotes successives se présentent comme de fidèles comptes rendus : elles donnent une image positive de Fouquet. Le dialogue qu'il a avec ses gardes, rapporté d'abord au style indirect (« M. Fouquet a demandé quels ouvriers il voyait : on lui a dit que c'étaient des gens qui travaillaient à un bassin de fontaine », l. 5-6), puis narrativisé (« a dit son avis », l. 6-7), s'achève sur les paroles au style direct de l'accusé, qui laissent voir un trait d'esprit. Il rappelle subtilement la jalousie du roi Louis XIV pour ses travaux du château de Vaux-le-Vicomte : « j'ai été autrefois assez habile sur ces sortes de choses-là » (l. 8-9). L'expression vague « ces sortes de choses-là » est un sous-entendu, clin d'œil à d'Artagnan, son garde, qu'il redouble d'un rire, comme l'indique le gérondif « en riant » (l. 7). Fouquet montre ainsi qu'il n'est pas dupe de l'accusation portée contre lui : il en connaît les véritables raisons. Loin de s'offusquer de ce trait d'esprit, Mme de Sévigné le rapporte et manifeste ainsi son admiration pour le détachement, la « tranquillité » (l. 9) du personnage. La deuxième anecdote, commencée dans la première lettre et qui sera détaillée dans la lettre suivante, concerne indirectement Fouquet : il y est question de sa mère et du secours porté à la reine, malade. En lui fournissant le moyen de guérir, madame Fouquet fait preuve d'abnégation, de loyauté et de respect vis-à-vis de la royauté. Elle ne tient pas rigueur des accusations portées contre son fils. Le jugement que tous portent sur elle est positif. Mme de Sévigné rapporte les propos tenus sur elle, au style indirect : « disant que c'est une sainte que madame Fouquet, et qu'elle peut faire des miracles » (l. 16-17). Si elle ne donne pas explicitement son avis, l'épistolière choisit judicieusement de rendre compte des propos élogieux des autres. Les qualités de madame Fouquet rejaillissent alors sur son fils.

2. La première lettre s'achevait sur le mot « miracles » (l. 17) pour désigner la guérison de la reine, grâce à madame Fouquet. La lettre suivante reprend le récit de l'emplâtre. Mme de Sévigné y rapporte les propos que la reine lui a tenus. Ceux-ci sont marqués par les hyperboles, sensibles avec les intensifs « si » répétés à trois reprises (l. 4 et 5), qui introduisent une proposition subordonnée de conséquence à la ligne 5. La reine souligne elle-même le côté surprenant de sa guérison, avec les adjectifs « prodigieux » (l. 3) et « extraordinaire » (l. 4). Et le côté miraculeux de ce phénomène est accompagné d'un modalisateur qui marque la certitude de la reine : « Il est certain » (l. 2). Mme de Sévigné semble rapporter ces paroles fidèlement, comme le suggère l'emploi du discours indirect, avec la juxtaposition des complétives et l'anaphore de « que » (l. 6-7). Ces paroles, de plus en plus longues, montrent que la reine prend le parti de la mère de Fouquet : d'ailleurs, elle l'affirme « tout haut » (l. 6). Face à ce discours, on note l'absence de réaction des personnages qui entourent le roi, les médecins, et de Louis XIV lui-même. Les tournures négatives abondent : « qui ne l'écoutait pas » (l. 8-9), « sans qui on avait mis l'emplâtre » (l. 9), « ne dirent point » (l. 9), « le roi ne regarda pas » (l. 10-11). Les médecins sont jugés de façon dépréciative : ils « firent leur cour aux dépens de la vérité » (l. 10). Le roi, de même, paraît insensible et dénué de compassion, comme le montre son absence de réactions aux paroles de la reine. Il ferme ses sens, vue et ouïe, à tout ce qui peut toucher Fouquet (« ne l'écouta pas », l. 8-9 ; « ne regarda pas », l. 10-11). La critique de la cour et du souverain se lit alors dans l'opposition entre l'attitude fermée des hommes, médecins et roi, et le désespoir des femmes, que Mme de Sévigné relate de façon pathétique (elles « furent se jeter à ses pieds », l. 11). Elle-même prend parti pour elles, comme le prouve l'emploi de l'adjectif « pauvres » (« ces pauvres femmes », l. 11). Mais le roi et ses courtisans paraissent seuls face à tous ceux qui éprouvent de la compassion pour Fouquet : « cette vérité est dans le cœur de tout le monde » (l. 11-12). Le complément de lieu « dans le cœur » est choisi à dessein : le système de cour ôte toute empathie, toute sensibilité.

TEXTE 9 : François de La Rochefoucauld, *Maximes* (1665) p. 453

Objectifs et enjeux

- → **Étudier la forme des maximes**
- → **Montrer comment les maximes s'attachent à définir l'homme du XVIIe siècle**

Lecture analytique

1. Certaines maximes proposent une définition des défauts des hommes. D'autres concernent plus directement les relations des hommes entre eux et décrivent un jeu social marqué par le règne des apparences. La maxime 180 présente d'ailleurs la tromperie comme le fondement de la société, dans une phrase hypothétique (« ne vivraient pas », l. 18, qui a une valeur d'irréel du présent). Ces tromperies se trouvent à tous les niveaux de la société. Chez les puissants, tout est manipulation, manœuvres.

La maxime 15 prend ainsi l'exemple de la clémence des princes, assimilée à une « politique » (l. 4) et non une vertu, dirigée vers un seul but, marqué par le groupe infinitif complément circonstanciel « pour gagner l'affection des peuples » (l. 4-5) : elle n'est donc pas désintéressée. La réflexion de La Rochefoucauld s'étend également au système de cour dans la maxime 158, où une comparaison assimile les hommes à des pièces de monnaie. Le roi leur donne un prix que la société doit accepter. De la sorte, on peut être bien vu à la cour (« recevoir selon leur cours », l. 16), mais être de moralité douteuse (« et non pas selon leur véritable prix », l. 15-16). L'homme en société est également vu comme un être ambitieux, qui déguise ce qu'il est réellement : c'est ce qu'exprime la maxime 56. Enfin, La Rochefoucauld montre aussi l'homme en société, dans sa conversation et son langage : les maximes 142 et 258 définissent la manière de bien parler en société, dans un idéal de mesure. Selon la maxime 142, les « grands esprits » (l. 12) parlent peu mais bien. La maxime 258 semble donner la définition de l'atticisme, une forme d'éloquence antique fondée sur la sobriété : « dire tout ce qu'il faut, et [...] ne dire que ce qu'il faut » (l. 20-21). Cet idéal de mesure, caractéristique de l'honnête homme du XVIIe siècle, s'oppose à la parole mensongère, à la flatterie évoquée dans la maxime 266, marque de la vanité, de l'amour-propre.

2. Les maximes présentent un certain pessimisme. D'abord, par le fait qu'elles évoquent souvent des défauts : la jalousie et l'envie (maxime 28), les tromperies qui existent entre les hommes (maxime 180). L'homme ne peut vivre en société, mais ce qui fonde la société, c'est le mensonge. Loin de s'estomper, les passions se nourrissent mutuellement, comme le montre la maxime 11, qui associe des antonymes (« avarice » et « prodigalité », « ferme » et « faiblesse », « audacieux » et « timidité », l. 1-3). L'homme paraît enfermé dans ce couple de contraires. La vertu même, parfois évoquée, est moins forte que les vices. La maxime 64 oppose ainsi « la vérité » aux « apparences » (l. 10), et en niant « autant », adverbe comparatif marquant l'égalité, le moraliste affirme qu'il y a moins d'intérêt à être franc qu'à mentir. La maxime 158 dénonce le système de cour, qui favorise certains sans prendre en compte les qualités. Les hommes agissent dans un but précis, comme le souligne la maxime 15. La clémence n'est pas une qualité innée du prince, elle est factice. Ainsi les qualités ne semblent pas intrinsèques aux hommes.

3. Les maximes sont frappantes pour le lecteur. Elles ont une allure sentencieuse, grâce à l'emploi du présent de vérité générale, mais aussi des tournures qui généralisent le propos. Ainsi, La Rochefoucauld emploie le pronom personnel indéfini « on » (l. 2, 9 et 16) et les pluriels utilisés sont généralisants : dans la maxime 15, il est fait mention « des princes » (l. 4) ou, dans la maxime 142, « des grands esprits » (l. 12). Le moraliste fait appel à des concepts abstraits, telle la flatterie (maxime 266) ou la jalousie (maxime 28). Mais l'auteur emploie aussi des figures de construction qui rendent le propos plus convaincant. Ainsi, on peut noter, dans les maximes 64 et 142, des oppositions (« bien » et « mal », l. 10-11 ; « grands esprits » et « petits esprits », l. 12-13). Ailleurs, ce sont des répétitions, avec de subtiles nuances : « dire tout ce qu'il faut » reprend « ne dire que ce qu'il faut » (maxime 258, l. 20-21) ; « tels que nous sommes » reprend « ce que nous ne sommes pas » (maxime 480, l. 23-24 : le parallélisme de construction est causé par la tournure comparative). Les chiasmes rendent également ces tournures frappantes : « l'avarice produit quelquefois la prodigalité, et la prodigalité l'avarice » (maxime 11, l. 1-2 – l'homme paraît enfermé dans ses passions), ou encore, dans une moindre mesure, « faire entendre en peu de paroles beaucoup de choses » et « beaucoup parler et ne rien dire » (maxime 142, l. 12-14). Enfin, quelques maximes emploient des images : la maxime 158 compare les hommes à des pièces de monnaie, tandis que la maxime 266 assimile la flatterie à une « fausse monnaie » (l. 22), par le biais d'une métaphore.

TEXTE 10 : Jean de La Bruyère, *Les Caractères* (1688) p. 454

Objectif et enjeux

→ **Étudier un texte argumentatif critiquant le système de cour**

Lecture analytique

1. Le paragraphe 32 du livre V des *Caractères* est rigoureusement construit, afin de mettre en évidence le caractère versatile des opinions des hommes à la cour. Ainsi nous constatons la présence de deux mouvements : de la ligne 1 à 12, le moraliste décrit l'engouement qui se crée face à un homme que l'on vient de placer à un poste important ; de la ligne 12 à la fin, il envisage le même homme, mais dans une situation contraire. Celui-ci, en effet, faillit à ce nouveau poste. Les deux mouvements sont construits de façon identique. Tous deux s'ouvrent sur une expression dans laquelle le sujet et le verbe sont inversés (« Vient-on », l. 1 ; « Commence-t-il », l. 12). Cette tournure pourrait être remplacée par une subordonnée circonstancielle de temps, d'autant plus que les deux verbes employés soulignent l'idée de commencement, de début. Mais, à la ligne 1, le terme « quelqu'un » désignant l'homme en poste est placé en position de COD, tandis qu'avec le verbe « Commence » (l. 12), le courtisan dont on parle est sujet. Le moraliste suggère ainsi que, dans le premier cas, un tiers influent s'est chargé de sa réussite, tandis que dans l'autre cet homme est l'artisan de sa déchéance. La première partie du texte se concentre sur les éloges qui sont adressés à l'homme nouvellement placé (« louanges », l. 2, « louer », l. 7) et comporte un exemple, celui de l'« homme d'esprit, de mérite ou de valeur » (l. 7-8), qui se trouve « flatté », lui aussi (l. 9). Le deuxième mouvement, en revanche, évoque les réactions contraires : l'homme est tombé dans « le dernier mépris » (l. 15), les autres le « dédaignent », « blâment », en « disent [du] mal » (l. 16-17). Le moraliste souligne la rapidité des changements : dans le premier mouvement, il file la métaphore de l'inondation, du torrent (« débordement de louanges », l. 1 ; « inonde », « gagne », l. 2 ; « on en a au-dessus des yeux », l. 3 ; « entraîner au torrent », l. 5), suggérant ainsi la force des sentiments, mais aussi l'impossibilité de faire cesser ce déferlement. À la ligne 13, dans le deuxième mouvement, l'adverbe « facilement » rend compte, à lui seul, de la rapidité du changement. À la fin du texte, La Bruyère montre, dans un système comparatif, que la déchéance de l'homme qui n'est plus en faveur est plus importante que la faveur dont il jouissait : « il n'y en a point qui le dédaignent mieux, qui le blâment plus aigrement, et qui en disent plus de mal, que ceux qui s'étaient comme dévoués à la fureur d'en dire du bien » (l. 16-18). On peut noter l'antithèse entre « dire du mal » et « dire du bien ». La cour est donc un lieu où les réputations se font et se défont facilement, en fonction de la faveur des puissants, que chacun se doit de suivre.

2. Le moraliste semble dénoncer également une attitude plus générale : les hommes semblent suivre les avis du plus grand nombre, non seulement pour se faire bien voir, mais aussi par manque de jugement. Ainsi, La Bruyère emploie fréquemment des pluriels ou des pronoms et déterminants marquant la globalité : « tous se laissent entraîner » (l. 5), « tout le monde » (l. 13), « ceux qui s'étaient comme dévoués » (l. 17). La cour ne semble pas composée d'individus : seul l'homme qui est loué puis décrié apparaît isolé, individualisé. L'auteur dénie même aux courtisans le statut d'humains : il prend l'image des « machines », à la ligne 14, pour rendre compte du mécanisme d'élévation ou de chute que subit cet homme anonyme. Ces hommes qui louent ou dénigrent font donc partie du théâtre de la cour, mais ils n'en sont que des rouages qui n'ont pas d'existence propre. Le moraliste souligne d'ailleurs avec humour l'incohérence des jugements portés, à travers des tournures négatives : « dire d'un homme ce qu'ils en pensent ou ce qu'ils n'en pensent pas », « louer souvent celui qu'ils ne connaissent pas » (l. 6-7). La Bruyère dénonce également le manque de mesure des hommes : il le traduit en recourant à maintes reprises à des hyperboles. Ainsi, il accumule les noms des lieux dans lesquels l'homme récemment placé est loué : « les cours et la chapelle [...], l'escalier, les salles, la galerie, tout l'appartement » (l. 2-3). Le même procédé d'accumulation est employé aux lignes 8 à 9 : l'homme loué est comparé successivement à « un génie du premier ordre, un héros, un demi-dieu ». La métaphore filée de l'eau, du torrent, relevée plus haut, participe aussi de ce ton hyperbolique (« débordement », l. 1 ; « torrent », l. 5). Le moraliste a également recours à des intensifs : « si prodigieusement flatté » (l. 9), « si haut » (l. 14). Les hommes ainsi mis en scène sont en proie à la démesure.

3. Le moraliste ne délivre pas un exemple concret pour appuyer son propos : il a recours à des généralités. Ainsi, l'homme loué puis décrié reste dans l'anonymat. Les flatteurs et les contempteurs sont fondus dans une masse sans nom. Les pluriels généralisent le propos, dans un texte rédigé au présent de vérité générale. Les seuls exemples fournis par La Bruyère, l'« homme d'esprit, de mérite ou de valeur » (l. 7-8), pourraient s'appliquer à n'importe qui. Le texte acquiert donc une portée universelle.

TEXTE 11 : Jean de La Bruyère, *Les Caractères* (1688) p. 455

Objectifs et enjeux

- → **Étudier un portrait dans l'argumentation**
- → **Montrer comment l'auteur dénonce l'agitation stérile des courtisans**

Lecture analytique

1. La Bruyère fait ici le portrait de deux personnages, aux traits de caractère communs. L'un et l'autre veulent faire partie de l'entourage du prince et figurent parmi la « foule des courtisans » (l. 14). Mais ils s'en distinguent par le fait qu'ils croient posséder de lourdes responsabilités, « un emploi si sérieux et si utile à la République » (l. 16). L'auteur oppose l'adjectif « seuls » (l. 1 et 2) à « tout l'État » (l. 2) : il imagine ironiquement que la bonne marche de l'État reposerait sur les épaules de Cimon et Clitandre. Ainsi se comportent-ils comme s'ils étaient des ministres chargés des « affaires de terre » et des « maritimes » (l. 3), alors que le texte explique qu'ils n'ont en réalité « nulle affaire » (l. 10). Leur caractéristique principale est donc l'agitation, le mouvement. Par exemple, le verbe « courir » est employé à deux reprises (l. 6), le nom « course » figure à la ligne 8, et on trouve de nombreux verbes de mouvement : « viennent », « vont », « passent » (l. 7), « repassent » (l. 8), « se lancent », (l. 13). Des noms ou adjectifs vont dans le même sens : « l'empressement, l'inquiétude, la curiosité, l'activité » (l. 4), « éveillés et alertes » (l. 19), « entreprenants, légers et précipités » (l. 20).

2. Cette agitation est d'ailleurs mimée par des phrases juxtaposées, en asyndètes, assez brèves : on peut citer par exemple les lignes 7 à 8 (« ils ne viennent [...] repassent »), composées de quatre propositions indépendantes, de plus en plus brèves, qui traduisent la rapidité des personnages. En revanche, aux lignes 10 à 11, lorsque le moraliste évoque la possibilité de les retenir, la phrase s'allonge, avec différentes propositions subordonnées (« se ressouvenir qu'ils n'ont nulle affaire, qu'ils peuvent demeurer avec vous et longtemps, vous suivre même où il vous plaira de les emmener »). Les accumulations, en asyndète elles aussi, participent du même effet : « l'empressement, l'inquiétude, la curiosité, l'activité » (l. 4) caractérisent ces hommes pressés, qui sont aussi « entreprenants, légers et précipités » (l. 20). Le moraliste a recours à des répétitions de mots, tels « seuls » (l. 1) ou « jamais » (l. 5) : ainsi, dans la phrase « On ne les a jamais vus assis, jamais fixes et arrêtés », leur repos leur est dénié de façon absolue. À deux reprises, La Bruyère juxtapose des mots de la même famille, dont le deuxième est composé d'un préfixe qui marque la répétition : « passent » et « repassent » (l. 7-8), « vus » et « revus » (l. 15). Le style de l'auteur essaie de mimer le trait de caractère qu'il s'attache à définir.

3. Mais on sent poindre la critique, notamment par le biais des hyperboles. On peut citer, par exemple, le pronom « tout » et le mot « péril » à la ligne 14 : « tout ce qui se trouve sur leur passage est en péril ». Cimon et Clitandre sont de véritables ouragans ! À la ligne 16, La Bruyère emploie à deux reprises l'adverbe intensif « si » : « un emploi si sérieux et si utile à la République ». Il s'agit là de la retranscription des pensées de nos deux personnages, mais nullement de l'avis de l'auteur (selon le procédé de l'antiphrase). On assiste, dans les lignes qui suivent, à un passage ironique, avec notamment des jeux d'opposition qui visent à rendre compte de l'absurdité de leur comportement : « ils sont au reste instruits à fond de toutes les nouvelles indifférentes » (l. 16-17) ou encore « ils savent à la cour tout ce que l'on peut y ignorer » (l. 17-18). Par ces traits d'ironie, La Bruyère entend montrer que l'agitation de Cimon et Clitandre est vaine. Leur but est de paraître et d'avancer à la cour. Toutefois, leur avancée ne pourra être que limitée, comme s'en amuse l'auteur : « il ne leur manque aucun des talents nécessaires pour s'avancer médiocrement » (l. 18-19). L'ironie repose entièrement sur l'ajout de l'adverbe « médiocrement ». La critique de l'auteur se perçoit également dans les images employées. Cimon et Clitandre sont assimilés à des « machine[s] » (l. 9), des automates. La Bruyère leur dénie le statut d'êtres humains. À la fin du texte, il les compare à des chevaux « attelés tous deux au char de la Fortune » (l. 21), fiers chevaux, à défaut d'être assis sur ce char comme des divinités. Cette image est d'ailleurs annoncée à la ligne 13 : tous deux « annoncent et précèdent » le prince. Tous ces procédés contribuent à dénoncer de façon humoristique le comportement de deux courtisans.

4. Si le portrait cible deux personnages nommés Cimon et Clitandre, le texte vise à l'universalité. Il est en effet rédigé au présent de vérité générale (hormis la ligne 5), les autres courtisans ou personnages qui rencontrent Cimon et Clitandre ne sont pas identifiés ni même identifiables. De plus, La Bruyère s'inspire de Théophraste, auteur antique ; ce type d'intrigant pourrait se retrouver à n'importe quelle époque.

TEXTE 12 : Saint-Simon, *Mémoires* (1697-1700) p. 456

Objectifs et enjeux

→ **Mesurer l'implication de l'auteur dans un récit autobiographique**

→ **Percevoir une critique de la cour à travers le récit d'une anecdote**

Lecture analytique

1. L'auteur rapporte une anecdote qui a eu lieu au cours d'un bal : l'arrivée d'un masque au dispositif ingénieux. Il décrit assez longuement le masque, des lignes 5 à 9, qui possède quatre visages différents et que son porteur peut faire tourner à sa guise. Le personnage est entièrement déguisé, « une robe ample et longue » (l. 8) l'empêche d'être reconnu et, vraisemblablement, dissimule le mécanisme qui permet de faire tourner les masques. L'identité du personnage n'est pas délivrée par Saint-Simon, qui l'ignore probablement. La danse avec l'amie de Saint-Simon concentre également une grande partie du texte, des lignes 13 à 30. Le mémorialiste loue la dextérité du personnage dans la danse par les termes « il dansait bien et était fort maître de sa danse » (l. 14-15), mais surtout son habileté à manier le mécanisme, de façon à ce que le visage du duc d'Évreux soit toujours face à son admiratrice, l'amie de Saint-Simon (l. 17-19). Les qualités de danseur ainsi que l'ingéniosité du mécanisme forcent l'admiration. On le regarde et on parle de lui : « la singularité de la mascarade attira tous les yeux sur lui. Il se fit force commentaires » (l. 10-11). Mais ce qui attire surtout les regards, c'est le jeu pratiqué par le masque afin de mettre dans l'embarras l'amie de Saint-Simon. Les courtisans font cercle et se dressent pour observer ce manège, comme le décrit l'auteur aux lignes 25 à 27 : « les personnes les plus éloignées en pied, d'autres encore plus reculées debout sur les bancs, pourtant point de huée ».

2. Le texte nous permet de saisir l'ambiance de la cour, qui est présentée comme un lieu de festivités : Saint-Simon relate une mascarade à laquelle de nombreuses personnes participent. Une impression de foule se dégage des lignes 25 à 27, dans lesquelles les participants à la fête manifestent leur curiosité. Mais l'auteur rapporte aussi au style indirect les paroles de l'ami du mari, qui souligne « qu'il y avait un flot de masques, qu'il ferait bien de laisser sortir s'il ne voulait étouffer » (l. 32-33). Dans cette cour, on s'amuse, on observe, mais aussi on commente. Ainsi, on commente l'arrivée du masque à quatre visages (l. 10-11) ; on commente *a posteriori* l'anecdote de la danse (« Cela fit grand bruit », l. 36) ; on commente également les amours des Grands de la cour (« Ce qui est fort rare, c'est que ni devant ni depuis, il n'a été question de personne avec elle », l. 37-38). À la cour, rien de secret ; l'inclination de l'amie de Saint-Simon pour le duc d'Évreux est connue, ce que révèle la phrase « Le comte d'Évreux lui avait plu ; à peine commençait-on à s'en apercevoir » (l. 4-5). L'auteur signale le caractère récent de cette rumeur. Et pourtant, un homme, inconnu, s'amuse avec les sentiments de la dame en essayant de la décontenancer lors d'une danse. Le procédé apparaît mesquin, d'autant plus que le porteur de masque est inconnu et que cela se passe sous les yeux de tous. La cour est donc un lieu d'amusement, mais elle apparaît également lâche. Tout est affaire d'apparences : il s'agit de ne pas « perdre contenance » (l. 20).

3. L'amie de Saint-Simon se présente donc comme la victime d'une mauvaise plaisanterie. L'auteur nous rend le procédé de l'homme masqué d'autant plus indigne qu'il pare son amie de nombreuses qualités. Tout d'abord, elle possède une beauté incomparable, ce qu'il souligne aux lignes 38 à 40 : c'est « un des plus beaux visages de la cour » et elle « défaisait toutes les autres femmes et même plus belles qu'elle ». Il signale sa noblesse : « La dame était grande dame, grandement apparentée, et de gens en place et en crédit » (l. 27-29). Elle est digne de figurer à la cour : car « quoique bien jeune », elle « commençait à pointer par elle-même » (l. 1-2). Enfin, à la ligne 39, l'auteur la déclare « sérieuse » lors de ses apparitions en public, « à un cercle ou à une fête ». L'anecdote de la danse révèle qu'elle possède une grande maîtrise d'elle-même, comme le montre le lien logique d'opposition entre ce qu'elle ressent et ce qu'elle laisse paraître : « Elle était cependant de toutes les couleurs ; *mais*, sans perdre contenance » (l. 19-20, nous soulignons). La longueur du récit de la danse traduit la durée de ce spectacle humiliant. La dame apparaît piégée : elle ne peut éviter le visage de celui qu'elle aime. Ainsi l'adverbe de temps « toujours » aux lignes 18 et 24 montre-t-il son incapacité à fuir. Le temps s'allonge démesurément, comme il est indiqué aux lignes 29 à 30 : « elle en eut pour le triple au moins d'un menuet ordinaire ». Il s'agit ici d'une perception dilatée du temps, celle du personnage. L'auteur nous fait également entrer dans ses pensées, afin de montrer ses espérances, vite démenties par la réalité : « Elle croit au moins à celui-là être plus heureuse ; point du tout, même fuite et toujours ce visage sur elle » (l. 23-25). La brièveté de la deuxième partie de la phrase, nominale et elliptique, cherche à nous faire éprouver le même désarroi que la dame et à susciter de l'empathie pour elle. L'auteur, d'ailleurs, exprime son jugement sur cette scène de bal, qu'il qualifie de « triste aventure » (l. 4), ou sur son amie, qu'il nomme « pauvre femme » (l. 14). Quant à l'inconnu qui joue un mauvais tour à son amie, il est présenté de manière péjorative. Il n'est désigné que par son « masque », sous lequel il se cache et qui amuse la cour (par exemple, à la ligne 21). Il joue des apparences (en faisant semblant de prendre la main de la dame) et il est assimilé à un être diabolique. L'auteur l'appelle en effet « mon démon » (l. 13) et il emploie l'expression « il eut la malice de » (l. 15). Tous ces éléments disqualifient l'homme masqué et tendent à rendre le personnage féminin sympathique.

3 Le projet des Lumières : éclairer l'esprit humain

Manuel, p. 457-481

I. Problématiques et thèmes

Dans ce choix de textes consacré au projet des Lumières, la question centrale est bien celle de la liberté de penser. En effet, tous ces auteurs vont, dans des genres différents, contribuer à mettre en place un climat de questionnement, de contestation et de polémique, principalement autour des pouvoirs politiques et religieux. Animés par leur confiance en la raison, les philosophes des Lumières entendent penser par eux-mêmes sans se laisser imposer des vérités préétablies, des préjugés ou des superstitions. Ils souhaitent éclairer leurs contemporains en développant leur esprit critique. Tous mènent ainsi un combat contre l'intolérance et l'injustice qu'ils dénoncent en utilisant différents procédés, formes et genres.

La première partie du *corpus* rassemble des textes à portée politique et critique. Dans les *Lettres persanes*, Montesquieu adopte un « regard éloigné » afin de faire la critique virulente de la monarchie absolue, par l'intermédiaire du personnage d'Usbek, observant de son point de vue de Persan le roi et les mœurs de la cour. C'est aussi en amenant le lecteur à regarder au loin, vers d'autres cultures, que le même philosophe dénonce les travers de la société : il évoque un âge d'or mythique à travers les mœurs des Troglodytes dans cette même œuvre. Dans un passage célèbre de son ouvrage théorique *De l'esprit des lois*, il use d'une ironie grinçante pour dénoncer l'esclavagisme. Rousseau reconstruit, lui aussi, un état de nature idéalisé, à partir duquel il développe les conséquences néfastes, selon lui, de l'invention de la propriété. La référence à la nature comme principe éducatif guide sa réflexion dans *Émile ou De l'éducation.* Mais l'un des sujets majeurs et récurrents des critiques est incontestablement l'emprise de la religion sur la société. L'intolérance et l'injustice qu'elle cause sont vivement dénoncées, notamment sous la plume de Voltaire dans son *Traité sur la tolérance.* C'est aussi la morale traditionnelle, condamnant les passions, qui est remise en cause : Émilie du Châtelet fonde la quête du bonheur sur l'expérience de l'existence vécue avec intelligence et sensibilité, en prenant en compte les passions et les goûts. Olympe de Gouges, quant à elle, dans le contexte historique de la Révolution française, revendique des droits civiques et politiques pour les femmes : elle réécrit la *Déclaration des Droits de l'homme et du citoyen* en dénonçant l'exclusivité du pouvoir masculin. « La femme a le droit de monter à l'échafaud ; elle doit avoir également celui de monter à la tribune », proclame-t-elle.

La deuxième partie est consacrée aux encyclopédies et dictionnaires. Ces outils de la diffusion des savoirs répandent la réflexion et les propositions des philosophes. Le grand œuvre de cette époque est bien évidemment l'*Encyclopédie,* à laquelle de très nombreux écrivains ont contribué sous la direction de Diderot et d'Alembert à l'exemple de Dumarsais : celui-ci définit le rôle du philosophe dans l'entrée qui porte ce titre. Voltaire a voulu offrir également un ouvrage de référence « portatif », le *Dictionnaire philosophique*, plus provocateur et polémique que l'*Encyclopédie*, pour y dénoncer des pratiques inhumaines comme la « Torture ».

À ces textes publics se joignent deux extraits de correspondance. Ils sont caractéristiques de la porosité de la forme épistolaire, qui permet d'exposer ses sentiments comme ses idées, mêlant l'intime et le philosophique. Ainsi les lettres de Diderot et de Julie de Lespinasse se complètent-elles sur le thème de la passion amoureuse.

Nourris de leurs observations, de leurs lectures et débats, les écrivains racontent des voyages réels ou imaginaires. Ceux-ci installent une distance entre la réalité et le lecteur et favorisent la critique de leur monde. *Robinson Crusoé* constitue le prototype du récit de voyage, où l'homme doit reconstruire une vie au sein de la nature. Bougainville, en racontant ses propres aventures lors de l'expédition qu'il conduit autour du monde et où il découvre Tahiti, peint une vie sauvage, rustique et harmonieuse. Diderot en imagine une continuation plus critique dans le *Supplément au voyage de Bougainville* : il y donne la parole aux Tahitiens pour dénoncer une intrusion des Européens bouleversant leur société.

L'avant-dernière partie du *corpus* regroupe des textes narratifs, souvent fictifs, illustrant le genre de l'essai ou du conte philosophique. Le bon sens des gens simples est valorisé dans l'apologue de Fontenelle, « La dent d'or », qui se moque des querelles stériles menées par de pseudo-savants au mépris de l'observation la plus élémentaire. Swift ne dit pas autre chose en réjouissant ses lecteurs du récit des conflits entre les « petits-boutiens » de Lilliput et les « gros-boutiens » de Blefuscu, stigmatisant par là même les conflits qui déchirent l'Angleterre entre catholiques et protestants, *whigs* et *tories*. Enfin, ces récits prennent parfois la forme de fantaisies utopiques ou exotiques, à l'image des contes philosophiques de Voltaire : ils permettent alors d'explorer des mœurs, des organisations politiques, des valeurs, des modèles de sociétés dont le contraste ironique avec la réalité remet en question les habitudes européennes. Zadig offre le portrait idéal d'un homme riche et sage qui n'aspire qu'au bonheur ; les géants de Voltaire enseignent la modestie et la relativité à des terriens de la taille de « mites » ; le « nègre de Surinam » se fait le porte-parole des esclaves, pendant que l'Ingénu, « jeune ignorant », éclaire la réflexion d'un « vieux savant » qui a consacré sa vie à des controverses religieuses jugées absurdes. Kant fait le bilan d'un siècle de réflexion dans son essai, *Qu'est-ce que les Lumières ?*, où il prône le même exercice de la raison, débarrassée des préjugés. Il théorise alors un mouvement européen qui va accompagner l'émergence de la Révolution française et qui constitue, aujourd'hui encore, une référence philosophique et politique qui a l'ambition d'être universelle. « *Sapere aude*, aie le courage de te servir de ta *propre* intelligence ! voilà donc la devise des lumières », écrit Kant en introduction.

Enfin, ce choix de textes se conclut sur un conte merveilleux à valeur d'apologue. Le mouvement des Lumières est une philosophie optimiste qui croit dans les progrès de l'homme et au bonheur terrestre. Telle est aussi la morale qui se dégage du conte de *La Belle et la Bête*, dans lequel la métamorphose finale du monstre symbolise le triomphe de la raison et de la sensibilité.

BIBLIOGRAPHIE-SITOGRAPHIE

- **Geneviève Artigas-Menant**, « Les Lumières de Marie Leprince de Beaumont. Nouvelles données biographiques », *Dix-huitième siècle*, 2004, n° 36, p. 291-301 : https://www.persee.fr/doc/dhs_0070-6760_2004_num_36_1_2613
- **Élisabeth Badinter**, *Émilie, Émilie : l'ambition féminine au XVIIIe siècle*, éditions Flammarion, 1983.
- **Michel Delon**, « L'*Encyclopédie*, formidable entreprise éditoriale du XVIIIe *siècle* », conférence vidéo consultable sur le site Gallica : https://gallica.bnf.fr/essentiels/diderot/encyclopedie/redacteurs
- **Brigitte Diaz** et **Jürgen Siess** (dir.), *L'Épistolaire au féminin. Correspondances de femmes (XVIIIe-XXe siècle)*, Presses Universitaires de Caen, 2006.
- **Denis Diderot**, *Lettres à Sophie Volland*, éditions Gallimard, coll. « Folio », 1990.
- **Bérangère Durand**, « L'histoire sous l'histoire : "ceci est à moi" comme origine et fondement du langage social dans le second *Discours* de Jean-Jacques Rousseau », *Dix-huitième siècle*, n° 43, janvier 2011, p. 703-723 : https://www.cairn.info/revue-dix-huitieme-siecle-2011-1-page-703.htm#no2
- **Florent Guénard**, « La morale : la question de l'éducation naturelle dans l'*Émile* », *Skepsis*, éditions Delagrave, 2004, p. 104-115.
- **Emmanuel Kant**, *Qu'est-ce que les Lumières ?* in *Vers la paix perpétuelle et autres textes*, éditions Flammarion, coll. « GF », 2006.
- **Nicole Masson**, *Les Effets surprenants de la censure*, Cahiers de l'AEIF, 2010, n° 62, p. 309-323 : https://www.persee.fr/doc/caief_0571-5865_2010_num_62_1_2613
- **Sylvain Menant** (dir.), **« Femmes des Lumières », dossier de la revue** *Dix-huitième siècle*, 2004, n° 36.
- **Christian Plantin**, *Essai sur l'argumentation*, éditions Kimé, 1990.
- **Tzvetan Todorov**, *L'Esprit des Lumières*, éditions Robert Laffont, 2006.
- Dossiers de la BnF, « Les Essentiels – littérature », sur Voltaire : https://gallica.bnf.fr/essentiels/voltaire

II. L'esprit critique et la pensée politique (p. 459-466)

TEXTE 1 : Montesquieu, « Le roi de France est vieux... », *Lettres persanes*, lettre XXXVII (1721) p. 459

Objectifs et enjeux

- → Comprendre l'intérêt de l'argumentation indirecte
- → Étudier un portrait satirique

Lecture analytique

1. Dans ce texte, Usbek dépeint la France avec un regard naïf. Sa nationalité étrangère est indirectement révélée par les précisions géographiques qu'il donne : « celui des Turcs » (l. 5), « celui de notre auguste sultan » (l. 5). L'Orient sert de référence au voyageur étranger, qui compare naturellement la vie politique de la France, qu'il découvre, à celle de son pays d'origine. Or ce contexte éloigné contribue au divertissement des lecteurs. On voit ainsi que le texte se situe dans un genre de l'argumentation indirecte : Montesquieu nourrit son argumentation du regard extérieur d'un personnage étranger qui ignore tout des coutumes de la France. La politique et les mœurs françaises sont décrites à partir d'un point de vue interne : le personnage observe sans être en mesure d'analyser. Sa caractéristique essentielle est la spontanéité, c'est pourquoi il donne sans hésiter son opinion sur le roi : « Le roi de France est vieux » (l. 1), « Il est magnifique » (l. 29). Ou encore, il décrit de façon très concrète les fonctions des courtisans : « un homme qui le déshabille, ou qui lui donne la serviette lorsqu'il se met à table » (l. 19-20), « un autre qui lui prend des villes » (l. 20). On voit que la lettre manque de précisions. L'absence de noms propres, remplacés par des termes génériques tels que « Le roi » (l. 1), « un ministre » (l. 8), « une maîtresse » (l. 8-9) et par des périphrases comme « ceux qui le servent » (l. 17), « celui qu'il comble de biens » (l. 23) ou « un homme qui avait fui deux lieues » (l. 26-27), etc., sont autant d'indices de l'ignorance d'Usbek. Le locuteur avoue son manque de connaissance et son incompréhension : « j'y ai trouvé des contradictions qu'il m'est impossible de résoudre » (l. 7-8). Il se trouve contraint de nuancer son propos, en employant le modalisateur « je crois » (l. 14), et de se fier à la rumeur publique révélée par l'emploi du pronom indéfini dans « On dit » (l. 2), « on lui a souvent entendu dire » (l. 4), « lui a-t-on vu » (l. 25).

2. Par le biais de ce regard étranger, l'auteur peut se permettre d'exprimer indirectement son avis sur la façon dont le roi gouverne la France. Tout d'abord, on voit qu'Usbek rend compte de ses observations par juxtapositions. Les deuxième et troisième paragraphes sont construits suivant une énumération d'« exemple[s] » (l. 8) qui s'enchaînent sans logique, à l'image du gouvernement et des préoccupations du monarque. Le voyageur part de ses observations faites dans des circonstances particulières (« J'ai étudié son caractère », l. 7) puis il en déduit un type de comportement (« et j'y ai trouvé des contradictions », l. 7) : la conjonction de coordination « et » qui ouvre la seconde proposition prend une valeur conclusive. Le raisonnement inductif d'Usbek s'accompagne d'une logique d'opposition marquée par plusieurs connecteurs : « et » à valeur adversative (l. 8 et 9), « quoiqu'» (l. 10), « mais » (l. 12 et 17) : celle-ci est révélatrice des caprices du roi. De nombreux exemples illustrent les contradictions du monarque, présentes dans tous les domaines de sa vie. Les antithèses abondent et sont mises au service de la thèse défendue : l'expression « communique peu » (l. 11) s'oppose à « faire parler de lui » (l. 11-12) ; « ses troupes » (l. 13) à « une armée ennemie » (l. 13-14) ; « comblé de plus de richesses » (l. 15) à « accablé d'une pauvreté » (l. 15-16) ; « l'oisiveté » (l. 18) aux « campagnes laborieuses » (l. 18). De la sorte, le roi ne semble agir que par intérêt personnel, prêt à remettre en cause ses propres principes lorsqu'il s'agit de défendre ses convictions du moment, orientant chacune de ses décisions vers sa propre personne au détriment de son peuple, des lois, de la religion et de la morale.

3. La lettre dresse un portrait complet du roi de France : son âge (l. 1), son règne (l. 2), son autorité face à « sa famille, sa cour, son État » (l. 3-4), ses centres d'intérêt (« la politique orientale », l. 6 ; « faire parler de lui », l. 11-12 ; « les trophées et les victoires », l. 12), son « caractère » (l. 7), son intimité (l. 9), ses convictions religieuses (l. 9-10), sa fortune (l. 15-16), sa façon de choisir et de récompenser ses favoris (l. 19-28), son goût du luxe (l. 29-32) et son hégémonie (l. 32-36). Par ailleurs, les hyperboles accentuent ce caractère capricieux et excessif : « depuis le matin jusques au soir » (l. 11), « comblé de plus de richesses qu'un prince n'en saurait espérer » (l. 15), « il y a plus de statues dans les jardins de son palais que de citoyens dans une grande ville » (l. 30-32), « aussi nombreuses » (l. 34-35), « aussi grandes » (l. 35), « aussi inépuisables » (l. 36). Ces hyperboles sont surtout présentes à la fin de la lettre où se dresse un portrait *a priori* élogieux du roi de France : il y apparaît en maître du royaume tout-puissant. En réalité, les termes mélioratifs renvoyant à sa magnificence et à sa richesse révèlent un monarque arrogant et conquérant, prêt à dépenser toute sa fortune pour financer ses guerres. La lettre se termine sur un rythme ternaire grandiloquent, à l'image de la politique de ce monarque absolu et de droit divin. Mais Usbek y montre avec ironie un despote plus préoccupé par l'esthétique de Versailles que par la démographie de son pays : le comparatif de supériorité met sur le même plan les « statues » (l. 30) et les « citoyens » (l. 31). De même, l'association des forces armées, désignées par le champ lexical de la puissance martiale (« garde », « forte », l. 32 ; « se renversent », « armées », l. 34), et des « finances » (l. 36) montre que le roi privilégie la gloire personnelle à l'économie du pays, n'hésitant pas à taxer de lourdes charges un peuple réduit à la misère pour satisfaire son orgueil. La satire d'Usbek se dévoile peu à peu au fil de la lettre et se fait de plus en plus cinglante, passant de l'âge du monarque vieillissant à sa gestion catastrophique des caisses de l'État. Ainsi le regard étranger permet-il à Montesquieu de pointer du doigt les incohérences de la politique de Louis XIV. La surprise ressentie par le voyageur et son incompréhension sont autant d'indices révélateurs d'un système gouvernemental illogique, absurde et autoritaire.

TEXTE 2 : Montesquieu, « Qui pourrait représenter ici le bonheur de ces Troglodytes », *Lettres persanes*, lettre XII (1721) p. 460

Objectifs et enjeux

→ **Comprendre la représentation d'une société heureuse chez Montesquieu**

→ **Comprendre le rapport entre société et religion pour les philosophes du XVIIIe siècle**

Lecture analytique

1. Les écrivains du XVIIIe siècle s'interrogent sur les liens entre une vie heureuse, proche de la nature, et les sociétés de leur temps, notamment sur le droit de propriété qu'ils accusent de pervertir la bonté du genre humain. Les textes théoriques, tout comme la fiction, questionnent cette tension entre nature et société, nature et culture. Mais au XVIIIe siècle, cette question ne peut se poser sans déterminer quel est le rôle de la religion, dans une culture qui en fait la source de la légitimité politique, de la loi morale et de l'organisation sociale. Aussi Montesquieu insiste-t-il sur le rôle de la religion chez les Troglodytes.Ce peuple cultive un « bonheur » (l. 1) ineffable, ce que marque la question rhétorique qui ouvre cet extrait. L'auteur fait l'éloge des Troglodytes, comme en témoignent le lexique hyperbolique et la métaphore de l'enfance (« Dès qu'il ouvrit les yeux », l. 2, rappelle l'éveil du nouveau-né). Ils sont enfants de la nature, et c'est cette proximité qui leur donne aussi une certaine rudesse (l. 4) ; la découverte des dieux doit dès lors « adoucir » (l. 3) leurs mœurs. On note que la foi du peuple troglodyte repose sur la crainte des dieux (« il apprit à les craindre », l. 2-3). Cette relation de pouvoir est réitérée à la fin du texte : les dieux font subir « leur colère inévitable à ceux qui ne les craignent pas » (l. 24-25).

La religion permet aussi d'organiser la vie des Troglodytes. Leur existence est rythmée par les fêtes (l. 5-12), les prières (l. 13-19) et les rites quotidiens (l. 20-28). Célébrées en l'honneur des dieux, les « assemblées » (l. 8), mises en valeur par l'anaphore du présentatif « c'est là » (l. 9-11), sont le lieu de danses et de festins. Elles concernent tout particulièrement les jeunes filles et jeunes garçons, dont « la nature naïve » (l. 8-9) peut être touchée par un amour vertueux. La proposition « la pudeur virginale faisait en rougissant un aveu surpris » (l. 9-10) retranscrit cette découverte des sentiments : la métaphore « la pudeur virginale », redoublée par « en rougissant », désigne les jeunes filles innocentes, et l'hypallage « un aveu surpris » traduit leur émoi devant un sentiment inconnu. On voit que l'amour devient ici un culte : les jeunes filles font le « sacrifice de leur cœur » (l. 18), sacrifice doublement sanctifié par les dieux et le « consentement des pères » (l. 11). La religion telle que Montesquieu l'imagine favorise ainsi la naissance de la sensibilité, des sentiments et des liens sociaux. Elle amène l'union « douce et fidèle » (l. 12) des jeunes gens, dans une conception du mariage harmonieuse et sereine.

Enfin le culte, pratiqué dans un temple, « au pied des autels » (l. 16), est l'occasion pour les Troglodytes d'implorer « les faveurs des dieux » (l. 13). Aux vœux qu'ils leur adressent, on comprend que leur religion est altruiste et généreuse : « Ils n'étaient au pied des autels que pour demander la santé de leurs pères, l'union de leurs frères » (l. 15-17) et « l'obéissance de leurs enfants » (l. 17). Les prières sont donc l'occasion de témoigner du caractère essentiel des liens familiaux chez les Troglodytes. Quant aux rites quotidiens, ils sont consacrés à l'action de grâce, soit la célébration des « grandeurs des dieux » (l. 23-24).

Comme on le voit, la religion des Troglodytes ne fait pas explicitement référence à une religion historique ; on peut seulement relever qu'elle est polythéiste, que le lieu de culte, un « temple »

(l. 13), est indéterminé et renvoie plutôt à l'Antiquité. Rien n'est dit non plus du système que constitue cette religion, ni des dogmes professés. On comprend seulement que ce culte archaïque, en ce qu'il récompense et punit, permet d'entretenir des liens conjugaux, familiaux et sociaux étroits, fondés sur l'amour et la générosité. Montesquieu donne à cette religion la transcendance qui soutient les vertus et qui rythme une vie modeste, mais fondée sur une organisation sociale solidaire.

2. Le texte s'ouvre sur cette remarque : « Un peuple si juste devait être chéri des dieux » (l. 1-2). C'est donc en raison de leurs vertus que les Troglodytes obtiennent la faveur divine, Usbek leur reconnaissant d'emblée le sens de la justice. Ils mènent leur vie au sein de la nature, ce qui les pousse à la sobriété : leurs réjouissances sont frugales, à l'image des repas, des « fleurs » (l. 6) dont se parent les jeunes filles et qui sont empruntées au paysage et de leur « musique champêtre » (l. 7). Par opposition aux autres peuples qu'Usbek connaît (ou découvre), les Troglodytes ne demandent pas dans leurs prières « les richesses et une onéreuse abondance » (l. 13-14). Le narrateur commente cette opposition : « de pareils souhaits étaient indignes des heureux Troglodytes » (l. 14-15). Leur caractère désintéressé est encore mentionné à la fin de l'extrait : « Dans ce pays heureux, la cupidité était étrangère » (l. 29-30). À l'inverse, leurs souhaits ne témoignent que du souci qu'ils ont des autres, leur famille, terme qui les englobe tous puisqu'ils se regardent « comme une seule famille » (l. 31-32).

Ces vertus accompagnent une vie simple. Le quotidien des Troglodytes est rustique et régulier : tout le jour, ils sont occupés à soigner leurs troupeaux puis, après une soirée consacrée aux chants de grâce, « ils s'abandonnaient à un sommeil que les soins et les chagrins n'interrompaient jamais » (l. 27-28). La forme négative et l'adverbe « jamais » soulignent la plénitude de la paix des Troglodytes : ils dorment littéralement du sommeil du juste.

La générosité, enfin, est une vertu cardinale des Troglodytes qui se « faisaient des présents, où celui qui donnait croyait toujours avoir l'avantage » (l. 30-31). Dans leur total désintéressement, ils ne recherchent que des gratifications morales. C'est alors le don et le partage qui régulent les relations entre les hommes : la propriété n'existe pas chez les Troglodytes, pas même celle des troupeaux dont il est dit que « la seule peine qu'on s'épargnait ordinairement, c'était de les partager » (l. 32-33). Dans une nature qui offre à chacun, non seulement la satisfaction de ses besoins, mais aussi de ses désirs, nulle frustration pour créer la compétition et les dissensions.

3. Les Troglodytes paraissent revivre l'âge d'or, ce temps mythique où l'homme ignore le crime et vit en accord avec le monde naturel. En effet, leur peuple est enfant de la nature, à laquelle le texte fait constamment référence. Cela révèle à la fois la jeunesse de ce « nouveau peuple » (l. 23), mais montre aussi que « la nature » qui « ne fournissait pas moins à leurs désirs qu'à leurs besoins » (l. 29) est leur seule ressource. Le paysage que le texte laisse entrevoir évoque d'ailleurs le *locus amoenus* antique : le soir est dépeint dans un tableau bucolique du soir, avec « des troupeaux » qui « quittaient les prairies » (l. 20), les danses champêtres des jeunes gens lors des fêtes (l. 5-7) ou encore l'évocation du souper frugal (l. 21-26). Le bonheur, la félicité de ce peuple est la conséquence de ses vertus et de son innocence. Les Troglodytes ne découvrent l'amour et tout ce qui relève du « cœur » qu'au sein de la nature. C'est pourquoi il connaît la joie, comme le montre le champ lexical du bonheur (« bonheur », l. 1 ; « joie », l. 7 ; « heureux », l. 19 ; « félicité », l. 23 ; « les délices de la vie champêtre », l. 25-26).

Certes, ce n'est pas l'âge d'or que décrit Ovide dans les *Métamorphoses*, car les hommes obéissent à des lois et leur vertu n'est pas seulement dictée par leur volonté : elle l'est aussi par les dieux. Cependant, ce bonheur est redoublé par la connaissance qu'ont les Troglodytes de son caractère fragile et fugace. Leur société est ainsi fondée sur une culture de la mémoire et de la célébration de leur histoire. Lors du repas (l. 21-26), les membres de la famille « chantaient » (l. 21-22, répété l. 23), comme on le fait pour un récit mythique, la chute des premiers Troglodytes, ainsi que les « grandeurs des dieux » (l. 23-24).

Dans une société marquée par une chute originelle, la loi divine est la garante d'une vie morale bonne, tandis que la nature et la « vie champêtre » (l. 26) préservent l'innocence du peuple troglodyte. Ce qui est notable, c'est que nul autre pouvoir que celui des dieux n'existe chez eux ! Cette absence est certainement l'élément le plus marquant de cette société, pourtant imaginée par un penseur du pouvoir politique et de son exercice.

Prolongement

Ce texte est à mettre en relation avec l'extrait du *Discours sur l'origine et les fondements de l'inégalité parmi les hommes*, plus tardif, de Rousseau (*cf.* p. 462). Celui-ci fait de l'invention de la propriété l'origine de la chute de l'homme, des inégalités, comme l'indique le titre de l'œuvre, et d'une forme d'aliénation : les hommes « vécurent sains, bons et heureux autant qu'ils pouvaient l'être par leur nature » (second extrait, l. 8-9), jusqu'à ce que la propriété change les rapports entre êtres humains.

On peut aussi rapprocher cet extrait de Montesquieu du récit édénique de *Paul et Virginie* (*cf.* p. 144) : on y retrouvera le rôle de la nature, ainsi que l'innocence de la jeunesse et de l'amour, s'opposant au mal que représente la société.

TEXTE 3 : Montesquieu, « De l'esclavage des nègres », *De l'esprit des lois* (1748) p. 461

Objectifs et enjeux

→ Percevoir la dimension ironique d'un discours
→ Lire un plaidoyer contre l'esclavage

Lecture analytique

1. Ce texte fort connu a donné lieu, et peut encore donner lieu, à des interprétations erronées prêtant à Montesquieu un discours de légitimation de l'esclavage. On ne s'étonnera pas que les élèves puissent également ne pas en découvrir d'emblée la dimension ironique (il y a aussi un intérêt pédagogique à laisser les élèves réagir aux arguments au fil de leur lecture).

En effet, Montesquieu donne à ce bref texte, formellement parlant, l'apparence d'un plaidoyer pour l'esclavage. La phrase d'introduction pose le sujet sans afficher explicitement les intentions de l'auteur. Seul l'emploi de la proposition hypothétique (l. 1) qui ouvre le propos peut alerter le lecteur, et on ne découvre le projet de Montesquieu qu'en inversant le point de vue à défendre, ce qui nous amènerait à reformuler la phrase ainsi : « Si j'avais à soutenir le caractère inacceptable de l'esclavage, voici ce que je dirais. » La forme du conditionnel ne dissipe pas forcément l'erreur du lecteur : elle pourrait ne porter que sur le verbe « soutenir » et avoir valeur de prétérition, sans nécessairement, comme on le dit parfois, être un indice infaillible de l'ironie du propos.

Dès lors, on pourra adopter une démarche de lecture s'attachant à déterminer les types d'arguments employés et à évaluer leur pertinence, jusqu'à ce que leur caractère indéfendable sur le plan logique et moral amène à réorienter la lecture.

Pour des raisons de commodité on numérotera les arguments selon l'ordre du texte.

– L'argument 1 (l. 2-4) fait corps avec le projet argumentatif de Montesquieu. La question de l'esclavage se pose à partir d'un fait présenté comme sa cause, objective et historique, soulignée par la dimension accomplie du participe passé : « Les peuples d'Europe ayant exterminé ceux de l'Amérique » (l. 2). En conséquence de cela, il a fallu trouver une nouvelle source de main-d'œuvre et c'est donc pour cela que les Africains ont été mis en esclavage. Fondé sur une relation de conséquence, cet argument apparemment fondé en logique repose en réalité sur des raisons économiques.

– L'argument 2 (l. 5-6) paraît imparable, si on fait de l'économie la seule valeur de référence : le sucre est évidemment moins onéreux lorsqu'il est produit par des gens dont on ne rémunère pas le travail.

– Les arguments 3 (l. 7-8), 4 (l. 9-10), 5 (l. 11-13) et 6 (l. 14-17) peuvent être qualifiés de philosophiques ou d'anthropologiques. Montesquieu feint de remettre en question l'appartenance des Noirs à la catégorie des êtres humains, à partir de la couleur de leur peau et de plusieurs autres valeurs. L'argument 3, tout d'abord, est esthétique et fondé sur les traits physiques : les esclaves sont « noirs depuis les pieds jusqu'à la tête ; et ils ont le nez si écrasé... » qu'en conséquence « il est presque impossible de les plaindre » (l. 7-8). Ensuite, c'est la référence à la religion qui amène à considérer la couleur noire des esclaves comme la marque d'une impureté, d'une souillure ; elle ne pourrait coexister chez un même individu avec une âme pure et donc symboliquement « blanche ». L'argument qui suit est construit sous la forme d'un syllogisme (fautif) dont l'une des prémisses serait : en Asie les Noirs sont privés de leur virilité et émasculés ; de là on passe arbitrairement à la conclusion : « c'est la couleur qui constitue l'essence de l'humanité » (l. 11-12). Enfin, l'argument 6 assimile la question de la couleur de la peau à celle des cheveux et invoque une autre discrimination, dans un argument d'autorité : chez les Égyptiens, considérés comme « les meilleurs philosophes du monde » (l. 15), c'est la couleur rousse qui apparaît comme un signe d'inhumanité et condamne à la mort.

– L'argument 7 (l. 18-20) est un nouvel argument économique, mais qui touche cette fois à la valeur qu'attachent les esclaves noirs à l'or : ils lui préfèrent les babioles sans valeur comme un « collier de verre » (l. 19). L'intérêt pour les richesses serait donc un autre critère de l'appartenance à l'humanité.

– Deux raisonnements par l'absurde (8, l. 21-23, et 9, l. 24-31) concluent le texte : l'argument 8 pose que si les Noirs étaient des hommes, alors les Européens, qui ne traitent pas les Noirs en accord avec les valeurs religieuses du respect, voire de l'amour de l'autre, ne mériteraient pas d'être considérés comme des chrétiens. Enfin le dernier argument envisage la question d'un point de vue politique : elle concerne les « princes d'Europe » (l. 27) et les « conventions » (l. 28) qu'ils font entre eux. Dans un second raisonnement, le fait de ne pas faire de conventions sur cette question prouverait donc que la question de l'esclavage ne se pose pas.

2. Un examen du texte montre que Montesquieu propose, à dessein, un argumentaire défectueux et pernicieux. D'ailleurs, la classe réagira certainement devant certains arguments ; et si ce n'est pas le cas, on pourra demander aux élèves d'évaluer leur pertinence au fil du relevé et, le cas échéant, de les réfuter.

D'emblée, l'argumentaire de Montesquieu repose sur des prémisses qui, de manière implicite, condamnent l'action des Européens.

– Pour l'argument 1, le discours de légitimation est anéanti par l'aveu presque cynique du massacre d'une population, dont la violence est soulignée par le verbe « exterminé » (l. 2).

– L'argument 2, tout aussi cynique, n'est pas davantage recevable, car il fait reposer les considérations du droit sur des considérations économiques, bien loin des principes qui le fondent. On pourra noter également la forme de superlatif absolu de l'adverbe « trop cher » (l. 5) qu'aucun complément corrélatif n'explique ni ne justifie.

– Les arguments suivants marquent plus nettement le caractère scandaleux qu'il y a à prendre la couleur de la peau comme critère d'appartenance au genre humain. Pour l'argument 3, il ne semble pas acceptable que la compassion ou la pitié (auxquelles fait allusion « les plaindre », l. 8), entendues comme la reconnaissance de la souffrance de l'autre qui m'est semblable, reposent sur des considérations esthétiques.

– Selon l'argument 4, l'âme ne saurait se loger dans un corps noir. Ce raisonnement, fondé sur la forme rhétorique du zeugme, associe l'image figurée d'une « âme bonne » (l. 10) et donc nécessairement immaculée, au sens propre d'un « corps tout noir » (l. 10). Une figure de rhétorique ne saurait être prise ainsi au pied de la lettre.

– L'argument 5 se présente sous la forme d'un faux syllogisme. Il entretient une confusion entre humanité et virilité. Il confond également un trait physique avec le résultat d'une action (la castration). Enfin, il fonde sa logique sur un exemple et non une généralité ou une loi vérifiée partout.

– L'argument 6, qui semble généraliser le propos sur la légitimité du physique comme critère d'humanité, le détruit dans le même temps. En effet, il affiche la relativité de tels critères : car ce sont les hommes roux à qui les Égyptiens déniaient l'humanité, et non les hommes à la peau noire.

– L'argument 7 peut se lire aussi comme l'éloge inversé du désintéressement des Africains. Il fait le constat que la valeur d'une chose est relative et, surtout, avoue implicitement que les « nations policées » (l. 19) accordent « une si grande conséquence » (l. 19-20) à l'or, qu'elles sont avides de richesses. Dès lors, cet argument semble bien se retourner en accusation contre les esclavagistes.

– Les deux derniers arguments relèvent du même procédé de retournement. On s'aperçoit en lisant l'argument 8 que reconnaître l'humanité des Africains, c'est prendre conscience de l'inhumanité de leur condition, et donc de l'inhumanité des Européens. Ceux-ci transgressent la loi majeure de la religion chrétienne, traiter son « prochain » comme soi-même, alors que le christianisme est au XVIIIe siècle la religion de toute l'Europe, des catholiques comme des protestants. Historiquement, et jusqu'à aujourd'hui, la question de l'esclavage est associée à la difficile reconnaissance d'une responsabilité morale, civile et religieuse des hommes et des états qui l'ont pratiqué.

– L'argument 9, enfin, s'achève par les mots de « miséricorde » et de « pitié » (l. 30-31). Ces mots, au centre de la considération qu'on doit avoir pour l'autre dans une perspective humaniste, chrétienne et selon la pensée des Lumières, dénoncent clairement la responsabilité des princes d'Europe : ils n'ont pas légiféré sur cette « injustice » (l. 24). Leur faute est encore soulignée par l'adjectif « inutiles » (l. 29) qui marque la dimension critique du propos. On sent alors l'ironie de Montesquieu lorsqu'il évoque les « petits esprits » (l. 24) soucieux de justice, comme le juriste des Lumières qu'il est lui-même.

Car c'est aussi l'*èthos* de l'auteur qui nous indique l'orientation que l'on peut attendre de son propos : ici, il paraît évident, à la fin de son discours, qu'il prononce un réquisitoire contre l'esclavage.

3. Cet argumentaire, qui porte sur des éléments qui relèvent du droit, se donne à lire, comme on l'a vu, dans le brouillage de la hiérarchie entre les valeurs, dans ses excès rhétoriques, dans l'abus des raisonnements sophistiques et des arguments absurdes. Il porte en creux sa réfutation dans son double discours ironique. À ces différents titres, il présente une grande efficacité.

Mais il court également le risque d'être lu dans son dit et non dans ses intentions implicites : une dénonciation virulente de l'esclavage. Ce risque est d'autant plus important si le texte est donné à des lecteurs qui n'ont pas accès à des éléments contextuels, politiques et historiques. Seules ces connaissances permettent de décoder l'ironie, de comprendre un point de vue et de saisir l'orientation du discours, notamment en s'attachant à l'*èthos* de l'auteur, au champ de son discours et à ses choix et propos politiques. Enfin, on pourra souligner que malgré la force illocutoire du propos de Montesquieu, la puissance de son réquisitoire et plus largement la critique qu'en font les Lumières et la Révolution française, l'esclavage ne sera pleinement aboli qu'un siècle plus tard, en 1848.

Prolongement

Pour consolider les compétences de lecture devant l'ironie et le discours polémique, on pourra proposer aux élèves un exercice d'écriture d'imitation. Ils auront à défendre ironiquement un point de vue inacceptable : cela pourrait être, par exemple, le travail des enfants dans des pays en voie de développement. Leur texte commencerait alors ainsi : « Si j'avais à soutenir le droit qu'ont les pays pauvres de faire travailler les jeunes enfants, voici ce que je dirais ». En rédigeant des arguments intenables et ironiques, ils seront capables d'explorer les rouages de ces raisonnements fallacieux. Ils pourront, ensuite, en reconnaître les formes textuelles et rhétoriques dans d'autres discours et sur d'autres problématiques, notamment contemporaines.

TEXTE 4 : Jean-Jacques Rousseau, *Discours sur l'origine et les fondements de l'inégalité parmi les hommes* (1755)

p. 462

Objectifs et enjeux

→ **Analyser les procédés qui rendent compte de la perfection de l'état de nature**

→ **Interpréter la représentation du progrès selon Rousseau**

Lecture analytique

1. Le premier extrait est l'*incipit* de la deuxième partie du *Discours sur l'origine et les fondements de l'inégalité parmi les hommes*, qui s'ouvre brutalement sur le cri de revendication du premier propriétaire, « vrai fondateur de la société civile » (l. 2-3). Faire parler le propriétaire au discours direct renforce le caractère saisissant de cette scène originelle. Elle est marquée par une tonalité pathétique, car Rousseau fait de l'acte du planteur de pieux un scandale à l'origine de fléaux énumérés dans une exclamation : « Que de crimes, de guerres, de meurtres, que de misères et d'horreurs n'eût point épargnés au genre humain celui qui, arrachant les pieux ou comblant le fossé, eût crié à ses semblables [...] » (l. 3-5). Les calamités sont évoquées dans une gradation qui va des « crimes » aux « horreurs ». Rousseau imagine même, au conditionnel, une contre-scène dans laquelle une parole évite à l'humanité tous ces malheurs. Cependant, après ces prosopopées percutantes, le philosophe revient sur le spectaculaire drame initial pour l'expliquer et le nuancer.

2. L'idée de progrès pour l'homme, au centre de la pensée des Lumières, semble ici mise à mal et traitée de manière paradoxale par Rousseau. En effet, il prend à contre-pied les idées reçues, ne serait-ce que lorsqu'il qualifie de « vrai fondateur de la société civile » (premier extrait, l. 2-3), soit en des termes qui semblent connotés favorablement, l'homme qu'il accuse d'avoir causé toutes les misères de l'humanité.

Cette idée est à nouveau développée quand il s'agit de décrire le processus de l'appropriation matérielle du monde. Rousseau emploie le mot « progrès » (premier extrait, l. 10-11), suivi des termes « industrie » et « lumières » et des verbes « transmettre » et « augmenter » (premier extrait, l. 11), tous également perçus comme des qualités humaines. Le progrès tel que Rousseau l'évoque est pourtant négatif.

Ce paradoxe est renforcé par la peinture d'un âge d'or, certes paradisiaque, mais rudimentaire et malhabile, ce que révèlent les « grossiers instruments de musique » (second extrait, l. 5-6) et le paysage de « vastes forêts » qui sont transformées en « campagnes riantes » (second extrait, l. 12-13). Une telle métamorphose pourrait sembler heureuse. Toutefois, la suite de la phrase annule ce point de vue, car on y retrouve le lexique de l'aliénation et de la souffrance, ainsi que la comparaison oxymorique de la misère que l'on voit « germer et croître avec les moissons » (second extrait, l. 14-15). Ce paradoxe que souligne Rousseau marque la radicalité de sa réflexion. En insistant sur le conflit entre les progrès des humains et leurs droits, la liberté et l'égalité, il veut sortir d'un dualisme entre deux conceptions du monde, en posant la nécessité d'inventer un nouveau modèle social et politique pour résoudre cette contradiction.

3. Dans le second extrait, Rousseau dépeint l'état de nature comme un âge d'or. Le second extrait peut se lire comme un mythe, si l'on se réfère à la définition qu'en donne Mircea Eliade dans *Aspects du mythe* : « Le mythe [...] relate un événement qui a eu lieu dans le temps primordial, le temps fabuleux des commencements. » Le bonheur de l'homme primitif y est en effet décrit comme « un temps fabuleux » dans la première partie d'une longue période (l. 1-10), rythmée par une série de subordonnées introduites par « tant que » : elles inscrivent cet état de bonheur dans un passé originel, dont l'emploi du passé simple corrobore le caractère révolu.

Ce bonheur vient de la capacité de l'homme à limiter ses désirs, comme le montre l'emploi des verbes exprimant la restriction, tels que « se contentèrent » (l. 1), « se bornèrent » (l. 2), et de la négation restrictive « ne... qu'» (l. 6). Le bonheur vient aussi de l'indépendance. L'égalité entre les hommes est garantie par le fait que chacun veille à ses propres besoins et se consacre « à des ouvrages qu'un seul pouvait faire » (l. 6-7). L'oxymore « commerce indépendant » (l. 9-10) illustre l'équilibre paradoxal entre vie sociale et indépendance réelle. Mais il annonce ainsi la fin inéluctable de l'état de nature, dans lequel les hommes n'avaient qu'à « jouir entre eux des douceurs » de la vie (l. 9).

La seconde partie de la période est introduite par la conjonction « mais » (l. 10). Celle-ci marque avec cette époque mythique une rupture dont le caractère brutal et irréversible est souligné par la locution conjonctive « dès l'instant que » (l. 10). Rousseau décrit alors le malheur de l'homme social. Une série de deux propositions subordonnées introduites par « dès l'instant que » (l. 10) et « dès que » (l. 10-11) signale les conditions qui bouleversent l'histoire de l'humanité. Parmi celles-ci, l'accent est surtout porté sur la naissance de la propriété. Celle-ci implique une division du travail : « dès l'instant qu'un homme eut besoin du secours d'un autre » (l. 10). Telle est la cause de l'aliénation de l'homme, comme on le voit à l'emploi de termes forts, comme « sueur » (l. 13), « esclavage » et « misère » (l. 14), associés au travail de la terre. Ainsi Rousseau commence-t-il par peindre l'image d'un âge d'or perdu de l'humanité, pour mieux lui opposer les conséquences, terribles selon lui, de la propriété.

Cette reconstruction d'un âge d'or, auquel Rousseau n'attache pas de réalité historique, constitue un procédé méthodologique et argumentatif. Il donne à comprendre les ressorts de la construction de la vie sociale, et insiste sur la nécessité de réguler les droits et les devoirs des citoyens afin de dépasser les seuls rapports de force. La logique de ce discours est aussi soutenue par un effort de persuasion : la peinture d'une société rustique et heureuse s'oppose à la violence de la possession, évoquée avec brutalité et pathétique.

TEXTE 5 : Jean-Jacques Rousseau, *Émile ou De l'éducation* (1762) p. 463

Objectifs et enjeux

- **Découvrir les principes d'une éducation selon Rousseau**
- **Comprendre l'éloge d'un roman d'aventures dans une perspective éducative**

Lecture analytique

1. Depuis son *Discours sur l'origine et les fondements de l'inégalité parmi les hommes* (*cf.* p. 462), la question au centre de la réflexion de Rousseau consiste à savoir comment l'homme ainsi « dénaturé » peut accéder au bonheur. Dans son roman *Julie ou la Nouvelle Héloïse*, il montre que l'homme peut remplacer sa bonté naturelle, corrompue par la société, par la vertu et la moralité. Dans *Du Contrat social*, il propose une forme de société où l'individu accepte d'aliéner la liberté qui lui permet de satisfaire ses intérêts particuliers pour exercer une volonté fondée sur l'intérêt général, en tant que citoyen et au travers des lois. Et c'est pour démontrer que l'éducation peut changer ce que l'histoire et la société ont fait de l'homme qu'il écrit *Émile*.

Dans cette perspective, Rousseau présente *Robinson Crusoé* comme l'aventure d'un homme écarté de la société et revenu à un état ancien, à l'*état de nature*. En effet, le personnage principal se rapproche de l'humanité des premiers temps, décrite dans le *Discours sur l'origine et les fondements de l'inégalité parmi les hommes* (*cf.* p. 462, second extrait, l. 1-10) : les hommes y vivent dans l'indépendance, satisfaisant eux-mêmes leurs besoins. C'est aussi le cas de Robinson. Il est d'emblée représenté « dans son *île*, seul, dépourvu de l'assistance de ses semblables » (l. 9). Livré à lui-même, il doit vivre en autarcie, sans profiter du travail des autres. Il produit sa propre nourriture en élevant des « chèvres » et en cultivant des « plantations » (l. 24), et fabrique lui-même ses habits, des « peaux » (l. 27), un « grand bonnet » (l. 28) et un « parasol » (l. 29). Ainsi, pour Rousseau, ce sont les qualités d'adaptation de son héros à un mode de vie proche de l'état de nature qui font du roman de Defoe un objet d'étude incomparable.

2. Le premier paragraphe de l'extrait met en valeur les qualités exceptionnelles du roman de Daniel Defoe. En effet, tout le paragraphe est consacré à en démontrer le caractère unique. Dès la première phrase, avant même qu'on sache de quel ouvrage il s'agit, il est présenté comme le seul texte à retenir parmi « des livres » (l. 1). L'affirmation à la forme impersonnelle de la première phrase, « il en existe un » (l. 1), même si elle est atténuée par le modalisateur « à mon gré » (l. 1-2), atteste son importance. Plusieurs procédés sont mis en œuvre dans la suite du paragraphe pour confirmer ce statut privilégié : l'emploi de superlatifs et les adverbes « longtemps » (l. 3) et « toujours » (l. 4, répété l. 7). *Robinson Crusoé* est présenté à deux reprises en opposition à une totalité : « seul » s'oppose ainsi à

« toute sa bibliothèque » (l. 3), « le texte » à « tous nos entretiens » (l. 4-5). Le lecteur est d'autant plus impressionné par ce livre qu'il lui faut attendre la fin du paragraphe pour en découvrir le titre, après une série de courtes questions rhétoriques citant des philosophes et scientifiques renommés, qui en renforcent ainsi l'importance : « Quel est donc ce merveilleux livre ? Est-ce Aristote ? est-ce Pline ? est-ce Buffon ? Non ; c'est *Robinson Crusoé* » (l. 7-8).

Le caractère exceptionnel de *Robinson Crusoé* vient du fait que Rousseau le considère comme « le plus heureux traité d'éducation naturelle » (l. 2). Il est alors conforme aux principes éducatifs qu'il a énoncés dans les premiers livres de l'*Émile*, à savoir : « Émile est un enfant de la nature, élevé d'après les règles de la nature, pour la satisfaction des besoins de la nature. » Le roman sera donc « le texte auquel tous nos entretiens sur les sciences naturelles ne serviront que de commentaire » (l. 4-5) : Rousseau estime ici que le roman peut transmettre des connaissances scientifiques (en botanique, en agriculture) à son jeune élève. Plus encore, en offrant à l'enfant une représentation de l'état de nature, l'expérience de Robinson donnera à Émile des exemples qui lui permettront de former son jugement : « Le plus sûr moyen de s'élever au-dessus des préjugés et d'ordonner ses jugements sur les vrais rapports des choses, est de se mettre à la place d'un homme isolé, et de juger de tout comme cet homme en doit juger lui-même, eu égard à sa propre utilité » (l. 16-19). L'identification au personnage de Robinson, développée dans les lignes 23 à 35, devra permettre à Émile de réfléchir concrètement aux comportements à adopter lorsque l'on est seul au contact de la nature. Paradoxalement, il pourra dès lors apprendre « en détail, non dans des livres, mais sur les choses, tout ce qu'il faut savoir en pareil cas » (l. 24-26). La lecture de *Robinson Crusoé* et sa transposition dans la vie réelle développent alors un esprit de découverte et d'expérimentation. L'enfant est amené à manipuler, à observer la nature.

3. Rousseau insiste sur le fait que le roman de Defoe permettra « tout à la fois l'amusement et l'instruction d'Émile » (l. 21-22). Le sentiment de plaisir est mentionné à plusieurs reprises : « sa lecture nous plaira toujours » (l. 7), « agréable aux enfants » (l. 12), « Je veux que la tête lui en tourne » (l. 23). Plaisir intense procuré par le sentiment d'évasion et l'identification de l'enfant au personnage de Robinson : « qu'il pense être Robinson lui-même » (l. 26-27). Le projet éducatif, clairement affirmé par l'auteur dans l'anaphore du verbe « Je veux » (l. 23 et 30), propulse l'enfant sur l'île, qui devient sienne, comme le montrent les nombreux déterminants possessifs (« son château », « ses chèvres », « ses plantations », l. 23-24). Ainsi le livre disparaît-il derrière l'île où il a transporté l'enfant. C'est aussi un éloge de l'évasion et de l'imaginaire qui se lit dans ces lignes de Rousseau.

TEXTE 6 : Voltaire, « Histoire abrégée de la mort de Jean Calas », *Traité sur la tolérance* (1763) p. 464

Objectifs et enjeux

- **Découvrir l'affaire Calas**
- **Observer comment Voltaire fonde sa réflexion sur un fait d'actualité**
- **Comprendre la dénonciation de Voltaire et son engagement**

Lecture analytique

1. Le texte prend la forme d'un plaidoyer de Voltaire démontrant clairement l'innocence de Jean Calas. Le philosophe, qui a refait l'enquête, ne manque pas de faits et de données pour contester la culpabilité du père. Tout d'abord, le coupable prétendu est âgé et de santé défaillante et il n'aurait pu, seul, étrangler ni pendre son fils, un homme « robuste » (l. 25) et dans la force de l'âge. Si crime il y a eu, c'est toute la famille qui l'a perpétré, car tous ses membres sont restés ensemble toute la soirée. Or cette attitude aurait été aberrante de la part d'une servante catholique, d'un ami du jeune Calas venu lui rendre visite et d'une mère aimante ; les questions rhétoriques des lignes 18 à 27 montrent bien que pour Voltaire la cause est entendue. Il détaille ensuite, dans un tableau réaliste, les violences qu'un tel crime aurait dû provoquer : « un combat long et violent », « des cris affreux qui auraient appelé tout le voisinage », « des coups réitérés », « des meurtrissures », « des habits déchirés » (l. 25-27). Or aucun de ces faits n'est avéré, comme le souligne la répétition de « sans ». La conclusion s'impose donc : l'absence de ces indices signifie qu'il n'y a pas eu de crime. Des lignes 28 à 31, Voltaire récapitule les faits dont l'évidence amène à conclure à l'innocence de Calas, avec une anaphore de « Il était évident que ». Mais ce qui suit ces évidences, c'est l'annonce de la mort du père, introduite par « et cependant » (l. 30-31). L'opposition apparaît dans le raisonnement comme une contradiction dans les termes.

Voltaire dépeint aussi le sort de Calas en employant une tonalité pathétique. Le démonstratif « ce » accolé au mot « père » et suivi de sa condamnation « expirer sur la roue » (l. 31) a une valeur déictique et donne à voir le personnage. Voltaire conclut la liste des aberrations qui caractérisent ce procès en citant les raisons de l'arrêt prononcé : la condamnation était doublée de torture afin d'obtenir un aveu de culpabilité. Or la situation se retourne à la fin du texte ; Calas n'avoue pas et, à l'inverse, témoigne d'une foi et d'une grandeur d'âme qui font éclater l'erreur des juges : « Ils furent confondus, quand ce vieillard [...] prit Dieu à témoin de son innocence » (l. 35-36). Le condamné ajoute l'indulgence et la générosité à la piété en conjurant Dieu « de pardonner à ses juges » (l. 37).

Le plaidoyer de Voltaire se nourrit de sa connaissance des circonstances de la mort du fils de Jean Calas, des éléments de l'enquête et des conditions du jugement. C'est à partir de ces données qu'il fait la démonstration de l'innocence du vieillard et de l'incohérence des décisions des juges.

2. La justice d'Ancien Régime est dépeinte comme l'auxiliaire de l'intolérance religieuse. Si cette condamnation inique a été rendue possible, c'est parce que « La faiblesse de notre raison et l'insuffisance de nos lois se font sentir tous les jours » (l. 5-6). La justice est défaillante parce qu'elle ne recherche pas la vérité, mais se fonde sur les préjugés et l'intolérance religieuse pour persécuter les protestants. Comme on l'a vu précédemment, aucune preuve ne vient étayer l'accusation de Jean Calas ; bien au contraire, nombre d'arguments et de faits montrent qu'il n'était pas possible que Calas ait tué son fils. Aucune enquête n'a été menée qui aurait pu faire éclater la vérité. Voltaire rappelle aussi que le jury a condamné Calas à une très courte majorité. Il déplore que « la prépondérance d'une seule voix fait rouer un citoyen » (l. 7), estimant qu'une décision de justice ne devrait être prise qu'à l'unanimité des juges. En désignant le meurtre dont on accuse Calas par l'expression hyperbolique « un crime si inouï » (l. 3) et sa condamnation par le « plus affreux supplice » (l. 2), Voltaire met sur le même plan le crime et son châtiment. De ce fait, toute condamnation injuste devient un crime de la justice.

Enfin, comme Montaigne l'a fait dans son chapitre « Sur la conscience », où il dénonce le fait que la torture et la mort du prévenu servent d'instruction, Voltaire indique que les juges décidés à condamner Calas « persuadèrent aux autres que ce vieillard faible ne pourrait résister aux tourments, et qu'il avouerait sous les coups des bourreaux son crime » (l. 33-35). Le philosophe dénonce là une forme de déni de justice, puisque c'est le châtiment qui sert à prouver la culpabilité du prévenu.

Ainsi est mis en évidence le caractère scandaleux d'une justice qui ne cherche pas la vérité, mais se résume à un instrument au service de l'intolérance.

3. La critique que fait Voltaire de la justice de son temps dessine, en creux, les fondements d'une institution judiciaire humaine et raisonnable. Pour être humaine, il faudrait que la justice repose sur des principes fermes et ne confonde pas le temps de l'instruction avec celui du jugement. Il faudrait également que l'enquête ne soit pas guidée par les préjugés. Ici, l'affaire Calas montre que les juges croient le père trop fanatique et intolérant pour supporter que son fils se convertisse au catholicisme. Ce faisant, ce sont de leurs propres préjugés qu'ils témoignent.

Voltaire souhaite aussi que l'enquête soit consacrée à la recherche de la vérité. Pour cela, il faut un haut niveau d'exigence. Pour que la vérité puisse triompher, il faut que les preuves ne laissent aucune place à l'hésitation. Et si doute il y a, il doit « faire trembler un juge qui va signer un arrêt de mort » (l. 4-5). Le philosophe en rappelle deux principes fondamentaux : tout d'abord, un « jugement devrait être unanime » (l. 2) ; ensuite, l'évidence des preuves doit apparaître aux yeux de tous, « d'une évidence sensible à tout le monde » (l. 3). Et Voltaire de convoquer l'exemple des Grecs de l'Antiquité, « plus sages et plus humains que nous » (l. 10) : l'Antiquité devient le modèle d'une justice fondée sur la raison et la sensibilité.

Prolongement

Ce texte entre en écho avec l'article « Torture » du Dictionnaire philosophique, que Voltaire publie sans nom d'auteur en 1764 et qui est aussitôt censuré (*cf.* texte 10, p. 468). Voltaire adopte une stratégie comparable dans les deux textes : étayer son propos sur des faits réels, le procès Calas ou celui du chevalier de la Barre ; insister sur la cruauté des pratiques judiciaires et leur caractère injuste ; et montrer, par des comparaisons avec d'autres pays ou d'autres temps, que la France est en la matière particulièrement archaïque. Enfin Voltaire met toute la diversité des tonalités au service des causes qu'il défend : à une argumentation solide et articulée, il allie les figures du pathétique et l'ironie. De la sorte, il déconsidère les institutions qui ne répondent pas aux principes des Lumières : vérité, rationalité, et respect des êtres humains.

TEXTE 7 : Émilie du Châtelet, *Discours sur le bonheur* (1779, posth.)

p. 465

Objectifs et enjeux

→ **Analyser un essai prônant la liberté individuelle et la raison**

→ **Susciter la réflexion sur l'accès au bonheur**

Lecture analytique

1. Dans l'ouverture de son essai, Mme du Châtelet fait l'apologie des passions : elle s'oppose en cela aux moralistes. La vie terrestre, selon elle, doit exclusivement être réservée à cette recherche du bonheur que procurent les « sensations » (l. 19) et les « sentiments agréables » (l. 20). Émilie du Châtelet n'hésite pas à citer les moralistes en imitant ironiquement la rigueur de leur ton injonctif (l. 20-21) pour contredire leurs arguments. Elle pose ensuite sa thèse sous la forme d'un aphorisme : « On n'est heureux que par des goûts ou des passions satisfaites » (l. 22-23). La négation restrictive « n'... que » montre que les passions sont indispensables au bonheur et que chaque individu doit chercher dès son plus jeune âge à goûter les plaisirs de la vie. La métaphore filée de la navigation, « calfater leurs vaisseaux [...] dans leur navigation » (l. 10-11), présente cette recherche comme une véritable quête, une aventure ou encore une exploration. Afin de défendre sa thèse, Mme du Châtelet associe alors dans un jeu d'opposition la théorie des moralistes au malheur (« malheureux », l. 14, 25, 27 et 30 ; « malheurs », l. 28) et la quête des passions au bonheur (« heureux », l. 12, 22, 23, 25-26 et 29 ; « agréables », l. 20). Elle prône ainsi, de manière exclusive, l'épicurisme comme une nécessité pour atteindre le bonheur : « nous n'avons rien à faire en ce monde qu'à nous y procurer des sensations et des sentiments agréables » (l. 19-20).

2. L'exemple des amours de la magicienne Armide et de Renaud tend à apporter une réponse aux interlocuteurs fictifs de l'auteure qui s'interrogent sur les conséquences des passions : les passions font-elles « plus de malheureux que d'heureux » (l. 25-26) ? La légende relate une passion amoureuse malheureuse. Cet exemple permet de relativiser la thèse de Mme du Châtelet. Selon elle, si le bonheur naît des passions satisfaites, il n'est pas exclu que ces mêmes passions évoluent négativement ; elles provoqueraient alors le malheur des hommes et des femmes. C'est d'ailleurs ce scénario qui plaît tant aux spectateurs de pièces de théâtre et qui rend « intéressants » (l. 31 et 40) les gens malheureux.

3. Le discours de Mme du Châtelet est représentatif des idées des Lumières, car elle fait appel à la raison pour accomplir la quête du bonheur. Le premier paragraphe permet de remettre en question l'opinion commune, introduite par « On croit communément » (l. 1), en employant la stratégie argumentative de la concession : « l'on n'a que trop de raison de le croire ; mais... » (l. 1-2). Ainsi, l'auteur pose un « plan de conduite » (l. 3) fondé sur l'observation et l'expérience, loin des « préjugés » (l. 12). La recherche des passions, si elle est nécessaire, doit pourtant se limiter raisonnablement à celles que l'on peut « contenter » (l. 24). Plus encore, la passion et l'illusion doivent être associées à la vertu et à la raison. En tant que scientifique, Mme du Châtelet prône la réflexion avant l'action (l. 2-3), le contrôle de soi malgré les circonstances qui entraînent l'individu (l. 3-4) et l'esprit critique, ici face à une morale traditionnelle qui condamne les plaisirs (l. 18-19). Les nombreux connecteurs marquent la logique de son raisonnement (« mais », l. 2 ; « car », l. 13 ; « donc », l. 14 ; « parce qu'», l. 23, etc.) qui établit des relations d'opposition et de cause à effet. L'accès au bonheur ne peut donc être garanti que s'il est contrôlé par la raison et la réflexion.

TEXTE 8 : Olympe de Gouges, *Déclaration des droits de la femme et de la citoyenne* (1791)

p. 466

Objectifs et enjeux

→ **Analyser un texte revendiquant une représentation politique des femmes**

→ **Découvrir une figure d'auteure des Lumières**

Lecture analytique

1. Le texte d'Olympe de Gouges est d'abord une dénonciation de la tyrannie masculine. En effet, pendant la Révolution française, on assiste à une multiplication des discours sur la liberté et les droits individuels qui visent aussi à convaincre les femmes, et pourtant elles en sont totalement exclues. Devant cette contradiction et cette injustice, Olympe de Gouge rédige la *Déclaration des droits de la femme et de la citoyenne*. Elle fait précéder son manifeste d'un avant-propos où elle interpelle les hommes. Pour contester la primauté masculine, elle y fait référence à des notions politiques qualifiant habituellement le despotisme : on trouve ainsi les termes « souverain empire » (avant-propos, l. 2-3), « opprimer » (l. 3), « empire tyrannique » (l. 5) et « commander en despote » (l. 13). Le pouvoir des hommes sur les femmes relève bien des formes politiques les plus contestables, que la Révolution prétend abattre. Olympe de Gouges souligne aussi le décalage du comportement des hommes : ils font preuve de « l'ignorance la plus crasse » (avant-propos, l. 13) dans « ce siècle de lumières et de sagacité » (l. 12). Le discours de l'auteure est marqué par l'indignation, comme le montrent l'apostrophe adressée à l'homme dès la première ligne, et ses questions rhétoriques qui sont autant de reproches : « es-tu capable d'être juste ? » (avant-propos, l. 1) ; « qui t'a donné le souverain empire [...] ?» (l. 2-3). La tonalité est ici clairement polémique. Olympe de Gouges emploie aussi l'ironie quand elle feint de redire les arguments traditionnels sur lesquels s'appuie le pouvoir masculin : « ta force ? tes talents ? » (avant-propos, l. 3). Elle laisse éclater son indignation dans une accumulation de termes péjoratifs associés à l'homme : « Bizarre, aveugle, boursouflé de sciences et dégénéré » (avant-propos, l. 11-12). Le préambule, cependant, abandonne sa dimension polémique et adopte un ton plus solennel, conforme à ce genre d'écrit politique. On le voit aux phrases déclaratives et accumulation d'adjectifs et de noms : « Les mères, les filles, les sœurs » (préambule, l. 1), « les droits naturels, inaltérables et sacrés de la femme » (préambule, l. 5). L'auteure reproduit ici le ton de la *Déclaration des droits de l'homme*.

2. Olympe de Gouges énonce sa principale revendication, le droit des femmes à une représentation politique égale à celle des hommes : « Les mères, les filles, les sœurs [...] demandent à être constituées en Assemblée nationale » (préambule, l. 1-2). C'est cette demande d'égalité qui constitue le premier article de la *Déclaration*. Le recours au groupe ternaire (mères, filles et sœurs) est un moyen d'insister sur la légitimité de cette revendication : les femmes désirent exister en tant que citoyennes et non plus uniquement comme membres de la famille.

Pour soutenir sa revendication, Olympe de Gouges développe plusieurs arguments. Le principal, développé dans l'avant-propos, repose sur une comparaison : contrairement aux autres formes de vie naturelle, l'espèce humaine est la seule qui sépare et oppose les sexes. Par des ordres à l'impératif présent, l'auteure invite le lecteur à valider cette hypothèse en observant la nature : « Remonte aux animaux, consulte les éléments, étudie les végétaux » (avant-propos, l. 6). L'anaphore de « partout » (avant-propos, l. 9-10) montre l'égalité entre les sexes comme une loi universelle à laquelle l'homme se dérobe, ce que souligne l'emploi de l'adjectif « seul » (avant-propos, l. 11) à la phrase suivante.

Le préambule offre un nouvel argument, politique et historique : « l'ignorance, l'oubli ou le mépris des droits de la femme sont les seules causes des malheurs publics et de la corruption des gouvernements » (préambule, l. 2-3). L'exclusion des femmes du domaine politique constitue ainsi une cause aux malheurs qui ont pu engendrer la Révolution. Enfin, Olympe de Gouges insiste sur l'égale dignité de son sexe : « [...] un sexe qui a reçu toutes les facultés intellectuelles » (avant-propos, l. 13-14) et revendique même, pour les femmes, le titre de « sexe supérieur en beauté comme en courage » (préambule, l. 12-13).

3. Le texte défend une égalité de droits et la construction d'une société équitable pour l'homme et pour la femme. Bien que son texte soit une réponse à la *Déclaration des droits de l'homme* adoptée par l'Assemblée nationale en 1789, Olympe de Gouges ne s'oppose pas aux idéaux de 1789, et elle se place « sous les auspices de l'Être suprême » (préambule, l. 14). Elle souligne ainsi sa volonté d'inscrire sa revendication dans la cohérence globale de la pensée révolutionnaire. Puis elle transpose, article par article, la *Déclaration des droits de l'homme*. Dans l'article premier, elle remplace le terme « l'homme » par « la femme » et proclame son égalité en droit à l'homme. L'article 2 pose cette égalité comme acquise ; ce qui est spécifiquement défendu ici, c'est le principe d'une juste coopération entre les sexes, traduite par les deux groupes nominaux coordonnés : « de la femme et de l'homme » (article 2, l. 18).

Olympe de Gouges reprend ensuite la liste des droits donnée à l'article 2 de la *Déclaration des droits de l'homme* (« Ces droits sont la liberté, la propriété, la sûreté, et la résistance à l'oppression »), mais, de façon discrète, elle substitue au droit de propriété celui de « prospérité » (article 2, l. 19). La proximité sonore des mots « propriété » et « prospérité » souligne l'opposition entre les deux termes, jusqu'à instaurer une relation de causalité implicite. Ce faisant, au-delà d'une revendication politique féministe, elle appelle de ses vœux une transformation sociale majeure : la limitation de la propriété, ce qui fait écho aux réflexions de penseurs politiques tel Rousseau.

Olympe de Gouges apparaît, dès lors, comme une figure politique importante de la Révolution et qui a payé de sa vie son engagement.

III. Le philosophe éclairé : science et conscience (p. 467-468)

TEXTE 9 : Dumarsais, article « Philosophe », *Encyclopédie* (1751-1772) p. 467

Objectifs et enjeux

- Analyser le champ d'étude et les méthodes du philosophe des Lumières
- Découvrir une philosophie rationnelle et matérialiste, critique de son siècle

Lecture analytique

1. Le philosophe est un être à l'opposé des **«** autres hommes **»** (l. 1). Entrée de cet article, le nom « philosophe » est écrit en italiques, ce qui d'emblée le distingue sur le plan visuel. La réflexion est engagée sur un mode binaire et l'ensemble du texte est structuré sur le motif de l'opposition, entre l'unicité et la singularité du « *philosophe* », et un tout désigné au pluriel, les « autres hommes ». Cette expression est d'ailleurs répétée aux lignes 1 et 10. L'article de l'*Encyclopédie* met d'autant mieux en valeur son sujet, le philosophe, qu'il commence par évoquer « les autres hommes » avec la préposition « sans » reprise par la négation « ni » (l. 1) : ce groupe se caractérise avant tout par des déficits ou incapacités. Dès lors, et « au contraire » (l. 2), le philosophe est défini selon des qualités que les autres n'ont pas. Si les autres hommes sont déterminés à « agir sans sentir ni connaître les causes » (l. 1), le philosophe « démêle les causes » (l. 2-3). Les expressions se répondent, et signifient que le seul philosophe a la capacité de raisonner.

On retrouve cette opposition dans le deuxième paragraphe. Certes « les autres hommes » et « le philosophe » suivent tous leurs passions, mais un distinguo s'opère : les premiers agissent « sans que les actions qu'ils font soient précédées de la réflexion », (l. 10-11), quand le philosophe, lui, « n'agit qu'après la réflexion » (l. 11-12).

La même distinction entre deux catégories se poursuit encore dans le troisième paragraphe, avec un glissement : « les autres hommes » sont désignés sous le nom générique de « peuple » (l. 15), dans une dimension sociale et politique. « Le peuple adopte le principe sans penser aux observations qui l'ont produit » (l. 15), écrit Dumarsais. Cette formule, par l'usage que l'auteur fait du singulier, paraît étrange et pourrait renvoyer au principe de toute chose (Dieu, d'un point de vue religieux ?). Le philosophe, en tout cas, est amené à adopter un point de vue matérialiste et à enquêter sur ce « principe » : il « prend la maxime dès sa source ; il en examine l'origine ; il en connaît la propre valeur, et n'en fait que l'usage qui lui convient » (l. 16-18). Ainsi, contrairement au peuple, il ne croit pas « que la maxime existe » (l. 16) hors de ses « observations » (l. 15), c'est lui qui décide de la « propre valeur » (l. 17) d'une idée et qui, de ce fait, choisit d'en faire ou non usage. Ainsi le philosophe se libère de toute croyance qu'il ne juge pas fondée.

2. La philosophie, pour Dumarsais, a pour moyen et pour objet la raison et la vérité. Le philosophe possède certes les qualités que n'ont pas les autres hommes, mais il n'est pas pour autant leur double inversé. Il a aussi d'autres capacités qui tiennent à la réflexivité de son savoir : non seulement il démêle les causes, mais il « les prévient, et se livre à elles avec connaissance » (l. 3-4). La métaphore qui suit est éclairante. Le philosophe est « une horloge qui se monte [...] quelquefois elle-même » (l. 4-5), c'est-à-dire qui est autonome, qui connaît et améliore son propre fonctionnement. Autant dire que la pensée et la réflexion du philosophe prennent naissance dans son esprit, dans une forme d'auto-engendrement qui préfigure des savoirs contemporains sur l'intelligence ! Avec l'adverbe « Ainsi » (l. 5), Dumarsais exprime une conséquence de cette démarche du philosophe : il refuse les « objets qui ne conviennent ni au bien-être, ni à l'être raisonnable » (l. 6). On comprend que le philosophe use de sa raison, non seulement pour comprendre et savoir, mais également pour vivre, sentir et éprouver « des affections convenables à l'état où il se trouve » (l. 7). Le philosophe est également un sage qui aspire au « bien-être » (l. 6) ; il éprouve aussi ses sentiments et ses passions, mais il est alors éclairé par sa réflexion, comme le montre la métaphore filée de la lumière, « il marche la nuit, mais il est précédé d'un flambeau » (l. 13), tandis que les autres hommes « marchent dans les ténèbres » (l. 11-12). Cette métaphore de la lumière rejoint bien évidemment l'image de la philosophie des Lumières.

La démarche du philosophe repose également sur l'observation. S'il est à la recherche de principes, il ne veut pas prendre pour vérité ce qu'il n'a pas analysé par sa propre intelligence, comme on l'a déjà noté. Sa conception de la vérité est le résultat d'une quête guidée par la raison et la réflexion. Dumarsais la définit à nouveau de façon négative : la vérité n'est pas « une maîtresse qui corrompe son imagination, et qu'il croie trouver partout » (l. 19-20), ni « la vraisemblance » (l. 22). Et l'auteur distingue plusieurs catégories qui se réfèrent à la vérité : le « vrai » (l. 22), le « faux » (l. 23), le « douteux » (l. 24), le « vraisemblable » (l. 25). Ces catégories intelligibles relèvent bien de la seule réflexion. Enfin, de manière paradoxale, semble-t-il, le philosophe selon Dumarsais atteint « une grande perfection » (l. 26-27) parce qu'« il sait demeurer indéterminé » (l. 28-29), « lorsqu'il n'a point de motif propre pour juger » (l. 27-28). Cette capacité à suspendre son jugement, ce doute renvoie à une philosophie cartésienne voire à un scepticisme, proche de celui que pratique Montaigne. Dumarsais revendique ici l'héritage d'une tradition philosophique ancienne, à laquelle l'« esprit philosophique » (l. 30) ajoute, de manière implicite, la sensibilité et les passions comme autant de moyens d'accéder au savoir et à la vérité : au-delà d'« un esprit d'observation et de justesse, qui rapporte tout à ses véritables principes » (l. 30-31), le philosophe « porte plus loin son attention et ses soins » (l. 34-35).

3. Les auteurs de l'*Encyclopédie* ont eu affaire à la censure : cet article peut faire partie de ceux qui ont alerté les censeurs. Dès la première phrase, et de manière discrète, Dumarsais inverse l'ordre des moyens d'accéder au savoir, plaçant la sensibilité avant la connaissance (l. 1). C'est la marque d'une pensée empirique et matérialiste qui se soucie peu de transcendance, dans un siècle où toute la société est fondée et régie selon des principes religieux. Un tel propos pourrait valoir à Dumarsais d'être inquiété par la censure. La métaphore de l'horloge qu'il emploie plus loin, pour expliciter la réflexivité et l'autonomie de l'esprit du philosophe (l. 4-5), fait écho au propos de Voltaire témoignant de ses difficultés à comprendre l'origine du monde : « L'univers m'embarrasse, et je ne puis songer / Que cette horloge existe et n'ait pas d'horloger » (*Les Cabales*, 1772, v. 111-112). Toutefois Dumarsais semble aller encore plus loin que le théisme de Voltaire en faisant du philosophe l'horloger de sa propre personne, mettant ainsi à distance l'idée d'une divinité créatrice. Plus audacieuse encore est la comparaison qui clôt le premier paragraphe : « La raison est à l'égard du *philosophe*, ce que la grâce est à l'égard du chrétien » (l. 7-8) : les deux moteurs, raison et grâce, semblent dans cette formulation incompatibles. On pourrait déduire de ce raisonnement qu'on ne peut être à la fois chrétien et philosophe, une assertion qui pouvait alerter une censure vigilante sur le respect des dogmes religieux.

Prolongement

On pourra citer aux élèves un autre extrait de cet article. Dumarsais y offre une dernière définition du philosophe dans les relations qu'il entretient avec la société, exprimant également un point de vue social et moral : « Le vrai *philosophe* est donc un honnête homme qui agit en tout par raison, et qui joint à un esprit de réflexion et de justesse les mœurs et les qualités sociables. » Et il conclut avec un conseil : greffer « un souverain sur un *philosophe* d'une telle trempe et vous aurez un parfait souverain ». Cette définition du pouvoir politique, alors que le monarque est absolu et de droit divin, peut porter une critique implicite contre le pouvoir royal de Louis XV.

Dans une lettre à Sophie Volland datée du 26 septembre 1762, Diderot définit le rôle du philosophe en faisant la même distinction que Dumarsais dans son article, entre le philosophe et les autres. « Ce qui caractérise le philosophe et le distingue du vulgaire, c'est qu'il n'admet rien sans preuve, qu'il n'acquiesce point à des notions trompeuses et qu'il pose exactement les limites du certain, du probable et du douteux. Cet ouvrage produira sûrement avec le temps une révolution dans les esprits, et j'espère que les tyrans, les oppresseurs, les fanatiques et les intolérants n'y gagneront pas. Nous aurons servi l'humanité. » On aura ici la confirmation du caractère engagé de l'*Encyclopédie* et de la dimension polémique de l'esprit philosophique, contre l'obscurantisme, le fanatisme et le pouvoir abusif, jusqu'à espérer une « révolution » qui ne se produise pas que dans les esprits !

TEXTE 10 : Voltaire, article « Torture », *Dictionnaire philosophique* (1769) p. 468

Objectifs et enjeux

→ **Analyser la progression de la composition d'un article**

→ **Comprendre l'ironie et mesurer son efficacité argumentative**

Lecture analytique

1. Dans cet article, Voltaire emploie l'ironie dès le début de l'extrait, lorsqu'il fait mine d'adopter le point de vue d'un « conseiller de la Tournelle » (l. 2-3) qui semble appliquer la torture pour se distraire. L'ironie est perceptible au décalage entre le ton léger des termes « se donne le plaisir » (l. 5) ou de la citation des *Plaideurs* et la tonalité pathétique employée dans la description du condamné : « hâve, pâle, les yeux mornes, la barbe longue et sale » (l. 4) et « en danger de mort » (l. 7). De même, Voltaire dépeint les échanges quotidiens entre le magistrat et sa femme dans une véritable scène de comédie. L'attitude de l'épouse dévoile, dans une ironie cruelle, combien on peut s'accommoder facilement de la violence au point d'en faire un sujet de badinage conjugal : « Mon petit cœur [...] la question à personne ? » (l. 14-15). Le contraste entre des traitements barbares et un ton léger est fait pour indigner le lecteur en révélant à quel point la violence est devenue banale dans la société française du XVIIIe siècle.

L'ironie est également employée pour dépeindre la société française en général, quand l'auteur souligne la différence entre la France et l'Angleterre en inversant volontairement les valeurs. Tout le monde – donc les Anglais également – s'accorde à trouver le peuple français « fort humain » (l. 16). Mais les commentaires ironiques de Voltaire contredisent ce jugement dans le même temps qu'il l'énonce : l'humanité reconnue aux Français ne semble pas justifiée ; « je ne sais pourquoi », souligne-t-il (l. 16). En insistant à l'aide de la modalisation « qui passent » (l. 16), il bat en brèche cette opinion favorable. Les Français parlent de « l'inhumanité » des Anglais pour avoir pris « tout le Canada » (l. 17-18), et s'étonnent pourtant qu'ils aient renoncé à la torture. Poussé à son terme, le raisonnement conclut implicitement à l'inhumanité d'un peuple qui utilise la torture.

2. Pour dénoncer ces pratiques, Voltaire met en œuvre des stratégies argumentatives dans un texte composé avec soin. L'article s'attache d'abord à la place de la torture dans l'Antiquité romaine, une référence essentielle en un siècle où cette période historique est un modèle prestigieux (l. 1-2). Une concession exonère rapidement les Romains d'avoir exercé la torture sur les esclaves, puisque ces derniers n'étaient pas considérés comme des hommes ; mais cette remarque est reprise au fil du texte pour mieux condamner l'usage de la torture à l'époque de Voltaire (l. 2-3 et 23).

Puis les paragraphes s'enchaînent, en faisant alterner les perspectives singulières et générales. Dans les premiers paragraphes, Voltaire développe l'exemple développé des agissements du conseiller de la Tournelle dans le cadre de ses fonctions (l. 2-15), avant d'évoquer, dans le troisième paragraphe, l'exemple des Anglais qui ont renoncé à la torture. Puis un long paragraphe est consacré à l'affaire particulière du chevalier de La Barre (l. 19-27). Le court paragraphe qui suit élargit le cadre de cette affaire particulière à toute la société française du XVIIIe siècle, ce qui permet à Voltaire d'en faire un combat contemporain (l. 28-33). Le dernier paragraphe, enfin, remet la culture et les lois françaises en perspective dans le temps et dans l'espace, en les comparant à celles de la Russie (l. 34-38). Ce pays qui connaît un changement récent de culture offre un autre modèle à suivre, un pendant moderne à la civilisation antique. À travers la composition de cet article, qui confronte plusieurs civilisations, on voit que le philosophe dénonce dans la pratique de la torture une spécificité française : cette exception la rend encore moins défendable.

Voltaire aborde cette question par des mouvements opposés, mais convergents, de concentration sur des détails et des cas individuels, qu'il articule à des catégories plus générales telles que les peuples, la justice, la barbarie et l'humanité. L'exemple développé de l'attitude du conseiller de la Tournelle permet d'incarner cette justice. Dans ce passage théâtralisé, Voltaire met en scène deux figures. L'une, pathétique, est l'inculpé, « hâve, pâle, défait [...] rongé dans un cachot » (l. 4-5), l'autre est le juge qui, arbitrairement, se « donne le plaisir de l'appliquer à la grande et à la petite torture » (l. 5-6) et raconte le soir à son épouse ses « expériences sur son prochain » (l. 10-11). Et de manière incidente, Voltaire rappelle que cette justice, fondée sur la vénalité des charges, se pratique sous la surveillance d'un médecin (l. 6) : la torture apparaît comme une pratique contrôlée et exercée de sang-froid. Le philosophe fait donc appel à des arguments affectifs, suscitant le dégoût et l'effroi des lecteurs. La justice, ainsi présentée de manière ironique et pathétique, apparaît en totale contradiction avec les valeurs d'humanité et de charité qui poussent chaque homme à voir dans l'autre « un de ses semblables » (l. 3).

Un long paragraphe constitué d'une seule phrase est consacré à l'affaire du chevalier de La Barre, qui a provoqué l'indignation de Voltaire. L'écrivain insiste sur l'âge de ce « jeune homme » (l. 20). Sa « jeunesse effrénée » (l. 21) est rappelée et soulignée par plusieurs détails : il est désigné comme « petit-fils » (l. 19) d'un général, ce qui insiste aussi sur l'origine valeureuse de sa famille, et comme un garçon « d'une grande espérance » (l. 20), ce qui laisse présager une destinée éminente tout en révélant qu'il n'a pas encore commencé sa vie d'adulte. C'est cette jeunesse, ainsi, qui peut être cause et excuse de l'inconséquence de son attitude : avoir « chanté des chansons impies » (l. 21-22) et n'avoir pas « ôté son chapeau » (l. 22-23) lors d'une procession. À ces fautes légères, Voltaire oppose dans la même phrase la cruauté du châtiment auquel le chevalier est condamné (l. 24-25). Le lecteur est poussé à s'indigner devant ce supplice long, sadique et inhumain, mais surtout devant la raison pour laquelle la torture lui est appliquée : il s'agit de connaître le détail de fautes déjà avouées. Le paragraphe qui suit renforce la condamnation de la torture, car il la met en perspective avec le haut degré de civilisation concédé à la France moderne pour sa vie artistique, admirée de toutes les nations.

3. En tant que philosophe des Lumières, Voltaire s'engage contre la torture parce qu'elle va à l'encontre des valeurs d'humanité, comme la compassion et le respect de l'être humain. Le texte est rythmé par le retour des termes « hommes » (l. 2 et 3), « humain » (l. 16), « inhumanité » (l. 17) et « humanité » (l. 38). Dès le premier paragraphe, l'antithèse appuyée entre « plaisir » et « torture » (l. 5-6), qui vise à dénoncer le caractère quasi sadique de cette pratique, incite le lecteur à rétablir une hiérarchie des valeurs selon laquelle l'humanité doit primer sur le pouvoir arbitraire des juges. Voltaire dénonce aussi, dans les tortionnaires, des personnes incapables de reconnaître en l'autre un homme à part entière, « un de [leurs] semblables » (l. 3). L'exemple des Romains a cette fonction : « Les Romains n'infligèrent la torture qu'aux esclaves mais les esclaves n'étaient pas comptés pour des hommes » (l. 1-2). Cette référence montre comment la justice contemporaine de Voltaire déshumanise et réduit l'homme à l'état de bête ; elle indique surtout que rien n'a changé.

En effet, la torture est la marque d'un archaïsme qui s'oppose à l'idée de progrès, défendue par les Lumières. Elle apparaît comme une coutume du passé, pratiquée par les « Romains » (l. 1) ou « dans le XIIIe ou le XIVe siècle » (l. 28-29). La survivance de cette pratique dans la France élégante du XVIIIe siècle crée un décalage entre les apparences et la réalité. Le philosophe marque clairement cette opposition jusqu'à une dénonciation sans appel : « Les nations étrangères jugent de la France par les spectacles, par les romans, par les jolis vers » (l. 29-30) alors qu'il n'y a pas de « nation plus cruelle que la française » (l. 32-33). Voltaire ne cesse de montrer avec ironie le décalage entre l'éclat des apparences propre au siècle des Lumières et l'irrecevable réalité, en faisant, tout au long du texte, référence à l'Histoire. Face à une France qui conserve des coutumes cruelles, il présente deux pays étrangers sur la voie du progrès : l'Angleterre, dont on sait qu'elle constitue une référence positive pour Voltaire, et la Russie. Voilà des « barbares » (l. 34), selon le point de vue des Européens qui, en moins d'un siècle, ont su élaborer un modèle de société de « tolérance universelle » (l. 37) où règnent « la justice et l'humanité » (l. 38). Voltaire développe ici un propos élogieux sur l'œuvre de Catherine II, la Grande Catherine, qui a réformé les lois et l'organisation de son empire selon les idées des Lumières. Son admiration est ici évidente.

Dans tout ce texte, Voltaire ne néglige ni les figures du pathétique – avec le portrait du chevalier de la Barre – ni les outils de la rhétorique qui confrontent les discours et les valeurs. L'originalité de son propos tient certainement à la force de l'ironie, son arme favorite pour souligner tous les traits les plus détestables de ceux qui pratiquent ou défendent la torture, voire y trouvent du plaisir.

IV. Débats épistolaires (p. 469-470)

TEXTE 11 : Denis Diderot, *Lettres à Sophie Volland* (1759) p. 469

Objectifs et enjeux

→ **Étudier une lettre dont la forme se rapproche des dialogues philosophiques**

→ **Comprendre la réflexion de Diderot sur le bonheur terrestre et son lien avec les passions**

Lecture analytique

1. Diderot présente la lecture d'ouvrages philosophiques comme un véritable dialogue avec ceux qui les ont écrits. Ces penseurs (« ceux avec qui je converse », l. 4) sont éloignés dans l'espace et le temps, comme l'indique la mention des « Sarrasins » (l. 1), puis, dans le deuxième paragraphe, des « Phéniciens », des « habitants du Malabar » et des « Indiens » (l. 5-6). Diderot vante d'abord avec force hyperboles l'élévation de ce qu'il nomme « la sagesse des nations » (l. 7) : leurs « maximes » sont « d'une énergie et d'une délicatesse peu commune » (l. 1-2), « leurs discours » sont « sublimes » (l. 8). Notons également l'emploi de la modalisation affective « qui me charme » (l. 3). Ce dialogue finit même par se matérialiser dans la suite du texte. On peut relever des verbes de parole introduisant des passages au discours direct, et la lettre devient alors un véritable échange de répliques : « Ils me disaient [...] et je répondais » (l. 16).

Néanmoins, ce dialogue entre les philosophes, partisans d'une austérité rigoureuse, et le tendre épistolier confronte des points de vue différents. La connotation de certains termes associés aux propos des philosophes est de plus en plus péjorative : le verbe « peignaient » (l. 10) contient l'idée d'artificialité ; les termes « Ils cherchaient à me décrier » (l. 13) suggèrent le poids de cette morale austère tout en indiquant l'échec de la démarche. En outre, de nombreuses antithèses structurent la lettre ; par exemple « sagesse » (l. 7) s'oppose à « folie » (l. 8), « discours » (l. 8) à « parole » (l. 9), « passagère et trompeuse » (l. 13-14) à « s'y renouvelle », « droit » et « vraies » (l. 15-16). Pour renforcer cette divergence de points de vue, Diderot reprend un même schéma syntaxique. Il consiste à formuler d'abord ce qu'il rejette pour ensuite énoncer son propre point de vue, introduit par les conjonctions de coordination « et » ou « mais » qui ont toutes deux une valeur adversative : « Ils me peignaient la vertu, et leurs images m'échauffaient ; mais j'aurais encore mieux aimé voir mon amie, la regarder en silence, et verser une larme que sa main aurait essuyée ou que ses lèvres auraient recueillie » (l. 10-12). Ce dialogue fictif nous révèle une conception de la vie qui donne toute sa place à la sensibilité et à la sensualité.

2. La lettre intime révèle ici une propension à l'épanchement lyrique, qui traduit l'enthousiasme de Diderot pour sa maîtresse et la ferveur de ses sentiments. Ce débordement sentimental est souligné par des choix syntaxiques significatifs. Ainsi, la polysyndète et les répétitions dynamisent l'énoncé : « et que son cœur est droit, et que ses caresses sont vraies » (l. 15-16) ; « et après-demain, et après-demain encore, et toujours » (l. 20-22). La mention « mon amie » (l. 8, 11, 14 et 17), dans laquelle le possessif marque l'affection, est un véritable leitmotiv, et le texte s'achève significativement par l'apostrophe « ma Sophie » (l. 30). Le chiasme « Elle fait mon bonheur aujourd'hui ; demain elle fera mon bonheur » (l. 18-20) souligne la pérennité de ce bonheur et l'exaltation de Diderot, qui assume sa sensibilité en évoquant à deux reprises ses pleurs (« verser une larme », l. 12 ; « je la pleurerai », l. 18). Notons enfin l'énumération des qualités de Sophie dans la dernière partie du texte (l. 24-27).

Par ailleurs, les termes choisis mêlent parfois sensualité et abstraction philosophique, comme dans l'expression « ses caresses sont vraies » (l. 15-16). Le corps est ainsi placé au centre de la réflexion de Diderot sur le nécessaire abandon à la passion amoureuse. L'épistolier insiste sur l'importance de la présence physique de Sophie Volland, d'autant que la lettre implique un éloignement des deux êtres : il exprime dans une gradation son désir de « voir [s]on amie, la regarder en silence, et verser une larme » (l. 11-12). Ce corps est donc présent à travers une sollicitation des sens de la vue, du toucher et de l'ouïe. Il se manifeste par des éléments anatomiques qui correspondent à une géographie érotique : « la bouche » (l. 9), « sa main », « ses lèvres » (l. 12), « les bras » (l. 14), « ses caresses » (l. 15). Pour Diderot, ce corps est langage, il est spontané et sans fard. À l'image du cœur « droit » (l. 15) de Sophie, il exprime la vérité de la personne, vérité si touchante qu'elle provoque les larmes du philosophe.

TEXTE 12 : Julie de Lespinasse, *Lettres*, lettre VIII (1773) p. 470

Objectifs et enjeux

- **Étudier une lettre exposant la conception de l'amour d'une femme des Lumières**
- **Comprendre les mécanismes argumentatifs permis par le mélange de l'intime et du philosophique dans le genre épistolaire**

Lecture analytique

1. Julie de Lespinasse apparaît d'emblée comme une femme au caractère entier, qui s'exprime sans ambages. Ses demandes sont claires, impératives : « estimez-moi assez pour ne pas me dire la vérité à demi ; dites-moi tout le mal que vous pensez de moi » (l. 2-3). Ces formules insistent sur la franchise absolue qu'elle exige de la part de son destinataire, ici un homme dont elle est proche. Elle assume aussi, à plusieurs reprises, sa vive curiosité : « pour être pressée de savoir » (l. 6), « le mouvement le plus naturel, lorsqu'on acquiert un nouveau bien, c'est de l'examiner, c'est de l'observer de tous les côtés » (l. 11-12). Dans cette dernière citation, la forme emphatique renforce encore ce trait de caractère.

L'épistolière est donc une femme enflammée, incapable de demi-mesure quand il s'agit de sentiments. De même, son admiration pour le philosophe Diderot est palpable dans l'emploi de termes hyperboliques, répartis selon un rythme binaire : « C'est un homme extraordinaire : [...] il devrait être chef de secte, un philosophe grec, instruisant, enseignant la jeunesse » (l. 30-32). Dans des phrases fortement marquées par la modalisation affective, elle affirme que sa vie tout entière n'est fondée que sur des sentiments passionnés, au premier rang desquels l'amour : « Je n'aime rien de ce qui est à demi, de ce qui est indécis, de ce qui n'est qu'un peu » (l. 34-35). Pour souligner cette opinion, elle oppose la passion au plaisir fade que prisent les gens du monde : « Oui, j'aime mieux le tourment qui consume ma vie, que le plaisir qui engourdit la leur » (l. 37-38).

2. Cette lettre intime est aussi une réflexion sur le rapport à autrui et à l'amour. Ainsi, pour réfléchir au lieu qui l'unit au colonel de Guibert, Julie de Lespinasse utilise un raisonnement déductif, en se fondant d'abord sur une opinion générale pour souligner la force de leur « amitié » (l. 9) et pour l'inviter à se confier davantage. On note en effet l'emploi du pronom indéfini « on » et du présent de vérité générale dans la phrase « L'on dit qu'il n'y a rien de plus fort [...] que les sentiments dont on ne peut pas se rendre raison » (l. 7-8). La même force de conviction se retrouve dans la question rhétorique à valeur globalisante des lignes 10-12 (« Ne voyez-vous pas [...] de tous côtés »).

Julie de Lespinasse développe ensuite sa réflexion en confrontant son point de vue à celui de son destinataire. Elle constate qu'ils n'ont pas le même rapport aux autres et au monde, en jouant avec le verbe « aimer » : « Vous aimez à admirer, et moi je n'ai qu'un besoin, qu'une volonté, c'est d'aimer » (l. 19-21). Ce faisant, elle semble dépasser leur cas particulier et élargir sa réflexion à ce qui distingue la femme et l'homme : à elle « tous les détails et tous les plaisirs de la sensibilité » (l. 14-15), à lui « Tout ce qui est élevé, tout ce qui est noble, tout ce qui est grand » (l. 15-16). L'anecdote qu'elle rapporte sur Diderot, à partir de la ligne 24, est encore un prétexte pour développer sa pensée, puisqu'elle classe le grand philosophe dans la catégorie des « gens du monde » (l. 35-36), capables d'une réflexion brillante mais à la sensibilité superficielle : « Il me plaît fort ; mais rien de toute sa manière ne vient à mon âme ; sa sensibilité est à fleur de peau : il ne va pas plus loin que l'émotion » (l. 32-34). Selon elle, l'amour véritable serait l'apanage des personnes ayant renoncé à plaire, comme le souligne le paradoxe final, renforcé par une hyperbole : « on n'est point aimable, mais on est aimé, et cela vaut mille fois mieux que de plaire » (l. 39-40).

V. Utopies et récits de voyage (p. 471-473)

TEXTE 13 : Daniel Defoe, *Robinson Crusoé* (1719) p. 471

Objectifs et enjeux

→ **Analyser le regard porté par un Européen du XVIIIe siècle sur l'étranger**

→ **Adopter un point de vue distancié sur une civilisation et ses valeurs**

Lecture analytique

1. On pourra commencer l'analyse en précisant quelques éléments aux élèves sur *Robinson Crusoé*. Le titre complet est *La Vie et les aventures étranges et surprenantes de Robinson Crusoé de York, marin, qui vécut 28 ans sur une île déserte sur la côte de l'Amérique, près de l'embouchure du grand fleuve Orénoque, à la suite d'un naufrage où tous périrent à l'exception de lui-même, et comment il fut délivré d'une manière tout aussi étrange par des pirates*. Il raconte les événements précédant le naufrage de Robinson, même si on ne lit généralement que la partie qui concerne la vie du héros sur son île déserte. Robinson Crusoé, marchand né à York, possédait une plantation au Brésil et son navire s'est abîmé à l'occasion d'une expédition de repérage pour ramener des esclaves noirs sur son domaine. Robinson est ainsi un négociant qui pratique le commerce triangulaire.

Robinson est personnage et narrateur de son histoire, comme on le voit dans cet extrait où la 1re personne est omniprésente, tandis que Vendredi est l'objet de son discours. L'Anglais le considère comme un futur serviteur et l'éduque à ces fonctions, après l'avoir sauvé. Ce qui range d'emblée Vendredi dans la catégorie des « Sauvages » (l. 25), c'est son apparence : « il était absolument nu » (l. 10). L'adverbe insiste sur l'absence totale de pudeur. Le deuxième indice de sa « sauvagerie » est sa proximité avec la nature dans laquelle il vit. Il l'observe et la connaît très bien, il peut en tirer sa subsistance avec un arc dont il est « très adroit à se servir » (l. 23-24). Il ne connaît pas l'anglais et ne prononce pas non plus un mot de sa propre langue, mais il se repère à des « marques » faites dans le paysage et parle par gestes, « en faisant signe » (l. 12). Le texte suggère ainsi l'image d'un homme sans éducation, qui communique sans langage verbal. Au passage, on découvre également que les « Sauvages » de ces îles sont peu solidaires ou attentifs à leurs congénères : « ils avaient laissé derrière eux leurs deux camarades sans faire aucune recherche » (l. 19-20).

Mais ce qui désigne surtout Vendredi comme un sauvage aux yeux du narrateur, c'est son goût pour la chair humaine : « son naturel était encore cannibale » (l. 33). C'est cette caractéristique qui oppose totalement les deux hommes : Robinson est révulsé par le cannibalisme, comme on peut le lire tout au long du texte. Vendredi propose à Robinson de « déterrer » des cadavres et de « les manger » (l. 13), ce qui provoque non seulement la colère de l'Anglais, mais plus encore son « horreur » (l. 14), qu'il exprime en faisant comme s'il allait vomir. Le dégoût culmine lorsqu'il découvre le lieu du « festin de triomphe » (l. 30-31), qu'il regarde comme « un horrible spectacle » (l. 27) ou une « chose terrible à voir » (l. 27-28). Ce spectacle provoque des réactions violentes chez Robinson, qui le trouve épouvantable : « mon sang se glaça dans mes veines, et mon cœur défaillit » (l. 26-27). Au contraire, Vendredi à qui « cela ne fit rien » (l. 26) y semble habitué. Le texte propose ensuite une description de ce spectacle, dramatisé par les réactions qu'il provoque et concentrant de manière hyperbolique toutes les caractéristiques de l'horreur et de la violence. Tout l'espace est imprégné des traces d'un massacre et d'un cannibalisme brutal : « La place était couverte d'ossements humains, la terre teinte de sang ; çà et là étaient des morceaux de chair à moitié mangés, déchirés et rôtis » (l. 28-30). L'anthropophagie représente pour Robinson une telle abomination qu'il adresse une menace à Vendredi s'il se livre à cette activité : « je le tuerais » (l. 35).

2. Robinson, qui voit en Vendredi un sauvage, un être qui n'a pas encore la qualité d'être humain, entreprend de l'éduquer aux règles et coutumes de son monde, l'Europe du XVIIIe siècle. Il s'agira d'abord d'apprendre à « parler » (l. 1), c'est-à-dire à s'exprimer en anglais, et pour accéder à l'humanité et exister, il faut posséder un nom. Son maître le baptise alors d'un mot de sa langue : « je lui fis savoir que son nom serait Vendredi ; c'était le jour où je lui avais sauvé la vie » (l. 2-3). On voit à ce choix que Robinson est un esprit pratique et sérieux, qui ne s'embarrasse pas d'imagination ou de fantaisie, mais qui s'attache aux symboles : « je l'appelai ainsi en mémoire de ce jour » (l. 3). Il instaure alors une relation, un dialogue dissymétrique, puisque Vendredi doit l'appeler « maître » (l. 4). Robinson se fait éducateur en enseignant les bases de son langage : « dire oui et non » (l. 4). L'Anglais accompagne alors Vendredi dans des gestes qui symbolisent, en abrégé, le chemin du « sauvage » vers la « civilisation ». Le serviteur découvre, en prenant modèle sur son maître, une nouvelle manière de se nourrir : avec un pot de terre, symbole de l'industrie humaine, et en trempant son pain dans du lait, deux aliments de base qui sont pourtant des produits humains. Robinson lui enseigne aussi deux valeurs européennes : l'interdiction de la nudité, qu'il faut cacher avec « des vêtements » (l. 9), puis l'interdit majeur du cannibalisme, pour lequel Vendredi doit apprendre à partager l'horreur qu'éprouve Robinson. C'est ce qui constitue l'essentiel de la leçon de cet extrait, qui lui fait perdre son statut de « Sauvage » (l. 25) et qui, aux yeux de l'Européen du XVIIIe siècle qu'est Robinson, le fait advenir homme, homme « civilisé ».

3. Comme on l'a déjà noté, cette leçon de civilisation est imposée à Vendredi sous peine d'y laisser la vie. Robinson inscrit sa rencontre avec Vendredi dans une relation de domination, de « maître » (l. 4) à serviteur, reproduisant alors un modèle de société inégalitaire, hiérarchisée et structurée selon différentes fonctions. L'Anglais est propriétaire d'un petit domaine ; il possède des armes, notamment un « fusil » (l. 24), qui lui donnent une force supérieure à celle de Vendredi. Ce dernier doit donc obéir, « suivre » (l. 9) Robinson, et se rendre utile en s'armant d'un arc pour son nouveau maître, qui le « trouv[e] très adroit » (l. 23). D'ailleurs Vendredi ne conteste pas ce pouvoir et répond aux leçons et consignes « avec une grande soumission » (l. 15-16) ; il semble s'accommoder de la nourriture de Robinson (l. 6-7) et de ses habits, jusqu'à paraître « charmé de cela » (l. 10). Mais il ne faut pas oublier non plus que Robinson lui a sauvé la vie. On peut vérifier au fil du récit que Vendredi comprend vite les ordres et les exécute avec diligence : « je lui enjoignis de la main de passer outre ; ce qu'il fit sur le champ » (l. 15-16). Robinson se considère presque comme le propriétaire de son « sauvage », aussi bien dans son action (« Je l'emmenai », l. 16) que dans son discours : « je pris mon Vendredi avec moi, je lui mis une épée à la main », dit-il (l. 22-23). On notera l'emploi de l'adjectif possessif « mon ». Enfin, il s'arroge un droit de vie et de mort sur son esclave, qu'il menace de tuer s'il ne lui obéit pas, c'est à dire s'il ne renonce pas au cannibalisme.

Dans le récit de Daniel Defoe, Vendredi offre une nouvelle figure du « cannibale » ou du « sauvage » qu'ont rencontré ou imaginé Colomb, Léry, Cartier mais aussi Montaigne et Voltaire. Cela dit, le lecteur ne doit pas confondre la voix du personnage, narrateur de la fiction, avec son auteur. Defoe s'est certes essayé au commerce, mais ce n'était pas en riche négociant esclavagiste comme Robinson. Figure nouvelle de l'homme de lettres vivant de sa plume, journaliste avant l'heure et pamphlétaire politique, Defoe fustige le goût du lucre des commerçants ; son « cannibale », comme ceux de Montaigne, sert de révélateur aux désordres et défauts de son temps.

TEXTE 14 : Louis-Antoine de Bougainville, *Voyage autour du monde* (1771) p. 472

Objectifs et enjeux

→ **Analyser le *topos* de la découverte d'une société et d'une culture inconnues**

→ **Découvrir le point de vue édénique de Bougainville sur la société tahitienne**

Lecture analytique

1. Le récit de la première rencontre entre des voyageurs et un peuple éloigné constitue un élément incontournable, un *topos*, du récit de découverte et de voyage. Ainsi Christophe Colomb raconte-t-il dans son *Journal de bord* et ses lettres aux « rois catholiques » l'admiration qu'il éprouve à voir la beauté, la simplicité et la générosité des habitants de l'île d'Hispaniola, au point de se croire parvenu au jardin d'Éden. Dans cet extrait de Bougainville, la curiosité des populations locales ne le cède pas à l'admiration des Européens et les premiers contacts entre les Tahitiens et les Français sont très cordiaux. Le second *topos* qu'on rencontre ici est la nécessité de procéder à l'avitaillement du navire, l'eau restant le besoin majeur. C'est cette circonstance qui conduit l'équipage de « La Boudeuse » à relâcher dans une baie paisible et à se rendre à terre comme on le lit dans les premières lignes du texte.

La figure centrale de cet extrait est celle d'un vieillard, dont la personne tranche avec le reste des habitants, indice de son caractère singulier et du rôle qu'il joue dans la société tahitienne. On remarque qu'il se construit en opposition aux autres : tandis que, d'après Bougainville, tous « ne se lassaient point de nous considérer » (l. 3), exprimant « leur joie de nous recevoir » (l. 6), le vieillard est resté dans sa maison et c'est le capitaine qui lui rend visite, une marque de respect qui souligne son importance. C'est d'ailleurs le chef du village qui « nous conduisit dans sa maison et nous y introduisit » (l. 7). De même, alors que les Tahitiennes montrent des signes explicites de bienvenue, « portant la main sur la poitrine » (l. 9), le vieil homme paraît ne « s'apercevoir » qu'« à peine » (l. 13-14) de l'arrivée des Européens.

Le portrait de ce personnage est complet, et on y apprend l'identité du vieillard, « père de notre hôte » (l. 10) ainsi que son apparence physique. Il montre des signes de « grand âge » (l. 10), cependant « sa tête ornée de cheveux blancs et d'une longue barbe, tout son corps nerveux et rempli, ne montraient aucune ride, aucun signe de décrépitude » (l. 11-13), ce qui montre que l'âge n'implique aucunement la déchéance. Au contraire, tout concourt à offrir de lui un tableau mélioratif et à provoquer un respect que souligne la répétition de l'adjectif « vénérable » (l. 8 et l. 13). Ce vieillard, dont la figure est conforme aux clichés du XVIIIe siècle, adopte un comportement opposé à celui des autres indigènes, ce que marque la répétition de la préposition « sans » : « sans répondre à nos caresses, sans témoigner ni frayeur, ni étonnement, ni curiosité » (l. 14-15). C'est certainement cette absence de curiosité qui étonne Bougainville au point qu'il en cherche les raisons : « son air rêveur et soucieux semblait annoncer qu'il craignait que ces jours heureux, écoulés pour lui dans le sein du repos, ne fussent troublés par l'arrivée d'une nouvelle race » (l. 16-18).

Le caractère idéalisé du vieillard, le respect dont il est entouré et la distance qu'il installe entre lui et les visiteurs témoignent de sa prééminence dans la société tahitienne. Celle-ci tient certainement à un rôle religieux, rempli par sa famille ou par lui-même. On peut en faire l'hypothèse d'après la description de sa maison : certes le lieu est dépouillé, mais sa grandeur, d'une part, et les statues qu'on y voit, d'autre part, sont le signe d'un lieu de culte. Bougainville décrit en détail les « idoles » : « le dieu, était debout contre un des piliers ; la déesse était vis-à-vis, inclinée le long du mur » (l. 24-25).

On peut imaginer que cette figure muette du vieillard vénérable est également celle qu'évoque Diderot, ou celle qui lui a servi de modèle : dans le *Supplément au voyage de Bougainville*, un vieux Tahitien adressera ses reproches aux Européens et prophétisera la mort de son peuple (*cf.* p. 473).

2. Le regard que Bougainville pose sur ce monde inconnu est celui d'un scientifique rationnel, mais aussi d'un esprit du XVIIIe siècle européen : il ne peut décrire ce qu'il voit qu'en référence à son univers propre et à sa culture occidentale. On l'a vu, le texte reprend le *topos* de l'arrivée des Européens dans une terre inconnue, réécrit depuis Colomb puis Léry, Montaigne et bien d'autres à l'envi. On a noté aussi cet autre cliché, le portrait du vieillard vénérable et sage, où l'on retrouve une figure apparaissant dans des scènes de genre en Europe, édifiantes et moralisatrices.

Le poids de la culture européenne dans le regard de l'explorateur transparaît également dans la description de la maison. Bougainville y voit des objets dont il peine à comprendre ce qu'ils représentent. Ce sont d'abord « deux figures de bois que nous prîmes pour des idoles » (l. 23-24). Le terme « idoles » montre bien que, pour un Européen, il ne peut exister d'autre dieu que le sien. Toutefois Bougainville adopte ensuite le point de vue des Tahitiens et désigne les statues par les mots de « dieu » et de « déesse » (l. 24). D'ailleurs, placé devant des œuvres dont il ne comprend ni l'esthétique ni la signification, il ne perçoit que des « figures mal faites et sans proportions » (l. 26). Cette remarque esthétique implique que les Tahitiens seraient un peuple enfant, au début de son histoire comme le dirait Montaigne, ou maladroit et peu expert, comme d'autres le prétendront.

Quant au reste de la maison, Bougainville en dresse un inventaire précis, décrivant tour à tour le « cylindre d'osier, long de trois au quatre pieds et garni de plumes noires » (l. 22-23), le « piédestal cylindrique, vidé dans l'intérieur et sculpté à jour » (l. 27-28) et le « bois noir fort dur » (l. 29). Il décline dimensions, techniques et matériaux, sans voir ce que leur diversité témoigne de technique et de maîtrise de la part des Tahitiens. On peut parler d'une forme d'ethnocentrisme, même si le mot n'existe pas au XVIIIe siècle, pour caractériser le point de vue des Européens sur des cultures qu'ils perçoivent à travers le filtre de leurs représentations.

Enfin le regard des Européens, tout empreint d'une culture classique, leur représente l'île de Tahiti sous la forme idéalisée du *locus amoenus* antique, comme on le voit à la fin de l'extrait.

3. Le récit de Bougainville fait un portrait élogieux et édénique des Tahitiens. Il souligne les qualités de ce peuple qui vient à sa rencontre en manifestant sa « joie » (l. 6), sa curiosité et son hospitalité. Son récit se fait hyperbolique, allant jusqu'à évoquer « l'espèce d'extase que notre vue causait à tout ce peuple » (l. 16).

De plus, les Tahitiens offrent l'image singulière de tout un peuple, « une foule » (l. 2) qui semble vivre un paisible et heureux âge d'or. Ils ignorent la guerre (« aucun ne portait d'armes, pas même de bâtons », l. 5-6) et recherchent les contacts (« les plus hardis venaient nous toucher », l. 3-4). Ce peuple qui accueille les Français en se proclamant leurs amis, comme le dit le mot « *tayo* » (l. 9), veut voir dans l'autre son pareil et « vérifier si nous étions absolument faits comme eux » (l. 4-5).

Bougainville peint cette expérience de manière vivante et sur un ton admiratif. Le tableau s'achève sur l'évocation charmante d'une pause faite sur l'herbe. En effet, sur le chemin du retour vers le bateau, Bougainville et ses officiers sont accompagnés par l'ensemble de la population et un « insulaire d'une belle figure [...] couché sous un arbre, nous offrit de partager le gazon qui lui servait de siège » (l. 32-33). La nature dans sa simplicité se révèle, elle aussi, accueillante et offre un *locus amoenus* qui favorise le repos et le plaisir. Bougainville ne s'y trompe pas, reconnaissant dans la chanson des Tahitiens un équivalent de la poésie grecque archaïque. Il évoque Anacréon (l. 36), mais le lecteur peut penser à une autre référence antique : le chant des bergers d'Arcadie, des vers accompagnés de fifres et célébrant l'amour et le plaisir. La référence finale à une « scène charmante digne du pinceau de Boucher » (l. 36) résume l'image idéalisée que Bougainville rapporte de cette première rencontre.

Prolongement

À l'occasion de la lecture de ce texte, qui n'est pas l'œuvre d'un écrivain de métier mais d'un officier de marine issu de la noblesse, explorateur et savant, on pourra souligner l'engagement dont il témoigne. Bougainville est en effet impliqué dans les questionnements de son temps et partage des valeurs avec l'esprit des Lumières. Il est également imprégné d'une culture classique, mais aussi rhétorique, où il a appris à fonder et à articuler ses propos et ses points de vue.

TEXTE 15 : Denis Diderot, *Supplément au Voyage de Bougainville* (1772)

p. 473

Objectifs et enjeux

→ **Distinguer plaidoyer et réquisitoire**
→ **Sensibiliser à l'art de l'éloquence et aux effets persuasifs**

Lecture analytique

1. Le discours du Tahitien révèle les vertus des coutumes de son pays. Tout d'abord, il décrit la liberté qui gouverne la civilisation tahitienne et qui naît du refus de la propriété : « Ici, tout est à tous » (l. 5). La périphrase « je ne sais quelle distinction du tien et du mien » (l. 5-6) prouve que le principe de la possession individuelle est inconnu aux autochtones. Cette ignorance procure aux habitants le bonheur ; le verbe d'état « être » employé au présent de l'indicatif à trois reprises, en anaphore (« nous sommes innocents, nous sommes heureux », l. 2-3 ; « Nous sommes libres », l. 10), semble formuler une vérité absolue qu'aucun colonisateur ne peut renverser. Le vieillard emploie aussi la 1re personne du pluriel, comme pour rappeler qu'il fait partie d'une communauté et qu'il parle au nom de son peuple. Contrairement à son destinataire, il s'inscrit dans une collectivité unie et fraternelle fondée sur le respect de l'humanité et sur l'égalité des peuples, quand il dit : « Nous avons respecté notre image en toi » (l. 32-33). Sa communauté bénéficie, enfin, d'une vie au rythme de la nature. Les allusions aux éléments naturels sont fréquentes : « le pur instinct de la nature » (l. 4), « dans notre terre » (l. 11), « sur une de vos pierres ou sur l'écorce d'un de vos arbres » (l. 19-20). Elles montrent la prédominance d'un milieu naturel avec lequel l'homme vit en harmonie.

2. Le vieillard tahitien prononce une triple condamnation de la civilisation européenne. En effet, le texte s'organise en trois mouvements. De la ligne 1 à la ligne 10, il formule une critique à l'encontre des Européens, qui sont à l'origine d'un désordre social. Le vieillard condamne la violence dont ils sont responsables par la gradation croissante : « fureurs » (l. 7), « folles », « féroce » (l. 8), « haïr », « égorgés » (l. 9), « sang » (l. 10). L'alternance des pronoms « tu » et « nous », dans un rythme binaire systématique, insiste sur l'opposition qui s'établit entre les deux peuples. La conjonction de coordination « et » des lignes 3, 4, 5 et 7 prend alors une valeur adversative équivalente à un « mais ».

Dans un second mouvement, des lignes 10 à 29, le vieillard condamne les Européens en tant que colonisateurs. Les champs lexicaux de la liberté (« libres », l. 10 ; « liberté », l. 28) et de l'asservissement (« esclavage », l. 11 ; « esclaves », l. 13, l. 26 ; « asservir », l. 27) s'opposent tout au long du passage, tandis que les questions rhétoriques, par exemple « qui es-tu donc, pour faire des esclaves ? » (l. 12-13), traduisent l'indignation du locuteur et son incompréhension face aux actes des envahisseurs. Il les accuse de « vol » (l. 26) et de vengeance (l. 24), dénonçant ainsi la loi du plus fort et le droit de propriété. Enfin, dans le dernier mouvement qui commence ligne 29, le vieillard met l'accent sur le sentiment de fraternité qui doit régner entre les hommes : « Vous êtes deux enfants de la nature » (l. 29). Celui-ci échappe totalement aux Européens dont les actes sont régis par le sentiment d'intolérance et de supériorité.

3. Le recours à une parole rapportée directement, proche du dialogue, renforce la dénonciation. Le discours s'ouvre par la condamnation directe de Bougainville qui est aussitôt nommé « chef des brigands » (l. 1). Le tutoiement qui occupe l'intégralité du discours pourrait laisser penser que le vieillard en veut personnellement à ce navigateur, mais certaines désignations, comme « ces hommes-là » (l. 14), révèlent qu'il étend son jugement à toute une civilisation fondée sur le progrès technique et la domination d'autrui. Le passage du « tu » au « vous » (l. 9) confirme cette généralisation péjorative. Enfin, l'allusion ironique aux « inutiles lumières » (l. 35) dénonce un siècle tout entier, le siècle des Lumières. Le terme métaphorique n'est évidemment pas choisi au hasard : Diderot remet en cause les prétendues valeurs de ses compatriotes. Les procédés persuasifs permettent, quant à eux, de provoquer l'émotion des lecteurs. Ils se multiplient au fil du discours pour insister sur l'indignation du vieillard : l'emploi de la 2e personne permet de prendre le lecteur à parti, les interpellations comme « chef des brigands qui t'obéissent » (l. 1) sont directes et agressives. Le personnage emploie le mode impératif (« écarte », l. 1 ; « Orou ! [...] dis-nous à tous », l. 13-14 ; « Laisse-nous », l. 33) et des phrases exclamatives ou interrogatives. Des jeux de sonorité comme l'allitération en [f] des lignes 7 et 8 (avec « fureurs », « folles », « féroce ») rythment la prise de parole. La vivacité du discours est une autre façon de traduire la colère du locuteur : les propositions brèves, les apostrophes (« Et toi », l. 1 ; « Orou ! », l. 13), les parallélismes syntaxiques fondés sur un rythme binaire (avec la reprise de « nous », « nos » et « ici » suivis de « et tu », l. 2-7), les répétitions de « tu » et de « nous » ponctuent le discours et l'animent de manière dynamique.

VI. Conte et essai philosophiques (p. 474-480)

TEXTE 16 : Bernard de Fontenelle, « La dent d'or », *Histoire des oracles* (1686) p. 474

Objectifs et enjeux

→ **Analyser un apologue**

→ **Comprendre le combat des Lumières contre l'obscurantisme**

Lecture analytique

1. Le choix de la forme de l'apologue permet au philosophe de faire la satire des savants par le recours au divertissement. Le contexte merveilleux de la fable (connoté par les termes « des histoires et des oracles », l. 1 ; « Démons », l. 2 ; « miraculeuse », l. 13) et lointain (elle se déroule en « 1593 » et en « Silésie », l. 9) plaît au lecteur et suscite sa curiosité. Or Fontenelle part d'une rumeur (« le bruit courut que », l. 9) pour discréditer les savants trop prompts à s'emparer des phénomènes inexplicables pour tenter de les résoudre selon leurs croyances. Les noms latinisés de ces universitaires, « Horatius » (l. 11), « Rullandus » (l. 16), « Ingolsteterus » (l. 17) et « Libavius » (l. 20), tout en renvoyant à une réalité du XVIe siècle, dénonce en même temps leur prétention. Ils s'empressent de publier leurs écrits et semblent se succéder sans concertation, comme on le note à la récurrence des verbes déclaratifs « écrivit, en 1595 » (l. 11),« écrit encore » (l. 17), « écrit contre » (l. 17-18), « fait aussitôt une belle et docte réplique » (l. 19) et « y ajoute un sentiment particulier » (l. 21-22). Les redites, la précipitation et les réfutations fusent de manière mécanique sans pour autant apporter de réponse sérieuse au phénomène observé. L'ironie de l'auteur s'entend à la façon dont il désigne ces pseudo-érudits : il s'agit de « quelques savants » (l. 7), d'un « autre savant » (l. 17), ou encore d'« Un autre grand homme » (l. 20). De même, Fontenelle raille leur façon d'interpréter le phénomène de la dent d'or : le verbe « prétendit » (l. 12) suggère l'idée de mensonge ou d'erreur, et les expressions « une belle et docte réplique » (l. 19) et « tant de beaux ouvrages » (l. 23) sont ironiques. Les redondances, les antiphrases et les parallélismes syntaxiques dénoncent l'arrogance, la bêtise et le conformisme de ces prétendus savants.

2. À ces démarches improductives et fautives, Fontenelle oppose une approche rationnelle fondée sur l'observation et la déduction. Il parsème son texte de nombreux connecteurs logiques (« mais aussi », l. 2 ; « mais enfin », l. 5 ; « si [...] que », l. 7-8 et 31-33 ; « non seulement [...] mais », l. 35-36), emploie le lexique de la « raison » (l. 1, 32 et 34) et le champ lexical de la science (« fait », l. 3 ; « cause », l. 3, 5 et 6 ; « méthode », l. 4 ; « principes », l. 36). Tous ces éléments renvoient à la démarche scientifique de Descartes décrite dans le *Discours de la méthode* en 1650 (*cf.* p. 445). Selon Fontenelle, lecteur de Descartes, il faut s'assurer « du fait » avant de s'« inquiéter de la cause » (l. 3). Le chiasme entre « fait » et « cause » des lignes 3 à 5 met en garde contre l'erreur de jugement si le fait premier est mal observé. Le dernier paragraphe de l'extrait aboutit à une conclusion qui généralise le propos de Fontenelle à « toutes sortes de matières » (l. 30) et propose une démarche logique permettant d'aboutir à la vérité et à la connaissance.

3. Au XVIIIe siècle, les philosophes des Lumières critiquent vivement les dogmes religieux, menant un combat contre les préjugés et l'obscurantisme dont se nourrissent alors la monarchie et l'Église. Grâce à leurs critiques, les auteurs des Lumières entendent « éclairer » le peuple par l'exercice de la raison. Ainsi, chez Fontenelle, l'exemple de la dent d'or dénonce l'aveuglement que les croyances peuvent causer, même chez les savants. Il se moque de la tendance des érudits à tout interpréter selon la religion chrétienne : « elle avait été envoyée de Dieu à cet enfant pour consoler les chrétiens affligés par les Turcs » (l. 13-14). L'emploi d'un complément circonstanciel de but tend à justifier l'interprétation religieuse, mais n'établit aucun rapport logique entre la dent d'un enfant de Silésie et les conflits religieux. L'intervention directe et ironique de Fontenelle qui suit immédiatement cet extrait (l. 14-15) est un appel à la raison. L'examen tardif de l'orfèvre, qui est « consult[é] » (l. 28) tel un oracle, marque bien l'opposition de la matière, source du vrai, et du « sentiment » (l. 18 et 22), source du faux.

TEXTE 17 : Jonathan Swift, *Les Voyages de Gulliver* (1721) p. 475

Objectifs et enjeux

→ **Comprendre comment le récit de voyage imaginaire porte une critique du monde occidental**

→ **Montrer que la fiction peut devenir un outil de dénonciation**

Lecture analytique

1. *Les Voyages de Gulliver* relatent une série de huit voyages à travers des contrées imaginaires. La rencontre des Lilliputiens est sans doute l'épisode le plus célèbre du roman et a donné lieu à de nombreuses adaptations littéraires et filmiques. Le contexte fictionnel est d'emblée créé par l'invention d'un peuple de très petite taille par rapport aux humains. Le jeu sur les différences de proportions donne lieu à des situations cocasses, qui ont probablement inspiré Voltaire pour la rédaction de *Micromégas*.

L'éloignement géographique contribue également au divertissement et plonge les lecteurs dans un environnement insulaire, aux mœurs nouvelles et lointaines : les Lilliputiens divisent l'année en « lunes » (l. 2) et ont un livre religieux que le narrateur appelle « leur Coran » (l. 20). Ce contexte donne lieu à l'invention de néologismes tels que « gros-boutiens » (l. 14-15) ou « *Blundecral* » (l. 19), et alimente l'exotisme du récit.

2. Le sujet abordé ne laisse pas de surprendre et prête à sourire. La question de savoir par quel bout casser un œuf avant de le manger est pour le moins originale et ne présente *a priori* aucun intérêt. Le comique de la situation naît justement du décalage entre la futilité du sujet et l'ampleur que prend la dispute sur le plan politique et diplomatique. En effet, l'incident à l'origine de ce grand débat appartient au domaine domestique (un enfant qui se blesse en mangeant) et ne devrait pas être résolu politiquement. Les conséquences du changement de loi (casser les œufs par le plus petit bout) sont considérables. Le nouvel arrêt dicté par l'empereur donne lieu à de nombreuses révoltes populaires puis à une guerre de « trente-six lunes » (l. 2 et 26) entre Lilliput et Blefuscu. Le récit décrit les graves dégâts matériels et humains en multipliant les hyperboles, telles que « très opiniâtre » (l. 2), « Plusieurs centaines de gros volumes » (l. 13-14), « très sanglante » (l. 26), « un bien plus grand nombre » (l. 28-29), « n'est pas moins considérable » (l. 34-35). Les précisions chiffrées (l. 27-35) accentuent l'importance du désastre, dont l'origine est un œuf !

3. Dans une lettre adressée au poète anglais Alexander Pope, l'auteur dit vouloir « vexer le monde plutôt que de le divertir ». Swift s'attaque, en effet, aux institutions de son temps. Il dénonce par cet extrait la futilité des débats politiques du XVIIIe siècle ainsi que les guerres qui s'ensuivent et rendent le peuple victime des lois. En employant les champs lexicaux de la souveraineté (« Sa Majesté », l. 4 ; « l'empereur », l. 6 ; « la couronne », l. 9 ; « les souverains », l. 10 ; etc.) et de l'autorité politique (« ordonner », l. 6 ; « sous de graves peines », l. 7 ; « réprimés », l. 11), Swift condamne un gouvernement absolu et capricieux. Ce dernier semble détenir tous les pouvoirs, y compris celui de l'interprétation des textes religieux : c'est l'empereur qui impose sa lecture du « précepte fondamental du grand prophète Lustrogg » (l. 19) et censure les livres du parti adverse (l. 14-15), quitte à lancer deux royaumes dans la guerre. Bien évidemment, les chiffres des lignes 27 à 35 rendent compte de l'ampleur tragique des massacres et de la violence exacerbée, qui se manifeste sans aucune mesure et sans fondement sérieux. La guerre civile de Lilliput s'étend à l'île voisine et devient maritime. L'énumération de la fin de l'extrait laisse présager le prolongement du conflit et l'impossibilité d'y mettre un terme. Ainsi, par le biais du récit fictif, l'auteur fait la satire de la vanité des peuples et des souverains. Il dénonce également l'esprit de haine, l'intolérance et les conflits religieux de son temps qui opposent les catholiques et les protestants.

TEXTE 18 : Voltaire, *Zadig* (1747) p. 476

Objectifs et enjeux

→ **Analyser les caractéristiques du conte philosophique**

→ **Montrer comment l'exotisme facilite l'argumentation**

Lecture analytique

1. Voltaire a choisi pour son récit un cadre exotique et imaginaire. L'indication de temps inaugurale, « Du temps du roi Moabdar » (l. 1), fait écho au célèbre « Il était une fois » des contes de fées et provoque d'emblée un éloignement temporel. On pourra aussi citer aux élèves l'épître dédicatoire du conte pour situer l'action chronologiquement : « l'an 837 de l'Hégire », soit l'année 1459 selon le calendrier chrétien. Néanmoins, le choix de la ville de Babylone renvoie à l'Antiquité et plonge les lecteurs dans un passé mythique et définitivement perdu. Le brouillage temporel, propre aux contes, contribue à susciter l'imagination des lecteurs et à les divertir.

De même, l'éloignement géographique (les ruines de Babylone se situent à 160 km au sud de Bagdad en Irak) offre aux lecteurs du XVIIIe siècle la possibilité de voyager dans un Orient fantasmé. Le pittoresque est assuré par les noms propres, « Moabdar » (l. 1) et « Zadig » (l. 2), et par les références à la culture orientale : Voltaire cite ainsi « le premier livre de Zoroastre » (l. 8), « les sciences des anciens Chaldéens » (l. 14) et « les principaux mages » (l. 19). Tous ces éléments constituent le contexte fictif du récit, bien éloigné *a priori* des mœurs occidentales.

2. Le héros éponyme du conte est présenté dès l'ouverture du récit. Son portrait idéalisé dépeint un être de perfection comme il n'en existe que dans les histoires imaginaires. Zadig est un « jeune homme » (l. 1) ayant autant de qualités physiques que morales et intellectuelles. Il se distingue par son « beau naturel » (l. 2), sa « figure aimable » (l. 24) et sa bonne « santé » (l. 24), mais aussi par « l'éducation » (l. 2) qu'il a reçue et par sa richesse. Ses qualités morales font de lui un être juste, comme l'atteste son nom, « modéré » (l. 24), « généreux » (l. 11), « sage » (l. 13), « sincère et noble » (l. 24). Ses qualités intellectuelles lui permettent de se distinguer par son savoir et ses connaissances scientifiques qui anticipent sur les théories de Copernic puis de Galilée (l. 16-22). Ce portrait exhaustif fait de Zadig un véritable modèle du genre humain, opposé à la société de son temps ; celle-ci est d'ailleurs obligée de reconnaître en lui un être aux vertus exceptionnelles, comme le suggère la remarque « On était étonné de voir » (l. 4).

3. Par le biais de la fiction et de l'exotisme, Voltaire critique certains aspects du XVIIIe siècle et de la société française, en particulier les relations sociales et l'obscurantisme. Le philosophe dénonce la vanité du monde et la « faiblesse des hommes » (l. 4). L'accumulation de termes péjoratifs des lignes 5 à 8 qui permet de définir la « conversation » (l. 7-8) fait allusion aux vices de la vie sociale au XVIIIe siècle, minée par les insultes, les « railleries » (l. 5), l'ignorance et la vulgarité. À ceux-ci s'ajoutent l'irrespect des hommes à l'égard des femmes et leur prétention à la suprématie (l. 10-11). De manière ironique, Voltaire explique le succès de Zadig dans une relation logique de cause à effet pour le moins inattendue : « avec de grandes richesses, et par conséquent avec des amis » (l. 23). Il dénonce encore la cupidité et l'hypocrisie des hommes. Ensuite, la référence au système de Ptolémée et aux « mages » (l. 19) arrogants et dédaigneux fait la satire de l'obscurantisme religieux. Le terme « mages » assimile leurs théories à des savoirs occultes, des superstitions contre lesquelles luttent les philosophes des Lumières. La fin de l'extrait pose la question du bonheur : Zadig « crut qu'il pouvait être heureux » (l. 24-25). Le modalisateur « croire » laisse présager des ennuis à venir et de la difficile quête personnelle du héros dans une société pervertie.

TEXTE 19 : Voltaire, *Micromégas* (1752) p. 477

Objectifs et enjeux

→ **Montrer que le conte philosophique rend compte des progrès scientifiques du XVIIIe siècle**

→ **Ouvrir la réflexion sur la nature humaine**

Lecture analytique

1. Les protagonistes du récit se caractérisent par leur origine extraterrestre. Leur intervention offre donc un nouveau regard sur les hommes, qu'ils découvrent par hasard. Le nom Micromégas constitue un jeu de mots suscitant la réflexion sur la relativité, d'autant plus qu'il est accompagné d'un « nain » (l. 9) dont la taille atteint cependant deux kilomètres. Les deux mondes, terrestre et extraterrestre, s'opposent par leurs dimensions et leur place dans l'univers : l'espace devient le monde de « là-haut » (l. 7) tandis que la terre est, aux yeux des voyageurs, le monde de « là-bas » (l. 8). Le premier se distingue par son immensité et par celle de ses habitants, le second appartient à « l'infiniment petit » (l. 21), au point que les humains deviennent « invisibles » (l. 20) aux yeux des géants. De plus, le philosophe joue sur les différences extrêmes des proportions pour imaginer des situations cocasses : l'ongle du pouce du Sirien devient un cornet acoustique, « une espèce de grande trompette parlante » (l. 3-4). Enfin, dans tout le texte, le lexique renvoie à l'astronomie et à la science (« Sirien », l. 12 ; « atomes », l. 13 ; « abîme », l. 21 ; « Saturne », l. 30 et 33 ; « globe », l. 38), ce qui indique la portée philosophique et scientifique du conte, au-delà du pur divertissement.

2. Les humains sont immédiatement associés à une espèce animale. En effet, les voyageurs pensent avoir rencontré une nouvelle espèce d'« insectes » (l. 1 et 8) comparables à des « mites » (l. 11 et 14). Dans ce conte, Voltaire prend le contrepied des mœurs et des progrès humains : ce ne sont plus les scientifiques qui étudient le ciel, convaincus que l'homme est au centre de la création, mais ils sont observés comme par un entomologiste. Aux yeux de Micromégas, l'être humain ne dispose *a priori* d'aucune faculté, ni de parole (ses mots sont assimilés à un « bourdonnement », l. 8), ni d'action, ni de pensée (les passagers du vaisseau sont incapables de saisir la situation, l. 25-30). Sa fragilité est telle que son état est comparé à une forme d'« anéantissement » (l. 37). Ce nouveau regard sur l'homme remet en question sa suprématie, dans un siècle où les progrès sont pourtant considérables.

3. Voltaire pose concrètement la question du grand et du petit. Il ouvre la réflexion sur l'homme et sur sa grandeur intellectuelle et morale. Le changement de point de vue, du terrien à l'extraterrestre, permet aux lecteurs d'appréhender le monde sous un nouvel angle et de réfléchir à leur propre condition : sont-ils « heureux » (l. 39) ? Ont-ils même une « âme » (l. 40) ? Ce conte s'appuie donc sur l'idée de relativisme, théorie issue de l'Antiquité selon laquelle chaque chose n'a de sens qu'en fonction de l'idée que l'on s'en fait et du regard que l'on porte sur elle. Ici, il est évident que Voltaire dénonce de manière satirique la condition humaine : les hommes sont « plaints d'être si petits » (l. 35) et vivent dans un « misérable état » (l. 36-37). Leurs réactions montrent également leur impuissance et leur bêtise. La mise en scène de l'« aumônier » (l. 26), qui prononce des exorcismes inutiles, condamne les superstitions et les dogmes, tandis que la réflexion des « philosophes » (l. 27-28) n'aboutit à rien. À l'inverse, Micromégas, le « philosophe de là-haut » (l. 7), fait preuve d'ingéniosité (« son industrie », l. 7) et de qualité d'écoute (l. 8-9). Il se montre capable d'anticipation et agit avec mesure et patience : Voltaire le montre qui « craignait » (l. 13) de faire mal aux hommes, prenant « toutes ces précautions et bien d'autres encore » (l. 18). Son discours révèle enfin un personnage bienveillant, tolérant et protecteur (l. 22-23). C'est donc par un jeu de contrastes que Voltaire nous ouvre les yeux sur la nature humaine et nous invite à nous décentrer, à nous éloigner de nous-mêmes, afin de mieux nous connaître.

TEXTE 20 : Voltaire, *Candide* (1759) p. 478

Objectifs et enjeux

- **Percevoir les ressources de l'argumentation indirecte dans un extrait de conte philosophique**
- **Étudier la lutte contre l'esclavage au XVIIIe siècle**

Lecture analytique

1. La rencontre entre Candide et l'esclave de Surinam permet à Voltaire de dénoncer les conditions dans lesquelles vivaient ceux que l'on appelait communément les «nègres » au XVIIIe siècle. Le portrait physique qui ouvre l'extrait met l'accent sur l'état de pauvreté et de souffrance de l'esclave : il suit une gradation, l'homme étant d'abord montré comme « étendu par terre » (l. 1), puis à moitié dénudé et grossièrement vêtu (« n'ayant plus que la moitié de son habit, c'est-à-dire d'un caleçon de toile bleue », l. 2), et enfin victime de mutilations (l. 2-3). Torturé à l'extrême, l'homme ne bénéficie d'aucune assistance. Inactif et, sans aucun doute, incapable de produire le moindre travail, il reste pourtant toujours asservi : « J'attends mon maître » (l. 6), dit-il. Cette rencontre montre la violence avec laquelle sont traités les esclaves noirs en Amérique du Sud. Le nom néerlandais du négociant (« Vanderdendur », l. 6) et la langue hollandaise utilisée par Candide pour s'adresser à l'esclave renvoient au continent européen : c'est l'homme blanc qui, en imposant son désir de suprématie, a systématisé l'esclavage et causé ces souffrances. Voltaire dénonce clairement le commerce triangulaire de son époque, effectué au détriment de la dignité humaine et de l'égalité des peuples.

2. La voix de l'esclave permet à Voltaire d'exprimer ses propres idées de façon indirecte et de manière faussement naïve. L'esclave explique son cas en se référant à un « usage » (l. 9), il emploie le présent de vérité générale (« On nous donne », l. 9 ; « Quand nous travaillons », l. 10 ; « quand nous voulons », l. 11 ; « on nous coupe », l. 11 et 12) sans cris ni indignation apparente. Il regrette seulement la « fortune » promise à sa mère (l. 17-18). Mais, implicitement, son propos dévoile aussi le caractère inhumain et intolérant de l'homme blanc : la comparaison naïve avec les animaux (« Les chiens, les singes et les perroquets sont mille fois moins malheureux que nous », l. 18) tend à déshumaniser les hommes asservis. L'allusion aux « prêcheurs » (l. 21) montre également le peu de cas que les religieux européens font de la culture et des croyances des esclaves. Enfin, la célèbre citation « C'est à ce prix que vous mangez du sucre en Europe » (l. 12-13) dénonce l'ignominie d'un système économique fondé sur la souffrance humaine. Le terme « prix », employé ici de façon imagée, tend à faire prendre conscience aux Européens que leur goût du luxe est meurtrier et que l'achat de biens superflus se fait à l'encontre de la liberté d'autres êtres humains.

3. Le récit du philosophe est empreint d'une ironie à la fois divertissante et dénonciatrice. L'exemple anecdotique donné par l'esclave aux lignes 10 à 12 présente un paradoxe évident : que l'on soit contraint de « coup[er] la main » d'un homme violemment meurtri peut s'entendre, mais le deuxième exemple mis en parallèle ne relève pas d'un cas similaire. Il ne s'agit plus d'un accident mais d'un délit de fuite, et la décision prise de lui « coup[er] la jambe » ne permet pas de sauver la vie d'un homme en danger mais de le punir sévèrement. Elle paraît même absurde. Comment, par la suite, exploiter un homme au travail s'il n'a ni main, ni jambe ? En outre, le conteur joue sur les mots, les sonorités et les tonalités. Le choix du nom du négociant, Vanderdendur, révèle son caractère vénal (« Van- », vend, vendre ; « Vander- », vendeur) et cruel (« -dendur », avoir la dent dure). Les antiphrases nourrissent le propos ironique du « nègre », notamment quand il compare les promesses de sa mère, « ils te feront vivre heureux » (l. 15), « tu as l'honneur d'être esclave » (l. 15-16), « tu fais [...] la fortune de ton père et de ta mère » (l. 16-17), à son sort présent. Le discours ironique et tragique de l'esclave, telle que Voltaire nous le dépeint, peut provoquer le sourire par l'emploi de la dérision, mais surtout la compassion des lecteurs. La conclusion à laquelle aboutit Candide, en larmes à l'issue de cette rencontre (« tout est mal », l. 27-28), permet aussi à Voltaire d'inscrire son conte dans un débat philosophique et donc de susciter la réflexion en même temps que l'émotion.

TEXTE 21 : Voltaire, *L'Ingénu* (1767) p. 479

Objectifs et enjeux

- **Analyser le rôle du regard de l'autre dans la fiction philosophique**
- **Comprendre l'intolérance religieuse du XVIIIe siècle**

Lecture analytique

1. Les deux personnages de l'extrait permettent, par leur différence d'âge et d'origine, de faire progresser le débat et la réflexion sur l'éducation et les croyances. Le héros de ce conte philosophique est qualifié, sans péjoration, de « jeune ignorant » (l. 21) débattant avec un « vieux savant » (l. 12). L'auteur met ici en avant la naïveté innocente du Huron qui ne connaît pas les mœurs occidentales, et le présente comme novice. La façon de le désigner, « l'Ingénu », renvoie bien entendu à son caractère sincère et candide, et définit un personnage inexpérimenté qui fait l'apprentissage des vices du monde occidental. Mais si l'on se réfère à l'étymon latin *ingenuus*, le mot signifie aussi, littéralement, « naturel » et « libre par sa naissance ». À la « trempe de son âme » (l. 3) et à son naturel vif, s'oppose aussi le caractère plus posé et sage du « bon » (l. 11) Gordon. Pourtant, c'est aux propos de l'Ingénu que le débat donne plus de crédit : il fait preuve de clairvoyance et instruit, dans un jeu d'inversion des rôles, le vieillard plus expérimenté que lui.

2. Le philosophe évoque l'« éducation sauvage » (l. 3) et pure de l'Indien, sans préjugés, par opposition à celle du vieillard Gordon. En effet, ce dernier a reçu une éducation janséniste, fondée sur des dogmes religieux difficiles à appréhender et qualifiés de « faussetés obscures » (l. 14). Ainsi l'Ingénu est-il désigné par l'oxymore « jeune ignorant, instruit par la nature » (l. 21). Cette expression fait écho au mythe du « bon sauvage », dont l'esprit pur et guidé par le contact avec la nature incarne la liberté de penser par soi-même. L'Ingénu est d'ailleurs remarquable par la justesse de son raisonnement. Ses capacités intellectuelles, que notent les expressions « progrès rapides » (l. 1) et « développement rapide de son esprit » (l. 2), ainsi que la « rectitude » (l. 5) de ses pensées lui permettent de raisonner efficacement. Contrairement aux préceptes que Gordon a appris des théologiens, le jugement de l'Indien est fondé sur l'observation (« Il voyait les choses comme elles sont », l. 6) et l'expérience (il fait ainsi le bilan de son existence, l. 34-43). Même s'il n'est pas tout à fait sûr de lui, comme le suggèrent les modalisateurs « paraît » (l. 9), « semblent » (l. 30), et « paraissent » (l. 31) et la tournure hypothétique « S'il y avait eu [...], on l'aurait découverte sans doute » (l. 14-16), l'Ingénu progresse avec logique dans sa réflexion personnelle, ce que révèle l'emploi des connecteurs « parce qu'» (l. 41) et « mais » (l. 42), pour aboutir à une conclusion : il est en train de vivre une injustice.

3. Le regard naïf de l'autre sur les mœurs occidentales permet à Voltaire de défendre ses idées indirectement, sans risquer la censure. Le philosophe s'attaque ici aux dogmes religieux en les accusant de répandre des erreurs et de créer des querelles artificielles entre les hommes. Le vocabulaire religieux, « janséniste » (l. 9), « Être infini et suprême » (l. 19) et « Dieu » (l. 20), est ainsi associé à un lexique péjoratif : « persécuteurs » (l. 8), « abominables » (l. 8), « opprimé » (l. 9), et « erreur » (l. 10). Le ton, de plus en plus accusateur, est ressenti à travers la syntaxe, en particulier par la gradation croissante et hyperbolique qui dénonce, dans un rythme ternaire, l'idéologie des croyants qui prétendent détenir seuls une vérité cachée : « C'est une absurdité, c'est un outrage au genre humain, c'est un attentat » (l. 18-19). Pour la même raison, les débats religieux sont qualifiés d'« amas d'arguments » (l. 15) que les hommes « ressass[ent] depuis tant de siècles » (l. 15) et de « vaines disputes » (l. 30). Les hommes d'Église ne sont pas plus épargnés que les dogmes : ils passent pour des « monstres » (l. 32) à cause des supplices qu'ils font endurer à ceux qu'ils jugent hérétiques. Cependant, pour l'Ingénu, les adeptes de ces hérésies sont, d'une certaine manière, eux aussi coupables, comme le suggère le parallélisme syntaxique des lignes 29 à 32 : s'ils ne sont pas des « monstres » (l. 32), ils sont tout de même « peu sages » (l. 31). Ce jugement critique du jeune personnage modifie la conscience du sage Gordon, qui remet en cause ses croyances (l. 22-26). Il fait aussi la satire d'une société intolérante et ignorante.

TEXTE 22 : Emmanuel Kant, *Qu'est-ce que les Lumières ?* (1784) p. 480

Objectifs et enjeux

- → **Découvrir un texte fondateur de la philosophie des Lumières**
- → **Comprendre la nécessité de penser par soi-même**
- → **Analyser les enjeux politiques de l'esprit des Lumières**

Lecture analytique

1. « *Sapere aude*, aie le courage de te servir de ta *propre* intelligence ! voilà donc la devise des lumières » (l. 5-6). C'est ainsi que se clôt le premier paragraphe de l'extrait. Il énonce et définit avec force les concepts qui rendent cette devise nécessaire. Kant recourt à une phrase injonctive et exclamative pour souligner la puissance de cette idée : il s'agit avant tout d'impliquer l'homme et de l'engager à « se servir de son intelligence sans être dirigé par autrui » (l. 2-3). Les mots-clés, dont l'écriture en italique affiche l'importance, signalent tous en effet la responsabilité de l'homme, car lui seul s'enferme dans l'« incapacité où il est de se servir de son intelligence » (l. 2). Ainsi, selon Kant, l'homme se complaît dans cet état de « *minorité* » (l. 2). C'est à lui et à lui seul qu'il appartient de conquérir son autonomie de pensée ; ce n'est que lorsque l'ensemble des hommes auront appris à penser par eux-mêmes qu'il pourra être question véritablement de « siècle éclairé » (l. 20-21).

2. Kant fait une distinction entre un siècle « de lumière » (l. 21) et un siècle « éclairé » (l. 20), dans lequel l'homme fait pleinement usage de son intelligence. Or pour le philosophe, le XVIIIe siècle n'a pas encore libéré totalement les esprits. Dans le deuxième paragraphe, Kant analyse la cause de la « *minorité* » (l. 2) dans laquelle se trouve l'homme qui vit sans pouvoir penser par lui-même. Il développe aux lignes 7 à 11 une série d'exemples à la 1re personne, dans laquelle le pronom « je » prend une valeur universelle. Si l'être humain se réfugie dans cet évitement de penser, c'est par paresse et facilité dans tous les domaines, comme le souligne l'accumulation d'exemples : « J'ai un livre qui a de l'esprit pour moi, un directeur qui a de la conscience pour moi, un médecin qui juge pour moi du régime qui me convient, etc. » (l. 7-9) ; les livres représentent la culture de l'époque, les médecins la santé et les directeurs de conscience sont des guides de la vie spirituelle. Ainsi dans chaque domaine de la vie humaine, il se trouve quelqu'un auquel on peut se remettre totalement ; la minorité selon Kant est aussi une situation de tutelle entravant toute forme d'autonomie. On peut remarquer que c'est le genre humain tout entier, et pas seulement les hommes, qui doit accéder à la majorité : la précision entre parenthèses « et avec eux le beau sexe tout entier » (l. 11-12) peut être interprétée comme une prise en compte, voire une critique de la tutelle que les hommes exercent sur les femmes (on pourra inciter les élèves à se reporter au texte d'Olympe de Gouges, la première à revendiquer des droits pour les femmes, *cf.* p. 466).

La responsabilité de cette minorité incombe également aux « tuteurs » (l. 13) dont le rôle est loin d'être positif. En effet, ils ne cherchent pas à émanciper les personnes qu'ils dirigent, bien au contraire. Pour caractériser leurs fonctions, Kant emploie les termes « surveillance » (l. 14), « les avoir [...] abêtis » (l. 15), « ils les tiennent enfermés » (l. 18), et compare leurs élèves à des « animaux domestiques » (l. 15-16). Et Kant emploie avec ironie le mot « bonté » (l. 14) pour désigner ce qui est de l'ordre d'une aliénation.

3. Après avoir dénoncé la responsabilité des mauvais « tuteurs », Kant fait dans la fin de l'extrait l'éloge de Frédéric, roi de Prusse, qui « mérite d'être loué par le monde et la postérité reconnaissante » (l. 30-31). Son nom est introduit en italiques dans le texte, selon une symétrie syntaxique qui le montre comme l'incarnation des Lumières : « ce siècle est le siècle des lumières ; c'est le siècle de Frédéric » (l. 25-26). À travers cet éloge, Kant définit alors le rôle d'un souverain éclairé auprès de son peuple. Le premier devoir d'un tel souverain est de laisser les choix religieux à la sphère individuelle : c'est ce qu'il explique très précisément dans les lignes 27 à 33 dont le maître-mot est « *tolérance* » (l. 30). L'immense vertu du roi de Prusse est en effet d'avoir été le premier à « [laisser] chacun libre de se servir de sa propre raison dans tout ce qui est affaire de conscience » (l. 32-33). La liberté de conscience est posée comme le stade premier qui permet de sortir de la minorité et d'accéder à la liberté de penser, penchant naturel qui « germe » (l. 34) en chaque homme. Ainsi le peuple pourra-t-il progressivement accéder à la « *liberté d'agir* » (l. 37) et, pour finir, le « *gouvernement* » et donc le souverain trouvera « son propre avantage à traiter l'homme, qui n'est plus alors une machine, conformément à sa dignité » (l. 38-39).

Kant en appelle, dans ce texte fondateur, à la responsabilité de l'individu : il doit utiliser sa raison pour construire son autonomie intellectuelle et se libérer de tous ceux qui tendent à aliéner sa conscience. Le philosophe précise également les conditions d'un pouvoir politique éclairé qui offre à chacun, en premier lieu, la liberté de penser constitutive de son humanité.

VII. Le conte merveilleux (p. 481)

TEXTE 23 : Jeanne-Marie Leprince de Beaumont, *La Belle et la Bête* (1757) p. 481

Objectifs et enjeux

→ Analyser ce qui fait de ce conte un apologue
→ Interpréter les valeurs que le récit donne à lire

Lecture analytique

1. Au fil du texte, les sentiments de la Belle pour la Bête évoluent. L'extrait s'ouvre sur le rêve de la jeune femme, qui exprime sa culpabilité à l'idée d'avoir si mal répondu à la bienveillance de la Bête. Elle en a d'ailleurs pleinement conscience : « Ne suis-je pas bien méchante, disait-elle, de donner du chagrin à une Bête qui a pour moi tant de complaisance ? » (l. 3-5). Dans un long moment d'introspection, rapporté au discours direct (l. 3-11), la Belle s'interroge sur son refus d'épouser la créature et évoque alors la possibilité d'un bonheur partagé avec la Bête : « Je serais plus heureuse avec elle que mes sœurs avec leurs maris » (l. 6-7). Toutefois, l'emploi du conditionnel montre bien qu'il ne s'agit encore, à ce moment du texte, que d'une éventualité. La Belle fait alors le point sur les sentiments qu'elle éprouve envers la créature : « estime », « amitié », « reconnaissance » (l. 10), à défaut « d'amour » (l. 9). Et c'est le souci de donner libre cours à ces sentiments et la crainte de faire preuve d'ingratitude qui motivent son retour au château de la Bête.

Puis, en se réveillant au palais, la Belle éprouve un sentiment de « joie » (l. 14). Elle se pare pour la Bête qu'elle attend fébrilement, mais en vain : elle « s'ennuya à mourir toute la journée, en attendant neuf heures du soir » (l. 15-16). À ce moment, nous pouvons noter une première étape dans la progression des sentiments de la Belle, avec l'apparition du mot « désespoir » (l. 18) et de ses manifestations : « Elle courut tout le palais, en jetant de grands cris » (l. 17-18). Une fois que la Belle a découvert son ami sans connaissance et qu'elle le croit mort, son désespoir est au paroxysme et elle en oublie la monstruosité de la Bête : « Elle se jeta sur son corps, sans avoir horreur de sa figure » (l. 21-22). Lorsque la Bête reprend ses esprits, le mariage avec cette dernière n'est plus une simple évocation comme au début de l'extrait mais une promesse, comme l'atteste l'emploi, cette fois-ci, du futur : « vous vivrez pour devenir mon époux ; dès ce moment je vous donne ma main, et je jure que je ne serai qu'à vous » (l. 28-30). La douleur a servi de révélateur à la Belle qui peut dès lors s'écrier : « Hélas ! je croyais n'avoir que de l'amitié pour vous ; mais la douleur que je sens me fait voir que je ne pourrais vivre sans vous voir » (l. 30-32). La Belle n'obéit plus simplement à un devoir de gratitude, mais à son propre besoin, qui répond de façon réciproque à celui de la Bête.

2. La réponse à la question « Pourquoi n'ai-je pas voulu l'épouser ? » (l. 6) est l'occasion pour la Belle de réfléchir aux conditions d'un mariage heureux. Elle commence par discréditer les choix de ses sœurs : « Je serais plus heureuse avec elle que mes sœurs avec leurs maris » (l. 6-7). Puis elle rejette les critères qui font consensus, à savoir la beauté et l'esprit, dans une phrase à laquelle le présentatif négatif donne une force toute particulière : « Ce n'est ni la beauté, ni l'esprit d'un mari qui rendent une femme contente » (l. 7-8). À ces critères superficiels, elle oppose des qualités morales : « la bonté du caractère, la vertu, la complaisance » (l. 8-9). Ce qui rend ces nouvelles conditions valides, c'est la finalité qu'elle attribue au mariage, à savoir le bonheur (ce que soulignent les expressions « Je serais plus heureuse avec elle », l. 6-7, et « rendent une femme contente », l. 8). Pour atteindre cet objectif, les qualités morales telles la bonté et les liens affectifs comme l'estime, l'amitié et la reconnaissance sont plus importants qu'une belle apparence et un comportement spirituel raffiné.

3. C'est de l'évolution des sentiments de la Belle qui sont, comme nous l'avons vu, analysés très précisément, que se dégage la morale du conte, à savoir la primauté des qualités morales sur les qualités superficielles. Une remarque de la Belle la formule explicitement : « Est-ce sa faute si [la Bête] est si laide, et si elle a peu d'esprit ? Elle est bonne, cela vaut mieux que tout le reste » (l. 5-6). La bonté est en effet reconnue par la Belle comme une valeur surpassant toutes les autres, qui lui fait éprouver en retour de « l'estime », de « l'amitié » et de « la reconnaissance » (l. 10). Le comportement de la Bête lors de leurs retrouvailles confirme l'abnégation du personnage, autre qualité morale à laquelle la Belle ne peut résister. Dès lors, le conte plonge à nouveau dans le merveilleux, le monstre se métamorphose : « la Bête avait disparu, et elle ne vit plus à ses pieds qu'un prince plus beau que l'Amour, qui la remerciait d'avoir fini son enchantement » (l. 35-37). Le triomphe des qualités morales peut être célébré en grande pompe.

I. Les mots et groupes de mots (p. 484-491)

FICHE 1 : La formation des mots
FICHE 2 : Les relations entre les mots
p. 484

Identifier et manipuler

1. Former des mots à partir d'un radical

a. -just- : justifier (verbe), justice (nom), justement (adverbe) ; marg-/-margin- : marginalité (nom), marginaliser (verbe), marginalement (adverbe) ; -cri- : crier (verbe) ; criaillerie (nom) ; criard (adjectif) ; -génér- : généreux (adjectif) ; génération (nom) ; généralement (adverbe) ; -estim- : estimer (verbe), estimable (adjectif), estimation (nom) ; -crim-/-crimin- : criminel (adjectif ou nom), criminologie (nom), criminaliser (verbe) ; -act- : actif (adjectif), actionner (verbe), action (nom) ; -vis- : visuellement (adverbe), vision (nom), visionner (verbe).

b. -just- : ajuster, réajustement ; -marg-/-margin- : émargement ; -cri- : s'écrier, décrier, se récrier ; -génér- : dégénérer, régénérer, congénère ; -estim- : mésestime, sous-estimer, surestimer ; -figur- : défigurer, configurer ; -crim-/-crimin- : incriminer, discriminer, discrimination ; -act- : réaction, réactionnaire, inaction, inactif ; -vis- (renvoie au latin visum, du verbe « voir ») : révision, proviseur, rétroviseur, prévision, improvisation.

2. Reconnaître un radical

1. contorsion • entorse • tortueux • torticolis • torture

a. Formes du radical : -tors-/ -tort-.

b. Autres mots : tortionnaire, extorsion...

c. Tous ces termes contiennent l'idée de tordre, qui peut éclairer par exemple le sens de « contorsion ».

2. descriptif • écrire • inscription • proscrire • script

a. Formes du radical : -scrip-/verbes en -scrire.

b. Autres mots : transcription, prescriptible...

c. Tous ces termes contiennent l'idée d'écriture (*scribo, scriptum* en latin), qui permet de comprendre, par exemple, le sens de *proscrire :* la préposition latine *pro* signifie « devant » ; on peut donc se livrer à une première tentative de définition, que le contexte est susceptible d'éclairer : *placer devant* tous un écrit, publier.

3. chef • chapeauter • chapitre • caporal • capiteux

a. Formes du radical : -capit-/ -cap-, ayant évolué vers « chef », « chap- ».

b. Autres mots : capituler, chapiteau...

c. Tous ces mots contiennent l'idée de « tête » (*caput, itis* en latin). L'adjectif capiteux qualifie ce qui « monte à la tête ».

4. déverser • versification • vortex • vertige • vertigineux

a. Formes du radical : -vers-/-vert- (qui se présente également sous la forme -vort-).

b. Autres mots : aversion, conversation...

c. Tous ces mots comportent l'idée de « tourner », comprise dans le verbe latin *verto, ere, versum*).

5. conjonction • conjonctivite • disjoindre • conjuguer

a. Formes du radical : -jonct-, verbes en -joindre, -jug-.

b. Autres mots : subjonctif, juguler...

c. La racine de ces mots (issue du verbe latin *jungo, ere, junctum*) comporte l'idée de jonction.

3. Repérer la polysémie

1. grâce séduisante. **2.** sortilège. **3.** en lien avec l'univers du théâtre. **4.** terrible, grave. **5.** grandes lignes d'une intrigue. **6.** idées utilisées pour convaincre. **7.** désolant, pitoyable (sens péjoratif). **8.** émouvante, qui exprime la pitié et la douleur.

4. Former des mots par composition

a. psychodrame • stichomythie • caryotype • motocyclette ; aérodrome • ostéopathe • homicide • acrostiche • discothèque • thermostat.

L'illustration du sens suppose une connaissance de la signification prise par la racine (cf. réponse à la question b.)

b.

	Racine 1	Racine 2	Langue d'emprunt
psychodrame	*psuchè* : âme	*drama* : action, pièce de théâtre	grec
stichomythie	*ptikhos* : vers	*muthos* : parole	grec
caryotype	*caryo* : noyau	*typos* : moule, marque, empreinte	grec
motocyclette	*motus* : mouvement	*cyclus* (*kuklos*) : cercle	latin (*kuklos* vient du grec)
aérodrome	*aero-* : dans l'air	*dromos* : course	grec
ostéopathe	*osteon* : os, ossement	*pathos* : affection, souffrance	grec
homicide	*homo* : être humain	*caedere* : tuer	latin
acrostiche	*akros* : élevé, extrémité, commencement de	*stikhos* : vers	grec
discothèque	*discus* ou *diskos* : palet	*thèkè* : endroit où on dépose, caisse	grec/latin (*discus*)
thermostat	*thermos* : chaud	*statikos* : qui fait arrêter	grec

5. Reconstituer des couples de doublets

a. sanglier/singulier • orteil /article • apprendre/appréhender • pigment /piment • vœu/vote • soucier/solliciter • poison/potion • maire/majeur.

b. – *Sanglier* et *singulier* ont pour étymon commun l'adjectif latin *singularis* signifiant « unique, isolé, solitaire ».

– *Orteil* et *article* sont formés à partir du nom latin *articulus, i,* m, signifiant « articulation, division, point dans un exposé ».

– *Apprendre* et *appréhender* ont pour étymon commun le verbe latin *apprehendere*, « prendre, saisir » (physiquement ou par la pensée).

– *Pigment* et *piment* ont pour étymon le nom latin *pigmentum, i,* n. signifiant « couleur, drogue, suc de plante ».

– *Vœu* comme *vote* sont formés à partir du nom latin *votum, i,* n. « le vœu, l'offrande ».

– *Soucier* et *solliciter* résultent du double traitement du verbe latin *sollicitare,* « remuer totalement, inquiéter, engager vivement à ».

– *Poison* et *potion* permettent de distinguer les deux sens du latin *potio, onis,* f., qui désigne « la boisson », médicinale et curative ou empoisonnée.

– *Cailler* et *coaguler* ont pour étymon commun le verbe latin *coagulare*, « figer, épaissir ».

Maire et *majeur* ont un même étymon latin. *Majeur* est un calque de l'adjectif latin *major,* « plus grand », tandis que *maire*, forme prise par ce même adjectif au « cas sujet » en ancien français, désigne dans cette langue « le premier officier dirigeant le corps municipal dans les villes de commune » (*Dictionnaire historique de la langue française*, Le Robert, 1998).

6. Utiliser des synonymes pour éviter les répétitions

Voltaire soutient que la monarchie peut être éclairée. Il a découvert la *royauté* anglaise lors d'un voyage et depuis il croit qu'un *régime* respectueux des libertés individuelles est possible. Il estime que *le pouvoir royal* doit refuser la tyrannie et le despotisme. Au XVIIIe siècle, les philosophes des Lumières jugent que *l'absolutisme*, qui en France se réclame de droit divin, s'exerce au détriment du peuple. Voltaire affirme que la tolérance et la justice doivent être au cœur de tout exercice du pouvoir.

7. Repérer l'évolution du sens d'un mot

a. 1. qui provoque l'admiration. **2.** qui inspire la crainte. **3.** gigantesque.

b. « Formidable » provient du mot latin *formidabilis*, lui-même issu de *formidare* (« redouter »), de *formido* qui signifie « la crainte ». La phrase 2, de Victor Hugo, emploie le mot dans son sens étymologique (« qui inspire la crainte »). En effet, dans cette phrase, le temps est personnifié en un inconnu qui inspire la crainte et semble prêt à châtier : « l'inconnu formidable / Qui tient le châtiment caché sous son manteau ».

Repérer et analyser

8. Analyser le sens du préfixe

a. Le préfixe trans-, signifiant « à travers, au-delà », apparaît à trois reprises, dans « traverser », « Trastevere », mot italien signifiant « au-delà du Tibre », et dans « *Trans Tiberim* », groupe prépositionnel latin prenant la même signification.

b. Pierre Grimal suit ici un parcours circulaire, qui le conduit à franchir des frontières de diverses natures. Il passe sur l'autre rive du Tibre, (« traverser le fleuve »), et atteint ainsi un quartier qui est situé sur sa rive droite, alors que le cœur historique de la ville se trouve sur la rive gauche. Dans l'Antiquité, le Tibre constituait de surcroît une frontière entre le Latium et l'Étrurie. Descendant le cours du Tibre, il franchit une frontière culturelle, politique et sociale : « il existe deux "rives droites" juxtaposées », qui opposent le faste du quartier du Vatican au quartier populaire du Trastevere, dont le nom suggère une communication entre les deux rives. L'île Tibérine, située au milieu du fleuve offre en effet ses rives à deux ponts qui, depuis l'Antiquité, permettent de reprendre pied sur la rive gauche.

9. Analyser la formation des mots et les relations de sens

a. Plusieurs couples d'antonymes sont présents dans les extraits des *Pensées* : « homme »/« bêtes » (extrait 1), « grandeur »/« bassesse » (extrait 1), « vante »/« abaisse » (extrait 2). Les mots « comprenne » et « incompréhensible » ne sont pas des antonymes car ils n'appartiennent pas à la même classe grammaticale.

b. Incompréhensible :

– préfixe privatif in- ;

– radical -compréhens-, lui-même formé à partir du préfixe com- : avec, de (*cum* en latin), et du latin *prehendere* qui signifie « saisir » ;

– le suffixe -ible qui indique la possibilité.

L'adjectif « incompréhensible » qualifie ce qui ne peut être saisi par l'esprit. Le verbe « comprenne » (subjonctif présent de « comprendre ») est de la même famille.

c. En multipliant les antonymes, Pascal met en relief la contradiction inhérente à la nature humaine. L'homme apparaît comme un être plein de contrariétés, capable à la fois de faiblesse et de grandeur (par sa pensée et sa capacité à réfléchir sur sa condition et sa nature profonde).

10. Repérer les relations de sens entre les mots et analyser leur effet

a. Les mots qui finissent par le suffixe -ard ont une connotation péjorative : « fuyard », « flemmard », « pendard ». Si le sens de ces mots est transparent pour les élèves, on pourra rappeler l'étymologie de « hagard ». « Hagard » est un mot formé avec le suffixe péjoratif -ard et le radical provenant probablement d'un mot anglais signifiant « faucon » (*hauke* en viel anglais, *hawk* aujourd'hui). L'adjectif qualifiait à l'origine un faucon pris et ne se laissant pas apprivoiser, puis il a désigné le regard farouche du faucon, et enfin un air semblable sur un visage humain.

b. Les mots de la famille de « paraître » sont : « apparaît », « disparaît », « réapparaît ». Ces verbes sont formés à partir du radical « paraître » et d'un préfixe : ap- (du latin *ad* ; l'orthographe du préfixe s'est adaptée à la consonne qui suit : le « p » de « porter »), dis- (préfixe indiquant la négation) ou encore ré- (préfixe qui indique une réitération, une répétition).

c. Le champ lexical du train se compose des mots suivants : « tortillard », « locomotive », « train », « mécanique » (mots évoquant le train) ; « circule », « route », « trajets » (mots évoquant le mouvement du train).

d. En jouant sur les mots, le poète traduit le caractère insaisissable du lézard. Son mouvement rapide et imprévisible est suggéré par le lexique (mots de la famille de « paraître » et champ lexical du train). Enfin, les sonorités du mot « lézard » se retrouvent çà et là dans le texte, un peu comme l'animal qui apparaît puis disparaît (nombreux mots en -ard). Par son travail poétique, le poète explore les sonorités du signifiant et exploite les motifs qui sont attachés au lézard (par exemple, le mouvement).

11. Étudier les jeux littéraires reposant sur la formation des mots

a. L'étymologie et l'étude de la formation des mots est une obsession pour le Professeur qui décompose les mots puis explique l'étymologie des préfixes : « Ces préfixes sont d'origine espagnole ». Le Professeur convoque les notions de « racine », « préfixe », « suffixe ». Les répliques développent un discours sur les mots de la famille de « front » (« "front", "frontispice", "effronté", toujours le même mot, invariablement avec même racine », « Le mot "front" est racine dans "frontispice" »). Par ailleurs, s'attachant à la formation des mots, le Professeur éclaire le sens du métalangage qu'il utilise : « "Ispice" est suffixe, et "ef" préfixe. On les appelle ainsi parce qu'ils ne changent pas ».

b. Le discours du professeur constitue une parodie du langage magistral, fait de répétitions (« continuons », « prenez/avez-vous pris »). La thèse défendue par le Professeur est comique car elle formule une loi générale sans admettre de nuance. Le Professeur veut prouver que les mots ne changent pas : « ils n'avaient pas changé en français », « rien non plus ne réussit à les faire changer, ni en latin, ni en italien, ni en portugais », « toujours le même mot, invariablement avec même racine, même suffixe, même préfixe ». Il énonce une vérité générale : « c'est toujours pareil pour tous les mots ». Cette volonté de prouver que le langage n'évolue pas est absurde. Le professeur est excessif, il va jusqu'à personnifier les mots, les dotant d'une volonté propre : « ils ne changent pas. Ils ne veulent pas ». Les automatismes attribués par le Professeur au langage sont le reflet de son attitude mécanique.

Par ailleurs, le comique naît du décalage entre le cours passionné du professeur et l'attitude de l'élève, dont les répliques brèves, ne commentent pas le contenu de son cours, mais évoquent son état physique. L'attitude tyrannique du professeur, sourd à la souffrance de son élève, crée une situation comique.

12. S'interroger sur l'évolution des langues

a. La réflexion de Marmontel porte en premier lieu sur l'adjectif « prépondérant », formé par dérivation sur l'étymon latin *pondus, ponderis*, n., « poids, autorité, importance ». Il propose qu'on retranche du radical -pond- le préfixe pré- issu du latin *prae* et signifiant « (à l')avant (de), devant ». Marmontel analyse ensuite les suffixes -ant et -eux qui s'ajoutent au radical écum-, issu du latin populaire *scuma*, formé sur le latin classique *spuma*, « l'écume ».

b. Marmontel suggère ici qu'on introduise dans la langue l'adjectif « pondérant », ou plus exactement, il souhaiterait que ce mot revienne en usage. La langue possède le composé « prépondérant », mais pas le simple « pondérant », que le raisonnement peut très aisément retrouver. Or ce terme, issu du latin, est imprégné du sens de son étymon, et serait nécessaire à l'expression de certaines nuances que les mots existants, « grave », « lourd », « pesant » sont impropres à traduire. Mais l'idée d'antériorité qu'exprime le préfixe restreint considérablement l'usage qu'on peut faire de l'étymon. En supprimant le préfixe, on obtient un instrument lexical propre à traduire exclusivement l'idée d'autorité.

En proposant, d'autre part, qu'on restaure l'usage du mot « écumeux », confiné aujourd'hui dans un usage littéraire, il brise la gangue verbale qui ajoute au participe présent « les vagues *écumant* » une valeur temporelle et convoque, auprès de la racine latine, le suffixe d'adjectif -eux, -euse, signifiant notamment « qui a la qualité de, qui contient, propre à faire l'action exprimée par le verbe ». De plus, il ajoute à l'adjectif « écumant », chargé d'un sens passif (est « écumant » ce qui est couvert d'écume) un terme de sens actif, traduisant le pouvoir de produire de l'écume.

Écrire

13. S'interroger sur la formation des mots

a. – *Acclimater* : ajout de la particule ad- (ac-) au nom *climat*, qui, jusqu'au XVIIIe siècle, désigne une région.

– Le verbe *amourer*, dérivé du nom « amour », constitue une alternative familière ou légère au verbe *aimer*.

– *Décadencer* est formé de la même façon, à partir du nom « décadence ».

– Le suffixe -ment permet de former l'adverbe *idéalement* à partir de l'adjectif « idéal, ale, als ou aux ».

– *Mésinterpréter* se forme par dérivation sur le verbe « interpréter » au moyen du préfixe més-, issu du latin *minus* désignant ce qui est mauvais ou traduisant l'idée de négation.

– L'ajout à l'adjectif « sauvage » du suffixe -erie permet d'obtenir le nom *sauvagerie*

b. Ces néologismes sont, d'une façon générale, les instruments d'une libération de la langue. Marmontel, par exemple, souhaite délivrer les écrivains du joug que faisaient peser sur la langue les préceptes de Vaugelas, qui voulait qu'on s'en tienne aux mots utilisés par les courtisans. D'autre part, ses propositions attiraient l'attention de son lecteur sur les variations dont est susceptible une langue, dès lors qu'elle est vivante. Ce grammairien lexicographe soumet donc le langage à l'action de la raison, et secoue l'autorité de l'usage, dont la stricte observance constituait une forme d'adhésion aux préjugés, peu satisfaisante pour les hommes des Lumières.

Les néologismes proposés dans cette liste peuvent trouver leur origine dans les préoccupations qui animent le XVIIIe siècle. La création du verbe *acclimater* étend le lexique des sciences sociales, qui explorent la question de l'autre en s'appuyant sur une « théorie des climats ». *Amourer* trouve sa place dans une époque vouée à l'éveil de la sensibilité, et *décadencer*, dans une époque sensible à l'idée de progrès. *Idéalement* se charge du sens de « chimérique » pris par l'adjectif « idéal » sous l'influence du romantisme naissant. *Mésinterpréter* offre à ce siècle soucieux de clarté dans le domaine des idées un instrument de critique commode. *Sauvagerie* s'affranchit du sens qui rattachait l'adjectif « sauvage » à son sens étymologique (*silva*, la forêt) pour désigner le caractère d'une personne incapable de vivre en société.

Tous ces néologismes témoignent donc de la vigueur de la vie intellectuelle au XVIIIe siècle. L'esprit philosophique du temps, profondément révolutionnaire, voulait ainsi faire de la langue un instrument propre à traduire les nuances d'une pensée nouvelle, libre et cosmopolite.

14. Rédiger un paragraphe de commentaire

L'élève doit respecter l'organisation du paragraphe de commentaire :

– Le paragraphe de commentaire commence par formuler une interprétation : *Francis Ponge joue sur les sens et les sonorités des mots pour transformer la réalité*.

– Puis il peut être pertinent de prendre appui sur des citations courtes, bien choisies, pour lesquelles on propose une analyse et une interprétation. L'élève peut dans un premier temps, montrer que Ponge utilise les sonorités du mot « lézard », et ensuite indiquer que l'auteur déploie un réseau lexical qui évoque le mouvement de l'animal (mots de la famille de « paraître », champ lexical du train).

– L'élève pourra conclure en insistant sur le fait que le poète est un artisan des mots, qu'ils sont sa matière et qu'il exploite les sonorités et les images que les mots portent en eux.

→ *cf.* Rédiger un paragraphe de commentaire, p. 569 du manuel

15. Analyser un sujet de dissertation

a. Le mot « héros » peut désigner le personnage principal d'une œuvre artistique, un être perçu comme exceptionnel et singulier, ou bien un être qui s'illustre par ses qualités, ses valeurs ou ses exploits.

Le sujet évoque un « héros suffisant », « premier homme qui passe ». Ces formulations réductrices suggèrent qu'un héros peut être ordinaire et ne pas avoir de qualités exceptionnelles. Ces expressions (« premier homme qui passe », « suffisant ») s'opposent à l'une des acceptions du mot héros, qui peut désigner un être exceptionnel, unique. La problématique pourrait être : *Le héros d'un roman peut-il être un être ordinaire, « le premier homme qui passe » ?*

b. Le sujet s'appuie sur une série d'antonymes : inventé/vrai, poésie/géométrie, induction/déduction (deux opérations logiques opposées). L'induction est le raisonnement qui permet de passer du particulier au général. Ici, Flaubert suggère que ce qui arrive à Mme Bovary peut arriver à toutes les femmes de province (« ma pauvre *Bovary*, sans doute, souffre et pleure dans vingt villages de France à la fois »). Mais ce raisonnement suppose de mettre sur le même plan Mme Bovary (personnage fictif) et les femmes réelles des villages de France. Ce passage est une déduction (si c'est vrai pour un personnage fictif, alors c'est vrai dans la réalité puisque tout ce qu'on invente est vrai).

Le mot poésie vient du grec *poiein* qui signifie « créer ». L'art, c'est donc la création, l'invention et on devrait naturellement l'opposer à la précision, à la vérité ou à la logique. Cette contradiction entre la vérité et la création libre fournit une problématique : *Comment le roman qui est une création, une invention peut-il contenir une vérité sur le monde ?*

→ *cf.* Lire un sujet de dissertation et construire un plan, p. 581 du manuel

FICHE 3 : Distinguer classes et fonctions

p. 490

Identifier et manipuler

1. Comprendre la place de l'adjectif épithète

a. 1. L'adjectif « certains » est ici un déterminant indéfini. Il a ici le sens de « quelques ». **2.** L'adjectif « pauvre » a ici le sens de « misérable », « qui inspire de la pitié ». **3.** « propre » a ici le sens de « qui lui appartient ». **4.** « bonne », placé avant le nom « mine », est ici une sorte d'expression figée : il qualifie de façon méliorative un comportement, une attitude humaine, indépendamment du critère de la morale. **5.** « Honnête » a ici le sens de « qui respecte les règles de la politesse, de la civilité ». **6.** « Sacrés », antéposé, fait partie du lexique familier. Il a une valeur intensive. Il peut être remplacé par « espèce de », « satané »...

b. 1. Placé après le nom, l'adjectif « certain » a le sens de « sûr », « assuré ». *Les élèves certains de venir devront remettre leur autorisation au professeur.* **2.** Placé après le nom, l'adjectif « pauvre » prend le sens de « qui a peu d'argent », « démuni ». *Les nobles donnaient quelques pièces aux hommes pauvres.* **3.** L'adjectif « propre », postposé, a le sens de « qui est bien lavé », « qui est pur ». *Il étendit le linge propre.* **4.** L'adjectif « bon », postposé, prend le sens de « qui est apte à aider les autres ». *C'était un homme bon.* **5.** Postposé, l'adjectif « honnête » renvoie plutôt à une qualité morale. *Cet homme honnête rendait toujours la monnaie scrupuleusement.* **6.** Postposé, l'adjectif « sacré » renvoie à la religion. Il prend le sens de « qui est inviolable ». *On remit les insignes sacrés au pontife.*

2. Identifier la fonction d'un groupe nominal

1. « votre valet » : attribut du sujet « moi qui ». **2.** « insidieux valet » : apostrophe. **3.** « à vos valets » : COS du verbe « faire ». **4.** « pour valets » : attribut du COD « deux ou trois ». **5.** « d'un valet » : complément du nom « profil ». **6.** « tantôt valet » : apposition du pronom « je ».

3. Différencier pronoms et déterminants

a. « il <u>leur</u> arrive » : pronom personnel • « <u>leur</u> poème » : déterminant possessif • « le <u>leur</u> » : pronom possessif • « <u>leur</u> a valu » : pronom personnel • « <u>leur</u> originalité » : déterminant possessif • « les <u>leurs</u> » : pronom possessif.

b. *Il <u>lui</u> arrive de célébrer le corps de la femme : <u>son</u> poème est alors un éloge descriptif. Il a écrit <u>le sien</u> sur une partie du corps. Ce genre de poème <u>lui</u> a valu un grand succès, mais <u>son</u> originalité repose surtout sur le renouvellement du genre. Il a composé <u>les siens</u> en proposant des images surprenantes.*

4. Distinguer les différents emplois du mot « de »

a. La préposition peut introduire des mots qui appartiennent à d'autres classes grammaticales que le nom : on peut remplacer le syntagme nominal par un infinitif, par exemple. La préposition ellemême peut-être changée.

L'article partitif se trouve devant un substantif non comptable et désigne une quantité indéfinie.

L'article défini contracté *du* résulte de la contraction de la préposition *de + le ; des* résulte de la contraction de la préposition *de + les*.

1. « de ce monde ancien » : préposition (*tu es las de faire...*). **2.** « de l'humeur » : article partitif (ne peut être quantifié). – « du château » : article défini contracté (préposition *de + le*). **3.** « de mes soixante ans » : préposition. **4.** « de ce palais » : préposition (*ils sont sortis hors de ce palais*). **5.** « du baron » : article défini contracté. – « de son père » : préposition. **6.** « de mauvaises planches à bouteilles » : article indéfini (antéposition de l'adjectif « mauvaises »). **7.** « de rares lueurs » : article indéfini (antéposition de l'adjectif « rares »). – « des fenêtres encrassées » : article défini contracté (préposition *de* + *les*). **8.** « de Calypso » : préposition (*connue par Calypso*).

b. 1. « de ce monde ancien » : complément de l'adjectif « las ». **2.** « de l'humeur » : COD de « prends » – « du château » : complément du nom « chambre ». **3.** « de mes soixante ans » : complément du nom « jour ». **4.** « de ce palais » : complément circonstanciel de lieu. **5.** « du baron » : complément du nom – « de son père » : complément de l'adjectif « digne ». **6.** « de mauvaises planches à bouteilles » : COD de « possède. **7.** « de rares lueurs » : sujet de « sortaient » – « des fenêtres encrassées » : complément circonstanciel de lieu. **8.** « de Calypso » : complément d'agent.

5. Identifier les expansions du nom

a. 1. « de laine » : complément du nom « pèlerines » – « noire » : épithète de « laine » – « épais » : épithète de « brodequins » – « de caoutchouc » : complément du nom « bottes » – « à visière » : complément du nom « bonnets » – « sans bord » : complément du nom « chapeaux ». **2.** « verts, rouges ou bleus » : épithètes de « gants » – « délicats » : épithète de « traits » – « étincelante » : épithète de « neige ». **3.** « bel » : épithète de « équipage » – « hivernal » : épithète de « paysage ». **4.** « frêles » : épithète de « silhouettes » – « qui se perdaient dans la brume matinale » : complément du nom « silhouettes » – « matinale » : épithète de « brume » – « qui menait à l'école » : complément du nom « chemin ». – **5.** « légère » : épithète de « troupe » – « joyeux » : épithète de « brouhaha » – « qui disait l'inextinguible gaieté de ces âmes insouciantes » : complément du nom « brouhaha » – « inextinguible » : épithète de « gaieté » – « de ces âmes insouciantes » : complément du nom « gaieté » – « insouciantes » : épithète de « âmes ». **6.** « de contentement » : complément du nom « sourire » – « engourdis » : épithète de « passants » - « qui se hâtaient en longeant les maisons aux volets clos du boulevard Montaigne » : complément du nom « passants » – « aux volets clos » : complément du nom « maison » – « clos » : épithète de « volets » – « du boulevard Montaigne » : complément du nom « maisons » – « Montaigne » : épithète de « boulevard ».

b. Les propositions relatives sont : **4.** « qui se perdaient dans la brume matinale » (relative explicative, supprimable) – « qui menait à l'école » (relative déterminative, non supprimable). **5.** « qui disait l'inextinguible gaieté de ces âmes insouciantes » (relative déterminative, non supprimable). **6.** « qui se hâtaient en longeant les maisons aux volets clos du boulevard Montaigne » (relative déterminative, non supprimable).

6. Analyser la fonction d'un pronom relatif

1. Antécédent : « l'ami » ; COS de « sépare ». **2.** Antécédent : « sa cuisine » ; CDN de « fenêtres ». **3.** Antécédent : « piédestal » ; CDN de « croix ». **4.** Antécédent : « cette peur » ; complément d'agent de « est frappé ». **5.** Antécédent : « force » ; complément de l'adjectif « capable ». **6.** Antécédent : « ce » ; COI de « doute ».

7. Distinguer attributs et épithètes

a. Adjectifs épithètes : « de son progrès <u>ordinaire</u> », « l'ordre <u>commun</u> », « l'esprit <u>humain</u> », « leur naïveté <u>originelle</u> ».

b. Attributs du sujet : « ils sont <u>sauvages</u> », « ces nations me semblent <u>barbares</u> », « être fort <u>voisines</u> ».

Attributs du COD : « il n'y a rien <u>de barbare</u>, <u>de sauvage</u> », « nous appelons <u>sauvages</u> les fruits... », « que nous devrions appeler <u>sauvages</u> ».

8. Distinguer les différentes fonctions autour du nom

a. Adjectifs épithètes : « espoir <u>nouveau</u> », « <u>heureux</u> climats », « <u>nouvelles</u> amours », « amante <u>abusée</u> ».

Appositions : « le roi <u>votre père</u> », « <u>Tranquille</u>, [...] / Ce héros » (groupes nominaux), « <u>nous cachant de nouvelles amours</u> / Ce héros » (participe).

b. Compléments du nom : « la trace <u>de ses pas</u> », « le mystère <u>de son absence</u> ». Au quatrième vers, le complément du nom « de son absence » est antéposé au nom qu'il précise.

9. Distinguer les différentes fonctions

– Les fonctions autour du verbe

[Mon cher Marc], *(apostrophe)*

Je suis descendu [ce matin] *(cc de temps)* [chez mon médecin Hermogène] *(cc de lieu)*, [<u>qui vient de rentrer [à la Ville]</u> *(cc de lieu)* [<u>après un assez long voyage</u>] *(cc de temps)* [<u>en Asie</u>] *(cc de lieu)*] *(<u>proposition relative</u>)*. J'aime [mon corps] *(COD)* : il [m'] *(COI)* a bien servi, et [de toutes les façons] *(cc de manière)*, et je ne [lui] *(COS)* marchande pas [les soins nécessaires] *(COD)*. Mais je ne compte plus, [comme Hermogène prétend encore le faire] *(cc de manière)*, [sur les vertus merveilleuses des plantes] *(COI)*.

– Les fonctions autour du nom

Mon *cher* Marc : épithète

mon médecin *Hermogène* : épithète

mon médecin, *qui vient de rentrer* : CDN

un assez *long* voyage : épithète

les soins *nécessaires* : épithète

les vertus *merveilleuses* : épithète

les vertus merveilleuses *des plantes* : CDN

Repérer et analyser

10. Comprendre le rôle des expansions du nom et des attributs dans une argumentation

a. Expansions des noms : « nos gens [qui nous méprisent, qui font les fiers, qui nous maltraitent, qui nous regardent comme des vers de terre, qui sont trop heureux...] » : propositions relatives, CDN. – « de pauvres gens » : adjectif épithète – « de pauvres gens [que vous avez toujours offensés...] » : proposition relative, CDN.

Attributs : « nous » → « honnêtes » – « Vous » → « tout cela » – « vous » → « riches » – « ils » → « pauvres ».

b. Dans la première partie de sa réplique, Cléanthis désigne Euphrosine et tous les nobles, lorsqu'ils ne se trouvaient pas sur l'île des Esclaves. Par la suite, les « pauvres gens » renvoient aux valets et servantes dont la condition a évolué sur cette île.

c. Cléanthis oppose sa situation à celle d'Euphrosine, en généralisant le propos. Elle oppose sa condition sociale passée (« tout cela » = « riche », « noble », « grand seigneur ») et présente (« tout riches que vous êtes » ; « tout pauvres qu'ils sont »), mais aussi son attitude méprisante (*cf.* les propositions relatives, compléments du nom). Les parallélismes de construction accentuent ce jeu d'oppositions.

11. Commenter l'emploi des expansions du nom

a. « Longue, mince », « Agile et noble » : adjectifs apposés au nom « femme » ; « en grand deuil » : groupe nominal apposé à « femme ». – « ciel livide... » : groupe nominal apposé à « œil ».

b. Les appositions au nom « une femme » sont placées avant celui-ci : elles retardent l'arrivée de cette femme, elles ménagent le suspense. Au contraire, l'apposition « ciel livide » suit immédiatement le nom « œil » : l'expression constitue une métaphore qui élargit la perspective et montre l'importance de cette rencontre.

12. Commenter les reprises

a. et **b.** L'expression « le cœur de Simon Limbres » est reprise par « ce cœur humain », avec l'adjonction d'un déterminant démonstratif et d'un adjectif épithète (apposition), puis par un déterminant possessif (« sa cadence »), des pronoms personnels : par exemple, « l'a fait bondir » (COD), « il a filtré » (sujet). Le groupe nominal « boîte noire d'un corps de vingt ans » est une apposition au nom « le cœur de Simon Limbres ». Enfin, l'adverbe « en », CDN de « l'écho », reprend l'expression.

c. Le texte s'allonge grâce aux différentes expansions du nom : la phrase semble mimer les battements du cœur, comme si la vie était insufflée dans ce cœur, véritable organisme vivant comme la phrase qui prend son essor. La répétition du mot « cœur » semble annoncer également l'utilisation finale du mot « écho ».

Écrire

13. Interpréter un poème à l'aide des expansions du nom

Les appositions relevées dans l'exercice 11 peuvent servir pour ce travail. On peut y ajouter les groupes prépositionnels « d'une main fastueuse » et « avec sa jambe de statue », compléments circonstanciels, qui désignent la manière dont la femme se déplace.

Le cadre est évoqué au premier vers : on trouve une épithète qui qualifie la rue, « assourdissante », et un groupe prépositionnel, « autour de moi », complément circonstanciel de lieu.

À partir de ce relevé, on peut remarquer l'univers hostile dans lequel se trouve plongé le poète, qui s'oppose à la passante et à son attitude, qualifiées par des adjectifs mélioratifs.

II. Le verbe (p. 492-495)

Fiche 4 : Modes et temps verbaux p. 493

Identifier et manipuler

1. Employer le présent de l'indicatif

1. Rien ne *sert* de courir, il *faut* partir à point. *Présent de vérité générale.*

2. Ce soir, près de ce lac, je me *rappelle* nos moments passés. *Présent d'énonciation.*

3. Je *sors* de chez le docteur. *Présent à valeur de passé proche.*

4. Il était minuit. Méphistophélès *entre* chez Faust, *s'entretient* avec lui et le *convainc* de lui vendre son âme. *Présent de narration.*

5. Chaque soir, un étranger vêtu de noir *s'assoit* / *s'assied* à côté du poète. *Présent d'habitude.*

2. Reconnaître les modes verbaux

a.

Indicatif	Conditionnel	Subjonctif	Impératif	Infinitif	Participe
il combattit (*combattre*) – je vois (*voir*) – nous saurons (*savoir*)	je pourrais (*pouvoir*)	que je voie (*voir*) – qu'il ait fini (*finir*)	faites (*faire*)	avoir parlé	débattu (*débattre*) – en voyant (*voir*) – convainquant (*convaincre*) –venus (*venir*)

b. Bien que *débattu* à plusieurs reprises, ce problème n'a encore pas trouvé de solution. – *Il combattit* avec courage. – En *voyant* son ami, il reprit courage. – Il faut *que je voie* un docteur. – *Je vois* Paris. – *Faites* sortir cet homme. – *Convainquant* les députés de voter, il réussit à faire adopter la loi. – *Je pourrais* lire ce roman. – *Nous saurons* comment finit le roman. – Après *avoir parlé*, il se tut. – Bien *qu'il ait fini* de lire le roman, certaines questions restent sans réponse. – *Venus* de deux directions opposées, les deux hommes se rencontrèrent.

3. Employer les temps du récit

Bon, « l'oncle » *ouvrit* le cahier à la première page... les lettres à l'encre rouge *étaient* très gauchement tracées, les lignes *montaient* et *descendaient*... Il les *parcourut* rapidement, *feuilletta* plus loin, *s'arrêta* de temps en temps... il *avait* l'air étonné... il *avait* l'air mécontent... Il *referma* le cahier, il me le *rendit* et il *dit* : « Avant de se mettre à écrire un roman, il faut apprendre l'orthographe... »

Repérer et analyser

4. Analyser l'emploi d'un mode

a. Le conditionnel passé domine dans ce texte avec douze occurrences : « auraient aimé », « auraient su », « auraient su », « auraient eu », « auraient oublié », « auraient su », « [se] seraient [...] glorifiés », « auraient respirée », « auraient été », « auraient aimé », « auraient aimé », « aurait été ».

b. Cette vie idéale caractérisée par la richesse est perçue comme un rêve impossible à réaliser. Le conditionnel passé exprime un irréel.

5. Commenter l'emploi du conditionnel

a. Les verbes au conditionnel présent (« oserait », « serait », « aurait ») ont pour sujet Dorval ou sa reprise pronominale « il ». Le mode conditionnel exprime le doute, les faits ne sont pas perçus comme réalisables. Dorval doute de cet avenir heureux pour lui, il parle de lui à la troisième personne et emploie le conditionnel pour montrer que cette vie ne lui semble pas possible : « Dorval oserait se charger du bonheur d'une femme !... il serait père !... il aurait des enfants !... Des enfants ! ».

b. On observe des verbes à l'indicatif : imparfait (« appelais », valeur d'habitude), présent (« envoie », présent d'énonciation ; « pense », présent d'énonciation/ou d'habitude ; « sommes jetés », présent, voix passive, valeur de vérité générale ; « fait » présent d'énonciation/ou d'habitude), passé composé (« a effarouché », « a remplie », valeur d'antériorité, aspect accompli).

Un verbe est conjugué au conditionnel passé (« aurait été ») avec une valeur d'irréel du passé.

Enfin plusieurs verbes sont à l'infinitif (« se charger », « frémir »).

c. Dorval apparaît comme un être profondément pessimiste. Il exprime des désirs (« Je l'appelais cette compagne »), mais il affirme qu'ils ne peuvent être comblés, puisque la même réalité, la présence d'une compagne, est évoquée au conditionnel (« Dorval oserait se charger du bonheur d'une femme ! »). Il exprime des regrets par l'irréel du passé (« qui aurait été heureuse »). Le passé est envisagé comme irrémédiable, ce que souligne l'aspect accompli du passé composé : « il a effarouché », « il l'a remplie de craintes ». La vision de l'existence formulée au présent de vérité générale est sombre et pessimiste : « nous sommes jetés, tout en naissant, dans un chaos de préjugés, d'extravagance, de vices et de misères ».

6. Repérer et commenter l'emploi d'un mode

a. Le subjonctif domine à partir du vers 4 : « trouvât », « fussiez », « eût donné », « eussiez », « pût », « eusse ». Alceste exprime ses souhaits. Les faits sont présentés comme irréels. La proposition principale comporte un verbe au conditionnel (« je voudrais »), elle est suivie de quatre propositions subordonnées complétives juxtaposées : « qu'aucun ne vous trouvât aimable », « Que vous fussiez réduite en un sort misérable », « Que le ciel en naissant ne vous eût donné rien », « Que vous n'eussiez ni rang, ni naissance, ni bien ». Le subjonctif s'emploie dans les propositions subordonnées complétives après un verbe de souhait (« je voudrais »). Les deux dernières propositions sont deux propositions subordonnées circonstancielles de but qui sont coordonnées (« Afin que [...] / Et que j'eusse »). Les verbes au subjonctif expriment un fait dont la réalité n'est pas avérée, puisque c'est un but à atteindre.

b. L'utilisation du subjonctif montre qu'Alceste formule des souhaits impossibles. Le personnage éprouve un amour excessif comme le montre l'hyperbole : « mon amour extrême ». Son désir de garder jalousement Célimène lui fait formuler des souhaits étonnants : « former des soins contre vous ». L'exclamation de Célimène souligne le caractère inhabituel de ces souhaits amoureux : « C'est me vouloir du bien d'une étrange manière ! ». Certains de ces souhaits ne sont pas tournés vers l'avenir et portent sur le passé, ils sont donc vains : « que le Ciel en naissant ne vous eût rien donné ». L'emploi du subjonctif plus-que-parfait montre que ces souhaits sont perçus comme irréels, impossibles. Alceste apparaît comme un amoureux suspicieux, jaloux, craignant de perdre sa bien-aimée au point de souhaiter qu'elle dépende totalement de lui : « que j'eusse la joie et la gloire en ce jour / De vous voir tenir tout, des mains de mon amour ».

7. Repérer et commenter les changements de mode et de temps

a. Dans la première strophe, le poète emploie le passé composé (« je suis venu », « j'ai eu ») et l'imparfait (« tombait », « se couvrait ») pour raconter une visite près de la tombe de sa bien-aimée. Le présent (« reposes ») évoque par un euphémisme la mort de la femme.

b. La deuxième strophe emploie le présent pour décrire le souvenir vivace au moment de l'énonciation (« je sens », « je m'en souviens je m'en souviens »).

c. Les deux derniers vers expriment un souhait par l'utilisation du conditionnel (« je voudrais », « ce serait ») ou du subjonctif (« revienne »). Le texte passe progressivement de l'évocation du passé et de la mort (strophe 1), à celle du souvenir présent et vivace (strophe 2). Enfin, dans un mouvement de refus de la réalité, le poète exprime le souhait de retrouver sa bien-aimée. Il exprime ainsi ses regrets et la force de son amour.

Écrire

8. Commenter l'emploi des temps

L'élève devra respecter les étapes de la construction d'un paragraphe de commentaire :

1) Formulation de la piste d'interprétation

Ex. : *Le poète rend compte de ses sentiments dans le poème « Novembre ». Il exprime à la fois son amour et ses regrets d'avoir perdu sa bien-aimée.*

2) Justification par des citations (citer les verbes conjugués), identification du procédé (identification des temps dans chaque strophe), interprétation (passage du passé au présent pour montrer la force du souvenir et la persistance de l'amour, emploi du subjonctif et du conditionnel pour exprimer les regrets et le refus de la réalité).

3) Phrase de conclusion : l'élève peut revenir sur la tonalité lyrique de ces vers et rapprocher le poète d'Orphée qui lui aussi chantait son amour et ses regrets après le deuil qui l'avait frappé.

→ *cf.* Rédiger un paragraphe de commentaire, p. 569 du manuel

FICHE 5 : Les voix du verbe p. 495

Identifier et manipuler

1. Distinguer voix passive et voix active

a. 1. Voix passive. **2.** Voix active. **3.** Voix passive. **4.** Voix passive. **5.** Voix active.

b. Les verbes à la voix active des phrases 2 et 5 sont conjugués avec l'auxiliaire *être* et ils ne peuvent pas être transformés à la voix passive. En effet, seuls les verbes conjugués dans une construction transitive directe admettent une voix passive. Le verbe attributif (phrase 5, *devenir*) et le verbe intransitif (phrase 2, *partir*) n'admettent pas de voix passive.

2. Identifier la voix pronominale

Verbes à la voix pronominale : « me rappelais » (*se rappeler*), « s'était réalisé » (*se réaliser*), « m'étais rendu compte » (*se rendre compte*).

Il faut veiller à ne pas relever « m'avait paru », puisque le pronom « m' » ne correspond pas à la même personne que le sujet « il », ce n'est donc pas une voix pronominale.

3. Identifier et employer les voix

a. 1. « fut achevé », « fut nettoyé », « fut allégée » : passé simple de l'indicatif, voix passive.

2. « Restait », « était » : imparfait de l'indicatif, voix active ; « fût [...] sciée » : subjonctif imparfait, voix passive.

3. « étaient éclairées » : imparfait de l'indicatif, voix passive ; « avait » : imparfait de l'indicatif, voix active.

b. 1. La phrase est à la voix passive.

Transformation à la voix active : *La fatalité, le voyage, le navire arrivé la veille, une sortie de prison, la chance, la nuit les jetaient dans ce gîte.*

2. La phrase est à la voix active.

Transformation à la voix passive : *La tête humaine est accablée par cet amalgame de tous les mystères à la fois, du mystère cosmique comme du mystère fatal.*

4. Identifier les temps à la voix passive

a. 1. « seront oubliés », futur de la voix passive. **2.** « étaient appréciés », imparfait de la voix passive. **3.** « furent imités », passé simple de la voix passive. **4.** « a été transféré », passé composé de la voix passive.

b. 1. Dans quelques temps, le public oubliera les romans de cet auteur.

2. Les auteurs du XVIIe siècle appréciaient les textes de l'Antiquité.

3. La Fontaine imita les fables d'Esope.

4. On a transféré le corps de Victor Hugo au Panthéon après sa mort.

Repérer et analyser

5. Repérer et commenter l'emploi des voix

a. Les verbes à la voix passive sont : « suis perdu », « suis assassiné », « est troublé », « tu m'es enlevé », « est fini », « suis enterré ». Le complément d'agent n'est pas formulé.

b. À la voix active, le pronom « on » est employé car Harpagon ignore l'identité du voleur : « on m'a coupé la gorge », « on m'a dérobé », « on m'a privé ».

c. Le personnage d'Harpagon se voit comme une victime. À la voix active, le sujet est le pronom « on » puisque le drame d'Harpagon est qu'il ignore l'identité du voleur : « on m'a coupé la gorge, on m'a dérobé mon argent ». Harpagon multiplie les verbes à la voix passive pour souligner sa situation de victime : « Je suis perdu, je suis assassiné ». La gradation montre sa tendance à exagérer, les métaphores et les hyperboles associent le vol à un assassinat dans une exagération comique : sans son argent, il lui semble impossible de vivre.

6. Repérer et commenter l'emploi de la voix passive

a. Les verbes au passif sont : « soit [...] mise », « sont [...] punies », « est regardée », « sont présentées », « est peint ».

b. Les sujets des verbes à la voix passive sont : « la vertu », « Les moindres fautes », « La seule pensée du crime », « Les passions », « le vice ». Ces sujets, placés en position de thème par la construction passive, ont une unité thématique. Racine développe en effet le champ lexical de la morale, avec d'un côté la vertu (« la vertu soit plus mise au jour ») et de l'autre le vice, que l'auteur peint et dénonce (« les passions », le « crime », « les moindres fautes », « le vice »). La tragédie pour Racine a une fonction didactique. Le spectacle des fautes et des vices des héros doit servir d'exemple pour les spectateurs. La tragédie les incite à se défier des passions et à se montrer vertueux.

Écrire

7. Employer des verbes à la voix passive

Après avoir choisi une œuvre, il faudra établir la liste de ses thèmes et de ses enjeux. Par exemple, si l'élève choisit *Ô les beaux jours* de Becket, il pourra relever les thèmes suivants : absurdité de la condition humaine, vacuité de l'existence, absence d'espoir, déchéance physique, solitude, vision cruelle du monde mais non dénuée d'humour.

Il conviendra ensuite de présenter ces thèmes en les plaçant en position de sujet et en utilisant les verbes proposés à la voix passive :

- *L'absence d'espoir est décrite...*
- *La solitude des personnages est peinte...*
- *Un monde cruel mais non dénué d'humour nous est présenté...*
- *L'absurdité du monde est expliquée...*
- *La déchéance physique est regardée...*

III. Les accords (p. 496-499)

FICHE 6 : Les chaînes d'accord p. 497

Identifier et manipuler

1. Analyser des phrases pour justifier les accords

a. Sujet de « sont comptés » : « mes jours » (l'accord se fait avec le sujet et le participe passé prend la marque du pluriel, puisque l'auxiliaire utilisé est « être ») – sujet de « signifie » : « dire que mes jours sont comptés » (l'infinitif suivi de la proposition complétive est sujet d'un verbe au singulier) – sujet de « empêche » : le pronom relatif « qui », ayant pour antécédent « l'incertitude » (malgré les différents compléments du nom, l'accord se fait avec le nom, support du groupe nominal) – sujet de « diminue » : « l'incertitude du lieu, du temps et du mode » (l'accord se fait avec le nom au singulier, et non avec les compléments du nom) – sujet de « progresse » : « ma maladie mortelle » (le sujet est postposé) – Sujet de « semblent » : « la lèpre ou le cancer » (sujets coordonnés par la conjonction « ou »).

b. « faible » est attribut du sujet « je » : il s'accorde avec lui. – « absurdes » et « pénibles » sont apposés à « imaginations » : ils s'accordent donc avec ce nom, féminin pluriel. – « distancés » est attribut du sujet. Il s'accorde avec « la lèpre ou le cancer ».

2. Accorder les noms et les adjectifs

1. « le cœur et la tête <u>remplis</u> » : « remplis » qualifie deux noms, dont l'un est au masculin.

2. « ces courses <u>sanglantes</u> » : l'accord se fait avec « courses », féminin pluriel. – « les <u>mille</u> clameurs » : le déterminant numéral « mille » est invariable.

3. « J'ai toujours tenu pour <u>suspects</u> ou <u>illusoires</u> des récits de ce genre » : l'accord se fait avec le COD « récits », au masculin pluriel. « suspects » et « illusoires » sont des attributs du COD.

4. « L'expression [...] devient brillante » : l'accord se fait avec le nom « expression », malgré la présence de deux compléments du nom (« de leur colère » et « de leur orgueil »).

3. Accorder le sujet et le verbe

1. « Le docteur J., un assistant, est passé. » (une seule personne fait l'action ; « un assistant » est apposé à « docteur J. »)

2. « Peu de gens se souviennent d'avoir été jeunes » : accord du verbe au pluriel avec le quantificateur « peu de ».

3. « L'accroissement de la population, enfin, ou la diminution de la population, doivent produire des révolutions » : l'accord se fait au pluriel avec les deux sujets coordonnés (mais le verbe aurait aussi pu se mettre au singulier).

4. « Ni les verrues, ni le teint de brique [...] n'épouvantèrent le tonnelier » : les sujets sont coordonnés par « ni ». L'accord se fait généralement au pluriel.

5. « moi qui étais devenu par suite de circonstances inverses riche et puissant » : l'antécédent de « qui », sujet de « étais devenu », est le pronom personnel de la première personne. Le locuteur est un homme (« puissant »). Le participe passé est donc au masculin.

4. Accorder les adjectifs de couleur

1. « leurs taches vives, vert pomme, or pâle » : les adjectifs de couleur sont composés de deux mots : il n'y a donc pas d'accord.

2. « leurs crins noirs » - « nos cheveux blonds » : les adjectifs de couleur, simples, s'accordent.

3. « il avait respecté les raies bleues et orange » : le premier adjectif de couleur s'accorde contrairement au second, issu d'un nom.

4. « des yeux bleu-gris-vert-marron frais fleuris » : les adjectifs de couleur sont composés de différents mots, reliés par des tirets. Ils ne s'accordent pas. L'adjectif « fleuris », en revanche, qui n'est pas un adjectif de couleur, peut s'accorder. – « cils noircis » – « de beaux cheveux blond suédois » : l'adjectif de couleur comporte un autre mot. Il n'y a donc pas d'accord.

5. S'aider des accords pour comprendre une phrase complexe

a. « Produisent » → sujet : « les doctes veilles » – « est » : sujet → « rien » – « vois » → sujet : « qui », ayant pour antécédent l'apostrophe « grand démon du savoir » (dans la suite de la réplique, la 2ème personne est employée) – « rendit » → sujet : « le pouvoir admirable » – « soulage » : impératif de la deuxième personne → le sujet est compris dans le verbe.

b. Grand démon du savoir, tes doctes veilles produisent chaque jour de nouvelles merveilles. À toi, rien n'est secret dans nos intentions. Tu vois, sans nous voir, toutes nos actions. Le pouvoir admirable de ton art divin te rendit secourable en ma faveur. Soulage les douleurs de ce père affligé.

On peut faire remarquer, dans cette réplique, les antépositions des compléments du nom (cf. « Distinguer classes et fonctions », page 488 du manuel).

c. Grands démons du savoir, de qui les doctes veilles
Produisent chaque jour de nouvelles merveilles,
À qui rien n'est secret dans nos intentions,
Et qui voyez, sans nous voir, toutes nos actions :
Si de votre art divin le pouvoir admirable jamais en ma faveur se rendit secourable,
De ce père affligé soulagez les douleurs.

6. Comprendre les accords dans des phrases complexes

a. « humaines » s'accorde avec « leurs formes » – « demi-nus » s'accorde avec « leurs corps » (« mi » est un adverbe, donc invariable) – « verticale » s'accorde avec « limite » – « clair-obscur » est considéré comme un adjectif de couleur composé, ou comme un nom pris comme adjectif. Il est invariable. – « brillants » s'accorde avec « visages » – « rieur, écumeux et léger » s'accordent avec « le déferlement » – le participe « emmêlées » s'accorde avec « leurs chevelures » – le participe « séparé » s'accorde avec « le séjour » – « sombre et transparent » s'accorde avec « royaume » – « liquide et pleine » s'accordent avec « leur surface » – « limpides et réfléchissants » s'accordent avec « les yeux ».

b. « semblait » a pour sujet « l'ondulation du flux » – « commençaient » a comme sujet « les fauteurs d'orchestre » – « servaient » a pour sujet « les yeux limpides et réfléchissants des déesses des eaux ».

c. Cependant, au fur et à mesure que le spectacle s'avançait, sa forme vaguement humaine se détachait mollement des profondeurs de la nuit qu'elle tapissait, et, s'élevant vers le jour, laissait émerger son corps demi-nu, et venait s'arrêter à la limite verticale et à la surface clair-obscur où son brillant visage apparaissait derrière le déferlement rieur, écumeux et léger de son éventail de plumes, sous sa chevelure de pourpre emmêlée de perles que semblait avoir courbée l'ondulation du flux ; après commençaient les fauteuils d'orchestre, le séjour des mortels à jamais séparé du sombre et transparent royaume auquel çà et là servaient la frontière, dans leur surface liquide et pleine, les yeux limpides et réfléchissants de la déesse des eaux.

Écrire

7. Rendre compte d'une expérience du spectateur

Les éléments suivants peuvent être repris du texte de Marcel Proust :
- l'organisation de la description : du plus vague (« leurs formes vaguement humaines ») au plus précis (« corps demi-nus », « leurs brillants visages », « éventails de plumes », « chevelures de pourpre emmêlées de perles ») ;
- l'importance du clair-obscur ;
- l'uniformité du public (emploi du pluriel) ;
- l'admiration que semble ressentir le locuteur (valorisation des femmes, considérées comme des « déesses des eaux ») ;
- les métaphores (« déesses de eaux, « transparent royaume », « les fauteuils d'orchestre, le séjour des mortels »), personnifications/hypallages (« déferlement rieur, écumeux et léger de leurs éventails de plumes ») ;
- le récit à l'imparfait ;
- l'effacement du locuteur.

FICHE 7 : L'accord du participe passé

p. 499

Identifier et manipuler

1. Pratiquer l'accord du participe passé avec le COD

a. 1. COD : « leur façon d'agir ». – **2.** COD : « les mouettes, les cormorans et les fines aigrettes ». – **3.** COD : « ses affaires ». – **4.** COD : « de nouvelles robes ».

b. 1. Leur façon d'agir, ils l'ont changée. – **2.** Les mouettes, les cormorans et les fines aigrettes, il les avait observés. – **3.** Ses affaires, elle les aurait oubliées. – **4.** Ces nouvelles robes, elles les ont commandées.

2. Comprendre l'accord du participe passé avec *être* et *avoir*

a. « ayant laissé » → avoir. – « êtes allé » → être. – « avez traversée » → avoir. – « avez déboutonné » → avoir. – « êtes passé » → être. – « avez pris » → avoir. – « aviez bu » → avoir. – « aviez grignotées » → avoir. – « avez fait » → avoir. – « êtes monté » → être. – « a déposé » → avoir.

b. Accord avec le sujet : « êtes allé » – « êtes passé » – « êtes monté ».

Accord avec le COD, placé avant : « la Seine que vous avez traversée » – « le thé que vous aviez bu » – « les biscottes que vous aviez grignotées » – « qui vous a déposé ».

Pas d'accord (COD placé après) : « ayant laissé votre valise » – « avez déboutonné votre manteau » – « avez pris un café au lait » – « avez fait presque le tour de la cité ».

c. « Vous » est un homme, comme le montre l'accord au masculin singulier dans l'expression « qui vous a déposé » : le COD « vous » est placé avant le verbe.

3. Réécrire un texte en accordant les participes passés

Ayant laissé ma valise à la consigne, me disant que je chargerais Marnal d'aller la chercher pendant la journée, je suis allée jusqu'à la Seine que j'ai traversée par le pont d'Austerlitz, et comme il faisait vraiment assez beau pour un mois de novembre, j'ai déboutonné mon manteau en longeant le Jardin des Plantes, je suis passée par l'île Saint-Louis, où j'ai pris un café au lait avec des croissants, malgré le thé que j'avais bu et les biscottes que j'avais grignotées au wagon-restaurant en guise de petit déjeuner comme à l'habitude [...], puis j'ai fait presque le tour de la cité, une main dans la poche de mon manteau, l'autre tenant ma serviette, la faisant balancer au rythme d'un air de Monteverdi que je me fredonnais à moi-même, et il devait déjà être dix heures quand je suis montée en face de Notre-Dame dans le soixante-neuf qui m'a déposée place de Palais-Royal.

4. Comprendre l'accord du participe passé avec les verbes pronominaux

1. « s'est mise » : verbe pronominal, le pronom réfléchi est COD, placé avant → accord avec le COD, féminin singulier (représentant Marguerite Duras).
– « elle s'est prise » : verbe pronominal, le pronom réfléchi est COD, placé avant → accord avec le COD, féminin singulier (représentant Marguerite Duras).

2. « elle s'est interdit » : verbe pronominal, le pronom réfléchi est COI → pas d'accord.

3. « elle s'est démarquée » : verbe pronominal, le pronom réfléchi est COD, placé avant → accord avec le COD, féminin singulier (représentant Marguerite Duras).

4. « les règles que s'étaient fixées les écrivains réalistes » : verbe pronominal, le COD, « les règles », est placé avant → accord avec le COD.

5. « ils se sont lus » : verbe pronominal, le pronom réfléchi est COD, placé avant → accord avec le COD, masculin pluriel. – « ils se sont plu » : verbe pronominal, le pronom réfléchi est COI → pas d'accord.

5. Comprendre tous les cas d'accord du participe passé

a. « née » – « se serait ouverte » – « était décidé » – « était décidé » – « avait été » – « avait vue » – « avais vu » – « avaient annoncé » – « eussent fait ».

b. « née », employé comme un adjectif, s'accorde avec « sympathie ». – « se serait ouverte » : verbe pronominal, accord avec le COD « se ». – « s'il était vraiment décidé » : accord avec le pronom personnel « il », qui représente la complétive placée après (« qu'il épousât Mlle d'Ambresac »). – « ce n'était pas décidé » : pas de COD, l'accord se fait avec le sujet « ce » (auxiliaire « être »). – « il n'en avait jamais été question » : COD placé après le verbe (« question ») ; pas d'accord. – « qu'il ne l'avait jamais vue » : COD : pronom « l' », placé avant le verbe, et représentant Mlle d'Ambresac ; accord au féminin singulier. – « j'avais vu » : COD placé après le verbe (« quelques-unes des personnes du monde ») ; pas d'accord. – « qui avaient annoncé » : COD placé après (« ce mariage ») ; pas d'accord. – « elles m'eussent fait part » : COD placé après (« part ») ; pas d'accord.

6. Rétablir l'accord du participe passé

Que d'univers j'ai parcourus dans ces voyages de l'âme ! J'ai traversé les steppes blanchies des régions glacées. J'ai jeté mon rapide regard sur les savanes parfumées où la lune se lève si belle et si blanche. J'ai effleuré sur les ailes du sommeil ces vastes mers dont l'immensité épouvante la pensée. [...] Quels trésors d'imagination, quelles merveilleuses richesses de la nature n'ai-je pas épuisés dans ces vaines hallucinations du sommeil ? [...] Je crois que j'ai eu du repos tout un jour ; mais je ne me suis pas aperçu que je me reposais.

7. Transposer un texte au passé composé

Celui qui est allé se battre de gaieté de cœur n'a été à mes yeux qu'une bête féroce qui s'est efforcé d'en déchirer une autre [...]. Voyez ces hommes accoutumés au sang : ils n'ont pas bravé les remords qu'en ayant étouffé la voix de la nature ; ils sont devenus par degrés cruels, insensibles ; ils se sont joué de la vie des autres, et la punition d'avoir pu manquer d'humanité a été de la perdre enfin tout à fait.

Écrire

8. Rédiger un texte en accordant le participe passé

Le travail peut permettre de préparer la seconde partie de l'épreuve orale. L'élève pourra s'aider de la démarche proposée dans la fiche 13 « Présenter l'œuvre intégrale de son choix », page 607 du manuel. Cet exercice constitue également une propédeutique pour la contraction de texte (Fiches 8 et 9, pages 592 à 595 du manuel).

IV. La phrase (p. 500-507)

FICHE 8 : Phrase simple et phrase complexe p. 501

Identifier et manipuler

1. Identifier les structures de phrase

a. et b. « Quand je considère ma vie, je suis épouvanté de la trouver informe. » → phrase complexe avec une proposition principale et une subordonnée conjonctive complément circonstanciel de temps.

« L'existence des héros, celle qu'on nous raconte, est simple : elle va droit au but comme une flèche. » → phrase complexe avec trois propositions : une proposition principale, une proposition subordonnée relative substantive, une proposition indépendante juxtaposée.

« Ma vie a des contours moins fermes. » → phrase simple.

« Comme il arrive souvent, c'est ce que je n'ai pas été, peut-être, qui la définit avec plus de justesse : bon soldat, mais point grand homme de guerre, amateur d'art, mais point cet artiste que Néron crut être à sa mort, capable de crimes, mais point chargé de crimes. »

→ phrase complexe avec une proposition principale et quatre propositions subordonnées (une proposition conjonctive complément circonstanciel introduite par « comme », trois propositions subordonnées relatives introduites par « ce que », « qui » et « que »)

2. Employer efficacement les phrases complexes dans un texte

Voltaire utilise le conte philosophique, avec lequel il porte un regard critique sur la société dont il veut dénoncer l'intolérance et la violence. Le conte a une forme plaisante, car il est comme une histoire. Ainsi, il amuse le lecteur parce qu'il montre des personnages naïfs, des situations absurdes qu'il dénonce en utilisant l'humour et l'ironie. Cependant, le récit imaginaire est aussi mis au service d'une critique féroce de la société dans la mesure où il évoque des faits réels : en effet, il peint la violence de la guerre et il décrit l'intolérance religieuse. Le lecteur tire un enseignement de sa lecture, comme il l'aurait fait d'une fable. Ainsi, le conte est une arme pour critiquer.

3. Analyser les phrases d'un poème en prose

a. Ces phrases sont des phrases non verbales. La première strophe ne comporte que des phrases non verbales. La deuxième phrase contient un verbe conjugué dans une proposition subordonnée relative (« que le vent promène »), mais il n'y a aucun verbe conjugué dans la principale qui est non verbale.

b. Le texte décrit un paysage. Le poète procède par une juxtaposition d'éléments descriptifs comme dans un tableau. L'absence de verbe conjugué inscrit ce paysage dans une éternité, en dehors de toute temporalité. Les phrases non verbales suscitent une impression de calme et de sérénité qui s'accorde parfaitement avec la description de vastes espaces, « l'Empire au centre du monde » et « l'Occident miraculeux ».

4. Commenter l'emploi d'une structure de phrase

a. « suis » ; « a » ; « est » ; « est » ; « a fait » ; « a » ; « a » ; « est » ; « a » ; « regarde » ; « est » ; « regarde ».

À l'exception de la première phrase non-verbale et de l'avant-dernière phrase (complexe), les phrases sont simples dans le texte. Les verbes ne sont pas variés, l'auteure utilise essentiellement les auxiliaires « être » et « avoir », notamment dans la tournure impersonnelle « il y a » qui est utilisée à quatre reprises.

b. La narratrice se contente de décrire les faits avec objectivité. La simplicité des phrases et le nombre limité de verbes utilisés rend le texte factuel. On voit apparaître, comme dans une succession de plans cinématographiques, la narratrice jeune (« Quinze ans et demi. Déjà je suis fardée. »), puis la voiture (« il y a une grande limousine noire »), puis l'homme (« Dans la limousine il y a un homme très élégant qui me regarde »). Pourtant le point de vue est bien interne, la narratrice décrit exactement ce qu'elle a vu et le texte suit son regard. Mais elle ne laisse pas apparaître ses émotions, et elle retrouve ses souvenirs par une succession de détails présentés par la tournure « il y a » et au présent.

5. Étudier le rythme des phrases dans un récit

a. Six phrases sont non verbales dans le texte : « Rien que la steppe. », « Devant lui. », « À lui. », « La steppe tout entière. », « Devant lui. », « À lui. ».

De manière abrupte, ces phrases non-verbales introduisent une rupture dans le rythme du texte. Elles contrastent particulièrement avec la phrase complexe qui constitue la longue description de la steppe (« C'était la steppe [...] merveilleuse et sauvage »).

b. Les phrases non verbales marquent une pause dans le texte et traduisent le sentiment de fascination et de sidération que ressent le personnage lorsqu'il aperçoit la steppe. Le point de vue interne indique que le personnage oublie tout le reste : « rien n'eut de sens pour lui ». La longue description de la steppe tente de rendre compte de sa beauté. Les phrases non verbales expriment le trouble d'Ouroz devant ce spectacle, comme si ce qu'il ressentait était tellement fort que les mots ne suffisaient plus à le décrire. Le glissement de « Devant lui » à « À lui » souligne son sentiment d'appartenance à ce territoire. Il est ému et même ébloui par la beauté de la steppe et éprouve un sentiment de toute-puissance car le paysage semble s'offrir à lui.

6. Repérer et interpréter une alternance de rythme

Ce texte est composé de trois phrases : deux complexes et une simple.

Le premier paragraphe est constitué d'une seule phrase complexe. Elle permet d'expliquer la situation, et aussi de la critiquer. Voltaire rappelle qu'un tremblement de terre a eu lieu et rend compte de la décision d'organiser un autodafé, non sans ironie lorsqu'il évoque ce « secret infaillible » pour empêcher la terre de trembler.

La deuxième phrase décrit la cérémonie. Voltaire décrit le châtiment infligé à cinq condamnés. La phrase se compose de trois propositions principales, juxtaposées ou coordonnées, qui envisagent le sort des hommes : « Candide fut fessé en cadence [...] ; le Biscayen et les deux hommes [...] furent brûlés, et Pangloss fut pendu ». Chaque proposition principale est complétée par une subordonnée (conjonctive complément circonstanciel de temps « pendant qu'on chantait », relative « qui n'avaient point voulu manger de lard », conjonctive complément circonstanciel de concession « quoique ce ne soit pas la coutume »).

La troisième phrase est simple et termine abruptement l'extrait, dans un effet de chute. L'autodafé n'a servi à rien, la mort des trois hommes était vaine et n'a pas empêché la terre de trembler. C'est le dénouement de cet extrait et la simplicité brusque de la dernière phrase qui montre l'absurdité de la cérémonie qui précède.

Écrire

7. Employer juxtaposition, coordination et subordination dans un texte

Après avoir choisi une œuvre lue en classe, l'élève formulera des arguments précis :

– Il pourra exprimer des sentiments.
Ex. : *J'ai éprouvé de la pitié pour Phèdre, mais j'ai regretté qu'elle mente à Thésée.*

– Il peut également préciser s'il s'est identifié à un personnage.
Ex. : *Le héros est un jeune homme plein de rêves et maladroit. En effet, avec ses failles et ses aspirations, il est terriblement humain, si bien que je me suis identifié à lui.*

– L'élève pourra montrer en quoi l'œuvre fait réfléchir, dépasse son époque.
Ex. : *Dans la mesure où le texte interroge la façon dont nous percevons l'autre, il est encore très moderne.*

L'élève peut choisir l'œuvre qu'il souhaite présenter à l'oral de l'EAF. Cet exercice le préparera alors à l'entretien.

FICHE 9 : Les propositions subordonnées p. 504

Identifier et manipuler

1. Identifier les propositions complétives

a. *Les complétives sont placées entre crochets.*

1. [Que la lecture embellisse la vie] est une certitude. Sujet.

2. Pensez-vous [qu'un roman puisse changer le monde] ? COD du verbe « penser ».

3. Il défend l'idée [qu'un roman est un acte politique]. Complément du nom « idée ».

4. Il s'attend [à ce que son roman soit refusé]. COI du verbe « s'attendre ».

5. Il n'est pas impossible [que son roman fasse scandale]. Complément direct de la construction verbale impersonnelle attributive « il (n')est (pas) (im)possible ».

b. 1. Fonction sujet : subjonctif obligatoire.

2. Normalement suivi de l'indicatif, « penser » dans une phrase interrogative peut être suivi, comme c'est le cas ici, du subjonctif.

3. Le verbe « défendre » indique ici qu'on affirme la vérité d'une thèse, et appelle donc l'indicatif.

4. La construction indirecte du verbe « s'attendre » appelle le subjonctif.

5. Les complétives qui dépendent du tour impersonnel « il est (im) possible » sont obligatoirement au subjonctif.

2. Distinguer les propositions subordonnées

a. *Les mots subordonnants sont soulignés.*

(Chabannes) fut d'abord charmé de la joie [que lui témoigna cette princesse de le voir], et plus encore de l'impatience [qu'elle avait de le pouvoir entretenir]. Mais quel fut son étonnement et sa douleur [quand il trouva] [que cette impatience n'allait qu'à lui conter] [qu'elle était passionnément aimée du duc de Guise] et [qu'elle ne l'aimait pas moins] ! Sa douleur ne lui permit pas de répondre ; mais cette princesse, [qui était pleine de sa passion] et [qui trouvait un soulagement extrême à lui en parler], ne prit pas garde à son silence [...].

b.

Relatives	Complétives	Circonstancielle
[que lui témoigna cette princesse de le voir] [qu'elle avait de le pouvoir entretenir] [qui était pleine de sa passion] [qui trouvait un soulagement extrême à lui en parler]	[que cette impatience n'allait qu'à lui conter] [qu'elle était passionnément aimée du duc de Guise] [qu'elle ne l'aimait pas moins]	[quand il trouva]

3. Distinguer « que » pronom relatif de « que » conjonction de subordination

a. *L'antécédent est signalé par l'italique.*

1. Babylone est *une ville* carrée que [pronom relatif] protègent des remparts considérables [...].

2. Il s'assit et pensa qu'[conjonction de subordination] il avait oublié les babas au rhum dans sa description des splendeurs ministérielles.

3. Mes neveux rougirent beaucoup de *la critique* que [pronom relatif] je fis de leur impertinence [...].

4. Il me semble que [conjonction de subordination] le contact seul suffit. Voici *une expérience* que [pronom relatif] j'ai faite cent fois...

5. Il n'y a *aucune passion* que [pronom relatif] quelque action particulière des yeux ne déclare [...].

6. Et, une demi-heure après, la pensée qu'[conjonction de subordination] il était temps de chercher le sommeil m'éveillait ; je voulais poser *le volume* que [pronom relatif] je croyais avoir encore dans les mains et souffler ma lumière [...].

b. 1. Ex. : *Une ville carrée* qui est protégée / dont un rempart protège les richesses.

3. Ex. : *de la critique* qu'ils subirent / dont ils furent la cible.

4. Ex. : *une expérience* qui a toujours son intérêt / dont j'ai plusieurs fois vérifié les résultats.

5. Ex. : *aucune passion* qui ne soit déclarée / dont l'action des yeux ne dévoile l'existence.

6. Ex. : *le volume* qui occupait mes veilles / dont les pages m'enchantaient.

4. Former des relatives

a. 1. Les intelligences artificielles respectent les instructions données par leurs créateurs qui les programment avec leur vision du monde et leurs préjugés.

2. L'arrivée de robots poserait des problèmes que nous aurions beaucoup de mal à résoudre.

3. On compare parfois les robots à des objets ordinaires dont nous faisons tous les jours usage.

5. Employer le bon mode dans une complétive

1. On pense que l'intelligence artificielle *peut* résoudre des problèmes délicats. **2.** Certains doutent que des machines *puissent* être intelligentes. **3.** Nous n'ignorons pas que la science *fait/fasse* [ce subjonctif est plus fréquent toutefois quand *ignorer* est à l'imparfait (Grevisse, *Le bon usage*, §1126)] des progrès rapides. **4.** Il craint que l'utilisation de l'intelligence artificielle *soit* une dangereuse alchimie. **5.** Il se réjouit qu'un robot *puisse* gagner contre un homme aux échecs. **6.** Il s'ensuit que les robots *font* naître des inquiétudes. **7.** Personne ne doute qu'il *faut/faille* rédiger des lois nouvelles.

6. Former des interrogatives indirectes et des conjonctives complétives

a. Timoclès lui demanda s'il ne croyait pas que les dieux avaient tout prévu [...] Il lui demanda ce qu'il disait, si tout ce que nous voyions était dû au hasard [...] Il lui demanda si la marche du monde n'était pas réglée par un dieu [...] Il lui demanda si les événements se succédaient au petit bonheur [...] Il demanda [aux auditeurs] s'ils supportaient ce discours, s'ils ne jetteraient pas des pierres sur ce criminel.

b. Damis répondit qu'il ne le croyait pas un instant. Damis répondit qu'il en était ainsi. [...] Damis répondit qu'il n'en était rien. [...] Damis répondit que c'était le cas.

On peut transformer ainsi la dernière réplique de Damis : Damis répondit qu'il s'étonnait de ce qu'il excitait contre lui la colère des hommes ; qu'il se surestimait, pour s'emporter au nom des dieux.

7. Choisir le mode d'une subordonnée circonstancielle

a. 1. Quand ; temps. – **2.** Quoique ; concession. – **4.** Quand ; temps. – **5.** s' ; condition.

b. 1. Quand la cérémonie *fut terminée* [indicatif] Monsieur d'Alcobaça raccompagna madame d'Oeiras dans sa demeure [...].**2.** Quoique je ne *dusse* [subjonctif] être vue de personne, et que les ornements dont je me pare *soient* [subjonctif] inutiles à ton bonheur, je cherche cependant à m'entretenir dans l'habitude de te plaire. **3.** Ses pieds nus *écartés*, il fait craquer ses formidables mains [...]. **4.** Quand vous *portez* [indicatif] la botte, monsieur, il faut que l'épée parte la première. **5.** Je dis que l'Europe serait plus peuplée d'un tiers s'il n'y *avait* [indicatif] point eu d'argument théologique.

Repérer et analyser

8. Mesurer l'intérêt des subordonnées dans un discours délibératif

a. Propositions subordonnées circonstancielles : « Lorsque la guerre est commencée » (conjonctive) ; « Fût-on disposé à des sacrifices » (système corrélatif formé de deux propositions juxtaposées) ; « (tellement [...]) que l'honneur ne permette pas de les accepter » (conjonctive) ; « La paix même étant entamée » (participiale).

Proposition subordonnée complétive (interrogative indirecte) : « si les conditions ne seront pas ».

b. La proposition soulignée, « Fût-on disposé à des sacrifices », exprime ici l'hypothèse, et pourrait être glosée au moyen d'une proposition introduite par une locution conjonctive « même si on était disposé à des sacrifices ».

c. Mirabeau s'exprime ici dans des circonstances historiques particulièrement dramatiques. Il est question de savoir qui peut, au lendemain de la Révolution, à la veille de guerres probables avec les puissances voisines, détenir le pouvoir de décider de la paix ou de la guerre : ce droit doit-il appartenir au Roi, ou à l'Assemblée ? La réponse à cette question détermine, par parenthèse, la nature du régime politique qu'on adopte.

Il procède en envisageant, de façon empirique, dans une première circonstancielle, une situation de guerre : « lorsque la guerre est commencée ». Dans cette situation, il envisage une autre circonstance : l'un des belligérants souhaite la paix et la réalise, comme l'indique une participiale temporelle ou conditionnelle : « la paix même étant entamée » : il « fait la paix » tout seul, et « fait retirer ses troupes ».

Il imagine alors une troisième circonstance, dans une participiale de sens conditionnel : « Fût-on disposé à des sacrifices ». L'orateur sonde ici la conscience de ce peuple devenu résolument pacifiste. Il ignorera tout des exigences qu'imposera l'ennemi, comme en témoigne la complétive interrogative indirecte [sait-on] « si les conditions ne seront pas tellement onéreuses » ; et de leurs conséquences : « [tellement onéreuses] que l'honneur ne permette pas de les accepter ».

Par le jeu des circonstancielles et de l'interrogative indirecte, Mirabeau parvient à dessiner le cadre d'une réalité dont la simplicité apparente dissimule d'innombrables questions qui ne se peuvent trancher par une décision simple, mais seulement au terme d'une délibération prudente. Il transporte son auditoire dans les méandres d'une argumentation fondée sur l'examen de circonstances précises et sur la mise en lumière des problèmes qu'elles pourront soulever. Il montre ainsi à l'Assemblée que la guerre est un mécanisme complexe, et qu'il convient de coordonner, si on veut obtenir la paix, l'action militaire et l'action diplomatique.

9. Analyser les circonstancielles dans la poésie engagée

a. Trois conjonctions de subordination apparaissent dans ce passage : « tandis que », repris par « que » (première strophe) ; « tandis que » (deuxième strophe) ; « quand » (second tercet). Ces conjonctions expriment le temps. « Tandis que » traduit plus particulièrement la simultanéité.

b. Les deux occurrences de « Tandis que » sont toutes deux situées au début des quatrains. La première d'entre elles fait l'objet d'une reprise par la conjonction « que » située au début du troisième vers de ce sonnet. La conjonction « quand », dans le premier vers de la dernière strophe, brise le rythme de l'alexandrin. Placée en contre-rejet dans le premier hémistiche du vers, elle introduit une subordonnée qui se déploie dans le deuxième hémistiche et ne prend fin qu'avec le sonnet.

Les temporelles sont donc disposées de part et d'autre d'une peinture des splendeurs liturgiques. La place accordée aux deux occurrences de « tandis que » insiste sur la cruelle simultanéité du carnage et du rire ou du sommeil de Dieu. Faisant écho aux deux temporelles liminaires, la proposition introduite par « quand » fait entendre elle aussi une dissonance qui fait grincer le châssis du tableau central. La conjonction « quand », qui suggère la succession, souligne l'indifférence de Dieu et la cupidité d'un clergé dont la compassion se monnaye. Le sentiment religieux qui anime les femmes affligées ne peut trouver de réconfort, et le tableau, en se repliant sur la souffrance des hommes privés du secours de la foi, dit l'indignation du poète.

10. Analyser les relatives dans un dialogue d'idées

a. « qui », sujet du verbe « avoir fait ». – « qui », sujet du verbe « être ». – « qu' », COD du verbe « voir ». – « qui », sujet du verbe « durer ». – « qui », sujet du verbe « avoir ». – « qui », sujet du verbe « commander ». – « qui », sujet du verbe « être obéi ». – « qui », sujet du verbe « pouvoir ». – « qui », sujet du verbe « empêcher ».

Tous ces pronoms relatifs ont pour antécédent le groupe nominal déterminé « le vieil ouvrier ».

b. Ces relatives sont indispensables à l'identification de l'antécédent. Elles seules permettent de conclure avec certitude qu'Orou parle ici de Dieu. Par l'accumulation de ces expansions, Orou procède à la longue énumération des propriétés de ce Dieu dont lui ont parlé les Français. Cette litanie prend un caractère irrévérencieux, qui laisse poindre le scepticisme profond du Tahitien devant un discours parcouru de paradoxes et de contradictions. La parole du bon sauvage devient, dans ce dialogue fictif imaginé par Diderot, l'instrument d'une critique du discours religieux, qui est tourné en dérision.

11. Évaluer la valeur argumentative des circonstancielles

a. La conjonction de subordination « si » apparaît à quatre reprises dans ce passage. Elle est employée ici dans un sens temporel itératif, et pourrait se gloser par la locution conjonctive « à chaque fois que ».

b. La répétition de cette conjonction de subordination traduit la fièvre qui s'empare des Parisiens à chaque fois que le Persan Rica fait une apparition. En quelque lieu qu'il se rende, il est en butte à l'indiscrète curiosité des Français qui s'attachent à son apparence et sont fascinés par ce spectacle étrange. L'anaphore est également le moyen de faire entendre l'essoufflement du personnage, qui, sans cesse poursuivi, ne trouve le repos nulle part. Elle confère à cette fiction une coloration satirique, qui permet à Montesquieu d'inviter les Français à se départir d'une curiosité de surface, plus sûr moyen de méconnaître l'autre et de se replier sur soi.

Écrire

12. Employer des subordonnées dans un paragraphe argumenté

L'élève pourra consulter dans le manuel les fiches :
- 16 (« L'énonciation »), p. 518 ;
- 17 (« La modalisation »), p. 519 pour analyser les paroles, présenter son propre jugement et exprimer des sentiments ; utiliser des verbes introduisant des complétives conjonctives, servant l'expression d'une subjectivité, d'une opinion, d'un jugement ;
- 19 (« Les discours rapportées »), p. 524 pour rapporter les paroles d'autrui.

Il veillera à utiliser :
- des interrogatives indirectes pour soulever ou rapporter des questions (problématiques personnelles ou posées à Cédric Villani par exemple) de façon détournée ;
- des circonstancielles. L'élève devra employer des circonstancielles à l'indicatif, qui désignent une situation, ainsi que des circonstancielles au subjonctif, qui ouvrent des perspectives.

L'élève pourra notamment puiser des arguments dans le parcours 8 du chapitre 1 (« La science au cœur de la fiction », p. 161 du manuel) ainsi que dans les exercices 4 et 5, page 504.

13. Rédiger un paragraphe de commentaire

L'élève devra suivre scrupuleusement les trois étapes décrites dans la partie « Méthode » (→ Fiche 3, « Rédiger un paragraphe de commentaire », p. 569 du manuel).

L'argumentation s'appuiera sur le relevé de l'ensemble des subordonnées.

L'élève procédera tout d'abord à l'inventaire des types de subordonnées présentes dans le texte de Montesquieu et devra relever :
- des circonstancielles : temporelle, conditionnelles à valeur temporelle, comparative conditionnelle où l'hypothèse se présente sous la forme d'un irréel du passé ;

– des relatives (essentielles à l'identification de l'antécédent ; explicative ; prédicatives). La diversité de leurs sémantismes ne permet pas d'en faire une exploitation univoque. Essentielle à la détermination de l'antécédent, la relative sert la formulation d'un jugement tiré de l'observation ; la relative explicative fait tableau ; les relatives déterminatives tracent l'esquisse de Parisiens obtus, enclins au verbiage ;
– une complétive : une conjonctive objet placée sous la dépendance du verbe « avouer ».

L'élève devra ensuite distinguer deux usages connexes des subordonnées : le Persan, promeneur et ethnologue, explore et juge. Son observation est sensible et intellectuelle.

Les indications présentées ici dessinent un canevas dont on devra extraire quelques idées pour proposer le raisonnement cohérent qu'appelle un paragraphe :

– Trajectoire sensible d'un Persan à Paris :
• déplacements dans Paris → circonstancielles : « lorsque », « si ». Rica rend compte, comme un journaliste, de son expérience sensible. Ces circonstances présentent sa trajectoire parisienne.
• spectacle offert immédiatement à la vue du Persan → relative explicative (« un arc-en-ciel qui m'entourait »)

– Mise à distance critique, trajectoire intellectuelle :
• comparative conditionnelle : locution conjonctive « comme si ». Le regard naïf des Parisiens, scruté en miroir, est plaisamment dépeint.
• relatives : introduites par la plus simple des formes du relatif, « qui » (antécédents : « curiosité », « des gens »). L'une est essentielle à l'intelligence de l'antécédent, (« d'une curiosité qui va jusqu'à l'extravagance ») ; une autre est explicative (« des gens qui n'étaient presque jamais sortis de chez eux ») ; la troisième est prédicative (« des gens qui disaient entre eux »). Toutes trois traduisent les impressions du Persan et portent la trace d'une ironie mordante.
• conjonctive complétive : (il faut avouer) « qu'il a l'air bien persan. ». Paroles rapportées, où transparaît la stupidité de ceux qui se disent contraints par force (« avouer ») d'énoncer un lieu commun fondé sur des préjugés qu'ils ont admis.

FICHE 10 : L'interrogation directe et indirecte p. 507

Identifier et manipuler

1. Analyser les interrogations directes

a. 1. Interrogation partielle ; outil interrogatif : « qui », pronom interrogatif, sujet de « déterminer ». – **2.** Interrogation partielle ; outil interrogatif : « quand », adverbe interrogatif, CC de temps. – **3.** Interrogation partielle ; outil interrogatif : « quel », pronom interrogatif, attribut du sujet « ce nom ». – **4.** Interrogation totale. – **5.** Interrogation totale, puis interrogation alternative (« ou »). – **6.** Interrogation totale avec la tournure « est-ce que ».

b. 1. L'interrogation porte sur l'identité. – **2.** L'interrogation porte sur le temps. – **3.** L'interrogation porte sur l'identité.

2. Transposer les interrogations directes et interrogations indirectes

a. Il s'est demandé qui cela pouvait être, ce qu'il était devenu, où il était, où il se cachait, ce qu'il ferait pour le trouver, où il devait courir, où il ne devait pas courir, s'il n'était point là, s'il n'était point ici, qui c'était.

b. Les points d'interrogation sont supprimés ; les sujets-verbes ne sont plus inversés ; les pronoms personnels de la première personne sont remplacés par des pronoms personnels à la troisième personne ; le pronom interrogatif « que » est remplacé par « ce que » ; les interrogations totales sont introduites par « si » ; on applique la concordance des temps.

Repérer et analyser

3. Étudier les registres de langue à travers les interrogations

a. « Combien de temps cela fait-il que tu habites le quartier ? » – « Est-ce que tu le connais bien ? » – « Viens-tu souvent manger chez Ben Tayeb ? / Est-ce que tu viens souvent manger chez Ben Tayeb ? » – « Étaient-ce tes enfants à table ? / Est-ce que c'étaient tes enfants à table ? » – « Quelle fonction professionnelle occupes-tu ? » – « Est-ce que ça vous plaît ? »

b. Un personnage pose les questions, à la manière d'un interrogatoire de police. Il interroge sur le temps, les habitudes de son interlocuteur, l'identité des personnes qui l'ont accompagné et les goûts de celui-ci. Une question est rhétorique (« Tu connais bien, alors ? »), une autre constitue une demi-certitude (« c'étaient tes enfants, à table ? »). L'autre personnage répond de façon laconique : les phrases sont elliptiques (« Mes frères et sœurs »), comme s'il voulait abréger l'entretien, ce que confirme la parenthèse « Poussé sur la pente savonneuse, je suis ». La dernière question amorce un changement dans la relation entre les deux personnages : celui qui pose les questions emploie à ce moment-là la deuxième personne du pluriel, manifestant davantage de déférence envers son interlocuteur qui vient de donner sa fonction : « Directeur littéraire aux Éditions du Talion ».

4. Commenter l'emploi des interrogations

a. « Pourquoi avez-vous donné la vie à la pauvre Ourika ? » : mot interrogatif : « pourquoi » – « pourquoi n'est-elle pas morte sur ce bâtiment négrier... ? » : mot interrogatif : « pourquoi » – « qu'importait au monde qu'Ourika vécût ? » : mot interrogatif : « qu' » – « Pourquoi est-elle condamnée à la vie ? » : mot interrogatif : « pourquoi ». La plupart des questions interrogent sur la cause (« pourquoi »). Il s'agit de fausses questions, de questions rhétoriques qui n'appellent aucune réponse.

b. La tonalité employée par Ourika est pathétique : les questions traduisent son incompréhension face à sa situation.

5. Interpréter le choix des interrogations indirectes dans le roman

a. « il ne comprenait pas comment une seule personne pouvait réunir tout ce que possédait Corinne » → *Comment une seule personne peut-elle réunir tout ce que possède Corinne ?* – « il se demandait si le lien de tant de qualités presque opposées était l'inconséquence ou la supériorité » → *Le lien de tant de qualités presque opposées est-il l'inconséquence ou la supériorité ?* – « ne sachant pas s'il l'approuvait ou la blâmait secrètement » → *M'approuve-t-il ou me blâme-t-il secrètement ?* – « si ses idées anglaises lui permettaient d'applaudir à de tels succès dans une femme » → *Ses idées anglaises lui permettent-elles d'applaudir à de tels succès dans une femme ?*

b. Les deux personnages se posent des questions l'un sur l'autre : tous deux sont intrigués, ce qui laisse présager une relation amoureuse. Mais ils sont également incertains, comme le marquent les alternatives : « l'inconséquence ou la supériorité », « s'il l'approuvait ou la blâmait ».

6. Comprendre l'enjeu des interrogations dans la comédie

a. Horace cherche avant tout confirmation de ce qu'il pense de monsieur de la Souche, comme le montrent les questions elliptiques « Jaloux à faire rire ? / Sot ? », suivies de l'affirmation « je vois qu'il en est ce que l'on m'a pu dire ». Il interprète l'interjection utilisée par Arnolphe. La question « vous ne dites mot ? », sans inversion du sujet et du verbe, traduit plutôt l'étonnement du jeune homme.

b. Horace pose un certain nombre de questions qui n'obtiennent aucune réponse claire, sauf « Et oui, je le connois » : Arnolphe est contraint alors de répondre. Mais Horace s'empresse de faire les réponses : il interprète ce que le barbon dit ou bougonne. Le côté volubile du jeune homme s'oppose aux réponses laconiques d'Arnolphe : le contraste entre les deux suscite le rire, autant que le quiproquo.

Écrire

7. Utiliser les questions dans une introduction

L'élève pourra consulter la fiche 2 page 568 du manuel, « Rédiger l'introduction et la conclusion ». Dans un premier temps, il pourra chercher l'outil interrogatif le plus pertinent : « comment ? », « en quoi ? », avant de formuler les questions au style direct. La transposition au style indirect sera plus aisée.

V. Les relations logiques (p. 508-517)

FICHE 11 : L'expression de la négation p. 509

Identifier et manipuler

1. Identifier et utiliser les procédés exprimant la négation

a. Les phrases 2 et 3 sont à la forme négative. Les mots exprimant la négation sont « ne » (phrase 2) et « ne ... jamais » (phrase 3).

b. Dans la phrase 1, le verbe « manquait » exprime l'absence, la négation.

Les mots « impassibilité » (phrase 1), « indiscret » (phrase 2) comportent le préfixe négatif in- : « indiscret » signifie qui n'est pas discret, « impassibilité » est de surcroît formé du suffixe -ité formant des noms féminins et du mot latin *passibilis* (capable de souffrance) ; le mot désigne le fait de n'être pas susceptible de souffrance.

c. 1. Notre héros *n'*avait *pas* de chance. (*phrase négative*) – Notre héros *manquait de* chance. (*lexique*) – Notre héros était *malchanceux*. (*préfixe négatif*).

2. Il était *impossible* qu'il se soit trompé. (*préfixe négatif*) – Il *n'*était *pas* possible qu'il se soit trompé. (*phrase négative*) – Il était *utopique* qu'il se soit trompé (*antonyme*).

3. Il *manquait de* toutes les qualités : l'amour, la chance, la jeunesse, la confiance. (*lexique*) – Il *ne* possédait *aucune* qualité : *ni* l'amour, *ni* la chance, *ni* la jeunesse, *ni* la confiance. (*phrase négative*). – Il *était dépossédé* de toutes les qualités : l'amour, la chance, la jeunesse, la confiance. (*préfixe négatif, antonyme*).

2. Utiliser la phrase négative dans une litote

a. 1. Notre adieu fut un adieu d'amis. **2.** Va, je t'aime.

b. 1. Son projet, quoique bien préparé, n'a pas été une réussite. **2.** Alceste, le personnage de Molière, n'apprécie guère la compagnie des hommes. **3.** Savoir s'exprimer correctement n'est pas inutile dans la vie professionnelle.

3. Comprendre le sens des doubles négations

1. Phrases équivalentes. **2.** Sens opposés. **3.** Sens opposés (en effet, « Vous n'êtes pas sans savoir » signifie « vous savez »). **4.** Sens opposés.

Repérer et analyser

4. Analyser l'emploi de la négation dans une argumentation

a. Toutes les phrases du texte sont négatives. On peut repérer les mots exprimant la négation dans les différentes propositions :

– « Il *n'*y eut d'interrogés *que* le chevalier et le sieur Moisnel, enfant d'environ quinze ans. » → *Négation restrictive « n'... que ».*

– « Dans ce procès, monsieur, qui a eu des suites si affreuses, vous *ne* voyez *que* des indécences, et *pas* une action noire ; » → *Négation restrictive « ne ... que », puis adverbe de négation « pas ».*

– « vous *n'*y trouvez *pas* un seul de ces délits qui sont des crimes chez toutes les nations, *point* de meurtre, *point* de brigandage, *point* de violence, *point* de lâcheté » → *Négation absolue « n'...pas », puis adverbes de négation « pas », « point ».*

– « *rien* de ce qu'on reproche à ces enfants *ne* serait même un délit dans les autres communions chrétiennes. » → *Négation partielle « Rien ... ne ».*

b. Voltaire veut montrer qu'il n'y avait aucun motif réel d'accuser le chevalier de La Barre. Les négations restrictives soulignent les insuffisances de l'enquête et du procès : « Il n'y eut d'interrogés que », « vous ne voyez que ». Voltaire multiplie les adverbes de négation « pas » et « point » pour faire une longue énumération de tout ce qu'il manque à l'accusation : « pas une action noire », « pas un seul de ces délits », « point de meurtre, point de brigandage, point de violence, point de lâcheté ». Les négations sont mises au service de l'argumentation de Voltaire, elles concourent à créer une tonalité polémique, pour dénoncer une condamnation injuste.

5. Analyser l'emploi des négations dans une réflexion morale

a. 26. – « on n'ose jamais avouer » : négation partielle, « ne ... jamais ».

28. – « ne nous attire pas » : négation absolue, « ne ... pas ».

29. – « les choses sont impossibles » : préfixe négatif in-.

30. – « Si nous n'avions point », « nous ne prendrions pas » : négation absolue, « ne... point », « ne ...pas ».

33. – « Si nous n'avions point », « nous ne nous plaindrions pas » : négation absolue, « ne... point », « ne ...pas ».

b. Les maximes dénoncent la nature humaine dans ce qu'elle a de mensonger. Elles mettent en lumière ce qu'il y a de faux en l'homme : « on n'ose jamais avouer », « nous nous imaginons que les choses sont impossibles ». Les négations soulignent que l'homme se trompe lui-même. Les maximes 30 et 33, fondées sur deux négations, mettent en évidence les contradictions de la nature humaine : l'homme remarque les vices des autres (ses défauts, son orgueil), sans voir qu'il en est lui-même porteur. L'utilisation de la négation présente cette vérité générale comme une vérité à découvrir : « Si nous n'avions point de défaut », « Si nous n'avions point d'orgueil ». Le pouvoir incisif de la morale tient à la concision des maximes et à l'utilisation des négations qui invitent à aller au-delà de l'apparence.

6. Analyser les effets implicites de la négation

a. « Je me déchausse. Ça ne t'est jamais arrivé, à toi ? » : Estragon formule ici une question rhétorique à la forme négative. Il souligne ainsi le caractère ordinaire de son geste (se déchausser). La phrase formule implicitement des reproches contre Vladimir accusé de le critiquer pour rien.

La deuxième phrase soulignée contient également un message implicite : « Il n'y a jamais que toi qui souffre ! Moi je ne compte pas. » Vladimir formule ici un reproche implicite. Il accuse Estragon d'être égoïste et de ne pas s'intéresser aux autres. La première phrase suggère implicitement que Vladimir souffre.

b. « Ce n'est pas une raison pour ne pas te boutonner » → *boutonne-toi !* – « Tu ne veux pas m'aider ? » → *aide-moi !*

Écrire

7. Utiliser des négations pour évoquer un texte au programme

Les négations permettront de souligner la singularité d'une œuvre en l'opposant aux autres textes littéraires.

– Cette comédie n'est pas seulement comique, elle propose une critique sérieuse de la société.

– Cette lecture n'est jamais une lecture ordinaire...

On pourra également faire apparaître les contradictions, les nuances inhérentes à l'œuvre choisie dans des phrases comportant une proposition négative, et une affirmative.

– *Le héros n'est en rien responsable de son destin, il le subit...*

– *Le poète n'évoque pas seulement la beauté dans son œuvre, il choisit aussi de montrer la laideur du monde et de s'en nourrir pour créer.*

FICHE 12 : La cause, la conséquence, le but p. 511

Identifier et manipuler

1. Identifier les relations logiques

1. « Aussi » : conséquence. **2.** « étant donné que » : cause. **3.** « de peur que... » : but négatif. **4.** « si bien... que... » : conséquence. **5.** « à cause de » : cause.

2. Trouver la relation logique implicite

a. 1. Cause. **2.** But. **3.** Cause. **4.** Cause. **5.** Conséquence.

b. 1. Mon père pousse un cri et lève sa main pleine de sang, car il s'est enfoncé le couteau dans le doigt. 2. Viens afin que je t'embrasse. – **3.** Comme un coup de vent avait basculé la table fragile, Vinca retint du pied une chaise renversée. – **4.** Ne forçons point notre talent, en effet nous ne ferions rien avec grâce. – **5.** L'amour commence par l'amour ; on ne saurait donc passer de la plus forte amitié qu'à un amour faible.

3. Reconstituer un raisonnement grâce aux connecteurs

a. parce que : cause (conjonction de subordination) – puisque : cause (conjonction de subordination) – donc : conséquence (conjonction de coordination).

b. La cassation n'est pas possible : en effet, il n'y a aucun motif. Il n'y pas non plus de grâce possible, étant donné que Christian Ramucci a été exécuté. C'est pourquoi, les jurés sont seuls responsables de la vie ou de la mort de l'accusé. Eux seuls doivent prendre la décision de le tuer. Ainsi, c'est la peine de mort.

Repérer et analyser

4. Comprendre des relations logiques implicites dans une argumentation

a. Le locuteur a un jugement négatif sur l'écrivain mentionné : il emploie des termes péjoratifs « camelote », « farceur ». Il lui reproche de ne pas suivre ses personnages (« il les confondait, les oubliait »), ce qui ne fait pas de lui un écrivain à proprement parler.

b. Il aboutit à la conclusion que lire ses ouvrages est une perte de temps.

c. Ce n'est pas un bon écrivain, parce qu'il ne tient pas compte de ses personnages. C'est pourquoi, il est inutile de lire ses livres.

5. Commenter les répétitions

a. La préposition « pour » qui indique le but est utilisée à de nombreuses reprises.

b. Tous les groupes prépositionnels exprimant le but dépendent de l'expression « c'est un homme né » : il ne semble fait que pour les chicanes et l'intrigue. C'est un ambitieux, dont l'auteur souligne le caractère incurable, à l'aide de la répétition de « pour ».

6. Déterminer une thèse à partir des relations logiques

a. Cause : « puisque » – conséquence : « donc », « trop de justice / Pour... »

b. Dans un premier temps, l'Infante paraît plaindre la reine (« de vos maux avec vous je soupire »), avant de l'encourager à lutter contre cet amour (« mais puisque... », *cf.* fiche 15 « L'opposition et la concession », p. 516 du manuel). Deux raisons peuvent apporter la sérénité chez la reine : l'amour de la vertu et le temps.

Écrire

7. S'entraîner à la dissertation

a. La méthode de la dissertation est abordée dans la fiche 4 « Lire un sujet de dissertation et construire un plan », page 581 du manuel.

b. La première partie de la dissertation correspond à l'examen de la thèse de l'auteur : « le théâtre n'est pas le langage des idées ». Dans *Notes et contre-notes*, Ionesco s'attache à définir le théâtre d'avant-garde. Pour lui, le théâtre doit s'affranchir des idéologies.

– Le théâtre est une création personnelle, qui touche l'ensemble des hommes car il est œuvre d'humanité.

– Le théâtre s'inspire de mécanismes profonds, indépendamment de l'histoire et des idéologies (il cite *Fin de Partie*, qu'il rapproche des lamentations de Job).

– Le théâtre est aussi affaire de machineries : c'est un spectacle visuel et auditif.

FICHE 13 : L'hypothèse et la condition

p. 513

Identifier et manipuler

1. Distinguer les systèmes hypothétiques

a. *Les propositions subordonnées circonstancielles de condition sont placées entre crochets.*

1. [Si le rêve n'était pas beau], on pourrait vite l'oublier. Valeur : potentiel ou irréel du présent.

2. Je le tuerais, [s'il m'attaquait]. Valeur : potentiel ou irréel du présent.

3. [...] il s'emporterait moins, [s'il était plus ingambe]. Valeur : potentiel ou irréel du présent.

4. [...] [si nous rompons les pourparlers], il sait qu'il est perdu et il se battra comme un chien enragé ; des centaines de milliers d'hommes y laisseront leur peau. Qu'en dis-tu ? Valeur : simple condition présentée comme probable → éventuel.

b. 1. Si le rêve n'avait pas été beau, on aurait vite pu l'oublier.

2. Je l'aurais tué, s'il m'avait attaqué.

3. [...] il se serait moins emporté, s'il avait été plus ingambe.

4. [...] si nous avions rompu les pourparlers, il aurait su qu'il était perdu et il se serait battu comme un chien enragé ; des centaines de milliers d'hommes y auraient laissé leur peau. Qu'en dis-tu ?

2. Distinguer les valeurs des subordonnées de condition

a. « si les hommes étaient sages, la place publique serait abandonnée, et il serait établi qu'il y aurait de l'ignominie seulement à voir de tels spectacles. » Valeur : irréel du présent.

« Si vous êtes si touchés de curiosité » Valeur : éventuel.

b. Pour peu que / À condition que les hommes soient / fussent sages, la place publique serait abandonnée. – Les hommes seraient-ils sages, la place publique serait abandonnée. – Que les hommes soient sages, et la place publique sera abandonnée.

3. Identifier les différents moyens d'exprimer la condition

a. 1. Injonction fictive à l'impératif, prenant la forme d'une alternative et équivalant à une proposition subordonnée circonstancielle de condition : que ... ou que + subjonctif. Locution conjonctive pourvu que + subjonctif.

2. Expression implicite de la condition : « revenait-on près d'elle » → interrogation fictive ; système corrélatif reposant sur la juxtaposition de deux propositions indépendantes.

3. Conjonction de subordination pour peu que + subjonctif.

4. Expression implicite de la condition : système corrélatif constitué de deux propositions indépendantes ; le verbe de la proposition exprimant la condition est au subjonctif plus-que-parfait, équivalent d'un conditionnel passé : « N'eût-il que d'un moment reculé sa défaite ».

5. Conjonction de subordination à moins que + subjonctif.

b. 1. [...] s'il est maudit ou adoré parmi les hommes, celui que tu aimes, que t'importe, pourvu qu'il te le rende ?

Cette modification a pour effet d'anéantir les valeurs du subjonctif, qui ajoutent au discours l'écran d'un acte de l'imagination. La condition, exprimée à l'indicatif, se teinte des valeurs d'éventuel associées au système si + présent/principale au présent, et le centre de gravité de la phrase se déplace vers l'expression conditionnelle. Dès lors, on ne perçoit plus l'alternative, et l'essentiel cesse d'être l'intensité de l'amour, mais la situation dans laquelle se trouve l'être aimé.

2. [...] Si on revenait près d'elle, c'était pour la voir mourir, sans doute.

L'adverbe « sans doute » qui clôt la citation permet de supposer – à juste titre – qu'il s'agit ici de discours indirect libre. L'absence de la conjonction « si » et la juxtaposition saisissent comme au vif, dans le récit de Flaubert, une pensée ou une parole qui emprunte des raccourcis, et interprète de façon péremptoire les actions. Son apparition insisterait au contraire sur le mécanisme intellectuel, et, dès lors, on perdrait l'impression de naturel que cherche à créer Flaubert lorsqu'il procède à la transcription indirecte des paroles du personnage.

3. Le monde, si l'on se pose un instant, si l'on cultive le goût de l'observer et de le découvrir, se révèle prodigue de plaisirs sensuels [...].

La conjonction « pour peu que » confère à la phrase une dimension parénétique, qui disparaît lorsqu'on lui substitue « si ». Par ailleurs, l'homophonie des formes de subjonctif et d'indicatif présents estompe la nuance de sens particulière liée au changement de mode. Néanmoins, on peut hésiter, dans la transposition, entre un éventuel à l'indicatif (choix adopté ici) et un imparfait de l'indicatif traduisant le potentiel (« si l'on se posait un instant, si l'on cultivait »). Il faudrait alors prendre le parti d'une anacoluthe, en conservant l'indicatif dans la principale, ou celui d'une transposition au conditionnel (« le monde...se révélerait »). Dès lors, ce sont deux appréhensions très différentes de la condition qui apparaissent. Soit on considère que l'auteur voit cette attention patiente et curieuse au monde comme une circonstance dont la réalisation va de soi, soit on estime qu'il en fait une condition imaginaire ou irréelle, dont les hommes tout à fait incapables.

4. S'il n'eût [n'avait] que d'un moment reculé sa défaite, / Rome eût [aurait] été du moins un peu plus tard sujette.

L'emploi de la conjonction « si » nuirait à ce distique de Corneille qui tire de sa brièveté même sa vigueur sentencieuse. Son effacement confère une intensité dramatique particulière à un combat dont l'honneur de tout un peuple est l'enjeu. Il souligne également l'émotion du personnage, qui atteint en cet instant un paroxysme peu compatible avec un raisonnement bien rassis. Cette citation est extraite d'*Horace*, III, 6.

5. Je pars, reprit-il en appuyant sur les mots ; et, d'une voix altérée, je pars... sauf si vous m'ordonnez de rester.

Les sens des locutions conjonctives « sauf si » et « à moins que » ne diffèrent que par de légères nuances. Sur le plan grammatical, en revanche, « sauf si », conformément aux principes qui régissent la syntaxe de « si », exige l'emploi de l'indicatif. On sent bien que la tournure originelle est plus heureuse, dans la mesure où elle semble exprimer un désir, une subjectivité, que traduit l'incise « d'une voix altérée », mais que détruit la conjonction « sauf si », plus incisive.

Repérer et analyser

4. Étudier l'expression de l'hypothèse dans un récit

a. Réplique de Renart :

Protases : série de quatre conditionnelles coordonnées → « S'il agréait à monseigneur le roi, et s'il me faisait la grâce [...] et qu'il me permît [...] si la chose pouvait lui plaire [...] » ;

Apodose (principale) : « je renoncerais à toutes les folies ! »

Il s'agit d'un potentiel. S'il doute de la sincérité de Renart, un lecteur malveillant ou un juge entendra peut-être ici un irréel du présent.

Réplique d'Isengrin :

Protase : « si vous aviez revêtu l'habit » ;

Apodose : « il serait beau le saint homme que vous feriez ».

Il s'agit d'un irréel du passé (protase), suivi d'une rupture de construction qui dérive vers l'irréel du présent (apodose).

Apodose : « Que Dieu prive à tout jamais le roi d'honneur »

Protases : « s'il ne vous fait pendre ignominieusement ou s'il vous donne quelque autre garantie ».

Il s'agit d'un éventuel.

b. Renart, qui plaide afin d'obtenir la clémence du roi, conserve l'espoir d'une décision favorable. Le potentiel confère un caractère obséquieux à cette complainte dans laquelle l'animal énumère des conditions qu'il sait contraires à la réalité présente, mais qu'il conserve l'espoir d'obtenir.

Isengrin, quant à lui, victime des forfaits de Renart, l'accable en raillant ses résolutions nouvelles. En usant d'abord de l'irréel du passé, il souligne le fait que les belles promesses de Renart n'ont jamais trouvé l'appui d'une conduite vertueuse. Sans illusion sur son adversaire, il se tourne donc résolument vers l'avenir, et réclame la sévérité du juge dans un système éventuel où le présent se colore d'une valeur de futur.

5. Comprendre l'intérêt des hypothèses dans une plaidoirie

a. On pourrait remplacer le verbe « descendaient » par une forme de conditionnel passé, « seraient descendus ».

b. La proposition soulignée, « Si je n'eusse produit un fils digne de moi, / Digne de son pays, et digne de son roi » exprime l'irréel du passé. Après avoir proclamé que la naissance et la vertu de son fils, seules, lui avaient épargné l'injuste opprobre qui le menaçait, Don Diègue peut s'affranchir du récit de sa grandeur passée, et célébrer le fait d'armes récent qui assure la pérennité de l'honneur familial.

c. On trouve dans ce passage d'autres propositions subordonnées exprimant la condition :

– « Si montrer du courage et du ressentiment, / Si venger un soufflet mérite un châtiment [...] » (mode réel : on pourrait gloser ce *si* par « s'il est vrai que) ; « qu'on nomme crime, ou non » (ce segment est présenté non comme une « proposition », mais comme une « sous-phrase » conditionnelle par Grevisse, dans *Le bon usage*, §1153, R1) ; « Si Chimène se plaint » (simple condition, ou éventuel) ; « si je l'eusse pu faire » (irréel du passé).

– « Quand le bras a failli » : temporelle théoriquement, la proposition prend ici une valeur conditionnelle.

« qu'il a tué son père » est une proposition conjonctive, COD de « se plaint ».

La récurrence de la conjonction *si* assure la cohésion de ce fragment de tirade. Employée en début de vers à quatre reprises, puis une cinquième fois pour sceller par son écho l'unité d'un distique, elle exploite toutes les nuances des systèmes hypothétiques. La première occurrence, à l'irréel du passé, envisage un malheur qu'on a pu éviter. Le mode réel apparaît dans les deux occurrences suivantes

(Si montrer [...] / Si venger). On pourrait gloser ce « si » en lui substituant un « s'il est vrai que ». Ces deux propositions teintent d'une nuance hypothétique l'ensemble de la période qu'elles ouvrent. La subordonnée introduite par « quand » ainsi que la « sous-phrase » conditionnelle exposant une alternative, prolongent la réflexion du vieillard qui chemine d'hypothèse en hypothèse. Toute cette phrase souligne le désarroi du vieillard devant l'érosion des valeurs héroïques qu'il a toujours pratiquées et qui paraissent désormais outrancières. La pénultième occurrence de *si*, au mode réel, présente une condition supposée réalisée. La proposition qu'elle introduit est néanmoins comme suspendue par l'anacoluthe, qui traduit une violente volte dans la pensée de Don Diègue. L'apodose, qui devait refermer au mode réel la protase, s'infléchit vers un irréel du passé qui se déploie en un système hypothétique complet.

On voit qu'à l'échelle du passage, le mode réel s'encadre dans le mode irréel. On suit donc le cheminement de la pensée de Don Diègue, qui de part et d'autre de son discours, peint sa fragilité. Exposé à l'opprobre éternel, le vieillard voit ses forces physiques décliner. Il n'a pour appui que son fils, dont la figure tutélaire s'élève au cœur du discours, et qui court désormais devant le tribunal de son temps des risques bien différents de ceux qu'il avait affrontés lui-même dans son passé héroïque. Cette tirade souligne donc la détresse d'un vieil homme, qui, au soir de sa vie, craint de voir bafouer une gloire qu'il avait conquise par une vie exemplaire. Il semble avoir perdu pied dans son temps et n'en plus épouser les valeurs.

Écrire

6. Utiliser l'hypothèse et la condition dans une argumentation

– Le discours que l'on invite à rédiger relève du genre délibératif. L'élève devra donc montrer ce qu'ont d'opportuns le concours d'éloquence qu'il souhaite organiser, ainsi que les modalités de déroulement auxquelles il a songé.

– Le plan du discours est imposé : il s'agit de présenter et de défendre ce projet.

– Il conviendra de se préoccuper de la réception du discours, car il s'agit de convaincre et de persuader un public formé de lycéens et d'adultes exerçant des responsabilités professionnelles dans l'établissement.

→ *cf.* fiches 16 « L'énonciation » et 17 « La modalisation », p. 518 du manuel

– Les arguments que l'élève devra inventer supposent une certaine connaissance des diverses instances qui régissent l'établissement et une définition sûre des termes « éloquence » et « concours ».
Ils puiseront leur force dans la diversité des effets de sens que l'élève produira. Il veillera donc à exprimer le plus grand nombre de nuances conditionnelles possible.
L'irréel et le potentiel lui permettront de montrer, par exemple, le tort que cause aux lycéens une mauvaise maîtrise de la rhétorique, ou au contraire, le profit qu'on retirerait d'un exercice attrayant pour beaucoup.
La condition simple et l'éventuel seront signes de la conviction de l'élève de l'utilité du projet qu'il défend.
Les locutions conjonctives lui permettront d'exposer une pensée pleine de nuances, et d'exploiter les valeurs du subjonctif, qui ouvre l'horizon de l'interprétation et permet plus commodément le dévoilement de la subjectivité.
Les systèmes corrélatifs conféreront à son discours une vivacité qui imitera la spontanéité d'une improvisation.

FICHE 14 : La comparaison p. 515

Identifier et manipuler

1. Identifier les propositions subordonnées de comparaison

a. 1. Mot de comparaison : « Plutôt que » ; verbe de la principale : « j'aime ». Rapport exprimé : différence.

2. Mot de comparaison : « plus ...que » ; verbe de la principale : « C'était ». Rapport exprimé : différence.

3. Mot de comparaison : « Autant que » ; verbe de la principale : « je suis ». Rapport exprimé : équivalence (*cf.* rubrique « La différence, le degré, la proportion »).

4. Mot de comparaison : « à mesure que » ; verbe de la principale : « elle savait ». Rapport exprimé : proportion.

5. Mot de comparaison : « comme si » ; verbe de la principale : « il m'a regardé ». Rapport exprimé : comparaison hypothétique.

6. Mot de comparaison : « comme » ; verbe (ici, la subordonnée comparative est subordonnée au verbe de la relative) : « sache ». Rapport exprimé : ressemblance.

b. 2. C'était la plus belle des femmes : plus belle que n'*est* Marie sur les mosaïques des églises [...].

3. Autant qu'un roi *est heureux*, je suis heureux [...]. **6.** Trouve-moi un Faiseur de fagots qui sache, comme moi *je le sais*, raisonner des choses [...].

2. Former des subordonnées de comparaison

Afin de comprendre le fonctionnement particulier des comparatives qui prennent parfois l'apparence d'un GN, l'élève pourra, à chaque fois que cela est possible, concevoir une proposition comparative possédant son verbe exprimé et une comparative elliptique.

3. Manier les différents outils de comparaison

a. et b. Les marcheurs, très fatigués par un effort assez soutenu, voulurent emprunter un chemin moins accidenté, mais plus long. Vers midi, la brume se leva, à la manière d'un voile, devint plus épaisse. Ils auraient dû emprunter le chemin le plus court. Quoique pareils à des athlètes, ils s'avançaient maintenant comme des vieillards titubent.

4. Distinguer des subordonnées de comparaison

a. Termes de comparaison : plus (affamés) ; plus (cruels) ; comme (des loups – des tigres) ; tant (de bêtes).

Des loups ne sont pas plus affamés que nous ne le sommes ; des tigres ne sont pas plus cruels que nous ne le sommes. Nous dévorons comme des loups dévorent [...] nous déchirons comme des tigres déchirent [...] Jamais on ne vit ensemble tant de bêtes tristes, acariâtres, malfaisantes et courroucées qu'on n'en vit ce jour-là.

On pourra attirer l'attention des élèves sur la présence facultative, dans l'expression de la dissemblance, d'un ne *explétif.*

b. *On peut conserver l'esprit du texte de Diderot, et songer à peindre l'atmosphère fiévreuse qui règne dans les cabarets où se réunit la bohème littéraire.*

Repérer et analyser

5. Étudier la valeur argumentative des subordonnées de comparaison

a. La locution conjonctive « comme si » apparaît à deux reprises dans cette remarque.

b. Formée de la combinaison d'une conjonction exprimant la comparaison, et de la conjonction *si* exprimant la condition, la locution « comme si » introduit une subordonnée comparative conditionnelle. À la comparaison, La Bruyère ajoute la valeur du potentiel. Les deux sens, en se mêlant, mettent en lumière l'opacité des sentiments de l'homme politique, dont le comportement ne diffère pas selon qu'il a commerce avec un ami ou avec un ennemi, ainsi que sa perpétuelle méfiance à l'égard du réel, qu'il sait variable. C'est donc un homme qui dissimule et ne croit, au fond, en rien.

6. Étudier les comparaisons dans un récit à la 1re personne

a. Termes introduisant des comparaisons : « ainsi que » : rapport d'équivalence ; « pareil à » : rapport de ressemblance ; « comme » : rapport de ressemblance ; « comme si » (deux occurrences) : comparatives conditionnelles.

b. Le réveil du narrateur apparaît comme l'instant où le souvenir affleure à la surface de la conscience de façon soudaine, mais n'offre qu'une image imparfaite des réalités passées. Les subordonnées de comparaison permettent des associations qui servent à la fois l'analyse conjointe de phénomènes divers et l'appréhension de réalités enfouies dans la mémoire.

La première comparaison (« c'est ainsi que ») indique une équivalence entre deux situations qui mettent à l'épreuve l'entendement. La lecture du passage précédant immédiatement cet extrait est nécessaire pour en éclairer le sens. Le narrateur montre la similitude des opérations mentales effectuées par l'enfant qui cherche à comprendre ses angoisses nocturnes par le raisonnement, et de la tension des facultés mémorielles du narrateur qui cherche à retrouver le passé. Cette tension, difficile à peindre avec précision, ne peut s'analyser que par association d'idées. Le narrateur compare le surgissement du souvenir à un phénomène pyrotechnique : « pareil à ».

Les comparatives conditionnelles, quant à elles, confèrent aux réalités entrevues une forme irréelle et schématique. Seuls se détachent, sur le mutisme du souvenir, des éléments discontinus que la conscience tisse pour donner l'illusion de la continuité.

Les comparatives servent donc à la fois l'analyse du mécanisme de la mémoire, et l'appréhension des réalités disparues. Elles constituent des modes d'accès à un temps révolu qui se dérobe à l'intelligence et ne s'offre que de façon sensible à la faveur de fulgurances. On perçoit d'ailleurs une grande similitude entre le mécanisme du souvenir, discontinu et imprévisible, et le produit de ce souvenir, qui offre des lieux remémorés une description partielle et comme surexposée par un défaut de réglage photographique.

7. Étudier la valeur poétique des subordonnées de comparaison

a. Termes introduisant ici les subordonnées de comparaison : « plus [...] que » ; « moins [...] que » ; « plus [...] que ». Ces trois subordonnées introduisent des comparaisons graduées.

b. Les deux adverbes quantificateurs qui apparaissent font du poète un être de l'excès (« plus [...] que ») porté implicitement à un degré superlatif, puisque le monde qui l'environne, lui-même

« encombré », n'égale pas (« moins [...] que ») son cerveau, à la fois boutique d'antiquaire et « caveau ».

Écrire

8. Employer des comparaisons dans un texte

– L'élève fera allusion aussi bien au temps de la lecture qu'au temps de l'écriture critique, en distinguant énoncé ancré et énoncé coupé de la situation d'énonciation.

→ *cf.* fiche 16 « L'énonciation », p. 518 du manuel

– L'élève veillera à ménager, dans la confrontation des deux œuvres, un espace réservé à l'évaluation par la raison, et un espace voué à l'évaluation par l'affectivité.

→ *cf.* fiche 17 « La modalisation », p. 519 du manuel

– Les arguments invoqués s'appuieront en grande partie sur la connaissance des genres et des techniques littéraires. L'élève pourra osciller, dans le choix de ses arguments, entre les trois genres rhétoriques (judiciaire, délibératif, démonstratif).

→ *cf.* Partie 3 du manuel, « Outils d'analyse », fiches 1, 2, 3, 4, 15, 16, 17.

– L'élève distinguera, afin d'employer avec souplesse les notions grammaticales décrites dans la leçon, des processus (acte d'écrire par exemple) et des propriétés (qualités du récit). Il conviendra de dresser la liste des analogies qu'on souhaite mettre en lumière.

– L'élève veillera à adopter une expression variée, en exploitant les deux grandes catégories distinguées par la leçon (ressemblance et équivalence ; différence, degré, proportion), et s'efforcera d'avoir recours à la diversité des instruments linguistiques présentés dans la leçon (conjonctions, adverbes, *etc.*).

FICHE 15 : L'opposition et la concession

p. 517

Identifier et manipuler

1. Ajouter un lien d'opposition

1. *Les Fleurs du mal* de Baudelaire comportent des poèmes versifiés, alors que / Cependant la forme du poème en prose est utilisée dans le *Spleen de Paris* / contrairement au *Spleen de Paris*, qui utilise la forme du poème en prose.

2. L'héroïne de *La Princesse de Clèves* sacrifie son amour au nom du devoir conjugal, mais / tandis que / au contraire l'héroïne de *Madame Bovary* s'ennuie et trompe son mari.

3. Dans *Le Mariage de Figaro*, le comte Almaviva est un noble qui entend avoir tout pouvoir sur ses serviteurs, en revanche / à l'opposé de Figaro [qui] est un valet qui tâche de s'opposer au comte.

4. Le roman réaliste bâtit des personnages de chair et d'os inversement / quand / Au contraire le Nouveau Roman déconstruit la notion de personnage.

2. Reconnaître la concession

1. « Quoique » : conjonction de subordination. **2.** « il est vrai » + question : système corrélatif. **3.** « tout en n'osant pas » + « pourtant » : gérondif + adverbe. **4.** « avait beau » : système corrélatif. **5.** « si simple qu'il fût » : tournure relative.

3. Repérer l'opposition et la concession

a. 1. « tandis qu'il y a tant de sots opulents... ». **2.** « Si douloureuses que fussent ses angoisses ». **3.** « tout en la plaignant ». **4.** « Cependant il est vrai que je ne le suis pas ».

b. 1. « Tandis qu'il me parlait ainsi » : CC de temps. **2.** « Si vous pouvez vous tirer de cette affaire » : CC d'hypothèse. **3.** « tout en continuant » : CC de temps. **4.** « Cependant le duc de Nemours était demeuré à Bruxelles » = « pendant ce temps », marqueur temporel.

Repérer et analyser

4. Commenter opposition et concession dans un récit

a. « Mais » : opposition – « si modeste et si laide soit-elle » : concession – « tandis que » : opposition.

b. Le narrateur souligne les différences de caractère entre Mme de Guermantes et lui-même, comme le montre en particulier la dernière phrase, avec le lien logique explicite « tandis que ». Mais l'opposition se trouve dès le début de l'extrait : à « pour moi » répond le « pour elle ». L'opposition se marque avec les termes antithétiques : « toute autre personne qu'elle » / « n'importe qui excepté moi » et « indifférent » et « supportable ». Mme de Guermantes manifeste aussi une certaine duplicité : elle porte sur certaines connaissances un jugement négatif, mais elle joue le jeu des conventions sociales, elle les salue. Le narrateur analyse les relations humaines à travers la relation qu'il entretient avec Mme de Guermantes : on ne désire rencontrer que ce qui est autre.

5. Étudier la concession dans un récit à visée argumentative

a. Certaines expressions marquent la concession : « naturellement [...] ; mais » ou « dussiez-vous crever de faim ».

b. Le marchand est le premier à utiliser la concession : il sait le véritable prix de la laine, mais espère profiter de la misère du Troglodyte. Le Troglodyte, dans ses paroles, emploie lui aussi la concession : il ne cèdera pas son blé, même si le marchand meurt de faim.

c. L'auteur cherche à montrer la cupidité du marchand, mais également à montrer que le Troglodyte n'est pas dupe : il utilise la même stratégie que le marchand.

6. Comprendre le mouvement d'un poème

a. Le poème comprend des concessions : « c'est vrai », « sans doute » (répété trois fois), qui font attendre l'expression « mais, pourtant », dans le dernier vers.

b. Le locuteur (« elle »), manifeste son attachement pour le poète. Elle reconnaît le plaisir qu'elle a à le côtoyer. Mais elle lui reproche d'être trop concentré sur son travail, d'oublier la réalité, de l'oublier.

Écrire

7. S'entraîner au commentaire

L'élève pourra s'aider de la fiche 3 du manuel, « Rédiger un paragraphe de commentaire » (page 569).

Le poème développe les paroles d'une locutrice, « elle », qui évoque la douceur de leur relation, dans un premier temps : le lexique employé est mélioratif (« très-doucement », « un bonheur », « bien charmant ») ; elle manifeste son admiration pour son travail intellectuel : « je regarde aller et venir vos pensées ». La première partie de la concession est très longue, et retarde la critique. Quelques notes dysphoriques apparaissent : « vouloir mieux », « je ne l'ai pas complet », mais elles sont noyées dans les éloges. La locutrice prend également soin de se placer en position d'infériorité : « j'ai tort ». Seul le dernier vers marque clairement son intention : « je veux qu'on songe à moi », après une phrase sentencieuse : « La pensée est un vin dont les rêveurs sont ivres ».

VI. Texte et discours (p. 518-527)

FICHE 16 : L'énonciation
Fiche 17 : La modalisation p. 520

Identifier et manipuler

1. Identifier la situation d'énonciation

1. La poétesse s'adresse « à celles qui pleurent », comme l'indique le titre. On remarque la deuxième personne du pluriel (« vos fers ») et de nombreux verbes à l'impératif : « Ouvrez, lisez », « comptez », « Rêvez », « trempez-y ». La poétesse parle directement aux femmes qui liront son livre et seront touchées par sa douleur.

2. La poétesse s'adresse à la Poésie qui est personnifiée et désignée par les périphrases « Muse gentille », « aimable Poésie » et par les pronoms personnels de la deuxième personne du singulier : « te », « toi », « t' ».

2. Distinguer énoncé ancré et coupé

1. Énoncé ancré. On relève une marque de l'énonciateur : « je ». Les indications de temps sont données par les déictiques « Aujourd'hui » et « hier ». Le temps est le présent de l'indicatif (« sais ») et le passé composé (« est morte »).

2. Énoncé coupé de la situation d'énonciation. L'énoncé est à la 3e personne et à un temps du passé (imparfait).

3. Énoncé ancré. On relève une marque de l'énonciateur : « j' ». Le temps employé est le présent (« habite »), l'indication de temps « voilà cinq semaines » prend pour référence le moment de l'énonciation.

4. Énoncé coupé de la situation d'énonciation. L'énoncé est à la 3e personne.

3. Identifier un énoncé modalisé

1. Énoncé modalisé. Le conditionnel « aurait demandé » exprime l'incertitude, le doute.

2. Énoncé neutre.

3. Énoncé modalisé. Les adverbes « Fort heureusement » expriment une modalité appréciative, ici le soulagement.

4. Énoncé modalisé. Le vocabulaire mélioratif porte un jugement élogieux sur l'auteur : « considérable », « remarquable », « rare finesse ».

5. Énoncé neutre.

4. Enrichir un énoncé en le modalisant

1. Les infâmes nazis ont lâchement arrêté le poète Robert Desnos et ils l'ont cruellement déporté au camp de Buchenwald en 1944.

2. L'immense romancier Balzac a écrit plus de quatre-vingt-dix récits passionnants qu'il a regroupés dans un ensemble exceptionnel, *La Comédie humaine*.

3. Homère serait, paraît-il, un aède qui était aveugle.

4. Un poète doit faire preuve d'originalité et il doit nécessairement s'opposer aux traditions qui l'ont précédé.

5. Malheureusement, le poète Rimbaud n'a plus écrit après ses vingt ans.

6. Dans un roman, Umberto Eco affirme que *La Poétique* d'Aristote aurait compris une partie qui aurait traité de la comédie.

7. Il est à craindre que les liseuses et les appareils numériques ne concurrencent le livre traditionnel.

5. Supprimer les marques de l'énonciation

Le texte constitue l'*incipit* du roman *Jacques le Fataliste*, de Denis Diderot. On pourra se demander en quoi consiste l'originalité de cet *incipit*. En effet, cet *incipit* propose bien la présentation d'un couple de personnages tout en jouant avec les codes du roman pour souligner le pouvoir du narrateur.

Repérer et analyser

6. Repérer et analyser les marques de l'énonciation

a. Le pronom « on » désigne la petite fille Zazie : « on va se coucher ». Le déictique « ici » renvoie au lieu de l'énonciation, c'est-à-dire la demeure de l'oncle Gabriel. « Là-bas » désigne la maison de l'enfant.

b. L'enfant ne souhaite pas se coucher de bonne heure et elle exploite le caractère imprécis des marques de l'énonciation : en effet, le pronom « on » est employé de façon familière par l'oncle pour désigner l'enfant (alors que le pronom « tu » serait grammaticalement plus correct). L'enfant exploite cette maladresse pour feindre de ne pas comprendre qu'elle est désignée : « Qui ça "on" ? ». Quant aux déictiques « ici » et « là-bas », ils désignent le lieu de l'énonciation (chez l'oncle) et un lieu éloigné de l'endroit où l'énoncé est produit (chez l'enfant). L'enfant oppose ces deux déictiques afin de solliciter des règles de coucher plus souples.

7. Comprendre le rôle de l'énonciation au théâtre

a. Les répliques de Marceline sont fortement modalisées. Marceline porte un jugement de valeur péjoratif sur les hommes : le lexique (« ingrats », « mépris », « horreur ») et la métaphore (« flétrissez ») sont péjoratifs. Par ailleurs, Marceline exprime son sentiment. On remarque des points d'exclamations nombreux. Marceline révèle sa souffrance morale liée à sa condition de femme : « il est dur de les expier », « malheureuses filles », « victimes », « servitude réelle ».

b. Toute parole au théâtre est destinée à la fois aux acteurs présents sur scène et qui incarnent des personnages, mais également au public qui assiste à la représentation. C'est ce qu'on appelle la double énonciation ou double destination.

Ici Marceline s'adresse d'abord à Bartholo ; en effet, elle lui répond car il vient de l'accuser d'avoir eu une jeunesse « si déplorable ». Mais son discours s'adresse ensuite aux hommes en général (« Hommes plus qu'ingrats », « votre conduite ») et elle multiplie les marques de la deuxième personne du pluriel (« vos passions », « c'est vous », « de vous »). Enfin, en vertu de la double énonciation, ce discours s'adresse aussi aux spectateurs présents dans la salle.

c. À travers la voix de Marceline, Beaumarchais s'adresse à ses contemporains. Il dénonce la condition des femmes, qui sont victimes d'une injustice que souligne l'antithèse : « traitées en mineures pour nos biens, en majeure pour nos fautes ». Marceline semble parler au nom de toutes les femmes : « les femmes n'obtiennent de vous », « votre conduite avec nous ». La réplique a une visée argumentative, c'est un discours engagé qui critique le comportement des hommes vis-à-vis des femmes et qui juge insuffisants les droits que la société accorde aux femmes.

8. Analyser l'énonciation dans un discours modalisé

a. Bardamu s'adresse au capitaine par l'apostrophe « Capitaine » ou le pronom « vous » : « Vous ! », « De quelle injustice alliez-vous m'accabler, capitaine ! ».
Puis, dans le deuxième paragraphe, Bardamu s'adresse à tous les soldats présents : « messieurs, êtes-vous [...] ? ».
À la fin de son discours, il s'adresse une nouvelle fois au capitaine : « Ah ! Capitaine ! ».

b. Le discours porte un jugement mélioratif sur l'armée. Il multiplie les termes élogieux et les hyperboles : « inoubliables batailles », « d'héroïques officiers », « ces braves, ces incomparables braves », « quel courage ». Les termes mélioratifs désignent la cause que défendent les soldats : « notre chère patrie », « notre immortel empire colonial ».

c. Bardamu parle avec emphase en utilisant exclusivement des phrases exclamatives ou interrogatives. Il exprime sa déception d'être mal jugé. Pourtant, ce discours plein d'emphase est creux et ne formule pas de véritables arguments, les phrases sont réduites à des phrases non verbales : « Vous ! Moi ! », « Comment ? », « Ah ! Capitaine ! Moi ? Ça ? ». Par ailleurs, les hyperboles sonnent faux et multiplient les clichés sur la guerre : « inoubliables batailles », « héroïques officiers ».

9. Analyser un choix d'énonciation dans le roman

Le pronom semble désigner le personnage puisque les actions qui sont décrites forment la narration : « Vous avez mis le pied », « Vous vous introduisez ». L'*incipit* remplit sa fonction de présentation du héros. On apprend que le personnage est un voyageur (« habitué aux longs voyages »), porte une valise (« votre valise »), et qu'il a quarante-cinq ans (« vous venez seulement d'atteindre les quarante-cinq ans »). Cet *incipit* est inhabituel car les récits se font généralement à la première personne (le personnage-narrateur parle) ou à la troisième personne. L'*incipit* du roman de Michel Butor témoigne de ses expérimentations sur les modes de narration. Ici, la narration ressemble à un discours qui s'adresse au personnage lui-même. Enfin, le « vous » est troublant pour le lecteur, qui peut s'identifier à lui. L'emploi continu de cette deuxième personne du pluriel amène le lecteur à se mettre à la place du personnage et à percevoir l'action de l'intérieur.

10. Analyser l'énonciation et la modalisation dans un récit

a. Expression de la certitude : adjectif exprimant la certitude en tournure impersonnelle (« il est nécessaire de l'employer ici »).

Expression de l'hypothèse : adverbe exprimant une possibilité (« peut-être »). On relève plusieurs occurrences : « peut-être aura-t-on versé quelques larmes », « Peut-être cela va-t-il m'amuser », « dans son cœur peut-être ».

Expression du doute : phrase interrogative (« Sera-t-elle comprise au-delà de Paris ? »), lexique (« Le doute est permis »).

b. L'énoncé est ancré dans la situation d'énonciation. Le narrateur s'adresse directement au lecteur qui est désigné par de nombreuses marques : « vous qui tenez ce livre », « vous qui vous enfoncez ».

c. Le narrateur s'adresse directement au lecteur afin de lui expliquer son projet. Il souhaite que son œuvre soit comprise, et que la vérité présente dans son roman soit perçue (« *All ist true* »). Il exprime ses inquiétudes, ses doutes, envisage la possibilité que son texte ne soit pas compris. L'énoncé modalisé fait entendre ses craintes ; l'adresse au lecteur lui permet de défendre et d'expliquer son œuvre.

11. Analyser l'énonciation et la modalisation dans un texte argumentatif

a. Blaise Pascal (désigné par « je ») s'adresse aux pères jésuites (« Mes Révérends Pères », « vous », « mes Pères »). Le but de cette lettre est de révéler les impostures et les mensonges des Pères : « je me sens obligé [...] de découvrir un mystère de votre conduite », « ne plus croire vos impostures ».

b. Pascal porte un jugement péjoratif sur le comportement des pères jésuites. Il multiplie les termes péjoratifs : « vos impostures », « outrager », « cruellement », « vos erreurs », « vos accusations », « vos injures », « vos impostures ».

c. Au-delà des destinataires désignés, les pères jésuites, Pascal s'adresse à ses lecteurs, à ses contemporains. Il veut révéler les mensonges et la malhonnêteté des Jésuites. La visée de ce texte est polémique, il s'agit de critiquer vivement le comportement des Pères, et de révéler la vérité aux lecteurs désignés par le pronom « on » (« afin qu'on puisse connaître ») ou par la relative substantive « ceux qui ne vous connaissent pas ».

Écrire

12. Commenter un jeu sur la situation d'énonciation

L'élève devra respecter les étapes de la construction d'un paragraphe de commentaire :

– Formulation de la piste d'interprétation
Ex. : *Michel Butor brise les codes du roman par un* incipit *étonnant.*
On peut ensuite développer l'argument.
Ex. : *Le contraste est saisissant entre la présentation d'un personnage, ce qui est une des attentes de l'*incipit, *et le choix de l'énonciation, qui est totalement inhabituelle pour un récit.*

– Justification par des citations (l'élève devra citer des exemples d'utilisation du pronom « vous »), identification du procédé (énonciation à la deuxième personne), interprétation (Ex. : *Le lecteur est déstabilisé, il se sent impliqué par ce « vous » mais il comprend que le « vous » désigne le personnage. C'est comme si le lecteur découvrait l'histoire de l'intérieur, en se glissant à la place du personnage*).

– Phrase de conclusion : l'élève pourra rattacher cet extrait au courant du Nouveau Roman, qui est riche en expérimentations narratives et qui n'hésite pas à briser les codes du roman.

→ *cf.* Rédiger un paragraphe de commentaire, p. 569 du manuel

FICHE 18 : Les progressions thématiques p. 523

Identifier et manipuler

1. Repérer le thème et le propos

a. *Le thème est en gras, le propos est souligné.*

<u>Il parut alors une beauté à la Cour, qui attira les yeux de tout le monde</u>. [...] **Elle** <u>était de la même maison que le vidame de Chartres, et une des plus grandes héritières de France</u>. **Son père** <u>était mort jeune, et l'avait laissée sous la conduite de Mme de Chartres sa femme, dont le bien, la vertu et le mérite étaient extraordinaires.</u>

b. La première phrase contient un verbe à la forme impersonnelle « Il parut ». La phrase ne contient pas de thème, « il » ne désignant rien. L'apparition de Mlle de Chartres constitue le propos.

On peut transformer la phrase en supprimant la tournure impersonnelle :

« Une beauté qui attira les yeux de tout le monde parut à la Cour ».

La phrase liminaire de l'*incipit* en plaçant « Une beauté » en position de propos crée un effet d'attente, de retardement. Le lecteur se demande ce qui va paraître. Le mot « paraître » a par ailleurs toute son importance dans une société qui est régie par l'apparence, par les convenances, par la réputation.

2. Identifier les progressions thématiques

1. Progression à thème constant. Le thème est « elle » ; le choix de ce thème, pour chaque phrase, permet de faire le portrait élogieux de la femme et de montrer la fascination du poète.

2. Progression à thème éclaté. Le thème principal est « La ville », les sous-thèmes sont « les égouts » et « les cuisines ». Cette progression permet de développer la description de la ville en s'attachant à des détails plus précis.

3. Progression linéaire. Le propos de la première phrase (« tous les deux ») fournit le thème de la phrase suivante « cette femme ». Le propos de la proposition (« Cette femme <u>n'avait au monde que cet enfant</u> ») devient le thème de la proposition suivante : « **cet enfant** n'avait au monde que cette femme ».

3. Employer les progressions thématiques

1. Une rumeur fut répandue par Nicolas. Il se laissait facilement emporter par son imagination. Cette imagination lui faisait inventer des histoires invraisemblables.

2. Corinne, grande voyageuse, a visité l'Italie. La jeune femme n'était pas seule pendant son voyage. Elle a séjourné à Naples.

3. L'Amérique est un continent fascinant. Ses habitants proviennent de cultures si différentes. Ses villes frappent le voyageur par leur modernité. Ses paysages sont extrêmement variés.

Repérer et analyser

4. Analyser l'emploi d'une progression à thème éclaté

a. Le thème de la vie est développé en plusieurs sous-thèmes : « des bouquets d'anémone », « Des canards », « Les rives », « Des aigles », « les oies », « les mouettes », « les papillons ».

b. L'auteur décrit le réveil de la nature en développant différents sous-thèmes en lien avec le monde vivant. La progression à thème éclaté permet de développer la description d'une nature vivante : l'auteur évoque des animaux appartenant à plusieurs espaces (terrestre d'abord, aquatique ensuite, enfin aérien) dans les différents sous-thèmes. Le propos comporte une idée de mouvement, perceptible dans la multiplication des verbes d'action (« se sont abattus », « sont agitées », « planent », « patrouillent », « enchaînent », « titubent »). Par ces procédés, le printemps est associé au mouvement, au renouveau.

5. Identifier et analyser une progression thématique

a. Le texte adopte une progression linéaire. Le propos de la première phrase évoquait « la route passant par les landes dites de Charlemagne, terres en friche, situées au sommet du plateau ». Ce propos devient le thème de la phrase suivante : « Ces landes plates et sablonneuses, qui vous attristent durant une lieue environ, joignent par un bouquet de bois le chemin de Saché, nom de la commune d'où dépend Frapesle. ». Dans la troisième phrase, le « chemin » devient le thème. Enfin le « pays d'Artanne » évoqué à la fin de la phrase, devient le thème de la phrase suivante : « Là se découvre une vallée ».

b. La progression linéaire fait passer d'un lieu à un autre : en lisant les phrases, on retrouve le chemin qu'il faut suivre pour découvrir la vallée qui donne son titre au roman : d'abord, les landes, puis le chemin, le pays d'Artanne, et enfin la vallée.

c. La structure du texte suggère que la vallée est cachée. La composition des phrases qui reprennent le propos de la phrase précédente, met en relief la succession des lieux et donne l'impression d'étapes à franchir, pour atteindre cette vallée. La dernière phrase qui présente une inversion du sujet (« Là se découvre une vallée ») fait de la vallée le propos. La vallée apparaît ainsi comme le but ultime à atteindre.

d. À la fin du texte, une métaphore vient mettre en relief le caractère secret de la vallée : « une magnifique coupe d'émeraude au fond de laquelle l'Indre se roule par des mouvements de serpent ». La métaphore de la pierre précieuse (allusion à la couleur du paysage) donne l'impression que la vallée est un trésor. La métaphore du serpent, qui permet de décrire le trajet de l'Indre, souligne le caractère inaccessible de ce lieu, comme s'il s'agissait d'un trésor gardé par quelque bête menaçante.

Écrire

6. Utiliser une progression thématique dans une argumentation

a. Chaque phrase commence par l'anaphore de « Je crois ». Le thème est donc constant dans toutes les phrases. Le propos explicite ce en quoi croit l'auteur. Le choix d'un thème constant et le procédé rhétorique de l'anaphore permet au locuteur de mettre en relief son opinion personnelle. Les arguments s'enchaînent et constituent les propos : « que l'avenir de l'humanité est dans le progrès », « que la poursuite de la vérité par la science est l'idéal divin [...] ».

b. Il faut trouver quatre ou cinq arguments en faveur du sujet choisi (l'amitié, la musique...). Les arguments doivent porter un jugement élogieux sur le sujet, comme dans le texte de Zola qui fait l'éloge du progrès. On pourra ensuite présenter les arguments dans des phrases distinctes en reprenant l'effet rhétorique de l'anaphore : « Je crois que ».

FICHE 19 : Les discours rapportés p. 525

Identifier et manipuler

1. Identifier les discours rapportés

– « L'un des bergers [...] lui raconta en détail les excès et pillages auxquels sur ses terres et domaines se livrait Picrochole, le roi de Lerné » : discours narrativisé. Le verbe de parole est « raconta ». Les paroles sont résumées ; par exemple l'expression « en détail » indique que le berger s'est appuyé sur des faits précis qui ne sont pas rapportés ici.

– « "Hélas, hélas, dit Grandgousier, que veut dire ceci, bonnes gens ? Est-ce un songe, ou est-ce vrai ce qu'on me dit ? Picrochole, mon ami si ancien, en tout temps, toute race et alliance, vient-il m'assaillir ?" »: discours direct. Le verbe de parole « dit » est présent en incise. Le temps employé est le présent de l'indicatif (« veut », « est », « dit », « vient »). On remarque l'emploi des guillemets et la ponctuation expressive (points d'interrogation).

– « Alors il [...] exposa l'affaire telle qu'elle se présentait. » : discours narrativisé. Les paroles sont résumées.

– « Et il fut conclu qu'on enverrait quelque homme prudent auprès de Picrochole, pour savoir pourquoi il était aussi soudainement sorti de ses gonds, et avait ainsi envahi des terres sur lesquelles il n'avait aucun droit. » : discours indirect. On repère le verbe de parole « fut conclu », et une proposition subordonnée complétive « qu'on enverrait [...] aucun droit ». Les temps sont le conditionnel à valeur de futur dans le passé, l'imparfait et le plus-que-parfait.

2. Transposer au discours indirect

1. Le poète expliqua qu'il cherchait un vers qui pût exprimer exactement ce qu'il ressentait.

2. Il demanda à un passant s'il savait pourquoi la famille qui habitait là avait déménagé.

3. Il déclara qu'il partirait le lendemain, lorsque ses valises seraient prêtes.

4. Le juge dit aux deux accusés qu'il ne les comprenait pas, mais qu'il comprendrait peut-être lorsqu'ils lui auraient donné des explications.

3. Repérer le discours indirect libre

a. Chaque texte comporte un passage au discours indirect libre : « Elle habite dans une de ces rues qui donnent sur la plage » (ce sont les paroles prononcées par la femme dans le texte 1) ; « Elle était dans son pays près de sa mère malade » (c'est la réponse du marchand dans le texte 2).

b. 1. Discours direct :

Il cherche quoi dire.

– Où habitez-vous ? demande-t-il.

– *J'habite dans une de ces rues qui donnent sur la plage.*

Il n'entend pas.

Discours indirect :

Il cherche quoi dire. Il lui demande où elle habite. *Elle répond qu'elle habite dans une de ces rues qui donnent sur la plage.*

Il n'entend pas.

2. Discours direct :

– Mon Dieu ! s'écria-t-il, comme je suis chagrin d'avoir brisé l'ombrelle de Mme Arnoux.

À ce mot, le marchand releva la tête, et eut un singulier sourire. Frédéric, prenant l'occasion qui s'offrait de parler d'elle, ajouta timidement :

– Est-ce que je ne pourrai pas la voir ?

– *Elle est dans son pays, près de sa mère malade, répondit le marchand.*

Discours indirect :

Il affirma qu'il était terriblement chagrin d'avoir brisé l'ombrelle de Mme Arnoux. À ce mot, le marchand releva la tête, et eut un singulier sourire. Frédéric, prenant l'occasion qui s'offrait de parler d'elle, demanda timidement s'il ne pourrait pas la voir. Le marchand lui répondit qu'*elle était dans son pays, près de sa mère malade.*

Repérer et analyser

4. Étudier les paroles rapportées

a. Trois groupes de locuteurs s'expriment dans ce texte :

– Le prisonnier s'exprime au discours direct dans les deux premiers vers de la première et de la quatrième strophe : « Et s'il était à refaire / Je referais ce chemin ».

– Les deux geôliers parlent au discours direct du vers 7 au vers 12 : « Capitule / De cette vie tu es las [...] à genoux ». Ces paroles sont introduites par le verbe de parole « murmuraient » (vers 7).

– Enfin le poète évoque une voix inconnue, qui fait le récit de cette dernière nuit. Le prisonnier est entré dans la légende, son histoire se raconte : « On dit que dans sa cellule [...] ». Il s'agit de discours indirect.

b. Les voix se mêlent et s'opposent dans le poème. Si on relève parfois un verbe de parole (« murmuraient ») et des locuteurs identifiés (« On », « Deux hommes », « la voix »), il n'y a pas de tiret ni de ponctuation. Les voix se répondent et s'affrontent : d'un côté, la voix des deux hommes qui profèrent des menaces implicites (« tu peux vivre ») ou qui tentent le prisonnier en lui suggérant de trahir (« Capitule ») ; de l'autre la voix du prisonnier qui incarne la résistance puisqu'il affirme qu'il referait les mêmes choix, même maintenant qu'il sait qu'il va mourir. Aragon dédie ce poème au souvenir de Gabriel Péri, journaliste et résistant fusillé. La voix du prisonnier qui s'obstine à répéter les mêmes paroles incarne la résistance contre la barbarie.

5. Repérer et analyser le discours indirect libre

a. Le passage suivant est du discours indirect libre. Il s'agit des paroles prononcées par Coupeau : « Une prune par-ci par-là, ça n'était pas mauvais. Quant au vitriol, à l'absinthe et aux autres cochonneries, bonsoir ! il n'en fallait pas. Les camarades avaient beau le blaguer, il restait à la porte, lorsque ces cheulards-là entraient à la mine à poivre. Le papa Coupeau, qui était zingueur comme lui, s'était écrabouillé la tête sur le pavé de la rue Coquenard, en tombant, un jour de ribote, de la gouttière du n° 25 ; et ce souvenir, dans la famille, les rendait tous sages. Lui, lorsqu'il passait rue Coquenard et qu'il voyait la place, il aurait plutôt bu l'eau du ruisseau que d'avaler un canon gratis chez le marchand de vin. »

Le passage peut être réécrit au discours direct en veillant à faire les changements de temps et de personne qui s'imposent :

« Une prune par-ci par-là, ça n'est pas mauvais, concéda-t-il. Quant au vitriol, à l'absinthe et aux autres cochonneries, bonsoir ! il n'en faut pas. Les camarades ont beau me blaguer, je reste à la porte, lorsque ces cheulards-là entrent à la mine à poivre. Le papa Coupeau, qui était zingueur comme moi, s'est écrabouillé la tête sur le pavé de la rue Coquenard, en tombant, un jour de ribote, de la gouttière du n° 25 ; et ce souvenir, dans la famille, nous rend tous sages. Moi, lorsque je passe rue Coquenard et que je vois la place, j'aurais plutôt bu l'eau du ruisseau que d'avaler un canon gratis chez le marchand de vin. »

b. Coupeau utilise un lexique familier : « cheulards » (ivrognes), « canon » (verre d'alcool), « ribote » (excès de table), « cochonneries », « gratis ». Les exclamations (« bonsoir ! ») et les démonstratifs dans les paroles des deux personnages sont des indices d'un niveau de langue peu soutenu : « C'est vilain », « ça n'était pas mauvais ». Certaines tournures syntaxiques sont familières : « s'est écrabouillé la tête », « me blaguer ». En faisant entendre le langage de ses personnages, Zola propose une peinture vraisemblable de ce milieu. Le langage permet de caractériser la classe sociale de Coupeau : le personnage fictif emploie la langue véritable des ouvriers de son époque. Ce souci de vérités jusque dans les dialogues est caractéristique du Réalisme et du Naturalisme.

Écrire

6. Commenter l'emploi des discours rapportés

Il faut respecter les étapes de la construction d'un paragraphe de commentaire :

– Formulation de la piste d'interprétation

Ex. : *Dans une visée réaliste, Zola fait entendre la langue du peuple.*

– Justification par des citations (on citera des paroles rapportées), identification du procédé (discours direct et indirect libre, lexique familier), interprétation (volonté de faire entendre le langage véritable des ouvriers. Par ailleurs, le discours indirect libre efface la frontière entre la narration et les paroles. La voix de l'ouvrier avec les imperfections de son langage remplace la voix du narrateur).

– Phrase de conclusion.

Ex. : *Le romancier doit donner une image exacte de la vie. Zola s'appuie sur une observation précise du lexique et des tournures syntaxiques du peuple. Ses personnages offrent une image réaliste du milieu ouvrier à la fin du XIXe siècle.*

→ *cf.* Rédiger un paragraphe de commentaire, p 569 du manuel

FICHE 20 : Les actes de langage et l'implicite p. 527

Identifier et manipuler

1. Identifier des actes de langage : ordonner, questionner

a. 1. Phrase déclarative. **2.** Phrase interrogative. **3.** Phrase déclarative. **4.** Phrase exclamative. **5.** Phrase interrogative.

b. Les phrases 2, 4 et 5 sous-entendent un ordre. On peut reformuler ainsi ces ordres : « Quitte Athènes », « Ne m'interroge pas. », « Écoutez ma requête ».

Les phrases 1 et 3 sous-entendent une question. La phrase 1 est une interrogation indirecte. On peut reformuler les questions implicites : « Hyppolyte est-il coupable ? », « Que me reprochez-vous ? ».

2. Exprimer l'ordre de manière implicite

1. Allez-vous enfin rendre visite à votre vieux père ? Cela fait longtemps que vous n'avez pas rendu visite à votre vieux père.

2. Songes-tu à faire bientôt mourir Britannicus ? Il est temps de songer à faire mourir Britannicus.

3. Pourriez-vous cacher ces lettres compromettantes ? Vous devez cacher ces lettres compromettantes.

3. Repérer les informations implicites

1. Il ne s'est pas troublé devant la pieuvre.

2. Vous n'êtes pas en sûreté.

3. C'est un début modeste.

4. Ajouter une information implicite

1. Les filles du père Goriot lui ont <u>enfin</u> rendu visite.

2. Néron a <u>crapuleusement</u> tué son demi-frère Britannicus.

3. La comtesse <u>prétendait</u> ne pas avoir reçu de lettres de son mari.

Repérer et analyser

5. Étudier le passage de l'implicite à l'explicite

a. Néron donne implicitement à Britannicus l'ordre de se taire : « Néron de vos discours commence à se lasser ».

b. « Souhaitez-la » est une phrase injonctive.

c. Les répliques de Néron contiennent des menaces implicites : « il suffit qu'on me craigne », « Je sais l'art de punir un rival téméraire ». En soulignant sa capacité à punir, son pouvoir et la crainte qu'il inspire, Néron menace implicitement Britannicus. Il laisse entendre qu'il peut le punir. La menace devient explicite dans la dernière réplique, lorsque Néron ordonne aux gardes d'arrêter Britannicus : « Eh bien gardes ! »

6. Analyser une fable à la morale implicite

a. Le Lion incarne un Seigneur. Il est désigné par des périphrases qui le personnifient : « Seigneur du voisinage », « Sire ». Les adjectifs qui le qualifient soulignent sa puissance : « fier », « du plus fort », « le plus vaillant ». On peut associer le lion à la figure du roi ou d'un seigneur dans un régime seigneurial.

b. La Fontaine critique le pouvoir que s'arroge le seigneur sur ceux qui sont plus faibles que lui. Sa force et la menace qu'il représente lui permettent de se placer au-dessus de la justice. Ici le roi est seul à parler au discours direct, l'avis des autres n'est même pas demandé, il s'approprie toutes les parts du butin en invoquant le droit d'abord, puis la force, et enfin, la menace (« Je l'étranglerai »). Le propos de La Fontaine est profondément pessimiste, il fait le constat des inégalités liées à la place que l'on occupe dans la société. Il dénonce un pouvoir qui s'exerce dans la violence. On peut y voir une critique du pouvoir absolu du roi, mais aussi de celui de tout seigneur sur ses sujets ou sur les paysans qui dépendent de lui.

c. La moralité est implicite puisque le texte commence avec le récit de l'histoire et finit avec les paroles menaçantes du Lion. Il n'y a pas de morale explicite. On peut formuler une morale au présent de vérité générale : « Les plus puissants ont toujours raison », « Il est dangereux de faire société avec ceux qui sont plus forts que soi ».

Écrire

7. Discuter l'efficacité d'une argumentation implicite

La réponse devra prendre la forme d'un paragraphe argumentatif.

– L'élève devra commence par formuler l'argument.
Ex. : *Le recours à l'implicite et à une argumentation indirecte fait réfléchir le lecteur.*

– Puis l'argument sera développé, par exemple avec d'abord l'évocation de l'implicite, puis de l'argumentation indirecte.
Ex. : *L'implicite oblige le lecteur à interpréter le texte, à percevoir sa visée et les intentions de l'auteur. Une argumentation indirecte s'appuie sur un récit, une fable au lieu de formuler directement les arguments.*
On peut souligner l'intérêt de cette forme argumentative indirecte (aspect plaisant de l'histoire, possibilité de faire entendre différentes voix par l'intermédiaire des personnages).

– L'élève devra s'appuyer sur un exemple précis, comme par exemple le texte de l'exercice 6, la fable « La Génisse, la Chèvre et la Brebis en société avec le Lion ». L'élève montrera que la lecture de la fable est plaisante, mais que le lecteur doit réfléchir à ce que La Fontaine a voulu dénoncer. L'élève soulignera enfin qu'il n'y a pas de morale explicite. Le personnage du Lion est personnifié et incarne un type d'homme que La Fontaine critique.

→ *cf.* Rédiger un paragraphe de dissertation, exploiter les exemples, p. 585 du manuel

8. Se préparer au commentaire

Il faut respecter l'organisation du paragraphe de commentaire.

– Le paragraphe de commentaire commence par formuler une interprétation.
Ex. : Le rapport de force entre Britannicus et Néron apparaît comme déséquilibré. Par son pouvoir sans limite, Néron semble dominer Britannicus.

– Puis on prend appui sur des citations courtes, bien choisies, que l'on analyse. L'élève devra relever les menaces implicites formulées par Néron (« il suffit qu'on me craigne », « Je sais l'art de punir »). Il pourra ensuite souligner que Néron montre son ascendance sur Britannicus en exprimant des ordres, explicitement (« Souhaitez-la ») et implicitement (« Néron de vos discours commence à se lasser »). Enfin, il pourra analyser le *crescendo* qui organise tout l'échange et qui fait que la menace, d'abord implicite, devient explicite à la fin de la scène.

– On pourra conclure que Néron se montre menaçant et imprévisible par son recours à la menace implicite, et que Britannicus semble désarmé face à lui.

→ *cf.* Rédiger un paragraphe de commentaire, p. 569 du manuel

I. Le récit (p. 528)

FICHE 1 : Le narrateur
FICHE 2 : La focalisation
FICHE 3 : Les rythmes du récit et sa chronologie
FICHE 4 : La description p. 532-533

Identifier et distinguer

1. Identifier le statut du narrateur

a. Texte 1. La narratrice, personnage de l'histoire, emploie le pronom de 1re personne « je ». L'accord féminin du participe passé dans « je suis entrée » permet de la distinguer sans équivoque de l'auteur, Octave Mirbeau. Il s'agit donc d'un journal fictif.

Texte 2. Aucun indice ne permet de confirmer avec certitude que narratrice et auteure sont la même personne. Toutefois, l'accord féminin dans « je suis fatiguée » (à rapprocher du prénom féminin Nathalie), le titre de l'ouvrage *Enfance* qui peut renvoyer au genre autobiographique et l'emploi du passé dans « je le percevais », qui souligne le mouvement rétrospectif, sont autant de preuves possibles.

Texte 3. Une recherche biographique permet de confirmer l'identité entre narratrice et auteure. Le titre de l'œuvre confirme assez nettement cette inscription dans le genre autobiographique.

b. Les **textes 2 et 3**, plus contemporains, présentent des postures narratives étonnantes.
Dans l'extrait d'*Enfance* (**texte 2**), on remarquera la mise en place d'un dialogue entre la narratrice qui tente de retrouver ses souvenirs d'enfance et une instance indéfinie, sorte de double, qui l'interroge et la pousse à se corriger, à préciser ses impressions, à justifier ses dires. Les nombreux points de suspension, les modalisateurs, les autocorrections signalent la difficulté de la remémoration.
Dans l'extrait de *Souvenirs pieux* (**texte 3**), les effets de mise à distance (« L'être que j'appelle moi », emploi de la 3e personne, absence de termes affectifs pour évoquer les parents) ne manquent pas de surprendre et soulignent, de façon grossie, la distance que le temps crée entre l'auteure et sa propre histoire.

2. Comprendre le fonctionnement du temps

a. Le passage est rendu complexe par l'enchevêtrement de deux temporalités : celle du narrateur en train de raconter (temps de l'écriture, ancré dans la situation d'énonciation, marqué par l'emploi du présent, du passé composé ou du futur : « Je continue à dire », « Nous avons quitté », « nous n'y reviendrons certainement jamais ») et celle des événements narrés (temps du récit, coupé de la situation d'énonciation, marqué par l'emploi du passé simple, de l'imparfait ou du plus-que-parfait : « Il arriva », « Nous habitions », « nous avaient conduits »). De même, la datation absolue « un dimanche de novembre 189... » ou le complément circonstanciel de temps « Vers la fin des vacances » renvoient au récit des événements passés ; la précision « depuis bientôt quinze ans » se comprend au contraire en fonction du moment de l'écriture.

b. Chronologie du récit (rétrospectif) : **1.** Arrivée du narrateur et de sa mère à Sainte-Agathe (analepse au plus-que-parfait). **2.** Arrivée du personnage désigné par « Il », le Grand Meaulnes (passé simple).

Chronologie de la narration : **1.** Départ de Sainte-Agathe (analepse au passé composé). **2.** Écriture (présent d'énonciation). **3.** « Nous n'y reviendrons certainement jamais » (prolepse au futur simple).

3. Distinguer les rythmes du récit

1. La vivacité de la narration tend à rapprocher le passage d'une scène. **2.** La description de madame de Rênal constitue une pause dans le récit. **3.** La mention évasive de « certains dîners d'apparat », qui correspond à plusieurs moments différents dans le temps de l'action, constitue un sommaire. **4.** Le passage au discours direct constitue une scène. Les points de suspension signalent ensuite une ellipse : le récit des événements est ici comme remplacé par un commentaire du narrateur.

4. Distinguer les focalisations

Texte 1. La focalisation est interne : le narrateur adopte le point de vue de Gervaise. Ce choix de focalisation se signale par la référence aux perceptions (« elle jetait des regards obliques ») et sensations du personnage (« un frisson », « une peur mêlée d'un désir »). Les expressions familières comme « Cette sacrée marmite », la personnification de l'alambic (« son nez ») et la comparaison populaire rendent compte du point de vue de l'ouvrière.

Texte 2. Les informations fournies à la fois sur la petite fille (« inconsidérées par ses sœurs et par sa mère, un peu niaise ») et sur son père (« humeur chagrine »), sur leurs attentes ou leurs comportements, révèlent une focalisation zéro.

Texte 3. Les personnages sont désignés par des expressions indéfinies : « la dame », « l'enfant », « une femme ». Le narrateur ne rend compte que des paroles prononcées, rapportées au discours direct, et des attitudes observables : la focalisation adoptée est externe.

Étudier et commenter

5. Étudier un récit secondaire

a. Les personnages du récit-cadre sont l'hôtesse, un de ses employés et ses auditeurs. L'hôtesse raconte l'histoire du marquis des Arcis et de Mme de La Pommeraye qui sont les personnages du récit secondaire. À l'intérieur des paroles de l'hôtesse, rapportées au discours direct, les parenthèses sont autant d'intrusions du récit-cadre, signalées par une police plus petite. Les passages narratifs, intercalés entre les paroles au discours direct, renvoient également au récit-cadre.

b. Le passage de l'un à l'autre perturbe la lecture et la linéarité du récit secondaire : la lecture est interrompue de même que l'hôtesse est sans cesse dérangée. La collusion entre les interruptions grossières et l'histoire d'amour crée des effets cocasses. Ainsi, l'apostrophe « Madame ? » semble répondre à la mention « Mme de La Pommeraye... » qui la précède ; l'agacement de l'hôtesse, perceptible dans la répétition « J'y vais, j'y vais... », contraste avec les formules raffinées qui ponctuent son récit.

c. Pour comprendre les liens entre les deux récits, on pourra rappeler aux élèves l'intrigue de *Jacques le Fataliste* : tout en voyageant, Jacques entreprend de raconter ses amours à son maître, mais il est sans cesse interrompu. Exploitant les effets de la mise en abyme, le texte joue avec la patience du lecteur, avide de connaître les aventures amoureuses de Jacques, mais qui voit le récit interrompu par l'histoire de Mme de La Pommeraye. Or cette histoire est elle-même sans cesse interrompue et relancée. Les deux récits se ressemblent donc du point de vue de leur mise en œuvre et de leur caractère discontinu.

6. Étudier un glissement de focalisation

a. Le récit est conduit par un narrateur extérieur à l'histoire. Celui-ci intervient de façon discrète pour commenter l'attitude du personnage, à travers la formule « avec l'irrésolution d'un amant qui n'ose se présenter chez sa première maîtresse, quelque facile qu'elle soit », la comparaison « comme quelque courtisan de fraîche date, inquiet de l'accueil que le roi va lui faire » et la proposition subordonnée relative « qui a dû faire vibrer le cœur des grands artistes, quand, au fort de la jeunesse et de leur amour pour l'art, ils ont abordé un homme de génie ou quelque chef-d'œuvre ».

b. La focalisation externe marque le début du passage : le personnage n'est désigné que par une expression vague (« un jeune homme ») et décrit de l'extérieur (vêtement et comportement). La « vieille femme » à laquelle il s'adresse n'est pas davantage décrite. Si les commentaires du narrateur tendent à éclairer l'attitude du jeune homme et induisent déjà une focalisation interne, celle-ci se révèle pleinement à travers l'adjectif « incertain ». On pénètre alors dans les pensées du personnage, décrites en focalisation interne. Ce glissement est confirmé par l'évocation de la « sensation profonde » éprouvée par le novice. Le mystère initialement créé en vue de susciter la curiosité du lecteur fait peu à peu place aux informations que ce dernier attend d'un *incipit*.

7. Étudier des portraits

a. Texte 1. En insistant sur l'étonnante laideur physique de la demoiselle, le texte de Chrétien de Troyes évolue vers une tonalité merveilleuse tant ses difformités paraissent extraordinaires. L'ironie finale de l'expression « bien faite, en vérité, pour conduire la danse » oriente le texte vers une tonalité satirique.

Texte 2. Les mauvaises habitudes du jeune Gargantua suscitent le rire : la tonalité est donc comique.

b. Texte 1. La description recourt essentiellement aux procédés d'exagération pour souligner la laideur de la jeune fille, annoncée par l'hyperbole « aussi parfaitement laide ». La répétition de l'adverbe « jamais », associé à des comparatifs d'égalité ou de supériorité, permet d'insister sur le caractère extraordinaire et inégalé de ses disgrâces. Les références aux « singe », « chat », « âne » ou « bœuf » animalisent la jeune fille et la fréquence des modalisateurs (« semblaient », « rappelaient ») traduit la difficulté à rendre compte de ses caractéristiques hors-normes. La comparaison de ses jambes à des « baguettes d'osier » vient compléter le tableau. Ce physique repoussant implique une condamnation morale : un tel corps ne peut abriter qu'une âme mauvaise, comme le suggèrent la mention répétée de la couleur noire, connotée de façon très péjorative au Moyen Âge, et la référence à l'enfer.

Texte 2. Pour susciter le rire, Rabelais entame son texte par une antithèse ironique entre « toutes les disciplines que son père estimait importantes » et « boire, manger et dormir ». L'auteur joue de la répétition et des variations syntaxiques dans l'énumération d'infinitifs : « à boire, manger et dormir, à manger, dormir et boire, à dormir, boire et manger ».

La suite de la description, à l'imparfait d'habitude souligné par les adverbes « toujours » et « ordinairement » se compose d'une énumération d'actions marquées par le champ lexical de la saleté : « se vautrait », « fange », « se noircissait », « se barbouillait », « éculait », « pissait »... Les allitérations « pissait sur ses souliers », « chiait en sa chemise », « se mouchait dans ses manches », tout en mettant l'accent sur les mots vulgaires, créent des jeux sonores.

8. Étudier le traitement du temps dans un récit

a. Le narrateur, au moment où il rédige la biographie de Rimbaud, observe le célèbre cliché pris par Carjat. Le présent dans « nous ne savons pas », « on ne voit pas » ou « on ne les connaît pas » est un présent d'énonciation qui correspond au moment de l'écriture (narration simultanée).

Mais la séance de pose est, elle aussi, évoquée au présent : il s'agit alors d'un présent de narration, destiné à actualiser la scène que le narrateur imagine.

Dans la phrase « On ne va pas rester là tout l'après-midi », qu'on peut lire comme des paroles ou pensées rapportées au discours direct, le présent est celui des paroles prononcées, donc un présent d'énonciation.

Par contre, l'adverbe « éternellement » invite à interpréter comme un présent de vérité générale le temps utilisé dans « La cravate éternellement penche » : saisi sur la photographie, le temps est alors comme arrêté.

b. La phrase « il les a détruites plus tard, quand ils se sont bagarrés tous les deux » constitue une prolepse, signalée par la locution adverbiale « plus tard » et insérée après un tiret. Elle joue le rôle d'une intervention du narrateur, détenteur d'informations que les personnages ignorent.

c. Les tentatives du narrateur pour s'approcher au plus près de son sujet expliquent l'usage du présent de narration : le passé semble ainsi reprendre vie, au gré d'un scénario imaginaire dont le narrateur reconnaît lui-même les failles ou le caractère hypothétique. Mêlant ainsi deux temporalités, celle de Rimbaud et celle de l'écriture, le texte révèle les difficultés du biographe face à l'opacité de son sujet. L'emploi indifférencié du pronom impersonnel « on », pour désigner tantôt le narrateur et ses lecteurs, tantôt Rimbaud et ses comparses, contribue encore à brouiller les époques.

Écrire

9. Écrire un récit en variant les focalisations

Le « jeune homme » peut devenir « je » (le narrateur extérieur est alors remplacé par un narrateur-personnage) et raconter, de façon rétrospective, son arrivée à l'atelier de Porbus, ses hésitations, son appréhension... Mais le narrateur peut aussi rester extérieur et raconter, du point de vue du jeune homme, cette première visite. Dans tous les cas, la focalisation interne doit permettre d'éclairer les motivations et les sentiments du jeune Nicolas Poussin.

La réussite de l'exercice tient à différents critères :
- la cohérence par rapport au texte support, dont doivent être repris, de façon pertinente, les éléments narratifs et descriptifs essentiels ;
- les modifications grammaticales liées au changement de focalisation. Dans le cas d'un narrateur-personnage, on mettra en garde les élèves contre certaines maladresses. Par exemple, la mention du vêtement « de très mince apparence » pourra être remplacée par : « le froid de décembre traversait mon vêtement trop fin et paralysait un peu plus encore mes membres transis par la peur ».

On pourra également leur conseiller, afin d'enrichir la réécriture, de jouer sur deux temporalités, celle de la narration et celle de l'histoire : le jeune homme, plus âgé, pourra évoquer avec dérision et attendrissement ses hésitations passées.

10. Se préparer au commentaire

*Proposition de paragraphe de commentaire sur l'extrait 2 de l'exercice 7 (*Gargantua*) :*

Le narrateur recourt au portrait en actes pour décrire, de façon comique, le jeune Gargantua. L'évocation de ses activités s'ouvre sur une antithèse ironique : les disciplines « importantes » dont son père souhaite le voir instruit se réduisent à l'énumération de trois activités triviales, répétées dans des expressions qui modifient la place respective de chacune : « boire, manger et dormir ». Ces répétitions inutiles traduisent de façon cocasse l'oisiveté quotidienne de l'enfant uniquement occupé à se salir. L'abondant champ lexical de la saleté, représenté par les termes « fange », « se noircissait », « barbouillait », « éculait » ou « pataugeait », insiste sur son manque d'hygiène et use volontiers d'expressions familières propres à susciter le rire, telles que « pissait », « chiait » ou « morvait ». Loin d'être occasionnels, ces comportements, évoqués à l'imparfait et soulignés par les adverbes « toujours » et « ordinairement », relèvent de l'habitude ce qui accentue encore la dimension comique du portrait. Enfin, diverses allitérations soulignent les accumulations et amplifient encore le caractère fantasque de la description : les propositions juxtaposées se composent de termes qui se font écho, comme « chiait » et « chemise », « mouchait » et « manches » ou encore avec l'allitération en [s] dans « pissait sur ses souliers ». La fantaisie verbale de Rabelais entre ainsi en résonance avec le sujet décrit et contribue à la tonalité comique du portrait.

→ *cf.* Rédiger un paragraphe de commentaire, p. 569 du manuel

II. Le théâtre (p. 534-539)

FICHE 5 : Le texte théâtral et sa structure
FICHE 6 : La représentation théâtrale
FICHE 7 : L'illusion dramatique et la double énonciation p. 537

Identifier et distinguer

1. Identifier les spécificités du texte théâtral

Les parties en italiques s'appellent des didascalies. Elles donnent des indications scéniques (sur le décor, les gestes, etc.) aux acteurs et au metteur en scène.

Ici, les didascalies insistent sur les gestes des personnages durant la scène : elles indiquent un jeu d'acteur à effectuer avant, après et pendant la diction du texte, le travail des comédiens ne se réduisant pas au seul échange des répliques. L'importance des gestes, déplacements, mimiques des personnages met en relief leur caractère clownesque et la répétition des situations vécues.

2. Identifier un type de réplique

L'enchaînement de répliques dans cette scène du *Cid* s'appelle stichomythie. Un tel procédé crée un effet de tension dramatique par l'échange de répliques courtes qui se reprennent l'une l'autre, et révèle la tension de cette scène : les deux personnages s'opposent dans un combat de mots qui les mènera à la violence.

Étudier et commenter

3. Étudier un type de réplique

a. Le procédé théâtral utilisé dans *Oswald et Zénaïde* est l'aparté, qui tire parti de la double énonciation propre au théâtre. Dans chaque réplique se croisent des échanges entre les deux personnages et des réflexions personnelles dont seul le public est destinataire. L'aparté permet de connaître les réactions de chaque personnage devant la situation présente, ici les hésitations et les doutes des personnages.

b. Tardieu ironise sur les conventions théâtrales en renversant le rapport entre apartés et répliques dites à l'interlocuteur : ainsi, dans cet extrait (et toute la pièce fonctionne sur ce procédé), les apartés envahissent les répliques jusqu'à ne plus laisser de place au dialogue. Cela crée un effet comique.

4. Étudier un procédé théâtral

a. Dorante et Silvia, ayant pris l'apparence de valets, se retrouvent dans une impasse : ils tombent amoureux mais ne peuvent s'avouer mutuellement cet amour, pensant que chacun n'est pas de son rang social. Ainsi chacun des personnages repousse l'autre à cause de son rang de domestique, Silvia dès le début de l'extrait (l. 1-2 et 8-11), Dorante à la fin du texte (l. 12-14), après avoir tenté (par jeu ?) de séduire la jeune femme. Mais leurs répliques prennent un autre sens pour le public, qui connaît leur véritable identité : en affirmant qu'ils n'aimeront que des personnes de « condition » (l. 10 et 14), les amoureux indiquent qu'en réalité rien ne les sépare. L'aparté de Silvia, « Quel homme pour un valet » (l. 8), peut même paraître comique et révéler son amour naissant.

b. Le procédé théâtral utilisé est le quiproquo : Silvia et Dorante ignorent chacun la véritable identité de l'autre. Cela crée une situation à la fois ambiguë et comique, car le spectateur, lui, est très conscient de ce jeu de masques et vit les étapes du trouble des personnages.

5. Étudier un monologue

a. Dans cet extrait de *Lorenzaccio*, le monologue a d'abord une fonction délibérative : Lorenzo, qui s'apprête à assassiner le duc, est en proie au doute au moment d'accomplir le crime. Les interrogatives témoignent de ses hésitations. Ce monologue a aussi comme fonction de caractériser le personnage, qui se peint en même temps qu'il revient sur son passé. Il rappelle alors quel chemin l'a conduit de l'innocent amour des « fleurs », des « prairies » et des « sonnets de Pétrarque » (l. 2-3) jusqu'à ce crime. Il y a donc aussi, dans cette scène, une dimension d'introspection.

b. Pour parler de lui, Lorenzo utilise d'abord la métaphore du « tigre » (l. 1) : sa nature sauvage et cruelle (celle d'un assassin) ne s'est révélée qu'à l'âge adulte, après une enfance innocente. Cette image est répétée par la suite dans l'expression « entrailles fauves » (l. 6). Il passe aussi du « je » au « tu » (l. 9) en mettant en scène les réactions d'autrui à son crime. Ainsi, le personnage semble incapable de comprendre sa propre nature ; il semble avoir perdu son âme dans son projet d'assassinat.

Écrire

6. Réfléchir à une mise en scène

S'interroger sur le ton à donner aux répliques et sur la gestuelle des comédiens permettra aux élèves de montrer leur compréhension du texte : on les invitera à réemployer le travail d'analyse effectué dans l'exercice 5. Pour le décor, les lumières et les accessoires, on incitera les élèves à faire librement des propositions, mais en les argumentant à partir du texte.

Identifier et distinguer

1. Identifier le genre d'une pièce

Texte 1. L'extrait appartient au genre du vaudeville : la pièce de Feydeau date de 1894, l'intrigue repose sur un triangle amoureux dans un univers mondain, la scène s'appuie sur le comique de mots (accent sud-américain) et de situation (quiproquo du rival qui interroge l'amant sans le savoir), dans un rythme vif.

Texte 2. L'extrait appartient au genre de la tragédie. Datant du XVIIe siècle, cette pièce baroque de Théophile de Viau raconte les amours tragiques de deux jeunes gens que le destin sépare. Ici on sent bien la tonalité tragique à travers le registre soutenu, les exclamations pathétiques et la situation même décrite par Pyrame : à la vue du sang devant lui, il pense qu'un lion a dévoré Thisbé et qu'elle est morte.

Texte 3. L'extrait est une comédie du XVIIIe siècle : pièce prérévolutionnaire, elle met aux prises un maître et un valet qui s'affrontent en rivalisant d'ironie et sarcasmes. La pièce a donc bien une fonction comique et une fonction de critique sociale.

Étudier et commenter

2. Étudier un drame romantique

L'échange entre les deux personnages reflète le drame romantique (*cf.* Le Romantisme, p. 60) à travers :

– les figures opposées des deux personnages : Octave est fantasque (son arrivée est une « mascarade », l. 5 ; il a « un pied de rouge sur les joues », l. 9-10 ; il s'enivre de « vin de Chypre », l. 19) alors que Cœlio est mélancolique (il déplore son « malheur », l. 1 ; il est « blanc » et porte un « habit noir », l. 12-13) ;

– le mélange des tonalités lyrique (début de l'extrait), comique (Octave plaisante et se moque de Cœlio) et pathétique (Cœlio souffre de son amour pour Marianne) ;

– un lexique varié qui rompt avec le vocabulaire restreint et soutenu de la tragédie classique, comme les termes « carnaval » (l. 14) et « gris » (l. 15).

3. Commenter des pièces du XXe siècle

a. Texte 1. La pièce de Camus appartient au genre du théâtre engagé : il est question ici d'un attentat qui n'a pas eu lieu, et des raisons pour lesquelles Kaliayev, pourtant persuadé de la justesse de sa cause, n'a pas pu lancer la bombe.

Texte 2. La pièce de Ionesco appartient au théâtre de l'absurde. Les propos tenus par le professeur n'ont pas de sens (il décrit un défaut imaginaire), aucune intrigue ne se dégage de cet extrait et le sujet principal semble être le langage.

b. La pièce de Camus aborde le sujet de la justice. Le titre même semble affirmer cette idée et qualifie de « justes » les protagonistes. Un crime est-il juste s'il est commis au nom de la liberté ? Une action juste justifie-t-elle de sacrifier des innocents ? Telles sont les questions posées par cet extrait, et par la pièce de Camus en général.

c. Dans la pièce de Ionesco, la logique fonctionne de manière absurde. Le « défaut de prononciation » (l. 2) de la lettre *f* semble imaginaire, les exemples cités ne sont pas probants, et l'expression « cacher son défaut, grâce à des chapeaux » (l. 10) échappe au bon sens : même si le personnage avait un défaut de prononciation, en quoi un chapeau peut-il dissimuler un son ? Le discours est construit, mais n'a pas de sens.

Écrire

4. S'entraîner au commentaire

*Proposition de paragraphe de commentaire sur le texte de l'exercice 2 (*Les Caprices de Marianne*) :*

La première scène des *Caprices de Marianne* montre d'emblée son appartenance au genre du drame romantique. Cette nouvelle forme théâtrale apparaît dans la première moitié du XIXe siècle, quand de jeunes auteurs tels que Hugo, Dumas ou Musset occupent la scène théâtrale en proposant des œuvres qui rompent avec la tradition classique. Tout d'abord, le drame romantique se caractérise par un mélange des genres et des tonalités, qui se veut une peinture vraie de la vie : la vie n'est ni comique ni tragique, elle est le mélange de toutes ces émotions et situations. Dans cet extrait, on voit que les tonalités se succèdent et s'entremêlent : le lyrisme initial de Cœlio (exclamations, anaphores, vision mélancolique de l'amour) est interrompu par l'arrivée tonitruante d'Octave. L'échange de répliques vives, comme des stichomythies, entre les deux amis, s'appuie sur des parallélismes de construction et des antithèses qui donnent un effet comique aux mots d'Octave : « Plus que jamais, de vin de Chypre » (l. 19) répond à « Plus que jamais, de la belle Marianne » (l. 18), l'ivresse et le plaisir venant rompre l'élan amoureux. La gravité de Cœlio, inquiet pour son ami (« Quelle vie que la tienne ! », l. 16) s'oppose à l'insouciance d'Octave (« Comment se porte ma maison ? », l. 21-22). Le drame romantique cherche aussi à montrer la dualité de l'homme, « le sublime et le grotesque », pour reprendre les termes de Victor Hugo. Or Octave et Coelio, dans l'opposition de leurs caractères (marquée à travers les antithèses présentes dans leurs répliques : « D'où te vient cet accoutrement ? N'as-tu pas de honte, en plein jour ? / **Octave.** – [...] D'où te vient ce large habit noir ? N'as-tu pas de honte en plein carnaval ? », l. 10-14) incarnent cette dualité de l'esprit romantique, entre, d'un côté, un humour désinvolte et, de l'autre, l'aspiration, l'idéal et la mélancolie face au monde.

III. La poésie (p. 540-545)

FICHE 9 : La versification
FICHE 10 : Les formes poétiques p. 544-545

Identifier et distinguer

1. Identifier les types de vers et repérer les pauses

1. Il était morne et soucieux ; / D'une main il montrait les cieux, / Et de l'autre il tenait un glaive (A. de Musset) = octosyllabes

2. Il voulait tout savoir mais il n'a rien connu. (G. de Nerval) = alexandrin

3. Il fut héros, il fut géant, il fut génie. (V. Hugo) = alexandrin

4. Ce toit tranquille, où marchent des colombes / Entre les pins palpite, entre les tombes (P. Valéry) = décasyllabes

5. J'ai donné mon âme / Pour bien peu d'espoir ! (M. Desbordes-Valmore) = pentasyllabes

6. Je vous salue Maries de France aux cent visages. (L. Aragon) = alexandrin

7. Nos bouches s'enivraient / De l'odeur de l'herbe. (Y. Bonnefoy) = hexasyllabe et pentasyllabe

b. Le premier vers de Musset comporte une diérèse sur le mot « soucieux ». Les vers de Hugo et Aragon sont des trimètres, même si le premier seulement est à proprement parler un trimètre romantique.

2. Repérer des phénomènes de discordance

a. Tous les vers sont des alexandrins.

b. 1. Rejet entre le vers 2 et le vers 3 : « Le pauvre. », ce qui permet d'insister sur la condition de l'homme.

2. Enjambement entre les vers 2 et 3 qui allonge le poème et fait écho aux ceintures qui ne peuvent « contenir » les roses ; rejet entre les vers 4 et 5 : « Dans le vent », mettant en valeur l'envol de ces fleurs.

3. Contre-rejet : « Souriant comme », qui accentue l'opposition avec le vers suivant « Sourirait un enfant malade ».

3. Distinguer des formes poétiques et des rimes

a. 1. La mention des « cheveux » au début du quintil, les nombreuses métaphores pour les désigner en leur donnant les dimensions de l'univers, le vocabulaire mélioratif (« azur », « immense », « Je m'enivre ardemment ») rattachent cet extrait à la forme du blason élogieux.

2. La composition du poème en deux quatrains suivis de deux tercets permet de l'identifier comme un sonnet, d'autant plus que le schéma rimique ABBA-ABBA-CCD-EDE est suivi et que le dernier vers constitue la pointe car il glorifie le baiser amoureux.

3. Ce poème, formé de deux pentasyllabes encadrant un heptasyllabe, est un haïku : il contient bien 17 syllabes en tout, évoquant la fugacité du contact sensuel au sein d'une nuit embaumée.

b. 1. Rimes embrassées, précédées d'un vers qui forme une rime croisée avec le vers 3 ; toutes les rimes sont suffisantes. **2.** Rimes embrassées dans les quatrains, puis suivies et croisées dans les tercets ; rimes pauvres (comme « aussi » / « transi »), suffisantes (comme « effeuillées » / « brouillées ») et riches (comme « fouillées » / « rouillées »).

4. Différencier poème en prose, poème en vers libres et poème en versets

a. 1. La mise en page du texte permet de l'identifier comme un poème en prose, de même que son titre ironique marquant son unité.

2. La disposition du texte, dont les retraits mettent en valeur les unités rythmiques et sémantiques assimilables à des vers longs, correspond au poème en versets. On n'y distingue pas de rimes ou de mètres fixes.

3. On reconnaît ici un poème en vers libres à la structure irrégulière du texte. Celui-ci est composé de vers facilement identifiables même si les mètres varient et que peu de rimes s'y trouvent. La ponctuation est par ailleurs minime.

b. 1. Dans « Amour du prochain », en considérant seulement les trois premières propositions, on peut distinguer un alexandrin, un hexasyllabe et un décasyllabe. Le poème est également travaillé du point de vue des échos sonores : la mention du « crapaud » au début et à la fin du paragraphe crée à la fois un effet de circularité et de clôture et on peut se demander si les allitérations en [t] n'annoncent pas le motif de « l'étoile jaune ».

2. Le poème en versets se fonde sur des vers longs, souvent impairs, comme le premier vers, comptant 19 syllabes. Cependant, si l'on décompose certains passages, on peut identifier quelques mètres traditionnels : ainsi, le rythme ternaire du deuxième vers se fonde sur trois décasyllabes, tandis que le dernier de l'extrait se conclut sur deux heptasyllabes. Les jeux sur les sonorités sont nombreux : Senghor recourt à plusieurs anaphores, comme celle du mot « lumière », nom noyau de groupes nominaux différents, ou encore celle de la préposition « sans ». Les allitérations en [t] dans « ta lumière atomique qui désintègre tout mon être » font entendre la violence de la lumière d'été, tandis que les allitérations en [s] du dernier vers suggèrent la sécheresse sentimentale du poète.

3. Dans les vers relativement courts de ce poème se glissent notamment un décasyllabe (v. 2), un hexasyllabe (v. 4) et un alexandrin (v. 5). En outre, Hélène Dorion confère à son texte une dimension poétique en faisant entendre le souffle du vent dans les allitérations en [s] et en [f] du vers 1, en créant un effet d'attente avec l'anaphore « Parce que » des deux premières strophes ou encore en ralentissant le rythme par la répétition du sujet « la terre » et de son groupe verbal « remonte de sa nuit » à la fin du poème.

Étudier et commenter

5. Étudier les revendications des romantiques sur la versification

a. Le champ lexical de la versification parcourt le poème : « hémistiche » (v. 1), « vers » (v. 2), « prosodie » (v. 5), « règle » (v. 6), « césure » (v. 8).

b. Victor Hugo revendique plus de liberté dans la poésie versifiée. Il s'intéresse ici au cas de l'alexandrin, dont il regrette la traditionnelle régularité : il utilise ainsi la personnification « Le vers, qui sur son front / Jadis portait toujours douze plumes en rond » (v. 1-2) et place les noms « prosodie » et « étiquette » à la fin de chaque hémistiche au vers 5 pour dénoncer cette rigidité. Au contraire, Hugo prône une poésie de rupture : la position du verbe « Rompt » au début du vers 6 et la métaphore du vers-oiseau à la fin de l'extrait soulignent sa volonté de s'affranchir du carcan classique.

c. Si Hugo affirme que l'alexandrin doit se libérer de sa pause à la traditionnelle « césure », métaphoriquement associée à une « cage » (v. 8), l'extrait reste globalement dans la continuité de la versification classique, peut-être pour faire entendre la régularité qui la caractérise. En effet, la césure est toujours marquée à l'hémistiche, même si le vers 7 ressemble à un trimètre romantique sans en être vraiment un : le lecteur doit marquer une pause après les quatre syllabes « Qui s'échappe » et est amené à placer un accent sur le verbe « change ».

6. Interpréter la reprise d'une forme traditionnelle

a. Le poème est composé de vers de treize syllabes dont la césure s'avère aléatoire, ce qui rompt avec l'harmonie de l'alexandrin classique. En outre, le schéma de rimes traditionnel du sonnet n'est pas respecté : les quatrains se fondent sur des rimes non pas embrassées mais croisées et, dans les tercets, seuls les mots anglais déroutants « *sohos* » (v. 10) et « *hâos* » (v. 11) riment. Ces effets de rupture et de disharmonie correspondent bien à la personnification du titre, annonçant un « Sonnet boiteux ».

b. Cette forme reflète les sentiments du poète. En effet, Verlaine répète des éléments du vers 1 (« Ah ! », « vraiment c'est triste », « vraiment ça finit trop mal ») en divers endroits pour souligner sa douleur qu'il peine à formuler : l'interjection revient au vers 3 et les deux expressions suivantes au vers 13. L'anaphore « vraiment c'est trop » concerne les vers 3 et 12. Cette circularité suggère que le poète ressasse son mal et ne trouve pas d'issue à son désespoir. Si le « je » du poète n'apparaît pas clairement, on le devine à travers l'animalisation pathétique des vers 3 et 4 : « la mort du naïf animal / Qui voit tout son sang couler sous son regard fané. » L'enjambement souligne la dissociation que le poète semble subir.

c. Ce poème, moderne par sa forme provocatrice, l'est aussi par son lexique. Comme on l'a vu, les tournures familières structurent le sonnet tout en le déstructurant, lui donnant une allure parlée. De plus, l'introduction de termes anglais aux vers 10 et 11 inscrit ce poème dans le contexte de Londres au XIXe siècle, et notamment de ses quartiers considérés comme des bas-fonds. De fait, Verlaine fait de la capitale britannique un lieu de perdition : caractérisée par sa modernité ici proche de la vulgarité (« Le gaz flambe et nage et les enseignes sont vermeilles », v. 6), Londres mérite, selon le dernier vers, d'être châtiée par le « ciel ». Le poète semble considérer que la ville est la cause de sa déchéance.

7. Analyser le choix du calligramme

a. La forme du calligramme requiert une lecture active. Le lecteur peut effectivement suivre plusieurs itinéraires : commencer par le haut ou le bas, lire les lettres qui forment la colombe à partir de son aile droite ou à partir de son aile gauche... La disposition des mots permet donc différentes lectures, qui peuvent renouveler le sens du poème.

b. Ce calligramme a été conçu au cours de la Grande Guerre, à laquelle Apollinaire a participé. Le titre complet du recueil confirme ce contexte et donne ainsi une portée particulière à la « colombe poignardée », qui peut symboliser la paix mise à mort. Les ailes de l'oiseau portent d'ailleurs les prénoms des femmes aimées par le poète : l'allégorie de la colombe figure donc aussi l'amour dont le poète souhaite garder la trace. Quant au « jet d'eau » jaillissant du bassin, il métaphorise à la fois la nostalgie du poète à propos de ses « amis partis en guerre » et l'espoir d'un renouveau.

c. Le travail du poète rattache bien le calligramme au genre poétique. Si les allitérations en [m] et les assonances en [i] des prénoms féminins font entendre l'amour du poète, la tonalité est plus élégiaque en ce qui concerne le jet d'eau. Apollinaire, à travers la personnification « le jet d'eau pleure sur ma peine » et le néologisme « se mélancolisent », redouble par les mots la douleur figurée par l'image. Le choix des octosyllabes pour composer les gerbes d'eau inscrit le poème dans une certaine tradition poétique malgré sa modernité formelle. D'ailleurs, on retrouve au cœur du bassin l'« O » propre à la poésie lyrique, qui ressemble à un gigantesque œil dont jaillissent les larmes. Il n'est pas anodin que le dernier mot du poème – selon une lecture verticale du moins – soit « guerrière », adjectif qualificatif qui renvoie à la réalité de la guerre tout comme la métaphore du bain de sang ; cependant, le motif du « laurier rose » redonne sa place à l'espoir d'une renaissance.

Écrire

8. Inventer un récit de rêve poétique

On pourra demander aux élèves de surligner, dans leurs deux textes, les mots imposés. Pour ceux qui auraient des difficultés à tous les intégrer, il serait bienvenu de leur rappeler qu'ils peuvent en faire des figures de style (métaphores, comparaisons, hyperboles notamment…). Le récit de rêve permet par ailleurs de faire fi de la logique pure, ce qui peut aider les élèves dans leur travail d'écriture.

9. S'entraîner au commentaire

Le paragraphe de commentaire devra commencer par une présentation en une phrase de son thème (reprenant les termes de la question) et se fonder sur des analyses précises liées par des connecteurs logiques.

Pour le contenu de ce paragraphe, les élèves pourront réexploiter leurs réponses aux questions **a.** et **b.** de l'exercice **6**.

→ *cf.* Rédiger un paragraphe de commentaire, p. 569 du manuel

IV. La littérature d'idées (p. 546-551)

FICHE 11 : Les genres de l'argumentation directe
FICHE 12 : Les genres de l'argumentation indirecte
FICHE 13 : Les types de raisonnements
FICHE 14 : Les types d'arguments

p. 550-551

Identifier et distinguer

1. Identifier les genres de l'argumentation

a. Texte 1. Cet extrait relève du dialogue d'idées, un genre de l'argumentation directe.

Texte 2. Cet extrait relève du roman épistolaire, qu'on pourrait qualifier ici de roman à thèse, un genre de l'argumentation indirecte.

b. Texte 1. L'argumentation directe est sensible à l'emploi du discours direct, à l'énoncé explicite de la thèse (l. 7-8 et 12-16 pour « Moi », l. 9-11 et 17-18 pour « Le Docteur »), au lexique péjoratif (« mauvais », l. 3 ; « méchants », l. 7 ; « malfaiteur », l. 15), et aux effets oratoires (l'exclamation, l. 5 ; la répétition de « parce que », l. 10-11 ; les questions rhétoriques, l. 17-18). Le raisonnement logique est aussi visible à la construction du discours dans les deux prises de position, avec les connecteurs, « et non » (l. 9), « parce que » (l. 10-11), « mais » (l. 12), « et il me semble que » (l. 14).

Texte 2. Le texte prend la forme d'un récit, mis en place avec des indices spatio-temporels (« Paris », l. 1 ; « depuis un mois que je suis ici », l. 7), dont le personnage est étranger (il vient d'« Ispahan », l. 1) et fictif. La portée argumentative indirecte est sensible grâce aux comparaisons avec les coutumes d'Asie (« les voitures lentes d'Asie », l. 10) et surtout grâce aux hyperboles : « les maisons y sont si hautes qu'on jurerait qu'elles ne sont habitées que par des astrologues » (l. 1-3), « ils courent, ils volent » (l. 10), « je n'ai pas fait cent pas que je suis plus brisé que si j'avais fait dix lieues », l. 19-20.

c. Texte 1. Les personnages de « Moi » et du docteur défendent chacun une thèse opposée. Selon « Moi », un individu ne devrait pas sauver un être nuisible à la société. Selon le docteur Bissei, l'individu et la société ne doivent pas appliquer leurs propres lois. Seule la justice peut faire appliquer la loi.

Texte 2. Paris est une ville dans laquelle règnent désordre et incivilités du fait de la surpopulation.

2. Reconnaître des types de raisonnements

a. Texte 1. La Rochefoucauld utilise dans cette maxime un raisonnement déductif en trois étapes. Sa forme s'apparente à un syllogisme, mais la conclusion attendue (ce qu'on voit chez la plupart des gens n'est pas de la sincérité) est remplacée par une idée nouvelle (définition de la fausse sincérité).

Texte 2. La Bruyère recourt à un raisonnement par l'absurde, fondé sur un principe qu'il juge faux : les hommes sont des « animaux raisonnables » (l. 1).

b. Texte 1. La progression en trois étapes confirme la logique et la rigueur du raisonnement du moraliste qui cherche à convaincre les lecteurs. La Rochefoucauld veut prouver l'hypocrisie sociale de son temps.

Texte 2. L'auteur dépeint la violence et la sauvagerie exacerbée de l'homme en créant ironiquement une opposition entre sa nature (la rationalité) et la façon dont il se comporte (le désir de blesser et tuer autrui). L'effet recherché par la description et le lexique de la cruauté est persuasif : il s'agit de choquer les lecteurs pour susciter leur indignation.

3. Reconnaître des types d'arguments

a. Texte 1. Le texte présente des arguments affectifs et d'expérience. L'auteur invite les philosophes à observer un fait réel (le tremblement de terre de Lisbonne) et fait appel à leur horreur et leur pitié devant la catastrophe.

Texte 2. Le texte présente un argument logique. L'auteur s'appuie sur une relation de conséquence et fait appel à l'intelligence de ses lecteurs.

b. Texte 1. La forme injonctive (« Accourez, contemplez », v. 2), l'accumulation des vers 2-6 renforcent les arguments, notamment en mettant l'accent sur le spectacle pathétique des « femmes » et des « enfants » (v. 4) victimes de la catastrophe. La description précise des dégâts causés par le tremblement de terre de Lisbonne invite à voir la réalité telle qu'elle est vraiment.

Texte 2. En une seule phrase ininterrompue, le philosophe montre son raisonnement dans toute sa logique : chaque idée découle de la précédente, ce que soulignent l'adverbe « nécessairement » (l. 2) et la locution conjonctive de conséquence « si... que » (l. 4). Il aboutit ainsi à une conclusion irréfutable.

Étudier et commenter

4. Analyser un texte d'argumentation directe

a. L'auteur construit son article sur une relation d'opposition, transcrite par un jeu de parallélismes : les exemples se rapportant à la paix sont repris par ceux qui se rapportent à la guerre. Cet effet de redondance permet de mettre en évidence les conséquences contradictoires de la paix et de la guerre. Cette logique, annoncée explicitement par le connecteur « au contraire » (l. 9), permet un jeu d'antonymie : comme « guerre » (l. 1) s'oppose à « *paix* » (l. 4), « maladie » (l. 2) s'oppose à « santé » (l. 3) ; « ordre » (l. 5) à « désordre » (l. 10) ; « population » (l. 7) à « dépeuple » (l. 9) ; « agriculture » (l. 7) à « terres [...] incultes » (l. 13) ; « plaies » (l. 16) à « guérir » (l. 17). Ce jeu des contraires est révélateur d'oppositions plus générales, celles du bien et du mal, de la vie et de la mort.

b. Les arguments contre la guerre expriment un blâme. La personnification de la guerre fait d'elle un élément moteur d'actions destructrices ; sujet de nombreux verbes d'action, elle « dépeuple » (l. 9), « fait régner le désordre » (l. 9-10), « trouble » (l. 12) et « sacrifie » (l. 16). Selon l'auteur de l'article, la guerre est responsable de nombreuses ruines. Elle provoque une chute démographique, transforme la nation en anarchie dénuée de « lois » (l. 10), elle ôte aux hommes leur « liberté » (l. 11), leur droit de « propriété » (l. 12), et elle perturbe l'économie du pays ainsi que l'agriculture. La guerre est comparée à une « maladie » (l. 2). Cette métaphore filée tout au long du texte met en évidence les terribles souffrances occasionnées par la guerre, qui touchent le pays tout entier, à l'image du corps humain. Tel un fléau dévastateur que rien ne semble pouvoir arrêter, la guerre semble puiser sa force en elle-même.

À l'inverse, les arguments en faveur de la paix expriment un éloge. L'état de paix favorise « l'ordre » (l. 5), les « lois » (l. 6), « la population, l'agriculture et le commerce » (l. 6-7). Elle maintient l'équilibre de la nation et aboutit au « bonheur » (l. 8).

c. L'implication de l'auteur se ressent discrètement dans la dernière phrase qui s'ouvre par une négation absolue : « Jamais » (l. 13). On sent ici, grâce aux hyperboles, l'émotion et l'indignation de l'auteur. Cependant les indices d'implication de l'auteur restent peu nombreux : Damilaville a préféré rester discret, adoptant un point de vue externe pour décrire le fléau de la guerre. Ce recul est nécessaire à la prise de conscience personnelle des lecteurs. L'auteur respecte ainsi la forme de l'article encyclopédique dont l'enjeu initial est de définir et d'expliquer un fait sans prise de position.

5. Retrouver et comprendre des arguments à partir d'exemples

a. Dans cet extrait de traité philosophique, Rousseau exprime sa thèse explicitement : « Je ne conçois qu'une manière de voyager plus agréable que d'aller à cheval ; c'est d'aller à pied » (l. 1-2).

b. Le mot « liberté » aide à comprendre la thèse. En effet, le voyage à pied garantit la liberté du voyageur.

c. L'argumentation de Rousseau se construit à partir d'exemples à valeur argumentative. Le philosophe montre d'abord que le voyage à pied permet de maîtriser le temps et l'action (l. 2-4). Ensuite, il évoque la maîtrise de l'espace et des déplacements (l. 4-6). Le jeu de questions-réponses permet d'illustrer la diversité des paysages accessibles à pied (l. 6-8). Ce type de voyage se réalise sans aucune contrainte ni dépendance (l. 8-10). Enfin, il permet de découvrir des endroits inaccessibles à cheval (l. 10-14). Tous ces arguments développent l'argument principal de la « liberté » (l. 14).

d. L'auteur s'implique dans son texte en employant le « je », les détails et les nombreux exemples renvoient à l'expérience personnelle du philosophe et à son rapport avec la nature. Il s'agit donc d'arguments d'expérience.

6. Analyser une stratégie argumentative

a. Voltaire recourt à plusieurs connecteurs logiques qui marquent les étapes de son raisonnement : « Mais » (l. 7), « car » (l. 8), « si » (l. 19), « parce qu' » (l. 20), « cependant » (l. 22). Il part d'abord du principe que Jean Calas, âgé et faible, n'a pas pu assassiner son fils sans la complicité de sa femme, ses fils, ses amis et sa servante (l. 1-6). Or, Voltaire donne de nombreux arguments montrant que cette hypothèse est improbable. Les convives ont toujours été ensemble au moment de la mort du fils (l. 6-7), la servante est de confession catholique (l. 7-11), Lavaisse était ami du défunt et ignorait sa reconversion (l. 11-13), une mère ne peut faire de mal à son enfant (l. 13-14), un meurtre aurait provoqué du bruit et laissé des traces de lutte (l. 14-18). Donc, s'il y avait eu meurtre, toutes les personnes présentes ce soir-là seraient coupables, mais comme leur culpabilité ne peut pas être démontrée, on ne peut pas montrer qu'il y a eu meurtre.

b. Il s'agit d'un raisonnement déductif qui s'apparente à un syllogisme : prémisse majeure, prémisse mineure et conclusion.

c. Voltaire cherche à démontrer une erreur judiciaire. Le père Calas, en supposant qu'il est coupable, n'a pas pu agir seul, mais lui seul a été condamné. En outre, l'auteur prouve l'intolérance religieuse des juges qui refusent d'examiner les faits et condamnent abusivement. La conviction de l'auteur est transcrite par le lexique de la certitude (« impossible », l. 1 ; « absolument », l. 4 ; « évident », l. 19 et 21) et au vocabulaire péjoratif qui condamne le raisonnement des juges (« absurde », l. 8). La structure des phrases (anaphores, accumulations et questions rhétoriques des lignes 7 à 18) confirme aussi cette conviction.

7. Analyser un texte d'argumentation indirecte

a. Le Renard use de flatterie et d'effets persuasifs pour obtenir le fromage du corbeau. Il utilise des termes mélioratifs (« joli », « beau », v. 6), et des exclamations pour traduire son enthousiasme ; il emploie aussi une comparaison flatteuse avec le « Phénix » (v. 9). Le Renard s'exprime de manière civile et respectueuse de façon à mettre en confiance son interlocuteur.

b. La leçon est exprimée par le Renard après le succès de sa ruse : « Apprenez que tout flatteur / Vit aux dépens de celui qui l'écoute » (v. 14-15). La Fontaine nous met en garde contre l'hypocrisie des courtisans qui usent de la flatterie dans l'espoir d'obtenir une satisfaction personnelle en dépouillant leurs victimes.

c. La fable est une forme d'apologue divertissant. La tonalité comique naît, ici, du charisme des animaux personnifiés, des rebondissements et de l'effet de chute. L'argumentation est d'autant plus efficace que la lecture est plaisante : les lecteurs apprennent en s'amusant.

Écrire

8. Se préparer à la contraction de texte

Pour faire la contraction de ce texte de Rousseau (exercice 5), la difficulté réside dans la multitude d'exemples. Il faut veiller à les reformuler pour en faire ressortir l'argument essentiel de la liberté, et ne pas chercher à tous les reprendre. Les indices d'énonciation et de conviction devront être identifiés avant la rédaction.

→ *cf.* Analyser le texte à contracter, p.592 et Rédiger la contraction de texte, p. 594 du manuel

9. S'entraîner au commentaire

Avant toute rédaction, il faut veiller à la compréhension des mots-clés du sujet pour bien comprendre les nuances qui les séparent. La fonction « didactique » se perçoit au souci de l'auteur d'être clair et précis. Elle répond au rôle de l'ouvrage encyclopédique. Ici, les nombreux exemples, les oppositions et la comparaison avec la maladie facilitent la compréhension des lecteurs. L'intention « argumentative » répond davantage au combat des philosophes des Lumières, au-delà du support choisi. Elle se justifie par l'emploi du lexique évaluatif, par l'hyperbole finale et le fait que l'auteur s'évertue à dépeindre la guerre dans un article intitulé « Paix ».

→ *cf.* Rédiger un paragraphe de commentaire, p. 569 du manuel

10. S'entraîner à la dissertation

La première étape de l'introduction permettra de contextualiser et de présenter avec précision l'œuvre et les parcours lus dans l'année. Le sujet invite à suivre un plan dialectique.

→ *cf.* Lire un sujet de dissertation et construire un plan, p. 581 et Rédiger l'introduction, p. 583 du manuel

V. Les figures et les tonalités (p. 552-559)

FICHE 15 : Les figures de style : rapprochement et substitution FICHE 16 : Les figures de style : opposition, exagération, atténuation et insistance p. 554-555

Identifier et distinguer

1. Analyser des comparaisons

1. Comparant : « un acide » ; comparé : « me » ; point de comparaison : « brûlait ».

2. Comparant : « les cils qui ourlent la paupière des mules » ; comparé : « cils » (de « Ses yeux de bête malade ») ; point de comparaison : longueur (« aussi longs que »).

3. Comparant : « un drap lancé sur un sommier » ; comparé : « la mer » ; point de comparaison : son soulèvement.

4. Comparant : « des boules de neige » ; comparé : « les globes dépolis » (des hautes lampes) ; point de comparaison : la forme sphérique blanche.

5. – Comparant : « une fleur ouverte où logent des abeilles » ; comparé : « ma vie » ; point de comparaison : répandre « des parfums et des chants ».
– Comparant : « une corbeille qui vous offre [...] penchants » ; comparé : « mon cœur matineux » ; point de comparaison : la propension au don.

2. Repérer des figures de rapprochement

1. On repère une comparaison : le comparé est les « sapins », le comparant est « des astrologues », les points de comparaison sont les « bonnets pointus » (le sommet des arbres) et « de longues robes revêtus » (leur feuillage), et l'outil de comparaison est « Comme ». Cette comparaison donne lieu à une personnification des sapins : des attitudes humaines leur sont prêtées à l'aide de la métaphore « Saluent leurs frères abattus », le groupe nominal « frères abattus » désignant implicitement le bois coupé pour fabriquer les « bateaux qui sur le Rhin voguent ».

2. L'expression « L'océan de ta chevelure » est une métaphore maritime qui permet au poète d'exprimer un voyage par les sens (ici, c'est la chevelure qui déclenche une vision).

3. Il s'agit d'une allégorie de la mort : cette abstraction est représentée ici de manière imagée, au moyen d'éléments descriptifs, d'un verbe d'action conjugué (« allait à grands pas ») et de deux participes présents (« moissonnant » ; « fauchant »).

4. On repère dans l'expression « Le glaive large du soleil » une métaphore qui désigne les rayons aveuglants et brûlants.

5. On repère dans « Mon cœur [...] / Vous êtes un jardin » une métaphore exprimant une certaine joie de vivre et d'accueillir sereinement le temps qui passe, symbolisé ici par le cycle des saisons. On peut trouver aussi une personnification des saisons qui « dansent sur le gazon ».

3. Reconnaître les figures de substitution et de rapprochement

a. 1. Personnification du feu. **2.** « Athènes » : métonymie. **3.** « Chaque chef des meurtriers » : périphrase (désignant un dirigeant d'armée ou un général). **4.** Personnification de l'horloge qui est elle-même une allégorie du temps qui passe. **5.** Personnification des nuages qualifiés de « hagards » ; « cherche une main » : métonymie (« une main tendue » désigne une personne qui aide) ; métaphore également dans l'expression imagée du dernier vers.

b. 1. Inquiétude. **2.** Impression de puissance. **3.** Indignation exprimée par l'ironie. **4.** Peur. **5.** Compassion.

4. Reconnaître les figures d'opposition

a. 1. Antithèse entre « Lynx envers nos pareils » et « Taupes envers nous » ; et antithèse en chiasme entre « tout » et « rien », « Nous » et « aux autres hommes ». **2.** « Paix sanguinaire » : oxymore. **3.** « Douce violence » : oxymore. **4.** Antiphrase. **5.** Antithèse et chiasme entre les deux vers.

b. 1. Les antithèses insistent sur les contradictions dont l'homme est capable. **2.** Cet oxymore a pour but de déconcerter. **3.** Cet oxymore traduit le bien-être que produit néanmoins la fascination pour la beauté d'une femme. **4.** Cette antiphrase souligne l'absurdité des théologiens de Coïmbre. **5.** Cette antithèse doublée d'un chiasme crée un effet comique.

5. Reconnaître les figures d'exagération, d'atténuation et d'insistance

a. 1. Gradation. **2.** Anaphore. **3.** Euphémisme. **4.** Hyperbole antiphrastique. **5.** Hyperbole.

b. 1. Cette déclaration sous forme d'envolée lyrique montre toute la passion de Cyrano. **2.** L'anaphore permet d'insister sur la solitude du personnage. **3.** Ici, l'emploi de l'euphémisme pour désigner une prison est une marque d'ironie du narrateur qui veut faire sourire ses lecteurs. **4.** Cette phrase fait sentir l'ironie du narrateur : par l'hyperbole qui caricature la thèse adverse, Voltaire veut montrer son absurdité. **5.** L'hyperbole donne ici l'impression d'un monde parfait.

Étudier et commenter

6. Commenter les figures de rapprochement dans un texte romanesque

a. Comparaison : « comme une longue lame étincelante qui m'atteignait au front » (l. 3-4). Métaphores : « un voile tiède et épais » (l. 6) ; « rideau de larmes et de sel » (l. 7) ; « les cymbales du soleil » (l. 7-8) ; « le glaive éclatant jailli du couteau » (l. 8-9) ; « Cette épée brûlante » (l. 9) ; « rongeait mes cils et fouillait mes yeux » (l. 10) ; « Il m'a semblé [...] laisser pleuvoir du feu » (métaphore et oxymore, l. 12-13).

b. Dans son égarement, Meursault semble victime à la fois de la lumière et de la chaleur ; le lecteur a l'impression qu'il subit de la part du soleil une véritable agression et que sa souffrance est d'ordre physique. Le couteau se transforme en « glaive » (l. 8) puis en « épée brûlante » (l. 9), deux métaphores particulièrement évocatrices qui surgissent après une autre métaphore non moins suggestive : « les cymbales du soleil » (l. 7-8). Le personnage est à la fois aveuglé, comme le suggèrent les verbes conjugués à l'imparfait « rongeait » et « fouillait » (l. 10), et assourdi, donc physiquement amoindri. Ainsi, les éléments semblent se liguer contre Meursault qui ne peut leur échapper ; il est amené, malgré lui, à « crisper [s]a main sur le revolver » (l. 13-14).

7. Commenter les figures de rapprochement dans un texte poétique

a. Le poème est construit sur un réseau de comparaisons et de métaphores. Son sens repose sur une analogie qui nous est révélée dans le dernier quatrain. Dans les trois premières strophes, c'est du pin des Landes qu'il est question et du lien qu'il entretient avec les hommes ; il est d'ailleurs personnifié. Le poète lui attribue des caractéristiques humaines : il possède un « flanc » (v. 4), il pleure au vers 5 des « larmes de résine » (métaphore) et la résine devient au vers 9 « son sang qui coule goutte à goutte » (métaphore). Il éprouve des sentiments et a des intentions : en témoigne l'expression « Sans regretter » (v. 9), ainsi que la comparaison du vers 12 : « Comme un soldat blessé qui veut mourir debout ». Le quatrain final révèle que le pin est une allégorie du poète.

b. C'est la dernière strophe qui invite le lecteur à décoder le sens du poème. L'adverbe « ainsi » (v. 13) souligne la comparaison, établie par Gautier, entre le pin malmené par les hommes et le poète dont l'existence dans « les Landes du monde » (v. 13) est douloureuse. Mais, grâce à cette douleur (représentée métaphoriquement par « une entaille profonde », v. 15), le poète trouve l'inspiration et peut ainsi faire don de ses vers, appelées au vers 16 « divines larmes d'or » (métaphore), à l'humanité.

8. Commenter les figures d'exagération dans un texte romanesque

a. On peut repérer les figures d'exagération suivantes :
- hyperboles : « monstre » (l. 1) ; « deux millions de fous héroïques et déchaînés et armés jusqu'aux cheveux » (l. 12-13) ; « pour y tout détruire [...] tout ce qui respire » (l. 17-18) ; « cent, mille fois plus enragés que mille chiens et tellement plus vicieux » (l. 20-21) ; « croisade apocalyptique » (l. 22) ;
- gradations : « Un, deux, plusieurs millions peut-être en tout » (l. 5-6) ; « héroïques et déchaînés et armés jusqu'aux cheveux » (l. 12-13) ; « cent, mille fois » (l. 20) ;
- accumulation : « Avec casques, sans casques, sans chevaux [...] et tellement plus vicieux ! » (l. 13-21).

b. Ces figures de style donnent au lecteur le sentiment que le narrateur se trouve pris au piège d'une guerre dont les acteurs, qu'ils soient soldats ou dirigeants, se caractérisent par leur inhumanité et leur bêtise, apparaissant ainsi comme des êtres bien « plus vicieux » (l. 21) que des chiens.
La guerre est évoquée de manière très péjorative ; le narrateur, pris dans la tourmente de l'action guerrière menée par des « fous héroïques » (l. 12), en dénonce avec lucidité le caractère absurde et monstrueux.

9. Étudier les figures de style dans un texte argumentatif

On peut repérer les figures de style suivantes :
- antithèse entre l'« homme naturel » (l. 2) et l'« homme artificiel » (l. 3) ;
- périphrase/métaphore « le triste monstre » (l. 7) ;
- accumulation de termes appartenant au champ lexical de la souffrance (« tiraillé, tenaillé, tourmenté [...] malheureux », l. 7-9), redoublé par une anaphore de « sans cesse » (l. 8) ;
- répétition de « faux », « fausse » (l. 9-10) ;
- antithèse entre les expressions « le transporte et l'enivre » (l. 9-10) et « le courbe et l'abatte » (l. 10).
La condition humaine est dépeinte péjorativement. Le personnage de « B », porte-parole de Diderot, explique comment l'homme est devenu un « triste monstre » (l. 7) : c'est la civilisation qui assujettit l'« homme naturel » (l. 2) à des lois arbitraires et qui l'amènent à devenir « un homme artificiel » (l. 3) et c'est de là que provient la misère humaine.

Écrire

10. S'entraîner au commentaire

Pour réussir son commentaire, l'élève devra veiller à :
- repérer la ou les tonalités du texte ;
- rédiger un paragraphe argumentatif dont les éléments sont reliés par des connecteurs logiques ;
- insérer correctement les citations.

→ *cf.* Rédiger un paragraphe de commentaire, p. 569 du manuel

Identifier et distinguer

1. Repérer différentes tonalités chez un même auteur

Texte 1. Cet extrait présente les caractéristiques de la tonalité pathétique. Zadig exprime sa douleur à travers l'exclamation, l'apostrophe et la question rhétorique (« Qu'est-ce donc que la vie humaine ! ô Vertu ! à quoi m'avez-vous servi ? »). L'hyperbole permet de mettre en relief sa douleur : « le plus horrible précipice de l'infortune ». Dans la deuxième partie du texte, le narrateur insiste sur l'état physique et psychologique du personnage.

Texte 2. Ce passage est un exemple de tonalité satirique. Voltaire dénonce la guerre en passant par l'ironie. La première énumération, par son exagération, traduit l'intention de l'auteur. La seconde phrase passe aussi par l'énumération : celle des instruments de musique. La deuxième proposition (« qu'il n'y en eut jamais en enfer. ») introduit une comparaison étrange qui établit un lien entre l'idée d'harmonie et l'enfer. L'expression « du meilleur des mondes » contraste avec le nombre de victimes (« environ neuf à dix mille coquins »).

Texte 3. On peut relever dans ce passage des éléments caractéristiques du merveilleux, propres à un conte d'inspiration orientale. Grâce aux hyperboles, l'auteur met en avant la grandeur extraordinaire du palais. On peut relever : « sa vaste maison de trois mille pas de façade s'élevait jusqu'aux nues ». Le jardin suspendu peut susciter l'émerveillement et le dépaysement, par l'énumération des noms d'arbres exotiques.

2. Distinguer des tonalités proches

Les deux premiers extraits sont représentatifs de la tonalité élégiaque. Dans l'un et l'autre texte, le thème de l'automne ou du soir permet d'exprimer un sentiment de tristesse lié implicitement à la fuite du temps. Les deux extraits emploient des phrases interrogatives. On peut relever des éléments lexicaux qui expriment cette tristesse : « languissant », « gémissant », « mélancolie », pour le premier poème, « frisson », pour le second.

Le texte d'Anne Périer est lyrique. L'interjection « Ô » traduit l'émerveillement de la poétesse devant la nature. Divers procédés donnent au texte sa dimension musicale : l'assonance (« cannelle », « gazelles »), l'allitération en [d] (« Dunes », « dômes », « dorées ») et l'anaphore (« Et »).

Étudier et commenter

3. Étudier la tonalité fantastique

a. De son propre aveu, la narrateur est incapable de distinguer rêve et réalité. La phrase binaire coordonnant deux antithèses permet l'expression de cette incapacité : « Je ne pouvais plus distinguer le songe de la veille, et je ne savais pas où commençait la réalité et où finissait l'illusion ». Le lecteur peut douter de ce que rapporte le narrateur qui semble souffrir d'un dédoublement de personnalité, sans pour autant expliquer son trouble par cette seule folie : « À dater de cette nuit, ma nature s'est en quelque sorte dédoublée ». Le champ lexical du rêve ajoute d'ailleurs à cet aspect fantastique du récit : « fascination », « esprit malin », « rêvait », « songe », « réalité », « illusion ».

b. Le texte est écrit à la première personne et porte donc la marque de la subjectivité. Les verbes permettent de modaliser le propos : « je me croyais », « je ne savais pas ». Le narrateur exprime ainsi ses doutes. La première phrase, « j'avais oublié tout en ce moment-là », ainsi que « je ne me souvenais pas » indique au lecteur, dès le début de l'extrait, que le personnage ne sait pas si son propre récit est le fruit de son imagination ou de la réalité.

4. Étudier la tonalité lyrique

Le poète cherche à traduire un sentiment d'apaisement qui est lié pour lui à la nuit. Ce sentiment s'exprime par la double apostrophe : « Ô nuit ! ô rafraîchissantes ténèbres ! ». Le rythme binaire de la première phrase contribue à l'expression de ce sentiment. Dans la phrase suivante, on peut relever la double anaphore de « dans » qui rythme le texte et lui donne sa tonalité lyrique. L'extrait s'inscrit enfin dans cette tonalité par la nature exclamative des phrases.

5. Étudier les ressorts du comique au théâtre

On trouve dans ces deux extraits les caractéristiques du comique de caractère. Orgon et Daniel éprouvent une admiration sans borne, l'un pour Tartuffe, l'autre pour Perrichon. L'admiration d'Orgon s'exprime à travers des hyperboles : « vous seriez charmé de le connaître ; / Et vos ravissements ne prendraient point de fin ». Les qualités qu'Orgon vante chez Tartuffe seraient perçues par quelqu'un d'autre comme des défauts et provoquent un certain décalage. Orgon ne fait preuve d'aucun discernement quand il déclare : « C'est un homme... qui... [...] comme du fumier, regarde tout le monde. ». Dans le second extrait, Daniel flatte à l'excès Perrichon, dans une déclaration presque amoureuse et ridicule : « Oh ! mais votre image ne me quittera pas... », « comme elle l'est déjà dans mon cœur ».

6. Étudier la tonalité d'un texte argumentatif

a. Ces deux extraits s'inscrivent dans une tonalité polémique, à travers différents procédés :
- des questions rhétoriques qui prennent à parti le lecteur ;
- des éléments lexicaux qui permettent de remettre en cause des comportements : les verbes à l'infinitif dans le premier extrait mettent en évidence l'indigence de l'éducation volontairement donnée aux filles ; l'auteur désigne cette éducation comme quelque chose d'« indigne » ; Condorcet met en accusation des « hommes vils et méchants », des « tyrans » ;
- des figures d'opposition : Condorcet emploie deux antithèses pour opposer les arguments économiques des esclavagistes à ses arguments moraux (« Il s'agit pour le Nègre de la liberté, de la vie ; il ne s'agit pour l'Européen que de quelques tonnes d'or, et c'est le sang de l'innocent qu'on met en balance avec l'avarice du coupable. »)

b. Cette tonalité dans les deux extraits vise à provoquer l'indignation, la colère et à faire adhérer le lecteur aux arguments avancés par leurs auteurs.

7. Étudier une même tonalité dans différents genres littéraires

a. Les trois extraits présentent une scène de combat : entre un héros et un monstre dans la pièce de théâtre de Racine, entre deux armées ennemies dans le poème de Hugo, et une scène de siège dans l'extrait du roman de Gaudé.

b. Les trois extraits s'inscrivent dans la tonalité épique. On peut relever à chaque fois le lexique du combat. Les auteurs mettent tous en évidence les actions, le mouvement et le bruit de la scène par des verbes ou des substantifs. Hugo et Gaudé emploient des images qui donnent du relief à la violence des combattants : « On eût dit des lions se dévorant entre eux ; / C'était comme un combat des géants de la fable » (Hugo) ; « Les cendrés se ruèrent sur la porte de la Chouette comme des ogres. » (Gaudé). Dans l'extrait de la *Légende des siècles*, le rythme des vers est heurté par des contre-rejets qui rendent sensibles le vacarme et l'agitation de la scène.

8. Étudier le détournement d'une tonalité

a. La lettre que Rodolphe rédige est caractérisée par les tonalités pathétique et tragique. Le personnage fait état de ses souffrances : « Ah ! malheureux que nous sommes ! », « L'idée seule des chagrins qui vous arrivent me torture, Emma ! ». Rodolphe présente son amour pour Emma comme irrémédiablement voué à l'échec : « un jour, tôt ou tard, cette ardeur (c'est là le sort des choses humaines) se fût diminuée, sans doute ! », « Ô mon Dieu ! non, non, n'en accusez que la fatalité ! ». Le qualificatif « pauvre ange » et l'appel d'Emma accentuent le pathétique de la lettre, car il éprouve « l'atroce douleur » de devoir quitter cette femme innocente, « confiante et folle », « croyant au bonheur, à l'avenir », « si belle ».

b. Ces épanchements sont toutefois feints et calculés : « Rodolphe s'arrêta pour trouver ici quelque bonne excuse. ». Le personnage cherche à produire un effet, non à être sincère : « Voilà un mot qui fait toujours de l'effet, se dit-il ». Le pathétique de la lettre est donc le résultat d'un pastiche que Rodolphe rédige pour manipuler Emma.

Écrire

9. S'entraîner au commentaire

Le commentaire s'attachera à reprendre les éléments de réponse de l'exercice 6. Condorcet prononce le réquisitoire des colons. On peut aussi noter qu'il plaide en faveur des esclaves en passant de la tonalité polémique au *pathos*. Enfin, la longue question rhétorique qui constitue les deux tiers du texte donne l'impression que l'auteur s'adresse à un jury.
→ *cf.* Rédiger un paragraphe de commentaire, p. 569 du manuel

I. Le commentaire (p. 566-580)

FICHE 1 : Lire un texte et dégager un projet de lecture
FICHE 2 : Rédiger l'introduction et la conclusion
FICHE 3 : Rédiger un paragraphe de commentaire p. 579

Des repérages au plan détaillé

1. Effectuer les premiers repérages

• **Qui parle ?**

– présence du poète marquée par le pronom personnel « je » et les nombreux déterminants possessifs ;
– subjectivité qui affleure à travers la modalisation « je ne sais comment », la comparaison méliorative « comme un oiseau », le superlatif « mes plus beaux vers », etc.

• **De quoi / de qui est-il question ?**

– le poète se remémore un souvenir heureux, lorsque sa fille Léopoldine passait le voir et le distrayait dans son travail ;
– les nombreux verbes de mouvement soulignent la vivacité de la fillette ;
– le champ lexical de l'écriture suggère que Léopoldine est une véritable source d'inspiration.

• **Quand ? Où ?**

– marqueurs temporels : scène qui se déroule « chaque matin », fréquence ensuite soulignée par l'adverbe « souvent » ; « puis soudain » pour marquer la rapidité du départ ;
– lieu : la « chambre » du poète et mention de son « lit » donc lieu intime ;
– temps verbaux : l'imparfait d'habitude domine, associé au plus-que-parfait pour marquer l'antériorité de certains événements + dimension rétrospective du souvenir.

• **Comment ?**

– tonalité lyrique, même si l'émotion du poète reste discrète en ce début de poème ;
– présence du discours direct pour faire résonner une fois encore les paroles de l'enfant ;
– familiarité enfantine de l'expression « petit père » associé au registre courant dans le poème : la langue est simple pour évoquer le bonheur familial ;
– énumération pour souligner l'énergie de la fillette ;
– comparaisons mélioratives qui associent Léopoldine à un rayon de soleil ou à un oiseau ;
– nombreux enjambements qui contribuent à la vivacité de l'évocation.

2. Construire le plan

Plan de commentaire possible :

I. La dimension comique du passage
A. Le quiproquo, ressort du comique de situation
B. Un duo comique
C. La tirade du « *God-dam* » : un tour de force comique

II. Des reproches voilés qui révèlent un discours critique
A. La satire des mœurs anglaises
B. Des allusions lourdes de sens
C. L'insolence du valet à l'égard de son maître

Écrire

3. Rédiger un paragraphe de commentaire

Proposition de rédaction *pour la piste C de la partie I :*

Enfin, la tirade du « *God-dam* » concentre à elle seule une multitude de procédés comiques qui en font un moment particulièrement savoureux. Le scénario imaginé par Figaro, fondé sur une série de quiproquos, relève du comique de situation : l'utilisation indifférenciée de l'expression « *God-dam* » empêche toute communication. Dès lors, le comique de répétition, allié au comique de mots, structure la réplique : la série d'oppositions entre l'ambition de Figaro de se faire comprendre des Anglais et le peu de succès de ses tentatives crée autant de saynètes, systématiquement ponctuées par la formule « *God-dam* ». Ainsi, au « bon poulet gras » répond « un pied de bœuf salé sans pain », à « l'excellent Bourgogne » un « pot de bière ». La vivacité de la tirade tient aussi à la familiarité du ton dans les expressions « Diable ! », « trottant menu » ou « tortillant un peu des hanches », associée à un comique de geste qu'on peut repérer à travers les didascalies « *Il tourne la broche* » ou « *Il débouche une bouteille* ». La gestuelle accompagne la parole et le jeu du comédien participe pleinement au comique du passage. Le rire est également suscité par les antiphrases ironiques comme « C'est admirable ! » ou « Quelle satisfaction ! » qui concluent les différents échecs rencontrés. La tirade révèle ainsi la virtuosité comique de Figaro qui se livre ici à un véritable numéro d'acteur.

4. Rédiger un commentaire

Éléments pour l'introduction :

Amorce : Julien Green, écrivain américain de langue française, publie, entre 1926 et 1929, une trilogie romanesque composée des œuvres *Mont-Cinère* (1926), *Adrienne Mesurat* (1927) et *Léviathan* (1929). L'un des personnages de *Léviathan* est Eva Grosgeorge, une bourgeoise de 45 ans qui a gâché sa vie dans un mauvais mariage avec un homme plus âgé qu'elle.

Enjeux du passage : description de la soirée du vieux couple, enlisé dans la routine, et ressentiment d'une âme étouffée qui s'assimile, dans sa rêverie, au feu qui brûle dans l'âtre.

Problématique : comment l'évocation d'une soirée au coin du feu permet-elle de révéler, de façon symbolique, l'état d'âme du personnage ?

Plan de commentaire possible :

I. Une soirée banale, révélatrice d'une existence routinière

A. Un cadre banal
B. Une soirée ordinaire au déroulement réglé
C. L'absence de communication au sein du couple

II. La révolte latente de Mme Grosgeorge

A. La focalisation interne comme procédé révélateur
B. Le mépris de Mme Grosgeorge pour son époux
C. Le rôle métaphorique du feu

Éléments pour la conclusion :

La réussite du passage tient en particulier au motif du feu, à la fois étroitement lié à la dimension descriptive et capable d'exprimer, de façon symbolique, la psychologie du personnage féminin et la révolte qui couve.
On peut imaginer une ouverture sur les personnages féminins mariés à des hommes sans envergure (*Madame Bovary* de Flaubert, *Thérèse Raquin* de Zola, Ariane dans *Belle du Seigneur* de Cohen, etc.).

II. La dissertation (p. 581-591)

FICHE 4 : Lire un sujet et construire un plan
FICHE 5 : Rédiger l'introduction
FICHE 6 : Rédiger la conclusion
FICHE 7 : Rédiger un paragraphe de dissertation, exploiter les exemples p. 589-590

De l'analyse de sujet à l'exemple exploité

1. Repérer les consignes

1. Dans la consigne, l'adverbe « nécessairement » incite à la discussion. Dans la citation de Verlaine, c'est l'expression « avant toute chose » qui appelle à la discussion. On pourra ainsi envisager d'autres aspects de l'écriture poétique, en dehors de la recherche d'une musicalité.

2. La tournure impersonnelle « il suffit que » réduit la tragédie à la représentation des passions excessives. On pourra explorer d'autres enjeux de la tragédie (réflexion sur le caractère tragique de l'existence, réécriture de mythes anciens, poésie de la langue).

3. L'expression « Dans quelle mesure » invite à la discussion. Après avoir exploré la thèse proposée par La Bruyère (« Peindre l'homme »), on pourra montrer qu'il existe d'autres fonctions de la littérature d'idées.

2. Analyser un sujet et formuler une problématique

On peut identifier plusieurs mots-clés dans la citation : « moi », « vous », « je », « toi ». Ils sont en opposition, puisque certains pronoms désignent l'énonciateur et d'autres le lecteur, ce que souligne l'antithèse entre « parle de moi » et « parle de vous ». La consigne reprend cette opposition entre « le poète » avec ses « sentiments intimes » et « le lecteur ». Le sujet nous invite donc à dépasser l'opposition entre l'intime qui inspire le poète et l'universel qui parle aux lecteurs.

À partir de cette analyse des mots-clés, on peut formuler la problématique suivante : *la poésie qui rend compte de sentiments intimes peut-elle avoir une portée universelle ?*

3. Formuler des arguments

Les arguments 1, 4 et 6 répondent bien au sujet. Les propositions 2, 3, 5 ne conviennent pas.

La proposition 2 est un exemple. La proposition 3 n'est pas un argument général sur les textes argumentatifs, c'est un cas particulier (l'utilisation des animaux). Cela peut devenir un exemple si l'élève précise le titre d'un texte et son auteur. Enfin, la proposition 5 est un thème, il n'y a pas d'idée. On ne sait pas ce que l'élève veut dire à propos de cette « vérité contenue dans la fable ».

4. Construire un plan

a. et b. Les exemples sont pris dans la pièce de Beaumarchais *Le Mariage de Figaro* et dans les comédies des parcours de lecture 2 « Des jeux baroques aux règles classiques » (p. 270 à 285) et 3 « Tableaux de mœurs en pleine évolution » (p. 286 à 291).

I. Le théâtre représente bien les relations qui unissent les hommes.

1. Le théâtre représente bien les relations sociales et les inégalités qui en découlent : entre les maîtres et les valets, les femmes et les hommes. Ex. : *Le Mariage de Figaro*, Beaumarchais. Parce qu'elle est à la fois servante et femme, Suzanne subit le pouvoir du Comte, qui prétend exercer sur elle l'ancien droit du seigneur.

5. Les valeurs qui unissent ou opposent les personnages sont aussi celles qui régissent la société : la naissance, l'éducation, l'argent. Ex. : *Le Jeu de l'amour et du hasard*, Marivaux (p. 288). Le statut social (maître ou valet) oppose ou unit les personnages.

6. Le théâtre vise à la *mimesis*, c'est-à-dire à l'imitation de réalité. Le théâtre offre un microcosme de la société avec des personnages variés ressemblant aux gens du monde réel. Ex. : *Turcaret*, Lesage (p. 287). La pièce met en scène une baronne et sa suivante.

II. Le théâtre peut dénoncer certaines inégalités sociales.

2. Le théâtre invite le spectateur à prendre ses distances avec le comportement des puissants, qui sont souvent ridiculisés. Ex. : *Le Mariage de Figaro*, Beaumarchais. Le pouvoir du Comte Almaviva est mis à mal par les ruses de Figaro.

3. À travers la voix des personnages, le théâtre propose des débats et des échanges sur la société. Ex. : *L'École des femmes*, Molière (p. 283). Les personnages soulèvent des questions sur la place des femmes dans la société et sur leur éducation.

4. Le rire permet de dénoncer certaines inégalités sociales. Ex. : *Le Bourgeois gentilhomme*, Molière (p. 285). Molière se moque des aspirations impossibles d'un bourgeois qui rêve de dépasser sa condition et de devenir gentilhomme.

5. Corriger une introduction

a. Les romanciers s'inspirent de leur monde et de leur époque. Stendhal décrivait le roman comme un miroir promené sur le bord d'une route. Le roman reflète la réalité et les préoccupations de l'époque qui l'a vu naître. C'est un moyen de connaissance d'une époque, même parfois un document historique. Pourtant, on peut se demander si le roman doit être réduit à cette fonction de témoignage. N'a-t-il pas d'autres fonctions ? Certes, le roman fait découvrir au lecteur une époque et un monde. Mais il lui permet surtout de suivre le parcours singulier d'un personnage dont la vie et les états d'âme ne peuvent que l'émouvoir et le faire réfléchir.

b. Les étapes de l'introduction sont :

– **L'amorce :** « Les romanciers s'inspirent de leur monde et de leur époque. Stendhal décrivait le roman comme un miroir promené sur le bord d'une route. »
– **La présentation du sujet :** « Le roman reflète [...] fonction de témoignage »
– **La problématique :** « [Le roman] n'a-t-il pas d'autres fonctions ? »
– **L'annonce du plan :** les deux parties sont présentées en deux phrases, avec les connecteurs logiques « Certes » et « Mais ».

6. Construire un paragraphe de dissertation

a. et b. 3 (l'énoncé de l'argument) ; 5 (le développement de l'argument) ; 2 et 4 (l'exemple et son exploitation) ; 1 (phrase de conclusion)

7. Trouver des exemples littéraires

1. *Hippolyte*, Robert Garnier (p. 275) : la passion de Phèdre pour Hippolyte la mène à sa perte ; la passion est décrite comme un monstre, comme un poison fatal.

2. *Rhinocéros*, Eugène Ionesco (p. 316) : le monologue final de Bérenger montre la solitude et l'impuissance de l'homme.

3. *Incendies*, Wajdi Mouawad (p. 319) : la pièce explore des thèmes universels et évoque la quête de la liberté et la difficulté d'être dans un monde marqué par la violence.

4. *Les Essais*, Michel de Montaigne, « Des Cannibales » (p. 440) : le texte rend compte d'une rencontre avec trois hommes du Nouveau Monde, et explique la relativité d'une culture.

5. *La Chartreuse de Parme*, Stendhal (p. 171) : le personnage Fabrice rêve d'être un héros.

8. Formuler un argument et rédiger un paragraphe

a. et b. Le décalage entre le discours du professeur et les répliques de l'élève est une source de comique. Ionesco critique l'incapacité à communiquer de ses personnages. Cette critique est à la fois comique et inquiétante. Le professeur ne peut pas s'arrêter de parler (« n'interrompez pas », « mais n'interrompez pas... », « Continuons... »). Par ailleurs, le professeur se fait menaçant en multipliant les injonctions. Face à lui, l'élève est docile (« Oh ! Oui, Monsieur »), cependant elle semble ne pas écouter réellement et elle répète machinalement les derniers mots prononcés par le professeur (« jusqu'à l'heure de ma mort... », « ... dans les oreilles des sourds »). Aucun personnage n'écoute l'autre. Dans une tonalité comique, la scène illustre l'échec du langage et la difficulté à communiquer, mais cet échange est également inquiétant car chaque personnage semble terriblement seul.

À partir de cette analyse du texte, on peut dégager un argument : parce que le rire est mis au service d'une critique, il peut sembler inquiétant, car le spectateur perçoit la réalité qui est dénoncée.

c. On veille à respecter les étapes de rédaction du paragraphe de dissertation.

– **l'énoncé de l'argument.** Ex. : *Parce qu'il est mis au service d'une critique, le rire peut sembler inquiétant, car le spectateur perçoit la réalité qui est dénoncée.*

– **le développement de l'argument.** Quelques phrases doivent expliciter l'argument.

– **l'exemple est évoqué avec précision : titre, auteur, résumé du passage exploité.** Ex. : *Par exemple, la relation professeur-élève dans la pièce La Leçon de Ionesco est à la fois amusante et inquiétante. Cette leçon sur la langue est comique en raison de la difficulté à communiquer entre le professeur et l'élève : aucun n'écoute réellement l'autre. On veillera à exploiter l'exemple, c'est-à-dire à l'analyser, à explorer la visée du texte, à le relier à l'argument.*

Ex. : *La situation fait naître le rire, mais elle souligne aussi l'extrême solitude des personnages, incapables de s'écouter. L'utilisation du langage est absurde : l'élève répète machinalement, le professeur poursuit inéluctablement sa leçon. Cette vision des relations humaines est inquiétante. Le comique révèle un échec du langage et une incapacité tragique à communiquer.*

– **phrase de conclusion.** Ex. : *Au théâtre, le rire est souvent au service d'une critique, il rend visibles les failles dans les relations humaines, ce qui fait naître une inquiétude.*

9. Rédiger l'introduction et la transition

a. Le plan 1 convient car il s'agit d'un plan dialectique. La consigne demande « dans quelle mesure » ce qui est laid peut être une source de poésie. L'expression « dans quelle mesure » indique à l'élève qu'il doit discuter la thèse proposée.

b. L'introduction comprend **une amorce** (ou entrée en matière), **la présentation du sujet**, la formulation d'**une problématique** (« La poésie n'est-elle pas avant tout la recherche de la beauté ? »), **la présentation du plan** (« Certes, le poète peut s'inspirer de tout ce qui est dans le monde, beau ou laid. Mais son travail poétique consiste à faire apparaître la beauté. »).

Écrire

10. Rédiger une dissertation

a. – L'action est-elle importante dans les pièces que vous avez lues ?

Certaines pièces comportent de multiples rebondissements (*Le Cid* de Corneille, *Le Mariage de Figaro* de Beaumarchais, *Cyrano de Bergerac* de Rostand). D'autres présentent une action restreinte : on peut citer les tragédies classiques comme *Bérénice* de Racine, dans laquelle l'action est réduite au choix que va faire Titus, ou alors le théâtre de l'Absurde (*Oh les beaux jours, En attendant Godot* de Beckett) dans lequel l'action consiste en une attente sans espoir.

– Cherchez l'étymologie du mot « dramatique » qui caractérise l'art du théâtre.

Le mot « dramatique » vient du grec *dramatikos*, lui-même formé à partir du mot *drama* qui signifie « action théâtrale ».

– Quels aspects de l'âme humaine les pièces que vous avez lues explorent-elles?

Les tragédies classiques représentent les passions (amour dans *Phèdre* de Racine, jalousie et vengeance dans *Médée* de Corneille, pouvoir dans *Britannicus* de Racine). La comédie classique propose une peinture des caractères (on pense aux pièces de Molière qui mettent en scène les avares, les faux dévots, les bourgeois, les barbons...).

– Quelle vision de la condition humaine les pièces que vous avez lues proposent-elles ?

Le théâtre de l'Absurde montre l'impuissance de héros confrontés à l'absurdité du monde (comme dans les pièces de Giraudoux ou de Beckett).

La tragédie classique peint une humanité faible devant ses passions et elle poursuit une visée didactique en incitant les spectateurs à se méfier des vices et des passions.

– L'action cherche-t-elle à être simple ou complexe, dans les exemples suivants ?

1 : action complexe ; **2** : action simple ; **3** : action complexe ; **4** : action simple.

b. Problématique possible : « Explorer l'âme humaine est-il l'enjeu principal au théâtre, bien avant l'action ? » ou « L'action n'est-elle pas indispensable au théâtre ? ».

On peut imaginer un plan dialectique qui explore la thèse proposée par Montherlant, puis la discute.

I. Le théâtre explore l'âme humaine.

1. Le théâtre analyse les aspirations et les passions des hommes. (Exemple 2 : action resserrée, peinture des passions. Racine, *Phèdre*)

2. Le théâtre propose une peinture des caractères. (Les comédies de Molière)

3. Le théâtre exprime une vision de la condition humaine. (Exemple 4 : le théâtre de l'Absurde, Beckett, Ionesco)

II. Mais le théâtre est avant tout une action vivante.

1. L'action est inhérente au théâtre. (Étymologie du mot. Difficultés de certains dramaturges à se plier à l'exigence de l'action unique. *Le Cid*, Corneille)

2. Le théâtre imite la vie : le mouvement, l'action, les rebondissements sont nécessaires comme dans la vraie vie. (Exemple 1 : Le théâtre baroque qui multiplie les rebondissements, les mises en abyme, les renversements de situation et se veut à l'image de la vie mouvante et insaisissable)

3. C'est lorsqu'ils sont confrontés à une action exceptionnelle, que les personnages révèlent leur complexité, leur nature, leur âme. (Exemple 3 : le théâtre des romantiques)

III. La contraction et l'essai (p. 592-603)

FICHE 8 : Analyser le texte à contracter
FICHE 9 : Rédiger la contraction de texte
FICHE 10 : Rédiger l'essai
p. 601-602

La contraction de texte : de la thèse aux procédés de réduction

1. Identifier une thèse

Rappels méthodologiques

• L'analyse de tous les éléments du paratexte permet, avant même la lecture du document proposé à la contraction, d'en éclairer la signification. On attirera ainsi l'attention de l'élève sur plusieurs points :
– le nom de l'auteur : son domaine d'étude ou d'activité (philosophe, historien, critique littéraire, scientifique...) apporte un éclairage particulier sur le texte et l'angle choisi pour aborder la problématique et peut ainsi prévenir un risque de contresens interprétatif ;
– le titre de l'œuvre dont le texte est extrait : celui-ci peut apporter une information sur le thème abordé dans le document, voire la thèse ou bien encore révéler l'angle d'étude de la question si l'élève ignore qui est l'auteur ;
– le titre de l'extrait ou du chapitre, s'il est proposé : cet élément peut confirmer les deux précédents ;
– la date de publication de l'œuvre : cet élément peut éviter bien des contresens culturels et des anachronismes : une question ne sera pas envisagée de la même manière selon les époques, les termes eux-mêmes ne seront pas toujours employés dans le même sens.

• Une première lecture globale qui vise à la compréhension du texte est indispensable : elle s'effectue le crayon à la main pour repérer les éventuelles difficultés lexicales ou syntaxiques mais également pour repérer le système d'énonciation et les procédés de modalisation.

Après avoir mis en relation tous les indices repérés, l'élève doit pouvoir répondre à différentes questions : quel est le thème du texte ? / quelle est la thèse de l'auteur ?
S'oppose-t-il à une autre thèse implicite ou explicite dans cet extrait ?
Quel est l'angle retenu pour aborder le sujet ?

Corrigés de l'exercice

a. Dans le texte 1, l'énoncé au discours direct est ancré dans la situation d'énonciation (présent d'énonciation, 1re personne du singulier). Dans le texte 2, la présence de l'énonciateur est marquée par le présent de l'écriture et l'expression « à mon avis » mais on comprend qu'il s'agit d'un exposé écrit qui s'adresse à tout lecteur du document.

b. Proposition de thèse pour le texte 1 : « Voyager ne présente pas que des avantages et peut se révéler perturbant. »

Proposition de thèse pour le texte 2 : « Lévi-Strauss interprète le monde en posant deux postulats : l'appartenance de l'homme à la nature et la diversité des cultures comme source de tout progrès. »

2. Repérer l'enchaînement logique d'une argumentation

Rappels méthodologiques

• Une analyse plus fine du texte aura pour but d'en repérer la structure argumentative, c'est-à-dire à la fois les arguments principaux et les liens logiques qui les relient. Ce repérage est facilité lorsque les connecteurs sont explicites ou que la disposition typographique isole les différentes étapes de l'argumentation. On constate ainsi que la structuration chronologique est doublée d'articulations logiques dans le texte donné en exemple, p. 593 du manuel. Mais il est également nécessaire de s'appuyer sur des indices lexicaux afin de retrouver le schéma argumentatif du texte (par exemple, répétition et déclinaison du verbe « apprendre » dans le texte sus-cité).

• Une fois le repérage effectué sur le document lui-même, il convient de le retranscrire au brouillon le plus fidèlement possible, sous la forme d'un plan détaillé : les arguments devront apparaître dans l'ordre de leur présentation par l'auteur, accompagnés des liens logiques qui les unissent clairement explicités (opposition, conséquence...). Ainsi sera reconstitué le circuit argumentatif du texte. Cette étape pourra s'accompagner de relectures partielles pour vérifier la fidélité et l'exhaustivité du relevé.

Corrigés de l'exercice

a. Cette démonstration suit les trois étapes d'un syllogisme :

Loi générale 1 : Le numérique en tant que culture modifie de manière assez radicale notre rapport au temps, mais aussi avec l'espace habité et vécu.

Loi générale 2 : Or, ce qui caractérise l'humain est, hormis la langue et la pensée, la façon dont l'homme habite et modifie l'espace.

Conclusion : Dans ce sens-là, le numérique demande à être regardé comme une forme d'humanisme. La réalité augmentée nous permet par exemple d'avoir accès dans la rue via un *smartphone* à des données publiques disponibles en ligne.

b. On peut relever la restriction « hormis la langue et la pensée », marquée par la préposition « hormis ».

c. La thèse de l'auteur « Le numérique est une forme d'humanisme » est fondée sur le fait que le numérique modifie non seulement notre rapport au temps, mais également notre rapport à l'espace habité et vécu ; or ces caractéristiques sont essentielles à la définition de l'humain. Cet argument est fondé sur l'exemple du *smartphone* qui permet l'accès en tout lieu à des données publiques.

3. Comprendre un raisonnement concessif

Rappels méthodologiques

• Lors de la reconstitution du circuit argumentatif du texte à résumer, il conviendra d'attirer l'attention des élèves sur la présence éventuelle d'un raisonnement concessif afin qu'ils ne se fourvoient pas quant à la thèse soutenue par l'auteur. En effet, certains auteurs commencent par exposer la thèse adverse qu'ils s'emploient ensuite à réfuter point par point et d'autres, pour mieux asseoir leur thèse. Mais ils peuvent, à différents moments de leur argumentation, concéder la validité d'une partie des arguments ou des idées de la thèse adverse pour mieux les neutraliser en leur opposant ensuite d'autres arguments. Ce faisant, ils donnent ainsi plus de poids et de crédibilité à la thèse défendue.

• Le raisonnement concessif peut être annoncé par un connecteur, comme « certes » ou « sans doute » ; par une proposition comme « j'admets que » ou « je reconnais que » ou encore par une proposition à la forme négative qui semble revenir sur une affirmation précédente. Ces différentes marques sont toujours corrélées à la conjonction « mais » qui marque la limite de la concession et le retour au fil de l'argumentation. C'est cette corrélation qu'il convient de faire repérer aux élèves afin qu'ils n'interprètent pas la conjonction « mais » comme une simple opposition et qu'ils mesurent la subtilité du raisonnement. Le début du paragraphe 3 du texte donné en exemple, p. 593 du manuel, présente une concession intéressante à étudier.

Corrigés de l'exercice

a. Il s'agit de la concession « encore qu'il soit douteux qu'une somme plus grande de bonheur pour l'ensemble de l'humanité ait résulté jusqu'à présent de ces acquisitions », introduite par la locution « encore que ».

b. Les deux phrases interrogatives (« Qui pourrait affirmer… » ; « Et qui pourrait oublier… ») sont deux questions rhétoriques qui introduisent chacune un argument venant étayer la thèse annoncée par la concession, à savoir que les progrès techniques ne conduisent pas forcément au bonheur de l'humanité.

4. Employer des procédés de réduction

Rappels méthodologiques

• L'élève est d'abord invité à supprimer tout passage du texte qui n'appartient pas au circuit argumentatif parce qu'il ne se rattache pas directement aux thèses en présence ou qu'il n'est pas indispensable à l'efficacité de l'argument. Ainsi, certaines parenthèses ou digressions peuvent-elles être supprimées sans que le cheminement du raisonnement n'en soit perturbé. Il en va de même pour les périphrases.

On peut également supprimer la reprise d'une même idée lorsqu'elle est exprimée plusieurs fois pour développer ou justifier un argument. C'est notamment le cas des exemples illustratifs qui ne font que reprendre sous une forme concrète la formulation plus abstraite de l'argument. Il en va de même pour les citations lorsqu'elles n'ont pour fonction dans le texte de départ que d'apporter une preuve d'authenticité à un argument.

• On entraînera les élèves aux techniques suivantes :

– remplacer un groupe de mots, une proposition, voire une phrase entière, par un nom ou un groupe nominal plus court, un adjectif, un verbe ou un adverbe ;

– remplacer une énumération par un terme englobant ;

– reprendre un champ lexical par un terme englobant.

Les élèves pourront repérer des exemples de ces différentes techniques p. 595 et p. 599 du manuel.

Corrigés de l'exercice

Texte 1 : « des énoncés types » ou « des expressions standardisées ».

Texte 2 : « les sociétés en progrès » ou « les sociétés modernes ».

5. Résumer un texte bref

Exemple de corrigé :

Ma liberté me conduit à ne pas faire le mal, à résister aux passions destructrices.

(15 mots)

6. Rédiger une contraction de texte

Rappels méthodologiques

• Les consignes de l'exercice précisent le nombre de mots que doit compter la contraction. Toutefois, un écart de 10 % est généralement toléré. Il convient aussi de respecter les proportions des différentes étapes du raisonnement : on attirera l'attention des élèves sur le risque de résumer trop longuement le début ou une partie du texte au détriment de la fin du texte notamment.

Il faut également veiller à ce que la contraction ne se présente pas comme un collage des passages essentiels du texte de départ. Les arguments doivent être reformulés et transcrits dans le vocabulaire de l'élève. C'est la raison pour laquelle il est prudent, au moment de la rédaction, de tenir le texte de départ éloigné pour se fonder uniquement sur le plan détaillé du texte qui a été réalisé au brouillon. Bien entendu la reprise des mots clés du texte ne pourra pas être évitée ; en revanche, on tentera soigneusement de ne pas reproduire d'expressions ou de membres de phrases. Rappelons enfin que le résultat de la contraction constitue un texte autonome et qui doit être, de ce fait, compréhensible en lui-même et sans aucune référence explicite au texte de départ.

Il y a trois points fondamentaux à respecter :
- suivre l'ordre des idées dans le texte ;
- conserver le système d'énonciation ;
- être exhaustif.

Le site de l'académie Aix-Marseille ainsi que celui de l'académie de Strasbourg offrent des indications de mise en œuvre intéressantes :

http://www.pedagogie.ac-aix-marseille.fr/upload/docs/application/pdf/2019-05/contraction_de_texte_2019-05-12_15-56-59_563.pdf

http://www.ac-strasbourg.fr/pedagogie/lettres/francais-lycee/francais-nouveaux-programmes/methodologie-du-resume-du-texte/

On peut également se référer aux annales 0 : http://www.sujetscorrigesbac.fr/

Corrigé de l'exercice

Exemple de corrigé :

Les progrès de l'humanité, certes considérables, ont-ils vraiment rendu les hommes plus heureux ? L'ouvrier moderne a perdu le contact avec la nature et les avancées scientifiques ont autant permis d'améliorer les armes que la santé.
(34 mots)

L'essai : de la problématique au plan

7. Dégager la problématique d'un essai

Rappels méthodologiques

• Une analyse précise du sujet, à l'exemple de celle réalisée p. 596 du manuel, permettra aux élèves d'en cerner tous les enjeux. Le repérage des mots clés ainsi que leur explicitation sont indispensables pour dégager la problématique qui guidera la réflexion des élèves.

• Cette phase étant capitale, le professeur pourra demander aux élèves d'écrire individuellement leur problématique sous la forme de deux questions. Un temps d'échange oral pourra ensuite permettre d'exploiter toutes les pistes et chacun pourra alors engager une réflexion.

Corrigés de l'exercice

a. Thème du texte 1 : l'inéluctable précarité de toute construction humaine.

Thème du texte 2 : Les fonctions de l'art.

b. *Proposition de problématique suite au texte 1 :*
En quoi la contemplation des ruines est-elle ambivalente, à la fois image survivante du passé et en même temps signe du déclin inéluctable de toute entreprise humaine ?
Proposition de problématique suite au texte 2 :
Quelle alternative peut-il y avoir entre une conception moralisatrice de l'art et une conception qui refuse à l'art toute finalité autre que le plaisir esthétique ?

8. Réaliser le plan d'un essai

Rappels méthodologiques

Un essai n'est pas une dissertation, il doit permettre à l'élève de développer une réflexion qui expose un point de vue personnel sur un sujet avec davantage de liberté dans l'organisation des idées. L'essai ne doit pas, en effet, obéir aux règles strictes de la dissertation : il n'est donc pas question ici de reproduire le plan classique en trois parties (thèse / antithèse / synthèse). On conseillera à l'élève d'organiser sa réflexion en deux parties qui s'articuleront le plus logiquement possible pour répondre à la question du sujet. À cet égard, il sera formateur de repérer tous les indices de l'articulation logique de l'exemple proposé p. 600 du manuel.

Corrigé de l'exercice

Un premier temps de réflexion en classe entière permettra aux élèves de dégager, lors d'un débat, une problématique qui pourrait être la suivante : *En quoi les histoires permettent-elles à la fois de redé-*

finir les données du passé, de repenser le présent et d'inventer l'avenir ? D'imaginer des mondes possibles à partir du monde connu ?

Bruner précise la question :
« aura-t-il fallu longtemps pour que la vie commence à imiter l'art ? Les hommes ont-ils jamais su résister au désir d'imiter les actions et le style des histoires si habilement racontées par les conteurs ? »

Les élèves répartis ensuite en groupes pourront compléter et organiser les arguments proposés à la fin de l'exercice. Ces temps d'échange et de manipulation sont indispensables pour leur faire prendre conscience de la nécessité d'un plan et de la logique qui le rend pertinent.

Les élèves pourront ensuite rédiger seuls tout ou partie de l'essai qui consiste à répondre à la question de Jérôme Bruner : « Pourquoi racontons-nous des histoires ? » Pour ce faire, ils pourront suivre les conseils de la fiche 10 du manuel et suivre pas à pas la méthode qu'offre l'exemple d'essai rédigé p. 600.

9. Rédiger l'introduction et la première partie d'un essai

RAPPELS MÉTHODOLOGIQUES

Une fois le plan détaillé réalisé, on insistera pour que les élèves rédigent intégralement l'introduction et la conclusion. L'analyse de l'exemple produit p. 600 du manuel permettra de clarifier la structure qu'il convient d'adopter pour chacune de ces parties.

On pourra enfin confronter avec les élèves le plan et la rédaction de l'essai afin qu'ils perçoivent le caractère fondamental de l'articulation logique dans la formulation des arguments et des exemples. Il pourra d'ailleurs être intéressant de leur proposer d'ajouter des arguments ou des exemples à ceux proposés ou même de proposer, en réponse au même sujet, un plan différent, pourvu qu'ils puissent en défendre l'organisation logique.

Il sera utile de rappeler aux élèves que le développement ne se rédige pas au brouillon mais directement au propre à partir du plan détaillé.

Il s'agit ici de permettre aux élèves de s'approprier la méthode en la suivant pas à pas pour parvenir à la rédaction de l'introduction et de la première partie de l'essai. On peut imaginer des réponses différenciées à l'exercice qui laisse aux élèves, selon leur degré d'autonomie, plus ou moins de liberté quant au choix des arguments et des exemples.
Cet exercice est complémentaire au précédent : le professeur pourra d'ailleurs choisir d'inverser leur ordre selon les besoins qu'il aura décelés chez ses élèves.

Sujet complet

10. Rédiger une contraction de texte et un essai

RAPPELS MÉTHODOLOGIQUES

Comme l'indiquent les instructions officielles, à l'examen, « le sujet de l'essai porte sur le thème ou la question que le texte partage avec l'œuvre et le parcours étudiés durant l'année dans le cadre de l'objet d'étude "La littérature d'idées du XVIe au XVIIIe siècle." » Le sujet de l'essai se présente sous la forme d'une question posée en rapport avec le texte donné à résumer. Celui-ci fournira donc des éléments notables de réflexion et d'information ; il conviendra toutefois pour l'élève de ne pas simplement répéter ce texte d'une autre façon mais de répondre à la question en exprimant un point de vue personnel qui s'appuiera sur ses connaissances.

Le site Magister offre une réflexion et une démarche assorties d'exercices :
https://www.site-magister.com/travec2.htm#axzz5tJyvgNkx

Corrigés de l'exercice

a. *Proposition de résumé* :

Jusqu'à une époque récente, le progrès technique était unanimement célébré et rares sont les penseurs qui l'ont dénoncé au XXe siècle.
Face aux perturbations climatiques actuelles, la remise en cause de notre dépendance à la technique s'est imposée et certains prédisent la fin de notre civilisation si nous ne parvenons pas à retrouver une autonomie. D'autres pensent que la solution peut au contraire venir d'un accroissement des progrès scientifiques ouvrant ainsi le débat qui risque de diviser le XXIe siècle.
(80 mots)

b. La réponse à la question pourra se faire en plusieurs phases.
On pourra commencer par la préparation d'un argumentaire alimenté par un dossier de presse réalisé au préalable par chaque élève ; les élèves seront ensuite invités à enrichir l'argumentaire de références et d'exemples empruntés aux œuvres et parcours étudiés avec, par exemple, la réflexion autour de l'homme à l'état de nature qui alimente les débats du XVIIIe siècle.
La préparation du plan pourra se faire en groupes et s'achever par une rédaction individuelle. Pour ces deux dernières phases, les élèves pourront se reporter aux pages 596 et 600 du manuel.

N° d'éditeur : MAGSI20191321 – Dépôt légal : décembre 2019 – N° d'imprimeur : K19/59565N
Imprimé en France en décembre 2019 par l'Imprimerie Maury S.A.S. à Millau (12)
PEFC 10-31-2774 / Certifié PEFC / Ce produit est issu de forêts gérées durablement et de sources contrôlées. / pefc-france.org